Verldsprocessens Väsen: Eller Det Omedvetnas Filosofi...

Eduard von Hartmann

VERLDSPROCESSENS VÄSEN

ELLER

DET OMEDVETNAS FILOSOFI

AF

EDUARD VON HARTMANN.

Spekulativa resultat vunna genom induktivt-naturvetenskaplig metod.

ÖFVERSÄTTNING FRÅN ORIGINALETS SJUNDE UPPLAGA

AF

ANTON STUXBERG.

I

DET OMEDVETNAS FENOMENOLOGI.

STOCKHOLM.
OSCAR L. LAMMS FÖRLAG.

Stockholm, Isaac Marcus' Boktryckeri-Aktiebolag, 1877.

FÖRSTA BANDETS INNEHÅLL.

Inledning.

I. Förberedande anmärkningar ... sid. 1.
a. Arbetets uppgift ... » 1.
b. Undersökningsmetoden och framställningssättet ... » 4.
c. Föregångare i fråga om det omedvetnas begrepp ... » 10.
II. Huru vi komma till antagandet af ändamål i naturen ... » 27.

A. Det omedvetnas företeelse i det kroppsliga.

I. Den omedvetna viljan i de sjelfständiga ryggmärgs- och ganglie-funktionerna ... » 39.
II. Den omedvetna föreställningen vid utförandet af vilkorliga rörelser ... » 48.
III. Det omedvetna i instinkten ... » 53.
IV. Sambandet mellan vilja och föreställning ... » 78.
V. Det omedvetna i reflexverkningarne ... » 85.
VI. Det omedvetna i naturens helande kraft ... » 96.
VII. Den omedvetna själsverksamhetens indirekta inflytande på organiska funktioner ... » 113.
1. Den medvetna viljans inflytande ... » 113.
2. Den medvetna föreställningens inflytande ... » 120.
VIII. Det medvetna i det organiska bildandet ... » 124.

B. Det omedvetna i menniskoanden.

I. Instinkten i menniskoanden ... » 139.
II. Det omedvetna i könskärleken ... » 150.
III. Det omedvetna i känslan ... » 166.
IV. Det omedvetna i karakter och sedlighet ... » 178.
V. Det omedvetna i det estetiska omdömet och den konstnärliga produktionen ... » 185.
VI. Det omedvetna i språkets uppkomst ... » 201.
VII. Det omedvetna i tänkandet ... » 207.
VIII. Det omedvetna i uppkomsten af sinliga varseblifningar ... » 223.
IX. Det omedvetna i mystiken ... » 242.
X. Det omedvetna i historien ... » 255.
XI. Det omedvetnas och medvetandets värde för det menskliga lifvet » 273.

INLEDNING.

I.

Förberedande anmärkningar.

a. Arbetets uppgift.

»*Att hafva föreställningar*, men *ändock icke vara medveten af dem*, deri tyckes ligga en motsägelse, ty huru kunna vi veta, att vi hafva dem, om vi icke äro medvetna af dem. — Men medelbart kunna vi likväl vara medvetna om att hafva en föreställning, oaktadt vi omedelbart icke äro medvetna af henne» (Kant, Anthropologie § 5. »Om föreställningar, som vi hafva, utan att vara af dem medvetna»). Dessa den skarpsinnige Königsbergtänkarens klara ord bilda utgångspunkten för våra undersökningar, på samma gång som de utgöra sjelfva ämnet för vår behandling.

Medvetandets gebit är ett i alla riktningar så genomplöjdt fält, att fortsättningen med dessa arbeten snart nog väckt publikens leda, men ännu har man icke funnit den sökta skatten, om också oförmodade rika skördar framspirat ur den väl bearbetade marken. Att man började med den filosofiska betraktelsen af det, som medvetandet fann omedelbart i sig, var ganska naturligt; men skulle det nu icke vara lockande för nyhetens skuld och hoppgifvande med hänsyn till vinsten, att söka framleta den gyllne skatten i bergets djup, i den hårda klippans malmgångar, hellre än på den fruktbara markens yta? Visserligen fordras derför borr och mejsel och ett långvarigt mödosamt arbete, innan man träffar på de guldförande ådrorna, och slutligen en tidsödande bearbetning af malmerna, innan man får skatten fram — den der icke ryggar tillbaka för ansträngningen, han följe mig, i arbetet sjelft ligger ju den högsta njutningen!

Begreppet »omedveten föreställning» innebär visserligen för det naturliga förståndet någonting paradoxt, men den motsägelse, som ligger deri, är, såsom Kant uttrycker sig, imellertid endast skenbar. Ty om vi kunna veta blott det, som vi hafva i medvetandet, och följaktligen ingenting veta om det, som vi icke hafva i medvetandet, hvilken rätt hafva vi då att påstå, att det, hvars existens i vårt medvetande vi känna, icke också skulle kunna existera utom vårt medvetande? Visserligen skulle vi i detta fall kunna yrka på hvarken existensen eller icke-existensen, och på denna grund nödgas stanna vid antagandet af icke-existensen, tills vi på annat sätt skaffat oss skäl för det positiva antagandet af existensen. Sådan har i allmänhet ståndpunkten hittills varit. Ju mera filosofien imellertid lemnade den instinktiva sinlighetens och den instinktiva förståndsöfvertygelsens dogmatiska ståndpunkt, och insåg den endast högst indirekta möjligheten af kunskap om allt, som hittills fått gälla för medvetandets omedelbara innehåll, desto större värde måste naturligen ett indirekt bevis för en saks existens erhålla, och så måste den naturliga följden deraf blifva den, att flerestädes hos tänkande personer gjorde sig ett behof känbart att, då vissa företeelser inom andens område på annat sätt omöjligen kunde finna någon förklaring, gå tillbaka till existensen af omedvetna föreställningar såsom dessa företeelsers orsak. Att sammanfatta alla dessa företeelser, att ur hvar och en särskildt uppvisa sannolikheten af omedvetna föreställningars och en omedveten viljas existens, och genom deras summa upphöja den i dem alla öfverensstämmande principen till en till visshet gränsande sannolikhet, det är uppgiften för de båda första afdelningarne af detta arbete. Den förra af dessa betraktar företeelser af fysiologisk och zoopsykologisk natur, den senare rör sig inom menniskoandens område.

Genom denna det omedvetnas princip erhålla tillika de betraktade företeelserna sin enda riktiga förklaring, hvilken dels ännu icke var uttalad, dels åter endast derför icke kunde vinna erkännande, att principen sjelf kan konstateras först genom *sammanställningen af alla* hithörande företeelser. Dessutom öppna sig efter användningen af denna ännu i sin linda befintliga princip de mest omfattande perspektiv för nya behandlingssätt af skenbart bekanta ämnen; en mängd motsatser och motsägelser i föregående system och åsigter finna sin mångsidiga lösning genom framställandet af den högre ståndpunkten, som i sig omfattar båda sidorna såsom ofullkomliga sanningar. Med ett ord, principen visar sig högst fruktbringande för speciella frågor. Men långt vigtigare än detta är det sätt, hvarpå det omedvetnas princip från det fysiska och psykiska området omärkligt vidgar sig till åsigter och lösningar, dem man enligt vanligt språkbruk skulle beteckna såsom tillhörande det *metafysiska* området. Och till vår princip knyta sig dessa resultat af naturvetenskapliga och psykologiska betraktelser så enkelt och naturligt, att man alldeles icke skulle märka öfvergången till ett annat område, derest man icke redan förut hade sig dessa frågors innehåll på annat sätt bekant. Allt samlar sig till *enheten*, i hvarje nytt kapitel *kristalliserar* på visst sätt ytterligare ett stycke af verlden kring denna *kärna*, tills det, sammanvuxet till en *all-enhet*, omfattar verlden och till sist plötsligen framställer sig som det, hvilket bildat kärnpunkten i alla stora filosofiska system, Spinozas substans, Fichtes absoluta jag, Schellings absoluta subjekt-objekt, Platos och Hegels absoluta idé, Schopenhauers vilja o. s. v.

Jag anhåller fördenskull, att man icke på förhand måtte taga anstöt af den omedvetna föreställningens begrepp, om det också till en början har föga positiv betydelse; begreppets positiva innehåll kan *bilda* sig först *under gången* af undersökningen; till en början kan det vara nog, att dermed menas en utom medvetandet fallande, men ändock icke till sitt väsen främmande obekant orsak till vissa företeelser, hvilken erhållit benämningen föreställning derför, att hon med det för oss i medvetandet såsom föreställning bekanta har det gemensamt, att hon liksom denna äger ett *ideelt* innehåll, som sjelft icke har någon realitet, utan på sin höjd kan förliknas vid en yttre realitet i den ideella bilden. Den omedvetna viljans begrepp är i och för sig redan klarare och synes mindre paradoxt (jfr Kap. A. I, slutet). Då i Kap. B. III skall visas, att känslan låter upplösa sig i vilja och föreställning, att följaktligen de senare båda äro de *enda* psykiska grundfunktionerna, hvilka enligt Kap. A. III äro oskiljaktigt *ett*, för så vidt som de äro omedvetna, så betecknar jag den omedvetna viljan och den omedvetna föreställningen fattade i ett med uttrycket »det omedvetna»; men då denna enhet åter beror endast på det omedvetet viljande och det omedvetet föreställande subjektets identitet (Kap. C. XV. 4), så betecknar uttrycket »det omedvetna» också detta de omedvetet-psykiska funktionernas identiska subjekt, — ett visserligen nästan obekant, men om hvilket man redan här kan säga åtminstone så mycket, att *förutom* de *negativa* attributen »vara omedvetet och funktionera omedvetet» tillkomma det äfven högst väsentliga *positiva* attribut »vilja och föreställa sig». Så länge betraktelsen icke sträcker sig utöfver ett enda individs gränser, måste detta vara tydligt; fatta vi åter verlden såsom ett helt, så antager uttrycket »det omedvetna» ej blott betydelsen af en *abstraktion* från alla omedvetna individuella funktioner och subjekt, utan äfven betydelsen af ett *kollektiv*, som begriper alla dessa icke blott under sig, utan *i sig*. Slutligen framgår af Kap. C. VII, att alla omedvetna funktioner härröra *från ett identiskt subjekt*, hvilket i de många individerna blott har sin fenomenella uppenbarelse, samt att följaktligen »det omedvetna» betyder detta enda absoluta subjekt. Detta blott till föregående orientering. —

»Filosofien är filosofiens historia» — denna mening skrifver jag under af hela min själ. Den åter som förstår detta talesätt så, som låge sanningen endast bakom oss, den måste sväfva i djup villfarelse, ty det gifves en död och en lefvande del i filosofiens historia, och *lifvet* är ingenting annat än *nutiden*. Så utgöres hos ett träd den fasta stammen, som trotsar stormarne, af död ved, af de föregående årens tillväxtringar, och endast ett tunt lager innehåller den mäktiga växtens lif, tills äfven det under det följande året räknar sig till de dödas antal. Icke blad- och blomstersmycket, som mest tilltalade åskådaren under den föregående sommaren, var det, som förlänade trädet den varaktiga styrkan — affallna och förvissnade, hjelpte bladen och blommorna på sin höjd till att göda trädets rötter —, utan det var den oansenliga lilla årsringen i stammen och de obetydliga nya grenarne, som förökade dess omfång, höjd och fasthet. Och icke blott för fastheten har den lifskraftiga ringen sina döda förfäder att tacka, utan äfven, i det han *omsluter* dem, för sitt ökade omfång; derför är, liksom hos trädet, den första lagen för en ny tillkommande ring, att han också i verkligheten omsluter och i sig inbegriper alla sina föregångare, den andra åter, att han från sina rötter växer sjelfständigt upp. Uppgiften, att i filosofien förena dessa bägge saker, är nästan paradox, ty den, som befinner sig på situationens höjdpunkt, plägar gemenligen hafva förlorat *fördomsfriheten* att kunna begynna *från början*, och den, som utgår från en sjelfständig början, lemnar mestadels en dilettantartad omogen produkt, emedan han icke känner sakens historiska utveckling.

Jag tror, att det omedvetnas princip, hvilken för dessa undersökningar bildar den brännpunkt, som i sig förenar alla strålar, *fattad i denna allmänhet*, väl skulle kunna betraktas såsom en ny ståndpunkt. Huru vidt det lyckats mig att intränga i den filosofiska utvecklingens ande, sådan hon hittills gestaltat sig, måste jag lemna åt läsaren att afgöra; blott det må jag anmärka med hänsyn till arbetets plan, att min framställning om, att nära nog allt, som i filosofiens historia kan betraktas såsom verklig kärnved, innefattas i de sista resultaten, måste inskränka sig till endast korta antydningar, som delvis blifvit närmare utförda i många specialundersökningar, till hvilka jag på lämpliga ställen hänvisat.

b. Undersökningsmetoden och framställningssättet.

Man kan särskilja tre hufvudmetoder inom den forskande vetenskapen, den dialektiska (Hegelska), den deducerande (som går uppifrån nedåt) och den inducerande (som går nedifrån uppåt). Den dialektiska metoden måste jag, utan att här kunna inlåta mig på skälen för eller emot,* utesluta redan på den grund, att han, åtminstone i sin hittills varande gestalt, saknar *allmänfattlighet*, som är detta arbetes syfte; hans förfäktare, som äro förpligtade att tillstå den relativa sanningen i allt, långt mer än alla andra, skola förmodligen icke fördöma detta arbete för dess naturvetenskapliga karakters skuld, isynnerhet som det torde i många hänseenden gå deras tendenser till möte genom en viss positiv motsats mot gemensamma motståndare och genom ett propedeutiskt värde för icke-filosofer. Vi hafva alltså nu att betrakta förhållandet mellan den deduktiva eller nedstigande och den induktiva eller uppstigande metoden.

Menniskan kommer till vetenskap derigenom, att hon söker begripa och för sig förklara summan af de henne omgifvande företeelserna. Företeelserna äro verkningar, hvilkas orsaker hon vill veta. Då skilda orsaker kunna hafva samma verkan (t. ex. rifning, galvanisk ström och kemisk förening orsaka värme), kan också en och samma verkan hafva skilda orsaker; den till en verkan *antagna* orsaken är således blott en hypotes, som ingalunda kan äga visshet, utan endast en på annat sätt bestämbar sannolikhet.

Antaga vi sannolikheten, att U_1 orsaken till företeelsen E är $= u_1$, och likaså sannolikheten, att U_2 orsaken till U_1 är $= u_2$, så är sannolikheten, att U_2 den aflägsnare orsaken till E är $= u_1 \, u_2$;

---

* Mina åsigter om denna metod har jag framstält i en särskild skrift »Ueber die dialektische Methode» (Berlin 1868, C. Dunckers förlag).

häraf finner man, att för hvarje steg bakåt i orsakernas kedja de särskilda orsakernas sannolikhetskoëfficienter med hänsyn till deras närmaste verkan mångdubblas, d. v. s. att de alltid blifva mindre (t. ex. $\frac{8}{10}$ multipliceradt nio gånger med sig sjelft gör omkring $\frac{1}{10}$). Växte icke orsakernas sannolikhetsvärden under fortgången ytterligare derigenom, att de antagliga orsakerna alltid blifva färre och alltid flera verkningar låta sig förklara ur en enda orsak*, så skulle snart sannolikheterna genom den ständiga multiplikationen erhålla obrukbart små värden. Kunde man nu till alla företeelser i verlden följa de bekanta orsakerna så långt tillbaka, att de läte sig återföra till en eller några få sista orsaker eller principer, så vore vetenskapen, som är en, liksom verlden är en, på induktivt sätt fulländad.

Tänker man sig nu, att någon lyckats lösa denna uppgift på ett mer eller mindre fullkomligt sätt, så framställer sig den frågan, om denne, för att meddela andra sin öfvertygelse, hellre bör leda dessa tillbaka från företeelserna uppåt ända till de sista orsakerna, eller om han bör för dem deducera verlden, sådan hon är, uppifrån från dessa principer. Här är fråga om ingenting mer och ingenting mindre än ett enkelt alternativ; ty då Schelling i sitt sista system yrkar på nödvändigheten af en förening af *båda* vägarne, i det han (se Werke, Abth. II, Bd 3, sid. 151, anm.) begynner med en negativ, nedifrån uppstigande filosofi, och slutar med en positiv, uppifrån nedstigande filosofi, så är denna dubbelhet möjlig endast derigenom, att han för båda söndrar deras områden och håller den förra på rent logiskt område, d. v. s. baserar hennes induktiva metod blott på fakta från tänkandets *inre* erfarenhet (jfr Werke II. 1, sid. 321 och 326), hvaremot han söker bevisa den som resultat sålunda vunna högsta *idén* i sin positiva filosofi såsom det *verkligt existerande* och principen för allt varande, i det han företager sig att härleda från densamma efter deducerande metod den *yttre* erfarenhetens fakta. (Detsamma gäller för Krauses uppstigande och nedstigande lärometod). Till och med *om* resultaten af denna senare metod i någon mån tillfredsstälde vetenskapens fordringar, så skulle likväl icke ett sådant vilkorligt skiljande mellan den inre och yttre erfarenheten vara vetenskapligt berättigadt, utan i hvarje händelse för det *senare* gebitet vårt *ofvan* anförda alternativ *upprepa* sig, huruvida den uppstigande eller nedstigande framställningsmetoden vore att föredraga. Utslaget utfaller utan tvifvel till förmån för den nedifrån uppstigande eller inducerande metoden; ty

1:o) står den andra ännu nedanför, det lägre är följaktligen för honom den *naturliga* utgångspunkten; han kommer under sin gång nedifrån uppåt städse från det bekanta till det obekanta, under det han endast genom ett s a l t o m o r t a l e kan försätta sig på de yttersta principernas ståndpunkt, och då under hela sin väg kommer från ett obekant till ett annat, och till sist först åter till det bekanta;

2:o) menniskan håller tills vidare alltid sin egen mening för den riktiga och misstror följaktligen hvarje för henne ny lära; derför vill hon veta, *huru* en annan kommit till sitt sublima resultat, om icke

* Progressionen fortgår enligt den i Inledn. Kap. II. utvecklade formeln.

hennes misstroende skall bibehålla sig ända till slutet, och detta är möjligt endast genom den nedifrån uppstigande metoden;

3:o) menniskan misstror i hemlighet sitt eget *förstånd* lika mycket, som hon bygger nästan orubbligt på sin en gång fattade *mening*. derför är det ytterst svårt, att öfvertyga någon genom deduktion. emedan han alltid misstror denna, äfven om han icke har någonting att deremot invända; vid induktionen åter plägar hon tänka mindre skarpt och uthålligt, men hon kan mera seende och åskådande liksom känna sig till sanningen;

4:o) deduktionen från de sista principerna, till och med antaget. att hon är ovederläggligt riktig, kan visserligen imponera genom sin upphöjdhet, helgjutenhet och anderikedom, men öfvertyga förmår hon icke; ty då samma verkningar kunna härleda sig från alldeles skilda orsaker, så bevisar deduktionen i lyckligaste fall alltid endast *möjligheten af dessa* principer, ingalunda deras nödvändighet, ja hon förlänar dem icke engång en *bestämd* sannolikhetskoëfficient, såsom den induktiva metoden gör, utan kommer icke utöfver *blotta begreppet af möjligheten*. För att begagna oss af en bild, är det visserligen likgiltigt, om man, för att lära känna Rhenfloden, vandrar uppför eller nedför strömmen, men för invånaren kring Rhens mynning är dock den naturliga vägen uppför strömmen, och kommer så en trollkarl, som i ett nu förflyttar honom till källorna, så vet han ju alldeles icke, om det är källorna af floden *Rhen*, han har framför sig, och om han icke tilläfventyrs förgäfves anträder den långa mödosamma vandringen. Och kommer han sedan till mynningen af denna flod och finner der en främmande trakt i stället för sin hembygd, så gör väl trollkarlen för honom tydligt, att detta är hans hembygd, och mången tror honom derpå för den sköna resans skuld.

Enligt allt detta vore det oförklarligt, huru någon, som på induktiv väg kommit till sina principer, skulle taga sin tillflykt till den deduktiva metoden för att meddela och bevisa dem; ett sådant fall förekommer också i sjelfva verket aldrig. Fastmer hafva alla filosofer, som deducera sitt system (vare sig att deras metod är klart uttalad, eller den visar sig i endast beslöjad gestalt), i sjelfva verket kommit till sina principer genom det enda medel, som utom induktionen står åter, genom ett luftsprång af mystisk natur, såsom skall visas i Kap. B. IX, och deduktionen är sedermera ett försök, att från deras mystiskt vunna resultat nedstiga till verkligheten, som skall förklaras, och detta på en väg, som genom en ohållbar analogi med den helt olikartade matematiska vetenskapen och genom den bländande evidensen af de inom den senare vunna resultaten i alla tider haft någonting lockande för alla systematiska hufvuden. För dessa filosofer är nämligen deduktionen den naturliga vägen, då det högre är deras gifna utgångspunkt. Bortsedt derifrån, att såväl deduktionen sjelf som ock principerna, hvilka skola bevisas, alltid efter menskligt sätt måste vara bristfälliga, samt att i öfverensstämmelse dermed deduktionen städse lemnar en stor lucka öppen mellan sig och verkligheten, som skall förklaras, är det ledsamma i saken, att *deduktionen*, såsom redan Aristoteles insåg, öfverhufvud icke kan *bevisa* sina egna principer, emedan hon i lyckligaste fall kan ådagalägga endast deras möjlighet, men icke förmår åt dem vindicera en bestämd sannolikhet; fördenskull vinna principerna genom densamma visserligen något i *tydlighet*, men icke i *öfvertygelseförmåga*, och att vinna en öfvertygelse om deras riktighet blir öfverlemnadt uteslutande åt den *mystiska reproduktionen*, liksom deras upptäckt gjordes genom mystisk produktion. Detta är filosofiens största brist, såvida hon begagnar sig af denna metod, att öfvertygelsen om sanningen af hennes resultat icke är *meddelbar* såsom vid induktivt-vetenskapliga resultat, och sjelfva begripandet af hennes innehåll är, såsom bekant, underkastadt stora vanskligheter, emedan det är oändligt svårt att gjuta en mystisk konception i en adeqvat-vetenskaplig form. Allt för ofta bedraga också filosoferna sig sjelfva och läsaren i fråga om det mystiska sättet för deras principers uppkomst och söka, i brist på goda bevis, att gifva dem en vetenskaplig halt genom spetsfundiga skenbevis, för hvilkas värdelöshet endast den fasta öfvertygelsen om resultatets sanning kan förblinda dem. Häri ligger förklaringen till den företeelsen, att man med sällsynta undantag af en tillfällig själsfrändskap finner filosofernas skrifter oangenämt motbjudande, när man riktar blicken på deras bevis och deduktioner, men deremot i hög grad tilldragande och fängslande, när man ser på den imposanta helgjutenheten i deras system, deras storartade verldsåskådningar, deras snillrika blixtar, som upplysa det mest fördolda, deras djupsinniga konceptioner, deras sinnrika öfverblickar, deras psykologiska skarpsynthet. Det är bevisningens sätt, som inger den naturvetenskaplige tänkaren den instinktmässiga motviljan mot filosofien, denna motvilja, som i vår tid, då på alla lifvets områden realismen triumferar öfver idealismen, har stegrats ända till suveränt förakt.

Af filosofernas deduktiva metod följer vidare, att man kan tvista öfver enskilda punkter, blott för så vidt striden angår konseqvenser från principer, om hvilka man på förhand är ense. Men då nu hela systemet skall vara en konseqvens af de högsta principerna, så kan man, under förutsättning att alla konseqvenser äro sinsimellan följdriktiga, blott förkasta eller antaga det hela, allt efter som man förkastar eller antager de högsta principerna; hvaremot hos den nedifrån, d. v. s. på allmänt medgifna och empiriskt bestående fakta byggande induktiva filosofien man kan bifallande följa induktionen ända till en viss godtycklig punkt, men sedermera slå in på en från filosofens skild väg och i pyramidens säkert lagda grund hemföra en betydande vinst till eget ytterligare bruk. Häraf framgår, att hvarje deduktivt system sitter liksom spindeln i sitt nät mer eller mindre ensamt, emedan alla differenser ligga redan i de högsta principerna, om hvilka man aldrig blir ense, då man vill *börja* med dem; bland olika induktiva filosofiska system (som hittills tyvärr icke existerat) skulle deremot ett liknande medvetande om solidariskt samband genom en gemensam grund bestå, liksom inom den induktiva vetenskapen öfverhufvud, der hvarje engång taget strängt vetenskapligt steg kommer alla efterföljare, som arbeta vidare, till godo, och der det minsta bidrag med tacksamhet mottages såsom en byggnadssten för det hela. Slutligen framgår af det ofvan sagda, hvarför det ännu aldrig lyckats den deduktiva filosofien att vidga sitt trångt begränsade publikum till flertalet bildade personer, och hurusom det lika litet kunde lyckas henne att fylla den stora lucka, som *skiljer henne från verkligheten, som skall förklaras.*

Den del af filosofien deremot, som slagit in på det induktiva förfaringssättet, äfvensom samtliga naturvetenskaperna i ordets vidsträcktaste mening hafva visserligen lemnat värdefulla resultat af underordnad vigt och lagt en god grund för kommande arbeten, men de äro ännu himmelsvidt skilda från de sista principerna och ett enhetligt system för vetenskapen.

Så gapar på båda sidorna en klyfta; induktionen kommer icke till de sista principerna och till systemet, spekulationen icke till verklighetens förklaring och meddelbarheten. Häraf kan man sluta, att det hela icke låter sig begripa från en sida allenast, utan man måste gå saken in på lifvet från båda sidorna på samma gång, och på ena och andra hållet söka få tag i de mest framstående punkter, der man har utsigt att kunna slå en brygga. Ty så tröstlös är dock saken alldeles icke. Liksom i en skål med smält svafvel, så kristallisera tankarne ut såväl på bottnen som på ytan, och hafva blott de längst framskjutande nålarne vidrört hvarandra, så växer också snart hela massan tillsamman. Vi hafva kommit till denna punkt i vetenskapens historia, då redan de första förelöparne möta hvarandra, liksom två bergsmän, hvilka i sammanlöpande grufgångar genom väggen, som ännu skiljer dem åt, höra slagen af hvarandras hammare. Ty den induktiva vetenskapen har inom alla grenar af den oorganiska och organiska naturen, äfvensom inom andens område i nyaste tider gjort så väldiga framsteg, att likartade försök hafva en helt annan grund under sig än t. ex. Aristoteles', Paracelsus', Bacos och Leibniz'. Men å andra sidan har också filosofiens framför alla föregående perioder vida utmärkta glansperiod i slutet af förra och början af detta århundrade tillfört den spekulativa forskningen en så mångsidig tillökning, att bäggedera åter ställa sig jämnbördiga vid hvarandras sida. Men på samma gång har också med dessa framsteg menskligheten kommit till klarare insigt om bägge områdenas polära motsats, som fordom mera undandrog sig medvetandet, och deraf kommer det sig, att hvarje forskare plägar med mycket mera bestämdhet, än förr var fallet, besluta sig för endera af de båda riktningarne. Hufvudsakligen derför saknar nutiden en personlighet, som omfattar bägge sidorna med lika mycken kärlek och hänförelse, som är mäktig om icke af mystisk produktion, åtminstone af reproduktion, och dock på samma gång har gjort sig förtrogen med en omsorgsfull öfversigt af det exakta vetandet och den induktiva exakta metodens stränghet, som slutligen klart inser den föreliggande uppgiften, att efter induktiv metod förena de spekulativa (mystiskt förvärfvade) principerna med den induktiva vetenskapens hittills vunna högsta resultat, för att härigenom slå den allmänt tillgängliga bryggan till principerna, och till objektiv sanning höja dessa hittills blott subjektiva öfvertygelser. Med hänsyn till denna storartade och tidsenliga uppgift har jag valt mottot: »spekulativa resultat vunna genom induktivt-naturvetenskaplig metod!» Icke som tilltrodde jag mig vara ett så omfattande hufvud, som fordras för lösningen af denna uppgift, eller inbillade jag mig att i detta arbete hafva lemnat en tillfredsställande lösning — långt derifrån; men derigenom tror jag mig hafva åstadkommit någonting gagneligt, att jag som mål för den nutida filosofien, hvilken märkbart lider af spekulativ afmattning, klart framställer denna äfven af andra män insedda och på så många sätt försökta uppgift, att jag i föreliggande undersökningar efter mina krafter lemnar mitt lilla bidrag till hennes lösning och derigenom hos andra framkallar en kanske önskad impuls, men i all synnerhet att jag ser saken från en hittills försummad sida, hvilken jag för min del måste betrakta såsom den mest fruktbringande.* Tillika pålägger mig min uttalade uppfattning den pligten, att ställa mig till ansvar inför hvardera af de båda fora, såväl det naturvetenskapliga som det filosofiska. Men detta gör jag med nöje, emedan jag anser hvarje spekulation falsk, som motsäges af den empiriska forskningens klara resultat, och omvändt alla uppfattningar och tolkningar af de empiriska fakta falska, hvilka motsägas af en rent logisk spekulations stränga resultat.

Det må tillåtas mig att ännu yttra några ord om framställningssättet. Den första grundsatsen var allmänfattlighet och korthet. Läsaren skall fördenskull icke finna några citat, såvida de icke ingå i texten, all polemik är i möjligaste måtto undviken, utom der hon var nödvändig för ett begrepps förtydligande. Jag förlitar mig mera på den positiva sanningens segrande kraft, såvidt densamma innehålles i mitt arbete, än jag tror, att någon skall genom en aldrig så slående negativ polemik låta beröfva sig sina åsigter. Också föredrager jag, i stället för att tadla store mäns villfarelser och svagheter, hvilka genom glömskan med tiden rättas helt och hållet af sig sjelfva, att framdraga deras största moment, hvaruti de aningsrikt och blott i antydningar på förhand upptaga det, som först den kommande utvecklingen i utförligt sammanhang bevisat. Vidare har jag ofta lemnat tillfället till intressanta bianmärkningar, till grundligare, mera uttömmande bevis, detaljerade framställningar o. s. v. obegagnadt, för att icke göra mig saker till en utförlighet i framställningen, som skulle gagna endast ett fåtal af mina läsare. Fördenskull hafva de flesta kapitel, med undantag af de grundläggande, blifvit nästan aforistiskt hållna, emedan jag hyser den föreställningen, att de flesta läsare skola föredraga en kort framställning, som erbjuder många tillfällen till sjelfständigt tankearbete, framför en uttömmande behandling af ämnet. Dertill är kapitlens behandling med hänsyn till behaget under läsningen i möjligaste måtto så inrättad, att hvart och ett af dem bildar en särskild liten afhandling öfver ett begränsadt ämne (det är endast få, som härifrån göra ett undantag och höra oskiljaktigt tillsammans, såsom t. ex. Kap. C. VI och VII). Kapitlen i de båda första afdelningarne

---

* Det oväntadt gynsamma mottagande, som de hittills utkomna upplagorna af detta arbete rönt, synes mig i väsentlig mån bero på det erkännandet, att mitt sträfvande är tidsenligt.

bevisa *alla tillsammans* och *hvart och ett för sig* det omedvetnas *existens*; deras hållning och bevisningskraft äro sådana, att de *stöda* och *styrka* hvarandra inbördes liksom ett gevärskoppel, alltså äfven de senare de förra. Jag anhåller fördenskull, att man benäget måtte uppskjuta sitt omdöme, åtminstone tills man hunnit till slutet af afdelningen A. Skulle beviset för det eller det kapitlet synas en eller annan läsare falskt, så falla fördenskull icke äfven bevisen för de andra, likasom man mycket väl kan ur ett stort gevärskoppel uttaga ett eller flera gevär, utan att detta störtar samman. Slutligen ber jag om välvilligt öfverseende med hänsyn till de särskilda såsom exempel valda fysiologiska och zoologiska fakta, der en lekman mycket lätt kan begå ett misstag, som omöjligen kan vara af någon betydelse för det hela.

c. Föregångare i fråga om det omedvetnas begrepp.

Mycket länge dröjde det, innan man i filosofiens historia kom till klart medvetande om motsatsen mellan ande och natur, mellan tänka och vara, mellan subjekt och objekt, denna motsats, som för närvarande beherskar hela vårt tänkande. Ty den naturliga menniskan kände såsom naturväsen kropp och själ i sig såsom ett, hon anticiperade instinktmässigt denna identitet, och hennes medvetna förståndsarbete måste hafva utvecklat sig mycket långt, innan hon förmådde frigöra sig från denna instinkt så mycket, att hon insåg hela betydelsen af denna motsats. Inom hela den grekiska filosofien finna vi ingenstädes denna motsats med full klarhet uttalad, ännu mindre dess betydelse insedd, aldra minst under hennes klassiska period. Om detta redan gäller om motsatsen mellan det reala och ideala, så få vi icke förvåna oss öfver, att motsatsen mellan det omedvetna och det medvetna framträder ännu långt mindre för det naturliga förståndet och fördenskull uppenbarar sig ännu mycket senare inom filosofiens historia, ja att än i dag de aldra flesta bildade hålla den för en narr, som talar om omedvetet tänkande. Ty det omedvetna är för det naturliga medvetandet i sådan grad en terra incognita, att det håller för alldeles sjelfbegriplig och otvifvelaktig identiteten mellan *föreställa sig* och *vara medveten af en sak*. Denna naiva ståndpunkt har funnit sitt uttryck redan hos Cartesius (Princ. phil. I, 9), men ännu utförligare hos *Locke*: Essay concerning the human understand, II kap. 1 § 9: »Ty att hafva föreställningar och vara medveten af något, det är ett och samma» eller § 19: »ty en kropp med utsträckning utan delar är lika tänkbar som tänkande utan medvetande. De kunna, om deras hypotes så fordrar, med lika mycken rätt säga: menniskan är alltid hungrig, men hon har icke alltid en känsla deraf. Och likväl består hungern just i denna känsla, likasom tänkandet i det medvetandet, att man tänker.» Man ser, att Locke *postulerar* dessa satser i all enfald; det är fördenskull alldeles *oriktigt*, då man från vissa håll ännu i våra dagar får höra det påståendet, att Locke har *bevisat* omöjligheten af omedvetna föreställningar. Han bevisar *blott med stöd* af denna postulerade förutsättning, *att själen* icke kan hafva någon föreställning, såvidt icke *menniskan* är deraf medveten, emedan eljest själens medvetande och menniskans skulle utgöra två skilda personer, och att följaktligen Cartesianerne hafva orätt i sitt påstående, att själen såsom tänkande väsen måste oupphörligt tänka. — Locke är således den förste och ende, som bringar denna det naturliga förståndets stillatigande förutsättning till ett vetenskapligt och utförligt uttryck; men med detta steg voro också naturenligt kunskapen om hennes ensidighet och osanning och upptäckten af de omedvetna föreställningarne genom Lockes store motståndare Leibniz gifna, hvaremot alla föregående filosofer visserligen i tysthet lutade mera åt ena eller andra sidan, men öfverhufvud icke bragte problemet till fullt medvetande.

Leibniz ledde sig till sin upptäckt under sina bemödanden att rädda de medfödda ideerna och föreställningsförmågans oupphörliga verksamhet. Ty då Locke hade bevisat, att *själen* icke kan tänka medvetet, om *menniskan* icke är medveten derom, och hon likväl allt framgent *måste* tänka, så återstod intet annat än ett *omedvetet* tänkande. Han skiljer fördenskull mellan perception, föreställning, och apperception, medveten föreställning eller helt enkelt medvetande (Monadologie § 14), och säger: »Deraf, att själen icke är medveten om tanken, följer ännu alldeles icke, att hon upphör att tänka». (Nouveaux essais sur l'entendement humain, II kap. 1 § 10). Hvad Leibniz framställer såsom positiv grundläggning för sitt nya begrepp är visserligen mer än torftigt, men det är en mycket stor förtjenst, att han genast med genialisk blick öfversåg betydelsen af sin upptäckt, att han (§ 15) fattar känslornas, passionernas och handlingarnas inre dunkla verkstäder, att han betraktar vanan och mycket annat såsom verkningar af denna princip, om han också antyder detta med endast några få ord, — att han förklarar de omedvetna föreställningarna såsom det band, »hvilket förenar hvarje väsen med hela det öfriga universum», — att han genom dessa förklarar monadernas harmonia præstabilita, i det hvarje monad såsom en mikrokosm omedvetet föreställer makrokosmen och sin plats derinom. Jag tillstår med nöje, att det var läsningen af Leibniz, som i främsta rummet gaf mig väckelsen till de här nedlagda undersökningarna.

För uppfattningen af de så kallade medfödda ideerna finner han likaledes den hittills bestämmande åskådningen (I. kap. 3 § 20): »De äro ingenting annat än naturliga färdigheter, vissa aktiva och passiva anlag.» (Kap. 1 § 25): »Den verkliga kunskapen om dem är visserligen icke själen medfödd, men en sådan, som man skulle kunna kalla en potentiel kunskap (connoissance virtuelle). Så är också den figur, som skall af marmorn uppstå, redan tecknad i hans ådror, och alltså i marmorn sjelf, ännu innan man under arbetet upptäcker henne.» Det är alldeles samma mening, som sedermera Schelling (Werke, afd. I Bd 3, sid. 528—529) noggrannare uttryckte med de orden: »Såvidt jaget ur sig producerar allt, så till vida är allt . . . vetande a priori. Men såvidt vi icke äro medvetna om detta producerande, så till vida finnes hos oss ingenting a priori, utan allt a posteriori . . . Det gifves alltså begrepp a priori, utan att der gifvas medfödda begrepp. Icke begrepp, utan vår egen natur och hela hennes mekanism är det oss medfödda... Derigenom, att vi förlägga ursprunget till de så kallade begreppen a priori bortom medvetandet, *der för oss också den objektiva verldens ursprung faller*, påstå vi med samma evidens och med lika rätt, att vår kunskap är ursprungligen alltigenom empirisk, att hon är alltigenom a priori.»

Men nu kommer till sist den svaga sidan hos Leibniz' omedvetna föreställning, som redan ligger i hennes vanliga namn »petite perception». Medan Leibniz i sin uppfinning af infinitesimalräkningen och i många delar af naturforskningen, i mekaniken (hvila och rörelse), i lagen för kontinuiteten o. s. v. med den mest lysande framgång införde begreppet af det (i matematisk mening så kallade) oändligt lilla, sökte han också på detta sätt fatta petites perceptions såsom föreställningar af så ringa intensitet, att de undandraga sig medvetandet. Härmed förstörde han på ena hållet hvad han tycktes hafva uppbygt på det andra, omedvetandets verkliga begrepp såsom ett medvetandet alldeles motsatt område, äfvensom dess betydelse för känsla och handling. Ty om, såsom Leibniz sjelf påstår, naturellen, instinkten, passionerna, med ett ord de mäktigaste inflytanden i det menskliga lifvet härstamma från det omedvetnas område, huru skola de då orsakas genom föreställningar, som äro så *svaga*, att de undgå medvetandet; hvarför skulle icke då de *kraftiga* medvetna föreställningarne i det afgörande momentet *förherska?* Men detta intresserar Leibniz mindre, och för hans hufvuduppgift, de medfödda ideerna och själens beständiga verksamhet, är hans antagande af det oändligt lilla medvetandet alldeles tillräckligt. De flesta af hans *exempel* på petites perceptions lämpa sig också i öfverensstämmelse dermed på föreställningar af ringa medvetenhetsgrad, t. ex. sinnesförnimmelserna under sömnen. Oaktadt allt detta tillhör Leibniz den äran, att först hafva påstått existensen af förställningar, af hvilka vi icke äro medvetna, och att hafva tillerkänt dem en mycket stor betydelse.

Närmare Leibniz, än man vanligen tror, står *Hume*, hvilkens teoretiska filosofi visserligen inskränker sig till en enda punkt, kausaliteten, men han har inom denna trånga synkrets ådagalagt en blick, som är klarare och friare än till och med Kants. Det är icke faktum af en bestående kausalitet, som Hume bestrider, utan han bestrider endast i motsats mot empiristerna (Locke) hennes abstraherbarhet ur erfarenheten, i motsats mot aprioristerna (Cartesianerna) hennes apodiktiska visshet; deremot inrymmer han åt empirikerna kausalitetens användbarhet på erfarenheten och det praktiska förhållandet, och aprioristerna lemnar han just genom sitt indirekta bevis ett stöd för det påståendet, att vårt tänkande och slutande enligt kausala förhållanden är *en "för oss sjelfva* **omedveten**" *verksamhet* hos en från vårt diskursiva tänkande fjerran stående *instinktmässig* förmåga, hvilken, liksom djurens beundransvärda instinkt, måste anses såsom en »ursprunglig förläning af naturen». Till verkligheten af en objektivt-real, af subjektets åskådning oafhängig verld slutar man omedelbart från den sinliga förnimmelsen förmedelst en sådan naturlig, blind, men mäktig *instinkt;* då vi direkt känna endast vår föreställning, så är det visserligen för förnuftet direkt obevisligt, att densamma är *verkan* af ett från henne skildt, men henne liknande yttre föremål. Men i sin skarpa kritik öfver den Berkeleyska idealismen visar sig nu Hume till den grad genomträngd af det medvetandet, att hvarje subjektiv idealism konseqvent kan sluta endast och allenast med en alltigenom ofruktbar och af sina egna förfäktare praktiskt dementerad skepticism, att han bevarar sig från den Kantska villovägen till den exklusivt-subjektivistiska uppfattningen af kausaliteten, och att han vid slutet af sina undersökningar framställer den *hypotetiska restitutionen* af den kritiskt renade kausalitets-instinkten såsom den faktiskt enda möjliga ståndpunkten. (En liknande riktning har jag tagit i min skrift: »Das Ding an sich und seine Beschaffenheit».)

Att *Kant* lånat från Leibniz den omedvetna föreställningens begrepp, kan man letteligen finna af det i början anförda stället. Att äfven han tillmätt denna sak stor betydelse, visar följande ställe i antropologiens 5:te §: »Att fältet för våra sinnesåskådningar och förnimmelser, om hvilka vi icke äro medvetna, ehuruväl vi kunna utan tvekan sluta, att vi hafva dem, d. v. s. för menniskans (och likaså djurens) dunkla föreställningar är omätligt, hvaremot de klara innehålla blott ytterst få punkter, som ligga i öppen dag för medvetandet: att, för att så säga, endast några få ställen på vår själs stora karta äro illuminerade, kan hos oss injaga beundran öfver vårt egendomliga väsen.» Då Kant för sin antropologis ändamål på detta ställe tror sig kunna identifiera de *omedvetna* och de *dunkla* föreställningarne, så visar det rena förnuftets kritik, att han visserligen principielt insett och antydt skilnaden mellan båda, men icke begripit dennas vigt. Den dunkla föreställningens motsats är den *klara*, den omedvetna föreställningens motsats är den *medvetna;* icke hvarje medveten föreställning är klar, icke hvarje dunkel föreställning är omedveten. Endast den medvetna föreställning är klar, »i hvilken medvetandet räcker till för **medvetandet** *om skilnaden* mellan denna och andra»; der medvetandet icke räcker till härför är den medvetna föreställningen dunkel. *Icke alla* dunkla föreställningar äro följaktligen omedvetna; »ty en viss af grad medvetande, om också icke så hög., att den är tillräcklig för minnet, måste till och med vara till finnandes i *många* dunkla föreställningar» (Kant's Werke, Rosenkranz' edit II, sid. 793, anm.) Då för antropologiens praktiska ändamål motsatsen mellan den klara och dunkla föreställningen synes Kant tillräcklig, så träder denna i och för föreställningens kunskapsteoretiska klassifikation öfverhufvud taget alldeles i bakgrunden för den medvetna och omedvetna föreställningen. »Slägtet är föreställning öfverhufvud (repræsentatio). *Under det* står föreställning med medvetande (perceptio)» (anf. st. II, 258). Medvetandet, hvars förhandenvaro skiljer perceptio från den icke percipierade repæsentatio, är icke så mycket sjelft en föreställning, »utan en ***form*** af densamma öfverhufvud taget, såvida hon skall få namn af *kunskap*» (II, 279). Saknaden af denna *form* är alltså det, som skiljer den omedvetna föreställningen från den medvetna. — Till de omedvetna föreställningarne synas enligt Kant de rena förståndsbegreppen (kategorierna) skola höra, för så vidt som de ligga bortom kunskapen, hvilken blir möjlig först derigenom, att en själens *blinda* funktion (II, 77) på spontan väg syntetiskt förenar det percipierade föreställningsmaterialets gifna mångfald (II, 76). Tränga vi med medvetandet tillbaka in i beskaffenheten af denna syntes, så finna vi visserligen i henne, för så vidt hon i allmänhet företer sig, det rena förståndsbegreppet (II,77), men sättet, huru den omedvetna kategorien såsom »grodd eller anlag» (II, 66) förmedlas till den medvetna kunskapen (»det rena förståndets schematism»), förblir för oss en till sina handgrepp svårligen någonsin begriplig »förborgad konst i den menskliga själens djup» (II, 125). — Tyvärr har Kant i afseende på de aprioriska åskådningsformerna icke svingat sig upp till samma insigtsfulla höjd som i afseende på tänkandets former. — Såsom ett exempel på hans skarpa blick må ännu anföras, att han är den förste, som sökt könskärleken i det omedvetna (Anthropologie § 5.)

De vyer, som Kant dragit upp öfver den medvetna menskliga kunskapens sfer, gå imellertid ännu långt djupare, än vi hittills hafva visat; sjelf har han likväl endast antydningsvis vidrört detta område, emedan han sträfvar till apodiktisk visshet inom filosofien och måste vidgå, att vår kunskap inom detta område hvilar blott på sannolikhet, d. v. s. enligt hans terminologi är problematisk (II,211). Den ofvan anförda klassifikationen af föreställningen är nämligen så till vida ofullständig, som der icke nämnes den andra, den medvetna föreställningen motsatta arten. Men denna är enligt Kants terminologi »den intellektuella åskådningen», som icke förekommer i denna klassifikation. Den medvetna föreställningen (perception) sönderfaller nämligen vidare enligt Kant i (subjektivt) känsla och (objektivt) kunskap, och den senare ytterligare i åskådning och begrepp. Känsla och åskådning äro icke intellektuella, utan sinliga; begrepp är icke intuitivt, utan diskursivt; den sinliga åskådningen är härledd åskådning, icke ursprunglig såsom den intellektuella (II, 720), den genom kategorierna förmedlade diskursiva kunskapen åter är visserligen intellektuel, men icke åskådning (II, 121). Den intellektuella åskådningen * förblir alltså tillgänglig för den icke percipierade föreställningen. Den percipierade eller medvetna föreställningen är skild från sitt föremål, den icke percipierade föreställningen är med det ett och samma, i det hon gifver sig det eller frambringar det (II, 741—742). Icke det härledda och afhängiga menskliga förståndet (medvetet intellekt) såsom sådant besitter en sådan intellektuel åskådning, utan endast urväsendet (II, 720) eller det gudomliga förståndet (II, 741), för hvilket frambringandet af dess» intelligibla föremål» tillika är skapelsen af noumenernas verld (VIII, 234).

---

* Äfven Spinoza har jämte kunskapen genom sinlig åskådning och abstrakt begrepp ett tredje slag af kunskap genom intellektuel åskådning eller intuitivt vetande (Ethik, del. II, sats. 40, anm. 2), som har till sin formella orsak anden, för så vidt han är evig, således icke den ändliga och förgängliga individualanden, (del. V, sats. 31), och hvilket allena lemnar verkligt adeqvata ideer om Guds och tingens väsen.

Om och huru vidt de dunkla föreställningarna utan hvarje grad af medvetande låta sig förklara genom en delaktighet af urväsendets ursprungliga intellektuella åskådning i det härledda menskliga förståndet, derom har Kant icke uttalat sig; först Schelling har med bestämdhet brutit denna väg. Men intressant är det att se, huru Heinrich Heine har tagit upp Kants begrepp om den intellektuella åskådningen, för att genom detsamma för sig tydliggöra snillets blixtartade och efter menskligt mått obegripliga yttringar (jfr. Heines Werke, Bd I, sid. 142 och 168—169).

Ehuru litet än Kant hade velat gifva en egentlig metafysik, så hade han dock tillräckligt antydt den i ett det rena förnuftets system allena möjliga metafysiken genom sin bekanta, den intelligibla verlden producerande intellektuella åskådning hos det absoluta, så att äfven hans närmaste efterträdare Fichte kunde gå vidare endast på denna väg. Enligt honom är »Guds *tillvaro* . . . intet annat än *vetandet sjelft*» (Fichtes sämmtl. Werke, II sid. 129—130), men endast det *substantiella* vetandet, hvilket, såsom det oändliga, *medvetande aldrig* kan tillskrifvas. Visserligen är det för vetandet *nödvändigt* att *blifva* sjelfmedvetande, men det *delar* sig härvid likaså nödvändigt i flerfaldiga individers och personers medvetenhetsmångfald (VII, 130—132). Sålunda är Gud såsom substantielt vetande (d. v. s. såsom blott vetande med innehåll utan medvetandets form) *det oändliga förnuftet*, i hvilket det ändliga innehålles; men likaså är han också den oändliga viljan, som i sin sfer omfattar alla individualviljor, och i hvilken dessa kommunicera (II, 301—302). Måste medvetandet frånkännas det oändliga förnuftets och den oändliga viljans enhet trots dess absoluta oändliga vetande, eller snarare just till följe deraf, då måste tydligen personligheten förnekas, i hvilket begrepp inskränkningar finnas (II, 304—305). Man ser häraf, att redan hos Fichte finnas alla vårt omedvetnas element, men de framträda blott tillfälligt, antydningsvis och på vissa spridda ställen, och utan att hafva burit frukt, öfverväxas dessa mycket lofvande tankeutskott snart åter af andra synpunkter.

Mycket närmare låg det omedvetnas begrepp *trosfilosofien* (Hamann, Herder och Jacobi), som egentligen är bygd derpå, men är så oklar med sig sjelf och så ur stånd att rationelt begripa sin egen grundval, att hon aldrig förmådde finna sina anhängares rätta ord.

I full renhet, klarhet och djup finna vi deremot det omedvetnas begrepp hos Schelling; det lönar fördenskull mödan att i förbigående kasta en blick på det sätt, hvarpå han kommit till det. Härom gifver följande ställe bästa upplysningen (Schellings Werke, Abth. I Bd 10 sid. 92—93): »Meningen med denna (Fichtes') subjektiva idealism kunde icke vara den, att jaget med fri vilja sätter tingen utom sig, ty det är alldeles påtagligt, att jaget skulle vilja helt annat, om det yttre varat vore af detsamma beroende . . . Om allt detta visade sig Fichte obekymrad . . . Föranledd således att upptaga den filosofiska forskningen der, hvarest Fichte lemnat henne, måste jag framför allt se till, hurusom denna obestridliga och oafvisliga nödvändighet» (med hvilken jagets föreställningar om den yttre verlden ställa sig gentemot detta), »som Fichte söker bortvisa med tomma fraser, låter förena sig med de Fichteska begreppen, d. v. s. med jagets antagna absoluta substans. Men här visade det sig genast, att visserligen den yttre verlden blott så till vida finnes till *för* mig, som jag sjelf tillika finnes till och är medveten om mig (detta förstås af sig sjelft), men att äfven omvändt jag *finnes till* för mig sjelf. *för så vidt* jag blir *medveten* om mig, att, så snart jag uttalat: *jag* är, jag äfven finner verlden redan vara till, att alltså i intet fall det *redan medvetna* jaget kan producera verlden. Men ingenting hindrade att med detta *nu* i mig sjelfmedvetna jag gå tillbaka till ett moment, då det *ännu icke var medvetet om sig*, att antaga en region bortom det *nu förhandenvarande* medvetandet och en verksamhet, som icke *af sig sjelf*, utan *blott* genom sitt *resultat* kommer till medvetandet.» (Jfr. äfven Schellings Werke, Abth. I Bd 3 sid. 348—349). Den omständigheten, att Schelling icke har någon annan härledning för det omedvetnas begrepp än ur förutsättningen af Fichtes idealism, är väl orsaken dertill, att hans många sköna anmärkningar öfver detta begrepp icke haft mera inflytande på tidens bildning, då denna, för att inse detta begrepps nödvändighet, skulle hafva behöft en empirisk härledning af detsamma. Utom det på tal om Leibniz redan ofvan anförda stället skola vi under loppet af våra undersökningar ännu flerestädes anföra citat från Schelling. Här ännu blott ett till orientering i allmänhet (Werke I. 3, sid. 624): »I allt, äfven i det lägsta och alldagligaste producerande samverkar med den medvetna verksamheten en medvetslös.» Utförandet af denna sats på den empiriska psykologiens särskilda områden skulle a posteriori hafva lagt grundvalen till det omedvetnas begrepp; men Schelling icke blott uraktlåter detta (utom i fråga om det estetiska producerandet), utan påstår äfven annorstädes (Werke I. 3, sid. 349): »En sådan (på samma gång medveten och omedveten) verksamhet är *allena* den estetiska.»

Huru rent och djupt Schelling icke för ty i genialiteten af sin uppfattning hade fattat det omedvetnas begrepp, bevisar följande hufvudställe (I. 3, sid. 600): »*Detta evigt omedvetna*, som liksom *den eviga solen i andarnes rike* genom sitt eget oblandade ljus fördöljer sig och, ehuru det aldrig blir objekt, dock påtrycker alla fria handlingar sin identitet, är på samma gång det *lika* för alla intelligenser, den osynliga rot, hvaraf alla intelligenser äro blott potenser, och det evigt förmedlande mellan det sig sjelft bestämmande subjektiva i oss och det objektiva eller åskådade, på samma gång grunden för lagbundenheten i friheten och friheten i lagbundheten». Härmed betecknar han detsamma, som Fichte kallade det substantiella vetandet utan medvetande eller den opersonliga gudomen som enhet af det oändliga förnuftet och den oändliga viljan, hvilken enhet i sig innefattar de många individuella viljorna med deras ändliga förnuft. Äfven Schelling kommer derhän, att bestämma det *absoluta förnuftet* som den sista och högsta principen i sin identitetsfilosofi (år 1801, Werke I. 4 sid. 114—116) och att sålunda gifva sitt »evigt omedvetna» en konkret fyllnad, hvartill han (år 1809) likaledes lade viljan som det till sin betydelse mest framstående komplementet (I. 7 sid. 350).

I samma mån, som den Fichteska idealismen trädde allt mera i bakgrunden för Schelling under hans utvecklingsgång, fick äfven det omedvetnas begrepp dela samma öde. Då detta i den transcendentala idealismen spelar en hufvudroll, är det i de snart derefter offentliggjorda skrifterna knapt fråga derom, och senare försvinner det nästan helt och hållet. Äfven den Schellingska skolans mystiska naturfilosofi, hvilken (i synnerhet Schubert) dväljes så mycket inom det omedvetnas område, har, så vidt jag vet, ingenstädes befattat sig med detta begrepps utveckling och betraktande. Så mycket mera vet Jean Paul Friedrich *Richters* divinatoriska skaldenatur att uppskatta Schellings omedvetna, och framhålla vi ur hans sista ofulländade verk »Selina» följande ställen: »Vi göra inom jagets regioner alldeles för små eller trånga mätningar, då vi förbigå det omedvetnas oerhörda rike, detta i hvarje mening okända inre Afrika. Från minnets vida verldsklot uppresa sig för anden i hvarje sekund blott enstaka upplysta bergspetsar, och hela den öfriga verlden ligger gömd i deras skugga. — För lifskraftens vistelseort och tron står intet annat åter än det *omedvetnas* stora rike i själen sjelf. — Hos vissa menniskor öfverskådar man genast hela deras påbygda själ, ända tills man upptäcker tomhetens och torftighetens gräns, men det *omedvetnas* rike, tillika ett det outgrundligas och omätligas rike, som besitter och regerar hvarje menniskoande, gör de fattiga rika och rycker deras gränser tillbaka till det osynliga. — Är det icke en trösterik tanke, denna fördolda rikedom i vår själ? Kunna vi icke hoppas, att vi *omedvetet* kanske älska Gud innerligare än vi veta af, och att en stilla instinkt för den andra verlden arbetar inom oss, under det att vi medvetet i så hög grad öfverlemna oss åt den yttre? — Vi se ju dagligen, huru det medvetna förvandlas till det *omedvetna*, huru själen utan medvetande sträcker fingrarna efter basströngarne, i det att detta riktar dem på nya förhållanden och handlingar. När man betraktar nervernas och musklernas spel, förvånas man öfver de obetydligaste ryckningar och suckningar, som försiggå utan medvetet viljande.»

Hos *Hegel* liksom hos Schelling i hans senare verk framträder det omedvetnas begrepp icke tydligt, utom i inledningen till föreläsningarne öfver »Historiens filosofi», hvarest han upprepar de i Kap. B. X upptagna Schellingska ideerna öfver detta ämne. Likväl öfverensstämmer Hegels absoluta idé i sitt i-sig-varande före sitt öfvergående till naturen, alltså äfven före sitt återvändande till sig såsom ande, i det tillstånd, hvaruti han är sanningen utan omhölje, likasom gudomen i dess eviga väsen före verldens och en ändlig andes skapelse, fullständigt med Schellings »evigt omedvetna», om han också blott är den ena sidan af detsamma, nämligen den logiska eller föreställningens, alltså sammanfaller med Fichtes »substantiella vetande» och hans oändliga förnuft utan medvetande. Äfven hos Hegel kommer nämligen tanken först då till medvetande, när han genom förmedlingen af sitt utträdande till naturen tillryggalagt vägen från blott i-sig-vara till för-sig-vara, och när han som en sig i särskilda fall bestämmande tanke, det är *ande*, återkommit till sig sjelf. Den Hegelska

Guden som utgångspunkt är först »i sig» och omedveten, blott Gud såsom resultat är »för sig» och medveten, är ande. Att det som ernår för-sig-varande eller det som blir föremål för sig sjelft verkligen kommer till medvetande, uttalar Hegel tydligt i Werke XIII, sid. 33 och 46. — Det omedvetnas teori är den nödvändiga, om också hittills mestadels blott stillatigande *förutsättningen* för hvarje objektiv eller absolut *idealism*, som icke är otvetydig teism; d. v. s. hvarje metafysik, hvilken betraktar idén som ett prius för naturen (hvarur då vidare först den subjektiva anden härleder sig), *måste* antaga idén som *omedvetet* varande, så länge densamma är gestaltande idé och ännu icke trängt sig fram ur varat och i naturen till det åskådliga medvetandet i den subjektiva anden — må vara att den gestaltande idén uppfattas som medveten tanke hos en sjelfmedveten Gud. Som den absoluta idealismens högsta form hemfaller främst *Hegelianismen* till denna nödvändighet, då för densamma. idén är ingenting mindre än medveten tanke hos en från första början sjelfmedvetande Gud, utan snarare »Gud» blott ett lämpligt namn för den i sjelfutveckling begripna idén. Man kan alltså säga, att det i denna bok till största delen blott handlar derom, att upphöja Hegels omedvetna filosofi om det omedvetna till en medveten (jfr. min uppsats: »Ueber die nothwendige Umbildung der Hegelschen Philosophie aus ihrem Grundprincip heraus» i mina »Gesammelte philosoph. Abhandlungen», N:o II. Berlin, C. Duncker). Men äfven alla de, som, mer eller mindre påverkade af Plato och Hegel, öfverhufvud antaga blott ideer som gestaltande principer för skapelseprocesserna inom naturen och historien och ett ledande objektivt förnuft som uppenbarande sig i verldsprocessen, utan att dock vilja bekänna sig till en sjelfmedveten Gud-skapare, alla dessa äro redan omedvetet anhängare af det omedvetnas filosofi, och i det efterföljande blir gent emot sådana läsare blott den uppgiften öfrig, att upplysa dem om konseqvenserna och det systematiska sammanhanget i deras tankar, äfvensom att genom en fastare grundval befästa dem i deras ståndpunkt.

Schopenhauer känner endast viljan som metafysisk princip, ty för honom är föreställningen en hjernprodukt i materialistisk mening, hvilket faktum icke lider någon inskränkning derigenom, att han åter förklarar hjernans materia som blott den synliga manifestationen af en blind, d. v. s. föreställningslös vilja. Viljan, Schopenhauers enda *metafysiska* princip, är härigenom sjelfförståendes en *omedveten* vilja; föreställningen deremot, som för honom är blott fenomenet af ett metafysiskt och derför *såsom* föreställning icke sjelf något metafysiskt, kan äfven då, när hon är omedveten, aldrig vara jämförlig med Schellings omedvetna föreställning, hvilken jag som *likberättigad metafysisk princip koordinerar* med den omedvetna viljans princip. Men äfven bortsedt från denna skilnad mellan det metafysiska och fenomenella hänför sig den »omedvetna rumination», hvarom Schopenhauer i två likartade betraktelser (W.a. W. u. V. 3 uppl. II s. 148 och Parerga 2 uppl. s. 59) talar, och hvilken han förlägger i det inre af hjernan, dock endast till Leibniz' och Kants dunkla och *otydliga* föreställningar, hvilka äro *för svagt* belysta af medvetandets ljus för att klart framträda, hvilka alltså blott äro förlagda nedanför det tydliga medvetandets gräns och *endast graduelt* (icke väsentligt) skilja sig från de tydligt medvetna föreställningarne. Schopenhauer kommer sålunda i dessa båda, för öfrigt för hans filosofi fullkomligt betydelselösa betraktelser lika litet till det sanna begreppet om den absolut omedvetna föreställningen som på ett annat ställe, der han talar om det särskilda medvetandet hos underordnade nervcentra i organismen (W. a. W. u. V. II. 291). — I alla fall erbjuder det Schopenhauerska systemet en anknytningspunkt för den verkliga, absolut omedvetna föreställningen, men endast just der, hvarest det blir sig sjelft otroget och sätter sig i motsägelse mot sig sjelft, i det att *idén*, hvilken det ursprungligen antager vara blott ett annat slag af det cerebrala intellektets åskådning, öfvergår till en den reala individuationen föregående och densamma betingande metafysisk väsenhet (jfr. uppsatsen: »Ueber die nothwendige Umbildung der Schopenhauerschen Philosophie aus ihrem Grundprincip heraus» i mina »Gesammelte philosophische Abhandlungen, N:o III. Berlin, C. Dunckers förlag 1872). Men härom är Schopenhauer sjelf alldeles okunnig, så att det t. ex. aldrig faller honom in att använda idén för att förklara ändamålsenligheten i naturen, hvilken han snarare på äkta idealistiskt sätt fattar som ett blott och bart subjektivt sken, som uppkommer genom den reala enhetens upplösning till ett bredvid hvartannat och efter hvartannat i rum och tid, hvarvid då den väsentliga enheten i form af ett väsentligen alldeles icke existerande teleologiskt sammanhang lyser igenom, så att det vore alldeles bakvändt, att i naturens ändamålsenliga verksamhet söka något *förnuft*. Men dervid märker han alldeles icke, att den omedvetna naturviljan eo ipso förutsätter en omedveten föreställning såsom ändamål, innehåll eller föremål för sig sjelf, utan hvilken hon vore tom, obestämd och innehållslös; sålunda beter sig då den omedvetna viljan i de skarpsinniga och lärorika betraktelserna öfver instinkten, könskärleken, könslifvet o. s. v. noga taget alltid så, *som om* hon vore förbunden med omedveten föreställning, utan att Schopenhauer menade eller ville medgifva detta. Visserligen kände Schopenhauer, hvilken i likhet med alla filosofer och menniskorna öfverhufvud vid framskriden ålder småningom mer och mer öfvergick från idealism till realism, i tysthet väl en viss nödvändighet att följa det steg, som Schelling längesedan tagit utöfver Fichte, nämligen steget från den subjektiva till den objektiva idealismen; men sjelf kunde han icke besluta sig för att uttryckligen frånsäga sig sin ungdoms ståndpunkt (specielt den första boken af hans hufvudverk), utan måste öfverlemna detta beslut åt sina lärjungar (Frauenstedt, Bahnsen). Så finna vi blott antydningar härom, hvilka, om de vidare utfördes, skulle rubba hela hans systems hittills varande ståndpunkt, t. ex. stället i Parerga 2:dra uppl. II. 291 (till hvilket friherre du Prel i Cottas »deutsche Vierteljahrsschrift» häft. 129 hänvisat), hvarest han antyder möjligheten, att efter döden en högre form af det kunskapstomma medvetandet kunde tillfalla den »i sig sjelf kunskapstomma viljan», i hvilket motsatsen mellan subjekt och objekt upphör. Men nu är allt medvetande eo ipso medvetande om ett objekt med mer eller mindre tydligt medveten hänsyftning på subjektets korrelativa begrepp, alltså ett *medvetande*, i hvilket denna motsats upphör, otänkbart; men väl är en *omedveten kunskap* utan detta objekt tänkbar, såsom Schopenhauer i sin skildring af den intuitiva idén redan kommit saken ganska nära (W. a. W. u. V 1 § 34. Jfr. äfven min ofvannämnda uppsats). Man skall alltså nödgas medgifva, att Schopenhauer här anat det riktiga, men gifvit det ett förvändt uttryck, och derigenom blifvit förhindrad att infoga denna iakttagelse på det enda möjliga stället i sitt system. Blott hans hätska fördom mot Schelling hindrade honom från att der finna allt, som brister honom och hvarefter han på detta ställe förgäfves sträfvar.

Först efter denna framställning af den europeiska filosofien vågar jag äfven hänvisa till den österländska, specielt Vedanta-filosofien. Likasom det ligger i den orientaliska naturen att mindre systematiskt genomföra, men lättare ana sig till det mest förborgade, och att vara tillgängligare för andens tysta ingifvelser, så finnas äfven i indernas och kinesernas filosofiska system ännu oupptagna skatter, hvilka ofta öfverraska mest derigenom, att de innehålla sanningar, till hvilka vi vesterländingar först nyligen efter mångtusenårig utveckling arbetat oss fram. I Vedanta-filosofien heter det absoluta Brahma; det har de tre attributen Sat (vara, substantialitet), C'it (absolut omedvetet vetande) och Ananda (intellektuelt lefnadsbegär). Som det absoluta vetandet heter Brahma C'aitanja (Schopenhauers eviga verldsöga, kunskapens absoluta subjekt, tillika alla kunskapsägande individers intelligibla jag: Kutasta-Giva Saksin). Det realas och idealas identitet betonas på det uttryckligaste: ty vore det ideala icke det reala, så vore det ju overkligt, och vore det reala icke det ideala, så nedsjönke det till död materia utan uppehållande kraft (Graul, Tamulische Bibliothek Bd I. s. 78 N:o 141). "*Skilnaden mellan kunskapsägare, kunskap och objekt för kunskap vetes icke i den högste anden,* snarare blir denna (Brahma) genom sig sjelf upplyst i följd af sitt enhälliga väsende, som är ande och lefnadsbegär». (Dersammast. s. 188 N:o 40). »*Läraren:* Denna rent andlige C'aitanja äger kunskap om alla kroppar. Men då han sjelf icke är kropp, är han äfven i ingenting för kunskap fattlig. — *Lärjungen:* Då han, ehuru vetande, *dock af ingen kunskap är fattlig*, huru kan han då just *vara vetande?* — *Läraren:* Äfven sirapssaften bringar sig sjelf icke till erfarenhet, dock säga vi med hjelp af de med denna saft olikartade sinnena, som hafva kunskap om henne, att hon är af söt natur. Så bör man också icke betvifla, att vetandet tillkommer det om alla ting kunskapsägande sjelf (såsom dess substans). — *Lärjungen:* Är då Brahma något, hvarom man har kunskap eller icke har kunskap? — *Läraren:* Ingendera delen. Det som ligger utom dessa båda kategorier (det substantiella vetandet), det är Brahma. — *Lärjungen:* Huru kunna vi då hafva kunskap härom? — *Läraren:* Det är ju alldeles, som om någon ville säga: Har jag en tunga eller icke? Ehuru *delaktig af vetande*, frågar du dock: Hvadan är vetandet? Blyges du icke?» (Sammast. s. 148 N:o 2.) Det absoluta vetandet är sålunda hvarken medvetet om sig sjelft (emedan det ej äger någon differens mellan subjekt och objekt), ej heller omedelbart medvetet för en annan, emedan det ligger utom det direkt kunskapsmöjligas sfer; likväl är det i enlighet med sin existens för vår kunskap fattligt, emedan det i allt vetande är sjelfva vetandet, i all kunskap det kunskapsägande, och är till och med för oss i enlighet med sin beskaffenhet, om äfven blott negativt (genom föregående betraktelse), fattbart som omedvetet och oinskränkt vetande. — Det omedvetna är i denna gammalindiska bok om Vedanta-filosofien (Pancadasaprakarana) i sjelfva verket så skarpt och noga karakteriseradt, som hos knapt någon af de nyaste europeiska tänkarne.

Vända vi nu tillbaka till de senare, så förstår *Herbart* med »medvetslösa föreställningar» sådana, »som äro i *medvetandet*, utan att man *sjelf* är medveten om dem» (Werke V. s. 342), d. v. s. utan att man betraktar dem »som sina egna och anknyter dem till jaget», eller med andra ord utan att man sätter dem i förbindelse med *sjelfmedvetandet*. Detta begrepp erbjuder ingen fara för förvexling med det verkligt omedvetna; deremot måste man, till följd af de af Fechner gjorda användningarne, fästa afseende vid ett annat af Herbart behandladt begrepp, nämligen det om »föreställningar nedom medvetandets gräns», hvilka endast representera en från realiserandet mer eller mindre aflägsen *sträfvan* efter föreställning, men sjelfva äro »alls icke något verkligt föreställande», snarare betyda för medvetandet icke en gång intet, utan »en omöjlig storhet» (Herbarts Werke V. s. 339—342). Herbart ledde sig till detta svårfattliga begrepp derigenom, att han i enlighet med Leibniz' åskådningssätt ville fasthålla en kontinuitet uti af- och tilltagandet i öfvergången från medvetandets verkliga föreställningar till sådana, som slumra i minnet, och omvändt, och ej heller ville uppgifva möjligheten af ett på hvartannat verkande hos dessa slumrande föreställningar i minnet, men det oaktadt icke kunde nedlåta sig till en materialistisk förklaring af dessa processer på så sätt, att han i dem skulle hafva sett blott materiella hjernprocesser af en för uppväckandet af medvetande icke tillräcklig styrka.

Men nu är det på vetenskapens närvarande ståndpunkt icke svårt att inse, att de s. k. slumrande minnesföreställningarne alldeles icke äro föreställningar in actu, i verksamhet, utan blott hjernans *dispositioner* till dessa föreställningars lättare uppkomst. Likasom en sträng vid alla luftvibrationer, som träffa honom, om han öfverhufvud af desamma bringas till att ljuda, alltid med samma ton ger resonans, likasom han ger tonen a eller c, allt efter som han är stämd till a eller c, så uppstår äfven i hjernan den ena eller andra föreställningen lättare, allt efter som hjernmolekylernas fördelning och spänning är så beskaffad, att de lättare med den ena eller andra arten af vibrationer svara på en motsvarande retning; och likasom strängen ger resonans icke blott på de vibrationer, som äro homologa med hans egna vibrationer, utan äfven på sådana, som antingen blott föga afvika från desamma, eller stå i ett enkelt rationelt förhållande till dem, så uppväckas äfven vibrationerna hos de predisponerade molekylerna i en hjerncell icke blott genom *ett* slag af ditledda vibrationer, utan äfven genom föga afvikande eller med predispositionen i ett enkelt sammanhang stående retningar. Detta sammanhang kan man i idéassociationslagarne få kunskap om. Hvad som hos strängen utgör ljudet, det är hos hjernan den blifvande förändringen, som lemnar efter sig en liflig föreställning efter sitt försvinnande i molekylernas fördelning och spänning. Om redan dessa predispositioner hos hjernan äro af största vigt, då på de aflösta hjernvibrationernas form förnimmelsens innehåll beror, med hvilken förnimmelse själen reagerar, så att å ena sidan hela *minnet* beror på dem, och å andra sidan individens *karakter* väsentligen betingas af summan af de sålunda förvärfvade, respektive ärfda predispositionerna (jfr. Kap. C. X), så är dock en sådan hvilande materiel lagring af molekylerna, hvilken predisponerar för uppkomsten af vissa föreställningar, icke att beteckna som *föreställning*, ehuru den under vissa omständigheter kan medverka som vilkor för uppkomsten af en föreställning, och till och med en medveten föreställning. Då det nu icke kan blifva fråga om en oändlig fortvaro af engång i hjernan uppväckta vibrationer, utan snarare de starka derstädes förhandenvarande motstånden måste inom ändlig och till och med tämligen kort tid bringa hvarje rörelse till hvila, så skulle det af Herbart antagna föreställningens omedvetna tillstånd blott kunna blifva beståndande inom de gränser, hvilka äro gifna å ena sidan genom rörelsens upphörande och å andra sidan genom upphörandet af den medvetna föreställningen vid hjernvibrationernas fortvarande rörelse, under förutsättning att båda gränserna icke sammanfalla. Frågan är alltså:

1) om *hvarje* styrka af hjernvibrationer uppväcker föreställning, eller om föreställningen begynner först då dessa nått en viss styrka, och

2) om genom hvarje styrka af hjernvibrationer *medveten* föreställning uppväckes, eller om detta sker först vid en viss styrka.

Dessa frågor har Fechner i sitt utmärkta arbete »Psychophysik» närmare behandlat. Hans tankegång är följande: Icke hvarje sinlig retning framkallar sinlig förnimmelse, utan blott då den har en viss styrka, som kallas *retningsintensitet;* en ljudande klocka t. ex. låter höra sig endast inom ett visst afstånd. Förena sig flera likartade, hvar för sig icke förnimbara retningar, så uppstå medvetna förnimmelser; t. ex. genom flera, på samma gång ljudande aflägsna klockor, hvilka man hvar för sig icke skulle kunna höra, eller genom bladens susning i skogen. Nu skulle man visserligen kunna förklara detta så, att retningen innan hon når intensiteten icke åstadkommer någon förnimmelse endast derför, att hon icke är tillräckligt stark att öfvervinna det motstånd, som de till centralorganet ledande nerverna och sinnesorganet göra, men att själen med motsvarande förnimmelse reagerar mot den minsta till sjelfva centrum hunna retning. Men detta antagande är ensamt icke tillräckligt, då det icke låter tillämpa sig på förnimmelse*skilnaderna*. Ty olika starka retningar af samma slag åstadkomma olika förnimmelser; dock måste äfven här retningarnes skilnad öfverskrida ett visst mått, om förnimmelserna skola förnimmas såsom olika. Här kunna uppenbart icke ledningsorganens motstånd göras ansvariga för företeelsen, då *hvar och en* af förnimmelserna är tillräckligt stark för att öfvervinna desamma. Men å andra sidan kunna icke heller olika principer för retningsintensitet och skilnadsintensitet göras gällande, då det första fallet *låter tillämpa sig* på det andra fallet, om i det senare den ena retningen sättes = 0. Sålunda återstår blott det antagandet, att vibrationerna *i centrum* måste öfverskrida en viss gräns, innan förnimmelsen följer. Hvad som härvid gäller för den sinliga förnimmelsen gäller naturligtvis för hvarje annan föreställning, och är sålunda den andra frågan afgjord. Den frågan står åter, huruvida retningarne, som ännu icke nått intensiteten, *öfverhufvud* bringa själen till en reaktion, hvilken då vore omedveten förnimmelse eller föreställning, eller om själens reaktion begynner först då intensiteten inträder.

Men vi lyssna vidare till Fechner. Den s. k. Weberska lagen lyder: »Två likartade förnimmelseskilnader förhålla sig som de respektive retningarnes qvotienter», och den af Fechner härur högst snillrikt kombinerade formeln lyder: $\gamma = k \log \frac{\beta}{b}$, hvarest γ är förnimmelsen vid retningen β, b retningsintensiteten, d. v. s. retningens värde, vid hvars minsta öfverskridande γ öfverskrider värdet 0, och k är en konstant, som anger förhållandet mellan måttenheterna β och γ. (J. J. Müller ger en högst intressant *teleologisk* härledning af denna formel i Berichte der Kgl. sächs. Akad. der Wissenschaften, december 1870, hvaruti han uppvisar, att *endast vid detta* förhållande mellan retning och förnimmelse »den genom retningarnes olikhet betingade förnimmelseskilnaden är oberoende af retbarheten, och den genom retbarhetens olikhet betingade förnimmelseskilnaden oberoende af retningen», de enda två betingelser, under hvilka medvetandet är i stånd att hålla isär och derigenom få kunskap om retningarnas och retbarhetens orsakliga olikheter). Blir nu β mindre än b, d. v. s. retningen mindre än retningsintensiteten, så blir γ negativt och sjunker så mycket mera under 0, som β sjunker under b (hos $\beta = 0$ är $\gamma = -\infty$).

Dessa negativa γ kallar nu Fechner »*omedvetna* fönimmelser», men äfven under fullt medvetande att i detta ord hafva blott en licentia i uttrycket, hvilken skall betyda, att förnimmelsen γ aflägsnar sig i samma mån från verkligheten, som γ sjunker mer och mer under 0, d. v. s. att der fordras *en alltid större tillväxt i retningen*, för att först åter frambringa nollvärdet hos γ och återföra detta till verklighetens gränser.

Om den reella betydelsen af det negativa tecknet framför γ, anmärker Fechner ganska riktigt, kan blott den förnuftsenliga jämförelsen mellan räkneformeln och erfarenhetens fakta lemna upplysning. Fördenskull tillbakavisar han här sidoblicken på värme och köld såsom alldeles obehörig och förbjuder att ur positiva och negativa γ härleda en algebraisk summa, alldeles på samma sätt som detta vid ytberäkningar genom rätvinkliga koordinater är otillåtet med de positiva och negativa ytorna. »Matematiskt kan motsatsen hos tecknen framför γ lika mycket hänföras till motsatsen mellan verklighet och icke-verklighet, som till den mellan tilltagandet och aftagandet eller riktningarne. — I polarkoordinaternas system betyder den motsatsen af en linies verklighet eller icke-verklighet, men så, att större negativa värden betyda ett *större aflägsnande från verkligheten* än smärre sådana. Det kan icke vara det ringaste hinder för att öfverföra det, som är giltigt för radius vector såsom en vinkels funktion, på förnimmelsen såsom en retnings funktion» (Psychophysik, II sid. 40). Hvad som här gäller för funktionens algebraiska uttryck gäller naturligtvis äfven för dennas geometriska åskådliggörande som kurva, hvarest den positiva och negativa delens synbara sammanhang på nytt skulle kunna vilseleda omdömet. Man ser, att det är svårt att finna ett betecknande uttryck för de negativa γ, hvilket icke gåfve anledning till något missförstånd; det bästa vore kanhända att säga rent ut »overklig förnimmelse». Imellertid kan icke Fechner drabbas af någon förebråelse för den vilkorliga användningen af ordet omedveten förnimmelse, då han icke som vi känner eller åtminstone icke erkänner det omedvetnas positiva betydelse. Men värre är det, att Fechner senare var så inkonseqvent, att han i sjelfva verket lät sig föras bakom ljuset genom de geometriska kurvornas sammanhang nedanom intensiteten, d. ä. kulminationspunkten, och kom att tala om ett realt sammanhang mellan olika individers medvetanden nedanom intensiteten. —

Jag har så utförligt vidrört denna sak, emedan jag ville fritaga mig ifrån förvexling med det Fechnerska begreppet om den omedvetna förnimmelsen, samt derjämte uttala min tillbörliga högaktning för det förträffliga verket och slutligen begagna mig af tillfället, att göra läsaren bekant med intensitetens begrepp, som inom vetenskapens mest olikartade områden är af så stor betydelse och som ej heller vi kunna undvara för våra undersökningar. Att det för öfrigt erfordras en viss styrka i hjernretningen, för att öfverhufvud tvinga själen till en reaktion, är från teleologisk synpunkt lätt att begripa; ty hvad skulle blifva af oss arma själar, om vi oupphörligt skulle reagera mot den oändliga mängden af oändligt små retningar, som ständigt omkretsa oss? Men om själen en gång reagerar mot en hjernretning, så är äfven eo ipso medvetandet gifvet, såsom visas i Kap. C. III; då kunna dessa reaktioner icke mer blifva omedvetna. Men ville man här återkomma till teorien om det oändligt lilla medvetandet, så vederlägges densamma helt enkelt genom det experiment, som visar, att den medvetna förnimmelsen *städse* aftager ända till det nollvärde, som retningsintensiteten motsvarar, alltså *genomlöper* de oändligt små värdena *i sjelfva verket ofvanom intensiteten*, hvarest verkligen ännu oändligt litet medvetande är förhanden, men med intensiteten sjelf blir 0, d. v. s. *absolut upphör;* jag hänvisar derom till Fechners verk.

Inom den nyare *naturvetenskapen* har det omedvetnas begrepp hittills vunnit föga insteg; ett berömvärdt undantag gör den bekante fysiologen Carus, hvilkens arbeten »Psyche» och »Physis» väsentligen innehålla en undersökning om det omedvetna i förhållande till kroppsligt och andligt lif. Huru vidt detta försök lyckats honom, och huru mycket jag vid mitt försök kan hafva lånat af honom, öfverlemnar jag åt läsarens afgörande. Likväl vill jag tillägga, att det omedvetnas begrepp här blifvit klart framstäldt i hela sin renhet, befriadt från hvarje aldrig så litet medvetande. — Förutom hos Carus har äfven i några andra specialundersökningar det omedvetnas begrepp tillvunnit sig någon giltighet, hvilken imellertid sällan blifvit utsträckt utom gränserna för det behandlade speciella området. Så finner sig t. ex. Perty i sin bok »Ueber das Seelenleben der Thiere» (Leipzig 1865) föranledd att härleda instinkten ur omedvetna moment, och likaså erkänner Wundt i sina »Beiträge zur Theorie der Sinneswahrnehmung» nödvändigheten att återföra sinnesvarseblifningens och öfverhufvud medvetandets uppkomst till omedvetna logiska processer, »då varseblifningsprocesserna äro af omedveten natur och endast deras *resultat* bruka hinna till medvetandet» (anf. st. sid. 436). »Förutsättningen af varseblifningsprocessernas *logiska* grund, säger han, är icke i högre grad en hypotes än hvarje annat antagande, som vi göra i afseende på naturföreteelsernas orsak; hon äger hvarje fast grundad teoris väsentliga fordran, att hon är det *enklaste* och tillika *mest passande*, under hvilket iakttagelsens fakta låta subsumera sig» (sid. 437). »Är den första akten af medvetande-blifvandet, hvilken ännu faller inom det omedvetna lifvet, redan en slutprocess, så är dermed lagen för logisk utveckling gifven äfven för detta omedvetna lif, det är uppvisadt, att det finnes icke blott ett medvetet, utan äfven ett omedvetet *tänkande*. Vi tro oss härmed hafva fullständigt ådagalagt, icke blott att antagandet af omedvetna logiska processer är i stånd att *förklara* varseblifningsprocessernas resultat, utan äfven att detsamma i sjelfva verket *riktigt angifver dessa processers verkliga natur*, ehuru processerna sjelfva icke äro tillgängliga för vår omedelbara iakttagelse» (sid. 438). Wundt vet ganska väl, att uttrycket »omedveten slutföljd» är oegentligt; »först *öfverflyttad till det medvetna* lifvet antager varseblifningens psykiska process slutföljdens form» (sid. 169); fördenskull försiggå äfven de omedvetet-logiska processerna »med så stor *säkerhet* och hos alla menniskor med så stor *likmässighet*», som det vore omöjligt vid medvetna slutföljder, der det finnes möjlighet att taga miste (sid. 169). »Vår själ är så lyckligt anlagd, att hon bereder oss kunskapens vigtigaste fundament, medan vi ej hafva den ringaste aning om det arbete, hvarmed saken sker. *Likasom ett främmande väsen* framstår denna omedvetna själ, som skaffar och förbereder *för oss*, för att slutligen lägga de *mogna frukterna* i vårt sköte» (sid. 375).

Helmholtz ansluter sig i det väsentligaste till dessa åsigter, ehuru han, försigtigare än Wundt, håller sig mera till utsidan af saken. I alla fall medgifver han så mycket, att »man måste träda något åt sidan om den psykologiska analysens vanligtvis beträdda vägar, för att öfvertyga sig om, att man härvid verkligen har att göra med samma art af andlig verksamhet, som är verksam i de vanligen så kallade slutföljderna» (Populäre wissenschaftliche Vorträge, II s. 92). Han söker skilnaden blott i den yttre beskaffenheten, att de medvetna slutföljderna operera med *ord* (hvad som icke är fallet hos djur och döfstumma), då deremot de omedvetna slutföljderna eller induktionerna blott hafva att göra med *förnimmelser*, erinringsbilder och åskådningar (hvarvid man omöjligt kan inse, hvarför då de senare »aldrig kunna uttryckas i den vanliga formen af en logiskt analyserad slutföljd»). Särskildt erkännande förtjenar Helmholtz derför, att han uttryckligen hänvisar derpå, att de medvetna slutföljderna efter fullständigt anskaffande och beredande af det erforderliga föreställningsmaterialet *alldeles* som de omedvetna slutföljderna »utan all sjelfständighet från vår sida» (d. v. s. från vårt medvetandes sida) träda oss till mötes lika tvingande som genom yttre naturmakt (s. 95). — Oberoende af de föregående fann sig äfven *Zöllner* nödsakad att antaga omedvetna slutföljder, då det gälde att förklara åtskilliga pseudoskopiska fenomen (jfr. Poggendorffs Annalen 1860, Bd 110 s. 500 ff., samt hans nyare verk »Ueber die Natur der Kometen; Beiträge zur Geschichte und Theorie der Erkenntniss», 2:dra uppl. Leipzig 1872). — Vidare erinras man lifligt om Wundts omedvetna själ, som likasom ett främmande väsen arbetar för oss, då *Bastian* börjar sina »Beiträge zur vergleichenden Physiologie» (Berlin 1868) med orden: »Att *icke vi* tänka, utan att *det tänker i oss*, är för hvar och en klart, som är van att vara uppmärksam på hvad som föregår i oss». Men detta *det* ligger i det omedvetna, såsom tydligen framgår af sidd. 120—121. Imellertid uttalar sig denne forskare endast i obestämda antydningar.

Äfven den moderna behandlingen af *historien* bär tydliga vittnen om, att Schellings och Hegels arbeten (om hvilka vi i Kap. B. X komma att tala) dock icke äro af nutiden helt och hållet förgätna. Så säger Freitag i förordet till 1:sta bandet af sina »Bilder aus der deutschen Vergangenheit»: »Alla stora skapelser af folkkraften, medfödd religion, sed, rätt, statsbildning äro för oss icke mera resultaten af enskilda män, de äro organiska skapelser af ett högre lif, hvilket i hvarje tid framträder endast genom individen och i hvarje tid sammanfattar i sig individernas andliga beskaffenhet till ett mäktigt helt.... Så må man väl, utan att dermed mena något mystiskt, tala om en *folksjäl* .... Men *icke mer medvetet*, icke så ändamålsenligt (?) och förståndigt, som mannens viljekraft, arbetar folkets lif. Det fria, förståndsmässiga i historien representerar mannen; folkkraften verkar oaflåtligt med det *dunkla tvånget* af en *urkraft*, och hennes andliga skapelser motsvara understundom i påfallande grad den *i tysthet skapande naturkraftens gestaltningsprocesser*, hvilken ur plantans frö framdrifver stjelk, blad och blomma». — Ett mera detaljeradt utförande af denna tanke ligger till grund för Lazarus' arbeten om folkens psykologi (jfr. min uppsats »Ueber das Wesen des Gesammtgeistes» i »Gesammelte philosophische Abhandlungen», N:o V).

Inom *estetiken* har isynnerhet Carriere framhållit den omedvetna verksamhetens betydelse, samt, med stöd af Schelling, uppvisat medveten och omedveten andeverksamhets i-hvartannat-varande såsom oumbärligt för hvarje konstnärlig skapelse. Ett intressant bidrag till det omedvetna inom estetiken lemnar Rötscher i en uppsats om det *demoniska* (»Dramaturgische und ästhetische Abhandlungen»).

På det erkännande, som det omedvetnas begrepp från många håll vunnit efter utgifvandet af detta arbetes 1:sta upplaga, kunna vi här naturligtvis icke vidare inlåta oss.

II.

Huru vi komma till antagandet af ändamål i naturen.

Ett af det omedvetnas vigtigaste och mest bekanta yttringssätt är instinkten, och denna hvilar på begreppet om ändamål; vi må fördenskull icke underlåta att för vår uppgift undersöka detta senare, och då en sådan undersökning icke lämpligt låter hänföra sig till afdeln. A, har jag gifvit henne sin plats här i inledningen. Visserligen skall den här följande behandlingen af ämnet lätteligen beskyllas för torrhet, och den som afskyr att arbeta sig fram genom sannolikhetsundersökningar, han må, om han för öfrigt redan på förhand är öfvertygad om det berättigade i antagandet af ändamål i naturen, lemna detta kapitel alldeles å sido. Dock måste jag tillägga, att sättet, hvarpå denna så vigtiga fråga här åtminstone till den *formella* sidan föres till en hypotetisk lösning, är, så vidt jag vet, icke allenast nytt, utan tillika det enda möjliga.

Hos många stora tänkare har ändamålsbegreppet spelat en högst vigtig roll och till en stor del utgjort grundvalen för deras system, så t. ex. hos Aristoteles, Leibniz; Kant måste naturligen frånkänna det realitet utom det medvetna tänkandet, då han icke tillerkände tiden en sådan (jfr. Trendelenburg: logische Untersuchungen, Kap. VIII, 5); den moderna materialismen förnekar likaledes denna realitet, emedan han förnekar själen utom den djuriska hjernan; inom den moderna naturvetenskapen har ändamålsbegreppet genom Baco med rätta råkat i misskredit, emedan det så ofta tjenat det tröga förnuftet såsom ett beqvämt medel, att spara sig mödan att söka efter de verkande orsakerna, och emedan inom den del af naturvetenskapen, som sysslar endast med materien, ändamålet, såsom en andlig orsak, måste lemnas å sido; Spinoza förblindades fullständigt inför naturändamålens faktum, emedan han trodde finaliteten stå i strid med den logiska nödvändigheten — under det hon dock är med henne identisk —; och Darwinismen förnekar ändamålsenligheten i naturen visserligen icke såsom faktum, men såsom princip, och tror sig kunna begripa dess faktiska tillvaro såsom *resultat* af en oandlig kausalitet — likasom vore kausaliteten sjelf någonting annat än en för oss endast genom fakta (icke principielt af sig sjelf) begriplig *logisk* nödvändighet, och likasom om ändamålsenligheten, hvilken aktuelt först efter längre förmedling framträder såsom resultat, icke redan från början måste vara dessa förmedlingars prius såsom anlag eller princip! Men när å ena sidan en så stor och så ärlig tänkare som Spinoza ser sig nödsakad att förneka ändamålet, under det att å andra sidan hos många tänkare ändamålet spelar en så framstående roll, och till och med fritänkaren Voltaire icke vågar resonnera bort ändamålen ur naturen, huru olämpliga och oförenliga de än voro med hans öfvertygelse öfverhufvud, så måste det dock vara ett alldeles egendomligt förhållande med den saken.

Begreppet om ändamål bildar sig närmast ur de erfarenheter, som man gör i sin egen medvetna själsverksamhet. Ett ändamål är för mig en af mig föreställd och velad framtida händelse, hvars förverkligande jag icke är i stånd att åstadkomma direkt, utan endast genom kausala mellanleder (medel). Om jag icke *föreställer* mig den framtida händelsen, så existerar hon icke för mig i närvarande stund; om jag icke *vill* henne, så åsyftar jag henne icke, utan hon är mig likgiltig; om jag kan *direkt* förverkliga henne, så bortfaller den kausala mellanleden, medlet, och dermed försvinner äfven begreppet ändamål, som står endast i relation till begreppet medel, ty handlingen framgår då omedelbart ur viljan. I det jag inser, att jag icke är i stånd att direkt förverkliga min vilja, och fattar medlet såsom verkande orsak till ändamålet, blir för mig målets viljande motiv, d. v. s. verkande orsak för medlets viljande; detta blir verkande orsak för medlets förverkligande genom min handling, och det förverkligade medlet blir verkande orsak till målets förverkligande. Sålunda hafva vi en trefaldig kausalitet mellan de fyra lederna: målets viljande, medlets viljande, medlets förverkligande, målets förverkligande. Endast i sällsynta fall skall allt detta förblifva inom rent subjektivt andligt område, t. ex. vid författandet af en dikt, det tankliga utarbetandet af en annan konstnärlig konception, eller hvilket annat tankearbete som helst; mestadels finna vi deremot af de fyra skilda arterna af kausalitet tre omedelbart framstälda, nämligen kausalitet mellan andlig och andlig process (målets viljande, medlets viljande), andlig och materiel process (medlets viljande och förverkligande), och mellan materiel och materiel process (medel och mål). Äfven den fjerde arten af kausalitet: mellan materiel och andlig process förekommer härvid rätt ofta, men hon ligger då före vår betraktelses början i motiveringen af målets viljande genom sinnesintryck. Man finner häraf, att sambandet mellan veladt och förverkligadt mål eller finaliteten ingalunda är något *jämte* eller till och med *i trots af* kausaliteten bestående, utan att hon är blott ett bestämdt samband mellan de skilda arterna af kausalitet, på det sätt, att begynnelseleden och slutleden äro desamma, endast den ena ideal och den andra real, den ena i den velade föreställningen, den andra i verkligheten. Långt ifrån att upphäfva kausalitetslagens undantagslöshet, *förutsätter hon snarare densamma*, och detta icke blott för materien inbördes, utan äfven mellan ande och materie, mellan ande och ande. Deraf framgår, att hon regerar friheten i den enskilda empiriska själsakten och ställer äfven honom under kausalitetslagens nödvändighet. Detta må för dem, som förneka finaliteten, gälla som en föranmärkning till min framställning.

Vi vilja nu antaga, att man iakttagit M såsom verkande orsak till Z, och att, i det moment M inträder, samtliga förhandenvarande materiella omständigheter konstaterats såsom n. n. Vidare antaga vi såsom gifvet, att M måste hafva en tillräcklig verkande orsak. Nu äro 3 fall möjliga: antingen innehålles den tillräckliga orsaken till M i n. n., eller erhåller hon sin fullständighet genom andra materiella omständigheter, hvilka undgått iakttagelsen, eller är slutligen den tillräckliga orsaken till M öfverhufvud icke möjlig att finna på materielt område, måste således sökas på andligt. Andra fallet motsäges af antagandet, att samtliga materiella omständigheter, som omedelbart föregå uppkomsten af M, innehållas i n. n. Om detta vilkor äfven i all sin stränghet är ouppfyllbart, då hela verldssystemet vore derunder begripet, så är det dock lätt att inse, att de fall måste vara sällsynta, då väsentliga betingelser kunna ligga utom en trång lokal krets för processen, och alla oväsentliga omständigheter behöfva icke tagas i betraktande. Den väsentliga omständigheten t. ex., hvarför spindeln spinner, skall ingen söka utom spindeln sjelf. Antaga vi sålunda den sannolikheten, att någon för processen väsentlig materiel omständighet icke vore åsyftad och följaktligen i n. n. icke innehållen, vara så ringa, att hon kan lemnas alldeles å sido*, så återstå blott de båda fallen, att den tillräckliga orsaken antingen innehålles i n. n., eller är af andlig natur. Att det ena *eller* det andra fallet måste äga rum, är alltså numera visst, ty summan af deras sannolikheter är $=1$ (hvilket betyder visshet). Antages nu den sannolikheten, att M förorsakadt genom n. n. är $= \frac{1}{x}$, så är följaktligen sannolikheten, att det har en andlig orsak $= 1 - \frac{1}{x} = \frac{x-1}{x}$; ju mindre $\frac{1}{x}$ blir, desto större blir x, desto mer närmar sig $\frac{x-1}{x}$ till 1, d. v. s. till vissheten. Sannolikheten $\frac{1}{x}$ skulle blifva $= 0$, om man hade i händerna det direkta beviset för, att M icke är förorsakadt genom n. n.; om man nämligen kunde konstatera ett fall, der n. n. är förhanden och M icke inträdt. Detta är med hela n. n. visserligen omöjligt, då hvarje andlig orsak behöfver materiella anknytningspunkter, men det skall dock ofta lyckas att eliminera åtminstone några eller flera af omständigheterna n. n., och ju färre af vilkoren n. n. måste betraktas såsom sådana, vid hvars förhandenvaro händelsen M

* Härvid har man att städse ihågkomma, att för en allvetande gifves det i händelserna öfverhufvud ingen sannolikhet, utan blott nödvändighet, och att endast vår okunnighet möjliggör ovissheten, hvilken är vilkoret för hvarje sannolikhetskalkyl. Blott då vår okunnighet blir relativt allt för stor i förhållande till vetandet, som vi antaga såsom kalkylens utgångspunkt, blott då blir det sannolika felet, som hvarje sannolikhetskoëfficient i sig innehåller, så stort, att det gör densammas värde illusoriskt. Men å andra sidan, då de sannolika felen i början hålla sig inom tillbörliga gränser, blir det sannolika felet i resultatet i våra exempel ytterst ringa.

hvarje gång inträder, desto lättare blir det att bestämma sannolikheten, att de icke innehålla den tillräckliga orsaken till M.

För tydlighetens skuld vilja vi anföra ett exempel.

Att äggets rufning är orsaken till fågelungens framkomst, är ett iakttaget faktum. De före rufningen (M) omedelbart föregående materiella vilkoren (n. n.) äro äggets tillvaro och beskaffenhet, fågelns tillvaro och kroppskonstitution, samt temperaturen på det ställe, der ägget ligger; andra väsentliga vilkor äro otänkbara. Den sannolikheten är högst ringa, att dessa vilkor äro tillräckliga, för att förmå den muntra, lifliga fågeln att lemna sitt vanliga och honom af instinkten pålagda lefnadssätt och underkasta sig ett långvarigt stillasittande öfver äggen; ty om också det ökade blodtilloppet i underlifvet måste framkalla en stegrad känsla af värme, så blir likväl denna genom stillasittandet i det varma nästet på de blodvarma äggen icke minskad, utan stegrad. Härmed är redan sannolikheten $\frac{1}{x}$ bestämd såsom ganska liten, alltså $\frac{x-1}{x}$ såsom nära 1. Men tänka vi oss den andra frågan, huruvida ett fall är oss bekant, der fågel och ägg äro desamma, men rufningen likväl icke äger rum, så möta oss främst fåglar, som hafva häckat i varma rufningshus och underlåtit rufningen; så rufvar strutsen sina ägg endast om natten i det heta Nigritien. Härmed hafva vi funnit, att af vilkoren n. n. fågel och ägg icke äro tillräckliga orsaker för rufningen (M), och såsom det enda materiella vilkoret, hvilket skulle kunna göra orsaken tillräcklig eller fullständig, återstår endast temperaturen i nästet. Ingen skall anse för sannolikt, att den lägre temperaturen är den *direkta* anledningen till rufningsprocessen, följaktligen har för rufningsprocessen förhandenvaron af en andlig orsak, genom hvilken först temperaturens konstaterade inflytande på processen måste tänkas *förmedladt*, blifvit så godt som visshet, ehuruväl frågan om den närmare beskaffenheten af dessa andliga orsaker härmed ännu är fullkomligt outredd.

Icke alltid är det så lätt att bestämma sannolikheten som här, och endast i sällsynta fall skall denna bestämning vid ett enkelt M komma visshetens gränser så nära. Men derför kommer oss det till hjelp, att M, den iakttagna orsaken till Z, mestadels icke är enkelt, utan består af skilda, af hvarandra oberoende* händelser, P_1, P_2, P_3, P_4 etc. Om vi nu först åter utesluta förbiseendet af väsentliga, materiella vilkor, så hafva vi att utforska:

Sannolikheten

* Att konstatera de samverkande betingelsernas verkliga *oafhängighet* af hvarandra i ett bestämdt gifvet fall, kan ofta vara ganska svårt och blifva en hufvudsaklig källa till villfarelse; men denna materiella svårighet i den praktiska användningen angår oss alldeles icke här, hvarest det blott är fråga om fastställandet af den ändamålsbegripande tankeprocessens formella sida.

att P_1 tillräckligt förorsakadt genom n. n. är $=\frac{1}{p_1}$

» P_2 » » » » » $=\frac{1}{p_2}$

» P_3 » » » » » $=\frac{1}{p_3}$

» P_4 » » » » » $=\frac{1}{p_4}$

Häraf följer sannolikheten, att M tillräckligt förorsakadt genom n. n. är $=\frac{1}{p_1 \cdot p_2 \cdot p_3 \cdot p_4}$. Ty M är summan af händelserna P_1, P_2, P_3, P_4, följaktligen om M skall vara förorsakadt genom n. n., *måste såväl* P_1, *som* P_2, *som* P_3, *som* P_4 vara liktidigt förorsakade genom n. n.; men denna sannolikhet är produkten af de enskilda sannolikheterna. (Om t. ex. sannolikheten att med första tärningen kasta 2:an är $=\frac{1}{6}$, och att med den andra kasta samma nummer likaledes är $=\frac{1}{6}$, så är sannolikheten att med bägge tärningarne på samma gång kasta 2:an $=\frac{1}{6} \cdot \frac{1}{6}$). Följaktligen är sannolikheten, att M icke är tillräckligt förorsakadt genom n. n., att der alltså fordras ännu en andlig orsak $= 1 - \frac{1}{p_1 \cdot p_2 \cdot p_3 \cdot p_4} = \frac{p_1 \cdot p_2 \cdot p_3 \cdot p_4 - 1}{p_1 \cdot p_2 \cdot p_3 \cdot p_4}$.

Här är alltså $p_1 \cdot p_2 \cdot p_3 \cdot p_4$ hvad förut x var, och man finner deraf, att p_1, p_2, p_3 och p_4 hvar för sig behöfva vara endast litet större än $\sqrt[4]{2} = 1{,}189$, således $\frac{1}{p_1}$, $\frac{1}{p_2}$, $\frac{1}{p_3}$ och $\frac{1}{p_4}$ hvardera litet mindre än 0,84, så blir $p_1 \cdot p_2 \cdot p_3 \cdot p_4$ såsom produkt af de 4 faktorerna redan större än 2, och $\frac{p_1 \cdot p_2 \cdot p_3 \cdot p_4 - 1}{p_1 \cdot p_2 \cdot p_3 \cdot p_4}$ större än $\frac{1}{2}$; d. v. s. med andra ord, om för de enskilda händelserna P_1, P_2, P_3, P_4 sannolikheten för en andlig orsak $(1 - \frac{1}{p}$ etc.) är endast ringa ($< 0{,}16$), så blir hon dock för deras summa M i samma mån betydligare, ju flera de enskilda händelser äro, som höra till M. Antagom t. ex., att sannolikheten af en andlig orsak är för hvar och en af dem i medeltal $=\frac{1}{5}=\left(1-\frac{1}{p}\right)$, så är $\frac{1}{p_1}=\frac{1}{p_2}=\frac{1}{p_3}=\frac{1}{p_4}=\frac{4}{5}=0{,}8$ alltså $\frac{1}{p_1 \cdot p_2 \cdot p_3 \cdot p_4} = 0{,}4096$ och $1 - \frac{1}{p_1 \cdot p_2 \cdot p_3 \cdot p_4} = 0{,}5904$, en ganska respektabel sannolikhet af ungefär $\frac{3}{5}$. Man inser lätteligen, att de delar af M, som alldeles säkert resultera endast af n. n., elimineras af sig sjelfva ur räkningen, då deras sannolikhet ingår som 1 i de öfrigas produkt, d. v. s. lemnar denna oförändrad. —

Vi vilja äfven härför betrakta ett exempel. Såsom orsak till seendet (Z) har man iakttagit en komplex (M) af betingelser (P_1, P_2, P_3, P_4), af hvilka de vigtigaste äro: 1) särskilda nervsträngar utgå från hjernan, hvilka äro så beskaffade, att hvarje retning, som träffar dem, i hjernan percipieras som ljusförnimmelse; 2) de utlöpa i en egendomligt bygd, mycket känslig nervhinna (retina); 3) framför densamma finnes en camera obscura; 4) denna cameras brännvidd är i allmänhet (utom hos i vattnet lefvande djur) afpassad efter brytningsförhållandet hos luften och ögats bulbus; 5) brännvidden kan genom olika starka kontraktioner för syndistanserna förändras från oändligheten till några tum; 6) ljusqvantiteten, som skall insläppas, regleras genom sammandragning och utvidgning af iris, hvarigenom tillika vid tydligt seende i full dager de periferiska strålarne afbländas; 7) ändpartierna i de stafvar eller tappar, som sammanhänga med nervernas ändar, hafva en så lagrad konstruktion, att hvarje dylikt ändparti förvandlar ljusvågor af en bestämd våglängd (färg) till stillastående vågor, och sålunda i den respektive nervprimitivfibrillen framkallar de fysiologiska färgvibrationerna; 8) ögonens duplicitet föranleder det stereoskopiska seendet i tredje dimensionen; 9) båda ögonen kunna genom särskilda nervsträngar och muskler samtidigt röras endast åt en och samma sida, alltså osymmetriskt i förhållande till musklerna; 10) synbildens ifrån periferien till centrum tilltagande tydlighet förhindrar uppmärksamhetens eljest oundvikliga splittring; 11) den tydliga synpunktens reflektoriska förflyttning åt synfältets ljusaste punkt underlättar synöfningen och uppkomsten af rumföreställningar i samband med den förra; 12) den städse nedrinnande tårfuktigheten bibehåller hornhinnans yta genomskinlig och bortför damkorn; 13) ögonens i hufvudskålen insänkta läge, de vid hvarje fara sig reflektoriskt tillslutande ögonlocken, ögonhåren och ögonbrynen skydda synorganen från att hastigt göras obrukbara genom yttre inverkningar.

Alla dessa 13 betingelser äro nödvändiga för det normala seendet och dess bestånd; de äro alla redan vid barnets födelse förhanden, om de också ännu icke äro för användning öfvade; de före deras uppkomst föregående och dem beledsagande omständigheterna (n. n.) äro alltså att söka i kopulationen och fosterlifvet. Men det skall väl aldrig lyckas fysiologerna, att ens med den ringatse sannolikhet i det befruktade äggets groddskifva och de tillströmmande modersafterna uppvisa de tillräckliga orsakerna för alla dessa betingelsers uppkomst; man kan icke begripa, hvarför barnet icke skall utveckla sig utan synnerver eller utan ögon. Om vi nu antaga, att man härvid stödde sig på vår okunnighet, ehuruväl detta är en dålig grund för positiva sannolikheter, och antoge för hvar och en af de 13 betingelserna en tämligen hög sannolikhet, att hon måste utveckla sig ur embryolifvets materiella betingelser, exempelvis i medeltal $\frac{9}{10}$ (hvilket redan är en sannolikhet, som få af våra säkraste kunskaper äga), så är dock sannolikheten, att *alla* dessa betingelser följa ur embryolifvets materiella förhållanden, $0,9^{13} = 0,254$, alltså sannolikheten, att för denna komplex måste fordras en andlig orsak $= 0,746$, d. v. s. nästan $\frac{3}{4}$; men i sjelfva verket äro de enskilda sannolikheterna kanske $= 0,25$ eller på sin höjd 0,5, och i följd deraf sannolikheten af en andlig orsak för det hela $= 0,9999985$, respektive 0,99988, d. v. s. visshet.

Vi hafva på detta sätt lärt, huru man *från materiella processer kan sluta tillbaka till andliga orsakers medverkan, utan att dessa senare ligga i öppen dag för den omedelbara kunskapen.* Härifrån till kunskap om finaliteten är nu endast ett steg. En andlig *orsak* för materiella händelser kan bestå endast i andlig *verksamhet*, och det är en sanning, att der anden skall verka utåt, der måste vilja finnas, och föreställning kan icke saknas om det, *som* viljan vill, såsom närmare skall visas i Kap. A. IV. Den andliga orsaken är alltså vilja i förening med föreställning, nämligen föreställningen om den materiella processen, som skall verkställas (M). Vi antaga här för korthetens skuld, att M framgår *direkt* ur en andlig orsak, hvilket ingalunda är nödvändigt. Vi fråga vidare: hvad kan vara orsaken dertill, att M är *viljans objekt?* Här brister hvarje kausal tråd, om vi icke tillgripa det ganska enkla och naturliga antagandet: viljandet af Z. Att Z icke såsom real existens, utan endast idealiter, d. v. s. såsom föreställning kan influera på processen, är sjelfklart enligt den satsen, att orsaken måste till tiden föregå verkan. Men att viljandet af Z är ett tillräckligt motiv för viljandet af M, är likaledes en sjelfklar sats, ty den, som vill fullborda verkan, måste äfven vilja fullborda orsaken. Visserligen hafva vi i detta antagande endast så till vida en egentlig förklaring, att viljandet af Z är oss begripligare än viljandet af M i och för sig. Viljandet af Z måste alltså antingen i förverkligandet af sig sjelft hafva sitt tillräckliga motiv, eller i viljande af Z_1, hvilket Z_1 såsom verkan följer på Z; härvid upprepar sig då samma betraktelse. Ju evidentare det sista motivet är, vid hvilket vi måste stanna, desto sannolikare blir det, att viljandet af Z är orsak till viljandet af M. — Att detta i sjelfva verket är gången af vår betraktelse i fråga om ändamålen i naturen, är lätt att inse. Vi hafva t. ex. sett, att fågeln rufvar sina ägg, emedan han vill rufva. Med detta torftiga resultat måste vi antingen låta oss nöja och afstå från hvarje förklaring, eller måste vi fråga, hvarför är rufningen viljans objekt? Svar: emedan fågelungens utveckling och rufning är viljans objekt. Här befinna vi oss i samma belägenhet; vi fråga alltså vidare: hvarför är fågelungens utveckling viljans objekt? Svar: emedan fortplantningen är viljans objekt; denna, emedan slägtets längre bestånd trots individernas korta lifslopp är viljans objekt; och härmed hafva vi ett motiv, som tillsvidare kan tillfredsställa oss. Vi skola följaktligen vara berättigade att antaga, att viljandet af fågelungens utveckling, som (likgiltigt, om direkt eller indirekt) är orsak till rufningens viljande, är det åsyftade målet genom rufningen såsom medel. (Här är icke fråga om, huruvida detta mål är fågeln medvetet eller icke, ehuru detta i fråga om en ensamt uppfödd fågelunge omöjligt kan antagas, ty hvarifrån skulle han hafva erhållit den medvetna kännedomen om rufningens verkan?). Visserligen står ännu den möjligheten åter, att en andlig orsak ligger till grund för händelsen M, utan att densamma vore motiverad genom viljandet af Z, följaktligen skall sannolikheten, att Z är *det åsyftade målet*, vara en produkt af sannolikheten, att M har en andlig orsak $\left(1 - \frac{1}{x}\right)$, och deraf, att denna andliga orsak har viljandet af Z till orsak $\frac{1}{y}$; men produkten $\left(1 - \frac{1}{x}\right)\frac{1}{y}$ måste naturligen vara mindre än hvar och en af faktorerna, då hvarje sannolikhet är mindre än 1. Äfven här kan sannolikheten betydligt förstoras, om man betraktar de enskilda betingelserna (P_1, P_2, P_3, P_4), af hvilka M vanligen sammansättes. Sannolikheten, att Z är åsyftadt genom P_1, är enligt det föregående $\left(1 - \frac{1}{p_1}\right)\frac{1}{q_1}$, om $\frac{1}{q_1}$ är sannolikheten, att den andliga orsaken har *viljandet* af Z till orsak; sålunda är sannolikheten, att P *icke* har Z till mål $= 1 - \left(1 - \frac{1}{p_1}\right)\frac{1}{q_1}$; följaktligen är sannolikheten, att *hvarken* P_1, *eller* P_2, *eller* P_3, *eller* P_4 har Z till mål, d. v. s. att Z på intet vis genom M åsyftadt är = produkten af de enskilda sannolikheterna

$$= \left[1 - \left(1 - \frac{1}{p_1}\right)\frac{1}{q_1}\right]\left[1 - \left(1 - \frac{1}{p_2}\right)\frac{1}{q_2}\right] [\text{etc.},$$

$$\text{eller} = \prod_{1...n}\left(1 - \left(1 - \frac{1}{p_1}\right)\frac{1}{q_1}\right),$$

följaktligen är sannolikheten, att M med någon af sina delar åsyftar Z, d. v. s. sannolikheten, att Z öfverhufvud är målet för M, liksom denna storhets supplement till 1, $= 1 - \prod_{1...n}\left(1 - \left(1 - \frac{1}{p_1}\right)\frac{1}{q_1}\right.$; $\frac{1}{p_1}$, $\frac{1}{p_2}$ etc. äro äkta bråk, likaså $\frac{1}{q_1}$, $\frac{1}{q_2}$ etc., följaktligen också $1 - \frac{1}{p_1}$, och $\left(1 - \frac{1}{p_1}\right)\frac{1}{q_1}$, och $1 - \left(1 - \frac{1}{p_1}\right)\frac{1}{q_1}$ och alla motsvarande, följaktligen också deras produkt $\prod_{1...n}\left(1 - \left(1 - \frac{1}{p_1}\right)\frac{1}{q_1}\right.$; deraf följer, att denna produkt blir så mycket mindre, ju större antalet n blir; ty om n växer med 1, så är den nya tillkommande faktorn $1 - \left(1 - \frac{1}{p^{n+1}}\right)\frac{1}{q^{n+1}}$; denna faktor är likasom produkten ett äkta bråk, alltså måste produkten af båda vara ett äkta bråk, som är mindre än hvar och en af båda faktorerna, h. s. b. — Deraf, att $\prod_{1...n}($ med växande n blir mindre, följer nu, att $1 - \prod_{...n}($ med växande n blir större; alltså växer äfven denna sannolikhet med antalet af de betingelser, af hvilka M är sammansatt. Antag att $\left(1 - \frac{1}{p_1}\right)\frac{1}{q_1}$, $\left(1 - \frac{1}{p_2}\right)\frac{1}{q_2}$ etc. är i medeltal $= \frac{1}{4}$, d. v. s. att sannolikheten, att hvar och en särskild af betingelserna för Z åsyftar detta, är i medeltal $= \frac{1}{4}$, således redan mycket osannolik. Då är $1 - \left(1 - \frac{1}{p}\right)\frac{1}{q}$ i medeltal $= \frac{3}{4}$, detta till endast fjerde potensen ger $\frac{81}{256}$, således $1 - \left[1 - \left(1 - \frac{1}{p}\right)\frac{1}{q}\right)^4 = \frac{175}{256} =$ öfver $\frac{2}{3}$; d. v. s. der framgår i allmänhet redan en rätt vacker sannolikhet, ty man vinner ännu, om man håller 2 mot 1 på målets bestånd. Användningen på exemplet om seendet är påtaglig.

Vi hafva häraf lärt, att i all synnerhet sådana verkningar kunna med säkerhet erkännas såsom mål, hvilka behöfva en större komplex af orsaker för sitt åvägabringande, hvaraf hvar och en har en viss sannolikhet, att vara medel för detta mål. Det är fördenskull intet under, att just de allmännaste företeelserna i naturen sedan långliga tider hafva funnit det mest odelade erkännande såsom mål. Så t. ex. den organiska naturens existens och bestånd såsom målet för sina egna, liksom äfven för den oorganiska naturens inrättningar. Här samverka just en oändlig mängd orsaker, för att trygga denna verkan i sin helhet, organismernas bestånd. Så vidt dessa orsaker ligga i organismerna sjelfva, dela de sig i sådana, som medföra individens, och sådana, som medföra slägtets bibehållande. Också hafva väl sällan dessa båda punkter blifvit misskända såsom naturens mål. Om vi nu kalla ett sådant med största möjliga visshet erkändt mål Z, så veta vi, att ingen af dess många orsaker får saknas, om det skall uppnås, således t. ex. icke heller M. Då jag nu vet, att Z och M bägge *före* deras reala existens varit viljans och föreställningens objekt, och jag finner, att för åvägabringandet af M bland andra den yttre orsaken M_1 är erforderlig, så erhåller det antagandet, att också M_1 *före* dess reala existens var viljans och föreställningens objekt, genom denna tillbakagående slutledning en viss sannolikhet. Ty M kan vara förverkligadt genom omedelbar inverkan af en andlig orsak, eller medelbart, i det att det följer ur materiella orsaker, af hvilka några eller flera äro andligt förorsakade: i båda fallen kan M_1 före sin reala existens såsom medel för målet M hafva varit viljans eller föreställningens objekt. I senare fallet är detta utan vidare tydligt, men äfven i det förra fallet utesluter icke den omedelbara inverkan af en andlig orsak vid förverkligandet af M, att äfven de materiella orsakerna till M, alltså ock M_1, till större eller mindre del åter uppkommit ur andliga orsaker, som hade M och Z till mål; sådant är i sjelfva verket inom den organiska naturen det normala sakförhållandet. Sålunda framgår i alla händelser ur denna tillbakagående slutledning en viss sannolikhet, att äfven M_1 blifvit åsyftadt, och om denna också i och för sig icke kan vara stor, så är hon dock icke för ty en icke föraktlig tillökning i den direkt vunna graden af sannolikhet, då detta understöd icke blott kommer alla följande grader till godo, utan äfven upprepar sig vid hvar och en särskildt.

Man finner af dessa betraktelser, att de vägar, på hvilka man lär känna ändamål i naturen, äro på mångfaldigt sätt kombinerade. Det kan visserligen icke i verkligheten blifva fråga om att använda dylika räkneoperationer, men de äro egnade att förklara principerna, efter hvilka den logiska processen rörande denna sak mer eller mindre omedvetet försiggår hos hvar och en, som noggrant öfvertänker saken och icke på förhand ger sitt omdöme från en upphöjd systematisk ståndpunkt. De i detta kapitel anförda *exemplen* skola icke tjena som bevis för teleologiens sanning, utan endast att förtydliga och åskådliggöra den abstrakta framställningen, hvilken likaledes säkerligen icke skall omvända någon af motståndarne till antagandet af ändamål i naturen, ty sådant kunna endast exempel *i massa;* men de skola kanhända förmå mången, som trott sig för klok att antaga ändamål i naturen, att omsorgsfullare och fördomsfriare öfverväga exempel i den syftningen; och att i den meningen förbereda undersökningarnes afdelning A, var också detta kapitels enda ändamål.

A.

Det omedvetnas företeelse i det kroppsliga.

Materialisternas bemödanden gå ut på att visa, att alla fenomen, äfven de andliga, äro fysiska: detta med rätta. Men de inse icke, att allt fysiskt å andra sidan på samma gång är metafysiskt.

Schopenhauer.

I.

Den omedvetna viljan i de sjelfständiga ryggmärgs- och gangliefunktionerna.

Den tiden är förbi, då man som motsats mot den fria menniskan uppstälde djuren såsom vandrande maskiner, såsom automater utan själ. Ett grundligare studium af djurens lif, det ifriga bemödandet att lära känna deras språk och motiven för deras handlingar har visat, att menniskan skiljer sig från de högsta djuren endast till graden, liksom djuren sinsemellan, men icke till arten af andlig begåfning; att hon i kraft af denna högre begåfning åt sig skapat ett fullkomligare språk och härigenom under loppet af generationer förvärfvat den perfektibilitet, hvilken djuren sakna just till följd af deras ofullkomliga medel att meddela sig. Vi hafva således numera kommit till insigt derom, att vi ej kunna jämföra en menniska, som inhämtat nutidens bildning, med djuren, utan att vara orättvisa mot dessa, utan endast sådana folkslag, som blott föga aflägsnat sig från det tillstånd, hvari de utgingo ur naturens hand, ty vi veta, att äfven vår egen genom högre anlag framstående ras i en forntid varit hvad dessa folk äro ännu i dag, och att den nu lefvande generationens högre hjern- och själsanlag endast till följd af den lag, som äfven låter det förvärfvade gå i arf, småningom uppnått denna höga ståndpunkt. Sålunda framställer sig djurriket för oss såsom en sluten serie af varelser, behäftade med en genomgående analogi; de andliga grundförmögenheterna måste hos alla till sitt väsen vara desamma, och hvad som hos de högre synes såsom nyuppkomna förmögenheter är blott secundära förmögenheter, hvilka utvecklas genom de gemensamma grundförmögenheternas högre utbildning i vissa riktningar. Dessa andens fundamental- eller urförmögenheter hos alla varelser äro viljandet och föreställandet, ty känslan låter sig utveckla (såsom jag i Kap. B. III skall visa) ur dessa båda med tillhjelp af det omedvetna.

I detta kapitel tala vi endast om viljan. Att det, som vi tro oss känna såsom den omedelbara orsaken till våra handlingar och hvilket vi benämna vilja, att just detta äfven lefver i djurens medvetande såsom det kausala momentet i deras handlingar, och äfven här måste få namn af vilja, lider väl intet tvifvel, såvida man ej vill vara så förnäm (såsom vid begreppen äta, dricka och föda), att för samma sak i fråga om djuren använda andra ord (i tyska språket i fråga om menniskan »essen», »trinken», »gebären», i fråga om djuren »fressen», »saufen», »werfen»). Hunden *vill* icke skiljas från sin herre, han *vill* rädda barnet, som fallit i vattnet, från den honom välbekanta döden, fågeln *vill* icke låta sina ungar skadas, hannen *vill* icke dela besittningen af sin hona med någon annan hanne, o. s. v. — Jag vet väl, att många finnas, som tro sig upphöja menniskan, då de förklara så mycket som möjligt hos djuren, synnerligast de lägre, såsom reflexverkan. Om dessa härvid taga begreppet reflexverkan i dess vanliga fysiologiska bemärkelse såsom en ofrivillig reaktion mot en yttre retning, så kan man väl säga, att de säkert aldrig gifvit akt på djuren, eller ock att de äro blinda med seende ögon; men om de utvidga begreppet reflexverkan utöfver dess vanliga fysiologiska betydelse till dess verkliga omfång, så hafva de visserligen rätt, men de glömma då endast: för det första, att äfven menniskan lefver och verkar i idel reflexverkningar, att hvarje viljeyttring är en reflexverkan, för det andra åter, att *hvarje* reflexverkan är en viljeyttring, såsom visas i Kap. V.

Må vi således tillsvidare bibehålla den vanliga, inskränktare betydelsen af reflex, och tala endast om sådana viljeyttringar, som ej äro reflexer i denna bemärkelse, således icke ofrivilliga reaktioner af organismen vid yttre retningar. Det finnes hufvudsakligen tvänne kännetecken, på hvilka man kan skilja viljan från reflexverkningarne, det första är affekten och det andra är konseqvensen i utförandet af en föresats. Reflexerna försiggå mekaniskt och affektlöst, men det fordras ej särdeles mycken fysionomik, för att äfven hos de lägre djuren tydligen varseblifva tillvaron af affekter. Som bekant föra många arter bland myrorna krig med hvarandra, i hvilka den ena staten öfvervinner den andra och gör dess borgare till slafvar, för att genom dem låta sina egna arbeten fullgöras. Dessa krig utföras af en krigarkast, hvars medlemmar äro större och starkare och utrustade med kraftigare mandibler än de öfriga myrorna. Man behöfver blott en gång hafva sett, huru en sådan armé rycker fram mot den fiendtliga bygnaden, huru arbetarne draga sig tillbaka och krigarne komma ut, för att upptaga striden, med hvilken förbittring der kämpas och huru efter slagets olyckliga utgång bygnadens arbetare gifva sig till fånga, så skall man icke längre tvifla, att detta förut öfvertänkta röfvaretåg ådagalägger en mycket bestämd vilja och har intet gemensamt med reflexverkningar. Liknande är förhållandet med svärmar af rofbin.

Reflexverkan försvinner och upprepar sig, allt efter som den yttre retningen upphäfves eller fortfar, men hon kan icke fatta en föresats, som hon under förändrade yttre omständigheter med för ändamålet lämplig förändring af medlen fullföljer under en längre tid. Om t. ex. en halshuggen groda, som legat stilla en lång stund efter operationen, plötsligt börjar att göra simrörelser eller att hoppa bort, så skulle man ännu kunna vara böjd att anse detta såsom blott och bart fysiologiska reflexverkningar, framkallade genom luftens retning på de genomskurna nervändarne; men om grodan vid olika försök, under inverkan af samma retning på samma ställe af huden, på olika sätt, men lika ändamålsenligt öfvervinner olika hinder, om hon rör sig i en bestämd riktning och, rubbad ur denna riktning, städse söker att med sällsport envishet återvinna denna riktning, om hon gömmer sig under skåp och i andra skrymslen, synbarligen för att söka skydd undan sina förföljare, så föreligga här omisskänligt icke-reflektoriska viljeyttringar, rörande hvilka till och med fysiologen Goltz med rätta af sina sorgfälliga försök drager den slutsatsen, att man icke kan undgå att antaga tillvaron af en intelligens, hvilken ej är fästad vid stora hjernan, utan som för de olika funktionerna är bunden vid olika centralorgan (t. ex. vid bedömandet af frågan om jämnvigten i fyrhögarne).

Af detta exempel från den halshuggna grodan och alla ryggradslösa djurs (t. ex. insekternas) vilja framgår, att för viljans åstadkommande är *alldeles ingen hjerna* af nöden. Då hos de ryggradslösa djuren svalganglierna ersätta hjernan, måste vi antaga, att dessa också äro tillfyllest för viljeakten, och hos grodan måste lilla hjernan och ryggmärgen hafva företrädt stora hjernans förrättningar. Men det är icke till de ryggradslösa djurens svalganglier allena, som vi måste inskränka viljan, ty då hos en på tvären stympad insekt den främre delen fortsätter tuggningsprocessen, och hos en annan likaledes styckad insekt den bakre delen fortsätter parningsakten, ja då till och med rofhöskräckor, hvilka man beröfvat hufvudet, ännu dagar igenom, alldeles som hade ingen skada tillfogats dem, uppsöka sina honor, finna och para sig med dem, så är det väl tydligt, att födans tuggande varit en akt af svalgringen, men att viljan att para sig åtminstone i dessa fall varit en akt af andra gangliekuutar i bålen. Samma viljans sjelfständighet i de särskilda gangliekuutarne hos ett och samma djur finna vi deri, att hos en styckad tvestjert vanligen, hos den australiska myran regelmässigt bägge halfvorna vända sig mot hvarandra och under omisskänliga affekter af vrede och stridslust i raseri söka tillintetgöra hvarandra med sina käkar, resp. tänger. Men till ganglierna allena skola vi icke kunna inskränka viljeverksamheten, ty vi finna viljeakter till och med hos dessa lågt stående djur, der anatomens mikroskop ännu icke upptäckt något spår vare sig af muskelfibrin, eller af nerver, utan i stället derför funnit endast det Mulderska fibroinet (numera kalladt protoplasma), och der förmodligen djurets halfflytande, slemmiga kroppssubstans liksom under de första stadierna af fosterutvecklingen redan i underordnadt mått uppfyller sjelfva de betingelser, hvilka nervsubstansen har att tacka för sin retbarhet, sin ledningsverksamhet och medlande förmåga för viljeakternas framträdande, nämligen molekylernas lätta förskjutbarhet och polariserbarhet. Om man håller en polyp i ett glas vatten och ställer detta så, att en del af vattnet är belyst af solen, men en annan icke, så förflyttar sig polypen genast från den oupplysta till den belysta delen af vattenglaset. Ditsläpper man vidare ett infusionsdjur, och närmar sig detta polypen på några få liniers afstånd, så varseblir han detsamma, vete Gud genom hvilket medel, och framkallar med sina armar en ström i vattnet för att föra det till sin munöppning. Närmar sig honom deremot ett dödt infusionsdjur, en liten mikroskopisk växt, eller ett damkorn på samma afstånd, så bekymrar han sig alldeles icke derom. Polypen varseblir alltså det lilla djuret, om det är lefvande, sluter deraf, att det är för honom tjenligt till föda, och träffar anstalter för att bringa det till sin mun. Icke sällan finner man två polyper i förbittrad kamp om ett och samma byte. En genom så fin sinnesvarseblifning motiverad och så tydligt framträdande vilja skall ingen mer kunna gifva namn af reflex i vanlig mening; det måste då också vara reflex, när trädgårdsmästaren böjer ned en trädgren för att komma åt de mogna frukterna. Då der sålunda uppenbara sig viljeakter hos nervlösa djur, skola vi helt visst icke kunna tveka att härleda dessa akter från gangliers verksamhet.

Detta resultat vinner äfven stöd af den komparativa anatomien, som lär, att hjernan är ett konglomerat af ganglier i förening med ledande nerver, äfvensom att ryggmärgen i sin gråa centralsubstans likaledes utgör en serie af sinsimellan sammanvuxna ganglieknutar. Hos leddjuren visar sig först ett svagt analogon till hjerna i form af två genom svalgringen sammanhängande nervknutar, och ryggmärgen motsvaras hos dem af den så kallade bukkedjan, hvilken likaledes utgöres af ganglionära uppsvällningar, som äro förenade genom finare strängar och af hvilka hvar och en motsvarar en kroppsled eller ett fotpar. Analogt med detta antaga fysiologerna lika många sjelfständiga centralställen i ryggmärgen, som der från densamma utgå par af spinalnerver. Bland ryggradsdjuren finnas till och med fiskar, hvars hjerna och ryggmärg utgöras af ett antal ganglier, som följa tätt efter hvarandra i en rad. Centralorganets sammansättning af flera ganglier under insekternas metamorfos är ej längre en hypotes, utan en faktiskt bevisad sanning, ty hos dem uppträda vissa ganglier, som under djurets fullbildade tillstånd smält tillsamman till en enhet, i larvstadiet såsom fullkomligt skilda från hvarandra.

Dessa fakta torde vara tillräckliga, för att bevisa väsenslikheten mellan hjerna och ganglier, mellan hjernvilja och ganglievilja. Men då nu ganglierna hos lägre djur hafva sin sjelfständiga vilja, då ryggmärgen hos en halshuggen groda har den, hvarför skola då de så mycket högre organiserade ganglierna och ryggmärgen hos de högre djuren och menniskan icke också hafva sin vilja? Då hos insekterna viljan att förtära födan har sitt säte i de främre, viljan att para sig i de bakre ganglierna, hvarför skall man då icke hos menniskan för hennes vilja få antaga en sådan arbetets fördelning? Eller vore det tänkbart, att samma naturföreteelse i ofullkomlig gestalt visar en hög grad af verksamhet, som helt och hållet saknas henne i fullkomlig gestalt? Eller skulle månne hos menniskan ledningen vara så god, att hvarje ganglievilja genast leddes till hjernan och från den i hjernan frambragta viljan omärkligt trädde i medvetandet? Detta kan måhända för ryggmärgens öfre delar vara till en viss grad sant, men för alla öfriga säkerligen icke, då ju redan de känselintryck, som utgå från underlifvets gangliesystem, äro så svaga, att de knappast förnimmas. Vi blifva sålunda nödsakade, att äfven för ganglierna och ryggmärgen hos menniskan antaga en sjelfständig vilja, hvars yttringar vi blott hafva att empiriskt uppvisa. Att hos de högre djuren muskelrörelserna, som åstadkomma de yttre handlingarne, mer och mer blifva lilla hjernan underkastade och dymedelst centraliseras, är en känd sak, vi skola alltså i detta hänseende framleta färre fakta, och detta är också grunden dertill, att fysiologerna hittills föga medgifvit gangliesystemets sjelfständighet hos de högre djuren, ehuru de nyaste forskarne försvarat den. De viljeakter deremot, hvilka verkligen äro att tillskrifva ganglierna, har man vanligen tänkt sig såsom reflexverkningar, hvars impulser skulle ligga i organismen sjelf, hvilka impulser ovilkorligt supponerades i de fall, då de icke kunde påvisas. Till en del må dessa antaganden vara riktiga, i sådant fall komma de inom kapitlet om reflexverkningarne; men en stor del är det i hvarje händelse icke, och för öfrigt kan det icke vara olämpligt att här från viljans ståndpunkt betrakta, hvad som är reflexverkningar, då sedermera skall visas, att hvarje reflexverkan innehåller en omedveten vilja.

De sjelfständigt, d. v. s. utan hjernans och ryggmärgens medverkan af det sympatiska nervsystemet ledda rörelserna äro: 1) hjertats slag, 2) magens och tarmens rörelse, 3) inelfvornas, kärlens och senornas tonus, 4) en stor del af de vegetativa processerna, för så vidt som de äro beroende af nervverksamhet. Hjertats slag, arterernas tonus och tarmens rörelser framte den intermitterande, de öfriga den kontinuerliga typen af rörelse. Hjertats slag begynner, såsom man ses på ett blottadt grodhjerta, vid den kontraktila hålvenen, derefter följer kamrarnes, sedermera ventrikelns, slutligen bulbus' aortæ sammandragning. I ett utskuret och med saltvatten injicieradt grodhjerta fortsätta hjertganglierna ännu flera timmar sin funktion att framkalla hjertats slag. I tarmen begynner rörelsen vid undre delen af matstrupen och fortskrider maskformigt ofvanifrån nedåt, men en våg har knappast lupit ut, förrän den nästa begynner. Hafva icke dessa tarmrörelser den mest påfallande likhet med en masks krypande, endast med den skilnaden, att masken derigenom glider fram öfver underlaget, hvaremot här masken är upphängd, och underlaget (det inre), chymus och fæces skjutas undan, -- skulle det ena få namn af vilja och det andra icke? — Tonus är en lindrig muskelkontraktion, som oupphörligt hela lifvet igenom äger rum i alla muskler, till och med under sömnen och i tillstånd af vanmakt. I de muskler, som äro underkastade hjernviljans inflytande, åstadkommes den af ryggmärgen, och der framträda inga rörelser hos partierna blott fördenskull, att verkningarne af de motsatta musklerna (antagonistmusklerna) upphäfva hvarandra. Der fördenskull inga motsatta muskler finnas (såsom t. ex. förhållandet är med de ringformiga slutmusklerna), der är också kontraktionens utgång påtaglig och kan öfvervinnas endast genom de starkt påträngande massorna, då de söka komma ut. Inelfvornas, arterernas och venernas tonus beror på nervus sympathicus, och denna senare är för blodcirkulationen alldeles oumbärlig. — Hvad slutligen angår afsöndringen och nutritionen, så kunna nerverna hafva inflytande derpå dels genom kapillarkärlens utvidgning och sammandragning, dels genom de endosmotiska membranernas spänning och uttänjning, dels slutligen genom frambringandet af kemiska, elektriska och terniska strömningar; alla sådana funktioner ledas uteslutande af underordnade ganglier genom de bland alla kroppsnerver inmängda sympatiska nervtrådarne, hvilka skilja sig från de sensitiva och motoriska trådarne förnämligast genom en lägre grad af styrka.

De säkraste bevisen för gangliesystemets oafhängighet lemna oss Bidders experiment med grodor. Sedan ryggmärgen blifvit fullkomligt förstörd, lefde djuren ofta ännu sex, stundom tio veckor (under det hjertat pulserade mer och mer långsamt). Sedan hjernan och ryggmärgen, med undantag af förlängda märgen (för andedrägtens behof), blifvit förstörda, lefde de ännu sex dagar; när äfven denna blifvit förstörd, kunde man ännu under andra dygnet derefter iakttaga hjertats slag och blodets cirkulation. Grodor, hvars förlängda märg blifvit skonad, åto och digererade sina daggmaskar ännu efter sex och tjugo dagar, och under denna tid försiggick också urinafsöndringen regelmässigt.

Ryggmärgen (inklusive förlängda märgen) reglerar, förutom de vilkorliga musklernas redan omnämnda tonus, de vilkorliga musklernas alla ovilkorliga rörelser (om reflexrörelser se Kap. V) samt andedrägtsrörelserna. De senare hafva sitt centralorgan i förlängda märgen, och till dessa i högsta grad komplicerade rörelser medverka ej blott en stor del af spinalnerverna, utan äfven nervus phrenicus, n. accessorius Willisii, n. vagus och n. facialis. Om också hjernviljan för en kort tid är i stånd att påskynda eller dämpa andedrägtsrörelserna, så kan hon dock aldrig helt och hållet upphäfva dem, ty efter en kort paus vinner ryggmärgsviljan åter öfverhanden.

Att ryggmärgen är oberoende af hjernan, är likaledes ådagalagdt genom vackra fysiologiska försök. En höna, som Flourens beröfvat hela stora hjernan, satt vanligtvis alldeles orörlig på sin plats; men då hon sof, gömde hon hufvudet under vingen, då hon uppvaknade, skakade hon på sig och putsade sig med näbben. Då man gaf henne en stöt, skyndade hon att komma undan, då hon kastades i luften, flög hon. Sjelfmant åt hon ingenting, men då man stoppade föda i svalget på henne, svälјde hon denna. Voit upprepade samma försök med dufvor. Till en början förföllo de i djup sömn, ur hvilken de uppvaknade först efter några veckor; sedermera flögo de omkring och höllo sig sjelfmant i rörelse, och dervid betedde de sig så, att man icke kunde betvifla förhandenvaron af deras sinnesförnimmelser, endast med undantag af att förstånd saknades dem och de icke förtärde något af egen drift. När t. ex. en dufva med sin näbb stötte emot en fritt hängande träspole, lät hon under en hel timmes tid icke det ringaste bekymra sig derom, att den fram och åter svängande spolen oupphörligt stötte emot hennes näbb. Kaniner och marsvin, om de beröfvats stora hjernan, springa efter operationen fritt omkring; huru en halshuggen groda beter sig, hafva vi redan ofvan omnämnt. Alla dessa rörelser, såsom hönans skakning och putsning, kaninernas och grodornas kringtumlande, följa utan någon märkbar yttre impuls och likna samma rörelser hos friska djur så fullkomligt, att man omöjligen i båda fallen kan antaga en skilnad i den till grund för dem liggande principen; i ena som i andra fallet uppenbarar sig en viljeyttring. Men nu veta vi, att det högre djuriska medvetandet är beroende af stora hjernans integritet (se Kap. C. II), och om denna blifvit förstörd, så äro också dessa djur, som man säger, utan medvetande, de handla alltså omedvetet och vilja omedvetet. Imellertid är hjernmedvetandet ingalunda det enda medvetandet hos djuret, utan blott det högsta, och det enda, som hos de högre djuren och menniskan kommer till sjelfmedvetande, till *jaget*, fördenskull också det enda, som jag kan kalla *mitt* medvetande. — Men att äfven de underordnade nervcentra måste hafva ett medvetande, om ock af mindre klarhet, framgår helt enkelt af jämförelsen mellan den småningom uppstigande djurserien och de ryggradslösa djurens gangliemedvetande å ena sidan och å den andra de högre djurens sjelfständiga ganglier och ryggmärgens centrala delar.

Det är otvifvelaktigt, att ett däggdjur, som blifvit beröfvadt hjernan, är mäktigt af klarare förnimmelser än en alldeles oskadd insekt, ty ryggmärgens medvetande hos däggdjuret står i alla händelser högre än medvetandet hos insektens ganglier. Följaktligen kan ingalunda viljan, som uppenbarar sig i ryggmärgens och gangliernas sjelfständiga funktioner, utan vidare betraktas såsom omedveten i och för sig sjelf, snarare måste vi tills vidare antaga, att hon för de nervcentra, från hvilka hon utgår, blir klarare eller dunklare medveten; deremot är hon i förhållande till hjernmedvetandet, hvilket menniskan erkänner såsom uteslutande *sitt* medvetande, visserligen omedveten, och dermed är det också visadt, att *hos oss existerar en för oss omedveten vilja,* då ju dessa nervcentra alla innehållas i vår kroppsliga organism, alltså hos *oss*.

Det återstår till sist, att till dessa betraktelser knyta en anmärkning om den betydelse, hvari ordet vilja här fattas. Vi hafva utgått derifrån, att under detta ord förstå en medveten intention, i hvilken mening också detta ord gemenligen fattas. Men under gången af vår betraktelse hafva vi funnit, att hos en och samma individ, men i skilda nervcentra kunna existera flera eller färre af hvarandra oberoende medvetanden och flera eller färre af hvarandra oberoende viljor, af hvilka hvar och en kan vara medveten *på sin höjd* för det nervcentrum, genom hvilket hon yttrar sig. Härmed har den vanliga inskränkta betydelsen af vilja upphäft sig sjelf, ty jag måste nu också erkänna ännu en annan vilja *hos mig* än den, som genomlupit min hjerna och derigenom blifvit medveten för *mig*. Sedan denna skiljemur i betydelsen fallit, kunna vi ej undgå att fatta viljan såsom den immanenta orsaken till hvarje djurens rörelse, hvilken icke är uppkommen på reflektoriskt sätt. Också torde det vara det enda karakteristiska och osvikliga kännemärke på den för oss medvetna viljan, att hon är *orsak* till den förestälda handlingen; man finner numera, att det är någonting *för viljan tillfälligt*, om hon genomlöper *hjernmedvetandet* eller icke, hennes väsen förblifver dervid oförändradt. Hvad som här betecknas med ordet »vilja», det är alltså intet annat än den i båda fallen väsenslika principen. Men vill man särskildt genom beteckningssättet urskilja de båda arterna af vilja, så erbjuder språket för den medvetna viljan redan ett ord, som nära motsvarar detta begrepp; det är ordet val, hvaremot ordet vilja måste bibehållas för den allmänna principen. Viljan är som bekant resultanten af alla samtidiga begär; fullbordas denna begärens kamp i medvetandet, så framträder hon såsom väljande resultatet, eller såsom fritt *val*, då deremot den omedvetna viljans uppkomst undgår medvetandet, och valet bland begären följaktligen icke här kan inträda. Genom tillvaron i språket af uttrycket fritt val finner man, att folkmedvetandet redan för länge sedan haft aning om en vilja till ett *icke urvaldt* innehåll eller mål, hvars handlingar då också uppenbara sig för medvetandet icke såsom fria, utan såsom ett inre tvång.

Det ligger nära till hands att här åberopa oss på Schopenhauer såsom vår föregångare och det vidsträckta erkännande (till och med i utlandet), som dennes användning af ordet vilja redan vunnit; ty intet annat i tyska språket brukligt ord är bättre egnadt att beteckna den allmänna principen, hvarom det här och i det följande är fråga. »*Begärandet*» är ett ännu icke färdigt, först i sin uppkomst stadt viljande, emedan det är ensidigt och ännu icke stått andra begärelsers motståndsprof, det är endast en länk af viljandets psykologiska verkstad, icke det fullgiltiga uttrycket i dess helhet af hela individens (af högre eller lägre ordning) verksamhet, det är blott en viljandets *komponent*, som i följd af paralyseringen genom andra motsatta begärelser kan drifvas derhän att blifva velleitet. Om redan »begärandet» icke kan ersätta »viljandet», så är »*driften*» ännu mindre i stånd dertill, då den icke blott lider af samma ensidighet och partialitet som begärandet, utan äfven icke en gång som detta i sig innesluter aktualitetens begrepp, samt snarare blott framställer den *latenta dispositionen* till vissa ensidiga riktningar af verksamheten, hvilka, om de i följd af ett motiv framträda till aktualitet, *icke mer* kallas *drift*, utan *begärelser*. Hvarje drift betecknar alltså en bestämd sida icke af viljandet, utan af karakteren, d. v. s. densammas disposition att reagera mot vissa motivklasser med begärelser af bestämd riktning (t. ex. könsdrift, vandringsdrift, förvärfsdrift o. s. v.; jfr. de frenologiska »drifterna» eller »grundförmögenheterna»). Såsom specifika karaktersanlag gälla drifterna med rätta som de inre driffjädrarne till handlandet, likasom motiven som de yttre. Driften har alltså som sådan nödvändigt ett bestämdt konkret innehåll, hvilket är betingadt genom de fysiska predispositionerna hos den allmänna kroppskonstitutionen och centralnervsystemets molekylära konstitution; viljan deremot står som rörelsens och förändringens allmänna princip öfverhufvud *bakom* de konkreta dispositionerna, hvilka, tänkta såsom lifvade af viljan, kallas drifter, och hon verkar uti det resulterande viljandet, hvilket erhåller sitt specifika innehåll just genom denna motivens, drifternas och begärelsernas antydda psykologiska mekanism (jfr. Kap. B. IV.). Ehuru denna mekanism hos lägre djur och i de underordnade menskliga centralorganen förenklas i förhållande till den, som finnes i den menskliga hjernan, så är han dock förhanden och i synnerhet vid reflexrörelserna lätt märkbar. Äfven vid ryggmärgens och gangliernas sjelfständiga funktioner kan man t. ex. ganska väl kalla den genom arf medfödda materiella predispositionen hos förlängda märgen att förmedla respirationsrörelserna för en »respirationsdrift», om man blott icke förgäter, att bakom denna materiella disposition står viljans princip, utan hvilken princip den lika litet skulle träda i funktion, som någonsin den medfödda hjerndispositionen för medlidandet, och att utöfningen af respirationsrörelserna sjelf är ett verkligt *viljande*, hvars riktning och innehåll derjämte är betingadt af denna predisposition.

II.

Den omedvetna föreställningen vid utförandet af vilkorliga rörelser.

Jag vill sträcka min lillfinger och sträckningen äger rum. Röres månne fingern af viljan direkt? Nej, ty om armnerven blifvit afskuren, så kan viljan icke röra honom. Erfarenheten lär, att för hvarje rörelse gifves det blott ett enda ställe, nämligen de respektive nervtrådarnes centrala ändpunkt, som är i stånd att mottaga viljeimpulsen till den bestämda rörelsen i det bestämda partiet och att bringa denna i verkställighet. Har detta ställe blifvit skadadt, så är viljan lika maktlös öfver partiet, som då nervledningen från detta ställe till de respektive musklerna blifvit afbruten. Rörelseimpulsen sjelf, bortsedt från styrkan, kunna vi icke rimligtvis tänka oss olika för olika nerver, som skola retas, ty då retningen måste betraktas såsom likartad i alla motoriska nerver, så är förhållandet äfven detsamma med retningen i centrum, från hvilken strömmen utgår; följaktligen äro rörelserna endast så till vida olika, som olika motoriska nervtrådars centrala ändpunkter träffas af viljeimpulsen och derigenom olika muskelpartier nödgas sammandraga sig. Vi kunna sålunda tänka oss de motoriska nervtrådarnes centrala ändningsställen såsom en klaviatur i hjernan; anslaget är, bortsedt från styrkan, alltid detsamma, endast de anslagna strängarna äro olika. När jag således åsyftar en fullt bestämd rörelse, t. ex. lillfingerns sträckning, så beror det derpå, att jag tvingar de muskler att sammandraga sig, hvilka i sin kombinerade verksamhet frambringa denna rörelse, och att jag för det ändamålet med viljan slår an det ackord på hjernans klaviatur, hvars enskilda strängar sätta de respektive musklerna i rörelse. Blifva vid ackordet en eller flera oriktiga strängar anslagna, så uppkommer en rörelse, som icke motsvarar den åsyftade, t. ex. vid missägning, felskrifning, felstigning, små barns tafatthet o. s. v. Visserligen är antalet af de centrala nervsluten i hjernan betydligt mindre än af de motoriska trådarne i nerverna, ty genom egendomliga mekanismer (hvarom se Kap. V) drager en enda central tråd omsorgen om många periferiska trådars samtidiga retning; imellertid är dock antalet af de olika rörelser, som äro underkastade den medvetna viljans inflytande och följaktligen ledas af hjernan, redan för hvarje enskildt parti genom tusen små modifikationer i riktning och kombination stort nog, men för hela kroppen nästan omätligt, så att sannolikheten skulle vara oändligt liten, att den medvetna föreställningen om lillfingerns sträckning skulle utan kausal förmedling sammanträffa med dess verkliga sträckning. Det är påtagligt, att omedelbart kan den blotta andliga föreställningen om lillfingerns sträckning icke verka på de centrala nervsluten, då båda hafva med hvarandra alldeles intet att skaffa; blotta viljan såsom rörelseimpuls vore absolut blind och måste fördenskull åt en ren tillfällighet öfverlemna omsorgen att träffa just de rätta strängarne. Funnes der ingen kausal förbindelse öfverhufvud, så kunde öfningen härför icke uträtta ens det minsta; ty ingen finner i sitt medvetande en föreställning eller en känsla af denna oändliga mängd af centrala nervslut; alltså om tillfälligtvis en eller två gånger den medvetna föreställningen om fingerns sträckning skulle hafva sammanträffat med den utförda rörelsen, så skulle alldeles intet stöd för menniskans erfarenhet framgå häraf, och tredje gången, då hon vill sträcka fingern, skall anslaget af de riktiga strängarne blifva öfverlemnadt åt tillfälligheten lika mycket som i de förra fallen. Man finner således, att öfningen endast då kan göra något för sambandet mellan intention och utförande, när en kausal förmedling mellan båda är förhanden, under hvilken i sådant fall ofelbart öfvergången från ena leden till den andra underlättas genom processens upprepning; det blir följaktligen vår uppgift, att finna denna kausala förmedling; utan densamma vore öfning ett betydelselöst ord. Men för öfrigt är hon i de aldra flesta fall alldeles icke af nöden, nämligen hos nästan alla djur, hvilka redan vid sina första försök gå och springa lika skickligt, som efter långvarig öfning. Deraf framgår också vidare, att alla försök till förklaring äro otillfredsställande, hvilka inskjuta en sådan kausal förmedling, som kan påvisas endast genom tillfällig association af föreställning och rörelse; t. ex. vid en åsyftad rörelse skulle visserligen den medvetna muskelkänslan, som endast från föregående fall kan vinnas och i minnet inpräglas, kunna brukas såsom förklaring för menniskorna, men icke för den ojämförligt större delen af naturväsen, djuren, alldenstund de, redan innan de erfarit muskelkänsla, med förvånansvärd säkerhet utföra de mest omfattande rörelsekombinationer enligt den medvetna föreställningen om ändamålet; t. ex. en nyss utkrupen insekt, som ställer sina sex ben i ordning för att gå med sådan noggrannhet, som vore det för honom alldeles intet nytt, eller en nyss utkläckt kull rapphöns, som, rufvade af ett tamhöns i ladugården, regelmässigt trots alla försigtiga mått och steg genast veta riktigt begagna sig af sina bens rörelsemuskler, för att återvinna sina föräldrars frihet, äfvensom att bruka sin näbb, för att öppna och förtära en i deras väg kommen insekt, med sådan skicklighet, som hade de gjort detta redan hundra gånger förut.

Man skulle vidare kunna tänka sig, att hjernvibrationerna i den medvetna föreställningen: »jag vill sträcka lillfingern» försiggå på samma ställe i hjernan, der de respektive nervernas centralslut äro belägna; men detta är anatomiskt falskt, ty de medvetna föreställningarne hafva sitt läge i stora hjernan; de motoriska nervändarne åter antingen i förlängda märgen eller lilla hjernan. Lika litet kan en mekanisk ledning af den medvetna föreställningens vibrationer till nervsluten erbjuda någon förklaring för att just de riktiga strängarne blifva anslagna; man vore då alldeles nödsakad att antaga, att den medvetna föreställningen: »jag vill sträcka min lillfinger» försiggår på ett *annat ställe* i stora hjernan, än den andra medvetna föreställningen: »jag vill sträcka min pekfinger», och att hvart och ett ställe i stora hjernan, hvilket motsvarar en särskild föreställning öfver en rörelse hvilken som helst, som skall utföras, genom en medfödd mekanism står i samband endast med centralslutet af de motoriska nerver, hvilka äro behöfliga för dessa föreställningars utförande. Konseqvenserna af detta besynnerliga antagande skulle blifva ännu besynnerligare; t. ex. den medvetna föreställningen: »jag vill sträcka högra handens fem fingrar» måste *liktidigt* försiggå på de fem ställen i stora hjernan, hvilka tillhöra specialföreställningarne om de fem särskilda fingrarnes sträckning, då man dock snarare torde vara böjd att antaga, att föreställningarne, att vilja sträcka den eller de fingrarne, i tänkandets materiella substrat skola skilja sig från hvarandra genom en ringa modifikation i vibrationsformen såsom genom säkert inhägnade områden. Vore vidare de från en sådan medveten föreställning härrörande molekylvibrationernas fortplantning till de motoriska nervernas centralslut ensam tillräcklig, för att framkalla rörelsen, så måste en sådan medveten föreställning: »jag vill sträcka pekfingern» *alltid* frambringa rörelsen; vid en sådan genom ledningarnes fixering och isolering åstadkommen mekanism måste ej blott ett misstag vara *omöjligt*, utan då måste också denna viljans otroliga impuls vara öfverflödig, hvilken, såsom erfarenheten lär, ännu måste *komma till* denna medvetna föreställnings vibrationer, innan en verkan framträder. Vore intet misstag möjligt, då kunde man också icke heller tänka sig, att en rörelse, må vara genom hvilket inflytande som helst, skulle kunna utföras med större eller mindre säkerhet; öfningen skulle följaktligen också icke kunna hafva något inflytande på den kausala förmedlingen mellan medveten föreställning och utförd rörelse. Men denna deduktion motsäger erfarenheten lika som omöjligheten af ett misstag, och diskrediterar fördenskull hypotesen om en ledningsmekanism. Antaga vi åter, att der verkligen gåfves en sådan mekanism, så skulle materialismen vidare nödgas antaga, att han är ärfd och småningom genom öfning och vana uppstått hos någon af förfäderna. Men under förutsättning af en sådan tillkomsthistoria skulle vid den hvarje gång tillkommande delen af denna mekanism problemet om möjligheten af en kausal förening mellan medveten föreställning och rörelsens utförande dock åter dyka upp i den form, såsom det nu framställer sig för oss, nämligen *utan hjelp* af en redan bestående mekanism för det gifna fallet. Teorien om en ledningsmekanism skulle således endast *skjuta undan* vårt problem, icke *lösa* det, och den i det följande gifna *lösningen* skulle vara den enda möjliga till och med i det fall, att denna teori vore riktig.

För att slutligen än engång återkomma till antagandet af muskelkänsla vid en åsyftad rörelse på grund af erinring från föregående fall af tillfällig association, så visar sig denna förklaring icke blott ensidig och otillfredsställande, emedan hon på sin höjd skulle kunna göra anspråk på, att vilja förklara möjligheten af öfning och fullkomning vid en *redan bestående* kausal förbindelse, men icke denna sjelf, utan hon skjuter tillika problemet en smula åt sidan, derigenom att hon i sjelfva verket *ej en gång förklarar denna möjlighet.* Först insåg man nämligen icke, huru det skulle kunna tillgå, att de riktiga strängarne träffades genom viljeimpulsen; nu inser man icke, huru detsamma skall kunna äga rum genom föreställningen om muskelkänslan i fingern och underarmen, då det ena har lika litet som det andra att göra med läget af de motoriska nervernas ändpunkter i hjernan; men på dessa beror det, om det rätta resultatet skall framträda. Huru skall en föreställning, som har afseende på fingern, hafva något direkt gagn för urvalet af den punkt i hjernan, hvilken skall af viljan sättas i verksamhet? Att föreställningen om muskelkänsla *understundom*, men jämförelsevis sällan är förhanden, förnekar jag ingalunda; att hon, om hon är förhanden, *kan* vara en förmedlande öfvergångslänk till rörelsen, förnekar jag lika litet; men det förnekar jag, att man genom införandet af ett dylikt moment vunnit något för förklaringen af den sökta förbindelsen, — problemet står qvar nu som förr, skilnaden är blott, att det, så att säga, blifvit skjutet mera åt sidan. Detta antagande har föröfrigt så mycket mindre någon betydelse, som i de flesta fall, då denna muskelkänsla öfverhufvud existerar före rörelsen, hon existerar *omedvetet.*

Sammanfatta vi än engång hvad vi veta om problemet, då skall dess förklaring framställa sig af sig sjelf. Gifven är en vilja, hvars innehåll är den medvetna föreställningen om fingerns sträckning; erforderlig såsom medel för utförandet är en viljeimpuls, som verkar på den bestämda punkten P i hjernan; sökt är möjligheten, huru denna viljeimpuls träffar just punkten P och ingen annan. En mekanisk lösning genom vibrationernas fortplantning visade sig omöjlig, öfningen före problemets lösning befans vara ett tomt, meningslöst ord, antagandet af muskelkänsla såsom medveten kausal mellanlänk var ensidig och förmådde ingenting förklara. Af omöjligheten af en mekanisk materiel lösning följer, att mellanlederna måste vara af andlig natur, deraf, att tillräckliga medvetna mellanleder afgjordt icke äro förhanden, följer, att desamma måste vara omedvetna. Af nödvändigheten, att en viljeimpuls verkar på punkten P, följer, att den medvetna viljan, att sträcka fingern, frambringar en omedveten vilja, att reta punkten P, för att genom medlet, som är retningen af P, komma till målet, som är fingerns sträckning; och innehållet i denna vilja, att reta P, förutsätter i sin ordning den omedvetna föreställningen om punkten P (jfr. Kap. A. IV). Men föreställningen om punkten P kan bestå endast i föreställningen om hans läge i förhållande till de öfriga punkterna i hjernan, och härmed är också problemet löst: »hvarje vilkorlig rörelse förutsätter den omedvetna föreställningen om läget af de motsvarande motoriska nervsluten i hjernan.» Nu är det också begripligt, att djurens färdighet är dem medfödd, liksom också denna kännedom och konsten att använda den är dem medfödd, då deremot menniskan i följd af hennes vid födelsen ännu omogna och icke differentierade hjerna först småningom genom långvarig öfning kommer derhän, att för innervationens säkra färdighet göra bruk af sin medfödda omedvetna kännedom. Nu kan man också förstå, att muskelkänslan understundom kan uppträda såsom mellanled; framkallandet af denna muskelkänsla förhåller sig nämligen till fingerns sträckning såsom medlet till målet, likväl så, att hon står ännu ett steg närmare föreställningen om retningen af punkten P, än föreställningen om fingerns sträckning; hon är alltså ett intermediärt medel, som kan vara med, men hellre är frånvarande och, så att säga, öfverhoppas.

Såsom bevisadt resultat hafva vi sålunda att fasthålla, att hvarje om än aldrig så obetydlig rörelse, vare sig att hon är framgången ur medveten eller omedveten intention, förutsätter den omedvetna föreställningen om de tillhörande centrala nervsluten och den omedvetna viljan att frambringa retning. Härmed hafva vi på samma gång kommit långt utöfver de resultat, som vunnos i första kapitlet. Der (jfr. sid. 45) var blott fråga om det relativt omedvetna; der skulle läsaren endast vänja sig vid den tanken, att inom honom (såsom en enhetlig andlig kroppslig organism) existera andliga processer, om hvilka *hans* medvetande (d. v. s. hans hjernmedvetande) ingenting anar; nu åter hafva vi påträffat andliga processer, hvilka, om de i hjernan icke komma till medvetande, för organismens öfriga nervcentra icke heller kunna blifva medvetna, vi hafva alltså funnit något för hela individen omedvetet.

III.

Det omedvetna i instinkten.

Instinkt är ändamålsenligt handlande utan medvetande om ändamålet. — Ett ändamålsenligt handlande under medvetande af ändamålet, der alltså handlandet är ett resultat af öfverläggning, skall ingen benämna instinkt, lika litet som ett ändamålslöst blindt handlande, såsom rasande eller till raseri retade djurs vredesutbrott. — Jag tror icke, att mot den här ofvan gifna definitionen skulle kunna göras några invändningar af dem, som öfverhufvud antaga en instinkt; ty den som tror sig kunna hänföra alla djurens vanligen så kallade instinkthandlingar till medveten öfverläggning, den förnekar i sjelfva verket all instinkt och måste också, om han vill förfara konseqvent, ur sin ordbok stryka ordet instinkt. Härom framdeles.

Antaga vi nu tillvaron af instinktmässiga handlingar i den gifna definitionens mening, så skulle dessa kunna förklaras: 1) såsom blott och bart en följd af den kroppsliga organisationen, 2) såsom en af naturen inrättad hjern- eller själsmekanism, 3) såsom en följd af omedveten själsverksamhet. I de båda första fallen ligger föreställningen om ändamålet långt bakom, i det sistnämnda ligger hon omedelbart före sjelfva handlingen; i de båda förstnämnda kommer en engång för alla gifven inrättning såsom medel till bruk, och ändamålet tänkes endast en gång vid denna inrättnings åvägabringande, i det sista tänkes ändamålet i hvarje enskildt fall. Vi vilja betrakta de tre fallen i ordning.

Instinkten är *icke blott och bart följd af den kroppsliga organisationen*, ty: a) *instinkterna äro alldeles olika under fullkomligt likartad kroppskonstitution.* Alla spindlar hafva samma slags spinnapparat, men en art bygger strålformiga, en annan oregelmässiga nät, en tredje alldeles inga, utan lefver i hålor, hvars väggar han öfverspinner och hvars ingång han tillsluter med en dörr. För byggandet af sina bon hafva nästan alla fåglar i hufvudsak samma organisation (näbb och fötter), men deras nästen äro i oändlighet olikartade till sin form, bygnad, sättet för deras vidfästning (stående, fastmurade, hängande), förekomst (hålor, fördjupningar, vrår, buskar, jord) och godhet, likasom de ofta äro olikartade hos arter af ett och samma slägte, t. ex. Parus (mesarne). Många fåglar bygga alldeles intet näste. De flesta fåglar, som hafva simfötter, simma, men der finnas också några bland dem, som icke simma, t. ex. höglandsgässen, hvilka sällan eller aldrig gå i vattnet, eller fregattfågeln, som alltid sväfvar i luften och som ännu ingen utom Audubon sett sänka sig till hafsytan. Lika litet beror fåglarnes olikartade sätt att framdrilla sina toner på röstverktygens olikhet, eller biens och myrornas egendomliga bygnadssätt på deras kroppsorganisation; i alla dessa fall *möjliggör* endast organisationen sjungandet, resp. byggandet *öfverhufvud*, men har med *sättet* för utförandet intet att skaffa. Könsurvalet har med organisationen likaledes ingenting att skaffa, då könsdelarnes inrättning för hvarje djur hos otaliga främmande arter skulle passa lika bra som hos en individ af dess egen art. Ungarnes omvårdnad, skydd och uppfostran kan ännu mindre tänkas beroende af kroppsbeskaffenheten, lika litet som stället, der insekterna lägga sina ägg, eller urvalet af romkornsamlingarne af deras egen art, öfver hvilka fiskhannarne gjuta sin sperma. Kaninen gräfver gångar, haren icke, ehuru han har alldeles likartade verktyg för att kunna gräfva, men han är mindre i behof af underjordiska gömställen, emedan han med större snabbhet än den förre kan söka sin räddning i flykten. Några fåglar med snabb och uthållig flygt äro stannfåglar (t. ex. gladan och andra roffåglar), och många fåglar med medelmåttig flygförmåga (t. ex. vaktlarne) företaga de längsta flyttningar.

b) *Hos djur af olikartad organisation förekomma samma instinkter.* På träden lefva fåglar med och utan klätterfötter, apor med och utan rullsvans, ekorrar, sengångare, puma o. s. v. Mullvadssyrsan gräfver med sina skofvellika framfötter, dödsbudet gräfver utan någon derför särskild lämpad inrättning. Hamstern uppsamlar vinterförråd i sina 3 tum långa och 1½ tum breda kindpåsar, åkersorken gör detsamma utan särskildt inrättning. I vattnet lefva likaledes fåglar med och utan simfötter; åtminstone äro doppingar (Podiceps) och sothöns (Fulica) utmärkta vattenfåglar, ehuru deras tår endast äro kantade med en simhud. Fåglar med långt utvecklad tars och långa fria tår äro mestadels vadare, men med alldeles samma fotbildning är rörhönan (Ortygometra) nästan lika mycket vattenfågel som sothönset, och ängsknarren (Crex) nästan lika mycket landfågel som vakteln och rapphönan. Flyttningsdriften ger sig tillkänna hos djur af de mest skilda ordningar med lika styrka, med hvilka medel de än anträda sitt tåg i vattnet, på land eller i luften.

Man måste efter detta nödgas medgifva, att instinkten är i hög grad oberoende af den kroppsliga organisationen. Att den kroppsliga organisationen till en viss grad är conditio sine qua non för utförandet, är sjelfklart, ty t. ex. utan könsdelar är ingen befruktning möjlig, utan vissa lämpliga organ ingen konstnärlig bygnad, utan spinnkörtlar inga spindlar; men oaktadt detta skall man icke kunna säga, att organisationen är instinktens *orsak*. I organets blotta förhandenvaro ligger ännu *icke det ringaste motiv* för utöfningen af en motsvarande verksamhet, dertill måste ännu komma *åtminstone* en känsla af välbehag vid organets bruk, först denna kan då verka såsom motiv för verksamheten. Men äfven då, när känslan af välbehag gifver impulsen till verksamhet, är endast denna verksamhets *faktum*, icke hennes *sätt* genom organisationen bestämdt; men verksamhetens sätt innehåller just problemet, som skall lösas. Ingen menniska skulle kalla det instinkt, om spindeln utgöte saften ur sin öfverfulla spinnkörtel, för att skaffa sig den välbehagliga känslan af uttömning, eller om fisken af samma orsak tömde sin sperma helt enkelt i vattnet; instinkten och det underbara deri börjar först med det, att spindeln spinner trådar och gör af trådarne ett nät, eller att fisken gjuter sin sperma endast öfver ägg af sin egen art. Slutligen är känslan af välbehag i organens bruk ett alldeles otillräckligt motiv för verksamheten sjelf; ty det är just det märkliga och häpnadsväckande i instinkten, att hans bud åtlydas med åsidosättande af allt personligt välbefinnande, ja stundom med lifvets uppoffring. Vore blotta välbehaget i spinnkörtelns uttömning motivet, hvarför larfven öfverhufvud spinner, så skulle han spinna endast så länge, tills körtelbehållaren blifvit uttömd, men han skulle icke gång på gång bjuda till att förbättra den ständigt förstörda väfnaden, tills han slutligen dör af matthet. Samma är förhållandet med alla andra instinkter, hvilka äro skenbart motiverade genom eget välbehag; så snart man lämpar omständigheterna så, att i stället för det individuella välbefinnandet träder den individuella uppoffringen, visar sig omisskänligt deras högre härledning. Så t. ex. tror man, att foglarne para sig för könsnjutningens skuld; men hvarför fortsätta de då icke parningen längre, sedan det tillbörliga antalet ägg blifvit lagdt? Könsdriften fortvarar ju, ty så snart man ur boet borttager ett ägg, para de sig på nytt och honan lägger dit ett ägg igen, eller om de höra till de slugare foglarne, lemna de boet och reda sig ett nytt. En hona af Iynx torquilla, hvars nylagda ägg ständigt borttogs från boet, lade fortfarande, sedan hon för hvarje gång på nytt parat sig, nya ägg, af hvilka hvarje följande blef mindre och mindre, tills man slutligen fann fogeln ligga död i boet på det tjugonionde ägget. Om en instinkt icke består profvet af ett offer, som det individuella välbefinnandet pålägger sig, om han verkligen är en följd af sträfvandet efter kroppslig lust, då är det ingen instinkt, då är det endast en villfarelse att så anse honom.

Instinkten är icke en af naturen inplantad hjern- eller själsmekanism, så att den instinktiva handlingen skulle kunna verkställas maskinmässigt utan egen (om ock omedveten) individuel själsverksamhet och utan föreställning om handlingens ändamål, i det ändamålet tänktes en gång för alla härröra från naturen eller en försyn, och denna skulle hafva psykiskt organiserat individen så, att den endast mekaniskt utförde medlet. Det är alltså här fråga om en psykisk organisation, liksom förut om en fysisk, såsom instinktens orsak. Denna förklaring vore utan vidare antaglig, om hvarje instinkt, som en gång tillhört djuret, *oupphörligt funktionerade;* men så gör ingen instinkt, utan hvar och en väntar, tills ett motiv träder fram till varseblifningen, hvilket för oss betyder, att de passande yttre omständigheterna hafva inträdt, hvilka just nu möjliggöra målets uppnående genom detta medel, som instinkten vill; då först funktionerar instinkten såsom aktuel vilja, hvarpå handlingen omedelbart följer; innan motivet inträder, förblifver instinkten följaktligen liksom latent och funktionerar icke. Motivet framträder i själen i den sinliga föreställningens form, och sambandet är konstant mellan den funktionerande instinkten och alla sinliga föreställningar, hvilka visa, att tillfället att uppnå instinktens mål är kommet. I detta konstanta samband skulle man följaktligen hafva att söka den psykiska mekanismen. Man skulle alltså här hafva att tänka sig liksom en klaviatur; de anslagna tangenterna skulle vara motiven, och de ljudande tonerna de funktionerande instinkterna. Detta skulle nu i alla händelser mycket väl kunna låta sig säga, om också det besynnerliga inträffade, att alldeles olika tangenter gåfve samma ton, — om blott instinkterna vore verkligt jämförliga med *bestämda* toner, d. v. s. en och samma instinkt också verkligen alltid på samma sätt funktionerade på det honom tillydande motivet. Men detta är alldeles icke fallet, utan endast instinktens omedvetna *ändamål* är det konstanta, instinkten sjelf åter såsom viljan till *medlet* varierar lika mycket, som medlet, hvilket skall ändamålsenligt användas, varierar enligt de yttre omständigheterna. Härmed är domen sagd öfver det antagandet, som i hvarje enskildt fall förkastar den omedvetna föreställningen om ändamålet; ty ville man ännu fasthålla föreställningen om en själsmekanism, så måste man för hvarje variation och modifikation af instinkten efter de yttre omständigheterna antaga en särskild konstant förrättning, en ny sträng med en ton af annan klangfärg, hvarigenom mekanismen skulle blifva nära nog i oändlighet komplicerad. Men att vid all variation i de af instinkten valda medlen målet är konstant, det skulle dock redan vara en tillräckligt tydlig fingervisning, att man alldeles icke behöfver antaga en så oändlig själens komplikation, utan i stället derför helt enkelt den omedvetna ändamålsföreställningen.

Så är t. ex. det konstanta ändamålet för fågeln, som lagt ägg, att bringa ungen till lif; under en härför icke tillräcklig yttre temperatur rufvar han honom fördenskull, endast i de varmaste länder på jordklotet uteblir rufningen, emedan djuret ser målet för sin instinkt uppfyldt utan sitt åtgörande; i varma länder rufva många fåglar endast nattetid. Äfven då hos oss småfåglar tillfälligtvis häcka i varma drifhus, ligga de föga eller alldeles intet på äggen. Huru orimligt är icke här antagandet af en mekanism, som tvingar fågeln att rufva, så snart temperaturen sjunker under en viss grad, huru enkelt och naturligt deremot antagandet af ett omedvetet ändamål, som bjuder det lämpliga medlets viljande, men af hvilken process endast slutleden, såsom handlandet omedelbart föregående vilja, faller inom medvetandet. — I södra Afrika omgärdar sparfven sitt bo med tornar, för att skydda sig mot ormar och apor. — Gökens ägg liknar i storlek, färg och teckning alltid äggen i de bon, der han lägger det; så är det t. ex. i bon af Sylvia rufa hvitt med violetta punkter, af Sylvia hippolais rosa med svarta punkter, af Regulus ignicapillus rödvattradt, och alltid äger gökägget en så slående och bedräglig likhet med de öfriga i samma bo, att det endast genom skalets struktur kan skiljas från dem. Brehm uppräknar några och femtio fågelarter, i hvars nästen man iakttagit gökägg (Thierleben, Bd IV sid. 197). Endast genom förseelse inträffar det någongång, att gökhonan, om hon blir öfverraskad i sitt förehafvande, lägger sitt ägg i ett oriktigt och mindre passande näste, liksom också ett ägg kan komma att ligga qvar på marken och der bli förstördt, om icke modren i rätt tid kunnat uppsöka ett lämpligt näste. — Genom särskilda små fyndigheter bragte Huber det ända derhän, att bien icke förmådde fullfölja sitt instinktmässiga byggnadssätt på vanligt vis, d. v. s. uppifrån neråt, utan att de togo sig för att bygga nedifrån uppåt eller till och med horisontelt. Der de yttersta cellerna utgå från bikupans tak eller stöta intill väggen, är det icke sexsidiga, utan för den varaktigare vidfästningens skuld femsidiga prismor, som äro vidfästade med sin ena basis. Om hösten förlänga bien de förhandenvarande honingscellerna, om de icke äro af tillräckligt stort antal; om våren förkorta de dem åter, för att mellan honingskakorna vinna bredare gångar. Om kakorna blifvit för tunga af honing, så ersätta de vaxväggarne i de öfversta (bärande) cellerna förmedelst tjockare sådana, bildade af vax och propolis. Inför man arbetsbin i de för drönare bestämda cellerna, så anbringa arbetarne här i stället för drönarnes runda motsvarande plana lock. Om hösten döda de regelbundet drönarne, men icke ifall de förlorat sin vise (drottning), ty i sådant fall måste de hållas vid lif, för att befrukta den nya visen, hvilken skall uppdragas bland arbetarlarverna. Huber iakttog, att de, för att skydda sig mot sfinxers röfverier, tillspärra ingången genom en af vax och propolis konstnärligt hopfogad bygnad. Propolis införa de endast för den händelse, att de behöfva sådan för någon slags förbättring eller för andra särskilda ändamål. Äfven spindlar och larver visa en förvånansvärd skicklighet i att kunna förbättra sina förstörda väfnader, hvilket dock är en helt annan verksamhet än förfärdigandet af en väf.

De anförda exemplen, som skulle kunna mångdubblas i oändlighet, bevisa tillräckligt, att instinkterna icke äro efter orubbliga schemata maskinmässigt, så att säga, afnystade verksamheter, utan att de fastmera på det innerligaste böja sig efter förhållandena och äro mäktiga af så stora modifikationer och variationer, att de understundom tyckas slå öfver i sin motsats. Mången skall vilja tillskrifva djurens *medvetna öfverläggning* denna modifikation, och visserligen kan man hos i andligt afseende högre stående djur i de flesta fall icke förneka en kombination af instinktmässig verksamhet och medveten öfverläggning; imellertid tror jag, att de anförda exemplen tillräckligt bevisa, att det äfven gifves många fall, der utan någon komplikation med den medvetna öfverläggningen den ordinära och extraordinära handlingen härleda sig från samma källa, att de bägge äro antingen verklig instinkt, eller bägge resultat af medveten öfverläggning. Eller skulle det verkligen vara någonting annat, som bjuder bien att i centrum bygga sexsidiga, i omkretsen femsidiga prismor, som låter fågeln under dessa omständigheterna rufva sina ägg, under andra icke, som föranleder bien att en gång obarmhertigt taga lifvet af sina bröder, en annan gång åter skänka dem lifvet, som lär fågeln att bygga sådana bon, som utmärka just hans art, och att taga de derför erforderliga särskilda mått och steg, som låter spindeln väfva sitt nät och förbättra dess skador? Om man medgifver detta, att modifikationerna af instinkten med hans vanligaste grundform, hvilken ofta *alldeles icke skulle kunna bestämmas*, härflyta från en källa, då finner invändningen i fråga om den medvetna öfverläggningen senare af sig sjelf sin lösning, der hvarest hon är riktad mot instinkten öfverhufvud. Det torde derför icke vara olämpligt att här i förbigående inskjuta en anmärkning, på förhand lånad från ett följande kapitel, den nämligen, att instinkt och organisk bildningsverksamhet innehålla en och samma princip, hvilken är verksam endast under olikartade omständigheter, och att båda utan någon gräns småningom öfvergå i hvarandra. Häraf framgår likaledes tydligt, att instinkten icke kan bero på kroppens eller hjernans organisation, då man mycket riktigare kan säga, att organisationen uppstår genom en instinktens verksamhet. Detta endast i förbigående.

Nu hafva vi åter att än engång skarpare rikta vår uppmärksampå begreppet af en psykisk mekanism, och då visar sig, att detsamma, bortsedt ifrån huru mycket det än förklarar, är så dunkelt, att man knappast kan tänka sig något derunder. Motivet framträder i själen såsom en medveten sinlig föreställning, detta är processens begynnelseled; slutleden framträder såsom medveten vilja till en handling hvilken som helst; men bägge äro alldeles olikartade och hafva med den vanliga motiveringen ingenting att skaffa, hvilken består uteslutande deri, att föreställningen om en lust eller olust frambringar begäret att ernå den förra, att undgå den senare. Vid instinkten uppträder väl mestadels lusten såsom en åtföljande företeelse, om hon också, såsom vi redan ofvan hafva sett, alldeles icke är af nöden, utan hela hennes makt och styrka visar sig först i individens *uppoffring;* men det egentliga problemet ligger här långt djupare; ty hvarje *föreställning* om en lust förutsätter, att man redan *erfarit* denna lust; men deraf följer åter, att i förra fallet var en vilja förhanden, i hvars tillfredsställande lusten bestod, och hvadan viljan kommer, *innan* lusten är känd, och utan att såsom under hungern en kroppslig smärta kräfver skyndsam lindring, det är just frågan, då man hos hvarje ensligt uppväxande djur kan se, att de instinktiva drifterna infinna sig, innan det kunde lära känna lusten af deras tillfredsställande. Der måste följaktligen vid instinkten gifvas ett kausalt sammanhang mellan den motiverande sinliga föreställningen och viljan till den instinktiva handlingen, med hvilken lusten af den sedermera följande tillfredsställelsen har ingenting att skaffa. Detta kausala sammanhang faller enligt erfarenheten, såsom vi af våra menskliga instinkter veta, icke i medvetandet; följaktligen kan detsamma, om det skall vara en mekanism, endast vara antingen en icke i medvetandet fallande mekanisk ledning och ombildning af det förestälda motivets svängningar till den velade handlingens svängningar i *hjernan*, eller ock en omedveten *andlig* mekanism. I förra fallet vore det högst besynnerligt, att denna process förblefve omedveten, då processen likväl är så mäktig, att den från honom resulterande viljan öfvervinner hvarje annat hänsyn, hvarje annan vilja, och likartade svängningar i hjernan alltid blifva medvetna; det är också svårt, att skapa sig en föreställning derom, huru denna ombildning skall försiggå på det sättet, att det en gång för alla faststälda målet skall under vexlande omständigheter genom den resulterande viljan nås på vexlande sätt. Antager man åter det andra fallet, en omedveten själsmekanism, så kan man dock icke rimligtvis tänka sig den i densamma försiggående processen i någon annan, än i den för själen allmänt giltiga föreställningens och viljans form. Mellan det medvetna motivet och viljan till instinktiv handling har man alltså att tänka sig ett kausalt sammanhang genom omedvetet föreställande och viljande, och jag vet icke, huru man skulle kunna tänka sig detta sammanhang *enklare*, än genom det förestälda och velade *målet*. Men dermed äro vi komna till *logikens* för allt hvad själ heter egendomliga och immanenta mekanism, och hafva dymedelst funnit den *omedvetna ändamålsföreställningen vid hvarje enskild instinkthandling* såsom en nödvändig och oumbärlig led; härmed har följaktligen begreppet om den döda, skenbart predestinerade själsmekanismen upphäft sig sjelf och öfvergått till logikens immanenta själslif, och vi hafva måst stanna vid den sista möjligheten, hvilken står oss åter för uppfattningen af en verklig instinkt: *instinkten är medvetet viljande af medlet till ett omedvetet veladt mål.* Denna uppfattning förklarar osökt och enkelt alla problem, som instinkten framlägger, eller riktigare, i det hon utsäger instinktens sanna väsen, försvinner allt problematiskt deri. I en specialafhandling öfver instinkten skulle tilläfventyrs det för vårt bildade publikum ännu ovanliga begreppet om omedveten själsverksamhet framkalla många betänkligheter; men här, der hvarje kapitel hopar nya fakta, som bevisa denna omedvetna själsverksamhets existens och hennes framstående betydelse, måste hvarje betänklighet mot denna tankes ovanlighet försvinna.

Då jag måste afgjordt tillbakavisa den uppfattningen, att instinkten är blotta funktionerandet af en engång för alla inrättad mekanism, så vill jag dock ingalunda dermed hafva förnekat, att i hjernans, gangliernas och hela kroppens konstitution med hänsyn till såväl den morfologiska, som den molekylär-fysiologiska beskaffenheten *predispositioner* kunna vara nedlagda, hvilka leda den omedvetna förmedlingen mellan motiv och instinkthandling *lättare och beqvämare* i den *ena* riktningen än i den *andra*. Denna predisposition är då antingen ett verk af de djupare och djupare inträngande och slutligen outplånliga spåren af efterlemnad vana, vare sig hos den enskilde individen, eller inom en serie af generationer genom arf, eller också är hon uppenbart framkallad af den omedvetna bildningsdriften, för att underlätta handlandet i en bestämd riktning. Det senare fallet skall finna sin användning mera på den yttre organisationen (t. ex. djurens vapen och arbetsinstrument), det förra mera på hjernans och gangliernas melekylära beskaffenhet, särskildt i afseende på instinktens städse återkommande grundformer (t. ex. bikupcellernas sexsidiga form). Vi skola framdeles se (Kap. B. IV), att man kallar summan af de individuella reaktionsmodi på alla möjliga motiverade sätt den indivuella karakteren, äfvensom (Kap. C. XI. 2) att denna karakter väsentligen beror på en — till en mindre del individuel genom vana förvärfvad, till större delen ärfd — hjern- och kroppskonstitution; då det nu också vid instinkten är fråga om reaktionssättet på vissa motiv, så skall man äfven här kunna tala om karakter, ehuru det här icke är så mycket fråga om den individuella, som fastmer om slägtkarakteren, således i karakteren med hänsyn till instinkten icke det kommer på tal, hvarigenom en individ skiljer sig från en annan, utan hvarigenom en djurart skiljer sig från en annan. Vill man nu benämna en sådan hjernans och kroppens predisposition för vissa verksamhetsriktningar en mekanism, så kan man låta detta i viss mening få gälla, men dervid är likväl att märka, 1) att *alla afvikelser* från instinktens vanliga grundformer, för så vidt som de icke kunna tillskrifvas medveten öfverläggning, *icke* äro predisponerade i denna mekanism; 2) att *ärftligheten* är möjlig endast under den embryonala utvecklingens ledning genom den ändamålsenliga omedvetna bildningsverksamheten (visserligen i sin tur betingad af de i embryot gifna predispositionerna); 3) att predispositionens inplantning i den individ, från hvilken ärftligheten utgår, kunde äga rum endast genom långvarig vana vid det ifrågavarande handlingssättet, att alltså *instinkten* är *utan hjelpmekanism orsaken till* hjelpmekanismens *uppkomst;* 4) att alla endast sällan eller till och med blott *en* gång hos hvarje individ förekommande instinkthandlingar (t. ex. de hos de lägre djuren förekommande handlingar, hvilka hafva afseende på fortplantningen och metamorfosen, och alla sådana instinktiva *uraktlätenheter*, der motsatta handlingar städse hafva döden till följd) icke rimligtvis skulle kunna inplanta sig genom vana, utan en tilläfventyrs för desamma predisponerande konstitution hos ganglierna skulle kunna framkallas endast genom ändamålsenlig bildning; 5) att äfven den färdiga hjelpmekanismen icke *tvingar*, men blott *predisponerar* det omedvetna till denna bestämda instinkthandling, såsom de möjliga afvikelserna från grundformen visa, så att det omedvetna *målet städse förblifver starkare* än gangliernas predisposition och endast finner anledning, att bland en massa närliggande medel välja det närmast liggande och för konstitutionen mest passande.

Vi rycka nu den till sist gömda frågan närmare in på lifvet: »Gifves det en verklig instinkt, eller äro de så kallade instinkthandlingarna endast resultat af medveten öfverläggning?» Hvad som skulle kunna anföras till stöd för det senare antagandet är den kända erfarenheten, att ju inskränktare fältet för ett väsens medvetna själsförmögenheter är, desto skarpare *i förhållande till totalkapacitetens storlek* plägar produktionsförmågan vara i den ensidiga inskränkta riktningen. Denna i fråga om menniskorna på mångfaldigt sätt bekräftade och för visso äfven i fråga om djuren tillämpliga erfarenhet finner sin förklaring deri, att produktionsförmågan endast till en del är beroende af själsanlagen, men till en annan del åter af anlagens öfning och utbildning i en bestämd riktning. Så är t. ex. en filolog oskicklig i juridiska tankeprocesser, en naturforskare eller matematiker i filologiska, en abstrakt filosof i poetisk produktion, alldeles bortsedt från speciel talang, endast i följd af ensidig själsbildning och öfning. Ju ensidigare riktningen är, i hvilken ett väsens själsverksamhet rör sig, desto mer koncentrerar sig hela den själen delgifna utbildningen och öfningen åt detta enda håll, följaktligen är det intet under, att de slutliga produktionerna i denna riktning *i förhållande till totalanlaget* höjas genom synfältets trängre begränsning. Men vill man använda denna företeelse för att förklara instinkthandlingarna, så får man icke lemna obeaktad den inskränkningen: »i förhållande till totalanlaget.» Då imellertid totalanlaget hos de lägre djuren sjunker mer och mer, men de instinktiva produktionerna i sin fullkomlighet blifva sig tämligen lika på alla grader af djuriskt lif, under det att de produktioner, hvilka obestridligt framgå ur medveten öfverläggning, påtagligen gå proportionelt med själsförmögenheten, så tyckes redan häraf framgå, att vi i instinkten hafva att göra med en annan princip än det medvetna förståndet. Vidare se vi, att produktionerna af det medvetna förståndet hos djuren äro i sjelfva verket till sin art alldeles lika våra egna, att de förvärfvas genom undervisning och efterdöme och fullkomnas genom öfning; äfven om djuren heter det, att förståndet kommer först med åren; deremot är för instinkthandlingarne just det egendomligt, att de utföras af ensligt uppväxande djur alldeles på samma sätt, som af sådana, hvilka åtnjutit sina föräldrars undervisning, och att deras aldra första försök, innan någon erfarenhet eller öfning kommit i fråga, lyckas alldeles lika väl som sedermera. Äfven härvid är skiljaktigheten i principer omisskänlig. Ytterligare gifver erfarenheten vid handen, att ju mera borneradt och svagt ett förstånd är, desto långsammare försvinna dess föreställningar, d. v. s. desto långsammare och trögare försiggår dess medvetna tänkande; detta bekräftar sig såväl hos menniskor af olika fattningsförmåga, som äfven hos djur, såvida icke instinkten kommer med i spelet. Denna snabbhet i beslutet vid instinkthandlingar är lika hos det lägsta och det högsta djur; äfven denna omständighet pekar på en olikhet i principen i instinkten och i den medvetna öfverläggningen.

Hvad slutligen angår sjelfva produktionernas fullkomlighet, så lär oss en flyktig blick omedelbart inse missförhållandet mellan denna och graden af andlig utveckling. Man betrakte t. ex. larven af Saturnia pavonia minor: han lefver af buskarnes blad, så snart han framkommit, förflyttar sig möjligen under regnväder till bladets undersida och byter tid efter annan hud, — det är hela hans lif, hvilket väl icke låter oss vänta någon, ej ens den ensidigaste förståndsbildning. Men nu spinner han in sig till förpuppning och bygger sig af styfva, med ändarne sammanlöpande borst en dubbel boning, som inifrån låter öppna sig mycket lätt, men utåt förmår göra tillräckligt motstånd mot hvarje försök att intränga deri. Vore denna förrättning ett resultat af hans medvetna förstånd, så fordrades derför följande öfverläggning: »Jag skall öfvergå till puppstadiet, och orörlig som jag är, skall jag vara utsatt för hvarjehanda angrepp; derför skall jag spinna mig in. Men då jag såsom fjäril icke skall vara i stånd, att ur min väfnad hvarken genom mekaniska, ej heller genom kemiska medel (såsom många andra larver) bana mig en utgång, så måste jag lemna en sådan öppen för mig för framtida behof; men på det icke mina fiender må kunna begagna sig af denna, skall jag tillsluta honom med borst, som fjädra sig och som inifrån med lätthet låta böja sig ifrån hvarandra, men utåt göra kraftigt motstånd.» Det är då verkligen för mycket begärdt af den stackars larven! Och dock är hvart och ett af dessa argument oumbärligt, om resultatet skall komma ordentligt fram.

Detta instinktens teoretiska särskiljande från den medvetna förståndsverksamheten skulle lätteligen af dem, som äro motståndare till min uppfattning, kunna misstydas derhän, som skulle jag dermed hafva velat i praxis uppställa en söndrande klyfta mellan båda. Men detta senare är ingalunda min mening; tvärtom har jag redan ofvan antydt möjligheten, att bägge arterna af själsverksamhet kombinera sig i olika måttförhållanden, så att genom dessa graduelt skilda blandningar en småningom skeende öfvergång äger rum från den rena instinkten till den rena medvetna öfverläggningen. Framdeles (Kap. B. VII) skola vi till och med se, att äfven i det menskliga medvetandets högsta och mest abstrakta förståndsverksamhet finnas vissa moment af den största betydelse, hvilka till sitt väsen fullkomligt öfverensstämma med instinktens.

Men å andra sidan uppenbara sig äfven de märkvärdigaste yttringar af instinkten icke blott (såsom vi skola finna i Kap. C. IV) inom växtriket, utan äfven hos dessa lågt stående organismer af den enklaste, till en del encelliga kroppsbygnad, hvilka i medvetet förstånd i hvarje händelse stå långt under de högre växterna, hvilka man ju vanligtvis helt och hållet frånkänner en sådan. Om vi hos sådana mikroskopiska encelliga organismer, der alla försök att skilja mellan deras djuriska och växtliga natur äro att betrakta såsom oriktigt framstälda frågor, måste skänka vår beundran åt ett instinktivt-ändamålsenligt beteende, som vida öfvergår blotta reflektoriska retningsrörelser, då måste väl hvarje tvifvel försvinna, om en instinkt verkligen existerar, hvars härledning från medveten förståndsverksamhet från första början visar sig som ett alldeles fruktlöst försök. Jag skall anföra ett exempel, hvilket är så förvånansvärdt, som knappast något hittills kändt faktum, emedan uppgiften finner sin lösning deri, att med otroligt enkla medel uppfyllas olikartade ändamål, hvars tjenst hos högre djur förrättas af rörelseorganenes komplicerade system.

Arcella vulgaris är en protoplasmaklump omsluten af ett konkav-konvext, brunt, fint punkteradt skal, och från dettas konkava sida framskjuta genom en cirkelrund öppning pseudopodieartade utskott (skenfötter). Betraktar man genom mikroskopet en vattendroppe med lefvande arcellor, så ser man, att ett exemplar, som händelsevis ligger med ryggsidan vänd nedåt på vattendroppens botten, under en till två minuters tid gör fåfänga ansträngningar, för att med sina skenfötter få fäste; då uppträda plötsligt i protoplasmat mestadels 2—5, stundom flera mörkfärgade punkter på ringa afstånd från periferien och vanligen med regelbundna mellanrum sinsimellan;

dessa tillväxa hastigt till tydliga klotrunda luftblåsor, hvilka slutligen fylla en ansenlig del af skalets rum och derigenom tränga ut en del af protoplasmat. Antalet och storleken af de särskilda blåsorna stå till hvarandra i omvändt förhållande. Efter 5—20 minuter är arcellans specifika vigt så vidt minskad, att djuret lyftadt af vattnet med sina skenfötter föres mot droppens öfre yta, utefter hvilken det nu promenerar framåt. Sedermera försvinna blåsorna efter 5—10 minuter, den sista lilla punkten liksom i ett nu. Men har arcellan i följd af någon tillfällig vridning kommit med ryggsidan upp till droppens yta, så tillväxa blåsorna ännu ytterligare, men blott på en sida, hvaremot de blifva mindre på den andra; i följd häraf intager skalet en allt mer och mer sned och till sist vertikal ställning, tills slutligen en af pseudopodierna får fäste och vänder hela djuret om. Från den stund, då djuret fattat fast fot, blifva blåsorna genast mindre, men sedan de försvunnit, kan man ofta efter behag upprepa alldeles samma försök. De ställen i protoplasmat, som blåsorna bilda, vexla beständigt; endast skenfötternas kornfria protoplasma utvecklar ingen luft. Efter långvarig fåfäng ansträngning inställer sig en påtaglig trötthet; djuret uppger försöket tillsvidare, men återtager det på nytt efter en paus af hvila. Engelmann, som först iakttagit dessa företeelser, säger: »Förändringarne i volym försiggå mestadels i alla luftblåsorna hos ett och samma djur liksom i samma afsigt och i samma mått. Men der förekomma ej få undantag. Ofta tillväxa eller förminskas några mycket hastigare än de andra. Det kan till och med inträffa, att en luftblåsa blir mindre, under det en annan tilltager i storlek. *Alla* dessa förändringar äro *utan undantag fullkomligt ändamålsenliga.* Luftblåsornas uppkomst och tillväxt har till ändamål att bringa djuret i ett sådant läge, att det kan hålla sig fast förmedelst sina pseudopodier. Har detta mål vunnits, så försvinner luften, utan att man är i stånd att upptäcka någon annan grund för detta deras försvinnande.... Man kan, om man gifver akt på dessa omständigheter, med nästan fullkomlig säkerhet förutsäga, om en arcella skall utveckla luft eller icke, och ifall luftblåsor redan äro förhanden, om dessa skola tillväxa eller minskas i omfång.... I förmågan att förändra sin specifika vigt äga arcellorna ett utmärkt hjelpmedel att höja sig till vattnets yta eller sänka sig till bottnen. Af detta medel betjena de sig ej blott under de abnorma omständigheter, hvari de befinna sig vid den mikroskopiska undersökningen, utan äfven under fullt normala förhållanden. Detta framgår deraf, att man vid ytan af vattnet, hvari de lefva, alltid finner enstaka exemplar, som innehålla luftblåsor.»

Den, för hvilken allt, hvad hittills blifvit anfördt, icke skulle synas afgörande nog, för att förkasta instinktens förklaring ur medveten öfverläggning, den måste åt de i det följande omförmälda faktas vittnesbörd, som är för en fullständig uppfattning af instinkten högst vigtigt, medgifva obetingad bevisningskraft. Så mycket är nämligen säkert, att det medvetna förståndets öfverläggning kan taga endast sådana data i beräkning, som äro för medvetandet gifna; om man alltså med bestämdhet kan uppvisa, att data, som *äro* för resultatet *oumbärliga, omöjligt kunna vara för medvetandet bekanta*, så är dermed ådagalagdt, att detta resultat icke kan hafva framgått af medveten öfverläggning. Den enda väg, på hvilken medvetandet enligt det vanliga antagandet kan komma till kännedom om yttre fakta, är den sinliga varseblifningen; vi hafva alltså att visa, att för resultatet oumbärliga kunskaper omöjligen kunna hafva blifvit förvärfvade genom sinlig varseblifning. Beviset härför har man att utföra genom följande: först och främst, att de respektive fakta ligga i framtiden, och att i de närvarande förhållandena saknas alla anknytningspunkter, för att man ur dem skulle kunna sluta sig till deras framtida inträffande, för det andra, att de respektive fakta visserligen falla inom det närvarande, men påtagligen undandraga sig det medvetna förståndet derigenom, att endast erfarenheten, som är genom föregående fall vunnen, kan gifva upplysning för tydningen af de genom den sinliga varseblifningen gifna anknytningspunkterna, och denna erfarenhet enligt iakttagelsen icke kommer i fråga. Det skulle för våra intressen icke vara af någon betydelse, om, såsom jag håller för sannolikt, under fortgående fysiologisk kunskap alla exempel, som nu äro att anföra för det första fallet, skulle visa sig såsom exempel för det andra fallet (så har ovedersägligen varit händelsen med många förut anförda exempel); ty ett aprioriskt vetande utan *någon* sinlig impuls kan väl knappast sägas vara underbarare, än ett vetande, som visserligen *under vissa* sinliga varseblifningar framträder, men skulle kunna tänkas stå i samband med dessa endast genom en sådan kedja af slutledningar och derför använda specialkunskaper, att deras möjlighet, i betraktande af de respektive djurens förmögenheter och utvecklingsgrad, måste afgjordt förnekas. — Ett exempel på första fallet lemnar ekoxlarvens instinkt att, innan förpuppningen äger rum, gräfva en passande håla. Honlarven gräfver hålan nätt och jämnt så stor som han sjelf är, men hanlarven, som är af alldeles samma kroppsstorlek, gräfver en dubbelt så stor håla, emedan pannhornet, som framdeles skall växa ut, nästan motsvarar djurets längd. Kännedomen om denna omständighet är oumbärlig för öfverläggningens resultat, och dock saknas hvarje anknytningspunkt i det närvarande, för att larven på förhand skulle kunna sluta sig till denna tilldragelse i framtiden. Ett exempel på det andra fallet är följande. Mårdar och ormvråkar slå ner utan vidare på ormslår och andra icke giftiga ormar och gripa dem allt efter som det faller sig; huggormarne åter angripa de, om de också icke förut sett några sådana, med största försigtighet och bemöda sig framförallt, för att icke blifva bitna, att krossa deras hufvud. Då huggormarne icke utmärkas af någon annan skräckinjagande egenskap, så fordras för ett sådant beteende å de angripande djurens sida, *om* det skall framgå af medveten öfverläggning, oundgängligt den medvetna kännedomen om faran af huggormens bett. Då nu en sådan kan vinnas endast genom erfarenhet, och sådana erfarenheters existens låter sig kontrollera hos djur, som hållits fångna sedan deras tidigaste ålder, så kan icke ett dylikt beteende framgå af öfverläggning. Men å andra sidan framgår af dessa båda exempel med tydlighet förhandenvaron af en omedveten kännedom om de respektive omständigheterna, tillvaron af en omedelbar kunskap utan den sinliga varseblifningens och medvetandets förmedling.

En sådan omedveten kännedom har man i alla tider insett, och man har betecknat den med orden förkänning eller aning; imellertid hafva dessa uttryck å ena sidan afseende på endast tillkommande, icke närvarande, i rummet skilda saker, å andra sidan beteckna de endast medvetandets dofva, obestämda resonans mot den omedvetna kunskapens ofelbart bestämda tillstånd. Deraf ordet *förkänning* i afseende på det dofva och obestämda, då det likväl är lätt att inse, att den på alla, äfven omedvetna föreställningar blottade *känslan för resultatet alldeles icke kan hafva något inflytande*, utan endast en *föreställning*, emedan denna allena innehåller *kunskap*. Den i medvetandet närvarande aningen kan visserligen under särskilda omständigheter vara tämligen tydlig; men erfarenheten gifver vid handen, att äfven hos menniskan detta icke är fallet vid de egentliga instinkterna, utan snarare är vid dessa den omedvetna kunskapens resonans i medvetandet mestadels så svag, att den i sjelfva verket yttrar sig endast i åtföljande *känslor* eller i *stämningen*, att den utgör en oändligt liten bråkdel af totalkänslan. Att en sådan medvetandets dunkla sympati är alldeles otillräcklig, för att erbjuda den medvetna öfverläggningen några stödpunkter, är påtagligt; å andra sidan ligger det också nära att antaga, att den medvetna öfverläggningen skulle vara öfverflödig, då den respektive tankeprocessen redan måste hafva omedvetet fullbordat sig sjelf; ty den dunkla aningen hos medvetandet är ju endast följden af en bestämd omedveten kunskap, och kunskapen, om hvilken det der är fråga, är nästan alltid föreställningen om instinkthandlingens ändamål eller åtminstone en föreställning, som dermed hänger nära tillsammans. T. ex. hos ekoxlarven är ändamålet: att skaffa plats för det växande pannhornet; medlet: att skaffa plats genom gräfning; den omedvetna kunskapen: pannhornets framtida tillväxt. Slutligen göra alla instinkthandlingar intrycket af en *alldeles absolut säkerhet* och *sjelfvisshet*, och hos dem förekommer aldrig, såsom vid det medvetna beslutet, en viljans *tvekan*, *tvifvel* eller *uppskof*, aldrig (såsom skall visas i Kap. C. I) ett instinktens *misstag*, så att man på intet vis kan tillskrifva aningens oklara beskaffenhet ett så *oföränderligt bestämdt* resultat; snarare är detta kännetecken, den absoluta säkerheten, så karakteristiskt, att det kan gälla såsom det enda skarpa skiljemärke mellan handlingar af instinkt och af medveten öfverläggning. Men häraf framgår ytterligare, att för instinkten måste ligga en annan princip till grund, än för det medvetna handlandet, och denna princip kan sökas endast i viljans bestämning genom en i det omedvetna liggande process, för hvilken denna den säkra sjelfvisshetens karakter skall visa sig i *alla följande undersökningar*.

Att jag har tillskrifvit instinkten en omedveten kunskap, som ej alstrats genom någon sinlig varseblifning, men ändock är ofelbart viss, skall väcka mångens förvåning; likväl är detta icke någon konseqvens af min uppfattning af instinkten, utan snarare ett af fakta omedelbart framgånget starkt stöd för denna uppfattning. Vi må fördenskull ej sky mödan att ytterligare för samma syfte betrakta några exempel. För att kunna med *ett* ord beteckna den omedvetna kunskapen, hvilken ej är genom sinlig varseblifning förvärfvad, utan framträder såsom en vår omedelbara besittning, väljer jag — emedan uttrycket »aning» på anförda grunder icke är passande — ordet »clairvoyans», hvilket öfverallt i följande framställning skall hafva endast och allenast den gifna definitionens betydelse.

Vi vilja nu efter hvarandra betrakta några exempel på instinkterna, sådana de uppenbara sig i fruktan för fienderna, i uppehållelsedriften, i flyttningsdriften och i fortplantningen. — De flesta djur känna sina naturliga fiender, innan de förvärfvat sig den ringaste erfarenhet om deras fiendtliga afsigter. Så blir en kull af unga dufvor äfven utan någon äldre ledare skygg och skingrar sig åt olika håll, när en roffågel närmar sig dem; oxar och hästar, som äro födda och uppfödda i trakter, der inga lejon finnas, bliva oroliga och ängsliga, om de under natten vädra ett dylikt djur, som möjligen smugit sig in ibland dem; hästar, som passerade en ridväg belägen i närheten af zoologiska trädgården i Berlin, invid den afdelning der rofdjuren förvarades, blefvo skygga och oroliga, påtagligen emedan de vädrat de för dem alldeles obekanta fienderna. Spiggarne simma lugnt omkring bland de rofgiriga gäddorna, som icke göra dem någon skada; ty om en gädda engång af misstag råkar att svälja en spigg, så blir denna med sina uppresta ryggfenstrålar sittande qvar i gäddans svalg, och gäddan måste ofelbart svälta ihjäl, kan alltså icke engång åt sina efterkommande lemna i arf sin smärtsamma erfarenhet. Den försigtighet, som mårdar och ormvråkar ådagalägga gentemot huggormar, har redan förut blifvit omnämnd; analogt härmed har man iakttagit, att en ung bivråk förtärde den första geting, som man lade för honom, först sedan han tryckt gadden ur hans bakkropp. I några trakter bo folk, som lifnära sig företrädesvis af hundkött; mot dessa skola hundarne uppföra sig vildt och ilsket, som om de i dem igenkände sina fiender, hvilka de känna sig uppfordrade att angripa. Detta förhållande är så mycket besynnerligare, som hundfett struket på t. ex. stöflarne genom sin lukt lockar hundarne dit. Grant iakttog, huru en ung schimpans råkade i yttersta förskräckelse, då han första gången varseblef en jätteorm, och äfven hos oss menniskor förekommer det icke så sällan, att en Gretchen spårar Mefistofeles. Mycket märkvärdigt är, att en insekt Bombex angriper och dödar en annan Parnope, hvarhelst han träffar på honom, utan att göra sig det minsta gagn af den döda kroppen; men vi veta, att den senare försåtligt letar upp den förres ägg, att han följaktligen är en naturlig fiende till dess slägte. Den bland hjordar af nötboskap och får under namnet »boskapens bromsning» bekanta företeelsen gifver likaledes ett exempel. Om nämligen ett får- eller nötstyng närmar sig en hjord, så blir denna alldeles vild och djuren störta rasande om hvarandra, emedan larverna, som utveckla sig ur de i deras fäll lagda flugäggen, sedermera borra sig in i deras hud och framkalla smärtsamma varbildningar. Dessa styng, som alldeles icke äga förmågan att stinga, likna i förvillande grad andra stingande bromsar, men likväl hyser nötboskapen för de senare föga, för de förra deremot en alldeles utomordentlig fruktan. Då följderna af den för boskapsdjuren smärtlösa äggläggningen på deras fäll inträda först långt senare, så kan man icke antaga, att de på medvetet sätt sluta till sammanhanget i dess helhet.

Intet djur, för så vidt dess instinkt icke blifvit dödad genom naturvidrig vana, förtär giftiga växter; till och med apan, som genom sin vistelse bland menniskor blifvit bortskämd, kan man ännu med säkerhet i urskogarne använda såsom proberare af frukterna, ty om man räcker henne några som äro giftiga, kastar hon bort dem under ett högljudt skri. Hvarje djur utväljer till sin näring ur växt- och djurriket just de ämnen, som motsvara dess matsmältningsorgan, utan att derför mottaga någon lärdom, till och med utan att på förhand göra bruk af sina smakverktyg. Om man nu också måste antaga, att lukten och icke synförmågan är det bestämmande vid valet af födoämnen, så är det icke mindre besynnerligt, huru djuret kan genom luktintryck lika väl som genom synintryck igenkänna just det, som lämpar sig bäst för dess matsmältningsorgan. Så förtärde en ur modrens buk utskuren killing af alla näringsmedel, som sattes för honom, endast mjölk, utan att ens vidröra det öfriga. Stenknäcken klyfver körsbärskärnan, i det han vänder henne så, att näbbspetsen träffar sömmen, och detta gör han med den första körsbärskärnan lika väl som med den sista; då hillern, mården och vesslan skola suga ur ett ägg, anbringa de i dess motsatta sida små hål, på det att luften under sugningen må hafva obehindradt tillträde. Djuren känna ej blott de passande näringsämnena, utan de uppsöka också vanligen passande läkemedel med fullkomligt riktig sjelfdiagnos, utan på förhand förvärfvad terapeutisk kännedom. Så äta hundarne ofta stora qvantiteter gräs, isynnerhet qvickrot, när de äro illamående, bland annat enligt Lenz då de äro plågade af maskar, som i sådant fall invecklas i det osmälta gräset och afgå med fæces, eller då de vilja aflägsna benspillror ur tarmkanalen. Såsom afföringsmedel betjena de sig af puktörne. Höns och dufvor hacka kalk från väggar och tak, när deras näringsämnen icke innehålla kalk i tillräcklig mängd för äggskalens bildning. Små barn äta krita, då de hafva magsyra, och kolstycken, då de lida af väderspänningar. Äfven hos fullvuxna personer finna vi dessa besynnerliga näringsinstinkter eller förmågan att välja lämpliga botemedel under omständigheter, der den omedvetna naturen vinner öfverhanden, t. ex. hos hafvande qvinnor, hvilkas nyckfulla aptit inställer sig förmodligen då, när ett särskildt tillstånd hos fostret kräfver en egendomlig blandning hos blodet. Åkersorkarne sönderbita de insamlade kornen och uttaga fröna, på det de icke må gro under vintern.

Några dagar före vinterns inträde är ekorren ännu flitigt sysselsatt med att insamla vinterförråd, hvarpå han tillsluter sin boning. Flyttfåglarne begifva sig i väg från våra trakter till varmare länder på de tider, då de hos oss ännu icke lida någon brist på föda, och medan temperaturen ännu är betydligt högre än då de återvända;

detsamma gäller om tiden, då djuren flytta in i sina vinterläger, hvilket med skalbaggarne vanligen inträffar under de varmaste höstdagarne. När svalor och storkar efter att hafva tillryggalagt hundratals mil återfinna sin hemort, och detta oaktadt landskapet iklädt sig ett alldeles förändradt utseende, så tror man sig finna förklaringen dertill i skärpan hos deras lokalsinne, men när dufvor och hundar, som transporterats bort i en tillsluten mörk säck och snurrat väl tjugo slag omkring, ändock på det okända området skynda raka vägen åter, då kan man intet annat säga än: deras instinkt har ledt dem, d. v. s. det omedvetnas clairvoyans har låtit dem ana rätta vägen. Under sådana år, då en tidig vinter skall komma, samla sig de flesta flyttfåglar tidigare än vanligt för affärden; då en mild vinter förestår, flytta många fåglar alldeles icke, eller begifva de sig endast obetydligt mot söder; kommer en sträng vinter, så gör sköldpaddan sitt vinterläger djupare. När grågäss, tranor o. s. v. snart åter draga bort från de trakter, der de vid vårens inträde någon tid visat sig, så är detta ett tecken till en het och torr sommar, under hvilken den i dessa trakter inträdande vattenbristen skulle omöjliggöra vadarnes och vattenfåglarnes häckning. Under de år, då öfversvämningar inträffa, bygger bäfvern sin boning högre, och då en öfversvämning förestår i Kamtschatka, draga lemlarne plötsligt bort i stora skaror. När en torr sommar förestår, ser man i april och maj hängspindlarne spinna flera fot långa trådar. När man under vintern ser fönsterspindlarne springa lifligt fram och åter, modigt kämpa med hvarandra, förfärdiga nya eller flera nät öfver hvarandra, så inträder 9—12 dagars köld; när de deremot hålla sig gömda, inträder töväder.

Jag betviflar ingalunda, att många af dessa försigtiga mått och steg mot framtida väderleksförhållanden äro betingade genom känselförnimmelser af närvarande atmosferiska tillstånd, som undgå vår uppmärksamhet; men dessa förnimmelser hafva dock alltid afseende endast på *närvarande* väderleksförhållanden, och hvad kan väl i djurets *medvetande* den genom den närvarande väderleken frambragta totalkänslans affektion hafva att skaffa med föreställningen om den kommande väderleken? Man skall dock säkerligen icke vilja begära af djuren, att de genom meteorologiska slutledningar flera månader i förväg *beräkna* vädret, eller att de till och med skola förutse öfversvämningar. Snarare är en sådan känselförnimmelse af förhandenvarande atmosferiska inflytanden ingenting vidare, än den sinliga förnimmelsen, hvilken verkar såsom motiv, och ett motiv måste *ju dock alltid* vara förhanden, om en instinkt skall funktionera *. Detta oaktadt står det alltså fast, att förutseendet af väderleken är en omedveten clairvoyans, om hvilken storken, som bryter upp mot sö-

* Der ett sådant motiv i form af en närvarande förnimmelse helt och hållet saknas, der saknas också en föranledning till den varnande instinktens funktionerande; så t. ex. då flyttfåglar på bestämd tid bryta upp från sina vinterqvarter och begifva sig mot norden, men der i följd af vårens ovanligt sena ankomst måste lida nöd, för hvilken de naturligen i en många hundra mil derifrån skild trakt ej kunde finna den minsta stödpunkt i en förnimmelse af atmosferens beskaffenhet.

dern fyra veckor tidigare, *vet* någonting lika litet, som hjorten, hvilken, innan en kall vinter inträder, anlägger en tjockare pels än vanligt. Djuren hafva just å ena sidan den närvarande väderleksförnimmelsen i medvetandet, deraf följer å andra sidan deras handlande alldeles så, *som om* de hade föreställning om den kommande väderleken; men denna föreställning hafva de icke i medvetandet, följaktligen framställer sig såsom den enda naturliga mellanleden den omedvetna föreställningen, och denna är alltid en clairvoyans, emedan hon innehåller något, som ej är djuret direkt gifvet genom sinlig förnimmelse, och hvartill det icke heller kan sluta genom sina förståndsförmögenheter på grund af förnimmelsen.

Underbarast af alla äro de instinkter, som sammanhänga med fortplantningen. — Hvarje hanne hittar på en hona just af sin art, för att med henne fullgöra fortplantningen, — men visst icke i följd af hennes likhet med honom, ty hos många djurarter, t. ex. parasitkräftorna, äro könen till sin form så i grunden olika, att hannen, om han skulle vägledas af någon yttre likhet, snarare skulle para sig med honor af tusende andra arter, än med dem af hans egen. Hos några fjärilar består en polymorfism, enligt hvilken ej blott hannar och honor äro olika, utan der finnas af honkönet till och med ytterligare två alldeles olika former af en och samma art, af hvilka i sådant fall den ena i regeln genom s. k. förklädnad eller naturlig maskering (mimicry) liknar en fjerran stående väl skyddad art. Och likväl para sig hannarne endast med honor af sin egen art, aldrig med främmande, som till och med likna dem långt mera i det yttre. Inom Strepsipteras ordning bland insekterna är honan en oformlig mask, som under hela sitt lif lefver i bakkroppen af en geting och skjuter fram endast med den linsformiga hufvudskölden mellan två af getingens buksegment. Hannen, som lefver endast några få timmar och har utseende af ett mott, igenkänner i detta lilla utsprång sin hona och fullgör parningen genom en omedelbart under hennes mun befintlig öppning.

Innan däggdjurshonan af erfarenhet lärt, hvad ungarnes framfödande vill säga, drifves hon, drägtig som hon är, att söka ensamheten, för att i en håla eller på ett annorlunda skyddadt ställe åt sina ungar bereda ett läger; fågelhonan bygger sitt näste, så snart äggen mogna i äggstocken. De på landet lefvande snäckorna, krabborna, löfgrodorna, paddorna gå i vattnet, hafssköldpaddorna begifva sig upp på land, många hafsfiskar stiga upp för floderna, för att lägga sina ägg der, hvarest de uteslutande förefinna de nödvändiga betingelserna för dessas vidare utveckling. Insekterna lägga sina ägg på de mest olikartade ställen, i sanden, på blad, under andra djurs hud och naglar, ofta på sådana ställen, der först framdeles larvens framtida näringsämnen uppstå, t. ex. under våren på träd, som först under hösten bära frukt, eller i larver, som först såsom puppor tjena de parasiterande larverna såsom näring och skydd. Andra insekter lägga sina ägg på ställen, hvarifrån de först genom många omvägar blifva befordrade till den egentliga platsen för deras utveckling, t. ex. vissa bromsar på hästarnes läppar, andra på sådana ställen, der hästarne pläga slicka sig, hvarigenom äggen föras in i deras inelfvor, stället för deras utveckling, och sedan de blifvit kläckta afgå med fæces. Boskapsbromsarne veta att med sådan säkerhet utse de kraftigaste och sundaste djuren, att boskapshandlare och garfvare helt och hållet förlita sig derpå och helst taga de djur och hudar, som visa de flesta spåren af gorm. Detta bromsarnes val af de bästa boskapsdjuren skall väl dock ej kunna vara något resultat af deras medvetna pröfning och öfverläggning, då menniskorna, som hafva slikt till sitt speciella yrke, erkänna dem som sina mästare. Vägg-getingen gör ett flera tum djupt hål i sanden, lägger dit ett ägg och packar fotlösa gröna larver, som snart äro färdiga att förpuppa sig, alltså rätt väl födda, och kunna lefva lång tid utan vidare födoämnen, så tätt deruti, att de kunna hvarken röra sig eller förpuppa sig, och nätt och jämnt till sådan myckenhet, som den ur ägget sedermera utkommande larven behöfver för sitt uppehälle, innan han öfvergår till puppstadiet. En vespart Cerceris bupresticida, som sjelf lefver endast af blommornas frömjöl, lägger vid hvart och ett af sina i underjordiska celler förvarade ägg tre praktbaggar (Buprestidæ), hvilka han bemäktigar sig derigenom, att han ställer sig på lur efter dem, just då de komma fram ur sin pupphylsa, och i samma ögonblick dödar dem, medan de ännu äro svaga, men på samma gång tyckes ingjuta i dem en vätska, som håller dem friska och dugliga till föda. Många vesparter öppna sina larvers celler, just då dessa gjort slut på sin föda, för att ditlägga ny sådan och tillsluta dem sedermera åter; på samma sätt träffa myrorna städse rätta tidpunkten, då deras larver äro mogna att krypa fram, för att för dem öppna den väf, ur hvilken dessa icke sjelfva skulle förmå att frigöra sig. Hvad vet väl nu en insekt, hvars lif i de flesta fall icke omfattar mer än en enda äggläggning, om innehållet af och den gynsamma utvecklingsplatsen för sina ägg, hvad vet han om beskaffenheten af den föda, som den utkläckta larven behöfver och som är alldeles olik den han sjelf förtär, hvad vet han om mängden af föda, som denna förbrukar, hvad *kan* han veta, d. v. s. hafva i medvetandet om allt detta? Och dock bevisa djurets handlingar, dess ansträngningar och den stora betydelse, som det tillmäter dessa förrättningar, att det har en kunskap om framtiden; hon kan alltså icke vara annat än omedveten clairvoyans. Lika otvifvelaktigt måste det vara clairvoyans, som hos djuren framkallar viljan att öppna cellerna eller väfven just i det ögonblick, då larverna hafva förtärt sitt näringsförråd, eller då de äro mogna att krypa ut.

Göken, hvars ägg ej, som hos andra fåglar är fallet, behöfva blott en till två, utan sju till elfva dagar, för att mogna i äggstocken, som fördenskull icke sjelf kan ligga ut ungar ur sina ägg, emedan de första skulle ruttna, innan det sista blifvit lagdt, lägger dem af denna anledning i andra fåglars bon, hvarje nytt ägg naturligen i ett annat näste. Men på det nu icke fåglarne må igenkänna och utvräka det främmande ägget, är det icke blott mycket mindre, än man skulle kunna vänta i anseende till gökens storlek (ty det är endast i småfåglars bon, som han finner anledning att lägga sina ägg), utan äfven, som nämndt, till sin förgteckning i förvillande grad likt de öfriga äggen i boet. Då nu göken gerna några dagar i förväg utsöker det bo, der han vill lägga sitt ägg, så skulle man i de fall, då det är ett öppet bo, som får mottaga hans ägg, kunna tänka sig, att det just då mognande ägget antager färgen af det utsökta boets ägg derför, att den drägtiga gökhonan, så att säga, förser sig på dem; men en dylik förklaring passar icke, då fråga är om sådana bon, som äro dolda i ihåliga träd (t. ex. Sylvia phoenicurus), eller som hafva formen af en bakugn med trång ingång (t. ex. Sylvia rufa); i sådana fall kan göken hvarken komma in eller se in i boet, han måste till och med lägga sitt ägg derutanför och med näbben praktisera det ditin, han kan alltså på intet vis genom någon sinlig varseblifning erfara, hvilket utseende boets ägg hafva. Då nu detta oaktadt hans ägg är de andra fullkomligt likt, så är detta möjligt endast genom omedveten clairvoyans, hvilken i äggstocken reglerar färgteckningens process. Skulle åter den förmodan vara riktig, att en och samma gökhona alltid lägger ägg blott i en och samma fågelarts bon, att följaktligen hennes ägg alltid hafva samma färgteckning, så skulle problemet endast antaga omvänd form, och frågan skulle blifva denna: hvarigenom erfar gökhonan, hvilka fåglars ägg hennes liknar, då hon icke är i tillfälle att se in i de respektive fåglarnes bon?

Ett väsentligt stöd och bekräftelse för clairvoyansens tillvaro i djurens instinkter erbjuda oss de fakta, hvilka äfven hos menniskan i olika tillstånd ådagalägga en clairvoyans; vi hafva redan omnämnt instinkterna att finna just de passande botemedlen, hvilka visa sig hos barn och hafvande qvinnor. Men i öfverensstämmelse med menniskans högre medvetenhetsgrad framträder här mestadels jämte den omedvetna clairvoyansen en medvetandets starkare resonans, som uppenbarar sig såsom mer eller mindre tydlig aning. Dessutom öfverensstämmer det med det menskliga intellektets större sjelfständighet, att denna aning icke inträder uteslutande för en handlings omedelbara utförande, utan stundom äfven visar sig oberoende af vilkoret för en handling, som skall momentant utföras, såsom blott föreställning utan medveten vilja, om blott vilkoret är uppfyldt, att denna anings föremål i allmänhet *i hög grad intresserar* den anandes *vilja*. När man lyckats undertrycka en intermittent feber eller annan sjukdom, förekommer det icke sällan, att den sjuke alldeles riktigt förutsäger tiden, då ett krampanfall skall inträda och upphöra; detsamma äger nästan regelbundet rum vid spontan, vanligen också vid på konstgjord väg framkallad somnambulism; redan Pythia bestämde, som bekant, hvarje gång tiden för hennes nästa extas. Likaså yttra sig i tillstånd af somnambulism läkeinstinkterna ofta i aningar om de passande läkemedlen, och dessa aningar hafva lika ofta ledt till glänsande resultat, som de tyckas motsäga vetenskapens närvarande ståndpunkt. Läkemedlens bestämning är säkert också det enda bruk, som anständiga magnetisörer göra af sina somnambulers halfvakna sömn. »Det förekommer också understundom, att fullkomligt friska qvinnor, innan de skola föda, eller i allmänhet personer, då en sjukdoms första symptom yttra sig, hafva en säker förkänning af sin nära förestående död; att denna förkänning sedermera går i fullbordan, kan man svårligen förklara såsom en blott tillfällighet, ty eljest måste detta inträffa ojämförligt mera sällan än motsatsen, men saken förhåller sig, som vi veta, alldeles tvärtom; ej heller visa många af dessa personer hvarken åtrå efter döden, eller fruktan för densamma, och man kan fördenskull icke förklara förkänningen såsom en verkan af fantasien »(orden äro hämtade ur den berömde fysiologen Burdachs verk: »Blicke in's Leben», Kap. Aning, hvarifrån en stor del af de här valda exemplen är lånad). Denna hos menniskan undantagsvis framträdande aning om döden är hos djuren, till och med hos sådana, som icke känna eller förstå döden, någonting mycket vanligt; da de känna sitt slut nalkas, smyga de sig undan till i möjligaste måtto aflägsna, ensliga och undangömda platser; detta är t. ex. anledningen, hvarför man till och med i städerna så sällan finner liket eller skelettet af en katt. Nu får man endast antaga, att den hos menniskor och djur väsentliga omedvetna clairvoyansen framkallar aningar af olika tydlighet, att den således drifver t. ex. katten att blott instinktivt smyga sig afsides, utan att han vet hvarför, men hos menniskan åter uppväcker det klara medvetandet om hennes nära förestående död. Men clairvoyansen gifver aningar ej blott om ens egen, utan äfven om våra dyrbara, vårt hjerta nära stående personers död, såsom framgår af de många berättelser om huru en döende i dödsstunden uppenbarat sig för sin vän eller maka i drömmen eller i en vision — berättelser, som gå igenom alla folk och tider och delvis innehålla otvifvelaktigt sanna fakta. Härtill sluter sig den fordom företrädesvis i Skottland och på de danska öarne ännu förekommande förmågan af visioner, då vissa personer utan extas och vid full sans förutse tillkommande eller fjerran skeende tilldragelser, som äro för dem af intresse, såsom dödsfall, fältslag, stora eldsvådor (Svedenborg och branden i Stockholm), fjerran boende vänners ankomst eller öden o. s. v. (jfr. Ennemoser, Geschichte der Magie, 2:dra uppl. §. 86). Hos många personer inskränker sig denna clairvoyans endast till deras bekantas dödsfall; exemplen på sådana likskådare äro talrika och säkert, någongång juridiskt bekräftade. Öfvergående infinner sig denna visionära förmåga under extatiska tillstånd, spontan eller genom konst frambragt somnambulism af högre grad af vaket drömmande, äfvensom under mera ljusa ögonblick före döden. Vanligen äro aningarne, i hvilka det omedvetnas clairvoyans uppenbarar sig för medvetandet, dunkla, obegripliga och symboliska, emedan de i hjernan måste antaga sinlig form, då deremot den omedvetna föreställningen icke kan hafva någon del i sinlighetens form (se Kap. C. I); derför kan man så lätt hålla det tillfälliga i stämningar, drömmar eller sjukliga bilder för betydelsefullt. Den häraf följande stora sannolikheten af egen villfarelse och sjelfbedrägeri, och lättheten uti att afsigtligt bedraga andra, äfvensom den öfvervägande skada, hvilken i allmänhet kännedomen om det tillkommande bringar menniskan, sätta det utom allt tvifvel, att alla bemödanden som göras, för att lära känna det tillkommande, äro praktiskt skadliga: men detta kan icke göra något intrång på den teoretiska vigten af hithörande företeelser och får ingalunda fattas såsom något hinder för att erkänna clairvoyansens sanna, om ock under en samling af orimligheter och bedrägerier gömda fakta. Visserligen faller det sig beqvämt för vår tids öfvervägande rationalistiska och materialistiska sträfvanden, att förneka eller ignorera alla fakta, som falla inom detta område, emedan de icke låta sig begripa från materialistiska synpunkter, och att icke låta dem enligt differensens induktionsmetod afgöras af experimentet; liksom vore ej det senare lika omöjligt i fråga om moral, socialvetenskap och politik! Men att samvetsgranna domare kunna absolut förneka möjligheten af alla sådana företeelser beror blott derpå, att de icke känna berättelserna, och detta senare åter har sin grund deri, att de icke vilja lära känna dem. Jag är öfvertygad om, att många bland dem, som förneka all menskslig divination, skulle döma annorlunda eller åtminstone försigtigare, om de ansåge det löna mödan, att göra sig bekanta med berättelserna om hithörande fakta, och min åsigt är, att i våra dagar ingen behöfver blygas öfver att biträda en mening, som alla stora snillen i forntiden (utom Epikur) omfattat, hvars möjlighet knappast någon af den nyare tidens stora filosofer vågat bestrida, och hvilken förkämparne för den tyska upplysningsperioden voro så litet böjda att förvisa till barnsagornas område, att till och med Göthe från sin egen lefnad berättar oss ett exempel på vision, som hos honom bekräftats ända in i de minsta detaljer.

Lika litet som jag skulle anse detta fält af företeelser passande, för att använda det som den enda *grundvalen* för vetenskapliga bevis, lika mycket finner jag det önskvärdt att med dess hjelp *förfullständiga* och *fortsätta* den serie af företeelser, som träda oss till möte i de djuriska och menskliga instinkternas clairvoyans. Just emedan det fortsätter denna serie i en medvetandets stegrade resonans, gifver det ett stöd åt dessa instinkthandlingarnes vittnesbörd om deras eget väsen lika mycket, som dess sannolikhet finner ett stöd just i dessa analogier med instinktens clairvoyans, och detta, äfvensom önskan, att icke lemna tillfället till ett inkast mot en modern fördom obegagnadt, är orsaken, hvarför jag tillåtit mig att i ett vetenskapligt arbete, om ock endast i förbigående, omnämna detta nu för tiden i sådan misskredit komna fält.

Slutligen hafva vi att omnämna ännu en särskild art af instinkt, som likaledes är i hög grad lärorik för hela hans väsen och på samma gång åter visar, huru omöjligt det är, att undgå antagandet af clairvoyans. I de hittills anförda exemplen handlade nämligen hvarje väsen endast för sig, utom i fortplantningsinstinkterna, der dess handlande städse kommer ett annat individ, nämligen afkomlingarne, till godo; ännu återstår oss att betrakta de fall, der ibland flera individer består en instinkternas solidaritet, så att å ena sidan hvarje individs verksamhet kommer alla till godo, och å den andra först genom fleras enhälliga samverkan en gagnelig verksamhet framkallas. Hos högre djur äger också denna instinkternas vexelverkan rum, likväl är det här så mycket svårare att skilja dem från den medvetna viljans delaktighet, som språket möjliggör ett fullständigare meddelande af de ömsesidiga planerna och afsigterna. Detta oaktadt skola vi åter tydligt igenkänna denna gemensamma verkan af en instinkt hos massan i språkets uppkomst och de stora politiska och sociala rörelserna i verldshistorien; här gäller det att välja i möjligaste måtto enkla och tydliga exempel, och derför vända vi oss till de lägre djuren, der på samma gång röst, mimik och fysiognomi saknas och medlen att meddela andra sina tankar äro så ofullkomliga, att de särskilda förrättningarnes öfverensstämmelse och ingripande i hvarandra i hufvudsak omöjligen kan tillskrifvas ett medvetet ömsesidigt meddelande genom språk.

Enligt Huberts iakttagelser (Nouvelles observations sur les abeilles) tog vid bygnaden af nya bikakor en del af de *större* arbetsbien, hvilka sugit sig fulla af honing, ingen del i de öfrigas vanliga göromål, utan förhöll sig fullkomligt overksam. Efter tjugofyra timmar hade under deras bukskenor bildat sig skifvor af vax. Dessa framdrog biet med sin bakfot, tuggade dem och formade dem till ett band. De sålunda beredda vaxskifvorna fastklibbades sedermera efter hvarandra vid kupans tak. Så snart ett bi på detta sätt bearbetat sina vaxskifvor, följde genast ett annat efter, som upprepade alldeles samma arbete. Sålunda bildades en liten, vid bikupan fäst, en half linie tjock, ojämn mur i vinkelrät riktning. Nu kom ett af de *mindre* arbetsbien, som icke hade någon honing i sin bakkropp, undersökte muren och gjorde i midten af dennas ena sida en grund, halfoval fördjupning; det utgräfda vaxet lades upp vid fördjupningens rand. Efter kort tidsförlopp aflöstes det af ett annat dylikt, och så följde mer än tjugo efter hvarandra. Vid denna tid började åter på murens motsatta sida ett annat bi, att derstädes forma en dylik urhålkning, men motsvarande randen på den förra sidan. Snart arbetade ett nytt bi vid dess sida på en andra liknande fördjupning. Äfven detta efterträddes af ständigt nya arbetare. Under tiden kommo ytterligare nya bin dit, framdrogo vaxskifvor under sina bukringar och bygde sålunda på de små vaxmurarnas rand. Ständigt nya arbetare urhålkade i dem grunden till nya celler, medan andra fortsatte att småningom gifva de redan påbörjade en fullkomligt regelbunden form och på samma gång förlänga deras prismatiska väggar. Dervid arbetade bien på den midt emot belägna sidan af vaxmuren alltid med den största noggrannhet efter samma plan som arbetsbien på den andra sidan, tills slutligen cellerna på båda sidorna voro färdiggjorda med en beundransvärd regelbundenhet, ej blott de, som voro stälda bredvid och stötte intill hvarandra, utan äfven de, som skildes från hvarandra genom sina pyramidaliska bottnar. Man tänke sig nu, huru varelser, som genom sinliga meddelningsmedel måste enas om sina ömsesidiga afsigter och planer, skulle råka i oändliga meningsskiljaktigheter, i tvedrägt och stridigheter, huru ofta det skulle förekomma, att en sak blefve bortfuskad, förstörd och måste göras om igen, huru för ett arbete allt för många skulle trängas om hvarandra, medan för ett annat allt för få skulle infinna sig, hvilken villervalla der skulle uppstå, innan hvar och en kunde finna sin rätta plats, huru ofta i ett fall flera skulle trängas för att aflösa hvarandra, medan i ett annat några skulle saknas, såsom vi så ofta finna vara händelsen vid de så mycket högre stående menniskornas gemensamma arbeten. Af allt sådant finna vi hos bien intet spår; det hela gör snarare intrycket, som hade en osynlig högsta byggmästare för samhället förelagt och i hvarje individ inpräglat planen till det hela, liksom om hvarje slag af arbetare hade utantill lärt sig sitt bestämda arbete, sin plats och sin nummerföljd i aflösningen, och genom hemliga signaler underrättades om tidpunkten, då dess tur kommer. Men allt detta är just instinktens verk, och lika som genom instinkt planen till hela bygnaden innebor i hvarje enskildt bis omedvetna clairvoyans, så drifver en gemensam instinkt i rätta ögonblicket hvarje individ till det arbete, hvartill den är kallad; endast derigenom äro det underbara lugnet och ordningen möjliga. Huru denna gemensamma instinkt är att fatta, kan först långt senare förklaras, men densammas möjlighet är redan nu påtaglig, i det att hvarje individ har planen till det hela och samtliga de medel, som derför måste anlitas, i den omedvetna clairvoyansen, men hvaraf blott det enda, som åligger honom att göra, faller i hans medvetande. Så t. ex. spinner en bilarv åt sig sjelf sitt puppskal af silke, men det tillslutande vaxlocket måste andra bin sätta dit; hela puppskalets plan föresväfvar alltså bådadera omedvetet, men hvar och en uträttar genom medveten vilja blott den del, som honom tillkommer. Att larven efter förvandlingen måste genom andra bin frigöras ur sitt skal, är redan ofvan omnämndt, äfvensom att arbetarne döda drönarne om hösten, för att icke nödgas hela vintern igenom lifnära de alldeles gagnlösa individerna, och att de låta dem lefva endast då, när de skola befrukta en ny blifvande drottning. Arbetarne bygga vidare cellerna för drottningens mognande ägg, och detta göra de i regeln just i samma mån, som drottningen skall lägga ägg, och dertill i samma följd, som äggen läggas, nämligen först för arbetarne, sedan för drönarne, slutligen för drottningarne. Här ser man åter igen, huru arbetarnes instinkthandlingar rätta sig efter dolda, organiska processer, hvilka dock påtagligen endast genom omedveten clairvoyans kunna på dem hafva något inflytande. I bisamhället är den arbetande verksamheten och den könliga, hvilka eljest äro förenade, personifierade i tre slag af individer; och liksom hos en och samma individ organen, så befinna sig här individerna i en inre, omedveten, andligt-organisk enhet.

Vi hafva sålunda i detta kapitel kommit till följande resultat: instinkten är icke resultat af medveten öfverläggning, icke en följd af den kroppsliga organisationen, icke blotta resultatet af en i hjernans organisation förhandenvarande mekanism, icke verkan af en i själen utifrån inplantad död, för hennes innersta väsen främmande mekanism, utan en individens *sjelfständiga, egna* produktion, som utgår från hans innersta väsen och karakter. Det ändamål, som ett bestämdt slag af instinkthandlingar tjenar, är icke något af en *utom* individen stående ande, en försyn, en gång för alla tänkt och som nödvändigheten, att handla derefter, utifrån påtryckt individen såsom någonting för honom *främmande*, utan instinktens ändamål vill och föreställer sig *individen* omedvetet i hvarje enskildt fall, och derefter träffas valet och väljas medlen omedvetet för hvarje särskildt fall. Vanligen förhåller det sig så, att kännedomen om ändamålet alldeles icke är tillgänglig för den medvetna kunskapen genom sinlig varseblifning; då uppenbarar sig det omedvetnas egendomlighet i clairvoyans, af hvilket medvetandet förspörjer i form af aning dels endast en försvinnande dof, dels äfven, synnerligen hos menniskan, mer eller mindre tydlig resonans, under det att instinkthandlingen sjelf, medlets utförande till det omedvetna ändamålet städse med full klarhet faller i medvetandet, emedan eljest ett riktigt utförande icke skulle vara möjligt. Clairvoyansen yttrar sig slutligen också i flera individers samverkan till ett gemensamt, omedvetet ändamål.

Clairvoyansen qvarstår ännu såsom ett obegripligt faktum, och man vore frestad att invända: »då håller jag lika gerna fast vid instinkten som ett obegripligt faktum.» Men häremot kan invändas, först och främst, att vi finna clairvoyansen äfven utom instinkten (särskildt hos menniskan), vidare, att på långt när icke hos alla instinkter en clairvoyans behöfver förekomma, att alltså instinkt och clairvoyans redan empiriskt äro gifna såsom två skilda fakta, af hvilka visserligen clairvoyansen kan bidraga till att förklara instinkten, men icke tvärtom, och för det tredje slutligen, att individens clairvoyans icke skall qvarstå som ett så obegripligt faktum, utan mycket väl under gången af den följande undersökningen skall finna sin förklaring, då man endast genom att först betrakta hvarje sak särskildt slutligen kan komma till någon insigt om instinktens verkliga väsen.

Endast den uppfattning, som här blifvit framstäld, medgifver möjligheten att begripa instinkten såsom hvarje väsens innersta kärna; att han i sjelfva verket är detta, det visar redan driften att upprätthålla individen och slägtet, hvilken genomgår hela skapelsen, det visar den heroiska offervilligheten, med hvilken individen hembär sitt väl, ja till och med sitt lif som offer åt instinkten. Man tänke på larven, som gång på gång förbättrar skadorna i sin väf, tills hans dukar under af maktlöshet, på fågeln, som genom öfverdrifven äggläggning dör af utmattning, på den oro och sorg, som alla flyttande djur lägga i dagen, hvilka blifvit förhindrade att flytta. Om man håller en gök i fångenskap, dör han alltid under vinterns lopp af förtviflan öfver att icke kunna få flytta bort; vinbergssnäckan, som förnekas sin vintersömn, likaså; den svagaste moder upptager striden med sina öfverlägsna motståndare och underkastar sig med nöje döden för sina ungars skuld; en menniska, som är olyckligt kär, blir vansinnig eller söker sin tillflykt till sjelfmord, såsom de statistiska uppgifterna för hvarje år med några fall ständigt ådagalägga; en fru, som en gång lyckligt genomgått kejsarsnittet, kunde, oaktadt hon hade all möjlig utsigt att om igen få undergå denna förskräckliga, mestadels lifsfarliga operation, så litet afhålla sig från samlag, att hon ytterligare tre gånger måste genomgå samma operation. Och en sådan demonisk makt skulle kunna åstadkommas genom något, som är själen påtrugadt såsom en för vårt inre väsende främmande mekanism, eller genom en medveten öfverläggning, hvilken dock alltid står qvar i den flacka egoismen och alldeles icke är mäktig att för slägtets skuld bringa sådana offer, som fortplantnings- och föräldrainstinkten kräfver!

Det återstår oss ännu att betrakta den frågan, huru det kommer sig, att *inom* en och samma djurart instinkterna äro så likmässiga, en omständighet, som i icke ringa mån bidragit till att stärka åsigten om en inplantad själsmekanism. Men nu är det tydligt, att lika orsaker hafva lika verkningar, och häraf förklarar sig denna företeelse alldeles af sig sjelf. Ty de kroppsliga anlagen äro inom en och samma djurart desamma, det medvetna förståndets förmögenheter och utbildning *likaså* (hvilket hos menniskorna och till en del de högsta djuren icke är fallet, och hvadan delvis hos de senare individernas skiljaktighet härrör); de yttre lifsbetingelserna äro *likaledes* något så när desamma, och för så vidt som de äro väsentligt olika, äro också instinkterna olika — derför behöfva vi ej anföra några exempel (jfr. sidd. 53—54). Af lika själs- *och* kroppsbeskaffenhet (hvarunder tillika inbegripas lika hjern- och gangliepredispositioner) *och lika yttre omständigheter* följa åter med nödvändighet såsom logisk konseqvens lika lefnadsmål, af lika ändamål och lika inre och yttre omständigheter följer vidare lika val af medel, d. v. s. lika instinkter. De sista båda stegen skulle icke kunna medgifvas utan inskränkning, ifall det vore fråga om medveten öfverläggning, men då dessa logiska konseqvenser dragas från det omedvetna, hvilket utan tvekan och uppskof ofelbart väljer det riktiga, så utfalla de också af lika premisser alltid lika.

Så förklarar vår uppfattning af instinkten också det sista, som skulle kunna göras gällande såsom stöd för motsatta åsigter.

Jag afslutar detta kapitel med Schellings ord: »Det är inga andra än den djuriska instinktens företeelser, som för hvarje tänkande menniska representera de aldra vigtigaste — de äro för den sanne filosofen en verklig pröfvosten.»

IV.

Sambandet mellan vilja och föreställning.

I hvarje viljeakt är det man vill *öfvergången från ett närvarande tillstånd till ett annat*. — Ett närvarande tillstånd är i alla händelser gifvet, vore det också blott sjelfva hvilan, men af detta närvarande tillstånd allena skulle aldrig någonsin viljandet kunna bestå, om icke möjligheten, åtminstone den ideala möjligheten, af något annat vore förhanden. Det absoluta tillståndet, som realiter och idealiter icke medgåfve någonting annat, vore i sig sjelft afslutadt, utan att någonsin, om ock blott idealiter, träda utom sig sjelf, ty detta utom-sig-gående vore ju då redan dess andra. Äfven det viljande, som vill fortvaron af det närvarande tillståndet, är möjligt endast genom föreställningen om detta tillstånds *upphörande*, hvilket *detesteras*, alltså genom en *dubbel negation;* utan *föreställningen* om upphörandet skulle ett viljande af fortvaron vara en omöjlighet. Det står alltså fast, att för viljandet äro i främsta hand två saker nödvändiga, af hvilka den ena är det närvarande tillståndet, och detta som utgångspunkt. Den andra, viljandets ändpunkt eller mål, kan icke vara det nu närvarande tillståndet, ty det närvarande äger man ju helt och hållet, det vore alltså orimligt att ännu engång vilja det, det kan på sin höjd frambringa tillfredsställelse eller otillfredsställelse, men icke vilja. Det kan alltså icke vara ett varande, utan blott ett *icke varande* tillstånd som man vill, och detta vill man *såsom varande*. Från icke-varandet till varandet kan tillståndet komma endast genom *blifvandet*, och om det genom blifvandet kommit till varandet, så är det moment, som hittills fått namn af det närvarande, *förbi* och ett nytt närvarande har inträdt, hvilket *från det förra momentets synpunkt* betrakadt ännu är *tillkommande*. Men detta förra moment är viljandets, följaktligen är det ett *tillkommande* tillstånd, hvars öfvergång till det närvarande man vill. Detta tillkommande tillstånd måste alltså innehållas i viljandet såsom det nu närvarande tillståndets andra, och det gifver åt viljandet dess ändpunkt eller dess mål, hvarförutan det icke är tänkbart. Men då nu detta tillkommande tillstånd, såsom ett för det närvarande ännu *icke varande*, *realiter icke* kan vara i viljandets närvarande aktus, men ändock *måste* vara deruti, hvarigenom det först blir *möjligt*, så måste det nödvändigt *idealiter*, *d. v. s. såsom föreställning* innehållas i densamma; ty det ideella är, strängt taget, alldeles detsamma som det reella, blott utan realitet, likasom omvändt realiteten i tingen är det enda i dem, hvad som icke genom tänkandet kan skapas, hvad som går utöfver deras ideella innehåll (jfr. Schellings Werke, Abth. I Bd 3 sid. 364). Men likaledes kan äfven det (positivt tänkta) närvarande tillståndet blott så till vida blifva viljandets utgångspunkt, som det ingår i föreställningen (i ordets vidsträcktaste betydelse). Vi hafva alltså i viljan två föreställningar, den om ett närvarande tillstånd som utgångspunkt, den om ett tillkommande tillstånd som ändpunkt eller mål; den förra uppfattas såsom föreställning om en *förhandenvarande* realitet, den senare såsom föreställning om en realitet, hvilken först *måste frambringas*. Viljan är nu sträfvandet efter realitetens frambringande, eller sträfvandet efter öfvergången från det af den förra till det af den senare föreställningen representerade tillståndet. Detta sträfvande sjelft undandrager sig hvarje beskrifning och definition, emedan vi ju röra oss endast med *föreställningar*, och sträfvandet i sig är något med föreställningen heterogent; man kan om det blott säga, att det är *förändringens omedelbara orsak*. Detta sträfvande är *viljandets tomma form*, som blir sig öfverallt lika och hvilken står öppen för mottagandet af det mest skiljaktiga föreställningsinnehåll; och liksom hvarje *tom* form är abstraktion *utan annan realitet*, än den som hon har till sitt innehåll, så äfven denna. Viljandet existerar eller är aktuelt blott *i och med* förhållandet mellan föreställningen om det närvarande och det tillkommande tillståndet; fråntager man begreppet denna relation, utan hvilken det icke kan bestå, så beröfvar man det realiteten, tillvaron. Ingen kan i verkligheten *endast* vilja, utan att vilja *det eller det;* en vilja, som icke vill *något, är* icke; blott genom det *bestämda innehållet* erhåller viljan möjlighet att existera, och detta innehåll (som icke får förvexlas med motivet) är *föreställning*, såsom vi hafva sett. Fördenskull: **intet viljande utan föreställning,** såsom redan Aristoteles säger (de animalibus, III. 10, 433. b, 27): ὀρεκτικὸν δὲ οὐκ ἄνευ φαντασίας.

Härvid måste man taga sig till vara för den missuppfattningen, som skulle jag hafva påstått, att *öfverallt*, hvarest något visas vara innehållet i ett annat, utan att dock realiter vara innehållet i detsamma, det måste idealiter vara innehållet deruti. Detta vore i sjelfva verket en logiskt oriktig omvändning af den sanna satsen, att det ideella är detsamma som det reella, blott utan realiteten. Att jag är långt ifrån att hafva gjort mig skyldig till denna felaktiga omvändning, har jag redan bevisat derigenom, att jag försöker förklara minne och karakter genom hjernans latenta dispositioner till bestämda molekylära vibrationstillstånd, äfvensom att jag anser viljandet som potensens, d. ä. viljans aktuella yttring; de förra äro nämligen hvilande materiella tillstånd (atomernas lagringsförhållanden), hvilka väl kunna anses som *realisation* af en tillkommande tillstånd implicite i sig innehållande idé, men aldrig sjelfva kunna få namn af ideella (jfr. Gesamm. philos. Abhandlungen, N:o II sid. 35—37); den senare deremot (viljandets potens) är blott öfverhufvud den formella förmågan af aktualitet utan hvarje innehållets bestämdhet. Viljandet, med abstraktion från dess innehåll, är i potensen möjliggjordt och på förhand innehållet, men sålunda är det äfven just blott den rent formella sidan af den bestämda viljeakten. Innehållet sjelft i denna viljeakt kan aldrig tänkas annorlunda än såsom föreställning eller idé: ty viljandet är icke något materielt, i hvars hvilande delar blifvande skilnader genom i rummet varande lagringsförhållanden skulle kunna preformeras, utan det är något immaterielt, och det tillkommande, som skall af det realiseras och ännu icke är, måste alltså på *immateriell* sätt innehållas deri; men vidare är vilje-innehållet städse alltigenom bestämdt, så och icke annorlunda kan det komma till realisation, det kan alltså icke betecknas såsom potens, hvarigenom blott realisationens formella förmåga öfverhufvud, men icke dennas helt och hållet bestämda »hvad» skulle vara uttryckt. Men utan den till innehållet fullständiga bestämdheten hos det ännu icke varande, som skall realiseras, vore ingen realisation möjlig, emedan oändligt skiljaktiga möjligheter kunde gifvas. Denna *innehållets* bestämdhet hos ett realiter ännu icke varande, hvilken tillika måste tänkas *immateriel*, kan nu allsicke tänkas annorlunda än såsom *ideel* bestämdhet, d. v. s. såsom föreställning. Detta förhållande är oss omedelbart bekant från det medvetna viljandet, och sjelfbetraktelsen kan hvarje ögonblick på nytt bibringa oss den lärdomen, att det man vill innan målet nås är ingenting annat än föreställning. Men påtagligheten och sjelfbegripligheten af detta förhållande mellan vilja och föreställning (såsom de båda poler, omkring hvilka hela själslifvet rör sig), och omöjligheten att upptäcka någon ersättning för föreställningen såsom viljeinnehåll (d. ä. såsom viljandets immateriella, ännu icke realiter varande bestämdhet) tvinga oss äfven till det antagandet, att *allt* viljeinnehåll är föreställning, *lika mycket om* det är fråga om vilja och föreställning såsom medvetna eller såsom omedvetna. *Så vidt* man antager vilja, *just lika vidt* måste man förutsätta föreställning som densammas bestämmande, henne från andra åtskiljande innehåll, och öfverallt hvarest man vägrar att erkänna den ideella (omedvetna) föreställningshalten som det aktionens »hvad» och »huru» bestämmande, der måste man följdriktigt också vägra att tala om en omedveten vilja som företeelsens inre agens. Denna enkla betraktelse lägger det Schopenhauerska systemets förunderliga halfhet i öppen dag, i hvilket idén ingalunda erkännes som det allenavarande och uteslutande vilje-innehållet, utan en skef och subordinerad ställning blifvit henne anvisad, under det att den ensidiga och blinda viljan allena alltigenom så beter sig, *som om* hon hade föreställning eller idé till sitt innehåll. Men den som, i likhet med t. ex. Bahnsen, bestrider, att viljan fattad som viljandets potens är något rent formelt och absolut tomt, den som ser i henne, i stället för ett alla väsenden gemensamt till godo kommande attribut af den all-enhetliga substansen, en a se och per se subsisterande och existerande individualessens, honom återstår, om han icke vill låta sig nöja med ett postuleradt i intet afseende begripligt oting, intet annat val än det, att antingen definiera den karakteristiska essensen hos denna individuella potens såsom *ideel* bestämdhet (alltså blott onödigtvis återförlägga den fyllande idén från viljandet till den rena viljan), eller också att helt och hållet öfvergå till materialismen, d. v. s.

öfvergifva viljan som metafysisk princip och sätta henne identisk med de så eller så predisponerade hjerndelarne, hvilkas funktion viljandet då vore.

Det torde vara ändamålsenligt, att här åtminstone antydningsvis beröra åtskilliga punkter, hvilka äro egnade att bestyrka den satsen, att ingen art af viljeverksamhet är möjlig utan ideelt föreställningsinnehåll.

Först och främst vore det en gróf villfarelse att förneka viljandets ideella innehåll på den grund, att viljandet är strängt *necessiteradt*. Detta argument skulle framför allt bevisa *för mycket;* ty det skulle *för det första* helt och hållet tillintetgöra viljans aktivitet likasom innehållets idealitet, då det i sjelfva verket nedsatte det necessiterade förloppet till en rent död, utifrån bestämd och hvarje sjelfbestämning inifrån saknande passivitet, — och *för det andra* skulle det för det medvetna viljandet draga efter sig alldeles samma konseqvenser, som för det omedvetna viljandet hos en fallande sten, då å ena sidan det förra är likaså strängt determineradt och necessiteradt som det senare, men å andra sidan äfven den fallande stenen, om han hade medvetande (redan efter Spinozas bekanta uttryck), skulle tro sig handla fritt. Denna invändning gifver just derpå icke akt, att det alldeles icke finnes någon rent passiv necessitation, att snarare hvarje ett tings necessitation innesluter en autonom aktivitet hos detsamma, — autonom derigenom att det i sättet, hvarpå det reagerar mot de på detsamma inverkande krafterna, följer sin egen naturs immanenta lagar. Detta gäller för stenens mot jordmassans närhet reagerande gravitationskraft, eller för biljardbollens mot vallens tröghetsmotstånd reagerande elasticitet, alldeles lika väl som för den mot de medvetna vordna motiven reagerande menskliga karakteren. Betraktar man nu de fysikaliska krafterna som viljekrafter, kan man ej undgå att fatta desammas inre bestämdhet genom de immanenta lagarne hos viljans respektive objektivationsgrads egendomliga natur, hvilken är den reella aktivitetens nödvändiga prius i hvarje bestämdt fall, såsom ideel bestämdhet, d. v. s. fatta viljandets innehåll före fulländad realisation äfven här som föreställning (jfr. Kap. C. V).

En annan punkt är den, att begreppet om necessitationen eller nödvändigheten i skeendet gent emot dem, som subjektivistiskt förneka en objektivt-reel nödvändighet, endast kan upprätthållas genom att betrakta den rena yttre fakticiteten som bestämd och åstadkommen genom ett inre *logiskt* tvång, hvad som man äfven ensamt kan mena, då man talar om en med logiken öfverensstämmande naturlaglikmätighet (jfr. slutet af N:o 3 Kap. C. XV). Men är all skeendets nödvändighet logiskt lagbunden, så kan denna (omedvetna) logik blott då genomtränga den blinda och i och för sig ologiska viljans yttring, när hennes innehåll icke sjelft åter är ologisk vilja, utan logisk idé.

Den tredje punkten, som jag skulle vilja framhålla, för oss in på kunskapsteoriens område. Tänkandet kan icke fara ut ur tänkandets omhölje, det kan väl negera sig som medvetet tänkande, men det ernår derigenom så föga någonting positivt, att det till och med saknar rätt till denna negation af sig sjelft, så länge det bortom sitt medvetandes sfer icke förmår angifva något positivt. Tänkandet kommer alltså antingen aldrig utöfver sig sjelft, eller det sanna positiva innehållet hos det bortom dess medvetenhetssfer varande måste sjelft åter vara tanke, föreställning, ideelt innehåll. Då nu den förnimmelseakten framkallande kausaliteten är den enda möjliga direkta föreningslänken mellan medvetandet och dess bortom-varande, så måste specielt innehållet hos detta kausala afficierande, som åtföljes af förnimmelsen, vara ideelt. Här komma vi genom behofvet af kunskapsteoretisk förklaring till samma sanning, som förut genom metafysiska betraktelser, nämligen att den kausala necessitationen eller den reella kausaliteten måste vara till sitt innehåll ideel, ehuru detta här är visadt endast för sinnesintryckets akt (jfr. »Das Ding an sich und seine Beschaffenheit», — specielt sid. 74—76. Berlin 1871).

Vi veta alltså numera, att hvarhelst vi möta ett viljande, föreställning måste vara dermed förbunden, åtminstone den föreställning, hvilken ideelt förverkligar viljandets mål, objekt eller innehåll; den andra föreställningen, utgångspunkten, skulle möjligtvis snarare engång blifva lika med noll, om viljan höjer sig ur intet; imellertid hafva vi vid empiriska företeelser ingenting med detta fall att skaffa, fastmera är här utgångspunkten i alla händelser gifven såsom den positiva förnimmelsen af ett närvarande tillstånd. I följd deraf måste äfven hvarje *omedvetet viljande*, som verkligen existerar, vara förbundet med föreställningar, ty i vår förra betraktelse förekom intet, som kunde hafva afseende på skilnaden mellan medvetet och omedvetet viljande. Den positiva förnimmelsen af det närvarande tillståndet måste äfven vid det omedvetna viljandet alltid vara medveten för *det* nervcentrum, hvarpå viljandet har afseende, enär en materielt framkallad förnimmelse, *om* hon är förhanden, städse måste vara medveten; deremot skall vid det omedvetna viljandet föreställningen om målet eller viljandets objekt naturligtvis äfven vara omedveten. Alltså måste äfven med hvarje verkligt förhandenvarande viljande i underordnade nervcentra en föreställning vara förbunden, och denna måste allt efter viljans beskaffenhet vara antingen omedveten relativt till hjernan, eller ock absolut omedveten. Ty om ganglieviljan på bestämdt sätt vill sammandraga hjertmuskeln, så måste hon först och främst besitta föreställningen om denna kontraktion som innehåll, ty eljest skulle Gud vet hvad kunna sammandragas, blott icke hjertmuskeln; denna föreställning är i hvarje fall för hjernan omedveten, men för gangliet sannolikt medveten. Men nu måste sammandragningen verkställas derigenom, att, analogt med hvad vi i det 2:dra kapitlet hafva sett i fråga om hjernviljans vilkorliga rörelser, en vilja uppstår att reta de motoriska nervtrådarnes respektive centrala ändar i gangliet; men dertill hör återigen en föreställning om dessa centrala nervändars läge, och denna föreställning måste, analogt med den omedvetna föreställningen om de motoriska nervändarnes läge i hjernan, tänkas absolut omedveten. I enlighet med dessa föreställningar bör äfven viljan att sammandraga hjertmuskeln öfverhufvud tänkas som *relativt* omedveten, och viljan, som förverkligar denna, att reta de respektive nervändarne i hjertganglierna måste tänkas såsom absolut omedveten.

Vi hafva sett, att viljandet är en tom form, som först med föreställningen finner sitt innehåll, genom hvilket hon förverkligar sig, men att denna form sjelf är något med föreställningen heterogent, och derför icke genom begrepp bestämbart, i sitt slag enartadt, nämligen det som, visserligen i sig ännu varande icke-reelt, i sin *verkan* bildar öfvergången från det ideella till *det verkliga* eller reella. Viljandet är alltså *formen för kausaliteten från det ideella till det reella*, det är ingenting annat än verkande eller i-verksamhet-varande, rent ut-ur-siggående, under det att föreställningen är rent i-sig-varande och i-sigförblifvande. Men om i den utåt verkande kausaliteten och i ut-ursig-gåendet grundskilnaden ligger mellan viljans form och föreställningen, så måste den senare, såsom något i sig slutet, *undvara* en utåt verkande kausalitet, om icke den nyss satta skilnaden åter skall blifva upphäfd. Ty hos viljandet är alltid föreställning, och om nu föreställningen äfven skulle äga kausaliteten utåt, så vore skilnaden mellan vilja och föreställning i sjelfva verket upphäfd, under det att vi *inom enhvar af dem* skulle återfinna och *på nytt hafva att beteckna* de *båda* skiljaktiga momenten. Derför behålla vi hellre genast för dessa polariska moment orden vilja och föreställning och antaga en *förening* af båda, hvarhelst vi finna dem båda tillsammans. Så hafva vi redan gjort i fråga om viljan; det återstår ännu att för framtiden i föreställningen öfverallt antaga en vilja, hvarest densamma visar en kausalitet utåt. Detta har också redan Aristoteles uttalat (de animalibus, III. 10. 433. a. 9): *καὶ ἡ φαντασία δὲ, ὅταν κινῇ, οὐ κινεῖ ἄνευ ὀρέξεως*, d. v. s. »äfven föreställningen, om hon verkar utåt, verkar icke utan en vilja.»

Såsom vi ofvan sågo, att Schopenhauers stränga anhängare visserligen vilja ensidigt erkänna den omedvetna viljan, men icke nödvändigheten af dess fyllande med omedveten föreställning eller idé, så erkänna Hegels och Herbarts anhängare, om de rätt förstå sina mästare, visserligen villigt den omedvetna idén eller föreställningen, men vilja icke medgifva den omedvetna viljans nödvändighet. Likasom de förra tänka föreställningen implicite med i viljeinnehållet, utan att märka det, så tänka de senare viljan med i idéns sjelfrealiseringsdrift och sjelfrealiseringsförmåga i afseende på de psykologiska föreställningarnas mot hvarandra verkande krafter, utan att explicite göra denna vigtiga tankeinsats klar för sig. Kanske vilseförda genom Herbartska inflytelser, låta äfven några af våra nyare fysiologer föreställningen såsom sådan utan vidare frambringa fysiologiska verkningar på kroppen.

Den användning, som vi här först skulle hafva att göra af denna sats, vore att vid en blick tillbaka konstatera, att den omedvetna föreställningen om läget af motoriska nervtrådars centrala ändar icke kan verka utan viljan att reta dessa ställen, och att den blotta omedvetna föreställningen om ett instinktändamål ingenting kan gagna, om man icke tillika vill ändamålet; ty blott genom ändamålets *viljande* kan medlets *viljande* framkallas, och blott genom medlets *viljande* detta sjelft. Hvad som här är sagdt om instinktändamålet gäller naturligtvis på samma sätt för hvarje annan i de följande kapitlen ådagalagd omedveten ändamålsföreställning.

Vi kunna numera ändtligen äfven träda frågan om skilnaden mellan den, medvetna och omedvetna viljan närmare in på lifvet. En vilja, hvars innehåll bildas genom en omedveten föreställning, skulle på det högsta ännu kunna till sin tomma viljeform percipieras af medvetandet, och olika sådana viljeakter skulle då på sin höjd till *graden* kunna skilja sig för medvetandet; deremot kan hon icke mer såsom *denna bestämda* vilja percipieras af medvetandet, då hennes individualitet först genom innehållet bestämmes. Till följd deraf är för en sådan vilja användningen af ordet »medveten» obetingadt utesluten, då man i intet fall mer kan säga, att *denna* bestämda vilja blir *medveten*. Dessutom lär oss äfven erfarenheten, att vi om en vilja veta i samma mån mindre, ju färre af de henne beledsagande föreställningarna eller förnimmelserna hunnit till hjernmedvetandet. Härigenom vill det synas, som om viljan såsom sådan öfverhufvud icke vore för medvetandet tillgänglig, utan blefve detta först genom sin förmälning med föreställningen. (Detta visar i sjelfva verket Kap. C. III). Huru dermed än må förhålla sig, så kunna vi redan nu påstå, att *en omedveten vilja är en vilja med omedveten föreställning till innehåll;* ty en vilja med medveten föreställning till innehåll skall alltid blifva oss medveten. Om också härmed skilnaden mellan medveten och omedveten vilja endast blifvit tillbakaförd till den lika svåra skilnaden mellan medveten och omedveten föreställning, så är dermed dock redan en väsentlig förenkling af problemet vunnen.

V.

Det omedvetna i reflexverkningarne.

»Med reflexrörelser förstår man nuförtiden sådana, vid hvilka den exciterande retningen omedelbart träffar hvarken en kontraktil bildning, ej heller en motorisk nerv, utan en nerv, som meddelar sitt retningstillstånd åt ett centralorgan, hvarpå genom detta sistnämndas förmedling retningen springer öfver på en motorisk nerv och nu först gör sig gällande genom muskelrörelser*.» Denna förklaring synes mig så god, som fysiologien är i stånd att lemna, ty man skulle ej kunna uppleta någon inskränkning i henne, som icke uteslöte vissa klasser af såsom sådana allmänt erkända reflexrörelser, och likväl är det lätt att inse, att hon är mycket vidsträcktare, än fysiologien afser, då hon lemnar rum för alla de rörelser och handlingar, hvilkas motiv icke är en i hjernan sjelfständigt alstrad tanke, utan omedelbart eller medelbart ett sinnesintryck. För att kunna följa denna ständiga öfvergång från de lägsta reflexrörelser till de medvetna viljeverksamheterna, måste vi taga några exempel i betraktande.

Om man genom ett nålsting retar ett nyss utskuret, långsamt pulserande grodhjerta, så uppstår afhängigt af hjertslagets rytm systole (sammandragning) af dess delar i normal följd. Innan retbarheten fullständigt försvinner inträder en tid, då retningen har till följd endast en lokal kontraktion af aftagande utsträckning. Sönderskär man hjertat i dess ännu kraftiga tillstånd, men så, att föreningsbryggor lemnas qvar mellan delarne, så uppväcker retningen af en del, i hvilken en glanglieknut finnes inbäddad i muskelsubstansen, kontraktion af båda delarne, deremot har retningen af den andra delen, som icke innehåller någon ganglieknut, endast en lokal kontraktion till följd. Häraf framgår, att den på retningen följande normala systole icke är en enkel retningsföreteelse hos den kontraktila väfnaden, utan en genom de inlagrade ganglieknutarne förmedlad reflexrörelse. Andra försök, till exempel delning af ryggmärgen i tunna tvärsnitt, göra sannolikt, att hvarje nervcentrum kan förmedla reflexrörelser. Ju högre utveckladt ett nervcentrum är, desto högre grad af ändamålsenlighet och skicklighet i

---

* Volkmann i Wagners Handwörterbuch der Physiologie, Bd. II sid. 542.

att komplicera rörelserna äga dess reflexverkningar. Volkmann säger (Hwb. II, 545): »Om skilda muskler kombinera sig till en reflexrörelse, vare sig liktidigt eller efter hvarandra, så uppstår städse en mekaniskt ändamålsenlig kombination. Jag menar, att de liktidigt verkande musklerna understödja hvarandra, t. ex. i frambringandet af en böjningsrörelse, och de i tidsföljd efter hvarandra verkande förena sig för att ändamålsenligt fortsätta och fullända den redan började rörelsen. Om man tillräckligt starkt retar bakbenet på en groda, som man beröfvat hufvudet och placerat i utsträckt ställning, så kombinera sig först båda lårens flexorer och adduktorer, derpå, sedan låren blifvit indragna mot bålen, förena sig extensorerna till en gemensam sträckning, och resultatet är en mer eller mindre regelbunden rörelse såsom till simning eller hoppning.

I många fall hafva reflexrörelserna icke blott karakteren af ändamålensligher, utan till och med en viss anstrykning af afsigt. Unga hundar, på hvilka jag hade förstört stora och lilla hjernan med undantag af förlängda märgen, sökte att med framtassen aflägsna min hand, då jag hårdhändt grep dem vid öronen. Ofta ser man, att grodor, på hvilka man afskurit hufvudet, gnida ett ställe på huden, som man häftigt nupit (hvilket blott är möjligt genom en omvexlande verkan af antagonistiska muskler), och att sköldpaddor, som man sårar, sedan de blifvit halshuggna, gömma sig i sitt skal.» — Förlängda märgen, såsom det näst efter hjernan högst utvecklade nervcentrum, är också det, som förmedlar de mest komplicerade reflexrörelserna såsom t. ex. andningen med dess modifikationer: snyftning, suckande, skratt, gråt, hosta; vidare nysning vid retning af näsans slemhinna, hicka och kräkning vid lätt tryck (af en tugga) eller kittling af svalget och gommen; skratt följer vid kittling af den yttre huden, hosta vid retning af struphufvudet.

Af högsta vigt för menniskans hela lif och hänvisande på ännu mycket mer komplicerade företeelser i centralorganen äro de genom sinnesvarseblifningarne framkallade reflexrörelserna; i hvarje fall en klass af företeelser, åt hvilka fysiologien ännu icke skänkt tillbörlig uppmärksamhet, emedan man blott på hela den lefvande kroppen och till en del endast psykologiskt på sig sjelf kan studera dem. Men det är uppenbart, att ett dylikt studium har sitt stora företräde framför det, som egnas åt stympade lik eller djur, som blifvit beröfvade hjernan, då man likväl för ingen del hos organismer, som nyss ljutit döden, eller undergått de svåraste operationer, eller till och med ännu stå under strykninets inflytande, får förutsätta ett normalt tillstånd af reaktionsförmågan hos de med de förstörda delarne i så direkt korrespondens stående lägre centralorganen. Dertill kommer ännu, att hos de halshuggna djuren äfven förlängda märgen och de stora hjernganglierna äro aflägsnade, hvilka sistnämnda tydligen också måste räknas till ryggmärgen eller åtminstone icke till hjernan. Ur allt detta förklaras mycket väl den vid sådana försök understundom uppträdande ofullkomligheten i reflexrörelsernas ändamålsenlighet, emedan man icke förmår frånskilja de patologiska elementen.

De genom ett sinnesintryck närmast framkallade reflexrörelserna bestå deruti, att det respektive sinnesorganet bringas i en sådan ställning, spänning o. s. v., som är nödvändig för det tydliga varseblifvandet. Vid kännandet uppstår en fingrarnes rörelse fram och åter, vid smakandet spottafsöndring och det smakande ämnets flyttning fram och åter i munnen, vid luktandet näsborrarnes utvidgning och korta, snabba inandningar, vid hörandet trumhinnans spänning och öronens och hufvudets rörelser, vid seendet bägge ögoncentras ställning i förhållande till platsen för den största retningen, linsens ackommodation efter afståndet och iris' efter ljusstyrkan. Alla dessa rörelser med undantag af den sistnämnda kunna utföras äfven vilkorligt, men endast genom föreställningen om det förändrade sinnesintrycket; endast med svårighet eller alldeles intet genom direkt föreställning om rörelserna. Så t. ex. håller den undersökande ögonläkaren fingern dit, hvart han vill att patienten skall se, ty om han ber honom rikta ögat till höger uppåt, så framträda vanligen de mest onaturliga rörelser i ögonen och ögonlocken, men icke de åsyftade. I dessa reflexrörelser taga vid ökad liflighet icke sällan hufvudet, armarne och hela kroppen ovilkorligt del. Vidare reflekteras genom örat rörelser i språkverktygen, ty såsom bekant beror all barnens och djurens förmåga att lära sig språket derpå, att en ovilkorlig drift tvingar dem att reproducera hvad de hört; detsamma är förhållandet i fråga om melodier, hvilket ännu lättare kan iakttagas hos fullvuxna; utan denna reflex vore det omöjligt att dressera fågeln att sjunga melodier. Det reflektoriska tvånget att utsäga de hörda orden kan man äfven iakttaga på sig sjelf, då man är försänkt i tankar. Här framkallas nämligen, liksom i mycket hög grad då drömbilder och hallucinationer uppstå, främst af ordets ännu icke sinliga tanke en centrifugal innervationsström, som går till hörselnerven, såsom den reflektoriska följden deraf för en centripetal ström hörselförnimmelsen af ordet tillbaka, och denna framkallar i språkverktygen reflexrörelserna af ett högt eller lågt uttalande af ordet. Menniskan i sitt mera naturliga tillstånd, t. ex. den obildade eller af passioner uppretade, tänker högt, det fordras redan bildningens tvång till att tänka tyst, och man skall till och med nästan alltid, om man ger akt derpå, kunna ertappa sig sjelf med en muskelrörelse i språkverktygen, som i svagare grad är densamma, som skulle uppkomma ifall ordet uttalades, som alltså påtagligen innehåller ansatsen till denna verksamhet. Då man läser, är förhållandet alldeles enahanda.

En af stora hjernans vigtigaste reflexverkningar, särskildt på sinnesvarseblifningar, är den centrifugala innervationsström, hvilken vi benämna uppmärksamhet, och som först möjliggör alla någorlunda tydliga varseblifningar. Denna ström uppstår såsom reflexverkan efter en retning, som träffar sinnesorganens sensitiva nerver. Om hjernan på annat sätt tages för mycket i anspråk, för att reagera mot sådana retningar, så uteblir denna verkan, och då har sinnesintrycket undgått oss, utan att blifva varseblifning. Denna innervationsström kan riktas på enskilda delar af en sinnesvarseblifning (t. ex. någon del af synfältet eller ett instrument i orkestern), hvarigenom förklaras, att man ganska ofta ser och hör endast det, som för hjernans närvarande tillstånd har ett särskildt intresse, och hvarmed också många företeelser vid gåendet i sömnen sammanhänga. Det är också den partiella bristen hos denna innervationsström, som tydliggör den eljest oförklarliga skilnaden mellan *felande* och *mörka* ställen i synfältet. Äfven vilkorligt kan man rikta denna innervationsström till vissa kroppsdelar och derigenom såsom varseblifningar bringa till medvetande de vanligtvis icke iakttagna förnimmelser, hvilka alla kroppsdelar fortfarande frambringa; sålunda kan jag t. ex. känna mina fingerspetsar, om jag gifver lifligt akt på dem; (man tänke vidare på hypokondriska personer). En gräns mellan sådana innervationsströmmar, som äro frambragta genom medvetet godtycke, och sådana, hvilka såsom reflexverkan följa på sinnesintryck med ensidigt öfvervägande intresse hos hjernans stämning, kan man här påfinna och fixera lika litet som inom något annat område af dessa företeelser. I hög grad märkvärdiga äro många genom ögat och känselsinnet förmedlade reflexrörelser. Ögat skyddar sig icke allenast sjelft reflektoriskt för faror, som hota det, genom ögonlockens tillslutning, hufvudets och kroppens undanböjande, eller armarnes upplyftning, utan det skyddar äfven andra hotade kroppsdelar på samma sätt, ja till och med andra ting; när t. ex. ett glas ramlar ner från bordet, vid hvilket man sitter, så är det plötsliga gripandet efter det lika väl reflexrörelse, som hufvudets undanböjande då en sten störtar ner, eller huggets parerande då man fäktar; ty i ena som i andra fallet skulle beslutet efter förutgången medveten öfverläggning komma mycket för sent. Skulle det verkligen vara två skilda principer, den som låter den unga hunden, hvilken blifvit beröfvad hjernan, med tassen skjuta undan handen, som kniper honom i örat, och den som låter menniskan genom att plötsligt lyfta armen afvärja det af ögat varsnade slaget? Syn- och känselsinnets underbaraste reflektoriska förrättningar bestå i de komplicerade rörelserna vid balansens bibehållande, dels så som de spontant framträda vid halkandet, gåendet, ridandet, dansandet, springandet, helt-om-vändandet, skridskolöpandet o. s. v., dels så som de blifvit genom öfning förvärfvade, hvarvid alltid den ursprungliga förmågan måste förutsättas derför. Om man hoppar öfver en graf, är det icke lätt att med detsamma springa bort öfver andra randen, äfven om man på slät mark kan hoppa mycket längre; men ögat åstadkommer genom en omedveten reflexion, att just den muskelkraft användes, som erfordras för att nå andra randen, och denna omedvetna vilja är ofta starkare, än den medvetna, att springa vidare. Alla de nämnda funktionerna försiggå märkvärdigtvis mycket lättare, säkrare och till och med graciösare, om de fullbordas utan medvetet viljande såsom enkla reflexrörelser af syn- och känselförnimmelserna; hvarje hjernmedvetandets inblandning verkar endast hämmande och störande, derför kunna mulåsnor gå säkrare än menniskor på farliga vägar, emedan de icke låta störa sig genom medveten öfverläggning, och sömngångare gå och klättra i omedvetet tillstånd på vägar, der de i medvetet tillstånd ofelbart förolyckas. Ty den medvetna öfverläggningen medför alltid tvifvel, tviflet medför dröjsmål, och detta i sin ordning gör, att man kommer för sent; den omedvetna intelligensen deremot är alltid otvifvelaktigt säker att träffa det rätta, eller snarare tviflet kommer honom aldrig vid, och derför träffar han nästan alltid det rätta i rätta ögonblicket. — Till och med förläsning och pianospelning efter noter kunna, om medvetandet på annat sätt är sysselsatt eller sofver, företagas såsom blotta reflexrörelser af känselintrycket, likasom också fall iakttagits, då det högljudda läsandet efter insomnandet ännu fortsatts en tid bortåt, eller då musikstycken i ett drömlikt, medvetslöst tillstånd föredragits bättre, än i vaket tillstånd. Att man ofta fullkomligt medvetslöst och utan den ringaste efterföljande erinring kan fortsätta läsning eller kortspel, är en iakttagelse, som hvar och en kan göra på sig sjelf. Ja till och med ögonblickliga korta svar på snabba frågor hafva ofta något reflektoriskt omedvetet i sig, då de framkomma medvetslöst som afskjutna ur en pistol, och man efteråt sjelf förvånas och blyges öfver dem, ifall de icke voro afpassade efter omständigheterna och de tillstädesvarande personerna.

Men vigtigare än allt, hvad hittills blifvit anfördt, är den öfverläggningen, att det gifves ingen, eller nästan ingen vilkorlig rörelse, som icke tillika måste uppfattas såsom en kombination af reflexverkningar. Min mening är följande. Anatomiska undersökningar gifva vid handen, att i ryggmärgens öfre del antalet af samtliga primitivfibriller utgör endast en mycket ringa bråkdel af primitivfibrillerna i alla de nerver, hvilka äro bestämda att genom den medvetna viljan, alltså från hjernan framkalla rörelser. Men då nu ledningen från hjernan till muskelnerverna med obetydliga undantag kan ske endast genom den öfre delen af ryggmärgen, så framgår deraf, att en fibrill i ryggmärgens öfre del måste vara bestämd att innervera en stor mängd sammanhörande muskelnervfibriller. Man vore frestad att tänka sig en anastomos (förknippning) hos dessa fibriller, men å ena sidan synes ett sådant antagande högst osannolikt på grund af de anatomiska iakttagelserna, och å andra sidan tvingar oss den omständigheten att låta ett sådant antagande fara, att samma rörelser än framkallas af hjernan, än åter verkställas i följd af någon annan impuls från ryggmärgens centralorgan, och i sättet för deras komplicering medgifva en oändlig mängd af de finaste modifikationer, hvaremot en direkt anastomos alltid oförändradt måste hafva till följd samma rörelser. Härtill kommer ytterligare, att hjernan, hvilken gifver befallningen att utföra en komplicerad följd af rörelser, alldeles icke har någon föreställning om denna komplikation, utan endast en totalföreställning om resultatet (såsom vid talandet, sjungandet, gåendet, dansandet, löpandet, springandet, fäktandet, ridandet, skridskolöpandet), att alltså hvarje detalj i utförandet, sådan den är af nöden för det åsyftade slutresultatet, blir öfverlemnad åt ryggmärgen. (Man göre sig endast den frågan, om man vet någonting om de muskelkombinationer, som man behöfver för att uttala ett ord, eller för att sjunga en koloratur). Sålunda synes mig det enda möjliga uppfattningssättet vara det, att innervationsströmmen, hvilken leder den medvetna viljan att frambringa rörelsens slutresultat från hjernan till centralorganet för denna rörelse i ryggmärgen, och som för hjernan är centrifugal, för rörelsens nervcentrum åter centripetal, att denna ström förnimmes såsom sensation af rörelsecentrum, lika väl som från periferiska kroppsdelar kommande förnimmelse, och att följden af denna sensation är den åsyftade rörelsens inträdande. Men det är tydligt, att vi härmed återigen se reflexrörelsens begrepp uppfyldt, så snart man blott beslutar sig för, att bruka de relativa begreppen centrifugal och centripetal ström i deras *riktiga* relationer.

Man skall utan svårighet inse, att det knappast gifves en rörelse, som, om hon är af hjernmedvetandet åsyftad, icke först en eller flera gånger ledes till ett annat rörelsecentrum och först der sättes i scen. Medvetandet *kan* visserligen upplösa rörelserna till en viss grad och till hvarje delrörelse gifva den medvetna impulsen (detta är ju också sättet att lära sig rörelsen), men först och främst skall också hvarje sådan delföreställning sannolikt icke finna någon annan ledning till musklerna, än genom den gråa massan i rörelsecentra, således alltid bibehålla karakteren af det reflekterade; för det andra kräfva äfven de enklaste för hjernmedvetandet tillgängliga rörelseelementen ännu i högsta grad invecklade rörelsekombinationer för att komma till utförande, i hvilket medvetandet aldrig intränger (t. ex. uttalandet af en vokal, eller sjungandet af en ton); och för det tredje har hela rörelsen, om hennes särskilda element åsyftas så vidt som möjligt af den medvetna viljan, någonting långsamt, osäkert, klumpigt och oskickligt, hvaremot samma rörelse utföres med den största lätthet, snabbhet, säkerhet och behag, blott hennes slutresultat åsyftades af hjernmedvetandet och utförandet öfverlemnades åt de respektive rörelsecentra. — Man tänke blott på det egendomliga stammandet. Den stammande talar ofta fullkomligt flytande, när han alldeles icke tänker på uttalet, och hans medvetande sysselsätter sig endast med talets innehåll, men icke med dess formella förverkligande; men så snart han tänker på uttalet och genom den medvetna viljan vill framtvinga det eller det ljudet, så uteblir resultatet, och i dess ställe infinna sig allehanda medrörelser, som kunna gå ända till tungkramp. Alldeles liknande är förhållandet vid skrifkramp och alla ofvan anförda kroppsliga öfningar, hvilkas hufvudsakliga kännemärke är, att de först blifva ens natur, d. v. s. att den medvetna viljan icke mer behöfver bekymra sig om detaljerna. Genom detta sätt att uppfatta saken kan man också förklara den företeelsen, att en impuls, som en gång blifvit den medvetna viljan gifven, ofta är tillräcklig, för att framkalla en lång serie af periodiskt återkommande rörelser, hvilken varar ända till dess hon afbrytes genom en ny viljeimpuls. Utan denna inrättning skulle alla våra vanliga verksamheter, såsom gåendet, läsandet, lekandet, talandet o. s. v. absorbera en mängd af hjernans viljeimpulser, hvilket mycket snart måste hafva trötthet till följd. Detta uppfattningssätt bevisar också de lägre nervcentras sjelfständighet och vederlägger på det bestämdaste det ofvan gjorda antagandet af en direkt anastomos mellan nerverna. Nu torde det också vara begripligt, huru det tillgår, att så många verksamheter och förrättningar, hvars minsta detaljer vi under medvetande fullgöra, då vi lära oss dem, sedermera efter förvärfvad öfning och vana fullgöras alldeles omedvetet, såsom virkning, pianospelning, läsning, skrifning o. s. v. Hela arbetet, som under inlärandet måste fullgöras af hjernan, har då blifvit öfverflyttadt på underordnade nervcentra; ty dessa kunna öfva sig till en vedertagen kombination af vissa verksamheter, lika väl som hjernan öfvar sig i tänkandet eller lär sig något utantill. Men att sedermera verksamheterna till största delen blifva omedvetna för hjernan, det förlänar dem i förhållande till hjernan en viss likhet med instinkthandlingar, medan dock för det nervcentrum, som förestår verksamheten, öfningen och vanan äro raka motsatsen till instinkten.

Att till grund för alla hittills betraktade företeelser måste ligga en väsentligt lika princip, det torde icke vara svårt att inse. Vi utgingo från de genom retning af periferiska kroppsdelar frambragta reflektoriska rörelserna, och funno redan här ändamålsenligheten på det tydligaste uttalad såväl i hela rörelsens resultat, som i de mest olikartade musklers liktidiga och efter hvarandra följande kombination, ja delvis till och med i ett omvexlande spel hos antagonisterna. Vi öfvergingo derefter till de genom sinnesvarseblifningar frambragta reflexrörelserna, och funno här samma sak, ehuru oftare med en anstrykning af högre intelligens derigenom, att ryggmärgens högre centralpunkter trädde mer i förgrunden. Slutligen betraktade vi de reflexverkningar, hos hvilka den exciterande retningen är en genom den medvetna viljan framkallad innervationsström från hjernan till de andra respektive centralorganen, och funno här icke engång en förrättningarnas qvantitativa stegring gentemot de genom sinnesvarseblifningar frambragta reflexrörelserna; alldeles naturligt, ty den intelligens, som uppenbarar sig i reflexen, beror ju långt mer på det reflekterande centralorganets utvecklingsgrad, än på retningens beskaffenhet.

Att i sjelfva verket äfven hjernan kan blifva centralorgan för reflexverkningar, kunna vi icke betvifla på grund af analogien mellan hennes och de andra centras bygnad. Vid reflexverkningar hos gangliesystemet och sådana individer, som blifvit beröfvade hjernan, kommer icke engång retningen att percipieras af hjernan, men så sker visserligen vid ryggmärgens reflexer hos friska organismer. I detta fall förnimmes likväl i hjernan endast retningen, men hon förnimmer intet af viljan att utföra rörelsen; påtagligen måste äfven det senare blifva händelsen, om hjernan sjelf skall blifva reflexens centralorgan. Men sådana fall äro oss redan bekanta. T. ex. uppfångandet af ett från bordet nedfallande glas eller parerandet af ett förutsedt slag med armen kunna äga dessa kännetecken. Följaktligen skola vi icke kunna undgå att anse dem som reflexverkningar, om blott förmedlingen mellan perceptionen af motivet och viljan att utföra handlingen legat utom hjernmedvetandet, hvilken öfvertygelse ytterligare vinner ökad styrka derigenom, att den medvetna öfverläggningen påtagligen skulle hafva kommit för sent. Hit hör just till en del det ännu icke helt och hållet omedvetna förläsandet och förspelandet, eller det snabba svarandet på plötsligt framstälda frågor, eller det plötsliga hattaftagandet såsom svar på en obekant persons öfverraskande helsning. Hjernreflexen är vanligen öfverlägsen ryggmärgsreflexerna och förhindrar dessas frambringande; t. ex. en groda, som man afskurit hufvudet, kliar det sårade hudstället, en lefvande groda hoppar derifrån. Man finner här den omedelbara öfvergången mellan hjernreflex och medveten själsverksamhet, mellan hvilka man alldeles icke är i stånd att draga någon gräns. Häraf följer det enhetliga i den för alla dessa företeelser till grund liggande principen. Derför gifves det endast två sätt, på hvilka man konseqvent kan betrakta dessa saker: antingen förhåller det sig så, att själen är öfverallt endast det yttersta resultatet af materiella processer, såväl i hjernan som i det öfriga nervsystemet (men då måste också ändamålen öfverallt förnekas, der de icke sättas genom medveten nervverksamhet), eller är det så, att själen är öfverallt den princip, som ligger till grund för de materiella nervprocesserna, som skapar och reglerar dem, och medvetandet är intet annat, än en genom dessa processer förmedlad uppenbarelseform af denna princip. Vi skola i det följande se, hvilket af de bägge antagandena bäst motsvarar dessa fakta.

Hvad vi i främsta rummet hafva att undersöka är den frågan, huruvida de betraktade företeelserna kunna anses såsom verkningar af en död mekanism, eller om vi icke snarare måste uppfatta dem såsom följder af en i centralorganen inneboende intelligens, hvarvid ofvan framstälda alternativ tills vidare lemnas derhän. Vändom oss först och främst till fysiologien. Stinga vi med en nål huden på en grodas bakben, så se vi, huru dessa rycka på sig, om blott det lilla stycke ryggmärg är oskadt, hvarifrån lårnerverna utgå. Nålstinget afficierar påtagligen endast en nervprimitivfibrill, då man inom en krets af en viss storlek icke kan urskilja det stungna ställets läge; men antalet af de genom stinget i verksamhet satta motoriska fibrillerna är oerhördt stort, ty det kan omfatta hela kroppen. Redan derigenom är en direkt anastomos mellan de sensitiva och motoriska nerverna högst osannolik. Men den blir än mera osannolik derigenom, att det är *samma* motoriska fibriller, som reagera, om det eller det stället af huden på grodans bakben stinges, om alltså *skilda* sensitiva nervfibriller leda retningen till centrum. Dessutom gifva de mikroskopiska undersökningarne åt detta antagande icke blott icke något stöd, utan Kölliker har fastmera genom direkt iakttagelse visat, att motoriska fibriller utgå från små hopar af grå nervsubstans (centralorganet), och man antager numera allmänt, att samtliga nervfibrillernas centrala ursprung är att söka i ganglieceller, d. v. s. den gråa nervsubstansens egendomliga klotformiga eller strålformiga celler. Den af de sensitiva fibrillerna ledda retningen måste följaktligen i hvarje händelse närmast mottagas af centralorganet och genom detta föras till de motoriska nerverna; på annat sätt kunde omöjligt nästan hvarje sensitiv fibrill vara i stånd att verka på hvarje motorisk fibrill i samma centrum (hvilket verkligen är fallet). Men mottagas alla retningar närmast af centralorganet och öfverföras de af detta först på de motoriska nerverna, så blir den materialistiska förklaringen af reflexverkningarne genom en egendomlig mekanism för ledningsförhållandena fullkomligt omöjlig; ty nu låta sig alldeles inga lagar och inrättningar mer tänka, som öfverspringa en och samma ström än på nära, än på fjerran håll, som än i en, än i en annan ordning låta reaktionerna följa på hvarandra, ja som till och med skulle kunna på *en enda* retning låta följa ett *antagonisternas omvexlande spel* (såsom då man frotterar det skadade stället). — Men från fysiologisk synpunkt kan man ännu mycket mera träffande uppvisa omöjligheten af en prestabilierad mekanism. Delar man nämligen ryggmärgen efter hela hans längd genom ett snitt framifrån bakåt, så lider förmågan af reflexrörelser ingen skada, men de blifva endast inskränkta till den för hvarje gång retade kroppshalfvan; qvarlemnar man deremot mellan de båda skilda sidohälfterna någonstädes en förenande brygga, eller genomskär man på något afstånd från hvarandra på ena sidan den venstra, på den andra sidan den högra halfvan af ryggmärgen på tvären, så att alla dess längsgående fibriller skiljas åt, så kan man genom att reta hvilken hudpunkt som helst framkalla *allmänna* reflexrörelser. Detta är väl det tydligaste bevis för, att den motoriska reaktionen icke är en följd af retningens ledning utefter de *vanliga* banorna, utan att strömmen, för att åvägabringa de *ändamålsenliga* reflexrörelserna, sedan de vanliga ledningsbanorna blifvit förstörda, *skaffar sig nya banor*, om blott icke delarne äro *fullständigt* isolerade från hvarandra. Der måste alltså finnas en *öfver* nervströmningarnes materiella ledningslagar stående princip, som skapar förändring i omständigheterna, enligt hvilken dessa strömningars banor förändras, och denna princip kan vara endast immateriel. Detsamma ådagalägges också genom den omständigheten, att reflexrörelsernas *förening* till största delen *låter sig förklara* genom medveten vilja och öfning.

Ehuru träffande än dessa anatomiskt-fysiologiska skäl äro, så äro de ändock icke de mest slående. Vore nämligen ändamålsenligheten, som uppenbarar sig i reflexrörelser, till det yttre predeterminerad, satt i scen genom en materiel mekanism, så vore det rentaf omöjligt att förklara förmågan att ackommodera rörelserna efter omständigheternas beskaffenhet, denna *outtömliga rikedom* af kombinationer, af hvilka hvar och en är för sitt särskilda fall afpassad; man skulle snarare vänta sig ett ständigt upprepande af *mindre* och sig alltid *lika blifvande* rörelsekomplikationer, då i sjelfva verket en flyktig blick på den oändliga mängden af kombinationer, sådana de framställa sig ensamt vid balansens bibehållande, är tillräcklig, för att grundligt öfvertyga oss om en immanent ändamålsenlighet, en *individuel försyn*, såsom vi redan hafva lärt i fråga om instinkten. Vi måste således obetingadt föreställa oss processen så, att retningen percipieras såsom föreställning, samt att genom föreställningen om den dermed förknippade faran eller förnimmelsen af olust frambringas föreställningen om dessas afböjande genom den motsvarande motrörelsen, hvilken nu blir viljandets föremål. Att ryggmärgens och gangliernas nervcentra besitta förmågan att vilja, hafva vi redan förut omnämnt, att de alldeles analogt med de der anförda parallelerna äfven måste hafva sensibilitet, är fullt tydligt. Men då man icke kan tänka sig någon sensation utan en viss dermed förenad, om ock aldrig så ringa grad af medvetande, så hafva de också ett visst medvetande: processens begynnelse- och slutled, retningens perception och viljan att frambringa rörelse, äro således funktioner, hvilka vi ej kunna draga i betänkande att tillskrifva hvarje nervcentrum. Frågas blott, om förmedlingen mellan båda, *ändamålets sättande*, också kan vara en funktion af medveten föreställningskombination hos dessa nervcentra. Detta måste nu i alla händelser förnekas, ty vi hafva ju sett, att reflexens yttringar äro för organismen af så stor betydelse just derför, att de i lätthet, snabbhet och säkerhet så mycket öfverträffa yttringarna af *hjernans* medvetna öfverläggning. Men detta är just kännetecknet på den omedvetna föreställningen, såsom vi förut erfarit i fråga om instinkten och framdeles på andra vägar skola lära oss inse. Följaktligen gäller allt, som vi på tal om instinkten anfört emot dennes uppkomst genom medveten öfverläggning, här i ännu högre grad, dels emedan verkningens ögonblicklighet här faller ännu mycket skarpare i ögonen, och i högre mån kontrasterar mot det medvetna tänkandets långsamhet hos lågt stående väsen, dels ock emedan vi här hos djuren hafva att skaffa företrädesvis med de lägre centra, då vi dock, såsom erfarenheten gifver vid handen, finna någorlunda nämnvärda resultat af medveten öfverläggning endast der, hvarest de högre fåglarnes och däggdjurens hjernfunktion tager sin början. Taga vi deremot de djur i betraktande, hvilkas hufvudcentra kunna ställas ungefär jämnsides med de lägre nervcentra hos menniskan, så träder oss också den största stupiditet och inskränkthet till mötes (t. ex. redan hos de flesta amfibier och fiskar), mot hvilka på det skarpaste afsticker den beundransvärda säkerhet och ändamålsenlighet, hvarmed de nu i förhållande till djurets andliga lif öfverhufvud i betydelse och omfattning allt mer och mer tilltagande instinkthandlingarna fullbordas. Här spårar man intet mera denna det diskursiva tänkandets afväg, icke detta klokhetens försigtiga dröjande, utan motivet efterföljes momentant af instinkthandlingen, för hvilken öfverläggningen ofta skulle kosta till och med menniskans hjerna en rundlig tid, och om handlingen var ändamålsenlig, såsom väl någon gång är händelsen vid sinnenas villfarelse i den medvetna varseblifningen af motiven, så fattas den förderfliga villfarelsen med samma säkerhet. Vi måste beteckna denna den omedvetna föreställningens karakter i motsats mot det diskursiva tänkandet såsom en omedelbar intellektuel åskådning, och vi skola alltid finna, att detta kännetecken passar in, hvarhelst vi än påträffa den (icke relativt till det eller det centrum, utan absolut) omedvetna föreställningen.

Genom jämförelsen med instinkten se vi oss sålunda afgjordt varnade för, att betrakta den immanenta ändamålsenligheten i reflexrörelserna såsom frambragt genom ett medvetet tänkande hos nervcentra. Härmed öfverensstämmer fullkomligt den psykiska sjelfiakttagelsen öfver de reflexrörelser, hvilkas centralorgan hjernan bildar; begynnelse- och slutleden i den psykiska processen, retningens perception och viljan att frambringa rörelse, falla inom organets medvetande, men icke de förenande mellanlederna, hvilka måste innehålla ändamålsföreställningen. I enlighet med den utredning, som jag här gifvit af saken, blir det enda möjliga uppfattningssättet således detta, att reflexrörelserna äro *de underordnade nervcentras instinkthandlingar*, d. v. s. absolut omedvetna föreställningar, hvilka förmedla uppkomsten af den för det respektive centrum medvetna, för hjernan åter omedvetna viljan att frambringa reflexverkan af den i samma mening medvetna perceptionen af retning. Förutan denna perception i det reflekterande centrum kan retningen förmedelst ledning till hjernan också förnimmas i denna, men detta är då en andra perception för sig, hvilken icke har något att skaffa med denna reflexrörelse och hennes förlopp. Instinkterna och reflexverkningarna äro hvarandra lika äfven deruti, att de hos individerna af samma djurart på samma retningar och motiv visa väsentligt samma reaktioner. Äfven här har denna omständighet styrkt den åsigten, att i stället för omedveten själsverksamhet och immanent ändamålsenlighet vore en död mekanism förhanden; men denna omständighet såsom motskäl mot vår uppfattning försvagas derigenom, att hon med lätthet förklaras af den senare på samma sätt, som antydts i slutet af kapitlet om instinkten.

VI.

Det omedvetna i naturens helande kraft.

Om man skadar en fågels näste, en spindels nät, en larvs hud, en snigels skal, om man beröfvar fågeln någon del af hans fjäderbeklädnad, så iståndsätta alla skadan, som är menlig för, eller åtminstone försvårar deras framtida existens. Vi hafva sett, att de förstnämnda af dessa yttringar måste tillskrifvas instinkten, och vi skulle kunna misskänna den frappanta paralleliteten mellan de båda sista företeelserna och de förra? Vi hafva funnit, att det är en omedveten föreställning om ändamålet, som, i förening med viljan att nå detta mål, dikterar det medvetna viljandet af medlet, och vi skulle kunna tvifla på, att vi hafva att göra med samma sak, der föremålet för skadan icke är något yttre, utan snarare djurets egen kropp; ty vi förmå icke fixera den gräns, der djurets kropp börjar eller slutar, såsom förhållandet är i fråga om larvens hud, snäckans skal, fågelns fjäderbeklädnad, och mellan exkretioner och sekretioner? Beröfvar man polypen hans fångarmar eller masken hans hufvud, så måste djuret duka under af brist på näring, och om djuret ersätter fångarmarne eller hufvudet och lefver vidare, så skulle något annat än den omedvetna föreställningen om dessa delars oumbärlighet vara regenerationens grundorsak? Man göre icke den invändningen, att skilnaden mellan instinkt och helande kraft skulle bestå deri, att i förra fallet föreställning och vilja vore medvetna om medlet, men att i det senare fallet äfven dessa vore omedvetna. Ty enligt den framställning, som vi gifvit af sjelfständigheten hos de lägre nervcentra, skall man icke kunna betvifla, att medlets viljande mycket väl på något sätt och någonstädes i lägre nervcentra, t. ex. de små gangliecellerna, hvarifrån utgå de sympatiska nervfibrillerna, hvilka försörja näringsorganen, kan komma till medvetande, äfven om djurets hufvudcentrum derom ingenting vet, och å andra sidan skall ingen våga tilltro sig kunna afgöra, om och huru vidt hos de lägre djuren medlets viljande kommer till medvetande i instinkten.

Vi skola nu något närmare taga den helande kraftens verkningar i betraktande.

Hos hydrorna regenereras hvarje del af deras kropp, så att af hvarje stycke bildar sig ett nytt djur, vare sig att man genomskurit dem på tvären eller längden, eller till och med om man styckat dem i flera små delar. Hos planariorna blir hvarje segment ett nytt djur, äfven om det utgör blott $\frac{1}{10}$—$\frac{1}{8}$ af hela djurets längd. Hos anneliderna eller ringmaskarne följer regenerationen endast efter tvärgående delningar, hufvudet eller svansen regenereras alltid; hos några arter kan man skära djuret i flera stycken, och hvarje särskildt stycke utväxer till ett fullständigt exemplar af sin art. Här synes det tydligt nog, att om, efter flera olika snitt i alla möjliga riktningar, den frånskilda delen städse lemnar ett nytt exemplar, som uttrycker den typiska idén för sin art, det icke är den döda kausaliteten, som kan hafva denna verkan, utan att denna typiska idé måste vara tillstädes i hvarje särskildt stycke af djuret. Men en idé kan endast vara tillstädes antingen realiter i sitt yttre framträdande såsom *förverkligad* idé, eller ock idealiter, för så vidt han föreställes, samt *i och genom föreställningsakten*, hvarje fragment af djuret måste således hafva den omedvetna föreställningen om arttypen, enligt hvilken det företager regenerationen, alldeles som biet, innan det bygt sin första cell och utan att någonsin hafva sett en sådan, inom sig bär den omedvetna föreställningen om den sexsidiga cellen, eller liksom hvarje fågel måste omedvetet föreställa sig den för hans artidé egendomliga bygnaden af nästet eller sättet att framdrilla sina toner, långt innan han lärt sig dessa saker af andra eller inhämtat dem af sig sjelf. Om man observerar regenerationsakten t. ex. hos en afskuren daggmask, så ser man från snittytan framknoppa en hvit ansvällning, hvilken småningom blir större och större, inom kort erhåller små, tätt intill hvarandra radade, sedermera i längd och bredd tillväxande ringar och innesluter förlängningar från tarmkanalen, blodkärlsystemet och bukssträngen. Det fordras verkligen en stark tro, för att kunna antaga, att sekretionens beskaffenhet i såret och närheten af de motsvarande organen skulle vara tillräckliga, för att åstadkomma djurets vidare tillväxt. När man ser, huru från två *lika* snittytor efter flera andra ringar på ena sidan bildas *hufvudet* med sina särskilda organ, på den andra sidan *svansen* med sina, *och detta med organ, som i det regenererande bålstycket alldeles icke hafva något analogon,* då blir antagandet af en död kausalitet, en materiel mekanism utan något ideelt moment en ren orimlighet.

Dertill komma ännu åtskilliga biomständigheter, hvilka på det tydligaste ådagalägga, att föreställningen om, hvad i det särskilda fallet måste frambringas i öfverensstämmelse med artidén, är vid dessa processer det ursprungligt bestämmande. Om djuret ännu icke är fullvuxet, och det beröfvas någon del, så motsvarar den regenererade delen icke den gamla, utan han är så beskaffad, som denna del skulle vara, *om han hade genomgått den med artidén öfverensstämmande processen.* Detta kan man iakttaga, om man afskär unga tritoner ett ben eller grodlarver deras svans. Någonting liknande inträffar med hjortarnes horn, ty de utväxa hvarje år fullkomligare, så länge djurets ungdomliga kraft ännu finnes i behåll; men har organismen nått höjdpunkten af sin utveckling och går denna, så att säga, tillbaka igen, då blifva antingen de sista hornen qvarsittande under hela lifvet, eller om årligen nya sådana framväxa, blifva de med tilltagande ålder allt kortare och enklare.

Vidare förbrukas för en dels regeneration i samma mån så mycket mera kraft, ju *vigtigare* denna del är för djurets bestånd; så t. ex. återväxer enligt Spallanzani hos maskarne hufvudet förr än svansen, och hos fiskarne följer de afskurna fenornas regeneration i samma följd, som de äro vigtiga för rörelsen, således främst stjertfenan, sedermera bröst- och bukfenorna, slutligen ryggfenan. Är icke den omedvetna viljans kraft, eller rättare makt i materialets och de yttre omständigheternas betvingande tillräcklig för en dels regeneration på normalt sätt, så framlyser ändock alltid arttypen genom de sålunda uppkomna missbildningarna. Så t. ex.: om från en snigels afskurna hufvud i stället för två blott en antenn vuxit åter, så bär denna två ögon, och hos menniskor, som förlorat yttersta fingerleden, utväxer stundom en nagel från den näst föregående. Ju mera en del är utsatt för att blifva skadad, desto mera är hans bildning så beskaffad, att han lätt medgifver en regeneration. Så t. ex. äga sjöstjernornas armar, spindlarnes ben, sniglarnes och skalbaggarnes antenner och känselspröt, ödlornas stjert en stor regenerationskraft, emedan de så lätt afslitas. Mestadels är det en bestämd led, från hvilken regenerationen lättast utgår, men då är också den ifrågavarande kroppsdelen bräckligast på detta ställe, och om en skada inträffar annorstädes, så *bortkastas* vanligen sedermera den afbrutna delen på detta ställe. Detta göra t. ex. krabborna. Spindlarne lösslita sig likaledes från ett ben, om man håller dem hårdt fast deri, men om man håller om spindelns kropp och samtidigt trycker hans ben, så kan han sedermera icke utan vidare bortkasta sitt ben, utan han invecklar det i sitt nät, trycker sedan hårdt emot med de öfriga benen och sliter sig lös ifrån det skadade. Detta är dock påtagligen instinkt, och då krabban sjelfmant frigör sig från det skadade benet, det skulle vara något, som är med instinkten till grunden olika? Och den skadade extremitetens bortkastande är dock blott regenerationens första akt. Ännu underbarare är de i Söderhafvet vid de Filippinska öarne lefvande holothuriornas instinkt. Dessa äta nämligen korallsand, och om man tager upp dem och lägger dem i klart hafsvatten, utstjelpa de genast frivilligt tarmkanalen jämte lungorna och alla andra organ, som äro fästa dervid, genom analöppningen, för att bilda nya inelfvor, som bättre motsvara det nya medium, till hvilket de blifvit förflyttade. (En med nålar eller knifvar särad holothuria far bokstafligen ur huden, i det hon kastar denna af sig, utan att i ringaste mån skada de inre delarne.)

Ju högre vi nu stiga uppför djurens serie, desto mera aftager i allmänhet den helande kraftens makt, och hos menniskan står hon på sin lägsta grad. Derför kunde också, så länge man dref fysiologiska studier uteslutande på menniskan, den villfarelsen vinna insteg, att en blott materiel mekanism frambringar de helande verkningarna; men liksom anatomien lemnade betydande resultat först från den tid, då hon började bedrifvas komparativt, så kan också inom fysiologien endast komparativ undersökning lemna den rätta förklaringen. Men hafva vi en gång förstått de i öppen dag liggande förhållandena hos de lägre djuren, och äro vi med deras hjelp komna på rätta vägen, så skall det icke vara svårt, att äfven på organisationens högsta trappsteg erkänna denna åsigt såsom den enda möjliga.

Orsakerna för den helande kraftens inskränkning hos de högre djurklasserna äro dels inre, dels yttre. Den innersta och djupaste orsaken är, att den organiserande kraften mer och mer vänder sig ifrån det yttre och riktar hela sin energi på all organisations yttersta mål, medvetandets organ, för att stegra detta till allt högre fullkomlighet. De yttre orsakerna äro, att organen hos de högre djurklasserna äro fastare bygda och äfven i följd af dessa varelsers lefnadssätt mindre utsatta för att afbrytas och stympas, men deremot äro de vanligen på sin höjd utsatta för att såras eller på dylikt sätt skadas, för hvilka rubbningar i de flesta fall den helande kraften är tillräcklig, vidare att denna kroppens större fasthet fysikaliskt och kemiskt försvårar en regeneration i större skala. Ty å ena sidan se vi redan bland lägre djur, att vattendjuren i följd af en större halt af fuktighet äga en större regenerationskraft, än närstående landdjur (t. ex. hafs- och landmaskar), å andra sidan utgöres hufvudmassan hos de djur, som äro mäktiga af en vidsträcktare regeneration, af samma bildningar, hvilka ännu hos menniskan visa den högsta regenerationskraften, t. ex. de lagrade bildningarne, hvilka mestadels förläna de ryggradslösa djuren deras fasthet (hud, hår, skal), cellväfnaden, kärlsystemet, eller till och med de lägsta klassernas urmassa. Att imellertid dessa yttre orsaker icke äro tillfyllest, finna vi hos ryggradsdjuren, och bland dem särskildt hos den andra klassen nedifrån, hos amfibierna, af hvilka många besitta en alldeles förvånansvärd regenerationsförmåga. Spallanzani såg hos salamandern de fyra extremiteterna med sina nittioåtta ben jämte stjerten med sina kotor regenereras sex gånger inom tre månaders förlopp. Hos andra återväxte underkäken med alla sina muskler, kärl och tänder; Blumenbach såg till och med ögat återställas inom årets lopp, då synnerven var oskadd och en del af ögonhinnan lemnats qvar i ögonhålans botten. Hos grodor och paddor regenereras också understundom extremiteterna, men endast så länge de äro unga, och äfven då blott långsamt. Likasom individens psykiska kraft till en början är verksam utslutande i det yttre och sedermera med tilltagande ålder vänder sig mer och mer inåt och riktar sig på det medvetna själslifvets utbildning, så är också hos alla varelser den helande kraften i samma mån mäktigare, ju yngre de äro, derför är hon också störst hos embryoner och alla larver, hvilka kunna betraktas såsom embryoner. Fördenskull må vi icke förundra oss öfver, att samma lag består inom hela djurserien, der ju också i figurlig mening de lägre formerna förhålla sig till de högre liksom embryoner eller lägre utvecklingsgrader till de ur dem slutligen framgående fullvuxna djuren.

Ett mycket märkvärdigt fall är den af Voit iakttagna regenerationen af hjernhemisfererna hos en dufva, som han beröfvat hjernan. Efter fem månaders förlopp visade sig, sedan under den sista tiden djurets förståndsverksamhet uppenbart tilltagit, en hvit massa på de borttagna hjernhemisferernas plats, hvilken fullkomligt ägde samma utseende och täthet som hvit hjernsubstans, och äfven oafbrutet och omärkligt öfvergick i stora hjernans qvarlemnade hjernskenklar. Nervprimitivfibriller med dubbel kontur kunde tydligt skönjas, likaså ganglieceller.

Öfvergå vi nu till däggdjuren och specielt till menniskan, så möta oss visserligen icke samma frappanta företeelser, som hos de lägre djuren, men tillräckligt mycket, för att vi derur kunna skapa oss den öfvertygelsen, att icke en död kausalitet för de materiella processerna är tillfyllest, utan att det är en psykisk kraft, som med den omedvetna föreställningen om arttypen och om de för sjelfuppehållelsens slutliga mål i hvarje särskildt fall erforderliga medlen framkallar de omständigheter, i kraft af hvilka *enligt de allmänna fysikaliska och kemiska lagarne* återställandet af de normala tillständen måste följa. För hvarje störande ingrepp inträder denna process, så vidt icke den omedvetna viljans makt till omständigheternas öfvervinnande är för ringa, så att det störande ingreppet medför en stadigvarande abnormitet eller döden. Ingen medicin förmår annat uträtta, än att understödja denna process och underlätta öfvervinnandet af de störande omständigheterna, men det positiva initiativet (viljan) härtill måste alltid utgå från organismen sjelf.

Vi vilja närmast betrakta sammanläkningen af från hvarandra skilda väfnader och nybildningen af en förstörd gräns.

Det första vilkoret för hvarje nybildning (utom i kroppens lagrade väfnader) är inflammation. Enligt J. Müller är inflammationen »en sammansättning af företeelserna af en lokal skada, en lokal böjelse för väfnadens sönderfallande och en deremot verkande stegrad organisk verksamhet, hvilken sträfvar att hålla jämna steg med sträfvandet att upplösa väfnaderna.» Hvad Müller kallar »den lokala skadan», det kallar Virchow den patologiska retningen. Han säger (Spec. Path. u. Ther. I: 72): »Så länge efter ett irritament iakttagas endast funktionella rubbningar, så länge talar man om irritation; iakttagas jämte de funktionella äfven nutritiva, så gifver man detta mamn af inflammation.» Han benämner sålunda vidare nutritiv rubbning, hvad Müller kallar den lokala böjelsen till sönderfallande. Men alldeles särskildt håller Virchow på det tredje momentet, de inflammerade cellernas aktiva verksamhet. Den företeelse, som närmast följer på inflammationen, är det ökade blodtilloppet till det ställe, der nybildningen skall äga rum, och hvilket visar sig i rodnad och förhöjd temperatur. Redan den lagen, att det ensidigt förökade eller minskade blodtilloppet rättar sig efter de enskilda organens blodförbrukning, kan man nästan aldrig förklara genom fysikaliska orsaker allena, då hjertats pumpverk verkar lika för hela blodomloppet; redan häraf måste man antaga, så vidt icke företeelsen låter sig förklara genom de inflammerade cellernas stegrade aktiva resorption, att de fysiska omständigheterna styras af en vilja att genom något medel komma till det förestälda målet. (Under den normala utvecklingsgången äger t. ex. en förökning af blodtilloppet rum under pubertetsutvecklingen, hafvandeskapet, hos fågeln i underlifvets plexus för den vid rufningen erforderliga värmen; en förminskning deremot inträder, då organ upphöra att funktionera, eller då oersättliga lemmar gått förlorade. Lika märkvärdigt som denna företeelse är, att blodet bibehåller sin flytande beskaffenhet endast inom blodkärlen, hvaremot det, då det utträder ur dem, genast löpnar, till och med utan att komma i beröring med luften).

Vid hvarje snitt i ett djurs kropp genomskäras kärl, dessa måste i främsta hand tillslutas, och detta sker genom det utträdande blodets koagulering; hos större kärlstammar bildar sig en inre och en yttre propp, som under den första tiden åter med lätthet aflägsnas, då blodflödet stegradt genom yttre retning kastas tillbaka. Då blodflödet i artererna är starkt, hjelper sig organismen understundom genom en viss grad af maktlöshet. Men det löpnade blodet ingår ingen fast förening med väggarne, utan resorberas sedermera, liksom hvarje onödigt vordet hjelpmedel i ett tidigare stadium af läkeprocessen. Efter ungefär tolf timmars förlopp secerneras en hvit vätska (plastisk lymfa), och denna förtätar sig mestadels omedelbart derpå till ett membranöst, ogenomskinligt neoplasma, hvilket tillsluter såret och sammanväxer med de tillgränsande delarne. Neoplasmat är icke blott utsvettadt blodserum, utan en sekretion ur blodet af lika bestämd karakter, som hvarje annan sekretionsvätska; det är icke heller en formlös massa, utan en med riklig intercellularvätska genommängd väfnad af celler, hvilken genom cellförökning framdrifves från den genom såret blottade bindväfven. Det bildar härden för hvarje organisk nybildning, och blod-kärl, senor, nerver, ben, hud, — allt framgår derur genom cellernas successiva ombildning. »Närmaste steget till läkning är nu det, att genom (?) den inträdande inflammationen uppträder en riklig mängd celler i väfnaden, i främsta rummet i hårkärlens omgifning. Dessa ombildas genom kärnornas granulation till celltappar, och man har lyckats genom artificiella insprutningar i blodkärlen bevisa, att mellan de nybildade cellerna genast utbildas *fina gångar* utan egna väggar, i hvilka injektionsmassan intränger *direkt ur kapillärerna*. Der har sålunda uppstått en interimistisk blodbana, som framställer sig såsom ett *intercellulärt* nät. Samma förlopp upprepar sig från den motsatta sårytan, och så inträffar, att genom beröringen mellan dessa vägar, af hvilka några utvidga sig och blifva verkliga kärl, den störda blodcirkulationen på båda sidorna utjämnas» (Dr. Otto Barth i Ergänzungsbl., Bd VI sid. 630). På detta sätt restitueras i främsta rummet endast kapillarkärlens nät, men sedermera sättas också större blodkärl efter resorptionen af de tillslutande propparne i öppen kommunikation. Man har iakttagit, att i achillessenan hos en hund restitutionen af ett fem linier långt utskuret stycke försiggick inom fyra månader, och hos nerver, från hvilka man bortskurit en del, afstannade de båda ändarnes närmande intill hvarandra med eller utan slutlig sammanväxning. Rörelse och förnimmelse kunna på detta sätt åter framkallas, utan att dervid den nybildade massan, till och med om hon visar fibrer och trådar, noga motsvarar sen- och nervmassan, hvilket ännu mindre är fallet vid muskelregenerationer. Likväl antaga nybildningarne småningom de äldres utseende.

Der en rörformig bildning blifvit afbruten, bildar neoplasmat närmast ett hölje, en så kallad kapsel, hvilken genom sina kärl sätter det sårade stället i organiskt samband äfven med de kringliggande väfnaderna. Så t. ex. vid ett benbrott, der denna kapsel härdnar till den provisoriska kallus. På samma gång tillslutas märghålans båda öppningar genom proppar, bildade på märghinnans bekostnad. Imellertid hafva benets ändytor genom de kringliggande delarnes inflammation uppmjukats så mycket, att de sjelfva kunna öfvergå till inflammation och secernera neoplasma, hvilket öfverhufvudtaget långsamt öfvergår från ett fast gelé till verkligt brosk och sedermera först småningom förbenas, ehuru enligt Virchow det äfven direkt kan gifva upphof åt benväfnad eller märgceller, äfvenså att enligt samme forskare brosk-, ben- och märgceller kunna direkt omvandlas i hvarandra. Under det att denna process åstadkommer den egentliga nybildningen, uppmjukas och resorberas de väfnader, som bilda mellanstadierna i denna process, den provisoriska kallus, äfvensom den i de kringliggande delarne innehållna geléväfnaden, äfven märghålan återställes, i det att propparnes täta substans blir först lucker, sedermera mjukare och mjukare, och slutligen helt och hållet försvinner. Den sålunda fördelade benmassan visar ett oafbrutet sammanhang med de gamla ändarne och nära nog samma bildning i afseende på sin substans och sina kärl. Ett sex linier långt utsnitt ur en hunds armbågben och armbågsutskott var efter fyratio dagar fullständigt fyldt af bensubstans. Bortdör det inre schiktet hos ett ben, så utgår återväxningen från de yttre, och omvändt, dör hela benet, så ersättes det af märghinnan och benhinnan, i det att dessa först aflösa sig från benet; bortdö äfven dessa, så inneslutes det ifrågavarande stycket af ett nytt stycke, hvilket bildas dels af benets ännu friska ändar, dels af de närgränsande mjuka delarne.

Hos kanaler, som äro bildade af slemhinna, såsom tarmkanalen eller körtlarnes utföringsgångar, bildar neoplasmat likaledes en kapsel, på hvars inre sida den respektive kanalen åter uppstår, under det att det gamla styckets bortdöda kanter (t. ex. vid underbindningar) lösgöras och bortskaffas genom den nybildade kanalen. Vid tarmvred eller inklämda bråck afgå mången gång genom analöppningen flera tum, ja stundom fotlånga tarmstycken, och detta oaktadt blifva menniskorna vanligen vid lif, och digestionsvägarne restitueras åter. — Skulle väl en annan princip ligga till grund för ett inklämdt tarmstyckes utstötande, än för kräftans bortkastande af ett skadadt ben, eller för en spindels afslitande af ett ben?

Om en bildnings yttre gräns är förstörd, så ersättes likaledes denna, och dervid är processen i allmänhet högre, än vid frånskilda delars sammanväxning, emedan den kemiska kontaktverkningen hos den likartade närgränsande bildningen ännu mindre kan hafva något inflytande. Neoplasmat uppträder här såsom granulation, d. v. s. det är rikare på kärl och visar en mängd rödaktiga upphöjningar. På detta sätt bildar sig på ett ställe, som blifvit beröfvadt sin hud, ny sådan, och denna sluter sig först i brist af fettunderlag tätt intill muskeln, men sedermera antager hon den öfriga hudens utseende.

Varbildningen inställer sig af sig sjelf endast der, hvarest skadan var af den beskaffenhet, att delar af väfnaden i större omfång blifvit urståndsatta att fortsätta lifsfunktionerna (mortifierade), så att det blir nödvändigt, att ur organismen aflägsna dessa väfnaders mortifierade delar och ersätta dem genom i deras ställe inträdande nybildningar (t. ex. vid krossningar och skottsår o. s. v.). Har denna uppgift blifvit löst, så upphör varbildningen af sig sjelf, liksom hon begynte af sig sjelf; der inga delar äro att aflägsna, der inträder läkningen »per primam intentionem» utan någon varbildning. Visserligen inställer sig varbildning ganska ofta äfven här, liksom varbildningen i förra fallet ofta varar långt utöfver den erforderliga tiden, stundom ända till krafternas uttömning, — men detta är då icke en varbildning, som genom organismen framställer sig af sig sjelf, utan hon är alstrad genom skadliga yttre inflytanden eller underhållen af dem, nämligen genom de i luften kringförda embryonerna af parasitiska organismer, hvilka kunna göra de obetydligaste sår elakartade och dödliga. Desinfektion af den till såret kommande luften genom förband med karbolsyra o. dyl. undanrödjer dessa skadliga yttre inflytanden och bevisar sålunda på experimentel väg riktigheten af ofvan framstälda uppgifter.

Slemhinna kan öfvergå till epitelialhinna, om hon genom abnorma förhållanden blir tvungen att bilda en gräns utåt (t. ex. då ändtarmen stjelpes om, eller då lifmodern faller ut). — Vid amputationer framställer organismen en gräns, som sluter alla förhandenvarande kanaler (benets märghåla och kärlen) och motsvarar ledens närvarande bruk; benet afrundar sig i sitt slutna tillstånd, underarmens och underbenets dubbelben bibehålla genom sammanväxning i sin nedre ända den fasta förening, som eljest hand- och fotleden förlänar dem, kärlen och blodtilloppet inskränkas efter det numera minskade behofvet, och den yttre gränsen bildar en stark senig hud, som fjällar sig i hög grad. Styckets seniga beskaffenhet sträcker sig delvis äfven till de närgränsande muskelfibrerna, nerverna och de obrukbara kärlen.

Vi vilja ytterligare betrakta några andra märkvärdiga företeelser från den helande kraften hos menniskor och däggdjur.

Hos däggdjur, från hvilkas öga man borttagit linsen, har man ofta iakttagit, att denna blifvit fullständigt restituerad, och äfven hos personer, som blifvit opererade för starr, inträffar understundom, att linsen ofullkomligt regenereras. Om efter en sådan operation hornhinnans öfre sårflik framskjuter och med sin inre rand vidrör den undre flikens yttre rand, så blifva sedermera båda flikarne mjuka, svälla upp, och då svulsten försvinner, ligga båda i samma plan. Så undanrödjes den rubbning i seendet, hvilken en sådan hornhinnans ojämnhet skulle hafva till följd. Om ett benbrott icke kan sammanläkas, så söker organismen hjelp på ett annat håll; brottändarne afrundas och sammanhållas antingen genom en senig sträng, hvartill kalluskapseln ombildat sig, liksom ett cylindriskt ledband, eller ock förenas de genom en så kallad falsk led, derigenom att den ena änden bildar en urhålkning, som i sig upptager den andra rundade änden;

bägge ändarne omslutas af en senig kapsel och erhålla den nödiga smörjan liksom öfriga mot hvarandra gnidande ställen genom en nybildad synovialkapsel. En liknande process förekommer vid vrickningar, som icke gått i led; den tomma ledgropen fylles, och på det ställe, till hvilket ledhufvudet nu sluter sig, bildar sig en ny med ledfogningens öfriga tillbehör.

Högst märkvärdig är uppkomsten af ändamålsenliga utföringskanaler, då vissa sekretioner i en bildnings inre icke hafva något naturligt aflopp och dessa skulle tillintetgöra organet, så vidt icke ett sådant aflopp uppstode. Detta är i främsta rummet fallet vid alla normala sekretioner, då de naturliga afloppskanalerna blifvit tilltäppta; då uppstå fistelgångar på kortaste, eller snarare på den mest passande väg, hvilka öppna sig utåt (t. ex. tår-, spott-, gall-, urin-, tarmfistlar). De likna fullkomligt körtlarnes normala afloppskanaler, i det att cellväfnaden i gångens väggar ombildar sig till en *för de respektive sekretionerna okänslig* slemhinna. De kunna omöjligt läkas, så länge den naturliga afloppskanalen icke är återstäld, men om så skett, läkas de af sig sjelfva hastigt och utan svårighet. Man kan alldeles icke finna någon materiel orsak, hvarför sekretet, som i alla händelser måste återställa utföringsgången genom cellväfnadens upplösning och undanskaffande, åstadkommer denna starka förstörelse just *i den enda riktning*, som kanalen tagit, då åt alla andra håll angreppen i förhållande härtill äro försvinnande små, hvarför den riktning, i hvilken denna häftiga kemiska sönderdelning yttrar sig, är just den *ändamålsenligaste* för den nya afloppskanalen, och hvarför denna kanal visar icke blott följder af förstörelse, utan snarare organisk nybildning. Understundom sträcka sig sådana kanaler, isynnerhet vid varfistlar, genom flera andra organ, innan de kunna komma utåt, t. ex. från lefvern till magen eller tarmkanalen, eller genom mellangärdet till lungorna. Underbarast är måhända denna process vid inre nekros. Afloppskanalerna (eller kloakerna) uppstå här, om blott benets inre schikt bortdör, i det yttre schiktet, som förmedlar regenerationen, men om äfven detta bortdör, i den nya omgifvande bensubstansen *genast från början af dennas bildning*, och detta *utan* någon samtidig varbildning. De äro runda eller ovala kanaler, beklädda med en glatt, från märghinnan till benhinnan gående membran, öppna sig utåt med en glatt rand och fortlöpa sedermera genom en fistelgång till den yttre fria ytan; de låta sig på intet sätt läkas, så länge ännu bortdöende benstycken finnas qvar inom den nydanade benmassan, men när dessa helt och hållet aflägsnats, sluta de sig af sig sjelfva.

I sammanhang härmed står på visst sätt, då fostret är omöjligt att framföda, dettas död eller upplösning, återstodernas afföring på nydanade vägar, eller dessa återstoders inkapsling.

Egendomlig är vidare en viss sekretions frambringande genom helt andra organ, än dem som denna sekretion egentligen tillkommer, då dessa senare äro ur stånd att funktionera. Sekreten, hvilka spela en så framstående roll i organismens hushållning, förekomma, som bekant, i blodet aldrig som sådana, utan alltid endast *deras element*, och antaga först under och efter det de blifvit utskilda ur blodmassan sin egendomliga kemiska beskaffenhet (hvadan också sekretionsvägarne äro i samma mån längre, ju högre sekreten stå); man måste fördenskull i vanliga fall med skäl betrakta sekretionsorganen såsom orsaken till sekretens egendomliga kemiska beskaffenhet. Så mycket besynnerligare måste det förefalla, att under vissa omständigheter, då det eller det organet icke kan funktionera, men det ändock kunde blifva till skada, om de ämnen, som eljest genom detta organs sekretion aflägsnas, stannade qvar i blodet, att under sådana omständigheter äfven andra organ äro i stånd, att på något så när samma sätt fullborda denna sekretion och sålunda tillförsäkra organismen hans bestånd. Det materiella hjelpmedlet, hvaraf den omedvetna viljan för detta ändamål betjenar sig, kan sökas endast i en temporär förändring hos de ställföreträdande sekretionsorganens secernerande membraner, hvarigenom de ackommoderas för sina ställföreträdande sekretioner, såsom vi iakttaga ett dylikt viljans inflytande på sekretionsorganen under förskräckelse, vrede o. s. v.

Vi vilja betrakta några exempel. — Urinen såsom sådan verkar i blodmassan dödligt; i blodet äro endast elementen för hans uppkomst förhanden, men det är af nöden, att dessa utsöndras, om icke organismen skall gå under. Hos marsvin, hvars njurarterer blifvit underbundna, secernerade bukhinnan, hjertsäcken, lungsäcken, hjernans sinus, magen och tarmen en brun, urinluktande vätska, äfven tårarne luktade ruin, och testiklarne och bitestiklarne innehöllo en vätska, som fullkomligt liknade urin. Hos hundar framstälde sig urinkräkningar, hos kaniner flytande tarmuttömningar. Hos menniskor, hvilkas svett äger en afgjord urinlukt, visa sig mestadels vid obduktion tecken till hämmad urinafsöndring. Hos personer, hvilkas urinuttömning på naturlig väg varit fullständigt hindrad, har man ofta iakttagit daglig urinkräkning, som varat under ett helt års tid, hos en under sådana förhållanden född flicka afgick urinen genom brösten ända till hennes fjortonde år. I andra fall af hämmad urination secernerades urinen ur axelhålorna. Äfven vid degeneration af njurarne, då dessa icke mer kunde afsöndra någon urin, eller då dessa saknat förbindelse med blåsan, skall man hafva iakttagit årslång urination på normalt sätt, hvaraf man har velat sluta till en vikarierande förmåga hos blåsan sjelf att afsöndra urin. — En stor mängd iakttagelser bevisar sekretionen af en mjölkartad vätska genom njurarne, huden vid nafveln, i ljumskarne, låren, ryggen och bukhinnan under en i följd af hämmad mjölksekretion uppkommen inflammation i bukhinnan. Då gulsot uppstår på det sätt, att lefverns verksamhet (såsom sedermera sektionen visar) blifvit upphäfd, måste gallafsöndringen försiggå i de finaste blodkärlen, då alla organ, till och med senornas väfnad, brosk, ben och hår äro genomdragna af gallans färgande beståndsdelar.

En i hög grad märklig företeelse är de varmblodiga djurens konstanta temperatur under de yttre omständigheternas mångfaldiga vexling. Vi känna ännu på långt när icke alla vilkor, hvilka möjliggöra denna konstans; men så mycket är visst, att de verksammaste, måhända de enda af djuret sjelft afhängiga momenten äro nutritionens, exkretionernas och respirationens reglering. Då nu den konstanta temperaturen inom en djurklass påtagligen är den för dess kemiska processer mest gynsamma, så måste vi i hvarje akt af organismen, hvilken ackommoderar vilkoren för dessa processer efter de vexlande förhållandena, medgifva en akt af naturens helande kraft. I samband härmed står tydligen den iakttagelsen, att hudutdunstningens mängd, liksom lungornas utdunstning (af kolsyra och vatten) efter korta mellanrum vexlar utan märkbar anledning, men under längre tidsförlopp af många timmar blir sig tämligen lika.

Påfallande är den mekaniska och kemiska motståndsförmågan hos lefvande bildningar, hvilken upphör genast med döden. Hon kan bäst iakttagas hos magen och tarmkanalen. De geléartade medusorna smälta djur, som äro försedda med taggiga omhöljen, utan att skadas; fåglarnes mage sönderdelar glasstycken och kröker jernspikar, utan att såras (ty magsår läkas, som man vet, mycket långsamt, skulle således icke kunna undgå uppmärksamheten). Flundrornas och smörbultarnes mage är ofta helt och hållet fullproppad med skarpa snäckskal och utspänd och genomskäres efter döden af dem vid lindrig skakning. Dessa företeelser kunna, då en större mekanisk fasthet hos den lefvande väfnaden icke är tänkbar, förklaras endast genom reflexrörelser, i kraft af hvilka den vid en rörelse af de skarpa och kantiga föremålen hotade delen drager sig tillbaka, och de öfriga delarne bringa det skarpa föremålet i ett mera passande läge. Lika underbart är det motstånd, som magen gör emot de kemiska angreppen af en särskildt skarp magsaft. Man har exempel på, att den degenererade magsaften genast efter döden börjat förstöra magen, och till och med sönderdelat en frisk djurmage, utan att någon skada visat sig medan djuret ännu lefde. Liknande företeelser äga rum med andra skarpa sekret och deras sekretionsorgan.

Efter att hafva anfört dessa exempel, öfvergå vi till vederläggningen af några invändningar, som skulle kunna göras mot uppfattningen af den helande kraften såsom en ändamålsenligt verkande yttring af omedvetet viljande och föreställande. Ehuru jag tror mig hafva med många skäl ådagalagt den fullkomliga otillräckligheten af materialistiska förklaringsförsök, så synes det mig ändock vigtigt, att än en gång i korthet framhålla det otillfredsställande i de båda hufvudsakligaste materialistiska skälen. De lyda: 1) genom kemisk kontaktverkning och cellförökning göres hvarje nytt tillkommande material likartadt med det förut varande, och 2) beskaffenheten hos hvarje sekretion beror på beskaffenheten af näringsvätskan och den secernerande hinnan.

Det första skälet mötes af den invändningen, att i kroppen uppträda nybildningar vid olika tider, hvilka ännu icke finna någon anknytningspunkt vid likartade bildningar, emedan de öfverhufvudtaget eller på ett visst ställe af organismen framträda för första gången; så t. ex. under de olika stadierna af embryots utveckling, vid födelsen, under puberteten och hafvandeskapet. Men utom de i dessa fall uppträdande nybildningarne och sekretionerna upphöra ju också många sekretioner periodiskt och begynna åter såväl under normala som sjukliga omständigheter, och äfven då kan sekretionens återuppträdande icke härröra från sekretets kontaktverkning, emedan detta icke är förhanden. Likaledes är regenerationen af fasta bildningar icke direkt beroende af utvecklingens grund. Sålunda hafva vi t. ex. sett, att neoplasmat för nybildningen af bensubstans till största delen utsvettas af de närgränsande bildningarne, ehuru de äro af en helt annan beskaffenhet. Likaså bildar sig slemhinna i fistelgångar och epitelialöfverdrag på granulationer utan kontakt med likartade bildningar. Lika litet som man å ena sidan kan förneka, att denna princip för likformigheten genom kemisk kontakt erbjuder ett förträffligt kraftsparande hjelpmedel i organismens ekonomi, lika litet kan man å andra sidan undvika de fakta, hvilka ådagalägga, att den omedvetna viljan i organismen kan framkalla förhållanden, under hvilka i enlighet med de kemiska lagarne produkter framträda, hvilka icke äro föranledda genom närgränsande likartade bildningar, men som på det mest ändamålsenliga sätt motsvara organismens närvarande lifsstadium eller ögonblickliga behof.

Hvad den andra punkten, sekretets beroende af de secernerande hinnorna angår, så är denna princip i allmänhet likaledes riktig, blott man icke förgäter, att sekretens olikhet inom ett och samma organ på olika tider, sekretens uppträdande för första gången i vissa stadier af lifvet, andras upphörande och återuppträdande, äfvensom läran om de vikarierande sekretionerna lemnar frågan om de secernerande hinnornas inkonstanta beskaffenhet obesvarad, att alltså företeelsen till sin närmast verkande orsak lemnar en riktig förklaring, men att denna verkande orsak å sin sida medgifver endast en enda i sista hand giltig förklaring, nämligen i ideel riktning. Efter en sådan förelöpande förklaring har naturforskaren gjort sin närmaste skyldighet, och ingen skall bestrida honom detta, blott han medgifver, att frågan är lika obesvarad nu som förut, blott han icke påstår, att han med denna förklaring har gjort *allt*, ty då kommer han genast i kollision med de faktiska förhållandena.

En annan invändning är den, att organismen icke alltid går till väga på ett ändamålsenligt sätt, utan att samma företeelser, som ena gången åtföljas af tillfrisknande, en annan gång medföra insjuknande, eller göra en förhandenvarande sjukdom ännu värre, än den skulle hafva blifvit af sig sjelf. Detta anser jag afgjordt falskt. Jag påstår deremot: först och främst, att sjukdomar *aldrig framträda spontant* ur organismens *psykiska grund*, utan *genom rubbningar påföras och påtvingas densamma utifrån*, och för det andra, att allt, som organismen direkt förändrar med hänsyn till dessa rubbningar i sina funktioners normalitet, är ändamålsenligt för deras öfvervinnande. Dessa båda påståenden skall jag efter hvarandra bekräfta.

Först och främst frågas: hvad är sjukdom? Sjukdom är icke abnormitet i bildning, ty det gifves abnormiteter, sådana som jättar, dvergar, öfvertaliga fingrar, blodkärlens oregelmässiga förlopp, hvilka ingen räknar till sjukdomarna. Sjukdom är icke ett tillstånd, som är skadligt för organismens bestånd, ty många sjukdomar äro det icke; han är icke ett tillstånd, som förorsakar individens medvetande smärtor och plågor, ty äfven detta är icke heller fallet vid många sjukdomar. Sjukdom är en *abnormitet i de organiska funktionerna*, hvilken visserligen kan hafva abnormiteter i bildning såväl till orsak, som till följd. I förra fallet plägar man tillika gifva abnormiteten i bildning namnet sjukdom. Men strängt taget måste denna abnorma bildning vara föregången af en annan abnormitet hos funktionerna såsom orsak, ty så länge alla funktioner försiggå normalt, är uppkomsten af abnorma bildningar omöjlig. T. ex. lungsot kan vara förorsakad genom tuberkler, dessa kunna hafva uppkommit genom arf, men hos den individ, från hvilken tuberkulosens ärftlighet gått ut i familjen, måste tuberklerna, ifall de icke voro i sin ordning ärfda eller inympade genom smitta (tuberkulös ammjölk, mjölk af miliartuberkulösa kor, inandning af ämnen, som afsöndrats från förstörda lungtuberkler o. s. v.), nödvändigt hafva uppkommit genom abnorma funktioner. Alltså måste vi, då vi fråga efter orsaken till en sjukdom, i hvarje fall till sist gå tillbaka till en abnormitet i funktionen under för öfrigt normal bildning af de funktionerande organen; ty så länge ännu abnormiteter i bildning äro med i spelet, hafva vi icke följt sjukdomsorsakernas kedja ända till slutet.

Fråga vi nu, huru alla sjukdomars primära orsak, *funktionens abnormitet under för öfrigt normal bildning* är möjlig, så svarar oss såväl erfarenheten, som spekulationen öfverensstämmande: endast genom rubbning utifrån, men icke inifrån genom en organismens spontana psykiska akt. Dessa rubbningar kunna vara af ganska mångfaldig art: 1) mekaniska inverkningar, såsom hvarje art af inre eller yttre skada; 2) kemiska inverkningar, a) genom införande af ämnen, hvilka direkt rubba förhållandet i väfnadernas sammansättning, i det de ingå nya föreningar (t. ex. förgiftning genom arsenik, svafvelsyra, de flesta mineraliska läkemedel), b) genom kemisk kontaktverkning, smitta i vidsträcktaste mening, äfvensom atmosferiska förändringar, hvilka disponera för egentligen icke smittande sjukdomar; 3) organiska inverkningar, inympning af växtliga eller djuriska (mikroskopiskt små) organismer, hvilka genom sin näring och fortplantning rubba den kemiska sammansättningen eller den morfologiska cellstrukturen hos den angripna organismen; rörande många sjukdomar är det ännu tvifvelaktigt, huruvida deras uppkomst skall förklaras på grund af kemisk kontaktverkning eller inympning af organismer (t. ex. pestsjuka, syfilis, koppor, difteritis, tyfoidfebrar, kolera, frossa o. s. v.), om också den senare åsigten vinner allt mera i sannolikhet; 4) abnormitet i förhållandet mellan kroppens inkomster och utgifter; öfverväger det senare momentet, så uppstår förlust i massa, svaghet o. s. v., öfverväger det förra, så uppstår i allmänhet hypertrofi, som yttrar sig allt efter den förhandenvarande mängden af ämnen i olika bildningar (tuberkler, skrofler, gikt, öfverdrifven fettbildning o. s. v.); 5) den opassande qvaliteten hos de upptagna ämnena; denna medför rubbningar i matsmältningsorganen och genom abnorm blodblandning äfven i nutritionen; förskämd luft kan på detta sätt genom en förändring i blodets sammansättning framkalla rötfeber o. s. v.; 6) olämpligt lefnadssätt; t. ex. en muskels absoluta overksamhet medför dennas svaghet och afmagring, alldenstund hans näringsförhållanden äro baserade på förutsättningen af rörelse; stillasittande sysselsättning rubbar hos menniskorna matsmältningen på samma grund, och om vi förflyttas till ett främmande klimat, så fordrar detta kroppens ackommodation genom den helande kraften eller framkallar sjukdomar; 7) ärfda kroppsfel eller sjukdomsanlag; här ligga de första yttre orsakerna till sjukdomen hos den generation, från hvilken arfvet utgick, och alla följande, sjukdomen ärfvande medlemmarne af familjen medtaga genom produkterna från fortplantningsorganen abnormiteterna såsom hemgift på lefnadsresan, hvilka naturens helande kraft hos dem ofta är lika litet i stånd att öfvervinna, som en genom yttre rubbningar direkt framkallad kronisk sjukdom.

Jag tror, att alla sjukdomar låta hänföra sig till dessa eller likartade rubbningar, blott man dervid alltid fäster afseende på, att man har att återgå till företeelsens första orsak och icke betraktar den såsom symptom föreliggande sjukdomen för sig. Ja den senare är till och med vanligen redan en akt af den helande kraften, krisen af en kedja af föregående sjukdomar eller abnormiteter, hvilka blott mer eller mindre undgått medvetandet (så t. ex. hos alla utslagssjukdomar, gikt, febrar, inflammationer o. s. v.). Den helande kraften förekommer med sin kris till och med mången gång utbrottet af den sjukdom, hvilken måste följa af en abnormitet i bildning (t. ex. det ofullgångna fostrets död och aflägsnande), och så till vida är det riktigt, att genom spontana psykiska akter af det omedvetna i organismen framkallas företeelser, hvilka vi gifva namn af sjukdom, emedan de äro abnorma, till en del smärtsamma processer, men de förebygga då endast en farligare sjukdom, de äro valet af ett afsigtligt framkalladt mindre ondt för undvikandet af ett större, äro således strängt taget icke sjukdoms-, utan läkeprocesser. Det kan också inträffa, att döden följer under denna spontant framkallade kris, emedan den omedvetna viljan icke äger i tillräcklig grad makten att öfvervinna de förhandenvarande rubbningarne, då skulle han helt säkert hafva följt äfven utan den försökta krisen, hvaremot i detta fallet ännu fans möjligheten, att den helande kraften kunde vinna segern. Skulle några sjukdomar ännu icke kunna låta sig förklara på grund af yttre rubbningar, så skulle icke detta kunna inskränka riktigheten af den princip, att *den psykiska grunden till det organiska bildandet icke kan sjukna,* ty för denna princip tala nästan *alla* fakta, emot densamma intet, alldenstund man ännu har att vänta, att den framtida vetenskapen skulle kunna återföra tillfälliga undantag till yttre rubbning. Derför kan jag icke dela Carus' antagande, att organismens idé liksom skulle öfvervinnas och tagas i besittning af en sjukdomsidé, hvilken skall förklara sjukdomarnes konformitet; detta synes mig vara tillräckligt ådagalagdt genom lika organismers lika reaktion mot lika rubbningar, ty en och samma sjukdom ter sig i sjelfva verket aldrig på samma sätt, utan minst lika olika, som individerna äro olika sinsimellan. Emot ett dylikt antagande talar redan den omständigheten, att det icke gifves någon patologisk bildning i kroppen, hvilken icke har sin förebild i normala fysiologiska bildningar. Virchow säger (Cellularpathologie, sid. 60): »Det gifves intet annat slag af heterologi i de sjukliga bildningarne än det oregelmässiga sättet i deras uppkomst, och denna oregelmässighet beror antingen derpå, att en bildning tillkommer på ett ställe, der hon har ingenting att skaffa, eller på en tid, då hon icke skall tillkomma, eller i en grad, som afviker från kroppens typiska bildning. Hvarje heterologi är alltså, närmare bestämd, en heterotopi, en aberratio loci, eller en aberratio temporis, en heterokroni, eller slutligen en blott qvantitativ afvikelse, heterometri.» — Denna åsigt om de ideella sjukdomstyperna, hvilka taga organismerna i besittning, skulle endast i det fall kunna hafva ett visst tropiskt berättigande, då djur eller växter äro sjukdomsorsakerna, t. ex. skabb, rost hos säd o. s. v., d. v. s. alltså inom parasitkunskapen i nyare, vidsträcktare bemärkelse.

Hvad de så kallade själssjukdomarne angår, så är den sedan gammalt gängse och äfven för närvarande trots någon invändning öfvervägande åsigten den, att hvarje rubbning i medveten själsverksamhet åstadkommes genom en rubbning i hjernan, såsom medvetandets organ, antingen så att denna hjernrubbning är direkt, eller förmedlad genom ryggmärgs- och nervsjukdomar. Äfven i de fall, då psykiska skakningar föranleda en själssjukdom, måste man såsom den sannolika orsaken dertill antaga en mestadels ärfd disposition hos hjernan, hvilken vid tillfälle kommer till utbrott; obetingadt måste man också i dessa fall antaga en hjernrubbning såsom orsak till medvetandets rubbning, blott att denna hjernrubbning icke framkallats genom materiel, utan genom psykisk skakning, men i alla händelser föranledts genom yttre inverkan, hvars bärare och förmedlare äro endast medvetna själstillstånd. De satserna stå alltså fast, *att det omedvetna icke kan sjelft sjukna, ej heller i sin organism åstadkomma sjukliga tillstånd*, utan att all sjukdom är följd af en utifrån inbrytande rubbning.

Hvad den andra punkten angår, tviflet om ändamålsenligheten i den helande kraftens mått och steg gentemot sjukdomen, så är det vigtigaste momentet, som icke får lemnas å sido, inskränktheten hos viljans makt vid omständigheternas öfvervinnande. Vore individens vilja allsmäktig, så vore hon icke mer ändlig och individuel, följaktligen måste det gifvas rubbningar, som hon icke kan undanrödja. Då nu vidare i organismen anfallspunkterna för viljan likaledes äro i hög grad inskränkta, d. v. s. att hennes makt inom olika bildningar har alldeles olika gränser, så måste naturligen ett förestäldt mål ofta nås på de besynnerligaste omvägar, så att föreställningen om målet vid de af organismen valda medlen ofta helt och hållet undgår det oöfvade ögat och fattas endast af en djupare gående vetenskaplig blick, som inser omöjligheten uti att på kortare vägar komma fram till detta mål. Då den vetenskapliga fysiologien och patologien ännu äro så unga, så får man ej förundra sig öfver, att de hittills endast helt ytligt förmått intränga i det organiska lifvets skilda operationer, och att de vanligen icke blott måste låta sig nöja med att ana en mängd föreningsleder mellan mål och medel, utan ännu mer sällan kunna göra sig reda för, huruvida der hade kunnat gifvas en ändamålsenligare väg, än den som blifvit beträdd. Hvarje insedd ändamålsenlighet är väl ett positivt, oomkullrunkligt bevis för en psykisk verksamhet, men tusen oförstådda föreningar af orsak och verkan kunna icke vara något negativt bevis emot förhandenvaron af psykiska grundvaler. Men så är förhållandet ingalunda, utan nästan öfverallt, der vi tro oss se en organismens oändamålsenliga verksamhet, kunna vi göra oss reda för grunderna till denna företeelse. Den spontana uppkomsten af sjukdomar, som äfven skulle kunna föras hit, hafva vi redan vederlagt. En stor del andra fall skall reducera sig derhän, att de medel, som uppbjudas för att tillintetgöra en rubbning, icke utfalla i öfverensstämmelse med organismens intentioner, emedan från andra håll härrörande rubbningar förhindra detta, så att nu genom en andra sjukdom ansträngningarna att häfva den första blifva fruktlösa. Detta fall inträffar ganska ofta, men det är icke så sällan förknippadt med svårigheter, att upptäcka den andra, nya rubbningen, hvilken kan ligga ganska djupt och på samma gång vara i och för sig mycket obetydlig. I sista hand är det då åter igen den individuella viljans otillräckliga makt (här i öfvervinnandet af den nya rubbningen), hvarigenom de använda medlen få en olämplig riktning och icke leda till målet. Ett särskildt fall af otillräcklig makt är det, då vid särskildt intensiv spänning i en bestämd riktning viljan är ur stånd att hålla tillbaka de extensiva gränserna. Så t. ex. vid läkningen af ett benbrott, der en liflig tendens till benbildning erfordras, förbenas mestadels på samma gång de kringliggande muskel- och senpartierna; men i dylika fall godtgör organismen sedermera åter i möjligaste måtto sitt fel, i det anförda exemplet återtaga sålunda de förbenade närgränsande bildningarne efter läkningen sin normala beskaffenhet.

Att den individuella viljans makt är inskränkt, bevisar likaledes följande exempel: under hafvandeskapet, då den omedvetna viljan måste koncentrera sig på barnets bildning, vilja benbrott imellanåt alldeles icke läkas, hvaremot de efter skedd förlossning mycket väl sammanväxa.

Den sista invändning, som skulle kunna göras, vore, att i följd af en i organismen inneboende mekanism följer på hvarje rubbning den passande reaktionen, utan individens psykiska delaktighet. Den, som följt min framställning ända hittills, göres ingen vederläggning behof. Omöjligheten af en materiel mekanism hafva vi insett, omöjligheten af en psykisk är påtaglig för enhvar, som tager i betraktande den oändliga mångfalden af de förekommande rubbningarne och besinnar, att hvarje enskildt organs, liksom hela kroppens funktion rör sig inom ett oupphörligt afvärjande och utjämnande af de framträdande rubbningarne, och att endast derigenom tillvaron bibehåller sig. Medgifver man således engång ändamålsenligheten i dessa utjämningar för sjelfuppehållelsens mål, så kan man omöjligen undgå tanken på en individuel försyn, ty det kan vara endast individen sjelf, som föreställer sig de mål, efter hvilka han handlar. Det kan icke slå fel, att den sanning, som så eklatant framstält sig för oss i detta och föregående kapitel, äfven skall utöfva en återverkande bevisningskraft för tillbakavisandet af samma invändning i fråga om instinkten, då vi hafva lärt oss att betrakta allt detta såsom till sitt väsen likartadt. Det vore fullkomligt dåraktigt, att antaga en särskild förmåga för instinkten, en särskild för reflexverkningarne, en särskild för den helande kraften, då vi i alla dessa företeelser icke hafva funnit något annat än ett sättande af medel för ett omedvetet förestäldt och veladt mål, och endast de skilda arterna af de till verksamhet uppfordrande yttre omständigheterna framkalla olika slag af reaktioner, hvarvid åter skiljaktigheterna icke engång äro af den beskaffenhet, att de icke öfvergå i hvarandra. Att de organiska helande verkningarne icke äro resultat af det medvetna föreställandet och viljandet, skall väl ingen betvifla, som erinrar sig, hvilken del hans medvetande tagit i läkningen af ett sår eller ett benbrott; ja, de mäktigaste helande verkningarne försiggå till och med just då, när medvetandet är som mest undanträngdt, såsom under djup sömn. Dertill kommer ytterligare, att de organiska funktionerna, för så vidt som de öfverhufvud äro beroende af nerver, ledas genom sympatiska nervfibriller, hvilka icke äro direkt underkastade den medvetna viljan, utan innerveras af gangliekuutarne, från hvilka de utlöpa. Då ändock i de helande verkningarnas organiska funktioner herskar en så underbar, till ett och samma mål sträfvande öfverensstämmelse, så kan denna aldrig begripas ur en materiel kommunikation mellan dessa olika ganglier, utan endast genom enheten af den öfver dessa styrande principen, det omedvetna.

VII.

Den medvetna själsverksamhetens indirekta inflytande på organiska funktioner.

1. *Den medvetna viljans inflytande.*

a. Muskelkontraktion.

Muskelkontraktionen är påtagligen den aldra vigtigaste af de organiska funktioner, hvilka äro beroende af den medvetna viljan; ty det är genom den, som vi röra oss och verka på den yttre verlden, det är genom den, som vi meddela oss i tal och skrift. Den uppstår genom de motoriska nervernas inflytande, genom en från centrum till periferien gående innervationsström, genom en ström, hvilken tydligen är beslägtad med de elektriska och kemiska strömningarne, enär vi se, att de ömsesidigt låta sig omsättas i hvarandra, och om hvars intensitet vi ej få göra oss alltför små föreställningar, då vi se, huru de genom de kontraherade musklerna hos atleterne, och dertill blott genom lemmarnes långa häfstångsarmar, leka med centner, och dervid ihågkomma, hvilken kolossal galvanisk ström der fordras, för att kunna lyfta centnertunga bördor förmedelst en elektromagnet. Vi hafva redan sett, att hvarje muskelrörelse blott låter tänka sig genom kombinerad förmedling af omedveten vilja och föreställning, emedan man eljest aldrig skulle kunna inse, huru rörelseimpulsen vore i stånd att framför alla andra träffa just det nervcentrum, som motsvarar den medvetna föreställningen om rörelsen, vidare att de omedelbara centra för de aldra flesta rörelser äro belägna i ryggmärgen och förlängda märgen, och dessa härifrån bestämmas och ordnas i sina enskildheter, att de äro att betrakta såsom dessa centras reflexrörelser, hvilka föranledas genom retningen af jämförelsevis färre från stora hjernan kommande nervtrådar, så att den första rörelseimpulsen måste hänföras till dessa trådars centrala ändningsställen i stora hjernan. Det kan väl vara, att flera sådana reflexverkningar inträda i skilda mer och mer från hjernan aflägsna nervcentra, innan en komplicerad rörelse utföres, att t. ex. vid gåendet först några få nervtrådar öfverföra impulsen från stora hjernan, hvarest den medvetna viljan att gå uppstår, till lilla hjernan, hvilket organ skall leda samordnandet af de större rörelsegrupperna, att sedermera härifrån ett större antal trådar öfverföra impulsen till ryggmärgens olika centra och slutligen till de ställen, hvarest lårnerverna inserera sig. Vid hvarje sådan reflex medverkar det omedvetna viljandet och den omedvetna föreställningen i det ifrågavarande nervcentrets specifika rörelseinstinkt, och så blir det förklarligt, huru så komplicerade rörelser försiggå öfverensstämmande med ändamålet och ordningen utan någon som helst ansträngning hos själen. I hvarje centrum förnimmes impulsen såsom en retning och omsättes till en ny impuls, så att vi i strängaste bemärkelse ej kunna tala om den motoriska innervationsströmmen förr än från och med det sista nervcentrum.

Nu framställer sig den frågan, huru viljan är i stånd att uppväcka en innervationsström. Härvid kunna vi endast hålla oss till analogierna hos de beslägtade fysikaliskt mera kända strömmarne och till den aprioriska förmodan, att det motoriska nervsystemets hela apparat dock måste vara införlifvad med organismen för det ändamål, att viljan derigenom får möjlighet att frambringa de nödvändiga mekaniska prestationerna med möjligast minsta mekaniska kraftansträngning, eller med andra ord, att det motoriska nervsystemet är en kraftmaskin såsom häftyget eller, för att använda en mera passande liknelse, såsom det mursplittrande skjutvapnet, hvilket menniskan blott har att affyra. Att frambringa mekanisk rörelse utan mekanisk kraft är omöjligt, men den kraft, som inleder rörelsen, kan reduceras till ett minimum, och den öfriga delen af arbetet öfverlåtas åt krafter, som förut finnas till användning magasinerade. Det är krutets kemiska kraft i fråga om skjutvapnet, i fråga om djuret de intagna näringsmedlens kemiska kraft, hvilka derför ock måste stå till muskelkraftens arbete i samma förhållande, som krutmängden till skottets kraft. Men utan *någon* mekanisk kraft kunna icke de magasinerade krafterna befrias ur sitt bundna tillstånd, alltså måste ovilkorligen viljan äga förmågan af mekanisk kraftproduktion. Men vore storleken af denna kraft likgiltig, så kunde den ju direkt sätta musklerna i rörelse, vi måste således antaga, att det hufvudsakliga i det motoriska systemet ligger uti att reducera viljans nödvändiga mekaniska arbete till ett minimum, ungefär på samma sätt, som häfstångens inställande af maskinisten representerar ett minimum af kraftproduktion i förhållande till ångmaskinens produktioner.

Betrakta vi nu den elektriska strömmen, som sannolikt är med nervströmmarne närmast beslägtad, så måste vi till en början utesluta dess uppkomstsätt genom mekaniska inflytanden (såsom rifning) eller värme, emedan det första just vore motsatsen mot hvad vi söka, och det sistnämnda likaledes består i svängningstillstånd af större mekaniska svängningsmoment hos atomerna. Vi måste likaledes bortse från de uppkomstsätt, hvilka bero på molekylernas *förskjutning*, och hålla oss blott till sådana, som endast erfordra en *vridning* af desamma, då deras vridning fordrar oändligt mycket mindre kraftförbrukning än deras förskjutning. Här komma oss erfarenheterna från nervfysiologien till hjelp, hvilka visa, att, under det den motoriska strömmen genomlöper nerven, alla dess molekyler förete en lika riktad elektrisk polaritet, liksom hos magneten, då deremot i dess overksamma tillstånd (hvilket visserligen icke inträffar under lifvet) molekylernas polariteter ligga om hvarandra, såsom i omagnetiskt jern, och derigenom ömsesidigt neutralisera hvarandra. Af dessa försök lära vi, att nervmolekylerna äga polaritet, och att denna genom molekylernas vridning i samma riktning träder i verksamhet. Liksom en omspunnen jernstång blir magnetisk, så snart man låter en galvanisk ström löpa igenom omklädnaden, så skulle också, om på något sätt jernet plötsligt blefve magnetiskt, en galvanisk ström uppstå i den omspunna metalltråden. Analogt härmed uppväckes en ström hos nerven genom vridningen af hans molekyler på det sättet, att deras polariteter riktas åt samma håll. Vi finna af fysiken, att molekylernas polära oliknämnigheter äro grundorsaken till alla de företeelser, hvilka vi beteckna såsom kemiska, galvaniska, friktions-elektriska, magnetiska o. s. v.; vi böra sålunda icke tvifla derpå, att ännu många andra liknande företeelser kunna uppkomma af denna anledning, och att vi just hafva att göra med sådana vid nervströmmarne. Molekylernas vridning på centralpunkterna är således det minimum af mekaniskt arbete, som är öfverlåtet åt viljan, och nervmolekylernas polaritet är den magasinerade kraft, hvilken lemnar musklerna deras förråd af mekaniska prestationer, och hvilken uttömmes genom långvarigare verksamhet, för att under hvilan åter ersättas genom den kemiska ämnesomsättningen. Så är hvarje organism att likna vid en ångmaskin; men han är på samma gång sin egen eldare och maskinist, ja äfven reparatör och, såsom vi längre fram skola få se, till och med sin egen maskinbyggare.

Emedan molekylernas förskjutbarhet i hvarje hänseende är större i det flytande aggregationstillståndet än i det fasta, derför äro nerverna halfflytande massor; men emedan vid yttre skakningar ingen molekyl bibehåller sin plats i en vätska, utan allt blandas om hvartannat, derför äro nerverna icke helt och hållet flytande, och derför äro andra väfnader mer egnade för verkningar, som ersätta nervverkningarne, i samma mån, som de äga en sådan halfflytande beskaffenhet jämte polaritetsegenskaper hos sina molekyler. Fördenskull egna sig dertill de lägre vattendjurens geléartade kroppsmassa, vidare hvarje djurisk grodd, groddskifvan, de tidigare embryonala stadierna, det ur plasmat löpnade neoplasmat, hvarur alla nybildningar vid läkning framgå, samt högre och lägre växters protoplasma. Vid den enkelhet, som råder hos naturens yttersta principer, få vi icke heller tvifla på, att också alla andra verkningar af den medvetna eller omedvetna viljan inom den organiska naturen bero på samma princip af molekylernas polarisation, synnerligen då beskaffenheten hos de bildningar, i hvilka viljan uppenbarar sig mest omedelbart, såsom vi sett, bekräftar denna förutsättning. På intet annat sätt kunna vi säkerligen föreställa oss viljans ingripande i kemiska processer såsom vid nybildningar ur neoplasmat eller hos embryot, än i ett skickligt användande af polariteten hos de förhandenvarande molekylerna, dels i härden för sjelfva bildningen, dels genom strömmar, som, annorstädes alstrade, ledas dit.

Härmed hafva vi genast lemnat bakom oss den åsigten, att nerverna *uteslutande* vore det organ, som ägde förmåga att upptaga viljans intryck, hvaröfver man så mycket stridt hit och dit. Såväl analogierna hos djur, som sakna nervsystem, som ock neoplasmat och embryot bevisa möjligheten af en inverkan af viljan och sensibiliteten utan nerver, dock utesluter icke denna åsigt, att nerverna äro den, såvidt vi känna, högsta form af bildningar, som viljan förskaffat sig för att underlätta sin verksamhet, och att den med nerver utrustade organismen lika litet skulle vilja försmå nerverna såsom förmedlare af sina viljeyttringar, som någon skulle föredraga att åka öfver öppna fältet i stället för på landsvägen.

Af ofvanstående framgår dessutom, att viljans makt hos en individ endast skulle kunna prestera oändligt mycket mindre vid lika stor ansträngning, om icke nervsystemets kraftmaskin stode honom till buds, (man ihågkomme ansträngandet af ej fullständigt förlamade kroppsdelar); dock må det synas rätt betänkligt, att uppdraga för hvarje enskildt fall någon gräns, huru långt viljans prestationsförmåga utan nervernas biträde sträcker sig, då understundom viljandets intensitet för en kortare tid och i en viss riktning kan i hög grad ersätta bristen på hjelpmedel. Jag vill ej hänvisa till exempel från magien (magnetnålens deviation genom magnetisörens blotta vilja o. dyl.), emedan de behöfva mera tillförlitlighet för att gälla som vetenskapliga grunder; men åtskilliga omständigheter bevisa tydligt nog, att viljans äfvensom sensibilitetens verkningskrets också hos menniskan sträcker sig vidt utöfver nervernas: t. ex. hårets plötsliga grånande efter häftiga själsrörelser, de motoriska nervfibrillernas förgreningar i musklerna, hvarefter muskeltrådarne sjelfva måste vara ledare för den motoriska strömmen till sina grannar, hudens känslighet öfver hela dess yta, då dock känselkorpusklerna endast ligga spridda här och der under den, nervernas inverkan på secernerande membraner i hela deras utsträckning, under det att nerverna dock blott kunna beröra inskränktare partier, vidare den omständigheten, att äfven nervlösa delar af menniskokroppen kunna blifva emottagliga för intryck såsom af smärta, så snart deras lifskraft, d. v. s. deras molekylers förskjutbarhet och polaritet är ökad genom stegradt blodtryck eller väfnadens uppluckring; så är t. ex. det kött, som bildas i sår, som äro stadda i läkning, och hvilket saknar nerver, högst känsligt, och en inflammation i det nervlösa brosket eller senorna är till och med mera smärtsam än en inflammation i nerverna sjelfva; slutligen visa äfven exempel af embryonala missbildningar, att delar kunna bildas utan medverkan af dithörande nerver, t. ex. hufvudskålsben utan hjerna, ryggmärgsnerver utan ryggmärg.

b. Viljeströmmar i de sensitiva nerverna.

Ett slag af innervationsströmmar hafva vi redan lärt känna såsom reflexverkan af uppmärksamheten. Men dessa kunna lika så väl framkallas resp. förstärkas genom viljans inflytande. En spänd på genitalsferen riktad uppmärksamhet kan hafva den högsta könsretning till följd, och hypokondriska personer känna understundom smärtor i den kroppsdel, på hvilken de hafva riktat sin uppmärksamhet. Icke sällan lär det förekomma, att personer, som skola opereras, tro sig känna smärtan af det operativa ingreppet, innan de ännu blifvit berörda af operatörens instrument. Om man med tillslutna ögon långsamt närmar en finger till nässpetsen och endast småningom närmar den, innan den vidrör, så känner man beröringen i nässpetsen långt förut såsom ett tydligt förnummet stickande; om jag riktar min uppmärksamhet spändt på mina fingerspetsar, så förnimmer jag också dem tydligt såsom en slags krypande känsla. I alla dessa fall uppväcker tydligen hjernans föreställning om den väntade förnimmelsen i förening med den på dessa nerver spända uppmärksamheten en periferisk ström, som återvänder såsom förnimmelseström från periferien till centrum, vare sig nu att såsom i de första exemplen förnimmelsen i väsentlig mån först kommer till stånd genom den centrifugala strömmen, eller att densamma såsom i det sista fallet blott förstärker den alltjämnt existerande, men vanligen omärkligt svaga retningen.

Det första fallet äger också rum vid hvarje sinlig föreställning utan sinnesintryck; föreställningens liflighet är beroende af den periferiska nervströmmens styrka, och denna senare dels af intresset (viljans deltagande) i föreställningen, dels af det individuella anlaget. Det finnes personer, hvilka genom vilkorlig ansträngning förmå framkalla för sig t. ex. bilden af en väns ansigte ända till tydligheten af en vision. Hos andra förblifva deremot alltid sådana bilder endast svaga. Har viljeströmmen uppstått omedvetet, så framställer sig vid nöjaktig liflighet den återvändande förnimmelseströmmen såsom vision, alldeles som fallet är i hvarje dröm. Jag tror derför, att det i hjernan icke gifves någon sinligt åskådlig föreställning, som ej är förbunden med en innervationsström till sinnesorganet i fråga, om också den vanligtvis ej torde sträcka sig synnerligen långt öfver den centrala ändningen af organets nerver. Jag tror mig våga draga denna slutsats deraf, att visionen blott till graden skiljer sig från den sinliga föreställningen, och således sättet för dess uppkomst endast till graden är olika. — Äfven får man antaga, att innervationsströmmen utstrålar desto längre från centrum till periferien och rycker sinnesorganet desto närmare, ju lifligare de sinliga föreställningarne föreställas; ty personer med otydlig och svag föreställningsförmåga känna vid uppmärksamhetens ansträngande spänningen ofvanpå hufvudet (hvilken i sjelfva verket ej är annat än hudmusklernas reflektoriska sammandragning); ju större den sinliga föreställningsförmågan är, desto mera rycker denna känsla af spänning vid synföreställningar ned emot pannan och faller slutligen vid den högsta graden in i ögat, så att efter ihållande skarpt föreställande kännas ögonen lika mycket angripna, som efter ett långvarigt seende.

c. Den magnetiska nervströmmen.

Mesmerismens eller den animala magnetismens grundföreteelser kunna för det närvarande betraktas såsom erkända af vetenskapen. Darrockans och darrålens elektriska urladdningar voro redan länge kända, och kännedomen om, att dessa verkningar utgingo från den gråa nervsubstansen, gaf anledning till att betrakta denna öfverhufvud såsom nervsystemets centraldel. Detta oaktadt drog man sig länge för att medgifva de alldeles analoga verkningarne hos magnetisörerna, emedan de i det stora hela voro för svaga att af fysikern direkt kunna iakttagas. Emellertid har jag flere gånger öfvervarit detta experiment och genom den sorgfälligaste undersökning af de lokala förhållandena och magnetisörens person försäkrat mig mot hvarje villfarelse. Om man nämligen lägger en menniska på en sängställning af jern med jerntrådsmadrass, men på så sätt, att hon är isolerad från metallen genom en yllefilt, så uppstår på sätt och vis en Leydnerflaska, hvars ena beläggning består af sängställningen, den andra af den derpå liggande menniskan, och genom sammanströmmandet (influens) af sängens elektricitet mot den isolerande ytan blir den elektriska verkningen af magnetiserandet betydligt förstärkt. Jag har låtit magnetisera mig på detta sätt och tydligen uppfattat den elektriska gnistans förnimbara sprakande vid dess öfverhoppande från magnetisörens lätt förda hand till min hud alldeles så, som om genom hans beröring kedjan af en svag induktionsström eller en regelbundet omvriden elektricitetsmaskin blifvit sluten, men mera oregelmässigt allt efter magnetisörens ansträngning för ögonblicket. Hvar och en, som en gång erfarit denna känsla, måste veta, att en förvexling af denna förnimmelse knapt är möjlig. Har man på detta sätt engång lärt känna den genom magnetiserandet framalstrade förnimmelsen i huden, så kan man också utan vidare förberedelser med säkerhet skilja beröringen af en med tillräcklig kraft magnetiserande hand från en icke magnetiserande beröring, såsom jag har haft tillfälle att iakttaga med mig sjelf. Bortsedt från den elektriska verkningens artificiella stegring är också mesmerismens nervstärkande och lifvande, alla vitala funktioner uppeldande kraft erkänd, liksom dess förmåga att medföra helsosam sömn eller kriser. Om ock elektriciteten vid dessa företeelser blott torde vara en beledsagande omständighet eller en periferisk förvandling af den egentliga magnetiska kraften, så är likväl denna senare i hvarje fall beslägtad med dessa fysikaliska krafter och den motoriska nervströmmen, samt uppstår förmodligen liksom den senare genom ändring af molekylernas polaritetslägen i centra. Denna kraft är lika mycket som rörelsen en indirekt verkan af den medvetna viljan (understundom också såsom vid de heliges handpåläggning, underkurer o. s. v. alldeles omedvetet), men hvad viljan egentligen d. v. s. direkt verkar, och huru hon åstadkommer det, derom vet magnetisören vid magnetiseringen lika så litet som då han upplyfter sin arm. Här således liksom öfverallt annorstädes inträder förmedlingen af en omedveten vilja, som åstadkommer, att det uppstår just en magnetisk ström och icke någon annan, och att denna koncentrerar sig just till händerna och icke till någon annan kroppsdel. (Jfr. för kännedomen om den hithörande fenomenologien i vidsträcktare grad: Reichenbachs »Odisch-magnetische Briefe» samt hans större arbete: »Der sensitive Mensch.»

d. De vegetativa funktionerna.

För alla organismens vegetativa funktioner äro med all sannolikhet sympatiska nerver de bestämmande. Den medvetna viljan har icke på dem något direkt inflytande, men vi hafva sett, att detta icke heller vid de motoriska och sensitiva nervfibrillerna är händelsen, utan att i hvarje fall det direkt verkande är en omedveten vilja. Om nu den medvetna viljan öfverhufvud har något inflytande på de vegetativa funktionerna, så inträder öfverensstämmelsen, och skilnaden kan blott ligga i den grad af lätthet, med hvilken förmedelst det medvetna viljandet af någon verkan den omedvetna viljan framkallas för att framställa medlet till denna verkan. Så t. ex. om jag åstundar en starkare spottafsöndring, så manar det medvetna viljandet af denna verkan den omedvetna viljan till att framställa det nödiga medlet, hon framkallar nämligen från de till spottkörtlarne förande sympatiska trådarnes ganglieknutar sådana strömningar, som frambringa den åsyftade verkan. Detta experiment skall säkerligen lyckas litet hvar. I öfverensstämmelse härmed är förhållandet hos genitalsferens afsöndringar underkastadt den medvetna viljan, hvilket i förening med den ofvan omnämnda vilkorliga retningen af dithörande sensitiva nerver kan hos retbara personer leda ända till ejakulation utan mekanisk retning. Mödrar lära kunna, när åsynen af deras barn uppväcker hos dem viljan till digifning, genom denna vilja åstadkomma en rikligare mjölkafsöndring. Känd är många personers förmåga att frivilligt rodna eller blekna, synnerligast hos koketta fruntimmer, som öfva sig i dylika konster, och likaledes finnas personer, hvilka kunna framkalla vilkorlig svettsekretion. Jag äger makt att genom min blotta vilja ögonblickligen förmå den starkaste hicka att upphöra, under det att förr i tiden jag var mycket plågad deraf, och den vanligen icke ville vika för alla vanliga medel. Att man genom energisk vilja kan för en stund bekämpa, lindra eller förjaga en smärta, t. ex. tandvärk, är bekant, oaktadt genom den dervid nödiga uppmärksamheten smärtan i nästa ögonblick stegras. Likaledes kan man genom viljan undertrycka under en längre tid en retning till hosta, som ej har någon mekanisk anledning. Alltifrån äldsta tider har det funnits personer, som utöfvat en underbar makt öfver sin kropp, dels gycklare, dels sådane, som förmått i hög grad utbilda sin vilja i andra riktningar, filosofer, mager och botgörare. Jag tror enligt alla dessa företeelser, att man skulle äga en långt större vilkorlig makt öfver sin kropps funktioner, om man blott alltifrån barndomen hade lika mycket anledning att deruti anställa försök och öfningar, som man är nödgad dertill med muskelrörelser och föreställningsbilder. Ty såsom barn vet man lika så litet, huru man skall bära sig åt för att föra skeden till munnen, som för att föröka spottafsöndringen. Derjämte får man dock för ingen del förbise, att föreningen mellan den medvetna och omedvetna viljan just på detta område är afsigtligt försvårad, emedan det medvetna valet i allmänhet vid de vegetativa funktionerna blott skulle förderfva och ingenting förbättra och genom detta område utan nytta ledas ifrån sin egentliga sfer, tänkandets och det yttre handlandets.

2. *Den medvetna föreställningens inflytande.*

Den medvetna föreställningen om en bestämd verkan kan ofta utan den medvetna viljan dertill framkalla den omedvetna viljan att framställa medlen, så att då den medvetna föreställningens förverkligande synes ovilkorligt. Fysiologien, som måste taga dessa fakta i betraktande, men icke känner den omedvetna viljans begrepp, ser sig föranledd till det orimliga påståendet, att blotta föreställningen utan vilja skulle kunna blifva orsaken till en yttre handling. Men om man tänker häröfver, så finner man, att i sjelfva verket härmed icke är sagdt någonting annat, än att begreppet »föreställning» i dessa fall oförmärkt blifvit utvidgadt med begreppet »omedveten vilja», såsom förut blifvit utredt i Kap. A. IV. sid. 82—83. Jag gör således ingenting annat, än att jag kallar denna oförmärkta utvidgning af begreppet föreställning med dess rätta namn och ställer det såsom en sjelfständig led i processen, då det likväl måste synas otillständigt, att i ett redan fixeradt begrepp intvinga ett annat likaledes fixeradt begrepps kännetecken.

I första rummet komma alla åtbörder och miner tagna i vidsträcktaste bemärkelse. Här ligger i föreställningen, som framkallar minen, icke engång verkningen innesluten, för att ej tala om medlen dertill, utan åtbörderna visa sig alltigenom såsom reflexverkningar, så nädvändigt och öfverensstämmande följa de hos alla individer. Huru ändamålsenliga de äro ligger också vid handen, ty utan deras nödvändighet och allmängiltighet skulle ingen förstå dem, och utan föregående uppfattning genom åtbörder skulle aldrig ett talspråk hafva blifvit möjligt, och de stumma djuren sakna hvarje medel att göra sig förstådda, ja till och med de med talförmåga utrustade största delen af sitt språk. Men också hos menniskor, hvilkas tal vi misstro, hålla vi oss ännu i dag till uttrycket i den talandes ansigte. Jag förbigår något uppräknande af de slående fakta, hvarom för öfrigt man kan öfverallt inhämta kännedom.

Den andra gruppen af företeelser bilda härmningsrörelserna, hvilka likaledes tydligen äro reflexrörelser. Om vi se en talare deklamera häftigt, eller om vi åskåda en duell, en fäktning, ett djerft språng eller en dansande och lifligt deltaga i saken, så göra vi liknande rörelser, om vår ställning tillåter oss det, eller känna åtminstone drift till sådana rörelser, om vi också undertrycka den. Likaledes sjunger gerna en menniska efter den melodi, som hon hör spelas. Om man ser någon gäspa, så har man ofta ganska svårt att sjelf undertrycka en gäspning, och till och med mera ingripande krampanfall såsom veitsdans, epilepsi verka ofta genom blotta anblicken smittsamt på retbara personer, ja de kunna ofta urarta till fullkomliga epidemier hos en sekt eller stam. Då i alla dessa fall intet materielt inflytande öfvertager förmedlingen, så kan det endast vara föreställningen om dessa rörelser, hvilken uppväckes så lifligt genom deras anblick, att den uppfordrar den omedvetna viljan till att utföra desamma. Men för så vidt denna process försiggår inom ett nervcentrum, och väl också den slutliga viljan att rörelsen blir medveten i detta centrum, hör den under begreppet reflexverkan.

Nästa grupp omfattar inflytandet af medveten föreställning på de vegetativa funktionerna. Bekant är inflytandet af de mest olikartade sinnesrörelser på afsöndringsfunktionerna (t. ex. förargelse och vrede på gallan och mjölken, skrämsel på urin- och tarmuttömningen, vällustiga bilder på sädesutgjutningen o. s. v.). Föreställningen om att hafva intagit läkemedel (t. ex. laxantia) verkar ofta på samma sätt som läkemedlet sjelft; inbillningen att vara förgiftad kan verkligen framkalla symptomen af en förgiftning; många kristna svärmare hafva på martyrernas åminnelsedagar verkligen känt deras smärtor, liksom också hypokondriska personer verkligen känna de sjukdomar, hvilka de inbilla sig hafva, och unga medicinare understundom tro sig hafva alla möjliga sjukdomar, hvarom de höra talas (isynnerhet berättas detta i påfallande grad hafva ägt rum med en af Boerhaves lärjungar, hvilken också derför måste afbryta sina studier). Det säkraste sättet att blifva angripen af en smittosam sjukdom är att hysa rädsla för densamma, hvaremot en läkare på en sådan plats sällan angripes deraf. Den lifliga fruktan för och föreställningen om sjukdomen kan vara tillräcklig att låta den uppkomma äfven utan smitta, isynnerhet om den potentieras genom förskräckelsen öfver att hafva råkat i fara. Genom hela medeltiden fortlöpa berättelserna om asketiska svärmerskors gisslingar och blödningar, och vi hafva inga skäl att ej sätta tro till dessa historier, då tyska, belgiska och italienska läkare i detta århundrade kunna såsom ögonvittnen bekräfta sådana frivilliga blödningar på vissa tider.*

---

* Se Salzburger Medicinische Zeitung för år 1814. I. 145—158 och II. 17—26: »Nachricht von einer ungewöhnlichen Erscheinung bei einer mehrjährigen Kranken» af medicinalrådet och professorn v. Druffel i Münster. Vidare »Louise Lateau. Sa vie, ses exstases, ses stigmates.» Étude médicale par le Dr. F. Lefebvre, professeur de pathalogie générale et de thérapeutique à Louvain. Louvain, Ch. Peters 1870.

Hvarför skulle också icke blodkärlen, som tillåta rodnaden och vid vissa tillfällen låta en blodig svett uppkomma, kunna utvidga sig så mycket, att blödning genom huden kan uppstå? Liknande fall förekomma också i profanlifvet. Ennemoser berättar en såsom fullt trovärdig betecknad historia, huru slagen, som tillfogades en till prygelstraffet dömd soldat, skulle hafva visat sig genom smärtor och märken i huden på hans systers kropp. Hit hör ock det mycket betviflade förhållandet, att hafvande qvinnor förse sig på en sak. De flesta fysiologer förkasta utan vidare fakta, emedan de icke kunna förklara dem: Burdach, Baer (hvilken anför ett exempel från sin syster), Budge, Bergmann, Hagen (de båda sistnämnda i Wagners handbok) erkänna helt och hållet dessa fakta; Valentin förnekar åtminstone i allmänhet ej deras möjlighet; J. Müller medgifver, att hafvande qvinnor förse sig, för så vidt det blott skall frambringa hämningsbildningar, men icke för så vidt det skall förmå framkalla förändringar på bestämda delar af kroppen. Men nu är å ena sidan nästan hvarje hämningsbildning blott partiel, och å andra sidan hafva vi så många exempel såväl på arf af vissa helt och hållet partiella märken såsom födelsemärken, som ock på fullkomligt partiella förändringar på ens egen kropp (såsom inbillade verkningar af gifter eller läkemedel, ärr hos stigmatiserade personer), att intet skäl förefinnes att betvifla sådana fullkomligt partiella inverkningar af moderns själ på fostrets, hvilken senare ännu är helt och hållet försänkt i det organiska bildandet. I det jag således erkänner dessa fakta, att hafvande qvinnor försett sig, betviflar jag ingalunda, att nio tiondedelar af dylika berättelser är vanvett, men strängt taget vore också mycket få, men tillförlitliga fall tillräckliga.

Till uppkomsten af förgiftningssymptom efter inbilladt intagande af gift eller läkemedel, utan att hafva tagit in dem, sluter sig ett stort antal s. k. sympati- eller underkurer. Liksom i förra fallet föreställningen om verkningen framkallar den omedvetna viljan att framställa medlet och derigenom verkningen sjelf, så äfven här. Det egendomliga dervid är den frågan, på hvilket sätt det omedvetna viljandet af medlen åvägabringas genom föreställningen om verkningen. Det medvetna viljandet af verkningen synes icke väsentligt, ty då hafvande qvinnor förse sig på något eller då verkningar inträda, hvilka man till och med fruktar, kan den medvetna viljan endast vara mot och ej för, och likväl inträder den omedvetna viljan och verkningen sjelf. Deremot är ett annat moment oundgängligt vid den del af företeelserna, som utgår från individens *egen* vilja och icke (såsom hos moder och foster) skall magiskt framkallas genom en främmande vilja, nämligen tron på verkningens inträdande; ty såsom Paracelsus så skönt säger: »Tron är det, som beslutar viljan.» Hvarest derför den medvetna viljan opponerar sig mot tron på sin egen motståndskraft, der framkallar denna tro en omedveten vilja, hvilken förhindrar verkningen af den första föreställningen. Dervid kommer det blott derpå an, hvilken tro är den starkare, antingen tron på verkningens inträdande, eller tron på den egna motståndskraften, ty i öfverensstämmelse dermed riktar sig den omedvetna viljan åt det ena eller andra hållet. Konsten vid sådana underkurer är således blott den, att ingifva tron på deras framgång, och emedan menniskorna ej känna detta sammanhang, och emedan den häraf framträdande tron kanske skulle vara för svag att åstadkomma verkningen, måste vidskepelsen framkalla tron, och dertill tjenar åtskilligt hokus pokus. Om den omedvetna viljan gäller bokstafligen satsen »ju mer vilja, dess mera makt», och detta är nyckeln till magien.

VIII.

Det omedvetna i det organiska bildandet.

Vi hafva redan i de båda föregående kapitlen understundom icke kunnat undgå att anticipera innehållet i detta. Detta har berott derpå, att de efter hvarandra behandlade sakerna hänga så innerligt tillsammans med bildningsdriften, ja äro med den ett och detsamma, att, ifall vi vågat försöket att skenbart hålla dem isär, en stor del af de mest slående företeelser skulle hafva måst lemnas helt och hållet utan afseende. Vi hafva sett, att det allmännaste begripliga uttryck, under hvilket man kan sammanfatta alla dessa områden, är instinkt; men lika väl kan man uppfatta nästan alla såsom reflexverkningar, ty ett yttre motiv för handlandet måste alltid vara förhanden, och handlingen följer på detta motiv med nödvändighet, alltså reflektoriskt, om ock till en början medelbart förmedlad genom åtskilliga reflexioner. Men lika väl kan man också anse alla dessa företeelser såsom verkningar af naturens helande kraft, ty endast då det yttre motivet är ett främmande, reagerande ämne, kan det verka såsom motiv, eljest förblir det indifferent; materialets betvingande åter är en akt af naturens helande kraft. Det egendomligaste i bildningsdriften vore att sätta i förverkligandet af artens typiska idé på den honom i hvarje lefnadsålder utmärkande graden, hvaremot naturens helande kraft skulle bestå i den förverkligade idéns sjelfbibehållelse. Men man ser, att å ena sidan afböjandet af en rubbning är möjligt endast genom nybildning, d. v. s. att den förverkligade idéns sjelfbibehållelse är möjlig endast genom samtidig utveckling, alltså genom förverkligandet af en ny grad hos idén, att å andra sidan förverkligandet af en ny grad hos idén består endast i en serie af strider och sjelfbibehållelseakter, då alla punkter inom organismen i hvarje moment hotas af en rubbande inverkan, samt att för det tredje de bildande och byggande instinkterna arbeta lika väl som bildandet inom kroppen efter fixa idéer, hvilka obetingadt måste betraktas såsom integrerande beståndsdelar hos artidén. Ja i vidsträcktare mening måste till och med äfven alla andra instinkter uppfattas såsom förverkliganden af speciella delar hos artidén, ty näktergalens artidé skulle vara ofullständig, om man icke till honom ville räkna fågelns bestämda sätt att framdrilla sina toner, likasom oxens utan hans stångande, eller vildsvinets utan dess vildsinta huggande, eller svalans utan hennes halfåriga flyttning.

Följaktligen återstår oss, att i detta kapitel först gifva några antydningar öfver det organiska bildandets ändamålsenlighet, och vidare att visa, huru hon successivt knyter sig till det omedvetnas hittills betraktade yttringssätt.

Hvad organisationens ändamålsenlighet angår, så skulle man å ena sidan kunna skrifva flera band derom, men å andra sidan kräfva teleologiska detaljbetraktelser den största försigtighet, emedan till en del teleologien råkat i misskredit just derför, att orediga hufvuden pådiktat naturen ändamål, hvilka icke sällan gränsat till det barnsliga och löjliga. Här kan alltså blifva fråga endast om några flyktiga antydningar, hvilka äro tillfyllest för vårt ändamål, så mycket mera, som hvarje bildad persons kunskaper i våra dagar äro tillräckliga för att vidare utföra desamma.

Jag utgår derifrån, att såsom djurrikets mål framställer sig för oss medvetandets stegring; antingen man vill söka detta klarare medvetandets mål i en stegring af njutningen, eller af kunskapen, eller slutligen af ett etiskt moment, alltid blifver i främsta hand medvetandets tillväxt det direkta målet för all djurisk organisation (jfr. Kap. C. XIV). Hvarför öfverhufvud andens förkroppsligande utgör vilkoret för medvetandets uppkomst, skola vi se först framdeles (Kap. C. III), här är frågan närmast: hvadan den organiska naturens skiljande i två riken, djurens och växternas? Första skälet är det, att till den oorganiska materiens förvandling i organisk, och de lägre organiska föreningslänkarnes förvandling i högre hör ett sådant uppbjudande af omedvetna själskrafter, att *samma* individ icke hade någon energi mer qvar, för att göra den till sin innersta egendom, emedan hans förmåga uppgick i vegetationen. Endast der, hvarest ingen väsentlig stegring i materiens organiskt-kemiska sammansättning är af nöden, utan öfverhufvud ett blott bibehållande af den redan förhandenvarande utvecklingsgraden, eller der det blott fordras att leda den af sig sjelf följande tillbakagående bildningen till lägre grader, endast der behåller individen den nödiga energien, för att forma den påträffade materien till de medvetande organens konstnärliga byggnad och drifva den andliga förinringens process till sin höjdpunkt. Derför naturens skiljande i det producerande växtriket och det konsumerande djurriket. Men nu skulle man ändock tänka sig producenten och konsumenten förenade i ett väsen, i det att organismens ena hälft, den växtliga, *bildar* ämnena, af hvilkas *förbrukning* den andra hälften, den djuriska, utbildar sitt medvetande. Men häremot ställer sig det andra skälet för djur- och växtrikets skiljande. Det är nämligen påtagligt, att ett djur, bundet vid den plats, på hvilken det uppväxer (såsom de lägsta vattendjurens öfvergångsformer till växtriket visa), icke är mäktigt af någon vidsträcktare erfarenhet och derigenom icke heller af någon högre andlig utveckling; såsom vilkor för en högre grad af medvetande måste man alltså ställa lokomobilitet. Men om nu de ämnen, af hvilka organisk (d. v. s. till bärare af högre medvetande allena skicklig) materia låter bilda sig, till största delen måste hämtas ur det vatten, som genomtränger jordytan, och härför fordras förbredningen af en stor uppsugande yta under jorden (rottrådar), så är det klart, att ur den oorganiska naturen kunna direkt inga varelser af högre medvetenhetsgrad bildas, då hos en sådan underjordisk förbredning ingen lokomotion är möjlig. Härigenom är djurens lokomobilitet och växternas stabilitet och sålunda de båda rikenas söndring från hvarandra betingad.

Djuren måste således uppsöka sin näring. Men för detta ändamål behöfva de icke blott *rörelseorgan*, utan äfven organ, för att kunna särskilja de för näringen tjenliga och otjenliga ämnena och med säkerhet utföra sina rörelser. Dessa äro *sinnesverktygen*. Organismen kan vidare endast genom resorption assimilera materia, fördenskull måste denna vara i flytande form. Växterna förefinna sin näring redan i denna form, men djuren mestadels i fast; dessa senare måste alltså hafva organ, för att bringa denna fasta näring i flytande form; härtill tjenar *matsmältningssystemet* med dess sönderdelande organ (mun och mage), dess upplösande safter (spotten för stärkelsens ombildning till socker, magsaften för ägghvitämnenas upplösning, gallan för de fettartade ämnenas delvisa saponifiering, och bukspotten för alla dessa ändamål tillsammans), dess långa kanaler, och slutligen utförsmynningen för de osmälta ämnena. Chyluskärlen, hvilka uppsuga chymus, äro djurets rottrådar. Då det i följd af sina olika stora dynamiska arbeten förbrukar mycket mera ämnen än växten, måste der äfven vara sörjdt för en snabbare omsättning; härtill tjenar *blodomloppets* system, hvilket oupphörligt erbjuder alla organismens delar nya ämnen till assimilering i den mest passande form. Då den kemiska processen i djuret väsentligen är en dekomposition, d. v. s. en oxidationsprocess, så måste nödiga qvantiteter syre tillföras det. Växterna behöfva för sin vexelverkan med atmosferen inga särskilda organ, emedan deras i förhållande till innehållet ovanligt stora yta tillräckligt förmedlar diffusionen. Hos djuret åter, hvars yta på grund af andra hänsyn måste vara många tusen gånger mindre än växternas, måste den erforderliga syremängden införas i kroppen genom särskilda organ af stor inre ytutsträckning (luftrörsförgrening) med kraftig ventilation och genom de tillgränsande luftlagrens snabba vexling förmedelst cilierörelse, äfvensom genom en för diffusionen gynsam beskaffenhet hos de skiljande membranerna. Denna oxidationsprocess frambringar på samma gång den animala värmen, hvilken är ett vilkor för den organiska materiens subtilare förändringar, eller åtminstone för det psykiska inflytandet sparar en stor del af dess kraftförbrukning.

Så hafva vi ur medvetandet såsom det animala lifvets mål redan härledt nödvändigheten af fem system, rörelsens, sinnesverktygens, matsmältningens, blodomloppets och respirationens. Hvad som bestämmer kroppens yttre totalform är hufvudsakligen det första, rörelsens system. Dess grundprincip är kontraktion, såsom vi finna af cilierörelsen och de lägre vattendjurens rörelser. Men så snart de öfriga systemen uppnått en viss grad af utbildning, behöfver den kontraktila massan vidfästningspunkter i sin egen kropp, för att kunna utföra mer speciella rörelser och i flera riktningar; särskildt framträder detta behof genast hos landdjuren (äfven hos de lägsta bland dem). Dessa vidfästningspunkter vinnas genom ett skelett, hvilket till en början bildas af förtjockade epiteliallager eller kalkhaltiga öfverhudsexkrement, men sedermera hos ryggradsdjuren af benstommen. Dessa fasta delar tjena på samma gång de mjuka till skydd, sålunda skyddas hos ryggradsdjuren hjernan och ryggmärgen af skallen och ryggraden. Organen för den yttre lokomotionen utbilda sig redan hos tämligen lågt stående djur såsom särskilda extremiteter, hvilka, allteftet elementen och lokaliteterna, äfvensom efter den näring, till hvilken djuret är hänvisadt, förete de mångfaldigaste modifikationer. — För att möjliggöra en lättare vexelverkan mellan själ och kropp utbildar sig ett sjette system, *nervsystemet*, hvars betydelse redan flera gånger varit på tal, och såsom det sjunde systemet sluter sig till sist icke i individens, utan i artens eller slägtets tjenst *fortplantningssystemet*.

Detta skulle vara i stora drag den teleologiska härledningen af djurrikets konstruktion ur medvetandets mål, hvarvid växtriket framträder endast och allenast, eller åtminstone väsentligt blott som medel för djurriket, i det att växterna bereda för djuren å ena sidan näringsmedlen och brännmaterialet och syret å den andra; ty de köttätande djuren lefva ju äfven på växternas bekostnad, ehuru indirekt. Att här följa i detalj inrättningarnes ändamålsenlighet skulle, såsom nämnts, föra oss för långt. Jag hänvisar endast till sinnesorganens underbara konstruktion, der ändamålsenligheten framträder på det mest tydliga sätt. I nästan ännu högre grad är detta fallet med fortplantningsorganen, der det måste väcka vår synnerliga förvåning, att de, oaktadt all olikhet, dock passa tillsammans för de båda könen af samma art, och att äfven kroppens öfriga gestalt städse medgifver befruktningen. Brunsten inställer sig hos djuren städse så, att efter förloppet af den konstanta tiden för drägtigheten ungarne framfödas vid den årstid, då de finna den rikligaste tillgången på näring. Hos många djur framväxa under brunsttiden särskilda delar, som underlätta parningen och sedermera åter försvinna; så finnes hos många insekter hakar på könsdelarne för att fasthålla honan, hos grodorna vårtlika upphöjningar på tummen af framfötterna, med hvilka de suga sig fast vid honans kropp, hos hannarne af vanliga hydrofilen äro frambenen försedda med en stor rund sugskifva, hvilken i sin tur bär skaftade sugkoppar, hos honorna deremot äro täckvingarne fårade.

Af särskildt intresse äro de i 50:de bandet af Virchows Archiv meddelade undersökningarne af doktor J. Wolf öfver konstruktionen af lårbenet hos menniskan. Att detta bildar ett rör derför, att det med för öfrigt samma fasthet kan vara lättare, var redan förut kändt; men hvad som är nytt, det är, att de balkar och band, som genomsätta benets rörformiga ihålighet i dess öfre och nedre ända, äro ordnade i regelmässiga kurvor (som skära hvarandra rätvinkligt) och så inrättade, att de noggrant öfverensstämma med de konstruktioner, som grunda sig på mekanikens grundlagar, då tryck- och dragkrafterna beräknas i proportion efter den på menniskans lårben verkande belastningen. Naturen har således här, för att göra de på inre förskjutning och söndersplittring verkande »korsande krafterna» oskadliga, på ett omedvetet sätt realiserat dessa mekanikens sinnrika regler, sådana de först i aldra nyaste tid, ehuru på ett ännu ofullkomligare sätt, blifvit af den medvetne anden använda vid våra moderna konstruktioner af jern (såsom bryggor, kranar o. dyl.).

En vanligen förekommande villfarelse är, att man betviflar organismernas ändamålsenliga inrättning på den grund, att vissa fordringar på ändamålsenlighet, som vi taga oss friheten att framställa, af dem icke uppfyllas. Att en fullkomlig ändamålsenlighet i detaljerna är omöjlig, borde dock för hvar och en vara tydligt, ty i sådant fall skulle ju först och främst ingen sjukdom eller svaghet kunna besegra kroppen, han skulle alltså vara odödlig. Om man fordrar, att menniskans hjernskål skulle uthärda slaget af ett hagelkorn stort som en knytnäfve, och förklarar henne oändamålsenlig, derför att hon icke förmår det, så är detta uppenbart orimligt, alldenstund hennes inrättning för sådana undantagsfall skulle hafva till följd andra och mycket större inkonvenienser. Men af sådan art äro de flesta fall, då man påstår, att organismerna äro oändamålsenligt inrättade; det reducerar sig derhän, att inrättningar saknas dem, hvilka skulle vara ändamålsenliga för *vissa* fall, i de *flesta* andra fall eller förhållanden åter oändamålsenliga.

En annan slags förebråelse för oändamålsenlighet skulle kunna göras på grund af de morfologiska grundtypernas konstans, hvilken bildar en genomgående naturlag och endast ställer i så mycket klarare dag alla organiska formers, hela skapelseplanens enhet. Det är lex parsimoniæ, hvilken bekräftar sig äfven i de organiska formernas frambringande, i det att det faller sig lättare för naturen, att här och der låta oskadliga öfverflödiga saker stå qvar, än att ständigt företaga förändringar och genomföra nya ideer; hon håller snarare fast vid idéns möjligaste enhet och företager i denna endast så många förändringar, som äro oundgängligt nödvändiga. Af sådan beskaffenhet äro de rudimentära bröstvårtorna hos däggdjurshannarne, ögonen hos masködlorna, svanskotorna hos stjertlösa djur, simblåsan hos fiskar, som alltid uppehålla sig på bottnen, extremiteterna hos flädermössen och hvaldjuren och mera dylikt.

Slutligen må anmärkas, att vi i fråga om bildningsdriftens, liksom äfven instinktens ändamålsenliga verkande måste medgifva en det omedvetnas clairvoyans, då alla organ utvecklas under fosterlifvet förr, än de träda i bruk, och ofta till och med lång tid förut (t. ex. könsorganen). Barnet har lungor innan det andas, ögon innan det ser, och det kan ändock icke på något annat sätt än genom clairvoyans hafva kännedom om sitt framtida tillstånd, under det att det bildar organen; men något skäl emot den individuella själens bildningsverksamhet kan detta icke vara, då det ingalunda är underbarare än instinktens clairvoyans.

Vi öfvergå nu till betraktelsen af det organiska bildandets ständiga och successiva anslutning till instinktens yttringar. — Nästena, bona och hålorna, som djuren bygga och gräfva åt sig, betraktar ännu enhvar såsom verkningar af instinkten. Skeppsmasken borrar sig in med sitt skal i trä, borrmusslan borrar sig ett hål i mjuka klippan; sandmasken borrar sig ner i sanden och sammanklibbar denna till ett rör förmedelst den saft, som utskiljes från ytan af hans hud; några små skalbaggar bilda af dam, sand och jord ett omhölje för sin mjuka hud; malarnes larver göra sig hylsor af hår eller ull, hvilka de föra med sig öfverallt; de flesta nattsländors larver sammanväfva förmedelst de ur deras spinnorgan framkommande trådarne trä, blad, snäckskal o. dyl. till ett rör, i hvilket de bo och som de föra med sig. Silkesmasken, då han spinner in sig, behöfver intet främmande material mer, att väfva in i sitt hus, utan åtnöjer sig med detta ensamt, för att afsluta förpuppningen och komma till ro; här är alltså djurets boning liksom spindelns nät och det hudöfverdrag, som några skalbagglarver sammanfoga af sina egna fæces, bildadt helt och hållet af organismen sjelf.

Nautilus och Spirula utkrypa periodiskt ur sitt halfklotformiga skal och bilda ett större, som mera motsvarar deras kropps förökade omfång, men som sammanhänger med det gamla, så att med tiden djurets skal visar sig sammansatt af en serie dylika större och större kamrar. På liknande sätt tillväxa på samma gång som sniglarne deras hus, hvaremot krustaceerna genom vilkorliga rörelser årligen sönderspränga sitt skal och befria sig från det, alldeles som arachniderna, ormarne och ödlorna göra med sin hud, fåglarne och däggdjuren med sina fjädrar och hår, under det att de högre djurens hud fortfarande affjällas. — Hvad vi hittills hafva sett vara förhållandet med bygnaden i allmänhet, det kan man äfven iakttaga i enskilda delar, t. ex. locket. M y g a l e c e m e n t a r i a, minörspindeln, lefver i en håla på mergelhaltig jord, hvilken han tillsluter med en dörr af sammanväfda jordklumpar och ledad med gångjern af spindelväf. Vinbergssnäckan tillsluter om vintern sin boning med ett lock, hvilket hon förfärdigar af sin egen kropps utsvettningsprodukter, men som likväl icke sammanhänger med hennes kropp. Hos många andra snäckor deremot är locket genom muskulösa band permanent förenadt med djuret. — Så hafva vi småningom kommit från bygnadsinstinkten till det organiska bildandet, och hvad som så öfvergår det ena i det andra, det skulle kunna härleda sig från olika grundprinciper? Liksom instinkten lär ekorrarne och andra djur att samla förråd i rikligare mängd, då en kall vinter förestår, så erhålla hundar, hästar och vildbråd under sådana år en tätare vinterpels; förflyttar man åter hästar till heta klimat, så erhålla de efter några år alldeles intet vinterhår mer. Att gökhonan gifver sitt ägg samma färg, som äggen hafva i det näste, dit hon vill lägga det, har redan upprepade gånger blifvit omnämndt. Spindelns instinkt anvisar honom att spinna, bildningsverksamheten gifver honom spinnorganet; arbetsbiens instinkt hänvisar dem specielt att draga ihop material, och i öfverensstämmelse dermed stå transportmedlen, ja de hafva till och med borstar på fötterna för att hopsopa frömjölet och så kallade »korgar», der detta fastklibbas och förvaras. Insekterna, som i mån af instinkten lägga sina ägg på fritt kringkrypande larver, hafva bildat sig endast ett helt kort läggrör, hvaremot andra, som måste lägga sina ägg i larver, hvilka sitta dolda i gammalt trä (Chelostoma maxillosa) eller i grankottar, hafva mycket långa läggrör. Myrsloken, som enligt sin instinkt är hänvisad att lefva af termiter och dör af hvarje annan slags näring, har, då han födes till verlden, förberedt sig derpå dels genom korta ben och starka klor för gräfningen, dels genom sin långt utdragna, smala, tandlösa, men med en maskformig, klibbig tunga försedda mun. Ugglorna, som äro hänvisade till nattligt rof, hafva en spöklik tyst flygt, för att icke väcka de sofvande djuren. Rofdjuren, hvilka genom sina matsmältningsorgans bygnad äro af instinkten hänvisade till animaliska födoämnen, hafva också försett sig med nödig styrka, snabbhet, vapen och skarp syn- eller luktförmåga. Liksom instinkten lär många foglar att genom färgens likhet med omgifningen dölja sina bon, så har bildningsverksamheten förlänat skydd åt otaliga varelser genom deras likhet med vistelseorten (särskildt parasiterna). Skulle det verkligen vara två olika principer, den som ingifver driften att handla, och den som förlänar medlen till handlingarnes utförande?

Här är stället, att än en gång visa tillbaka på de sid. 63 omnämnda företeelserna vid bläsbildningen hos Arcella vulgaris, hvilka, ehuru påtagligen en process af den organiska bildningsverksamheten, likväl förete sig som en instinktens skenbart vilkorliga verksamhet, ändamålsenligt lämpad efter de förhandenvarande yttre omständigheterna.

Hvad reflexverkningarne angår, så se vi, att en stor del af dem förmedlar matsmältningsprocesserna. Alltifrån det sväljningen begynner, åstadkommas matstrupens, magens och tarmarnes peristaltiska rörelser till största delen genom reflexrörelser, i det att den retning, som de upptagna födoämnena utöfva på hvarje ställe, ger anledning till deras vidare befordran genom ändamålsenliga rörelser. Likaså är den på födoämnenas retning inträdande stegrade sekretionen af munspott, magsaft, bukspott o. s. v. reflexrörelse. De hopade exkretionernas uttömning är likaledes en följd af reflexrörelse. Vi hafva ofvan sett, att en reflexverkan är alldeles icke någonting mekaniskt, utan en verkan af den omedvetna intelligensen.

Vi komma nu till den vigtigaste parallelen, den med naturens helande kraft. — Såsom vi skola finna i Kap. C. X, är fortplantningen ingenting annat än en modifierad art af bildningsverksamhet, ett frambringande af sådana nybildningar, hvilka efter fulländad mognad reproducera föräldraorganismens typ (likgiltigt, om vid den tiden båda söndra sig från hvarandra eller icke). Men då nu, såsom skall visas i Kap. C. VI, den organiska individens begrepp är i hög grad relativt, då det alltså under vissa omständigheter är svårt att bestämma, huruvida nybildningens produkt representerar hela individens typ eller endast en del af densamma, så framställer sig här en omedelbar öfvergång mellan vissa organs nybildning hos en individ och sjelfförökelsen af en flera individer af lägre ordning omfattande organism, hvilken från ett enkelt anlag utvecklar en, så att säga, mångledad individ.

En annan parallelism mellan fortplantning och naturens helande kraft består deri, att den ovanliga fruktsamheten hos en värnlös art bidrager till, att gentemot hans förföljare upprätthålla hans existens, hvilken derförutan kanske skulle blifva omöjlig; här gäller det följaktligen på visst sätt en intensivare spänning af den helande kraften hos en art liksom hos ett kollektiv, hvilken genom öfverdrifven fortplantning, d. v. s. genom nybildning af individer drager försorg om, att den ovanligt starka förlusten blir i tillräcklig grad ersatt. Denna lag spårar man till och med ännu i fråga om menniskorna, ty efter svåra folkförstörande krig eller epidemier iakttager man ett stigande öfver medelvärdet i de föddas procenttal. (Tyvärr gäller icke motsatsen vid öfverbefolkning, utan då verkar endast en förökad dödlighet såsom regulator).

Redan ofvan hafva vi framhållit, hurusom bibehållandet af en konstant värmegrad är en af organismens underbaraste prestationer, hvilken kan frambringas endast genom respirationens, egestionens och ingestionens underbart noggranna reglering. Men härvid måste man taga det framtida med i betraktande, om nämligen i framtiden inträdande rubbningar genom deras orsakers inträdande låta sig på förhand beräkna. I öfverensstämmelse härmed se vi hvarje ingestion mycket snart åtföljas af en motsvarande ökad egestion, ännu innan blodet kan hafva upptagit de nya ämnena (t. ex. omedelbart efter det man druckit följer ökad urin- eller svettafsöndring, då man äter ökad spott- och gallafsöndring alldeles oberoende af organens lokala retning). Då i hvarje ögonblick inträder någon, om ock aldrig så ringa förändring i värmekonstansen, så måste läkekraften eller bildningsverksamheten fortfarande vara sysselsatt med denna enda sak. Vidare hör till digestionen af hvarje födoämne ett särskildt slag af mekanisk och kemisk behandling. Såsom vi se, kunna växtätande djur alldeles icke eller endast ofullständigt digerera kött, och tvärtom, roffåglar digerera ben, men kråkor kunna det icke, instinkten hänvisar många djurarter till ett enda slag af födoämnen, utan hvilket de duka under, och omvändt visa sig bland menniskor och djur idiosynkrasier hos slägtet eller individen, genom hvilka vissa ämnen blifva obegagnade och lända organismen till skada. Häraf framgår, att hvarje särskildt ämnes digerering kräfver andra betingelser, samt att det antingen förblifver osmält, eller länder till någon skada, om organismen icke är i stånd att framkalla de härför nödiga betingelserna. Följaktligen förutsätter hvarje digestionsakt, att särskilda betingelser framkallas, utan hvilka den verkar störande på organismen; här hafva vi alltså åter en fortgående yttring af den helande kraften, som framträder i rubbningarnes afvärjande, eller om man så vill i bildningverksamheten, uppenbarad i ämnets assimilation.

Vi hafva sett, att vid hvarje skada den helande kraftens verkan eller restitutionen är möjlig endast genom nybildning, genom den inflammation, hvartill neoplasmat gifver upphof, ur hvilket då de delar utveckla sig, som skola restitueras. Likaså beror hvarje stegring af en egestion, under tiden som en annan är hämmad, på en nybildning, nämligen af det numera ökade egestionssekretet.

Kroppens hela nutrition, i hvilken efter slutad tillväxt bildningsdriftens hufvuduppgift består, är ett och samma som nybildning och förhåller sig till nybildningen af hela kroppsdelar, liksom den fortgående hudaffjällningen hos menniskan till den periodiska hudömsningen hos ormar och ödlor, d. v. s. nutritionen är en summa af oräkneligt många oändligt små nybildningar, nybildningen blott en mycket hastigt, så att säga adderad och fördenskull mer i ögonen fallande nutrition. Hafva vi sålunda lärt känna nybildningen vid regenerationen såsom en ändamålsenlig verkan af den omedvetna själen, så måste detsamma gälla för nutritionen, om vi måste anse äfven denna ändamålsenlig, hvilket vi ej kunna undgå att göra. Visserligen tages under nutritionens successiva förlopp själens inflytande mindre i anspråk, än under hastiga nybildningar, redan på den grund att den kemiska kontaktverkningen är mera behjelplig; men att det ingalunda kan umbäras, bevisa de genomgripande rubbningarne i de delars nutrition, hvilkas nervförbindelser med de tillydande sympatiska trådarnes centra äro afskurna (dels afmagring, dels sekretens försämring, dels blodförtunning, hos mera känsliga delar, såsom ögonen: inflammation och förstöring). De kapillära blodkärlen, hvarifrån väfnaderna genom endosmos mottaga den närande vätskan, må vara aldrig så fint fördelade, så skall ändock för hvarje kärl ännu återstå ett jämförelsevis stort område, i hvilket äfven de delar, som äro längst aflägsnade från blodkärlet, vilja mottaga sin kontingent, och vanligen mottaga muskler, senor, benväfnad och nervsubstans från samma kärl sin andel i proportion efter behofvet; hvarje liten del måste alltså från den närande vätskan uttaga hvad som passar just honom. Men då vi nu veta, att enligt kemiska lagar såväl bildningarne, som skola näras, som ock den närande vätskan fortfarande tendera att förstöras, och att de följa denna tendens, så snart genom döden eller äfven före döden under stor kroppssvaghet den omedvetna själens makt öfver dem har upphört, så kunna vi omöjligen tro, att denna assimilation kan utan något inflytande från själens sida försiggå i alla dessa fina lokala nyanseringar, sådan hon är nödvändig för organismens bestånd. Denna de organiska bildningarnes kemiska konstans är alldeles analog med den oupphörliga mekaniska spänningen genom tonus; båda kunna förklaras endast genom en oändlig summa af små motimpulser mot naturlig dekomposition och naturlig afmattning, och dessa impulser kunna utgå endast från viljan. Så framgår ur en apriorisk betraktelse hvad som ådagaläggges genom empirien, då man genomskurit nerverna.

Men om vi nu förutsätta, att dessa båda skäl i förening med *enahandaheten* af nybildning och nutrition icke skulle befinnas riktiga, för att bevisa själens inflytande under den vanliga nutritionen, samt antaga, att den kemiska kontaktverkningen mellan de förhandenvarande bildningarne vore tillräcklig orsak, så framställer sig dock den frågan: hvadan kommer denna orsakens beskaffenhet? Då skulle man väl nödgas säga: dessa bildningar hafva denna beskaffenhet nu, emedan de hade den förut. Så skulle man, om man frågade vidare, komma till en tidpunkt, då bildningarnes beskaffenhet blifvit en annan, och man skulle närmast hafva att förklara denna förändring; ty denna förändring är orsaken, hvarför bildningarne alltifrån denna tidpunkt voro ändamålsenliga och i kraft af sin egen beskaffenhet måste bibehålla sig i ändamålsenligt tillstånd, och då för denna ändamålsenliga förändring ingen materialistisk förklaring mer finnes, så måste hon tillskrifvas den ändamålsenliga verkan af omedveten vilja; men dermed är också denna omedvetna vilja orsaken till det ändamålsenliga vidmakthållandet, och nödvändigheten, att taga ett själens inflytande till hjelp vid förklaringen, är icke upphäfd, utan endast uppskjuten. Bortsedt derifrån, att vi i *hvarje moment* af lifvet befinna oss på en sådan tidpunkt af förändring, skulle man ännu kunna gå längre tillbaka, ty för bildningarnas närvarande beskaffenhet är icke blott förändringen sjelf, utan äfven deras beskaffenhet *före* förändringen vilkor. Följa vi denna serie baklänges, så komma vi till bildningens första uppkomst, hvilken kräfver sin förklaring, under det vi imellertid måste statuera åtminstone så många inverkningar af själen, som der i lifvet hafva försiggått ändamålsenliga förändringar med denna bildning. Då nu ingen bildning i organismen är öfverflödig, utan hvar och en har ett bestämdt ändamål, som i sin tur tjenar såsom medel för individens eller slägtets vidmakthållande, så skall man äfven i denna första uppkomst se en ändamålsenlig verkan af viljan. Så visst som nu den första *uppkomsten* och de betydliga förändringarna äro vigtiga hjelpmedel för och underlätta en bildnings *bestånd* och nutrition, samt för viljan underlätta hennes arbete, lika visst äro de icke de enda betingelserna för nutritionen, utan den i organismen allestädesnärvarande omedvetna viljan är jämte den omedvetna intelligensen delaktig i hvarje den minsta kemiska eller fysikaliska process, detta redan på den grund, att organismen är i den aldra minsta process hotad, till och med genom blotta tendensen till kemisk sönderdelning, och emedan ingenting annat än en psykisk inverkan kan hålla dessa oupphörliga materiella rubbningar jämnvigt. Men å andra sidan är lifvet möjligt endast *derigenom*, att denna psykiska inverkan för de vanliga processerna reduceras till ett *minimum*, och återstoden af arbetet verkställes genom ändamålsenliga *mekanismer*. Dessa ändamålsenliga mekanismer påträffa vi öfverallt i kroppen, men så, att den omedvetna viljan i hvarje ögonblick förbehåller sig att modifiera målet (t. ex. under olika utvecklingsstadier), äfvensom också att sjelfständigt ingripa i maskinens gång och omedelbart utföra en uppgift, som mekanismen icke är vuxen. Detta kan icke minska, utan snarare stegra vår förvåning öfver den omedvetna intelligensen, ty huru mycket högre står icke den, som genom konstruktionen af en ändamålsenlig maskin *sparar* sig ett arbetes upprepade prestation, än den som ständigt på nytt måste med sina händer ändamålsenligt förrätta detsamma! Och till sist återstår dock alltid ännu för själen detta oundgängliga minimum af omedelbar prestation, emedan hvarje moment medför nya förhållanden och nya rubbningar, och ingen mekanism kan vara annorlunda afpassad än för *ett* bestämdt slag af förhållanden. Detta alltså är svaret på alla invändningar, som under loppet af denna undersökning möjligen skulle kunnat framställas med den notoriska hänvisningen till ändamålsenliga *mekanismer:* 1) begreppet mekanism uttömmer icke fakta, utan prestationerna af en mekanism, om han är förhanden, lemna städse för själens verksamhet öfrig en *rest, som måste omedelbart presteras;* och 2) mekanismens ändamålsenlighet innesluter i sig *ändamålsenligheten af sin egen uppkomst*, och denna senare blir alltid i sin tur öfverlemnad åt själen.

Om vi under förutsättning, att hvarje organisk process har två orsaker, en psykisk och en materiel, gå vidare tillbaka i de materiella orsakernas kedja, så komma vi alltid, hvilken utgångspunkt vi än må hafva valt, till det nyss befruktade ägget såsom den sista materiella orsaken; der äggets utveckling helt och hållet eller delvis försiggår inom moderorganismen, spela visserligen äfven de materiella inverkningarne en roll, men hos fiskarnes och amfibiernas utanför den honliga organismens kropp befruktade ägg är icke engång detta fallet. Men vid ett sådant tillbakagående förfaringssätt är att märka, att de psykiska orsakerna gentemot de materiella blifva i allmänhet af så mycket mera betydenhet, ju yngre individen är (såsom vi redan sågo i fråga om naturens helande kraft); vid mera framskriden ålder lefver organismen mestadels af hvad han under bättre tider förvärfvat, före puberteten deremot bringar han fortfarande dels förbättrade, dels nya prestationer, och under fosterlifvet stegras åter betydelsen af de psykiska inflytandena så mycket mera, i ju yngre perioder vi betrakta det.

Det nyss befruktade ägget är en cell (det utgöres endast af gulan), hvars vägg är gulhinnan, hvars innehåll är gulan, och hvars kärna är groddblåsan. Hos de högre djuren är groddskifvan inom groddblåsan (som hos menniskan är ungefär $\frac{1}{100}$ linie stor) den del, ur hvilken allena embryot, visserligen under gulans medverkan, utvecklar sig. Hvarje del af ägget visar en alltigenom likartad struktur (dels kornig med inlagrade fettdroppar, dels membranös och slemmig), och dessa öfverallt likartade element äro tillräckliga, för att under mestadels samma yttre omständigheter (rufningsvärmen för fåglarne, luftens och vattnes temperatur för fiskarne och amfibierna) frambringa de mest olika arter med deras finaste skiljaktigheter och deras stora mängd af system, organ och bildningar; ty den ur ägget framkommande ungen företer hos de högre djuren nästan alla det fullvuxna djurets bildningar och differenser. Här uppenbarar sig viljans inflytande i elementens omdaning på det tydligaste, såsom man är i tillfälle att iakttaga hos fiskrom, der man kan följa några timmar efter (den artificiella) befruktningen den meridiana och eqvatoriala insnörningen i gulmassan, med hvilken insnörning utvecklingen begynner och som efterföljes af en mängd andra parallela insnörningar. Den längsta tiden af embryolifvet är själen sysselsatt med att framställa mekanismerna, hvilka sedermera skola under lifvet till största delen spara henne arbetet med materialets bearbetning. Men vi hafva intet skäl, hvarför vi icke skulle kunna tillskrifva den omedvetna viljans ändamålsenliga verksamhet de här inträdande nybildningarne lika väl, som de senare nybildningarne i lifvet; ty det större omfånget af dessa första bildningar i förhållande till den redan förhandenvarande kroppen kan dock i sanning icke lägga grunden till någon qvalitativ skilnad, och att den nya själens individualisering är befruktningens moment, kan dock, *ifall* ett sådant öfverhufvud får antagas, säkert icke vara något tvifvel underkastadt; men att själen under denna period ännu icke företer några medvetna yttringar, kan icke förefalla besynnerligt, då det medvetnas organ först framdeles skall bildas, ej heller kan hennes koncentrering på de omedvetna prestationerna vara annat än gagnelig, då ju äfven framdeles i lifvet det omedvetnas makt, samtidigt som hon helt och hållet undertrycker medvetandet, förträffligt bibehåller sig, såsom vid läkande kriser under djup sömn; och embryot ligger ju också i djup sömn.

Betrakta vi än engång den frågan, huruvida verkligen en omedveten vilja öfverhufvud kan frambringa kroppsliga verkningar, så hafva vi i föregående kapitel vunnit det resultat, att hvarje själens verkan på kroppen utan undantag är möjlig endast genom en omedveten vilja; att en sådan omedveten vilja kan framkallas dels genom medveten vilja, dels äfven genom den medvetna föreställningen om verkan *utan* medveten vilja, till och med *emot* den medveta viljan; hvarför skall hon alltså icke äfven kunna framkallas genom omedveten föreställning om verkan, med hvilken här till och med den omedvetna viljan att frambringa verkan kan visas vara förbunden, emedan verkan är målet? Att slutligen själen under embryolifvets första tid måste arbeta utan nerver, kan för visso icke tala emot vår åsigt, då vi ju icke allenast hos de nervlösa djuren se alla själsförrättningar försiggå utan nerver, utan vi äfven i fråga om menniskan redan ofvan anfört flera exempel af dylik art, samt att dessutom embryot under första tiden företer just den halfflytande struktur af högt organiserad materia, som är lämplig att fullgöra nervernas förrättningar.

Om vi nu för det första finna de materialistiska förklaringsförsöken otillräckliga; om för det andra en predestinerad ändamålsenlighet i utveckligen synes omöjlig i anseende dertill, att hvarje gruppering af förhållanden förekommer endast en gång under hela lifvet, men hvarje gruppering af förhållanden fordrar en annan reaktion och framkallar just den som erfordrats; om för det tredje det enda återstående förklaringssättet, att den omedvetna själsverksamheten sjelf ändamålsenligt åt sig bildar och vidmakthåller sin kropp, har icke allenast ingenting emot sig, utan alla möjliga analogier från fysiologiens och djurverldens mest olikartade områden för sig: då synes väl tron på den individuella försynen och bildningskraften härmed så vetenskapligt säker, som öfverhufvud är möjligt då man sluter från verkan till orsaken. (Jfr. härom: Gesammelte philosoph. Abhandlungen, N:o VI. »Ueber die Lebenskraft»).

Jag afslutar detta kapitel med Schopenhauers sköna ord: »Så framställer sig äfven empiriskt för oss hvarje väsen såsom sitt eget verk. Men man förstår icke naturens språk, emedan det är alldeles för enkelt.»

B.

Det omedvetna i menniskoanden.

> Nyckeln till kunskapen om det medvetna själslifvets väsen ligger inom det omedvetnas område.
>
> *C. G. Carus.*

I.

Instinkten i menniskoanden.

Lika litet som det är möjligt, att i tanken strängt skilja mellan kropp och själ, lika svårt är det också, att strängt skilja mellan sådana instinkter, som referera sig till kroppsliga, och sådana, som referera sig till andliga behof. Sålunda hafva vi redan i föregående afdelning omnämnt åtskilliga den menskliga andens instinkter, såsom: sjuka personers eller hafvande fruntimmers nyckfulla aptit och barns eller somnambulers läkeinstinkter; några andra ansluta sig omedelbart till de kroppsliga instinkterna, t. ex. fruktan för det ännu obekanta fallandet hos unga djur och barn, hvilka t. ex. äro lugna, då de bäras uppför, men oroliga, då de bäras nedför en trappa; den större försigtigheten och omtänksamheten i drägtiga stons och hafvande qvinnors rörelser, mödrarnes drift att trycka det nyfödda barnet till sitt bröst, äfvensom barnets att dia; barns egendomliga talang, att skilja uppriktig från hycklad vänlighet, den instinktiva skyggheten för vissa, obekanta personer, som förekommer isynnerhet hos oskyldiga, oerfarna flickor, de goda och elaka aningarna med deras företrädesvis hos qvinnokönet stora motivationsförmåga att begå och underlåta handlingar o. s. v. — Vi vilja i detta kapitel betrakta de menskliga instinkter, som sluta sig ännu närmare till det kroppsliga, och hvilka man fördenskull ännu företrädesvis plägar gifva namnet instinkt, under det att menniskovärdighetens lumpna inbilskhet i fråga om alla från det kroppsliga mer fjerran stående, men för öfrigt alldeles likartade yttringar af det omedvetna icke gerna vill medgifva användningen af detta ord, emedan det tyckes i sig innebära någonting djuriskt.

Först och främst hafva vi att betrakta några repulsiva instinkter' d. v. s. sådana, som nödsaka oss icke att handla, utan att underlåta handlandet, eller ock nödsaka oss att utföra blott sådana handlingar, genom hvilka föremålet för den inre motsträfvigheten aflägsnas eller undvikes. Den vigtigaste är fruktan för döden; det är endast en bestämd riktning af sjelfupphållelseinstinkten, af hvilken vi redan lärt känna andra former såsom naturens helande kraft, organiskt

bildande, vandringsdrift, reflektoriska skyddande rörelser o. s. v. Icke fruktan för yttersta domen, eller andra metafysiska hypoteser, icke Hamlets tvifvel öfver hvad då komma skall, icke Egmonts glädtiga vana vid lifvet och arbetet skulle återhålla sjelfmördarens hand, utan det är instinkten, som gör detta med sin hemlighetsfulla fasa, med sin våldsamma hjertklappning, som rasande jagar allt blodet genom ådrorna.

En annan repulsiv instinkt är blygseln. Denna hänför sig så uteslutande till genitalsferen, att de dithörande kroppsdelarne till och med efter henne fått sitt namn. Hon tillkommer i särdeles hög grad det qvinliga könet och framkallar hos detta den defensiva hållning, som väsentligen utgör dess könskarakter och verkar bestämmande för hela menniskans lif såväl hos vildar som kulturfolk. Den lindrigare form af parningsdrift, hvilken betingas genom dennas operiodicitet *, och blygseln äro de båda främsta grundvalar, hvilka höja menniskornas könsförhållande till en högre sfer än djurens. — Blygseln är så litet någonting af medvetandet skapadt, att vi snarare finna henne redan hos de vilda folkslagen; visserligen der inskränkt endast till sitt egentliga hufvudmoment, under det att bildningen tillika drager inom blygselns sfer allt, för så vidt det har något sammanhang med könsförhållandena.

En fullkomligt liknande repulsiv instinkt är äcklet; det hänför sig till nutritionsförhållandena på samma sätt, som blygseln till könsförhållandena, och tjenar till att skydda organismens sundhet för sådana födoämnen, om hvilka man har största anledning att frukta, att de äro bemängda med smuts och orenlighet, d. v. s. organiska dekomponerade ämnen (exkretioner) och till hälften i förruttnelse öfvergången organisk materia. Dess sinnen äro smaken och lukten, och det är väl icke riktigt, att med Schelling hålla dess förekomst möjlig äfven hos andra sinnen. Härvid är det naturligtvis icke nödvändigt, att man rörande de saker, åt hvilka man äcklas, redan har tänkt på att förtära dem; man äcklas ju ofta i förväg, på det man icke måtte komma på den tanken, att förtära dem. Dessutom gifves det ännu ett annat mycket obetydligare äckel, som hänför sig till hudens renlighet, på det att icke genom porernas tilltäppning transpirationen må hämmas, i dylikt fall skulle väl synsinnet omedelbart hafva någon delaktighet deri. — Menniskan kan genom vana mer eller mindre undantränga dessa liksom alla andra instinkter, just emedan hos henne medvetandet redan har blifvit en makt, hvilken i de flesta saker, utom särdeles vigtiga, förmår bjuda det omedvetna spetsen, och vanan att handla kommer ju äfven inom medvetandets sfer. Men det omedvetna kan äfven trängas i bakgrunden, i det man med medvetande och af vana gör, hvad man utan medvetande och vana skulle hafva gjort instinktmässigt; då

---

* Detta moment anslog Beaumarchais så högt, att han skämtande sade: *Boir sans soif, et faire l'amour en tout temps, c'est ce qui distingue l'homme de la bête.* I alla händelser visserligen ett bättre angifvande af den artgörande skilnaden än »tänkandet», men för öfrigt icke fullkomligt passande, då de antropoïda aporna hafva brunsttidens operiodicitet gemensamt med menniskan.

är motsträfvigheten, som man förspörjer emot motsatsen, mer en motsträfvighet mot det ovana, än en repulsion af instinkten.

Man betrakte en liten flicka och en liten gosse; den ena näpen och täck, sirlig och manerlig, graciös som en liten katt, den andre med sönderrifna benkläder efter sista slagsmålet, otymplig och klumpig som en björnunge. Hon putsar sig och kråmar sig och vänder sig och tittar så sött efter sin docka och vänder och stryker sina leksaker; han bygger sig i vrån ett litet hus, leker röfvare och soldat, rider på hvarje käpp, ser i hvarje staf sabel eller gevär och finner mesta nöje i yttringarne af sin kraft, hvilka naturligen mestadels bestå i ett gagnlöst förstörelsearbete. Hvilken kostlig anticipering af den framtida kallelsen, som ofta gör sig märkbar i de minsta detaljer! Om också mycket deraf är efterapning efter fullvuxna, så är likväl en förhandenvarande instinkt omisskänlig, hvilken redan i deras lekar hänvisa barnen till de öfningar, som de i framtiden skola utföra, och på förhand gör dem skickliga till och inöfvar dem deri, alldeles så som förhållandet är hos unga djur, hvars lekinstinkter vi se vända sig just åt de verksamhetsyttringar, som de sedermera behöfva för sitt sjelfständiga lif (man tänke på kattungar och trådnystan). I lekdriften skaffar sig viljan sjelf ofta motstånd, som hon har att öfvervinna; denna paradox kan man likaledes endast begripa, för så vidt lekdriften är instinkt och omedvetet tjenar det kommande lifvets ändamål. Vore lekdriften endast härmning, så skulle ju gossar och flickor äfvenledes härma hvarandra, då de icke förstå könsskilnaden och strängt taget till och med ännu icke hafva den. Huru enstående är ofta icke denna dansvurm, denna egenhet, grannlåtsifver, gras, man skulle nästan kunna säga barnsliga koketteri hos små flickor, som tyder på deras framtida bestämmelse att eröfra män, och af hvilket allt andligt sunda gossar till och med icke hafva ringaste spår! Huru karakteristisk är icke den outtröttliga flit, med hvilken de vakta, kläda och smeka sina dockor, i hvilken öfverensstämmelse står icke detta med den ömhet, med hvilken vuxna flickor kyssa och omhulda alla främmande små skötebarn, som vanligen förefalla unge män vedervärdigare än unga markattor!

Huru djupt sådana instinkter som renlighet, grannlåtsifver, blyghet hafva sin rot i det omedvetna, kan man iakttaga isynnerhet hos blinda, hvilka äro på samma gång döfstumma. Den som aldrig noga öfvertänkt detta tillstånd, han försöke närmast göra sig en klar föreställning om detsamma och de få kommunikationsmedel med ytterverlden, hvilka stå en sådan olycklig till buds. Laura Bridgemann i institutet för blinda i Boston, hvilken vid två års ålder förlorat alla sinnen utom känseln, var snygg och renlig och satte högt värde på grannlåt; när hon påtog ett nytt klädesplagg, önskade hon få promenera ut, för att blifva föremål för uppmärksamhet; hon var ganska ofta till ytterlig grad förtjust öfver besökande damers armband, broscher och andra nipper. Julie Brace, som vid fem års ålder blifvit blind och döf, uppförde sig på samma sätt; hon granskade besökande damers hårklädsel, för att göra sina egna likadana. Om alla andra liknande olyckliga flickor berättas samma grannlåtsifver, så att densamma blifvit ett hufvudsakligt medel att belöna eller straffa dem med. Lucy Reed bar alltid en silkesduk öfver ansigtet, sannolikt emedan hon trodde, att hennes ansigte var vanställdt, och det var endast med största möda, som hon kunde förmås att aftaga denna, då hon inträdde i någon anstalt. Hon studsade af förskräckelse tillbaka för beröringen med en manlig person och fördrog på inga vilkor af en sådan några smekningar, hvilka hon deremot gerna mottog och besvarade af främmande fruntimmer. Laura Bridgemann ådagalade hårutinnan en ännu större finhet i känslan, utan att man kunde utforska, huru hon kommit till någon kunskap om könsförhållandena, då förutom anstaltens föreståndare doktor Howe vanligtvis ingen manlig person kom i hennes närhet. Om Oliwer Caswell, likaledes en på samma gång blind och döfstum, hade hon hört mycket berättas, då man väntade hans ankomst till inrättningen, och hon var mycket nyfiken att få göra bekantskap med dem, som ledo af samma olyckor som hon; då han inträffade, kysste hon honom, men störtade pilsnabbt tillbaka, liksom vore hon förskräckt öfver att hafva begått något opassande. Hon förbättrade den obetydligaste lilla oordning i sin drägt, såsom blott en till seder och skick strängt uppfostrad flicka brukar göra. Ja till och med liflösa ting blefvo föremål för hennes blyghet; så t. ex. då hon en dag ville lägga sin docka i sängen, gick hon först omkring i rummet, för att öfvertyga sig, om någon var närvarande; då hon fann doktor Howe, vände hon leende om, och först då han hade aflägsnat sig, afklädde hon dockan, utan att blygas för lärarinnan. — Att bibringa blinda, döfstumma barn lagarne för och begreppen om det passande skulle vara nästan omöjligt, om icke instinkten visade dem på det rätta, och tillfället ensamt eller den minsta antydning vore tillräckliga, för att i uppförandet förverkliga denna deras omedelbara omedvetna åskådning. Att denna känsla af blygsel verkligen härflyter från det inre själslifvet, bevisas af den omständigheten, att dess högre utveckling sammanträffar med kroppens utveckling under puberteten. Så inträdde t. ex. med en blind döfstum flicka i Rotherbit-arbesinrättningen, hvilken dittills fört ett fullkomligt djuriskt lif, i hennes sjuttonde år en fullständig förändring: hon blef med ens lika uppmärksam på sitt yttre och sin klädsel, som andra flickor af hennes ålder.

En reflektorisk instinkt hos själen är sympatien eller medkänslan. Liksom känslorna dela sig i lust och olust eller i glädje och lidande, så delar sig också medkänslan i deltagande glädje och medlidande. Jean Paul säger: »För medlidande fordras blott en menniska, för deltagande glädje en ängel»; det beror derpå, att deltagande glädje kan uppstå endast då, när han icke hejdas i sin uppkomst genom en annan känsla, afunden; men detta är hos alla menniskor mer eller mindre fallet, under det att för medlidandet ställa sig färre hinder i vägen, alldenstund skadeglädjen vanligtvis är hos de flesta menniskor mycket ringa, om icke hat och hämnd gifva anledning dertill. Sålunda kommer det sig, att den deltagande glädjen är af nästan försvinnande betydelse, då deremot medlidandet är af största vigt. Medlidandet uppstår reflektoriskt genom den sinliga åskådningen af en annans lidande. Smärtans ryckningar och slitningar, bekymrets och jämrens miner och åtbörder, lidandets tårar, suckar och qvidan, rossel och lamentationer äro naturljud, som genom omedveten kunskap göra sig omedelbart begripliga för en annan varelse af samma natur; men de inverka icke endast på förståndet, utan äfven på sinnelaget och framkalla reflektoriskt likadana smärtor; munterhet och sorgsenhet smitta på liknande sätt andra menniskor, likasom sjukdomar. Om den sinliga åskådningen i allmänhet framkallar blott smärtans data, så är medlidandet endast någonting allmänt, en bäfvan, eller en stilla smärta, eller en uppskakande fasa, allt efter den iakttagna smärtans intensitet och varaktighet; men om denna är till sin särskilda art bekant, så framställer reflexverkan äfven samma art af smärta i medlidandet, så snart detta går utöfver den allmänna medömkans lägsta steg. Det är otvifvelaktigt, att graden af medlidande är beroende af sinnelagets momentana fallenhet för reflexverkningar, således äfven af graden af det intresse, som man eljest hyser för den lidande; detta oaktadt är medlidandet alltigenom ingenting annat än reflexverkan, hvilket strängeligen bevisas derigenom, att medlidandet cæteris paribus står i direkt förhållande till lidandets sinliga åskådlighet. Om man t. ex. läser berättelsen om en drabbning, der på hvardera sidan blifvit 10,000 döda och sårade, så erfar man deraf alldeles ingen känsla, men först då man för sig sinligt åskådliggör de döda och sårade, gripes man af medlidande, och när man sjelf är i tillfälle att gå omkring bland blodpölarne och liken och lemmarne och rosslande och döende, då tränger sig förvisso på enhvar en djup fasa. — Hvilket värde medlidandets instinkt har för menniskan, som först genom ömsesidig hjelp blir menniska, ligger väl tydligt nog i öppen dag; medkänslan är det metafysiska band, som öfverspringer individens gräns för känslan, hon är den betydelsefullaste drift för frambringandet af sådana handlingar, hvilka af medvetandet förklaras för sedligt goda eller sköna, för mer än blott pligtmässiga; hon är det hufvudmoment, som åt det område inom etiken, hvilket man betecknar såsom kärlekspligternas, förlänar en verklighet, hvarifrån först sedermera begreppet abstraherats.

Likasom medkänslan är hufvudinstinkten för *frambringandet* af välgörande handlingar, hvilka i sina verkningar under sig underordna egoismens hela sfer, så framställer sig tacksamhetens instinkt såsom en dessa handlingars *multiplikator*. Om också tacksamheten understundom förleder oss att såra en tredje person, så förekommer detta dock endast i mera sällsynta fall, och ändamålsenligheten af denna instinkt kan öfverhufvudtaget icke misskännas, om han också i en redan fulländad sedelära finner sitt korrektiv, ja till och med sitt vederlag. Likasom vedergällningsdriften i afseende på välgerningar blir det sedligt sköna handlandets multiplikator, så blir hon i afseende på förgripelser såsom hämndinstinkt första grundvalen för en rättskänsla. Ty så länge samhället icke öfvertagit rollen att tillfredsställa den enskildes hämndgirighet, anses hämnden genom sjelfhjelp med rätta såsom något heligt, såsom en primitiv rättsinstitution, och det är hon, som först småningom måste bilda, stegra och rena rättskänslan, till dess uppfattningen af rätten i nationalseden vinner en fast grund, hvarifrån då vedergällningen kan öfverlemnas i samhällets hand. Härmed har jag ingalunda velat säga, att medkänsla och vedergällningsdrift äro de moment, från hvilka sedelära och rättslära måste teoretiskt härledas och hvarpå de måste byggas, — ty sådant skulle jag icke vilja medgifva; men det vill jag hafva sagt, att de praktiskt i sjelfva verket äro de rötter, från hvilka dessa känslor och handlingar uppskjuta, hvarifrån menniskorna i närmaste hand genom abstraktion vinna begreppen om det sedligt sköna och det rätta.

Menniskans närmaste vigtiga instinkt är moderskärleken. Vändom för jämförelsens skuld än en gång blicken tillbaka på djurriket. — För de flesta lägre djur är det icke af nöden, att de bekymra sig om sina ungar, ty dessa äro redan tillräckligt utvecklade, då de framkomma ur ägget, eller också hafva föräldrarne, såsom redan blifvit anfördt, genom olikartade instinkter direkt eller indirekt lagt äggen på sådana ställen, der de framkommande afkomlingarne sjelfva förefinna vilkoren för sin vidare utveckling, eller der modren nedlagt de näringsmedel, som äro behöfliga. Stället, som lemnar de för utvecklingen nödiga betingelserna, är hos jagtspindlarne en äggpung, som de förmedelst en fin väf bära med sig, hos Monoculus en utstjelpt del af äggledaren, som framträder såsom äggsäck, hos fåglarne nästet i förening med den från modrens kropp under rufningstiden utstrålade värmen, hos några fiskar och amfibier sjelfva modrens kropp; likaså hos alla däggdjur, men med den skilnad, att hos dessa senare (med undantag af pungdjuren) ett organiskt samband förefinnes mellan modren och fostret ända till dettas födelse. Som man ser, verkställer åter här i ett fall instinkten och modrens omsorg samma sak, som en annan gång ombesörjes genom den organiska bildningsverksamheten, d. v. s. modrens instinktiva omsorg om ungarnes utveckling ända till den tid, då de kunna sköta sig på egen hand, är endast till formen, icke till väsendet skild från fostrets näring och bildning.

Här framställa sig nu två genomgående lagar; den ena består deruti, att den moderliga instinkten drager försorg om ungen under hela den tid, som han ännu icke är i stånd att sjelf sörja för sig: den andra åter deruti, att denna omyndighets- eller barndomstid varar i samma mån längre, ju högre slägtet eller arten har sin plats inom djurserien. Denna olikhet har sin grund å ena sidan i de mera enkla vilkoren för de lägre djurens (isynnerhet vattendjurens) nutrition, å andra sidan i metamorfoserna, då den späda åldern genomlefves i en helt annan gestalt och under andra vilkor för nutritionen (mestadels i form af ett lägre stadium); men dessutom qvarstår ännu en tredje sak såsom ett oförklaradt förhållande, hvilket framgår särskildt tydligt, om vi blott betrakta däggdjurens serie och jämföra tiden för t. ex. en kanins, en katts och en hästs barndom. Af de båda första lagarne framgår följande: moderskärlekens instinkt vinner öfverhufvudtaget i samma mån mera i betydelse och omfattning, som vi uppstiga till högre serier inom djurriket (serier taget icke i zoologisk, utan i psykologisk bemärkelse).

Flertalet fiskar och amfibier framhärdar i en sorglös likgiltighet gentemot sina ungar. Några insekter visa i öfverensstämmelse med sin högre andliga verksamhet redan en högre grad af moderskärlek. Man betrakte endast, med hvilken ömhet myror och bin vårda, föda och beskydda sina ägg, ja till och med sina ännu ofullkomligt utvecklade larver, huru några spindlar föra med sig sina ungar (liksom hönan sina kycklingar) och med ytterlig sorgfällighet skaffa dem föda. Hos fåglarne uppnår modrens omsorg redan en ganska hög grad, liksom ju också vissa klasser af fåglar, t. ex. några roffåglar och sångfåglar, i andlig utveckling äro den stora massan af däggdjur afgjordt öfverlägsna. Det uppoffrande mod, hvarmed till och med de minsta fåglar försvara sina ungar mot hvarje fiende; den sjelfförsakelse, hvarmed de skaffa dem föda, under det de sjelfva måste lida brist och nöd; den offervillighet, med hvilken de plocka fjädrarne af sitt bröst, för att reda åt sina nakna små ett varmt läger; det tålamod, med hvilket de sedermera inöfva dem i konsten att flyga, att fånga insekter och i andra färdigheter, hvaraf de äro i behof för sitt uppehälle på egen hand; deras otålighet att vilja se ungarne lika skickliga i alla dessa konster, som de sjelfva äro: allt detta lemnar oss de tydligaste bevis för en djupt rotad drift, och den omständigheten, att denna föräldrarnas ömma böjelse fullständigt försvinner, då ungarne begynna föra ett sjelfständigt lif, eller till och med öfvergår till fiendskap, visar klarligen, att icke vana eller medvetet val, utan ett omedvetet tvång är källan till denna drift.

En sak, som hittills blifvit alltför mycket förbisedd, är undervisningen, ty de i andligt afseende högre stående djuren inhämta i sjelfva verket långt mer genom sina föräldrars undervisning, än man tror, *enär naturen aldrig betjenar sig af dubbla medel för ett och samma mål och vägrar instinktens bistånd i de fall, der hon förlänat medlen till medveten produktion och lärande.* Pingvinerna locka sina ungar, då de icke vilja följa dem i vattnet, ut på ett klipputsprång och jaga dem derifrån ner i vattnet; örnar och falkar leda sina ungar till allt högre och högre flygt, lära dem att flyga i cirklar och krumbugter, äfvensom att slå ner på bytet, i det de för det sistnämnda ändamålet flyga ofvanför dem och nedsläppa till en början döda, men sedermera äfven lefvande små djur, hvilka ungarne få förtära endast i det fall, att de sjelfva fångat dem. Men lika mycket som *metoden* för denna undervisning är hos dessa djur produkten af medveten själsverksamhet, lika mycket är också driften att *undervisa* ungarne *öfverhufvudtaget instinkt.* — Likasom hos de högre stående däggdjuren den späda åldern varar längre, så är också icke blott modrens omvårdnad, utan äfven hennes undervisning mera omfattande. Man iakttage endast, huru en katta uppfostrar sina ungar, smekande och belönande, tillrättavisande och straffande, om det icke är en trogen afbild af menniskans uppfostran under obildade mödrars vård; till och med i de minsta detaljer visar sig denna parallel, t. ex. i det välbehag, som en moder i den komiskt kloka sjelfkänslan af sin öfverlägsenhet ögonskenligt lägger i dagen.

Redan hos fåglarne framträder en födans kemiska tillredning i modrens kräfva. Samma instinkt är drifven till sin höjdpunkt hos däggdjuren, hvilkas mjölkkörtlar begynna sin afsöndring långt innan de skola föda, en afsöndring, som ökas vid åsynen af ungen och minskas vid hans aflägsnande. Hvad som hos fåglarne kan spåras först i endast svaga drag, men hos däggdjuren tydligt framträder i särskilda känneteckens eller karaktersegenskapers ärftlighet på mödernet, i hafvande qvinnors förseende, i deras nyckfulla aptit, nämligen den omedelbara omedvetna vexelverkan mellan modrens och barnets själ, äfvensom den omständigheten, att barnets själ, så att säga, gått helt och hållet upp i modrens, det visar sig i modifierad mån fortsatt efter födseln, och först tid efter annan aftager det småningom. Så öfverflyttas förmågan af visioner på intet sätt lättare, än från modren till barnet, och likasom under hafvandeskapet, så besitta mödrar, hvilkas natur icke blifvit förderfvad genom bildningens inflytande, äfven efter nedkomsten en märkvärdig förmåga att ana barnets behof; nästan liksom vesporna, hvilka öppna hålorna, för att inlägga ny föda åt sina larver, när dessa förtärt den gamla, gissar modren, när hennes barn behöfver di, och vaknar upp, om det felas barnet något, då deremot intet buller förmår störa hennes af utmattning tunga sömn. Men, såsom sagdt, denna direkta kommunikation mellan modrens och barnets själ aftager tämligen hastigt, och mången gång under utomordentliga omständigheter, t. ex. då barnet är mycket farligt sjukt, vaknar den upp till nytt lif.

Man göre sig nu den frågan, om hos menniskan moderskärleken verkligen skall vara någonting ännat än hos djuren; om någonting annat än en instinkt kan åstadkomma, att de förståndigaste och mest harmoniskt bildade fruar, hvilka redan haft att fröjda sig åt den menskliga kulturens bästa skatter, med ens kunna månader igenom af all hjertans lust underkasta sig all denna uppoffrande omvårdnad, dessa förtretligheter och snuskerier, detta jollrande och barnsnack, utan någon som helst vedergällning från barnets sida, hvilket under de första månaderna dock intet annat är än en dreglande och sin linda orenande docka af kött och blod, som i alla händelser reflektoriskt vänder ögonen mot dagen och instinktmässigt sträcker armarne mot modren; man gifve blott akt på, huru en så förståndig fru är alldeles besatt tokig i *sitt* barn, som endast med möda kan skiljas från alla andra, och huru hon, som förr kunde finna nöje uti att göra spirituella utläggningar öfver Sofokles och Shakespeare, numera vill blifva utom sig af glädje deröfver, att den lille skriker A. Och det oaktadt öfvertager hustrun icke, så som mannen, alla dessa obehagligheter för förhoppningarnas skuld om det, hvad *framdeles* månde varda af barnet, utan hon går helt och hållet upp i den närvarande fröjden och modersglädjen. Om icke det är instinkt, då vet jag sannerligen icke, hvad man skall gifva namn af instinkt! Man besinne, huruvida en fattig barnflicka för ett par tre dagars lön någonsin skulle kunna stå ut med alla dessa bekymmer och besvärligheter, såvida hennes instinkt icke redan hänvisat henne till en dylik sysselsättning.

Att i fråga om barnet modrens omvårdnad varar så länge, är blott ett särskildt fall af den ofvan anförda lagen och beror derpå, att barn ännu vid fyra års ålder hellre låta springa omkull sig på gatan, än de gå ur vägen, då deremot en kattunge springer ur vägen redan då han fått ögonen öppna. Hvad är naturligare, än att modrens skyddande instinkt förtänksamt griper in, och den lille instinktmässigt håller sig fast vid modrens kjortel? Alla djur föda, omhulda och hålla tillsyn öfver sina ungar, tills de kunna lifnära sig på egen hand; och menniskoslägtet, hvars förökning försiggår så långsamt, skulle göra ett undantag från denna allmänna naturlag? Och vid hvilken tid kan då ett barn föda sig på egen hand? Förvisso icke före pubertetens inträdande! Följaktligen måste också föräldrarnes instinktmässiga omvårdnad sträcka sig åtminstone till denna tid. Djuren lära sina ungar de färdigheter, af hvilka de äro i behof, för att förvärfva sig sitt uppehälle, och menniskan skulle icke göra så? Äfven hos djuren är undervisningens *art* delvis resultat af medvetet tänkande, men sjelfva undervisandet är naturdrift, och hos menniskan skulle det förhålla sig annorlunda, emedan de färdigheter och kunskaper, som menniskan behöfver för att uppehålla sig, äro flera än hos djuret? Men vi hafva ju medgifvit, att inom hela djurriket icke finnes något så stort psykologiskt språng, som från det högsta djur till en måttligt civiliserad menniska, alltså måste ju följdriktigt, i förhållande till hvad menniskan genom instinkt kan, de saker, som hon är tvungen att lära sig, vara betydligt mycket flera, än hos de högsta djuren, emedan just hennes medvetna ande är förmögen af dessa produktioner, och följaktligen en instinkt för deras åvägabringande skulle vara ett *öfverflöd;* naturen gör dock ingenting förgäfves. Men väl är föräldrarnes instinkt att bibringa sina afkomlingar lärdom en nödvändighet, ty utan undervisning skulle afkomlingarne duka under, och det är denna högre lärförmåga och denna starkare lärinstinkt i förening med ett fullkomligare språk, som menniskoslägtet har att tacka för sin förmåga af framåtskridande generationer igenom, och denna senare har hon att tacka för sin ställning och betydelse i naturen.

Hos djuren hafva hanne och hona samma sysselsättning. Annorlunda är förhållandet med menniskan, ty här har företrädesvis mannen att arbeta för familjen, han är alltså företrädesvis satt i stånd att uppfostra särskildt den manliga afkomman. Endast i enstaka fall drager hos djuren hannen försorg om afkomlingarne. Så gräfver laxhannen en grop för honans ägg, hvilken han fyller igen, när äggen blifvit befruktade; hos de flesta i engifte lefvande fåglar är hannen behjelplig vid boets byggande, han rufvar omvexlande med honan, eller föder henne då hon rufvar, försvarar äggen och tager del i ungarnes vård, uppfödande och beskydd. Någonting likartadt förekommer äfven hos menniskan. Det är en vanlig företeelse, att alla små barn förefalla karlarne i högsta grad motbjudande, men att denna vedervilja med ens upphör, när de sjelfve blifvit fäder. Det lider väl sålunda knappast något tvifvel, att det gifves en, om ock svagare instinkt af faderskärlek, hvilket också bevisas af fädernas ömma tillgifvenhet för sådana barn, hvilka på grund af kroppslig och andlig ömklighet under alla andra förhållanden skulle hafva uppväckt hos dem endast afsky och förakt, eller på sin höjd medlidande. Men i trots af detta tror jag, att i faderskärleken det är dels pligten, anständighetens fordringar och bruket, dels vanan, dels medveten vänskaplig böjelse, som afger hufvudorsakerna, och att instinkten framträder till en del endast i den tidigare barnaåldern, men till en annan del i sådana ögonblick, som äro kritiska för barnet. Slutligen är ännu att märka, att en uppriktig faderskärlek, jag menar en, som går utöfver hvad anständigheten och bruket fordra, är en långt sällsyntare företeelse, än man är böjd att antaga, ehuru på långt när icke så sällsynt, som syskonkärleken är enligt allmänna föreställningssättet. Men hvad som verkligen existerar af sådan faderskärlek och icke framträder just i ögonblick af fara, utan alltid är förhanden, det är medveten vänskap, i förening med den medvetna öfvertygelsen, att ingen drager försorg om hans barn, så vidt han sjelf icke gör det, om det barn, som genom hans skuld är hemfallet åt lifvet; — en öfvertygelse, som ensam kan göra en mäktig af de största offer. Häraf är det sålunda begripligt, att barnen äfven sedan deras uppfostran afslutats icke blifva så främmande för föräldrarne, såsom förhållandet är hos djuren; ty genom en så mycket längre barndomstid har vanan tillfälle att knyta sina band, och om en andlig harmoni äger rum mellan föräldrar och barn, så skall med hjelp af denna vana äfven en viss grad af vänskap inställa sig. Men slutligen slocknar hos menniskan föräldrakärlekens instinkt aldrig helt och hållet, ty så länge föräldrarne lefva, hafva de ännu alljämnt den möjligheten, att kunna bringa offer till sina barns bästa, eller att hjelpa dem ur bekymmersamma lägen. Djuret är för sitt lif helt och hållet hänvisadt till sig sjelft, menniskan åter är endast under samhällets form i stånd att lefva som en menniska. Dertill kommer slutligen, att menniskorna vid långt framskriden ålder ännu engång hos sina barnabarn spela sin komedi, hvilket aldrig är förhållandet bland djuren.

Hos mannen är det icke så mycket faderskärlekens instinkt, utan långt mera driften, som förmår honom att grunda en familj och att uppfylla sin bestämmelse som familjefader, om han också derigenom ruinerar och olyckliggör den flicka, med hvilken han knutit äktenskapets band, så till vida som de ogifta hvar och en på sitt håll skulle kunnat föra ett jämförelsevis lyckligare lif. Jag talar här icke om kärleken, ej heller om könsdriften i allmänhet; utan hvarest den förra helt och hållet saknas, och den senare icke skulle kunna på långt när gifva ett tillräckligt motiv, der inställer sig hos mannen vid mera framskriden ålder driften att grunda en familj; och om den arme stackarn aldrig så väl inser, att han måste lida hunger och brist, då han deremot ensam mycket väl finner sin utkomst, så går han ändock en vacker dag och gifter sig. Det är samma drift, som tvingar den fyra- till femårige unga hingsten att med några af sina syskon skilja sig från sina föräldrars familj, för att sjelf bilda en egen, och som tvingar fåglarne att bygga sig nästen; de veta lika litet som den der arme stackarn, att mödorna och försakelserna, som de af instinkt pålägga sig, icke hafva något annat mål, än att möjliggöra artens eller slägtets bibehållelse. Det är denna otillfredsstälda drift, som gör, att gamla ungkarlar känna sig så obehagliga; och om de hundra gånger inse, att det under äktenskapet, deri sammanräknadt allt det bråk och besvär, som de då skulle hafva att utstå, icke skulle gå dem bättre, så kan man dock icke resonera bort olusten af denna otillfredsstälda drift, just emedan hon är instinkt.

Nu följer i ordning att betrakta kärlekens instinkt. Men denna punkt är så vigtig, att jag deråt egnar ett särskildt kapitel.

II.

Det omedvetna i könskärleken.

När frömjölet är moget, böja sig ståndarne ner, för att utskaka det öfver pistillens märke; fiskarne gjuta sin sperma öfver äggen af sin egen art, då de påträffa en dylik samling, och laxen gräfver derjämte en håla åt sin hona; papperssnäckorna afkasta vid beröringen med sina honor en såsom hanligt parningsorgan utbildad arm, hvilken intränger i dem och helt och hållet fullgör kopulationsarbetet; flodkräftorna fästa i november under honornas bakkropp kapslar innehållande sperma, hvilken följande vår befruktar de mognade äggen; spindelhannarne upptaga den från deras könsöppning droppvis framkommande sädesvätskan i en ytterst komplicerad apparat, som har sitt läge i mandibularpalpernas sista, skedlikt urhålkade led, och öfverflytta henne förmedelst denna apparat till honans könsöppning; fåglarne föra sädesgångens öppning till honans kloak, och djur med penis föra denna in i honans slida. Att fiskarne utgjuta sin sperma, hvilken de känna sig drifna att uttömma, just öfver ägg af sin egen art, att djurarter, hos hvilka hanne och hona äro af helt olika former (såsom t. ex. lysmasken och ollonborren), ändock utan förvexling träffa tillsammans för att förrätta parningsakten, och att däggdjurshannen inför sin penis, hvilken han känner sig drifven att irritera under brunsttiden, just i en honas slida af *sin egen* art, skulle detta verkligen hafva två olika orsaker, eller skulle det icke snarare vara en verkan af samma omedvetna, hvilket *bildar* könsdelarne så, *att de passa tillsammans*, och såsom instinkt drifver djuret att *riktigt* använda dem, samma omedvetna clairvoyans, hvilken såväl i bildning som i användning lämpar medlen efter ändamålet, som icke faller i medvetandet?

Då menniskan, för att tillfredsställa den fysiska driften, har att förfoga öfver så mångfaldiga medel, hvilka för henne uppfylla samma sak som kopulationen, är det väl tänkbart, att hon skulle underkasta sig det obeqvämliga, vämjeliga, skamlösa kopulationsarbetet, om icke en instinkt ständigt på nytt drefve henne dertill, huru ofta hon än må hafva erfarit, att detta slag af tillfredsställelse faktiskt icke skänker henne någon högre sinlig njutning än hvarje annat? Men det är icke många, som komma till en sådan insigt, ty *trots* erfarenheten mäter man den stundande njutningen hvarje gång alltid efter *driftens* styrka, eller är man till och med ännu under akten så öfverväldigad af driften, att man *icke engång kommer till denna erfarenhet.* Man skall måhända vilja invända, att menniskan ofta åtrår att para sig, ehuru hon känner prokreationens omöjlighet, såsom fallet är med t. ex. notoriskt ofruktsamma fruntimmer eller prostituerade, eller under det hon, såsom vid förbindelser utom äktenskapet, söker förhindra prokreationen; men mot denna invändning kan man svara, att den medvetna kunskapen eller afsigten icke har något direkt inflytande på instinkten, alldenstund prokreationens mål ligger just *utom* medvetandet, och blott viljan att framställa *medlet* till det omedvetna målet (såsom vid alla instinkter) faller i medvetandet. Att driften till könsumgänge är en instinkt, som framträder spontant, och ingalunda kan betraktas såsom en följd af erfarenheten, att man vid detta umgänge har att förvänta sig en lust, det framgår af det förhållandet, att könsdriften såsom instinkt är någonting helt allmänt inom djur- och växtriket, ty först på mycket höga stadier inom djurriket finnas könsorgan så beskaffade, att till kopulationsakten knyter sig en sinlig lust; instinkten i den könliga kopulationen är följaktligen någonting långt tidigare och ursprungligare i organisationens historia, enär alla organismer utan vällustorgan genom honom allena, utan sinlighetens tillhjelp, i tillräcklig grad drifvas till att fullgöra de könliga förrättningarna. Men det är mycket begripligt, hvarför det omedvetna hos sådana varelser, hvilkas medvetande redan är i högre grad utveckladt, anser särskilda vällustorgan för nödiga; ty ju mer medvetandet tilltager i sjelfständig betydelse, desto mer är det fara för, att detsamma kan lägga hinder i vägen för instinktens fordringar, desto önskvärdare blir en lockelse, som manar till att fullgöra instinkthandlingarna. Ett bevis derför, att driften till kopulation icke är en blott följd af den fysiska böjelsen i genitalierna, finna vi ytterligare i det ofvan anförda exemplet från foglarnes parning (Kap. A. III, sid. 55) och slutligen äfven i den företeelsen, att styrkan af den könliga och fysiska böjelsen är i viss mån oberoende den ena af den andra; ty det finnes menniskor, som utmärka sig genom en mycket stark böjelse för det andra könet, samtidigt som deras fysiska drift är så ringa, att den gränsar nära till impotens, och omvändt gifves det menniskor med på samma gång stark fysisk drift och ringa böjelse för det andra könet. Detta finner sin förklaring deraf, att den fysiska driften är beroende på *tillfälligheter* i genitaliernas fysiska organisation, den metafysiska driften åter är en instinkt, som härflyter från det omedvetna; det utesluter imellertid icke, att å ena sidan den metafysiska driften väckes till att funktionera mera genom en starkare fysisk drift, och att å andra sidan den fysiska driftens styrka vid organisationens bildning tillika betingas genom den metafysiska driftens styrka. Derför ligger också bäggederas oafhängighet af hvarandra, såsom erfarenheten visar, endast inom vissa gränser. Äfven frenologien medgifver en skilnad mellan de bägge drifterna, ty då det fysiska behofvet påtagligen kan sökas endast i genitaliernas organisation och hela nervsystemets retbarhet, söker frenologien — vi lemna derhän med hvad rätt — att härleda könsdriftens styrka från lilla hjernan och de kringliggande delarne.

Sedan vi lärt känna det *generella* i könsdriften såsom något instinktmässigt, framställer sig den frågan, om detsamma är förhållandet likaledes med dess *individualisation*, eller om denna härleder sig ifrån betingelser hos medvetandet. Inom djurriket urskilja vi följande fall: *Antingen* är könsdriften blott generel, individens val är helt och hållet öfverlemnadt åt slumpen, och sedan kopulationen en gång ägt rum, upphör all sammanlefnad mellan de båda individerna, såsom t. ex. förhållandet är med de lägre vattendjuren, fiskarne, grodorna och andra; *eller* de kopulerande individerna blifva tillsammans under hela den tid brunsten varar, såsom de flesta gnagare och flera kattarter, eller ända till dess ungarne framfödas, såsom björnarne, eller ännu någon tid derefter, tills ungarne hunnit utveckla sig något mera, såsom de flesta fåglar, flädermössen, vargarne, gräflingarne, vesslorna, mullvadarne, bäfrarne, hararne; *eller* lefva de tillsammans hela lifvet igenom och bilda en familj. I detta sista fall har man att skilja mellan polygami och monogami; den förra förekommer hos de hönsartade fåglarne, idisslarne, enhofvarne, tjockhudingarne och skäldjuren, den senare hos några krustaceer, bläckfiskar, dufvor och papegojor, hos örnarne, storkarne, rådjuren och cetaceerna. Man måste på grundade skäl antaga, att, då de i engifte lefvande djuren sluta äktenskapet, som af dem hålles så troget, detta icke är ett blott slumpens verk, utan att sjelfva beskaffenheten hos de sålunda sammanlefvande makarne måste för dem innebära motiv, hvarför de inrymma den ena åt den andra ett visst företräde framför andra individer. Så se vi ju till och med, att hos regellöst kopulerande djur af högre själsutveckling inträder icke sällan ett med afgjord passion förenadt könligt urval (t. ex. hos ädla hingstar eller hundar). En enka efter en örn blir vanligen oförmäld under hela sitt återstående lif; man har iakttagit, att en stork under tre på hvarandra följande år hvarje vår åter sökte upp sin hona, hvilken i följd af ett sår icke förmådde flytta bort med honom, men att han under de följande åren stannade qvar hos henne äfven under vintern. Hos monogamiska djur kan understundom det ena icke lefva förutom det andra, så dör t. ex. af ett par s. k. inséparables den öfverlefvande ofta redan några få timmar efter den andres bortgång. Liknande har man stundom iakttagit med kamichy, en sydamerikansk sumpfågel, äfvensom med turturdufvor och mirikinaapor. Äfven skogslärkor kan man endast parvis hålla i bur. Vi kunna icke antaga, att det, som hos storken öfvervunnit den mäktiga flyttningsinstinkten, som inom en så kort tid tager lifvet af de s. k. inséparables, är någonting annat än en instinkt, ty i annat fall skulle det icke kunna så hastigt och så djupt ingripa i lifvets innersta kärna. Att formerna af de könliga förhållandena äro instinkter, bevisar också deras oföränderlighet inom en och samma art eller slägte. I analogi med dessa företeelser måste vi äfven i fråga om menniskan betrakta makarnes sammanlefnad i äktenskapet såsom en institution af instinkten och icke af medvetandet, hvarvid jag erinrar om instinkten att grunda en familj, med hvilken denna nära sammanhänger. Det uppsåtliga sträfvandet i de oäkta *öfvergående* kärleksförhållandena deremot måste vi betrakta såsom något instinktvidrigt, hvilket framkallas endast genom *medveten egoism*. Men här förstår jag med äktenskap icke den kyrkliga eller borgerliga ceremonien, utan *afsigten* att göra förhållandet *varaktigt* för hela lifvet.

Nu framställer sig den frågan, hvilkendera formen är för menniskan den naturliga, polygami eller monogami, och huru det kommer sig, att menniskoslägtet är det enda djurslägte, der skilda former af könsförbindelser förekomma jämte hvarandra. För mig synes gåtan lösa sig så, att mannens instinkt kräfver polygami, qvinnans monogami, att fördenskull öfverallt, der mannen uteslutande dominerar, rättsligen herskar polygami, hvaremot der, der mannen genom bildningens högre ståndpunkt åt qvinnan inrymt en värdigare ställning, monogamien genom lag blifvit den allena giltiga formen, oaktadt denna form hvad männen vidkommer ingenstädes i verlden strängt vidhålles. Att monogamien är den form, som faktiskt skall blifva den herskande under den längsta tiden af menskligheten bestånd, det är redan antydt genom individernas nära nog lika numerär inom båda könen. Då för mannen böjelsen för äktenskapsbrott är så svår att öfvervinna, så är detta endast en verkan af hans instinkt till polygami; men då en qvinna, som i sin man har en verklig man, visar böjelse för äktenskaplig otrohet, så är detta en följd antingen af fullständig vanart eller af passionerad kärlek. Instinktens olika beskaffenhet hos man och qvinna inser man klarligen, om man besinnar, att en man inom ett år med det erforderliga antalet qvinnor utan svårighet skulle kunna frambringa öfver hundra barn, men qvinnan åter med aldrig så många män endast ett enda; att mannen under gynsamma förhållanden väl kan underhålla flera hustrur och deras barn, men att hustrun åter kan dväljas endast i en mans familj och, om en rival till henne uppträder der, känner sig och sina barn tillbakasatta; att slutligen endast mannen, men icke hustrun genom den andras äktenskapliga synder kan komma i den belägenheten, att hålla främmande barn som sina egna och undergräfva kärleken till sina egna barn genom misstankar om den äktenskapliga troheten.

Sedan vi lärt känna den könliga instinkten hos menniskan såväl i generelt som i individuelt afseende, står den frågan åter, *hvarför* han koncentrerar sig uteslutande på *denna* individ och icke på någon *annan*, d. v. s. frågan om de bestämmande grunderna för det så egensinniga *könsurvalet*.

Att i fråga om menniskan, särskildt de mera bildade klasserna, antalet af de mera eftersökta individerna af det andra könet är i väsentlig mån inskränkt, beror på de hinder, som först måste öfvervinnas, nämligen vederviljan hos båda och blygseln företrädesvis hos det qvinliga könet. Den kroppsliga beröringen är så innerlig och blir genom de åtföljande instinktiva handlingarne, såsom kyssar o. s. v., så mångdubblad, att vederviljan, om hon icke redan förslöats, tager fullkomligt ut sin rätt och gör ett kraftigt motstånd mot den könliga förbindelsen med hvarje individ utan åtskilnad. Blygseln hos qvinnokönet, och hos männen kännedomen om det motstånd, som denna blygsel skall göra, äro nästan ännu verksammare inskränkningar. Men bägge sakerna förklara endast negativt, hvarför den eller de individerna förkastas, och icke positivt, hvarför just *denna* enda individ framför alla andra är föremålet för ens diktan och traktan. Skönhetssinnet kan väl också dervidlag utöfva något inflytande, — likasom man hellre föredrager att rida en vacker häst, än en ful, alldeles bortsedt från hans gång och äfven om ingen ser det, — ehuruväl man alldeles icke kan inse, hvad skönheten eller fulheten har att göra med njutningen under kopulationen eller med de könliga förhållandena öfverhufvudtaget; ty om man, såsom t. ex. i Shakespeares »Slutet godt, allting godt», under nattens lopp åt en till ytterlighet förälskad person understicker en annan qvinna, så gör detta påtagligen intet förfång åt hans njutning. Fåfängan, att framför andra kalla en vacker qvinna sin, skulle också kunna vara af något inflytande, om icke föremålet för denna fåfänga i sin tur tarfvade en förklaring; i sjelfva verket komma vi med allt detta frågan intet steg närmare, ty först och främst gifves det många vackra menniskor, och för det andra är det långt ifrån de aldra vackraste, som äro i könligt afseende de mest tilldragande. Snarare skulle man kunna svara så: Mannen har att öfvervinna den qvinliga blygseln, för att komma till målet; har han engång begynt detta arbete, som endast småningom går framåt, så har han för sig hos denna individ endast ett obetydligare arbete, än hos andra, för att åt sin fåfänga hembära segern. Men om det också ofta må tillgå på detta sätt, så är dock detta svar allena fullkomligt otillräckligt, icke blott emedan det åter öfverlemnar första början helt och hållet åt slumpen, utan äfven derför att, om detta skäl vore det bestämmande, den redan förvärfvade älskade måste af ren beqvämlighet föredragas framför alla andra, som på nytt stode att vinna, hvilket likväl förvisso icke är händelsen. — Man måste alltså framförallt hålla fast dervid, att den fysiska driften såsom sådan, eller som man säger *sinligheten*, för sig allena är alldeles *oförmögen* att förklara driftens koncentrering på en bestämd individ. Blotta sinligheten leder aldrig till kärlek, utan endast till utsväfningar, helst till onaturliga, såvida hon är stark nog och icke genom andra drifter bortledes från sådana vägar. Till och med då, när sinligheten stannar på naturliga vägar och endast genom ytterligt raffinemang söker uppnå en njutningens stegring, när hon i den olycksbringande otron på kärlekens *metafysiska* natur inbillar sig kunna framtrolla densammas förtjusningskraft genom yttre retelse, till och med då blir hon snart med vämjelse varse, att allt *kött* alltid är *förruttnelse* underkastadt, och i stället för kärleken sluter hon till sitt hjerta endast dennas vedervärdiga lik. Så visst som en föregifven kärlek utan sinlighet endast är den sökta själens kött- och blodlösa fantasispöke, så visst är blotta sinligheten endast den hafsborna gudinnans själlösa kropp. *Hela* den efterföljande framställningen är bygd på det *här* lagda *fundamentet*, att *sinligheten* endast förmår förklara jägtandet efter *något slag hvilket som helst* af könsnjutning, men *aldrig någonsin* kön*skärleken*.

Efter hvad förut blifvit sagdt synes framgå, att det endast är andliga egenskaper, som betinga könsurvalet. Att fatta detta så i ordets strängaste bemärkelse, är alldeles omöjligt, ty för könsnjutningen äro de andliga egenskaperna fullkomligt umbärliga, långt umbärligare än den kroppsliga skönheten; dermed kan alltså menas endast det, att de andliga egenskaperna framkalla en andlig harmoni och ömsesidig dragning, hvilken stöder sig på medveten grund och för den kommande sammanlefnaden lofvar den största möjliga lycka. Detta själarnes medvetna inbördes förhållande, hvilket är alldeles identiskt med begreppet *vänskap*, måste då i främsta hand betinga det könliga valet, d. v. s. vara orsaken dertill, att man föredrager könsumgänget med denna särskildt befryndade individ framför alla andra. Detta förlopp är i sjelfva verket mycket vanligt, särskildt hos qvinnokönet, som icke får välja, utan väljes. Det är i vanliga fall alldeles icke att vänta, att en fästmö skall hysa en annan kärlek än denna för en fästman, som hennes föräldrar föreslå henne, eller med hvilken hon första gången talade mellan fyra ögon, då han gjorde sin förklaring, och för hvilken hon dittills icke kunde hysa annat intresse, än den förmodan, att han intresserade sig för henne. När hon nu är blifven fästmö, så anstränger hon hela sin fantasi, för att på denne ende använda allt, hvad hon af svärmeri i romaner inhämtat, svär honom kärlek, tror snart sjelf, i det att hon vant sig dervid, att hon med sin uppeldade generella könsdrift ständigt kan förena hans bild, och följer sedermera sin pligt och sin böjelse på samma gång, när hon förblir denne man, fadern till hennes barn, trogen, för hvilken hon fattat aktning och vänskap och vid hvilken hon vant sig. Men betrakade i sin rätta belysning gifva alla dessa ingredienser, såsom: generel könsdrift, fantasi, aktning, vänskap, pligttrohet o. s. v., ännu ingen gnista af det, som endast och allenast kan och skall betecknas med namnet kärlek; och hvad som ändock i dem kan förefalla såsom kärlek, det är mestadels en illusion af andra ingredienser och snart också af dem sjelfva, då de ju, på samma gång som de gifva sitt ja, också måste pligtskyldigast bortgifva ett hjerta uppfyldt af kärlek. Fästmannen tror bedrägeriet lika väl, som fästmön öfvar det, — ty gifves det väl en sak, som menniskan icke tror, blott den i tillräckligt hög grad smickrar hennes fåfänga? Efter giftermålet, då båda parterna hafva annat att besörja, upphör komedien så snart som möjligt, vare sig att den spelats på allvar eller på skämt.

Det väsentliga i sjelfva saken är, att den *medvetna* kunskapen om andliga egenskaper alltid kan bringa till stånd endast *medvetna* andliga förhållanden, aktning och vänskap, samt att vänskap och kärlek äro himmelsvidt skilda saker. Vänskapen kan icke heller uppväcka någon kärlek, ty om t. ex. i ett vänskapsförhållande mellan två unga personer af olika kön lätteligen insmyger sig en ringa grad af kärlek, så är detta endast en frigörelse af den generella könsdriften i en genom det förtroliga umgänget underlättad riktning, eller skulle de hafva förälskat sig i hvarandra äfven utan åtföljande vänskap, och denna slumrande potentiella kärlek har blifvit kallad till lif endast genom en tillfällighet. Men der kan också, åtminstone hvad männen beträffar, mycket väl gifvas en ren vänskap utan könlig beblandelse (isynnerhet då könskärleken redan är bunden på annat håll), och om detta i fråga om qvinnorna icke skulle vara möjligt, så skulle detta bero endast derpå, att qvinnorna öfverhufvudtaget icke kunna vara mäktiga att hysa någon ren och sann vänskap, lika litet för männen, som för hvarandra inbördes, ty vänskapen är en produkt af den medvetna anden, men qvinnorna äro mäktiga af stora ting endast i det fall, att de hämta ur det omedvetna själslifvets källa. Att vänskapen är för de äkta makarnes individuella väl en långt oumbärligare och solidare grundval för ett varaktigt lyckligt förhållande än kärleken, det lider alldeles intet tvifvel, och det är en lycklig tillfällighet, att samma förhållande i karakterer och andliga egenskaper, som förmår väcka den starkaste kärlek, på samma gång också utgör vänskapens bästa underbygnad, det är, såsom vi framdeles skola finna, det *polära komplementet*, hvilket på denna gemensamma grund i sig sluter den fundamentala öfverensstämmelsen lika så väl som den diametrala motsatsen. Det är endast att märka, att i vänskapen ligger den hufvudsakliga vigten på öfverensstämmelsen, i kärleken åter på motsatsen, så att i detta fall finnes dock ännu en stor möjlighet för divergens mellan kärlek och vänskap hos samma personer. I alla händelser är vänskapen, som i flertalet äktenskap antingen från början måste ersätta kärleken, eller också med tiden så småningom aflöser denna, ingalunda något problematiskt; problemet, hvarmed vi här sysselsätta oss, är just denna kärlek, som föregår den könliga föreningen och med passionens hela makt slutligen leder derhän.

Äfven två verkligt sanna vänner kunna icke lefva utan hvarandra, och de äro i stånd att bringa hvarandra hvilket offer som helst, alldeles som två älskande, — men hvilken skilnad mellan vänskap och kärlek! Den ena en mild, skön höstafton af mättad kolorit, den andra ett rysligt förtjusande våroväder; den ena Olympens sorglösa gudar, den andra de himmelsstormande Titanerna; den ena sjelfviss och tillfreds med sig sjelf, den andra oupphörligt jägtande efter det oändliga i tränad, lust och nöd, stundom jublande af himmelsk fröjd, stundom bedröfvad till döds; den ena en klar och ren harmoni, den andra eolsharpans andehviskningar och sorl, det evigt ofattliga, onämnbara, outsägliga, emedan det aldrig kan begripas af medvetandet, den hemlighetsfulla klangen från hemmet i vida fjerran; den ena ett upplyst tempel, det andra ett i evigt mörker höljdt mysterium. Intet år förflyter, utan att der förekommer i Europa en mängd sjelfmord, dubbelmord och fall af inträdande galenskap i följd af olycklig kärlek; men jag känner ännu intet fall, då en person i följd af obesvarad vänskap tillskyndat sig döden eller förlorat förståndet. Detta och de många genom kärlek krossade existenserna (hvilket gäller hufvudsakligen om fruntimmer, vare sig blott för några få veckor eller månader) bevisa tydligt nog, att man vid kärleken icke har att göra med ett narrspel, ett romantiskt skämt, utan med en fullkomligt real makt, en demon, som kräfver ständigt nya offer. Menniskans könliga görande och låtande i alla dess former och vexlingar är så besynnerligt, så absurdt, så komiskt och löjligt, och likväl mestadels så bedröfligt, att det gifves blott ett medel, för att kunna öfverskåda alla dessa besynnerligheter, det är: när man sjelf befinner sig omgifven af dem, då det går en alldeles som en rusig bland ett sällskap af rusiga, — då finner man allt helt naturligt och i sin ordning. Skilnaden är blott den, att enhvar, som vill hämta någon lärdom af ett rusigt sällskaps lärorika skådespel, kan förskaffa sig denna lärdom såsom nykter, men icke så en könlös i fråga om könskärleken, eller måste man vara utlefvad, eller måste man (som jag) redan hafva iakttagit och besinnat detta görande och låtande, *innan* man sjelf tog del deri, och dervid hafva grubblat öfver (som jag), om man sjelf eller hela den öfriga verlden vore förryckt. Och allt detta kommer denne demon åstad, hvilken redan de gamle fruktade i så hög grad.

Men hvad är då denna demon, som reser sig med sådan makt och vill sväfva ut i det oändliga, och som gäckar hela verlden, — hvad är han då ändtligen? Hans *mål* är könsdriftens tillfredsställande, icke könsdriftens tillfredsställande öfverhufvud, utan endast med denna bestämda individ, — ehuru mycket han än må hyckla, för att fördölja och förneka det, och ehuru mycket han än må slingra sig undan med tomma fraser. Ty om det icke vore detta, hvad skulle det då vara? Månne genkärlek? Ingalunda! Med den varmaste genkärlek är ingen på allvar tillfreds, till och med under möjligheten af ständigt umgänge, ifall föremålets besittning är ovilkorligt *omöjlig*, och mången har redan i en sådan belägenhet med ett skott förkortat sitt lif. För den älskades *besittning* deremot offrar den älskande allt; till och med då han alldeles icke vinner någon genkärlek, vet han att trösta sig med besittningen af föremålet, såsom bevisas af många äktenskap, hvilka grundats på ett slags brudens eller hennes föräldrars köp genom rang, rikedom, börd o. s. v., eller såsom till sist betygas äfven af de fall af våldtägt, der kärlekens demon till och med icke skytt *brottet*. Men der generationsförmågan slocknar, der slocknar också kärleken; man läse endast brefven från Abälard och Heloise, — *hon* ännu helt och hållet eld, lif och kärlek; *han* kall vänskap, rik på betydelselösa fraser. Likaså aftager också genast med tillfredsställelsen passionen i märkbar grad, såvidt hon icke till och med genast helt och hållet försvinner, ett förhållande, som vanligen också icke låter länge vänta på sig, hvarvid vänskap och denna så kallade kärlek af vänskap allt framgent kan blifva beståndande. Mycket länge öfverlefver ingen kärlekspassion njutningen, åtminstone icke hos mannen, såsom alla erfarenheter visa, om hon också till en början ännu någon kort tid kan vara i tilltagande; ty hvad som ännu sedermera säges om kärlek i *denna* mening, det är mestadels hyckladt af andra skäl. Kärleken är ett oväder; han laddar ur sig från sin elektriska materia icke i en blixt, men småningom i flera, och när han laddat ur sig, då kommer den kyliga vinden, och medvetandets himmel klarnar upp och blickar förvånad ner på det fruktbringande regnet på marken och de bortjagande molnen fjerran vid horisonten.

Demonens mål är alltså i sanning intet annat än könsdriftens tillfredsställande i och med denna utkorade individ, och allt, som knyter sig dertill, såsom själens harmoni, tillbedjan, beundran, är endast en mask, ett bländverk, eller är det något annat än kärlek *jämte* kärleken; profvet är helt enkelt det, om allt detta spårlöst försvunnit, då den kyliga vinden kommer; hvad som då ännu återstår, det har icke varit kärlek, utan vänskap. Härmed är dock *ingalunda* sagdt, att den, som är af denna demon besatt, måste hafva könsdriftens tillfredsställande såsom mål i *medvetandet;* tvärtom vill den högsta och renaste kärlek icke engång medgifva detta mål, och särskildt vid den första kärleken ligger förvisso den tanken fjerran, att denna namnlösa trängtan skulle sträfva blott derhän. Till och med om tanken på könsbeblandelse utifrån tränger sig på en, blir han ännu i detta stadium med kysk motvilja af medvetandet förkastad såsom icke öfverensstämmande med trängtans och hoppets oändlighet och ovärdig det drömda idealets oupphinneliga höghet, och först i senare stadier kommer det omedvetna målet att tillsvidare såsom en *bisak* framställa sig för medvetandet, om den saliggörande drömmen, att så säga, sänkt sig så lågt till jorden, att man i könsumgänget icke mer ser ett vanhelgande af sitt ideal, — en ståndpunkt, för hvars snara åvägabringande naturen träffat anstalter derigenom, att hon instinktmässigt tvingar de älskande, att från de ömmaste blickar steg för steg fortgå till allt intimare kroppslig beröring, hvilken efterhand blir förenad med sinlighetens ständigt starkare retlighet. Trånadens och sträfvandets oändlighet härflyter således omedelbart från ett outsägligt och ofattbart medvetet mål för desamma, och denna oändlighet skulle vara en oförnuftig ändamålslöshet, om icke ett omedvetet mål vore den osynliga driffjädern till denna våldsamma känsloapparat, — ett omedvetet mål, om hvilket vi närmast kunna säga endast så mycket, att dessa bestämda individers könsumgänge måste vara medlet för dess uppfyllelse. Endast i det fall, att detta enda och uteslutande mål ännu icke framträdt för medvetandet såsom sådant (utan antingen alldeles icke, eller endast såsom sträfvandets bisakliga mål), är kärleken en fullkomligt sund process, en process utan inre motsägelse; endast i det fallet besitter känslan den oskuld, hvilken allena förlänar henne hennes sanna adel och behag. Deremot så snart kopulationen af medvetandet fattas såsom det *enda* målet för känslans öfversvinnelighet i kärleken, upphör kärleken såsom sådan att vara en sund process; ty alltifrån detta ögonblick inser medvetandet också det absurda i denna drifts ofantlighet, missförhållandet mellan medel och mål i afseende på individen, och det öfverlemnar sig nu åt passionen under den vissa öfvertygelsen, att för *sin* del begå en dumhet, — en obehaglig känsla, från hvilken det lika litet någonsin åter förmår frigöra sig, som från egoismen sjelf.

Endast i det fall då kärlekens mål ännu icke blifvit medvetet, då den förälskade individen ännu icke vet, att den af kärlekens mystik i föreningen med den älskade efterlängtade och väntade väsenssammansmältningen skall realiter försiggå endast i en tredje (barnet), endast i det fallet äger hon den kraften, att taga individen med alla hans egoistiska intressen så skrupulöst till fånga, att till och med de största offer synas obetydliga och värdelösa gentemot den drömda lycksaligheten, och det omedvetnas höga mål uppfylles med *full-*

komlig hänsynslöshet. När deremot en förtärande passion än engång öfverväldigar en menniska, hvilken trott sig redan hafva öfvervunnit illusionen, då gestaltar sig kärleken för hennes eget medvetande såsom en dyster demonisk makt, så att hon förefaller sig sjelf som en vansinnig under förståndets fulla bruk, den der piskad af passionens furier till och med ej längre tror på lyckan, åt hvilken han liksom viljelöst hembär allt som offer, hvarför han väl till och med måste begå förbrytelser. Helt annorledes, då den medvetslösa ungdomens oskuld för första gången får syn på den fata morgana, som för honom upprullar löftets eden i den glödande morgonrodnadens förklarade skimmer. Då ljusnar för honom den mystiska aningen om allt omedvetet varas eviga enhet och om det onaturliga uti att vara skild från den man håller kär, då framspirar och uppblossar längtan att tillintetgöra de individualitetens skrankor, som skilja honom från den älskade, att duka under och att med sitt hela sjelf försjunka i det väsen, som är honom dyrare än hans eget, för att, likt en Phoenix förbränd i kärlekens lågor, endast i den älskade såsom en sjelflös del af honom återfinna det bättre varat: och de själar, som äro ett, utan att veta det, och som icke kunna komma hvarandra närmare genom en aldrig så innerlig omfamning, försmäkta af längtan efter en sammansmältning, som aldrig kan blifva dem möjlig, så länge de äro skilda individer, och det enda resultat, i hvilket de verkligen kunna bringa till stånd en real sammansmältning af deras egenskaper, deras dygder och fel, misskänna de till sådan grad i högheten af dess betydelse, att de sedermera till och med tro sig böra förneka detta resultat såsom det omedvetna målet för deras åtrå att få sammansmälta till ett helt. (Jfr. Gesamm. philosoph. Abhandl., sid. 86—87).

Vi äro nu komna så vidt, att vi lärt känna kärleken till en viss individ såsom en *instinkt*, ty vi hafva i honom funnit en oafbruten serie af sträfvanden och handlingar, hvilka alla arbeta åt ett enda mål, som likväl såsom det enda målet för allt detta icke faller i medvetandet. Frågan är slutligen endast denna: Hvad skall detta omedvetna mål, hvad betyder en sådan instinkt, som framkallar ett så egensinnigt urval i könsdriftens tillfredsställande, och huru motiveras han genom åsynen af just denna individ? Af det, som kan vara af intresse för naturens hushållning och göra instinkter af nöden, blir dock genom individernas könsurval påtagligen ingenting annat förändradt, än barnets kroppsliga och andliga beskaffenhet, följaktligen blir det enda möjliga svaret, som efter allt hvad hittills blifvit framställdt kan gifvas, detsamma som Schopenhauer gifvit (»Welt als Wille und Vorstellung», Bd II, Kap. 44, Metaphysik der Geschlechtsliebe), nämligen att kärlekens instinkt sörjer för en sådan sammansättning och beskaffenhet hos den nästföljande generationen, att de i möjligaste måtto motsvara menniskoslägtets idé, samt att den drömda saligheten i den älskades armar icke är något annat än det bedrägliga lockbete, förmedelst hvilket det omedvetna bedrager den medvetna *egoismen* och tvingar honom att *offra* sin egennytta till förmån för den efterföljande generationen, hvilket den medvetna öfverläggningen aldrig skulle kunna förmå sig att göra. Det är samma princip, specielt använd i fråga om menniskan, som Darwin nyligen i sin teori om det naturliga urvalet uppvisat såsom en allmän naturlag, nämligen att *artens förädling* åstadkommes icke allenast genom de odugligare exemplarens undergång i kampen för tillvaron, utan äfven genom en naturlig *instinkt, som bestämmer urvalet vid fortplantningen.* Naturen känner inga högre intressen än slägtets, ty slägtet förhåller sig till individen på samma sätt, som det oändliga till det ändliga; likasom *vi* af den enskilde begära, att han medvetet må offra sin egoism, ja till och med sitt lif för det helas väl, så offrar *naturen* med långt mindre betänkande individens egoism, eller till och med hans lif för slägtets väl förmedelst instinkten (man tänke på moderdjuret, som för att skydda sina ungar icke skyr döden, och den brunstige hannen, som för att komma i besittning af honan kämpar på lif och död); detta kan i sanning endast kallas vist och moderligt. Vi framtvinga den enskildes medvetna offer genom *fruktan för straff;* naturen är välvilligare, hon framtvingar dem genom *hopp om belöning,* — och det är väl ännu moderligare! Derför beklage sig ingen öfver dessa förhoppningar och deras felslående, såvida han icke liksom Schopenhauer har att beklaga sig öfver naturens existens och dennas fortvarande bestånd; för öfrigt är den gycklande inbillningen lika *helsosam* och lika *oumbärlig*, som en sådan, hvilken föräldrarne ofta nog se sig nödsakade att förespegla sina barn till deras eget bästa. Ty af alla naturliga ändamål kan det påtagligen *icke* gifvas *något högre*, än den närmast följande generationens väl och möjligast förträffliga beskaffenhet, emedan af denna generation beror icke blott hon sjelf, utan slägtets hela framtid; följaktligen är angelägenheten i sjelfva verket högst vigtig, och bullret, som göres deraf i hela verlden, ingalunda alltför stort. Men detta oaktadt förblifver förhållandet mellan medlet och ändamålet (kärlekens passion och barnets beskaffenhet) *för den enskildes medvetande*, om det engång blifvit af detta begripet, absurdt, och kärlekens process är för honom behäftad med en inre motsägelse *mot hans egoism,* ty från egoismens ståndpunkt kan visserligen det medvetna *tänkandet* in abstracto, men svårligen den medvetna *viljan* in cencreto *frigöra sig*, hon kan på sin höjd genom en fullkomligare insigt bringas derhän, att med tålighet fördraga sin förödmjukelse gentemot naturens ändamål.

Schopenhauer har i enskildheterna mästerligt påvisat, huru de kroppsliga och andliga egenskaperna inverka på det omedvetna och framkalla den omedvetna viljan att producera denna bestämda nya menniska, som måste framkomma i följd af dessa individers kopulation. Jag hänvisar till det ofvan anförda kapitlet, men gifver här för fullständighetens skuld endast ett kort utdrag: 1) verkar hvarje individ i könligt afseende så mycket mera tilldragande, i ju fullkomligare grad han både kroppsligt och andligt representerar slägtets idé, och ju mer han befinner sig på alstringskraftens höjdpunkt; 2) verkar på hvarje individ i könligt afseende den individ mest tilldragande, hvilken i möjligaste måtto paralyserar den förres fel genom motsatta fel, alltså vid prokreationen gifver förhoppning om ett barn, som möjligast fullkomligt representerar slägtets idé. Man ser, att i första punkten den kroppsliga och andliga kraften, öfverensstämmelse, skönhet, adel och behag finna sin plats, för att verka på uppkomsten af könskärlek, men man förstår nu, *huru den begynner*, nämligen på den omedvetna ändamålsföreställningens omväg, då man deremot förut alldeles icke kunde begripa, huru det är *möjligt*, att kroppsliga och andliga företräden hafva något att skaffa med könskärleken. Likaså är ålderns inflytande förklaradt genom prokreationskraftens höjdpunkt (18—28 året hos qvinnan, 24—36 hos mannen). Såsom ett annat exempel anför jag ännu den våldsamma retning, som en yppig qvinnobarm utöfvar på mannen; förmedlingen är den omedvetna ändamålsföreställningen om en riklig näring för det nyfödda barnet; vidare att kraftig muskulatur (t. ex. vador) ger förhoppning om en barnets kraftiga bildning och derigenom utöfvar mycken retning. Alla sådana småsaker mönstras med yttersta sorgfällighet och personer tala med hvarandra derom med vigtig min, men ingen öfverlägger med sig sjelf, hvad ett obetydligt mer eller mindre hos vador och bröst har att skaffa med könsnjutningen.

Den första punkten innehåller skälet dertill, att de i andligt och kroppsligt hänseende fullkomligaste inviderna *i allmänhet* förefalla det andra könet mest begärliga; andra punkten innehåller skälet dertill, att samma individer förefalla olika individer af andra könet *begärliga i alldeles olika grad*, samt att helt olika beskaffade individer förefalla en *mest begärliga*. Man kan sätta bägge punkterna på prof hvarhelst man vill, och man skall finna, att de besanna sig i de minsta detaljer, blott man alltid ihågkommer att *frånräkna* hvad som *icke* af omedelbar instinktmässig könsböjelse, utan af andra medvetandets förståndiga eller oförståndiga grunder utgör föremålet för ens åtrå och önskningar. Storväxta män tycka om småväxta qvinnor och omvändt, magra tycka om tjocka, trubbnästa långnästa, blonda brunetta, snillrika enkelt-naiva, välförståendes alltid endast i könligt afseende, ty i estetiskt finna de mestadels *icke* sin polära motsats skön, utan endast den som är *dem lik*. Också skola många storväxta qvinnor af fåfänga undvika att taga till äkta en liten man. Såsom man finner, hvilar den könliga förnöjelsen på helt andra förutsättningar, än den praktiska, moraliska, estetiska och hjertliga; derigenom förklaras också den passionerade kärleken till sådana individer, hvilka den älskande i öfrigt icke kan undgå att finna förhatliga och föraktliga. Visserligen gör passionen i sådana fall allt möjligt, för att förblinda det sunda *omdömet* och stämma det till sin fördel; derför är det också alldeles riktigt, att det gifves ingen kärlek, som icke är blind. Den missräkning, som inträder med passionens aftagande, bidrager i väsentlig mån att påskynda kärlekens omslag i likgiltighet eller hat, hvilket sistnämnda vanligen finnes på bottnen af hjertat icke allenast hos älskande, utan äfven hos äkta makar.

De starkaste passionerna uppväckas, som bekant, icke genom åsynen af de vackraste individerna, utan oftare tvärtom af just de fula;

detta beror derpå, att den *starkaste* passion endast består i den *mest koncentrerade individualisering af könsdriften*, och att denna uppkommer endast derigenom, att *polärt motsatta* egenskaper stöta samman. Hos sådana nationer, der lifvet öfverhufvud är mindre andligt än sinligt, skola de *kroppsliga* egenskaperna nästan uteslutande gifva utslaget, hvadan också hos dessa just de häftigaste passionerna framträda *momentant*. Deremot öfverväga hos de bildade klasserna af nationer, som befinna sig på en högre grad af andlig utveckling, de andliga egenskaperna öfver de kroppsliga äfven i fråga om inflytandet på det omedvetna könsurvalet; fördenskull är här för kärlekens uppkomst mestadels en närmare bekantskap af nöden, så framt icke en det omedvetnas clairvoyans, föranledd genom den fysionomiska företeelsen, träder vikarierande in, ett fall, som ofta inträffar isynnerhet med fruntimmer, hvilka just stå det omedvetnas källa närmare. Men äfven på män af stor andlig begåfning gifves det exempel i mängd, att första sammanvaron med en ovanlig qvinna helt och hållet invecklat dem i ett oupplösligt trolleri, hvars orsak hvarje själens ansträngning förgäfves sökt begripa. I, som ännu tviflen på magien, på verkningar mellan två själar utan förmedling af den vanliga andliga förbindelsen, på symbolens vingar, hvilken begripes endast af det omedvetna, — viljen I också förneka kärleken?

Resultatet af detta kapitel är följande: Instinktmässigt uppsöker menniskan, för att tillfredsställa sin fysiska drift, en individ af motsatt kön, i den tanken att derigenom hafva en högre njutning, än under någon annan form af tillfredsställelse; hennes omedvetna ändamål är dervid prokreation öfverhufvud. Instinktmässigt uppsöker menniskan den individ af motsatt kön, hvilken sammansmält med henne representerar slägtets idé i möjligast fullkomliga grad, i den tanken att i könsumgänget med denna individ hafva en ojämförligt högre njutning, än med alla andra individer, ja absolut taget att blifva delaktig af den öfversvinneligaste salighet; hennes omedvetna ändamål är dervid prokreationen af en sådan individ, som i möjligast fullkomliga mån representerar slägtets idé. Detta omedvetna sträfvande efter slägtidéns möjligast rena förverkligande är alldeles icke något nytt, utan *samma princip, som beherskar det organiska bildandet i vidsträcktare mening, tillämpad på prokreationen* (hvilken ju också endast är en särskild form af det organiska bildandet, såsom fysiologien ådagalägger), och genom mängden och finheten af differenser i menniskoslägtet uppdrifven till en hög grad af subtilitet. — Hos djuren saknas ingalunda detta könsurvalets moment, det framträder endast i enklare form på grund af de ringare differenserna, och kommer väsentligen under den första punkten, urvalet af sådana individer, som sjelfva redan presentera arttypen i möjligast fullkomliga grad. Så kämpa inom många djurarter (höns, skälar, mullvadar, vissa apor) hannarne med hvarandra om besittningen af en hona, som synes särskildt begärlig; individer, som äro så särskildt eftersökta, äro hos många brokiga djur de vackrast färgade, hos olika raser eller varieteter inom en och samma art individerna af samma ras, t. ex. hos menniskor, hundar. Gårdvarar bringa ofta de största offer, för att få komma tillsammans med en hynda af deras ras, i hvilken de hafva förälskat sig. De löpa icke allenast många mil, utan jag känner äfven ett fall, då en hund hvarje natt trots sitt straffkoppel besökte sin älskade, som hörde hemma öfver en hel mil derifrån, och hvarje morgon återkom utmattad och sönderrifven; då kopplet icke hjelpte, fastgjorde man honom vid en kedja; men här blef han så oregerlig, att man nödgades släppa honom lös, emedan man måste hysa farhåga för, att han skulle få anfall af rabies. Och dertill funnos hyndor i tillräcklig mängd i hans omgifning. Äfven ädla hingstar skola i de flesta fall försmå att betäcka vanliga utsläpade ston.

Schopenhauer anmärker ganska riktigt, att vi från könskärlekens instinkt, som vi erfara hos oss, kunna sluta tillbaka till djurens instinkter, samt antaga, att äfven hos dessa medvetandet skulle bedraga sig genom väntan på en särskild njutning. Men denna inbillning uppspringer endast ur driften, är proportionel med driftens styrka, och är ingenting annat, än driften sjelf i förening med användningen af den medvetna erfarenheten, att lusten vid driftens tillfredsställande i allmänhet är proportionel med driftens styrka, en förutsättning, som icke bekräftar sig vid de drifter, hvilkas vigt och betydelse faller i medvetandet (se Kap. C. III), och som af denna anledning blir en bedräglig inbillning. Denna anmärkning måste fördenskull inskränkas till de djur, hvilkas medvetande är mäktigt af sådana generalisationer, hos de lägre stående blir saken beroende just af den tvingande driften, utan att de någonsin komma till en väntan på njutningen. — Huru gagnelig denna inbillning föröfrigt är äfven för individerna af högre stående djurarter, finner man deraf, att just denna könliga inbillning är det främsta och vigtigaste medlet i naturen, för att ingifva individerna det intresse för hvarandra, hvilket är af nöden, för att göra själen i tillräcklig grad mottaglig för medkänslan. Äktenskapets och familjens band äro derför också hos djur, liksom hos obildade menniskor de första stegen, med hvilka man beträder vägen till medveten vänskap och till sedlighet, de äro den uppgående kulturens, de skönare och ädlare känslornas och den renare offervillighetens första morgonrodnad.

Man skall måhända vilja invända, att enligt teorien om det polariska komplementet skulle ingen olycklig kärlek kunna förekomma; men detta är påtagligen en förhastad och falsk invändning. Ty: om A förälskar sig i B, så vill detta säga: B är för A ett passande komplement, eller A skall med B producera *bättre* barn än med *andra*. Men nu behöfver ingalunda äfven A vara ett passande komplement för B, utan B kan måhända med många andra producera bättre barn än med A, om t. ex. A är en tämligen dålig representant af slägtidén; följaktligen behöfver B ingalunda förälska sig i A. Endast i det fall, att bägge äro högt stående individer, skall också B svårligen finna en individ, med hvilken han skulle kunna producera bättre barn än med A, och då gripas båda samtidigt af passionen, då äro de liksom de båda hvarandra återfinnande hälfterna af den delade urmenniskan i den Platonska myten. Dertill kommer i ett sådant fall ännu, att denna polariska öfverensstämmelse kommer icke allenast barnen, utan i ett *annat* afseende, såsom kärlekens passion inbillar sig, äfven föräldrarne till del; derför nämligen att, såsom ofvan anmärktes, äfven för den högsta vänskap själarnes polariska öfverensstämmelse är den gynnande betingelsen.

Till förtydligande för dem, hvilka resultatet af detta sista kapitel möjligen torde synas nytt och frånstötande, får jag slutligen än engång fästa uppmärksamheten derpå: 1) att, så länge den omedvetna driftens illusion oantastad äger bestånd, denna illusion har för känslan alldeles samma värde som sanningen; 2) att till och med *sedan* man kommit under fund med illusionen, och innan man fullkomligt resignerar sig med hänsyn till egoismen, således i ett tillstånd af den skarpaste och orubbligaste motsägelse mellan den sjelfviska medvetna och den sjelflösa, blott för det allmänna verkande omedvetna viljan, att till och med i detta tillstånd, säger jag, det omedvetna städse framställer sig på samma gång såsom *högre* och *starkare* än medvetandet, att således den medvetna viljans tillfredsställande på bekostnad af den omedvetnas icke-tillfredsställande förorsakar mer smärta, än om förhållandet vore det omvända; 3) slutligen, att denna den allmänna omedvetna viljans tvedrägt med den egoistiska medvetna viljan finner sin positiva försoning (såsom skall visas först i Kap. C. XIV) i den verkligt filosofiska ståndpunkt, der sjelfförnekelse, d. v. s. sjelfförsakelse af individuelt väl, och fullkomlig hängifvenhet åt det allmännas process och väl framställer sig såsom den praktiska filosofiens process, att alltså äfven alla för den medvetna egoismen absurda, men för det allmänna välgörande instinkter *restitueras* in integrum.

Man skulle fullkomligt misstaga sig, om man trodde, att kärlekens förklaring genom *omedvetet* ändamålsförhållande till barnet, som skall produceras, materialiserade menniskohjertats eviga vår eller beröfvade de ännu oskyldiga känslorna deras milda idealistiska fägring. Långt derifrån! Hvad skulle väl säkrare kunna lyfta kärleken öfver sinlighetens simpelhet och till sist skydda honom från hvarje återfall dertill, än hans ursprung från ett omedvetet ändamål, hvilket endast har att skaffa med prokreationen, men utesluter sinligheten och vällusten från den individualiserade kärlekens orsaker och endast låter dem qvarstå såsom ett bisakligt vehikel, hvilket bättre skall skydda det oändliga sträfvandet ifrån att helt och hållet förfela sitt omedvetna mål? Den filosofiska betraktelsen gör intet annat än afslöjar illusionen, i hvilken den naturliga menniskan är fången, den illusionen, att dessa mystiska känslor skulle *i sig sjelfva* hafva en förnuftig grund eller berättigande. Men på samma gång ersättes denna illusion af den vetenskapliga insigten, att dessa känslor hafva det aldra största berättigande i verlden, och att de i sjelfva verket äro oändligt mycket vigtigare för menniskoslägtets utveckling och dess historia, än fantasien förmår drömma (jfr. framdeles Kap. B. X, äfvensom slutet af Kap. B. XI). Hon gifver alltså numera åt skaldekonstens eviga föremål, som hittills varit endast en grundlös illusion, derigenom att hon för egoismens skuld kritiskt tillintetgör dess drömda värde och i ersättning derför förlänar det en alldeles icke anad betydelse för mensklighetens väl, — detta föremål gifver hon en sådan filosofisk grundval, att till och med den torraste filisters hån måste förstummas och böja sig för sakens omätliga praktiska vigt.

III.

Det omedvetna i känslan.

Om jag har ondt i en tand eller en finger, så är detta påtagligen två olika saker, ty det ena har sitt säte i tanden, det andra i fingern. Ägde jag icke förmågan att förlägga mina varseblifningar i rummet, så skulle jag också icke kunna förnimma två olika smärtor, utan endast en blandning af båda, liksom man vid två rena toner (utan öfvertoner), som ljuda i oktav, hör absolut endast en, nämligen den lägre, men med förändrad klangfärg. Varseblifningens olika läge i rummet meddelar följaktligen åt själen förmågan att upplösa i dess element smärtans konsonans i öfverensstämmelse med de till rummet skilda varseblifningarna, att sammanknyta en del med en, en annan del med en annan rumföreställning, och sålunda konstatera olikheten. Men nu finnas ting, som äro i rummet skilda, men ändock icke kunna skiljas åt, såsom t. ex. två kongruenta trianglar. Detta kan man visserligen icke påstå om tandvärk och smärta i fingern; först och främst kunna de åtskiljas genom graden, d. v. s. den intensiva qvantiteten, och vidare genom qvaliteten, ty under föröfrigt lika styrka kan smärtan vara kontinuerlig eller intermittent, brännande, kylande, tryckande, klappande, stickande, bitande, skärande, dragande, slitande, kittlande, och förete en oändlig mängd variationer, som alldeles icke låta sig beskrifva.

Vi hafva hittills fattat smärtan såsom en totalitet; men nu frågas, om man icke i filosofisk mening måste förbjuda detta, och om man icke snarare måste i denna gifna totalitet skilja mellan den *sinliga varseblifningen* och smärtan eller *olusten i inskränkt mening*. Ty vi hafva ofta för oss en varseblifning, som frambringar hvarken lust eller smärta, t. ex. då jag sakta trycker min finger eller borstar huden; då denna varseblifning förblifver qvalitativt oförändrad och endast till *graden* till- eller aftager, kan lust eller olust medfölja, och nu skulle plötsligt varseblifningen vara begripen med i smärtan eller lusten? Vi måste alltså skilja mellan bägge och komma snart till insigt om, att bägge, långt ifrån att vara ett och samma, snarare stå till hvarandra i ett kausalt förhållande; ty varseblifningen (eller en del af denna) är smärtans orsak, då hon uppträder och försvinner med densamma och aldrig framträder utan i förening med den, men väl en varseblifning under särskilda omständigheter utan en åtföljande smärta.

Sedan vi företagit denna söndring, ligger den frågan nära till hands, huruvida de omtalade skiljaktigheterna verkligen ligga i lust och smärta, eller blott i de förorsakande och beledsagande omständigheterna, nämligen i varseblifningen. Att smärtan medgifver intensivt qvantitativa skiljaktigheter, är klart, men medgifver hon också qvalitativa? De flesta skiljaktigheter, som man betecknar med ord, gå ut på olika former af intermitterandet; så hafva vi klappande, dragande, ryckande, stickande, skärande, bitande, till och med kittlande former; här förändrar sig visserligen med graden af varseblifning äfven graden af smärta efter vissa mer eller mindre regelmässiga typer, men någonting af en ursprunglig qvalitativ skiljaktighet i smärtan sjelf står ej att finna dervid. Långt hellre kunde man förmoda detta vid den lust eller olust, som framkallas af olika slag af lukt och smak; men äfven dervidlag skall man genom sträng iakttagelse på sig sjelf kunna öfvertyga sig om, att all qvalitativ olikhet mellan lust och olust är helt och hållet skenbar, samt att denna villa uppkommer derigenom, att man aldrig hittills har företagit sig att söndra lust och olust å ena sidan och varseblifning å den andra, utan varit van att vid uppfattningen sammanslå den ena som den andra med varseblifningen till ett gemensamt helt, så att olikheterna i varseblifningen nu äfven framställa sig såsom olikheter i denna öfverensstämmande helhet. — Men att man aldrig har företagit denna söndring, det beror derpå, att man utur den oändligt mångfaldiga kompositionen af själstillstånd alltjämnt lär sig att såsom sjelfständiga delar frånskilja blott de grupper, *hvilkas söndring medför någon reel nytta åt det praktiska behofvet.* Så t. ex. urskiljer man i det ackord, som anges af en fullständig orkester, icke alla toner af samma tonhöjd, oafsedt från hvilka instrument de komma, inklusive deras öfvertoner, utan man sammanfattar de af ett instrument frambragta öfvertonerna i de mest olika lägen med instrumentets grundton, för att sålunda få dess klangfärg, och de på detta sätt uppkomna tongrupperna, hvilka representera de af hvarje enskildt instrument framkallade tonerna, dem först sammanfattar man till ackordet, och detta helt enkelt af det skäl, att kännedomen om öfvertonerna icke bereder något praktiskt intresse, hvilket deremot kännedomen om instrumentens klangfärg gör. Och detta praktiska sätt att sammanfatta tongrupperna är så införlifvadt med oss, att sättet att hålla sig till de blotta tonhöjderna, fastän det uppenbarligen måste vara mycket lättare, är rent af omöjligt för oss, så omöjligt, att först för några år sedan Hemholtz lemnat en verkligt sträng bevisning för klangfärgernas uppkomst genom kombination af öfvertoner.

Hardt när lika omöjligt tyckes det oss nu äfven vara, att från helheten af lust eller olust samt de dem förorsakande och beledsagande varseblifningarna skarpt söndra dessa element och hålla dem isär under studiet på sig sjelf; att denna söndring likafullt måste vara möjlig, inser enhvar deraf, att de två förhålla sig såsom orsak och verkan och äro väsentligen olika. Den, hvilken det lyckas att företaga henne, skall finna bekräftelse på den satsen, att lust och olust endast hafva intensivt qvantitativa, men inga qvalitativa skiljaktigheter. Man skall lyckas så mycket lättare, med ju enklare exempel man börjar, t. ex. om lusten vid åhörandet af en klockton är olika. när tonen är *c* och när han är *d*. Har man en gång fått inblick i saken genom sådana enkla exempel, så skall hon äfvenledes blifva klar för en, om man småningom höjer sig till exempel, som innehålla större skiljaktigheter i varseblifningen. Man kan också genom att gå tillbaka finna en bekräftelse på satsen deruti, att man är i stånd till att mot hvarandra afväga olika slags sinliga njutningar (t. ex. huruvida någon för den thaler, som han är sinnad att gifva ut, föredrager att dricka en flaska vin, eller förtära tårtor med is, eller biffstek med öl, eller för samma mynt skaffar sig tillfredsställelsen af något annat sinligt behof; — om man skall dras med tandvärken hela dagen eller i stället låta draga ut tanden); ett dylikt *afvägande* af skälen för och emot vore ej möjligt, såvida icke lust och olust vid alla dessa ting vore blott qvantitativt olika, men qvalitativt lika, ty lika låter sig *mäta* endast med lika.

Man inser nu äfven, att *ställets olikhet* ingalunda träffar smärtan omedelbart, utan endast varseblifningen, samt att först i och med varseblifningen en ideel delning af den summariska smärtan inträder, i det att en del af densamma kausalt hänföres till en, en annan till en annan varseblifning. Om nu strängt taget smärtan ej finnes på någon viss plats, och endast varseblifningen kan hänföras till något ställe, så kan äfven det genom ställenas olikhet fastställda *dubbelförhållandet* blott gälla för varseblifningen, men icke för smärtan, och smärtan är i följd deraf ej blott i alla inträffande fall *qvalitativt lika*, utan hon är *i ett och samma moment* alltid blott *en*.

Denna mening finner sin bekräftelse i Wundts »Beiträge zur Theorie der Sinneswahrnehmung.» Han säger nämligen (sidd. 391—392): »Det *väsentliga* i smärtan är *identiskt*, hon må hafva sitt säte i ett af de objektiva sinnesorganen, såsom i huden, eller i en del hvilken som helst af bålens innanmäte. Liksom smärtan, af hvilken orsak hon än må härröra — af mekanisk, kemisk retning, värme eller köld o. s. v. —, alltid är af *lika* natur, så visar hon ock i sin väsentliga karakter ingen olikhet, hvilka smärtförnimmande nerver i kroppen än må träffas af den smärtalstrande retningen.» Han visar vidare, att »liksom smärtan i de egentliga sinnesorganen blott framställer sig såsom förnimmelsens högsta stegring, så är hon också i alla öfriga förnimmande organ icke något annat än den intensivaste förnimmelse, som följer på de starkaste retningarna, men att deremot alla organ, som öfverhufvud äro mäktiga att förnimma smärta, äfven förmå att förmedla *förnimmelser*, hvilka *icke* kunna betecknas såsom *smärta*, utan hvilka för hvarje organ äro detsamma, som *den specifika sinnesförnimmelsen* är för sinnesoganet» (sid. 394). »Har man en gång väl gjorts uppmärksam på dessa smärtans föregångare och efterträdare, så kan man tydligt iakttaga dem då, när de ej stå i förbindelse med förutgångna eller efterföljande smärtor» (sid. 393). »Eftersom vi först akta på dem, när de stegra sig till smärta, så har språket också blott särskiljande benämningar för egendomligheten i *smärtan* hos olika organ» (sid. 395). Dessa sinnesförnimmelserna motsvarande specifika organförnimmelser i förening med sekundär affektion hos närliggande väfnader äro alltså det, som betinga smärtans olika nyans, utan att förändra hennes väsens identitet.

Den, som har insett likheten af lust och olust vid sinliga känslor, skall äfven snart erkänna den i afseende på andliga. Att det är min vän A eller min vän B som dör, kan väl ändra graden, men ej arten af min smärta, likaså litet om det är min hustru eller mitt barn som dör, ehuru min kärlek till dessa två har varit af helt olika art, och alltså äfven de föreställningar och tankar, som jag gör mig öfver beskaffenheten af min förlust, äro helt olika. Liksom smärtan öfverhufvud i detta fall förorsakats af föreställningen om förlusten, så uppstår också i den komplex af känslor och tankar, som man vanligen sammanfattar under benämningen smärta, en olikhet till följd af olikheten i föreställningarna om förlusten; afsöndrar man återigen det som är smärta och ingenting annat är smärta, icke tanke, ej heller föreställning, så skall man finna, att hon åter är alldeles likartad. Samma förhållande äger rum vid den smärta, som jag erfar öfver förlusten af min hustru, förlusten af min förmögenhet, som gör mig till tiggare, och öfver den genom förtalet förorsakade förlusten af mitt ämbete och mitt goda namn och rykte. Det, som är smärta och ingenting annat än smärta, är öfverallt blott till graden olika. Likaså med afseende på den lust som jag erfar, när en annan slutligen efter långvarig motsträfvighet villfar min egensinniga åstundan, eller när jag vinner på lotteri eller når en högre samhällsställning.

Att lust och olust öfverallt äro lika, framgår äfven här återigen deraf, att man mäter den ena med den andra, ett afvägande af lust och olust, på hvilket i framtiden hvarje förnuftig pratisk öfverläggning, hvarje fattande af beslut grundar sig hos menniskan, ty *lika* kan man ju blott mäta *med lika*, icke hö med halm, icke en kappe med ett pund. Uti det faktum, att hela det menskliga lifvet och de afgörande grunderna för all handling deri hvila på det ömsesidiga afvägandet af de mest olika arter af lust och olust, innebäres implicite och omedvetet såsom betingande grund den förutsättningen, att sådana olika arter af lust och olust öfverhufvud låta sig afväga sinsimellan, att de äro kommensurabla, d. v. s. att det, som hos dem erbjuder tillfälle till jämförelse, är *qvalitativt identiskt;* vore denna tysta förutsättning falsk, så skulle hela menniskolifvet grunda sig på en enda ofantlig illusion, hvars uppkomst och möjlighet vore helt enkelt obegripliga. Lustens och olustens *kommensurabilitet* i och för sig, hvilken redan språket uttrycker i de lika benämningarne på alla arter af lust och olust, måste fördenskull obetingadt antagas såsom ett faktum, och hon äger giltighet ej blott för olika arter af sinlig lust, utan icke mindre för andlig än för sinlig lust och olust. Om man tänker sig en menniska, som vill gifta sig och tvekar i valet mellan två rika systrar, af hvilka den ena är förståndig, men ful, den andra åter inskränkt, men vacker, så afväger han den förutsatta sinliga och andliga lusten mot hvarandra, och allteftersom den förra eller den senare synes honom öfvervägande, fattar han sitt beslut. På samma sätt väger en i frestelse inledd flicka den lust, som innebäres i hedern, dygdmedvetandet och hoppet om blifvande värdighet såsom husfru, mot den lust, hon hämtar ur förförarens löften och de njutningar, som vänta henne i hans famn; en troende själ åter jämför de himmelska fröjder, som skola framqvälla ur försakandet af det jordiska, med dessa jordiska fröjder, hvilka han skall försaka, och allteftersom den ena eller den andra summan tyckes blifva öfvervägande, griper han den jordiska eller den himmelska andelen. — Ett dylikt afvägande af sinlig och andlig lust mot hvarandra och den förutsättning om bägges väsenslikhet, hvarpå hon hvilar, vore blott i det fall obegripliga, att sinligt och andligt öfverhufvud vore heterogena, genom en oöfverstiglig klyfta åtskilda områden. Men så är ej förhållandet; äfven det sinliga, för så vidt som det just är förnimmelse, hvilar redan på innerlighetens andliga grund, och äfven det andliga, så till vida som det uppfyller *medvetandet*, utgör endast blomman på sinlighetens träd, hvaruppå det är uppväxt och hvarifrån det aldrig kan lösslita sig.

Vi fasthålla alltså det resultat, att lust och olust i och för sig i alla känslor blott äro ett, eller att de ej äro skilda till qvaliteten, utan blott till graden. Att lust och olust upphäfva hvarandra, och alltså förhålla sig såsom positivt och negativt till hvarandra, samt att nollpunkten dem emellan är känslans indifferens, ligger i öppen dag; och lika klart är, att det är likgiltigt, hvilken af dem man vill antaga som det positiva, lika likgiltigt som den frågan, om man antager den venstra eller högra sidan af abscissan såsom den positiva (och att sålunda Schopenhauer har orätt, då han förklarar olusten vara det enda positiva, men lusten hennes negation; han begår dervid det felet, att såsom kontradiktorisk fatta en motsats, som är blott konträr).

Men nu är frågan denna: *hvad* äro då lust och olust? Vi hafva sett, att föreställningen är en af deras orsaker, men hvad äro de då sjelfva? Ur föreställningen ensamt kunna de en gång för alla icke förklaras, huru mycket än äldre och nyare filosofer bemödat sig derom; den enklaste iakttagelse på oss sjelfva beslår med lögn deras otillfredsställande deduktioner och utsäger, att lust och olust å ena sidan, samt föreställningen å den andra äro heterogena saker, som blott våldsamt låta intvinga sig i samma kärl. Deremot hafva de flesta betydande tänkare i alla tider erkänt, att lust och olust stå i det aldra närmaste sammanhang med menniskans inre lif, med hennes intressen och böjelser, hennes begär och sträfvanden, med ett ord med viljans rike. Utan att här vilja närmare ingå på de särskilda filosofernas åsigter, kan man sammanfatta dem och säga, att allas meningar kunna föras tillbaka till tvänne grundåskådningar: antingen uppfatta de lusten såsom begärandets tillfredsställelse, olusten såsom dess icke-tillfredsställelse, eller omvändt begäret såsom föreställning om tillkommande lust, motviljan (det negativa begäret) såsom föreställning om tillkommande*) olust. I förra fallet fattas viljan, i det senare känslan såsom det ursprungliga. Hvilketdera är det riktiga, är lätt att inse; ty först och främst finnes i instinkten viljandet faktiskt till före föreställningen om lust, och dess egentliga mål är här ett annat än tillfredsställelsens individuella lust; för det andra blir visserligen genom att förklara lusten för viljans tillfredsställande allting i lusten nöjaktigt förklaradt, men icke omvändt allt i viljan förklaradt genom att förklara henne för föreställning om lust; här förblifver det egentliga pådrifvande momentet, viljan såsom *verkande kausalitet*, fullkomligt obegripligt: — just emedan viljan är *utträdandet i det yttre*, men lust och olust *återvändandet* derifrån *in i sig sjelf* och dermed afslutningen af denna process, så måste *viljan* vara *det primära*, lusten det sekundära momentet.

Om vi tillsvidare låta denna åsigt gälla, så få vi en oväntad bekräftelse på, att lust och olust i alla känslor äro väsentligt lika. Vi hafva nämligen ofvan sett, att viljandet likaledes är alltid ett och detsamma, och för det första blott skiljer sig i afseende på graden af styrka, för det andra i afseende på objektet, som dock icke längre är vilja, utan föreställning. Om nu lust är tillfredsställelsen, olust icke-tillfredsställelsen af viljan, så är det klart, att de äfven alltid måste vara ett och detsamma och blott kunna vara olika till graden, men att de skenbara qvalitativa skilnaderna, som de innehålla, åvägabringas genom beledsagande föreställningar, dels genom dem, som utgöra objektet för viljan, dels genom dem, som frambringas af viljans tillfredsställelse. Häraf resulterar för alla sinnesförfattningar utan intrång på deras mångfald en så stor enkelhet, att denna enligt det gamla talesättet: »simplex sigillum veri» i sin tur måste vara ett stöd för de satser, ur hvilka den härleder sig, liksom dessa genom analogiens makt inbördes stödja hvarandra och tala för hvarandra.

Skälet till, att jag just nu på detta ställe har berört dessa frågor ur det medvetna själslifvet, innebäres i de två följande satserna ur det omedvetnas psykologi: 1) *Så snart man icke är medveten af någon vilja, i hvars tillfredsställelse en förhandenvarande lust eller olust kunde bestå, är denna vilja omedveten;* och 2) *det oklara, outsägliga, onämnbara i känslorna ligger i de beledsagande föreställningarnes omedvetenhet.* — Emedan den omedvetna *viljans* begrepp hittills har saknats i psykologien, så har denna ej, om hon velat vara ärlig, obetingadt kunnat acceptera den förklaring, som gör lusten till

* Låt vara, att också med det positiva begärandet ständigt tillika förnimmelsen af icke-tillfredsställelsen för det närvarande, och med det negativa ofta tillika förnimmelsen af en närvarande (i sin fortvaro hotad) relativ tillfredsställelse är förbunden, så kunna dock dessa *närvarande* förnimmelser i intet fall fattas såsom begärandet sjelft, utan blott såsom orsak till begärandet (noggrannare uttryckt: såsom anledningar eller tillfällen, hvilka åt den inom verldsprocessen en gång för alla tronande eller aktuella verldsviljan anvisa denna riktning till att förverkliga sig); ty begärandet sjelft syftar med nödvändighet till ett icke ännu existerande, tillkommande tillstånd, och skulle ju alltså städse kunna tydas endast såsom en genom dessa närvarande förnimmelser framkallad eller genom dem stegrad föreställning eller förkänsla af *kommande* lust eller olust (jfr. Kap. A. IV).

viljans tillfredsställelse, och emedan den omedvetna *föreställningens* begrepp saknats henne, fördenskull har hon ej rätt vetat, hvad hon skulle företaga med känslornas hela område, utan nästan uteslutande inskränkt sina betraktelser till föreställningens område.

Såsom exempel på en lust af omedveten vilja tänke man på instinkterna, hos hvilka ändamålet ligger i det omedvetna, t. ex. modrens fröjd åt den nyfödde, eller lyckliga älskandes transcendenta sällhet; här kommer alldeles icke någon sådan slags vilja till medvetande, hvars tillfredsställelse skulle motsvara graden af lusten; men vi känna den metafysiska makten hos denna omedvetna vilja, såsom hvars speciella verkningar de särskilda instinktiva begärelserna framträda, och hvilken stilles till freds genom dessas uppfyllelse; och en öfversvinneligt hög och stark vilja måste det i sanning vara, hvilkens tillfredsställelse medför dessa företeelser af öfversvinnelig lust, hvarom skalderna i alla tider icke kunnat sjunga nog högt.

Ett annat exempel är den sinliga lust och olust, som härrör från ett visst slags nervströmningar. Lotze visar i sin «Medicinische Psychologie», att den sinliga lusten städse uppträder förbunden med en förkofran, olusten med en rubbning i det organiska lifvet; men denne samvetsgranna forskare erkänner uttryckligen, att i och med detta allenast en lagenlig gemensam förekomst är konstaterad, men att ingalunda begreppet olust kan härledas ur begreppet rubbning i lifsverksamheten, och att sålunda den lag, som sammanbinder båda, måste ligga djupare. Och detta är nu ögonskenligen den omedvetna viljan, som vi hafva lärt känna såsom princip för förkroppsligandet, sjelfuppehållelsen och sjelfåterställandet. Så snart som rubbningar eller förkofringar i det organiska lifvets krets äro af den beskaffenhet, att de telegraferas till medvetandets organ, hjernan, förmedelst nervströmningar, så måste för hvarje gång denna omedvetna viljas tillfredsställelse eller icke-tillfredsställelse förnimmas såsom lust eller olust. (Hvad beträffar de invändningar, som man möjligen kan vilja göra emot ofvan förfäktade satser angående sinlig lust och olust, får jag hänvisa till Lotze, andra bokens andra kapitel.)

Att vi rätt ofta ej veta, hvad vi egentligen vilja, ja ofta till och med tro oss vilja motsatsen dertill, tills vi få upplysning om vår verkliga vilja genom lusten eller olusten vid afgörandet, torde väl enhvar haft tillfälle att iakttaga på sig sjelf och på andra. Vi tro nämligen i sådana tvifvelaktiga fall ofta, att vi vilja det, som tyckes oss vara godt och lofvärdt, t. ex. att en sjuk slägting, som vi vänta arf af, icke måtte dö, eller att vid en kollision mellan det allmänna bästa och vår individuella välfärd det förstnämnda sättes i främsta rummet, eller att en tidigare åtagen förpligtelse måtte fortfarande gälla, eller att vår förnuftiga öfvertygelse och icke vår böjelse eller passion får bestämma en saks utgång; denna tro kan vara så fast, att vi sedermera, då sakens afgörande utfaller alldeles motsatt mot vår förmenta vilja, och vi det oaktadt icke blifva rof för bedröfvelse, utan för en uppsluppen glädje, rentaf icke veta till oss af förvåning öfver oss sjelfva, emedan vi nu plötsligen på denna glädje märka vår förblindelse och röna, att vi omedvetet hafva velat motsatsen af det, som vi hade förestält oss att vi ville. Enär vi nu i detta fall sluta tillbaka till vår egentliga vilja endast ifrån vår lust resp. olust, så utgöres denna lust, då den påkommer, tydligen af en omedveten viljas tillfredsställelse. Detta blifver ännu påtagligare, om man lägger märke till, hurusom man helt småningom, från att öfvermåttan hafva förvånat sig öfver, att en slik vilja kan hafva förefunnits omedvetet i ens egen själ, plägar ändra ståndpunkt genom den stilla misstanken, det tvifvel och den förmodan, att man väl ändock vill det eller det, och icke det man inbillar sig, till dess man slutligen hamnar i det öppna sjeltbedrägeriet, der man ganska väl vet, att man vill det och det, men med större eller mindre framgång söker öfvertyga sig sjelf och andra, att man vill raka motsatsen. Härtill knyta sig de fall, i hvilka man icke ens gör något försök till sjelfbedrägeri, och der den öfverraskning, hvarmed lusten inställer sig, blott beror derpå, att man icke på mycket länge har bragt sig sin önskan till medvetande, såsom t. ex. när en vän, som man trott längesedan vara död, plötsligen träder in i rummet; äfven då är det en omedveten vilja, som ter sig i form af *glad förskräckelse*, men nu behöfver jag ej sluta mig till denna viljas tillvaro först utaf lustens inträdande, utan kan låna henne direkt från *hågkomsten* af flydda tider, då jag ofta önskat att ännu en gång få sluta den förlorade vännen i mina armar.

Vi veta af Kap. A. IV, att den medvetna och den omedvetna viljan skilja sig väsentligt derigenom, att föreställningen, som bildar viljans objekt, i ena fallet är medveten, i det senare omedveten. I det vi åter framdraga denna sats för oss, komma vi till insigt om öfvergången från lust till olust af omedveten vilja till de känslor, hvilka äro behäftade med något oklart derigenom, att deras *qvalitet* helt och hållet eller delvis betingas af *omedvetna* föreställningar. Vi inse nämligen nu, att det förra blott är ett specielt fall af det senare, i det att just i det förra de föreställningar, som bilda innehållet i den tillfredsstälda *viljan*, förblifva omedvetna, och måhända blott de föreställningar, som *medföra tillfredsställelsen*, blifva medvetna (så t. ex. i moderskärleken); likväl passar detta icke alldeles in på de fall, då i följd af lustens eller olustens inträdande genast också den omedvetna viljans befintlighet och *art* framställes af medvetandet, emedan detta senare endast kan vackla i valet mellan två eller i alla fall blott några få arter af vilja.

Men nu äro sällan förhållandena så enkla, att känslan kan grunda sig på tillfredsställelsen eller icke-tillfredsställelsen af ett enda bestämdt begärande; utan de mest skilda slag af begärelser korsa hvarandra på de mångfaldigaste sätt i hvarje ögonblick, och genom en och samma tilldragelse blifva somliga tillfredsstälda, andra icke. Fördenskull gifves det hvarken någon *ren*, ej heller någon *enkel* lust och olust, d. v. s. det gifves ingen lust, som ej tillika innebär en smärta, och ingen smärta, med hvilken icke någon lust är förknippad; men det gifves också ingen lust, som ej är sammansatt af de mest skilda begärelsers samtidiga tillfredsställelse. Likasom det aktuella viljandet är resultanten af alla samtidigt funktionerande begärelser, så är äfven viljans tillfredsställelse resultanten af alla samtidigt inträffande tillfredsställelser och icke-tillfredsställelser af de särskilda begärelserna; ty det är ju sak samma, om man företager sig att operera med resultanten omedelbarligen, eller med de särskilda komponenterna, för att först derpå uttaga resultanten af de partiella resultaten. Nu är det ögonskenligt, att en del af dessa särskilda begärelser kan vara medveten, en annan till och med oftast torde vara omedveten; och då är också lusten en blandning af sådana slag af lust, som bestämmas genom medvetna, och sådana, som bestämmas genom omedvetna föreställningar. Den senare delen måste förläna åt viljans qvalitet denna oklara karakter, denna ständigt qvarstående rest, som trots all ansträngning aldrig kan fattas af medvetandet.

Men det gifves ännu andra punkter än den omedvetna viljan, vid hvilka omedveten föreställning inverkar bestämmande på känslans egendomlighet. Sjelfva den varseblifning eller föreställning, som alstrar känslan, kan nämligen vara omedveten för hjernan, så underligt detta än i första ögonblicket må låta. Ty man skulle vilja hålla före, att föreställningen, som framkallas af viljans tillfredsställelse, blott kan komma utifrån eller vid fantasilek genom ett för hjernan medvetet föreställande, och i bägge fallen kan medvetandets instans icke kringgås. Men man glömmer härvid, att det gifves ännu andra nervcentra, hvilka på samma sätt som hjernan hafva ett medvetande för sig, hvilket är i stånd att känna lust och olust. Nu kan man väl tänka sig, att förnimmelserna af lust eller olust hos dessa centra ledas till hjernan, utan att ledningen är så väl inrättad, att varseblifningarna sjelfva, hvilka alstra lust eller olust i dessa centra, kunna nå fram ända till hjernan. Så får hjernan visserligen förnimmelserna af lust och olust ledda till sig, men icke orsakerna till deras uppkomst, och derför äga dylika känslor och stämningar, som återspeglas i hjernan och andra centra, någonting obegripligt och gåtlikt, om ock deras makt öfver hjernmedvetandet ej sällan är ganska stor. Detta senare uppsöker då vanligen andra skenbara orsaker till sina känslor, hvilka ingalunda äro de riktiga. Ju mindre hjernmedvetandet har arbetat sig fram till en viss sjelfständig höjd, desto större makt äga de utur det relativt omedvetna framvällande stämningarne öfver detsamma, sålunda hos qvinnokönet mer än hos det manliga, hos barn mer än hos vuxna personer, hos sjuka mer än hos friska. Tydligast uppträda dessa inflytelser vid hypokondri, hysteri, samt vid vigtiga sexuella förändringar, såsom t. ex. puberteten, hafvandeskapet. Och dessa inflytelser yttra sig ingalunda allenast i *stämningar*, *d. v. s. i disposition* för muntra eller nedslagna känslor, utan vid högre grader låta de *känslor* direkt uppstå i hjernmedvetandet, något som man återigen bäst kan iakttaga hos hypokondriska personer.

»Gif blott akt på detta barn: hvilken hjertans lust, hvilket gladt hoppande, hvilket muntert leende, hvilka strålande blickar; att fråga efter orsaken dertill vore fåfängt, eller de angifna orsakerna stode utan något samband med denna glädje. Men plötsligt, och detta utan all medveten grund, är allt förbi, barnet har dragit sig stilla inom sig sjelf; med mulnad blick, med sorgsen mun, böjdt för gråt, är det retligt och sorgset, då det just nyss var nöjdt och gladt»

(Carus' Psyche.) Hvar annorstädes skulle dessa känslor, hvilkas egendomlighet endast kan hänföras till omedvetna föreställningar, taga sitt ursprung, om icke från de lägre nervcentras vitala varseblifningar? Att dessa känslors makt synes oss hos menniskan i samma mån större, ju mindre hjernmedvetandets sjelfständighet är, låter oss äfven sluta dertill, att deras betydelse hos djuren måste vara desto större, ju längre vi nedstiga i djurens serie, hvilket också a priori var att vänta, då här det menskliga hjernmedvetandets andliga njutningar och lidanden allt mer och mer försvinna.

Man skall nu inse, huru äfven andra sinliga känslor, som till en del äro bestämda genom och beledsagade af klart medvetna hjernvarseblifningar, till en annan del förblifva oklara och ofattliga, för så vidt som de förmedlas genom lägre centras varseblifningar och känslor; så jämföre man t. ex., huru lätt det är att i blotta föreställningen fullständigt och klart reproducera någon enkel känsla, som är bestämd genom varseblifning hos de direkt till hjernan ledande högre sinnena, huru fåfänga deremot alla bemödanden förblifva att ur minnet klart och fullständigt göra för medvetandet närvarande hunger, törst, eller könsnjutning.

Slutligen återstår den möjligheten, att ännu andra omedvetna föreställningar inverka bestämmande på känslotillståndets egendomlighet. Vi hafva nämligen redan långt förut sett, att den sinliga varseblifningen vanligen först då har till följd en förnimmelse af lust och olust, när hon uppträder med en viss styrka, hvaremot hon *under* denna grad består för sig såsom indifferent objektiv varseblifning, utan att föranleda en sådan känsla. Men nu är nästan ingen sinlig varseblifning alltigenom enkel, utan sammansatt af en mängd element, hvilka förenas till enhet blott genom perceptionens gemensamma akt. Likväl kunna ganska väl en eller åtskilliga af dessa partialvarseblifningar hafva känslor till följd, medan de öfriga partialvarseblifningarne förblifva för känslan indifferenta. Icke desto mindre skola, om dessa skilda partialvarseblifningars förening till en summarisk varseblifning icke är tillfällig, utan i objektets natur grundad och bestående, icke blott de känslan åstadkommande, utan ock de *indifferenta* delarne af hela föreställningen *sammansmälta* med känslan och vara för hela själstillståndets qvalitet medbestämmande, då ju själen icke har något intresse af att företaga sig att åtskilja de känsloalstrande och de indifferenta delarne. Så t. ex. för beskaffenheten af den känsla af njutning, som uppväckes hos mig genom åhörandet af en viss sångerska, medverkar bestämmande hvarje karakteristisk egendomlighet i röstens timbre och klang, och utan att dessa små olikheter, hvilka nätt och jämnt äro tillräckliga för möjligheten att åtskilja olika röster, kunde framkalla en skilnad i *graden* af njutning, är jag dock icke i stånd att afskilja den njutning, som jag erfarit vid åhörandet af just denna sångerska, från dessa fina nyanser af den indifferenta varseblifningen, utan att upphäfva den erfarna känslans egendomlighet. Men just detta bevisar blott, att man aldrig har öfvat sig att *frånskilja* hvad som är *egentlig* lust och olust i själens tillstånd, utan sammanfattar under uttrycket *känsla* alla själstillstånd, i hvilka blott öfverhufvud förekomma lust och olust, men med inberäkning af alla beledsagande varseblifningar och föreställningar (ja till och med begärelser). Man inser nu, att äfven bland de blott *beledsagande* varseblifningarne kunna finnas för hjernan omedvetna varseblifningar, såsom nyss blifvit visadt hvad de känslo*alstrande* beträffar; men ännu vigtigare blifva dessa beledsagande föreställningar, om vi öfvergå från den sinliga varseblifningens till den andliga föreställningens område.

Sålunda hafva vi nu i allmänhet utvecklat de olika sätt, på hvilka känslor kunna genom omedvetna föreställningar bestämmas, och måhända har vid detta tillfälle äfven vigten af de omedvetna föreställningarna för hela känslolifvet blifvit synlig. Men denna vigt kan alldeles icke anslås för högt. Man förelägge sig till prof blott en känsla hvilken man vill och söke att fatta den i hela dess omfång med fullt klart medvetande, — det är fåfängt; ty om man icke låter sig nöja med det aldra ytligaste begrepp, så skall man städse stöta på en *oupplöslig rest*, som gäckar hvarje bemödande att belysa honom med medvetandets brännspegel. Men om man nu frågar sig, hvad man då har gjort med den del, som blifvit klar, medan man fattade honom med fullt medvetande, så skall man nödgas säga sig, att man har öfversatt honom i tanke, d. v. s. i *medvetna föreställningar*, och blott för så vidt känslan låter öfverföra sig till tanke, blott så till vida har hon blifvit klart medveten. Men *att* känslan, om också blott delvis, har låtit omgjuta sig till medvetna föreställningar, det bevisar väl, att hon redan omedvetet *innehöll* dessa föreställningar, ty eljest skulle ju icke tankarne kunna i sjelfva verket vara *detsamma* hvad känslan var. Om den förut omedvetna delen af känslan visar sig vid medvetandets genomträngande ljus såsom en halt af föreställning, så töras vi förutsätta detsamma äfven om den del af känslan, som medvetandet ännu icke genomträngt; ty såväl hos individen, som hos menskligheten såsom helhet rycker gränsen mellan den oförstådda och förstådda delen af känslan allt längre och längre framåt.

Blott för så vidt känslorna kunna öfversättas till tankar, blott så till vida äro de möjliga att *meddela*, om man bortser från det i alla fall högst torftiga instinktmässiga språket med åthäfvor; ty blott såvida känslorna kunna öfversättas till tankar, äro de möjliga att med *ord* återgifva. Men man vet hvilka svårigheter uppstå, då man vill meddela sina känslor åt andra, huru ofta de misskännas och missförstås, ja till och med huru ofta de förklaras för omöjliga. Känslor kan öfverhufvud blott den begripa, som haft dem; blott en hypokonder förstår den hypokondriske, blott den, som redan älskat, den förälskade. Men huru ofta inträffar det icke, att vi icke förstå oss sjelfva, huru gåtfulla förefalla oss icke ganska ofta våra egna känslor, synnerligen om de komma för första gången; huru mycket äro vi icke beträffande dem utsatta för det gröfsta sjelfbedrägeri! Vi beherskas ofta af en känsla, som, utan att vi ana det, redan slagit fasta rötter i vårt innersta väsende, och plötsligen vid något tillfälle faller det som fjäll från våra ögon. Man tänke blott på, huru djupt rena flicksjälar ofta gripas af den första kärleken, hvaremot de med godt samvete vredgadt skulle tillbakavisa beskyllningen derför, och om nu den omedvetet älskade råkar i fara, ur hvilken de kunna rädda honom, då framträder på en gång den hittills så blyga flickan i kärlekens hela heroism och offervillighet och skyr intet hån, intet förtal; men då vet hon också i samma ögonblick, *att* hon älskar och *huru* hon älskar. Men lika så omedvetet, som kärleken i detta exempel, har åtminstone en gång i lifvet hvarje andlig känsla existerat hos oss, och den process, i kraft af hvilken vi en gång för alla blefvo medvetna derom, är öfverförandet af de omedvetna föreställningarne, hvilka bestämde känslan, till medvetna föreställningar, d. v. s. tankar och ord.

IV.

Det omedvetna i karakter och sedlighet.

För att uppenbara sig i det yttre kräfver viljan en bevekelsegrund, ett motiv. Individens vilja förhåller sig närmast såsom ett potentielt vara, en latent kraft, och dess öfvergång till kraftyttringen, till det bestämda viljandet, erfordrar såsom tillräcklig grund ett motiv, hvilket hvarje gång har föreställningens form. Jag förutsätter dessa satser ur psykologien såsom gifna. Viljandet skiftar blott i afseende på intensiteten; alla öfriga skenbara olikheter i viljandet falla inom dess innehåll, d. v. s. inom föreställningen om det, som man vill, och detta sammanhänger åter med motiven; efter de olika hufvudklasserna af viljans bland menniskor vanligast förekommande *objekt* (såsom sinlig njutning, gods och guld, beröm, ära och rykte, kärlekslycka, konstnjutning och konstnärlig skaparkraft, kunskaper o. s. v.) särskiljes äfven viljandet sjelft i olika hufvudriktningar (drifter), såsom t. ex. sinlig njutningslystnad, girig åtrå efter gods och pengar, fåfänga, ärelystnad, kärleksträngtan, konstnärsdrift, kunskapstörst och forskningsbegär o. s. v.

Om nu detta viljans innehåll berodde *allenast* på motiven, så vore psykologien mycket enkel, och mekanismen öfverensstämmande i alla individer. Men erfarenheten visar, att ett och samma motiv kan, alldeles bortsedt från tillfälliga olikheter i stämningen, verka olika på olika individer. Den ene är likgiltig gentemot menniskors omdöme, medan detta för en annan betyder allt; skaldens lagerkrans synes för den ene föraktlig, medan den andre för honom offrar sitt lifs lycka; sammalunda är förhållandet, när det gäller en skön qvinna; den ene bringar sin förmögenhet såsom offer, för att rädda sin ära; den andre säljer henne för en summa penningar; goda lärdomar och ädla föredömen sporra den ene till täflan, men lemna den andre oberörd; klok öfverläggning bestämmer den enes handlingar, men är hos den andre ej i stånd att verka såsom motiv, ja en säker utsigt till undergång kan icke stäfja hans lättsinne, o. s. v. Mestadels inträder alls icke i medvetandet någon särskild förmedling, hvarför det ena motivet (t. ex.

meddelandet, att en ny naturvetenskaplig uppfinning blifvit gjord) verkar starkt, det andra (t. ex. meddelandet, att det kommer att idkas spel i ett sällskap, dit jag är inbjuden) verkar svagt på mig. Det högsta, som i afseende på förmedlingar kan träda fram för mitt medvetande, är förväntningen på en större eller ringare lust, likväl förblifver det just det gåtfulla och outgrundliga i min natur, huru det kommer sig, att jag lofvar mig en stor lust utaf bekantskapen med en ny uppfinning, men en ringa eller alldeles ingen af hasardspelet, då deremot det omvända förhållandet äger rum med min granne.

Huru en viss individ skall uppföra sig gentemot det eller det motivet, kan man icke veta förr än man *erfarit* det; men om man vet, huru en menniska reagerar mot alla möjliga motiv, så känner man alla hennes egendomligheter, man känner hennes *karakter*. Karakteren är alltså reaktionsmodus på hvarje särskild klass af motiv, eller, med andra ord uttryckt, sammanfattningen af de eggande egenskaperna hos hvarje särskild klass af begärelser. Alldenstund det icke gifves något motiv, som tillhör uteslutande en af dessa klasser, så afficieras alltid eller åtminstone i regeln en större mängd af dessa drifter samtidigt, och resultanten af de härigenom samtidigt väckta begären är den aktuella viljan, hvilken oupphörligt och omedelbart involverar handlingen, såvida denna icke hindras genom fysiska orsaker. Fråga vi nu, hvad det då är för en process, denna viljans reaktion mot motivet, och denna begärelsernas motsats mot den enda resultanten, så måste vi erkänna, att vi visserligen få kännedom om hans tillvaro genom otvifvelaktiga tillbakagående slutledningar till de inom medvetandet fallande fakta, men att vi ingenting kunna utsäga om sättet för densamma, emedan vårt medvetande icke gifver oss någon kunskap derom. Vi känna i hvarje enskildt fall blott begynnelselänken, motivet, samt slutlänken, det bestämda viljandet såsom resultat, men hvad det är, som reagerar mot motivet, kunna vi aldrig *erfara;* lika litet kunna vi någonsin kasta en blick in i denna reaktions väsen, hvilken fullständigt bär karakteren af reflexverkan eller reflektorisk instinkt, enligt hvad vi redan hafva sett i Kap. B. I vid det speciella fallet medlidande och vid några andra drifter. Om de olika begärens inbördes kamp hafva vi väl delvis medvetande, men blott för så vidt som vi i tidigare mindre invecklade fall hafva erfarit de enskilda begären söndrade hvart för sig såsom slutliga resultanter, och nu tillämpa våra tidigare erfarenheter på det närvarande. Men hvar och en torde redan sjelf hafva erfarit, huru ofullständiga dessa erfarenheter äro, och att man endast kan göra ett ofullkomligt bruk deraf, då det gäller att förstå ett pågående förlopp i själen.

Huru ofta händer det icke, att medvetandet tror sig hafva på det sorgfälligaste afvägt styrkan af alla i det beträffande fallet verksamma begär och icke lemnat något obeaktadt, men så, när det kommer till handling, till sin högsta öfverraskning finner, att dess spetsfundigt utgrundade facit alldeles icke stämmer, utan att plötsligt en helt annan resultant träder i dagen såsom suverän vilja. (Man erinre sig de i förra kapitlet sidd. 172—173 gifna antydningar om omedvetet viljande. Jfr. ock just derom Kap. C. III). Det visar sig sålunda, att det endast finnes *ett* säkert kännemärke för den egentliga, verkliga och slutligt giltiga viljan, nämligen *handlingen* (sak samma om den lyckas, eller i första försöket qväfves genom yttre omständigheter), men att hvarje annan förutsättning af medvetenhet om det, som man egentligen vill, förblifver en osäker, ofta bedräglig förmodan, som ingalunda hvilar på någon medvetandets omedelbara insigt i viljan, utan på erfarenhets-analogier och konstlade kombinationer af dessa. Som agnar för vinden förskingras ofta det fastaste beslut, den tryggaste föresats, när det kommer till handling, så snart blott den verkliga viljan framträder ur det omedvetnas natt, medan återigen föresatsens vilja endast var ett ensidigt begärande, eller till och med endast en föreställning hos medvetandet, eller rent af icke fans till. Men om handlingen aldrig träder fram hos en menniska, t. ex. i följd af att hon alltjämnt har omöjligheten att utföra den i sigte, så vinner hon också aldrig visshet om, hvad hon i grund och botten vill. Det så kallade medvetna vilje-*valet* och dess vacklan är för ingen del någon medveten vacklan i *viljan*, utan en vacklan i *insigten* om den rätta uppfattningen af motiven och derom, huruledes förhållandena för tillfället samt för framtiden gestalta och förhålla sig gentemot viljan. Är åter insigten engång på det klara, då är också viljan det. Så är t. ex. vacklan i mitt val, huruvida jag skall taga till hustru den kloka och fula, eller den inskränkta och vackra systern, ingen vacklan i min vilja, som tillsvidare alls icke framträder, utan i mitt förstånd angående storleken af de fördelar och olägenheter, som i hvardera fallet äro att vänta; först sedan förståndet gjort sitt val, har viljan fått sitt motiv skapadt, nämligen föreställningen om den i hvardera fallet förestående summan af för känslan differenta förhållanden.

Man måste alltså fasthålla, att viljans verkstad är belägen i det omedvetna, att man blott får se det färdiga resultatet och detta först i det ögonblick, då det kommer till praktisk tillämpning i handlingen, samt att de blickar, som man tilläfventyrs lyckas kasta in i verkstaden, allenast äro i stånd att med tillhjelp af speglar och andra optiska apparater skänka en i alla händelser osäker kunskap, hvilken dock aldrig nedtränger i dessa själens omedvetna djup, hvarest viljans reaktion mot motivet och dess öfvergång i det bestämda viljandet äger rum.

Om man nu måste medgifva, att viljans väckande evigt måste för oss förblifva betäckt med det omedvetnas slöja, så må man ej förundra sig öfver, att vi icke heller hafva så lätt att genomskåda de orsaker, hvilka betinga de olika begärens eggelsekraft eller olika individers viljas olika reaktion mot samma motiv; vi måste tillsvidare nöja oss med att i dem skåda *individens* innersta natur och kalla derför deras verkan ganska betecknande för karakter, d. ä. individens märke och kännetecken. Så mycket hafva vi likväl fått klart för oss, att denna den individuella själens innersta kärna, hvars utflöde karakteren är, det der egentligaste praktiska jaget hos menniskan, hvilket man tillräknar förtjenst och skuld, samt pålägger ansvarighet, m. e. o. att detta egendomliga väsen, som är vi sjelfva, ändock ligger fjermare från vårt medvetande och det rena sjelfmedvetandets sublimerade jag, än någonting annat i oss gör, och att vi fastmer endast kunna lära känna denna djupast inne belägna kärna hos oss sjelfva på samma väg som hos andra menniskor, nämligen genom tillbakagående slutledningar utur handlandet. »På deras frukt skolen I känna dem», det ordspråket gäller ock för sjelfkännedomen, men huru bedraga vi oss icke äfven sjelfva dervidlag, i det vi tro oss hafva utfört handlingar af helt andra, särskildt då bättre bevekelsegrunder, än som verkligen är fallet, såsom vi understundom genom en tillfällighet till vår blygsel erfara efteråt. (Fortsättningen på betraktelsen öfver karakteren följer i senare hälften af Kap. C. XI).

Det torde icke vara ur vägen, att från denna ståndpunkt äfven kasta en sidoblick på det etiskas väsen. Man har tvistat mycket öfver den frågan, huruvida dygden kan inläras, och teoretiskt kan man än i dag tvista derom lika väl som i Platos tider, men den praktiske psykologen har i ingen tid varit stadd i tvifvel derom, att, bortsedt från *vanan*, denna själens andra natur, hvilken i egentlig bemärkelse är en dressyr, emedan tillvänjandet blott kan åstadkommas genom fruktan, m. e. o. att bortsedt från vanan ingen lära är i stånd att *alstra* moralitet, utan blott att *uppväcka* den tillstädesvarande moraliteten genom att framhålla de lämpliga motiven, hvilka eljest måhända icke skulle hafva trädt fram till lärlingen i sådan form och med sådan styrka. Ty det ligger i öppen dag, att moralitet icke är ett predikat till föreställningen, utan till viljan; viljans framträdande till aktuelt tillstånd såsom reaktion mot motivet åter hafva vi funnit vara en alltigenom omedveten akt, som visserligen till en del beror på motivets beskaffenhet, men i öfrigt på viljans reaktionssätt och styrka. Motivet är alltid idel *föreställning*, och kan alltså aldrig få predikatet *moraliskt*; för moraliteten blir följaktligen intet annat öfrigt, än denna omedvetna faktor allena, hvilken måste betraktas såsom en del af karakteren och som tillhör individualitetens innersta kärna. Denna karakterens grundval kan, som sagdt, visserligen modifieras genom öfning och vana (medelst afsigtlig eller tillfällig ensidighet i de för medvetandet framträdande motiven), men aldrig genom lära; ty de vackraste insigter i sedeläran äro en död kunskap, om de icke verka på viljan såsom motiv, och **huruvida** de göra det, beror allenast på sjelfva den individuella viljans natur, d. v. s. på karakteren. Så se vi äfven på historisk väg, att de, hvilka helst föra sedeläran på läpparne, ofta äga minsta moraliteten i karakteren, att män af eminent andlig och vetenskaplig begåfning och bildning icke sällan äro moraliskt usla, medan omvändt den renaste, mest ogrumlade moralitet innebor hos okonstlade menniskor med ringa själsodling, sådana som aldrig lagt sig om bord med etiska problem, ofta icke ens haft att fröjda sig åt en god uppfostran, och på hvilka de dem omgifvande dåliga föredömena aldrig inverkat som retelse till efterföljd, utan endast afskräckande. På samma sätt se vi vidare, att alla religioner, huru beskaffad deras sedelära än må vara, utöfva en lika stor eller lika ringa inverkan på deras bekännares moralitet, ja att till och med de olika *kulturgraderna* väl verka bestämmande på råheten eller finheten i den *form*, hvari felen eller förbrytelserna begås, men ej hafva något väsentligt inflytande på karakterens sedlighet och på hjertats godhet och renhet. Deremot är ett folks sedlighet i jämförelse med andra folks utom genom nationalkarakteren betingad uteslutande genom dess seder och den dertill knutna uppfostringsvanan; nationalseden åter är i sin ordning, oafsedt tillfälligheter i yttre belägenhet, grannskap och inre utveckling, beroende på *nationalkarakteren*.

Vårt resultat blir detta: Menniskans etiska moment, d. v. s. det som betingar uppsåtens och handlingarnes karakter, hvilar i det omedvetnas djupaste natt; medvetandet kan väl öfva inflytande på handlingarna, i det att detsamma med eftertryck framhåller de motiv, som äro egnade att reagera mot det omedvetna etiska, men om och huru denna reaktion följer derpå, det måste medvetandet lugnt afvakta, och först af den till handling skridande viljan får det besked derpå, huruvida denna öfverensstämmer med de begrepp om sedligt och osedligt, som finnas hos medvetandet.

Härmed är uppvisadt, att processen för uppkomsten af det, som vi stämpla med predikaten sedligt och osedligt, faller inom det omedvetna; vi hafva nu att för det andra uppvisa, att dessa predikat beteckna egenskaper, hvilka ej *i och för sig* inherera i sitt subjekt, utan blott uttrycka dettas gemenskap med en fullt bestämd ståndpunkt hos ett högre medvetande, m. a. o. att dessa predikat först äro skapade af medvetandet och alltså aldrig kunna tillkomma det omedvetna i och för sig, hvaraf sedan omedelbart följer, att det skulle vara falskt att tala om en moralisk instinkt, enär väl menniskans handlingar såsom sådana härflyta ur det omedvetna eller instinktmässiga i karakteren, t. ex. alstras af instinkterna medlidande, tacksamhet, hämnd, sjelfviskhet, sinlighet o. s. v., men denna omedvetna produktion aldrig någonsin kan hafva något att göra med begreppen sedligt och osedligt, emedan dessa först af medvetandet skapas, en medveten instinkt åter vore en c o n t r a d i c t i o i n a d j e c t o. Denna senaste anmärkning är egnad att förebygga det falska påståendet, att jag skulle anse samvetet såsom något instinktmässigt; detta är tvärtom alldeles icke någonting enkelt, utan någonting ganska sammansatt, hvars utveckling utur de mångfaldigaste faktorer hos medvetandet med bestämdhet låter uppvisa sig.

Goda och onda kalla vi äfven liflösa naturföreteelser, vind, luft, förebud; vidare tillägga vi djur, råa menniskor eller små barn dessa predikat; men till sedliga eller osedliga öfvergå dessa först då, när vi göra väsendena ansvariga för deras verksamhet; ansvarigt för sina gerningar anse vi åter ett väsen, när dess medvetande är utveckladt till en sådan grad, att det sjelft kan fatta begreppen sedligt och osedligt, och göra dem ansvariga blott för sådana handlingar, vid hvilkas begående deras medvetande icke var förhindradt att pålägga sin egen måttstock. Häraf kommer det sig, att vi kalla samma handling hos ett väsen sedlig eller osedlig, hos ett annat återigen icke göra denna skilnad; så t. ex. skola vi känneteckna den starkt utvecklade besittningslystnad, som vi iakttaga hos många djur inom deras slägte (t. ex. hos vilda hästar inom hvarje hjord beträffande betesplatser och förvaradt foder), icke såsom en sedlig, utan blott såsom en god egenskap; så kunna vi icke kalla det osedligt, när vilda folkslag till och med erbjuda sina qvinnor åt gästvännen: tvärtom kunde detta som en del af gästvänskapen kallas sedligt, emedan deras medvetande i alla händelser är utveckladt till denna grad af begripande, men ej till begripande af sedesamhet i umgänget mellan könen. Hos ett litet barn kunna vi väl på sin höjd kalla för onda samma utbrott af ondska, hvilka vid en mer framskriden ålder göra, att denna karakter fördömes såsom osedlig. Blodshämnden skulle hos oss vara osedlig, hos folk med ringare odling är hon en sedlig institution, hos fullkomligt råa vildar helt enkelt en art af lidelse, som hvarken kan få namn af sedlig eller osedlig. Dessa exempel torde nöjaktigt bevisa, att sedlighet och osedlighet ej äro egenskaper hos väsendena eller deras handlingar i och för sig, utan blott *omdömen* om dem från en först af medvetandet skapad ståndpunkt, *hopknytningspunkter* emellan dessa väsen och deras handlingar å ena sidan och denna ståndpunkt, som tillhör en högre grad af medvetande, å den andra, samt att naturen, såvida hon är *omedveten, icke känner* skilnaden mellan sedligt och osedligt. Ja, naturen i sig sjelf är icke engång god eller ond, utan evinnerligen ingenting annat än naturlig, d. v. s. öfverensstämmande med sig sjelf; ty den allmänna naturviljan har intet utanför sig, emedan hon omfattar allt och sjelf är allt, och derför kan ingenting vara godt eller ondt för henne, utan blott för en individuel vilja; och ett samband mellan en vilja och ett yttre objekt förutsättes med nödvändighet redan genom begreppen godt och ondt.

Trots det anförda bör dock värdet hos denna af medvetandet skapade kritiska ståndpunkt för ingen del förringas; endast den villfarelsen bör undanrödjas, att det utanför denna ståndpunkt skulle vara möjligt att nå dessa begrepp, som först i sammanhang med honom uppstå. Det är väl sant, att om man antager ett medvetande utom och före naturen (i en personlig Gud), så kan man äfven från detta medvetandes ståndpunkt lägga de omtalade begreppens måttstock på verlden; men förnekar man, såsom vi måste göra på grunder, dem vi längre fram få utveckla, förnekar man något slags medvetande utom förbindelsen mellan ande och materia, så försvinner också möjligheten att lägga måttstocken af dessa begrepp på hela den omedvetna verlden, en sak, hvarpå redan mycket onyttigt arbete slösats. Men allt detta förringar ingalunda värdet af dessa begrepp, ty likasom medvetandet, trots all sin ensidighet och inskränkthet, dock för denna individualiseringens verld i vigt står öfver det omedvetna, så står också, när allt kommer omkring, det sedliga högre än det naturliga; ja, i det att äfven medvetandet slutligen icke är något annat än en omedveten naturprodukt, så är ock det sedliga icke en motsats till det naturliga, utan endast en högre grad deraf, till hvilken det naturliga genom egen kraft och genom förmedling af medvetandet har svingat sig upp.

Jag måste här nöja mig med dessa korta antydningar, enär en i denna riktning utförd etik skulle växa till ett sjelfständigt verk. Jag har äfven trott mig böra försaka utvecklingen af den frågan, hvarför och huru den ståndpunkt, som bedömer medelst predikaten sedligt och osedligt, måste sjelfmant framträda då medvetandet hunnit en viss höjd, och hvad som är dessa begrepps innehåll. Jag har trott mig kunna göra detta så mycket hellre, som den allmänna uppfattningen af dessa begrepp, sådan den förekommer i det borgerliga lifvet, har synts mig tillräcklig för ändamålen med våra närvarande undersökningar.

V.

Det omedvetna i det estetiska omdömet och den konstnärliga produktionen.

I fråga om uppfattningen af det sköna hafva från första början två ytterliga åsigter stått gent emot hvarandra, hvilka i sina olika förmedlingsförsök taga olika rum i anspråk. Den ena, hvars äldste förfäktare är Plato, stöder sig derpå, att menniskosjälen *går* i konsten *ut öfver* den af naturen gifna skönheten, och anser, att detta icke kan ske med mindre än att själen i sig hyser en idé om det sköna, hvilken, i en bestämd riktning fattad, kallas ideal, och utan hvilkens jämförande med den förhandenvarande naturen det icke ens kan afgöras, hvad som i denna är skönt och icke skönt; det estetiska omdömet blir sålunda aprioriskt syntetiskt. Den andra åsigtens män vilja visa, att i de konstskapelser, som komma de förmenta idealen närmast, inga andra element innehållas än sådana, som äfven naturen företer, att konstnärens idealiserande verksamhet endast består i att utgallra det fula, samt hopföra och förena allt skönt, som i naturen förefinnes splittradt, och att den estetiska vetenskapen i sin utveckling mer och mer har uppvisat det estetiska omdömets psykiska bildningsprocess ur de gifna psykologiska och fysiologiska betingelserna; man skulle sålunda hafva utsigt att komma till en fullständig klarhet på detta område och att få det rensadt från alla aprioriska, löst antagna begrepp.

Jag tror, att båda partierna hafva både rätt och orätt. Empirikerna hafva rätt deri, att hvarje estetiskt omdöme måste låta bestyrka sig med psykologiska och fysiologiska betingelser från annat håll, och derför är det egentligen blott de, som skapa en vetenskaplig estetik, då deremot idealisterna med sin hypotes afskära för sig möjligheten af en sådan vetenskap och strängt taget blott så till vida hafva förkofrat estetiken, som de derjämte varit mer eller mindre medvetna empiriker, d. v. s. att de, genom att empiriskt hafva upptagit det i erfarenheten gifna innehållet, substantielt riktat vetenskapen. Men antaget att empirikerna uppnått sitt mål och fullständigt analyserat det estetiska omdömet, så skulle de dock derigenom endast hafva uppvisat dess objektiva sammanhang med andra områden, likasom dess verldsborgarrätt i anden fattad såsom naturväsen, men dess subjektiva uppkomst i det individuella medvetandet skulle de hafva lemnat oberörd, eller ock skulle de genom det tysta antagandet, hvarpå deras uppfattning grundar sig, att nämligen det objektiva sammanhanget och uppkomstprocessen i det subjektiva *medvetandet* äro identiska, kommit fram med ett alldeles osant påstående, som motsäges af hvarje fördomsfri sjelfbetraktelse och af det enklaste, lika väl som det mest utbildade skönhetssinnes vittnesbörd. Idealisterna skola snarare hafva rätt, då de säga, att denna process, såsom någonting *bortom* medvetandet liggande, är *före* det medvetna estetiska omdömet och följaktligen något för detsamma aprioriskt; men de skola återigen deruti få orätt, att de vilja tillintetgöra *processen* i detta aprioriska medelst ett en gång för alla färdigt ideal, som kommer Gud vet hvarifrån, om hvars tillvaro medvetandet ingenting vet, hvars objektiva sammanhang med andra psykiska områden måste blifva i evighet obegripligt, och hvars stela oföränderlighet dock till slut visar sig otillräcklig gentemot de enskilda fallens oändligt skiftande mångfald. Så snart den estetiska idealismen vill gifva oss mer än den allmänna uppställningen af sin princip, så snart den närmare ingår på det gifna mångfaldigas rikedom, ser den sig nödsakad att tillstå ohållbarheten af det abstrakta idealet, hvilket är en obestämd enhet, och medgifva, att det sköna endast blir möjligt i den aldra mest konkreta särskildhet, emedan det då först blir individuelt åskådligt (t. ex. menniskoidealet såsom manligt och qvinligt, det förstnämnda åter såsom idealet af barn, gosse, yngling, man, gubbe; mannaidealet åter såsom idealet af en Herkules, Odysseus, Zeus o. s. v.); det konkreta idealet kan således icke längre blifva en obestämd enhet, utan måste vara en oändlig mångfald af de mest bestämda typer. Att vilja tillerkänna dessa oändligt många konkreta ideal en tillvaro af evighet, vore detsamma som att sätta oändligt många under på det enda undrets, det abstrakta idealets plats. Vill man deremot, för att komma ifrån denna svårighet, antaga det obestämda idealet vara ett flytande sådant, som alltefter hvarje föreliggande fall söndrar sig sjelft i många, så måste dock tydligen denna koncresceringsprocess försiggå i en ande; men då skulle man också nödgas erkänna det absolut obestämda enhetliga skönhetsidealets oförmåga att af egen kraft koncrescera sig sjelft, enär det fullständigt innehållstomma icke kan ur sig sjelft frambringa något innehåll. Den skapande processen i den omedvetna anden, hvars resultat är det konkreta idealet, som i ett nu står fram för medvetandet, finner derför ingen hjelp alls i det hypotetiska abstrakta idealet; men han behöfver icke heller någon vidare hjelp, ty han bär det estetiska bildandets formalprincip *uti sig* och behöfver ingalunda först söka densamma hos det omöjliga absoluta skönhetsidealet. Blott i denna bemärkelse, nämligen såsom ett konkret ideal, det der för hvarje konkret fall måste omedvetet skapas, fatta ock nyare estetiska idealister (såsom Schasler) det estetiska idealet, och den så förstådda estetiska idealismen är mogen till att försona sig med och sammansmälta med den estetiska empirismen, i det att han erkänner, att han just *i kraft af* sin riktiga uppfattning af det konkreta idealets formella daningsprocess såsom någonting aprioriskt-omedvetet hänvisas derpå, att a posteriori ur medvetandet *empiriskt* härleda det estetiska *innehållet* i denna oändliga rikedom af konkreta ideal, *till hvilket innehåll* först sedermera analys, reflexion och spekulation knyta sig.

För att taga ett ganska enkelt exempel, så skulle de abstrakta idealisterna icke kunna undgå att bedöma ton, harmoni och klangfärg efter en idealisk ton, idealisk harmoni och idealisk klangfärg, samt bestämma deras klangfärg allt efter som de närmade sig dessa, medan Helmholtz (»Ueber Tonempfindungen») ådagalägger, att i alla tre fallen lusten är att fatta såsom negation af en olust, hvilken vid buller, dissonans och ful klangfärg uppkommer genom oordningar i örat, hvilka äro likartade med ljusets fladdrande. Denna olust är icke längre estetisk, utan lika gerna en svag fysisk smärta, så som kolik, tandvärk, eller den nervsmärta, som förorsakas af en griffels gnissel mot skiffertaflan; den estetiska lusten vid musikens sinliga del är alltså ådagalagd i sitt objektiva sammanhang med fysisk smärta, men det estetiska omdömet: »denna ton, denna harmoni, denna klangfärg är skön», uppstår ingalunda på det sätt, att jag vid åhörandet deraf medvetet har en sådan känsla som: »jag förnimmer nu ingen smärta genom oordningar, men ändock en lindrig eggelse till funktion hos organet, ergo förnimmer jag lust»; af slikt eller liknande processer finnes intet i medvetandet, utan lusten ligger eo ipso i medvetandet i och med åhörandet, hon står liksom framtrollad der, utan att den mest spända uppmärksamhet är i stånd att i det subjektiva förloppet upptäcka en fingervisning om uppkomstsättet. Detta utesluter för ingen del, att detta på objektiv väg funna sammanhang verkligen försiggår såsom process *i det omedvetna;* det är till och med efter min åsigt det enda sannolika, men resultatet deraf är det enda som inträder i *medvetandet*, och det först och främst *momentant* efter fullständig perception af den sinliga varseblifningen, så att äfven här momentaneiteten hos processen i det omedvetna, dess kompression i det tidlösa ögonblicket besannar sig ånyo, och vidare icke såsom estetiskt *omdöme*, utan såsom *förnimmelse* af lust eller olust.

Den senare punkten bör tagas i närmare skärskådande; den skall gifva oss det bästa besked om hvad som möjligen ännu är oklart. — Såsom redan Locke ådagalade, äga de ord, som beteckna en sinlig beskaffenhet hos kropparne, såsom »söt, röd, mjuk», en dubbel betydelse, hvilken utan praktiska olägenheter identifieras af sunda menniskoförståndet. För det första beteckna de själstillståndet vid varseblifningen och förnimmelsen, och för det andra den beskaffenhet hos de yttre objekten, hvilken supponeras vara orsak till detta själstillstånd. Hvarje förnimmelse i och för sig är någonting enskildt, men i det att det för alla gemensamma abstraheras från olika serier af liknande förnimmelser, vinner man begreppen: »söt, röd, mjuk»; i det att nu de objektiva orsakerna till dessa abstraherade förnimmelser såsom egenskapsbeståndsdelar inläggas uti ting, hvilka redan äro kända i följd af sina yttre verkningar, så uppstå omdömena: »sockret är sött, rosen är röd, pelsen är mjuk».

Samma utveckling ligger till grund för det estetiska omdömet. Själen finner hos sig en mängd förnimmelser, som, fastän förknippade med individuella skiljaktigheter, dock äga så mycken likhet, att en gemensam begriplig delförnimmelse låter sig frånsöndras; denna erhåller namnet skön. I det att nu orsaken till denna förnimmelse förlägges i yttre objekt, hvilka äro konstruerade af samtidigt uppträdande varseblifningar, så stämplas denna orsak såsom egenskap hos detta objekt och erhåller likaledes namnet skön; så uppstår omdömet: »trädet är skönt». Det må ej förekomma oss egendomligt, att sunda förståndet nästan alltid hänför begreppet skön till orsaken allena, och sällan till förnimmelsen, ty samma förhållande äger äfven rum vid »söt, röd, mjuk», och har godt skäl för sig i praktiken, enär den praktiskt sysselsatta menniskan blott så till vida kan hysa intresse för sina egna förnimmelser, som de gifva henne underrättelse om den yttre verlden.

Den som saknar den estetiska känslan för det sköna, den som ej glädes åt det sköna, för honom är det estetiska omdömet antingen en omöjlighet, eller ock är det en känslotom abstraktion ur allmänna inlärda regler, utan subjektiv sanning. Härutaf följer, att det estetiska *omdömet* icke är något aprioriskt, utan något aposterioriskt eller empiriskt, ty såväl det yttre objektet, som den estetiska lusten äro gifna genom erfarenheten, och den yttre orsaken till lusten kan endast ligga i bemålda objekt, liksom orsaken till den söta smakförnimmelsen endast låg i sockret. Hvad åter angår sjelfva den estetiska *lusten*, hvilken blifver funnen i medvetandet såsom ett lika oförklarligt faktum som förnimmelsen af tonen, smaken, färgen o. s. v., och i likhet med denna träder den inre erfarenheten till möte såsom något färdigt, gifvet, så kan hon blott hafva en process i det omedvetna att tacka för sin uppkomst; man kunde alltså kalla henne lika väl som hvarje annan förnimmelse för någonting aprioriskt, såvida icke detta uttryck vore brukligt blott med afseende på begrepp och omdömen.

Förmågan att förnimma estetiskt (analogt med förmågan att förnimma sött, surt, bittert, beskt o. s. v.), hvilken kallas smak, kan visserligen liksom tungans och gommens smak utbildas och öfvas i att reagera mot fina skilnader; hon kan ock genom våldsamt tillämpad vana, denna vår andra natur, bringas till affall från sin första natur, instinkten, samt förderfvas, men i alla händelser står förnimmelsen fast såsom ett gifvet sakförhållande, oberoende af allt godtycke. Men nu skiljer sig den estetiska förnimmelsen från blotta sinliga förnimmelser derigenom, att hon stöder sig på deras skuldror, att hon visserligen gör bruk af dem såsom material, ja äfven såsom beledsagande föreställningar, genom hvilka hennes särskilda qvalitet i hvarje fall bestämmes, men att hon *såsom* förnimmelse står öfver dem och bygger upp sig på dem. Om således de sinliga qvaliteternas omedvetna uppkomstprocess är en själens omedelbara reaktion mot nervretningen, så är den estetiska förnimmelsens omedvetna uppkomstprocess snarare en själens reaktion mot färdiga sinliga förnimmelser, så att säga en reaktion af andra ordningen. Deri ligger grunden till, att den sinliga förnimmelsens uppkomst väl torde komma att för evigt förblifva höljd i ogenomträngligt mörker, medan vi deremot lyckats bättre med den estetiska förnimmelsens uppkomstprocess, i det vi redan delvis i den diskursiva formen af medvetet föreställande rekonstruerat och begripit, d. v. s. i begrepp upplöst den.

Om det skönas väsen behöfva vi här bekymra oss lika litet, som om det sedligas väsen i förra kapitlet; liksom vi der fingo nöja oss med det resultat, att predikatet sedlig först från medvetandets ståndpunkt kan användas på handlingar, men handlingarne sjelfve, hvilka detta predikat tillerkännes eller frånkännes, i sista instansen äro oberäkneliga reaktioner af det omedvetna, så hafva vi här blott att göra med insigten att det estetiska omdömet är ett empiriskt bekräftadt omdöme, men har sin bekräftelse i den estetiska förnimmelsen, hvars uppkomstprocess faller helt och hållet inom det omedvetna. —

Öfvergå vi nu från det *passiva emottagandet* af det sköna till dess *aktiva produktion*, så synes en kort undersökning af den skapande fantasien och följaktligen af fantasien eller inbillningskraften öfverhufvud vara oundgänglig (jfr. äfven ofvan Kap. A. VIII, 1. b, sid. 117). — Den sinliga föreställningsförmågan, inbillningskraften eller fantasien i vidsträcktaste bemärkelse, äger hos olika personer också olika grad af liflighet. Enligt Fechners uppgifter, som bekräftas genom mina egna mångfaldiga undersökningar på andra, äga fruntimren denna förmåga i högre grad än männen, och af dessa senare de minst, hvilka äro vana att tänka abstrakt och att försumma den yttre omgifvande verlden. Vid lägsta graden kunna färger alls icke, gestalter blott helt otydligt, utan fast qvarvaro, med simmande konturer och blott för korta ögonblick öfverhufvud igenkänligt frammanas för föreställningen, vid högre grader enkla, icke alltför omfattande bilder utan ansträngning tydligt, qvarstående, i lifliga färger, när man vrider på hufvudet efter behag fixerade eller medföljande. Vid de högsta graderna gifver lifligheten och tydligheten ingenting efter för sinnesintrycket; bilderna kunna efter behag inordnas såväl i det slutna ögats svarta synfält, som i det af yttre sinnesintryck uppfylda synfältet (såsom den der målaren gjorde, hvilken lät sina modeller sitta blott en qvarts timme och sedan efter godtfinnande förestälde sig deras bild sittande på stolen, samt proträtterade efter denna, så att han, *så ofta han slog upp ögonen*, med full klarhet såg personen i fråga sitta på stolen); vidare kunna hela kompositioner, processioner med en mängd figurer, eller i detalj utarbetade orkesterkompositioner hela månader igenom bäras omkring i blotta föreställningen, utan att förlora i skärpa; så vet man om Mozart, att han alltid nedskref sina kompositioner först då, när det, så att säga, brände i fingrarna på honom, men att han äfven ofta nedskrifvit de särskilda orkesterstämmorna utan partitur (såsom t. ex. vid Don Juan-ouvertyren), hvarvid dock detta arbete ännu varit för honom så mekaniskt, att han derunder lär hafva *koncipierat andra* musikverk. Jag har trott det icke vara utan sin nytta att anföra dessa saker, för att gifva de läsare, som sakna denna åskådningens gåfva, ett begrepp om möjligheten af omfattande enhetliga konceptioner. Erfarenheten intygar, att det ännu ej har gifvits något verkligt snille, som icke i hög grad har besutit denna förmåga af sinlig åskådning, åtminstone inom sitt fack. Föröfrigt är det utom all fråga, att, om i vår nyktert förståndiga tid sådana exempel duga att framkomma med, att, säger jag, fordom i tidsåldrar, då den sinliga åskådningen var ännu betydligt mera öfvad och omhuldad och föga undertryckt af abstrakt tänkande, då menniskan ännu hänsynslösare hängaf sig åt de goda eller onda ingifvelserna från sin genius eller demon, det väl kan tänkas, att, lika som hos heliga martyrer, profeter och mystiker, så äfven hos inspirerade konstnärer en sammansmältning af frivillig sinlig åskådning och ofrivillig hallucination ägt rum, hvilken för dessa barn af en lyckligare natur, hvilka icke ännu söndrats från sin höga moder, ej torde hafva inneburit något märkvärdigt, utan i stället ansetts för ett så nödvändigt vilkor för hvarje arbete i sånggudinnornas tjenst, att den entusiastiske Plato kunnat efterlemna åt oss följande utlåtande (i Fædrus): »Det som en framstående man frambringar i *gudomligt vansinne, som är bättre än nykter betänksamhet*, nämligen det guddomliga, i hvilket själen såsom i en klart strålande afbild åter igenkänner det, som hon skådat i hänryckningens stund då hon vandrade Guds stigar, och hvars åskådande med nödvändighet uppfyller henne med fröjd och kärlek.» — »Ej är vansinnet rätt och slätt en olycka, nej, genom detsamma hafva de största välsignelser kommit öfver Hellas.» Och ännu på Ciceros tid kallades skaldehänförelsen: furor poëticus. I nyare tider har isynnerhet Shaftesbury med eftertryck framhäft *entusiasmens* grundläggande betydelse för uppkomsten af allt sant, stort och skönt. —

Skärskåda vi nu fantasiens skapelser sjelfva, så finna vi, när vi upplösa dem i deras element, till och med om vi taga med i räkningen de vildaste foster af orientens utsväfvande inbillning, ingenting, som icke konstnären lärt känna genom sinlig varseblifning och sedermera gömt i minnet. Ingen ny enkel färg, ingen enkel lukt, smak, ton, ljud kunna vi upptäcka; till och med i rummets område, som lemnar det största spelrummet för nyskapelser, återfinna vi i arabesken endast de bekanta elementen af den raka linien, cirkeln, ellipsen och andra bekanta kroklinier, ja, man skall äfven hos fantasidjur sällan finna delar ur den oorganiska naturen eller växtverlden, och tvärtom. Allt inskränker sig till sönderdelande af bekanta föreställningar, samt kombination af de söndrade bitarne på annat sätt. Om nu någon äger en liflig föreställningsförmåga, derjämte ett fint sinne för det sköna, samt ett rikt, villigt sig erbjudande minnesmaterial, hvaruti isynnerhet skönhetselementen äro ymnigt representerade, så skall det ej blifva svårt för honom, att frambringa konstnärliga skapelser genom att stöda sig på naturen, d. v. s. på gifna sinnesvarseblifningar, genom att frånskilja fula och infoga sköna element, som dock icke svära mot den framstälda idéns sanning och enhet. T. ex.: När någon målar ett porträtt, så är till en början idéns sanning tillbakahållen, om han kopierar det tillfälligtvis sig erbjudande utseendet. Detta vore ett handtverksmässigt, ej ett konstnärligt alster. Men om han sätter personen i sådan belysning, ställning, riktning och hållning, att denna presenterar sig så fördelaktigt som möjligt, om han af olika stämningar och uttryck under sittningen fasthåller hvad som verkar vackrast, och derefter tillbakatränger eller utelemnar alla ofördelaktiga och osköna drag och enskildheter, men deremot framhäfver och sätter i gynsam dager alla fördelaktiga drag och enskildheter och väl äfven fogar nya dertill, allt detta i sådan utsträckning som idéns sanning, d. v. s. likheten tillstädjer, då har han lemnat från sig en konstnärlig produktion, ty han har då *idealiserat*.

På detta vis arbetar den vanliga talangen; den producerar konstnärligt medelst *förståndigt urval* och kombination, ledd af sitt *estetiska omdöme*. På denna ståndpunkt står den vanliga dilettantismen, äfvensom det stora flertalet konstnärer af facket. Alla dessa äro oförmögna att sjelfva af egen drift inse, hurusom dessa medel, understödda af teknisk rutin, visserligen kunna åstadkomma rätt dugliga saker, men aldrig äro i stånd att hinna till något stort, aldrig kunna lemna efterhärmningens uppkörda hjulspår, aldrig kunna skapa ett *originelt* verk; ty i och med detta erkännande skulle de nödgas afsäga sig sin uppgift och förklara sitt lif förfeladt. Här förfärdigas ännu allting med medvetet väljande, det gudomliga vansinnet felas, den lifgifvande fläkten från det omedvetna, hvilken tyckes för medvetandet vara en högre, oförklarlig ingifvelse, som detsamma måste erkänna såsom ett faktum, utan att någonsin kunna lösa gåtan af dess *hvarför*: den medvetna kombinationen låter sig med tiden tilltvingas genom ansträngning af den medvetna viljan, genom flit och uthållighet och derigenom vunnen öfning, men snillets konception är en viljelös passiv undfångelse, just vid ansträngdt sökande kommer hon icke, utan helt oförmodadt liksom fallen från skyn, på resor, på teatern, under samspråk, öfverallt då det minst väntar henne, och alltid plötsligt och momentant; — den medvetna kombinationen arbetar mödosamt ut från de minsta detaljer och bygger småningom upp det hela åt sig under qvalfullt tvifvel och hufvudbry, under ideligt förkastande och återupptagande; den snillrika konceptionen undfår det hela liksom gjutet i ett, utan egen möda, såsom en gudarnes skänk, och just detaljerna är det, som ännu saknas deri och måste saknas redan af den grund, att vid större kompositioner (gruppbilder, diktverk) menniskoanden är för trång, för att kunna med en blick öfverskåda mera än det allmännaste totalintrycket; — kombinationen danar det helas enhet genom mödosamt afpassande och experimenterande uti enskildheterna, och kommer fördenskull trots allt sitt arbete aldrig riktigt till rätta med henne, utan låter alltid igenom sitt konstladt tillverkade alster konglomeratet af de många enskildheterna framlysa; snillet förfogar, tack vare konceptionen ur det omedvetna, öfver en enhet, hvilken i och genom alla delarnes omistlighet, ändamålsenlighet och inbördes förhållande är så fullkomlig, att hon endast kan liknas vid den likaledes från det omedvetna härstammande enheten hos organismerna i naturen.

Dessa företeelser intygas af alla verkliga snillen, som företagit undersökningar häraf på sig sjelfva och meddelat dessa*), och hvar

*) Ett af de renaste, d. v. s. så litet som möjligt af reflexion påverkade snillen, och tillika en bottenärlig barnslig natur var Mozart. Han yttrar sig i ett bref (se Jahns Mozart, Bd III sid. 423—425) på följande tänkvärda sätt öfver sitt konstnär-

och en kan finna deras riktighet på sig sjelf, om han någonsin har haft en verkligt originel tanke i någon riktning. Jag vill här blott anföra en anmärkning af den lika konstnärlige som filosofiske Schelling. (Transcend. Idealism. sidd. 459—460): ».... liksom konstnären ovilkorligt och till och med trots inre motsträfvighet drifves till produktion (deraf hos de gamle uttrycken: pati Deum o. s. v., deraf öfverhufvudtaget föreställningen om hänförelse genom främmande ingifvelse), likaså kommer äfven det objektiva till sin produktion liksom utan eget åtgörande, d. v. s. det sjelft tillkommer blott objektivt. [Sid. 454 säger han: »Objektivt är blott det, som uppstår medvetslöst, det egentligen objektiva i den intellektuella åskådningen

---

liga producerande: »Och nu kommer jag till den aldra svåraste punkten i Ert bref, hvilken jag helst skulle vilja gå förbi, emedan pennan ej lyder mig, då jag vill uttrycka hvad jag menar. Men jag skall dock försöka det, skulle Ni äfven deri blott finna något att skratta åt. Huru nämligen mitt sätt är vid skrifvandet och utarbetandet af stora och dugtiga saker? — Jag kan sannerligen ej säga mera än det här derom, ty jag vet sjelf ingenting mera och kan ej få klart för mig något derutöfver. När jag är riktigt för mig sjelf och vid godt humör, på resor i vagn, eller efter en god måltid under spatserturer, eller om natten, när jag icke kan sofva, då komma tankarne som bäst strömmande på mig. *Hvarifrån och huru — det vet jag icke, kan ej heller göra något till eller ifrån.* De som nu behaga mig, dem behåller jag i hufvudet och går väl äfven och gnolar på dem, efter hvad andra åtminstone hafva sagt mig. Håller jag nu dem qvar, så kommer snart det ena efter det andra fram för mig, hvartill ett riktigt smulande och knådande kunde behöfvas för att göra en pastej deraf, efter kontrapunkt, efter de olika instrumentens klang etc. etc. Detta upphettar nu min själ, om jag nämligen icke blir störd; då blir det allt större och större, — och jag breder ut det allt vidare och klarare, och jag får sannerligen stycket nästan färdigt i hufvudet, äfven om det är långt, så att jag sedan i andanom öfverskådar det med en blick, lika såsom en skön bild eller en vacker menniska, och äfven alls icke hör det i inbillningen efter hvartannat, såsom det sedan måste komma, utan likasom allt tillsammans på en gång. Det smakar något! *Allt uppfinnande och komponerande försiggår i mitt inre liksom under en skön och stark dröm;* men att öfverskåda det så der — allt på en gång, det är ändå det bästa. Det som nu kommit till på detta vis, det förgäter jag icke lätt åter, och detta är kanske den bästa gåfva, som Gud Fader skänkt mig. När jag nu härefter börjar engång att skrifva upp det, så tager jag ur min hjernkammare hvad som förut blifvit samladt derinne. Derför kommer det också tämligen fort på papperet sedan; ty det är, som sagdt, egentligen redan färdigt, och blir väl äfven sällan synnerligen annorlunda, än det förut varit i hufvudet. Derför kan jag också låta störa mig vid skrifvandet, och det bekommer mig intet, att mångahanda saker försiggå omkring mig; jag skrifver bara på; kan också prata derunder, nota bene om höns och gäss eller om Lisa och Maja o. d. Men huru nu vid arbetet mina saker öfverhufvud antaga just *den* gestalt eller manér, att de äro mozartiska och icke i någon annans manér, det lär nog vackert gå till just på samma vis, som att min näsa blifvit så stor och bugtig, att hon är mozartisk och icke som annat folks. Ty jag lägger icke an på att vara egen, kan icke engång närmare beskrifva min egna art. Men det är ju i alla fall icke annat än naturligt, att folk, som verkligen ha ett utseende, äfven se olika ut sinsimellan, så utan som innan. Åtminstone vet jag, att jag lika litet har gifvit mig det ena som det andra. Och dermed må Ni släppa ut mig igen för alltid och evigt, bäste vän, och tro icke att jag afbryter af andra orsaker, än derför att jag icke vet något vidare. Ni, som är en lärd man, kan icke föreställa Er, hur mycket bråk jag redan haft med detta». — Jfr. till bestyrkande häraf Schillers åsigter, så som han uttalat dem i den märkliga dikten "Das Glück", efter all sannolikhet sporrad af den för honom nära liggande jämförelsen mellan den genialiska lättheten i Göthes produktion och sitt eget reflekterande arbete. — Jfr. vidare min uppsats öfver Otto Ludwig: "Aus einer Dichterwerkstatt" i Oesterreichische Wochenschrift für Wiss. u. Kunst 1872 N:o 41.

måste alltså äfven icke kunna frambringas med medvetande.»] Likasom en till stora skickelser bestämd menniska icke utför hvad hon vill och åsyftar, utan det som hon måste utföra i kraft af ett obegripligt öde, under hvars inverkan hon står, så synes konstnären, så afsigtlig han än är, dock med hänsyn till det, som utgör det egentligen objektiva i hans produktion, stå under inverkan af en makt, som skiljer honom från alla andra menniskor och tvingar honom att uttala eller framställa saker, som han sjelf icke fullständigt genomskådar, och hvilkas mening är oändlig.» —

För att likväl förebygga missförstånd, måste jag ännu tillägga följande. För det första är det ingalunda likgiltigt, hvilken jordmån snillet har beredd i sin ande, så att de frön, som falla deri ur det omedvetna, må skjuta upp till yppiga organiska former; ty der de falla på hälleberget eller sanden, förtorkas de. D. v. s. snillet måste i sitt fack vara öfvadt och uppodladt, måste hafva i sitt minne samladt ett rikt förråd af träffande bilder, och det med ett urval af det sköna, som måste göras med fin uppfattning. Ty detta material är det stoff, i hvilket den uti det omedvetna ännu formlösa idén vill gestalta sig. Har konstnären förderfvat sitt estetiska omdöme, och i följd deraf med förkärlek upptagit oskönt material, så skall äfven denna dåliga jordmån införa opassande beståndsdelar i frökornet, som suger sin näring derur, och så skall plantan vantrifvas.

För det andra är med det sagda icke det påståendet gjordt, att *hvarje* konstverk härstammar från en *enda* konception; redan episoderna visa i den enklaste gestalt en förbindelse af flera olika konceptioner. Oftast är det dock en enda konception, som lemnar grundidén; der så ej är förhållandet, der blifver också alltid konstverkets enhet lidande. Men den ursprungliga totalkonceptionens enhet utesluter ingalunda, hon till och med fordrar vid större verk ett understöd af partiella konceptioner, så att säga konceptioner af andra ordningen; ty om det förståndiga utarbetandet allena mäktar fylla hela mellanrummet mellan den första konceptionen och det fullbordade verket, så ligger i den oundvikliga omständigheten, att i den första konceptionen af större verk alla specialiteter saknas, den faran nära, att i verkets särskilda delar bristen på konception, just så som i mindre verk bristen på blott förståndig kombination, gör sig kännbar, eller att hela idéns enhet lider intrång af större förändringar i delarne. Men alltid förblifver ett stort fält öppet för det förståndiga utarbetandet, och om snillet ej äger den härtill nödiga energien, uthålligheten, fliten och det förståndiga omdömet, så kommer icke den snillrika konceptionen att bära några frukter för konstnären eller menskligheten, ty verket blifver antingen icke påbörjadt, eller icke fullbordadt, eller åtminstone skizzartadt och ofullkomligt utfördt (vårdslöst utarbetadt). Väl måste det förståndiga utarbetandet härvid alltid blifva medvetet om sin så att säga tjenande ställning; det får ej vilja öfverklokt kritisera och mästra de en gång uppfattade konceptionerna från det omedvetna, ty då bortfuskar det hela verket, i det att det genom en ensidig förbättring åvägabringar en försämring i många andra afseenden, samt förstör eller åtminstone stör konstverkets organiska enhet och ursprungliga friskhet. Huru vidt åter det förståndiga utarbetandet får ingripa, utan att störa konceptionen från det omedvetna, det kan återigen icke detsamma sjelft, utan endast konstnärens estetiska smak eller takt, d. v. s. hans omedvetet bestyrkta skönhetskänsla afgöra, och fördenskull måste under *hela tiden*, som det förståndiga utarbetandet varar, likväl alltid det omedvetna stå på post såsom gränsbevakare mot det medvetna förståndet. Härigenom inser man det berättigade i att Schelling och efter honom Carriere (jfr. ofvan sid. 26) hafva kunnat förklara *all* konstnärlig verksamhet för ett *beständigt* ihvartannat af omedveten och medveten verksamhet, vid hvilken hvardera sidan är lika oumbärlig för den andra, för att något resultat skall komma till stånd.

För det tredje må man icke missförstå anmärkningen, att den medvetna viljan icke har något inflytande på konceptionens åstadkommande. Den medvetna viljan i allmänhet tagen är nämligen rentut densammas omedelbara betingelse, ty endast när menniskans hela själ lefver och röres i hennes konst, när alla hennes intresses trådar löpa samman deri, och det ej gifves någon makt, som skulle förmå att i längden vända viljan bort från denna dess högsta sträfvan, endast då är den medvetna andens inverkan på det omedvetna nog stark, för att syfta till verkligt stora, ädla och rena ingifvelser. Deremot utöfvar den medvetna viljan intet inflytande på konceptionen, ja, ett ansträngdt medvetet sökande derefter, en ensidig koncentrering af uppmärksamheten åt denna riktning utgör rentaf ett hinder för idéns undfångelse från det omedvetna, emedan det kausala sambandet mellan de båda lederna med hänsyn till sådana undantagsfall, då det omedvetna tages i anspråk, är så subtilt, att hvarje preockupation af medvetandet i denna riktning måste inverka störande, hvarje redan förhandenvarande ensidig spänning i de dertill medverkande hjerndelarne gör emottagningsterrängen ojämn. Det är derför, som konceptionen inträder, när helt andra hjerndelar äro sysselsatta med helt andra tankar, så snart blott impulsen till det omedvetnas kausalitet gifves genom en, om än aldrig så lös, idéassociation — men en sådan impuls måste förefinnas, om den också mestadels genast åter faller i glömska, ty andens allmänna lagar måste äfven här följas.

För det fjerde slutligen får man taga hänsyn till, att äfven vid den blotta talangens af förståndet ledda arbeten den befruktande konceptionen aldrig helt och hållet felas, utan blott inskränker sig till sådana minima, att de undfalla den vanliga sjelfiakttagelsen. Men har man en gång begripit det karakteristiska i detta förlopp hos extrema snillen, och betänker man så, att otaliga förmedlingar leda ned härifrån igenom talangen till det nakna förståndets talanglösa ansträngningar kors och tvärs med tillhjelp af inlärda regler, så skall snart ett öfverflöd af exempel erbjuda sig, som mer eller mindre förete karakteren af konception från det omedvetna, hurusom en författare vid detta utarbetande plötsligt i ett helt annat ögonblick kommit på den eller den förbättringen, o. dyl. Tviflar åter någon häruppå, så vill jag slutligen bevisa honom, att *hvarje* kombination af sinliga föreställningar, om hon icke helt enkelt öfverlemnas åt slumpen, utan skall föra till ett bestämdt mål, behöfver hjelp af det omedvetna. —

Idéassociationens eller tankeföljdens lagar innehålla tre väsentliga moment: 1) den framkallande föreställningen, 2) den framkallade föreställningen, och 3) intresset vid den sistnämndas uppkomst. Hvad beträffar de båda förstas förhållanden sinsemellan, bortsedt från det tredje, äfvensom lagarne för deras förknippande, så måste de väsentligen föras tillbaka till de molekylära hjernsvängningarnas mekaniska kausalitet, till de den framkallande föreställningen motsvarande hjernsvängningarnas större eller mindre frändskap med de olika latenta dispositioner, hvilka ligga redo i hjernan (med ett oegentligt uttryck kallade »slumrande minnes*föreställningar*» (jfr. sid. 21—22). Men att sålunda inskränka undersökningen till den framkallande och den framkallade föreställningen vore blott i det fall af sakförhållandena rättfärdigadt, att i det menskliga lifvet gåfves tillfällen, uti hvilka menniskan vore fri icke blott från hvarje medvetet ändamål, utan ock från herraväldet eller medverkan af hvarje omedvetet intresse, hvarje stämning. Men detta är ett tillstånd, som knappast någonsin förekommer; ty äfven om man skenbart prisgifver sin tankegång uteslutande åt slumpen, eller om man helt och hållet öfverlemnar sig åt fantasiens godtyckliga drömmar, så råda dock alltjämnt i den ena stunden andra hufvudintressen, bestämmande känslor och stämningar i sinnet, än i den andra, och dessa skola alltid öfva inflytande på idéassociationen. Af ännu större inflytande måste dock naturligen ett förhandenvarande intresse i tankekedjans ledning fram till ett bestämdt mål vara, — och denna här ofvan såsom N:o 3 anförda punkt är det äfven, som vi hufvudsakligen hafva att sysselsätta oss med på detta ställe.

Om jag t. ex. betraktar en rätvinklig triangel, så kunna utan ett särskildt intresse alla möjliga föreställningar knyta sig dervid; men om jag blir tillfrågad om beviset för en lärosats beträffande densamma, hvilket jag skulle blygas öfver att icke veta, så har jag ett intresse att till föreställningen om triangeln knyta de föreställningar, som göra tjenst vid detta bevis. Detta intresse vid syftemålet är det alltså, som betingar olikheten i idéassociationen vid de olika fallen. Ty om i anledning af triangeln alla möjliga föreställningar eljest skulle falla mig in, utom just den, som jag kunde hafva bruk af, och om så intresset i att finna beviset åstadkommer, att en detta syftemål motsvarande föreställning dyker upp, hvilken eljest högst sannolikt ej skulle hafva uppstått, så måste dock intresset vara orsaken till densamma. Men finnes väl nu en förståndig menniska, som, drifven af intresset, söker ut den syftemålet motsvarande föreställningen ibland de otaliga, som äro möjliga? Medvetandet gör det sannerligen icke; — ty väl komma vid halft omedvetna drömmar äfven alltid endast sådana föreställningar, som motsvara hufvudintresset för ögonblicket, men de komma just oafsigtligt; vid medvetandets afsigtliga sökande i minnets draglådor lemnas man tvärtom ganska ofta i sticket just af detta; man kan visserligen använda hjelpmedel, när det, som man behöfver, icke vill falla en in, men det går icke att pocka sig till det, och ofta, när man genom dess uteblifvande är satt i förlägenhet, kommer den ifrågavarande föreställningen timmar, ja dagar efteråt plötsligt farande in i medvetandet, när man som minst hade tänkt derpå. Häraf framgår, att icke medvetandet är det som utväljer, enär det förhåller sig fullkomligt blindt, samt erhåller till skänks hvarje ur minnets skattkammare framhämtadt stycke.

Vore medvetandet det utväljande, så måste det vid sitt eget ljus kunna beskåda det *utväljbara*, något som det, efter hvad vi veta, *icke* kan, enär blott det *redan utvalda* framträder ur omedvetandets natt. Om alltså medvetandet ändock *skulle nödgas* välja, så skulle det trefva omkring i det absoluta mörkret, och vore alltså omöjligen i stånd att *välja ändamålsenligt*, utan blott att *gripa kring på höft*. Denne obekante åter, han väljer *i sjelfva verket ändamålsenligt*, nämligen i öfverensstämmelse med intressets ändamål. För den psykologi, hvilken endast känner medveten själsverksamhet, föreligger här en uppenbar motsägelse. Ty erfarenheten intygar, att ett ändamålsenligt urval af föreställningar försiggår före deras uppkomst, och förnekar, att medvetandet företager detta urval. För oss åter, som redan fått en mångsidig kännedom om det omedvetnas ändamålsenliga verkningssätt, föreligger här blott ett nytt stöd för vår uppfattning; det är just en reaktion från det omedvetna mot den medvetna viljans intresse, som genom formen för sitt uppträdande och genom sitt alltimellanåt inträffande uteblifvande vid stark och ensidig spänning i hjernan fullkomligt stämmer öfverens med den konstnärliga konceptionen. Den nyss anstälda undersökningen gäller för idéassociationen *såväl vid abstrakt tänkande, som vid sinlig föreställning och konstnärligt kombinerande;* om ett godt resultat skall uppnås, måste den rätta föreställningen i rättan tid villigt erbjuda sig ur minnets skattkammare, och att det just är den *rätta* föreställningen, som träder in, derför kan endast det omedvetna sörja; alla förståndets hjelpmedel och knep kunna blott *underlätta* detta arbete för det omedvetna, men aldrig *fråntaga* det detsamma.

Ett godt och på samma gång enkelt exempel hafva vi i qvickheten, hvilken håller midten mellan konstnärlig och vetenskaplig produktion, enär den fullföljer konstsyftemål med mestadels abstrakt material. Hvarje qvickhet är enligt språkbruket ett *infall;* förståndet kan visserigen påkosta hjelpmedel dertill, för att underlätta infallet, öfningen kan särskildt på ordlekens område lifligare inprägla materialet i minnet och öfverhufvudtaget stärka hågkomsten af ord, talangen kan utrusta vissa personligheter med en alltid flödande qvickhet; men det oaktadt förblifver hvarje särskild qvickhet en skänk ofvanifrån, och till och med de, hvilka, såsom företrädesvis lyckligt lottade i detta afseende, tro sig äga qvickheten fullständigt i sin makt, få erfara, att deras talang just då, när de riktigt vilja frampressa honom, nekar att göra tjenst, så att då ingenting annat än fadda osmakligheter eller utantill lärda qvickheter framkomma ur deras hjerna. Sådant folk vet också rätt väl, att en flaska vin är ett mycket bättre medel att sätta deras qvickhet i rörelse, än afsigtlig andlig ansträngning. —

Om vi efter det ofvan sagda hafva förstått, att all konstnärlig produktion hos menniskan har sin rot i det omedvetnas ingripande, så skall det numera ej kunna slå oss med förvåning, att vi i naturens organismer, som vi hafva lärt känna såsom den omedelbaraste uppenbarelse af det omedvetna, finna skönhetens lagar så mycket som möjligt iakttagna. Denna punkt har icke förr än här kunnat beröras, men den är ytterligare en vigtig grund för organismernas planmässiga uppkomst i enlighet med förut existerande idéer. Se blott på en fågelfjäder. Hvartenda fan i fjädern har sin näring utur pennan; näringen är densamma för alla fanen, färgämnena äro till större delen ännu icke till finnandes i pennan, utan afsöndras först i fanen sjelfva ur den gemensamma näringsvätskan. Hvarje fan aflagrar på olika afstånd från pennan olika färgämnen, hvilka skarpt begränsa sig mot hvarandra; dessa färggränsers afstånd från pennan äro olika på hvarje fan, och hvarigenom bestämmas dessa afstånd? Jo, genom det ändamålet, att i och genom fanens aflagringar bredvid hvarandra åstadkomma slutna figurer, s. k. påfågelsögon, och hvarigenom kan väl detta ändamål vara stadfäst? Endast genom skönheten i teckning och färgprakt.

Huru otillräcklig visar sig icke den Darwinska teorien från estetisk ståndpunkt sedd! Hon uppvisar hurusom, under den förutsättningen att förmågan att alstra färgteckningar i fjäderklädnaden är ärftlig, djurens estetiska smak vid könsurvalet måste genom öfvervägande fortplantning af skönt tecknade individer generation efter generation förhöja fjäderklädnadens skönhet. Otvifvelaktigt! Så kan ur ett mindre ett mer utveckla sig, men hvarifrån härstammar det mindre? Om icke färgteckningen redan är till finnandes i fjäderklädnaden, huru skall då ett könsurval efter färgteckning kunna vara möjligt? Alltså måste dock det, som skall förklaras, redan finnas till, om ock i ringare grad. Den Darwinska teorien hvilar på den förutsättningen, att sådan förmåga, som här den af färgteckning, är ärftlig; men ett öfverlåtande af en förmåga i arf åt efterkommande förutsätter likväl, att hon finnes till hos förfäderna! Och antaget att begreppet af öfverlåtande i arf vore någonting klart, hvilket det ingalunda är (aldra minst, om man tager hänsyn till det särskilda öfverlåtandet af olika egenskaper hos de olika könen inom samma art), så förklarar det likväl hos afkomlingarna ingalunda *sjelfva denna förmåga*, utan endast huru denna individ har kommit i *besittning* af denna förmåga; sjelfva förmågan qvarstår äfven hos Darwin såsom qualitas occulta, och han gör alls intet försök att intränga i hennes *väsen;* för honom är det ju endast angeläget att påvisa, hurusom öfverlåtande i arf i förening med könsurvalet är i stånd att dels *intensivt* förhöja en dylik i enskilda exemplar *befintlig* förmåga, dels *extensivt* skaffa henne en vidsträcktare utbredning. Till förklaring af *hennes väsen* och *första uppkomst* lemnar denna teori alls intet bidrag; hon kan t. ex. aldrig visa, huru hvarje fågel för sig begynner att fördela färgaflagringarna på sina fjädrar så, att de, ehuru skenbart orgelmässiga på de enskilda fjädrarna och fanen, dock i sina aflagringar bredvid hvarandra framställa regelmässiga och sköna teckningar. Men om slutligen könsurvalet med rätta anföres såsom grund för den intensiva och extensiva stegringen af en sådan förmåga, så blir nästa fråga den: huru ledes individen till ett könsurval efter skönhetshänsyn? Kunna vi till svar på denna fråga särskildt hos lågt stående sjödjur, hvilka man sannerligen icke kan tilltro mycken medveten estetik, blott uppgifva en instinkt, hvars omedvetna ändamå ligger i slägtets förskönande, så vrider sig Darwin uppenbarligen i en cirkel; vi åter skola i denna instinkt se ett medel, hvaraf naturen betjenar sig, för att med lättare möda nå sitt mål, än om hon, utan den hjelp, som ligger i den kroppsliga dispositionens stegring genom ärftligt öfverlåtande från generation till generation, ville på en gång alstra den högsta möjliga skönhet hos alla individer hvar för sig tagna; m. a. o. vi beundra i stället för ett svårt direkt uppnående af målet ett mindre mödosamt indirekt, på samma sätt som förut hos den enskilda organismens mekanism, — och att hafva upptäckt denna organism i dess allmänna drag, är Darwins obestridliga förtjenst; man må blott akta sig för att liksom materialismen tro det sista ordet dermed vara utsagdt.

På liknande vis kan man af blomstrens förädling se, huru *till och med i växternas* hemlighetsfulla lif och utveckling den skönhetsdrift innebor, hvilken i vilda tillståndet blott alltför mycket *nedtryckes och qväfves i kampen för tillvaron.* Så snart man i någon mån befriar växterna från denna kamp, så frambryter skönhetssträfvandet, och vilda växters oansenligaste blomster förvandlas under våra ögon till praktblommor. Och här kan, väl att märka, icke tilläfventyrs de befruktningen förmedlande insekternas lockelse till de blommor, som hafva lifligare färger, göras ansvarig för denna försköning, enär ju våra vackraste trädgårdsblommor bära fylda, d. v. s. *ofruktbara* blomster, och endast kunna förökas på könlös väg. Här äger man beviset för, att driften till skön utveckling finnes *hos växten sjelf*, och hos vildt växande blommor endast blifver *understödd*, men ingenting mindre än frambragt, genom det företräde, som gifves dem af de besökande insekterna. Aldrig har Darwin gjort försöket att förklara, huru det är möjligt för växten att åstadkomma dessa artförändringar eller afvikelser från normaltypen, hvilka öfverträffa densamma i skönhet, och hvilka menniskan blott *behöfver skydda för deras förnyade undergång i kampen för tillvaron*, för att vidmakthålla dem åt sig.

Detsamma gäller med afseende på all skönhet i växt- och djurriket, äfven den allmänna formens. Jag uttalar det såsom grundsats, att hvarje väsen är så skönt, som det med hänsyn till dess lefnads- och fortplantningssätt kan vara. Likasom vi förut hafva sett, att hvarje särskild inrättnings absoluta *ändamålsenlighet* inskränkes: å ena sidan genom andra ändamål, för hvilkas uppfyllelse hon skulle lägga hinder i vägen, å andra sidan genom motståndet hos det svårhandterliga material, efter hvars lagar den organiserande principen måste böja och lämpa sig, just så inskränkes *skönheten* hos hvarje del genom hans ändamålsenlighet i alla de riktningar, der han praktiskt kommer i betraktande för väsendet, och vidare genom motståndskraften hos det spröda materialet, hvars lagar måste respekteras. Så är t. ex. tendensen att utveckla en så glänsande färgprakt som möjligt hos de svagare djuren (småfåglar, skalbaggar, fjärilar, mott o. s. v.) inskränkt genom deras behof att genom likhet i färg med sin omgifning dölja sig för sina förföljare, utom i det fall att de genom vidrig lukt eller smak

(t. ex. Helikoniderna) eller genom ett ogenomträngligt hårdt skal (vissa skalbaggar) derförutan äro säkra för sina eventuella fiender. Öfverallt hvarest det högre krafvet på artens existensförmåga och hennes konkurrensförmåga i kampen för tillvaron tillstädjer utvecklingen af en viss skönhet i form och färg, der frambryter densamma oupphörligt, äfven der, hvarest hon tyckes vara fullkomligt ändamålslös och *värdelös* för artens konkurrensförmåga i kampen för tillvaron (man tänke på lägre sjödjurs färgprakt eller skönheten hos vissa larver, hvilka icke ens fortplanta sig såsom sådana, och hos hvilka således icke heller något könsurval efter deras skönhet såsom larver kan äga rum). Hos snabba till flygt utrustade djur förspörjes i ringare mån behofvet att gömma sig, men det gör sig genast gällande der, hvarest flygten omöjliggöres, t. ex. hos fåglar, som rufva. Här se vi redan hos alla fåglar, som rufva i öppna nästen, att det kön, som uteslutande har fått rufningen på sin lott, bär en mindre i ögonen fallande klädnad än det andra. Hos småfåglar kunna bägge könen bära en rikare färgskrud blott hos sådana slägten, som rufva i slutna nästen, hvari den rufvande fågeln ligger väl gömd, under det att fördelningen på båda könen af den öppet skötta förrättningen att ligga på äggen hos bäggedera utesluter allt lifligt färgprål i fjäderdrägten. På liknande vis äro nästan alla fjärilarter, som icke dessutom redan i en vidrig lukt eller smak fått ett skyddsvärn, mer eller mindre polymorfa; d. v. s. under det att hannarne äro vackert tecknade och färgade, så hafva honorna, hvilka efter parningen måste lefva till dess äggen mognat och blifvit lagda, ett oansenligare utseende, eller händer det äfven, att de i sin yttre företeelse på ett förvillande sätt efterlikna aflägset stående slägten, som åtnjuta ett särskildt skydd. — Hvarhelst en prunkande färgskrud skulle vara en gåfva, som förde med sig ofärd för hela lifvet, der söker dock naturen ofta att genom en efter kort mellantid åter mot den oansenliga klädnaden utbytt bröllopsdrägt bringa skönheten sin gärd, liksom om hon ville genom en flyktig skönhetsglimt förklara de befjädrade luftinvånarnes lif under deras lyckliga kärleksvår med ett skimmer af poesi.

Så intressant det än är, att skåda den organiska naturen från estetisk ståndpunkt, så kunna vi dock här för utrymmets skuld icke inlåta oss derpå, utan måste nöja oss med dessa antydningar, som vi öfverlemna åt våra läsares skön att vidare utföra. — Antaga vi emellertid våra påståenden för medgifna, så beror skilnaden mellan menniskans och naturens konstnärliga produktion till sist icke på idékonceptionens väsen och ursprung, utan blott på arten för dess förverkligande. I naturens skönhet framställer sig idén ingenstädes för ett medvetande, innan den utföres, utan individen, som på samma gång är marmor och bildhuggare, förverkligar idén fullkomligt omedvetet. I menniskans konstnärliga produktion deremot inskjutes medvetandets instans; idén förverkligar sig icke omedelbart såsom naturväsen, utan såsom hjernsvängningar, hvilka i form af fantasiskapelser träda upp inför konstnärens medvetande, och hvilkas öfverflyttande till yttre realitet beror på konstnärens medvetna vilja.

Sammanfatta vi slutligen detta kapitels resultat, så är det följande: Menniskans förmögenheter att finna någonting vara skönt och att skapa det sköna framgå utur omedvetna processer, såsom hvilkas resultat *förnimmelsen* af det sköna och *uppfinningen* af det sköna (konception) framställa sig för medvetandet. Dessa moment bilda utgångspunkterna för det derpå följande medvetna arbetet, hvilket dock i hvarje ögonblick mer eller mindre behöfver understödjas af det omedvetna. Den till grund liggande omedvetna processen undandrager sig alltigenom vår iakttagelse på oss sjelfva; dock förenar han otvifvelaktigt i hvarje enskildt fall samma leder, hvilka en absolut riktig estetik skulle i diskursiv kedjeföljd uppställa såsom skönhetens grundpelare. Den omständigheten, att en sådan förvandling och upplösning i begrepp, samt diskursivt tänkande öfverhufvud äro möjliga, lemnar nämligen beviset för, att vi i den omedvetna processen ej hafva att göra med något väsentligen främmande, utan att endast formen i densamma och i den estetiskt vetenskapliga upplösningsprocessen skilja sig på samma sätt, som intuitivt och diskursivt tänkande öfverhufvudtaget, men att i båda tänkandet i och för sig, eller det logiska, och de moment, af hvilkas intuitivt-logiska förknippande skönheten resulterar, äro gemensamma och lika. Detta gäller lika visst med afseende på elementaromdömena om den så kallade formella skönheten, som med afseende på innehållsskönheten hos de i adequat sinlig företeelse sig framställande högsta idéerna. (Redan Leibniz kallade det, att man finner de musikaliska förhållandena sköna, för en omedveten aritmetik, och de geometriska figurernas skönhet står i direkt förhållande till den rikedom på matematiska idéer och logiskt-analytiska förbindelser, hvilken vid den estetiska intuitionen af desamma såsom omedveten implicerad åskådningshalt bestämmer omdömet.) Kunde det skönas begrepp icke *logiskt upplösas*, vore icke det sköna allenast en *särskild uppenbarelseform af det logiska*, så blefve vi utan tvifvel nödsakade att i det skapande omedvetna bredvid det logiska, som vi hittills hafva funnit vara allena verksamt, erkänna förekomsten af ännu någonting annat, heterogent, hvilket ej äger något slags förmedling med detta. Men estetikens historia pekar på denna vetenskaps mål, som är härledningen af all och hvarje skönhet ur logiska moment (visserligen med användning på reella data), alltför omisskänligt, för att man skulle genom dessa försöks närvarande ofullkomlighet låta bringa sig till affall från tron på detta slutliga mål.

VI.

Det omedvetna i språkets uppkomst.

»Emedan utan språk icke allenast intet filosofiskt, utan öfverhufvud intet menskligt medvetande är tänkbart, så kunde språkets grund icke läggas med medvetande, och likväl, ju djupare vi intränga i språkets väsende, desto bestämdare visar det sig, att det uti sitt djup vida öfverträffar den mest medvetna skapelse. — Det förhåller sig med språket som med de organiska väsendena; vi tro oss iakttaga, att de blindt uppstå, och kunna icke betvifla den outgrundliga afsigtligheten i deras bildning, ej ens i deras minsta detaljer». Med dessa Schellings ord (Werke, Abth. II, Bd 1, pag. 52) hafva vi antydt innehållet i närvarande kapitel.

Vi vilja i främsta rummet betrakta de grammatikaliska formernas och begreppsbildningens filosofiska värde. I hvarje språk, som är kommet till en högre grad af utveckling, finnes skilnad mellan subjekt och predikat, mellan subjekt och objekt, mellan substantiv, verb och adjektiv, och samma skilnad genomgår all satsbildning; i de mindre utvecklade språken äro dessa grundformer åtskilda åtminstone genom deras ställning i satsen. Den, som gjort bekantskap med filosofiens historia, vet, för huru mycket densamma har att tacka dessa språkformer allenast. Omdömets begrepp har påtagligen blifvit abstraheradt från den grammatikaliska satsen med utelemnande af ordformen; från subjekt och predikat drogos på samma sätt kategorierna substans och accidens; att finna en motsvarande begreppsbestämd motsats mellan substantiv och verb, är ännu i dag ett olöst, kanhända i hög grad fruktbringande filosofiskt problem; här befinner sig ännu den medvetna spekulationen långt bakom den omedvetna skapelsen af menskligheteus genius. Att de filosofiska begreppen subjekt och objekt, hvilka strängt taget icke ingingo i antikens medvetande, men i så hög grad beherska nutidens spekulation, hafva utvecklat sig ur de grammatikaliska begreppen, hvilka inneslöto dem omedvetet förebildade, är säkerligen icke osannolikt, då redan deras namn gifver oss en antydning derom. Ett motsvarande filosofiskt utbyte af de andra satsdelarne, t. ex. det så kallade aflägsnare objektet eller tredje personen, har man enligt min öfvertygelse ännu att vänta. Genom att sålunda bringa till medvetande den metafysiska tanken, hvilken ordformen tjenar till beklädnad, *skapas* visserligen inga *nya* förhållanden; sådana deremot, som hittills existerat i medvetandet på stora omvägar, men enhetligt endast i aningen eller i instinkten, bringas till en enhetlig form i medvetandet, och kunna nu först göra tjenst som ett säkert fundament för ytterligare spekulation, alldeles som inom matematiken cirkel-, elliptiska och Abelska funktionerna plötsligen sluta vissa sedan lång tid tillbaka bekanta serier i en enhetlig form och först derigenom medgifva möjligheten för deras allmännare användning. Lazarus betecknar detta med uttrycket »tänkandets kondensering».

Då menniskoanden i verldshistorien för första gången blir stående framför sig sjelf och börjar att filosofera, finner han framför sig ett med all rikedom på former och begrepp utrustadt språk, och »en stor del, kanhända största delen af hans förnufts arbete består i att upplösa de begrepp, som han redan förefinner i sig», såsom Kant säger. Han finner deklinationskasus hos substantiv, verb, adjektiv, pronomen, han finner genera, tempora och modi hos verbet, och ett oöfverskådligt förråd af redan färdiga föremåls- och relationsbegrepp. Samtliga kategorierna, hvilka till största delen framställa de vigtigaste relationerna, grundbegreppen för allt tänkande, såsom vara, blifva, tänka, känna, begära, rörelse, kraft, verksamhet etc., föreligga för honom såsom färdigt material, och han har tusentals års göra, för att endast finna sig till rätta i denna skatt af omedveten spekulation. Ännu i denna stund äger den filosoferande anden nybörjarens fel, att allt för mycket taga i tu med hvad som är honom mest främmande och att försumma det som är honom närmast, måhända äfven det svåraste, ännu i denna stund gifves det ingen *språkets filosofi;* ty hvad vi i den vägen verkligen äga är endast obetydliga fragment, hvad mestadels erbjudes är intet annat än frasartade appellationer till den menskliga instinkten, hvilken ju redan vet, hvad som menas (alldeles som inom estetiken). Men om de första grekiska filosoferna höllo sig endast till ytterverlden, så har likväl filosofien, ju längre hon skridit framåt, i samma mån mer och mer insett, att det egna tänkandets begripande är den närmaste uppgiften, att detta förträffligt befordras genom att föröka de andliga skatter, hvilka innehållas i den forskandes språk, och att språkets gamla qvarlefva, tankens klädnad, icke kan vanhelgas genom påsydda brokiga flikar; ty språket är Guds ord, filosofiens heliga skrift, det är den menskliga genius' uppenbarelse för alla tider. — Huru mycket en Plato, Aristoteles, Kant, Schelling och Hegel hafva språket att tacka för, skall ingen undgå att finna, som studerar dem med uppmärksamhet; icke sällan förefaller oss den källa, från hvilken de hafva hämtat första impulsen till vissa resultat, tämligen omedveten (t. ex. hos Schelling varats subjekt såsom icke-varande eller varats potens, och varats objekt såsom blott varande).

Härnäst hafva vi att betrakta den frågan, huruvida språket fullkomnas i samma mån, som bildningen går framåt. Till en viss grad är detta utan tvifvel fallet; ty de första urmenniskornas språk har säkerligen knapt skilt sig från djurens oartikulerade och minspråk, och vi veta, att hvarje språk, som nu är flekterande, så småningom arbetat sig upp till sin högsta fulländning genom de olika graderna af enstafviga (t. ex. kinesiska), agglutinerande (t. ex. turkiska) och inkorporerande språk (t. ex. indianspråken). Förstår man åter den ofvan framstälda frågan så, huruvida språket *i den mån kulturen går framåt* fullkomnar sig, sedan det först uppnått den grad af utbildning, hvilken på förhand måste anses som vilkoret för ett flekterande språk, då måste man icke allenast förneka denna fråga, utan snarare medgifva hennes motsats. Alltid uppträda med framskridande kultur nya föremål, följaktligen nya begrepp och beteckningar för dem, alltså äfven nya ord (t. ex. allt, som hänför sig till jernvägar, telegrafer och aktiebolag). Häraf följer en språkets *materiella* förkofran. Denna innehåller likväl ingenting filosofiskt. De filosofiska begreppen (kategorierna o. s. v.) förblifva desamma, de blifva hvarken mer eller mindre, med få undantag, såsom medvetande o. dyl., begrepp, hvilka de gamle i forntiden ägde endast divinatoriskt, men icke explicite och medvetet. Några märkligare förändringar undergå icke heller de abstraktionsserier, hvilka sammanfatta den oändliga mångfalden af sinliga företeelser att brukas som abstrakta af olika ordningar; ty om de speciella vetenskaperna, t. ex. zoologi, botanik, understundom något ändra sina artbegrepp, så berör detta dels i alldeles ingen mån det praktiska lifvet, dels äro dessa förändringar försvinnande små i jämförelse med konstansen inom de flesta begreppsområden. Men det, hvari det egentliga filosofiska värdet ligger, språkets *formella* sida, det är en upplösnings- och utmattningsprocess, som håller jämna steg med kulturens framåtskridande. Ett ännu påtagligare exempel, än det tyska språket i gotiskan, gammalhögtyskan, medel- och nyhögtyskan, lemnar oss det romaniska, särskildt det franska språkets utmattning. Den en gång för alla bestämda ställningen af satsdelarne och satserna lemnar intet spelrum mer för uttryckets prägnans, en deklination existerar icke mer, ett neutrum lika litet, konjugationen inskränker sig till fyra (i tyskan till och med till två) tempora, passiv saknas, alla slutstafvelser äro afnötta, den i naturspråken så uttrycksfulla förvandtskapen i stamstafvelserna har mestadels blifvit oigenkänlig genom afnötningar, konsonanters bortkastande och andra vanställande tilltag, och förmågan att sammansätta flera ord till ett har gått förlorad. Och ändå äro tyskan och franskan ännu oändligt rika och uttrycksfulla språk i jämförelse med den förtvifladt utvattnade engelskan, hvilket språk i grammatikaliskt afseende med starka steg åter närmar sig utgångspunkten, kinesiskan. Ju längre deremot vi gå tillbaka i tiden, desto större blir formrikedomen; grekiskan har sitt medium, dualis, aoristus, och en otrolig förmåga af ordsammansättning. Sanskrit, såsom det äldsta af de för oss bekanta flekterande språken, skall i skönhet och formrikedom öfverträffa alla andra. Af denna betraktelse framgår, att språket för sin uppkomst alldeles icke förutsätter någon *högre* kulturutveckling, utan att en sådan snarare är skadlig för det, emedan det icke engång är i stånd, att från försämring bevara det förhandenvarande, till och med ej ens då, när det åt sin tillvaro och förädling egnar ett medvetet och sorgfälligt sträfvande (såsom t. ex. Franska Akademien). Språkets utveckling försiggår icke allenast i det stora hela, utan äfven i enskildheterna med den stilla nödvändigheten af en naturprodukt, och i trots af alla medvetandets bemödanden förökas än i dag språkets former, likasom vore de sjelfständiga bildningar, hvilka den medvetne anden endast tjenar såsom medium för deras egendomliga lif*. Detta resultat, liksom språkets spekulativa djup och härlighet, äfvensom slutligen dess underbara organiska enhet, som vida öfverträffar enheten i en metodiskt-systematisk bygnad, borde afhålla oss ifrån att anse språket som en produkt af medveten skarpsinnig öfverläggning. Redan Schelling säger: »Den ande, som skapade språket — och det är icke anden hos de *enskilda* medlemmarne af folket — har tänkt sig det *såsom ett helt:* liksom den skapande naturen, då hon formar hufvudskålen, har i ögonsigte de väfnader, som senare skola taga sin väg derigenom».

Dertill kommer ännu följande: För den *enskildes* arbete är grundvalen alltför komplicerad och rikhaltig, språket är ett verk af *massan*, af *folket*. Men för *flertalets medvetna arbete* är det en alltför *enhetlig* organism. Endast *massans instinkt* kan hafva skapat det, sådan han uppenbarar sig i bikupans, termit- och myrkoloniernas lif. — Vidare, om också de från skilda utvecklingshärdar framgångna språken i väsentlig mån afvika från hvarandra, så är dock på den menskliga bildningens alla områden utvecklingens gång i hufvudsak sig så lik, att grundformernas och satsbygnadens öfverensstämmelse under alla stadier af utveckling låter sig förklara endast ur en för hela menniskoslägtet gemensam språkbildningsinstinkt, ur en öfver individerna herskande ande, hvilken öfverallt leder språkets utveckling efter samma lagar, som för framåtskridande och förfall. — Den, för hvilken alla dessa skäl icke synas tillräckligt afgörande, måste dock obetingadt medgifva, att hvarje *medvetet menskligt* tänkande är *möjligt* först *med hjelp* af språket, ty som vi se, öfverträffar det menskliga tänkandet utan språk (hos ouppfostrade döfstumma, äfvensom hos friska menniskor, hvilka uppvuxit utan uppfostran) i bästa fall endast i ringa mån de klokaste husdjurens tänkande. Alldeles omöjligt är följaktligen utan språk eller med ett blott djuriskt oartikuleradt språk utan grammatikaliska former ett så skarpsinnigt tänkande, att såsom dess medvetna produkt skulle kunna framgå de öfverallt lika grundformernas underbara djupsinniga organism; snarare måste hvarje framsteg i språkets utveckling först vara *vilkoret* för ett framsteg i det medvetna tänkandets utbildning, icke dess följd, ty det (liksom hvarje instinkt) inträffar på en tid, då ett folks hela kulturbeskaffenhet *gör* ett framsteg i tänkandets utbildning *till ett verkligt behof.*

Man kan icke betvifla, att djurens språk, som hos en del är så

---

* Jfr. Gobineau, Untersuchungen über verschiedene Aeusserungen sporadischen Lebens, 2 (Zeitschrift für Philosophie und philosophische Kritik, Bd 52, pag. 181 ff.)

högt utbildadt, eller de första menniskornas min-, gest- och oartikulerade språk i anseende till såväl dess produktion som dess förhållande föröfrigt är ett verk af instinkten; alldeles på samma sätt måste också menniskornas artikulerade språk vara en geniets konception, ett verk af massans instinkt. Detta resultat bekräfta föröfrigt de mest framstående och snillrikaste språkforskare i vårt århundrade. Så säger t. ex. Heyse i sitt »System der Sprachwissenschaft»: »Språket är ett *natur*alster af menniskoa*nden*; det tillkommer med nödvändighet, utan omtänksam afsigt och klart medvetande, i följd af andens inneboende *instinkt.*» Språket är för honom en produkt »*icke af den särskilda subjektive anden* eller det reflekterande förståndet såsom en fri verksamhet af individen som sådan», utan »af *den allmänna objektive anden*, det menskliga förnuftet i sin naturgrund.» På samma sätt uttalar sig Wilhelm von Humboldt (»Ueber das vergleichende Sprachstudium» § 13): »Man kan erinra om djurens *naturinstinkt* och kalla språket en *intellektuel* instinkt af förnuftet.» »Det är icke nog, att för uppfinningen af språket antaga årtusenden och åter årtusenden. Språket skulle icke kunna uppfinnas, om icke dess typ funnes i menniskans förstånd... Då man inbillar sig, att uppfinningen af språket försiggått småningom och steg för steg, att menniskan, genom att hafva uppfunnit några språk mer, skulle kunna blifva mera menniska och genom denna stegring åter skulle kunna uppfinna ännu flera språk, så inser man icke, att menniskans medvetande är oskiljaktigt förenadt med menniskans språk.» Språket »låter egentligen icke lära sig, utan kallas endast till lif i själen; man kan för det endast framräcka den tråd, efter hvilken det af sig sjelft utvecklar sig» (jfr. i det följande sid. 208 ff.). »Huru skulle den, som hör en annans tal, endast genom sin egen kraft, som utvecklar sig alldeles afskildt i honom, bemäktiga sig hvad som talas, om icke hos den talande och den åhörande funnes samma, endast individuelt skilda och för hvar och en af dem särskildt afpassade väsen, så att ett så fint, men just ur dess innersta och egentligaste natur skapadt tecken, som det artikulerade ljudet, är tillräckligt, för att som en medlare uppägga bägge på samma sätt?» »Språkets begripande skulle icke kunna bero på en inre sjelfverksamhet, och det gemensamma talandet måste vara något annat än blott ett ömsesidigt väckande till lif af den åhörandes talförmåga, om icke den menskliga naturens enhet, som delar sig i skilda individualiteter, hvilade på individernas olikhet.» Humboldt sluter sålunda — hvad vi först framdeles skola utförligare ådagalägga — på grund af språkets natur ensamt, »att individualiteten öfverhufvud är endast en företeelse af andliga väsens tillvaro», att den medvetna menniskoanden och språket härstamma från den allmänna andens gemensamma urgrund. H. Steinthal slutar i sin utmärkta skrift »Der Ursprung der Sprache» sin förträffliga objektiva kritik af föregångarne genom att formulera uppgiften sålunda: »Språket är icke menniskan genom skapelsen meddeladt, icke af Gud uppenbaradt — menniskan har *frambragt* det; men icke menniskans blotta organiska natur, utan hennes *ande;* och slutligen *icke* den tänkande *medvetna* anden. *Hvilken* ande alltså i menniskan, d. v. s. hvilken verksamhetsform af menniskoanden har alstrat språket?» Hvilket annat svar kan man väl rimligtvis gifva härpå, än: den *omedvetna* själsverksamheten, hvilken uppenbarar sig här i naturinstinkterna, der i de intellektuella instinkterna, här i de individuella, der i de kooperativa instinkterna hos massan, och öfverallt en och samma, motsvarar hon öfverallt med ofelbar klarseende säkerhet massan af de behof, som framställa sig i det menskliga lifvet.

VII.

Det omedvetna i tänkandet.

I femte kapitlet (sid. 195—196) hafva vi sett, att hvarje framträdande af en erinring för ett bestämdt ändamål är i behof af det omedvetnas hjelp, om just den rätta föreställningen skall infinna sig, ty medvetandet omfattar icke de slumrande minnesföreställningarne *, och kan alltså icke heller företaga något val bland dem. Om en oriktig föreställning dyker upp, så inser medvetandet genast hennes oändamålsenlighet och förkastar henne, men alla erinringar, hvilka ännu icke dykt upp, utan framdeles skola dyka upp, ligga utom dess synkrets, alltså äfven utom dess val; endast det omedvetna kan verkställa det ändamålsenliga valet. Någon skulle kanske tro, att erinringarne uppdyka absolut tillfälligt i afseende på intresset, och att medvetandet förkastar de falska så länge, tills slutligen den rätta erinringen framträder. Vid det abstrakta tänkandet förekomma visserligen sådana fall, då vi måste förkasta fem eller flera föreställningar, innan den rätta framställer sig för oss. I sådana fall kommer det derpå an, såsom då man löser gåtor eller matematiska uppgifter på försök, att medvetandet sjelft icke rätt vet, hvad det vill, d. v. s. att det endast i form af abstrakta ord- eller talformler, men icke genom omedelbar åskådning känner ändamålsenlighetens betingelser, så att det i hvarje enskildt fall först måste i formlerna insätta det konkreta värdet och se till, huruvida saken stämmer eller icke; men härmed är också tydligt, att det omedvetnas reaktion mot ett intresse, hvilket är så oklart med sig sjelf, att det endast genom användningen på det konkreta fallet kan komma till klarhet öfver sig sjelf, måste vara ofullkomligare än i det fall, då intresset begriper sig af sig sjelf på ett

* Jag erinrar här ännu engång derom, att uttrycket »slumrande minnesföreställningar» är oegentligt, emedan här är fråga om hvarken medvetna eller omedvetna föreställningar, således alldeles icke om några föreställningar, utan om molekylära hjerndispositioner till vissa vibrationstillstånd, mot hvilka det omedvetna, ifall de inträda, reagerar med vissa medvetna föreställningar.

omedelbart konkret och åskådligt sätt, såsom då man söker en passande delföreställning till en i öfrigt färdig bild, eller en vers, eller en melodi der ett så långvarigt proberande mycket mera sällan förekommer. Då man gör ett qvickt infall, är detta ännu mindre händelsen; på förhand öfvertänkta qvickheter äro nästan alltid dåliga. Men äfven i sådana fall, der erfarenheten visar, att uppdykande föreställningar gång efter annan förkastas, får man icke förgäta, att alla dessa förkastade föreställningar *ingalunda* äro i afseende på intressets mål absolut *tillfälliga*, utan i grunden syfta till detta mål, om de också ännu icke träffa hufvudet på spiken. Men till och med om detta kännetecken saknades dem, måste man ändock medgifva, att föreställningarne, hvilka, bortsedt från intressets mål, skulle uppstå blott i enlighet med de andra lagarne för tankeföljden, äro nästan oräkneliga, att följaktligen endast i mycket sällsynta fall redan efter fem till tio förkastade föreställningar den passande skulle dyka upp, men att mestadels ett långt större antal försök vore af nöden; följden häraf skulle blifva omöjligheten att producera en ordnad tankeföljd, man skulle snart uttröttad uppgifva denna oproportionerliga ansträngning och endast öfverlemna sig åt det ofrivilliga drömmandet och sinnesintrycken, alldeles som lågt stående djur.

Allt kommer vid tänkandet derpå an, att den rätta föreställningen framträder för oss i rätta ögonblicket. Det är endast derigenom, som (bortsedt från tankearbetets snabbhet) ett snille skiljer sig från en dumbom, en dåre, en narr, en svagsint eller en förryckt. Slutledningen försiggår hos alla på samma sätt; ingen förryckt och ingen drömmande har någonsin dragit en falsk slutledning ur de premisser, som just för tillfället voro honom till hands, endast deras premisser äro ofta ofruktbara; dels äro de falska i sig sjelfva, dels äro de för det ändamål, hvartill slutledningen skall tjena, för trånga, eller för vida; dels förutsättas också under slutledningsarbetet vissa för det ifrågavarande fallet otillåtliga premisser, dels sammandragas på detta sätt flera efter hvarandra följande slutledningar till en enda, och dervid blifva fel begångna, emedan icke hvarje enskild slutledning verkligen tänkes, och till och med hvarje följande slutledning stillatigande förutsätter en ny premiss. Men att med gifna premisser draga en enkel slutledning oriktigt, det ligger enligt min uppfattning lika mycket utom möjlighetens område, som att en af två krafter pådrifven atom skulle kunna röra sig i annan riktning än i diagonalens i den parallelogram som krafterna bilda.

Allt kommer vid tänkandet derpå an, att den rätta föreställningen framträder för oss i rätta ögonblicket. Denna sats vilja vi pröfva något närmare. Med tänka i inskränkt mening förstår man föreställningarnas delning, förening och inbördes förhållande. *Delningen* kan bestå i ett rumligt eller tidligt sönderstyckande eller i ett abstrakt delande af föreställningarna. Hvarje föreställning kan delas på oändligt många sätt, det kommer alltså väsentligen derpå an, huru snittet föres mellan det stycke, som man vill behålla, och det, som man vill låta falla. Huru mycket och hvad man vill behålla af en föreställning, det beror åter derpå, för hvilket ändamål man behöfver det.

Hufvudändamålet vid den abstraherande delningen är sammanfattningen af många sinliga enskildheter till ett gemensamt begrepp; detta kan endast innehålla det, som är för alla gemensamt, snitten måste följaktligen föras så, att man af alla enkelföreställningar qvarhåller endast det lika och gemensamma och låter de olika individuella resterna falla. Med andra ord om vi hafva de många enskildheterna, måste föreställningen om det för alla gemensamma lika stycket tränga sig på oss. Detta är lika visst ett *infall,* som icke kan framtvingas, liksom i föregående exempel; ty millioner menniskor, så att säga, blifva stående framför samma enkelföreställningar, och ett genialiskt hufvud kommer slutligen och bildar begreppet. Huru mycket rikare på begrepp är icke den bildade än den obildade? Och det enda skälet härför är *intresset* i begreppet, som ingifves honom genom uppfostran och lärdom; ty man kan icke direkt lära någon ett begrepp, man kan visserligen vara honom behjelplig vid abstraktionsarbetet genom att angifva rätt många sinliga enskildheter och utesluta andra för honom redan bekanta begrepp o. s. v., men han måste dock sjelf till sist finna begreppet. Någon ansenlig skilnad i talanger kan man dock öfverhufvud icke antaga mellan bildade och obildade, alltså kan det endast vara intresset att finna begreppet, som betingar begreppsrikedomens skilnad. Detsamma gäller äfven för den olika begreppsrikedomen hos menniskan och djuren, om det också visserligen icke får förnekas, att begåfningen här utöfvar något inflytande. De största uppfinningar inom den teoretiska vetenskapen bestå ofta blott i sjelfva finnandet af ett nytt begrepp, i kännedomen om ett hittills opåaktadt gemensamt stycke i flera andra begrepp. t. ex. gravitationsbegreppets upptäckt genom Newton. Om det är intresset, som betingar uppfinningen af det gemensamma, så är begreppets första uppklarnande det omedvetnas ändamålsenliga reaktion mot denna intressets driffjäder.

Om detta redan gäller för begrepp, som bestå i frånskiljandet af något för många gifna föreställningar gemensamt, så gäller det så mycket mera för sådana, som innehålla *olika föreställningars relationer till hvarandra*, t. ex. likhet, olikhet, enhet, mångfald (tal), allhet, negation, disjunktion, kausalitet o. s. v.; ty här är begreppet en verklig skapelse, visserligen af gifvet material, men dock en skapelse af något, hvilket såsom sådant alldeles icke ligger i de gifna föreställningarna sjelfva. — T. ex.: likheten såsom sådan kan icke inherera i tärningarna A och B, ty om B ännu icke är, så kan A icke hafva likheten med B; men om B uppstår, så kan detta icke förändra beskaffenheten af A, följaktligen kan icke A genom uppkomsten af B erhålla en egenskap, som det förut icke hade, alltså icke heller likheten med B. Begreppet likhet kan således icke ligga i tingen, lika litet som i de genom tingen alstrade varseblifningarne såsom sådana, ty rörande dessa skulle man kunna använda samma bevisföring, följaktligen måste begreppet likhet skapas först af själen; men själen kan icke heller godtyckligt förklara två föreställningar lika eller olika, utan endast i det fall, att föreställningarna, bortsedt från rum och tid, äro identiska, d. v. s. att de båda föreställningarna, genom att aflösa hvarandra på ett ställe af synfältet utan tidsintervall, skulle göra intrycket af en enda oförändrad föreställning. Då detta vilkor realiter aldrig kan uppfyllas, så kan processen försiggå endast på det sätt, att själen frånskiljer det i båda föreställningarna identiska i form af ett begrepp; inser hon då, att föreställningarnas individuella rester bestå endast i rum och tid och icke mer beröra deras innehåll, så kallar hon dem lika, och har sålunda vunnit begreppet likhet. Men det är lätt att inse, att, om hela denna process skulle fullföljas i medvetandet, själen redan måste besitta förmågan af abstraktion och sålunda äfven begreppet likhet, för att kunna frånskilja det för bägge föreställningarna gemensamma och lika — hvilket är en orimlighet; det är alltså, då hvarje mennisko- och djursjäl verkligen har detta begrepp, icke möjligt att antaga annat, än att denna process i sina hufvuddelar försiggår omedvetet, och att först resultatet såsom begreppet likhet eller såsom omdömet »A och B äro lika» faller i medvetandet.

Huru oundgängligt nödvändiga abstraktionsförmågan och det i henne innehållna likhetsbegreppet sjelft äro för allt tänkandes första grundvalar, vill jag i korthet visa på tal om erinringen.

Alla menniskor och alla djur veta, då hos dem en föreställning eller en varseblifning uppstår, om de känna dennas innehåll eller icke, d. v. s. om varseblifningen är för dem ny, uppstår för första gången, eller om de redan förut ägt densamma. En blott och bar föreställning, som dyker upp, förbunden med det medvetandet, att hon redan förut funnits der som sinnesvarseblifning, heter *erinring*. Förmågan att på nytt igenkänna sinliga varseblifningar betecknas icke med detta namn, men är minst lika så vigtig. Nu frågas, huru kommer själen till detta kännetecken, att *en sak är bekant*, hvilket dock icke kan ligga i föreställningen sjelf, då hvarje föreställning i och för sig uppträder såsom något nytt? Svaret, som ligger närmast till hands, är detta: genom idéassociationen, ty likheten är det, som hufvudsakligen framkallar denna. Då alltså en varseblifning inträder på nytt, hvilken redan förut funnits der, så kallas den slumrande erinringen till lif, och själen äger nu i stället för en två bilder, en liflig och en svag, och den senare ett ögonblick senare, hvaremot hon, då hon mottager nya varseblifningar, förefinner endast en bild. Då hon af den andra svaga bilden icke med sig vet någon orsak, så antager hon den till tiden föregående lifliga såsom densammas orsak; men då å andra sidan orsaken dertill, att den svaga bilden i några fall framträder, i andra icke, ingalunda kan ligga i varseblifningarna, så sätter själen orsaken till denna företeelse i en föreställningsförmågans olika disposition. Vore själen vid den svaga föreställningen utan vidare medveten derom, att den redan förut funnits der, så vore saken förklarlig, men man kan icke begripa, huru hon af det hittills anförda skall komma till detta medvetande; dermed vore frågan icke löst, utan endast hennes objekt skjutet ett steg tillbaka. Men här hjelper oss att betrakta lika sinnesintryck, hvilka följa så hastigt på hvarandra, att efterbilden af det första ännu icke bortklingat då den andra inträder. Här fattar nämligen själen 1) på grund af förklingandets fortvaro efterbilden af det första intrycket såsom ett med den andra; 2) vet hon af försvagningens grad, att det yttre objektet har upphört att verka, och att endast dess efterbild står qvar; 3) vet hon, att den plötsliga förstärkning af efterbilden, som inträder omedelbart efter det andra intrycket, är en verkan af detta; 4) begriper hon innehållets likhet hos det andra intrycket med den förstärkta efterbilden från det första. Från dessa premisser sluter själen, att föreställningsförmågans disposition, hvilken betingade den svaga bildens uppkomst efter det andra intrycket, var närvaron af det första intryckets efterbild, och att det andra intrycket var detsamma som det första. Under det nu sådana exempel upprepas vid skilda grader af förklungenhet, slutes enligt analogi, att äfven der, hvarest efterbilden af det första intrycket icke mer är närvarande då det andra inträder, föreställningsförmågans antydda disposition består i en slumrande efterbild, och sålunda framställer sig medvetandet såsom hafvande kännedom om en sak hvarje gång, då en föreställning framkallar en svagare, som är henne lik. Så t. ex. då hos oss under vaket drömmande bilder uppstiga, måste de först hafva nått en viss grad af fullständighet, innan de genom association för ett ögonblick framföra för själen såsom en andra bild den upplefda situationen i sin helhet, och först i detta ögonblick framspringer plötsligt medvetandet, att man har upplevt saken, först då blir den uppstigna erinringen *såsom* erinring medveten.

Såsom man finner, fordras der en oerhörd apparat af komplicerad öfverläggning, för att frambringa ett till utseendet så enkelt grundfenomen, och under menniskans såväl som djurens barndomstid, då dessa begrepp bildas, skulle en sådan process på intet vis kunna fullborda sig i medvetandet, *isynnerhet på den grund, att alla slutledningar, som här användas, långt förut förutsätta förmågan att igenkänna föreställningarna såsom bekanta.* Det är följaktligen påtagligt, att äfven denna process fullbordar sig i det omedvetna, och att endast hans resultat instinktivt faller i medvetandet. Också skulle aldrig *vissheten* derom, att en sak är oss förut bekant, hvilken visshet erinringen erbjuder vid icke alltför stort mellanrum mellan båda intrycken, kunna vinnas vid en sådan konstgjord bygnad af hypoteser och analogier.

Ett annat exempel erbjuder *kausaliteten.* Visserligen låter hon sig logiskt utveckla, nämligen ur probabilitetskalkylen, hvilken räknar med blotta förutsättningen af den absoluta tillfälligheten, d. v. s. kausalitetslösheten. Om nämligen under de eller de omständigheterna en händelse inträffat n gånger, så är sannolikheten, att hon under samma omständigheter åter skall inträffa nästa gång, $\frac{n+1}{n+2}$; under antagande, att vi kalla händelsens inträffande nödvändigt, om dettas sannolikhet blir $= 1$, så läter sig härur utveckla *den sannolikheten*, att händelsens inträffande är nödvändigt, eller icke nödvändigt. Vidare ligger, såsom redan Kant antydt, ingen annan betydelse i kausaliteten, än att en händelse *med nödvändighet inträffar under de dithörande omständigheterna*, enär begreppet *frambringa* är ett deri godtyckligt inlagdt begrepp och till slut endast är en *olämpligt använd bild.*

Alltså kunna vi uppvisa sannolikheten, att den eller den företeelsen är förorsakad af de eller de omständigheterna, och längre sträcker sig i sjelfva verket icke vår kunskap. Visserligen skall ingen tro, att detta är sättet, hvarpå barn och djur komma till begreppet om kausaliteten, och ändock gifves det intet annat sätt, för att utöfver begreppet om blotta följden komma till begreppet om den nödvändiga följden eller verkan, följaktligen måste också denna process försiggå i det omedvetna, och begreppet om kausalitet framträda i medvetandet såsom hans färdiga resultat.

Samma förhållande låter sig äfven påvisa för de andra relationsbegreppen, de låta sig alla utveckla logiskt diskursivt, men dessa utvecklingsprocesser äro alla så fina och till en del så komplicerade, att de på intet vis kunna fullbordas i varelsernas medvetande, då de för första gången bilda dessa begrepp; derför framträda de för medvetandet såsom någonting redan färdigt. Den som nu inser omöjligheten af att utifrån erhålla dessa begrepp, äfvensom nödvändigheten att *sjelf* bilda dem, han påstår deras aprioritet; den deremot som stöder sig derpå, att sådana bildningsprocesser alldeles icke kunna äga rum i medvetandet, utan att snarare resultaten *gifvas åt detta* såsom något redan färdigt, han måste påstå deras aposterioritet. Plato anade bäggedera, då han gaf allt lärande namnet erinring, Schelling uttalade detsamma i följande sats: »Såvidt jaget ur sig producerar allt, så till vida är allt ... vetande a priori. Men såvidt vi icke äro medvetna om detta producerande, så till vida finnes hos oss ingenting a priori, utan allt a posteriori... Det gifves alltså begrepp a priori, utan att der gifvas medfödda begrepp.» (Jfr. ofvan sid. 11). Så är allt verkligt aprioriskt satt af det omedvetna, blott som resultat faller det i medvetandet. Så till vida som det är det gifnas, det omedelbara medvetenhetsinnehållets prius, så till vida är det ännu omedvetet i det att medvetandet reflekterar på det förefunna innehållet och derifrån sluter tillbaka till det prius, som frambragt detta innehåll, inser det a posteriori det omedvetet verksamma aprioriska. (Jfr. härom »Das Ding an sich», sid. 66—73, 83—90). Den vanliga empirismen förnekar det aprioriska i själen; den filosofiska spekulationen förnekar, att allt aprioriskt i själen är fattbart endast a posteriori (på induktiv väg).

Förenandet af föreställningar åter försiggår på det sättet, att man i rum eller tid fogar begrepp till hvarandra, såsom vid bildande konst eller musikalisk komposition, i hvilket fall förloppet kommer under det konstnärliga producerandet, eller att man sammansätter begrepp till en enhetlig föreställning, såsom vid bildandet af definitioner, eller att man förenar föreställningar genom relativa former, der man alltså söker grunden till följden, innehållet till formen, det lika till det lika, ett alternativ till ett annat, det allmänna till det särskilda, eller omvändt. I alla händelser har man den ena föreställningen och söker en annan, hvilken uppfyller den gifna relationen. Antingen har man hos sig den sökta föreställningen såsom slumrande erinring, eller har man den icke. I senare fallet har man att först direkt eller indirekt uppfinna henne, i det förra kommer det blott derpå an, att man utaf de många minnesföreställningarne får tag i just den rätta. I båda fallen är en reaktion hos det omedvetna af nöden.

Det allmännas relation till det särskilda har sitt enklaste språkliga uttryck i ett omdöme, der subjektet representerar det särskilda, predikatet det allmänna. Men till hvarje särskildt gifves det ganska många allmänna bestämningar, som alla innehållas i det, derför kan också hvarje subjekt med rätta antaga många predikat; hvilket som just är det passande, det beror endast på målet för tankegången. Det kommer alltså äfven vid omdömet derpå an, att man får tag i just den rätta föreställningen, såväl då man söker predikatet till subjektet, som då man söker subjektet till predikatet, ty af ett allmänt omfattas ju också många särskilda bestämningar.

En särskild vigt för tänkandet har ännu relationen mellan grund och följd. Denna förmedlas alltid genom syllogismen, hvilken i sin enkla form, om han fullbordas, alltid måste riktigt fullbordas och kan bevisas genom principen för kontradiktionen. Nu visar sig imellertid ganska snart, att syllogismen alldeles icke erbjuder någonting nytt, såsom John Stuart Mill o. fl. sökt ådagalägga, ty den allmänna öfversatsen innehåller redan implicite i sig det särskilda fallet, hvilket i slutledningen endast expliceras; då nu enhvar kan om öfversatsen såsom det allmänna vara öfvertygad endast derigenom, att han är öfvertygad om alla de särskilda fallen, så måste han också redan vara öfvertygad om slutsatsen, eller också är han det icke heller om öfversatsen; och har öfversatsen ingen viss, utan endast sannolik betydelse, så måste också slutsatsen bära samma sannolikhetskoëfficient som öfversatsen. Härmed är ådagalagdt, att syllogismen på intet sätt förökar kunskapen, om engång premisserna äro gifna, och detta öfverensstämmer fullkomligt dermed, att ingen förnuftig menniska uppehåller sig med en syllogism, utan när hon tänkt premisserna, har hon redan e o i p s o på samma gång tänkt slutsatsen, så att syllogismen såsom en särskild led af tänkandet aldrig träder i medvetandet. Följaktligen kan syllogismen för vår kunskap icke hafva en omedelbar, utan endast en medelbar betydelse. Det gäller i sanning i alla *särskilda* fall (der alltså *undersatsen* är gifven) att påfinna den passande öfversatsen; har denna blifvit funnen, så finnes också genast slutsatsen i medvetandet, ja till och med öfversatsen förblifver ofta en omedveten led i processen. Naturligtvis kunna många öfversatser hafva samma undersats, liksom många predikat ett och samma subjekt; men liksom för ett omdömes förevarande ändamål alltid endast ett predikat lemnar den bestämning af subjektet, hvilken kan tjena till tankeföljdens fortsättning mot det utstakade målet, så kan också endast en bestämd öfversats hjelpa till att framställa den slutsats, hvilken kan befrämja denna tankeföljd. Det gäller alltså att ibland de allmänna, i minnet förvarade satser, med hvilka det gifna fallet låter sig sammanlänka såsom undersats, kalla just den enda till lif i medvetandet, hvilken behöfves, d. v. s. vårt allmänna påstående bekräftar sig äfven här. T. ex. om jag vill bevisa, att i en likbent triangel vinklarne vid basen äro lika stora, så behöfver jag endast erinra mig den allmänna satsen, att i hvarje triangel med lika sidor lika vinklar ligga midt emot hvarandra; så snart denna sats blifvit för mig en gång klar och jag erinrar mig honom, är eo ipso också konklusionen färdig. Likaså om någon frågar mig, hvad jag tänker om väderleken, och han dervid gör den anmärkningen, att barometern har starkt fallit, så behöfver jag endast erinra mig den allmänna satsen, att så snart barometern faller starkt slår vädret om, och jag är då också utan vidare färdig med denna konklusion: »vi få omslag i väderleken i morgon»; här skall till och med utan tvifvel den allmänna öfversatsen förblifva omedveten, och konklusionen inträda utan vidare.

Fråga vi åter, huru vi (utom i matematiken) komma till de allmänna öfversatserna, så visar undersökningen, att det sker på *induktionens* väg, i det att den allmänna regeln med större eller mindre sannolikhet härledes ur ett större eller mindre antal iakttagna särskilda fall. Denna sannolikhet ligger verkligen implicite deruti, att man vet öfversatsen, och man kan få den fram i form af ett tal hos bildade och tänkevana personer genom lock och pock om betingelserna för ett för närmaste särskilda fall proponeradt vad; men naturligtvis har man vanligen om denna sannolikhetskoëfficientens storlek i form af tal endast en *oklar* föreställning, som således också innehåller en *stor otillförlitlighet*, så att t. ex. en någorlunda hög sannolikhet *städse förvexlas med vissheten* (jfr. den religiösa tron). Icke desto mindre skall man genom förslaget om ett vad ganska snart finna gränserna åt bådadera hållen, genom hvilka höjden af sannolikhet alltid bestämmes ända till en viss grad, och goda hufvuden skola genom fortsatt köpslagande om vadbetingelserna rycka dessa gränser tämligen nära intill hvarandra.

Den frågan, huru man kommer till tron på den allmänna regeln, delar sig alltså i dessa två frågor: 1) huru kommer man öfverhufvud till att öfvergå från det särskilda till det allmänna, och 2) huru kommer man till den koëfficient, hvilken föreställer sannolikheten för, att det funna allmänna uttrycket har en real betydelse? — Den förra frågan förklaras helt enkelt genom det *praktiska behofvet* af allmänna regler, utan hvilka menniskan i det dagliga lifvet skulle vara alldeles rådlös, då hon icke kunde veta, om jorden förmår bära hennes närmaste steg, eller om trästammen nästa gång kan bära henne öfver vattnet; detta är alltså äfven ett lyckligt *tankeinfall*, som framkallas genom *behofvets* nödvändighet, ty i de särskilda fallen sjelfva ligger icke det minsta, som kunde föranleda till deras sammanfattning i en allmän regel. Den andra frågan åter förklaras af den induktiva logiken, för så vidt som derigenom induktionen begripes såsom logisk deduktion af en sannolikhetskoëfficient. Härmed är visserligen det objektiva sammanhanget förklaradt, men den subjektiva processen i medvetandet känner icke dessa konstgjorda metoder; det naturliga förståndet inducerar instinktmässigt och finner resultatet såsom något redan färdigt i medvetandet, utan att kunna närmare redogöra för sjelfva sättet. Derför blir intet annat antagande möjligt än det, att det omedvetna logiska hos menniskan fråntager det medvetet logiska denna process, hvilken är för menniskans bestånd oumbärlig och dock öfverstiger det ovetenskapliga medvetandets krafter. Ty om jag vid det eller det tecknet på himmelen har sett regn eller oväder inträda så eller så många gånger, så bildar jag den allmänna regeln med en af iakttagelsernas mängd beroende sannolikhetsstorlek för den reala giltigheten, utan att jag vet någonting om Mills induktionsmetoder för öfverensstämmelse, skilnad, inkommensurabilitet, eller hvarandra beledsagande förändringar, och ändock öfverensstämmer mitt resultat med det vetenskapliga, såvidt oklarheten i min sannolikhetskoëfficient kan ådagalägga en öfverensstämmelse, och om man dervid tager i betraktande de tilläfventyrs inverkande positiva källorna till villfarelse, såsom intresse o. s. v.

Hittills hafva vi betraktat endast temligen enkla tankeprocesser, så att säga tänkandets element; nu återstår oss att taga hänsyn till de fall, der midt uti en medveten tankekedja flera logiskt nödvändiga leder öfverhoppas af medvetandet, och detta oaktadt nästan alltid det riktiga resultatet inträder. Här skall än engång det omedvetna rätt tydligt uppenbara sig för oss såsom intuition, intellektuel åskådning, omedelbart vetande, immanent logik.

Vända vi oss i denna mening främst till matematiken, så visar det sig, att i henne två metoder trängas om hvarandra, den deduktiva eller diskursiva och den intuitiva. Den förra leder sina bevis genom successiva slutledningar enligt principen för kontradiktionen från medgifna premisser, motsvarar alltså öfverhufvud det medvetet logiska och dess diskursiva natur; han anses för matematikens enda och uteslutande metod, emedan han allena framträder med anspråk på metodiskt förfarande i sin bevisföring. Den andra metoden måste afsäga sig hvarje anspråk på bevisning, men är icke desto mindre en form för bevisningen, således en metod, emedan han vädjar till den naturliga känslan, till det sunda menniskoförståndet, och genom intellektuel åskådning med en blick lär detsamma, ja till och med mera, än den deduktiva metoden förmår efter en långväga bevisföring. Han träder fram för medvetandet med sitt resultat såsom någonting logiskt tvingande, utan dröjsmål och öfverläggning, helt momentant, har alltså karakteren af det omedvetet logiska. T. ex. ingen menniska, som ser en liksidig triangel, skall, om hon förstått, hvarom det är fråga, ett ögonblick tvifla på, att vinklarne äro lika stora; den deduktiva metoden kan visserligen bevisa henne det förmedelst ännu enklare premisser, men vissheten af hennes intuitiva kunskap skall dermed säkerligen icke vinna någon tillökning, tvärtom, om man genom räkning, utan figurens åskådning, fullkomligt bindande bevisar henne det, så skall hon vinna mindre än genom enkel åskådning, hon vet då nämligen endast, att det *måste* vara så och icke kan vara annorlunda, men i senare fallet ser hon, att det *verkligen* är så, och dertill att det nödvändigt är så, hon ser inifrån liksom en lefvande organism, hvad som genom deduktionen företer sig för henne blott såsom verkan af en död mekanism, hon ser så att säga sakens *»huru»*, icke blott *»hvad»*, med ett ord hon känner sig långt mer tillfredsstäld.

Det är Schopenhauers förtjenst att tillbörligt hafva betonat värdet af denna intuitiva metod, om han också på samma gång med mindre fog tillbakasatt den deduktiva metoden. Alla *grundsatser* i matematiken stöda sig på denna bevisningsform, ehuru de lika så väl som mera komplicerade satser låta deducera sig ur principen för kontradiktionen; endast i följd af föremålens enkelhet verkar i detta fall åskådningen så slående för öfvertygelsen, att man nästan betraktar den som en narr, hvilken vill på deduktionens väg leda sig till sådana grundsatser. Deraf kommer det sig, att ännu ingen uppbjudit det nödiga skarpsinnet, för att verkligen återföra *alla* matematiska grundsatser till principen för kontradiktionen använd på gifna rums- och talelement, och deraf beror också denna hos många filosofer (t. ex. Kant) orubbliga mening, att ett sådant återförande icke är möjligt. Men så visst som dessa grundsatser äro logiska, så visst är också deras deduktion från logikens enda grundlag, principen för kontradiktionen, möjlig.

Redan matematikens grundsatser äro för rediga hufvuden ganska öfverflödiga, för sådana kunde man börja matematiken med grundsatser af mycket mer komplicerad natur; men vår matematik är bearbetad för skolor, der äfven de inskränktaste skola begripa henne, och för dessa är det af nöden, att de begripa grundsatserna såsom logiskt nödvändiga. Den diskursiva eller deduktiva metoden slår an på enhvar, emedan han fortgår endast steg för steg, men intuitionen är talangens sak; den ene begriper utan vidare hvad en annan inser först efter långa omvägar. Kommer man något längre, så kan man visserligen genom att omforma, omvända, lägga på hvarandra de geometriska figurerna, eller genom andra konstruktioner underlätta åskådningen, men snart kommer man likväl till en punkt, der ett redigt hufvud icke längre kan reda sig, utan måste taga sin tillflykt till den deduktiva metoden. T. ex. med en likbent rätvinklig triangel kan man genom att omvända qvadraten på hypotenusan ännu åskådliggöra den Pythagoreiska lärosatsen, men med en olikbent kan han begripas endast på deduktiv väg. — Häraf framgår, att intuitionsförmågan ganska snart lemnar äfven de skickligaste matematiker i sticket, för att de skulle kunna gå vidare på denna väg, men att det beror just på graden af begåfning, huru långt detta kan gå, och att ingenting ligger i vägen för *möjligheten* att tänka sig en *högre ande*, hvilken vore så fullkomligt herre öfver den intuitiva metoden, att han *helt och hållet* skulle kunna undvara den deduktiva. Svårigheten i intuitionen visar sig isynnerhet ganska snart i fråga om algebran och analysen; det är endast monströsa talanger, sådana som Dahse, hvilka här förmå bringa sakerna till en åskådning, som är i stånd att enhetligt uppfatta och behandla stora tal. Oftare finner man hos matematiker förmågan att i en ordnad kedja af slutledningar göra intuitiva hopp och helt och hållet utelemna en mängd leder, så att ur den första slutledningens premisser genast framspringer i medvetandet slutsatsen af den tredjes eller femtes i ordningen.

Allt detta låter oss sluta till, att den diskursiva eller deduktiva metoden är endast det medvetet logiskas långsamma styltartade gång, hvaremot den logiska intuitionen är det omedvetnas pegasusflygt, som i ett ögonblick bär från jorden till himlen; hela matematiken förefaller ur denna synpunkt såsom vår usla andes redskap och tross, hvilken med möda måste torna sten på sten, utan att dock någonsin kunna famna himlen, om han också rest upp en bygnad högre än molnen. En med det omedvetna i närmare samband stående ande än vi skulle intuitivt, men ändock med logisk nödvändighet momentant lösa hvarje förelagd uppgift, alldeles som vi lösa de enklaste geometriska uppgifter. Likaså är det intet under, att det omedvetnas förkroppsligade räkningar, utan att hafva kostat detta någon ansträngning, i det stora som i det lilla stämma så matematiskt noggrant, som t. ex. i bicellen den vinkel, i hvilken väggarne äro stälda emot hvarandra, — så nära som detta låter sig mäta (ända till en half vinkelminut) — stämmer med den vinkel, hvilken med hänsyn till cellens form betingar minimum af yta, således af vax, för det gifna rymdinnehållet. (Jfr. ofvan sid. 127—128 om lårbenets konstruktion).

Under sådana förhållanden kunna vi icke betvifla, att vid intuitionen samma logiska leder äro förhanden i det omedvetna, — endast sammanträngda i en tids*punkt;* i den medvetna logiken deremot följa de efter hvarandra. Att endast den sista leden faller i medvetandet beror derpå, att det endast är denna, som äger intresse; men att alla andra äro förhanden i det omedvetna, kan man inse, om man afsigtligt upprepar intuitionen på det sätt, att först den nästsista, derefter den närmast derförut föregående leden o. s. v. faller i medvetandet. Förhållandet mellan de båda slagen har man alltså att tänka sig på följande sätt: det intuitiva genomlöper sitt område med en enda sats, det diskursiva tager flera steg; den tillryggalagda vägen är i bägge fallen alldeles densamma, men tiden, som åtgått derför, är olika. Hvarje fotens sättande till marken bildar nämligen en hvilopunkt, en station, hvilken består i hjernvibrationer, som frambringa en medveten föreställning och härför behöfva tid ($\frac{1}{4}$—2 sekunder). Springandet resp. gåendet är deremot i båda fallen någonting momentant, tidlöst, ty det faller enligt erfarenheten inom det omedvetna; den *egentliga* processen är sålunda *alltid* omedveten, skilnaden är blott, om han genomlöper större eller mindre sträckor mellan de medvetna raststationerna. Äfven en trög och oskicklig tänkare känner sig säker, då han tager små steg, så att han icke tager miste; gör han deremot större hopp, växer faran att stappla, och endast ett öfvadt och snabbtänkt hufvud använder med fördel sådana större hopp. En trögtänkt person lider genom sin större diskursivitet i tänkandet en dubbel tidsförlust; först och främst måste han uppehålla sig längre på de särskilda stationerna, emedan den enskilda föreställningen behöfver längre tid, för att blifva lika klart medveten, och för det andra måste han göra flera uppehåll. — Men att den egentliga processen i tänkandets hvarje, äfven det minsta steg är intuitivt och omedvetet, derom kan väl efter hvad hittills blifvit sagdt icke råda något tvifvel.

Men äfven utom matematiken kunna vi följa den diskursiva och den intuitiva metodens inbördes arbete. En öfvad schackspelare öfvertänker väl, hvad följden kan blifva af *det eller det* draget efter tre eller fyra drag, men det faller honom alldeles icke in, att öfvertänka hundra tusen andra möjliga drag, af hvilka en dålig schackspelare måhända ännu öfvertänker fem eller sex, utan att öfverväga de båda, som ensamt taga en god schackspelares uppmärksamhet i anspråk. Huru kommer det sig nu, att den senare alldeles icke öfverväger dessa fem eller sex drag, hvilka sannolikt efter förloppet af två till tre andra drag visa sig mindre goda? Han betraktar schackbrädet, och utan öfverläggning *ser han* omedelbart de båda enda goda dragen. Detta är ett ögonblicks verk, äfven om han såsom åskådare deltager i ett främmande parti. Så *ser* en genialisk fältherre punkten för demonstrationen eller det afgörande angreppet, äfven utan öfverläggning. (Jfr. ofvan sid. 15 hänvisningen till Heine). Öfning är ett ord, som här alldeles icke berör frågan, utom vid mekaniska arbeten, der ett annat nervcentrum inträder vikarierande för hjernan. Men här, hvarest icke kan blifva tal derom, frågas: Hvad är det, som momentant fullgör det ändamålsenliga valet, då det icke är den medvetna öfverläggningen? Påtagligen det omedvetna. —

Vi vilja betrakta en ung apas språng. Cuvier (se Brehm, Illustr. Thierleben, I: 64) berättar om en ung bhunder (Macacus Rhesus): »Efter ungefär fjorton dagars tid begynte denna skilja sig från sin mor och visade genast vid sina första steg en skicklighet och styrka, hvilka måste väcka allas förvåning, emedan hvarken öfning eller erfarenhet kunde ligga till grund för vare sig den ena eller den andra. Den unga bhundern klängde sig genast upp till de lodräta jernstängerna i sin bur och klättrade efter behag upp och ner efter dem, gjorde stundom också några hopp ner på halmen, sprang frivilligt på sina fyra händer ner från taket i buren och sedermera åter till gallret, på hvilket han klängde med en vighet och säkerhet, som skulle hafva gjort den skickligaste apa all heder.» Huru kan nu denna apa, som dittills hängt i hälarne på sin mor, då hon första gången träder ut på egen hand riktigt afpassa kraften och riktningen för sina språng? Huru beräknar lejonet på tolf fots afstånd från sitt rof den ballistiska kurvan med dess utgångsvinkel och utgångshastighet, huru beräknar hunden kurvan för bettet, hvilket han utdelar så skickligt på hvarje afstånd och i hvarje vinkel? Öfningen *endast underlättar det omedvetnas inflytande* på nervcentra, och der dessa redan utan öfning äro tillräckligt förberedda derför, der finna vi också, att denna öfning icke är af nöden, såsom hos den nyss anförda apan; men hvad som ersätter den felande matematiska beräkningen, det kan, såsom vid biens cellbygnad, endast vara den matematiska intuitionen i förening med instinkten att utföra rörelsen.

Hvad angår slutledningars öfverhoppande vid vanlig tankeverksamhet, så är det en allmänt bekant erfarenhet. Utan denna skyndsamhet skulle tänkandet försiggå så snigelartadt långsamt, att man, såsom det ännu ofta händer trögtänkta menniskor, vid många praktiska öfverläggningar skulle komma för sent med resultatet, och hela arbetet vid tänkandet i följd af dess besvärlighet skulle förefalla en så förhatligt, som det i sjelfva verket hatas och undvikes af särskildt trögtänkta personer. Det enklaste fallet af slutledningars öfverhoppande är det, då man ur undersatsen genast erhåller slutsatsen, utan att man blir medveten af öfversatsen. Men äfven en eller flera verkliga slutledningar utlemnas understundom, såsom vi redan sett i fråga om matematiken. Detta sker vanligen endast då man tänker för sig sjelf, skall man åter meddela en annan något, tager man hänsyn till dennes förstånd och framletar de hufvudsakligaste af de öfriga mellanlederna, som förut förblifvit omedvetna; fruntimmer och obildade menniskor försumma ofta detta, och då uppkomma dessa hopp i deras tankegång, hvilka visserligen äga bevisningskraft för den som talar, men hvarvid åhöraren alldeles icke vet, huru han skall komma från den ena saken till den andra. Enhvar, som är van att anställa sjelfiakttagelser, skall kunna ertappa sig sjelf med, att han gör starka hopp i tankegången och slutledningarna, om han rekapitulerar dem för sig efter en sådan öfverläggning, hvilken hade till mål att med ifver och lycklig framgång utforska en för honom främmande och mycket intressant sak.

Jag tillåter mig att från psykiatern Jessen (Psychologie, sid. 235—236) här anföra en intressant anmärkning, hvilken nära berör det ifrågavarande området: »Om vi med själens hela kraft tänka öfver en sak, så kunna vi derunder försjunka i ett tillstånd af medvetslöshet, i hvilket vi icke blott förgäta ytterverlden, utan äfven *om oss sjelfva och de tankar, som röra sig i oss, alldeles ingenting veta.* Efter längre eller kortare tid uppvakna vi då *plötsligt,* liksom ur en dröm, och *i samma ögonblick träder vanligen resultatet af vårt eftertänkande klart och tydligt fram i medvetandet, utan att vi veta, huru vi hafva kommit till detta resultat.* — Äfven vid ett mindre ansträngdt eftertänkande förekomma ögonblick, då med den egna tankeansträngningens medvetande förenar sig en fullkomlig tanketomhet, hvarpå genast i nästa ögonblick följer en lifligare tillströmning af tankar. Det fordras visserligen någon öfning till att kunna förena ett allvarligt eftertänkande med samtidig sjelfiakttagelse, då sträfvandet att iakttaga tankarne vid deras uppkomst och uti deras successiva följd mycket lätt frambringar rubbningar i tänkandet och stoppningar i tankeutvecklingen; men fortsatta försök sätta oss i stånd att tydligt varseblifva, att egentligen vid hvarje ansträngdt eftertänkande liksom ett ständigt inre pulserande eller en tankarnes vexlande ebb och flod äger rum: ett moment, då alla tankar försvinna ur medvetandet, och endast medvetandet om en inre andlig spänning qvarstår, och ett moment, då tankarne strömma till i större ymnighet och tydligt framträda i medvetandet. Ju djupare ebben var, desto starkare plägar den efterföljande floden vara; ju starkare den föregående inre spänningen, desto starkare och lifligare de framträdande tankarnes ymnighet.» — De rent empiriska anmärkningarne af en med själens lif så väl förfaren man utgöra en så mycket oförgripligare bekräftelse på vår åsigt, som han alldeles icke känner vår uppfattning om det omedvetna tänkandet, och trots detta genom de faktiska förhållandenas rena makt tvingas att ordagrant erkänna våra påståenden, ehuru hans sedermera följande förklaringsförsök, hvilka i hufvudsaken (det hjernlösa tänkandet) äro fullt riktiga, endast derför icke träffa hufvudet på spiken, att de icke fatta det omedvetnas begrepp såsom det hjernlösa tänkandets princip. Det vid dessa processer iakttagna medvetandet af andlig ansträngning är endast känslan af hjernans och (genom reflexverkan) hufvudsvålens spänning. De beskrifna momenten af tomhet i medvetandet, på hvilka resultatet följer, *utan att man vet, huru man kommit till det*, äro just de moment, der under det produktiva tankearbetet med en ifrigt fullföljd sak öfverhoppandet af en längre slutföljd äger rum.

Visserligen är menniskan i så hög grad van att finna resultat i sitt medvetande, om hvilka hon icke vet, på hvad sätt hon kommit till dem, att hon i hvarje enskildt fall icke det minsta plägar undra deröfver, och derför är det också naturligt, att en forskare från denna utgångspunkt icke kunde komma först till det omedvetnas begrepp. Men liksom öfverhufvud det omedvetnas reaktion företrädesvis uteblir just då, när man afsigtligt vill framkalla henne, så torde det också för de flesta vara mindre lätt att konstatera detta det omedvetnas på verkningar rika ingripande vid det ifriga och afsigtliga eftertänkandet öfver en sak, än vid så kallad andlig smältning och bearbetning af de intagna näringselementen, hvilka senare processer försiggå icke på medveten uppmaning, utan på obestämbar tid, och som gifva sig tillkänna endast genom de tillfälligtvis framträdande resultaten, utan att man i medvetet tillstånd sysselsatt sig med saken. (Schopenhauer kallar detta omedveten rumination, jfr. ofvan sid. 18). Så händer mig t. ex. regelmässigt, då jag har läst ett arbete, som gentemot mina hittills hysta åsigter framställer väsentligt nya synpunkter. Bevisen för sådana genialiska ideer äro ofta tämligen svaga, och till och med då de äro goda och skenbart ovederläggliga, låter dock ingen menniska så lätt rubba sig ur sina gamla åsigter, ty hon kan uppställa lika goda grunder för dessa senare, eller om hon sjelf icke kan det, så litar hon hvarken på sig sjelf, eller den nye författaren, utan tänker: motbevis skola nog kunna gifvas, om jag också icke nu känner dem. Så komma andra sysselsättningar derimellan, saken är oss icke vigtig nog, för att vi skulle göra oss mödan att se oss om efter motbevisen, för hvilket ändamål vi ofta måste söka i böcker flera veckor, ja hela månader; korteligen, det första intrycket mattas, och hela historien blir med tiden förgäten. Understundom är åter förhållandet annorlunda. Hafva de nya ideerna gjort ett verkligen djupt intryck på intresset, så kunna vi väl bland minnets öfriga akta tillsvidare reponera dem oantagna såsom sväfvande frågor, vi kunna också i följd af sysselsättningen med andra saker vara förhindrade, eller, ännu bättre, vi kunna afsigtligt underlåta att åter tänka derpå. Detta oaktadt sofver saken endast skenbart, och efter flera dagar, veckor eller månader, då lusten vaknar och tillfället erbjuder sig att yttra någon mening öfver denna fråga, finner man till sin förvåning, att man i detta afseende genomleft en andlig pånyttfödelse, att de gamla åsigterna, som man ända till det ögonblicket hållit för sin verkliga öfvertygelse, äro helt och hållet kastade öfver bord, och att de nya redan hafva ogeneradt inqvarterat sig. Denna omedvetna andliga digestions- och assimilationsprocess har jag sjelf flera gånger upplefvat, och jag har från första början haft en viss instinkt att icke i förtid genom medveten öfverläggning störa denna process i verkliga principfrågor inom verldsåskådningen och psykologien.

Jag hyser den åsigten, att betydelsen af den skildrade processen äfven alltid skall gifva det egentliga och riktiga utslaget i mera obetydliga frågor, så snart de blott i tillräckligt liflig grad beröra intresset, således i alla praktiska lifsfrågor, äfvensom att de medvetna grunderna sökas först efteråt, då åsigten redan är färdigbildad. Men det vanliga förståndet, som icke aktar på dessa företeelser, tror sig verkligen hafva blifvit bestämdt i sin mening genom de uppsökta grunderna, hvaremot en skarpare sjelfiakttagelse skulle säga det, att dessa i de hithörande fallen infinna sig först då, när dess åsigt redan är fixerad, dess beslut fattadt. Härmed är ingalunda sagdt, att det omedvetna icke bestämmes genom logiska grunder, detta är till och med utan tvifvel fallet, det är endast för beslutets säkerhet, åtminstone första tiden derefter, tämligen likgiltigt, om de af medvetandet efteråt uppsökta grunderna öfverensstämma eller icke med dessa grunder, hvilka hafva bestämt det omedvetna. Hos skarpsinniga personer skall det förra, hos flertalet menniskor åter skall det senare öfvervägande vara fallet, och deraf förklaras den företeelsen, att menniskorna ofta tyckas skapa sig en så säker öfvertygelse af så dåliga grunder och med sådan svårighet låta aftvinga sig denna genom de bästa motskäl; det beror just derpå, att de egentliga omedvetna grunderna äro dem alldeles icke bekanta och fördenskull icke heller kunna vederläggas. Härvid är det likgiltigt, om deras öfvertygelse innehåller sanning eller icke, äfven bland misstagen (hvilka, såsom nämnts, aldrig uppkomma ur falska slutledningar, utan ur premissernas otillräcklighet och falskhet) äro de svårast att utrota, hvilka äro resultatet af en omedveten tankeprocess (t. ex. i den politiska meningen de, hvilka omedvetet leda sin rot ur stånds- och ämbetsintressen).

Men ville man nu genom denna betraktelse låta förleda sig till att ringakta den medvetna ratiocinationen, så skulle man ändock göra sig saker till en stor villfarelse. Just emedan misstag lätt insmyga sig, då man gör hopp i slutledningen, är det så trängande nödvändigt, att i vigtiga frågor ställa de enskilda lederna klart framför sig genom diskursivt tänkande, och att stiga ända ned till så obetydliga tankesteg, att man vet sig vara i möjligaste mått skyddad för misstag i slutledningarne. Just emedan vid sådana åsigter, hvilkas verkliga grund ligger i det omedvetna, omdömets förfalskning genom intressen och böjelser undandrager sig hvarje kontroll och gör sig ogeneradt stort, är det dubbelt nödvändigt att framdraga den subjektiva grunden i ljuset och konfrontera den med resultaten af diskursivt-logiska slutföljder, då endast i de sistnämnda ligger en viss, om också alltid ännu mycket bristfällig garanti för objektivitet. Må också för ögonblicket den subjektiva fördomen vara starkare, med tiden vinner dock den medvetna logiken större terräng, och sker det icke under en generation, så sker det under loppet af flera. Men äfven i detta framträdande af vissa sanningar inför medvetandets ljus och i deras kamp emot och seger öfver rådande tidsåskådningar herskar åter, såsom vi framdeles skola se, en omedveten logik, en historisk försyn, hvilken ännu icke blifvit af någon klarare insedd än af Hegel.

VIII.

Det omedvetna i uppkomsten af sinliga varseblifningar.

Kant framstälde i sin transcendentala estetik det påståendet, att rummet icke passivt införes i själen någonstädes utifrån, utan skapas i henne genom hennes sjelfständiga verksamhet. Genom detta påstående framkallade han inom filosofien en total omstörtning. Men hvarför har nu alltifrån första början detta riktiga påstående med få undantag rönt ett så fullkomligt motstånd icke allenast af det sunda menniskoförståndet, utan äfven ifrån naturforskarnes sida?

1) Emedan Kant och efter honom Fichte och Schopenhauer från denna riktiga sats dragit falska och för det sunda förnuftets instinkt motbjudande, subjektivt-idealistiska konseqvenser;

2) emedan Kant för sitt riktiga påstående lemnat falska bevis, hvilka i sjelfva verket bevisat alldeles ingenting;

3) emedan Kant, *utan att göra sig sjelf räkenskap deröfver*, talar om en *omedveten* process i själen, medan det dittills gängse åskådningssättet känner och håller för möjliga endast medvetna själsprocesser, men medvetandet icke vidkännes en sjelfständig uppkomst af rum och tid, och med full rätt yrkar på deras förhandenvaro genom den sinliga varseblifningen såsom en fait accompli;

4) emedan Kant med rummet likstälde tiden, om hvilken denna sats icke gäller.

Dessa fyra punkter hafva vi att betrakta i ordning efter hvarandra, då den omedvetna uppkomsten af rumbegreppet är grundvalen för uppkomsten af sinliga varseblifningar, med hvilka först medvetandet begynner och hvilka åter utgöra grundvalen för allt medvetet tänkande.

Ad. I. Antaga vi *först och främst såsom bevisadt*, att begreppen rum och tid icke på något annat sätt *kunna komma in i tänkandet*, än att detta genom sin egen verksamhet producerar dem ur sig, så följer deraf ingalunda, att rum och tid kunna hafva real existens *uteslutande* i tänkandet och icke äfven utom tänkandet i den reala tillvaron. Det förhastade i denna slutledning, hvartill Kant verkligen gör sig skyldig, och hvarigenom han kommer till förnekandet af rummets transcendentala realitet och till sitt systems ensidiga idealitet, har redan blifvit påvisadt af Schelling (Darstellung des Naturprocesses, Werke I. 10, 314—321) och Trendelenburg (»Ueber eine Lücke in Kant's Beweis von der ausschliessenden Subjectivität des Raumes und der Zeit» i 3:dje bandet af Historische Beiträge N:o VII); utförligare har samma sak blifvit behandlad i min skrift »Das Ding an sich und seine Beschaffenheit» (Berlin, C. Duncker 1871), specielt i de båda sista kapitlen: VII. »Raum und Zeit als Formen des Dinges an sich» och VIII. »Kritik der transcendentalen Aesthetik». Här kan det endast blifva fråga om, att i all korthet betrakta de skäl, hvilka göra det sannolikt, att rum och tid verkligen äro former för tillvaron lika väl som för tänkandet.

a) Vi hafva närmast att göra tydliga för oss skälen för den reala existensen af ett bortom jaget liggande icke-jag eller en yttre verld. Endast två hypoteser äro möjliga: antingen utspinner jaget omedvetet för sig sjelft den *skenbara* ytterverlden ur sig, då har endast jaget existens, alltså måste hvarje läsare förneka icke allenast de yttre tingens, utan äfven alla andra menniskors existens; eller existerar ett af jaget *oberoende* icke-jag, och föreställningen om ytterverlden i jaget är produkten af båda faktorerna. Hvilkendera af de båda hypoteserna har mera sannolikhet för sig, måste afgöras genom hvilken som på ett mera otvunget sätt förklarar företeelserna i föreställningsverlden; möjliga äro båda.

α) Sinnesintrycken hafva en sådan grad af liflighet, som blotta, genom egen själsverksamhet frambragta föreställningar pläga uppnå endast under sjukliga tillstånd. Dessutom bringa de (särskildt under barnaåren) ofta nytt, hvaremot de senare alltid bestå endast af bekanta erinringar och delar af sådana. Detta förklaras lätteligen genom inverkan af en ytterverld, svårligen ur jaget allena.

β) För uppkomsten af ett sinnesintryck är det öppnade sinnets känsla af nöden, deremot åstadkommer det öppnade sinnets känsla icke nödvändigt ett sinnesintryck, t. ex. i mörker eller vid bristande luktförmåga. Detta förklaras lätteligen genom inverkan af en ytterverld, svårligen ur jaget allena.

γ) De sinliga föreställningarna uppstå i öfverensstämmelse med lagen för tankeföljden ur den tankeföljd, som hvarje gång föregår under inverkan af stämningen o. s. v. — Sinnesintrycken uppträda mestadels plötsligt och oväntadt, och alltid utan sammanhang med den inre tankekedjan. Denna företeelse är endast då *möjlig* utan inverkan af en ytterverld, om tankeföljdens lag i själen än gäller, än icke gäller, i egentlig mening *förklarlig* ur jaget allena är hon ännu icke äfven under detta antagande.

δ) De flesta intryck utmärkas af den egendomligheten, att man äfven samtidigt sluter sig till det ting, till hvilket man hänför dem, genom ett annat intryck hos ett annat sinne (t. ex. en tugga kan man samtidigt se, lukta, smaka, känna). Detta förklaras lätteligen genom blotta inre själsprocesser; ty ville man antaga, att de sammanhörande sinnesintrycken ömsesidigt framkalla hvarandra, t. ex. att synintrycket af en tugga medför luktintrycket af samma tugga vid öppnadt luktsinne, så vederlägges detta derigenom, att man kan omvexlande öppna och sluta lukt- och synsinnet, men ändock hvarje gång bibehålla det respektive sinnesintrycket af tuggan. Ville man häremot ytterligare göra det antagandet, att icke blott det samtidiga, utan äfven det förutgångna synintrycket af tuggan skulle kunna åstadkomma luktintrycket af densamma, och omvändt, så ställer sig deremot den omständigheten, att under det omvexlande öppnandet och slutandet af båda sinnena den ena gången synintrycket kan vara förhanden, en annan gång icke, om nämligen tuggan blifvit aflägsnad, så att följaktligen luktintrycket under föröfrigt likartade omständigheter den ena gången måste framkalla synintrycket, den andra gången icke, hvilket motsäges af lagen: »lika orsaker, lika verkningar». (Utförligare kan läsas hos Wiener, »Grundzüge der Weltordnung», 3:dje boken, under »Beweis für die Wirklichkeit der Aussenwelt»).

ε) Tingen, d. v. s. sinnesintryckens orsaker verka på hvarandra efter fullt bestämda lagar; ville man nu förklara sinnesintrycken blott och bart ur jaget, så måste dessa lagar kunna öfverflyttas på de inre själsprocesserna. Men detta kunna de icke; ty endast i mycket enstaka fall följa sinnesintrycken af orsak och verkan på hvarandra just så, som orsak och verkan derutanför. Deremot varseblifver man vanligen verkan på en tid, men orsaken under en annan långt senare tid; ett senare sinnesintryck kan dock icke vara orsaken till ett tidigare.

ζ) Hvarje jag erhåller förutom föreställningen om sin egen kropp äfven föreställningar om en stor mängd främmande, dess egen liknande kroppar, i hvilka innebo själsförmögenheter, som likna dess egna. Det finner, att alla dessa väsen ådagalägga samma föreställningar om jag och icke-jag, samt att dessas utsagor om den yttre verldens beskaffenhet i påfallande grad dels öfverensstämma med hvarandra, dels beriktiga hvarandra inbördes och öfverbevisa hvarandra om existerande villfarelser. Hvarje jag ser dessa födas som det sjelft, växa upp och dö, det erhåller af dem skydd, hjelp och undervisning under barndomens tid, då dess egen kraft och kunskap icke är tillfyllest, och erhåller under hvarje tid af sitt lif af andra direkt eller indirekt (genom böcker) lärdomar, i hvilka förekomma tankar, som det måste bekänna sig oförmöget att sjelft fatta. Det lär sig af traditioner att tillbaka i tiden följa raden af sina medmenniskor, äfvensom att i historien fatta en plan, i hvilken det måste betrakta sig såsom en led. Allt detta är nästan omöjligt att förklara ur jagets existens allenast, men lätteligen låter det sig förklara på grund af existensen af en för alla jag gemensam ytterverld, hvilken i sig sluter dessa jagens på hvarandra verkande kroppar. Då andra jag kunna verka på mig endast genom sina kroppar, så är hvarje slutledning till andra jags transcendenta realitet *falsk*, om hon icke är förmedlad genom slutledningen till min och andra kroppars transcendenta realitet och således grundad på denna.

η) De inre föreställningarna kunna genom den medvetna viljan efter godtycke framkallas, qvarhållas och upprepas, sinnesintrycken äro, då sinnesorganen äro öppnade, fullkomligt oberoende af den medvetna viljan. Detta är lätt att förklara genom inverkan af en ytterverld, svårligen ur jaget allena; just en omedveten vilja måste skapa dem och förespegla för jagets i vida verlden med sig ensamma medvetande skenet af en ytterverld; — ett gyckelspel, hvari alldeles icke funnes någon förnuftig mening och, såsom de föregående paragraferna ådagalägga, den oförnuftigaste nyckfullhet och godtycke måste på ett obegripligt sätt låta sig förena med den strängaste lagbundenhet, och den högsta vishet skulle användas på en såpbubbla, en vanvettig dröm. —

Man inser af hvad som blifvit anfördt, att sannolikheten för existensen af ett gentemot jaget existerande och på jaget kausalt influerande icke-jag är så stor som möjligt, och att äfven här den naturliga instinkten rättfärdigas af den vetenskapliga betraktelsen. Denna nödvändighet, att hafva en yttre transcendent kausalitet för sinnesintryckens uppkomst, kunde icke heller Kant och Fichte undvika, ehuru de söka med ord förneka densamma; ty hos Kant är *åskådningens innehåll utan vidare gifvet*, och ehuru han derigenom råkar i motsägelse mot sina egna läror om kausalitetens blott immanenta betydelse, så säger han dock upprepade gånger och uttryckligt, att det, *hvarigenom* detta innehåll är gifvet, är tinget i sig (jfr. min skrift »Das Ding an sich», afdeln. IV. »Die transcendente Ursache» och V. »Transcendente und immanente Causalität»). Fichte åter kan efter alla misslyckade försök, att utspinna icke-jaget helt och hållet ur jaget, icke undgå att för denna jagets verksamhet tillgripa en *yttre impuls*, och denna impuls representerar hos Fichte först det verkliga icke-jaget. Äfven Berkeley supponerar för hvarje varseblifning en transcendent orsak, blott att han förlägger alla dessa (med förbigående af tingen i sig) utan åtskilnad omdelbart i det absoluta, d. v. s. afsäger sig hvarje försök att förklara varseblifningarna och att orientera sig öfver de reala sammanhangen uti de speciella orsakerna till deras uppkomst.

Om det nu står fast, att till och med de konseqventaste idealister icke haft mod att drifva sin konseqvens ända derhän, att de förnekat ett sjelfständigt icke-jag, om man icke kan komma ifrån den föreställningen, att varseblifningen i allmänhet är något emot vår egen vilja oss utifrån påtvingadt, som endast blir begripligt genom antagandet af ett realt icke-jag, så framgår af det anförda med samma visshet, att äfven *olikheterna i de sinliga varseblifningarna* icke äro frambragta af jaget, utan *påtvingade* detta af icke-jaget. Ty vår insigt vore i ingen mån befrämjad, om icke-jaget alltid vore ett och detsamma och följaktligen alltid verkade på ett och samma sätt, i det att det blott gåfve en yttre impuls. Ty då blefve det återigen öfverlemnadt åt jaget, att nyckfullt omgärda icke-jagets evigt samma impuls med än en, än en annan rumlig eller tidlig bestämning eller kategori af tänkandet liksom med en likgiltig mantel, och att sålunda sjelft uppbygga åt sig ytterverldens hela *huru* och *hvad*, medan impulsen endast garanterar det densammas *att*. Härvid skulle alla anförda svårigheter oförändradt upprepa sig. Så låter också Schopenhauer olikheterna i åskådningarne af föreställningsverlden alltigenom vara betingade genom motsvarande modifikationer i viljans väsen hos tingen i sig, hvilka genom dem representeras för föreställningen (Parerga § 103, b); men härigenom medgifver han dock faktiskt den med ord uttryckligt perhorrescerade transcendenta kausaliteten, ty huru skola tingen i sig af denna häst eller denna ros begynna att bestämma mina föreställningar om båda i enlighet med modifikationerna af deras natur, det vare sig till och med genom en transcendent kausalitet, hvilken framställer sig omedelbart såsom en bestämd affektion af mina sinnesorgan?

Hvarje *enskild bestämning* i varseblifningen måste följaktligen uppfattas såsom en verkan af icke-jaget, och då olika verkningar förutsätta olika orsaker, så erhålla vi ett system af lika många olikheter hos icke-jaget, som der finnas olikheter i varseblifningen. Nu skulle visserligen dessa olikheter hos icke-jaget kunna vara af orumlig och otidlig natur, och rum och tid vara former, som höra allena till tänkandet; men i sådant fall måste dessa olikheter röra sig i två andra objektiva former, hvilka måste löpa parallelt med de subjektiva formerna rum och tid, alldenstund utan andra varats former, hvilka hos icke-jaget ersätta rum och tid, hos detsamma öfverhufvud inga motsvarande olikheter skulle kunna förefinnas. Detta antagande af andra, men korresponderande former hos icke-jaget, hvilket redan synes hafva föresväfvat Reinhold och sedermera Herbart vid dennes intelligibla rum och tid, skulle, alldeles bortsedt derifrån, att det utesluter möjligheten af hvarje objektiv kunskap om tingen, utan att derför lemna någon ersättning, motsägas af den allmänt iakttagna lagen, att naturen för sina ändamål städse väljer de enklaste medlen; hvarför skulle hon använda fyra former, der hon reder sig lika väl och ännu bättre med två? Det parallela uppträdandet af två af dessa former på hvardera sidan i vara och tänka och deras vexelverkan, som faktiskt äger rum vid varseblifvandet och vid handlandet, skulle kräfva en prestabilierad harmoni, som under vårt antagande upplöser sig i formernas identitet. Äfven Hegel säger: »Om de (förståndets former) icke kunna vara bestämningar af tinget i sig, så kunna de ännu mindre vara bestämningar af förståndet, hvilket man åtminstone måste medgifva värdet af ett ting i sig.» —

b) Matematiken är vetenskapen om rum- och tidsföreställningar, sådana vår tankeverksamhet bildar dem och icke kan bilda dem på annat sätt. Om vi nu uppmäta en icke genom tankens verksamhet, utan genom successiv varseblifning gifven real triangel, som möjligen är för stor för att kunna simultant åskådas, och vid alla liknande mätningsförsök finna samma lag bekräftad, som det rena tänkandet gaf oss, att vinklarnes summa är = två räta, om vi vidare besinna, att varseblifningens bestämningar äro någonting, som genom systemet af olikheter hos icke-jaget blifvit själen med nödvändighet påtvingadt, att de alltså hafva sina orsaker i olikheter hos icke-jaget, då framgår ur de matematiska lagarnes undantagslösa empiriska bekräftelse, att olikheterna hos icke-jaget följa lagar, hvilka visserligen måste motsvara dettas former, men gå så fullkomligt parallelt med tankelagarne för rum och tid, att det här återigen blir oundgängligt att antaga en prestabilierad harmoni, hvaremot en med identiteten i former sammanhängande identitet i lagar icke fordrar ett sådant våldsamt antagande.

c) Synsinnet och känselsinnet mottaga sina intryck från helt olika egenskaper hos kropparne, genom helt olika medier och helt olika fysiologiska processer; detta oaktadt erhålla vi genom dem rumliga varseblifningar, hvilka förete en i möjligaste måtto stor öfverensstämmelse och ömsesidigt bekräfta hvarandra. Vore nu objekten icke sjelfva i rummet, utan existerade de i någon annan varats form, så vore det högst besynnerligt, att de på så olika vägar kunna frambringa så öfverensstämmande rumliga gestalter i själen, att t. ex. ett med synen uppfattadt klot för känseln aldrig ter sig som en tärning eller något dylikt, utan alltid som ett klot. Under antagandet af rummet såsom real form för varat löser sig denna gåta.

d) Endast synen och känseln, men intet annat af de öfriga sinnena, äro i stånd att meddela själen rumliga varseblifningar. (Ty om vi höra, hvarifrån en ton kommer, så gifver oss jämförelsen öfver tonens styrka i båda öronen härför den hufvudsakliga stödpunkten; jfr. sid. 230—231). Detta har Kant alldeles icke lagt märke vid, eljest skulle han icke hafva kunnat uppställa sin indelning af det yttre (rum-) och det inre (tids-)sinnet. För den subjektiva idealismen är denna själens nyck helt enkelt obegriplig, hvilken icke dess mindre uppträder med den yttre nödvändighetens sken,. men den är lika obegriplig, om man gifver varat andra korresponderande former. Endast den fysiologiska betraktelsen af de olika sinnesorganens rumliga konstruktion kan här gifva en förklaring; men om kroppen och sinnena icke existera i rummet, så har man äfven här för sig afskurit hvarje möjlighet för en förklaring.

Dessa fyra synpunkter sammantagna göra det högst sannolikt, att sunda menniskoförståndet har rätt deruti, att rum och tid äro lika så väl objektiva former för varat, som subjektiva former för tänkat. Denna *formella* identitet mellan tänka och vara är nästan sjelfbegriplig för den, som antager deras väsentliga identitet (jfr. Kap. C. XIV).

Ad. 2. Då vi icke vilja *bestrida*, utan tvärtom *antaga* det i början af detta kapitel anförda påståendet af Kant, så finnes intet skäl att här ådagalägga, hvarför Kants bevis *icke är något bevis*, utan lemnar frågan helt och hållet öppen (jfr. »Das Ding an sich», VIII. »Kritik der transcendentalen Aesthetik»); men väl hafva vi andra grunder att sätta i dettas ställe.

Ett barnsligt omedelbart åskådningssätt betraktade sinnesintrycken såsom bilder af tingen, hvilka skulle fullkomligt motsvara dessa, på samma sätt som spegelbilden sitt föremål. Då Locke och den moderna naturvetenskapen hade ådagalagt den fullkomliga heterogeniteten mellan förnimmelsen af objektet och dettas egenskap, skulle *retinabilden*, som man såg i *främmande varelsers ögon*, företräda *tingets förra plats*, och förnimmelsen enligt sitt innehåll nu vara lika identisk med retinabilden som förut med tinget, en åsigt, som ännu icke är så ovanlig. Men man förbisåg dervid, att det är en helt annan sak, att *med sina egna* ögon på ett *främmande* öga varseblifva en objektiv bild *af ett ögas storlek*, eller till och med att hafva den endast efter *vinkelgrader* bestämbara synförnimmelsen *utan absolut ytstorlek;* man förbisåg, att själen icke sitter såsom ett andra öga *bakom* retinan och skådar på denna bild, man märkte icke, att man begick *samma* fel som hittills med tingen, endast på ett *förtäckt sätt.* Ty hvad som förefaller för ett främmande öga på retinan såsom *bild*, det *är i detta öga sjelft ingenting annat än molekylära vibrationstillstånd*, alldeles på samma sätt som det, hvilket för åskådaren ter sig såsom färg, ljus o. s. v. hos tingen, endast är molekylära vibrationstillstånd i objekten. Man lät således dupera sig af glädjen, att i ögat hafva upptäckt en camera obscura, och ansåg det gamla problemet löst, i det man sköt det en instans ytterligare tillbaka. De, som studerat ögats fysiologi, hafva sedermera begripit, att ögat icke är en kamera, för att förevisa själen bilder på retinans botten, utan en fotografisk apparat, som förändrar retinans molekylära vibrationstillstånd kemiskt-dynamiskt så, att vibrationsarter, hvilka knappast hafva någon likhet med ljusvibrationerna i etern, öfverlemnas åt synnerven att fortplantas, så att t. ex. de modifikationer af ljus, hvilka förnimmas såsom färg, äro i nerven kombinationer af olika starka funktioner hos tre olika slag af ändorgan i näthinnan, medan de motsvarande modifikationerna af den fysikaliska ljusstrålen skilja sig från hvarandra endast genom vibrationernas våglängd. Vidare har ljuset en hastighet af omkring fyratiotusen mil i sekunden, processen i synnerven deremot har endast en hastighet af ungefär hundra fot.

Så mycket är visst, att den qvalitativa förändringen af ljusvibrationerna vid inträdet i retinan är af den största betydelse och åt den åsigt, hvilken tillmäter någon betydelse åt den bild, som af andra ögon tillfälligtvis kan iakttagas på retinan, gifver sista dödsstöten, om icke den föreställningen vore i och för sig alltför absurd, att synnerven liksom ett andra öga beskådar denna bild, — och vidare? Förmodligen beskådar då synsinnets centralorgan (fyrhögarne) såsom ett tredje öga synnervens bild, och vidare tänkandets centralorgan (stora hjernans hemisferer) såsom ett fjerde öga fyrhögarnes bild, och slutligen kanske till och med en bestämd centralcell i egenskap af medvetandets centralissimum såsom ett femte öga beskådar stora hjernans bild, för att icke genast drifva saken ända fram till det sjette ögat af en punktuel centralmonad, som har sin plats någonstädes i hjernan! Ty så mycket kan man betrakta såsom fysiologiskt bevisadt, att *först* i den centraldel, i hvilken synnerven mynnar, i fyrhögarne, kan syn*förnimmelsen* komma till stånd, men ingenstädes i synnerven sjelf. Men vid nervens inträde i centraldelen måste vi antaga en ny förändring af vibrationssätten, dels på grund af nervmassans förändrade bygnad, dels äfven emedan centraldelarnes betydelse för varseblifningen skulle upphöra, om vibrationsformen förblefve oförändrad, alldenstund i sådant fall själen redan på synnervens vibrationer måste reagera med förnimmelsen. Men i fyrhögarne kunna icke dessa omfattande *tanke*processer försiggå, i hvilka åskådningen af rummet städse befinner sig såsom en integrerande beståndsdel. Då sådana processer måste hafva sitt säte i stora hjernans hemisferer, så måste också synförnimmelserna, hvilka ligga till grund för åskådningen af rummet, lika väl som de på annat ställe i hjernan sig utvecklande känselförnimmelserna, först ledas till stora hjernan, för att der med tankens hjelp vidga sig till åskådningen af rummet.

Om man nu också kan jämföra objektbilden på näthinnan med en mosaikbild, som liknar tinget sjelft i dess proportioner, så äro dock de isolerade nervprimitivfibrillerna redan alltför mycket hopsnodda, för att ett ideelt tvärsnitt genom synnerven der den inträder i fyrhögarne ännu skulle kunna visa en sådan anordning och läge af fibrillerna, att de motsvarade näthinnans bild, och långt mindre sannolikhet skulle den åsigten hafva för sig, att i centralorganet sjelft försiggår en rumlig så fördelad affektion af cellerna, att mellan den och retinabilden ägde rum en liknande proportionalitet i de extensiva förhållandena, som mellan retinans affektion och tinget. Men då dessa afficierade celler i centralorganet i sådant fall skulle vara ännu relativt sjelfständiga och endast genom ledning kommunicera med hvarandra, så vore det till och med under ett sådant omotiveradt antagande ännu alltjämnt icke tydligt, huru det såsom summationsfenomen af cellernas medvetanden resulterande medvetandet skulle komma till en förnimmelsernas extensiva anordning, hvilken motsvarade de afficierade cellernas lägen. Det gifves ingen brygga mellan de förnimmelsealstrande materiella delarnes realrumliga läge och de i extensiv åskådning ordnade medvetna förnimmelsernas idealrumliga läge, ty rummet såsom real existensform och rummet såsom medvetet-ideal åskådningsform äro lika inkommensurabla, som den reella och den imaginära delen af ett komplext tal, ehuru båda hvar *för sig* äro underkastade samma formella lagar. Detta är också skälet, hvarför de fysiologiskt helt och hållet ohållbara teorierna om en enda sista centralcell (huru hastigt måste icke den tröttna!) eller till och med om en punktuel centralmonad alldeles icke äro i stånd att slå denna brygga. Äro real och medvetet-ideal rumlighet heterogena områden, af hvilka ingendera parten kan hafva med den andra att skaffa, då kunna de förnimmelsealstrande materiella delarnes realrumliga förhållanden öfverhufvud icke hafva något inflytande på förnimmelsen, då är *läget* af de förnimmande hjerndelarne *likgiltigt*, och endast vibrationernas art, som beror dels på centraldelarnes beskaffenhet, dels på den tilledda rörelsens intensitet och qvalitet, kan vara af inflytande för den uppkommande åskådningens beskaffenhet.

Denna lag, som för hvarje filosof måste vara sjelfklar a priori, har föröfrigt från fysiologisk sida redan förut blifvit formulerad och knappast på allvar af någon förnekats. Lotze uttrycker den sålunda: *identiska vibrationer hos olika centralmolekyler frambringa ourskiljbara förnimmelser*, så att flera samtidigt vibrerande molekyler af identisk vibrationsform frambringa en förnimmelse, hvilken är *qvalitativt* lika med hvarje genom en enda af dessa molekyler framkallad förnimmelse, men *qvantitativt* besitter en grad af styrka, som är lika med *summan* af alla enskilda förnimmelser. Om man luktar med endast ena näsborren, så har man samma förnimmelse, ehuru svagare, som då man luktar med båda, och om icke näsans känselnerver kände den genomgående luftströmmen, så skulle luktnerven allena i normalt tillstånd icke varseblifva den venstra och högra näsborrens lukt såsom olika. Detsamma gäller om smaken, om han afficierar en mindre eller större del af tungan och gommen; endast de samtidiga känselförnimmelserna af papillernas beröring, sammandragning o. s. v. skilja beröringsställena åt, smaken sjelf blir endast starkare eller svagare. Huruvida en ton träffar venstra eller högra örat, det inses endast genom den samtidigt i örat dels direkt, dels reflektoriskt framkallade känslan af spänning; äfven här är det alldeles icke hörselnerven, utan känselnerver företrädesvis i den rikt genomdragna trumhinnan, hvilka betinga känslan af lokalisation. Också visa Ed. Webers försök tydligt, att, då man dyker under vatten, man behåller denna lokalkänsla endast så länge hörselgångarne äro fylda med luft, men att man förlorar henne, om hörselgångarne fyllas med vatten och trumhinnan sålunda blir urståndsatt att funktionera. Vid seendet har man af en och samma ljuspunkt visserligen olika intryck, om hans bild träffar olika belägna ställen inom ett och samma eller båda ögonen, men man kan icke urskilja intrycken, om de falla på korresponderande ställen i båda ögonen. Vid ett med skicklighet utfördt arrangemang i experimentel väg vet man alldeles icke, om man ser ett ljus med högra, eller med venstra, eller med båda ögonen på samma gång, såvidt man icke genom andra hjelpmedel kan orientera sig i saken. Synintryckena hos de korresponderande ställena i båda ögonen kombinera sig till ett enda förstärkt intryck.

Enligt Lotzes åsigt skulle vi alldeles icke vara i stånd att urskilja, om en smärta, känsla, beröring o. s. v. träffar vår högra eller venstra kroppshalfva, såvidt icke genom de ända i de minsta detaljer gående asymmetrier hos båda kroppshalfvorna med samma förnimmelse i den högra kroppshalfvan vore förhanden andra åtföljande förnimmelser af spänning, sträckning, tryck o. s. v., än i den venstra, så att vi genom denna qvalitativa inkongruens i förnimmelserna med hjelp af öfningen blifva i stånd att hos vår egen kropp skilja höger och venster åt. Äfven vid hörsel, smak och lukt äro, såsom nämndt, sådana beledsagande omständigheter förhanden, som möjliggöra ett visst urskiljande af kongruenta förnimmelser alltefter stället för inverkningen; likväl är det af vigt, att här de nervstammar, som förmedla den egentliga sinnesförnimmelsen, och de, som förmedla de beledsagande differenserna, äro olika, och deraf framgår den slutsatsen, att, om man genom att afskära de senare eller på annat sätt skickligt eliminera de beledsagande differenserna ur försöket lyckas frånskilja de rena sinnesvarseblifningarna, dessa icke mer äro i stånd att bibringa medvetandet någon kännedom om olikheter i rummet, de äro således öfverhufvudtaget *oförmögna att framkalla rumliga åskådningar.* — Annorlunda är förhållandet med känsel- och synsinnet. Hvarje likartad känselförnimmelse på olika ställen af huden är förbunden med alldeles olika beledsagande olikheter, hvilka grunda sig på den vid trycket på huden alltefter dess mjukhet eller hårdhet, alltefter kroppsdelens form, de underliggande delarnes beskaffenhet, de förnimmande känselpapillernas tjocklek o. s. v. helt olika utfallande förskjutningen, spänningen, sträckningen och öfriga rörelsen hos bredvidoch underliggande förnimmande delar, och hvilka nästan alla ledas till hjernan genom samma nervstammar. Likaså erhåller samma färg- och ljusförnimmelse alldeles olika beledsagande olikheter, alltefter den punkt på näthinnan, hvarifrån hon utgår, och dessa olikheter hafva sin grund: 1) i den från centrum till periferien aftagande tydligheten i perceptionen af samma intryck, 2) i de i de närliggande fibrillerna inducerade strömmarne, hvilka åter utfalla olika alltefter de senares läge i förhållande till punkten för det tydligaste seendet, 3) i den reflektoriska rörelseimpulsen till ögonglobens vridning, hvilken vid hvarje affektion af ett ställe på näthinnan inträder i den meningen, att punkten för det tydligaste seendet sträfvar att ersätta den på näthinnan afficierade punktens plats.

Dessa tre moment i förening gifva åt den likartade förnimmelsen i hvarje näthinnefibrill en olika prägel, hvilken Lotze, uppfinnaren af denna teori, gifver namnet *lokaltecken*. Äfven dessa olikheter ledas dels genom synnerven till hjernan, dels förnimmas de i hjernan sjelf genom det motstånd, som viljan måste bjuda det reflektoriska sträfvandet att vrida ögat, för att förhindra denna vridning. Det är nu i motsats till lukt-, smak- och hörselförnimmelserna begripligt, hvarför just *syn- och känselförnimmelserna* kunna drifva själen till *rumlig åskådning*, emedan nämligen hos dessa den af hvarje enskild nervprimitivfibrill tilledda retningen har sin *qvalitativa bestämdhet genom ett välorganiseradt system af åtföljande olikheter*, så att de af lika yttre retningar i skilda nervfibriller uppväckta vibrationstillstånden så till vida utfalla olika, som de i själen *icke* kunna sammanfalla *i en enda* förstärkt förnimmelse, men ändock äro så lika hvarandra, att det qvalitativt lika i de genom dem framkallade förnimmelserna med lätthet kan fattas af själen. — Efter detta kunna vi också genom de skenbara undantagen finna den allmänna lagen bekräftad, att identiska vibrationer hos olika hjerndelar sammanflyta till en enda blott till graden förstärkt förnimmelse; en lag, hvilken såväl aprioriskt synes högst plausibel, som ock empiriskt icke allenast icke har några fakta emot sig, utan är af sådan beskaffenhet, att utan den de omnämnda företeelserna hos de lägre sinnena skulle vara nästan alldeles oförklarliga. Enligt denna lag är molekylens vibration fullkomligt likgiltig för själen, endast *sättet* för hans vibration har inflytande på själen, och om vi finna vissa delar af kroppen (nerverna), vissa delar af nervsystemet (den gråa substansen), vissa delar af hjernan särskildt skickliga till högre inverkningar af bestämd art, så kunna vi tillskrifva detta endast den omständigheten, att dessa delar på grund af sin molekylära beskaffenhet egna sig alldeles uteslutande eller företrädesvis att frambringa sådana vibrationer, hvilka allenast eller företrädesvis äro skickliga att utöfva dessa inverkningar på själen.

Betrakta vi nu denna lag som orubbligt säker och Lotzes teori om lokaltecknen (bortsedt ifrån, huruvida de af honom hufvudsakligen använda äro just de riktiga) såsom riktig, så hafva vi först och främst kommit till det resultat, att vid seendet eller kännandet själen genom hjernans förmedling från hvarje nervprimitivfibrill erhåller en särskild förnimmelse, hvilken genom sin individuella prägel förhindras ifrån att sammanflyta med andra, men ändock är de andra så lik, att det är för själen en simpel sak att inse den i dem alla innehållna lika grundvalen såsom sådan. Men på intet sätt komma vi från denna summa af *samtidiga qvalitativt lika, men ändock skiljaktiga förnimmelser* till en *rumlig utbredning* af dem, sådan den föreligger i synfältet och i hudens känselfält, vi blifva alltid stående vid *qvalitativa* och *intensivt qvantitativa* eller graduella olikheter hos de enskilda förnimmelserna och kunna på intet vis inse möjligheten, huru det extensivt qvantitativa eller i rummet utsträckta skall kunna från hjernmolekylernas vibrationer dragas in i förnimmelsen, då icke den enskilde molekylens läge i hjernan, utan endast långvarigheten, formen o. s. v. af hans vibrationer är af inflytande på förnimmelsen, och dessa moment icke innehålla något extensivt qvantitativt, som ännu stode i något förhållande till det extensivt qvantitativa hos retinabilden. Deremot är i kraft af lokaltecknens system punkternas i retinabilden extensiva närhet till och aflägsenhet från hvarandra, resp. deras beröring, förändrad till *större eller mindre qvalitativa olikheter* hos de motsvarande förnimmelserna, resp. *minimaldifferensen* hos dem, och sålunda har åt själen blifvit öfverlemnadt ett *material*, hvilket, *om* hon engång *genom sin egen verksamhet förvandlar* detta system af qvalitativa olikheter till ett system af rumliga lägeförhållanden, numera *med nödvändighet tvingar* själen att åt hvarje förnimmelse i den rumliga bilden anvisa en sådan plats, hvilken motsvarar hennes qvalitativa bestämdhet, så att själen i fråga om de rumliga bestämningarne af en genom en summa af qvalitativt olika förnimmelseelement gifven form *icke har något fritt val*, utan nödvändigt måste *rekonstruera* densamma i de förhållanden, som retinabilden framställer sig för ett främmande öga, såsom erfarenheten visar.

Wundt uttrycker de här framstälda tankarne på följande sätt: »Det genom *kolligation*» (aggregation, sammanhopning) »åstadkomna sambandet är ett rent yttre, vid hvilket de förenade förnimmelserna *qvarhållas såsom enkelförnimmelser*. Men i det att *syntesen* bringar dessa genom kolligationens förberedelseprocess innerligt förenade förnimmelser till *sammansmältning*, frambringar hon ett *tredje*, hvilket *ännu icke* innehölls i enkelförnimmelserna såsom sådana. Syntesen är fördenskull det egentligen *konstruktiva* vid varseblifningen; hon frambringar först ur de sammanhangslöst befintliga förnimmelserna något *nytt*, som visserligen *i sig innehåller* förnimmelserna» (ehuru icke längre liksom blotta kolligationen *såsom* förenade *enkelförnimmelser*), »men dock är någonting med förnimmelserna helt och hållet *olikt*» (Beiträge zur Theorie der Sinneswahrnehmung, sid. 443). Denna fullkomligt allmängiltiga sats preciserar han på följande sida ytterligare i fråga om syntesen, som griper in vid uppkomsten af den rumliga varseblifningen: »Så är syntesen i varseblifningen *en skapande verksamhet*, i det att hon *konstruerar* rummet; men denna skapande verksamhet är ingalunda *fri*, utan förnimmelseintrycken och de vid syntesen medverkande yttre impulserna *tvinga med nödvändighet*, att *rummet fullkomligt troget rekonstrueras.*»

Den riktning af den empiriska fysiologien, hvilken bemödar sig att framställa en jämte de gifna förnimmelseintrycken framträdande konstruktion (eller i fråga om retinabilden: rekonstruktion) af rummet genom en skapande syntetisk funktion af själen såsom umbärlig, behöfver närmast betjena sig af det konstgreppet, att låta rumligheten i synvarseblifningen uppstå med tillhjelp af känselsinnet, och tvärtom. Nu är det visserligen riktigt, att båda sinnena i väsentlig mån understödja hvarandra vid den finare utbildningen af deras rumliga varseblifningar; men imellertid skulle det vara omöjligt, att båda tillsammans skulle bringa rummet till stånd, om det icke redan vore till finnandes i hvar och en särskild. Så visar ju också erfarenheten, att blindfödda vinna och till och med finare än seende kunna utbilda känselsinnets rumliga varseblifningar utan synens tillhjelp, äfvensom att å andra sidan opererade blindfödda före hvarje orientering mellan de nya synvarseblifningarna i förhållande till de för dem bekanta känselvarseblifningarna dock genast hafva de förra rumligt extenderade (åtminstone i två dimensioner) i medvetandet. — Vidare söka motståndarne till den skapande rumproduktionen att göra gällande samma sofism inom hvart och ett af de båda sinnena i relationerna mellan det *hvilande* synfältet (resp. känselfältet) å ena sidan och ögonglobens (resp. de kännande partiernas) känslor af *rörelse*. Men nu är också äfven här genast tydligt, att, om såväl det hvilande synfältet eller känselfältet, som också känslan af muskelrörelse hvardera för sig ännu icke besitter rumligheten, icke heller någon om än aldrig så konstlad kombination af dessa på bådadera sidorna orumliga förnimmelser kan låta den rumliga extensionen framspringa ur sig, utan att dertill kommer en skapande konstruktiv syntes. Till och med här hafva dessa »empiriker» empirien emot sig, ty om också i fråga om känselsinnet det hittills icke varit möjligt att vinna en experimentel skilnad mellan känselförnimmelse och känsla af rörelse, så står dock det faktum fast, att hos opererade blindfödda synintryckens ytextension är gifven alltifrån seendets första moment, och ingalunda först småningom förvärfvas genom talrika försöksserier i kombinationer af synnervens förnimmelse och ögonglobens känslor af rörelse. Men under antagande till och med, att desse skulle hafva rätt deruti, att först sambandet mellan hvilande förnimmelse och känsla af rörelse erbjöde själen tillräckligt material (af lokaltecken), för att företaga rumkonstruktionen, så skulle ännu derför ytterligare behöfvas en skapande syntes, emedan just förnimmelser af blott qvalitativa och extensiva olikheter aldrig utan denna kunna komma till den extensiva utbredningen i en enhetlig varseblifning. Men då de af de vibrerande hjernmolekylerna framkallade förnimmelserna kunna vara endast qvalitativt och intensivt olika (jfr. sid. 232), och ingalunda några förhållanden af hvad slag som helst kunna bestå mellan rumligheten af deras läge och rörelse och varseblifningsbildens rumlighet (jfr. sid. 229–230), så måste den skapande syntetiska funktionen vara en rent andlig funktion af det omedvetna.

Fullkomligt i motsats mot Schopenhauer kan man fördenskull säga, att den enda grunden för antagandet af rumåskådningens aprioritet är omöjligheten att tänka sig densamma uppkommen genom blott och bart hjernans funktion. Hade Schopenhauer rätt deruti, att rumligheten såsom åskådningsform blott vore en i hjernans organisation belägen predisposition, hvilken efter syn- eller känselförnimmelsernas retning funktionerar på det för den egendomliga sättet, så skulle denna hjernpredisposition efter den biologiska descendensteorien kunna förklaras genom en från generation till generation sig befästande och fullkomnande ärftlighet, vid hvilken endast rumåskådningens första uppkomst hos de lägsta djuren och protisterna och den successiva utbildningen af denna första grodd blefve förbehållen åt det omedvetna såsom dess direkta uppgift. En genom ärftlighet stegrad predisposition för den rumskapande förnimmelsens mångsidigare och mera förfinade genombildning antager jag äfven hos hjernan; men denna berör just endast materialet, hvilket eggar den omedvetna själen att sätta rummet och bestämmer rumåskådningens huru i det enskilda, — ingalunda kan densamma *spara* själen den spontana akten af det qvalitativt ordnade materialets rumliga extension, d. v. s. den sjelfständiga rekonstruktionen af rumligheten, utan den kan endast *underlätta* den och *rikta* dess *innehåll*. Vi hafva väl kunnat begripa, huru det kommer sig, att endast syn- och känselsinnet, men icke de öfriga sinnena framkalla rumåskådning i själen, vi hafva äfven begripit det kausala sammanhanget, hvarför själen är tvungen att rekonstruera just de rumliga förhållanden, hvilka motsvara de objektiva rumförhållandena på retinan, resp. huden, der känselnerverna löpa ut, men hvarför själen *öfverhufvud* förvandlar summan af qvalitativt olika förnimmelser till en extensivt rumlig bild, dertill kunna vi i den fysiologiska processen icke allenast icke se någon grund, vi måste till och med bestrida, att der finnes någon sådan, och kunna endast medgifva en teleologisk grund, emedan det just är genom denna underbara process, som själen först skapar sig grundvalen för kunskapen om en ytterverld, då hon deremot utan rumåskådning aldrig skulle kunna träda utanför sig sjelf.

Ad. 3. Om vi erkänna detta ändamål såsom den enda grunden, så måste vi anse den ifrågavarande processen sjelf såsom en instinkthandling, såsom en ändamålsenlig verksamhet utan medvetande om ändamålet. Härmed äro vi återigen komna till det omedvetnas område och måste erkänna rummets sättande i individualmedvetandets åskådning (alldeles som rummets sättande vid den reala verldens skapande) såsom en verksamhet af det *omedvetna*, då denna process till den grad föregår hvarje medvetandes möjlighet, att han aldrig kan betraktas såsom något medvetet. Men detta har Kant ingenstädes uttalat, och deraf måste man sluta, i betraktande af denne store tänkares klarhet och oförskräckthet i öfrigt, att han sjelf aldrig blifvit medveten om det fullkomligt omedvetna i denna process. Af denna brist i hans framställning reste sig mot hans lära en opposition af det sunda naturliga förståndet, hvilket ansåg rummet vara åt medvetandet *gifvet* såsom varande ett af detta oafhängigt faktum, och detta *uti* de rumliga förhållandena, ur hvilka först en lång fortsatt abstraktion utskilde rumbegreppet, hvilket till sist negationen af dess gränser bestämde såsom ett oändligt, hvaremot enligt Kant det enda oändliga rummet skall vara den ursprungliga produkten af tänkat, i kraft af hvilken först de rumliga förhållandena skulle blifva möjliga. I allt detta hade det naturliga förståndet rätt och Kant orätt, men i en enda sak, och det var *hufvudsaken*, hade Kant rätt, nämligen att rummets form icke genom fysiologiska processer utifrån promenerar in i själen, utan skapas af henne genom hennes gen sjelfständiga verksamhet. Men under det att Kant ännu anser rumligheten såsom en liksom tillfällig genom vår naturs organisation hos oss lagd form af sinligheten, hvilken också skulle kunna vara helt annorlunda, och hvartill hvarje bortom subjektiviteten befintlig förebild saknas, är för oss numera denna förebild gifven i rumligheten såsom real existensform, så att det omedvetna formelt fullgör en och samma funktion, i det att det der i rumligt olika förhållanden koncipierar mångfalden af individer, som skola skapas, i den omedvetna föreställningen, för att i dem gifva viljan ett innehåll att realisera till rumlig tillvaro, eller i det att det här extenderar de i qvalitativt ordnade serier (matematiska dimensioner) gifna förnimmelserna till rumlig åskådning. All tillfällighet vore nu att söka endast i en tillfällig *afvikelse* från den engång inslagna vägen, icke i det på bådadera sidorna likmässiga *genomförandet* af den för denna verlden engång (lika mycket, om af logisk nödvändighet eller af val) adopterade individuationsformen för rumligheten.

Ad. 4. Tiden har med rummet såsom form för tänkat och varat så mycket analogt, att man hittills behandlat båda tillsammans och en och samma tänkare städse hyst lika åsigter om båda. Detta har också förledt Kant att i sin transcendentala estetik skära båda öfver en kam. Likväl äro de för hvarje menniska bekanta olikheterna mellan rum och tid betydande nog, för att äfven härutinnan uppdraga en skilnad. *Kunde* icke tiden omedelbart öfverflyttas från den fysiologiska processen till varseblifningen, så *skulle* han utan tvifvel skapas af själen lika sjelfständigt som rummet, men detta behöfver han icke i fråga om varseblifvandet. Ty då vi hafva antagit, att själen med en bestämd förnimmelse reagerar mot hjernvibrationer af bestämd form, så hafva vi redan dermed uttalat, att, om retningen upprepas, äfven reaktionen upprepas, alldeles frånsedt huruvida retningarna följa hvarandra i ständig, oafbruten serie, eller om de följa på hvarandra med vissa afbrott. Häraf följer vidare, att förnimmelsen måste vara så länge, som dessa former af vibrationerna vara, och först med vibrationssättets förändring följer en annan förnimmelse, som i sin tur efter en bestämd fortvaro aflöses af en annan förnimmelse. Men dermed är tidsföljden af olikartade eller skilda förnimmelser omedelbart gifven, utan att man, såsom i fråga om rummet, behöfver taga sin tillflykt till ett själens sjelfständiga instinktmässiga skapande, alldeles frånsedt huruvida man uppfattar saken på materialistiskt eller spiritualistiskt sätt, ty i bäggedera fallen har vibrationstillståndens objektiva tidsföljd öfvergått i en subjektiv tidsföljd af förnimmelser.

Det påståendet, att tiden icke omedelbart öfverflyttas från hjernvibrationerna till varseblifningen, skulle man gentemot hvad närmast förut blifvit sagdt tro sig kunna vidhålla derigenom, att man betraktar hvarje enskild förnimmelse såsom en momentan, alltså tidlös själsreaktion; då skulle visserligen ur en serie dylika momentana tidlösa själsakter omedelbart icke kunna uppstå någon tidlig varseblifning, alldenstund distanserna mellan dessa moment skulle vara absolut tomma och följaktligen icke heller kunna bedömas. Vid en närmare betraktelse visar sig genast, att detta är omöjligt. Ty endast två fall äro möjliga, om förnimmelsen skall vara något momentant: antingen uppspringer hon ur hjernans *momentana* tillstånd, eller inträder hon först vid *slutet* af en viss tid för hjernans rörelse. Det förra är i sig sjelft omöjligt, ty *momentet* innehåller *ingen rörelse*, alltså ingenting, som kan verka på själen; det senare åter kan likaledes lätteligen ledas ad absurdum, emedan man icke kan inse, hvarest grunden skulle ligga dertill, att just efter en *bestämd* tidslängd själen reagerar med förnimmelse, och att hon icke gör det förut eller efteråt, då ju rörelsen lugnt fortgår på samma sätt. Ville man godtyckligt antaga en fullständig oscillationslängd såsom denna tid, så kan man icke inse, hvarest oscillationen börjar och upphör, då begynnelsepunkten är något af oss godtyckligt valdt; eller kan man icke inse, hvarför icke en half oscillation skulle kunna åstadkomma detsamma, eller en fjerdedel, eller en ännu mindre del, då ju vibrationens minsta del fullständigt innehåller *lagen för hela vibrationen*. Detta leder oss tillbaka till rätta vägen. Alldenstund redan den *minsta tänkbara del* innehåller lagen för hela vibrationen, måste han också lemna sitt *bidrag* till denna, och så komma vi åter till förnimmelsens *beständighet*. Att dessa, så att säga, förnimmelsernas differentialer icke blifva medvetna, att snarare en icke oansenlig bråkdel af en sekund erfordras, innan en förnimmelse ensamt för sig kan percipieras af medvetandet såsom en bestämd integral af dessa differentialverkningar, det måtte väl bero derpå, först och främst att en förändring i vibrationsformen, hvilken medför förändringen af förnimmelsen, kan fysikaliskt begripas icke efter bråkdelen för en vibration, ej heller efter en enda hel vibration, utan efter flera vibrationer genom den ena vibrationsformens successiva öfvergång i en annan, och för det andra att, liksom fallet är med en sträng, som genom en klingande ton på samma gång blifvit försatt i rörelse, hvarje enskild vibration allena uträttar för litet, och att först verkningarne, som småningom addera sig till hvarandra, af många likartade vibrationer kunna vinna ett märkbart inflytande, hvilket öfverstiger retningsintensiteten (se Inledning, I. c, pag. 22 ff.). Denna tidliga addition i förening med den rumliga additionen utaf verkningarna af många på samma sätt samtidigt vibrerande molekyler är först i stånd att göra för oss begripligt, huru så minutiösa rörelser, som de i hjernan, framkalla i själen så kraftiga intryck, som t. ex. ett kanonskott eller en åskknall. —

Vi hafva nu behandlat de ofvan påpekade fyra punkterna, och hoppas jag att i icke oväsentlig mån hafva bidragit till en öfverenskommelse mellan filosofi och naturvetenskap, mellan hvilka allt sedan Kants dagar rest sig en otillgänglig mur. Resultatet af våra undersökningar är följande: Rum och tid äro former såväl för varat, som för (det medvetna) tänkat. Tiden öfverflyttas från varat, från hjernvibrationerna omedelbart i förnimmelsen, emedan han innehålles i de *enskilda* hjernmolekylarvibrationernas form på samma sätt som i den yttre retningen; rummet måste såsom form för varseblifningen skapas först genom en akt af det omedvetna, emedan hvarken den *enskilda* hjernmolekylarvibrationens rumförhållanden, ej heller de särskilda vibrerande hjerndelarnes rumliga lägeförhållanden hafva någon som helst likhet med eller direkt relation till vare sig de reala tingens, eller föreställningsobjektens rumliga gestalt och rumliga lägeförhållanden; men väl äro varseblifningarnes rumliga bestämningar reglerade genom lokaltecknens system i syn- och känselsinnet. Såväl rumliga, som tidliga bestämningar träda sålunda medvetandet till möte såsom någonting färdigt, gifvet, blifva följaktligen också, enär medvetandet icke har någon aning om de processer, som frambragt dem, med rätta upptagna såsom *empiriska fakta.* Från dessa gifna konkreta rum- och tidsbestämningar abstraheras sedermera allmännare sådana, och såsom sista abstraktion vinnas begreppen rum och tid, hvilka *såsom subjektiva föreställningar* med rätta tillägges oändligheten såsom negativt predikat, emedan i *subjektet* icke ligga några betingelser, hvilka sätta en gräns för den godtyckliga utvidgningen af dessa föreställningar.

Hafva vi på detta sätt förvissat oss om de rumliga och tidliga bestämningarnes ursprung såsom alla varseblifningars fundament, så måste vi återkomma till frågan om sammanhanget mellan hjernvibration och förnimmelse, till den frågan, hvarför själen på denna form af vibration reagerar just med denna förnimmelse. Att härutinnan herskar en fullkomlig konstans, få vi i anseende till naturens allmänna lagbundenhet icke betvifla. Vi finna, att hos samma individ på samma yttre retningar följa städse samma förnimmelser, om icke en påtaglig förändring af den kroppsliga dispositionen äger rum, hvilken naturligen måste gifva sig tillkänna i modifierade hjernvibrationer. Att äfven hos olika individer, såvida kroppslig öfverensstämmelse finnes, samma retningar framkalla lika förnimmelser, kunna vi visserligen aldrig direkt konstatera; men då alla afvikelser, som kunna uppvisas, säkerligen bero på sinnesorganens och nervernas afvikande bygnad, så förefinnes intet skäl att i denna punkt supponera ett undantag från naturens allmänna lagbundenhet, och vi antaga i följd deraf, att lika hjernvibrationer hos alla individer framkalla lika förnimmelser. Att detta lagenliga kausalsammanhang mellan denna vibrationsform och denna förnimmelse icke är underbarare i och för sig, än hvarje annat för oss obegripligt lagenligt kausalsammanhang i materiens rike, t. ex. mellan elektricitet och värme, ligger väl i öppen dag. Men å andra sidan skola vi utan betänkande luta åt den åsigten, att här som der ligga kausala mellanleder, som återföra dessa processers hittills förhandenvarande komplikation till enkla lagar, hvilkas mångfaldiga ingripande i hvarandra bringar till stånd de iakttagna företeelsernas mångfald. Om vi sålunda icke kunna besluta oss för att stanna framför det vunna resultatet såsom det sista, utan i dessa processer måste förmoda åtskilliga, till hvarandra sig slutande leder, så är dock så mycket klart, att dessa, för så vidt som de falla inom det psykiska området, måste uteslutande tillhöra det omedvetnas gebit. Det är således en omedveten process, att syret förefaller oss surt, sockret sött, detta ljus rödt, ett annat blått, att dessa luftvibrationer förete sig som tonen A, andra åter som $\bar{c}$. Detta är hvad som enligt våra kunskapers närvarande ståndpunkt skulle kunna sägas om uppkomsten af förnimmelsens qvalitet.

Men med alla dessa förnimmelsens qvalitativa, intensivt och extensivt qvantitativa bestämningar komma vi aldrig utöfver subjektets sfer. Ty synsinnet framställer bilder af rumlig utsträckning i ytgestalt, men utan någon bestämning öfver den tredje dimensionen, så att ytrummet hittills ligger rent *inom* själen, är rent subjektivt, och att själen alldeles icke känner ögat såsom seendets organ, alltså icke har något vetande om synbilden hvarken framför ögat, ej heller uti ögat, utan har den blott i sig sjelf, alldeles som en matt erinringsföreställning kan tänkas endast i själens subjektiva rum och utan relation till det yttre rummet. På samma sätt förhåller sig med känselsinnets varseblifningar. Äfven här finnes endast ytutsträckning, som motsvarar kroppens yta, men den är mycket obestämdare, än vid synsinnet. Först genom samma varseblifnings liktidighet på flera ställen, i sammanhang med vissa känslor af muskelrörelse, uppträda här erfarenheter, med tillhjelp af hvilka själen genom andra processer kan utföra känselvarseblifningarnas fixering på öfverhuden, så att dessa nu liksom fixeras med hänsyn till tredje dimensionen. Många fysiologer påstå visserligen, att detta enligt lagen för den excentriska företeelsen genast är fallet, och vill jag icke tvista härom; så mycket är visst, att, om denna punkt är uppnådd, då de inre förnimmelserna med hänsyn till tredje dimensionen äro så fixerade, att de objektivt sammanfalla med kroppens öfverhud och för min skuld med ögats retina, att man ännu alltjämnt icke kan förstå, huru steget skall kunna tagas ut ur det subjektiva *i kraft af varseblifningen eller det medvetna tänkandet*. Ty varseblifningen visar i bästa fall aldrig ut öfver den egna kroppens gränser, enligt min åsigt stannar hon till och med rent inom själen, utan att på något sätt häntyda på den egna kroppen. Ingen medveten tankeprocess, som utvecklar sig på grund af de hittills gjorda erfarenheterna, leder till förmodan om ett yttre objekt, här måste återigen instinkten eller det omedvetna hjelpsamt ingripa, för att uppfylla varseblifningens ändamål, kunskapen om den yttre verlden. Fördenskull förlägger djuret och barnet instinktmässigt sina sinnesvarseblifningar såsom objekt i det yttre, och fördenskull tror sig ännu i dag hvarje fördomsfri menniska varseblifva tingen sjelfva, emedan hennes varseblifningar *instinktmässigt* blifva till objekt för henne med den bestämningen, att vara derute. Endast på detta sätt är det möjligt, att *objektens* verld framstår färdig för ett väsen, utan att aningen om *subjektet* uppgått för det, då deremot i det medvetna tänkandet subjekt och objekt måste med nödvändighet liktidigt framspringa ur föreställningsprocessen. Derför är det falskt, att sätta kausalitetsbegreppet såsom förmedlare för ett medvetet utsöndrande af objektet, ty objekten finnas till långt förut, innan kausalitetsbegreppet uppgått; och vore detta också icke fallet, så måste *äfven då* subjektet vinnas liktidigt med objektet. Visserligen är för den *filosofiska* ståndpunkten kausaliteten det enda medlet, för att utöfver blotta föreställningsprocessen komma till subjektet och objektet; visserligen är för det bildade förståndets medvetande objektet innehållet i varseblifningen endast såsom *dennas yttre orsak;* visserligen kan den omedvetna processen, hvilken ligger till grund för objektets första framträdande i medvetandet, vara analog med denna filosofiska medvetna process: — så mycket är visst, att processen, såsom hvars resultat det yttre objektet träder färdigt fram för medvetandet, är alltigenom omedveten, och att följaktligen, om kausaliteten i honom spelar någon roll, en sak, som vi föröfrigt aldrig kunna direkt konstatera, det fördenskull dock *ingalunda* kan sägas, såsom Schopenhauer gör, att *det aprioriskt gifna kausalitetsbegreppet skapar det yttre objektet*, emedan man under ett sådant uttryckssätt måste uppfatta begreppet såsom medvetet, hvilket det bestämdt icke kan vara, emedan det bildas långt, långt senare, och detta först ur relationer mellan de *redan färdiga* objekten sinsimellan.

Hafva vi nu på detta sätt kommit derhän, att vi i varseblifningarna se yttre objekt, så blir det fråga om att *utbilda* varseblifningarna, t. ex. vid seendet om att se på olika afstånd från ögat räknadt, om det enkla seendet med två ögon, om seendet i tredje dimensionen af kroppar o. s. v., och liknande saker vid andra sinnen, såsom vidlyftigt är afhandladt i så många läroböcker i fysiologi, psykologi o. s. v. De processer, hvilka medföra detta närmare förhållande, tillhöra visserligen delvis medvetandet, men till större delen falla de inom det omedvetnas område (jfr. Wundt, »Beiträge zur Theorie der Sinneswahrnehmung», äfvensom de förut sid. 25 derur anförda ställena). »Likasom redan uppkomsten af det enskilda ögats varseblifning berodde på en serie psykiska processer af omedveten art, så är också den binokulära varseblifningens uppkomst ingenting annat än ett omedvetet slutförfarande.... Så är det icke blott den egendomliga djupvarseblifningen, hvartill den binokulära synakten med nödvändighet leder, utan det är dessutom föreställningen om speglingen och glansen, som på ett alldeles motsvarande lagenligt sätt framgår ur denna akt» (Wundt sid. 373—374). »De» (de omedvetna själsprocesserna) »bilda icke blott varseblifningar ur de sammanhangslösa förnimmelserna, utan de sammanbinda äfven de mera omedelbara och enklare varseblifningarna sjelfva ytterligare till mera sammansatta, och bringa sålunda *ordning och system* i vår själs egendom, ännu innan med medvetandet i denna egendom är infördt detta *ljus*, som först lär oss sjelfva att känna den» (anf. st. sid. 375).

Man kan mycket lätt bedraga sig rörande detta förhållande, om man reflekterar allenast öfver den långsamhet, hvarmed *barnet* kommer till fullkomlig makt öfver den sinliga varseblifningen. Men om den noggrannare betraktelsen redan här utan möda låter oss inse, huru ringa det medvetna tänkandet är utbildadt hos barn vid den tiden, då de redan i fullt mått äga förmågan att fatta varseblifningen, så framgår vid första blicken, att alla härför nödiga processer hos *djuren* äro omedvetna. Den säkerhet, hvarmed dessa röra sig redan genast efter födelsen, den lämplighet, hvarmed de bete sig gentemot ytterverlden, skulle vara omöjliga, om de icke instinktmässigt ägde denna förmåga att fatta sinnesvarseblifningarna. Om man, såsom man väl med fog måste göra, under sinlig varseblifning i vidsträckt mening begriper äfven denna förmåga att fullt förstå sinnesintrycken, så hafva vi sett, att den sinliga varseblifningens åvägabringande, hvilket bildar grundvalen för all medveten själsverksamhet, beror på en hel serie af omedvetna processer, utan hvilka hjelpmedel af instinkten menniskor som djur måste hjelplöst förtyna, emedan de skulle sakna hvarje medel att lära känna och draga fördel af ytterverlden.

IX.

Det omedvetna i mystiken.

Ordet »mystisk» är i hvar mans mun; enhvar känner namn på berömda mystiker, enhvar känner exempel på mystiska tilldragelser. Och likväl, huru få äro icke de, som förstå detta ord, hvars betydelse sjelf är mystisk och derför kan rätt begripas endast af den, hvilken sjelf bär inom sig en mystisk åder, hon må vara än så svag! Vi vilja försöka komma närmare sakens väsen, genom att skärskåda de särskilda hufvudföreteelserna i särskilda tiders och individers mystik.

Hos det stora flertalet af mystiker möter oss en viss flykt från det verksamma lifvet, ett återvändande till qvietistiskt tillstånd af inre skådande, till och med en sträfvan efter andlig och kroppslig nihilism. Men dermed kan icke mystikens väsen sägas vara uttryckt, ty verldens störste mystiker, Jakob Böhme, förde ett väl ordnadt husligt lif, arbetade och uppfostrade samvetsgrant sina barn. Och andre mystiker hafva så ifrigt kastat sig in i praktiska värf, att de uppträdt såsom verldsförbättrare; ja, andre öfvade teurgi och magi, eller befattade sig med praktisk medicin och naturvetenskapliga resor. — En annan rad af företeelser vid högre grader af mystik äro kroppsliga anfäktelser, såsom krampanfall, epilepsier, extaser, inbillningsfoster och fixa ideer hos hysteriska fruntimmer och hypokondriske män, visioner hos extatiska eller spontant-somnambula personer. Alla dessa bära i så hög grad karakteren af kroppslig sjukdom i sig, att mysticismens väsen förvisso icke kan innebäras i dem, om de också till stor del med afsigt framkallats medelst frivilligt fastande, askeser, samt fantasiens ständiga koncentrering på en enda punkt. Det är de, som i mystikens häfder framkalla dessa motbjudande företeelser, dessa förvillade, dem vi ännu i dag ömka oss öfver i dårhusen, men hvilka på sin tid förgudades såsom profeter och förföljdes och dödades såsom martyrer, sådane olycklige t. ex. som trott sig vara Kristus (Esaias Stiefel omkring år 1600) eller Gud Fader sjelf. Men, torde man säga, visionerna och extaserna öfvergå dock gradvis till dessa högre och renare former, hvilka historien har så mycket att tacka för; väl sant — men man vakte sig blott att upphöja denna föränderlighet till något för mysticismen väsentligt. — Såsom ett tredje möter oss askesen; hon är ett tanklöst vanvett eller en sjuklig vällustighet, såvida hon icke fattas såsom etiskt system, hvilket dock äger rum såväl hos indiska, som nypersiska och kristna botgörare. Icke heller härutinnan innebäres i och för sig någon mystik; å ena sidan har ju Schopenhauer lemnat beviset på, att man kan vara en fullkomligt redig tänkare och ändock hålla askesen för det enda riktiga system, och å andra sidan trifves mystiken lika väl ihop med den mest otyglade njutningslystnad, de vildaste utsväfningar, som med den strängaste askes. En fjerde kedja af företeelser i mystikens historia äro de underverk, som i alla tider gjorts af profeter, helgon och magiker. Det enda i dessa sägner, som efter en måttligt sträng granskning visar sig äga bestånd, reducerar sig till botande af sjuka, fall, hvilka låta sig begripa och inordna under naturlagarne dels på ren medicinsk väg, dels såsom förorsakade genom medveten eller omedveten magnetisering, eller genom sympatetisk inverkan, om man nämligen låter särskildt det magiskt-sympatetiska inflytandet genom blotta viljan gälla såsom naturlag. Så länge man åter icke gör det, förblifver visserligen den sistnämnda företeelsen i och för sig mystisk; men så snart man beqvämar sig dertill, är den ej mera mystisk än hvarje annan naturlag, ty af alla dessa begripa vi ju ingen, men kalla derför dock icke någon af dem för mystisk.

Hittills hafva vi talat om huru mystiker handlat och lefvat; vi hafva nu ytterligare att omnämna det sätt, hvarpå de talat och skrifvit. Här möta vi närmast ett öfvervägande bildligt uttryckssätt, hvilket dels är enkelt och okonstladt, men oftare svulstigt-bombastiskt och icke sällan behäftadt med en fantastisk öfversvinnelighet i innehåll och form. Detta härrör dels från de nationer och tider, som ifrågavarande mystiker tillhöra, dels återfinna vi samma företeelse hos skalder och andra skriftställare och kunna alltså icke deruti finna det mystiskas verkliga karakter. Vi se vidare i mystiska skrifter dels en massa allegoriserande, genom en godtycklig lek med ord framkonstlade klyftigheter (i Bibeln, i Koranen, i andra skrifter och sägner), eller formalföreskrifter (i den judiska, den muhammedanska och den kristna gudstjensten), dels en ovetenskaplig naturfilosofis fantastiskt alstrande och formalistiskt paralleliserande schematism (Albertus Magnus, Paracelsus m. fl. under medeltiden; Schelling, Oken, Steffens, Hegel i nyaste tiden). Icke heller i dessa båda till väsendet lika och blott i afseende på deras objekt olika företeelser kunna vi finna det mystiskas karakter; vi se deri blott, huru det för menniskoanden egendomliga behofvet att systematisera, vilseledt genom bristande insigt i eller förnämt förbiseende af naturvetenskapernas material och principer, på lek bygger upp korthus, hvilka efterföljaren, som bygger nya korthus, ofta icke ens gör sig mödan att blåsa omkull, men hvilka fastmer falla ihop af sig sjelfva, ehuru icke utan att först hafva imponerat på månget annat barn. Ett kännemärke, på hvilket man ofta trott sig kunna lita, är språkets dunkelhet och obegriplighet, emedan dessa äro gemensamma för nära nog alla mystiska skrifter. Dock får man icke förgäta, först och främst, att helt få mystiker hafva skrifvit, många icke engång talat, åtminstone ingenting utöfver förtäljandet af de visioner de haft, och för det andra, att föröfrigt ganska många obegripliga och dunkla skrifter finnas, åt hvilka hvarken deras författare eller annat folk skulle vilja gifva predikatet mystiska; ty oklarhet i uttrycket kan härröra från oklarhet i tänkandet, bristande förmåga att beherska materialet, otymplighet i skrifsättet och många andra orsaker.

Sålunda äro alla hittills skärskådade företeelser icke tjenliga för utgrundandet af det mystiskas väsen. Väl kan enhvar af dem blifva till uttryck för en mystisk bakgrund, men är då blott en af mystiken tillfälligtvis pådragen klädnad och kan lika väl en annan gång hafva alls intet att skaffa med mystiken. Nu är det alltså fråga om alla dessa företeelsers gemensamma kärna och medelpunkt i de fall, då vi betrakta dem såsom förhänge för en mystisk bakgrund. Man skulle mycket misstaga sig, om man betraktade religionen såsom denna gemensamma kärna; religionen såsom en naiv tro på uppenbarelsen är alldeles icke mystisk, ty hvad som blifvit *uppenbart* för mig genom en af mig såsom fullt giltig erkänd auktoritet, hvad skulle väl deri längre finnas för mystiskt för mig, så länge jag utan vidare nöjer mig med denna *yttre* uppenbarelse? Och mera åstundar ingen religion. Men vidare är det likaledes lätt att inse, att det äfven fins en den irreligiösa vantrons mystik (t. ex. svartkonsten), eller en sjelfförgudningens mystik, hvilken bjuder alla goda och onda gudar trots, eller en den irreligiösa filosofiens mystik, ehuruväl erfarenheten visar, att den sistnämnda då gerna sluter åtminstone ett yttre förbund med en positiv religion (t. ex. nyplatonismen). Detta oaktadt vilja vi icke neka, att religionen är den grund och mark, hvarpå mystiken lättast och yppigast skjuter upp och frodas; men hon är ingalunda dess *enda*, uteslutande växtort. Mystiken är snarare en slingerväxt, som klänger upp för hvarje påle, och som vet att lika ledigt komma till rätta med de ytterligaste motsatser: högmod och ödmjukhet, hersklystnad och fördragsamhet, egoism och sjelfförnekelse, återhållsamhet och sinlig utsväfning, sjelfspäkning och njutningslystnad, enstörighet och sällskaplighet, verldsförakt och fåfänga, qvietism och handlingskraftigt lif, nihilism och håg att reformera verlden, fromhet och gudlöshet, upplysning och vidskepelse, snillrikhet och djurisk inskränkthet, allt trifs lika väl ihop med mystiken.

Vi hafva sålunda kommit derhän, att vi i alla sådana ytterligheter i alla ofvan anförda historiskt hos mystikerna framträdande egendomligheter icke se mystikens *väsen*, utan *utväxter* på henne, hvilka åstadkommits dels genom tidsanden och nationalkarakteren, dels genom individuella sjukliga anlag, dels genom förvända religiösa, moraliska och praktiska grundsatser, dels genom det smittosamma föredömet af andlig förvillelse, dels genom en otillfredsstäld högre sträfvan, som suckat under trycket af råa tidsåldrar och icke funnit något lockande i verldsvimlet, utan blott skrämts tillbaka deraf, dels genom en i sjelfva mystikens yttersta mål liggande fara för att slå öfver, till hvilken vi längre fram skola återkomma, dels genom en förknippning af allehanda orsaker, som följa ur det anförda och ur andra omständigheter.

Denna negativa undersökning har synts mig oundgänglig, för att luttra föreställningarna om det mystiska, hvilka hos de flesta menniskor blott bestå af *en summa af dessa sjukliga utväxter* på mystiken, och hvilka i följd deraf kunde utgöra ett hinder för en förnyad kännedom om mystiken i hennes renare uppenbarelseformer. Vända vi oss nu åter igen till alla dessa företeelsers kärna, till den äkta mystiken, så är till en början så mycket klart, att hon måste vara djupt grundad i menniskans innersta väsen (om hon också, liksom konstnärliga anlag, icke kommer till utveckling hos hvar och en, aldra minst likformigt och i lika riktningar hos alla); ty hon går genom kulturhistorien oafbrutet, endast med större eller ringare utbredning. alltifrån de äldsta förhistoriska tider och ända in i våra dagar. Väl har hon ändrat karakter med tidsanden, men intet framsteg inom kulturen har någonsin förmått undantränga henne; hon har lika obetvingligt hållit stånd mot materialismens otro, som mot inqvisitionens fasor. Men mystiken har äfven gjort menniskoslägtet oskattbara kulturhistoriska *tjenster*. Utan nypythagoreismens mystik hade aldrig den Johanneiska kristendomen uppstått, utan medeltidens mystik hade kristendomens ande gått under i katolsk afgudadyrkan och skolastisk formalism, utan mystiken hos dessa förföljda kättarsamfund allt sedan början af elfte århundradet, hvilka, huru ofta de än undertrycktes, alltjämnt reste sig ånyo under andra namn och med förhöjd lifskraft, derförutan hade aldrig reformationens välsignelser förjagat medeltidens svarta skuggor och öppnat porten för den nya tiden; utan mystiken i tyska folkets hjertelag och hos heroerna i den nyare tyska skaldekonsten och filosofien skulle vi redan i förra århundradet så fullständigt hafva öfversvämmats af den franska materialismens torra flygsand, att vi ännu icke på Gud vet huru länge hade fått hufvudena fria. Mystiken är af oskattbart värde såväl för menniskoslägtet i dess helhet, som för *den enskilde*, så länge man bevarar sig fri från sjukliga förirringar och en alltför yppig ensidighet. Ty vi se ju i sjelfva verket, att alla mystiker känt sig öfvermåttan lyckliga i utöfningen af sina mystiska anlag, vi se huru de med gladt mod burit alla försakelser och uppoffringar, för att förblifva trogna sin lifsriktning; man erinre sig blott Jakob Böhmes outsägliga glädje, som följde honom i alla pröfningar; detta glada mod härflöt förvisso ur en ren källa och drog honom icke från hans borgerliga pligter, lika litet som det grumlades af oförnuftigt sjelfplågeri; man erinre sig forntidens mystiske helige män, en Pythagoras, Plotinus, Porfyrius o. s. v., hvilka visserligen voro högeligen måttlige och återhållsamme, men derför icke några sjelfplågare. Den äkta mystiken är alltså någonting djupt i menniskans innersta väsen grundadt, *i och för sig sundt*, om ock lätt hemfallet åt sjukliga förirringar, och är af högt värde såväl för den enskilde, som för slägtet.

Men hvad är hon då till slut? Om vi alltjämnt bortse från det dåliga och oväsentliga i mystikens framträdande, så få vi qvar känsla, tanke och vilja, och väl är det sant, att innehållet i hvar och en af dessa tre äfven kan förekomma obemängdt med mystik, nämligen tankens och känslans i filosofi och religion, viljans såsom medvetet magiskt viljeinflytande (blott *ett enda* känsloinnehåll gör ett undantag, enär det aldrig kan alstras annat än på mystisk väg, såsom vi snart skola se). Men om det nu i alla öfriga fall *icke är innehållet*, som utgör det specifikt mystiska, så måste det vara *det sätt*, hvarpå detta innehåll kommer till medvetande och är i medvetandet, och rörande detta vilja vi till en början rådfråga några mystiker, bland hvilka man emellertid nu efter ofvan gifna förklaringar ej längre må förundras öfver att träffa namn, hvilka man eljest icke plägar räkna till mystikerna, emedan desse just representera mystiken friast från störande bisaker.

Alla religionsstiftare och profeter hafva förklarat, dels att de personligen undfått sin visdom från Gud, dels att de inspireras af en gudomlig ande, då de nedskrifva sina verk, hålla sina tal och göra sina underverk, och detta hafva de flesta högre stående religioner gjort till trosartiklar. Äfven om senare helgon, som infört någon ny lära eller något nytt lefnadssätt eller botgöringssätt, har man trott, att det icke varit menniskan, utan den gudomlige anden, som talat genom dem, och de hafva sjelfve trott det. Närmare förklaring ger oss Jakob Böhme: »Jag säger det inför Gud — — — att jag sjelf icke vet, huru detta vederfares mig; utan att jag har den pådrifvande viljan dertill, vet jag alls icke hvad jag skall skrifva. Ty hvad jag skrifver, det dikterar mig anden i stor och förunderlig kunskap, så att jag ofta icke vet, huruvida jag med min ande vistas i denna verlden, och högt fröjdar mig deröfver, ity att då den beståndande och vissa kunskapen förlänas mig, och ju mera jag söker, desto mera finner jag, och ständigt djupare, så att jag äfvenledes ofta aktar min syndiga person alltför ringa och ovärdig att vidröra slika förborgade ting; men då vecklar anden ut mitt banér och säger: »Si, du skall lefva evinnerligen derutinnan och varda krönt, hvi förfäras du då?» Likaså gifver han i »Aurora» sin läsare det rådet: »att han måtte bedja Gud om Hans Helige Ande. Ty utan ljuset af densamma lär du icke förstå dessa förborgade ting, ty menniskans ande är ett fast lås för dem, det måste dessförinnan varda uppläst. Och detta kan ingen menniska göra, ty den Helige Ande allena är nyckeln dertill.»

Lika litet, som han tilltrodde en annan läsare det, kunde han sjelf förstå sina skrifter, då anden icke mer var öfver honom. — Vi gå vidare och finna, att qväkarne uppstälde den grundsatsen att gifva skollärdom, menniskovishet och det skrifna ordet en underordnad plats och allenast sätta sin lit till det egna *inre ljuset*. — Bernhard af Clairvaux säger: »Tron är en medelst viljan gripen säker förkänsla af en ännu icke fullt afslöjad sanning och grundar sig på auktoritet eller uppenbarelse, då deremot (den inre) åskådningen (contemplatio) är den vissa och på samma gång uppenbara kunskapen om det osynliga». Detta utföres vidare af hans skola (Richard och Hugo af St. Victor), som betecknar den inre uppenbarelsen såsom den djupare mystiska insigten, hvilken blott kommer på de utvaldes lott, såsom förnuftsupplysning genom anden, såsom öfvernaturlig kunskapskraft, såsom inre omedelbar åskådning, hvilken är upphöjd öfver förnuftet. —

Den moderna mysticismens förkämpe gent emot upplysningstidehvarfvets sjelfbelåtna rationalism är Hamann. Denne vill, att den yttre gudomliga uppenbarelsens innehåll ånyo skall lefvande framalstras ur den egna andens mark, och finner lösningen på alla motsägelser uti den på sig sjelf vissa tron, hvilken för honom framgår ur känslan, ur sanningens omedelbara uppenbarelse. Hvad Hamann antydt, det har Jakobi närmare utvecklat. Han säger (på olika ställen): »Öfvertygelsen i följd af bevis är en visshet ur andra hand, beror på jämförelse och kan aldrig blifva rätt säker och fullständig. Om nu hvarje försanthållande, som icke härleder sig ur förnuftsskäl, är tro, så måste öfvertygelsen ur förnuftsskäl sjelf komma från tron och endast af henne undfå sin kraft. — Den, som vet någonting, måste till slut åberopa sig på sinlig förnimmelse eller andlig känsla. — Liksom det gifves en sinlig åskådning genom sinnena, så gifves det äfven en rationel sådan genom förnuftet. Hvardera äger inom sitt område den slutliga obetingade giltigheten. — Förnuftet, såsom förmåga af känslor, är det okroppsliga organet för uppfattningen af det öfversinliga. Förnuftsåskådningen är, fastän gifven i öfversvinneliga känslor, likväl i sanning objektiv. — Utan den positiva förnuftskänslan af en högre verld, än den sinliga, skulle förståndet aldrig hafva trädt utom kretsen af det betingade».

Fichte och Schelling hafva upptagit dessa åsigter, hvaremot Kant i sitt kategoriska imperativ endast gjort ett bakom formel förståndsinsigt undangömdt bruk deraf. Fichte säger i de inledande föreläsningarna till sin »Wissenschaftslehre»: »Denna lära förutsätter ett alldeles nytt inre sinnesverktyg, hvarigenom en ny verld är gifven, hvilken för vanliga menniskor alls icke finnes till. Hon är icke något slags upptänkande och skapande af någonting nytt, icke gifvet, utan en sammanställning och enhetlig uppfattning af någonting, *som är gifvet genom ett sinne, hvilket på nytt bör utvecklas»*. Denna Jakobis »förnuftstro» får hos Schelling sitt mest träffande namn: intellektuel åskådning, hvilken han uppställer såsom det oundgängliga organet för all transcendental filosofi, såsom principen för all demonstrering och såsom den obevisliga, i sig sjelf evidenta grunden till all evidens, med ett ord såsom den absoluta kunskapsakten, — såsom en art af kunskap, som städse måste förblifva obegriplig för den medvetet empiriska ståndpunkten, emedan hon ej såsom den sistnämnda har något *objekt*, emedan hon *alls icke kan förekomma i medvetandet*, utan faller utom detsamma (jfr. Schelling, Werke I. Bd 1, sidd. 181—182). — Vi hafva nu följt det sätt, hvarpå ett innehåll kommer till medvetande, alltifrån det råa bildliga uttrycket af en personlig meddelelse från gudomen och fram till Schellings intellektuella åskådning, och häruti hafva vi funnit det, som gör en känsla eller tanke till formen mystisk.

Fråga vi nu, huru vi hafva att tänka oss detta omedelbara vetande genom intellektuel åskådning, så gifva oss Fichte och Schelling svar äfven häruppå. Fichte säger i »Thatsachen des Bewusstseins»: »Menniskan äger öfverhufvudtaget ingenting annat än erfarenheten, och hon kommer till allt, hvartill hon kommer, endast genom erfarenheten, genom lifvet sjelft. Äfven i vetenskapsläran såsom den absolut högsta potens, öfver hvilken intet medvetande kan lyfta sig, kan alls ingenting förekomma, som icke ligger i det verkliga medvetandet eller i erfarenheten i detta ords högsta betydelse.» Och Schelling bekräftar (Werke II. Bd 1, sid. 326): »Ty visserligen gifves det äfven sådane, som tala om tänkandet såsom en motsats till all erfarenhet, *liksom om icke tänkandet sjelft just äfven vore erfarenhet!»* Det omedelbara eller mystiska vetandet fattas här särdeles lämpligt under begreppet *erfarenhet*, emedan det *såsom gifvet förefinnes* »i det verkliga medvetandet», utan att viljan kan ändra något dervidlag. Sak samma, om detta gifna är gifvet inifrån eller utifrån, den medvetna viljan har i båda fallen intet att skaffa dermed, och medvetandet, hvilket just är omedvetet om sin omedvetna bakgrund, måste följaktligen upptaga dess ingifvelser såsom något främmande; härifrån härstammar hos äldre tider och hos filosofiskt obildade menniskor den tron, att intellektuel åskådning beror på gudomlig eller demonisk ingifvelse. Eftersom medvetandet vet, att det icke hämtat sitt vetande direkt eller indirekt ur sinlig varseblifning, hvadan detta just såsom *omedelbart vetande* träder det till mötes, så kan det endast hafva uppstått genom ingifvelse från det omedvetna, och vi hafva i och med detta begripit det mystiskas väsen: *såsom medvetandets fyllande med ett innehåll (känsla, tanke, begär) genom detsammas ofrivilliga uppdykande utur det omedvetna.*

Vi måste alltså anse clairvoyansen och aningen för någonting mystiskt, — en underafdelning af mystiken, för så vidt hon hänför sig till tanken, — och vi kunna ej undgå att äfven i hvarje instinkt finna någonting mystiskt, så till vida nämligen, som instinktens omedvetna clairvoyans inträder i medvetandet såsom aning, tro eller visshet. Man skall ytterligare instämma med mig efter dessa och de föregående kapitlens betraktelser, då jag äfven vid de vanligaste psykologiska processer betecknar såsom till formen mystiska alla de tankar och känslor, hvilka hafva ett omedelbart ingrepp från det omedvetnas sida att tacka för sin uppkomst, alltså framförallt den estetiska känslan i betraktelse och produktion, uppkomsten af den sinliga varseblifningen, äfvensom de omedvetna förloppen vid tänkande, kännande och viljande öfverhufvudtaget. Emot denna fullt rättfärdigade användning reser sig blott hopens fördom, som söker undret och mysteriet endast i det utomordentliga, men icke finner något oklart eller underbart i det alldagliga — endast derför att icke just något sällsynt och ovanligt finnes deri. Visserligen kallar man icke en menniska, som bär inom sig blott dessa öfverallt återvändande psykologiska mysterier, redan derför en mystiker; ty skall detta ord betyda mer än ordet menniska, så måste det sparas för just de menniskor, hvilka blifva delaktiga af mystikens sällsyntare företeelser, nämligen sådana ingifvelser från det omedvetna, som öfverskrida individens eller slägtets vanliga behof, t. ex. hos dem, som äro clairvoyanta på grund af spontan somnambulism eller naturlig disposition, eller hos personer med dunklare, men oftare verksam aningsförmåga (Sokrates' daimonion); äfvenledes skulle jag icke hysa någon betänklighet att om alla konstnärssnillen, hvilkas alster framsprungit ur deras snilles ingifvelser, icke ur medvetet mödosamt arbete, de må på lifvets öfriga områden vara så klara hufvuden som helst (t. ex. Fidias, Aeschylus, Rafael, Beethoven), säga, att de inom fältet för sin konst varit mystiker. Och härutaf torde blott den taga anstöt, som sjelf bär inom sig en så svag mystisk åder, att han ännu alls icke gjort klart för sig, huru omöjligt det är att med någon rationalistisk måttstock mäta det sanna konstverket, eller att med några definitionsförsök uttömma dess oändliga innehåll.

Inom filosofien skulle jag vilja än vidare utsträcka detta begrepp och kalla hvarje originel filosof för en mystiker, för så vidt han är verkligt originel; ty en ny riktning i filosofiens historia har aldrig framkrystats genom ansträngdt medvetet proberande och inducerande, utan städse fattats genom snillets blick och derpå vidare utförts af förståndet. Härtill kommer, att filosofien väsentligen behandlar ett tema, som på det närmaste sammanhänger med den enda känsla, hvilken *blott på mystisk väg* kan fattas, nämligen *individens förhållande till det absoluta.* Allt det hittills sagda har afsett endast sådant innehåll i medvetandet, som äfven på andra sätt uppstår eller kan tänkas uppstå, och som alltså här fått namn af mystiskt endast derför, att *formen för dess uppkomst* är mystisk; men nu komma vi till ett innehåll i medvetandet, hvilket i sin innerlighet kan fattas *blott* på mystisk väg och alltså äfven *såsom innehåll* kan kallas mystiskt; och en menniska, som kan producera detta mystiska innehåll, måste framför alla andra kallas en mystiker.

Den *medvetna tanken* kan nämligen medelst rationel metod begripa individens enhet med det absoluta, liksom äfven vi i vår undersökning befinna oss på vägen till detta mål, men jaget och det absoluta och enheten af dessa båda möta honom der såsom trenne *abstraktioner*, hvilkas *förbindande till ett omdöme* väl gjorts sannolikt genom de föregående bevisen, — till en *omedelbar känsla af denna enhet* hinner han dock icke. *Auktoritetstron* på en yttre uppenbarelse kan rättroget eftersäga lärosatsen om en dylik enhet, — men den lefvande känslan af densamma kan ej utifrån inplantas eller påtrugas, hon kan blott alstras utur den egna anden sjelf, med ett ord, man kan hvarken genom filosofi eller uppenbarelse utifrån, utan blott på mystisk väg nå densamma, om det också, förutsatt att de mystiska anlagen äro lika, går så mycket lättare, ju fullkomligare och renare filosofiska begrepp och religiösa föreställningar man medför. Derför är denna känsla mystikens innehåll κατ' ἐξοχήν, emedan detta *blott* i henne finner sin existens och derjämte det *högsta* och *slutliga*, om ock, såsom vi ofvan sett, ingalunda det enda målet för alla dem, som invigt sitt lif åt mystiken. Ja, vi kunna till och med gå så långt, att vi påstå, det alstrandet af en viss grad af denna mystiska känsla och utaf den i henne inneboende njutningen är det enda *inre* målet för all religion, och att det alltså icke är oriktigt, fastän mindre betecknande, att om henne använda namnet *religiös* känsla.

Om nu vidare för den, som äger denna känsla, den högsta salighet ligger i henne, såsom erfarenheten bekräftar beträffande alla mystiker, så ligger synbarligen öfvergången till den sträfvan nära, att stegra denna känsla i afseende på graden derigenom, att man söker göra föreningen mellan jaget och det absoluta allt närmare och innerligare. Men det är äfven lätt att se, att vi här kommit fram till den redan förut antydda punkt, hvarest mystiken af sig sjelf slår om i sjùklighet, i det hon skjuter öfver sitt mål; för att kunna göra detta, måste vi dock visserligen lyfta oss något öfver den hittills i våra undersökningar uppnådda ståndpunkten. Ty enheten af det absoluta och individen, hvars individualitet eller jaghet är gifven genom medvetandet, sålunda med andra ord enheten af det omedvetna och det medvetna är en gång för alla gifven, oskiljaktig och oförstörbar genom annat än förstöringen af individen sjelf; men derför är äfven hvarje försök, att göra denna enhet innerligare än hon är, lika orimligt som fåfängt. Den väg, som enligt historiens vittnesbörd nästan alltid väljes för detta ändamål, är förintelsen af medvetandet, sträfvan att låta individen uppgå i det absoluta; deri ligger den stora villfarelsen att tro, det individen ännu skulle fortlefva, sedan målet att förinta medvetandet vore uppnådt; jaget vill på samma gång förinta sig och äga fortfarande bestånd, för att njuta af denna förintelse. Emellertid nås detta mål alltjämnt blott ofullständigt åt båda hållen, ehuru mystikernas berättelser gifva tillkänna för oss, att många på denna väg hafva bragt det till en beundransvärd höjd eller snarare djup, hvarför jag vill anföra något derur (den sanna sjelfförintelsen kan naturligtvis blott vara sjelfmordet, men här ligger motsägelsen i alltför öppen dag, för att detsamma ofta skulle kunnat blifva resultat af mystiken).

Mikael Molinos, qvietismens fader, säger i de sextioåtta af Innocentius VI fördömda satserna i sin berömda »Andlige vägvisare»: »Menniskan måste förinta sina krafter, och själen förintar sig i det att hon icke verkar någonting. Och har själen hunnit ända till den mystiska döden, så kan hon, i det hon nu har återvändt till sin grund och orsak, Gud, icke vidare vilja något annat än hvad Gud vill». Mystikerna i den tidigare medeltiden gjorde på skiftande sätt skilnad mellan ett större eller mindre antal grader; den sista är alltid absorptionen, samma tillstånd, som vi finna skildradt redan hos de buddhistiska gymnosofisterna, hos de nypersiska ssufi's och hesykasterna, eller qvietisterna, eller nafvelskådarne på berget Athos. Det påstås, att i absorptionen känner menniskan icke vidare sin kropp, förnimmer öfverhufvudtaget ingenting yttre, ja, icke ens mera sitt eget inre. »Redan det att blott tänka på absorptionen är att falla ur absorptionen». Att dö bort ifrån och fullständigt förinta sin egenartade personlighet, samt låta den uppgå i det gudomliga väsendet, är en uttrycklig fordran. Ja, till och med medvetandets väsentliga former, rum och tid, måste försvinna, såsom vi kunna finna ur ett samtal mellan profeten och Ssaid, i hvilket den sistnämnde yttrar: »Dag och natt hafva försvunnit för mig som en blixt, jag famnade på samma gång evigheten före och efter verlden, så att i sådant tillstånd hundra år eller en timme äro detsamma». Allt detta är oss en bekräftelse på denna sträfvan efter identifiering med det absoluta genom förintelse af det individuella medvetandet.

Den andra likaledes tänkbara vägen till stegring af enheten vore sträfvan att låta det absoluta uppgå uti jaget; äfven denna väg har blifvit pröfvad af högt flygande själar, men den är så förmäten och målet så föga afpassadt efter den makt och de medel, som stå individen till buds, att vi icke behöfva taga någon vidare hänsyn dertill.

Från mystiker hafva de religiösa uppenbarelserna, från mystiker har filosofien utgått; mystik är bådaderas gemensamma källa. Det är sant, att fruktan först skapat gudar på jorden, så till vida som det var fruktan, som först satte de mystiska hjernornas fantasi i rörelse, men *det som* de skapade var deras eget, och deri hade fruktan ingen del. Då de första gudarne engång funnos förhanden, så alstrade de sinsemellan sådana, och fruktan försattes ur tjenstgöring. Derför är det gamla af teologerna så ifrigt fasthållna påståendet om det i menniskan inneboende gudsmedvetandet ingen fabel, om det äfven gifves fullkomligt gudlösa individer och folk, hos hvilka detsamma icke någonsin framträdt; mystiken är en arfvedel från Adams tider, och hennes barn äro föreställningarna om gudarne och deras förhållande till menniskan. Huru upphöjda och rena dessa föreställningar redan i tidiga åldrar varit / uti många folks esoteriska läror, visa oss inderna, som i sjelfva verket implicite besutit hela filosofiens historia; hos dem fans i bildlig och outvecklad form det, som hos oss utvecklats endast alltför abstrakt och genom ett alltför stort antal skriftställare och böcker.

Sålunda ser jag i filosofiens hela historia ingenting annat än omsättningen af ett på mystisk väg alstradt innehåll från bildlighetens eller det obestyrkta påståendets till det rationella systemets form, hvarvid i alla händelser ofta nog en mystisk nyproduktion af enskilda delar blir af nöden; dessa igenkänner man då först senare i de gamla skrifterna. — Det är naturligtvis icke underligt, att filosofien och religionen alltifrån det ögonblick, då de skiljas åt, båda förneka sitt menskligt-mystiska ursprung; den förra söker framställa sina resultat såsom på rationel väg förvärfvade, den senare sina såsom yttre gudomliga uppenbarelser. Ty så länge mystikern stannar vid sina resultat, utan att försöka gifva dem en rationel stadfästelse, är han ännu ingen filosof, utan blifver det först genom att insätta det medvetna förnuftet i dess rättigheter; men detta kommer han icke att göra förr, än han gifver detta senare företrädet framför mystiken, och då skall han frestas att förneka och glömma sina resultats mystiska härkomst, hvilket icke blifver honom svårt i betraktande af oklarheten öfver det sätt, hvarpå de uppstått. Om deremot mystikern tänker lågt om det medvetna förnuftet, eller af naturen är böjd för ett fantasirikt framställningssätt, så skall han söka ett bildligt-symboliskt uttryck för sina resultat, hvilket helt naturligt alltid skall blifva endast tillfälligt och ofullkomligt; så snart nu han sjelf eller efterföljarne blifva oförmögne att längre fatta den bakom symbolerna dolda idén, men deremot taga dessa sjelfva för sanningen, så upphöra de åter att vara mystiker och blifva religiösa. Då nu hvarken de sjelfva kunna åter frambringa dessa symboler på mystisk väg, ej heller dessa kunna rationelt begripas, så nödgas de för deras sanning åberopa sig på stiftarens auktoritet, och enär mensklig auktoritet synes för ringa för så vigtiga ting, och dessutom redan stiftaren sjelf tilläfventyrs påstått sig hafva haft gudomliga meddelanden, så föres symbolernas sanning tillbaka till den gudomliga auktoriteten sjelf. Så uppstå de element, som utgöra religionens dogmatiska innehåll. Ju adeqvatare symbolerna för den mystiska idén äro, desto renare och upphöjdare är religionen, men desto mer abstrakta och filosofiska måste äfven symbolerna vara; ju inadeqvatare och sinligare de äro, desto mer sjunker religionen ned i vidskeplig belätesdyrkan och presterligt formväsen. Den, som nu alltså åter fattar religionens symboler blott såsom symboler och vill bemäktiga sig den bakom dem tronande idén, han träder ut ur religionen såsom sådan, hvilken äskar och måste äska bokstaflig tro på symbolerna, han blir åter mystiker; och detta är den sedvanliga vägen, hvarpå mysticismen bildas, i det att ljusare hufvuden icke låta sig nöja med den historiskt gifna religionen, utan vilja fatta de djupare ideer, som dväljas bakom hennes symboler. Man ser nu, huru nära beslägtade religion och mysticism äro, och huru de ändock äro principielt olikartade; man inser äfven, hvarför en färdigbildad kyrka städse måste känna sig såsom fiende till mystiken.

Fråga vi nu, huru det kom sig, att mystiken, som bragte menniskorna de första uppenbarelserna af det öfversinliga, icke stod fast vid sig sjelf, utan slog öfver i filosofi och religion, så visar sig grunden dertill i formlösheten af det rent mystiska resultatet, hvilket med nödvändighet måste sträfva efter att vinna en form. Lika litet som det mystiska i och för sig kan meddelas åt annor man, lika litet kan det fattas af tänkarens eget medvetande; det bildar, liksom allt omedvetet, först då ett bestämdt innehåll för medvetandet, när det ingått i sinlighetens former, såsom ljus, klarhet, vision, bild, symbol eller abstrakt tanke. Dessförinnan är det endast en absolut obestämd känsla, m. a. o. medvetandet förnimmer då rakt ingenting annat än salighet eller osalighet. Bestämmes nu känslan i anseende till sin art genom bilder eller tankar, så hvilar i denna bild eller tanke allena för medvetandet det mystiska resultatets innehåll, och det är således ej underligt, att medvetandet håller fast vid dessa sinliga qvarlefvor, när den mystiska kraften försvagas och inga nya ingifvelser inställa sig, — aldra minst underligt, om andra göra detta, åt hvilka blott dessa qvarlefvor, men ej de dermed förbundna känslorna kunna meddelas, icke detta obestämda något, hvilket säger den skapande mystikern, att hans bilder och tankar ännu alltjämnt äro ett om ock ofullkomligt uttryck af den öfversinliga idén. Men meddelandet kräfver ännu något annat: den mottagande vill icke blott hafva de mystiska resultatens *hvad*, utan äfven svar på frågan *hvarför*, ty den skapande mystikern erhåller visserligen en omedelbar visshet genom det sätt, hvarpå han når dessa resultat, men hvarifrån skall en tredje man hämta denna öfvertygelse? Religionen hjelper sig här just med det surrogat, som finnes i denna allt sjelfständigt omdöme förintande auktoritetstro, men filosofien söker att rationelt bevisa det, som hon mystiskt undfått, och på detta sätt göra mystikerns enskilda egendom till en gemensam egendom för den tänkande menskligheten. Det svåra i saken har dock med nödvändighet gjort, att dessa rationella bevis blott alltför ofta misslyckats, enär de, bortsedt från det, som verkligen är oriktigt i dem, sjelfva i sin ordning hvila på förutsättningar, om hvilkas sanning man blott på mystisk väg kan vinna öfvertygelse; och en följd häraf är, att de särskilda filosofiska systemen, de må imponera på aldrig så många menniskor, likväl hafva full bevisande kraft endast för författaren sjelf, samt för några få andra, hvilka äro i stånd att mystiskt reproducera inom sig de till grund liggande förutsättningarna (t. ex. Spinozas substans, Fichtes jag, Schellings subjekt-objekt, Schopenhauers vilja). Härmed sammanhänger äfven, att de filosofiska system, som kunna fröjda sig åt de flesta anhängare, just äro de aldra torftigaste och minst filosofiska (t. ex. materialismen och den rationalistiska teismen).

Skulle jag nu säga namnet på den man, hvilken jag anser för blomman af den filosofiska mysticismen, så är det *Spinoza:* till utgångspunkt den mystiska substansen, till ändpunkt den mystiska * kärleken till Gud, i och med hvilken Gud älskar sig sjelf, och allt det öfriga solklart — efter matematisk metod.

Säkerligen har icke Spinoza trott sig vara mystiker, utan snarare förmenat sig hafva bevisat allting så säkert, att enhvar måste inse det; och dock äger hans system, huru imponerande det än är, alls ingenting öfvertygande och har kunnat öfvertyga så få, emedan man till en början måste vara öfvertygad om substansen i Spinozistisk mening, något som blott är möjligt för en mystiker eller för en filosof, som vid slutet af sitt system har nått fram till densamma på annan väg och alltså icke längre behöfver Spinozismen. Liknande är förhållandet med alla öfriga system, om vi undantaga de få, som begynna nedifrån, såsom Leibniz och engelsmännen, men hvilka då icke heller komma lång väg och egentligen icke mer böra benämnas system. Det fullständiga, rationella beviset för mystikens resultat kan blifva färdigt först vid slutet af filosofiens historia, ty den sistnämnda består, såsom sagdt, helt och hållet i sökandet efter detta bevis.

Slutligen må vi ej underlåta att fästa uppmärksamheten på den fara för irringar, hvilken ligger i mystiken, och som i henne är så mycket mera farlig än i det rationella tänkandet, emedan detta senare har kontroll och hopp om förbättring uti sig sjelft och uti andras medverkan, under det att den i mystisk gestalt sig insmygande villfarelsen rotar sig fast och är outplånlig. Dervidlag får man dock ej tänka, att det omedvetna skulle utdela falska ingifvelser, nej, detsamma utdelar då inga alls, och medvetandet tager då sin oinspirerade fantasis bilder för inspirationer från det omedvetna, emedan det trår efter sådana.

Det är lika svårt, att skilja en verklig ingifvelse af det omedvetna i vaket tillstånd under mystisk stämning från blotta nycker af fantasien, som det är att skilja en clairvoyants dröm från en vanlig

* Genom sin tredje kunskapsart (den intellektuella åskådningen, jfr. ofvan sid. 14, anm.), genom hvilken ensamt dessa hans systems grundideer kunna fattas på adeqvat sätt och med visshetens hela öfvertygelse (jfr. Etiken, del. V, sats. 25, sats. 36 anmärkningen, sats. 42 beviset), erkänner Spinoza sjelf den mystiska naturen af dessa konceptioner.

sådan; liksom uppfyllelsen allena här kan afgöra denna fråga, så får i förra fallet resultatets renhet och inre värde gifva utslaget. Men enär de sanna inspirationerna äro och förblifva sällsynta fall, så inses det lätteligen, att hos alla dem, som önska sig dylika mystiska ingifvelser, ganska många sjelfbedrägerier måste komma på en enda äkta ingifvelse. Man må alltså icke förundra sig öfver, att mystiken bragt så mycket orimligt i dagen, och att hon derför i förstone är högligen motbjudande för hvarje rationel tänkare.

X.

Det omedvetna i historien.

Natur och historia eller organismernas uppkomst och menniskoslägtets utveckling äro två parallela problem. Frågan lyder i båda fallen: resultatens partikulära tillfällighet eller allmänna nödvändighet, död kausalitet eller lefvande ändamålsenlighet, atomernas och individernas blotta spel eller det helas enhetliga plan och ledning? För den, som afgjort frågan rörande naturen till förmån för ändamålsenligheten, skall det icke blifva svårt att göra så äfven rörande historien. Hvad som dervid kan förvilla oss är individernas skenbara frihet. I främsta hand tror jag mig kunna åberopa mig derpå, att den nyare filosofien enstämmigt afgjort frågan om viljans frihet så, att om en empirisk frihet i den enskilda viljeakten kan icke blifva tal i mening af *ovilkorlighet*, alldenstund viljeakten liksom hvarje annan naturföreteelse står under kausalitetens lag och med nödvändighet följer af menniskans för tillfället gifna andliga tillstånd och de på henne verkande motiven, att fastmer, om det kan blifva tal om en *utom* den naturlagenliga kausaliteten stående viljefrihet, denna kan *sökas* (jag säger icke: *finnas*) *på sin höjd* ännu på det öfversinligas område (mundus noumenon), i Kants intelligibla karakter, men ingalunda kan innebo i den enskilda viljeakten, då hvarje sådan faller i tiden, således hör till fenomenverldens område och dermed också är underkastad kausalitetslagen, d. v. s. nödvändigheten. Detta jämte de skäl, hvarför vi äro underkastade skenet af en viljans frihet, kan man läsa i Schopenhauers skrift »Ueber die Freiheit des Willens.»

Men antaget att vi till och med låta den empiriska viljefriheten gälla, så skulle, om vi öfverhufvud medgifva en planmässig utvecklingsgång i historien, denna likväl endast så till vida kunna vara resultatet af individernas frihet, att medvetandet om det steg, som närmast vore att taga, med hela dess betydelse och följder vore förhanden hos hvar och en, som med frihet medverkar i historiens gång, innan han på ett verksamt sätt griper in deri.

Visserligen nalkas vi sedan sista århundradet detta ideala tillstånd, då menskligheten skapar sin historia med medvetande, men detta sker ännu endast på mycket långt håll och genom framstående personligheter, och ingen skall kunna påstå, att den ojämförligt större redan tillryggalagda delen af hela vägen genomlupits på detta sätt. Ty den enskildes mål äro alltid egoistiska, hvar och en söker endast att främja sitt eget väl, och om detta kommer att lända till det allmännas väl, så är det säkerligen icke hans förtjenst. Undantagen från denna regel äro så sällsynta, att de alldeles icke kunna tagas i betraktande för det stora hela. Men det märkliga dervid är, att äfven anden, som vill det onda, skapar det goda, att resultaten genom kombinationen af de många olika egoistiska afsigterna blifva helt andra, än hvarje enskild tänkt sig dem, samt att de i sista hand dock alltid utfalla till det helas väl, om också rätt ofta nyttan är något vidtutseende, och århundraden af tillbakagående tyckas motsäga denna; men denna motsägelse är endast skenbar, ty sådana århundraden tjena endast till att bryta en gammal bygnads kraft, på det att en ny och bättre må finna plats, eller att låta en vegetation ruttna ner, på det att hon må gifva näringsämnen åt en ny och skönare. Äfven årtusenden af stillastående på någon inskränkt krets af jorden få icke förvilla vårt omdöme, om blott denna kulturgrad under någon tid uppfylt en bestämd för honom egendomlig kallelse, och om blott vid samma tid på något annat ställe utvecklingsprocessen går framåt.

Lika litet får man begära, såsom så ofta orättmätigt sker, att på ett och samma ställe alla olika utgreningar eller riktningar ohämmadt fortväxa, ej heller beklaga sig öfver stillastående eller tillbakagående, om en viss riktning, åt hvilken man tilläfventyrs just vändt sin personliga förkärlek, råkat i förfall. Utvecklingen i det stora hela går framåt, om också endast ett eller några få moment äro begripna i framåtskridande och de öfrigas fält ligga, som man säger, i träde; ty dessa öfriga tagas upp igen vid läglig tid, och det så, att den höjdpunkt, som förut var nådd, ryckes in uti den nya utvecklingsfasen (man tänke på Rafael och Fidias, Göthe och Euripides). Hvad som förmår förblinda mången iakttagare inför mensklighetens allmänna utveckling är väsentligen en blickens alltför trånga inskränkning, hvilken håller ögat otåligt fäst på vissa politiska eller sociala skador, som göra ett pinsamt intryck, men ändock äro obotliga. Man bör i stället öppna blicken för stora historiska perspektiv, hvilka för oss skola icke allenast åskådligt framställa nutidens höga kulturhistoriska företeelser, utan äfven visa oss på historiens mångfaldiga vägar, samt möjligheten och sannolikheten af en förbättring af de tillstånd, som synas oss så smärtsamma, på en af oss icke förmodad, måhända till och med fördomsfullt försmådd väg. Men ännu i ett annat afseende kan man förblindas inför utvecklingens stora sanning genom att alltför trångt begränsa det historiska synfältet, nämligen om man ur mensklighetens långa utvecklingshistoria utväljer en alltför liten del, t. ex. de sista (i inskränkt mening kallade de »historiska») årtusendena, och jämför t. ex. den Perikleiska eller Augustiska tidsålderns blomma med nutiden. Här kan den då rådande smakens naturlighet, riktighet och finkänslighet för ett ögonblick föranleda misstag i afseende på uppfattningen af vår bildnings öfverlägsenhet; men ett dylikt misstag försvinner genast, så snart man besinnar, att den Perikleiska tidsåldern ägde dessa företräden endast på instinktivt, omedvetet sätt, hvilket bevisas af det faktum, att till och med en så djup och snillrik tänkare som Plato med sådana förebilder förmådde skapa endast en ömklig estetik och ett från verkligheten så bortvändt statsideal. Icke romarnes ytliga resonnemang, utan först tyskarne i sista århundradet hafva till en mensklighetens medvetna och numera omistliga besittning upphöjt hvad grekerna endast instinktmässigt utöfvade, och hvad vi alldeles icke mer kunna så utöfva, emedan vi på konstens alla områden fortgått från det plastiska till det måleriska uppfattningssättet. Smakens naiva finkänslighet, hvari fornåldern i alla riktningar utmärkte sig, är naturligen också vida lättare förstörbar genom råa yttre inverkningar eller genom inre förfall, än våra dagars mera substantiella själsbildning med sitt rika materiella vetande och sin sjelfmedvetna förmåga, hvilken genom tusenfaldiga medel är skyddad från att sjunka tillbaka i glömska. Ytterligare skiljaktigheter bestå ännu deruti, att i fornåldern den civiliserade delen af jorden var så *liten* i jämförelse med hvad nu är förhållandet, då civilisationen har utbredt sig mer eller mindre öfver alla lifskraftiga raser och folk, och nya verldsdelar tagits i besittning af Europas kulturfolk; men samtidigt har också inom kulturfolken bildningen spridt sig till allt större och större lager af befolkningen, så att nutidens bildade och i andligt afseende högt stående menighet af dubbel anledning utgör en långt större qvotient af hela jordens befolkning, än någonsin tillförene, och just nu är begripen i utomordentlig tillväxt. Då det nu är fråga icke om *menniskans*, utan om *menskligheten*s utveckling, så är detta extensiva tilltagande af icke mindre vigt än den intensiva stegringen, — bortsedt derifrån, att hon med en i hastig progression växande sannolikhet ansvarar för bibehållandet af hvad som engång vunnits.

Det är en sanning, att i våra dagar den fria besittningen af de fördelar, som kulturen skänker, blifvit oss bitter genom kampen emot de gengångare från medeltiden, hvilka uppträda hotande ännu i vår tid, men vi få icke genom kampen emot dessa numera historiskt rättslösa vordna företeelser låta oss förblinda gentemot deras historiska berättigande för det förflutna och deras fortvarande betydelse för menskligehetens utveckling. De fullkomligt råa germaniska stammarne under folkvandringen behöfde under sin barndom en sträng lärotid, under hvilken de fysiologiska omdanings- och sammansmältningsprocesser samtidigt ägde rum, såsom hvilkas resultat Europas nationaliteter för närvarande framställa sig. Då antiken företrädesvis utvecklade den sköna *sinligheten* och *fantasien*, då *förstånds*bildningen i dag gifver oss rätt att förklara medeltidslifvets former för relativt barbari, så var det germanernas uppgift att på ett naturligen i främsta hand ensidigt sätt fullända *skaplynnets* djup, och detta kunde de genom ingen annan bestämmande kulturidé åvägabringa, än genom den kristnas transcendenta ideal. Det vore orättvist att förneka, att det är utbildningen och utvecklingen af det tyska skaplynnets djupaste krafter, hvilka, äfven sedan de afskuddat sig denna härkomst, för alltid skola blifva qvarstående, som vi väsentligen, om icke uteslutande, hafva att tacka för medeltidens svärmiska riktning åt det inre. Den som öfvervunnit den nutida kristendomens för våra dagar kulturfiendtliga element, han är för alltid säker för, att icke återfalla i förgångna utvecklingsperioders kulturfiendtliga element, då deremot den högst bildade grek eller romare ännu hade *framför* sig den kristna utvecklingens fas.

Till en sådan orättvisa emot medeltiden gör sig Buckle och hans skola skyldig. Buckle betraktar det medvetna *förståndet*, som visserligen står *öfver* sinlighet, fantasi och lynne och skall beherska dessa, såsom *den enda* måttstocken för kulturutvecklingen, en sak, som det ingalunda är, då till denna utveckling hör den *harmoniska* utbildningen af alla andliga krafter, och då förståndet allena utan att grunda sig på en kraftigt utvecklad sinlighet, fantasi och lynne skulle frambringa endast förtorkade skuggor, men icke vidare menniskor, som äro vuxna någon allvarlig uppgift. Denna villfarelse härleder sig derifrån, att engelsmännen ännu i dag väsentligen befinna sig på den rationalistiska ståndpunkt, hvilken vi intogo under förra århundradet, och att dessa kulturhistoriker, i stället för att söka efter de bestämmande omedvetna ideerna i historien, inbilla sig kunna förklara dem såsom en produkt af medvetet reflexionsarbete. Det omedvetna förnuftet utvecklar sig nämligen, såsom vi nyss hafva sett, lika så väl i sinlighet, fantasi och lynne, som i det medvetna förståndets reflexion, och det vittnar återigen om ingenting annat än alltför inskränkt blick, då man anser det i det *moderna* lifvet måttgifvande elementet såsom det för *alla* tider vigtigaste och såsom en för alla tider användbar måttstock på kulturen. Gentemot en sådan inskränkning af kulturhistorien till en »upplysningsperiodens historia» bibehålla Hegels ansatser till en historiens filosofi sitt fulla värde, då det i dem alltid är fråga endast om de för epokerna till grund liggande (omedvetna) ideerna.

Schopenhauers åsigt om historien, som går i motsatt riktning, hvilar på hans uppfattning af tiden såsom en rent subjektiv företeelseform, enligt hvilken åsigt allt *skeende* är ett exklusivt subjektivt sken, således *historien* ett sanningslöst subjektivt föreställningsspöke. Den påtagliga motsägelse, som denna åsigt innesluter, gentemot den menskliga utvecklingshistoriens storartade organism döljer han för sig derigenom, att han å ena sidan reflekterar endast på de likgiltiga och tillfälliga ramarne af fakta (regentföljder, drabbningar o. s. v.) i stället för på det af honom fullkomligt opåaktade kulturhistoriska innehållet inom dessa ramar, och att han å andra sidan förvexlar anspråken på ett stegradt individuelt välbefinnande med anspråken på ett kulturhistoriskt framåtskridande hos menskligheten såsom ett helt betraktad. *Lyckan* växer visserligen icke i mån af mensklighetens framsteg, men detta bevisar ingenting emot den sanningen, att dessa framsteg verkligen äro förhanden och leda till allt högre och högre utveckling såväl på inre andligt område, som i den menskliga sammanlefnadens former.

Om någonting är egnadt att bevisa det stora framsteget i andligt afseende alltifrån grekerna till närvarande tid, så är det filosofiens, och isynnerhet den tyska och engelska filosofiens framsteg under de senaste 200 åren. Filosofien såsom den sista sammanfattningen af de ideer, hvilka bära upp en kulturperiod, och såsom blomman af den omedvetna idéns historiska sjelfmedvetande kan gälla som den trognaste representanten för en tidsperiods andliga horisont inom de mest sammanträngda och handterliga ramar. Framstegen i ideernas utveckling, hvilka vi lära känna i filosofiens historia, visa oss liksom genom ett förminskningsglas qvintessensen af den motsvarande tidsålderns andliga besittning i dess skilda utvecklingsstadier. Att i de olika filosofierna verkligen finnes en *utveckling*, har först Hegel lärt oss, hvilken sammanfogade de förut enstående tankeresultaten till en organiskt sammanhängande och harmoniskt upprest klippgrupp. Visserligen hafva de enskilde medarbetarne om detta sammanhang antingen haft alldeles ingen aning, eller hafva de endast ägt en ganska ofta högst bristfällig kunskap om någon viss inskränkt del af sina föregångare, och lika instinktmässigt som den genialiska konceptionen af deras grundprincip hos dem uppsprang ur det omedvetnas källa, lika instinktmässigt träffade de det rätta i afseende på den plats, som de hade att intaga i den af dem sjelfva icke öfverskådade utvecklingsserien, hvadan den moderna sammanställningen af filosofiens historia måste betecknas såsom ett arbete att *bringa till medvetande* de mellan de olika filosofierna *omedvetet* rådande förhållandena, i följd af hvilka de omedvetet bilda en stor utvecklingsserie. Besinnar man nu åter dervid, att på samma gång enhvar af dessa filosofier endast är det mest medvetna uttryck för den kulturperiod, som just då öfverskridit sin höjdpunkt, således endast den sista blomstängel, som sprungit fram från den gemensamma dunkelhöljda rot, hvarifrån alla i de mest olika riktningar fullbordade förrättningar af denna tidsperiod harmoniskt utgått, — då är det tydligt, att kulturepokerna sedda i stort måste förhålla sig alldeles som faser af en uppstigande utvecklingsserie, liksom dessa gemensamma rötter till de karakteristiska yttringarne af enhvar af dem (d. v. s. deras omedvetet bestämmande ideer) eller som deras mest medvetna uttrycksformer (de bestämmande filosofierna). Hvad som skall vara den omedvetna bestämmande kulturidén under en viss tidsperiod, kan endast bestämmas genom det omedvetna sjelft i förhållande till den just då ideelt erforderliga utvecklingsfasen. Ty de menskliga individerna sjelfva, hvilka fullgöra de förrättningar, som motsvara denna fas, innan de ens någorlunda komma till medvetande om den omedvetna idé, af hvilken de drifvas framåt, kunna omöjligen vara orsaken till denna idéns fas, emedan menskligheten snarare först lång tid efter det den ifrågavarande perioden afslutats kommer till medvetande om, att denna fas inträdt i kulturutvecklingens hela organism och att denna utvecklingsfas med nödvändighet måste inträffa just under denna tidsperiod.

Medlen, genom hvilka en bestämd fas af idén förverkligar sig under en viss period, äro af två slag, nämligen å ena sidan inplantningen af en instinktmässig drift hos massorna, och å andra sidan frambringandet af vägvisande och banbrytande snillen. Denna dunkla drift, som tid efter annan bemäktigar sig massorna och uppenbarar sig i sådana former som folkvandringar, folkutflyttningar, korståg, religiösa, politiska och sociala folkrevolutioner, leder dem med verkligt demoniskt våld till ett för dem omedvetet mål, men är dock städse »väl medveten om rätta *vägen*», om hon också mestadels tror, att denna väg skall föra till ett helt annat *mål*, än den i sjelfva verket gör. Ty i de fall, då massorna icke öfverhufvudtaget rusa åstad utan besinning och medveten öfverläggning, utan hafva ett mål för ögonen, är detta medvetna mål i regeln värdelöst och förvändt; historiens verkliga afsigt vid dylika omstörtningar upprullar sig först framdeles. — På samma sätt kommer historien äfven utan någon egentlig entusiasm hos massorna genom enskilda framstående mäns initiativ till sådana resultat, som voro långt fjerran från deras medvetna afsigter. (Man tänke isynnerhet på den fruktbringande sammansmältningen af skilda nationalkulturer, sådana som de kunde kommas åstad i forna tider, då nationerna lefde hvar för sig ett mera afskildt lif, endast och allenast genom storartade eröfringståg, som t. ex. Alexanders, Cæsars, de tyska kejsarnes romartåg, ja till och med de genom Napoleon framkallade omstörtningarne i Europa. Endast en person, som är i saknad af historisk blick, kan skymfa dessa af det omedvetna duperade hjeltars likfält, ur hvilka hafva uppspirat så fruktbara och välsignelserika skördar). Till andra mål kommer det omedvetna på mera fredlig väg, i det att det i rätta ögonblicket framkallar det rätta snillet, hvilket är i stånd att lösa just denna uppgift, hvars lösning är för detta snilles samtid i hög grad af nöden. Ingen olycksaligare skänk för individen än genialitet, ty snillena, äfven om de äro till det yttre skenbart lyckliga, äro dock alltid de menniskor, hvilka djupast och obotligast känna tillvarons elände. Men snillena äro icke heller till just för sig sjelfva, utan för menskligheten, och för menskligheten är det alldeles likgiltigt, om de, sedan de fylt sin uppgift, känna sig olyckliga, eller om de till och med gå under i nöd och elände. Den rätta tiden har ännu aldrig saknat rätta mannen, och det understundom hörda pratet, att der saknas män för vissa trängande uppgifter, bevisar ingenting annat, än att dessa uppgifter blifvit genom ett misstag framstälda af menskliga medvetanden, att de alldeles icke (eller åtminstone icke för närvarande) ingå i historiens plan, och att i följd deraf äfven de snillrikaste män (åtminstone på denna tid) fåfängt skulle använda sina själskrafter på *dessa* uppgifter. (En sådan *ovilkorligt* olöslig uppgift är t. ex. vissa till förfall och till upplösning bestämda staters föryngring och stärkande; en *periodiskt* olöslig uppgift deremot är en framstående och nyskapande produktion inom ett specialområde af andlig verksamhet, hvilket för tillfället befinner sig i sin epigonperiod och först måste ligga nere någon längre tid, innan under inflytandet af en ny drifvande kulturidé en ny utvecklingsfas begynner för samma område). Denna så att säga prestabilierade harmoni mellan historiska uppgifter och individer med speciel förmåga att lösa dem går så långt, att till och med tekniska uppfinningar (i praktiskt användbar form) alltid göras först då, men då också städse, när förbetingelserna till en för kulturen fruktbar användning af dem, äfvensom behofvet af likartade hjelpmedel för kulturen äro gifna.

Sammanfatta vi nu mensklighetens hela *inre andliga* utveckling, så bildar denna det egentliga innehållet i mensklighetens historia, hvaremot stat, kyrka och samhälle, bortsedt från deras organiska karakter och deras sjelfständiga organiska utveckling, för den inre andliga utvecklingen endast hafva värdet af en stödjande ram, hvilken, frambragt genom individernas omedvetna själsverksamhet, för sin del åter uppbär och främjar den medvetne andens utbildning, i det att han icke blott skyddar och försvarar den, utan äfven såsom en hjelpmekanism sparar en stor del och underlättar en annan del af det andliga arbetet.

Liksom hvarje kroppsdel stärkes äfven stora hjernan genom bruk och öfning och göres skickligare till nya liknande förrättningar; men liksom vid hvarje kroppsdel, så kan också vid stora hjernan den af föräldrarna förvärfvade styrkan och högre materiella fullkomligheten genom arf öfverflyttas på barnet. Denna ärftlighet kan icke i hvarje enskildt fall direkt påvisas, men i allmänhet taget från en generation till den följande är hon ett faktum, och likaså är det ett faktum, att det gifves en latent ärftlighet, hvilken först i andra eller tredje generationen framlägger sina frukter (t. ex. då någon från sin morfar fått i arf en stark röd skäggväxt och en vacker basröst). Då hvarje generation vidare utbildar sin medvetna intelligens, följaktligen äfven vidare fullkomnar dess materiella organ, så summera sig under generationernas lopp dessa för en generation alltid omärkligt små tillväxter till tydligt synbara storheter. Det är icke endast ett talesätt, att barnen nu för tiden födas klokare och att de, mindre barnsliga än fordom, redan i barnaåldern visa böjelse för att blifva i förtid lillgamla. Liksom dresserade djurs ungar äro mera lämpade för samma dressyr som fångade vilda ungar, så äro också barn af en generation i samma mån skickligare att inhämta vissa kunskapsgrenar, ju längre denna generation redan svingat sig upp i dessa kunskapsgrenar. Jag betviflar t. ex., att en hellenisk gosse någonsin skulle hafva blifvit en framstående produktiv musiker i modern mening, emedan hans hjerna saknade de ärfda predispositioner för den musikaliska *harmoniens* vida fält, hvilka först de moderna vesteuropeerna förvärfvat sig genom en historisk utvecklingsserie af mer än femton generationer. En Archimedes eller Euklides skulle, trots deras jämförelsevis stora matematiska snille, helt säkert visa sig rätt ohjelpliga såsom lärjungar i en undervisning i den högre matematiken.

Så frambringar hvarje andligt framsteg en stegring i produktionsförmågan hos intellektets materiella organ, och denna stegring blir genom ärftlighet (i allmänhet) mensklighetens fortvarande besittning, — en uppnådd grad, som underlättar fortgången till den närmast följande högre. D. v. s. framstegen i mensklighetens andliga besittning gå hand i hand med rasens antropologiska utveckling och stå i vexelverkan med densamma; hvarje framsteg å ena sidan kommer den andra till godo; alltså måste äfven en rasens antropologiska förädling, som framgår af andra orsaker än andliga framsteg, främja den intellektuella utvecklingen. Af senare slaget är t. ex. rasens förädling genom könligt urval (Kap. B. II), hvilket oupphörligt utöfvar sina opåaktade, men mäktiga verkningar, eller rasernas och nationernas konkurrens i striden för tillvaron, hvilken bland menniskorna utkämpas efter lika obevekliga naturlagar som bland djur och växter. Ingen makt i verlden är i stånd att förhindra utrotningen af de lägre menniskoraserna, hvilka ända till våra dagar fortsatt sitt vegeterande lif såsom qvarblifna rester från en utvecklingsgrad, som äfven vi engång måst genomgå. Lika litet som man bereder en hund, hvilken man skall afhugga svansen, något nöje derigenom, att man afhugger den småningom, tum för tum, lika litet kan det sägas vara menskligt, att man genom konst förlänger de utdöende vildarnes dödskamp. En verklig filantrop, om han engång begripit naturlagen för den antropologiska utvecklingen, kan icke annat än önska, att dessa sista dödsryckningar påskyndas, samt om möjligt sjelf söka medverka dertill. Ett af de bästa medlen härtill är att understödja missionerna, hvilka (enligt en det omedvetnas verkligt gudomliga ironi) hafva för detta naturens mål gjort mera, än alla den hvita rasens direkta tillintetgörelsearbeten mot vildarne. Ju skyndsammare utrotningen af de till hvarje konkurrens med den hvita rasen odugliga naturfolken bedrifves, och ju snabbare hela jorden ockuperas uteslutande af de hittills högst utvecklade raserna, desto skyndsammare skall striden mellan de olika *stammarne inom* den högst stående rasen uppläga i storartade dimensioner, desto förr skall skådespelet af den lägre *rasens* absorption genom den högre upprepas bland *stammarne* och folken. Men skilnaden är, att dessa folk äro långt mer jämnbördiga, följaktligen långt dugligare för inbördes konkurrens, än hvad de lägre raserna (med undantag af de mongoliska) hittills hafva bevisat sig gentemot den kaukasiska rasen. Häraf framgår, att striden för tillvaron mellan folk, emedan han föres med mera jämnbördiga krafter, måste vara mycket mera fruktansvärd, förbittrad, ihållande och kräfva flera offer, än den imellan raser, såsom vi också framdeles (Kap. C. X) skola se, att striden för tillvaron är öfverhufvud *mera* förbittrad och *obarmhertig*, men på samma gång också *mera gagnelig* för slägtets fortskridande utveckling, *ju närmare* de med hvarandra konkurrerande arterna eller varieteterna äro beslägtade sinsimellan.

Det är relativt likgiltigt, om denna strid för tillvaron mellan folk och raser antager formen af den fysiska striden med vapen, eller om han rör sig i andra skenbart fredligare former af konkurrens. Man skulle misstaga sig mycket, om man trodde, att kriget vore det grymmaste eller till och med det verksammaste sättet för att tillintetgöra en konkurrent; det är endast det närmast till hands liggande, emedan det är det råaste, — men på samma gång också just ultima ratio för ett folk, som i så kallad fredlig täflan för sina intressen ser sig öfverflygladt af sin konkurrent. Till och med det största krigs offer äro obetydliga i jämförelse med tillintetgörelsen af millioner och åter millioner menniskor, hvilka gå under, när t. ex. ett folk utsuges af ett industrielt högre utveckladt genom handeln och beröfvas en del af sina gamla förvärfskällor (jfr. Careys lärobok i nationalekonomi angående verkningarna af det engelska utsugningssystemet i Indien, Portugal och annorstädes). På samma gång, som genom denna strid för tillvaron jorden allt mer och mer blir uteslutande byte för de högst utvecklade folken, blir icke blott jordens samtliga befolkning ständigt mera kultiverad, utan genom de af markens beskaffenhet och klimatet betingade differentieringarne inom det till herraväldet komna folket skapas ständigt nya anlag till utveckling, hvilka visserligen alltid i sin ordning endast genom den grymma striden för tillvaron kunna komma till utveckling.

Så förskräckligt perspektivet af denna perpetuella strid är från eudemonologisk ståndpunkt, så storartadt ter det sig från teleologisk med hänsyn till det slutliga målet för en möjligast hög intellektuel utveckling. Man måste blott vänja sig vid den tanken, att det omedvetna genom milliarder menskliga individers jämmer icke låter sig mer eller mindre vilseleda än af lika så många djuriska individers qval, så snart dessa qval blott komma *utvecklingen* och dermed det omedvetnas slutliga mål till godo.

Jag har ofvan sagt, att man kunde blifva böjd att betvifla mensklighetens utveckling såsom ett faktum, om man betraktar alltför begränsade tidsperioder inom historien. Nu kunna vi säga, att man *endast* då kan betvifla utvecklingen, men icke om man i en blick öfverskådar menskligehetens hela lifstid alltifrån hennes första uppträdande på jorden ända till det framtidsperspektiv, som vi nyss antydt. Den tiden är förbi, då Creuzer och Schelling antogo ett med all vishet begåfvadt urfolk, från hvars förfall sedermera de olika menniskoraserna skulle hafva utvecklat sig. I våra dagar visa oss den komparativa språkforskningen och den komparativa mytologien, etnologien, antropologien och arkeologien öfverensstämmande, att våra förfäders kulturtillstånd voro i samma mån råare och primitivare, ju längre vi förflytta oss tillbaka i flydda årtusenden. Då för 3—4000 år sedan arierna i olika afdelningar begynte denna folkvandring, hvars närvarande resultat betecknas af de indogermaniska stammarnes herravälde från Indiska oceanen till Stilla hafvet, då ägde de redan en betydande kultur, hvilken endast kan hafva varit resultatet af föregående tiotusentals år. Försedda med ett redan till flexion utbildadt språksystem, med fruktbringande och djupsinniga naturfilosofiska myter, med tekniska instrument för åkerbruk, bostadsbygnad och kläders fabrikation, gjorde de sitt inträde i historien; huru mycket vi än sedan den tiden hafva ytterligare förkofrat kulturen, så gäller dock här långt mer än annorstädes, att all början är svår, och utan tvifvel var det en vida större och fördenskull också mera tidsröfvande uppgift, att från det primitiva tillståndet af menniskodjur, som saknade språk, arbeta sig upp till en sådan höjd, än att, sedan man engång kommit i besittning af sådana kulturmedel, isynnerhet ett så ojämförligt språk, allt framgent underlägga sig naturen och öfverflygla de lägre stående raserna i ständigt stigande progression.

Då språk, mytologi och teknologi utgöra det andliga innehållet i denna förhistoriska kulturperiod, så bildar den till en *stam* utvidgade *familjen* den form, som i sig fattar detta innehåll. Under det att den könliga instinkten sammanförde man och qvinna att grunda familjen, var det å ena sidan den instinktmässiga samhällighetsdriften (Grotius), som förhindrade den atomistiska söndringen mellan blodsfränder af första och andra graden, och å andra sidan striden för tillvaron, »bellum omnium inter omnes» (Hobbes), främmande grannars fiendskap emot hvarandra, som med nödvändighet gaf upphofvet till angrepps- och motståndskraftens stegring genom familjens och slägtens intimaste solidaritet. Så uppstiger familjens hufvud till slägtäldste eller patriark, och — med slägtens fortgående utvidgning till stam — till stamhöfding eller patriarkalisk konung. En sådan författning hade arierna, då de eröfrade Hindostan, grekerna ännu på trojanska krigets tid, germanerna under folkvandringen. Djuren grunda visserligen också familjer, äfven de föra krig sinsimellan, men de sjunka genast tillbaka till den oorganiska massan af en *hjord,* så snart mer än familjen i inskränkt mening stannar tillsammans, hvaremot *slägten* fördelar sig organiskt efter familjer och af den grund verkligen framställer deras högre enhet. Fördenskull är föreningen af de tre instinkterna (könsdrift, samhällighetsdrift och vänskapsdrift mellan alla utan åtskilnad) hos menniskan i sjelfva verket något nytt och högre än hos djuret, och det är detta, som gör henne till Aristoteles' ζῶον πολιτικόν.

Tydligast visar sig dessa instinkters högre omedvetna innehåll hos menniskan deruti, att deras närmaste produkter, familjen, slägten och stammen, måste anses liksom groddblåsa och embryo för alla senare politiska, kyrkliga och sociala former. Familjehufvudet är för det första *konung* (anförare i striden, familjens uteslutande representant utanför den, samt domare med makt öfver lif och död), för det andra *prest* (vid den ännu uteslutande familjegudstjensten), och för det tredje *lärare* för *och arbetsherre* öfver de sina. Dessa tre områden äro här ännu förenade i en oskiljaktig enhet, eller rättare: de hafva ännu alls icke arbetat sig ut ur sin indifferenspunkt. Detta framträdande sker icke plötsligt, utan småningom; hvart och ett af de tre områdena har tendensen att utveckla sig till en *formal organism,* hvilken, om så är möjligt, dominerar öfver de andra lifssfererna. Det af de tre områdena, på hvars utbildning inom en historisk period den mesta folkkraften användes, dominerar faktiskt inom denna period. Men då områdena kunna bearbetas först det ena efter det andra, så ligger det i sakens natur, att de i främsta hand framträdande sidorna måste tillika implicite i sig innehålla de ännu icke utvecklade, såvida de senare icke förblifvit i familjens primitiva sköte.

Statens utveckling är öfverallt det första och mest trängande behof, men han måste på samma gång taga hand om de kyrkliga och sociala funktionerna, för så vidt som de äro utgångna ur familjekretsen (så t. ex. i den grekisk-romerska statsbildningen, der konungarne voro öfversteprester, äfvensom inom den republikanska fasen de kyrkliga institutionerna utgjorde integrerande delar af staten). I Hindostan försiggick några århundraden efter eröfringen genom arierna den våldsamma revolution, genom hvilken krigsadeln nästan utrotades och presterskapets herravälde varaktigt befästes ända till vår tid. I occidenten inträffade denna omstörtning (som i Indien tillintetgjorde alla ansatser till framsteg) lyckligtvis först sedan fornålderns politiska utveckling var fullständigt öfverstånden, ett förhållande, som efter den medeltids-kyrkliga utvecklingsfasens förlopp genom antikens renässans möjliggjorde den germaniska andans pånyttfödelse äfven i politiskt och andligt afseende.

Då *kyrkan* först uppträdde såsom det andra elementet, kunde hon icke mer resorbera den redan färdiga staten på det sättet, som i den antika tiden staten resorberade den ännu outvecklade kyrkan, utan hon kunde endast sätta honom tillbaka i andra rummet och för sig sjelf intaga första platsen. Medan under sista århundradet det verldsliga lifvet åter vann öfverhanden öfver det andliga, var det endast skenbart staten som sådan, hvilken vann segern öfver kyrkan; i sjelfva verket är det de *sociala* intressena, som hafva trängt undan de kyrkliga, och endast på den grund, att samhället som sådant först är i begrepp att skapa sig en egen organism, har det tillsvidare varit staten, som öfverträffade kyrkan i öfvertagandet och omvårdnaden af vissa sociala och isynnerhet ekonomiska intressen och sålunda fråntog henne företrädet, hvaremot å andra sidan kyrkan, sådan hon hittills gestaltat sig, hämtar sin bästa lifskraft ur vissa ännu af henne vikarierande företrädda sociala funktioner. Denna fas är af ett så synnerligt intresse derför, att den verkligen bjuder på något nytt under solen.

Den begynnande utvecklingen af *samhället* såsom sådant till en sjelfständig organism *bredvid* stat och kyrka är just en så ny företeelse, att det gifves endast några få, som öfverhufvudtaget förmärka någonting deraf. De flesta tro, emedan statsorganismen för närvarande måste vikarierande ombesörja sociala funktioner (t. ex. ungdomens undervisning, fattigas försörjning, räntegarantier för industriella företag), att dessa saker äro verkliga statsuppgifter, och draga då till och med liksom Lassalle den slutsatsen, att staten är skyldig att upprätta produktivassociationer, i stället för att hellre medverka till samhällets organisation och öfverflytta de af staten hittills ombesörjda sociala funktionerna på detta senare. Der åter hvarest man undantagsvis inser den begripliga skilnaden mellan stat och samhälle och nödvändigheten att småningom åvägabringa en real söndring dem imellan, der pratar man till och med om en nödvändig och oförsonlig sammandrabbning mellan politiska och sociala intressen, och icke om en harmoni mellan dessa (Gneist). Samhället omfattar, negativt uttryckt, det vidsträckta fältet af lefnadsförhållanden och samfärdselns former, hvilka icke äro gifna med begreppen stat och kyrka; det är, positivt uttryckt, *arbetets organisation* i vidsträcktaste mening. Arbetets organisation betyder närmast ordningen och regleringen af arbetets fördelning bland könen och individerna, men dessutom äfven ungdomens förberedande till arbetsskicklighet och omsorgen för dem, som blifvit arbetsodugliga. Begreppet om arbetets fördelning omfattar naturligen det högsta som det lägsta, det oqvalificerade kroppsarbetet lika väl som forskarens och konstnärens själsarbete, och ej mindre uppfostringens och den sociala sjelfförvaltningens arbete. Man finner, att »samhället» i denna mening i sjelfva verket omfattar alla former af kulturlif utom stat och kyrka, en betydelse, hvaruti det hittills fattats endast af Lorenz Stein. Tendensen till denna frigörelse af en social organism (socialism) syftar derhän, att till förmån för en systematisk arbetsdelning *inskränka* den frihet i konkurrensen, hvilken det nyss gälde att först fullkomligt *lössläppa* gentemot de öfverlefda skrankorna, och att förhindra, att den enes vinst (såsom vid den fria konkurrensen) icke alltför ofta köpes genom den andres ojämförliga förluster. Men denna fas ligger, som nämndt, ännu till den grad i sin aldra första linda, att man ännu på intet vis kan bestämma sättet för sådana organisationer, hvilka i framtiden ofelbart skola skaffa sig terräng.

Vi vilja ännu kasta en flyktig blick på utvecklingen af formerna för staten, kyrkan och samhället (om ock detta sista hittills varit endast implicite gifvet).

Jag vill närmast försöka att med några drag teckna stommen af *statsidéns* utveckling, sådan jag tänker mig den. Historien visar i statslifvet tre hufvudmotsatser, storstat och småstat, republik och monarki, indirekt och direkt förvaltning. Uppgiften är att med hvarandra sammanbinda storstat och republik såsom de förträffligaste formerna, och medlet dertill är den indirekta förvaltningen. — De patriarkaliska stamhöfdingdömena och konungadömena framställa för oss sambandet mellan småstat och monarki, de asiatiska despotierna sambandet mellan storstat och monarki. Här har endast en enda person borgerlig frihet, alla andra äro ofria slafvar eller herskarens lifegna. De grekiska stads- och landskapsrepublikerna äro det första exemplet på republiken; gynnade af sitt berguppfylda och sönderrifna lilla land, kunde grekerna till och med i sina små småstater framställa republiken först såsom de fria borgarnes aristokrati, hvilka herska öfver ett dubbelt så stort antal slafvar. Det romerska verldsriket sammanbinder den grekiska stadsrepubliken med den asiatiska storstatsdespotismen; i despotens ställe träder det romerska borgerskapet, och alla eröfrade länder innehålla endast slafvar. När fördenskull de romerska borgarnes republikanska kraft förslappades, föll det romerska väldet på samma gång tillbaka till en storstatsmonarki. — Germanernas makt inför genom feodalväsendet i statsidén en ny princip, principen för den indirekta förvaltningen eller maktens pyramidartade hopfogning, hvaremot den klassiska forntiden hade känt endast direkt förvaltning. De gamle hade endast frie och slafvar, men nu inträder alltifrån konungen ända ner till den lifegne bonden en gradation i friheten, i det att hvar och en är herre öfver sin feodalman. Jag skulle fördenskull vilja kalla medeltidens stat en monarkipyramid. — Den nyare tiden slutligen uttalar med fordringen på en allmän mensklig frihet det afgörande ordet, han sträfvar till storstater, som hafva sina naturliga gränser i nationaliteterna, han återför den grekiska stadsrepubliken i städernas och kommunernas sjelfförvaltning, och finner i principen för representationen genom valda ombud medlet för uppförandet af en republikpyramid, hvars hittills bästa, ehuru ingalunda fullkomliga exempel vi hafva i Nordamerika, men hvilken engång, sedan kulturen blifvit allmänt spridd, måste och skall i sig omfatta alla länder på jorden, då *national*staternas suveränetet är ett moment, hvilket lika väl måste afskaffas som *territorial*staternas. — Konstitutionen såsom ett mellanting mellan monarki och republik är ingenting annat än en oerhörd uppenbar lögn, och hon är historiskt berättigad endast såsom folkens öfvergångsformation och politiska skola. — I statsrepubliken, hvilken visserligen skall komma till stånd först då, när de enskilda staterna hafva blifvit republiker, skall staternas naturtillstånd sinsimellan öfvergå i rättstillståndet, och sjelfskyddet genom kriget i rättsskyddet genom statsrepubliken, likasom den enskildes naturtillstånd och sjelfskydd vid statens uppkomst öfvergår i rättstillståndet och rättsskyddet. (Här öppnar sig möjligheten till ett slut på den sid. 271 antydda striden för tillvaron, om nämligen de länder, som hafva nästan likartade klimat, besättas af *samma*, universalstatsligt organiserade folk, och konkurrensen mellan de folk, som bebo olika klimat, icke kommer i fråga på grund af gränserna för deras klimatiska ackommodationsförmåga, hvilken hänvisar dem till skilda geografiska utbredningsområden).

Den *andra* formen, hvilken vi hafva att betrakta, nämligen *kyrkan*, har en mera inskränkt och ensidig uppgift, än stat och samhälle; ty medan de senare tjena många intressen på samma gång och tillfredsställa mångahanda behof, tjenar kyrkan uteslutande religiositetens behof, och till och med icke engång *hvarje* religiositet, utan endast den, hvilken antingen fordrar en *gemensamt* utöfvad kult för sin fullständiga tillfredsställelse, eller till och med känner sig för svag, för att i det egna jagets medvetande och känsla finna en tillräcklig grundval för sig, och så söker i den synliga kyrkans yttre institution en lätt åtkomlig yttre halt såsom ersättning för den inre. Redan deri ligger, att med den tillväxande soliditeten i menniskans inre andliga substans måste den synliga kyrkan förlora i betydelse. Likväl är på kulturfolkens närvarande ståndpunkt kyrkan ännu ett moment af högsta betydelse, och hon skall ännu länge förblifva så, om hon också blott intager tredje rummet (efter samhälle och stat). Såsom redan nämnts, är staten den första af de tre formerna, hvilken utvecklar sig, och kyrkan är närmast inbegripen i honom. Till och med då, när undantagsvis (såsom i judendomen) staten ifrån början är en kyrkostat eller teokrati, kommer han dock icke ut öfver teokratiens nationalstatliga inskränkning. Idén om en kosmopolitisk kyrka eller teokrati kan alltid endast vara resultatet af en religiös revolution; så krossade i Indien buddhaismen, vid Medelhafvet kristendomen de äldre kyrkliga institutionernas nationala inskränkning, och derigenom lades grunden till en orientalisk och en occidentalisk medeltid. Denna medeltidskyrkans kosmopolitism är af den mest storartade och fruktbringande politiska och sociala betydelse, ty för första gången gifver hon åt olika folks och staters anhöriga ett solidariskt medvetande, utvidgar derigenom extensivt och intensivt skilda folks fredliga samfärdsel sinsimellan, och förbereder den moderna tidens kosmopolitiska medvetande, hvilket reser sig upp på den sociala humanitetsprincipen och öfvervinner de *kyrkliga* motsatsernas skrankor på samma sätt, som medeltidskyrkans kosmopolitism hade öfvervunnit de af denna omfattade statliga motsatsernas skrankor. Så för oss kyrkan osökt öfver till den *tredje* formen, *samhället*.

Den sociala utvecklingen företer fyra hufvudfaser, af hvilka de tre första äro att betrakta såsom förberedande grader för den fjerde, i hvilken först samhället utvecklar sig såsom en *sjelfständig*, koordinerad form.

Den första fasen är det *fria naturtillståndet*, då hvar och en arbetade endast för sig och sin familj, såsom t. ex. hos de indianska jägarstammarne. Från detta tillstånd är ett framåtskridande till större välmåga och derigenom till högre kultur omöjligt, emedan det vid de enskildes atomistiska frihet icke gifves något motiv, som skulle kunna förmå dem till arbetets *fördelning*, hvarigenom ensamt den arbets*besparing* blir möjlig, hvilken är oumbärlig för en produktion utöfver de ögonblickliga lefnadsbehofven, d. v. s. för en förhöjning af nationalvälmågan genom samling af kapital.

Den andra fasen är den *personliga maktens*, der den, som besitter egendomarne, är herre öfver personerna eller åtminstone öfver sina slafvars, resp. lifegnas arbetskrafter. Här finner ägaren det snart vara förenligt med sitt intresse, att införa en arbetets fördelning bland sina slafvar, hvilkas arbete lemnar ett öfverskott öfver deras och hans lefnadsbehof, och detta öfverskott användes till frambringandet af produktiva anläggningar (kapital). Så växer nationalförmögenheten genom kapitalsamling, men denna kommer utan tvifvel endast herrarne, icke tjenarne till godo. Ett exempel på detta stadium lemnar det romerska riket och medeltiden.

Den tredje fasen, hvilken möjliggöres först genom den andras långvarigare verksamhet, är *penningväldets*. Under denna period blir det orörliga kapitalet, som hittills varit det enda af betydelse, öfverflygladt af det rörliga och tvunget att mer och mer mobilisera sig sjelft, om det icke vill oproportionerligt förlora i värde. Denna process fullbordas samtidigt och i vexelverkan med den småningom skeende förmildringen och afskaffandet af lifegenskapen, hvarigenom arbetskraften blir en fri vara och kommer under de allmänna lagarne för priset (hvilket bestämmes genom efterfrågan och anbud). Då kapitalet kan organisera arbetets fördelning i långt mera storartad måttstock, så blir nu också en långt större qvotient af totalarbetet för samtiden umbärlig och i stället användbar för framtiden, d. v. s. till produktiva anläggningar, följaktligen måste också kapitalförökningen och det nationala välståndets tillväxt försiggå i långt hastigare progression än under den förra fasen. Men äfven här kommer denna nationalförmögenhetens förökning väsentligen endast kapitalägarne till godo, då den del deraf, som faller på den arbetande klassens andel, genast har till följd en förökning af den arbetande klassens *numerär;* och förökningen af denna arbetarnes numerär har i sin tur till följd, att den penningandel, som kommer på hvar och en enskilds lott, nätt och jämnt motsvarar det största möjliga minimum af hans behof. Detta bekräftar erfarenheten åtminstone för de industriella arbetskrafter, hvilka äro för verldsmarknaden tillgängliga. — Men äfven det rörliga kapitalet är en idé, som utvecklar sig och kommer till blomning, för att, sedan den fylt sin uppgift, bortdö och lemna rum för andra bildningar; äfven dess historiska uppgift är öfvergående och består endast uti att reda rum för det kommande stadiet, alldeles som slafveriets uppgift endast bestod uti att förbereda och möjliggöra penningväldet.

Denna fjerde och sista fas är den *fria associationens.* Om nämligen slafveriets och penningväldets värde endast kunde mätas derefter, huru vidt de möjliggjorde och framkallade en arbetets fördelning och derigenom äfven en arbetsbesparing, så måste dessa historiens ännu högst ofullkomliga tvångsmedel, som derjämte föra med sig i släptåg outsägligt elände, blifva öfverflödiga, så snart arbetarens karakter och förstånd kommit till den grad af bildning, att han kan genom fri, medveten öfverenskommelse i den allmänna arbetsfördelningen öfvertaga en honom tillmätt del af arbetet. Liksom svårigheten förut bestod uti att uppfostra den frigifna slafven till frivilligt arbete öfverhufvud, så består svårigheten för närvarande uti att bibringa arbetaren den mogenhet, att han, frigjord från penningväldets tryckande ok, i associationen passande fyller den plats, *som honom tillkommer.* Att öfva denna uppfostran (genom Schultze-Delitzsch'ska föreningar, bättre skolbildning, arbetarbildningsföreningar o. s. v.), det är nutidens vigtigaste sociala uppgift. Den fria associationen skall framtiden af sig sjelf frambringa, om man också ännu icke kan så noga säga, med hvilka medel och på hvilka vägar, om genom något arbete på den fredliga utvecklingens väg, eller genom våldsamma katastrofer, som i förskräcklighet skola öfverträffa allt, hvad hittills tilldragit sig i historien. — I denna sista fas skall den verkliga utbetalningen af penningar (med undantag af skiljemynt) genom det allmänna införandet af *kreditväsendet* göras lika öfverflödig, som under de föregående *betalningen »in natura»* gjordes öfverflödig genom *betalning i klingande mynt.*

Om redan penningväldet i arbetets fördelning uträttade långt mera än slafveriet, så skall den fria associationen öfverträffa det förra i ojämförligt högre grad (man tänke på en enhetlig organisation af produktionen och afsättningen öfver hela verlden, analogt med den enhetliga politiska organisationen öfver hela verlden); men i öfverensstämmelse dermed skall också tillväxten af hela verldens förmögenhet försiggå i så mycket snabbare progression, än som för närvarande är händelsen, förutsatt att förmögenheten icke äfven här paralyseras eller till och med öfverbjudes genom folkstockens ökning, hvars maximum visserligen sättes genom maximum af de närings- och foderväxter, som landet, eller de fiskar och andra djur, som vattnet förmår lemna, eller, om man tillika fäster afseende äfven på den oorganiska framställningen af näringsmedel, genom jordytans inskränkta beboeliga rymd.

Denna sociala utvecklings slutliga mål skulle vara, att hvar och en under en arbetstid, som lemnar honom tillräcklig ledighet för hans intellektuella utbildning, för ett komfortabelt eller, som man älskar att säga med ett mera fulltonigt uttryck, ett menniskan värdigt lif. Så skulle, liksom det slutliga politiska tillståndet medgifver den *yttre, formella*, det slutliga sociala tillståndet medgifva menniskorna den *materiella* möjligheten, att nu ändtligen uppfylla sin positiva, egentliga uppgift, för hvars uppfyllande de *inre* betingelserna nödvändigt måste sökas i den förut betraktade andliga eller *intellektuella* utvecklingen. —

Om vi i hela denna utveckling icke kunna undgå att finna en enhetlig plan, ett tydligt föreskrifvet mål, hvartill alla utvecklingens stadier sträfva, om vi å andra sidan måste medgifva, att de enskilda handlingarna, hvilka förberedt eller framkallat dessa stadier, ingalunda ägt detta mål i medvetandet, utan att menniskorna nästan alltid sträfvat till ett annat, sökt ernå ett annat, så måste vi också medgifva, att ännu något annat än den enskildes medvetna afsigt, eller den tillfälliga kombinationen af de enskilda handlingarna verkar förborgadt i historien, nämligen denna »vidtsträfvande blick, som redan i fjerran upptäcker, hvarest denna regellöst sväfvande frihet ledes af nödvändighetens band, och den enskildes egoistiska mål medvetslöst utfalla till det helas fullbordan» (Schiller, Bd VII, sid. 29—30). Schelling uttrycker detta i den transcendentala idealismens system (Werke, I: 3, sid. 594) sålunda: »I friheten skall åter vara nödvändighet, det betyder alltså lika mycket som: genom friheten sjelf, och i det jag tror mig handla fritt, skall medvetslöst, d. v. s. utan mitt åtgörande, uppstå hvad jag icke åsyftar; eller på annat sätt uttryckt: emot den medvetna, således denna fritt bestämmande verksamhet, som vi förut härledt, skall ställa sig en medvetslös, genom hvilken oaktadt frihetens oinskränktaste yttring uppstår någonting helt och hållet ovilkorligt, och måhända till och med i rak strid med den handlandes vilja, hvilket han till och med genom sin vilja aldrig skulle hafva kunnat realisera. Så paradox än denna sats må synas, är han dock intet annat än det transcendentala uttrycket för frihetens allmänt antagna och förutsatta förhållande till en förborgad nödvändighet, som än kallas öde, än försyn, utan att man vid det ena eller andra tänkt sig någonting tydligt, detta förhållande, i kraft af hvilket menniskor genom sitt fria handlande, men ändock emot sin vilja, måste blifva orsak till något, som de aldrig velat, eller i kraft af hvilket omvändt något måste misslyckas eller komma på skam, som de genom frihet och med ansträngning af alla sina krafter velat.» (Samma st., sid. 598): »Men denna nödvändighet sjelf kan endast tänkas genom en absolut syntes af alla handlingar, ur hvilken allt, som sker, följaktligen äfven hela historien, utvecklas, och i hvilken, emedan den är absolut, allt på förhand är så afvägdt och beräknadt, att allt, hvad än månde ske, så motsägande och disharmoniskt det kan synas, dock i den äger och finner sin föreningspunkt. Men denna absoluta syntes sjelf måste sättas i det absoluta, hvilket är det åskådande och evigt och allmänt objektiva i allt fritt handlande.» Den som rätt förstått detta ställe, om hvilket man väl kan säga, att det representerar alla filosofers åsigt alltifrån Kant, och hvars innehåll blifvit utförligt reproduceradt af Hegel i inledningen till hans »Vorlesungen über Philosophie der Geschichte», för honom har jag ingenting att tillägga. — Den som vill hålla fast vid begreppen öde eller försyn, för honom kan man endast framhålla, att han dervid icke förmår tänka sig något tydligt, såsom *min* handling, hon vare nu ett verk af min frihet, eller en produkt af min karakter och de verkande motiven, såsom denna *min* handling skall bringa en annans än *min* vilja till förverkligande, kanhända den ende i himlen tronande Gudens. Det gifves endast en väg, på hvilken denna fordran kan uppfyllas, om denne Gud nedstiger i mitt hjerta, och *min* vilja på samma gång är på ett för mig omedvetet sätt Guds vilja, d. v. s. om jag omedvetet ännu vill något helt annat, än hvad mitt medvetande uteslutande tror sig vilja, om vidare medvetandet *irrar* sig i valet af medlen för sitt mål, men den omedvetna viljan för sitt mål utväljer just detta samma medel. Annorlunda än så kan man alldeles icke tänka sig denna psykiska process, och detsamma har äfven blifvit sagdt i första hälften af det från Schelling anförda citatet. — Men om vi nu icke kunna reda oss utan en omedveten vilja jämte den medvetna viljan, om vi å andra sidan måste taga vår tillflykt till den omedvetna föreställningens för oss längesedan bekanta clairvoyans, hvarför då ännu föra en transcendent Gud med i spelet, der individen med de för oss bekanta förmögenheterna allena kan fullt reda sig? Hvad annat är väl ödet eller försynen, än det omedvetnas görande och låtande, den historiska instinktens arbete vid menniskornas handlingar, så länge just deras medvetna förstånd ännu icke är tillräckligt moget, för att göra historiens mål till sina egna? Hvad är väl driften till statsbildning, om icke en massans instinkt liksom driften till språkbildning, eller insekternas drift att bilda samhällen, endast blandad med flera ingrepp af det medvetna förståndet?

Om, såsom vi hafva sett, hos djuret instinkten alltid framträder just då, när ett behof är förhanden, som icke kan på annat sätt tillfredsställas, hvad under då, om också inom alla grenar af den historiska utvecklingen i rätta tiden städse föds rätta mannen, hvars inspirerade genius inser och tillfredsställer sin tids omedvetna behof? Här är ordspråket sanning: när nöden är störst, är hjelpen närmast.

Hvarför skola vi i fråga om menniskans historiska instinkt besvära en der utanför stående och utifrån styrande och ställande Gud, då vi i fråga om alla andra instinkter icke funnit honom behöflig? *Endast i det fall*, att under gången af undersökningen skulle visa sig, att det omedvetna hos individen utom denna dess verksamhets förhållande till denna bestämda individ *icke* mer har *något individuelt* i sig, i detta fall skall Schelling hafva rätt äfven i det anförda ställets senare del, att det absoluta är det åskådande (klarseende) i allt dylikt handlande och dess absoluta syntes, eller, såsom Kant

(Werke, VII, 367) engång uttrycker det, att »instinkten är Guds röst», men numera Guds i den *immanenta* Gudens eget bröst.

Då vi hafva funnit det omöjligt att hålla fast vid föreställningen om ett fatum eller en försyn, så hafva vi dermed icke sagt, att sådana åskådningssätt, liksom åsigten om individernas uteslutande sjelfverksamhet i historien, äro i och för sig oberättigade, utan endast, att de äro ensidiga. Grekerna, romarne och muhammedanerna hafva med sin föreställning om *εἱμαρμένη* eller fatum alldeles rätt, för så vidt som detta betyder allt skeendes nödvändighet bunden af kausaliteten, så att hvarje led i serien är bestämd och på förhand bestämd genom den föregående, hela serien således genom begynnelseleden. Kristendomen har med sin föreställning om *försynen* rätt, ty allt, som sker, sker med absolut vishet ändamålsenligt, d. v. s. såsom medel till det *förutsedda* målet, af det aldrig vilseledda omedvetna, hvilket är det absolut logiska sjelft. I hvarje moment kan endast ett logiskt gifvas, och fördenskull kan alltid endast det enda och måste detta enda logiskt fordrade ske, på samma gång ändamålsenligt som nödvändigt (jfr. framdeles Kap. C. XV. 3). Den moderna rationalistiskt empiriska uppfattningen slutligen har rätt deruti, att historien är det uteslutande resultatet af de efter psykologiska lagar sig sjelfva bestämmande individernas *sjelfverksamhet*, utan någon som helst inblandning af högre makter. Men de, som bekänna sig till de båda första åsigterna, hafva orätt uti att förneka sjelfverksamheten, de, som bekänna sig till den sista, hafva orätt uti att förneka fatum och försynen, ty det är först sammanjämkningen af alla dessa tre ståndpunkter, som utgör sanningen. Men just denna sammanjämkning var en motsägelse mot sig sjelf, så länge man endast antog en individens medvetna själsverksamhet; först kunskapen om det omedvetna gör henne möjlig och höjer henne tillika till evidens, i det att han bringar till vetenskaplig klarhet den hittills endast mystiskt postulerade enheten mellan individen och det absoluta, utan att ändock utplåna deras skilnad, som icke är obetydligare än den mellan det metafysiska väsendet och den fenomenala tillvaron (jfr. Kap. C. VI—VIII och XI).

XI.

Det omedvetnas och medvetandets värde för det menskliga lifvet.

Det omedvetnas värde har jag hittills gång på gång tillräckligt framhållit. Det skulle följaktligen kunna tyckas, som att jag ville göra mig skyldig till en partiskhet för detta gentemot medvetandet. Att tillbakavisa denna förebråelse, att föra oss till minnes det medvetna tänkandets betydelse, äfvensom att med hvarandra jämföra medvetandets och det omedvetnas värde och deras olika ställning till lifvet, det är uppgiften för detta kapitel.

Närmast vilja vi betrakta, hvilket värde det medvetna, alltså den medvetna öfverläggningen och den förvärfvade medvetna kunskapens användning kan hafva för menniskan.

Principfrågan skulle vara denna: »Kan öfverläggning och kunskap inverka bestämmande på handlandet och på karakteren, och om så är, på hvad sätt?» Det jakande svar, som det vanliga menniskoförståndet icke skulle tveka att afgifva, skulle kunna dragas i tvifvelsmål på den grund, först och främst att den bestämda viljan, ur hvilken handlingen framgår, uppspringer ur en karakterens reaktion mot motivet, en process, som är för medvetandet höljd i evigt mörker, och för det andra att »vilja» och »föreställa sig» äro inkommensurabla ting, emedan de tillhöra helt olika sferer af själens verksamhet. Bägges heterogenitet och inkommensurabilitet finner sin gräns deruti, att en föreställning bildar viljans innehåll, och en föreställning dess motiv eller bevekelsegrund, och den eviga omedvetenheten uti processen, som skapar viljan, skulle fullkomligt omöjliggöra hvarje kunskap om sammanhanget mellan motiv och begärelse endast i det fall, att antingen karakteren vore i och för sig hastigt föränderlig, eller ock att der icke gåfves någon nödvändig lagbundenhet i motivationsprocessen, utan en viljans frihet i indeterministernas mening. Då båda vilkoren icke öfverensstämma med verkliga förhållandet, så står det för hvar och en fritt att — liksom läkaren förfar i fråga om de läkemedel, hvilkas fysiologiska verkan är för honom obegriplig — förskaffa sig en empirisk kunskap om, hvilken begärelse framkallas genom hvarje särskildt motiv och i hvilken grad detta sker. Så vidt de menskliga karaktererna i allmänhet likna hvarandra, skall denna kunskap vara en allmän empirisk psykologi, men för så vidt som karaktererna äro olika, skall han vara speciel sjelf- och menniskokännedom (karakterologi). Ställer man tillsammans härmed insigten i de psykologiska lagar, enligt hvilka irritabiliteten hos de olika arterna af begärelser tidvis förändrar sig, såsom t. ex. lagen för stämningen, för passionen, för vanan o. s. v., och kan man så på det sätt, som vi snart skola taga i betraktande, göra sig säker för intellektets villfarelser, hvilka uppkomma genom affekter, så skall man, om alla dessa vilkor i idealt mått blifvit uppfylda, för hvarje motiv i hvarje ögonblick på förhand känna arten och graden af det ur detta motiv följande begäret, och skola då de i kapitlen III och IV omnämnda misstagen rörande den omedvetna viljealstrande processens resultat af sig sjelfva bortfalla.

Då nu hvarje motiv endast kan hafva föreställningens form, och framträdandet af föreställningar är underkastadt den medvetna viljans inflytande, så följer af det sagda möjligheten, att genom vilkorligt frambringande af en föreställning, hvilken man känner som motiv till en viss begärelse, medelbart väcka denna begärelse till lif. Då vidare viljan är ingenting annat än resultanten af alla samtidiga begärelser, och då alla komponenternas förening till en resultant har den enkla formen af en algebraisk summa, emedan ju alla komponenter med hänsyn till en handling, som skall göras eller underlåtas, kunna hafva endast de två riktningarna positiv eller negativ, så följer vidare möjligheten att bestämma resultantens resultat derigenom, att man, genom att vilkorligt ställa fram för sig de passande motiven, hos sig uppväcker en eller flera nya begärelser, eller stegrar dem, som redan äro förhanden. Samma medel gäller också, för att undertrycka sådana begärelser, hvilka visserligen af yttre grunder icke så snart skulle komma till en yttring i handlandet, men som dock genom stämningens rubbning, intellektets vilseledande, uppkomsten af gagnlösa olustförnimmelser o. s. v. inverka menligt. Men aldrig kan den medvetna öfverläggningen omedelbart bestämma ett förhandenvarande begär, utan endast medelbart genom att framkalla ett motsatt. — Att det anförda sättet för viljans inflytande genom intellektet i sjelfva verket är det enda möjliga och öfverallt praktiskt förekommande, skall hvar och en lätt medgifva, som gör detta område af psykologien någon smula till föremål för eftertanke; detta, äfvensom den omständigheten, att detta ämne ligger fjerran från vårt egentliga tema, gör, att jag icke vidare inlåter mig derpå. Jag vill endast tillägga, att från denna ståndpunkt allena låter sig en karaktersförändring af medveten öfverläggning förklara. Vi hafva nämligen funnit möjligheten, att i hvarje enskildt fall bestämma resultantens resultat på annat sätt, än som skulle ske genom att blott öfverlemna detta åt de af sig sjelfva framträdande motivens verksamhet, och dermed hafva vi också insett möjligheten, att i hvarje enksildt fall med framgång kämpa emot affekterna, hvilka i följd af den engång bestående karakteren äro lättast att uppväcka och fördenskull också oftast framträda. Om nu denna undertryckning vid hvarje tillfälle regelmässigt inträder under en längre tid, så skall enligt vanans lag genom den respektive driftens fortfarande overksamhet och icke-tillfredsställelse hennes förmåga att väckas till lif försvagas, men deremot skola anlagen, som ofta och med styrka framkallas, blifva stegrade, d. v. s. karakteren skall blifva förändrad. Sålunda hafva vi också begripit möjligheten af en karakterens förändring genom medveten öfverläggning, ehuru visserligen med tillhjelp af en långvarig vana (jfr. Philosoph. Monatshefte, Bd IV häft. 5 om Bahnsens karakterologi).

Härmed har den ofvan framstälda principfrågan i bägge sina delar blifvit jakande besvarad, och vi kunna nu kasta en flyktig blick på hvad medveten öfverläggning och kunskap förmår bjuda menniskan i praktiskt hänseende.

1. *Kunskapen förhindras från förvillelser genom inflytandet af affekter.* Redan förut hafva vi sett, huru föreställningarnas framträdande är i väsentlig mån beroende af det ögonblickliga intresset. Deraf kommer det sig, att vid ett förherskande ensidigt intresse, t. ex. affekter, företrädesvis alltid sannolikhetsskäl för det fall, som står i samklang med intresset, träda fram för medvetandet, och mindre motskäl, att skenskäl *för* alltför gerna andragas, för att inses såsom falska, men att skenskäl *emot*, om de öfverhufvud framträda, genast blottas, och till och med verkliga skäl *emot* underskattas, eller vederläggas genom skenskäl, — och så uppkommer misstaget. Intet under alltså, att förskräckelse, häftig vrede, sinligt begär kunna så beröfva oss vår besinning, att vi icke mer veta, hvad vi säga eller göra, att hatet låter oss se hos våra fiender endast deras fel, kärleken endast våra käras företräden, att fruktan målar allt i mörk, hoppet allt i ljus dager, att den förra icke mer låter oss igenkänna de påtagliga medlen till räddning, att det senare för oss gör det osannolikaste sannolikt, blott det motsvarar våra önskningar, att vi mestadels misstaga oss till vår fördel, sällan till vår nackdel, och alltför ofta hålla det för rätt och billigt, som är för oss fördelaktigt.

Till och med i den rena vetenskapen smyger sig intresset in, ty en älsklingshypotes skärper blicken för allt, som bekräftar honom, och förbiser det närmast till hands liggande, om det motsäger honom, eller låter utgå genom ena örat hvad som går in genom det andra.

Häremot gifves det två medel. Det ena består deruti, att man en gång för alla bildar sig en af affektens eller intressets grad beroende empirisk reduktionskoëfficient, och med denna i hvarje enskildt fall multiplicerar omdömets vunna sannolikhetskoëfficient; det andra deruti, att man icke låter hos sig uppstå någon affekt till den grad, att den begynner på märkbart sätt grumla omdömet. Det senare medlet håller ensamt streck, men är icke lämpligt, emedan det är obeqvämt och kan uppnås endast genom länge ihållande vana vid sjelfbeherskning; det förra nekar fullkomligt sin tjenst vid starka affekter och passioner, der alla själskrafter koncentrera sig på en punkt; också är det svårt att bestämma reduktionskoëfficientens storlek, ännu svårare att hvarje gång bestämma graden af ens egen affekt. — Det är mycket pikant att iakttaga värdet af intellektets klarhet (σωφροσύνη) under en ordtvist, der den ene låter hänföra sig af affekten, den andre icke. Hos qvinnor urartar nästan hvarje tvist i sak till en personlig strid, lika mycket om den kläder sig i den finaste ironi eller i mångelskors skymford. Ännu eklatantare är värdet af betänksamhet eller affekternas återhållande vid kritiska tillfällen.

2. *Obetänksamhet och obeslutsamhet undvikas.* Största delen af all ånger i verlden uppkommer af obetänksamma handlingar, vid hvilka den utförda handlingens möjliga följder icke voro öfverlagda i alla riktningar, så att man sedermera smärtsamt öfverraskas af deras inträffande. Återfalla de dåliga följderna på gerningsmannen sjelf, så blir obetänksamheten lättsinne. All denna ånger skulle således kunna undvikas genom öfverläggning vid handlingens utförande. — Obeslutsamheten å andra sidan framgår dels af brist på mod att handla, dels af brist på förtroende till egen öfverläggning. Men modets egenskap af karakter kan också ersättas genom medvetet förnuft, då mod är att riskera ett ondt för att undvika ett annat, eller för att vinna en fördel, under den förutsättningen, att chanserna äro gynsamma för försöket, vare sig i följd af förhållandet mellan de båda onda tingens storlek, eller i följd af sannolikheterna för deras inträffande. Bristen på förtroende till egen öfverläggning korrigeras likaledes af öfverläggningen sjelf, i det att hon säger sig, att ingen kan göra mer, än hvad i hans förmåga står, att han fördenskull, om han gjort detta möjliga, måste lugnt afvakta handlingens utgång, men att ett alltför långt öfvervägande icke blott i regeln icke för vidare, än ett kort, utan genom handlingens uppskjutande skadar mycket mera, än en möjlig förbättring af resultatet kan leda till något gagn.

3. *Medlen väljas passande för ändamålet.* Om ett ändamål är oförnuftigt, så är det sjelft ett ändamålsvidrigt medel för hvarje väsens slutliga mål, lifvets högsta möjliga lycka i sin helhet, hvilken, om hon också icke är hvar och en klar, dock ligger till grund för lifvets alla ackord såsom en doft genomträngande orgelpunkt. Men äfven der ändamålen äro förnuftiga, eller deras val och bedömande alldeles icke faller på den enskildes lott, utan endast valet af medlen är helt och hållet eller delvis öfverlemnadt åt honom, inträffar genom medlens oförnuftiga val outsägligt mycket ondt, hvilket aldrig åter kan godtgöras. I vigtiga saker framstår detta förhållande tydligt, men vida större är inflytandet vid de tusen små sorger och bekymmer, beqvämligheter och obeqvämligheter, behag och obehag, som dagligen återkomma i våra vanliga sysselsättningar, i tjensteangelägenheterna, i ämbetsgöromålen, i umgängeslifvet, i familjelifvet, såväl bland herrskap, som bland tjenstfolk; det är isynnerhet här, som de föreliggande ändamålen dels förfelas genom olämpliga medel, dels uppnås genom en oproportionerlig ansträngning, och som på sådant sätt folk genom allehanda bryderier, besvärligheter, gräl, förargelser och ledsamheter gör för sig och andra lifvet ännu svårare och bittrare, än det föröfrigt är. Och långt mer af allt detta kommer på de vanliga menniskornas bornerade medelmåtta och deras olämpliga val af medel för de före-

liggande ändamålen än af elak afsigt, så att man mången gång skulle kunna vara frestad att utropa: »om menniskorna hellre vore sämre, om de blott icke vore så dumma!»

4. *Viljan bestämmes icke efter affekten för tillfället, utan efter principen för individens största möjliga lycka i allmänhet.* Djuren äro, med de få undantagen för de högst stående, af menniskan tamda, i sin viljebestämning beroende af den ögonblickliga, sinligt och instinktmässigt framkallade affekten; der instinkten icke tager framtiden med i beräkning, der befattar sig också djurets medvetande icke så lätt med densamma, och alltför ofta måste det lida under följderna af sitt absoluta lättsinne. Menniskan njuter genom sitt högre utvecklade medvetande det företrädet, att kunna möta den sinliga närvarons affekter med begärelser, hvilka frambringas vilkorligt genom föreställningar om framtiden, och häri äger hon ett medel, att åt det framtida jaget garantera dess ideella likberättigande med det nutida jaget. Men nu är genom de vilkorliga föreställningarnes ringare liflighet styrkan hos begärelserna, som skola motväga affekterna, i betydlig mån inskränkt, och en någorlunda stark, genom den sinliga närvaron framkallad affekt äro de icke mer i stånd att med framgång trotsa, snarare för en sådan menniskan tillbaka till djurets ståndpunkt, och om hon med måttlig förlust och ånger kommer derifrån, så har hon derför att tacka endast sin goda lycka: om således det framtida jagets rätt och principen för ens egen största möjliga lycka i allmänhet skall ses till godo, så blir intet annat öfrigt, än att förhindra affekternas framträdande ända till en sådan grad, som icke mer står att öfvervinna, d. v. s. att undertrycka dem förut, säkrast och lättast redan i deras uppkomst. Här hafva vi funnit andra skälet för affekternas undertryckande. — En vigtig uppgift för öfverläggningen är vidare att afgöra, hvilket utaf de många samtidiga, hos en menniska hvarandra korsande ändamålen i lifvet i hvarje ögonblick bäst befordras, för att i hvarje ögonblick bidraga i möjligast högsta grad för lyckan i allmänhet; ty förhållandena, som fortfarande förändras, kräfva också, att man fortfarande förändrar ändamålen, hvilka man just arbetar på att uppnå, och detta sker derigenom, att man antingen låter dem helt och hållet falla, eller att man upptager dem vid mera lämpligt tillfälle.

5. *Det medvetna förnuftet är af värde för sedligheten.* De aldra flesta osedliga handlingar förhindras fullkomligt genom en klok egoism, hvilken går till väga efter principen för hvars och ens största möjliga lycka i allmänhet, särskildt i en stat med ordnad lagskipning och ett samhälle, som med sitt förakt bestraffar sådana osedligheter, hvilka staten icke kan straffa. Att icke många fall återstå, i hvilka sedlighetens bud icke läte sig bygga på egoistiskt vis, ådagalägges redan derigenom, att så många etiker öppet eller i förtäckta ordalag basera sig på egoismen och principen för hvars och ens största möjliga lycka i allmänhet, t. ex. den Epikureiska, Stoiska, Spinoziska. Man inser, att för alla sådana fall måste den hittills behandlade användningen af förnuftet vara tillräcklig för sedligheten, och i sjelfva verket är näst vanan genom tvång denna återgång till egoismen nästan det enda sätt, som

med framgång kan användas, för att bibringa någon moral och göra honom bättre; hvad som derigenom icke vinnes torde väl öfverhufvud svårligen vinnas för den individuella etikens ståndpunkt.

Men om man bortser från sedelärans praktiskt lefvande verkningar och betraktar de etiska *systemens* teoretiska värde, så torde det väl icke vara något tvifvel underkastadt, att, hvilka teoretiska grunder för etiken man än må hålla för de sanna, endast sådana kunna vara det, som hafva sitt bestånd i det medvetna förnuftets grundsatser, om dessa äga någon som helst vetenskaplig halt och skola förmå att bära upp ett system. Vidare vill jag här icke uttala mig, för att icke aflägsna mig alltför långt ifrån temat.

6. *Riktigt val af kallelse, af sysselsättning på lediga stunder, af umgänge och af vänner.* »Den, som är född med en talang, finner i denna sin skönaste tillvaro» (Göthe), derför är det af högsta vigt, å ena sidan att man känner sin talang, som ju kan vara rätt betydlig, men ändock helt och hållet kan undgå en, och å andra sidan att man icke i ungdomlig hänförelse för en sak inbillar sig äga en talang, som man icke äger. Vore icke bäggedera vanligen händelsen, så skulle icke så många menniskor förfela sin uppgift i lifvet, hvars val trots alla inskränkningar dock lemnar individen ett ganska stort spelrum. Ännu svårare är det, att bland flera talanger utleta den största, lättare är deremot det likaledes vigtiga valet af dilettantartad sysselsättning under lediga stunder, emedan icke så mycket beror på dennas omvexling, och man derigenom vinner tid att försöka sig i olika saker. Liksom valet af kallelse fordrar en stor sjelfkännedom, så förutsätter valet af umgänge och vänner en stor verlds- och menniskokännedom. Detta är engång vordet ett menskligt behof, och man har att välja, icke huruvida, utan med hvem man skall umgås. Man kan mäta sakens vigt, om man besinnar, huru besittningen af en enda fullkomligt harmonierande och verklig vän förmår skänka tröst i de största olyckstillfällen, huru bittra villfarelser deremot valet af olämpliga personer kan bereda en. Detta oaktadt ser man ofta vänskapliga förbindelser knytas och äga bestånd lång tid, hvilka äro så litet passande för hvarandra, att man skulle tänka, att personerna måste vara slagna med blindhet. Men betraktade sig menniskorna icke i tysthet verkligen så oförnuftiga, som de äro, så skulle det också icke vara i sjelfva verket möjligt, att försoningar så vanligen äga rum efter ledsamma uppträden, som, om de härledde sig från karaktersfel, aldrig skulle kunna förlåtas och endast äro att ursäkta såsom grundande sig på oförnuftigt beteende, hvadan också menniskorna gerna beteckna sina dåliga knep såsom förvirringar. — Bittrast hämnar sig det oförståndiga valet af vän i äktenskapet, emedan det här är svårast att lösa det ömsesidiga förhållandet, och dock ser man just här på alla andra saker (skönhet, penningar, familj) mer än på karakterernas harmoni. Vore menniskorna icke efter äktenskapet så andligt indifferenta, att de skicka sig väl eller illa med hvarandra, när de se, att de hafva misstagit sig på hvarandra, så skulle det gifvas ännu långt flera dåliga äktenskap i verlden, än som nu är förhållandet.

7. *Gagnlösa olustförnimmelser undertryckas.* Lust och olust

består i begärens tillfredsställelse och icke-tillfredsställelse; dessa gifvas utifrån och på dem kan menniskan utöfva inflytande endast derigenom, att hon motsvarande ingriper i de yttre omständigheterna, hvilket är målet för alla hennes handlingar. Om hennes makt icke är tillräcklig för att tillfredsställa hennes begärelser, så måste hon bära olusten, och hon kan då endast derigenom förminska eller tillintetgöra denna, att hon förminskar eller tillintetgör begärelserna, i hvilkas icke-tillfredsställelse olusten består. Om man konseqvent genomför detta vid hvarje olust, så förslöar man enligt vanans lag begärelsernas förmåga att framträda, och förminskar sålunda lika väl de framtida lustförnimmelserna som de framtida olustförnimmelserna. Den, som med mig hyser den åsigten, att i det menskliga lifvet summan af olustförnimmelser i medeltal vida öfverväger summan af lustförnimmelser, skall nödgas medgifva, att såsom logisk konseqvens af denna åsigt följer denna allmänna princip för förslöandet; men den som icke eller endast under vissa betingelser biträder denna åsigt, honom hänvisar jag till den ganska ansenliga mängd af sådana olustförnimmelser, hvilka alldeles icke uppvägas af några motsvarande lustförnimmelser, d. v. s. vid hvilka tillfredsställelsen af den till grund liggande begärelsen ligger utom möjlighetens område, såsom t. ex. vid smärta öfver förgångna tilldragelser, hvilka icke mer stå att ändra, förargelse, otålighet, afund, missunsamhet, den ånger, hvilken icke kan bringa någon sedlig nytta, vidare öfverdrifven kinkighet, ogrundad svartsjuka, öfverdrifven ängslan och bekymmer för framtiden, för högt stälda anspråk på lifvet o. s. v. — Man öfverväge endast, huru mycket menniskans lif skulle vinna, om man kunde ur verlden stryka hvar och en af dessa själsfridens fiender, — fördelen skulle vara oberäknelig. Och dock står det enhvar fritt, att genom det medvetna förnuftets användning rensa sitt lif från dessa fridstörare, om han blott icke efter några misslyckade försök genast förlorar modet att fortsätta kampen. — Så hafva vi här funnit ett tredje skäl för att undertrycka affekterna.

8. *Den högsta och varaktigaste menskliga njutning skänkes genom forskningen efter sanningen.* Ju mera koncentrerad och häftig en njutning är, desto kortare tid kan hon räcka, tills reaktionen inträder, och desto längre måste man vänta, tills samma njutning upprepar sig; man tänke på bordets nöjen och särskildt könsnjutningen. Ju lugnare, renare och mera oblandad en njutning är, desto långvarigare kan hon hålla i, desto obetydligare pauser kräfver hon för hvila; man jämföre den musikaliska, poetiska och vetenskapliga njutningen. Så kommer det sig, att de starkaste njutningarne, i följd af deras korta varaktighet och deras nödvändiga sällsynthet, icke äro de summariskt största, utan att snarare de mest andliga, framför alla den vetenskapliga, i följd af sin långvarighet lemna en mycket större summa af lust under samma tid. De öfriga skälen för, att den njutning, som ligger i sträfvandet efter sanning, är den högsta, äro så bekanta, att jag icke vill trötta mina läsare med dem. Ej heller skall någon tvifla på, att det är det medvetna förnuftet, som vi hafva att

tacka för hufvudmassan af vetenskapens resultat, särskildt mängden af hans material och dettas bearbetning.

9. *Den konstnärliga produktionen understödjes genom medvetet arbete och kritik.* Här kan jag väsentligen åberopa mig på hvad som blifvit sagdt i Kap. B. V. Om äfven det omedvetna har att lemna sjelfva uppfinningen, så måste dock i främsta rummet kritiken komma till hjelp, för att alldeles icke utföra hvad som är svagt och att sofra det som är godt från fantasiens utsväfningar, och för det andra måste det medvetna arbetet fylla de pauser, der det omedvetnas ingifvelser iakttaga tystnad, och viljans medvetna koncentrering med jernflit föra verket till slut, om icke hänförelsen för detsamma skall efter halfgjordt arbete bortdö af leda. —

Hvad som här blifvit sagdt om det medvetna förnuftets och den medvetna kunskapens värde har, med hänsyn till vår hufvuduppgift, kunnat framställas endast i skissartade antydningar; tillfällena till intressanta psykologiska anmärkningar hafva måst lemnas obegagnade, hvadan det blifvit åt läsaren sjelf öfverlemnadt att gifva de torra abstraktionerna deras lefvande beklädnad, — och dock kunde en sådan sammanställning mellan det omedvetna och medvetandet icke underlåtas, för att gifva en motvigt emot det omedvetnas värde, hvilket blifvit i alla föregående kapitel framhållet.

Det vare mig tillåtet att här än engång i korthet sammanfatta detta det omedvetnas värde.

1. Det omedvetna bildar och vidmakthåller organismen, återställer inre och yttre skador, leder ändamålsenligt hans rörelser och förmedlar hans bruk för den medvetna viljan.

2. Det omedvetna gifver i instinkten åt hvarje varelse hvad hon nödvändigt behöfver för sitt uppehälle, och hvartill hennes medvetna tänkande icke är tillräckligt, t. ex. åt menniskan instinkterna att begripa sinnesvarseblifningarne, språket och staternas bildning, jämte många andra.

3. Det omedvetna bibehåller slägtena genom könsdriften och moderskärleken, förädlar dem genom urvalet i könskärleken, och leder menniskoslägtet i historien oaflåtligt fram mot målet för dess högsta möjliga fullkomlighet.

4. Det omedvetna leder menniskorna i deras handlingar ofta genom aningar och känslor, der de icke skulle kunna reda sig genom medvetet tankearbete.

5. Det omedvetna befordrar den medvetna tankeprocessen genom sina ingifvelser så i smått som stort och leder menniskorna i mystiken till aningen om högre, öfversinliga enheter.

6. Det omedvetna lyckliggör menniskorna genom känslan för det sköna och den konstnärliga produktionen. —

Jämföra vi nu det medvetna och det omedvetna med hvarandra, så faller närmast i ögonen, att det gifves en sfer, hvilken öfverallt blir öfverlåten åt det omedvetna allena, emedan han är evigt otillgänglig för medvetandet. Vi finna för det andra en sfer, hvilken hos vissa väsen tillhör endast det omedvetna, men som hos andra är tillgänglig äfven för medvetandet. Organismernas hela kedja ej mindre än verldshistoriens gång kan gifva oss den lärdomen, att allt framåtskridande består i den för medvetandet upplåtna sferens utvidgning och förstoring, att således medvetandet i *viss* mening måste vara det högre af båda. Betrakta vi vidare hos menniskan den såväl åt det omedvetna, som åt medvetandet öfverlåtna sferen, så är så mycket visst, att allt, som medvetandet någonsin förmår prestera, likaledes kan presteras af det omedvetna, och detta alltid på ett förträffligare sätt, samt dertill snabbare och för individen beqvämare; för det medvetna arbetet måste man nämligen anstränga sig, medan det omedvetna deremot försiggår af sig sjelft och utan ansträngning. Denna beqvämlighet, att öfverlemna sig åt det omedvetna, dess känslor och ingifvelser, känna också menniskorna rätt väl, och derför är hos alla lata personer den medvetna förnuftsanvändningen i allmänhet så illa utskriken. Att det omedvetna verkligen kan öfverbjuda det medvetna förnuftets alla arbeten, det kan man icke allenast på förhand vänta i följd af det omedvetnas clairvoyans, utan vi se det också realiseradt hos dessa lyckliga naturer, hvilka äga allt, hvad andra måste mödosamt förvärfva, som aldrig hafva en samvetets strid, emedan de alltid af sig sjelfva i öfverensstämmelse med sin känsla handla rätt och sedligt, aldrig kunna uppföra sig annat än taktfullt, som lekande lära sig allt, lyckligt föra till slut allt, hvad de taga sig före, och lefva i ständig harmoni med sig sjelfva, utan att någonsin mycket öfvertänka hvad de göra, eller att öfverhufvud i lifvet lära känna svårigheter och mödosamt arbete. I afseende på handlingar och uppförande ser man de skönaste exempel på dessa instinktmässiga naturer endast hos fruntimmer, men de öfverträffa då också allt i hänryckande qvinlighet. —

Hvad ligger nu för men uti att öfverlemna sig åt det omedvetna? Det, att man aldrig vet, huru man har det, att man famlar i mörkret, medan man bär medvetandets lykta i fickan; att det är öfverlemnadt åt slumpen, huruvida det omedvetnas ingifvelse skall komma, då man behöfver henne; att man icke har något annat kriterium än utgången på, hvad en ingifvelse af det omedvetna och hvad ett envist infall af den nyckfulla fantasien är, på hvilken känsla man skall kunna förlita sig, och på hvilken icke; slutligen, att man icke utöfvar det medvetna omdömet och öfverläggningen, hvilka man aldrig kan helt och hållet umbära, och att man då vid förekommande behof måste låta sig nöja med dåliga analogier i stället för förnuftiga slutledningar och en mångsidig öfverblick. Endast det medvetna *vet* man såsom sitt eget, det omedvetna framställer sig för oss såsom något obegripligt, främmande, af hvars gunst och nåd vi äro beroende; det medvetna äger man såsom en alltid färdig tjenare, hvilkens lydnad man städse kan framtvinga, — det omedvetna skyddar oss liksom en fé och innebär alltid någonting främmande demoniskt; öfver medvetandets verk kan jag vara stolt, liksom öfver *min egen* gerning, frukten af min egen möda, — det omedvetnas verk är liksom en gudarnes skänk, och menniskan endast deras gynnade budskap, det kan alltså lära henne endast undergifvenhet; det omedvetna är, så snart det engång är, fixt och färdigt, har öfver sig sjelft ingen domare och måste fördenskull tagas så, som det engång är, — det medvetna är sin egen mätare, det granskar sig sjelft och förbättrar sig sjelft, det kan förändras i hvarje ögonblick, så snart en nyförvärfvad kunskap eller förändrade omständigheter så fordra; jag vet, hvad som är godt i mitt medvetet vunna resultat, och hvad som saknas det i fullkomlighet, derför ger det mig känslan af säkerhet, emedan jag vet hvad jag har, men också känslan af anspråkslöshet, emedan jag vet, att det ännu är ofullkomligt; det omedvetna framställer menniskan färdig med ens, hon kan aldrig fullkomna sig i det omedvetnas arbeten, emedan dess första, liksom dess sista verk uppdyka såsom ofrivilliga ingifvelser, — medvetandet innehåller i sig den oändliga perfektibiliteten hos individen och hos slägtet, och uppfyller fördenskull menniskan med det saliggörande oändliga sträfvandet efter fullkomlighet. Det omedvetna är oberoende af den medvetna viljan i hvarje moment, men dess funktionerande är helt och hållet beroende af menniskans omedvetna vilja, hennes affekter, passioner och hufvudintressen, — det medvetna är underkastadt den medvetna viljan i hvarje moment och kan fullkomligt emancipera sig från intresset och affekterna och passionerna; handlandet enligt det omedvetnas ingifvelser beror följaktligen uteslutande på den medfödda och förvärfvade karakteren, och är alltefter denna godt eller ondt, — handlandet i öfverensstämmelse med medvetandet låter reglera sig enligt grundsatser, som förnuftet dikterar.

Om man skärskådar denna jämförelse, skall man icke tveka att erkänna medvetandet *för oss* såsom det vigtigare och dermed bekräfta vår ofvan framstälda slutledning från organismernas kedja och den historiska utvecklingens framåtskridande. Öfverallt, der medvetandet är i stånd att ersätta det omedvetna, *skall* det ersätta detsamma, just emedan det är för individen det högre, och alla invändningar häremot, som skulle den ständiga användningen af medvetet förnuft göra oss pedantiska, taga för mycken tid i anspråk o. s. v., äro falska, ty pedanteri uppstår först genom förnuftets *ofullkomliga* bruk, då man vid användningen af de allmänna reglerna icke tager i betraktande *olikheterna i det särskilda*, och för mycken tid kräfver öfverläggningen endast i det fall, att det är brist på tillräckligt kunskapsmaterial och man icke är tillräckligt teoretiskt förberedd för praxis, eller vid obeslutsamhet, hvilken kan öfvervinnas endast genom användningen af förnuftet sjelft. Man skall alltså söka i möjligaste måtto utvidga det medvetna förnuftets sfer, ty deri består allt verldsprocessens framåtskridande, all framtidens lycka. Att man icke positivt skall öfverskrida denna sfer, derför är redan sörjdt genom omöjligheten dertill; men en annan fara ligger verkligen nära till hands vid detta sträfvande, och det kan vara på sin plats att här varna för henne. Det medvetna förnuftet är nämligen endast negerande, kritiserande, kontrollerande, korrigerande, mätande, jämförande, kombinerande, in- och underordnande, inducerande det allmänna ur det särskilda, inrättande det särskilda fallet efter den allmänna regeln, men det är aldrig produktivt skapande, aldrig uppfinnande; härutinnan är menniskan helt och hållet beroende af det omedvetna, såsom vi förut hafva sett, och om hon förlorar förmågan att uppfatta det omedvetnas ingifvelser, så förlorar hon sitt lifs källa, utan hvilken hon skulle enformigt framsläpa sin tillvaro i det allmännas och särskildas torra schematism. Fördenskull är för henne det omedvetna *oumbärligt*, och ve den tidsålder, som med våld undertrycker det omedvetnas röst och i stället vill uteslutande låta det medvetet-förnuftiga gälla genom att ensidigt öfverskatta detta senare; en sådan tidsålder hemfaller utan räddning åt en osmaklig, ofruktbar rationalism, som stolt förhäfver sig öfver en barnsligt narraktig öfverklokhet. utan att för sina barn någonsin kunna göra någonting positivt, liksom den af oss i våra dagar begabbade Wolff-Mendelssohn-Nicolaiska upplysningsperioden. Man får icke med krampaktigt sluten hand sönderkrama de omedvetna ingifvelsernas späda frön, om de skola komma vidare, utan med barnslig andakt lyssna till dem och med kärleksfull fantasi omhulda och vårda dem. Och detta är den fara, som hvar och en utsätter sig för, hvilken ensidigt söker att göra sin tillvaro helt och hållet beroende af det medvetna förnuftet, då han vill använda det på konst och känsla och allt, samt söker att för sig förneka det omedvetnas görande och låtande, hvarhelst det synes honom möjligt. Derför utgör sysselsättningen med konsterna en så nödvändig motvigt emot vår tids förståndsmässiga uppfostran, ty i dem finner det omedvetna sitt mest omedelbara uttryck, visserligen icke ett sådant tekniskt konstexercitium, som det nuförtiden drifves såsom modesak och af fåfänga, utan introduktion i känslan för det sköna, i konstens uppfattning och verkliga väsen. Af lika mycken vigt är det också, att göra ungdomen mera bekant med djurlifvet såsom den oförfalskade källan från en ren natur, på det att den i detta må lära sig begripa sitt eget väsen i mera enkel och naturlig gestalt, och i det må hämta hugsvalelse och vederqvickelse från det onaturliga i våra samhällsinrättningar. Vidare skulle man särskildt taga sig i akt för att vilja göra qvinnokönet alltför förnuftigt, ty der det omedvetna först måste bringas till tystnad, der lyckas det dock endast i vidriga karrikatyrer; men der det omedvetna anlaget öfverensstämmer med medvetandets fordringar, der är det ett onödigt och för det allmänna skadligt arbete. Qvinnan förhåller sig nämligen till mannen liksom det instinktmässiga eller omedvetna till det förståndiga eller medvetna handlandet; derför är den äkta qvinnan ett stycke natur, vid hvars barm den från det omedvetna aflägsnade mannen kan söka hvila och vederqvickelse och återbekomma aktningen för allt lifs innersta rena källa; och för att skydda denna det evigt qvinligas skatt, skall också qvinnan i möjligaste måtto af mannen bevaras från hvarje beröring med lifvets hårda strid, der det gäller att utveckla den medvetna kraften, och bibehållas för familjens sköna af naturen pålagda band. I verkligheten ligger också qvinnans höga värde för mannen endast inom öfvergångsperioden, då det medvetna och det omedvetna lösa sig från hvarandra, men bägges återförsoning ännu icke är fullbordad. Detta öfvergångsstadium, hvari ännu samtliga kulturnationerna befinna sig, skall också icke för all framtid individen undgå under sin utvecklingsperiod, och derför skall det evigt qvinliga för alla tider blifva ett oersättligt kompletterings- och bildningsmoment för det manliga könets ungdomstid. Det är icke för mycket sagdt, att för en ung man umgänget med ädla qvinnor är vida gagneligare än med män, och detta gäller i så mycket högre mån, ju mera filosofiskt anlagd mannen är. Ty umgänget med qvinnor förhåller sig till umgänget med män, som umgänget i lifvet förhåller sig till umgänget med böcker; umgänget med män kan ersättas genom böcker, umgänget med qvinnor aldrig. — Slutligen skulle man ständigt för sig oah andra framhålla allt, för hvilket vi hafva att tacka det omedvetna, såsom motvigt mot det medvetna förnuftets företräden, på det att den redan till hälften utsinade källan till allt sant och skönt icke må helt och hållet uttorka, och menskligheten derigenom inträda i en förtidig gubbålder. Att påpeka detta behof var en ytterligare impuls att bestämma mig för att skriftligt utföra det tankearbete, som blifvit nedlagdt i föreliggande verk.

RÄTTELSER.

Sid.	rad.			står:	läs:
3		23	*uppifrån*	ett enda	en enda
» 12	»	3	*nedifrån*	» slutar	» sluter
» 13	»	16	*uppifrån*	» letteligen	» lätteligen
» 13	»	5	*nedifrån*	» repæsentatio	» repræsentatio
» 15	»	8	»	» Fichtes'	» Fichtes
» 39	»	11	»	» secundära	» sekundära
» 54	»	19	»	» särskildt	» särskild
» 54	»	21	»	» särskild	» särskildt
» 58	»	20	*uppifrån*	» uppmärksam-	» uppmärksamhet
» 71	»	2	»	» förgteckning	» färgteckning
» 76	»	20	*nedifrån*	» hans	» han
» 86	»	15, 16	*uppifrån*	» ändamålenslighet	» ändamålsenlighet
» 99	»	14	*nedifrån*	» utslutande	» uteslutande
» 105	»	25	*uppifrån*	» ruin	» urin
» 111	»	5, 6	»	» grundvaler	» grundvalar
» 121	»	2	*nedifrån*	» pathalogie	» pathologie
» 129	»	3	»	» Insekterna	» Insekter
» 139	»	2	»	» sjelfupphållelseinstinkten	» sjelfuppehållelse-instinkten
» 142	»	17	»	» arbesinrättningen	» arbetsinrättningen
» 146	»	22	»	» ännat	» annat
» 156	»	12	»	» det andra	» den andra
» 160	»	15	»	» cencreto	» concreto
» 161	»	22	*uppifrån*	» inviderna	» individerna
» 168	»	3	*nedifrån*	» sinnesoganet	» sinnesorganet
» 169	»	20	*uppifrån*	» är	» än
» 197	»	7	*nedifrån*	» orgelmässiga	» oregelmässiga
» 205	»	16	»	» uppägga	» uppegga
» 212	»	18	»	» omedvetet	» omedvetet;
» 223	»	5, 4	»	» begreppen rum och tid	» rum och tid
» 224	»	1	»	» genom blotta inre själsprocesser	

läs: genom inverkan af en ytterverld, svårligen genom blotta inre själsprocesser

VERLDSPROCESSENS VÄSEN

ELLER

DET OMEDVETNAS FILOSOFI

AF

EDUARD VON HARTMANN.

Spekulativa resultat vunna genom induktivt-naturvetenskaplig metod.

ÖFVERSÄTTNING FRÅN ORIGINALETS SJUNDE UPPLAGA

AF

ANTON STUXBERG.

II

DET OMEDVETNAS METAFYSIK.

STOCKHOLM.
OSCAR L. LAMMS FÖRLAG.

Stockholm, Isaac Marcus' Boktryckeri-Aktiebolag, 1878.

ANDRA BANDETS INNEHÅLL.

C. Det omedvetnas metafysik.

I. Olikheterna mellan medveten och omedveten själsverksamhet, samt viljans och föreställningens enhet i det omedvetna ... sid. 3.
II. Hjerna och ganglier såsom vilkor för det djuriska medvetandet » 13.
III. Medvetandets uppkomst ... » 23.
1. Föreställningens framträdande till medvetande ... » 23.
2. Lustens och olustens framträdande till medvetande ... » 33.
3. Viljans omedvetenhet ... » 35.
4. Medvetandet har inga grader ... » 40.
5. Medvetandets enhet ... » 47.
IV. Det omedvetna och medvetandet i växtriket ... » 51.
1. Växternas omedvetna själsverksamhet ... » 51.
2. Medvetandet hos växterna ... » 64.
V. Materien såsom vilja och föreställning ... » 74.
VI. Individualitetens begrepp ... » 96.
VII. Det omedvetnas all-enhet ... » 119.
VIII. Det omedvetna och teismens gud ... » 134.
IX. Alstringens väsen från ståndpunkten af det omedvetnas all-enhet » 155.
X. Det organiska lifvets successiva utveckling på jordklotet ... » 170.
XI. Individuationen ... » 193.
1. Individuationens möjlighet och förmedling ... » 193.
2. Individualkarakteren ... » 201.
XII. Det omedvetnas allvishet och verldens möjligaste förträfflighet » 209.
XIII. Om det oförnuftiga i viljandet och om tillvarons elände ... » 218.
Inledande anmärkningar ... » 218.
Illusionens första stadium ... » 225.
1. Kritik af den Schopenhauerska teorien om lustens negativitet ... » 225.
2. Helsa, ungdom, frihet och välstånd såsom vilkor för känslans nollpunkt, samt förnöjsamhet ... » 233.
3. Hunger och kärlek ... » 236.
4. Medlidande, vänskap och familjelycka ... » 245.
5. Fåfänga, ärekänsla, äregirighet, ärelystnad och hersklystnad » 251.
6. Religiös uppbyggelse ... » 256.
7. Osedlighet ... » 257.
8. Vetenskaplig njutning och konstnjutning ... » 259.
9. Sömn och dröm ... » 263.

10. Förvärfsbegär och beqvämlighet .... sid. 264.
11. Afund, afundsamhet, harm, smärta och sorg öfver det framfarna, ånger, hat, hämdlystnad, vrede, lättretlighet » 266.
12. Hopp .... » 266.
13. Resumé af illusionens första stadium .... » 267.
Illusionens andra stadium .... » 271.
Lyckan tänkes såsom för individen möjlig att uppnås i ett transcendent lif efter döden .... » 271.
Illusionens tredje stadium .... » 282.
Lyckan tänkes såsom liggande i verldsprocessens framtid .... » 282.
XIV. Verldsprocessens mål och medvetandets betydelse .... » 299.
Öfvergång till den praktiska filosofien .... » 299.
XV. De yttersta principerna .... » 315.
1. Återblick på äldre filosofer .... » 318.
2. Viljan .... » 325.
3. Föreställningen eller idén .... » 335.
4. De båda attributens identiska substans .... » 344.
5. Möjligheten af metafysisk kunskap .... » 350.

C.

Det omedvetnas metafysik.

»Kommen hit till fysiken och lären känna det eviga!»

Schelling.

I.

Olikheterna mellan medveten och omedveten själsverksamhet, samt viljans och föreställningens enhet i det omedvetna.

1. *Det omedvetna sjuknar icke*, men den medvetna själsverksamheten kan sjukna, om hennes materiella organ lida rubbningar, vare sig genom kroppsliga orsaker, eller genom häftiga skakningar. hvilka härröra från starka sinnesrörelser. Denna punkt är, såvidt vi kunna beröra densamma, redan behandlad i kapitlet om naturens helande kraft (Bd I sid. 107—112).

2. *Det omedvetna tröttnar icke*, men hvarje medveten själsverksamhet tröttnar, emedan hennes materiella organ tidvis blifva obrukbara i följd af en snabbare ämnesförbrukning, än nutritionen under samma tid är i stånd att ersätta. Visserligen kan tröttheten undanrödjas genom en omvexling af det särskildt i anspråk tagna sinnet, eller af föremålet för tankeverksamheten eller sinnesvarseblifningen, emedan i sådant fall andra organ- och hjerndelar, eller åtminstone samma organ försättas i ett annat slag af verksamhet, men den allmänna tröttheten hos medvetandets centralorgan kan till och med vid omvexlingen af föremål icke förhindras, och den inträder vid hvarje nytt föremål så mycket hastigare, ju längre uppmärksamheten redan varit upptagen af andra föremål, tills slutligen fullkomlig utmattning följer, hvilken åter utjämnas endast genom nytt intagande af syre under sömnen. Ju mer vi närma oss det omedvetnas område, desto mindre förmärkes någon trötthet, så t. ex. på känslornas område, och detta så mycket mindre, ju mindre bestämdhet de äga för medvetandet, ty i samma mån mera tillhör deras egentliga väsen det omedvetna. Under det att en tanke icke gerna kan qvarhållas längre än två sekunder utan afbrott i medvetandet, och tänkandet tröttnar inom få timmar, qvarstannar deremot ofta en och samma känsla med vexlande

intensitet, men oafbrutet dagar och nätter igenom, ja hela månader, och när hon slutligen slappas, så synes dock i motsats till tänkandet mottagligheten för andra känslor icke minskad, och dessa tröttna då icke förr, än de eljest skulle hafva gjort. Det senare påståendet behöfver endast så till vida en inskränkning, som man tillika måste taga hänsyn till lagen för stämningen. — Före insomnandet, då intellektet är tröttadt, framträda våra' känslor så mycket starkare, emedan tankarne icke lägga något hinder i vägen för dem, de framställa sig ofta med sådan styrka, att de förhindra sömnen. Äfven i drömmen äro lifliga känslor mycket vanligare än klara tankar, och ganska många drömbilder hafva påtagligen de förhandenvarande känslorna att tacka för sin uppkomst. Vidare tänke man på den oroliga natten före en vigtig tilldragelse, på mödrarnes uppvaknande vid barnets minsta gråt, samtidigt som de äro okänsliga för andra starkare buller, på uppvaknandet vid en bestämd tid, om man har den bestämda viljan dertill o. dyl. Allt detta bevisar känslornas, intressets och viljans outtröttliga bestånd i det omedvetna, eller äfven med en helt svag affektion hos medvetandet, under det att det tröttade intellektet hvilar, eller på sin höjd sysslolöst åser drömmarnes gycklande spel. Der vi hafva att göra med det tillstånd, hvilket af alla, som öfverhufvudtaget ännu äro tillgängliga för vår iakttagelse, hvilar djupast i det omedvetna och minst beröres af medvetandet, nämligen mystikernas hänryckning, der reducerar sig också enligt sakens natur tröttheten till ett minimum, ty »hundra år äro som en timme», och sjelfva den kroppsliga tröttheten blir nästan upphäfd, liksom under djurens vintersömn, genom alla organiska funktioners otroliga långsamhet; — man tänke på de oupphörligt bedjande pelarhelgonen, eller de indiske botgörarne och deras abnorma ställningar.

3. *All medveten föreställning har sinlighetens form, det omedvetna tänkandet kan endast vara af osinlig art.* Antingen tänka vi i bilder, då upptaga vi direkt ur erinringen sinnesintrycken och deras ombildningar och kombinationer, eller också tänka vi i abstraktioner. Men dessa abstraktioner äro abstraherade från sinnesintryck, och vid abstraherandet kan man låta *falla* så mycket man vill, — så länge man *öfverhufvudtaget* qvarhåller *något*, kan det endast vara något, som *redan fans* i det hela, *ur* hvilket man först abstraherar, d. v. s. äfven de abstrakta tingen äro för oss endast *rester af sinnesintryck* och hafva sålunda *sinlighetens form*. — Att sinnesintrycken, som vi mottaga af tingen, icke hafva någon likhet med dessa, är redan från naturvetenskaperna tillräckligt bekant. Hvarje sinnesvarseblifning är vidare eo ipso förknippad med medvetande, d. v. s. hon *frambringar* detsamma öfverallt, hvarest hon icke träffar på en redan bestående medvetenhetssfer och appercipieras af denna. Det omedvetna skulle följaktligen, om det ville föreställa sig tingen i sinlighetens form, icke blott föreställa sig dem i inadeqvat form, utan det skulle med denna föreställningsverksamhet hvarje gång öfvergå från den omedvetna till den medvetna själsverksamhetens sfer, såsom också faktiskt är förhållandet i organismernas individualmedvetande. Fråga vi alltså efter beskaffenheten af det omedvetnas *omedvetna* själsverksamhet, så fram-

går af hvad som blifvit sagdt, att hon alldeles *icke* kan röra sig *i sinlighetens form*. Men då nu *medvetandet* å sin sida, såsom vi förut sett, alldeles icke kan föreställa sig något, det vare till och med i sinlighetens form, så följer, att medvetandet aldrig någonsin kan *göra sig en direkt föreställning* om arten och sättet, hvarpå den omedvetna föreställningen föreställes, det kan endast *negativt* veta, att denna på *intet* vis föreställes, *om hvilken* det kan göra sig en föreställning. På sin höjd skulle man ännu kunna uttala den mycket sannolika förmodan, att i den omedvetna föreställningen tingen föreställas så, som de i sig äro, då man icke kan inse, hvarför tingen skulle för det omedvetna *synas annorlunda*, än de *äro*, att snarare tingen *äro hvad* de äro just fördenskull, att de *föreställas* så och icke annorlunda af det omedvetna. Visserligen gifver oss denna förklaring alldeles ingen positiv halt för föreställningen, och vi blifva i afseende på arten och sättet för det omedvetna föreställandet icke klokare.

4. *Det omedvetna tviflar och tvekar icke*, det behöfver *ingen tid* för öfverläggning, *utan fattar momentant resultatet* i samma moment, som det tänker hela den logiska processen, hvilken frambringar resultatet, på en gång och icke *efter* hvartannat, utan *i* hvartannat, hvilket är detsamma, som om det alldeles icke tänker honom, utan öfverblickar resultatet omedelbart i intellektuel åskådning med det logiskas oändliga skarpblick. Äfven denna punkt hafva vi redan flera gånger påpekat, och öfverallt hafva vi funnit honom så väl bekräftad, att vi skulle kunna använda honom nästan såsom ett ofelbart kriterium, för att i hvarje särskildt fall afgöra, huruvida vi hafva att skaffa med en inverkan af det omedvetna eller med ett medvetet arbete. Derför måste öfvertygelsen om denna sats väsentligen vara vunnen ur summan af våra hittills anstälda betraktelser. — Här vill jag endast tillägga följande. Den idealistiska filosofien fordrar en intelligibel verld utan rum och tid, hvilken ställer sig gentemot fenomenverlden med hennes för det medvetna tänkat och varat gällande former: rum och tid. Huru *rummet sättes* först *i* och *med* naturen, skola vi framdeles finna, här gäller frågan endast *tiden*. Om vi nu få antaga, att det omedvetna sammanfattar hvarje tankeprocess med dess resultat i ett *moment*, d. v. s. i *ingen tid*, så är det omedvetnas tänkande *tidlöst*, ehuru ännu *i tiden*, emedan momentet, i hvilket det tänker, ännu har sin tidliga plats i den öfriga serien af tidliga företeelser. Men besinna vi, att detta moment, i hvilket det omedvetna tänker, igenkännes endast derigenom, att dess resultat träder fram som företeelse, och det omedvetnas tänkande i hvarje särskildt fall vinner existens endast för ett bestämdt ingripande i fenomenverlden (ty af öfverläggningar på förhand och föresatser är det icke i behof), så ligger den slutsatsen nära, att det omedvetnas tänkande endast så till vida är *i tiden*, som detta tänkandes framträdande som företeelse är i tiden, men att det omedvetnas tänkande, *bortsedt* från sinneverlden och från ingripandet i denna, i sjelfva verket är icke blott *tidlöst*, utan äfven *otidligt*, d. v. s. *utom all tid*. Då skulle man också icke mer kunna tala om det omedvetnas föreställnings*verksamhet* i egentlig mening,

utan de möjliga föreställningarnas verld skulle ligga sluten såsom ideal existens i det omedvetnas sköte, och verksamheten, hvilken enligt sitt begrepp är något tidligt, åtminstone tid*sättande*, skulle först begynna i det moment och dermed, att ur denna hvilande ideala verld af alla möjliga föreställningar den ena eller andra träder fram såsom real företeelse, hvilket sker just derigenom, att hon fattas af viljan såsom innehåll, såsom vi framdeles skola finna i slutet af detta kapitel (sid. 11—12). Dermed skulle vi hafva begripit det omedvetnas rike såsom den metafysiskt hållbara sidan af Kants intilligibla verld. — Härmed öfverensstämmer fullkomligt, att *tidslängden* tillkommer det medvetna tänkandet först genom medvetandets *materiella organ*, att det medvetna tänkandet kräfver tid endast derför, att hjernvibrationerna, på hvilka denna beror, behöfva tid, såsom jag i korthet visat i Kap. B. VIII (Bd I sid. 236 –237).

5. *Det omedvetna misstager sig icke.* Beviset för denna sats måste inskränka sig till uppvisandet, att det, som man vid ytlig betraktelse skulle anse för misstag eller villfarelser af det omedvetna, vid ett närmare skärskådande icke kan anses som sådana. Så låta nämligen de förmenta misstagen i instinkten återföra sig till följande fyra fall:

a) Der ingen särskild instinkt existerar, utan endast en organisation, hvilken genom en särskild styrka hos vissa muskler riktar den allmänna rörelsedriften företrädesvis till dessa muskler. Så t. ex. unga kalfvars oändamålsenliga stångande, hvilka ännu icke äga några horn, eller då ormgamen sönderklöser all sin föda med sina starka ben, innan han förtär den, ehuru ett sådant förfaringssätt endast har ett mål, då han skall förtära lefvande ormar. I sådana fall är organisationen till, för att göra öfverflödig och ersätta en särskild instinkt, som för vissa fall skulle vara ändamålsenlig; men till samma rörelser, som äro ändamålsenliga i vissa fall, tvingar organisationen äfven i andra fall, der dessa rörelser äro öfverflödiga och gagnlösa. Men då det omedvetna genom organisationens maskineri en gång för alla bereder sig det arbete, som det eljest skulle nödgas att skaffa sig i hvarje särskildt fall, så skulle man i följd af det omedvetnas kraftbesparing till och med ännu då nödgas medgifva denna inrättnings ändamålsenlighet, när i vissa fall denna organisation verkar icke allenast öfverflödigt, utan till och med ändamålsvidrigt och skadligt, om blott antalet af de fall, då den är ändamålsenlig, är betydligt öfvervägande. Men härpå känner jag icke ens ett enda exempel.

b) Der instinkten blifvit dödad genom naturvidrig vana, ett fall, som på mångahanda sätt uppträder hos menniskan och hennes husdjur, då t. ex. de senare på betesmarkerna förtära giftiga örter, hvilka de undvika i naturtillståndet, eller då menniskan vänjer många djur vid en mot deras natur stridande näring.

c) Der instinkten af tillfälliga anledningar icke funktionerar, der följaktligen det omedvetnas ingifvelse helt och hållet uteblir, eller inträder i så svag grad, att andra motsatta drifter öfvervinna henne, t. ex. då ett djur icke skyr sin naturliga fiende och derigenom faller ett offer för honom, hvilken andra djur af samma art instinktmässigt plåga undfly, eller då hos ett svin moderskärleken är så ringa, att näringsdriften tvingar det att upppäta sina ungar.

d) Då instinkten visserligen funktionerar riktigt på den medvetna föreställning, på hvilken han skall funktionera, men denna medvetna föreställning innehåller en villfarelse. Då t. ex. en höna rufvar på ett äggrundt kritstycke, eller spindeln vårdar en mot hans äggpung utbytt bomullssudd, så misstager sig hos båda den medvetna föreställningen i följd af bristfällig sinnesvarseblifning, hvilken håller kritstycket för ett ägg, bomullssudden för en äggpung; men instinkten misstager sig icke, ty han inträder alldeles riktigt på denna föreställning. Det vore obilligt att begära, att instinktens clairvoyans här skulle inträda, för att korrigera den medvetna föreställningens villfarelse; ty instinktens clairvoyans träffar just alltid endast sådana punkter, hvilka den medvetna varseblifningen öfverhufvud icke är i stånd att nå, men icke sådana, för hvilka den sinliga kunskapens mekanism är tillräcklig i alla vanliga fall. Men till och med om man fordrade detta, skulle man ännu icke kunna påstå, att det omedvetna misstagit sig, utan endast, att det icke ingripit med sin clairvoyans, der det hade kunnat ingripa.

Till dessa fyra fall låter allt med lätthet återföra sig, som man skulle kunna vara frestad att anse för skenbara villfarelser hos instinkten. Hvad man i menniskoanden skulle kunna tyda såsom falska eller dåliga ingifvelser af det omedvetna skulle ännu lättare kunna vederläggas. Der man finner exempel af falsk clairvoyans, kan man vara lika viss på att hafva att göra med afsigtligt eller oafsigtligt bedrägeri, såsom i fråga om drömmar, hvilka icke gå i fullbordan, att de icke äro ingifvelser af det omedvetna. Likaledes kan man vara på förhand öfvertygad, att alla sjukliga och dåliga utväxter på mystiken eller konstnärliga konceptioner icke härleda sig från det omedvetna, utan från medvetandet, nämligen från fantasiens sjukliga utsväfningar, eller från förvänd uppfostran och grundsatsernas, omdömets och smakens förvända utbildning. Slutligen måste man urskilja, huru vidt och till hvilken grad det omedvetnas inverkan sträckt sig i ett visst gifvet fall. Ty jag kan t. ex. grubbla öfver en viss uppfinning och dervid hafva vändt min tanke i en bestämd riktning; om jag nu bråkar min hjerna med en viss punkt, som ännu synes ensamt saknas mig för det helas fulländning, så skall jag förvisso hafva en inverkan af det omedvetna att tacka för, om denna punkt plötsligen rinner mig i hågen; men nu behöfver ingalunda uppfinningen härmed vara bragt till slut, för att man skall kunna göra ett praktiskt bruk af den, ty jag kan ju i min tro hafva misstagit mig deruti, att det endast var denna enda punkt, som ännu saknades för det helas fulländning, eller det hela kan vara fullbordadt, men öfverhufvudtaget icke äga något värde, och likväl får man icke påstå, att denna ingifvelse af det omedvetna varit falsk eller dålig, utan hon var afgjordt god och riktig för den punkt, som jag just sökte, endast att den sökta punkten icke var den riktiga. Om en annan gång en ingifvelse af det omedvetna genast framställer uppfinningen i sina grunddrag fix och färdig, så har just denna senare endast gått längre, men riktiga och goda för det ändamål, för hvilket de äro alldeles tillräckliga, äro båda, ja alla inverkningar af det omedvetna.

6. *Medvetandet erhåller sitt värde först genom minnet*, d. v. s. genom hjernvibrationernas egenskap att efterlemna qvarstående intryck eller molekylära lagringsförändringar af sådan art, att alltifrån denna stund samma vibrationer äro lättare att framkalla än förra gången, i det att hjernan numera efter samma retning resonerar liksom lättare; detta möjliggör först jämförelsen mellan närvarande och tidigare varseblifningar, utan hvilken jämförelse all begreppsbildning skulle vara nästan omöjlig, — det möjliggör öfverhufvudtaget först samlandet af *erfarenheter*. Det medvetna tänkandet tilltager i fullkomlighet med minnesmaterialet, den färdiga skatten af begrepp och omdömen, äfvensom med öfningen i tänkandet. *Det omedvetna deremot kunna vi icke tillskrifva något minne*, alldenstund vi endast med hjelp af de i hjernan qvarstående intrycken kunna begripa det senare, och detta helt och hållet eller delvis genom rubbningar i hjernan kan tidvis eller för alltid gå förloradt. Äfven tänker det omedvetna allt, som det behöfver för ett bestämdt fall, implicite i ett moment, det *behöfver alltså icke* anställa *några jämförelser:* lika litet är det i behof af *erfarenheter*, ty i kraft af sin clairvoyans vet eller kan det veta allt, så snart blott viljan kräfver det med trängande nödvändighet. Fördenskull är det omedvetna alltid *fullkomligt* till den grad, som det enligt sin natur öfverhufvud kan vara, och en vidare fulländning är i denna riktning otänkbar; om det skall komma derutöfver, så måste det ske genom en förändring i sjelfva riktningen, d. v. s. genom öfvergången från det omedvetna till medvetandet.

7. *I det omedvetna äro vilja och föreställning förbundna till en oskiljaktig enhet*, man kan icke vilja något, som icke föreställes, och *ingenting kan föreställas, som man icke vill;* i medvetandet deremot kan visserligen också ingenting vara viljans objekt, som icke föreställes, men en sak kan der föreställas, utan att den är viljans objekt: *medvetandet är möjligheten af intellektets emancipation från viljan.* — Omöjligheten af ett viljande utan föreställning har blifvit framhållen i Kap. A. IV. Här gäller frågan omöjligheten af en omedveten föreställning utan den omedvetna viljan till hennes förverkligande, d. v. s. utan att denna omedvetna föreställning tillika vore en omedveten viljas innehåll eller objekt. Tydligast visar sig detta förhållande vid instinkten och de omedvetna föreställningar, som referera sig till kroppsliga processer. Här är hvarje enskild omedveten föreställning åtföljd af en omedveten vilja, hvilken till den allmänna viljan af sjelfuppehållelse och slägtets bibehållande står i förhållande af medlets viljande till målets viljande. Ty att alla instinkter med få undantag fullfölja de båda hufvudändamålen i naturen, sjelfuppehållelsen och slägtets bibehållande, torde väl icke vara något tvifvel underkastadt, antingen vi fästa oss vid uppkomsten af reflexrörelserna, naturens helande verkningar, organiska bildningsprocesser och djuriska instinkter, eller vid instinkterna sådana de framträda vid begripandet af de sinliga varseblifningarna, vid bildningen af abstrakta föremål och oumbärliga relationsbegrepp, vid språkets bildning, eller vid instinkterna blygsel,

äckel, urvalet i könskärleken o. s. v. Menniskorna och djuren skulle taga sig illa ut, om en enda af alla dessa saknades dem, t. ex. språket eller relationsbegreppens bildning, hvilka båda äro för djur och menniskor lika vigtiga. Alla instinkter, som icke gå ut på sjelfuppehållelsen eller slägtets bibehållande, hänföra sig till det tredje hufvudändamålet i verlden, slägtets fullkomnande eller *förädling*, en sak, som framträder isynnerhet hos menniskoslägtet. Under det allmänna viljandet af detta mål faller viljandet af alla särskilda fall såsom medel, der det omedvetna på ett främjande sätt ingriper i historien, vare sig i tankar (på mystisk väg vunna sanningar), eller i bragder, vare sig hos enskilda personer (såsom hos heroerna i historien), eller hos hela massor af folket (såsom vid staters bildning, folkvandringar, korståg, politiska, kyrkliga eller sociala revolutioner o. s. v.). Återstår oss ännu det omedvetnas inverkan på det skönas och det medvetna tänkandets område. I båda fallen hafva vi redan nödgats medgifva, att det omedvetnas ingripande visserligen är oafhängigt af den medvetna viljan för ögonblicket, men fördenskull helt och hållet afhängigt af det innerliga intresset för föremålet, af själens och hjertats djupt kända behof att uppnå detta mål, — att det visserligen är tämligen oafhängigt af, huruvida man just för tillfället lifligt sysselsätter sig i sitt medvetande med föremålet, men att det är i hög grad afhängigt af en ihållande och trägen sysselsättning med detsamma. Om nu själens innerliga intresse och hjertats trängande behof redan sjelfva äro i väsentlig mån en omedveten, endast till en ringa del i medvetandet fallande vilja, eller de liksom den enträgna sysselsättningen med saken äro i högsta grad egnade att uppväcka och framkalla den omedvetna viljan, om vidare ingifvelsen följer i samma mån lättare, ju mer intresset fördjupat sig och dragit sig tillbaka från medvetandets ljusa höjder till hjertats dolda rum, d. v. s. till det omedvetna, så skola vi helt visst vara berättigade, att äfven i dessa fall antaga en omedveten vilja. Men i den blotta uppfattningen af det sköna skola vi förvisso nödgas medgifva en instinkt, som hör till det tredje hufvudändamålet, slägtets fullkomnande, ty man söke endast göra klart för sig, hvad menniskoslägtet skulle vara, hvad det i lyckligaste fall vid historiens slut skulle kunna uppnå, och huru mycket eländigare det eländiga menniskolifvet skulle vara, om ingen ägde känslan af det sköna.

Ännu återstår oss en enda punkt, som helt visst icke skall göra de fleste läsare något hufvudbry, jag menar clairvoyansen i sannspådda drömmar, visioner, spontan och med konst framkallad somnambulism. Men också skall den, som låter dessa företeelser gälla, snart vinna den öfvertygelsen, att den omedvetna viljan alltid är med i spelet. Der clairvoyansen hänför sig till angifvande af läkemedel för individen sjelf, framstår detta genast klart och tydligt, och ett clairvoyant angifvande af läkemedel för främmande personer måste jag starkt betvifla, äfven om så skulle vara, att dessa främmande personer ligga de clairvoyanta personerna mycket nära om hjertat. Sannspådda drömmar, aningar, visioner eller tankeblixtar, hvilka hafva andra föremål, hänföra sig antingen till vigtiga punkter i ens egen framtid, varning för lifsfara, tröst öfver smärta (Göthes vision) och dylikt; eller gifva de upplysningar om ens mest älskade vänner, om maka och barn, förkunna t. ex. fjerran boende personers död, eller förestående olycka; eller hänföra de sig slutligen till tilldragelser af uppskakande omfång, hvilka nära beröra en menniskas hjerta, t. ex. stora städers brand (Svedenborg), o. s. v. I alla dessa fall finner man, huru nära det omedvetnas ingifvelse är förknippad med menniskans innersta viljeintresse, i alla dessa fall är man fördenskull också berättigad att antaga en omedveten vilja, hvilken just *representerar det för detta särskilda för medvetandet ännu obekanta fallet specificerade allmänna intresset.* Aldrig skall en menniskas clairvoyans af sig sjelf råka på ting, som icke äro på det innerligaste sammanväfda med hennes eget väsendes kärna; hvad åter angår svar, som gifvas af på konstgjord väg vordna somnambuler på för dem förelagda likgiltiga frågor, så må det vara mig tillåtet att betvifla deras härkomst från det omedvetna, så länge jag känner mig förpligtad att förakta sådana magnetisörer som fåfänga skrymtare eller bedrägliga charlataner, hvilka icke sky att förelägga somnambulerna andra frågor än sådana, som hafva afseende på deras eget väl. Om också det somnambula tillståndet är mottagligare för det omedvetnas ingifvelser, än hvarje annat, så är dock fördenskull endast det minsta, som behagar rinna en somnambul i hågen, det omedvetnas ingifvelse, och erfarna magnetisörer veta mycket väl att berätta, huru mycket man har att vakta sig för, att man till och med i det somnambula tillståndet icke låter bedraga sig af den föreställning och de nycker, som äro qvinnan medfödda, utan att den somnambula personen någonsin hade till medveten afsigt ett bedrägeri.

Såsom resultat af denna betraktelse kunna vi antaga, att vi icke känna någon omedveten föreställning, som icke vore förbunden med omedveten vilja, och om vi besinna, att den omedvetna föreställningen är någonting helt annat än det, som uppenbarar sig i medvetandet såsom konception eller ingifvelse af det omedvetna, att fastmer den förra och den senare förhålla sig som väsen och fenomen, men på samma gång också som orsak och verkan, så skola vi finna det vara i hög grad påtagligt, att den med den omedvetna föreställningen direkt förbundna omedvetna viljan, *hvilken representerar användningen af det allmänna intresset på det särskilda fallet,* icke består i någonting annat, än *i viljandet att förverkliga sin omedvetna föreställning,* om man under förverkligande förstår bringande till företeelse i den naturliga verlden, och här specielt omedelbart *i medvetandet såsom föreställning i sinlighetens form genom uppväckandet af de respektive hjernvibrationerna.* Men detta är just den *verkliga enheten af vilja och föreställning,* att viljan icke vill någonting annat än förverkligandet af sitt innehåll, d. v. s. af den med henne förbundna föreställningen. Betrakta vi å andra sidan medvetandet och den storartade apparat, som blifvit satt i scen för att frambringa detta, samt erinra vi oss från sista kapitlet i föregående afdelning, hvad vi först i denna afdelnings 13:de kapitel skola närmare ådagalägga, att allt framåtskridande i varelsernas kedja och i historien består i utvidgningen af det område, der medvetandet herskar, men att denna herraväldets utvidgning kan tillkämpas endast genom medvetandets frigörelse från affektens och intressets, med ett ord från viljans herravälde, samt genom en småningom försiggående underkastelse under det medvetna förnuftet, så ligger den slutsatsen nära till hands, att intellektets fortgående *emancipation* från viljan är den egentliga kärnpunkten och närmaste ändamålet för medvetandets skapelse. Men detta skulle innebära en orimlighet, om det omedvetna såsom sådant redan innehölle möjligheten af denna emancipation, ty hela den stora apparaten för medvetandets framställande skulle då för detta syftemål vara öfverflödig. Häraf, liksom äfven af det förhållandet, att vi aldrig någonstädes känna en omedveten föreställning utan omedveten vilja, sluter jag, att vilja och föreställning i det omedvetna kan existera endast i oskiljaktig enhet; ty det vore dock, minst sagdt, högst besynnerligt, om omedveten föreställning existerade särskildt för sig, utan att vi någonsin förmärkte någonting dylikt. — Dertill kommer ännu följande bekräftande betraktelse. —

Tänkandet eller föreställandet såsom sådant är fullkomligt slutet i sig, det har alldeles intet viljande, intet sträfvande eller någonting dylikt, det har som sådant ej heller någon smärta eller lust, således icke heller något intresse; allt detta vidlåder icke föreställandet, utan viljandet. Sålunda kan föreställandet i och för sig aldrig i sig sjelf finna ett till förändring drifvande moment, det skall förhålla sig absolut *indifferent* icke allenast emot sitt så-vara eller annor-vara, utan äfven emot sitt vara eller icke-vara, då allt detta är för detsamma alldeles likgiltigt, emedan det ju är intresselöst öfverhufvudtaget. Häraf framgår, att föreställandet, då det icke har något *intresse* vid sin egen existens, ej heller något sträfvande efter denna, alldeles icke heller i sig sjelf kan finna någon grund att öfvergå från icke-vara till vara, eller, om man så hellre vill, från potentiå-vara till actu-vara, d. v. s. att det för existensen af hvarje *aktuelt* föreställande behöfver en grund, som icke ligger i föreställandet sjelft. Denna grund är för det medvetna föreställandet materien i sina sinnesintryck och hjernvibrationer, för det omedvetna föreställandet kan det icke vara dessa, eljest skulle det ju äfven komma till medvetande, såsom skall visas i 3:dje kapitlet, följaktligen kan det i stället för dessa vara endast den omedvetna viljan. Detta öfverensstämmer fullkomligt med våra erfarenheter, ty öfverallt är det intresset, den bestämda viljan, som riktar sig på det särskilda fallet och först sålunda tvingar föreställningen fram. Men den bestämda viljan visar utom viljandets form äfven ett bestämdt (föreställnings-) innehåll, och det är detta *innehåll*, som bestämmer den omedvetna föreställningens qvalitet eller essentia i det närmaste momentet, men hvilken hon icke skulle kunna bestämma, om dess existens icke kräfdes genom det föregående momentets *viljande* och genom fortvaron af viljandets form möjliggjordes äfven till detta moment. — Jag vill här än engång tillägga den anmärkningen, att, då viljan åtföljes omedelbart af handlingen, det icke kan gifvas någon själsverksamhet i det omedvetna, annat än i det moment, då handlingen begynner. Till och med då viljan är för svag, för att förverkliga sitt innehåll och öfvervinna de förhandenvarande motstånden, är detta fallet; ty antingen består handlingen i misslyckade *försök*, eller det omedvetna tänker *i stället för* detta ändamål de passande förberedande medlen. Men väl kunna upprepade impulser från det omedvetnas sida vara af nöden, om nämligen handlingens mekaniska fortgång stöter på hinder, hvilka äro att öfvervinna genom *modifikationer* i handlandet.

Man skulle här kunna göra ännu en invändning, nämligen den, att ju det omedvetna dock endast *vill* de sista resultaten, men måste tänka hela tankeprocessen, som leder till dessa resultat. Men den, som uppmärksamt läst N:o 4 af detta kapitel, skall redan deruti hafva funnit svaret på denna invändning. Det omedvetna tänkandet fattar just alla leder af en process, grund och följd, orsak och verkan, medel och ändamål o. s. v., tillsamman i ett enda moment, och tänker dem icke före, bredvid eller utom, utan *i* resultatet sjelft, det tänker dem alls icke annorlunda än *genom resultatet*. Derför kan detta tänkande icke göras gällande såsom ett *särskildt* tänkande utom resultaten, det innehålles fastmer implicite med och uti resultatets tänkande, utan att någonsin expliceras; följaktligen är det allena, som efter vår vanliga uppfattning tänkes, resultatet, och satsen står fast, att blott det kan tänkas omedvetet, som man vill. — Dessutom kan man till och med om det omedvetna tänkandets vanliga kategori, om medel och ändamål, säga, att äfven ändamålet, som implicite tänkes med i föreställningen om det velade medlet, implicite dermed är föremål för vilja.

Enligt allt detta består det omedvetnas enda *verksamhet* i viljandet, och den viljan fyllande omedvetna föreställningen är äfven för verksamheten blott det otidliga, så att säga i tiden blott dermed inryckta innehållet; att *vilja* och att *vara verksam* äro derför identiska eller vexelbegrepp; blott genom dem sättes tiden, blott genom dem inkastas föreställningen ur *potentiâ*-varat till *actu*-varat, ur varat i väsendet till varat i företeelsen och dermedelst in i tiden. Helt annorlunda med den medvetna föreställningen, som är en produkt af olika faktorer, af hvilka den ena, hjernvibrationerna, redan från början är behäftad med fortvaron.

II.

Hjerna och ganglier såsom vilkor för det djuriska medvetandet.

Nästan alla naturforskare, fysiologer och läkare äro materialister, och ju mer naturvetenskapernas och fysiologiens resultat och åskådningssätt vinner inträde bland det bildade publikum, desto mer griper den materialistiska verldsåskådningen omkring sig. Hvarpå beror detta? På de faktiska förhållandenas enkelhet och slående evidens, hvarpå den materialistiska uppfattningen af djur- och menniskosjälen, den ende för oss bekanta ande, stöder sig. Endast den som icke känner dessa fakta, såsom den vetenskapliga mängden, eller den lärda verld som saknar naturvetenskapliga och fysiologiska kunskaper, eller den som träder fram till dessa fakta med religiösa och filosofiska systems förutfattade meningar, endast den kan undandraga sig deras inflytande; men hvarje fördomsfri tänkande menniska måste de absolut öfvertyga, emedan de behöfva tagas endast så, som de äro; de uttala sjelfva sin betydelse med så naiv klarhet, att man alldeles icke behöfver söka den. Och denna resultatets naiva klarhet och omedelbarhet, denna dess drastiska evidens, som endast med våld kan förnekas, det är detta, som skänker den materialistiska uppfattningen af anden en så stor öfvervigt öfver de svåra och spetsfundiga deduktionerna och sannolikhetsbevisen, öfver den spiritualistiska psykologiens godtyckliga antaganden och ofta oriktiga konseqvenser, hvilket gör att alla rediga, för de mystiskt-filosofiska spekulationerna obenägna hufvuden svära materialismens fana, emedan han är enkel som naturen, hvilken lär honom, och klar och sann i alla sina riktiga konseqvenser, liksom denna hans höga moder. Att materialismen dervid stöter de religiösa systemen för hufvudet, kan i vår tid endast tillvinna honom så mycket flera anhängare, men att han råkar i motsägelse mot den spekulativa filosofien, derom bekymrar han sig alldeles intet; ty huru få äro icke de menniskor, som hafva ett spekulativt behof, huru mycket färre äro icke de, som äga filosofisk bildning? Derför har materialismen hvarken *behofvet*, ej heller *förmågan* att undersöka de oförstådda abstraktioner, sådana som kraft, materia o. s. v., af hvilka hans bygnad består, och gentemot filosofiens högre frågor förhåller han sig dels skeptiskt, i det han förnekar, att deras lösning ligger hitom det menskliga förståndets gränser, dels förnekar han det berättigade af sådana frågor öfverhufvud. Så vet han att i alla afseenden befinna sig utmärkt väl, och han är med naturvetenskapernas dagligen fortgående upptäckter fullkomligt tillfreds, i den goda tron, att allt, som menniskan kan erfara, måste ligga i de speciella vetenskapernas fortsättning. Det är följaktligen intet under, att materialismen vinner terräng, medan filosofien får maka åt sig, ty endast en filosofi, *som gör full rättvisa åt naturvetenskapernas alla resultat och i sig upptager* utan inskränkning materialismens i och för sig berättigade utgångspunkt, endast en sådan filosofi kan hoppas att hålla stånd mot materialismen, om hon på samma gång uppfyller det vilkoret, att vara allmänfattlig, en sak, hvaraf identitetsfilosofien och den absoluta idealismen tyvärr icke kan berömma sig.

Det första försöket, att på ett begripligt sätt upptaga materialismen i filosofien, gjordes af Schopenhauer, men detta försök innehåller icke det ringaste vare sig af hans förtjenst, eller af hans sedan någon tid tillbaka begynnande popularitet. Ty hans kompromiss var half, han lemnade intellektet åt materialismen och reserverade viljan åt spekulationen. Denna våldsamma sönderslitning är hans svaga punkt, ty när engång det medvetna föreställandet och tänkandet är inrymdt åt materialismen, så har han full rätt att äfven göra anspråk på det medvetna kännandet och dermed det medvetna begärandet och viljandet, alldenstund de fysiologiska företeelserna utsäga detsamma för alla slag af medveten själsverksamhet. Det är fullkomligt inkonseqvent af Schopenhauer, att till hjernans konstitution återföra själens minnesskatt jämte de intellektuella anlagen, talangerna och färdigheterna hos individen, på samma gång som han från densamma utesluter individens karakter, hvilken lika lätt, om icke lättare är underkastad denna förklaring, och hypostaserar den till en individuel metafysisk essens, hvilken står i strid med hans monistiska grundprincip.

I sjelfva verket gifves det intet annat medel, än ignorans och spetsfundiga resonnemanger, för att kullkasta materialismens första fundamentalsats, som lyder: »all medveten själsverksamhet kan komma till stånd endast genom hjernans normala funktion.» Men så länge man icke känner eller vill känna någon annan än medveten själsverksamhet, så säger denna sats: *all* själsverksamhet kan komma till stånd endast genom hjernans funktion»; slutledningen ligger i öppen dag: »antingen är all själsverksamhet blott och bart hjernans funktion, eller en produkt af hjernans funktion och ett annat, hvilket för sig icke kan komma till någon yttring, utan är rent potentielt, och först i och med den normala hjernfunktionen kommer till yttring, hvilken numera framställer sig såsom själsverksamhet.» Såsom man ser, kan man knappast undgå att afgöra dessa alternativ genom att undanrödja det förra såsom en onödig, intetsägande ballast. Helt annorlunda gestaltar sig saken, så snart man redan känner den omedvetna själsverksamheten såsom den ursprungliga och första formen, utan hvars tillhjelp den medvetna själsverksamheten skulle steg för steg förlamas. Då säger satsen endast: »den *medvetna* själsverksamheten kan komma till stånd endast genom hjernans funktion», om den omedvetna själsverksamheten deremot utsäger han alldeles ingenting, hon förblifver alltså, då alla företeelser ådagalägga hennes oafhängighet af hjernfunktionerna, beståndande såsom någonting sjelfständigt, och endast medvetandets form synes betingadt genom materien.

Vi öfvergå nu till en kort framställning af de fakta, för hvilka denna sats är det teoretiska uttrycket.

1) Hjernan är i formelt och materielt hänseende den högsta produkten af organisk bildningsverksamhet.

»Vi finna i hjernan berg och dalar, bryggor och vattenledningar, bjelkar och hvalf, tving och hakar, nitnaglar och ammonshorn, träd och kärfvar, harpor och klangstafvar o. s. v., o. s. v. Ingen har begripit meningen med dessa besynnerliga figurer.» (Huschke i »Schädel, Hirn und Seele des Menschen»).

Det gifves intet djuriskt organ, som äger finare, förunderligare, mångfaldigare former, finare och egendomligare struktur. Hjernans ganglieceller utskicka dels primitivfibriller, dels äro de genom sådana sinsimellan förenade, dels af dem omgifna; dessa primitivfibriller, ihåliga, med ett oljaktigt, löpnande innehåll försedda, ungefär $\frac{1}{1000}$ linie tjocka rör, bilda med hvarandra ytterligare de egendomligaste flätor och nätverk. Tyvärr har ännu icke hjernans invecklade anatomi, liksom undersökningen af hennes kemiska sammansättning, kommit synnerligen långt. men från den senare veta vi redan så mycket, att hjernans kemiska sammansättning ingalunda är så enkel, som man förut förestält sig, att hon nämligen är olika på olika ställen, att i henne det egendomliga hjernfettet med sin fosforhalt spelar en stor roll, och att ännu andra ämnen finnas der, hvilka icke återkomma i någon annan bildning på samma sätt, t. ex. cerebrin och lecitin. Huru föga framskriden vår kemi föröfrigt ännu är för sådana undersökningar, det kan man inse af det exemplet, att hon icke förmår skilja från friskt blod sådant, som är inficieradt med ett smittämne, att olikheterna mellan isomera ämnen (af samma sammansättning, men af olika egenskaper i följd af atomernas olika lagring, såsom den olika ljusbrytningen utvisar) ofta försvinna för henne under analysen, äfvensom att hon först nu begynner att genom spektralanalys upptäcka en mängd fint fördelade metaller, af hvilka minimiqvantiteter i organiska ämnen kunna vara af största vigt. Alla dessa saker vinna så mycket mera i betydelse, i samma mån som man har mera att göra med högre organiska bildningar.

2) I hjernan är ämnesomsättningen snabbare än i någon annan del af kroppen, hvadan också blodtilloppet är ojämförlig mycket starkare. Detta tyder på en koncentration af lefvande verksamhet i hjernan, hvartill man icke finner motsvarighet i någon annan del af kroppen.

3) Hjernan (hvarunder i denna afdelning alltid förstås endast stora hjernan) har för det kroppsliga lifvets organiska funktioner icke någon omedelbar betydelse. Detta ådagalägges af Flourens' försök, hvilken

påvisade, att djur, som blifvit beröfvade sin hjerna, kunna lefva och trifvas månader och år igenom. Dertill fordras visserligen, att sjelfva operationen och den dermed förbundna blodförlusten icke äro för häftiga och alltför mycket nedsätta djurets krafter, hvarför också försöket kan lyckas fullkomligt endast med sådana djur, der hjernan kan aflägsnas utan alltför stora svårigheter, t. ex. hos höns. Af dessa tre första punkter kan man redan sluta, att hjernan, organismens blomma och härden för den mest lefvande verksamhet, måste hafva en *andlig* bestämmelse, då hon *icke* har *någon kroppslig.*

4) Med hjernans eller de henne företrädande ganglieknutarnes stigande fullkomlighet stiger den andliga förmögenheten inom djurriket, medan de kroppsliga funktionerna deremot öfverhufvudtaget fullgöras lika väl af alla djur, de må vara kloka eller dumma. Redan inom insekternas klass framträder i påfallande grad, att hjernganglíernas storlek står i förhållande till ordningarnas och arternas intelligens. Hymenoptererna hafva i allmänhet större ganglier än de dumma skalbaggarne, och särskildt stora äro de hos de kloka myrorna. Inom ryggradsdjurens afdelning får man icke lägga kraniets inre rum till grund för jämförelsen, enär detta tillika omfattar centralorganen för rörelsen, hvilken naturligen måste i storlek motsvara djurets nerv- och muskelmassa, för att kunna använda den nödiga energien på dess rörelseimpulser. Betraktar man nu blott den egentliga stora hjernan, så framställer sig hos djur af icke alltför olika kroppsstorlek en tydlig parallelitet mellan hjernans qvantitet och intelligensen; men för så vidt denna parallelitet hos djur af mycket olika kroppsstorlek (t. ex. mycket små och mycket stora hundar, kanariefågeln och strutsen) synes rubbad, är en kompensation genom stora hjernans qvalitet, särskildt genom rikliga och djupa vindlingar och fåror, tydligt iögonfallande.

5) Menniskans andliga anlag och prestationsförmåga stå i förhållande till hjernans qvantitet, såvida icke dennas qvalitet medför afvikelser. »Enligt engelsmannen Peacocks noggranna mätningar tilltager menniskohjernans vigt ständigt och mycket hastigt ända till tjugufemte året, stannar vid denna normalvigt ända till femtionde året, men aftager från den tiden oafbrutet. Enligt Sims uppnår hjernan, som tilltager i massa ända till trettionde eller fyrationde året, först mellan det fyrationde och femtionde året maximum af sin volym. Gamla personers hjerna blir atrofisk, d. v. s. mindre, hon krymper tillhopa, och der uppstå tomrum mellan de enskilda hjernvindlingarne, hvilka förut lågo fast intill hvarandra. Derjämte blir hjernans substans segare, färgen mera gråaktig, blodmängden obetydligare, vindlingarna smalare, och den kemiska konstitutionen af en gubbes hjerna närmar sig enligt Schlossberger åter den konstitution, som var utmärkande för den tidigaste lefnadsperioden» (Büchner, »Kraft und Stoff», 5:te uppl. sid. 109). Hjernans medelvigt uppgår enligt Peacock hos mannen till femtio, hos qvinnan till fyratiofyra uns; enligt Hoffman skulle skilnaden utgöra endast två uns; Lauret uppstälde efter mätningar af tvåtusen hufvuden det resultatet, att såväl omfånget, som diametern på olika ställen alltid är obetyd-

ligare hos qvinnorna än hos männen. Medan normalvigten uppgår till 3—3½ skålpund, vägde Cuviers hjerna mer än fyra skålpund. Medfödd sinnessvaghet åtföljes alltid af en i påfallande grad liten hjerna, och omvändt är hjernans onaturliga litenhet alltid förbunden med sinnessvaghet. Panhappe bevisar med stöd af 782 fall, att hjernan småningom minskas i vigt, i samma mån som förståndet aftager under vansinne eller djup andlig rubbning. Hos alla kretiner företer hjernan och hufvudskålen en påfallande litenhet, den senare asymmetri och missbildning i formen; särskildt förkrympta äro hemisfererna. Negerns hjerna är mycket mindre än européns, pannan tillbakalutande, hufvudskålen mindre omfångsrik, öfverhufvudtaget mera djurlik; Nya Hollands infödingar sakna i märkbar grad hjernans högre delar. Europeernas hufvudskålsbildning har till och med under den historiska tiden icke obetydligt fullkomnats, särskildt framträder med civilisationens framåtskridande hufvudets främre afdelning på bekostnad af den bakre, såsom gräfningar från de mest olika tider ådagalägga. Samma förhållande äger i allmänhet äfven rum mellan nutidens råa och bildade klasser, såsom bland annat hattmakarnes rön bekräfta. Det är tydligt, att här icke enskilda fall, utan endast medeltal kunna vara de bestämmande; de enskilda afvikelserna, att t. ex. kloka personer kunna hafva en liten, dumma en stor hufvudskål, måste tillskrifvas dels kraniets tjocklek, dels olikheten mellan anlag och utbildning, dels vindlingarnes form och hjernans qvalitet.

Hvad vi veta om qvalitetens inflytande är litet, men dock något. T. ex. barnets hjerna är mindre differentierad, rikare på vatten, fattigare på fett, än den fullvuxna menniskans; olikheterna mellan grå och hvit substans, de mikroskopiska egendomligheterna utbilda sig först småningom; den hos fullvuxna mycket tydliga så kallade hjernans trådighet kan icke spåras hos barnets hjerna: ju tydligare denna trådighet blir, desto bestämdare framträder också den andliga verksamheten; fostrets hjerna innehåller mycket litet fett (och i samband dermed obetydligt fosfor), och fetthalten ökas ända till födelsen och hos det nyfödda barnet ganska hastigt med framskridande ålder. Äfven hos djur innehåller hjernan i allmänhet i samma mån mera fett, ju högre de stå, och ju mindre hjernan är i förhållande till djurets förstånd, t. ex. hos hästen. Detta fett synes vara mycket vigtigt, ty hos djur, som äro satta på svältkur, förlorar hjernan icke, i likhet med andra organ, en del af sin fetthalt. — På hjernvindlingarnes antal, djup och form beror vid lika volym storleken af hjernans yta, — en högst vigtig faktor, som kan paralysera en ringare vigt. I allmänhet äro också vindlingarne och fårorna i samma mån talrikare, djupare och mera intrasslade, ju högre en djurart eller menniskoras står.

Man skulle nu kunna förstå, huru det är möjligt, att lagen för förhållandet mellan hjernans massa och den andliga begåfningen hos några få djurarter, de största i nutiden, lider ett undantag, så till vida som deras hjerna öfverträffar menniskans i massa; likväl beror denna skenbara afvikelse endast på en öfvervigt af de hjerndelar, hvilka tjena kroppens nervsystem såsom centralorgan för den vilkorliga rörelsen och förnimmelsen, och hvilka måste äga en större volym dels på grund af den större mängden och tätheten af de i dem sammanlöpande nervsträngarne, dels på grund af den för en större massas rörelse nödvändiga större mekaniska kraftutvecklingen. Deremot uppnå de främre delarne af stora hjernan, hvilka företrädesvis förestå tankefunktionerna, hos intet djur *ej ens i qvantitet* en så hög grad af utbildning som hos menniskan.

6) Det medvetna tänkandet stärker hjernan, liksom hvarje verksamhet sitt organ, och tänkandets kraftyttring åtföljes städse af ämnesförbrukning. Liksom hvarje muskel, då han framför andra öfvas, blir kraftigare och tilltager i massa (t. ex. dansösers vador), så blir också hjernan genom tankeöfning skickligare till tankearbete och tilltager såväl i qvalitet som qvantitet.

Albers i Bonn berättar, att han dissekerat hjernan af flera personer, hvilka sedan flera år tillbaka varit i hög grad upptagna af andligt arbete; hos alla fann han hjernsubstansen mycket fast, den gråa substansen och hjernvindlingarne i påfallande grad utvecklade. Tillväxten i massa ådagalägges dels genom olikheten hos de bildade och de lägre klasserna, dels genom tillväxten i följd af den fortskridande civilisationen i Europa, hvilka båda saker visserligen summera sig endast med ärftlighetens hjelp så vidt, att de kunna konstateras. — Att allt tankearbete är förbundet med ämnesförbrukning i hjernan, framgår redan af den enkla företeelsen, att tänkandet tröttnar, en företeelse, som eljest skulle vara obegriplig. Andligt arbete förökar lika väl som kroppsligt icke endast matlusten, för att ersätta ämnesförbrukningen, utan enligt Darys mätningar till och med äfven den animala värmen, hvilket ådagalägges af påskyndad respiration, som inträder för att åter syrsätta det genom den hastigare ämnesomsättningen hastigare kolsyrade blodet. Vidare äro som bekant de sittande handtverken utan kroppslig ansträngning, såsom skräddar- och skomakaryrket, lätt fabriksarbete, de hvilka alstra de flesta grubblare, religiösa och politiska fånar, då deremot de kroppsligt ansträngande handtverken icke lemna hjernan någon kraft öfrig för tankeverksamhet; ty kroppen har liksom hvarje maskin endast att förfoga öfver en viss summa lefvande kraft, och när denna omsättes i muskelkraft, finnes ingen vidare qvar för hjernmolekylernas spel vid tänkandet. Detta kan också hvar och en iakttaga på sig sjelf. Ingen skall vara i stånd att under ett kraftigt språng fortsätta en påbegynt tankeserie, eller att på samma gång springa mycket hastigt och anställa en öfverläggning; redan då man går långsamt, blir man ovilkorligt stående, om tankarne koncentrera sig, och under ett djupsinnigt eftertänkande förfaller icke sällan vår yttre menniska i fullkomlig orörlighet. Allt detta tyder på en förbrukning af lefvande kraft vid tankearbetet eller, hvilket är detsamma, en kemisk ämnesförbrukning, ty det är denna, som alstrar den lefvande kraften.

7) Hvarje rubbning i hjernans integritet frambringar en rubbning i den medvetna själsverksamheten, äfven om den ena hemisferens funktion fullgöres af motsvarande parti i den andra hemisferen. Ty likasom hvarje menniska företrädesvis ser, hör och luktar med ett öga, ett öra, en näsborre, och sedan sinnesorganens ena sida blifvit obruk-

bar, sinnesvarseblifningen ännu fortgår med den andra sidans hjelp, så tänker också hvarje menniska företrädesvis med en hjernhalfva, såsom fysionomien, särskildt pannan ofta nog kan lära oss, och likaså kan, om ena hjernhalfvan delvis blifvit obrukbar, den andra halfvan öfvertaga hela tankefunktionen, alldeles som den ena lungan kan öfvertaga hela andedrägtsfunktionen. Denna ersättning i hjernan är alltid ett sällsynt undantag och inträder endast i det fall, att först och främst det sjukliga eller skadade stället icke tillika utöfvar något men på den öfriga hjernans funktioner, hvilket mestadels äger rum på ett eller annat sätt, t. ex. genom tryckets fortplantning, samt att för det andra skadan är af sådan art, att hon helt och hållet upphäfver det respektive partiets funktioner, men icke låter dem fortgå och gör dem blott abnorma, ty då utvecklar sig i samma parti just den störda själsverksamheten, hvilken gör resultaten af de öfriga delarnes sunda funktioner värdelösa. Om nu sådana störda funktioner hos sjukliga delar på en gång helt och hållet upphöra, eller de befria den öfriga hjernan från det tryck, som de hittills utöfvat, så uppträder åter den normala funktionen hos de öfriga hjerndelarne såsom klar själsverksamhet, ett fall, som icke sällan inträffar särskildt vid fortgående förstöring af de sjuka partierna kort före döden och då framställer den för oinvigda personer öfverraskande företeelsen af en sista andlig förklaring efter ett långvarigt vansinne.

Vi hafva redan förut omnämnt de försök, som Flourens anstält med höns, hvilka blifvit beröfvade hjernan. Vid dessa försök blefvo djuren sittande qvar, liksom under djup sömn, på det ställe, dit man förflyttat dem, hvarje förmåga att erhålla sinnesintryck var fullkomligt utplånad, och föda måste fördenskull förskaffas dem på konstgjord väg; deremot bibehöllo sig de från ryggmärgen utgående reflexrörelserna, t. ex. sväljningen, flyg- och springförmågan. »Borttager man ett däggdjurs båda hemisferer schikt efter schikt, så sjunker själsverksamheten i samma mån djupare, ju mera massa der blifvit borttagen. Har man kommit ända till hjernkamrarne, så plägar inställa sig fullkomlig medvetslöshet» (Valentin). »Hvilket påtagligare bevis för det nödvändiga sammanhanget mellan själ och hjerna kan man väl begära än det, som anatomens knif lemnar oss, i det han bortskär själen stycke för stycke?» (Büchner).

Hjerninflammation medför galenskap och raseri, ett blodkärls bristning i hjernan åtföljes af domning och fullkomlig medvetslöshet, ett ihållande tryck på hjernan (t. ex. hjernvattensot, hydrocefalus hos barn) åstadkommer förståndssvaghet och blödsinthet, ett alltför starkt blodtillopp, t. ex. hos drunknande eller svårt öfverlastade personer, eller tomhet hos hjernans blodkärl alstra maktlöshet och medvetslöshet, den snabbare blodcirkulationen under en obetydlig feber åstadkommer sådana feberfantasier, som äfven kunna vara ett periodiskt vansinne, blodtilloppet under alkoholruset medför den själens rubbning, som betecknas med namnet rusighet, opium, haschisch och andra narkotiska medel medföra egendomliga tillstånd af rus, af hvilka hvart och ett är identiskt med vissa tillstånd af vansinne.

Parry kunde undertrycka anfall af raseri genom en kompression af halspulsådern, och enligt Flemmings försök frambringar samma förfarande hos friska personer sömn och jagande drömmar. Menniskor och djur med kort hals äro i allmänhet mera sangviniska än sådana, som hafva lång hals, emedan i följd af det kortare afståndet från hjertat i deras hjerna försiggår en lifligare blodcirkulation. Alla så kallade eftersjukdomar hos hjernan i följd af svårare skador eller inre sjukdomar, liksom äfven många apoplexier drabba särskildt minnet, förtaga det antingen helt och hållet eller försvaga det i allmänhet, eller förtaga minnet för vissa vetandets kategorier, t. ex. endast för språket, utan att språkorganen äro på något sätt förlamade och samtidigt som förståndet är redigt (afasi), eller uteslutande för alla egennamn eller ett bestämdt tungomål, eller för vissa års eller perioders upplefda händelser (isynnerhet då vissa delar af hjernan blifvit förstörda eller gjorts obrukbara). — Ojäfaktigare bevis för, att minnet beror på bestående förändringar hos vissa hjerndelar, hvilka efter vissa impulser bidraga till att lättare reproducera tidigare vibrationer, kan man dock i sanning icke begära, än att vissa erinringens områden förlora förmågan att uppdyka i minnet, så snart vissa hjerndelar blifva obrukbara, och att de återvinna sitt normala tillstånd, när dessa delar åter blifva brukbara.

Den bekanta erfarenheten, att intet slag af sjukdomar till en så hög procent beror på ärftlighet som själssjukdomarne, visar ensam redan tydligt nog derpå, att alla själsrubbningar bero på hjernfunktionernas (direkta eller indirekta) rubbning, ty man kan väl tänka sig anomalier i nervsystemets centralorgan såsom ärftliga på den materiella fortplantningens väg (likasom tuberkulos, skrofler, kräfta och andra sjukdomar), men aldrig immateriellt psykiska anomalier, om hvilkas möjlighet vi öfverhufvud icke kunna göra oss något begrepp (jfr. Bd I, sid. 110).

8) *Det gifves ingen medveten själsverksamhet utom hjernans funktion;* ty om vi med stöd af hvad förut blifvit sagdt få antaga såsom bevisadt, att hvarje rubbning i de normala hjernfunktionerna stör medvetandets verksamhet, så torde vi väl med visshet kunna antaga, att med hjernfunktionens fullständiga upphäfvande medvetandets verksamhet likaledes verkligen upphäfves och icke blott dennas framträdande förhindras.

Vore icke denna städse fortskridande serie af medvetandets rubbning förhanden, hvilken beständigt går hand i hand med graden af hjernfunktionens rubbning och genom alla grader af blödsinthet småningom går ända derhän, att den upphäfver allt medvetande (utom det, som yttrar sig i ryggmärgens reflektoriska instinkter), så vore visserligen den förmodan möjlig, att medvetandet skulle kunna återvända till sig sjelft, om blott hvarje dess *yttring* vore undertryckt; men denna möjlighet, till hvilken man öfverhufvud kan komma endast genom ett försök till räddning från ett förutfattadt systems fördomar, har alltför mycket all sannolikhet emot sig, för att hon inför en fördomsfri forskare skulle kunna förtjena någon uppmärksamhet. Utom den omnämnda serien af medvetandets rubbningar och den omständigheten, att hela naturapparaten vore öfverflödig för att återställa

hjernmedvetandet, om också medvetandet skulle kunna existera utan honom, talar ännu frånvaron af erinring deremot, ty om medvetandet under hjernans overksamhet kunde vända åter till sig sjelft, så skulle dock en erinring derom stanna qvar för framtiden. Denna omständighet tro sig andra kringgå, i det de antaga ett dubbelt individuelt medvetande (således äfven en dubbel personlighet [!] hos hvar och en), nämligen ett kropplöst och ett hjernmedvetande, hvarvid det förra skall vara omedvetet för det senare. Allt af betydenhet, som anföres för denna andens dubbelsidighet, hänför sig till den af oss såsom det omedvetna framstälda hjernmedvetandets andliga bakgrund, hvilken visserligen måste af dem, som känna endast medveten själsverksamhet, anses för ett andra medvetande; men hvad som uttryckligen framhålles för medvetandets tvåhet är mycket olyckligt valdt. Först och främst säger man, att medvetandet under den magnetiska sömnen är ett kropplöst medvetande, hvilket dock skiljer sig från medvetandet i drömmen under vanlig sömn endast derigenom, att kommunikationen med de yttre sinnena är något mindre hindrad och att hjernans funktionerande del befinner sig i ett tillstånd af konstgjord hyperestesi (öfverretning, öfverdrifven känslighet), hvilket har till följd, att först och främst det omedvetnas inverkningar lättare kunna träda i medvetandet, och att för det andra hjernvibrationernas utslagsvidd under lika liflighet hos föreställningen är ringare än eljest och följaktligen efterlemnar obetydligare minnesintryck, hvilka liksom vid de flesta vanliga drömmar, sedan hjernans hyperestesi försvunnit, visserligen stanna qvar, men äro för svaga, för att efter de vanliga retningarna återkomma till den medvetna erinringen.

Sålunda är det intet under, att medvetandet i drömmen kan i sig fatta såväl erinringarna från det vakna tillståndet som äfven sina egna, men icke omvändt. Öfverhufvudtaget är den somnambula drömmen så ofta förbunden med den vanliga genom rörelserna i sömnen och de olika graderna af sömngång och spontan somnambulism, att det är alldeles omöjligt, att i honom kunna medgifva ett kropplöst medvetande; och då är det också icke mycket bevändt med *medvetandet* vid dessa tillstånd, de kunna snarare kallas ett drömmande halfmedvetande, än ett stegradt medvetande, och de understundom iakttagna förhöjda andliga prestationerna, hvilka alltid likna endast kortvariga ljusglimtar, härröra dels från det omedvetnas underlättade ingifvelse, dels från hjernans hyperestesi, hvilken har ett erinringarnas lättare uppdykande till följd, (så framträda ju under sådana tillstånd erinringar från flydda tider af skenbart längesedan glömda ting, hvilka voro så svaga, att under hjernans normala tillstånd inga för deras uppväckande tillräckliga retningar hade förekommit). Så låter allt förklara sig på ett naturligt sätt af bekanta lagar, utan att någonstädes denna skrufvade hypotes kunde komma till gagn.

Ett ännu olämpligare åberopande för det kropplösa medvetandet är, att medvetandet, såsom redan blifvit omnämndt, understundom återvänder före döden. Äfven här spelar en hjernans inre hyperestesi med vid yttre anestesi, hvilken någongång framkallar denna andens förklaring, som har sina spådomar och sin minnesskärpa gemensamt med det somnambula tillståndet, sin fridfulla hvila och sin stilla, smärtlösa glädje gemensamt med samma nervtillstånd (analgesi) vid de högsta graderna af tortyr eller vissa narkotiska rus. Anestesien utåt är dervid endast den naturliga motvigten mot den inre hyperestesien, vi finna densamma likaledes i de mystiska asketernas hänryckning, hos somnambulerna, vid svaga grader af kloroformering och vid många andra narkoser, t. ex. haschisch; äfvenledes vid många tillstånd af vansinne visar hon sig understundom. Sålunda bevisar denna känsla af kropplöshet ingalunda en minskning, utan snarare en stegring af hjernretningen, och ingenting mindre än medvetandets kropplöshet. Alldeles liknande omständigheter medföra de liknande företeelserna kort före druknandet. Om slutligen såsom kriterium på det kropplösa medvetandet framhålles tidens upphäfvande i tankeföljden, så vore detta likbetydande med det intuitiva, tidlösa, momentana, implicita tänkandet, hvilket motsäger hvarje diskursivt medvetande. I exemplen anföres också endast tankarnes *snabbare* lopp, sådant det förekommer under tillstånd af den högsta hjernretning, vid narkotiska förgiftningar, före drunknandet o. dyl. och sedan länge vid dessa former af vansinne är bekant såsom »ideernas flygt». Hvad under, att i en öfverretad hjerna föreställningarna följa snabbare än vanligt på hvarandra? Så länge öfverhufvud föreställningarna ännu följa *tidligt* på hvarandra, bevisa de materiens inflytande, genom hvilkens vibrationer först tiden kommer i tänkandet, men såsom tänkandet är kropplöst, så är det tidlöst och dermed omedvetet

Hvad vi i detta kapitel påvisat om det menskliga medvetandet, såsom det högsta för oss bekanta, vid hvilket man helst skulle kunna förmoda ett sjelfständigt oberoende af kroppen, gäller tydligen också om de lägre djurens ganglier, hvilka ersätta ryggradsdjurens hjerna, och det gäller likaledes om det speciella medvetandet hos hvarje sjelfständig ganglieknut i menniskan, högre och lägre djur, det gäller slutligen äfven om de substanser, hvilka hos de lägsta djuren ersätta det centrala nervsystemet, och skulle likaledes hos växter eller oorganiska ämnen ett medvetande låta sig påvisa, så gäller det äfven för detta.

Vid slutet af detta kapitel lemnar jag rum för ett yttrande af Schelling (Werke I. 3, 497), hvilket i få ord anger dess innehåll, om äfven påståendet i Schellings mun genom den transcendentala idealismens bakgrund erhåller en något förändrad mening: »Icke föreställningen *sjelf*, men väl *medvetandet* derom är betingadt genom organismens affektion, och då empirismen inskränker sitt påstående till det senare, så är ingenting emot honom att invända.»

III.

Medvetandets uppkomst.

1. Föreställningens framträdande till medvetande.

Medvetandet är icke ett hvilande tillstånd, utan en process, ett ständigt framträdande till medvetande. Att denna andliga process, hvilken medvetandet har att tacka för sin uppkomst, icke kan fattas omedelbart af iakttagarens medvetande, är sjelfklart, ty det, som först frambringar medvetandet, måste naturligen ligga bakom medvetandet och vara otillgängligt för den medvetna sjelfiakttagelsen. Det är alltså endast på indirekt väg, som vi kunna hoppas att hinna till målet.

Den första betingelsen är, att vi skarpare begränsa medvetandets begrepp, än som hittills varit af nöden. — Närmast är det att skilja från sjelfmedvetandet. Mitt sjelfmedvetande är medvetandet om mig sjelf, d. v. s. medvetandet om subjektet för min andliga verksamhet; med subjektet för min andliga verksamhet förstår jag åter den del af den fullständiga orsaken till min andliga verksamhet, hvilken icke är den yttre, alltså den inre orsaken till densamma. Sjelfmedvetandet är följaktligen endast ett specielt fall af medvetandets användning på ett bestämdt objekt, nämligen på den supponerade inre orsaken till den andliga verksamheten, hvilken betecknas med namnet subjekt; icke det verksamma subjektet *sjelft* blir i sjelfmedvetenhetsakten till medvetenhetsinnehåll eller medvetandets objekt, utan endast den förmedelst kausalitetskategorien från subjektets verksamhet på induktivt sätt fattade *föreställningen* om subjektet blir till objekt för medvetandet. Det verksamma subjektet sjelft förblir för medvetandet i lika hög grad direkt oupphinneligt, som det yttre tinget i sig, med hvilket det korresponderar såsom inre ting i sig; hvarje tro på ett jagets *omedelbara* sjelfbegripande i sjelfmedvetenhetsakten hvilar på samma sjelfbedrägeri, som den naivt-realistiska tron på ett omedelbart medvetenhetsbegripande af det oafhängigt af medvetandet varande tinget i sig. Medvetandet såsom sådant är följaktligen enligt sitt begrepp fritt från den medvetna relationen till subjektet, emedan det i och för sig hänför sig endast till *objektet* (d. v. s. icke till föreställningsobjektets yttre korrelat eller tinget i sig, utan blott till det ur föreställningsprocessen resulterande och såsom medvetenhetsinnehåll sig framställande föreställningsobjektet), och blir endast derigenom sjelfmedvetande, att *föreställningen om subjektet* händelsevis blir till *objekt*. Häraf följer, att intet sjelfmedvetande kan tänkas utan medvetande, men väl medvetande utan sjelfmedvetande. Endast för den medvetna reflexionen, sådan den försiggår i den i tankarne utanför processen stående och densamma objektivt betraktande filosofens hjerna, men icke för processens subjekt sjelft måste objekt och subjekt liktidigt och i lika förhållanden utlösa hvarandra. Ty enligt sin natur af begrepp fordra subjekt och objekt hvarandra såsom korrelativ, men denna natur af begrepp kommer endast för filosofen, icke för den naturliga menniskans oreflekterade förnimmande till medvetande, och derför förblir också för den sistnämnda vid den intuitiva uppfattningen af det konkreta objektet relationen mellan dettas natur af begrepp och subjektets begrepp, samt detta sjelft i främsta hand omedvetet. (Vidare framdeles sid. 43—45). — Ännu mindre, än med sjelfmedvetandet, har medvetandet att göra med begreppet om *personligheten* eller identiteten af alla subjekt för mina olika andliga verksamheter, ett begrepp, hvilket mestadels inbegripes äfven uti ordet sjelfmedvetande, såsom vi också framdeles skola göra för tydlighetens skuld.

Men hvad är nu medvetandet? Består det blott i sinlighetens form, så att båda begreppen äro identiska? Nej, ty äfven det omedvetna måste hafva tänkt sinlighetens form, eljest skulle det icke hafva kunnat skapa densamma så ändamålsenligt; men vi skulle också kunna tänka oss ett medvetande med helt andra former såsom möjligt, om en verld vore annorledes skapad, eller om bredvid och bortom vår rumliga och tidliga verld ännu andra verldar existera i andra tillvarons och medvetandets former, hvilket icke i sig innebär någon motsägelse, då dessa verldar (man tänke sig gerna huru många som helst) alldeles icke skulle kunna störa eller beröra hvarandra, och det enda från alla dessa former fria omedvetna vore detsamma för alla. Sinlighetens form kan alltså för medvetandet endast betraktas såsom något tillfälligt, accidentelt, icke såsom något väsenligt, essentielt. — Eller skall måhända medvetandet bestå i erinringen? Erinringen är visserligen intet dåligt kriterium på medvetandet, ty ju lifligare medvetandet är, desto starkare måste hjernvibrationerna vara, och ju starkare dessa äro, desto starkare qvarstående intryck måste de efterlemna i hjernan, d. v. s. erinringen blir så mycket lättare och under för öfrigt lika retning långt starkare. Men man inser lätteligen, att erinringen endast är en medelbar följd ur medvetandets väsen, derför kan hon omöjligen utgöra sjelfva dess väsen. — Lika litet kan medvetandets väsen bestå i möjligheten af föreställningars jämförande, ty denna är åter endast en följd af sinlighetens form, isynnerhet af tiden, men dessutom kan medvetandet vara förhanden i största skärpa,

om endast en enda föreställning utan hvarje jämförelseobjekt uppfyller själen.

Vi hafva efter allt detta endast en säker hållpunkt, som kan leda oss på rätta vägen, nämligen resultatet af det föregående kapitlet: hjernvibrationerna, allmännare uttryckt den materiella rörelsen, såsom medvetandets conditio sine qua non. Äfven om vi antaga aldrig så många verldar med andra former än rum och tid, så måste dock, om parallelismen mellan vara och tänka bibehålles, någonting materien motsvarigt finnas förhanden i dem, liksom äfven en verksamhet, som motsvarar rörelsen; detta måste då likaledes vara medvetandets vilkor. — Antaga vi sålunda medvetandets väsen såsom grundadt i dess materiella uppkomst, och erinra vi oss tillika, att den omedvetna själsverksamheten med nödvändighet måste anses såsom något immateriellt, så framställa sig vid närmare betraktelse två fall: *antingen* fasthålla vi »vilja och föreställning» såsom det för omedveten och medveten föreställning gemensamma, sätta det omedvetnas form såsom det ursprungliga, medvetandets åter såsom en produkt af den omedvetne anden och af det materiella inflytandet på densamme; *eller också* fördela vi hela området af andlig verksamhet under materialism och spiritualism, så att den förra får på sin lott den medvetne, den senare den omedvetne anden; d. v. s. vi antaga, att visserligen den omedvetne anden har en af materien oafhängig sjelfständig tillvaro, men att den medvetne anden är en uteslutande produkt af materiella processer utan hvarje medverkan af en omedveten ande. Alternativet är icke svårt att afgöra med ledning af våra föregående undersökningar öfver det omedvetnas medverkan vid uppkomsten af hvarje medveten själsprocess: redan väsenslikheten hos den medvetna och den omedvetna själsverksamheten gör, att ett för båda i grunden olika ursprung måste synas otänkbart; åtminstone skulle detta styckande af det andliga området och de olika delarnes fördelning på olika filosofiska grundåskådningar vara ännu godtyckligare, än Schopenhauers i afseende på viljan och intellektet. Dertill kommer, att vi i Kap. V upplösa materien sjelf i vilja och föreställning och sålunda ådagalägga *andens och materiens väsenslikhet*, att följaktligen materialismen icke skulle kunna lemna oss ett i sista hand giltigt stöd. Vi måste alltså bekänna oss till det förra af de båda antagandena.

Nu framstår genast såsom tydligt, att vi ännu icke hafva fattat medvetandets väsen, ty vi känna endast dess faktorer, å ena sidan anden i hans ursprungliga omedvetna tillstånd, å andra sidan rörelsen hos materien, som inverkar på honom. I hvarje händelse kan medvetandets uppkomst endast vara gifven i *arten och sättet, hvarpå* föreställandet kommer till sitt föremål. Om materien vet medvetandet ingenting, alltså måste processen, som frambringar medvetandet, ligga i anden sjelf, äfven om materien gifver första impulsen dertill. Den materiella rörelsen bestämmer föreställningens innehåll, men i detta *innehåll* ligger icke egenskapen medvetande, ty samma innehåll kan ju, bortsedt från sinlighetens form, äfven tänkas omedvetet. Men om nu medvetandet icke kan ligga i innehållet, ej heller, såsom vi förut sett, i föreställningens sinliga form, så kan det *öfverhufvud icke* ligga *i föreställningen* såsom sådan, utan måste vara en accidens, som från något annat håll kommer till föreställningen.

Detta är det första vigtiga resultatet af vår undersökning, hvilket visserligen vid första påseendet kan synas innebära något emot de vanliga åskådningssätten stridande, men vid noggrannare betraktelse måste hvarje åskådare snart inse dess riktighet, och vi skola genast närmare belysa detta. Den vanliga villfarelsen härleder sig derifrån, att man mestadels tänker sig medvetandet såsom någonting, hvilket endast inhererar i föreställningen, i det att man helt och hållet förgäter lustens och olustens framträdande till medvetande; derför antager man det utan undersökning på god tro såsom någonting i föreställningen immanent, isynnerhet så länge man icke närmare känner den omedvetna föreställningen, och kommer sålunda alldeles icke till den frågan, hvem det är, som föreställningen har att tacka för medvetandets accidens, hvem det är, som, så att säga, tillägger henne detta predikat, i hvilket fall man snart skulle märka, att hon icke kan sjelf gifva sig detta predikat. Men om likväl processen, som frambringar medvetandet, trots sin materiella impuls måste vara af absolut andlig natur, så återstår för denna process ingenting annat än viljan.

I denna afdelnings 1:sta kapitel hafva vi sett, huru vilja och föreställning i det omedvetna äro förbundna till en oskiljaktig enhet, och vi skola framdeles i de sista kapitlen få lära, huru verldens lycka beror på intellektets emancipation från viljan, hvilkens möjlighet är gifven i medvetandet, och huru hela verldsprocessen arbetar endast och allenast till detta mål. *Medvetandet* å ena sidan och *föreställningens emancipation från viljan* å den andra hafva vi alltså redan lärt känna såsom stående i det innerligaste sammanhang; vi behöfva endast taga ett steg ytterligare och uttala bägges identitet. så hafva vi funnit lösningen på gåtan i öfverensstämmelse med det resultat, som nyss vans. Väsendet af föreställningens medvetande är dennas befrielse från sin rot, viljan till hennes förverkligande *), och viljans opposition emot denna emancipation. Förut hade vi funnit, att medvetandet måste vara ett predikat, hvilket viljan gifver åt föreställningen, nu kunna vi äfven angifva detta predikats innehåll, det är viljans stupefaktion öfver föreställningens *af henne icke velade, men dock påtagligt förhanden-*

---

*) Denna emancipation får icke fattas så, som om den medvetna föreställningen sväfvade utom all relation till viljan, så att säga i det idealas rena eter; detta är redan tillräckligt vederlagdt genom den föregående framställningen i detta arbete, och det skall också genast ännu tydligare framlysa, då det visar sig, att det från viljan sjelf utgående predikatet medvetande tillika är viljans icke-tillfredsställelse, d. v. s. förnimmelse af olust, att den medvetna föreställningen består af sinliga elementarförnimmelser, och att hvarje sådan sinlig elementarförnimmelse tillika är icke-tillfredsställelsen af ett bestämdt viljande. Med den här uttalade föreställningens emancipation från viljan skall endast det vara sagdt, att den medvetna föreställningen kan bestå och består i olikheten hos den endast såsom innehåll i en henne realiserande vilja möjliga omedvetna föreställningen (jfr. ofvan sid. 10—11), utan att hon är direkt framkallad genom en vilja, som äger henne såsom ett innehåll, hvilket skall realiseras, att hon är föreställning, närmast fri från hvarje sträfvande att förverkliga sig, men med förbehåll af alla öfriga möjliga relationer till viljan, ja till och med med förbehåll af möjligheten att kanske *sedermera* åter blifva viljans innehåll.

varande existens. Föreställningen har nämligen, såsom vi sett, i sig sjelf intet intresse af sin existens, intet sträfvande efter varat, hon framkallas fördenskull, så länge det icke gifves något medvetande, alltid endast genom viljan, följaktligen kan anden före medvetandets uppkomst enligt sin natur icke hafva andra föreställningar än de, hvilka, framkallade genom viljan att vara, bilda viljans innehåll. Då griper plötsligen den organiserade materien in i denna det omedvetnas frid med sig sjelf, samt påtvingar den förvånade individualanden i den enligt lagbunden nödvändighet inträdande förnimmelsens reaktion en föreställning, som träffar honom liksom kommen från skyarne, ty han finner i sig ingen vilja till denna föreställning; för första gången är honom »åskådningens innehåll gifvet utifrån». Den stora revolutionen är skedd, det första steget till verldsåterlösningen är taget, föreställningen är lössliten från viljan, för att framdeles uppträda gent emot henne såsom en sjelfständig makt, för att lägga under sig henne, hvilkens slaf hon hittills varit. Detta viljans studsande öfver motståndet mot hennes hittills erkända herravälde, detta uppseende, som inkräktaren-föreställningen gör i det omedvetna, detta *är medvetandet.*

För att tala mindre bildligt, tänker jag mig förloppet på följande sätt. Der uppstår den utifrån impregnerade föreställningen. Den omedvetna individualanden studsar öfver det ovanliga, att en föreställning existerar, utan att hafva varit viljans objekt. Detta studsande kan icke utgå från viljan allena, ty viljan är ju det absolut förståndslösa, följaktligen äfven för blind för att förvånas och studsa; men det kan icke heller utgå från föreställningen allena, ty den utifrån impregnerade föreställningen är som hon är och har ingen grund att förvåna sig öfver sig sjelf, allt annat af föreställning utom denna enda är ju, såsom vi veta, i det omedvetna förknippadt med viljan i oskiljaktig enhet. Följaktligen kan för det första studsandet fullbordas endast från båda sidorna af det omedvetna, vilja och föreställning i förening, d. v. s. af en fullbordad vilja, eller en velad föreställning, och för det andra kan det, som i studsandet är föreställning, endast existera genom en vilja, hvars innehåll det bildar. Sålunda hafva vi att tänka oss saken endast så, att den utifrån impregnerade föreställningen verkar såsom *motiv* på viljan och framkallar en *sådan* vilja, hvilkens *innehåll* är att *negera* föreställningen; ty skulle den nu uppväckta viljan förhålla sig affirmativt till henne, så gåfves der åter *ingen opposition* och intet medvetande; den uppväckta viljan måste alltså förhålla sig negerande till föreställningen, och studsandet är uppkomstmomentet af denna negerande vilja, det plötsliga, momentana inträdandet af viljans opposition. Men vidare betyder ordet studsa äfven i det vanliga språkbruket ingenting, blott att processen i vår menskliga erfarenhet är en mellan *medvetna* moment plötsligt inträdande opposition, men här äger processen rum mellan *omedvetna* moment.

Slutligen bör anmärkas, att den opponerande viljan är *för svag* gent emot den utfrån impregnerade föreställningen, för att genomdrifva sin negerande intention, hon är alltså en vanmäktig vilja, som icke kan blifva tillfredsstäld, som följaktligen är förknippad med olust. Alltså hvarje process i öfvergången till medvetandet är e o i p s o förknippad med en viss olust, detta är, så att säga, den omedvetne individualandens grämelse öfver inkräktaren-föreställningen, som måste fördragas och icke kan undanrödjas; det är det bittra läkemedlet, utan hvilket intet tillfrisknande gifves, ett läkemedel visserligen, som hvarje moment intages i sådana minimaldoser, att dess bitterhet undgår sjelfvarseblifningen. —

Vid denna framställning synes närmast den svårigheten vara förhanden, huru det kan vara möjligt, att materien i form af vibrerande hjernmolekyler skulle vara i stånd att ingripa i den omedvetne andens frid med sig sjelf, och detta i den dubbla meningen, huru hon såsom *materie* förmår afficiera *anden*, och huru anden öfverhufvud är i stånd att träda i kommunikation med *någonting yttre*. Denna svårighet träffar alltså väsentligen det gamla problemet om vexelverkan mellan kropp och själ, hvilket vi här icke kunna komma ifrån hvarken såsom Kant och Fichte genom kroppens förvandling i ett andens subjektivistiska sken, ej heller såsom materialismen genom andens förvandling i ett yttre, af objektiva materiella processer resulterande sken, men hvilket vi måste hålla fast för ögonen, då för oss (den omedvetne) anden och materien båda hafva real betydelse. Redan i början af Kap. A. VII trädde oss detta problem till möte i afseende på den förmedling, genom hvilken viljan realiserar sig i kroppen, specielt i muskelrörelserna; här är det frånsidan af frågan, framför hvilken vi befinna oss, nämligen huru den andliga föreställningen kan vara betingad genom organismen. Der reducerade sig frågan till, huru viljan kan influera på de centrala nervmolekylernas rörelser, här reducerar hon sig till, huru de centrala nervmolekylernas rörelser kunna influera på föreställningen. Der måste vi antaga, att den medvetna *viljans* förverkligande förmedlas genom en omedveten vilja (Kap. A. II), här måste vi betrakta den medvetna *föreställningens* uppkomst såsom åstadkommen genom omedveten själsreaktion. Der hade vi att tänka oss den omedelbart på molekylerna influerande (omedvetna) viljan förbunden med omedveten *föreställning*, här måste vi för förnimmelsens åvägabringande förutsätta en omedveten *vilja* såsom den väsentliga delaktiga faktorn. Den *omedelbara* vexelverkan består alltså i båda fallen mellan vissa rörelseformer hos centrala nervmolekyler å ena sidan och *omedvetet*-andliga funktioner å andra sidan, vid hvilka städse ett samband äger rum mellan omedveten vilja och omedveten föreställning, såsom man i hufvuddragen finner af Kap. A. IV.

Vore nu materie och omedveten ande verkligen heterogena väsensområden, såsom den sedan Cartesius i den europeiska bildningens medvetande herskande dualistiska åsigten antager, så kunde man i sjelfva verket icke begripa, huru den vid dessa processer förutsatta influxus physicus skulle vara möjlig. Men lyckligtvis skall af Kap. C. V framgå, att materien sjelf till sitt väsen är alldeles ingenting annat än omedveten ande, hvilkens föreställningar endast inskränka sig till rumlig attraktion och repulsion af lagbundet vexlande intensitet, och hvilkens viljeyttringar bestå i realiseringen af detta inskränkta föreställningsområde. Anticipera vi här denna väsensidentitet, som framdeles skall bevisas, så inses genast, att vexelverkan mellan kropp och

själ icke mer som förr kan stranda vid omöjligheten att slå en brygga öfver den klyfta, som består mellan heterogena substanser. Den psykiska viljan kan i föreställningarne, som bilda hennes innehåll, lika väl sluta i sig rumliga relationer och förändring af bestående rumliga relationer, som atomviljan hos en hjernatom kan det; båda kunna följaktligen lika väl komma i kollision med hvarandra och afsluta sin kollision med en kompromiss, såsom två på hvarandra verkande atomviljor göra; i båda fallen skall den svagare viljan vid kompromissen nödgas gifva efter så mycket mer, som hon är svagare än hennes motståndare. Der det t. ex. finnes vilja till en speciel kroppsrörelse, skall denna vilja i intensitet mestadels vara betydligt öfverlägsen öfver de enskilda hjernatomviljorna, som hvar för sig endast vilja följa sina egna mekaniska lagar, och fördenskull skall hon i regeln göra sig tillräckligt gällande; der en sådan specialvilja deremot icke är exciterad och koncentrerad, der skola de genom retningens fortplantning från sinnesorganen exciterade hjernatomviljorna frambringa på den på organismen riktade psykiska viljan en relativt betydlig effekt, d. v. s. hon skall i den af denna viljekonflikt framgående kompromissen nu också å sin sida hafva en relativt betydlig andel i eftergifvenheten och ackommodationen, blott att denna andel på hennes sida icke liksom på materiens sida framställer sig rumligt som objektiv företeelse (hvilket blott härrör från den framdeles i Kap. C. XI behandlade olikheten, att viljans rumliga verkningsriktningar, som hos atomviljorna förlänga sig bakåt, skära hvarandra uteslutande i en punkt, och derigenom framkalla skenet af en lokalisering af kraftens säte).

Liksom *materien* såsom *objektiv real* (d. v. s. af hvarje henne åskådande intellekt oafhängig) *företeelse* alldeles icke kunde komma till stånd, utan att två eller flera atomviljor vid sina viljeyttringar korsade hvarandra och råkade i konflikt, så blir också den primitiva medvetna föreställningen om *förnimmelsen* såsom *subjektiv ideal företeelse* möjlig först genom just samma konflikt. En ensam och allena i verlden existerande atomvilja skulle alldeles icke hafva någon objektiv existens, emedan hon saknade möjligheten att objektivera sig, d. v. s. att bringa sitt väsen till yttre företeelse; en ensam och allena i verlden existerande kopplös individualande (antagen per impossibile) skulle, äfven om han kunde utveckla aldrig så mycket af omedveten vilja och föreställning, dock aldrig kunna komma till medvetandets subjektiva företeelse. En godtycklig mängd af atomviljor eller af individualandar, som vore isolerade från hvarandra och oförmögna att stöta på hvarandra och med sitt viljande komma i kollision sinsimellan, skulle vara i alldeles samma läge, som en ensam och allena existerande. Först i det att den utstrålande viljan finner ett motstånd, mot hvilket hon bryter sig, kan hon föra till objektiv företeelse af *tillvaron*, till subjektiv företeelse af *medvetandet;* men ett sådant motstånd kan hon finna endast i något med henne likartadt, i en annan vilja, med hvilken hon har en viss verkningssfer *gemensam*, under det att verkningsriktningen och målet i viss mening äro hennes *motsatta.* Den gemensamma verkningssferen möjliggör det berörande *sammanträffandet*, den motsatta verkningsriktningen och målet betinga *kollisionen* vid sammanträffandet, hvilken finner sin *lösning* i den genom bådas innehåll bestämda *kompromissen*. De sammanstötande viljornas tillbakavikande är nu icke längre något af dem sjelfva veladt, utan genom den ena viljan, som för den andra är närmast endast motstånd, påtvingadt, och kompromissen såsom resultat motsvarar icke viljandets mål på hvarje sida, så att en kontrast uppstår mellan det velade och det uppnådda, alldeles så som mellan den, så att säga, centrifugala funktionen hos sjelfva viljandet och den centripetala återstudsningen vid kollisionen. Viljans brytning vid motståndet af en främmande henne korsande vilja, eller den centripetala återstudsningen är nu *förnimmelsen*, och såsom viljans icke-tillfredsställelse specielt *olustförnimmelse*; såsom icke-tillfredsställelse af en bestämd, d. v. s. med bestämdt föreställningsinnehåll uppfyld vilja är också förnimmelsen *qvalitativt bestämd*, d. v. s. genom ett (här omedvetet) föreställningsinnehåll karakteriserad förnimmelse (jfr. Kap. B. III); men såsom qvalitativt bestämd förnimmelse är hon *element af den medvetna föreställningen*, och så till vida kan man redan nu beteckna henne såsom *elementär* medveten föreställning. Predikatet medvetande kommer just genom den uppvisade kontrasten in i förnimmelsen, och denna motsägelse mellan viljande och motståndets impression motsvarar hvad jag ofvan med ett från det medvetna till det omedvetna själslifvet öfverflyttadt uttryck benämnde viljans *studsande* öfver den af henne sjelf icke velade *inkräktaren*-föreställningen. Måhända bidrager den mera allmänna väg, på hvilken jag här slagit in för behandlingen, till sakens begripande och låter oss inse, att de der använda bilderna i sjelfva verket blifvit använda endast såsom bilder.

Den svårighet, som föranledt oss till dessa utflykter, är imellertid icke uttömd genom det, som hittills blifvit sagdt. Trots den medgifna väsensidentiteten mellan ande och materie står ännu alltjämnt den andra frågan öppen, huru öfverhufvud den psykiska individualviljan skulle kunna komma i beröring med någon annan vilja, alltså faktiskt med hjernans atomviljor, då hon dock t. ex. icke är i stånd att direkt komma i beröring eller kollision med andra psykiska individualviljor. Vi måste äfven här gå den kommande undersökningen i förväg och tillstå, att möjligheten af en sådan beröring och kollision icke vore tänkbar, om individualandarne å ena sidan och materiens atomer å den andra vore skilda substanser; hon blir begriplig endast genom det antagandet, att dessa äro blott olika funktioner af ett och samma väsen, närmare bestämdt af ett omedvetet väsen, — ty vore det medvetet, så funnes det gemensamma medvetandet i alla funktioner, och det skulle icke mer genom den från det gemensamma medvetandet anticiperade och i det, så att säga, utjämnade konflikten kunna komma till specialmedvetanden, hvaremot i ett omedvetet väsens rot de skilda funktionerna just hafva endast det nödvändiga gemensamma bandet för vexelverkan, men ändock plats nog för etableringen af skilda medvetanden så att säga i deras brutna spetsar eller stötta periferiska ändar. Nu möjliggöres visserligen en vexelverkan öfverhufvud genom substansens gemensamma metafysiska rot, men substansen är dock ännu icke tillräcklig för sig allena, för att åvägabringa vissa funktioners

sammanträffande i deras skilda periferiska ändar. Dertill fordras ännu såsom andra vilkoret, att dessa viljors föreställningsinnehåll bära uti sig sferen för deras beröring lika väl som det motsatta rörelsesträfvandet, och detta andra vilkor är just hos de olika individualandarne sinsimellan icke uppfyldt, men väl hos atomviljorna sinsimellan, hvilka i sitt föreställningsinnehåll äfven innehålla deras relationers rumlighet (som vid realiseringen skapar det enda objektiva rummet). Detta är den matafysiska grunden, hvarför andarne kommunicera endast genom sina kroppar: kropparne styra och ställa i det enda objektiva rummet såsom i sin gemensamma sfer, i hvilken de kunna komma i kollision, andarne åter hafva hvarken en direkt relation till detta materiens allmänna rum (ty det subjektiva medvetenhetsrummet är för hvarje ande ett annat, i sig oåtkomligt afslutadt), ej heller besitta de en annan analog sfer för det omedelbara andliga sammanträffandet, såsom kropparne (eller snarare deras atomer) besitta i och med rummet.

Men vilkoren för en gemensam sfer för beröringen mellan olika viljor äro också gifna mellan anden och den med honom sammanhöriga kroppen. I Kap. C. IX skola vi nämligen finna, att en kropps individualande eller själ icke är någonting annat än summan af de på denna kroppsliga organism riktade funktionerna hos det all-enhetliga omedvetna. Denna organism, d. v. s. detta så eller så ordnade aggregat af atomer, är alltså det i det omedvetna föreställningsinnehållet hos denne individualandes samtliga viljefunktioner uttryckligt inneslutna målet. Det kan icke heller i denne individualande gifvas en enda funktion, hvilken icke omedvetet hänförde sig till denna organism, och hvilken icke till och med inneslöte alldeles bestämda delar af denna organism eller alldeles bestämda rumliga lägeförändringar af sådana delar i sitt föreställningsinnehåll (t. ex. framkallandet af vissa hjernvibrationer till en metafysisk tanke). Hvarje individualande besitter fördenskull möjligheten att komma i kollision med atomviljorna i sin organism, men endast med dem i hans egen, aldrig med dem i någon annan, emedan endast hans organism enligt sina rumliga relationer är innesluten i (det omedvetna) föreställningsinnehållet hos sina egna funktioner, men icke någon annan. Hvarje funktion af det all-enhetliga omedvetna, hvilken refererar sig till en annan organism, hör nämligen just till summan af de på denna andra organism riktade funktionerna, d. v. s. till *dennas* själ eller individualande *). — Vi behöfva väl nu knappast erinra derom, att möjligheten af en viljornas kollision gäller för bägge arterna af vexelverkan mellan kropp och själ, icke blott för den, der själen utgör den öfvervägande *bestämmande* delen i kompromissen, utan äfven för den, der hon utgör den öfvervägande eftergifvande eller *mottagande* delen, d. v. s. icke blott för viljans inflytande på kroppen, utan äfven för föreställningarnes framkallande genom sinnes- och hjernintryck; påträffar individualandens funktion riktigt hjernans atomviljor, så måste naturligtvis också omvändt hjernans atomviljor lika riktigt påträffa denna samma individualande.

*) Genom denna konseqvens i läran om det omedvetna erhåller för första gången Spinozas sats, att själen är kroppens idé eller föreställning, en begriplig mening.

Efter dessa upplysningar, som till en del äro hämtade från innehållet i de följande kapitlen, torde våra tydningar af medvetandets uppkomst hafva erhållit en åskådligare belysning, och detta må gälla som ursäkt för, att vi lemnat undersökningens regelbundna gång. Någorlunda begripliga antydningar till en sådan medvetandets uppkomst ur en opposition af olika moment i det omedvetna har jag funnit endast hos Jacob Böhme och Schelling. Den förre säger (om den gudomliga åskådningen): »Intet kan blifva uppenbart för sig sjelft utan vedervärdigheter. Ty liksom det icke har något, som motstår det, så går det alltjämnt utom sig, men går icke åter in uti sig; men emedan det icke åter går in i sig, såsom i det, hvarur det ursprungligen är utgånget, så vet det ingenting om sitt ursprungliga hem». På samma sätt säger Schelling (Werke I: 3, sid. 576): »Skall det absoluta förete sig för sig sjelft, så måste det enligt sitt objektiv förete sig afhängigt af något annat, af något främmande. Men denna afhängighet hör dock *icke* till det *absoluta sjelft*, utan blott till dess *företeelse.*» —

Motsatsen mellan vilja och föreställning förstärkes ännu derigenom, att föreställningen icke är gifven omedelbart genom den materiella rörelsen, utan först genom *det omedvetet psykiskas lagenliga reaktion mot denna inverkan;* dertill kommer alltså ännu, att den omedvetne individualanden måste svara med en *verksamhet* (förnimmelsen), hvilken genom den af en främmande viljeyttring på hans viljande frambragta impressionen *påtvingas* honom så att säga periferiskt. På detta sätt uppstå närmast sinnesintryckens enkla qvaliteter, såsom ton, färg, smak o. s. v., ur hvilkas relationer till hvarandra sedermera hela den sinliga varseblifningen uppkommer; och ur denna uppkomma sedermera i sin ordning genom hjernvibrationernas reproduktion erinringarne och genom innehållets delvisa bortlemnande de abstrakta begreppen. I alla fall af medveten tankeverksamhet hafva vi att göra med *hjernvibrationer*, hvilka afficiera den omedvetne individualanden och tvinga honom till lagenlig reaktion; i alla fall äro de *sinliga qvaliteterna* resultaten af denna reaktion, och af dessa element sammansättes hela den medvetna föreställningsverlden. Om nu dessa *element* alltid uppväcka den process, som frambringar medvetandet, och derigenom blifva medvetna, så kan det icke förvåna oss, att äfven *kombinationerna* af dessa element hafva del i medvetandet, om också *kombinationens art* ofta framkallas genom viljan sjelf.

Häraf förklaras den skenbara motsägelsen, att föreställningar, som äro framkallade af viljan och sålunda icke äro i opposition med denna vilja, ändock kunna vara medvetna, emedan de just bestå af element, hvilka genom det omedvetnas aftvingade reaktioner blifvit föreställningar. Viljan kan nämligen endast derigenom framkalla en medveten föreställning, att den respektiva erinringen väckes, d. v. s. att tidigare hjernvibrationer reproduceras; innan den medvetna föreställningen finnes till, måste hon såsom innehåll inneslutas i den omedvetna viljan, visserligen i osinlig form, ty eljest skulle ju viljan icke vara i stånd att uppväcka *denna* föreställning; såsom medel för detta mål måste vidare anfallspunkten i hjernan föreställas omedvetet, hvarifrån de respektive erinringsvibrationerna kunna uppväckas och impulsen dertill

viljas; men längre går icke heller den omedvetna viljan, ty föreställningen i den sinliga formen kan hon först frambringa såsom reaktion mot dessa vibrationer; nu inträda vibrationerna, och det omedvetnas reaktion inträder som alltid framtvingad genom den lagenliga reaktionen, och dermed har också medvetandet om föreställningen kommit till. Detsamma gäller äfven om det omedvetnas medverkan vid de sinliga varseblifningarnas uppkomst, såsom förut är påpekadt; det gäller äfven då, när den medvetna föreställningen blir en viljas innehåll, hvilken då kallas medveten vilja, ty den medvetna föreställningen måste förut finnas till i medveten form, innan viljan kan fatta henne i denna form och göra henne till sitt innehåll; men om föreställningen engång besitter den medvetna formen, så förlorar hon denna icke åter derigenom, att viljan förenar sig med henne, ty hennes element, som måste reproducera sig oupphörligt på nytt, så länge hon består, göra detta städse i medveten form.

2. Lustens och olustens framträdande till medvetande.

Då vi hittills talat endast om *föreställningens* framträdande till medvetande, så hafva vi dermed icke menat, att föreställningen är medvetandets enda objekt; den uteslutande grunden för denna inskränkning var snarare sträfvandet, att icke genom förtidig förökning af objekten och synpunkternas komplicering i alltför hög grad försvåra framställningen af detta i och för sig så svåra område. Endast af denna anledning hafva vi, i stället för att tala om det allmänna »objektet af medvetandets framträdande», behandlat problemet från dess särskildt karakteristiska sida. Skall nu den sålunda vunna principen för medvetandets uppkomst vara riktig, så måste han passa för hvarje möjligt innehåll i medvetandets framträdande; man måste ur honom kunna logiskt deducera, hvilka element kunna inträda i medvetandet och hvilka icke, i det att man insätter dem i formeln det ena efter det andra. Så vilja vi nu förfara med olust, lust och vilja, hvilka utom föreställningen qvarstå såsom möjliga objekt för medvetandet. Hvad vi på sådant sätt a priori härleda såsom konseqvens af vår princip, det måste då också a posteriori bevisa sig vara riktigt på grund af erfarenheten; i denna aposterioriska bekräftelse hafva vi då räkneprofvet för principen, att allt, som erfarenheten framställer för oss till förklaring, också verkligen härflyter ur honom, under det att vi hafva vunnit sjelfva principen ursprungligen a priori genom att från alla möjliga antaganden eliminera det oriktiga, då till sist återstår endast det enda möjliga.

Ville man sedermera, om principen skall a priori och a posteriori bekräftas, ännu fordra, att jag skulle uppvisa, *huru och på hvilket sätt* just det resulterar ur den framstälda processen, hvilket vi i den inre erfarenheten känna såsom medvetande, så vore detta ett anspråk lika obilligt, som om jag t. ex. fordrade af fysikern, att han skulle uppvisa, *huru* det, som vi i den inre erfarenheten känna såsom ton, resulterar från luftvågorna och vårt öras inrättning. Fysikern visar oss endast och kan endast visa oss, *att* det, som subjektivt förnimmes såsom ton, objektivt betraktadt består i en process, hvilken sammansättes af de eller de vibrationerna; så kan jag endast visa, *att* det, som vi i subjektiv uppfattning känna såsom medvetande, objektivt betraktadt är en process, som af de eller de lederna och momenten sammansätter sig så eller så. Att erfara mera anser jag omöjligt, och derför anser jag det också vara obilligt att fordra mera, ty för att förstå sättet för den objektiva processens förvandling i subjektiv förnimmelse, skulle man blifva nödsakad att intaga en tredje ståndpunkt, som är hvarken subjektiv eller objektiv, eller, hvilket vill säga sak samma, bådadera på en gång. Men denna ståndpunkt besitter endast det omedvetna, hvaremot medvetandet just är söndringen i subjekt och objekt.

Känslan kan vara lust eller olust, viljans tillfredsställelse eller icke-tillfredsställelse; allt annat är, såsom blifvit visadt i Kap. B. III, närmare bestämningar, hvilka komma inom föreställningens område. Viljans icke-tillfredsställelse måste alltid blifva medveten, ty viljan kan aldrig vilja sin egen icke-tillfredsställelse, följaktligen måste icke tillfredsställelsen påtvingas henne utifrån, följaktligen är betingelsen för medvetandets uppkomst, viljans studsande öfver något, som *icke utgår från henne*, men som dock realt existerar och gör sig kännbart, den partiella nödvändigheten att rygga tillbaka vid sammanträffandet med en annan vilja och kontrasten mellan denna återstudsning och det efterstråfvade målet, uppfyld, och erfarenheten svarar fullkomligt deremot, i det att ingenting tilltalar medvetandet med större eftertryck, än smärtan, äfven om smärtan tänkes frigjord från de närmare, till föreställningen hörande bestämningarne.

Känslan af *lust* eller viljans tillfredsställelse kan icke blifva medveten i och för sig, ty i det att viljan förverkligar sitt innehåll och derigenom åvägabringar sin tillfredsställelse, inträffar ingenting, som skulle kunna komma i opposition med viljan, och då hvarje tvång utifrån saknas, och viljan gifver rum endast för sina egna konseqvenser, kan denna känsla icke komma till medvetandet. Annorlunda gestaltar sig saken, der ett medvetande redan etablerat sig, som samlar och jämför iakttagelser och *erfarenheter*. Detta lär sig snart att af de många fallen af icke-tillfredsställelse känna de motstånd, hvilka i den yttre verlden resa sig upp mot hvarje vilja, äfvensom de *yttre betingelser*, hvilka äro af nöden, om viljans förverkligande skall *lyckas*. Så snart det måste erkänna dessa yttre betingelser och dermed äfven tillfredsställelsen såsom någonting delvis eller helt och hållet utifrån betingadt, inträder medvetandet äfven för lusten. — Allt detta bekräftar erfarenheten på det tydligaste.

Närmast ser man på små dibarn, huru de veckor igenom gifva ifrån sig i hög grad eftertryckliga yttringar af smärta, innan det ringaste spår af lust står att läsa i deras miner och åtbörder; äfven hos bortklemade barn, hvilka städse få sin vilja fram, bekräftar det sig mycket tydligt, att de alldeles icke veta, huru det förhåller sig, om deras vilja engång icke blir tillfredsstäld. De hafva faktiskt så godt som alldeles ingen njutning af, att deras vilja blir tillfredsstäld, emedan denna tillfredsställelse just till största delen förblir omedveten. De hafva nära nog sin enda njutning i sinlig tillfredsställelse (sötsaker), emedan omgifningens omsorg i dessa fall icke kan spara dem de oangenäma jämförelserna. I huru hög grad vårt påstående finner sin tillämpning äfven hos fullvuxna personer, skall väl hvarje menniskokännare medgifva, ty hvarje slag af tillfredsställelse, hvilket utan afbrott fortfarande upprepar sig genom icke-tillfredsställelse, upphör att vara en medveten tillfredsställelse, d. v. s. en medveten njutning, så snart man begynner att tänka: det måste ju vara så och kan alldeles icke förhålla sig på annat sätt. Deremot framträder en ringa tillfredsställelse så mycket lifligare såsom lust till medvetandet, ju tydligare man inser, att man för den har att tacka yttre omständigheter, emedan man så sällan har kunnat förskaffa sig den, oaktadt hon alltid utgjort målet för ens vilja.

3. Viljans omedvetenhet.

Hvad nu *viljan* sjelf angår, så hafva vi hittills kallat henne medveten, när hon till sitt innehåll har en medveten, och omedveten, när hon till sitt innehåll har en omedveten föreställning. Men det är lätt att inse, att detta endast är ett oegentligt uttryck, då det har afseende endast på viljans innehåll; ty viljan sjelf kan *aldrig* blifva medveten, emedan hon aldrig kan vara i motsägelse med sig sjelf. Visserligen kunna flera begärelser vara i motsägelse med hvarandra, men viljandet i hvarje ögonblick är ju först resultanten af *alla* samtidiga begärelser, följaktligen kan det alltid vara enligt endast med sig sjelft. Om nu medvetandet är en accidens, som af viljan förlänas åt det, hvartill hon icke måste erkänna sig sjelf, utan någonting främmande såsom orsak, korteligen hvad som träder i opposition med henne, så kan viljan aldrig meddela sig sjelf medvetandet, emedan i detta fall det, som skall jämföras, och måttstocken för jämförelsen äro ett och detsamma och följaktligen aldrig kunna vara olika eller till och med vara i motsägelse med hvarandra. Också kommer aldrig viljan derhän, att hon kan erkänna någonting annat såsom sin orsak. Snarare är skenet af hennes spontaneitet oförstörbart, då hon är det första aktuella, och allt, som ligger bakom henne är potentielt, d. v. s. overkligt. — Under det att alltså olusten *alltid måste* blifva medveten, och lusten under vissa omständigheter *kan* blifva det, skall viljan *aldrig* kunna blifva medveten. Detta senare resultat synes måhända oväntadt, men erfarenheten bekräftar det fullkomligt.

I Kap. A. VII hafva vi sett, att en medveten föreställning ensam redan är i stånd att uppväcka den omedvetna viljan till en rörelse eller handling hvilken som helst, till och med utan att i föreställningen ligger något egentligt motiv. Men innehåller till och med föreställningen ett motiv, en egentlig bevekelsegrund, så måste väckelsen af det omedvetna begäret med säkerhet följa. Om nu menniskan har den medvetna föreställningen af en rörelse och sedermera ser denna rörelse utföras, viss om att icke vara påverkad utifrån, så sluter hon instinktmässigt, att orsaken till rörelsen ligger i henne, och rörelsens inre obekanta orsak kallar hon vilja. Att det på sådant sätt vunna begreppet beror endast på kausalitet, är lika litet till men för den instinktmässiga uppfattningen af dess realitet, som det är till men för uppfattningen af de yttre objekten, att vi besitta dem endast såsom *obekanta yttre orsaker* till våra sinnesintryck, eller som det är till men för föreställandets subjekt eller det intellektuella jaget, att vi känna det endast såsom föreställandets *obekanta inre orsak*. Vi tro oss omedelbart begripa det ena som det andra, emedan vi icke genom medveten öfverläggning, utan genom omedvetna processer komma derhän, och först den filosofiska betraktelsen måste lära oss, att alla dessa begrepp äro för oss ofattbara väsenheter, hvilkas enda åtkomlighet för vårt tänkande ligger i deras kausalitet, utan att denna kunskap gör något förfång åt den omedelbara instinktiva vissheten om deras direkta besittning. På samma sätt tror sig en, som skrifver, hafva känslan omedelbart i pennspetsen, under det att den enklaste betraktelse lär honom, att han har den endast i fingrarne, och han bygger omedvetna slutledningar om kausaliteten, utan att derigenom kunna beriktiga sin omedvetna villfarelse rörande känselsinnet, blott att beriktigandet här lyckas långt bättre, än vid dessa djupt inrotade psykologiska villfarelser.

Har menniskan engång på det antydda sättet fattat viljans begrepp (visserligen i omedveten tankeprocess), så märker hon mycket snart, att vanliga föreställningar sällan medföra rörelseföreteelser, hvilket deremot alltid är förhållandet med sådana, hvilka innehålla känslan af en lust eller olust, och alltefter detta fasthållande och tilldragande, eller afvärjande handlingar. Häraf lär hon på empirisk väg känna motivationens lag, enligt hvilken hvarje lustföreställning uppväcker positivt begär hvarje olustföreställning negativt eller frånstötande begär. Denna lag är undantagslös, och allt, som anföres deremot, beror på en villfarelse; t. ex. om en förgången njutning föreställes, men ändock icke åter begäres eller önskas tillbaka, så följer deraf, att hon för närvarande icke skulle kunna vara någon njutning mer. Om andra motsatta begärelser, hvilka uppstå samtidigt, undertrycka uppkomsten af detta begär, så förbruka dock dessa härför så mycket kraft, som begärelsen skulle hafva haft, om hon uppstått. — Har nu menniskan insett denna motivationslag såsom undantagslös, så vet hon, att hvarje gång är med föreställningen om en känsla af lust eller olust ett begär förbundet, och om icke andra begärelser eller yttre omständigheter lägga hinder i vägen för utförandet af den motsvarande rörelsen, så ser hon denna följa derpå. Denna process fullbordas åter omedvetet, och då menniskan förut ägde viljandets begrepp endast såsom orsak till en verkan, äger hon det numera såsom verkan af en orsak; men dermed har hon möjligheten att äfven då fatta detta begrepp hos sig, när dess verkan, utförandet, är förhindrad genom andra begärelser eller yttre omständigheter.

Vidare ser menniskan ett gradförhållande mellan föreställningens sinliga liflighet och den föreställda lustens och olustens storlek å ena sidan samt rörelsernas häftighet, handlingens energi och handlingsförsökens varaktighet å andra sidan, och häraf sluter hon, att äfven mellanleden till de båda kausala ändlederna måste stå i ett gradförhållande till hvar och en af dem båda; härigenom vinner hon en hållpunkt för viljans styrka. — De anförda punkterna skulle visserligen redan vara tillräckliga för den medelbara kännedomen och skenet af en omedelbar kännedom om viljan, imellertid äro de ännu af något ytlig natur, och villfarelsen blir genom andra beledsagande omständigheter ännu mycket större. Ty i de aldra sällsyntaste fall kan begäret genast i momentet för sin uppkomst förverkliga sitt innehåll, der förgår alltid längre eller kortare tid, innan det kommer till utförande, och så länge varar en visserligen för det mesta *genom hoppet förljufvad känsla af otillfredsställelse, af den oangenäma väntan och af umbärande* (hopp, otålighet, trånad, längtan), hvilken antingen förlänges, tills begärelsen småningom försvinner, eller genom insigten i förhoppningens omöjlighet och tillintetgörelse medför den fullständiga icke-tillfredsställelsen och olusten (vid oförminskadt bestående häftigt begär förtviflan), eller slutligen öfvergår i tillfredsställelse och lust. Dessa känslor äro begärets ständiga ledsagare resp. efterföljare och kunna uppkomma endast genom detta; äfven de falla i medvetandet och äro här de egentliga och omedelbaraste företrädare för begäret, hvilket man åter visserligen kan fatta egentligen endast såsom deras orsak, men som man genom den redan omnämnda villfarelsen tror sig fatta omedelbart i desamma. Likasom begäret i allmänhet igenkännes på de nämnda känslorna, så igenkännes hvarje särskild art af begär på den särskilda och egendomliga arten af de detsamma beledsagande känslorna. Det konstanta sammanhanget mellan bådadera igenkännes derigenom, att den särskilda arten af begäret är genom motivens art och de följande handlingarnes art för medvetandet bestämd; dock ligger deri äfven möjligheten af misstag, särskildt i de fall, då de beledsagande känslorna (längtan och hopp i allmänhet) äro de *enda* tecknen på viljans förhandenvaro. Då ligger nämligen det misstaget nära, att dessa begär, som förorsaka känslor, äro att söka i andra bekanta begärelser, medan de sjelfva hafva alldeles ingen del deri.

Detta fall förekommer t. ex. vid instinkterna, tydligast vid kärleken, der viljandet af det metafysiska målet är för den älskande alldeles obekant, hvilken fördenskull af misstag sätter den öfversvinneliga trånaden och hoppet blott på det velade medlets räkning (kopulationen med denna särskilda individ), i öfverensstämmelse dermed väntar sig en alldeles särskild njutning i kopulationen med denna individ, och sedermera känner sig så oangenämt öfverraskad af missräkningen. Att i trots af detta en öfversvinnelig salighet kan bestå motsäges icke deraf, ty den omedvetna clairvoyansen af det metafysiska målet framkallar en öfversvinnelig trånad, hvilken åter uppväcker ett öfversvinneligt hopp om en öfversvinnelig njutning, hvars väsen medvetandet likväl aldrig förmår uttala och som aldrig realiserar sig. Här heter det också: »Hoppet var din tillmätta andel.»

Dessa känslor, som beledsaga begärelserna, äro mestadels af

högst egendomlig och karakteristisk natur, en sak, som till en stor del är betingad genom kroppsliga känslor, hvilka genom de respektive hjernaffektionerna framkallas reflektoriskt i tillgränsande kroppsnerver. Man tänke på vreden med dess blodtillopp, på rädslan och förskräckelsen med deras blodstockning, darrning och svårighet att andas, den svåljda förtreten och förargelsen med deras hela lifvet naggande inflytanden, det vanmäktiga raseriet med dess lust att förstöra och tillintetgöra, sinnesrörelsen med dess tårar och dess matthet i bröst och mage, trånaden med dess förtärande smärta, den sinliga kärleken med dess våldsamma glöd, fåfängan med dess hjertklappning, det ansträngda tankearbetet och öfverläggningen med deras egendomliga reflektoriska känslor af spänning på olika ställen af hufvudsvålen alltefter den del af hjernan, som ansträngts, trotset, den oböjliga styfsintheten och fasta beslutsamheten med deras egendomliga muskelkontraktioner, äcklet med dess antiperistaltiska rörelser i svalget och magen o. s. v., o. s. v.

Huru mycket karakteren af dessa känslor beror på dylika kroppsliga tillsatser, skall hvar och en lätt medgifva; huru mycket han tillika är betingad af beledsagande omedvetna föreställningar, är afhandladt i slutet af Kap. B. III. — Om nu menniskan tror sig fatta viljan omedelbart i medvetandet på tre olika vägar, 1) från dess orsak, motivet, 2) från dess beledsagande och efterföljande känslor och 3) från dess verkan, handlingen, samt derjämte 4) verkligen äger viljans innehåll eller föremål såsom föreställning i medvetandet, så är det icke besynnerligt, att villfarelsen, att vara omedelbart medveten af viljan sjelf, mycket hårdnackadt och genom långvarig vana rotat sig så fast, att hon med mycken svårighet låter den vetenskapliga insigten om viljans eviga omedvetenhet uppkomma och fatta fast fot i öfvertygelsen. Men man pröfve sig endast engång med omsorg genom flera exempel, och man skall finna mitt påstående bekräftadt. Om man till en början tror sig vara medveten af viljan sjelf, märker man vid närmare betraktande snart, att man endast är medveten af den *begreppsmässiga föreställningen: »jag vill»*, och tillika af den föreställning, som bildar viljans innehåll, och om man forskar vidare, finner man, att den begreppsmässiga föreställningen: »jag vill» städse är uppkommen på ett af de anförda tre sätten eller på flera på samma gång, och någonting vidare finner man vid den skarpaste pröfning *icke* i medvetandet. Men en sak är ännu mycket märkvärdig, om man nämligen förargar sig deröfver (hvilket enhvar gör), att man måste frångå sin gamla åsigt och säger sig: »fördömdt, jag kan dock vilja hvad och närhelst jag vill, och jag vet att jag kan vilja, och nu t. ex. vill jag», så är det, som man håller för direkt varseblifning af viljan, ingenting annat än reflektoriska *kroppsliga känslor* af obestämd lokalisation, nämligen känslor af trots, af egensinnighet, eller också blott af besluten fast föresats; här uppstår alltså skenet af medvetande hos viljan sjelf på det andra sättet, genom beledsagande känslor. Äfven detta skall man finna bekräftadt, om man blott gör sig den mödan att försöka det.

Slutligen har jag ännu ett sista slående skäl att anföra för all viljas omedvetenhet, hvilket fullkomligt direkt afgör frågan. Hvarje menniska *vet just endast så till vida hvad hon vill*, som hon besitter *kännedom* om sin egen *karakter* och de psykologiska *lagarne*, sammanhörigheten mellan motiv och begärelse, mellan känsla och begärelse, samt de olika begärelsernas styrka, och på förhand kan ur dessa beräkna *resultatet* af deras kamp eller deras resultant, viljan. Att fullkomligt uppfylla denna fordran är vishetens ideal, ty endast den ideale vise vet alltid, hvad han vill, men hvarje annan menniska vet i samma mån mindre, hvad hon vill, ju mindre hon är van att studera sig sjelf och de psykologiska lagarne, att städse bevara sitt omdöme fritt från förvillelse genom affekter, och med ett ord att göra det medvetna förnuftet till rättesnöre för sitt lif (såsom blifvit antydt i Kap. B. XI). Derför vet menniskan så mycket mindre, hvad hon vill, ju mera hon öfverlemnar sig åt det omedvetna, känslans ingifvelser, barn och qvinnor veta det sällan och endast i de enklaste fall, djuren veta det förmodligen ännu mera sällan. Vore vetandet om viljan icke ett indirekt konstruktivt beräknande, utan ett direkt begripande i medvetandet, såsom vid lust, olust och föreställning, så skulle man alldeles icke kunna begripa, hvadan det så ofta måste inträffa, att man med säkerhet tror sig hafva velat ett, men genom handlingen får insigt om, att man har velat ett annat. (Jfr. Bd I sid. 172 och 179—180). I de fall, då en sak faller direkt i medvetandet, t. ex. vid smärtan, kan det alldeles icke blifva fråga om ett sådant misstag; hvad man då vet i sig, det har man också i sig, ty man fattar det omedelbart i sitt väsen.

Då viljan i och för sig under alla omständigheter är omedveten, så är det nu också tydligt, att viljan, för att lusten och olusten skola blifva medvetna, förhåller sig alldeles lik sig sjelf, vare sig att hon är förbunden med en medveten eller en omedveten föreställning. För att olusten skall blifva medveten, hvilken ju på sätt och vis redan står i opposition med viljan, är det naturligen likgiltigt, om föreställningen, hvilken bildar viljans innehåll, är medveten eller omedveten, det kunde på sin höjd synas vara af vigt, för att lusten skall blifva medveten. Är viljans innehåll en medveten föreställning, så är möjligheten för, att hennes tillfredsställelse skall blifva medveten, utan vidare klar; men äfven om innehållet är en omedveten föreställning, är denna möjlighet förhanden, med hjelp af de beledsagande känslorna och varseblifningarna. Om nämligen ibland n fall dessa beledsagande känslor och varseblifningar m gånger haft en olust till följd, och $n-m$ gånger ingen, så sluter man *instinktmässigt*, att dessa känslor och varseblifningar äro kännetecknet på en omedveten vilja, hvilken m gånger icke tillfredsställdes, d. v. s. frambragte olust, och deraf framgår omedelbart, att hon måste vara tillfredsställd $n-m$ gånger. Så kan denna tillfredsställelse i följd af kontrasten komma till medvetandet äfven vid en vilja, hvars innehåll alltid förblifver omedvetet, om hon blott är åtföljd af regelmässigt återkommande kännetecken, hvilka i stället för föreställningen, som bildar hennes innehåll, kunna figurera såsom representant för den i sig evigt omedvetna viljan. Detta måste vi tillägga, för att fullständiga hvad som blifvit sagdt i Kap. B. III, der dessa punkter ännu icke kunde tagas i öfvervägande.

Den nu vunna insigten om omedvetenheten hos viljan i sig kastar en intressant belysning på ständigt återkommande sträfvanden i filosofiens historia att upplösa viljan i föreställning; jag nämner endast de mest framstående: Spinoza, samt i nyare tid Herbart och hans skola med det utförligaste försök i detta hänseende. Detta sträfvande, som i ringare mån visar sig äfven hos Hegel, skulle vara rent oförklarligt i fråga om så stora tänkare, om viljan, hvilken till sitt väsen är fullkomligt heterogen med föreställningen, vore något omedelbart i medvetandet gifvet. Men derigenom, att man aldrig finner *viljan sjelf*, utan alltid endast *föreställningen om viljan* i medvetandet, blifva dylika sträfvanden icke endast förklarliga, utan äfven för den *uteslutande medvetna* ståndpunkten *berättigade*, enär viljan har sin verkliga existens endast inom det omedvetnas område. Derför är det också karakteristiskt, att just den mest dilettantiske af alla framstående filosofer, Schopenhauer, åsidosättande denna det stränga tänkandets fordran, tror sig finna viljan såsom det egna varats kärna omedelbart i medvetandet. Likasom den stora massan i sitt filosoferande tror sig fatta tingen omedelbart i den yttre varseblifningen, likaså dogmatiskt förmenade sig Schopenhauer fatta viljan omedelbart i den inre varseblifningen. Kritiken tillintetgör det ena som det andra dogmatiska skenet af instinkt, men vetenskapen återger åt kunskapen såsom en medveten medelbar besittning hvad han förstört af den blinda, omedelbara tron på instinkten.

4. Medvetandet har inga grader.

Vår princip har ännu att bekräfta sig i ett sista prof. Om nämligen vårt antagande är riktigt, att medvetandet är en företeelse, hvars väsen består i viljans opposition emot något, som icke utgår från henne, men ändock är förnimbart förhanden, att alltså endast de föreställnings- eller känsloelement kunna blifva medvetna, hvilka träffa på en med dem i opposition befintlig vilja, d. v. s. en vilja, hvilken icke vill eller negerar dem, så följer deraf, att medvetandet lika litet som intet eller negationen i sig kan hysa gradåtskilnader. Det är fråga om intet annat än ett rent alternativ: »blifva medveten eller förblifva omedveten»; förhåller sig viljan affirmativt, så inträder det senare, förhåller hon sig negativt, så inträder det förra fallet. Det gifves ingen stegring eller minskning i negationen, ty negation är ett positivt, icke ett komparativt begrepp. Det gifves visserligen ett partielt och ett fullständigt negerande, men detta utgör icke någon skilnad i negerandet, utan i det negerade objektet, och kan följaktligen icke grundlägga någon gradåtskilnad i sjelfva negerandet: ett partielt negerande måste i vårt fall hafva till följd, att en del blir medveten och att en annan förblir omedveten, men ingalunda skulle en gradåtskilnad hos medvetandet kunna framgå ur detsamma.

Det, *som* blir medvetet, medvetandets objekt eller innehåll, kan alltså framvisa ett mer eller mindre, men medvetandet sjelft kan endast vara eller icke vara, det kan aldrig vara mer eller mindre. Visserligen kan äfven viljan, hvilken genom sitt negerande af objektet sätter dettas framträdande till medvetande, visa gradåtskilnader, hon kan vara starkare eller svagare; men styrkan af denna vilja, förutsatt att hon öfverhufvudtaget ligger ofvan intensitetens minimum, har alldeles intet inflytande på alternativet i »framträdande till medvetande eller icke», endast om hennes *innehåll* förhåller sig affirmativt eller negerande till objektet för framträdandet till medvetande, endast det afgör alternativet. Derför kan icke heller någon medvetandets gradåtskilnad härledas från den opponerande viljans styrka; antingen blir något medvetet, eller blir det icke medvetet; ingalunda kan det blifva mer eller mindre medvetet. Jag vill ännu genom ett exempel från viljan förtydliga detta förhållande.

Om jag vill skänka en tiggare något, så vill jag förvisso mer, om jag skänker honom en thaler, än om jag gifver honom en groschen; detta är innehållets mer eller mindre, hvilket alldeles icke berör frågan angående styrkan af viljan såsom sådan, ty viljan sjelf kan i båda fallen vara alldeles lika stark, antingen jag har för afsigt att bortgifva en thaler eller en groschen. Deremot kan under för öfrigt samma innehåll viljan vara alldeles olika stark; t. ex. om af två personer hvar och en vill skänka tiggaren en groschen, så kan den ena möjligtvis återhållas derifrån genom en mycket obetydlig föranledning, under det att viljan hos den andra öfvervinner starka kontramotiv. Detta är gradåtskilnaden hos viljan såsom sådan. En gradåtskilnad i innehållet hafva vi hos medvetandet också, men gradåtskilnaden i medvetandet såsom sådant måste deremot saknas enligt den aprioriska härledningen från vår princip. Skulle denna aprioriska konseqvens från principen icke bekräftas af erfarenheten, så vore detta ett indirekt angrepp mot principen sjelf.

Hvad som närmast ligger i vägen för det empiriska erkännandet af denna sats är förvexlingen af begreppet medvetande med två andra nära liggande begrepp, nämligen i främsta hand uppmärksamhet, vidare sjelfmedvetande. — *Uppmärksamheten* hafva vi redan flera gånger (Bd I, sid. 87—88, 117—118 och 189—190) lärt känna som en såväl reflektoriskt, som äfven frivilligt frambragt nervström, hvilken fortlöper i sensitiva nervfibriller från centrum till periferien och tjenar till att förhöja nervernas ledningsförmåga, isynnerhet för svaga retningar och svaga retningsskiljaktigheter. Uppmärksamheten består sålunda i materiella nervvibrationer. I det att dessa fortlöpa från centrum till periferien, kan det omöjligen uteblifva, att de, äfven utan att hafva träffat på en varseblifning, reflekteras från periferien till centrum. Dessutom försättes genom uppmärksamheten för hvarje sinnesområde en mängd muskler i spänning, för att bättre möjliggöra varseblifningens upptagande genom organet, och slutligen spännas vissa andra muskler, isynnerhet hufvudsvålsmusklerna, reflektoriskt. Dessa tre moment öfverensstämma deruti, att de genom materiella vibrationer tillföra medvetandets organ förnimmelser, d. v. s.

uppmärksamheten såsom sådan är ett föremål för varseblifningen och följaktligen för medvetandet. Härom kan man lätt öfvertyga sig, om man under nattens tystnad har tillfälle att uppmärksamt lyssna till en signal, eller att skåda sig omkring på horisonten, huruvida en raket skall stiga upp. Om för blotta föreställandet visserligen också sinnesorganets muskelspänning försvinner, så qvarstå dock den reflektoriska spänningen i hufvudsvålsmusklerna (deraf ordet hufvudbry) och verkningen af nervvibrationerna såsom sådana; fördenskull förnimmes också tydligt den uppmärksamhet, hvilken icke är riktad på ett yttre sinne, utan blott på hjernans inre föreställningslif, såsom hvar och en lätt kan iakttaga på sig sjelf, då han söker efter ett bortglömdt ord.

Uppmärksamheten stegrar retbarheten hos de delar, hvilka hon träffar, och underlättar derigenom minnesföreställningarnas uppdykande, liksom äfven varseblifningen af svaga retningar och retningsskiljaktigheter. Man kan icke påstå med bestämdhet, att hon förstorar vibrationernas amplitud, emedan styrkan af en förnimmelse (t. ex. en tons styrka) genom uppmärksamhetens stegring skenbart icke ökas; detta kan likväl, såsom jag håller för högst sannolikt, vara endast skenbart, i det att styrkans ökning redan omedvetet frånräknas, ty om man flyttar ett föremål närmare intill sig, så varseblir man icke lätt, att dess storlek förökas, och en jämförelse mellan två lika långt från ögat aflägsna cirkelöppningar är väsentligt icke lättare, än en jämförelse mellan två, som befinna sig på olika stora afstånd derifrån. — Härmed förhålle sig huru som helst, så mycket är dock visst, att vi vid hvarje förnimmelse hafva en, så att säga, dubbel uppfattning, såväl om styrkan af förnimmelsen, för så vidt hon beror på retningen, som ock om graden af den derför använda uppmärksamheten, att alltså till varseblifningen genom uppmärksamhetens hjernvibrationer kommer en beståndsdel, hvilken gör totalvarseblifningen rikare och mera omfattande (alldeles bortsedt derifrån, att alla sinnesförnimmelser alldeles icke kunna komma till hjernan och hennes medvetande utan en viss grad af reflektorisk uppmärksamhet). Men detsamma gäller äfven för blotta hjernföreställningar, och för dessa i ännu högre mån.

Äfven en ur minnet uppdykande föreställning riktas och skärpes genom uppmärksamheten. Hon blir visserligen till sitt allmänna innehåll icke förändrad, men under det att vid en föreställning, för hvilken man är uppmärksam, allt är töcknigt och dimhöljdt, blekt och färglöst, liksom i fjerran oigenkänligt, blifva konturerna, färgerna och den detaljerade framställningen i samma mån bestämdare, lifligare och ryckta närmare, ju högre graden af uppmärksamheten stiger. Detta har sin grund deruti, att alla våra föreställningar bero på sinnesintryck, och att först i dessa de bleka begreppsspökena kläda sig i kött och blod, men att de sinliga föreställningarna blifva i samma mån mera plastiska och lifliga, samt att en större del af den speciella sinnesnerven och sinnescentralorganet drages sympatiskt med, allt efter som föreställningen projicieras mera periferiskt utåt. Vid sinnesvarseblifningen inträder alltså genom uppmärksamhetens stegring endast så till vida en innehållets större rikedom, som genom den stegrade ledningsförmågan äfven obetydligare beledsagande detaljer komma ända fram till hjernmedvetandet, och varseblifningen hos uppmärksamhetsvibrationerna sjelfva blir intensivare; vid minnesföreställningen åter tillkommer ännu förutom dessa moment stegringen af den sinliga lifligheten och bestämdheten.

Dertill kommer ännu i alla fall det hittills icke omnämnda förhindrandet af rubbning genom andra varseblifningar, hvilket är af högsta betydelse. Vanligen består nämligen i vaket tillstånd en viss uppmärksamhetens tonus i hela det sensitiva nervsystemet, hvilken naturligen för hvarje enskild punkt af nervsystemet är svag och först genom en starkare verkande retning stegras reflektoriskt i denna riktning. Derigenom uppstår vanligen en betydlig fördelning af uppmärksamheten, så att medvetandet finner i sig ett oändligt blandadt innehåll af idel svaga varseblifningar. Men uppstår nu en stark spänning af uppmärksamheten i en bestämd riktning, såsom t. ex. på ett enda sinne eller på hjernan allena, så kan detta i betraktande af organismens begränsade kraftsumma ske endast på bekostnad af uppmärksamheten i alla andra riktningar, och derför är hvarje ensidigt stegrad uppmärksamhet en *koncentration* af densamma, hvilken bildar en motsats till uppmärksamhetens fördelning. I stället för de oändligt många svaga varseblifningarne finner nu medvetandet en enda energisk föreställning såsom sitt innehåll, under det att summan af alla öfriga varseblifningar är reducerad till ett minimum. Man finner, att innehållet är väsentligen förändradt, till den grad, att det är fullkomligt tillräckligt för att förklara det förändrade tillståndet, der finnes ingenting förhanden, som skulle kunna tyda på en graduel förändring af medvetandet i och för sig. Men å andra sidan ligger det i öppen dag, huru lätt ett bristfälligt söndrande mellan uppmärksamhet och medvetande kan leda till den meningen, att medvetandet liksom uppmärksamheten har grader, och mycket ofta skall man finna, att man använder uttrycket medvetande, der man menar uppmärksamhet. Uppmärksamheten kan hafva olika grader, emedan hon består i nervvibrationer, och vid alla nervvibrationer storleken af vibrationsamplituden betingar styrkan af förnimmelsen; medvetandet åter kan icke hafva några grader, emedan det är en immateriel reaktion, som antingen inträder eller icke, men om hon inträder, alltid följer på samma sätt.

Skilnaden mellan medvetande och *sjelfmedvetande* har redan blifvit antydd i början af detta kapitel. Sjelfmedvetande kan naturligen icke tänkas utan medvetande, men väl medvetande utan sjelfmedvetande. Huruvida en fullständig frånvaro af sjelfmedvetande i verkligheten kan konstateras, måste ännu lemnas derhän, då ju äfven sjelfmedvetandet i närmaste hand födes instinktivt såsom en så kallad dof sjelfkänsla. Så mycket är visst, att ett mycket klart medvetande ofta nog förekommer jämte ett försvinnande minimum af sjelfmedvetande; ja till och med, ju klarare det objektiva medvetandet blir hos samma individ, desto mer försvinner sjelfmedvetandet. Ingen är i stånd att verkligt njuta af ett konstverk, ej engång om han verkligt förgäter sig sjelf. Likaledes upphör sjelfmedvetandet nästan fullkomligt, om man fördjupar sig i vetenskaplig lektyr; men då man producerar och är försjunken i djup eftertanke, är man så frånvarande icke blott från omgifningen, utan äfven från sig sjelf, att man icke har något minne för sina vigtigaste intressen, ja till och med så att, om någon plötsligen ropar på en, man först måste tänka efter sitt eget namn. Och dock är medvetandet klarast i dessa moment, emedan det just är försänkt i föremålet, d. v. s. uppmärksamheten har uppnått högsta graden af koncentration. Men detta försjunkande i föremålet är nödvändigt vid alla ting, der föreställningsprocessen skall prestera något värdefullt, undantagandes vid praktiska frågor, som beröra ens eget intresse, emedan i detta senare fall man måste fästa afseende vid alla lifvets ändamål i deras inbördes vigt och betydelse, och följaktligen jagens identitet vid olika tider, personligheten, spelar en hufvudsaklig roll. Men af samma anledning sakna också exklusivt praktiska naturer, som aldrig kunna förgäta sig sjelfva och sina många mål och intressen, i regeln hvarje högre vetenskaplig och hvarje konstnärlig förmåga och duglighet.

Man finner alltså, att medvetande och sjelfmedvetande äro mycket olika ting; icke desto mindre är bådas förvexling en mycket vanlig sak. Man säger t. ex. om en sömngångare, att han i detta tillstånd är utan medvetande, under det att hans handlingar (diktning, skriftliga arbeten) deremot ådagalägga ett mycket klart medvetande; men han är visserligen utan fullt sjelfmedvetande, enär hans uppmärksamhet, fördjupad i ett ensidigt föremål, är frånvarande för alla andra varseblifningar, som icke stå i sammanhang med detta föremål, och fördenskull uppdyker icke heller hos honom någon erinring af hans förra mål och intressen, hvilka icke beröra detta föremål.

För så vidt det fullständiga sjelfmedvetandet innesluter erinringen af alla mål och intressen, som föregående jag hafva haft, använder man också ganska ofta derför uttrycket *besinning*, och der man med rätt kan säga, att en menniska i det eller det ögonblicket, under den eller den handlingen varit utan besinning eller utan sjelfmedvetande, säger man ofta oriktigt, att hon varit utan medvetande; men å andra sidan säger man vanligen, då någon förlorar eller förlorat medvetandet (t. ex. i vanmakt, bestörtning), att han är eller blir besinningslös, eller förlorar sjelfmedvetandet; i detta fallet säger förvexlingen af orden för litet, liksom i det förra för mycket. Men nu är det påtagligt, att sjelfmedvetandet har olika grader; ty det är fullkomligast, när det fattar blott den närvarande själsverksamhetens jag, och det är i samma mån fullkomligare, d. v. s. dess grad är i samma mån högre, ju flera jag för förgångna eller tillkommande handlingar det omfattar. Ty sjelfmedvetandet är ju icke, liksom medvetandet, en enkel, tom form, utan det är ett medvetande *med ett alldeles bestämdt innehåll*, af jaget sjelft, och då detta bestämda innehåll redan tillhör dess *begrepp*, så måste också sjelfmedvetandets grad stiga och falla med graden af dess innehåll. Medvetandet deremot lemnar sitt innehåll helt och hållet obestämdt, det kräfver endast ett innehåll öfverhufvud, om det skall komma till företeelsen, till verkligheten, men till sitt begrepp är det *blott form*, och kan fördenskull dess begrepp icke derigenom antaga graduella olikheter, att det för detsamma fullkomligt likgiltiga innehållet utfaller olika. Men är denna olikhet mellan medvetande och sjelfmedvetande ännu icke, eller åtminstone icke i detta afseende tydliggjord, så är det ingenting besynnerligt deruti, att man genom den vanliga förvexlingen af båda begreppen oförmärkt vant sig vid att äfven i medvetandet i och för sig tro på graduella olikheter. Ännu förlåtligare blir misstaget, der uppmärksamhet och sjelfmedvetande öfvergå i hvarandra. Om jag t. ex. lyssnar till en signal med fullkomligaste sjelfmedvetande, i det att jag vet, att hela mitt lifs lycka är afhängig af honom, och slutligen mitt öra träffas af dånet af ett i fjerran afskjutet skott, så kan jag lätt förfalla i den villfarelsen, att medvetandet, med hvilket jag nu hört dånet, är graduelt högre, än det, hvarmed jag tillfälligtvis förnummit det såsom promenadgångare. Men frånräknar man derifrån samvetsgrant de enskilda momenten, först och främst den tanken, att hela jaget i framtiden beror på sinnesvarseblifningen i det närmast följande momentet, vidare den tanken, att jag sjelf är den, som afsigtligt anstränger sin uppmärksamhet, derefter muskelspänningen och varseblifningen under uppmärksamheten såsom sådan, slutligen den sinliga varseblifningens stegring, hennes större bestämdhet o. s. v.: då skall man nödgas medgifva, att den för medvetandet såsom sådant qvarstående resten är i båda fallen densamma, och att olikheterna endast träffa dels det åt medvetandet af hjernan framstälda innehållet, dels sjefmedvetandet.

Sedan vi sålunda ådagalagt de för den menskliga sjelfiakttagelsen vanliga villfarelserna, skall det paradoxa hafva försvunnit uti det påståendet, att det så kallade högsta och lägsta medvetandet, menniskans och de lägsta djurens, äro såsom medvetande hvarandra alldeles lika och åtskiljas endast genom deras innehåll. Såsom vi hafva sett, äro de enkla sinliga qvaliteterna, af hvilka all sinnesvarseblifning består, reaktioner af det omedvetna mot de materiella vibrationerna i centralorganet (hjerna, ganglier, djur- och växtprotoplasma). Det är tydligt, att reaktionerna rätta sig efter vibrationernas art, att de framträda så mycket starkare och lifligare, ju starkare vibrationerna äro, samt att de äro så mycket bestämdare söndrade från hvarandra och skilja sig så mycket tydligare från andra liknande förnimmelser, ju bestämdare och rikare vibrationerna gestalta sig hvar för sig, och ju ringare olikheter i de yttre retningarna bringa dem till företeelse i centralorganet.

Sålunda ligger i öppen dag, att snäckans öga, som enligt noggranna iakttagelser måste hos henne bokstafligen ersätta alla fem sinnena, utan att hon förmedelst detsamma är i stånd att urskilja mer än ljus och mörker i allmänhet, att detta öga uppväcker vibrationer i centralorganet, hvilka hvarken för syn, lukt, smak, hörsel eller känsel visa så stora olikheter, som hos djur med särskilda sinnesorgan, ej heller äro mäktiga af någon betydande mångfald inom hvart och ett af dessa särskilda förnimmelseområden. Men hvad som gör, att en varseblifning kan särskiljas från andra varseblifningar, det är den *bestämdhet*, som denna varseblifning för sig betraktad innehåller, och derför äro också varseblifningarne i samma mån obestämdare, ju längre vi stiga nedför djurens stora serie. Denna obestämdhet är endast så att förstå, att varseblifningen saknar den detalj, som hos djur af högre organisation grundar olikheten. Uttager man denna detalj ur varseblifningen, så blir hon *fattigare på innehåll*, ty hon har då endast *det allmänna* qvar, som *ännu jämte det olika är det lika och gemensamma*. All varseblifningens obestämdhet beror således på fattigdomen, hvaremot rikedomen på innehåll är grunden till bestämdheten och olikheten. Nu kunna vi också säga, hvari olikheten hos ett skenbart lägre medvetande består, nämligen *i den ringa intensiteten och fattigdomen hos dess innehåll, i det materiella armodet såväl i den enskilda varseblifningen och föreställningen, som äfven i hela den tillgängliga massan af föreställningar*. Då jag ser en enskild ljuspunkt i mörka natten, så ser jag honom skarpt begränsad såsom punkt, i en bestämd grad af upplysning, och bakgrunden i en bestämd grad af mörker, jag ser tillika båda i en alldeles bestämd färg; det är den rikedom, som denna enskilda varseblifning innehåller. Men snäckan ser alldeles icke denna punkt, eller om han är mycket ljus, så ser hon ett svagt ljusskimmer framför sig, och af allt det andra ser hon ingenting; det är fattigdomen i hennes föreställning.

Men dessutom ser snäckan med långt ringare *intensitet*, emedan hon ser med ringare uppmärksamhet. Uppmärksamhetens försvagning i alla andra riktningar, i det att hon koncentrerar sig i en enda, bevisar hennes begränsade summariska storlek för ett bestämdt väsen, hvilken påtagligen står i samband med detta väsendes summariska nervkraft. Ingenting ligger närmare till hands, än att uppmärksamhetens summariska maximalstorlek sjunker, i samma mån som nervsystemets organisation blir lägre inom djurriket. Sålunda skall en snäcka, om hon i möjligaste högsta grad spänner uppmärksamheten på en ljuspunkt, på denna knappast kunna använda lika mycken uppmärksamhet som jag, om jag också alldeles icke tänker på denna ljuspunkt; ty snäckans centralorgan står i alla händelser lägre, än mina fyrhögar, hvilka mottaga synintrycken, och längre än till fyrhögarne kunna synintrycken icke komma, om hjernans verksamhet är af någonting annat upptagen. Nu hafva vi en ungefärlig bild af de lägre djurens medvetande vid en enskild varseblifning; och dock är medvetandet alltid detsamma, endast dess innehåll är mycket svagare och torftigare.

Förhållandet ökas ytterligare, om vi taga under öfvervägande hela föreställningsmaterialet, som ligger till grund för all jämförelse, abstraktion och kombination; då finna vi genast, att obestämdheten och otydligheten hos den enskilda föreställningen vida öfverträffas af fattigdomen hos hela summan af erfarenheter, som stå ett sådant djur till buds, och af oförmögenheten hos ett centralorgan, att tillräckligt hålla qvar i minnet de engång gjorda erfarenheterna, eller att bearbeta dem till handterliga delföreställningar (begrepp). Detta behöfver väl icke utförligare ådagaläggas. Resultatet af det hela är bekräftelsen af den från vår princip härledda satsen, att medvetandet såsom sådant, d. v. s. till sin form, är öfverallt detsamma och skiljer sig endast med hänsyn till sitt innehåll. Ty ingenstädes hafva vi funnit någon anledning att tillskrifva medvetandet sjelft graduella olikheter, såsom vi måste göra t. ex. i fråga om viljan, äfven bortsedt från hennes innehåll. Principen har sålunda visat sig riktig äfven vid detta sista prof.

5. Medvetandets enhet.

Vid slutet af detta kapitel framställer sig den frågan: »*Hvad är medvetandets enhet?*» Enligt vår grundsats kunna vi här besvara denna fråga endast från empirisk synpunkt. Så kunna vi t. ex. icke åberopa oss på det till grund liggande individuella själsväsendets enhet, emedan vi ännu veta alldeles ingenting om detta själsväsende, dess individualitet och dess enhet, utan tvärtom först genom denna frågas besvarande kunna erfara någonting derom. Men dessutom skola de, som hylla åsigten om enhetliga individuella själar, nödgas medgifva, att till och med medvetandets enhet kan upplösa sig i ett flertal af strängt skilda och fullkomligt osammanhängande medvetanden, under det att de å andra sidan måste medgifva den för dessa skilda medvetanden till grund liggande själens enhet. Jag erinrar endast om sådana exempel, hvaraf Jessen i sin »Psychologie» anför ett, nämligen en flicka, som efter en soporartad sömn hade förlorat *all* erinring, utan att själsförmögenheten eller fattningsgåfvan försvagats. Denna flicka måste åter begynna med alfabetet. Anfallen upprepade sig, och småningom var minnet af de närmast före en sådan sömn föregående händelserna försvunnet, hvaremot minnet åter syntes oförsvagadt af de närmast der förut föregående händelserna, så att hon alltid måste återtaga sina studier der, hvarest hon lemnat dem före det näst-sista anfallet. Detta exempel framför endast företeelser i eklatant och total form, som man i svagare grad och partielt kan iakttaga öfverallt. Endast der kunna vi medgifva en medvetandets enhet mellan ett *förgånget och närvarande* moment, hvarest i det närvarande erinringen af detta förgångna moment är förhanden, eller hvarest åtminstone möjligheten af denna erinring står obehindradt öppen. Strängt taget kan om en medvetandets verkliga eller aktuella enhet blifva tal endast vid aktuel erinring, då deremot vid blotta möjligheten af erinring medvetandets enhet är blott möjlig eller potentiel.

Se vi vidare till, hvad det är, som vi hafva vid den aktuella erinringen, hvad det är, som derigenom ytterligare kommer till en föreställning, att jag fattar henne såsom en *bekant* föreställning eller *erinring*, så är det enligt Kap. B. VII sid. 210—211 en instinktiv känsla, hvilken upplöst i sina diskursiva moment har följande betydelse: jämte hufvudföreställningen har jag ännu en mycket svagare, genom den förra uppväckt biföreställning, hvilken jag ställer i kausalt sammanhang med en henne lik till tiden föregående föreställning. Stället och tiden för denna föregående föreställning kunna likaledes fixeras genom hennes i minnet uppdykande, beledsagande omständigheter.

Enheten i medvetandet mellan till tiden skilda moment består således i ingenting annat än i *jämförelsen* mellan en närvarande och en förgången föreställning. Möjligheten af denna jämförelse vinnes derigenom, att af två *närvarande* föreställningar den ena representerar det närvarande, den andra det förflutna, och detta senare åter blir möjligt derigenom, att jag känner den närvarande föreställningen såsom stående i kausalt sammanhang med en förgången, som är henne lik. I det att nu den ena af de två föreställningarne representerar det förflutna, fattar medvetandet i den enhetliga jämförelseakten representanterna för det närvarande och det förflutna medvetandet tillsammans i ett, och blir sålunda medvetet af medvetandets enhet i denna förgångna och den närvarande föreställningen. Om jag nämligen har två medvetna föreställningar, så består ett medvetande af den ena och ett medvetande af den andra föreställningen, och jag skulle aldrig hafva skäl att yrka på en enhet af dessa båda medvetanden, om jag icke kunde bevisa denna enhet. Men i det att jag nu sammanfattar båda föreställningarna i jämförelsen, så upptager jag båda medvetandena genom jämförelsen i det tredje medvetandet, och har sålunda bragt deras enhet till omedelbar åskådning. Jämförelsen är således det moment, hvilket aldraförst möjliggör tanken på en medvetandets enhet, och med jämförelsens möjlighet upphör också möjligheten af medvetenhetens enhet.

Såsom vi här hafva sett, att det är jämförelsen, som dömmer om enheten i medvetandet af en förgången och en närvarande, d. v. s. till tiden skilda föreställningar, så är det också jämförelsen, som dömmer om i rummet skilda föreställningar, d. v. s. sådana, som uppväckas genom olika materiella delar. En menniskohjerna har en viss storlek, och de föreställningar, som uppstå i ena ändan af densamma, äro många tum aflägsna från dem, som uppstå i den andra ändan; likväl tvifla vi icke på hjernmedvetandets enhet. Skälet är helt enkelt det, att i det friska vakna tillståndet hvarje i hjernan uppdykande föreställning kan *jämföras* med hvarje annan på annat ställe i hjernan uppdykande föreställning. Deremot hafva ryggmärgens och gangliernas föreställningar, så som de nödvändigt måste existera t. ex. vid reflexrörelser o. s. v., då inelfvorna o. dyl. skadas, i allmänhet ingen enhet i medvetandet med hjernföreställningarne, de hafva snarare hvar och en sin *särskilda* medvetna existens, emedan de icke kunna upptagas genom jämförelse i en gemensam medvetenhetsakt. Endast för några starka förnimmelser hos de lägre nervcentra inträder denna jämförbarhet, och dymedelst också så till vida en enhet i medvetandet, som hon framträder i totalkänslan. Under det att för de olika nervcentra hos en organism denna medvetenhetsenhet framställes genom det enas eller det andras starkare väckelse, kan hon på intet sätt framställas för olika individers nervcentra, det vare till och med vid två organismers partiella sammanväxning genom missbildning eller mellan moder och foster.

Orsaken till dessa företeelser ligger i öppen dag. I hjernan löpa förutom de särskilda kommissurerna oräkneliga nervfibriller genom hela massan och framställa sålunda en innerlig väfnad mellan den ena delen och den andra; ryggmärgen har redan ett mycket ofullständigare samband med hjernan, och det sympatiska nervsystemet sammanhänger med hjernan endast genom nervus vagus; hos sammanvuxna individer kunna endast finnas mer eller mindre tillfälliga sammanväxningar mellan underordnade nervsträngar, och hos skilda individer saknas hvarje förbindelse. Ju fullkomligare *ledningen* mellan de funktionerande centrala nervpartierna är, desto ringare retning behöfves det i dessa, för att fortplanta retningen oförsvagad från det ena till det andra; ju ofullkomligare och längre ledningsvägen är, desto starkare äro ledningsmotstånden, desto starkare måste retningarne vara, om de skola fortplantas ända fram till det andra centrala stället, och desto oklarare och otydligare framkomma de dit. För den, som känner detta de fysikaliska vibrationsföreteelsernas oändliga sammanhang, kan denna uppfattning af nervprocesserna, enligt hvilken hvarje tanke från ett ställe i hjernan samtidigt telegraferas till alla ställen inom densamma, icke innebära något besynnerligt; det är omöjligt att på annat sätt tyda hjernans anatomiska konstruktion med dess oräkneliga fibrillära föreningar. Det är alltså i sjelfva verket *ledningsförmågan*, som fysiskt betingar medvetandets *enhet*, och med hvilken denna går *proportionelt* hand i hand. Såsom grundsats uppställa vi alltså: *Skilda materiella delar lemna skilda medvetanden*, en sats, som icke allenast är a priori påtaglig, utan äfven empiriskt finner sin bekräftelse i de skilda individerna. Så länge den australiska myran är *ett* djur, handlar hennes fram- och bakkropp med enhetligt medvetande, men så snart man styckat henne, är medvetenhetsenheten upphäfd, och båda delarna vända sig mot hvarandra till kamp. — Vidare antaga vi: Jämförelsen mellan två på skilda ställen frambragta föreställningar blir möjlig endast derigenom, att vibrationerna på ena stället ledas oförsvagade och oförfalskade till det andra; endast genom båda föreställningarnas jämförelse är upptagandet af bådas medvetanden i jämförelseaktens enhetliga medvetande möjligt, men med jämförelsen, kunna vi tillägga, är detta upptagande ock ***eo ipso gifvet***. (Det *metafysiska* vilkoret för den psykiska omedvetna substansens identitet, som kommer att afhandlas först i Kap. C. VII, har jag härvid naturligen med tystnad förutsatt; utan denna identitet vore nervledningens fysiska vilkor lika fruktlöst som det förra utan detta). De siamesiska tvillingarne vägrade att spela bräde med hvarandra, emedan de menade, att detta vore alldeles som den högra handen skulle spela med den venstra; de med nedre delen af ryggen sammanvuxna negrinnorna, hvilka under namnet tvåhufvade näktergalen förevisades i Berlin i början af år 1873, sägas hafva förnimmelser af hvarandras förnimmelser i de nedre extremiteterna, d. v. s. de äga en medvetandets enhet inom ett visst känsloområde i trots af att de äro två personer; — men tänkte man sig förbindelsen mellan två menniskors *hjernor* vara möjlig genom en lika god ledande brygga, som den mellan de båda hemisfererna inom en och samma hjerna, så skulle härmed genast de båda personernas hittills skilda medvetanden omfattas af ett gemensamt och enhetligt medvetande, som omfattade båda hjernornas tankar, enhvar af dem skulle icke längre kunna skilja sina tankar från den andras, d. v. s. de skulle tillsammans icke längre känna sig såsom två jag, utan endast som ett enda, alldeles som mina båda hjernhemisferer känna sig endast som ett enda jag.

IV.

Det omedvetna och medvetandet i växtriket.

Frågan huruvida växterna äro begåfvade med en själ är mycket gammal; hon har blifvit jakande besvarad utom af judendomen och kristendomen. Vår tid, som vuxit upp i de båda senares åskådningssätt och ännu icke på långt när lyckats slå en brygga öfver den af kristendomen upprifna klyftan mellan ande och materia, har icke utan svårighet åter insatt *djuren* i brodersrätt med menniskan; intet under, att han ännu icke förmått lyfta sig nog högt, för att medgifva *växterna* en själ, då hans fysiologi äfven i fråga om djuren är van att betrakta de organiska funktionerna och reflexverkningarna endast såsom materiella mekanismer. Ypperligast har frågan blifvit behandlad af Fechner i »Nanna, oder über das Seelenleben der Pflanzen» (Leipzig 1848), om också mycket fantastiskt deri förekommer; jfr. vidare Schopenhauer »Ueber den Willen in der Natur», kapitlet om växtfysiologi, och Autenrieth »Ansichten über Natur und Seelenleben». Här står mig intet annat åter än att dels gifva ett kort utdrag, dels äfven framhäfva den ojämförligt större klarhet, hvilken utbreder sig öfver hela denna fråga derigenom, att man skiljer omedveten och medveten själsverksamhet åt. Jag är öfvertygad om, att mången, som hittills måst intaga en förnekande ställning gentemot mitt behandlingssätt, skall försona sig med den tanken, att växterna äro begåfvade med en själ, derigenom att jag betraktar det omedvetna och medvetandet hvar för sig.

1. Växternas omedvetna själsverksamhet.

Växterna äro, liksom djuren, delaktiga af organisk bildningsverksamhet, naturens helande kraft, reflexrörelser, instinkt och skönhetsdrift; och då vi hos djuren måste betrakta företeelserna såsom omedvetna verkningar af en själ, skulle vi då icke vara nödsakade att göra så äfven i fråga om växterna? Om de omedvetna själsförrättningarna hos växterna icke kunna mäta sig med de andliga processerna hos djuren, utan förblifva helt och hållet försänkta i det kroppsliga, skulle derför deras själ vara mindre själ, om det, som de prestera, inom deras område är lika fullkomligt, som det djuren prestera inom sitt, ja till och med står mycket högre, emedan de ombilda de motspänstiga oorganiska ämnena till högre och högre organiska föreningar, under det att djuren i det stora hela endast leda och öfvervaka deras naturenliga ombildning? Vi skola betrakta de enskilda momenten i ordning.

a) ***Organisk bildningsverksamhet.*** Den organiska bildningsverksamheten arbetar liksom hos djuren efter en typisk art- eller slägtidé, hvilken visserligen i afseende på antalet af grenar, blad o. s. v. lemnar ett stort spelrum, men icke desto mindre är fullkomligt bestämd i lagen för bladens ställning, bladformen, blomman och den inre strukturen. Denna morfologiska typ besitter den största konstans och oföränderlighet, ehuru hans närmare bestämdhet är tämligen likgiltig för de fysiologiska funktionerna, och man sålunda icke kan anse denna konstans såsom ett resultat af gagnelig anpassning i striden för tillvaron; snarare har man att i de morfologiska typerna inom växtriket i väsentlig mån se resultaten af en det omedvetnas ideala bildningsdrift. — Liksom i den uppstigande organisationen inom djurriket typiska anticipationer äro särskildt märkvärdiga, som blifva ändamålsenliga först på högre stadier, så hafva vi att anmärka dylika anticipationer af naturens omedvetna bildningsdrift äfven inom växtriket. Så visa t. ex. högre alger en axel med laterala regelbundet anordnade utväxter, hvilka af den oinvigde genast skulle tolkas såsom stam, rot och blad, då deremot enligt det botaniska systemets dogm algerna äro rot- och bladlösa växter. Derför kallar botanisten sargassotångens blad endast »bladlika utväxter» och rötterna »rotlika bildningar», emedan de i spetsen sakna »rotmössa», — och vi vilja icke rubba honom i denna hans tro.

Visserligen kan man dela växterna, på samma sätt som man kan dela lägre djur, så att hvarje del ännu besitter förmågan att ur sig fullständiga typen; men liksom hos djuren, så kan man icke heller hos växterna fortsätta delningen utöfver en viss gräns, så vidt en regeneration skall blifva möjlig. Äfven hos växterna stå alla delar i vexelverkan sinsimellan; hvarje närmare intill jordytan befintlig del bearbetar ämnena just så, som den närmast högre belägna delen måste mottaga dem för deras vidare bearbetning; en ekrot skulle aldrig kunna underhålla en bok, en tulpanlök aldrig en hyacint; äfven hos växterna äger en harmonisk vexelverkan mellan alla delarne rum, och endast detta kan leda till målet, som är arttypens framställning i alla till tiden efter hvarandra följande grader af utveckling.

Om man under vintern leder in i ett drifhus en gren af ett i det fria stående träd, så utvecklar denna sina blad och blommor.

medan hela den öfriga delen af trädet förblir försänkt i sin vintersömn. Den vattenmängd, som trädet för detta ändamål behöfver, uppsuga rötterna, såsom iakttagelsen visar, följaktligen hafva dessa genom en grens stegrade lifsverksamhet blifvit tvungna till en förökad uppsugning. Huru vidt en direkt förbindelse genom ledning mellan de enskilda växtdelarne är förhanden, veta vi icke, ehuru spiralkärlen tyckas angifva något dylikt, men vi veta lika litet i fråga om djuret, huru vidt den harmoniska vexelverkan mellan de enskilda delarnes förrättningar förmedlas genom ledning, och huru vidt denna vexelverkan är att skrifva omedelbart på clairvoyansens räkning, såsom den mellan individerna i bi- eller myrsamhället.

Fortplantningen försiggår inom djur- och växtriket efter alldeles samma principer, genom celldelning, sporer eller knoppbildning, samt könlig alstring. Likheten inom båda områdena är särskildt i de första stadierna af alstring så påtaglig, att alldeles samma grunder tvinga oss att antaga ett omedvetet-psykiskt inflytande vid växtens uppkomst liksom vid djurets. De embryonala tillstånden skilja sig visserligen sedermera ganska snart ifrån hvarandra, såsom man också måste vänta sig på grund af de olika typer, som äro alstringens mål; men hos båda är den fortgående utvecklingen en oafbruten kamp mellan den organiserande själen å ena sidan och de materiella elementens sönderdelnings-, ombildnings- och formförstöringssträfvande å den andra. Endast genom att ständigt förhindra dessa dekompositionsprocesser och oupphörligt på nytt återställa de omständigheter, som befordra utbildningen vidare, är det möjligt att i hvarje moment betvinga den relativt formlösa, oorganiska materien och bringa den till formad, organisk materia, samt att förverkliga en ny högre grad af art- eller slägttypen.

Dervid är hvarje enskild cell verksam, ty af de lefvande cellernas summa består den lefvande delen af hvarje växt, liksom af hvarje djur, endast med den skilnad, att hos djuren i allmänhet cellernas formförändringar och sammanväxning äro något mera djupgående, och den från cellerna afsöndrade och af dem närda intercellularsubstansen är rikligare. Cellen är det kemiska laboratoriet för de olika organiska föreningarnas beredning, cellernas delning och sammansmältning äro de enda medlen för den yttre formens återställande. Dervid är en arbetets fördelning lika strängt genomförd som hos djuret, det ena slaget af celler har att bilda ett ämne, ett annat slag ett annat; liksom hos djuret cellerna utbildas till ben, muskler, senor, nerver, bindväf och epitelceller. så utbildas de hos växten till märgceller, vedceller, bastceller, saftceller, stärkelseceller, o. s. v. Hvarje cell upptager genom väggarnes resportion endast de ämnen, af hvilka han kan vara i behof, eller om han upptagit andra derjämte, så lemnar han dessa obegagnade ifrån sig. I hvarje enskild cell äger ett safternas kretslopp rum, och i hela växten likaså. Visserligen finnas inga öppna kärl, hvadan safternas cirkulation förmedlas genom de enskilda cellernas endosmos och exosmos, men ändock försiggår ett fullkomligt kretslopp af upp- och nedstigande safter, alldeles som ett likartadt kretslopp äger rum i alla de delar inom djurkroppen, hvilka sakna närande kärl (t. ex. i den förgängliga delen nafvelsträngen, benen, senorna, hornhinnan o. s. v.); eller med hvilka de närande kärlen icke stå i direkt beröring. Hales fastgjorde vid den öfre ändan af en 7 tum lång tuktad vinstock ett rör; vid första försöket utgjorde höjden af den från snittytan i röret uppstigna saften 21 fot, vid det andra steg en ofvanifrån ingjuten qvicksilfverpelare 38 tum högt. Hales beräknar på grund häraf den uppstigande saftens kraft lika med det fembubbla af blodets kraft i lårpulsådern hos en häst. Man ser, att hvad som hos de högre djuren är en verkan af hjertat, det är hos växterna summan af alla saftcellernas förenade resorptionsverkningar. Denna skilnad återkommer ofta, att samma verkningar frambringas hos djuret genom centralisation, hos växten genom decentralisation, hos djuret på monarkisk, hos växten på republikansk väg. Men blott mekanisk är resorptionen genom cellerna ingalunda, hon sker snarare med urval af riktningen och ämnet, ty eljest skulle intet kretslopp och ingen fördelning af näringsämnena till olika celler kunna äga rum.

Växternas och växtdelarnes tillväxtriktningar äro i allmänhet betingade genom gravitation och ljus, än i den meningen, att de sammanfalla med dessa krafters riktningar, än i den, att de sträfva att ställa sig transversalt mot dessa, än så, att båda krafterna ömsesidigt bekämpa hvarandra. De häraf uppkommande komplikationerna blifva ännu mera invecklade derigenom, att vissa växter förändra sitt förhållande till dessa bestämmande krafter alltefter de olika faserna af deras utvecklingsstadium, då de genom särskilda omständigheter försättas i ett sådant läge, att deras normala förhållande skulle vara ändamålsenligt med hänsyn till deras lefnadsbehof. Så fann Duchartre under bottnen af en vattentunna talrika exemplar af en bladsvamp, hvilka måst växa ofvanifrån nedåt, men dervid afvikit åtminstone 30° från den lodräta riktningen; af dessa företedde de mera utvecklade, allt efter som hatten begynt öppna och utbreda sig, en knäformig böjning på skaftet uppåt ungefär 5^{mm} från dess ända, genom hvilken böjning den öppnade hattens normala ställning blifvit återstäld. Sju exemplar af Claviceps, hvilka blifvit i ett glasrör placerade i upp- och nedvänd ställning, företedde ett liknande förhållande, endast med den skilnaden, att skaften här icke bildade något knä, utan en båge af 3 till 5^{mm}. (»Der Naturforscher» 1870 sid. 194).

Äfven i afseende på organisk ändamålsenlighet uthärdar växtriket en jämförelse med djurriket. Mycket, hvarom hos djuren instinkten drager försorg, ombesörjes hos växterna på grund af deras större tröghet genom organiska mekanismer, hvilka i sin ordning kunna framställas endast genom omedvetet psykisk verksamhet. Äfven här äro öfvergångarne af den beskaffenhet, att vi icke alltid kunna uppdraga en skarp gräns imellan hvad som är mekanismer och hvad som är instinkt.

I främsta rummet en serie företeelser för växtens bättre näring genom qvarhållande af ruttnande djuriska ämnen. De sammanväxta bladen hos den vanliga kardtisteln, Dipsacus fullonum, bilda omkring stammen ett slags bäcken, som fylles med regnvatten, och hvari man ofta finner en mängd tillfälligtvis drunknade insekter. Samma är förhållandet hos en tropisk parasitväxt: Tillandsia utriculata. Sarraceniorna hafva blad, som äro lateralt hoprullade och sålunda bilda en strut, samt till en del äro försedda med lock; korta, styfva hår hindra insekter, som dricka deras vatten, att komma tillbaka ut ur den vattenhållande struten. Nepenthes destillatoria har en urna med lock såsom bihang till de platta bladen. Hon tillsluter locket om natten och afsöndrar sött vatten, som ditlockar insekter och om dagen åter småningom bortdunstar ur den öppna urnan. Vattnets söta beskaffenhet åstadkommes genom hårformiga, körtelartade utsöndringsorgan. Dionæa muscipula har ett i flikar deladt bihang vid hvarje blad, hvilket är försedt med små körtlar, med sex taggar i midten och borstlika cilier i bräddem. Så snart en af saften ditlockad insekt slår sig ner på de båda flikarne, slå dessa tillsammans och öppna sig först åter, då djuret blifvit alldeles stilla, d. v. s. då det är dödt. Curtis fann stundom den fångade flugan inhöljd i en slemmig substans, hvilken tycktes på henne utöfva en upplösande verkan. Daggörten, Drosera, har bladen beklädda med borstlika, högröda hår, som ända med en körtel, ur hvilken under vackert väder utsvettar en liten, klibbig saftperla. Denna klibbiga saft qvarhåller smärre insekter, håren böja sig hastigt samman öfver ett dylikt djur, och småningom rullar sig också hela bladet med spetsen in emot basen (A. W. Roth, Beiträge zur Botanik, I sid. 60). Denna saft är tillika giftig för insekterna (ohelsosam äfven för får) och ersätter derigenom hvad som brister växten i hastig retbarhet. Roth fann ofta i det fria daggörtens blad hopböjda. och i sådant fall inneslöto de alltid mer eller mindre förruttnade insekter. »Man tänke sig, att i ett stagnerande vatten funnes små i ett ihåligt rör hopade strutformiga blad med obetäckt mynning, hvars rand uppbure känsliga, hårlika trådar, samt att mynningen tillika verkade giftigt på små insekter, och det cylindriska rörets inre yta vore lämpad för insugning; man föreställe sig vidare, att en liten vatteninsekt eller en liten vattenmask vidrörde de känsliga håren, hvilka lutade sig öfver honom och förde honom till den insugande hålans mynning, men hvarunder han snart dödades genom dennas gift och nu upptoges i bladets hålighet; — så har man en bild, sammansatt af Sarracenias och Nepenthes' strut- eller urneformiga blad, af retbarheten hos Dionæas bladbihang och af Droseras likaledes, om ock i svagare grad, retbara, men fördenskull giftafsöndrande hår. Men dermed har man också den verkliga bilden af ett litet, genom sin instinkt märkvärdigt djurs inrättning, nämligen den gröna sötvattenpolypens, Hydra viridis L.» (Autenrieth), ty äfven denna varelses munöppning verkar giftigt, då den vidrör ett främmande föremål. Att sådana växter verkligen utveckla en större yppighet, då bladen resorbera animaliska produkter, som äro stadda i förruttnelse, har blifvit på experimentel väg ådagalagdt i fråga om Dionæa.

I hög grad märkvärdiga äro äfven hos växterna de inrättningar, som tjena den könliga fortplantningen. Hos upprättstående blommor äro i allmänhet ståndarne längre än pistillen, och hos hängande är förhållandet omvändt. Der pollenkornen icke utan vidare kunna falla ner på pistillens märke, och vinden icke heller förmår föra dem dit, der måste insekter öfvertaga denna förmedlande roll. Derför blommornas lockande vackra färger; derför deras vidt luktande doft, som alltid utvecklas starkast under dagen, då de för dessa blommor mest passande insekter svärma omkring; derför den söta saften på blommans botten, hvilken tvingar det efter sötsaker begärliga djuret att krypa nog djupt ditin, så att det med sin mestadels borstklädda kropp afstryker pollenkornen, hvilka då fastklibbas vid märket antingen i samma, eller i en annan blomma. Hos asklepiadeerna och orchideerna fastna pollenmassorna vid insekten genom ett klibbigt ämne. Aristolochia clematitis har en bukigt uppsväld, mössformig blomkrona med trång öppning, hvilken genom sina inåt riktade hår hindrar de små inkrupna myggorna från att åter komma ut. Dessa svärma omkring i sitt fängelse, tills de med sina borstklädda antenner afskaft frömjölet och bragt detta på märket. Genast efter befruktningen begynna håren att vissna och affalla, och sålunda blifva flugorna befriade ur sitt fängelse.

Om pollenkornen blifva fuktiga, svälla de upp och brista sönder; i sådant fall är befruktningen omöjlig. På sådant sätt blir regnväder mycket skadligt för fruktträdens och cerealiernas blommor. Blommornas inrättningar, för att undgå fuktigheten, äro af mycket vexlande art. Hos vinstocken och rapunzelarterna försiggår befruktningen under skyddet af de med spetsarne förenade blombladen, hos leguminoserna lemnar seglet (vexillum) samma skydd, hos labiaterna blomkronans öfverläpp, hos arterna af slägtet Calyptranthes den lockformiga kalken. Många växter tillsluta sin blomkrona, då regn inträder (detta är redan instinkt), många äfven under natten, för att vara skyddade mot dagg; andra luta nattetid blomskaften ned, så att kronans öppna sida riktas nedåt. Impatiens noli tangere gömmer till och med under natten sina blommor under bladen. Hos de flesta vattenväxter möjliggöres befruktningen derigenom, att de icke blomma förr, än deras stängel eller blomskaft nått upp till vattnets yta. Det på hafsbottnen fästa sjögräset utvecklar blommor i bladvecken, hvilka visserligen öppna sig på sidan, men genom gasers afsöndring förhindra vattnets tillträde. Grodnaten (Ranunculus aquatilis), hvars blommor öfversvämmas vid högt vattenstånd, skyddar sig derigenom, att frömjölet utträder ur ståndarknapparne på en tid, då blomman ännu är en sluten, luftförande knopp. Vattennöten, Trapa natans, lefver på bottnen ända till blomningstiden, då de i form af en slags bladrosett bredvid hvarandra stälda bladskaften svälla upp till cellförande, luftfylda blåsor och lyfta hela växten till vattnets yta. Så försiggår blomningen och befruktningen i luften; så snart detta är förbi, fylla sig blåsorna med vatten, och växten sjunker åter till botten, hvarest han sedermera bringar sina frön till mognad. Ännu mera komplicerad är Utricula-arternas inrättning för samma ändamål. Deras starkt förgrenade rötter äro besatta med en mängd små runda blåsor (utriculi), hvilka äga ett slags rörliga lock och äro fylda med ett slem, som är tyngre än vatten. Genom denna ballast qvarhålles växten vid vattnets botten, tills vid blomningstiden slemmet undantränges af afsöndrade gaser. Nu stiger växten långsamt upp till ytan, fullbordar blomningen och befruktningen och sjunker sedan åter ned, i det att roten återigen afsöndrar slem, som nu i sin ordning undantränger luften ur blåsorna. Vallisneria är en på bottnen fastvuxen vattenväxt med skilda kön (diecist). Honplantans blomma sitter fäst på ett långt, spiralformigt vridet skaft, hvilket sedermera sträcker sig ut och lyfter blomman ofvan vattnet. Hanplantan har ett rakt uppskjutande skaft. Den fyrbladiga blomslidan sönderspränges genom de inre delarnes ytterligare utvidgning i fyra stycken, och nu simma de hanliga befruktningsorganen i tusental fritt omkring på vattenytan. Så snart en honblomma blifvit af dem befruktad, rullar sig hennes skaft åter tillsammans, och sedan mognar frukten under vattnet. — Äfven hos Serpicula verticillata aflösa sig de hanliga blommorna, då de äro nära att öppna sig, från de öppnade blomslidorna och simma bort till de honliga, hvarvid de hvila på de tillbakaslagna kalk- och kronbladens spetsar.

»De mogna fröna kastar den ena växtarten vida omkring genom de af sig sjelfva uppspringande behållarnes elasticitet. Vildhafrens agnar äro deremot spiralformigt vridna och så hygroskopiska, att det första regn vecklar upp dem och derigenom tvingar det upplyfta fröet att dölja sig under närmaste torfva och sålunda bringa sig sjelft till framtida groning under jorden. Andra växtfrön äro försedda med vingar eller fjunpenslar, för att bortföras med vindens tillhjelp; ja andra hafva hakar, för att fästa sig vid förbigående djur, på det att de genom dessa åter må kunna aflemnas på andra platser» (Autenrieth, 151). De mogna storknäbbfrukterna bortslungas 3 till 4 fot från plantan genom de vid karpellernas mognad spiralformigt upprullade stiftens elasticitet. Genom upptagen fuktighet förlänger sig stiftet och gör en spiralformig vridning, hvilken närmast har till följd, att fröet kastas med sin skarpa spets mot marken, i hvilket det nu måste borra sig ner. Inträder torka, så förhindra borstar, som äro fästa på karpellen och verka såsom hållhakar, att denna viker tillbaka, och förkortningen har till följd, att stiftet närmar sig karpellen, så att vid sedermera inträdande fuktig väderlek den för stiftets ända nyvunna stödjepunkten medgifver ett djupare nedträngande i marken. Då äfven stiftets undre del är besatt med hållhaklikt verkande borstar, så kan genom omvexlande torr och fuktig väderlek frukten borra sig korkskruflikt ner i marken, tills hon fullständigt försvinner deri.

Många frön omgifva sig med ett hårdt skal såsom skydd, och för att ätas och borttransporteras af djur, hvarvid de i dessas fæces genast finna riklig näring, omgifva de sig med ett välsmakande köttigt lager (stenfrukter, vindrufvor, krusbär, vinbär o. s. v.), eller omsluta de periferiskt en köttig kärna (smultron o. s. v.). Vattenväxternas frön äro vanligen tyngre än vattnet och sjunka sålunda till botten, de flesta högväxta träds frön deremot äro lätta och transporteras simmande på vattenytan genom vind och vågor långt bort till nya platser. Mangleträdet (Rhizophora mangle) växer vid flodmynningar och sanka hafsstränder i slammet, så långt detta under flodtiden är öfversvämmadt af hafvet, och trifves alltså endast inom en inskränkt rymd, hvadan fröna måste fatta fast fot i moderträdens närhet. På blommans fruktfäste skjuter nu småningom upp en köttig ihålig utväxt, från hvilken fröet med tillhjelp af ett 1½ tum långt skaft skjutes så långt ut, att det efter nära ett halft års förlopp hänger lodrätt ner. Fröet sjelft är tio tum långt, emot den fria änden tjockare och tyngre, men slutar med en syllik spets; det gror inom sitt hölje och utvecklar redan der en betydlig rot. Genom sin form och sin tyngd genomtränger fröet, då det faller af, vatten och slam till ett djup af tre till fyra fot och kan sålunda genast fästa sig med sin rot i marken. — Dessa exempel må vara nog, för att visa, att äfven växternas själ vid framställningen af ändamålsenliga mekanismer, hvilkas ändamål till och med till en del ligger tämligen fjerran, förrättar särdeles underbara ting.

b) ***Naturens helande kraft.*** Djuren hafva ett visst organ endast i det fall, att hela organismen behöfver det för sitt bestånd: deraf sträfvandet att på samma sätt ersätta ett organ, som gått förloradt. Växtens idé fordrar en numeriskt oinskränkt upprepning af samma organ, hvadan också en partiel förlust vanligtvis icke blir till men för det helas bestånd. Här är alltså intet skäl förhanden att åter på samma ställe och på samma sätt ersätta de delar, som gått förlorade, alldenstund växten har mycket lättare att på andra ställen ersätta denna förlust genom de redan förhandenvarande knopparne. Icke desto mindre gifves det tillfällen i mängd, som bevisa, att äfven hos växten uppenbarar sig en naturens helande kraft: man behöfver endast beröfva en växt en viss klass af organ, som är nödvändig för hans bestånd, t. ex. alla rötter, så skall han genast skjuta nya rötter, eller också måste han dö, om han icke vidare har krafter dertill. Äfven ärrbildningsprocessen hos växtdelar, som blifvit sårade, är fullkomligt analog med samma process hos djuren.

Slutligen är hos växten, liksom hos djuret, hela lifvet en oändlig summa af oändligt många akter af naturens helande kraft, då i hvarje moment de förstörande fysikaliska och kemiska inflytandena måste paralyseras och öfvervinnas.

c) ***Reflexrörelser.*** Fysiologerna skilja mellan reflexrörelse och »enkel retningsföreteelse hos en kontraktil väfnad»; detta är riktigt, om man frågar efter stället, der retningens reflexion till rörelse äger rum, huruvida nämligen reaktionshärden ligger i det retade stället sjelft eller i ett annat; falskt är det åter, att häri vilja finna en skilnad i principen. Det väsentliga i reflexen är i bägge fallen en inverkande retnings omsättning till reaktiv rörelse; en absolut inskränkning till den retade punkten äger dervid aldrig rum; men om ledningen sträcker sig något längre eller icke, det kan icke grunda någon skilnad i anseende till principen. Det, som stämplar en reaktiv rörelse till reflexverkning, är endast otillräckligheten af allmänt giltiga materiella naturlagar för hennes frambringande; endast der vi kunna nöja oss med sådana (t. ex. i fråga om elasticitet, kemisk reaktion), endast der kan man förneka reflexverkningen, hvars inre är en omedvetet-psykisk, en instinktiv reaktion. Huruvida en reflex förmedlas genom nerver och muskler, eller genom andra mekanismer, som ersätta dessa, kan lika litet rättfärdiga en principiel skilnad, alldenstund den egentligt verksamma materien dock alltid är det vare sig fria, eller i de olika slagen af celler inneslutna protoplasmat.

Om man skakar vattnet, hvari en polyp bor, så drager sig denne nystformigt samman; detta skall enhvar kalla reflexverkan, lika mycket om framdeles i polypens likformigt geléartade massa möjligen kunna finnas med nerver och muskler analoga bildningar eller icke; och då Mimosa pudica, skakad af den förbigåendes steg, slår sina blad tillsamman, så skulle detta icke vara reflexverkning? När den irriterade penis förmedelst blodets förändrade cirkulation kommer i erektion, så medgifver man, att detta är reflexrörelse, men hos växterna skulle den förändrade saftcirkulationen icke vara ett likaså fullgiltigt medel till reflexrörelser? Ty för växten äro ju icke de ihållande snabba rörelser af nöden, för hvilka djuret använder sina muskler; följaktligen vore muskler för honom en öfverflödig lyx. Hos djuret gäller såsom tecken på reflex, att ungefär samma reaktion inträder, antingen man använder en mekanisk, kemisk, termisk, galvanisk eller elektrisk retning; detsamma är äfven fallet hos växterna, medan döda mekanismer endast pläga svara på en alldeles bestämd retning. Starka elektriska stötar tillintetgöra djurisk liksom växtlig retbarhet. Sticker man genom skaftet af en berberis-blomma en med den positiva polen af ett galvaniskt batteri förenad nål, och sätter man så tråden från den negativa polen i förening med ett blomblad genom en derpå lagd pappersremsa, så kastar sig i det moment, då kejdan slutes, den till bladet hörande ståndarsträngen öfver till pistillen. Vexlar man om polerna, så är strömmen mindre verksam, alldeles som djuriska preparat reagera starkare, då den negativa polen står i förening med den periferiska änden. Då kedjan öppnas, äger ingen rörelse rum, alldeles som förhållandet är med grodans lär. Enligt Blondeau verkar den konstanta strömmen, under iakttagande af nödiga försigtighetsregler, såsom rörelseimpuls lika litet på Mimosa pudica, som på djurmuskler, hvaremot den intermitterande induktionsströmmen visar sig som en mycket kraftig impuls. En irriterad animalisk del återtager, då irritationen upphör, långsamt sin förra ställning; så t. ex. drager sig ett irriteradt ostron eller en polyp hastigt samman, men öppnar sig åter långsamt. En upprepning af retningen slappar retbarheten, hvila återställer henne. Retbarheten yttrar sig vidare olika efter sundhetsstillståndet, åldern, könsförhållandena, årstiden, väderleken och andra yttre omständigheter. Allt detta förhåller sig hos växterna alldeles på samma sätt som hos djuren.

Dionæa muscipulas reflexrörelser har jag redan ofvan omnämnt. Sätter sig en insekt på något af hennes blad, så qvarhålles han derstädes först genom att håren lägga sig omkring honom, och först småningom rullar sig hela bladet samman. Här åtföljes en enkel retning på ett ställe dels af en samtidig, dels af flera på hvarandra ändamålsenligt följande rörelser på flera ställen af bladet, alldeles så som förhållandet ter sig hos djuren, endast med den skilnad att i stället för ett nervcentrums monarkiska befallning försiggår ett republikanskt deltagande från alla ställen i harmonisk öfverensstämmelse. Mera centraliserad och fördenskull mera djurlik är företeelsen redan hos alla blad, ståndare o. s. v., der reaktionshärdarne äro att söka i lederna, med hvilka dessa delar äro fästade.

Hos många blommor luta sig de mogna ståndarne af sig sjelfva småningom öfver mot pistillen, hos några förekommer en led, hvilken efter retningen af en insekt slungar ståndaren öfver till pistillens märke. Hos andra är äfven den sammanböjda pistillen retbar, så att han sträcker ut sig, då han träffats af en retning, hvarvid han afsopar pollenkornen från ståndarknapparne. Mimosa pudica har parbladigt delade blad, och småbladen, bladnerverna, hufvudbladets skaft, ja till och med grenen hafva hvar för sig sin särskilda rörelse. Bringar man försigtigt med undvikande af hvarje skakning någon stark syra på ett småblad, så sluta sig småningom alla närgränsande blad; enligt Dutrochet uppgår denna fortplantningshastighet till åtta à femton millimeter i sekunden uti bladskaften, uti pistillen på sin höjd till två à tre millimeter. Här framstår ledningsförmågan i påtaglig grad. Samma resultat vinner man, om man lindrigt bränner småbladen; bladen lägga sig då samman utefter en längre sträcka, än verkningen af värmen når. Brücke och sedermera Bert hafva visat, att hos denna märkvärdiga växt de spontana rörelserna, hvilka bestå i en bladskaftens höjning och sänkning alltefter de olika tiderna på dygnet, väl kunna skiljas från de på en retning följande rörelserna, alldenstund växtens förmåga att utföra de senare förlamas genom eterångor, hvilka ju också inverka döfvande på djurens nervsystem, då deremot de förra fortgå oförändrade. Att de dagliga höjningarna och sänkningarna bero på regelmässiga förändringar i saftcirkulationen är otvifvelaktigt; genom hvilka förmedlingar spänningen uti de på bladskaften sittande öfre och nedre uppsvällningarna förändras på grund af en retning, är visserligen icke för Mimosa pudica direkt påvisadt, men väl för de ofvan omnämnda ståndarsträngarne hos Berberis vulgaris. Här äger nämligen rum (liksom hos de flesta växtens delar) en motsatt spänningstendens hos olika väfnader, i det att öfverhuden sträfvar att förkorta, det derunder belägna protoplasmat åter att förlänga ståndarsträngen. Uppträder nu en passande retning på ståndarsträngens inre sida, så kontraheras protoplasmat, och i det att sålunda den förra jämnvigten i spänningarne förändras till öfverhudens förmån, kan denna realisera sin tendens att förkorta sig, och resultatet häraf blir ståndarsträngens böjning. Den aktion, som aflöser de förhandenvarande krafternas spel, är således här en kontraktion af protoplasmat, alldeles som hos de lägre djuren eller som hos de högre djurens muskler.

Det är omöjligt att kunna misskänna den genomgripande analogien mellan djurens och växternas reflexverkningar; olikheterna sträcka sig endast så långt, som organismernas totala inrättning och de särskilda ändamålen för hvarje reaktion äro olika. Har man nu engång medgifvit, att reflexverkningarna hos djuren äro akter af i sista hand psykisk natur, så kan man icke undgå att äfven tillskrifva växterna detta omedvetet-psykiska, alldeles på samma sätt som man måste tillerkänna det åt hvarje djurs del, hvilken ännu för sig är mäktig af reflexrörelser.

d) ***Instinkt.*** Redan i fråga om djurriket hafva vi sett, huru svårt det är att skilja instinkt, reflexrörelse och organisk bildningsverksamhet från hvarandra. Inom växtriket läta de ännu mindre skilja sig från hvarandra, ty å ena sidan måste i följd af växtens bristfälliga rörelsemedel den organiska bildningsverksamheten genom ändamålsenliga mekanismer utföra mycket, som djuren förrätta förmedelst instinktmässig rörelse (man tänke på befruktningen och frönas spridning), och å andra sidan står växternas medvetande så lågt, att skilnaden mellan retningen för reflexrörelsens framkallande och motivet till instinkthandlingen reducerar sig till ett minimum. Detta oaktadt skola vi ännu finna många spår, hvilka träda oss till möte såsom omisskänligt samma sak, som vi inom djurriket kalla instinkt. En polyp beger sig instinktmässigt från den beskuggade hälften af sitt glas till den andra af solen belysta, och då oscillatorier göra detsamma, då solrosen nästan vrider halsen af sig, för att vända sitt anlete mot solen, det skulle icke vara instinkt? Dutrochet berättar i sina »Recherches» sid. 131: »Jag har iakttagit, att, om man med en liten bräda betäcker öfre ytan af en i fria luften stående plantas blad, detta blad söker undandraga sig denna betäckning genom medel, hvilka icke alltid äro desamma, men städse af den art, att de lättast och skyndsammast måste föra till målet; så verkstäldes detta ibland genom en bladskaftets böjning åt sidan, ibland genom en böjning af samma bladskaft i riktning mot stängeln.»

Knight såg ett vinblad, hvars undersida belystes af solen, och för hvilket han hade spärrat hvarje väg att komma i ett naturligt läge, göra nästan hvarje möjligt försök, för att vända den rätta sidan åt ljuset, med hvilken det hufvudsakligen måste andas. Sedan det under några dagar sökt att närma sig ljuset i en viss riktning och genom att vika in bladflikarne nästan betäckt hela sin undersida med dem, bredde det åter ut sig och aflägsnade sig ytterligare från drifhusets fönster, för att i motsatt riktning åter närma sig ljuset (Treviranus, Beiträge 119). Nyligen har Frank (»Die natürliche wagerechte Richtung etc.», Leipzig 1870) bekräftat samma sak och utsträckt samma undersökningar till en mängd andra växter. Äfven hans undersökningar ådagalägga, att denna rörelse städse utföres *på möjligast korta väg*, i det att bladet än höjer sig, än sänker sig, än vänder sig åt höger, än åt venster. Det underbara i saken förminskas icke derigenom, att bladen, resp. bladskaften förlora denna förmåga med fullkomligt afslutad tillväxt, utom då de äro försedda med särskilda dynlika uppsvällningar i bladvecket, hvilka alltid kunna återupptaga dimensionsförändringarna, som under perioden för tillväxten äro att betrakta såsom relativt våldsamma modifikationer af densamma. — Dutrochet betäckte uddbladet af ett trebladigt bönblad (Phaseolus vulgaris) med en bräda. Då det särskilda bladskaftets korthet gjorde det omöjligt för bladet att böja sig undan, så verkställdes detta genom *det gemensamma bladskaftets böjning*, hvaremot i mörkt rum bladet alldeles icke sökte undgå brädan. »Då», säger samme forskare, »man ser, huru många medel här användas, för att komma till samma mål, så blir man nästan frestad att tro, att här i hemlighet regerar ett förstånd, hvilket väljer de mest passande medel för målets uppnående.» Så uttalar en naturforskare blott med ledning af de faktiska förhållandenas makt en sanning, som är honom obegriplig endast derför, att han icke känner den omedvetna själsverksamheten. Att här icke föreligger blott och bart en reflexverkan på en retning, är väl lätt att inse, ty det är just *saknaden* af en nödvändig retning, som *undvikes*.

Tämligen bekanta äro de företeelser, som fått namn af växternas sömn, då bladen dels sänka sig, dels vika sig samman, då blommorna sänka sina hufvuden eller sluta sig. Till en del hafva dessa företeelser redan blifvit omnämnda och finna sitt ändamål i pollenkornens skydd för dagg. Att blomskaftens sänkning likväl icke beror blott och bart på utmattning, derom kan man lätt öfvertyga sig; de äro snarare i sitt nedböjda tillstånd spända och elastiska. Malva peruviana bildar genom bladens uppresning kring stängeln eller grenarnes spets under det sofvande tillståndet en slags tratt, under hvilken de unga blommorna eller bladen finna skydd; Impatiens noli tangere bildar af de nedsänkta öfversta bladen ett hvalf för de unga skotten, några andra omsluta blommorna genom att sammanlägga de sammansatta bladens småblad. Tiderna för sömn och vaka äro för växterna lika vexlande som för djuren. Många af våra växter rätta sig efter solens uppgång och nedgång, andra iakttaga noggrant bestämda tider, lika mycket, i hvilket klimat de försättas, lika mycket, om det är sommar eller vinter. Man finner häraf, att äfven dessa periodiska rörelser äro delvis oberoende af yttre retningar och framgå af inre betingelser hos plantan sjelf, de äro resultatet af instinktmässigt reglerade sträfvanden.

Hos många växter böja sig ståndarne för befruktningen mot pistillen, utskaka sitt frömjöl och vända derefter åter till sitt förra läge; hos andra flyttar sig pistillen till ståndarne, och hos ännu andra uppsöka båda slagen af fortplantningsorgan hvarandra ömsesidigt. (Treviranus, Physiologie der Gewächse, II: 389.) Hos Lilium superbum, Amaryllis formosissima och Pancratium maritimum närma sig ståndarne efter hvarandra pistillens märke. Hos Fritillaria persica böja de sig vexelvis mot pistillen. Hos Rhus coriaria framskjuta två eller tre ståndare på samma gång, beskrifva en fjerdedels cirkel och föra sina ståndarknappar helt nära intill märket. Hos Saxifraga tridactylites, muscoides, aizoon, granulata och cotyledon böja sig två ståndare från motsatta sidor öfver märket emot hvarandra, och sedan de uttömt sitt frömjöl, intaga de åter sin plats, för att lemna rum för andra. Hos Parnassia palustris röra sig de hanliga delarne mot de honliga i samma ordning, som frömjölet mognar, och detta göra de hastigt och på engång, när de närma sig märket, men i tre omgångar, när de efter befruktningen åter aflägsna sig från detsamma. Hos Tropæolum reser sig af de till en början nedåt böjda ståndarne, när de äro fullt mogna, den ene efter den andre i höjden, och när ståndarknapparne uttömt sitt frömjöl på märket, böjer sig hvar och en sådan åter ned, för att lemna plats åt en annan. Ett tydligare framträdande af instinkten än i detta exempel kan man icke begära; ty här är motivet märkets förhandenvaro och frömjölets mognad, men ordningen, i hvilken, och sättet, på hvilket ståndarsträngarne röra sig fram och åter, bära lika mycket skenet af en fri vilja, som någonsin en djurisk rörelse.

Märkvärdiga äro slingerväxternas instinktrörelser (se Mohl, Ueber das Winden der Ranken). En sådan planta växer först ett stycke lodrätt i höjden, sedermera böjer sig hennes stängel vågrätt om och beskrifver cirklar, för att i omgifningen söka sig ett stöd, alldeles som en blind larv med främre delen af sin kropp beskrifver cirklar, för att söka sig ett nytt blad. Ju längre skottet växer, desto större blifva naturligen cirklarne, d. v. s. om plantan icke finner något stöd i närheten, så söker hon det i vidare omkretsar. Slutligen kan stängeln icke längre bära sin egen tyngd, han faller till marken och kryper så vidare i rak riktning. Finner han nu ett stöd, så skulle han ju antingen alldeles icke märka det, eller också af beqvämlighet krypa vidare utefter marken, för att icke nödgas resa sig i höjden; men han griper i stället genast fast i stödet och klänger sig spiralformigt upp efter detsamma. Men äfven härvid förfar plantan ännu med urskiljning; linsilket (särskildt i dess yngre ålder) slingrar sig icke kring döda organiska eller oorganiska stöd, utan endast kring lefvande växter, uppefter hvilka det begärligt klänger sig, ty dess i jorden fästa rötter bortdö snart, och det är då helt och hållet hänvisadt till den näring, som det med sina papiller suger ur den omslingrade växten. Har det derigenom dödat denna senare, så utvidgar det på nytt sina vindlingar, för att om möjligt komma öfver en annan växt. Hvarje slingerväxt är af naturen antingen högervriden, eller venstervriden. Afrullar man en ung Convolvulus från hans stöd och slingrar man honom sedan i motsatt riktning, så skall han återtaga sin ursprungliga spiralriktning, eller gifva upp lifvet i detta sitt sträfvande. Äfven detta motsvarar alldeles djurens instinkter. Men låter man två sådana plantor utan främmande stöd slingra sig om hvarandra och sålunda resa sig i höjden vid hvarandras sida, så förändrar den ena frivilligt sin vridningsriktning, för att möjliggöra denna ömsesidiga omslingring. (Farmers Magazine, samt Times för den 13 Juli 1848). Således, i stället för att foga sig efter den våldsamma förändringen, offrar plantan hellre lifvet, men så snart denna förändring blir ändamålsenlig, företager plantan henne af sig sjelf. Här förefinner man till och med djurinstinktens variabilitet på det mest eklatanta sätt.

e) Växternas ***skönhetsdrift*** behöfva vi här icke utförligare ådagalägga. Äfven i afseende på växtverlden håller jag på det påståendet, att hvarje väsende bygger sig så skönt, som är förenligt med ändamålen för dess tillvaro, och som det förmår beherska det spröda materialet. Man betrakte det största eller det minsta i växtriket, den ståtliga eken eller den mikroskopiska mossan, man betrakte det i sin helhet eller i dess minsta detaljer, den ståtliga urskogen eller grankotten, alltid skall man finna denna sanning bekräftad. —

Så hafva vi då inom växtriket återfunnit de fem moment, i hvilka vi inom djurriket lärt känna det omedvetnas verkningar i det kroppsliga. Följaktligen äro vi icke längre berättigade att frånkänna växten omedveten vilja och omedveten föreställning. Att vi icke varseblifva några högre andliga företeelser hos växten, deröfver behöfva vi icke förvåna oss, då ju växtrikets mål i det stora hela endast är att förbereda jordmånen, näringsmedlen och atmosferen för djurriket, om man också dervid icke får förbise, att samtidigt den skapande principen derjämte inom växtriket gör sig sjelfständigt gällande på sitt vis.

2. Medvetandet hos växterna.

Det resultat, som nu vunnits, var väl att förutse på förhand och kräfde ingen särskild skarpsinnighet; men svårare är den frågan, huruvida också hos växten finnes ett medvetande.

Lika gammal som naturvetenskapen är striden om vissa varelsers växtliga eller djuriska natur, och den kan i våra dagar afgöras lika litet som på Aristoteles' tid, emedan den såsom alternativ öfverhufvudtaget icke kan afgöras. Växter och djur hafva såsom organiska väsenden vissa egenskaper gemensamma; genom andra egenskaper skiljas de åt i öfverensstämmelse med sin olika bestämmelse i naturens hushållning. Men om nu lifsföreteelserna reducera sig till en så enkel form, att dessa egenskaper, som skulle skilja djuren och växterna åt, mer eller mindre försvinna, och väsentligen endast de, som äro för bägge rikena gemensamma, stå åter, så måste ju också skilnaderna mellan djur och växter försvinna, och det är en dåraktig sak att i längden kämpa en strid, som enligt sin natur måste förblifva utan resultat. Den mikroskopiska iakttagelsen är kommen så långt, att, om der gåfves säkra kriterier för en organisms växtliga eller djuriska natur, de säkerligen icke skulle kunna undgå forskarens uppmärksamhet, och striden sålunda för länge sedan varit slutad; men att det i sjelfva verket icke gifves några af de stridande partierna gemensamt erkända kriterier, bevisar just, att man alldeles icke har klart för sig, hvaröfver man strider. Skulle man fördomsfritt upptaga fakta, så skulle deraf icke framgå någonting annat än det, att man hittills dragit gränsen för de egenskaper, hvilka äro gemensamma för båda rikena, för trångt, att skilnaderna mellan växter och djur äro långt färre, än man hittills trott, och att dessa olikheter endast i sina högsta former blifva så påtagliga, att ingen kan misstyda dem. I nyaste tid har också denna uppfattning inom naturvetenskapliga kretsar vunnit mer och mer insteg, och såsom det noggrannaste genomförande af denna uppfattning framträder Häckels försök, att såsom ett tredje rike nedom växterna och djuren ställa protisternas rike, om han också måhända har dragit dess gränser för vidt, och hans kriterium, som är den könlösa fortplantningen, torde visa sig vara ohållbart, redan på den grund, att den könliga fortplantningens *gemensamma förekomst* hos växter och djur häntyder på ett *gemensamt ursprung*, d. v. s. på densammas förhandenvaro redan inom protistriket. Försöket, att för de till sin natur flytande gränserna mellan protistriket å ena sidan och djur- och växtriket å den andra gifva fasta och säkra bestämningar, torde vara lika fåfängt, som förut sträfvandet att draga upp säkra skiljemärken mellan djuren och växterna.

Detta åskådningssätt är också det enda, som kan af geologien gillas. Emedan i våra dagar den organiska verlden består i jämnvigten mellan produktionerna inom djur- och växtriket, kunde påtagligen den första grundstenen till den organiska naturen läggas endast med sådana varelser, hvilka *i sig* innehöllo denna jämnvigt och sålunda ännu befunno sig på indifferenspunkten mellan djur och växter. Ett af de vigtigaste af dessa underbara väsenden, hvilka jordens historia har att tacka för hela kritformationens tillkomst, har genom de nyaste undersökningarne af de stora hafsdjupen blifvit uppdagadt och benämndt Bathybius. På hvad sätt detta slemmiga gelénät med inströdda protoplasmakorn, som fyller hafsbotten och i sig afsöndrar små hopar af mikroskopiska kritartade skal (kockoliter), lefver och rörer sig, är ännu en gåta. Från en sådan oansenlig härkomst kunde först utvecklingen i olika riktningar taga sitt upphof, i det att hafsdjur uppstodo, hvilka hämtade sin näring från dessa indifferenta protister (polyper o. s. v.), och såsom motvigt mot hvilka de första stadierna af afgjordt vegetabiliska bildningar blefvo möjliga. Ju rikare de båda rikena blefvo på individer och former, desto flera näringsmedel blefvo derigenom disponibla för högre djurklasser, desto flera högre organiserade klasser af växter kunde i sin ordning lifnära sig af dessa djurs produkter, och så höll utvecklingen inom båda rikena alltid jämna steg, såsom geologien lärer oss, under det att inom hvardera riket de lägre graderna i allmänhet alltid föregingo de högre. Men häraf skulle man också kunna draga den slutledningen, att växtriket och djurriket öfverhufvudtaget icke äro subordinerade, utan koordinerade skapelseområden, och att djurriket, om det, stödt på den högre utvecklingen af medvetandet, förmenar sig kunna förhäfva sig öfver växtriket, det kan detta endast på den grund, att det senare är det i organiskt afseende just så mycket mera öfverlägset, emedan det åt detsamma bildar de ämnen, hvilkas måttliga bruk det har att tacka för sitt högre medvetande. Om nu konsumtionen af material, som är bildadt i främmande organismer, är tillräcklig för att definiera parasitismens begrepp (ty det är likgiltigt, hvarest parasiten har sin bostad; man tänke t. ex. på vägglusen), så kan man säga, att djurriket i sin helhet är en *parasit på växtriket;* i *detta* afseende liknar djurriket den stora klassen af svampar, hvilka, ehuru de ännu på grund af morfologiska analogier räknas till växterna, likväl endast kunna få namn af växtliga parasiter; de sakna nämligen den växtliga »vises sten», det arkanum, med hvars tillhjelp växten förvandlar oorganisk materia till organisk, *klorofyllet*, och äro de fördenskull alldeles som djuren hänvisade till konsumtionen af redan färdigbildad organisk materia.

Men denna motsats i bildning och förbrukning är icke att fatta i den stränga bemärkelsen, som skulle växten *blott* producera, djuret *blott* konsumera, snarare finna vi äfven hos hvarje djur processer dels af en ombildning af de upptagna ämnena till högre (t. ex. bildningen af hjernans fett), dels af deras ombildning i allmänhet, dels af deras sönderdelning och förnyade sammansättning under digestions- och assimilationsprocessens förlopp; å andra sidan finna vi hos hvarje växt en lokal förbrukning af produkter, som den sjelf har bildat på andra ställen. Hos jästsvamparne, svamparne och några andra encelliga växter finna vi till och med en egendomlig hermafroditism af den art, att de visserligen förmå upptaga det för deras organiska produktioner nödvändiga qväfvet ur ammoniak, men kolsyret endast ur högre föreningar af tredje ordningen. — Det kan sålunda i hvardera fallet endast vara fråga om ett *mer eller mindre;* hvarje djur är till en del af växtlig, hvarje växt till en del af djurisk natur; der den ena sidan tydligt dominerar öfver den andra, benämner man med rätta det hela efter denna sida; men der båda något så när uppväga hvarandra, blir benämningen efter endera sidan svår, ja till och med otillåtlig. Vi torde nu icke vidare finna det besynnerligt, om hos en och samma organism en del af dess kropp företer en öfvervägande växtlig, en annan del deremot en öfvervägande djurisk beskaffenhet; på dessa nära indifferenspunkten stående stadier är denna metamorfos icke större, än hos insekter, groddjur eller fiskar. Den som betraktar djuren såsom besjälade organismer, men växterna såsom idel själlösa tomma skal, den måste visserligen denna obestämdhet i gränsskilnaden mellan de båda rikena och den oskyldiga öfverflyttningen från det ena till det andra bringa till förtviflan. Vi åter skola, med stöd af de betraktelser, som lemnats i detta kapitel, i dessa fakta endast se ett ytterligare bevis för, att växterna och djuren hafva mycket mer gemensamt, än våra dagars forskning är van att antaga.

Hvad närmast beträffar den yttre allmänna formen, så förlora växterna på de lägre stadierna sin bladiga typ och antaga enkelt delade, eller runda, mer eller mindre slutna former (t. ex. confervor, svampar). Deremot finner man frappanta likheter med högre växtformer bland de lägre djuren. »Några (koralldjuren) växa liksom öfver hvarandra hoprullade, ett kålhufvud liknande blad, andra bestå af fina, krusade, oregelmässigt anordnade små blad. Hvarje blads öfversida är betäckt med polypblommor, genom hvilkas tillväxt och sekretion det uppstått. Likaledes finner man också likheter med en ek- eller acanthusgren, med svampar, mossor och lafvar» (Dana i Schleidens och Frorieps Notizen 1847, Juni, N:o 48).

De kemiska ämnena kunna förvisso icke grunda någon skilnad. Linné trodde sig böra betrakta flera kalkhaltiga hafsväxter, såsom corallineerna, för djur, just emedan han ansåg kalkbildningen såsom djurrikets monopol. Kiselpansar finnas såväl hos växtliga (diatomaceerna), som hos djuriska organismer (infusorier). De växtliga och djuriska proteïnämnenas likhet är bekant; svamparne isynnerhet äro rika på animaliska föreningar; i sjöpungarnes och de öfriga salpartade tunikaternas mantel finnes cellulosa; klorofyll (bladgrönt) har påträffats hos turbellarierna och hos infusorierna.

Ofta hafva åtskilliga arter af ett och samma slägte blifvit förda dels till djurriket, dels till växtriket. Alcyonium-arterna t. ex. äro alla af en i sina grunddrag så öfverensstämmande beskaffenhet, att Linné säkerligen icke hade orätt, då han förenade dem i ett slägte. Några af dem göra ändock rätt väl skäl för namnet »animalia ambigua» (enligt Pallas), hvilka följaktligen mycket väl låta inordna sig bland amorfozoarierna, t. ex. Alcyonium cidaris (Donati), cydonium (Leba) och ficiforme (Solander, Ellis och Marsegli). Andra hafva allmänt blifvit räknade till växtriket, så särskildt t. ex. flera arter inom det på former ytterst rika slägtet Peziza. Hos ännu andra har man så bestämdt påvisat icke blott deras djuriska, utan till och med deras polypnatur, att de blifvit skilda från spongozoerna och upptagits bland polyparierna, men de hafva då erhållit ett andra slägtnamn, så att Lobularia digitata, palmata och arborea, som tillhöra alcyonierna bland zookorallerna, äro synonyma med Alcyonium digitatum, palmatum och arboreum. Artnamnet Manon peziza är sammansatt af ett djur- och ett växtnamn. Vi återfinna här endast företeelser från andra områden inom djurriket, der t. ex. några rotatorier blifvit hänförda till maskarne, andra till infusorierna, en art Cercaria till maskarne, andra arter af samma slägte till spermatozoerna (?).

De små blåsor, af hvilka den »röda snön» består (Protococcus nivalis), ansågos af Agardh, Decandolle, Hooker, Unger, Martins, Harvey, Ehrenberg för alger; den senare sådde dem till och med på nyfallen snö och iakttog deras fortplantning; de unga plantorna hade en finkornig, flikig förgrodd och små rottrådar, men företedde intet spår af djuriska karakterer. Voigt och Meyen funno sedermera, att den rödfärgande materien snarare företedde en form och rörelser, som liknade infusoriernas, och Shuttleworth slutligen urskilde deri dels alger, dels infusorier. Dessa motsägelser förklaras genom Flotows sorgfälliga iakttagelser öfver en mycket nära beslägtad, i regnvatten lefvande organism, Hematococcus pluvialis. Denna visade till en början endast växtlig natur, men öfvergick i stillastående vatten under gynsamma omständigheter genom åtskilliga mellanstadier till ett infusionsdjur (Astasia pluvialis) med piskformigt, understundom gaffelklufvet känselspröt och ådagalade alla tecken till sjelfständig rörelse. Det visade sig närbeslägtadt med Shuttleworths Astasia nivalis i den »röda snön». Kützing (»Ueber die Verwandlung der Infusorien in niedere Algenformen», Nordhausen 1844) iakttog, att infusorien Chlamidomonas pulvisculus undergår förvandlingar af mångahanda slag, t. ex. till en algart, Stygeoclonium stellare, och till andra bildningar med algkarakter, hvilka visserligen till formen ännu liknade delvis hvilande infusorieformer (Tetraspora lubrica eller gelatinosa, Palmella botryoides, Protococcus- och Gygesarter). Samme forskare påstår likaledes, att Enchelys pulvisculus, en infusorie, förvandlar sig till en Protococcus och slutligen till en oscillatorie. Hos en hel följd af alger (Zoospermæ) och några andra lägre växter (svampar, Nostoc) hafva groddkornen, sporerna eller sporidierna en infusorieartad gestalt och röra sig förmedelst cilier eller piskformiga organ, och bland dem finnas några former, hvilka Ehrenberg tolkade såsom infusorier. Men alldeles på samma sätt förhålla sig också embryonerna af många polyper och medusor, äfven de tillbringa någon tid, under hvilken de förmedelst cilier åstadkomma en kringsnurrande och framåtskridande rörelse, innan de för vidare utveckling fästa sig vid något främmande föremål, äfven de hafva infusoriernas gestalt och sakna munöppning. Unger (»Die Pflanze im Moment der Thierwerdung») iakttog hos sporidierna af en liten alg (Vaucheria clavata eller Ectosperma clavata), att de, befriade från sporsäcken, först kretsa flera gånger hastigt omkring i vattnet liksom en infusorie, att sedermera tiderna för hvila vexla frivilligt med tiderna för rörelse, och att de på ett högst påfallande sätt sorgfälligt undvika alla hinder, ytterst skickligt krångla sig förbi Vaucherians grenar och alltid vika ur vägen för hvarandra så, att aldrig två af dem stöta samman.

En företeelse, som är karakteristisk för många arter af lägre djur, nämligen att de utsända så kallade pseudopodier eller trådar af slem, som sammanflyta med hvarandra, förekommer äfven hos vissa växter (myxomyceter). — En liten trådformig algart visar, så länge den vegeterar kraftigt, en trefaldig rörelse, en omvexlande obetydlig krökning af trådens främre del, en halft pendelartad, halft elastisk böjning fram och åter af den främre halfvan, samt en småningom försiggående förflyttning framåt. Oscillatorierna och svärmsporerna af flera algarter (t. ex. Vaucheria sessilis) flytta sig liksom polyperna till den upplysta delen af kärlet, andra svärmsporer (t. ex. af Ulothrix speciosa) undfly ljuset, ännu andra (de hos familjen Stephanosaura) undvika såväl en intensiv belysning som äfven mörkret och samla sig på till hälften upplysta ställen. — Pandorina, en i stillastående sötvattenssamlingar lefvande alg, erbjuder oss ett exempel af volvocineernas slägte. Hon består af 16 pyramidformiga celler, hvilka hafva basen riktad utåt och genom sin täta hopslutning till hvarandra bilda en äggformig koloni. Hvarje cell har vid basen en färglös fläck, på hvilken sitta flera cilier, och förmedelst dessas rörelser simmer organismen omkring. På grund af denna ciliernas rörelse trodde man under lång tid, att dessa organismer voro djur, och Ehrenberg uppfattade den röda pigmentfläcken, som finnes bredvid hvarje cilies fästpunkt, såsom öga.

Såsom vi finna, hålla inga kännetecken streck, hvilka blifvit af botanister och zoologer uppstälda såsom de bestämmande, sådana som partiel eller total lokomotion, spontan rörelse, morfologisk och kemisk olikhet, munöppning och mage. Hvad munöppningen beträffar, så ersättes hon hos Rhozostoma Cuvieri, en i Medelhafvet lefvande medusa af ända till två fots genomskäring, af talrika öppningar och kanaler i hennes åtta armar; munöppning saknas vidare helt och hållet hos många inelfsmaskar, cercarior, infusorier och embryoner. Gregarinerna, hvilka lefva tusentals såsom parasiter i insekter och andra djurs näringskanal, sakna icke allenast munöppning, utan äfven cilier och hafva öfverhufvudtaget inga synliga organ; de äro helt enkelt celler med en synlig kärna. Att tala om en mage der munnen saknas, är betydelselöst, ty då kan man benämna hvarje cells inre hans mage.

De fakta, som här blifvit anförda, torde vara tillräckliga, för att rättfärdiga de förutskickade allmänna anmärkningarne. — Hvarmed nu denna betraktelse bidrager till lösningen af frågan om medvetandet hos växterna, är följande. Vi hafva sett, att växter och djur hafva åtskilligt olika, åtskilligt gemensamt, och att vi något så när kunna lära känna summan af det gemensamma, om vi i båda rikena följa organismernas serie så långt nedåt, tills vi blifva stående framför sådana bildningar, der olikheterna försvinna och väsentligen endast det gemensamma står åter. Om vi nu finna, att detta gemensamma ännu omfattar förnimmelse och medvetande, att alltså de lägsta växtorganismer besitta förnimmelse och medvetande, så skola vi se oss om efter de materiella betingelser, vid hvilka här förnimmelse och medvetande synas knyta sig, och under förutsättning, att dessa materiella betingelser hos högre växter äro uppfylda i samma eller ännu högre grad, skola vi anse oss vara berättigade, att äfven tillskrifva de högre växterna en lika hög resp. högre grad af förnimmelse och medvetande, än vi kunna förutsätta hos dessa lägre växter. Då vi omedelbart icke kunna veta, huru växten är till mods, utan endast, huru vi sjelfva äro till mods, så stiga vi med analogiens tillhjelp nedför djurserien, vända åter om vid indifferenspunkten mellan djur och växter, hvilken utgör det band, som håller bägge rikena samman, och stiga likaledes med analogiens hjelp på andra sidan uppför växtserien.

Vidare erinra vi oss vid denna betraktelse det resultat, som vans vid slutet af Inledningens 1:sta kapitel och af Kap. C. III, enligt hvilket hvarje genom materiel rörelse framkallad förnimmelse, så snart hon uppstår, äfven är åtföljd af medvetande, då deremot, om den materiella rörelsen ligger nedanför retningsintensitetens minimum, der icke allenast icke kommer till stånd någon medveten, utan alldeles ingen förnimmelse öfverhufvud. Så långt vi kunna följa något spår af en genom materiel retning framkallad förnimmelse, så vidt måste vi följaktligen också anse förnimmelsen för medveten, och alltså måste vi medgifva existensen af ett medvetande, huru torftigt dess innehåll än må vara.

Vi måste här än engång återkomma till den redan flera gånger (jfr. Kap. A. VII. 1. a, sid. 115—116) tillbakavisade fördomen, att nerverna skulle vara *conditio sine qva non* för förnimmelsen. Att de äro den mest passande form af materien för att frambringa förnimmelser, kan visst icke betviflas, men deraf följer ingalunda, att de äro den enda; tvärtom bevisa en mängd fakta, att de kunna ersättas genom andra former. Känselkropparne i öfverhuden hafva på många kroppsställen tämligen stora afstånd från hvarandra (såsom storleken af de ellipser bevisar, inom hvilka två beröringar förnimmas såsom en enda), men detta oaktadt är hvarje ställe af huden lika känsligt äfven för termisk och kemisk retning, vid hvilken man icke kan åberopa sig på blotta fortplantningen af det mekaniska trycket eller värmens ledning. Burdach anger, att äfven nervlösa delar af menniskokroppen kunna blifva känsliga, så snart deras lifaktighet är stegrad genom förökadt blodtillopp eller väfnadens uppmjukning; så är t. ex. det vid läkningen af sår bildade unga kött, hvilket är utan alla nerver, högst känsligt, och en inflammation i det nervlösa brosket och senorna är till och med mycket smärtsammare, än en inflammation i sjelfva nerverna. Wundt visar (Beiträge sid. 392—395), att dessa smärtor städse äro åtföljda af specifika organförnimmelser. Här ligger visserligen smärtan, af hvilken menniskan blir medveten, först i hjernan, men dessa delars nervliknande prestationsförmåga är dermed bevisad, d. v. s. deras förmåga att fortplanta strömmar af melekylärvibrationer, hvilka äro lika dem i nerverna. Men der vibrationstillstånd äro förhanden, som äro lika nervernas, skola de ock uppväcka förnimmelser, som äro lika dem, hvilka uppväckas af nerverna, förutsatt att de icke ligga nedanför retningsintensitetens minimum. Det senare är ingalunda antagligt, då den resp. delen efter så stora motstånd i hjernan ännu förorsakar så starka smärtor. Vidare hafva vi sett, att själen på mångahanda sätt förmår inverka på kroppen äfven utan nerver, t. ex. i de embryonala stadierna före nervernas utbildning, i nervernas verkningar utom deras egna gränser på muskler, på secernerande membraner, der öfverallt de respektive organens massa sjelf måste öfvertaga den sista sträckan af ledningen, på hårets plötsliga grånande efter våldsamma affekter, o. s. v. Men om nu själen kan utöfva inflytande på kroppen äfven utom eller i saknad af nervers biträde, så skall väl dock vid den genomgående ömsesidigheten i förhållandet mellan kropp och själ äfven kroppen utom eller i saknad af nervers biträde kunna inverka på själen, d. v. s. framkalla förnimmelse.

Vidare är det visst, att de lägsta djuren (polyper, infusorier, många inelfsmaskar) icke äga några nerver. Ty nerver och muskler gå öfverallt hand i hand, och enligt Dujardin och Ecker hafva dessa djur icke engång muskler; i stället för muskelfibrinet och nervsubstansen finnas hos dem endast det Mulderska fibroinet. Detta ämne förhåller sig ungefär som neoplasmat i sår och kallas fördenskull för närvarande allmänt protoplasma; det framgår allt tydligare, att den egentlige bäraren af lifvet i hvarje cell är protoplasmat i densamma, och att protoplasmat i de celler uti den gråa hjernsubstansen, hvilka förmedla de högsta tankefunktionerna, alldeles icke är typiskt, utan endast graduelt skildt från de lägsta organismernas protoplasma. Detta qväfvehaltiga, ägghvitartade ämne, som kallas protoplasma, är alltså egentligen det, hvari djursjälens organiska och motoriska viljeakter alltefter sitt ändamål göra sig gällande; i detta ämne allena kunna vi fördenskull också endast söka den konstitution af den organiska materien, hvilken är tjenlig och i stånd att låta materiella verkningar omedelbart influera på själen.

Dertill komma dessa djurs jämförelsevis höga psykiska yttringar. Ty sötvattenspolypen urskiljer redan på några liniers afstånd en lefvande infusorie, en växtorganism, en död och en oorganisk skapelse; af alla dessa drager han endast den förstnämnda till sig genom en med armarne framkallad hvirfvelrörelse i vattnet, och om de andra bekymrar han sig ingalunda, eller om han händelsevis fått tag i någon af dem, lössläpper han den åter genast. Polypen måste alltså af dessa olika ting hafva olika varseblifningar, och dessa kunna vara gifna endast såsom förnimmelser ofvanom retningsintensitetens minimum, d. v. s. såsom medvetna förnimmelser. Han förflyttar sig vidare från den skuggiga till den solbelysta delen af kärlet, och icke sällan kämpa två polyper om ett och samma byte. Detta senare är möjligt endast i det fall, att polypen har medvetande om, att den andre vill fråntaga honom bytet. Om följaktligen ett nervlöst djur visar så höga yttringar af medvetande, så få vi icke förvåna oss öfver att finna yttringarne af medvetande hos de närmast nedanför stående djuren, infusorierna, i samma nivå med dem hos många lägre växter. Men det skall man väl ändock icke vilja påstå, att förnimmelse och medvetande upphöra med den *näst-sista* djurklassen, ty hvarför skulle de upphöra med den näst-sista, som ju företer ett så rikt medvetenhetsinnehåll, att ända till deras fullständiga försvinnande ännu oändligt många fattigare grader låta tänka sig, hvilka ingenting i verlden motsvarade, om det icke vore just dessa infusorier och enkelt organiserade växter? Men i sjelfva verket uppvisar också en noggrannare iakttagelse öfver de aldra lägsta djurslägtena ännu fullkomligt tydliga varseblifningar, såsom framgår af det ändamålsenliga tillgodogörandet af de gifna omständigheterna för djurets lifs mål. Jag erinrar endast om de påtagligen frivilliga rörelser hos Arcella vulgaris förmedelst ändamålsenligt utvecklade luftblåsor (Bd I sid. 62—63).

Hvad som gör protoplasmat i nerverna så lämpliga till att förmedla viljeakternas utförande, äfvensom att framkalla förnimmelser, är hela massans halfflytande konsistens, hvilken befordrar molekylernas förskjutbarhet och flyttbarhet, och de enskilda molekylernas polariska beskaffenhet, hvilken har till vilkor en hög grad af materiens kemiska organisation. Det förstnämnda visar protoplasmat hos de lägre djuren och växterna i samma mån. I hvarje cell kan man åtminstone urskilja ett flytande innehåll och en fast vägg, samt i regeln också en kärna; såväl kärnan eller åtminstone hennes omgifning, som ock gränsen mellan vägg och innehåll, men vanligen hela cellinnehållet, visa denna halfflytande konsistens af hög kemisk organisation, från hvilka fysikaliska och kemiska moment man med sannolikhet kan sluta till en polarisk beskaffenhet hos molekylerna, om ock i ringare grad än hos nerver, samt hos de centrala gangliecellerna, hvilka likaledes bestå af kärna, vägg och innehåll, isynnerhet om man tager hänsyn till kontraktionsföreteelserna hos all djurisk och växtlig protoplasma efter elektrisk retning. Men dessa betingelser återkomma hos alla egentligt lefvande delar i de högre växterna, förmodligen till och med i stegrad form, då ämnenas kemiska organisation påtagligen stegras, men ingalunda sjunker hos högre organismer. Alldeles särskildt visar det växtliga protoplasmat, hvilket, såsom vi hafva sett, egentligen bringar de snabba reflexrörelserna hos högre växter till stånd, synbarligen en fullständig identitet med protoplasmat hos protisterna och de lägsta djuren, såsom betygas af alldeles samma reaktionssätt mot de mest olikartade retningar och narkotiska medel. Men detta protoplasma har också hos de *högre* växterna en mycket vidsträckt förekomst, och om uppmärksamheten riktades på dess lifsverksamhet först genom sådana exempel, der dess rörelser afse resultat, som blifva synliga och påtagliga för blotta ögat, så studerar för närvarande växtfysiologien redan med ifver de *inom cellerna* på grund af ljus, värme och andra retningar försiggående rörelserna hos protoplasmat, hvilka tydligen stå i det närmaste sammanhang med cellernas lif och fortplantning *). Det finnes sålunda helt visst intet skäl förhanden att påstå, att förnimmelsen och medvetandet hos de högre växterna äro *lägre* än de lägsta växternas och djurens, tvärtom hafva vi giltig anledning att förmoda, att, om äfven växternas totala och partiella lokomobilitet aftager hos högre former i öfverensstämmelse med deras lifsvilkor, förnimmelserna åtminstone i vissa delar äro *högre* än förnimmelserna hos de lägre växterna.

Ju längre vi stiga nedför djurserien, desto mera tilltager vigten och betydelsen af de förnimmelser, som härröra från djurets egen digestion och genitalsfer, gentemot dem, som härröra från yttre retningar. Hos växterna, der ytan gör sig mer och mer emottaglig för de obetydliga yttre retningarna, skall denna stegring ökas ännu ytterligare; för växten förlorar den yttre verlden, utom ljuset och luftens kemiska beskaffenhet, alltmera allt intresse, och det är endast särskilda fall, som vi hafva att tacka för den kännedomen, att äfven högre växter taga notis om vissa händelser, som för dem äro af särskild betydelse; så t. ex. taga växter, som fånga insekter, notis om retningar, som träffa bladen, slingerväxter om närbelägna stöd, o. s. v.

Efter hvad som blifvit sagdt i det föregående skall det icke vidare förefalla besynnerligt, att vi tillägga växterna en förnimmelse (och sjelfförståendes en medveten förnimmelse) af de retningar, mot hvilka de, vare sig reflektoriskt eller instinktivt, reagera; eller att vi påstå, att oscillatorien *förnimmer* ljuset lika väl, som polypen, då den förflyttar sig till den af solen belysta delen af sitt glas, att alldeles på samma sätt vinrankans blad förnimmer ljuset, åt hvilket det på allt sätt bemödar sig att vända den rätta sidan, och att hvarje blomma förnimmer ljuset, åt hvilket hon vänder sin öppnade krona. Vi påstå, att Dionæas och Mimosa pudicas blad förnimmer insektens vidröring, innan det på denna förnimmelse reagerar med att lägga sig tillsammans, ty det ligger ju redan i begreppet af reflexverkning så-

---

*) Liksom hos lägre djur (t. ex. amoeborna), så kan man också i de lefvande växtcellernas protoplasma skilja mellan ett tillstånd af aktivitet och ett annat af fullkomlig hvila, hvilka kunna omvexla med hvarandra en, eller till och med flera gånger. Ehuru de båda tillstånden tillhöra *lifvet* i samma mån, så synes dock endast i det förra en utpräglad sensibilitet vara förhanden, under det att i det senare består en minskning i retbarheten, hvilken liknar den genom narkotiska bedöfningsmedel åstadkomna anestesien hos protoplasmat, och kanske bildar ett analogon till djurens sömn eller ännu bättre deras vinterdvala. Liksom vissa infusorier efter en period af aktiv liflighet genom inkapslingen inträda i en annan period af rörlighet, så är äfven förhållandet med många växtceller, att de vid framskriden ålder omgifva sig med en tjockare cellvägg, hvilken till och med ännu, sedan cellen dött, kan äga bestånd (t. ex. vedceller). Högsta graden af sensibilitet skall man fördenskull hos hvarje växtcell kunna söka endast i en bestämd, understundom måhända mycket kort epok af hans lif, hvilken bildar kulminationspunkten af hans lifsverksamhet och i följd deraf mestadels infaller under hans ungdomstid.

som en psykisk reaktion, att en psykisk perception måste föregå densamma; men detta är den medvetna förnimmelsen. Vi påstå vidare, att växten har en förnimmelse af de organisationens fysiska processer, hvilka motsvara djurens digestion, samt af könslifvet, att särskildt det sistnämndas förrättningar försiggå i de delar, der den växtliga tillvarons högsta liflighet är koncentrerad, och der bildningsverksamheten under blomningstiden icke vidare framkallar, så att säga, framåtgående utan framåtskridande kemiska processer (såsom visar sig af blommornas inandning af syre och utandning af kolsyra), hvaraf följer, att här de bildande krafterna dragit sig tillbaka från den materiella påbyggnaden till en viss djurliknande förinringsprocess och blifvit disponibla för mer receptiva processer. Att detta medvetandes innehåll ännu alltid måste vara mycket fattigt, långt fattigare än t. ex. hos den uslaste mask, är väl intet tvifvel underkastadt, ty hvarifrån skulle väl rikedomen och bestämdheten komma, sådana de äro djuren förunnade redan genom de lägst stående sinnesorganen?

Vi hafva alltså funnit medvetande äfven hos växterna. Men huru vidt kan nu en medvetandets *enhet* bestå hos väterna? — Vi hafva sett, att enheten i medvetandet af två föreställningar eller förnimmelser beror på möjligheten af jämförelse och denna i sin ordning på förhandenvaron af en tillräcklig ledning mellan de ställen, som frambringa de båda förnimmelserna. Frågan är alltså denna: förefinnes en sådan ledning hos växterna? Redan hos djuren var förbindelsen mellan olika nervcentra, ehuru förmedlad genom nervsträngar, endast högst bristfällig och medvetandets enhet faktiskt förhanden endast vid mycket genomgripande impulser. Nervströmmens fortplantningshastighet hos menniskan belöper sig enligt Helmholtz till ungefär hundra fot i sekunden, hos Mimosa pudica uppgår denna hastighet, såsom nämndt, endast till några millimeter. Af dessa olika hastigheter kan man förskaffa sig en ungefärlig föreställning om ledningsmotståndet och i samband dermed om rubbningarne och förändringarne hos de fortplantade resultaten. Det är möjligt, att spiralkärlen tjena sådana ledningsändamål, men bevisadt är det icke. I alla händelser är det ännu mycket tarfligare beställdt med medvetenhetsenheten hos två närbelägna ståndare, än med den hos hjernan och ganglierna hos menniskan. En tillräckligt trogen och stark ledning skall alltid kunna bestå endast mellan helt nära intill hvarandra belägna växtdelar; jag skulle icke våga påstå, att man får tala om det enhetliga medvetandet hos en blomma, knappast hos en ståndarsträng. Men växten behöfver icke heller en sådan medvetandets enhet, som djuret; han behöfver icke anställa några jämförelser, och han behöfver icke heller reflektera öfver sina handlingar. Han behöfver endast öfverlemna sig åt de enskilda förnimmelserna och låta dem verka på sig såsom motiv för det omedvetnas ingrepp, då hafva dessa uppfylt sitt ändamål, och detta göra förnimmelser med skilda medvetanden lika väl, som förnimmelser med ett enhetligt.

V.

Materien såsom vilja och föreställning.

Naturvetenskapen sysselsätter sig med tre i hvarandra ingripande föremål: *lagarne*, *krafterna* och *materien*. En sådan söndring kan ej annat än gillas, ty hon sammanfattar olika grupper af företeelser under enhetliga synpunkter och underlättar derigenom uttryckssättet. Frågan är nu, om dessa tre äro verkligen olika till sin natur, eller om de egentligen äro endast *ett*, som, betraktadt blott från olika synpunkter, *ter sig* på tre olika sätt. Hvad *lagarne* angår, torde detta utan invändning medgifvas, ty det ligger i öppen dag, att de icke äro, så att säga, i luften sväfvande existenser, utan blotta abstraktioner af krafter och ämnen; endast emedan denna kraft och detta ämne *äro* just af den eller den beskaffenheten, endast derför *verka* de på detta sätt, och *så ofta* just en sådan kraft möter oss, måste vi finna henne verkande just på ett sådant sätt. Denna konstans, som uppenbarar sig deruti, att kraften *verkar just så*, är det, som vi gifva namnet lag. Detta förhållande är också i allmänhet erkändt och medgifvet, och vi höra i sjelfva verket materialisterna städse tala endast om *kraft* och *materia* såsom sina principer, och deruti äro sjelfförståendes lagarne inbegripna. I kap. C. II hafva vi försvarat materialismen, för så vidt han yrkar på den organiserade materien såsom conditio sine qua non för den medvetna själsverksamheten; i hela den föregående undersökningen hafva vi påvisat en omedveten psykisk princip såsom stående öfver materien, och dermed redan påvisat ensidigheten af en sådan materialism, hvilken icke känner andra än materiella principer; vi hafva nu kommit till den punkt, der vi måste sysselsätta oss med det, som den ensidiga materialismen uppställer såsom de uteslutande principerna för allt vara, d. v. s. såsom filosofiska urprinciper: *kraft och materia* *).

*) Alldenstund kraften, såsom vi skola finna, endast är en psevdomaterialistisk, i sjelfva verket en spiritualistisk princip, så skulle den konseqventa materialismen, som dock ännu ingenstädes blifvit uppstäld i denna form, hafva att framförallt förneka kraften, d. v. s. anse rörelsen såsom ett sista, det der icke var möjligt eller i

Jag skulle anse det för gagnlöst att här vilja dialektiskt afhandla detta begrepp; man skulle dervid hvarken vara viss om att verkligen behandla just samma begrepp, som materialismen menar, ej heller skulle derigenom någonsin en materialist förmås till att ändra sin åsigt; såsom den enda passande vägen anser jag vara att fördjupa sig i den naturvetenskapliga undersökningen af materien. Visserligen kan framtiden ännu bringa oskattbara upplysningar i denna riktning, hvilka vi ännu icke ana, imellertid tror jag, att grunddragen af det för materien enda möjliga uppfattningssättet äro genom fysikens och kemiens nyaste resultat så säkra, ej allenast att ingen tid mera någonsin skall kunna rubba dem, utan äfven att de erbjuda fullt tillräckliga anknytningspunkter, för att intränga ända till de yttersta djupen af denna hemlighet. Om detta hittills ännu icke skett, eller åtminstone icke skett genom naturvetenskapens åtgörande, så beror det helt enkelt derpå, att naturvetenskapen i grunden alltid endast så till vida hyser ett intresse för hypoteser, att de antingen gifva honom anledning till nya experiment, eller att de äro honom oumbärliga för kalkylers uppgörande; hvad som går derutöfver, deraf ser han intet *praktiskt* värde, och derför är det honom likgiltigt. Vi skola alltså i främsta hand hafva att rekapitulera, hvad naturvetenskapen vet om materiens konstitution och de i henne inneboende krafterna, och sedermera se till, huruvida dessa resultat på ett enkelt och otvunget sätt kunna låta oss blicka in i tingen.

Om man tänker sig en kemiskt homogen kropp, t. ex. kolsyrad kalk, oupphörligt delad, så kommer man till sist till delar af en viss storlek, hvilka icke vidare låta dela sig, *om de skola förblifva kolsyrad kalk;* lyckas det att vidare skilja dem, så erhåller man såsom delstycken en del kolsyra och en del kalk. Dessa en kropps minsta

---

behof af en förklaring, såsom en evig och ursprunglig egenskap hos materien. Den omständigheten, att många härledda krafter (såsom magnetisk attraktion eller repulsion mellan trådar, hvilka genomlöpas af galvaniska strömmar) i sjelfva verket äro endast resultaten af egendomliga rörelsekombinationer, skulle kunna förleda till att forska vidare i denna riktning och att försöka, om äfven de elementära krafterna allmän gravitation och repulsion i etern låta förklara sig såsom resultat af vissa former af rörelse. För detta ändamål förnekas i främsta hand etern och supponeras ett verldsrymdens uppfyllande med mycket förtunnade permanenta gaser; vidare skall man hafva att betrakta repulsionen såsom resultat af värmevibrationerna, och söka förklara gravitationen slutligen antingen i analogi med galvaniska strömmars attraktion såsom en biprodukt af transversala (värme- eller andra) vibrationer, eller ock såsom ett af repulsionen mellan periferiska schikt resulterande fenomen. (I båda fallen måste visserligen gravitationen icke vara proportional med en kropps massa, utan med hans genomskärningsplan vinkelrätt mot gravitationsriktningen). Hela denna teori ligger ännu till den grad i sina embryonala antydningar, att man ej engång kan göra försöket att gifva en kritik af densamma Endast så mycket står fast, att *materien* med alla sina motsägelser här är oumbärlig, enär väl kraften, men icke rörelsen sjelf kan vara det rörliga, och att följaktligen denna teori blir stående framför *två* obegripliga principer: materia och rörelse, hvaremot vi hafva nog med kraften *ensam*, hvilken är fri från materiens motsägelser och icke framstår såsom ett obegripligt sista, utan låter upplösa sig i de andliga urprinciperna, vilja och föreställning, samt således på detta sätt sammansluter den materiella verlden med den andliga såsom till väsendet ett.

delar benämner man molekyler *). De verka åt olika sidor med olika kraft, emedan de i allmänhet hafva det respektive kemiska ämnets krystalliniska grundform, eller en sådan, ur hvilken denna lätt kan bilda sig. Molekylerna af olika ämnen skilja sig följaktligen från hvarandra genom olika form, dessutom äfven genom olika vigt (molekylärvigt); deremot upptaga de i sin gruppering till kroppar i gasformigt tillstånd vid lika temperatur lika stora rum. Om två kroppar af olika slag komma tillsamman, så rubba molekylernas i olika riktningar olika verkande krafter vid gränserna mellan de båda kropparne hvarandra ömsesidigt i sina jämnvigtslägen, resp. fortplanta sig såsom galvaniska vibrationer; är rubbningen stark nog, så försiggår en bestående omlagring och kemisk förening af de olikartade molekylerna till mera sammansatta molekyler. De olika föreningarne skilja sig från hvarandra genom de sammanträdande molekylernas antal och lagringssätt. De molekyler, hvilka det hittills ännu icke lyckats att sönderdela, kalla vi kemiskt enkla, ehuru vi om många med tämlig säkerhet veta, att de äro sammansatta (t. ex. jod, brom, klor äro möjligen syreföreningar, såsom förändringen af deras spektrum vid mycket höga temperaturgrader tyckes antyda), så att möjligtvis de kemiska elementens antal låter sig betydligt reducera. Dessutom skiljer den moderna kemien de elementära molekylerna, alltefter deras förhållande i kemiska föreningar, i envärdiga och flervärdiga molekyler och tänker sig de senare såsom sammansättningar af flera likvärdiga delar, af hvilka hvar och en är kemiskt likvärdig med en envärdig molekyl. Hon kallar dessa delar atomer och deras relativa vigter atomvigter. Men redan denna vigtsolikhet bevisar, att äfven dessa kemiska atomer lika litet kunna vara materiens sista element, som de kemiska molekylerna i sina mångfaldiga morfologiska grundformer; atomvigternas enkla talförhållanden låta oss sluta till, att alla dessa materiens delstycken till sist endast äro olika lagringsformer af ett olika antal likartade grundelement eller uratomer, liksom också endast på detta sätt man kan förstå atomvigternas öfverensstämmelse med den specifika värmen och molekylärvigternas öfverensstämmelse med den specifika vigten hos gaserna. Dessa likartade uratomer, som jag i det följande skall kalla helt enkelt kroppsatomer, måste i alla riktningar verka med *lika* kraft, de kunna alltså, *om* de skola tänkas materiella, tänkas endast såsom *klotformiga*.

Förutom dessa kroppsatomer gifves det ännu eteratomer, hvilka äro fördelade såväl i hvarje kropp mellan kroppsmolekylerna, som

*) Ej att förvexla med atomer, såsom den äldre fysiken gjorde. Sådana filosofiska läsare, hvilka med vissa förutfattade meningar emot den fysikaliska atomteorien gripa sig an med detta kapitel, hänvisar jag till Fechners skrift: »Ueber die physikalische und philosophische Atomlehre,» Leipzig 1855, särskildt sid. 18—63 och 129—141, ehuruväl den fysikaliska atomläran sedan den tiden genom värmeteoriens utbildning undergått någon förändring. Jfr. till detta kapitel min uppsats: »Dynamismus und Atomismus (Kant, Ulrici, Fechner)» uti »Gesammelte philosophische Abhandlungen» N:o VII. — Här må i förbigående endast anmärkas, att delningen i atomer metafysiskt taget ej representerar någonting annat än den speciella form, i hvilken inom materiens område den allmänna filosofiska *individuations*principen finner sitt förverkligande.

äfven mellan himmelskropparne, och hvilka man igenkänner på deras egenskap att fortplanta värme. (En viss del af värmeskalan förnimmes af oss genom våra ögons inrättning såsom ljus). Det är eteratomerna, hvilka såsom kroppsmolekylernas omgifvande höljen frambringa de elektriska företeelserna, och genom att kretsa omkring kroppsmolekylerna (Ampèreska molekylärströmmarne) de magnetiska företeelserna, det är vidare de, som åstadkomma den elastiska repulsionen, då molekylerna i en gas studsa emot hvarandra, med ett ord: de äro en hypotes, som vi ingenstädes kunna undvara, då frågan är att förklara kraftverkningar, i hvilken förutom attraktionen enligt den Newtonska gravitationslagen äfven repellerande krafter äro med i spelet.

Kroppar och kroppsatomer attrahera hvarandra, och detta i omvändt qvadratiskt förhållande till afståndet; d. v. s. en kroppsatoms kraft i alla rummets riktningar sammantagna förblir sig lika på hvarje afstånd.

Eter och eteratomer repellera hvarandra, och detta i omvändt förhållande af en högre potens än den andra, åtminstone den tredje, af afståndet; d. v. s. en eteratoms kraft i alla rummets riktningar sammantagna växer *åtminstone* i omvändt förhållande till afståndet.

Alla kroppsatomer skulle skjuta tillsamman på en punkt, om icke de kringlagrade eteratomerna bildade liksom höljen kring hvarje kroppsmolekyl, hvilka förhindra en beröring dem imellan. Två eteratomer kunna aldrig sammanstöta, emedan deras repulsion på oändligt små afstånd är oändligt stor. Men två kroppsatomer skulle aldrig åter kunna skilja sig från hvarandra, förutsatt att de engång berörde hvarandra, emedan i sådant fall deras attraktion skulle vara oändligt stor. Derför måste kroppsmolekylerna äfven inom de kemiska föreningarne ännu hållas ifrån hvarandra genom eteratomer, emedan de åter låta skilja sig genom etervibrationer (värme, elektricitet).

Kropps- och eteratomer repellera hvarandra sannolikt på molekylärafstånd. Förr antog man, att de attrahera hvarandra på de vanliga molekylärafstånden, och att denna attraktion först i omedelbaraste närhet slår om i repulsion; detta antagande är också ännu det i läroböckerna vanliga. Ända till en viss punkt förklaras nämligen företeelserna genom hvart och ett af de båda antagandena *lika väl;* men då man till sist måste för kalkylens skuld med nödvändighet besluta sig för ettdera alternativet, valde man *af en tillfällighet* attraktionen. Wiener har visat (jfr. Poggendorffs Annalen, Bd 118, sid. 79, äfvensom Wiener, »Die Grundzüge der Weltordnung», 1:sta boken), att antagandet af repulsionen för förklaringen af det flytande aggregationstillståndet erbjuder väsentliga fördelar, samt att denna öfverhufvudtaget bättre förlikas med våra öfriga fysikaliska åskådningar. Vid denna förutsättning är icke, såsom i Redtenbachers »Dynamidensystem», kring hvarje kroppsmolekyl ett tätt hölje af eteratomer, utan tvärtom är etern tunnast omedelbart bredvid kroppsmolekylerna, således inom kropparne tunnare, än i tomma rymden, emedan de tätt packade kroppsmolekylerna delvis utesluta etern. Då vi framdeles skola se, att på större afstånd mellan kroppar och eteratomer i alla händelser finnes attraktion, så består differensen mellan de båda hvarandra motsatta åsigterna egentligen endast i en divergens i afseende på *storleken* af det afstånd, på hvilket attraktionen slår om i repulsion, och säkert måste enligt *båda* åsigterna detta afstånd vara så litet, att man måste beteckna det som molekylärafstånd.

Atomteorien i sitt närvarande stadium af utbildning förklarar på ett öfverraskande sätt lagarne för värmet och de af värmeförändringarne frambragta olika aggregationstillstånden. Hon skänker den fördelen, att materiens alla många såkallade krafter, såsom gravitation, elasticitet, värme, galvanism, kemism o. s. v., framställa sig som yttringar af kombinerade molekylär- och atomkrafter, d. v. s. att man också verkligen ser och beräknar de förras utveckling ur de senare, hvaremot den dynamism, hvilken, liksom den Kantska, ej alls vill kännas vid atomer och atomkrafter, endast kan påstå de högre materiella krafternas uppkomst från attraktion och repulsion, men icke på minsta sätt förmår säga, huru hon tillgår. —

Det återstår ännu att omnämna en materiel kraft, *tröghetsförmågan*, hvilkens hänförande under begreppet kraft atomismen hittills oriktigtvis förnekat, eller hvilken hon låtit qvarstå såsom en ny tillkommande kraft, under det att han dock redan af Kant (Neuer Lehrbegriff der Ruhe und Bewegung, jfr. Kants Werke, Bd V, sid. 282—284, 287—289 och 409—417) hade kunnat lära, hvad tröghetsförmåga är, nämligen att densamma endast och allenast *beror på rörelsens reciprocitet eller relativitet*, hvilket redan Leibniz klart och tydligt uppvisat. Tänker man sig nämligen en atom allena i rummet, så kan begreppet hvila eller rörelse ännu alldeles icke finna någon användning på honom, *emedan han icke har någon bestämd plats i rummet* och följaktligen icke heller kan *förändra* denna plats. Det gifves sålunda ingen absolut hvila eller absolut rörelse, utan endast relativ. Deraf följer, att man icke har *mer* rätt att säga: A rör sig emot B, än: B rör sig emot A, eller: kulan rör sig emot taflan, än: taflan rör sig emot kulan, att alltså motståndet, som taflan gör emot kulan, icke är såväl ett motstånd af den hvilande, som af den i rörelse varande taflan, eller hennes lefvande kraft. Hvad som här vid stöten genast faller i ögonen, det återfinnes vid tryck och dragning, endast såsom en integration af atomernas och molekylernas oändligt många enskilda repulsions- eller attraktionsmoment. I båda fallen beror motståndet hos tröghetsförmågan, hvilket är att öfvervinna, på attraktionens och repulsionens reciprocitet och rörelsens relativitet.

För tröghetsförmågan behöfva vi således i sjelfva verket, trots att hon till och med verkar såsom oppositionel kraft, ingen *ny* kraft, vi reda oss snarare fullkomligt med kropps- och eteratomernas attraktion och repulsion. — Nu vilja vi se till, huru de hittills anförda principerna vid närmare betraktande alldeles af sig sjelfva framställa sig såsom ganska enkla. —

Om vi tänka oss två kroppsatomer A och B, så skulle de äfven då båda röra sig emot hvarandra, om *endast* A ägde attraktionskraft; ty i det att A till sig attraherar atomen B, drager han *sig* i följd af rörelsens relativitet *lika mycket bort till B*, som han drager B till sig. Men detsamma gäller också för B; i det att nu såväl A, som äfven B verkar attraherande, så åstadkommer hvar och en af dem det ömsesidiga närmandet intill hvarandra, alltså blir deras faktiska attraktion summan af deras enskilda krafter. Detsamma gäller om eteratomernas repulsion. Men märkvärdigtvis skall nu en och samma kroppsatom äga två motsatta krafter, nämligen attraktionskraft för kroppsatomerna och repulsionskraft för eteratomerna. En eteratom har då antingen i öfverensstämmelse härmed en *särskild* repulsionskraft för eteratomer och en *särskild* repulsionskraft för kroppsatomer, eller också är hans repulsionskraft emot kropps- och eteratomer lika stor, d. v. s. *en och samma*. Det senare antagandet har ingenting emot sig, skall alltså såsom det mera enkla i hvarje händelse förtjena företrädet, ty principia non sunt multiplicanda praeter necessitatem. Enligt detta senare antagande förhåller sig alltså en eteratom emot *hvarje annan atom* på samma sätt repellerande, lika mycket, hvilka krafter föröfrigt ännu tillkomma denna atom; d. v. s. om en kroppsatom möter honom, så repellerar han denna lika väl som en eteratom, lika mycket, huru stor den kraft, med hvilken kroppsatomen repellerar eteratomen, än må vara i förhållande till en eteratoms repellerande kraft; naturligen är den *totala* ömsesidiga repulsionen summan af båda krafterna. Men om storleken af kroppsatomens repellerande kraft är likgiltig för eteratomens repellerande kraft, så måste det också vara likgiltigt för henne, om denna kraft blir $= 0$, eller om hon blir *negativ*, d. v. s. *attraherande*, alltid under förutsättning, att bådas totalrepulsion är summan af de enskilda krafterna. I det senare fallet skulle alltså totalresultatet blifva repulsion, så länge eteratomens repellerande kraft är större, än kroppsatomens attraherande; i omvändt fall skulle det blifva attraktion. Härmed frigöra vi oss på en gång från det onaturliga antagandet af två hvarandra motsägande krafter i kroppsatomen; ty repulsionen mellan en eter- och kroppsatom blir såsom sådan bestående för alla de små afstånd, der den förstnämndes repulsion är starkare, än den senares attraktion, och kroppsatomen förhåller sig emot *hvarje* annan atom *på samma sätt* attraherande, likaså som eteratomen emot *hvarje* annan atom förhåller sig på samma sätt repellerande. Men att i sjelfva verket eter- och kroppsatomer repellera hvarandra *icke på alla*, utan endast på mindre afstånd, synes mig klart och tydligen framgå af följande: Den *materiella* verldsbygnaden är både enligt aprioriska betraktelser och på astronomiska grunder*) obetingadt att anse såsom *ändlig;* etern åter måste sträcka sig i det oändliga, om der icke skulle komma en gräns, der samtliga kroppsatomers attraktion öfverväger samtliga eteratomers repulsion; en verldsbygnadens rotation kring en eller flera axlar (för så vidt en sådan ännu öfverhufvud skulle kunna tänkas under förutsättning af rörelsens relativitet) skulle genom centrifugalkraften endast stegra eteratomernas fortgående minskning, och till och med under det omotiverade antagandet af ett oändligt antal af eteratomer mot ett oändligt antal af kroppsatomer skulle eteratomernas fortgående minskning i den oändliga rymden medföra en fortgående

*) Jfr. Zöllner: »Ueber die Natur der Kometen», 3:dje upplagan.

tilltagande förtunning af etern i verldsbygnaden, hvarför dock ingenting synes tala.

Äro vi sålunda på grund af den materiella verldsbygnadens ändlighet nödsakade att antaga ett *ändligt bestämdt* afstånd, der eteratomens repulsion på kroppsatomen är *lika med* kroppsatomens attraktion på eteratomen, så följer derur omedelbart hvad vi behöfva, nämligen att på mindre afstånd repulsionen måste *öfverträffa* attraktionen, enär eteratomens repulsion aftager mycket hastigare med afståndets minskning, än kroppsatomens attraktion. Således: huru man än må föreställa sig saken, i hvarje afseende rekommenderar sig det enklaste antagandet bäst, att kroppsatomen har *endast* attraktionskraft, eteratomen *endast* repulsionskraft, som yttrar sig *likmässigt* emot båda slagen af atomer. På ett bestämdt afstånd äro båda hvarandra lika; den olika lagen för deras förändring i mån af afståndet låter på större afstånd attraktionen, på mindre afstånd åter repulsionen blifva den öfvervägande. På sådana afstånd som de mellan molekylerna inom en och samma kropp är repulsionen sannolikt redan *i oerhördt hög grad* den öfvervägande, men detta är också nödvändigt, om eteratomerna enligt Wieners antagande inom kroppen äro *ännu sparsammare* till antalet, än i tomma rymden, och *detta oaktadt* måste räcka till, för att hålla *jämnvigt* mot de så tätt packade kroppsmolekylernas ömsesidiga attraktion.

Alldenstund, såvida man icke vill råka i den motsägelse, som ligger uti antagandet af en såsom sådan färdig befintlig, d. v. s. *fulländad oändlighet*, eteratomernas liksom kroppsatomernas antal måste vara *ändligt*, så hafva vi alldeles intet skäl att antaga, att bägges antal är olika; vi måste tvärtom anse det lika, alldenstund kroppsatomerna i sammanpackningens täthet ersätta hvad som eteratomerna tyckas vinna i större utbredning genom rummet. Vi hafva då *på hvarje kroppsatom en eteratom*, och dessa skilja sig, bortsedt från lagen för deras kraftminskning i mån af afståndet, från hvarandra endast genom den positiva och negativa *riktningen* af deras kraft. Tänkte man sig en kroppsatom och en eteratom *sammansmälta*, så skulle plötsligen all kraft försvinna ur verlden, ty motsatserna hade då *neutraliserat* hvarandra. Så se vi här skilsmässan i en *polarisk dualism* såsom principen, hvilken frambringar den materiella verlden.

Vidare fråga vi, hvad vi hafva att förstå med en *kropps massa*. Närmast mäter man massan efter *vigten;* men så snart vetenskapen kommit till antagandet af etern, som, emedan han icke har någon attraktion, ej heller kan hafva någon vigt, så måste man taga något annat i stället för vigten till mått för massan, och detta skall vara något, som är *gemensamt* för etern och kropparne; såsom sådant framställer sig endast *tröghetsförmågan*. Om man nu också i denna kan *mäta* massan, så gifver hon dock intet *begrepp* massa, om man icke vill låta sig nöja dermed, att fatta henne såsom *det obekanta substratet för lika tröghetskrafter*. Men dermed åtnöjer sig säkerligen ingen i tankarne. — Naturvetenskapen förklarar massan såsom *produkten af volym och täthet*, och detta leder visserligen till det sätt, hvarpå hvarje opartisk tänkare fattar begreppet massa, *förut-*

satt nämligen, att man vid förklaringen af täthet undviker *cirkelbevisningen* och icke åter använder begreppet massa. Då är nämligen täthet endast att fatta såsom *särskiljandet af likvärdiga delar*; förblifver nu produkten af volym och täthet oförändrad, så är det klart, att detta är möjligt endast derigenom, att *de likvärdiga delarnes antal* förblir oförändradt; vi kunna alltså definiera *massa* rätt och slätt såsom *antalet af likvärdiga delar*, förutsatt, att vi i alla ting, som äro att jämföra, fortsätta delningen så långt, tills vi *öfverallt* hafva kommit till *likvärdiga* delar. Man finner genast, att *endast uratomerna* tillfredsställa denna fordring; men dessa göra det också verkligen; till och med eter- och kroppsatomerna äro att betrakta såsom likvärdiga, då hvarje eteratom repellerar hvarje kroppsatom just så, som hvarje eteratom, och omvändt, och sålunda *deras krafters reciprocitet, d. v. s. deras tröghetsförmåga, är lika.* Vi hafva numera alltså att definiera ett tings massa såsom *antalet af dess atomer*, och härmed hafva vi först framstält det enda möjliga, strängt vetenskapliga uttrycket för hvad som *enhvar* klarare eller oklarare tänker sig vid ordet massa. Men häraf framgår omedelbart, att det icke längre innebär någon mening att tala om *en atoms massa*, ty då hade man än engång att tänka sig honom sönderlagd i likvärdiga delar, och dermed skulle man icke komma längre, än man redan är kommen. Man kan väl tala om en *molekyls* massa, ty en sådan består ju *af atomer;* man kan följaktligen också jämförelsevis säga, att en kropps*molekyl* är af ganska mycket större massa, än en eter*atom;* men två atomers massor kan man icke jämföra, ty hvar och en af dem är ju *massenheten.* Det vore vidare tänkbart, att *n* kroppsatomer hade förenat sig utan mellanlagrade eteratomer till ett, så att de aldrig mer skulle kunna skilja sig åt; då skulle en eteratom repellera *hvar och en* af dessa förenade atomer med enkel, alltså hela komplexen med *n-faldig* kraft, och komplexen skulle sålunda hafva massan *n;* men just derför vore det falskt, att vilja kalla honom *en atom med n-faldig massa;* han förblir, så länge atomerna tänkas såsom materiella, ogenomträngliga klot, alltid en *komplex af n atomer.* — Föröfrigt hafva vi alldeles ingen anledning att tro på den verkliga existensen af sådana omedelbara sammansmältningar af kroppsatomer, ty det är antagligt, att kroppsatomerna i ett hittills såsom sådant betraktadt kemiskt elements molekyl lika så väl hållas åtskils genom eteratomer, som de kemiska elementens molekyler i deras kemiska föreningars molekyl, hvilket senare bevisas derigenom, att de åter igen låta sig skilja genom etervibrationer (värme, galvanism o. s. v.). Med hänsyn till de stora olikheterna i atomvigt måste vi också redan föreställa oss antalet af de i en elementärmolekyl förenade kroppsatomerna *mycket stort*, analogt med det förhållandet, att i en högre organisk förenings molekyl ofta hundratals elementärmolekyler äro förenade.

Resultatet af allt detta är, att atomen är *enheten*, af hvilken först hvarje massa sammansättes, liksom alla tal sammansättas af ett, att det fördenskull *lika litet innebär någon mening att fråga efter en atoms mättstorlek, som efter ettans talstorlek.* —

Vi komma nu till den sista och svåraste frågan: är atomen ännu någonting annat än kraft, har atomen *materia*, och hvad har man att tänka sig vid detta ord? Vi vilja i främsta rummet draga oss till minnes, huru vi kommit till antagandet af atomerna. Såsom barn stöta vi hufvudet och erfara en känsla af smärta, vi känna på tingen och erhålla af dem både syn- och andra sinnesintryck. De varseblifningar, som vi då erhålla, förlägga vi instinktmässigt utom oss i rummet, och till dem supponera vi lika instinktmässigt orsaker, hvilka vi benämna ting eller föremål. Dessa supponerade föremål utom oss, hvilka inverka på oss, men isynnerhet *det, som vi utanför oss stöta på*, kalla vi *materia*. Vetenskapen låter sig icke nöja med denna råa, instinktivt sinliga och i det praktiska lifvet tillräckliga hypotes, utan följer orsakerna till våra varseblifningar *vidare* och undersöker dem noggrannare. Han visar oss, att synvarseblifningarne framkallas genom vibrationer i etern, hörselvarseblifningarne genom vibrationer i luften, lukt- och smakvarseblifningarne genom kemiska vibrationer i våra sinnesorgan, att alltså alla dessa varseblifningar ingalunda hänföra sig till en materia, utan en rörelse, för hvars förklaring han återigen måste supponera *krafter*, hvilka i sista hand visa sig som *yttringar* af kombinerade molekylär- och atomkrafter. Han visar oss vidare, att grunden för alla våra känselvarseblifningar, materiens så kallade *ogenomtränglighet*, eller det motstånd, som hon gör emot främmande kroppar, då de försöka närma sig henne utöfver en viss gräns, är *resultatet af eteratomernas repulsion*, hvilken på oändligt små afstånd blir oändligt mycket större än kroppsatomernas attraherande kraft, men att *öfverhufvud ingenstädes* förekommer en direkt *beröring* mellan atomerna, ingenstädes en ogenomtränglighet, som således framställer sig såsom *följd af kraften*, utan som inhererar i *materien såsom sådan*. Alla förklaringar, som naturvetenskapen gifver eller försöker att gifva, stöda sig på *krafter;* materien ter sig dervid på sin höjd såsom ett i bakgrunden sysslolöst lurande spöke, som alltid förmår göra sig gällande endast på de *oupplysta* punkterna, dit *kunskapens ljus* ännu icke framträngt; ju vidare kunskapen, d. v. s. förklaringen af företeelserna utbreder sitt ljus, desto mer drager sig under den historiska gången materien tillbaka, som i den naivt sinliga åskådningen ännu intager hela det yttre rummet för varseblifningen.

Men aldrig kan naturvetenskapen, så långt han räcker eller skall räcka, använda något annat än krafter för sina förklaringar; hvarest han deremot i våra dagar *använder* ordet materia, der förstår han derunder, liksom under materia, endast ett *system af atomkrafter*, ett dynamidsystem, och använder ordet materia endast såsom *ett oumbärligt tecken eller en formel för dessa system af krafter.*

Då nu naturvetenskapliga hypoteser aldrig få sträcka sig längre, än som är behöfligt för en *förklaring*, och begreppet materia alldeles icke tjenar eller kan tjena något behof af en naturvetenskaplig förklaring, så följer deraf, att ett begrepp materia, som betyder *något annat* än *system af krafter*, inom naturvetenskapen *icke* har *något berättigande*, då han ju påvisat, att allt det, som den sinliga uppfattningen kallar *materiens* verkningar, är verkningar af *krafter*.

Visserligen är ingenting svårare än att frigöra sig från de sinligt omedelbara föreställningarna, hvilka man insupit så att säga med modersmjölken, hvilka man *instinktmässigt* lärt sig fatta såsom den *första* råa, men *praktiskt* tillräckliga hypotesen, och som *sammanvuxit* med en genom *vanan* i ens lif. Dertill fordras redan flit, lugn, klarhet och kraft i tänkandet, att *begripa* de ur sinligheten framspringande liksom de öfriga fördomarne i tänkandet såsom sådana; långt mera mod fordras, för att hänsynslöst *bryta* med hvad man engång öfvervunnit i *alla* dess *konseqvenser*, — men till och med om man öfvervunnit allt detta, så fordras der ännu en nästan öfvermensklig energi i förståndet och karakteren, att ännu icke *en gång* låta sig öfverrumpla af hvad man redan trodde sig hafva afgjort eller åtminstone att låta hemligt *påverka* sig deraf; ty ingen uppgift är svårare än den, att tillkämpa sig en fullständig, negativ frihet i tänkandet. Just emedan de ur sinligheten uppspringande fördomarne icke äro medvetna slutledningar af förståndet, utan instinktmässiga, för det praktiska lifvet tillräckliga ingifvelser, just derför äro de så svåra att genom medvetet tankearbete tillintetgöra och frigöra sig ifrån. Man må tusen gånger säga sig, att månen vid horisonten har samma vinkelstorlek, alltså samma skenbara storlek, som ofvan på himmeln, att det är en villfarelse af förståndet att anse honom vara af mindre storlek ofvan på himmeln, än nere vid horisonten, — samma villfarelse, som gör, att himlahvalfvet icke ter sig som ett halfklot, utan såsom ett platt klotafsnitt, — allt detta kan icke förmå en att i båda fallen se månen lika stor, just emedan det instinktmässiga antagandet gör sig gällande trots den bättre, medvetna kunskapen.

En sådan på sinligheten grundad *instinktmässig fördom* är också materien. Ingen naturforskare har i sin vetenskap något att göra med materien, utom för så vidt han *upplöser* henne i krafter, hvarvid alltså de *skenbara* verkningarne af materien framställa sig som verkningar af krafter, d. v. s. materien mer och mer *upplöses* i kraft; likväl skall man till och med i våra dagar ännu träffa få naturforskare, som skulle medgifva den sista konseqvensen af sin egen vetenskap, att materien icke är annat än ett system af krafter; och grunden härtill ligger helt enkelt i den sinliga fördomen. Man förbiser alldeles, att vi *omedelbart* varseblifva *materien lika litet*, som *atomerna*, utan endast sättet, hvarpå hon uppenbarar sig i tryck, vibrationer o. s. v., att alltså *äfven* materien är blott en hypotes, som först har att *rättfärdiga* sig inför naturvetenskapens domstol; men detta rättfärdigande blir naturvetenskapen icke blott evigt *skyldig*. och i hvilken riktning man än pröfvar och undersöker materien, så upplöser hon sig i krafter; man förgäter detta, emedan man dervid tillfälligtvis, så att säga, stöter sig för armbågen, och den instinktmässiga sinligheten i detta resonnemang på engång inlägger »materia». — Går man nu engång en sådan fördom på fullt allvar in på lifvet, så söker han försvara sig med *sofismer;* naturforskaren förgäter reglerna för sin metod och rycker till och med fram med aprioriska skäl, blott för att rädda sin kära fördom.

Då heter det först och främst: »Jag kan *icke* tänka mig *en kraft utom materia*, kraften måste hafva ett *substrat*, *i* hvilket, och ett *objekt*, *på* hvilket hon verkar, och detta är just materien; kraft utan materia är ett oting.» — Må vi också gå in på den aprioriska sidan af betraktelsen, sedan vi hafva insett, att från empirisk ståndpunkt hypotesen om en materia *icke* är *berättigad*.

Först och främst kan man påstå, att menniskan är så organiserad, att hon kan tänka *allt*, som *icke motsäger* sig sjelft, d. v. s. att hon kan fullborda hvarje i ord gifven förbindelse af begrepp, förutsatt att begreppens *betydelse* är gifven henne *klar* och *precis*, och den åsyftade *sammanställningen icke* innehåller *någon motsägelse*. Det ofvan anförda påståendet säger: »Kraft kan icke *tänkas* i sjelfständig real existens, utan endast i ett olösligt samband med materia.» Kraft är ett tydligt begrepp, hon har likaledes sjelfständig real existens, alltså måste hvarje sundt förstånd kunna *fullborda* båda begreppens samband, om icke detta samband i sig innebär en motsägelse. Att bevisa det senare torde falla sig väl svårt, följaktligen är påståendets första negativa del falsk. Välförståendes är här fråga endast derom, huruvida sambandet är *tänkbart*, *icke huruvida* det *realt existerar*; eljest vore betraktelsen icke längre apriorisk. — Satsens andra positiva del påstår, »att kraft kan tänkas i samband med materia.» Denna del är likaledes falsk; man kan *icke* tänka sambandet mellan kraft och materia, *emedan* man *icke kan tänka materien*, ty *detta ord saknar hvarje begrepp*. Vi vilja genomgå de olika betydelser, som man *möjligtvis skulle kunna* tillägga detta ord. Den sinliga betydelsen är visserligen fullkomligt bestämd: *orsaken till det kända motståndet*, men detta *upplöser sig* i repulsiva atomkrafter, kan alltså icke *ställas gentemot* begreppet kraft. Begreppet massa, som oriktigt skulle kunna inläggas i begreppet materia, hafva vi redan ofvan *upplöst* i atom*krafter*, om det gäller alltså detsamma; dess förvexling med materia är dessutom möjlig endast i afseende på den groft sinliga betydelsen af materia förmedelst begreppet täthet. Det fysikaliska begreppet *ogenomtränglighet* är likaledes upplöst i den på oändligt små afstånd oändligt stora repulsions*kraften* hos eteratomerna, och tillkommer dessutom endast de repulsiva eteratomerna och kropparne, d. v. s. dynamidsystemen, på grund af de hos dem innehållna eteratomerna, *men icke* de attraktiva kroppsatomerna, då man icke kan inse, hvarför icke mellan två kroppsatomer, som icke hållas isär genom eteratomer, skulle faktiskt kunna äga rum en fullständig inbördes *sammansmältning*.

Slutligen skulle ännu återstå betydelsen: »*kraftens substrat*»; imellertid måste jag till min ledsnad medgifva, att jag här i fråga om substrat förmår tänka mig lika så litet, som i fråga om materia. Redan Schelling säger (System der transcend. Idealism., sid. 317—318, Werke I. 3, sid. 529—530): »Den som säger, att han icke kan tänka sig ett handlande utan substrat, han tillstår just derigenom, att detta tänkandets förmenta substrat är *en blott produkt af hans inbill-*

ningskraft, alltså ingenting annat än *hans eget tänkande*, som han är tvungen att på detta sätt förutsätta såsom sjelfständigt. Det är *blott och bart en villfarelse af inbillningskraften*, att, sedan man från ett objekt *fråntagit de enda predikat, som det har*, ännu något, man vet icke hvad, *skulle qvarstå* af detta objekt. Så t. ex. skall ingen säga, att ogenomträngligheten är i materien inplantad» (hvilket dock endast är halfva sanningen). Substrat betyder mången gång detsamma som subjekt, men man skall dock icke vilja påstå, att den döda materien är någonting mera subjektivt, än kraften. Mången gång betyder substrat »det, som ligger till *grund*», d. v. s. ett *kausalt* moment; derom kan här ännu mindre vara fråga. Vanligen betyder det *underlag*, rätt och slätt i ordets sinliga betydelse; men det groft sinliga måste här uteslutas, och dermed äro vi på det klara. Kort och godt, man kan här alldeles icke tänka sig någonting vid substrat. Men till och med om detta vore möjligt, skulle ändock de, som taga materien i försvar, alltid blifva *skyldiga beviset för det berättigade* af sitt hypotetiska antagande af ett kraftens substrat; ty jag kan icke inse *behofvet* af en hypotes ytterligare *utom* kraften, då jag påstår, att man kan tänka sig kraften *mycket väl* äga en sjelfständig existens. Det blir dervid, att: materia är ett för vetenskapen *tomt* ord, ty man kan *icke angifva en enda egenskap*, som skall tillkomma det dermed betecknade begreppet; det är just ett ord *utan begrepp*, om det icke nöjer sig med betydelsen af ett »system af krafter», hvarför vi hellre sätta »materia». Alltså är det visst, att de, hvilka påstå, att de icke kunna tänka sig kraften sjelfständig, *icke heller* kunna tänka henne i samband med materien.

Vidare påstås, att »kraften måste hafva ett *objekt, på* hvilket hon verkar, eljest skulle hon icke kunna verka.» Detta är att obetingadt medgifva, men det måste bestridas, att detta objekt måste vara materien. »Kraften hos hvarje atom har *andra atomer* till sitt objekt», det är allt, som den naturvetenskapliga hypotesen begär; *hvad som* hos atomerna är det, som tjenar såsom objekt, derom bekymrar sig *naturvetenskapen* alldeles icke; *vi* åter hafva att konstatera, att vi *hittills* hos atomen känna *endast kraften*, att ingenting finnes till hinder för att betrakta kraften såsom det hos atomen, hvilket tjenar som objekt för den andra atomens kraft, att alltså redan på denna grund hvarje föranledning saknas att uppställa den nya hypotesen för materien. Dertill kommer ytterligare analogien hos de andliga krafterna, hvilka likaledes hafva *hvarandra* till objekt, t. ex. den såsom motiv verkande föreställningen har viljan såsom objekt, viljan har åter föreställningen såsom objekt o. s. v. Redan den rena ömsesidigheten i atomkrafternas relation sinsimellan borde varna för antagandet af ett annat objekt än kraften.

Men låtom oss nu för ett ögonblick verkligen antaga, att atomerna utom af kraft bestå ytterligare af materia, och låtom oss betrakta, hvilka svårigheter uppstå för föreställningen derigenom vid den ömsesidiga verkan på hvarandra af två atomer A och B, och huru man städse måste stöda det ena oberättigade och öfverflödiga antagandet genom nya, lika godtyckliga antaganden. Kraften hos A skulle verka på materien hos B och omvändt, derigenom närma sig ämnena (materien) hos A och B, under det att krafterna *stå utan hvarje relation till hvarandra*, hvilket man dock på förhand skulle hafva väntat sig i alldeles omvänd ordning, alldenstund det är kraften, som *verkar på afstånd*, men icke materien, alldenstund kraft och kraft äro af *likartad*, kraft och materia åter af *olikartad* natur. Materien hos A närmar sig alltså materien hos B i följd af de ömsesidiga krafternas momentana attraktion. Hvad följer deraf? Påtagligen, att kraft och materie hos hvarje atom måste *skilja sig åt*, ty materien blir genom den främmande kraften tvungen att förändra sin plats, men icke kraften. Skall nu likväl kraft och materia hos hvarje atom *förblifva tillsammans*, och detta oaktadt kraften icke direkt kunna tvingas till ortförändring genom den främmande atomens kraft, så följer med logisk nödvändighet, att kraften hos A måste genom materien hos A tvingas till ortförändring. Dermed hafva vi då också tillskrifvit materien *verksamhet*, alltså *aktivitet*, då hon deremot i allmänhet just skall representera den absoluta *passiviteten* gentemot *kraftens aktivitet*. Men *arten* och *sättet* för denna verksamhet äro *fullkomligt obegripliga*, ty om materien skall *verka aktivt*, så blir hon ju återigen kraft. Således, i stället för att kraften A, såsom naturligt vore, drager kraften B till sig, rör hon materien hos B, och materien hos B rör först kraften hos B.

Hvad det beträffar, att kraft skall vara »*bunden*» vid materia, såsom deras älsklingsuttryck lyder, hvilka äro anhängare af materien, så måste jag tillstå, att jag alldeles icke kan tänka mig något under detta uttryck. Också måste det falla sig svårt för desse samma anhängare att besvara följande fråga: Skall man tänka sig kraften bunden vid den materiella atomens *medelpunkt*, eller skall man tänka sig henne *likformigt* fördelad öfver *hela* hans materia? Ty en materiel atom måste dock äga en viss storlek!

Det förra antagandet kringgår visserligen de svårigheter, som äro förknippade med det andra, men då är kraften egentligen icke mer bunden *vid materien*, utan *vid en matematisk punkt*, som *omöjligen* kan vara *materiel*, och som endast tillfälligtvis sammanfaller med medelpunkten i ett materielt klot; då först kan man icke begripa materiens verkan på kraftens rörelse, utan snarare bildar det materiella klotet, så att säga, ett femte hjul under vagnen, då endast punkten, klotets ideella centrum, kommer på tal. Vid det andra antagandet äro dock svårigheterna ännu långt större, ty då verkar ju från *hvarje punkt* af den materiella atomen en *del* af kraften, och hvar och en af dessa punkter har ett olika afstånd från den atom, mot hvilken verkan utgår. Då först har man att af alla dessa partialkrafter taga den resultant, hvars anfallspunkt nu vid verksamheten på ändliga afstånd ingalunda vidare faller i det materiella atomklotets medelpunkt, utan alltefter hvarje verksamhetens riktning blir *en annan*. Men för ett sådant betraktelsesätt måste man tydligen tänka sig atomen sönderdelad i oändligt många delar, af hvilka hvar och en är behäftad med den oändligaste del kraft. Man må tänka sig en sådan atomdel huru liten man vill, så är han dock alltid materia och icke någon matematisk punkt, följaktligen kan hans samband med kraften begripas endast så till vida, att man tänker sig kraften likformigt fördelad inom densamma; så tvingas man återigen till ett oändligt delande o. s. v., d. v. s. man måste dela den materiella atomen oändliga gånger i oändlighet, och man kommer trots allt detta aldrig derhän att begripa, huru kraften är fördelad i materien, alldenstund man kan tänka sig yttringen af den *enkla* kraften refererad rätt och slätt *endast till den matematiska punkten.* (Detta hafva de mest framstående fysiker och matematiker, såsom Ampère, Cauchy, W. Weber och flere andra, insett och fördenskull medgifvit, att atomerna måste tänkas såsom absolut *utan utsträckning*).

Å andra sidan vilja vi nu se till, huru saken gestaltar sig utan materia. Vi hafva ej annat att göra än att fasthålla föreställningen om atomkraften, hvilken äfven materiens försvarare antaga, att hon är den sista obekanta orsaken till rörelsen, hvars verkningsriktningar, om de tänkas förlängda bakåt, samtliga skära hvarandra i en matematisk punkt. Till och med den, som antager, att atomkraften är likformigt fördelad på atomens hela materia, kan, såsom nämndt, icke undandraga sig detta åskådningssätt, ty han måste uppfatta atomens totalkraft såsom resultaten af en oändlig massa punktuella krafter inom atomen, huru många motsägelser än denna fordran må innebära.

Vidare antaga äfven materiens försvarare *möjligheten af en relativ ortförändring af denna punkt,* i hvilken kraftyttringarnes riktningar skära hvarandra. Vi lemna tillsvidare den frågan derhän, huruvida kraften såsom sådan, bortsedt från hennes yttringar, är något, som man kan tillägga rumlighet eller en plats i rummet; *om* hon har en plats, *så* är det i hvarje händelse *denna skärningspunkt,* och vi kalla fördenskull tillsvidare denna punkt kraftens *säte.* Vi antaga vidare, att atomkrafterna ömsesidigt tjena hvarandra såsom objekt, d. v. s. att den ömsesidiga attraktionen mellan A och B åstadkommer ortförändringen af krafternas säte, i den meningen, att de närma sig hvarandra, vid repulsion aflägsna sig från hvarandra. Jag inser icke, huru man här skulle kunna finna några svårigheter. Krafterna verka enligt naturvetenskapens antagande på afstånd och äro af samma natur, hvarför skola de då också icke *verka på hvarandra,* om man hittills har medgifvit en verkan af kraften på den med henne heterogena materien och en verkan af den döda materien på den med denna heterogena kraften? Vi behöfva endast af de förra antagandena, som redan funnos förhanden, bortstryka flera såsom öfverflödiga och oberättigade, komma detta oaktadt icke allenast lika väl, utan till och med långt enklare och plausiblare till målet, och undvika alla svårigheter, som instälde sig i följd af dessa gagnlösa antaganden. Lägga vi dertill, att dessa antaganden bero på ett *tomt ord utan hvarje begrepp,* så får man icke anslå den vinst ringa, som framgick ur en principernas större enkelhet.

Dertill kommer ännu såsom ett sista prof, att vår nyvunna uppfattning af materien *i sig upphäfver* de båda hittills skilda partierna atomister och dynamister, då hon har uppstått ur ett *atomismens omslag i dynamism, bibehåller* oanfäktade alla atomismens förra *före-*

träden, hvilka tillförsäkrat honom hans uteslutande anseende i den närvarande naturvetenskapen, *rensar* honom från alla dynamismens berättigade *förebrådelser*, samt ur sig framföder dynamismens grundprincip, materiens förnekande, på en ny, mycket grundligare väg. Vi kunna fördenskull med skäl benämna denna uppfattning *atomistisk dynamism*. Dynamismen i sin forna gestalt kunde, bortsedt från saknaden af en empirisk grundläggning, redan på den grund aldrig accepteras af naturvetenskapen, att hans formlöshet gjorde hvarje räkneförsök omöjligt. Om krafter skola verka i rummet, så måste de först och främst bestämma sina verkningar i rummet, alltså referera desamma till bestämda utgångspunkter. Härmed är punkten omedelbart gifven såsom utgångspunkt för den materiella kraften. Derför måste också dynamismen, så snart han sökte formelt bestämma sig närmare, nödvändigt slå om till atomism, ty han vann just då först en påtaglig form, när han refererade de motsatta krafternas spel till *kraftindivider*, d. v. s. atomer. Denna ståndpunkt hyllade redan Leibniz, såsom synes af vidfogade anförande: »Il n'y a que les *points métaphysiques*, ou de substance, qui soient exactes et réels. — Il n'y a que les atomes du substance, c'est à dire, les unités réelles et absolument déstituées de parties, qui soient *les sources des actions* et les premiers principes absolus de la composition de choses, et comme les derniers élémens de l'analyse des substances.» (Système nouveau de la nature, No. 11.) — Leibniz fattar »substansen» alltigenom endast såsom kraft, och kraften är för honom den enda och verkliga substansen (jfr. de primæ philosophiæ emendatione et de notione substantiæ); att han gör detta, och att han med begreppet kraft implicite inlägger begreppet vilja i substansen, är hans hufvudsakliga metafysiska framsteg gentemot Spinoza. Visserligen var naturvetenskapen på den tiden för litet utvecklad, för att han skulle kunnat sätta sig i ett gagneligt samband med honom. Långt närmare hade detta legat Schelling om hjertat, hvilken alldeles afgjordt bekänner sig till en dynamisk atomistik, men principielt deducerar sina påståenden aprioriskt, hvadan också hans åskådningssätt icke kunnat vinna något inflytande på naturvetenskapen. Han säger (Werke I. 3, sid. 23):

»Hvad som är odelbart kan icke vara materia, och tvärtom, det måste alltså ligga utom materien; men utom materien är den *rena intensiteten* — och detta den rena intensitetens begrepp är uttryckt genom begreppet aktion.» (Sid. 22): »Men de ursprungliga aktionerna *äro icke* sjelfva *rum*, de kunna icke anses såsom en *del* af materien. Vårt påstående kan sålunda kallas princip för den dynamiska atomistiken. Ty hvarje ursprunglig aktion är för oss, liksom atomen för korpuskularfilosoferna, verkligt *individuel*, hvar och en är i sig sjelf hel och hållen och fullständig och föreställer så att säga en naturmonad.» (Sid. 24): »Men *i rummet* framträder endast hennes verkan, aktionen sjelf är *tidigare än rummet*, extensione prior.» —

Om sålunda å ena sidan dynamismen, till och med då han kom

till kraftens atomistiska individualisation, icke var i stånd att bevisa sig som någonting empiriskt berättigadt, så kunde å andra sidan atomismen icke på någon tid tillräckligt försvara sig emot den förebråelse för logiska motsägelser, hvilken sedan länge tillbaka med skäl riktats emot hans *materiella atomer.* Om detta oaktadt naturvetenskapen med allt mera stadgad beslutsamhet vändt sig till honom, så bevisar detta helt visst en tvingande inre nödvändighet, med hvilken i trots af den erkända och insedda motsägelsen de faktiska förhållandenas makt ständigt dref naturforskaren till den atomistiska förklaringen. Den atomistiska dynamismen tillfredsställer alla fordringar, i det att han i sig förenar de positiva principerna från båda sidorna.

Rekapitulera vi än engång i korthet dessa principer, så lyda de: Det gifves lika mycket positiva och negativa, d. v. s. attraherande och repellerande krafter. Hvarje krafts verkningsriktningar skära hvarandra i en matematisk punkt, hvilken vi kalla kraftens säte. Detta kraftens säte är rörligt. Hvarje kraft verkar på hvarje annan på samma sätt, lika mycket, om den är positiv eller negativ. Den positiva kraften heter kroppsatom, den negativa eteratom. På ett visst (molekylär-)afstånd äro en eteratoms repulsion och en kroppsatoms attraktion hvarandra lika, men då lagen för deras förändring är olika i mån af afståndet, har mellan eter- och kroppsatomer på mindre afstånd repulsionen öfverhanden, på större afstånd attraktionen. Kroppsatomer med mellanlagrade eteratomer, som hålla dem åtskils, förena sig till de kemiskt sammansatta kropparnes molekyler, och dessa bilda sjelfva de materiella kropparne. Materien är alltså ett system af atomistiska krafter i ett visst jämnvigtstillstånd. Af dessa atomkrafter i deras mest olikartade kombinationer och reaktioner uppstå alla såkallade materiens krafter, såsom gravitation, tyngd, expansion, elasticitet, kristallisation, elektricitet, galvanism, magnetism, kemisk frändskap, värme, ljus o. s. v.; ingenstädes, så länge vi röra oss inom det oorganiska området, behöfva vi taga andra än atomkrafterna till hjelp. —

Vi hafva sålunda sett, att af de båda materialistiska principerna kraft och materia den senare visat sig sammansmälta med och gå upp i den förra, och veta nu fullt säkert, hvad vi hafva att förstå under uttrycket kraft, nämligen en attraherande eller repellerande, positivt eller negativt verkande *kraftpunkt.* Nu är begreppet kraft så preciseradt, att vi kunna vända oss omedelbart mot detsamma, utan att vid undersökningen behöfva befara, att vi fattat begreppet annorlunda, än som naturvetenskapen och materialismen menar. Må vi nu se till, hvad detta begrepp visar sig vara.

Den attraherande atomkraften sträfvar att bringa hvarje annan atom närmare sig; resultatet af detta sträfvande är närmandets utförande eller förverkligande. Vi hafva alltså i kraften att urskilja *sträfvandet sjelft,* såsom ren aktus, och *det, som eftersträfvas såsom mål,* sträfvandets *innehåll* eller *objekt.* Sträfvandet går *före* utförandet; för så vidt utförandet *redan är satt,* så till vida är sträfvandet *förverkligadt,* är alltså icke mer; endast det sträfvande, som *ännu skall förverkligas*, som således *ännu icke* blifvit förverkligadt, *är*. Följaktligen kan den resulterande rörelsen icke vara såsom *realitet* innehållen i sträfvandet, då båda ligga i *skilda* tider. Men vore hon *alldeles icke* innehållen i sträfvandet, så skulle detta icke hafva någon *grund*, hvarför det skulle frambringa *attraktion* och icke något annat hvad som helst, t. ex. repulsion, hvarför det förändrar sig efter denna och icke efter den andra lagen i mån af afståndet, det skulle då vara ett *tomt*, *rent formelt* sträfvande *utan* bestämdt *mål* eller *innehåll*, det måste alltså förblifva *utan mål* och *innehållslöst* och i följd deraf *resultatlöst*, hvilket motsäges af erfarenheten. Erfarenheten visar snarare, att en atom icke på måfå än attraherar, än repellerar, utan i målet för sitt sträfvande förblifver fullkomligt konseqvent och alltid sig sjelf lik. Det återstår alltså intet annat, än att sträfvandet hos attraktionskraften *i sig innehåller*, men *ändock icke såsom realitet* i sig innehåller närmandet och lagen för förändringen efter afståndet, d. v. s. alltså hela den oföränderliga bestämdheten af hennes verkningssätt.

Då sträfvandet eller kraften hos atomen är materiens konstituerande urelement och såsom sådant är i sig enkelt och immateriellt, då här alltså icke mer är tal om materiella predispositioner, så måste de ofvan framstälda fordringarne förenas på immaterielt sätt. Detta är endast möjligt, om sträfvandet besitter hela den lagenligt föränderliga bestämdheten af sina yttringssätt såsom ett realiteten liknande sken, så att säga såsom *bild*, men det vill säga, om det besitter detsamma *ideelt* eller såsom *föreställning*. Endast om i atomkraftens sträfvande sträfvandets »*hvad*» är *ideelt angifvet*, endast då är öfverhufvudtaget en sträfvandets *bestämdhet* gifven, endast då är ett sträfvandets *resultat*, endast då är denna konseqvens möjlig, som hos samma kraftindivid städse fasthåller samma positiva eller negativa mål för sträfvandet, men dock på en andra atom verkar på detta afstånd med denna styrka, på en tredje på detta afstånd med denna styrka. Utan att förändra sig sjelf, förändrar atomkraften måttet för sin verkan alltefter omständigheternas kraf, och detta med *logisk* lagenlighet (mekanik = använd matematik, matematik = använd logik); denna necessitation genom omständigheterna lemnar hennes aktivitet, hennes sjelfverksamhet oberörd, och kräfver fördenskull icke desto mindre aktionens omedelbara framträdande ur den *inre* bestämningen, kräfver alltså idealiteten såsom *prius* för realiteten, samt låter necessitationen framgå såsom en logisk necessitation (från idéns logiska bestämdhet).

Men hvad är då till sist *kraftens sträfvan* annat än *vilja*, denna sträfvan, hvars innehåll eller objekt bildas af den omedvetna föreställningen om det som eftersträfvas? Man jämföre blott Kap. A. IV sid. 78—81; hvad vi här hafva härledt ur kraften, hafva vi der härledt ur viljan. Att viljan enligt sin natur är omedelbart något evigt omedvetet, hafva vi uppvisat i Kap. C. III. sid 35—40, att hon här äfven omedelbart måste blifva omedveten, då hennes innehåll är en omedveten föreställning, förstås af sig sjelf. Det är icke med något tvång, som vi hafva så mycket utvidgat viljans begrepp, att man deruti kan inrymma kraftens, utan i det vi utgingo från hjernmedvetandets som sådan erkända vilja, har detta begrepp af sig sjelft sönderbrutit de skrankor, som medvetandet oberättigadt dragit omkring det, och småningom visat sig vara den i *alla* djur- och växtrikets handlingar verksamma principen. Nu se vi till vår förvåning, att, om vi under begreppet af en (icke mer härledd, utan sjelfständig) kraft vilja tänka *något*, vi dervid måste tänka *alldeles detsamma*, som vi tänkt hos viljan, att alltså båda begreppen måste vara *identiska*, om icke kraft genom *konventionel* inskränkning af hennes innehåll vore *trängre*, och dessutom företrädesvis användes för *härledda* krafter, d. v. s. för bestämda kombinationer och yttringar af atomkrafterna, t. ex. elasticitet, magnetism, muskelkraft o. s. v. Att ersätta begreppet vilja med begreppet kraft, eller att alldeles subsumera det under det sednare, vore alltså illa derför, att kraft ursprungligen betyder det härledda, först i strängaste vetenskapliga mening det primära, hvaremot viljan *alltid* betyder det primära, och emedan kraft i det vanliga språkbruket och den allmänna förståndsåskådningen är ett mycket mindre förstådt begrepp än vilja, och man äfven genom den groft sinliga uppfattningen är van att företrädesvis tänka sig något materielt hos kraft, då begreppet först är öfverflyttadt från känslan af muskelkraft på andra yttre omständigheter. Så mycket innerligare som viljan är än känslan af muskelkraft, så mycket mer betecknande är ordet vilja för sjelfva sakens väsen än ordet kraft. (Jfr. Schopenhauer: Welt als Wille und Vorstellung § 22, samt Wallace: Contrib. to the theory of Natural Selection; Wallace förklarar sig likaså afgjordt emot bibehållandet af materien bredvid kraften, som för all krafts och dermed hela universums viljenatur).

Atomkrafternas yttringar äro alltså individuella viljeakter, hvilkas innehåll består i omedveten föreställning om det, som är att prestera. *Så är i sjelfva verket materien upplöst i vilja och föreställning.* Dermed är den radikala skilnaden mellan ande och materia upphäfd; deras skilnad består ännu blott uti högre eller lägre företeelseform af samma väsen, det evigt omedvetna, men deras identitet är erkänd dermed, att det omedvetna i ande och materia likmässigt gör sig verksamt som intuitivt-logiskt-idealt och dynamiskt realiserar den så konciperade ideala anticipationen af det verkliga. Identiteten af ande och materia har härigenom upphört att vara ett obegripligt och obevisadt postulat, eller en produkt af mystisk konception, i det hon blifvit upphöjd till vetenskaplig kunskap, och detta visserligen icke genom andens dödande, utan genom materiens förvandling till lif. Blott två ståndpunkter gafs det hittills, hvilka verkligen undveko denna dualism, men båda förmådde detta blott derigenom, att de käckt förnekade sanningen af den ena sidan. Materialismen förnekade anden, idealismen materien; den förra betraktade anden som ett substanslöst sken, som resulterade ur vissa konstellationer af materiella funktioner; den senare betraktade materien som substanslöst sken, som resulterade ur egendomligheten af subjektiv medveten andefunktion. Det ena är så ensidigt och osant som det andra, och den oöfvervunna stela dualismen af koordinerad ande och materia att föredraga framför dem bägge. Att icke blott kringgå denna dualism genom förnekande af den ena sidan, utan att verkligen öfvervinna och i sig upphäfva den, förmår blott en filosofi, hvilken i den subjektiva medvetna anden såväl som i materien erkänner blott företeelser af en och samma princip på de subjektiva och objektiva gebiten, en princip, som är högre än båda och tillika mindre differentierad än båda, med ett ord en filosofi om det omedvetna (vore det nu Hegels omedvetna idé, eller Schopenhauers omedvetna vilja, eller den substantiella enheten af båda i Schellings evigt omedvetna).

Må vi nu betrakta, huru atomviljan förhåller sig till rummet. Utan att vi på något sätt behöfva inlåta oss på frågan om rummets väsen, kunna vi säga så mycket: rummet kan hafva en tvåfaldig existens, en real med hänsyn till kroppar eller det begränsade tomma, och en ideal i föreställningen om kroppar och det begränsade tomma. När det *ideala* rummet är i *föreställningen*, så kan *föreställandet* icke vara i det ideala rummet, som det först skapar; när hjernvibrationer tvinga det omedvetna till en reaktion med medveten varseblifning, så har denna varseblifning intet att skaffa med det vibrerande ställets läge i hjernan eller denna varseblifvande menniskas plats på jorden, föreställningen är alltså äfven icke i det *reala* rummet. Viljan är *det idealas öfverflyttning till det reala; hon tillfogar till det ideala*, hennes innehåll, det som blotta tänkandet icke kan gifva henne, i det att det förra *realiserar* henne; då nu detta hennes innehåll, hvilket äfvenledes är en föreställning, tillika innehåller ideelt-rumliga bestämningar, realiserar viljan äfven dessa rumliga bestämningar derjämte, *och sätter så äfven rummet från det ideala till det reala, sätter så det reala rummet.* (Huru rummet uppstår i det ideala, kommer oss här intet vid, nog af, att det är viljan, som sätter det ideala rummet). Det, som viljan *först skapar*, kan icke vara *förhanden före* det fullbordade viljandet, viljan såsom sådan kan alltså *icke* vara *realt-rumlig.* Men med det ideala rummet har viljan ingenting att skaffa, ty det existerar ju blott *i idén*, d. v. s. i föreställningen. Kort och godt, *vilja och föreställning äro båda af orumlig natur, alldenstund föreställningen först skapar det ideala rummet, alldenstund viljan först genom föreställningens realisation skapar det reala rummet.* Häraf följer, att äfven atomviljan eller atomkraften *icke* kan vara *någonting rumligt*, emedan hon, såsom Schelling säger, är e x t e n s i o n e p r i o r.

Detta skulle vid hastigt påseende kunna synas egendomligt för den vanliga uppfattningen, men det egendomliga deri försvinner genast, om man jämför det med viljans rumliga verkningar hos organismer. Viljan sätter hos mig vissa nervmolekyler i rörelse på det sättet, att genom strömmens fortplantning och användning af de polariska krafterna i nerver och muskler min arm lyfter en centner. Viljan har alltså *omedelbart* frambragt vissa *rumliga lägeförändringar*, hvilka vi visserligen icke närmare känna, men om hvilka vi kunna säga så mycket, att deras *rörelseriktningar* ingalunda träffa hvarandra i en gemensam skärningspunkt, utan förmodligen bestå i ett visst antal molekylers vridning kring deras axel. Rörelsen följer just på detta sätt på den grund, att den omedvetna föreställningen, hvilken bildar viljans innehåll, ideelt innehåller just detta slag af rörelse. Innehölle deremot denna föreställning ideelt sådana rörelser, hvilka skära hvarandra i en gemensam punkt, så skulle viljan äfven realisera sådana rörelser, och *detta gör hon* i *atomviljan*. Man finner sålunda, att den gemensamma skärningspunkten för alla yttringar af atomviljan är någonting *rent ideelt*, jag skulle, för att göra mig bättre förstådd, hellre säga *imaginärt*, och endast med en stor *licentia* i uttrycket kan kallas viljans eller kraftens *säte*; ty det enda rumliga vid hela förloppet äro kraft*yttringarne*, hvilka aldrig någonsin *uppnå* den gemensamma skärningspunkten, emedan denna alltid ligger endast i deras *ideala* förlängning. Detta oaktadt måste denna punkt vara *bestämd* i förhållande till alla öfriga (ty till eller i blotta rummet gifves det ingen bestämd punkt), alldenstund endast på sådant sätt *kraftyttringarnes* läge i förhållande till hvarandra kan vara bestämdt, d. v. s. alltså den ideala skärningspunktens afstånd från alla dylika skärningspunkter är *bestämdt*. Deraf följer naturligen, att detta afstånd äfven kan *förändras* d. v. s. att punkten är förmögen af rörelse.

Hvad är det alltså, som i verkligheten sker, då två attraherande krafter närma sig hvarandra? Först och främst *växer* attraktionen; vidare *förändra* hennes verkningar på alla lateralt belägna atomer *sin riktning* sålunda, att deras nya ideala skärningspunkter måste tänkas ryckta närmare hvarandra; den första och den andra förändringen stå i ett sådant förhållande, att attraktionen vuxit n^2 gånger, om den från förskjutningen af de laterala kraftyttringarnas riktning härledda förminskningen af skärningspunkternas afstånd uppgår till n gånger. Det *reala* är följaktligen alltid endast kraft*yttringarne*, som hafva en viss *riktning* och *styrka*, samt förändringen af denna riktning och styrka, under det att skärningspunkterna äro och förblifva någonting *idealt*. Men de förra båda bilda såsom föreställning atomviljans innehåll, och man skall numera förstå, huru viljan *till och med* kan vara något *orumligt* och ingalunda behöfver *innebo* i den ideala skärningspunkten och, så att säga, *vandra omkring* med denna, under det att å andra sidan *realisationerna* af hennes *innehåll* äro af *rumlig* natur och hafva en gemensam ideel skärningspunkt, hvars läge i förhållande till andra dylika ideella skärningspunkter är bestämdt och variabelt. —

Man skulle här kunna göra den frågan, huruvida atomerna hafva ett medvetande; likväl tror jag, att för att afgöra detta alltför mycket alla data saknas, emedan vi ännu veta så godt som alldeles ingenting om den för medvetandets åvägabringande erforderliga arten och om den för öfverskridandet af förnimmelseintensitetens minimum nödiga graden af rörelse. Men så mycket kunna vi med bestämdhet påstå: att *om* materien har ett medvetande, då är det ett *atomistiskt* medvetande, och mellan de enskilda atomernas medvetanden *är ingen gemensamhet omöjlig*. Derför är det afgjordt *falskt*, att tala om medvetande hos en kristall eller en himmelskropp, ty i organiska kroppar kunna på sin höjd atomerna hvar för sig hafva ett medvetande. Naturligen skulle detta atommedvetande med hänsyn till fattigdomen på innehåll intaga den lägsta tänkbaraste graden. — Leibniz, som ännu icke känner förnimmelseintensitetens minimum, tror sig hafva berättigade skäl, att på grund af kontinuitetens lag (natura non facit saltus) och af analogien (σύμπνοια πάντα) kunna för hvarje, äfven den lägsta monad antaga en viss grad af medvetande. Imellertid försvinner det berättigade i ett sådant antagande genom lagen för intensiteten. Om man t. ex. komprimerar kolsyregas allt mer och mer, så intager den visserligen ett mindre och mindre rum, men förblir ändock alltid gas; plötsligen kommer man likväl till en punkt, då den icke längre kan komprimeras, utan öfvergår i flytande form; detta är, så att säga, det gasformiga tillståndets intensitetsminimum. Så måste också i individernas eller monadernas kedja medvetandet i främsta rummet blifva allt fattigare och fattigare, men ännu fortfarande förblifva medvetande, tills der plötsligen kommer en punkt, der aftagandet nått sitt slut och medvetandet upphör, i det att förnimmelsens lägsta grad af intensitet är öfverskriden. Men hvem förmår med säkerhet afgöra denna punkt i naturen?

Vi skola slutligen hafva att betrakta den frågan, om vi, vid vår närvarande uppfattning af atomerna såsom viljeakter, ännu kunna anse dem såsom *många* substanser, eller om vi icke snarare måste betrakta dem såsom företeelser af *en enda* substans, om således hvarje atom motsvaras af en särskild, sjelfständig, substantiel vilja — sjelfförståendes då också utrustad med särskild föreställningsförmåga —, eller om till grund för dessa många mot hvarandra verkande aktioner och verksamheter ligger en enda identisk vilja. Sedan vi såsom det rumligt reala lärt känna endast aktionernas oppositioner, men begripit krafterna sjelfva såsom något rätt och slätt orumligt, försvinner hvarje grund, att söndersplittra vilja och föreställning i det evigt orumliga i en oräknelig flerhet af enskilda substanser, och af omöjligheten af sådana isolerade och beröringslösa substansers verkan på hvarandra tvingas man snarare till det antagandet, att atomerna liksom alla individer öfverhufvudtaget äro blotta objektivt-reala företeelser eller manifestationer af det all-enhetliga, i hvilket, såsom i sin gemensamma rot, deras reala relationer kunna träda i förmedling med hvarandra (jfr. Kap. C. VII och XI). Vore atomerna substantielt skilda, så skulle äfven de af deras omedvetna föreställningsfunktioner satta rummen vara så många, som der gifves atomer, och i öfverensstämmelse dermed skulle också de genom de atomistiska viljefunktionerna *realiserade* rummen vara så *många*, som der gifves atomer; alltså skulle alldeles icke just det komma till stånd, som först *gemensamheten* i atomfunktionernas rumliga relationer möjliggör, nämligen det enda *objektivt*-fenomenala, d. v. s. relativt-*reala* rummet. Ett sådant kan uppstå genom de omedvetna rumideernas realisering just endast då, när dessa i samtliga atomerna endast utgöra den inre *mångfalden* af innehållet i en *enda totalidé*, och detta är endast då möjligt, när samtliga atomfunktionerna äro funktioner af ett och samma väsen, eller modi af en enda absolut substans. Den som vill hålla fast vid de för substantielt skilda ansedda atomernas pluralism, för den skall äfven vid vår uppfattning af materien städse qvarstå en oförklarlig rest; men denna försvinner likväl, så snart det sista oundvikliga steget tages till metafysisk monism.

VI.

Individualitetens begrepp.

Individ betyder det som är odelbart (liksom atom), dock vet hvar och en, att individer kunna styckas och delas. Man har således att vid individ blott tänka sig något, som *enligt sin natur* icke *får* delas, om det skall förblifva hvad det är; men detta är enhetens begrepp, på grekiska monas (icke att förvexla med talbegreppet ett, på grekiska ἕν). I följd häraf skulle begreppen enhet eller monad och individ sammanfalla, dock finner man ganska snart, att enhet är ett vidsträcktare begrepp än individ, d. v. s. hvarje individ är en enhet, men hvarje enhet är icke en individ. Så är t. ex. hvarje sammanhängande föremål i kraft af rummets kontinuitet en enhet, jag kan icke dela den utan att tillintetgöra densamma, men likväl kallar jag icke derför hvarje tillfällig kroppsenhet, såsom en jordklump, en individ. Vidare har hvarje rörelse eller hvarje tilldragelse i kraft af tidens kontinuitet en enhet, t. ex. en ton, äfven denna enhet är icke en individ. (Jfr. v. Kirchmann, Philosophie des Wissens, Bd I, sid. 131--141, 285—307). Enheten hos i-hvartannat-varandet eller den ömsesidiga genomträngningen, sådan den förekommer t. ex. hos färger, smak- eller luktblandningar och hos olika egenskaper hos samma ting, reducerar sig dels till *varat på samma ställe*, dels till de olika egenskapernas *vara på samma gång* i tiden, dels till den nu följande ***kausala*** enheten, och kan således icke betraktas såsom en särskild art af enhet. Den kausala relationsenheten är den starkaste, som gifves. Vi hafva att särskilja tre olika slag af densamma: 1) enheten genom orsakernas enahandahet (såsom vid de olika varseblifningarne af ett ting), 2) enheten genom ändamålets enahandahet (såsom vid ögats många inställningar för seendet), 3) enheten genom delarnes vexelverkan, så att hvarje dels funktion är orsaken till de andras fortfarande bestånd. — Ej heller dessa enheter förslå för individualitetens begrepp. Ett exempel på den första är enheten i de många varseblifningarne af ett ting, för så vidt desamma icke omedelbart i sig innehålla ställets och tidens identitet, utan blott hänföras till tinget såsom identiska orsaker; ingen skall väl påstå, att enheten i varseblifningarne af ett ting är en individ. När för det andra ändamålets enhet består i en bygnad, som skall uppföras, så skall man icke kalla summan af de arbetare, hvilka hafva detta ändamål, en individ; när för det tredje ett land lefver af naturprodukterna från sina kolonier, och kolonierna existera endast genom sin import af slöjdalster från moderlandet, så förefinnes visserligen en fullkomlig vexelverkan, men ändock skall ingen kalla sammanfattningen af kolonierna och moderlandet en individ.

Hvar och en af dessa enheter visar sig således otillräcklig för att fixera begreppet individ. Likaså otillräckliga äro de yttre kännetecken, hvilka man här och der finner uppstälda såsom kriterier, t. ex. uppkomsten ur en frögrodd eller ett ägg (Gallesio och Huxley). I enlighet härmed måste alla Europas tårpilar vara en individ, enär de historiskt bevisligen äro genom afläggare uppdragna från ett enda från Asien till England infördt träd, alltså alla härstamma från en endå frögrodd; i öfverensstämmelse härmed måste vidare alla de bladlöss (kanske flera millioner), hvilka blifvit frambragta under loppet af en sommar i tio eller ännu flera generationer genom könlös fortplantning af en könligt alstrad amma, samtliga framställa en enda individ. — Lika litet, som härstammandet ur ett ägg, kan slägtets typiska idé gälla som kriterium på en individ; ty den typiska slägtidén är idén af en *normalindivid*, som representerar slägtet, emedan det är fritt från tillfälliga egendomligheter, och man vinner denna idé af en normalindivid, i det man låter från alla ett slägtes individer de tillfälliga egendomligheterna falla och blott i abstraktionen qvarhåller det lagenligt gemensamma. Man finner här genast, att man redan måste *hafva* individens karakterer, för att kunna jämföra de många individerna och utvälja normaltypen, att alltså omöjligen denna typ får gälla omvändt såsom individens kännetecken, då man ju dervid endast skulle röra sig i en cirkel. Men dessutom hafva vi ju oomtvistliga individer äfven der de alldeles icke eller ofullständigt representera slägtets idé. Så hör roten till växtens idé, fångarmarne till polypernas; men om jag afskär en gren af en växt eller ett stycke af ett polyprör, så hafva dessa inga rötter resp. fångarmar och föra likväl för framtiden ett sjelfständigt lif, då de ju i sig bära alla betingelserna för en framtida existens; man kan omöjligen frånkänna dem individualitet. Härstammandet från ett ägg och den typiska slägtidén visa sig således såsom alldeles obrukbara för att känneteckna individen: må vi derför återvända till enhetens begrepp, såsom vi förut fattade det.

Visserligen voro de enskilda betraktade arterna af enhet likaledes otillräckliga, men om också hvar och en enskild är för vid för begränsningen af begreppet individ, så kan likväl föreningen af alla dessa enhetens arter hos ett ting prestera de nödiga begränsningarne. Vi hade nämligen för individen fordrat enheten derför, att den enligt sin natur icke skulle kunna delas; men nu är det klart, att detta anspråk är uppfyldt blott då, när det icke blott i det eller det hänseendet, utan i *alla möjliga* hänseenden är väsentligen odelbart, d. v. s. då det i sig förenar *alla möjliga* slag af enhet. Att de fem ofvan omförmälda slagen af enhet i sjelfva verket äro alla möjliga och de enda möjliga, är icke svårt att inse, ty de uttömma de tre subjektivt-objektiva formerna: rum, tid och kausalitet.

Dermed hafva vi således vunnit en nöjaktig definition på individ; individen är ett ting, hvilket i sig förenar alla fem möjliga slag af enhet: 1) enhet *i rummet* (gestalt), 2) enhet *i tiden* (verksamhetens kontinuitet), 3) enhet *i* (den inre) *orsaken*, 4) enhet *i ändamålet*, 5) enhet i delarnes *vexelverkan* sinsemellan (såvida sådana äro förhanden; eljest bortfaller naturligen det sista slaget). — Der gestaltens enhet fattas, såsom hos en bisvärm, talar man likväl, i trots af att alla öfriga enheter äro förhanden på det mest slående sätt, icke om individ. Hvarest verksamhetens kontinuitet saknas, såsom förhållandet är hos förfrusna och åter upptinade fiskar, hos hoptorkade och åter uppmjukade stråldjur, förefinnes visserligen en tingets enhet, dock skulle jag anse för falskt att tala om individens enhet; man har just då två individer, som äro skilda genom pausen i lifsverksamheten, lika väl som jag är skild från en för 1000 år sedan lefvande menniska. Att ingen af de tre kausala enheterna får fattas individen, förstås af sig sjelft.

Det är af afgörande vigt för begreppet individ, att ingen af dessa enheter är något absolut stelt, utåt afslutadt, utan i sig innefattar hvarje lägre enhet af samma slag och med flera af sina likar kan vara gemensamt *omfattad* af en högre enhet. Det är ett alldeles fåfängt sträfvande, att för något som helst slag af enhet söka en afslutning, alltid kan man tänka sig högre och högre enheter, hvilka i sig innesluta den förra, liksom allt slutligen uppgår i verldens enhet, och denna i sin ordning kan beherskas af en metafysisk enhet af åtskilliga för oss obekanta koordinerade verldar. Om detta gäller för enhetens begrepp, så är i och med detsamma angifvet, att det också måste gälla för individens begrepp, och att äfven för detta afslutningen utåt och den stela isoleringen blott är ett sken. Detta sken för den ytliga betraktelsen uppkommer nämligen derigenom, att individen uppkommer först genom sammansättningen af *alla* ofvan nämnda enheter; skola nu flera individer innehållas i en individ af högre ordning, så hör härtill såväl hos individen af den lägre, som af den högre ordningen ett sammanträffande af *alla* dessa slag af enheter; om deremot hos de förra eller hos de senare något slag af enhet fattas, så förblifver visserligen de öfriga *enheternas* underordnande under de högre bestående, men ett omfattande af flera *individer* genom en högre är då icke mer förhanden. Till och med Spinoza, monisten af renaste vatten, säger (Eth. del. 2, sats. 7, post. 1): »Menniskokroppen består af många individer af olika natur, af hvilka hvar och en är mycket komplicerad», och Leibniz utför denna idé vidare i sin monadologi.

Må vi betrakta saken närmast hos andliga individer, hvarest förhållandena gestalta sig mycket enklare. Så vidt vi nämligen hittills talat om individer, var det blott fråga om materiella individer; något helt annat än dessa och för ingen del med dem sammanfallande äro de andliga individerna, hvilka derför kräfva en alldeles särskild undersökning. Hade man redan långt för detta beslutat sig för att åtskilja undersökningarne af andliga och materiella individer, så skulle icke på långt när den nu förskräckliga förvirringen herska på detta begrepps område.

Vi hafva här åter att skilja mellan medvetet-andliga och omedvetet-andliga individer och tala tillsvidare blott om de förstnämnda. Redan Locke har uttalat, att personens identitet uteslutande beror på medvetandets identitet, och denna sanning har beredvilligt blifvit erkänd af alla senare filosofer. Enheten, i hvilken individen har sitt bestånd, och hvilken ej får delas, är alltså här medvetandets enhet, hvilken vi hafva betraktat i Kap. C. III, sid. 47—50. Ty först derigenom, att de tidligt eller rumligt i hjernan skilda medvetandena af två föreställningar sammanföras under det gemensamma genom jämförelsen vunna medvetandet, d. v. s. i detta finna sin högre enhet, först derigenom blir det möjligt, att subjektet eller den *instinktivt* supponerade orsaken till den ena eller andra föreställningen erkännes såsom ett och samma, och dymedelst båda hänföras till en gemensam inre orsak (jag). Allenast så långt medvetandets enhet räcker, räcker själsprocessernas enhet genom kausalt hänförande till ett gemensamt subjekt, blott så långt räcker den medvetet-andliga individen.

Nu veta vi, att i menniskans och djurens underordnade nervcentra försiggå medvetna andliga processer, hvilka inom hvarje centrum i kraft af ledningens godhet förenas till en innerlig enhet; vi måste derför nödvändigt i dessa enheter erkänna andliga individer. Häremot får man icke invända, att dessa andra centra stå i andligt afseende för lågt, för att komma till sjelfmedvetandet, till jaget; detta jag supponeras just *instinktivt*, d. v. s. det behöfver alldeles icke uppträda som sjelfmedvetande, handlingarne utföras så, som om sjelfmedvetandet vore förhanden och hänförde alla handlingar till jaget. Detta finna vi ju till och med hos de lägsta djuren och växterna och kalla det zoopsykologisk sjelfkänsla. Ingenting står således i vägen för att uppfatta de lägre nervcentra såsom bärare för medvetet-andliga individer; men om vi vidare se, att förnimmelser hos olika nervcentra under särskilda omständigheter kunna hänföras till ett enda medvetande, hvilket mer eller mindre fortfarande äger rum i totalkänslan, så kan man icke annat än erkänna denna medvetandets enhet såsom en högre andlig individ, som i sig innefattar de lägre individerna. Om vi vidare betänka, att de egentligen verksamma delarne af de blott till ledning bestämda hvita nervtrådarne, nämligen deras axelcylindrar, äro fullkomligt detsamma som den gråa substansen, och att deras hvita utseende endast framkallas genom den för fibrillernas isolering bestämda mellan axelcylindern och skidan aflagrade märgmassan, så kan man icke annat än komma till den slutsatsen, att äfven den hvita nervmassans verksamma delar hafva ett eget medvetande af något slag om de vibrationer, hvilka de i det helas ekonomi visserligen endast äro bestämda att fortleda. Likaledes hafva de kontraktila muskelfibrerna eller de på nervretningar föränderliga secernerande membranerna helt säkert en viss förnimmelse utaf dessa förlopp, då de ju äro egnade att utöfver nervtrådarnes gränser till de närgränsande delarne fortplanta de på dem verkande nervvibrationerna. (Sålunda äro enligt Engelmann urinledarens peristaltiska rörelser spontana funktioner af dess organiska muskelväggar.)

Erinrar man sig vidare resultaten utaf Kap. C. IV, enligt hvilket vi hafva kommit till antagandet af ett cellmedvetande hos växterna, så ligger det antagandet mycket nära, att äfven de delvis ännu högre än växtcellerna organiserade djuriska cellerna hafva sitt särskilda medvetande, ett antagande, som längre fram i detta kapitel skall finna vidare bekräftelse. Så mycket är säkert, att de djuriska cellerna till största delen lefva, växa, föröka sig och lemna sitt specifika bidrag till det helas vidmakthållande lika sjelfständigt, som växtcellerna; hvarför skulle de, om de föra ett lika så sjelfständigt lif, icke hafva lika så sjelfständig förnimmelse? Virchow säger (Cellularpathologie 3:dje uppl. sid. 105): »Först i det man uppfattar näringsmaterialets upptagande såsom en följd af verksamheten (attraktion) hos väfnadselementen sjelfva, inser man, att de enskilda områdena icke hvarje ögonblick äro prisgifna att öfversvämmas af blodet, att snarare det erbjudna materialet upptages endast efter delarnes verkliga behof och tillföres de enskilda områdena i sådan skala, att i allmänhet, åtminstone så länge någon möjlighet för uppehållelsen förefinnes, den ena delen ej i väsentlig mån kan lida något afbräck genom de andra.» Om denna cellens inneboende verksamhet gäller redan för *upptagandet* af näringsämnena, så gäller den så mycket mer för deras kemiska och formala förändring; och ehuru det gifves stora områden af den djuriska kroppen, hvilka fullständigt sakna nerver och kärl, såsom öfverhuden, senor, ben, tänder, fibröst brosk, så äger likväl såsom hos växterna en saftcirkulation rum genom cellerna, liksom äfven lif och cellförökning utan nervretning. Om de djuriska cellerna äro skickliga till så individuella prestationer, alldeles som hos växten, hvarför skulle de då icke liksom de förra vara bärare af ett individuelt medvetande? Skilnaden är blott den: hos djuret *försvinner* betydelsen af cellernas medvetenhetsindivider gentemot medvetenhetsindivider af högre ordningar, men hos växten är cellmedvetandet *hufvudsaken*, emedan det öfverhufvud endast i vissa känsliga och gynnade delar, såsom blommorna o. s. v., kommer till nämnvärda medvetenhetsindivider af högre ordning.

Kunde ändtligen någon gång frågan om atomernas medvetande besvaras jakande, så skulle atomerna slutligen vara medvetenhetsindivider af lägsta ordning. Sålunda hafva vi beträffande *medvetetandliga* individer befunnit riktigt individernas af högre och lägre ordningar *inordnande under hvarandra;* nu hafva vi att betrakta detsamma hos *materiella* individer.

Återvända vi då till de organiska individerna, så inser man lätt, huru svårt det är att afgöra, hvad individ är, och detta ännu mer hos växterna än hos djuren. Hos de högre växterna betecknar den oinvigde företrädesvis det som individ, hvad botanisten kallar *stock* (cormus); Linné, Göthe, Erasmus Darwin, Alexander Braun m. fl. sökte individen i *skottet*, som svarar mot en enskild axel hos växten; Ernst Meyer o. a. förklarade *bladet* i dess olika (af Göthe upptäckta) former för den verkliga individen och axeldelen såsom bladets nedre del; Gaudichaud, Agardh, Engelmann, Steinheil m. fl. trodde sig hafva funnit densamma i *axeldelen*, såsom hvars öfre utväxt de ansågo bladet eller bladkransen; Schulz-Schultzenstein ville deremot finna den i de af honom med namnet anafyter betecknade cellgrupper, sådana de förekomma såsom groddknoppar; Schleiden och Schwann togo nästa steg, i det de uppstälde *cellen* såsom den enda individen i växtriket. Hvar och en af dessa åsigter har vigtiga skäl för sig, och i sjelfva verket har hvar och en af dem rätt deri, att hon betraktar det här eller det der såsom individ, men orätt deri, att hon bestrider de andra åsigterna, ty det är här icke frågan om ett *antingen — eller*, utan om ett *såväl — som ock*. Såväl hela växten, som ock hvarje gren och hvarje skott, ja hvarje blad, hvarje cell förenar hos sig alla enheter, som äro för individualiteten nödvändiga. Denna insigt har också redan mer och mer brutit sig väg; så särskiljer Decandolle *fem* ordningar af individer (cell, knopp, afläggare, stock, embryo), Schleiden *tre* (cell, knopp, stock), Häckel *) *sex* (cell, organ, motstycke, följdstycke, skott, stock).

Det vore helt och hållet fullkomligt falskt och ohållbart, om man ville hålla på rumlig afsöndring och afslutning såsom vilkor för individualiteten, ty då skulle tvillingsfoster, som endast ytligt på något ställe af huden äro sammanvuxna, städse vara att betrakta såsom blott en individ, hvilket ju dock vore absurdt; man tänke på de nu öfver 60 år gamla siamesiska tvillingarne. Likaså säkert är det falskt att fordra af en individ existensens sjelfständighet **) utan andra individers understöd; man tänke blott på, hvad som skulle blifva utaf dibarnet, om modren icke räckte det bröstet, eller af

---

*) Jfr. dennes »Generelle Morphologie der Organismen» (Berlin, Reimer 1866), Bd I, sid. 251. Kap. 8 och 9 af detta verk, hvilket jag tyvärr lärde känna först, sedan 4:de upplagan af »Det omedvetnas filosofi» utkommit, lemna den bästa och grundligaste bekräftelsen af mina här uttalade åsigter om individualitetens begrepp.

**) Af detta skäl kan jag icke biträda Häckels skiljande af morfologisk och fysiologisk individualitet, då det senare endast är ett illa valdt uttryck för vital sjelftillräcklighet eller biologisk sjelfständighet. Säkert måste man tillskrifva hvarje sjelfständigt och sig sjelft uppehållande lefvande väsende individualitet, men icke derför, att det är fysiologiskt sjelfständigt, utan derför, att den fysiologiska sjelfständigheten *förutsätter* i-hvartannat-varandet af de olika enheter, hvaruti individualiteten består. Häckel sjelf förklarar (»Generelle Morphologie» I, sid. 333) den »fysiologiska individen» för något enligt sin natur *delbart* i motsats till den enligt sin natur *odelbara* »morfologiska individen», och han medgifver härmed öppet begreppets och namnets brist på motsvarighet. Säkert är det fysiologiskt vigtigt att fastställa, med hvilken ordning af individer hos hvarje djur- och växtklass den biologiska sjelfständigheten begynner, men hvarför under detta fullt tillräckliga och tydliga begrepp »bion» eller sjelfständigt lefvande väsende substituera det af »fysiologisk individ»? Å andra sidan innehåller Häckels begrepp morfologisk individ i sig sjelft redan fysiologiska element, hvilka omärkligt blifvit insmugglade genom de oumbärliga enheterna af målet och delarnes vexelverkan. Vi tro oss fördenskull icke gå orätt till väga, om vi hålla fast vid den organiska individens enhetliga begrepp och utsöndra Häckels försökta klyfning af detsamma.

unga rofdjur, om föräldrarne icke toge dem med på jagten, och dock skall ingen vilja frånkänna barnen och de unga djuren individualitet.

Hos lägre organismer förekommer denna hopväxning såsom typisk lag, hvilken hos de högre blott framträder såsom en abnormitet under fosterlifvet. En encellig alg, Pediastrum rotula, förekommer i fullvuxet tillstånd blott såsom en cellkomplex eller cellkoloni af 1 centralcell och 7 periferiskt deromkring lagrade randceller. Det gröna protoplasmainnehållet i hvar och en af dessa celler sönderfaller i och för fortplantningen i 4, 8, 16, 32 eller 64 sferiska dotterceller, hvilka efter sitt utträde besitta sjelfständig, under en längre tid fortvarande rörelse, men sedermera ordna sig bredvid hvarandra i grupper om 8 stycken, för att växa tillsammans med hvarandra och sålunda bilda en ny rosettformig koloni, hvilken, ehuru bestående af 8 encelliga alger, likväl förhåller sig som en individ. Liknande förlopp visa ännu några andra alger, såsom t. ex. vattennätet, Hydrodictyon. — I en polypstock är lika så visst hvarje enskildt djur en individ, som hela stocken är en individ, då hans delar liksom delarne af ett såkalladt enkelt djur äro hänvisade till hvarandra genom näringsprocessens gemensamhet och detta oaktadt bibehålla sin morfologiska sjelfständighet. »Hvarje sammansatt zoofyt uppstår af en enda polyp och växer (liksom en planta) genom fortsatt knoppbildning upp till ett träd, eller till en kupol. En Astræastock, som håller 12 fot i diameter, förenar ungefär 100,000 polyper, af hvilka hvar och en intager ½ qvadrattum; hos en Porites, hvars smådjur knapt äro en linie breda, skulle deras antal öfverstiga 5½ millioner. Här äro således ett lika antal munnar och magar förenade till en enda zoofyt och bidraga *gemensamt* till det helas näring, knoppbildning och förstoring, de äro likaledes sinsemellan förenade sida vid sida (Dana i Schleidens och Frorieps Not. 1847, Juni, N:o 48). Hvar och en, som tillerkänner en ek individualitet, måste också tillerkänna henne åt ett dylikt polypträd.

Volvox globator är (fastän icke hörande till korallerna) en af många enskilda smådjur bildad djurstock, hvilka sitta i omkretsen af en sfer och endast äro förenade genom fjäderformiga rör. »Inför man något blått eller rödt färgämne i vatten under mikroskopet, så varseblifver man ganska tydligt en kraftig strömning omkring kulorna. Denna är en följd af alla smådjurens samverkan, hvilka liksom hjordar, fågeltåg, till och med sjungande eller dansande menniskor och folkhopar, antaga en gemensam rytm och en gemensam riktning, ofta till och med utan kommando, och utan att vara klart medvetna med sig om viljan dertill. Så simma alla polypstockar, och den gemytliga, liksom den nyktert dömmande naturforskaren igenkänner häri en sällskapsdrift, hvilken består af kraft till och eftergifvenhet för gemensamma ändamål, ett tillstånd, som erfordrar en andlig verksamhet, som man ej är berättigad, men möjligen kan förledas till att uppskatta alltför ringa. Icke heller får man förgäta, att alla smådjuren hafva förnimmelseorgan, som äro att jämföra med ögon, och att de tack vare dessa icke röra sig blindt i vattnet, utan att de såsom medborgare af en fjerran från vårt bedömande liggande stor verld med oss, huru mycket vi än må stoltsera, dela njutningen af en på förnimmelser rik existens» (Ehrenberg i det stora arbetet öfver infusorierna, sid. 69). Detta omdöme är just derför så intressant, emedan det visar, huru den okonstlade, men store naturforskaren, öfverväldigad af enkla fakta, tillerkänner dessa så lågt stående djurformer ett instinktmässigt tillvägagående och ett lifligt själslif.

»I Medelhafvet förekommer ett rikt slägte präktiga simpolyper, hvilka isynnerhet Carl Vogt (Recherches sur les animaux inférieurs de la Méditerranée) har gjort tillgängliga för de bildades bekantskap. Ur ett ägg utvecklar sig en ung polyp. Simmande fritt omkring i hafvet, begynner han att växa. Vid sin öfre ända bildar han en blåsa, i hvilken frigöres luft, som bär honom. I den undre ändan bildas i alltjämnt rikare och skönare utstyrsel antenner och fångtrådar med egendomliga nässelorgan. Genom hans stam, som förlänger sig allt mer och mer, löper ett rör. Från denna stam utväxa knopplika skott. Några af dem bilda simklockor, som röra sig och dermed hela kolonien. Andra ombildas till nya polyper, hvilka äga mun och mage och icke blott samla, utan äfven smälta födan för hela kolonien, för att slutligen aflemna henne till det gemensamma koloniröret. Andra knoppar slutligen erhålla ett manetlikt utseende och ombesörja fortplantningen; de frambringa ägg, hvilka åter i sin ordning gifva upphof till fritt simmande polyper.» (Särskilda polyper med långa känsliga känseltrådar representera sinnesorganen eller intelligensen hos denna stat). »Hvad är här individ? Den unga polypen förefaller oss enkel, men af honom bildar sig en stock lik en planta. Från stocken utväxa fångtrådar, liksom rötter, men de röra sig efter behag och gripa bytena; han bildar en stam med en näringskanal, men han har ingen mun, för att göra bruk af kanalen, lika litet som växten. Han framskjuter knoppar och skott, liksom växten, men hvarje knopp har sina särskilda uppgifter, som han löser så att säga sjelfständigt. Af särskilda med egen rörelse försedda knoppar eller grenar ombesörja några födans upptagande och bearbetning, andra fortplantningen. Bålen är intet utan de särskilda lemmarne, de särskilda lemmarne intet utan bålen.» (Virchow, Vier Reden, sid. 65—66). Den som fasthåller vid antingen — eller, den måste förvisso ett sådant exempel bringa till förtviflan; vi deremot se i de enskilda lederna individer, dels af polypform, dels af manetform, och i det hela se vi en individ af högre ordning, hvilken i sig innesluter alla dessa individer. Redan i bi- och myrsamhället sakna vi, för att betrakta det hela såsom en individ af högre ordning, ingenting annat än den rumliga enheten, d. v. s. kontinuiteten i gestalten; här är denna just förhanden, och derför är i detta fall uppfattningen af kolonien såsom individ obestridlig.

Man sammanfattar denna i djur- och växtriket mycket vanliga företeelse af en olikartad fysiologisk utbildning af ursprungligen morfologiskt lika anlagda individer af samma art under namnet *polymorfism* (redan könens åtskiljande hör under detta begrepp). Ett intressant exempel upptäckte nyligen Kölliker hos sjöpennornas (pennatulidernas) familj. Utan att inlåta oss på stamorganets morfologiska betydelse, hvilket tjenar såsom bärare af de enskilda djuren, kan man säga, att här könsdjuren, de nutritiva djuren och känseldjuren icke äro åtskilda, utan bilda ett enda djur, hvaremot förkrympta individer utan tentakler och könsdelar förekomma, hvilka man förut ansåg blott såsom vårtor (granulationer) på huden, men som eljest helt och hållet äga könsdjurets bygnad och möjligen hafva någon bestämd uppgift för afgifvande och upptagande af vatten. Samma *arbetsfördelningens* princip, underlättandet af en samfäld produktion genom dess fördelning på särskilda på sitt sätt begåfvade organ, hvilket i bi- och ännu mer i myrsamhällets organism betingar den olikartade utvecklingen af tre till fem olika slag af individer, samma princip är det ock här, som fördelar rörelsen, näringens upptagande och digerering, varseblifningen och fortplantningen på olika med hvarandra till en individ af högre ordning förenade individer. Men just denna princip finna vi också genomförd hos de högre växterna, hos hvilka rötterna besörja upptagandet af näringen, bladen andningen, blommorna fortplantningen, medan en stam eller stängel gifver det hela hållning och sammanhang, liksom simpolypkoloniens midtelstam. Liksom i bisamhället könsverksamheten är personifierad hos drönarne och visen, så ock hos de dioika växterna, d. v. s. hos dem, der den ena växten blott bär han-, den andra blott honblommor; och hos de monoika, der han- och honblommor sitta på samma stånd, skulle således dessa blommor icke vara individer, emedan de tillfälligtvis genom andra växtens delar äro rumligen förenade?

Men det är icke blott hos de lägre sjödjuren, som vi finna så tydligt sammansatta individer. Kännedomen om bandmaskarne, hos hvilka hufvudet genom så kallad ammbildning frambringar en hel koloni hermafroditiska könsdjur, leder oss till att riktigt uppfatta annelidernas anatomiska bygnad, och dessa åter leda oss öfver till leddjurens. Hos de lägre bandmaskarne har hvarje segment sina gälar, sin utvidgning af tarmkanalen, sin kontraktila utvidgning af det stora blodkärlet, sina nervknutar, sina förgreningar af nerv- och kärlstammarne, sina fortplantningsorgan och understundom till och med sitt särskilda ögonpar. Bland leddjuren stå myriopoderna närmast ringmaskarna; förloppet vid segmentens förökning genom knoppning ur hvarandra, som är karakteristiskt för den sammansatta individen, är här delvis ganska tydligt urskiljbart under det embryonala utvecklingsstadiet; tusenfotingens larv, som framkommer ur ägget med 8 segment, bildar till och med redan vid den första hudömsningen emellan det sista och näst-sista segmentet ytterligare 6 nya. I den mån arbetets fördelning och typens fullkomnande fortskrida från bandmaskarne till ringmaskarne, till tusenfotingarne och från dessa till de högre leddjuren (kräftdjur, spindlar, insekter), i samma mån visar sig en förstärkt differentiering af segmenten, af hvilka det sammansatta djuret består; men till och med hos de fullkomligaste insekterna kan man ännu med tillhjelp af den individuella och paleontologiska utvecklingshistorien med säkerhet konstatera sammansättningen af segment, som ursprungligen äro tänkta sjelfständiga, och huru långt än differentieringen eljest må vara drifven, så förblifva dock vissa funktioner (t. ex. andningen) här alltjämnt decentraliserade.

Med dessa de sammansatta maskarnas och leddjurens segment visa ryggradsdjurens segment, hvilka bestå i hvar sin kota med dess processer jämte tillhörande muskel-, kärl- och nervpar, öfverhufvudtaget en viss analogi; den synes mig likväl icke tillräcklig, för att i likhet med Häckel ställa båda bildningarne på samma trappsteg af individualitet, emedan hos de sammansatta maskarne totalindividens flerhet uppstår genom *aggregation* af många enskilda individer, hos ryggradsdjuren deremot genom *inre differentiering*. Ingen åtskilnad förefinnes härvid, antingen de många enskilda individerna träda tillsammans genom *kopulation*, eller om de, såsom hos bandmaskarne, blifvit frambragta af en förut befintlig enkel individ genom *ammbildning;* båda bilda en gemensam motsats emot den inre, så småningom fortskridande differentieringen af ryggradsdjurens organism, hvars prototyp, Amphioxus, ingalunda utgör analogon till en sammansatt, utan till en *enkel* mask. Utvecklingsgången hos ryggradsdjuren och evertebraterna är således fullkomligt motsatt; hos de sistnämnda är det mångfalden, som genom det mångfaldigas differentiering och trängre sammanslutning i stigande grad växer upp till enheten, hos de förra är enheten utgångspunkten, hvilken genom stegring af den inre mångfalden utvecklar sig till mångfaldens rikedom; i förra fallet växa individer af en lägre ordning tillsammans till en individ af högre ordning, i senare fallet söndrar sig en individ i individer af lägre ordning och höjer derigenom åtminstone relativt sin individualitetsordnings skala. På så sätt blir det förklarligt, att trots den motsatta utgångspunkten i båda utvecklingsförloppen de i sina *resultat* komma hvarandra desto närmare, ju längre de hafva fortskridit, d. v. s. ju trängre på den ena sidan de sammansättande lederna hafva sammanslutit sig till enheten, och ju mer de hafva förändrat sina funktioner, som ursprungligen endast hade att uppfylla partikulära ändamål, till att tjena det stora hela, desto längre har på den andra sidan segmentens, organens och organsystemens differentiering fortskridit.

Liksom de ofvannämnda simpolypstockarne och pennatuliderna äro märkvärdiga derigenom, att hos dem de enskilda individerna helt och hållet blifvit degraderade till rangen af differentierade organ af den högre totalorganismen, så se vi omvändt, att hos de högre djuren organen erhålla en i samma mån skarpare begränsad individualitet, ju starkare de äro differentierade till sina funktioner och sin konstitution. Man kan vidare inom organen särskilja tre väsentligen olika grader af individualitet: de enkla, de sammansatta organen och organsystemen. De enkla organen (Häckels organ af första och andra ordningen) bestå af väfnader af ett slag, de sammansatta af sådana af flera slag; organsystemen äro den enhetliga sammanfattningen af en komplex af enkla och sammansatta organ i hela organismen, såvidt de tjena ett bestämdt funktionelt ändamål. Enkla organ äro t. ex. epidermis, dess bihang (hår, naglar, fjäll, hudkörtlar, kristalllinsen), brosk och många andra kärl- och nervlösa former af bindväf;

sammansatta organ äro på samma sätt de enskilda musklerna, nerverna, benen, blodkärlen, slemhinnorna. Sinnesorganen äro redan merendels af så komplicerad natur, att de föra oss öfver från organen till organsystemen, t. ex. summan af känselnervernas ändningar under epidermis. Som organsystem kan man vidare anföra: kroppsytans betäckande system (epidermis med bihang), bensystemet, muskelsystemet, nervsystemet, kärl- eller cirkulationssystemet, tarm- eller matsmältningssystemet, respirationssystemet, köns- eller fortplantningssystemet. I hvarje fall äger emellan dessa olika system hos de högre djuren en mycket innerlig genomträngning och hopslingring rum, likväl kan man till och med morfologiskt mycket väl genomföra deras skiljande, och man kan icke taga hänsyn till något skäl, hvarför man på grund af den trängre sammanväxningen skulle tvifla på dessa systems relativa individualitet, som hos simpolyperna trots deras rumliga sammanväxning träder så eklatant i dagen och i bi- och myrsamhällena är utvecklad till funktionernas fördelning på *skilda* individer. Vid de rumligt skarpare begränsade enkla eller sammansatta enskilda organen borde tillerkännandet af individualitet stöta på ännu mindre svårigheter; lika säkert som en slags individualitet tillkommer det enskilda bladet eller ståndaren hos växten, lika säkert tillkommer den ett menniskans hufvudhår. Hos lägre djur lägga enskilda organ ibland derigenom sin individualitet i dagen, att de lösgöra sig från totalorganismen och likväl fortlefva och regelrätt fullgöra den funktion, för hvars skuld de äro till; så t. ex. hafva hannarne hos många cefalopodarter (Argonauta, Philonexis, Tremoctopus) en »hectocotylus», d. v. s. en till könsorgan utbildad arm, som fullgör kopulationen, i det den lösgör sig från hannen och intränger i honan. Denna hectocotylus ansågs fördenskull till en början såsom en parasit, sedermera såsom hannen till ifrågavarande bläckfisk, till dess man lärde känna honom såsom hannens individualiserade könsorgan.

Af vigt för vårt tema är också det patologiska begreppet af *parasitära* nybildningar. Jag låter en auktoritet på detta fält, professor Virchow, tala för mig. Han säger (Cellularpathologie, sid. 427—428): »Man påminne sig endast, att parasitismen blott graduelt betyder något annat, än begreppet af hvarje kroppsdels autonomi. Hvarje enskild epitelial- och muskelcell för i förhållande till den öfriga kroppen ett slags parasitexistens, lika väl som hvarje särskild cell hos ett träd har i förhållande till de andra cellerna hos samma träd en säregen, honom allena tillhörig existens och undandrager de öfriga elementen vissa ämnen för sina behof (ändamål). Begreppet parasitism i ordets inskränktare bemärkelse utvecklar sig ur detta begrepp om de enskilda delarnes sjelfständighet. Så länge de öfriga delarnes behof förutsätter en dels existens, så länge denna del på något sätt är nyttig för de andra delarne, så länge kan man icke tala om en parasit; han blifver det deremot från och med det ögonblick, då han blifver skadlig eller främmande för den öfriga kroppen. Begreppet parasit kan man derför icke inskränka till en enskild serie svulster, utan det tillhör alla plastiska (formativa) bildningar, framförallt de heteroplastiska, hvilka i sin vidare utveckling icke frambringa homologa produkter, utan nybildningar, hvilka äro mer eller mindre obehöriga (på detta ställe) i och för kroppens sammansättning. Från parasiternas ojäfaktiga individuella sjelfständighet och den rent formella skilnaden mellan dem och normala bildningar kan man regressivt sluta till äfven de sistnämndas individuella sjelfständighet.

Ännu tydligare blir den individuella sjelfständigheten hos sådana bildningar, hvilka också morfologiskt visa en viss rumlig söndring från den öfriga kroppen och likväl i sina sjelfständiga funktioner visa en för hela organismens ändamål tjenande prestation af arbete. Jag påminner t. ex. om sädesdjuren. Den tid är förbi, då man betraktade spermatozoerna såsom sjelfständiga, med de mun- och maglösa inelfsmaskarne analoga djur, ty ändamålet med deras tillvaro och framförallt deras utvecklingshistoria vittna deremot. Icke desto mindre kan man icke frånkänna dessa bildningar individualitet. I förtunnad sperma ser man zoospermerna rycka på sig, vända sig kring sin axel, slå med svansbihanget, röra hufvudet framåt och fritt simma omkring i alla riktningar, i det att rörelsen åstadkommes genom svansens vrickande eller skrufformiga rörelse. Hos spermatozoerna af de djurarter, hos hvilka befruktningen svårast försiggår, d. v. s. hos däggdjur, te sig dessa rörelser såsom mest vilkorliga och blifva i samma mån enklare och mera regelmässiga, ju lättare i djurens aftagande serie befruktningen blifver genom äggens storlek och antal och befruktningsplatsens inrättning. Att ett visst existensberoende af bestämda omgifvande yttre förhållanden eller till och med en sammanknytning med andra organismers existens ingenting bevisar mot individualiteten, hafva vi redan omnämnt (man påminne sig parasitdjuren), men spermatozoerna hafva till och med äfven utanför sädesvätskan i hvarje blodvarm, kemiskt indifferent vätska ett temligen långvarigt lif, om blott de icke blifva genom densamma hygroskopiskt deformerade: i däggdjurens honliga genitalier fortlefva de dagar, ja veckor igenom, och i de spermatoforer, som t. ex. den brunstige flodkräfthannen fäster vid honan om hösten, eller i sädesgömmena hos de om hösten befruktade humlorna och getingarne fortlefva de till våren, för att då först befrukta de under tiden mognade äggen. Detta bevisar redan en hög grad af sjelfständig lifsförmåga efter skilsmässan från den alstrande organismen. Den morfologiska urtypen för alla spermatozoer i hela djurriket äro urdjurens svärmsporer, på hvilkas individualitet väl knappast någon kan våga tvifla. Just de lägre organismernas svärmsporer visa den högsta grad af individuel sjelfständighet (hos myxomyceterna föröka sig till och med svärmsporerna genom delning flera generationer igenom), och icke desto mindre uppgifva många af dem densamma under *parnings*akten, då två eller flera individer förlora sin individualitet och sammansmälta till en ny individ. I svärmsporernas kopulation hafva vi att lära känna befruktningsaktens urtyp, under hvilken likaledes två individer (ägget och zoospermen) låta sin individualitet gå under och upp i den enda nya individens. Då myxomyceternas plasmodier under sitt, såsom det kan synas, oregelbundna kringsimmande än flyta ifrån hvarandra, *än förena sig flera och flyta ihop*, så skall man deruti finna allenast en företeelse af lif och tillväxt; man märker då, huru nära fortplantningen står till tillväxten äfven med hänsyn till generationsprodukternas kopulationsakt, om man sammanställer med hopflytandet af två plasmodier sammanträdandet af ett antal svärmsporer till ett plasmodium. Om här blott en summering af lika individualkrafter synes afsedd, så närmar sig redan tanken på en utjämning af omärkliga individuella differenser vid två svärmsporers kopulation, till dess denna differens vid den könliga fortplantningen stegras till generationsprodukternas karakteristiska motsats.

Ville man beröfva spermatozoernas autonoma rörelser deras betydelse genom att uppdraga paralleler med flimmerhårens rörelser, så måste jag förklara, att enligt min åsigt omvändt de förras autonomi talar för de sistnämndas. En omvexlande rörelse af en till formen afskild bildning, hvilken bevisligen icke följer på blott yttre retning och ej heller framkallas från centrala partier (då den fortvarar efter isoleringen af ett det minsta stycke flimmerepitel), måste just härstamma från en i bildningen sjelf liggande orsak, d. v. s. bär karakteren af en viss individualitet. Att rörelserna hos flimmerhåren på en yta vanligen öfverensstämma med hvarandra, så att regelmässiga totalrörelser, fortlöpande vågor o. s. v. uppstå, kan icke göra denna åsigt något afbräck. Samma förhållande äger rum äfven hos knippvis förenade spermatozoer, hvarest i hvarje knippe regelmässiga vågrörelser fortlöpa efter hvarandra, eller hos sådana, som äro lagrade tillsammans i hopträngda massor (t. ex. hos daggmaskarna), hvarest det sköna regelmässiga böljandet skulle kunna liknas vid ett kornfälts. Här är just samma samverkan af många individer till ett ändamål, såsom öfverhufvud i organismen.

Det finnes protister (Amoeba diffluens och porrecta), hvars enda ställflyttning består deruti, att de utskjuta strålar, och i en eller flera af dessa flyter djurets innehåll efter, sedan det förenat sig med spetsarne, under det att det förra centrum derigenom reduceras till den qvarblifvande strålen, som nu också drager sig efter till den nya tyngdpunkten. Alldeles enligt samma lagar röra sig (enligt Recklinghausen) varkropparne, så länge de äro lefvande; äfven de utskjuta i periferien radiära processer och draga dem åter tillbaka, och då och då iakttager man, att cellens segflytande innehåll skjuter efter in i en sådan stråle. Sedermera har Cohnheim ådagalagt dessa varkroppars identitet med den vanligaste formen af de hvita blodkropparne och konstaterat deras utträde vid varhärden. Liknande rörelsefenomen iakttog sedermera Virchow hos de stora med svansar försedda celler, som förefunnos i en nyss utskuren brosksvulst; redan förut hade man upptäckt rörelser hos många djurs blodkroppar. Utan att på något som helst sätt vilja morfologiskt, kemiskt eller fysiskt likställa varkropparne och liknande bildningar, som röra sig fritt omkring, med motsvarande lägre djur, från hvilka de redan genom sin utvecklingshistoria så fullständigt skilja sig, håller jag dock före, att de ena torde göra samma anspråk på rätt till individualitet, som de andra, då de, om också icke djur i zoologisk mening, dock äro väsenden, som röra sig i sin omgifning lika ändamålsenligt och med samma utseende af fri vilja och själslif, som de lägre infusorierna. Att näringens förlopp är ackommoderadt efter mediet, har fullkomligt sitt motstycke i den organiska naturen, och att de i öfverensstämmelse härmed icke hafva någon mun och mage, kan ej göra intrång på deras individualitet, då det äfven finnes djur, hvilka sakna båda delarne.

De nyaste upptäckterna rörande dessa amoeboida kroppars invandring och utvandring ur blodströmmen i väfnaderna och tillbaka lyfta *närings*processen från det oorganiska till det organiska området, i det de fullkomligt analogt med fortplantningsprocessen låta den framträda som betingad af *dess bärares lefvande individualitet.* Den från tarmen uppsugna näringsvätskan innehåller, sådan hon inträder i lymfkärlen, ännu icke några som helst organiserade element, men väl upptager hon rikligen sådana ur lymfkörtlarne; likaledes äro de blodberedande körtlarne, framförallt mjelten, kläckningsplatser för sådana amoeboida element. De invandra genom kärlväggarne i kroppens väfnader, i det de först inskjuta en fin trådformig process genom en por i kärlväggen, och efter denna, om det timlånga förloppet ostördt fortgår, drager sig småningom korpuskelns hela innehåll. Dessa förhållanden hafva blifvit på det säkraste konstaterade, då iakttagelsen underlättats genom dessa små kroppars begärlighet att upptaga pigment. Såsom bindväfskroppar intränga de nu i alla organ, och cellvandringarna i den alla organ omgifvande bindväfven äro redan länge kända. Hafva de sålunda uppfylt sin uppgift, så inträda de genom blod- eller lymfkärlens väggar tillbaka i blodströmmen. Tyvärr veta vi ännu ingenting närmare om deras kemiska olikhet vid inträdet och utträdet och deras möjligen försiggående regeneration till det näringsdugliga tillståndet. Men så mycket är säkert, att de färglösa blodkropparne också måste betraktas såsom ursprunget till de röda blodkropparne, hvilka i vidsträcktaste mening äro andningsprocessens bärare. Öfvergången från den ena till den andra formen är förborgad genom otaliga mellanformer. De röda blodkropparne förete visserligen inga märkbara rörelsefenomen vid periferien, men enligt Brückes undersökningar, hvilka äfven blifvit bekräftade af andra kända histologer, är den rödfärgade amoeboida individen (zooïden) här inskränkt i sina rörelser blott till det inre af sitt hus, som består af en porös, orörlig, mycket fin, färglös och glasklar substans (oikoïd). I normalt tillstånd fyller zooïden hela oikoïden och qvarlemnar i centrum en färglös kärna; lagd i vatten, drager den sig deremot från periferin till centrum, så att den förra visar sig färglös, det senare rödt; icke sällan ser man från det röda centrum amoeboida förlängningar utstråla till periferin. — Gentemot sådana resultat beträffande en lefvande individualitet hos närings- och andningsprocessens bärare i den djuriska organismen hafva ifrågavarande naturforskare sett sig nödgade till det erkännandet, att endast uppfattningen af organismen *såsom en komplex af lefvande elementarorganismer* är i stånd att för framtiden komma till rätta med fenomenen. Hvart och ett af dessa individuella väsen simmar sjelfständigt omkring i lymfan eller blodet och fullgör autonomt sina genom dess egen natur förelagda funktioner, och dock passa resultaten så organiskt tillsamman, som om ett hemligt band enade dessa väsen, eller en gemensam befälhafvare ledde deras operationer efter en högre plan.

Men till och med redan före dessa nyaste öfverraskande upplysningar öfver bärarne för näringen och respirationen hafva tänkande naturforskare, genom att betrakta *cellen* såsom den elementära grundformen för all organisk konstruktion, sett sig nödsakade att erkänna lefvande individualitet *inom* den utåt begränsade organismen. »Allt lif är bundet vid cellen, och cellen är icke blott lifvets kärl, utan den är sjelf den lefvande delen» (Virchow, Vier Reden, sid. 54). »Hvad är organism? Ett samfund af lefvande celler, en liten stat, väl inrättad med all apparat af högre och lägre tjenstemän, af tjenare och herrar, stora och små» (sid. 55). »Lifvet är cellens verksamhet, dess egendomlighet är cellens egendomlighet» (sid. 10). »Egendomlig synes för oss verksamhetens art, det organiska ämnets säregna förrättningar, men dock tillgår det icke annorlunda än den verksamhet och de förrättningar, hvilka fysiken känner i den liflösa naturen. Hela egendomligheten inskränker sig dertill, att den största mångfald af ämneskombinationer sammantränges till det minsta rum, att hvarje cell i sig framställer en härd för de aldra intimaste inverkningar, den mest allsidiga ämneskombination genom hvarann, och att derför sådana resultat uppnås, hvilka eljest ingenstädes i naturen åter förekomma, då ingenstädes eljest en liknande intimitet i inflytanden är känd» (sid. 11). »Vill man ej besluta sig för att skilja mellan totalindivider och enskilda individer, måste begreppet individ antingen uppgifvas inom naturvetenskapens organiska grenar, eller ock måste man strängt fasthålla vid cellen. Till det förra resultatet måste med följdriktig slutledning såväl de systematiska materialisterna, som spiritualisterna komma; till det senare synes mig den fördomsfria realistiska betraktelsen af naturen föra, för så vidt endast på detta sätt lifvets enhetliga begrepp blir stadgadt inom växt- och djurorganismernas hela gebit» (sid. 73—74). Detta är Virchows sista resultat. Man ser, att han rör vid sanningen, utan att hafva mod att kraftigt gripa henne. Hvad oss här angår, är hans välgrundade uppfattning af cellen, hvilken han efter Schleiden och Schwann såsom föregångare vidare utbildat, och hvarigenom han lyftat djurfysiologien och patologien, så att säga, upp på ett nytt trappsteg; jfr. Virchow, Cellularpathologie, särskildt kap. 1 och 14. — Att organismerna öfverhufvud bestå af celler, och just af många mikroskopiskt små, derför finnes den teleologiska grund, att näringen blott kan åvägabringas genom endosmos, endosmosen åter endast är möjlig genom ytterst tunna, fasta väggar, och att således, om med dessa tunna väggar den nödiga fastheten skall uppnås, det hela måste vara en komplex af mycket små celler. Huru stort antalet celler är, må bevisas af följande citat:

»I Zürich vid Tiefenhof står en gammal lind; hvart år, när hon utvecklar sin bladprakt, bildar hon efter Nägelis beräkning ungefär tio billioner nya lefvande celler. I en fullvuxen mans blod kretsa, efter Vierordt och Welckers beräkningar, i hvarje ögonblick sextio billioner (man betänke: 60,000,000,000,000) de minsta cellkroppar» (Virchow, anf. st. sid. 55).

Vi kunna efter allt detta icke betvifla, att vi i hvarje cell hafva för oss en individ, men huruvida vi med cellen nått individens lägsta trappsteg, som ännu är organism, detta torde tillsvidare synas tvifvelaktigt.

Vi urskilja nämligen hos de flesta celler: cellväggen, cellinnehållet, kärnan eller nucleus och vanligen ännu dertill kärnkroppen eller nucleolus. Dessa delar äro med bestämdhet att betrakta såsom cellens organ, hvilka hafva sina särskilda funktioner. Cellväggen reglerar inkomster och utgifter qvalitativt och qvantitativt, nucleolus ombesörjer cellernas fortplantning eller förökning (celler utan nucleolus äro ofruktsamma), nucleus tryggar cellens bestånd och leder synbarligen de kemiska förändringarne och produktionerna i cellens inre. Om dessa organs relativa sjelfständighet är att betrakta såsom faststäld, så kan man knappast förneka, att de äro organiska individer, ty otvifvelaktigt existerar inom hvarje sådan sfer en delarnes organiska vexelverkan i och för de funktioner, som äro att utöfva.

Denna relativa sjelfständighet hos cellens organ, hvartill jag slutit a priori, har nyligen genom botanisten Hansteins undersökningar och deraf dragna slutledningar, som han egentligen har anstält på cellerna af några växthår, men derjämte på åtskilliga växters parenkymceller, funnit en önskad bekräftelse. I de stora hårcellerna hos Cucurbitaceæ och många Compositæ t. ex. ser man cellkärnan ungefär i midten af cellen upphängd vid protoplasmaband »liksom spindeln i sitt nät». Kärnans protoplasmatiska säcklika hölje, banden och cellväggen visa de mest olikartade rörelser, genom hvilka man måste förklara de i cellen kretsande hufvud- och biströmmarne af det flytande cellinnehållet. Oberoende af de senare, såsom utan afseende på deras riktning och ofta till och med motsatta denna, äro cellkärnans rörelser, hvilka behöfva än få minuter, än åter flera timmar, för att tillryggalägga ungefär cellens rymd. Än äro de rätliniga, än åter flerfaldt slingrade, än genomkorsar kärnan cellen på tvären, än framkryper den tätt smygande sig till ena väggen. Dervid förändra såväl kärnan, som kärnhöljet och banden beständigt sin form och kärnkroppen sitt läge i kärnan. — Äfven vid cellernas klyfning äga karakteristiska rörelsefenomen rum. Först begifver sig kärnan till midten, och banden rycka tillsammans till en hopning af plasma. Derpå delar sig kärnkroppen i två, och dervid halfveras kärnan genom en fin optiskt iakttagbar gräns, till dess klyfningen äfven gripit öfver på ansamlingen af protoplasma, i hvilken småningom en ny celluosavägg bildas. Nu begifva sig de båda nya kärnorna (i dikotyledonernas märgparenkymceller), krypande tämligen snabbt utefter väggen, till motsatta ställen på den gamla cellväggen, hvarest de hvila ut en längre tid, innan de åter begynna sitt normala lif. Sålunda får cellkärnan, såväl genom sin egen forms rörlighet, som ock genom den ännu större hos dess hölje och genom bandens rastlösa omlagring och ombildning, hvilka utgå från honom och hålla honom sväfvande, *en slående likhet* med ett ungt plasmodium eller en *amoebaartad organism.* Ja, han liknar en sådan under sitt kringkrypande så mycket, att blott föreningen med väggprotoplasmat väsentligen skiljer honom derifrån.» Enligt detta ansluter sig Hanstein till Brückes ofvan (sid. 109) omnämnda åsigt, »enligt hvilken man måste uppfatta hela protoplasmasystemet såsom en *individualiserad* organism, d. v. s. ett lefvande rörligt egenväsen, som, bestående af kärna, periferiskt hylle och radiära eller nätformiga föreningsleder, befinner sig inom sitt sjelfalstrade skal, cellulosaväggen, i fortfarande rörelse, hvilken består i ett kringglidande hit och dit och en dermed förenad förskjutning och ständig ombildning af den inre differentieringen. Liksom molluskerna icke allenast bygga åt sig sitt skal, utan äfven röra sig i detsamma, likaså protoplasmakroppen i sin cellmembran. Icke strömmarne i banden, icke cellkärnan, icke primordialsäcken för sig är sätet för och orsaken till rörelsen. *Hela protoplasmakroppen*, som icke är någon substans, utan en *organism*, rör sig *i alla delar*, än samtidigt, *än vexlande*, såsom enhetligt amoebaartadt, med lif försedt egenväsen, hvilket naturligtvis hos de högre växterna blott är ett delväsen af ett större helt.» (Botanische Zeitung 1872 Nr. 2 och 3).

Om hos monerer eller protoplasmatiska urdjur iakttagelsen för mikroskopet icke mer förmår påvisa någon morfologisk differentiering hos den, såsom det synes, homogena slemklumpen, så framgår dock redan ur det faktum, att monerernas väsentligen olika förhållande vid deras fortplantning och näring har nödvändiggjort ett åtskiljande af ej mindre än sju olika arter, att en inre differentiering väl måste vara förhanden. Om en lättflytande vattendroppes viskositet eller seghet är vid dess yta många gånger större än i dess inre, så tilltager denna skilnad i förvånande grad hos ägghvitans vattenlösningar, måste således hos en segflytande protoplasmadroppe eller liten klump äfven vara förhanden då, när förtätningen vid ytan icke nått en sådan grad, att den blir *synlig* för ögat såsom ett fast cellhölje, eller att den kan *aflossas* såsom isolerad membran; uppgifterna öfver membranlösa celler eller plasmaklumpar bör derför städse förstås blott cum grano salis; till och med der, hvarest en intussusception af fasta pigmentmolekyler förmedelst amoeboida rörelser är ådagalagd, är dock ingenting annat bevisadt, än en viss seghet hos ytans aggregationstillstånd, men ingalunda har man dermed vederlagt en betydlig skilnad mellan ytans och innehållets aggregationstillstånd. (Hyllebildning på droppar har nyligen blifvit af Famintzin mycket vackert iakttagen hos lösningar af kolsyrad kalk, i det han låtit koncentrerade lösningar af klorkalcium och kolsyradt kali inverka på hvarandra under småningom skeende tillträde af vatten). På samma sätt, som en förtätning på ytan är förhanden äfven innan den är synlig, kan också i midten en förtätning äga rum, utan att af ögat kunna uppfattas. Under alla omständigheter måste dock ytförtätningen betinga en *funktionel* skilnad från det mindre täta innehållet, sådant det kommer i dagen vid resorptionen af ett fångadt byte; likaledes måste den inre förtätningen af centrum betinga en funktionel differens, sådan den framträder vid den inifrån utgående delningen. Hvarest således cellmembran och kärna tyckas fattas, medan likväl cellen tydligen fullgör de funktioner, som tillkomma dem, der måste nödvändigt för ögat omärkbara *analoga till dessa organ* vara förhanden: blott på detta sätt är det möjligt att förstå utvecklingen af kärnförande membranceller ur enkla plasmaklumpar, såsom descendensteorien fordrar. Huru öfveriladt det vore, att blott af försyn för ögats uppfattning frånkänna monererna en differentiering i organ med olika funktioner, bevisas, utom af omöjligheten att uppfatta en förhandenvarande membran på flera ciliers spets, framförallt af analogien med det nyss befruktade ägget, i hvars skenbara molekylära homogenitet dock sådana differenser måste vara förhanden, att i deras utveckling till det blifvande barnet »de båda föräldrarnes finaste andliga och kroppsliga egendomligheter framdeles måste träda i dagen hos barnet. Förvånade och beundrande måste vi här stanna framför den ägghviteartade materiens oändliga och för oss ofattbara finhet» (Häckel: Natürliche Schöpfungsgeschichte, 2:dra uppl. sid. 179).

Dessa skulle således vara de lägsta individer, hvilka kunde kallas organiska. Men den frågan framställer sig, huruvida vi öfverhufvud äro berättigade att fordra af en individ, att den skall vara organism. Så mycket är säkert, att så länge ett ting ännu har *delar*, så länge måste dessa delar stå i organisk vexelverkan, om den teleologiska relationsenheten icke skall fattas, d. v. s. så länge ett ting ännu har delar, måste det vara *organism*, om det vill vara *individ*. Men huru, om ett ting icke mer har några delar? Om man af ett ting med delar äskar delarnes innerligaste kausala relation *endast derför*, att det måtte vara i besittning af den största möjliga enhet i alla riktningar, skulle då denna största möjliga enhet icke i ännu mycket högre grad vara förhanden, då tinget enligt sin natur är *enkelt*, d. v. s. utan delar, alltså detta anspråk redan förut göras öfverflödigt? Rummets, orsakens och ändamålets enhet är eo ipso gifven med tingets enkelhet, men anspråket på delarnes vexelverkan, hvilket var ett nödvändigt ondt för de sammansatta tingen, är här lyckligtvis öfvervunnet redan innan det uppstälts, då ju alla delar reduceras till en, som tillika är det hela; enkelhetens enhet är således mycket starkare än enheten af delarnes vexelverkan. *Det hvarpå här närmast ligger vigt* förringas på intet sätt, om man påstår begreppet enhet vara *oanvändbart på det enkla*, ty vi hade ju kommit till enhetens begrepp blott derigenom, att vi sökte hvad individ är, d. v. s. hvad som *enligt sin natur icke får delas*. Men detta är otvifvelaktigt fallet *åtminstone i lika hög grad* vid det *enkla*, som vid det *enhetliga*, ja till och med i ännu högre grad än vid det senare, ty den af förenade delar bestående enheten bär dock ännu alltjämnt i sig möjligheten af delarnes upplösning, men det enkla icke.

Ett sådant enkelt ting, hvilket således har det högsta anspråket på begreppet individ, känna vi i den immateriella, punktuella atomkraften, som består i en enkel kontinuerlig viljeakt. *Utom* atomerna deremot kan det i det *oorganiska icke* finnas *några individer*, ty hvarje ting, som består af *flera* atomer, har dessa till sina delar och måste till följd deraf vara *organism*, om det vill vara individ. Det är således falskt att kalla en kristall eller ett berg en individ. Deremot kan man väl kalla himlakropparne individer, för så vidt de ännu äro *lefvande*, ty de äro då i sjelfva verket organismer; men med deras afdöende dör liksom hos djur och växter äfven individualiteten. Den som tviflar derpå, att en lefvande himlakropp, liksom jorden, är en organism, han studere allenast vexelverkan mellan atmosferen och jordens inre genom regnets periodiska uppträdande, vexelverkan mellan aflagringarna och det lägre djurriket, liksom lagren sinsemellan i stenarnes metamorfos och de organiska rikena sinsimellan; med ett ord, må han studera geologi, meteorologi och öfverhufvud naturens hushållning i stort; öfverallt skall han i fullt mått finna det organiskas väsen, *formens bibehållelse och stegring genom vexling af ämne*, utan att dermed skulle påståś, att dertill skulle fordras just det omedvetnas direkta viljedelaktighet (utom atomkrafterna i de ifrågavarande kombinationerna och de i aflagringarna förekommande organismerna).

Låtom oss nu taga i betraktande, huru medvetenhetsindividen förhåller sig till den materiella eller bättre uttryckt den yttre individen. Man inser genast: *blott* der en yttre individ är gifven, kan en medvetenhetsindivid vara möjlig, men i hvarje yttre individ behöfver icke en medvetenhetsindivid komma till stånd: *den yttre individen är således ett vilkor för, men icke den tillräckliga orsaken till en medvetenhetsindivid.*

Vi hafva sett, att ett visst slag af materiel rörelse med en viss styrka är vilkoret för medvetandets uppkomst; från alstrandet af en medvetenhetsindivid måste således redan alla sådana yttre individer vara uteslutna, hvilka ej uppfylla nämnda vilkor beträffande arten och styrkan af deras rörelser. Det är väl möjligt, att atomkrafterna, kanske derjämte också många celler med för fast eller för flytande beskaffenhet, befinna sig i detta läge. Oorganiska massor, utan yttre individualitet, hafva naturligtvis icke heller någon medvetenhetsindividualitet, ty till och med om atomerna hvar för sig skulle hafva sitt medvetande, så skulle af brist på förenande ledning det städse förblifva vid en atomistisk splittring, men aldrig komma till en högre enhet. Der, hvarest vi först finna märkbara spår af medvetande, är hos *cellen* med halfflytande innehåll (protisternas protoplasma); här åstadkommes utan tvifvel medvetandets enhet genom samma betingelser, som dess uppkomst, då den del af cellinnehållet, som uppfyller dessa betingelser, är tämligen homogent fördelad åt alla sidor af cellen. Således kunna vi väl antaga, att, då medvetande förefinnes i en cell, den yttre individualiteten äfven motsvaras af en inre medvetenhetsindividualitet.

Der flera celler träda tillsamman till en individ af högre ordning, behöfva derför ännu för ingen del de enskilda cellernas medvetanden vara förenade till en högre enhet, ty detta beror på tillvaron af en ledning och dess godhet. Emellertid torde väl det påståendet icke synas vågadt, att emellan friska, lifskraftiga celler alltid ett visst, om än ringa mått af ledning alltid äger rum åtminstone mellan två till hvarandra gränsande celler; frågan är blott, huruvida graden af retning också öfverskrider retningsintensitetens minimum. Om genom en cells förnimmelse en förnimmelse i den *tillgränsande* cellen framkallas förmedelst ledning, så äger tydligen ett indirekt inflytande rum från hvarje cell på *hvarje annan*, och äfven om ett så indirekt och, hvad flera celler beträffar, försvinnande litet inflytande nödvändigt ganska snart, i följd af det växande ledningsmotståndet, måste stanna under retningsintensitetens minimum, och följaktligen något tal om en det helas medvetenhetsindividualitet icke är berättigadt, så kan likväl dervid icke en viss solidaritet i intressen förnekas. Om i enlighet härmed en medvetenhetsindivid af högre ordning ingalunda behöfver svara emot hvarje yttre individ af högre ordning, så är dock så mycket säkert, att skilda medvetenhetsindivider blott då kunna förena sig till en medvetenhetsindivid af högre ordning, när de dem motsvarande yttre individerna äro förenade till en individ af högre ordning; ty den för medvetandets enhet nödiga ledningen kan endast åstadkommas genom högt organiserad materia, men denna bringar omedelbart till stånd enheten af form, organisk vexelverkan o. s. v., med ett ord den yttre individen af högre ordning.

I hvarje hänseende besannas således vårt påstående, att den yttre individualiteten väl är *vilkoret* för, men icke tillräcklig *orsak* till medvetenhetsindividualiteten, emedan den sistnämnda derjämte förutsätter tre andra betingelser, en viss *art*, en viss *styrka* af materiel rörelse samt hos individer af högre ordning en viss *ledningens* godhet. Om ett af dessa tre vilkor icke är uppfyldt, så kan icke någon medvetenhetsindivid svara mot den yttre individen.

Jag tror, att det här genomförda *särskiljandet* af yttre och inre individer väsentligen torde bidraga till individualitetsfrågans belysande; det är det nödvändiga komplementet till kännedomen af individualitetsbegreppets *relativitet*.

Individualitetsbegreppets relativitet är föröfrigt icke någon ny det sista århundradets upptäckt. Spinoza säger såsom ofvan omnämnts: »Menniskokroppen består af många individer af olika natur, af hvilka hvar och en är mycket komplicerad», och Göthe: »Hvarje lefvande väsen är icke något enkelt, utan en flerhet; till och med för så vidt det för oss synes såsom individ, förblifver det dock en samling af lefvande sjelfständiga väsenden, som till idén, anlagen äro lika, men till sin företeelse kunna blifva lika eller likartade, olika eller olikartade. Ju ofullkomligare varelsen är, desto mer äro dessa delar hvarandra lika eller likartade, och desto mer likna de det hela. Ju fullkomligare varelsen blir, desto mer olikartade blifva delarne sinsimellan. Ju mer likartade delarne äro sinsemellan, desto mindre äro de subordinerade hvarandra. Delarnes subordination häntyder på en fullkomligare varelse.» (Denna sista anmärkning säger detsamma, som vi hafva sökt att för oss åskådliggöra genom liknelsen med den monarkiska och republikanska regeringsformen).

Utförligast har individualitetsbegreppets relativitet blifvit behandlad af Leibniz, äfven om hans uppfattning till följd af hans afvikande begrepp af »kropp» väsentligen skiljer sig från vår. Hos Leibniz har först och främst hvarje monad en för densamma egendomlig, oföränderlig och oförgänglig kropp, som bildar dess skrankor, och genom hvilken först dess ändlighet blir satt. Denna kropp är icke substans, lika litet som monadens själ ensidigt fattad är substans, och mellan *denna* kropp och själen existerar ingen prestabilierad harmoni, då den ju här vore öfverflödig, utan de äro båda blott moment, olika riktade krafter, af en och samma enkla substans, monaden, hvilken är deras naturliga enhet, och detta är Leibniz' identitet af själ och kropp (tänkande och utsträckning). Denna oförytterliga kropp är likväl något rent metafysiskt och icke något fysiskt; på sin höjd hos atomerna kan man i viss mening låta den Leibniz'ska uppfattningen gälla i fysiskt hänseende. Hos alla individer eller monader af högre ordning har deremot föreställningen om en oförytterlig kropp ännu *utom* den synliga af andra monader eller atomer sammansatta kroppen (en föreställning, som lång tid har spökat omkring under namn af eterkropp) lyckligen blifvit af vetenskapen undanröjd; vi veta nu, att alla organismer äga bestånd blott genom *ämnesomsättningen*. Men vi vilja icke göra Leibniz orätt; hvad han tänkt sig under den för monaden egendomliga kroppen, är i alla händelser en metafysiskt mycket hållbarare tanke; jag förmodar, att han dermed icke har velat uttrycka något vidare än den immateriella monadens förmåga att sätta *bestämda rumliga* verkningar, en förmåga, som afgjordt tillkommer alla monader, de högsta som de lägsta, och som blott genom den egendomliga *relationen hos verkningsriktningarne på en punkt i atommonaderna* och dessas kombinationer framkallar för den sinliga varseblifningen utifrån *kroppslighetens företeelse*. Men emellertid är det icke något lyckligt val af ord, att belägga förmågan att verka rumligt med namnet kropp, då blott kombinationen af det lägsta slag af rumliga krafter kan taga detta ord i anspråk. Lemnom emellertid denna oförytterliga monadkropp å sido och låtom oss betrakta, huru Leibniz uppfattar monadernas sammansättning.

Då flera monader träda samman, så bilda de antingen ett oorganiskt aggregat eller en organism. I organismen innefattas högre och lägre monader, i det oorganiska aggregatet blott lägre monader, derför äger hos den förra subordination rum, hos det senare blott koordination. På ju högre trappsteg organismen står, desto mer framträder *en* monads öfvervigt i fullkomlighet gentemot alla andra; denna benämnes nu centralmonad. De högre monaderna föreställas oklart och ofullkomligt af de lägre, de lägre deremot klart och fullkomligt af de högre. »Et une créature est plus parfaite qu'une autre en ce qu'on trouve en elle ce qui sert à rendre raison *a priori* de ce qui se passe dans l'autre, et c'est par là, qu'on dit, qu'elle agit sur l'autre. Mais dans les substances simples ce n'est qu'une *influence idéale* d'une Monade sur l'autre.» (Monadologie Nr. 50, 51, sid. 709.)

Leibniz förnekar influxus physicus mellan monaderna, i det han säger, att de icke äga fönster, genom hvilka något kunde lysa in;

influxus idealis, som han sätter i dess ställe, består för honom blott i en *öfverensstämmelse* a priori om det, som monaderna föreställa, d. v. s. i en *prestabilierad harmoni*. Men nu är i en organism *centralmonadens* förhållande till summan af de *subordinerade monaderna* det, som man under alla tider kallat förhållandet mellan *själ* och *kropp;* mellan *denna* kropp och själen består alltså enligt Leibniz i hvarje fall prestabilierad harmoni.

Förhållandet mellan själen och den komplexa föränderliga kroppen har Leibniz hämtat från Aristoteles; det är förhållandet mellan ἐνέργεια och ὕλη, mellan från sig sjelf utvecklande form eller idé och materialet, i hvilket idén utvecklar sig. Förhållandet mellan själ och oförytterlig egen kropp har deremot Leibniz tagit från Spinoza, enligt hvilken den enda substansen öfverallt företer sig med de båda oåtskiljaktiga attributen: tänkande och utsträckning. Båda förhållandena sammanträffa på ett märkvärdigt sätt hos de lägsta, atommonaderna, och detta genom naturens enkla konstgrepp att hänföra en sådan monads samtliga verkningsriktningar på en punkt. Tyvärr har Leibniz icke nöjaktigt skilt dessa båda till förvexling ledande betydelser af kropp och kropp, och derför har han på mångfaldigt sätt blifvit missförstådd.

Det för oss väsentliga i Leibniz' lära är aggregationen af många monader eller individer till en komplex, hvilken (såsom kropp) subordineras under en monad eller en individ af högre ordning (såsom själ). Hade resultaten af nutidens fysik, anatomi, fysiologi och patologi stått Leibniz till buds, så skulle han icke hafva försummat att vidare utveckla sin teori med hänsyn till atomer, celler och organismer; så var och förblef det blott ett genialiskt grepp, som saknade de nödiga empiriska stöden. Hvad vi deremot *icke* kunna acceptera är den konstlade och otillräckliga hypotesen om den prestabilierade harmonien, genom hvilken allt reelt skeende öfverhufvud upphäfves och verldsprocessen sönderplockas i ett relationslöst bredvid-hvartannat-vara af splittrade föreställningsyttringar hos overksamma isolerade monader. Då Leibniz uttryckligen utesluter hvarje reelt inflytande af monaderna på hvarandra, så är likväl influxus idealis, som han sätter i stället för influxus physicus, ett såsom vilseledande illa valdt uttryck. Ty enligt honom skall i hvarje fall föreställningskedjans innehåll i hvarje monad och i hvarje gifven tidpunkt på visst sätt svara mot föreställningskedjans innehåll i hvarje annan monad, men denna motsvarighet (öfverensstämmelse, harmoni) skall ingalunda resultera deraf, att möjligen en monads föreställning genom ideelt inflytande bestämmer den liktidiga hos en annan (såsom man likväl skulle mena enligt ordalydelsen: att kunna låna influxus idealis), utan deraf, att föreställningsyttringens innehåll från evighet och för all oändlig framtid är för hvarje monad förutbestämdt eller predestineradt och just på det sätt predestineradt, att mellan de skilda föreställningsyttringarne i hvarje tidpunkt en viss öfverensstämmelse är rådande. Den så förutbestämda eller prestabilierade harmonien är således en nyckfull mekanism, som dessutom är fullkomligt *ändamålslös;* ty om t. ex. de skilda föreställningsyttringarne skulle hafva en så olika hastighet, att dem emellan aldrig harmoni ägde rum, skulle monaderna icke märka något alls deraf och befinna sig alldeles på samma sätt som i det andra fallet. Denna teori, som upphäfver hvarje monadernas inflytande på hvarandra, alltså hvarje kausalitet, är således fullkomligt oanvändbar.

Hvad som vidare skiljer oss från Leibniz är den vunna kännedomen derom, för det första, att den organiska individen af högre ordning *består blott i* motsvarande enhet hos individerna af lägre ordning, och att medvetenhetsindividen öfverhufvud *uppstår först genom* en vexelverkan af vissa materiella delar hos den organiska individen med det omedvetna. Häraf följer, att centralmonaden eller centralindividen hvarken i förhållande till *organismen*, ej heller i förhållande till *medvetandet* är något *på andra sidan om*, eller *utanför* de subordinerade monaderna eller individerna stående, utan att, om i den högre individen ännu innehålles något nytt, som tillkommer, utom de lägre individernas förbindelse, detta endast kan vara en *omedveten faktor*. Men hvad denna omedvetna faktor beträffar, hvilken vi hafva lärt känna såsom regens i individens organiska och medvetenhetslif, kan den frågan uppstå, huruvida vi hafva att göra med en för hvarje individ *afskild* centralmonad, eller om det omedvetnas funktioner utgå från ett för alla individer identiskt och *gemensamt* väsen. Då slutligen äfven Leibniz ser sig nödsakad att omgestalta sina fönsterlösa monaders relationslösa *bredvid*-hvartannat-vara till *i*-hvartannat-varat, d. v. s. till att låta alla monader uppgå i en *absolut* centralmonad, så kan man äfven låta frågan lyda så: visa omedvetet-psykiska funktioners strålknippen i de skilda individerna *omedelbart* på ett och samma absoluta centrum, eller leda de närmast till skilda relativa centra, och först *medelbart* genom dessa till verldens allmänna centrum? Häri tillspetsar sig frågan om det omedvetnas individualitet, sedan man öfverhufvud först förvissat sig om det omedvetnas enhet såsom sådan; i öfverensstämmelse med problemets vigt behandla vi denna fråga senare i ett eget kapitel.

VII.

Det omedvetnas all-enhet.

Att det omedvetna, såsom det visar sig verkande i en organisk och medveten individ, icke saknar en stark enhet, är utan vidare påtagligt. Vi lära ju öfverhufvud känna det omedvetna blott genom kausaliteten, det är just orsaken till alla de processer inom en organisk och medveten individ, hvilka gifva anledning till förutsättningen af en psykisk och dock icke medveten orsak. Allt, hvad vi inom detta omedvetna hafva funnit af skilnader eller delar, inskränker sig till de båda momenten vilja och föreställning, och af dessa hafva vi likaledes äfven funnit den oskiljbara enheten *i* det omedvetna. Men för den händelse någon nödvändigt ville stanna vid att uppfatta vilja och föreställning såsom *skilda delar* af det enda omedvetna, så vore likväl deras *vexelverkan* i viljans motivering genom föreställningen och föreställningens uppväckande genom viljans intresse fullkomligt omisskänlig. Hvad vi i organismen ännu måste fatta såsom enhet genom delarnes vexelverkan har i dessa processers enda orsak blifvit upplöst till enheten i ändamålet, till hvilket dessa den ena eller andra delens enskilda verksamheter alla uppställas blott såsom gemensamma medel. Tidens enhet i verkningens kontinuitet är likaledes förhanden, rummets enhet kan naturligtvis här icke mera komma på tal, emedan vi hafva att göra med ett orumligt väsen; i *verkningarna* är den likväl förhanden, lika så väl som tidens enhet. Så mycket står således fast, att enheten af det psykiskt omedvetna i individen är den starkaste, som man möjligen kan påträffa. Men dermed är ännu icke sagdt, att det finnes omedvetet psykiska individer, ty om enheten i det omedvetna vore så stark, att den i sig utan delar innefattade allt omedvetet psykiskt, hvar helst det än månne verka i verlden, så gåfves det blott *ett* omedvetet och icke *flera* omedvetna, då gåfves det icke heller några individer mer *i* det omedvetna, utan hela det omedvetna vore *en enda* individ utan underordnade, samordnade eller öfverordnade individer. Då äfven materia och medvetande äro blott företeelseformer af det omedvetna, så skulle detta väsen vara den allt omfattande individen, *som är allt varande*, den absoluta individen, eller *individen* κατ' ἐξοχήν.

I fråga om organismerna behöfde vi alldeles icke befatta oss med den frågan, huruvida vi också verkligen hade *flera* ting framför oss och icke *ett*, emedan formens rumliga begränsning på förhand besvarade henne; i afseende på medvetandena hafva vi besvarat frågan, som väl knappast kunde afgöras a priori, i öfverensstämmelse med den inre erfarenheten, som lär oss, att medvetandet hos Per och Pål, hos hjerna och underlifsganglier icke är ett, utan flera skilda; men i afseende på det omedvetna framträder denna fråga inför oss i hela sitt allvar, då det omedvetnas väsen är orumligt, och den inre erfarenheten hos medvetandet, såsom förstås af sig sjelf, icke utsäger något alls öfver det omedvetna. Ingen känner det omedvetna *subjektet för sitt eget medvetande direkt*, hvar och en känner det blott såsom *den i och för sig obekanta* psykiska *orsaken* till hans medvetande; hvilken grund kunde han väl hafva för den åsigten, att denna obekanta orsak till *hans* medvetande vore en *annan*, än till hans *grannes*, hvilken lika litet känner dess vara i och för sig? Med ett ord, den **omedelbara** *inre eller yttre erfarenheten* gifver oss *alldeles ingen* hållpunkt för afgörandet af detta vigtiga alternativ, som sålunda *allt framgent* är en *fullkomligt öppen fråga*. I ett sådant fall träder den grundsatsen närmast i kraft, att principerna icke utan nödvändighet få mångfaldigas, och att man vid bristande omedelbar erfarenhet städse har att hålla sig till de *enklaste* antaganden. I enlighet härmed måste väl utan tvifvel det omedvetnas *enhet* antagas så länge, som motståndaren till detta enklaste antagande icke till allas belåtenhet har befriat sig från den honom åliggande bevisningsskyldigheten. Men ännu hafva vi oss icke bekant något försök härtill, ty Herbarts sats: »lika mycket sken, lika mycken häntydan på vara» kan uppenbart blott tjena till att bevisa varats *mångsidighet*, men icke dess *flerhet*, då såsom bekant ett och samma väsende merendels förhåller sig alldeles olika åt olika sidor. Att antagandet af den omedelbara enheten verkligen är mycket enklare, behöfver väl knappast någon särskild bevisning, alldenstund här endast den handlandes relationer till hans verksamheter och verksamheternas vexelverkan hos *en och samma handlande* komma på tal, hvaremot vid det motsatta antagandet *olika* handlande väsendens relationer till deras verksamheter och dessutom de handlandes och deras verksamheters relationer *sinsemellan* komma i fråga, hvilka senare antingen måste erkännas såsom alldeles oförklarliga, eller ock måste förklaras genom dessa många handlande väsendens öfriga, för oss fullkomligt otillgängliga och odiskuterbara relationer till det öfver dem stående och dem omfattande absoluta.

Endast derför, att den ena delen af min hjerna är satt i ledande förbindelse med den andra, är båda delarnes medvetande öfverens (jfr. Kap. C. III, 5 sid. 47—50), och kunde man förena två menniskors hjernor förmedelst en ledning, som motsvarade nervtrådarne, så skulle de båda hjernorna icke mer hafva *två*, utan *ett* medvetande. Skulle väl öfverhufvud en förening af två medvetanden till ett, såsom faktiskt öfverallt äger rum, vara möjlig, om det omedvetna, ur hvilket på den materiella retningen medvetandet födes, icke redan i och för sig vore ett?

Myran har i hel och oskadad gestalt ett, sönderskuren i tu åter två medvetanden, och om man hopfogar hälfterna af två olika polyper (alltså två förut skilda medvetanden), så uppkommer deraf en polyp med ett medvetande. Medvetandets rikedom eller armod kan icke göra någon skilnad vid dessa principiella undersökningar. Lika litet som någon efter de föregående betraktelserna kan förneka, att han äger lika många (mer eller mindre skilda) medvetanden, som han äger nervcentra, ja till och med som han äger lefvande celler, lika mycket skall enhvar med rätta träda upp emot det påståendet, att han skulle hafva lika många omedvetet verkande själar, som han hade nervcentra eller celler; ändamålets enhet i organismen, hvarje särskild dels rätta ingripande i rätta ögonblicket, med ett ord organismens underbara harmoni skulle vara oförklarlig, i sjelfva verket uppfattlig endast såsom *prestabilierad* harmoni, om icke själen i kroppen vore *en, odelad*, men som verkar *liktidigt* i alla delar af organismen, der hans verkan är nödvändig, — om det icke vore en och samma själ, som här reglerar andhämtningen der exkretionen, som här i hjernan låter hjernmedvetandet, der i gangliet gangliemedvetandet komma till stånd. Om de lägre djurens sönderstyckande visar oss, att samma själ, som förut i det oskadade djuret styrde de olika delarne och alstrade de skilda medvetandena, äfven efter sönderstyckandet fortfar att oförändradt funktionera, kunna vi då verkligen tro, att sönderstyckandet af kroppen också kan hafva sönderstyckat själen och delat den i två hälfter, kan väl öfverhufvud genom klyfningen af ett blott aggregat af atomer den dem tillfälligt beherskande orumliga själen tänkas blifva afficierad, *utom för så vidt vilkoren för hans verksamhet äro förändrade?*

Men om själen i två artificielt skilda djurstycken ännu är en, skulle han icke äfven vid spontan lösgöring af knoppar och dylikt förblifva odelad? Och icke likaledes vid den könsfortplantning, der ett hermafroditiskt djur befruktar sig sjelft (t. ex. bandmaskarna)? (Vidare i nionde kapitlet). Om den omedvetna själen i de skilda styckena af en insekt, eller i moderstocken och de afskilda knopparne ännu är en enda, skulle han då icke också vara densamma i de af naturen skilda individerna i ett myr- eller bisamhälle, hvilka, ehuru utan rumlig förbindelse mellan de särskilda organismerna, likväl verka lika harmoniskt i och med hvarandra, som de särskilda delarne af samma organism? Skulle icke clairvoyansen, som vi öfverallt funnit återkomma i det omedvetnas ingripande, och som är så högst i ögonen fallande hos den särskilda individen, skulle icke redan denna ensam vara tillräcklig att uppfordra till denna lösning, *att de skenbart individuella yttringarne af clairvoyansen just äro ingenting annat än uppenbarelser af det i allt identiska omedvetna,* hvarigenom på en gång allt det underbara i clairvoyansen skulle upphöra, då nu det seende äfven är det seddas själ? Och om det är möjligt för ett djurs omedvetna själ att vara samtidigt närvarande och ändamålsenligt verksam i djurets alla organ och celler, hvarför skall då icke en omedveten verldssjäl kunna vara samtidigt närvarande och ändamålsenligt verksam i alla organismer och atomer, då såväl den ena som den andra måste tänkas såsom orumliga?

Hvad som uppreser sig mot denna uppfattning är blott den gamla fördomen, att *själen* är *medvetandet;* så länge man icke öfvervunnit denna fördom och fullkomligt dödat hos sig hvarje hemlig qvarlefva deraf, så länge måste denna det omedvetnas all-enhet visserligen vara täckt af en slöja; först då man kommit till insigt derom, att medvetandet icke hör till *väsendet*, utan till *företeelsen*, att således medvetandets flerhet blott är *flerheten af ett enda väsens företeelse*, först då blir det möjligt att frigöra sig från *den* **praktiska** *instinktens makt*, som städse ropar ***jag, jag***, samt att begripa alla kroppsliga och andliga uppenbarelseindividers väsensenhet, hvilken Spinoza uppfattade i mystisk konception och förklarade för den enda substansen. Det är ingen motsägelse mot det omedvetnas all-enhet, att den individuella sjelfkänslan, hvilken först förefinnes blott såsom dunkel praktisk instinkt, med medvetandets stigande utbildning alltjämnt *stegras* och *när sin spets såsom rent sjelfmedvetande*, att således det för det medvetna tänkandet oförstörbara skenet af den individuella jagheten endast framträder desto *skarpare*, ju skarpare det medvetna tänkandet blifver; detta är, säger jag, ingen motsägelse mot det *omedvetnas* monism, ty allt medvetet tänkande förblir ju bundet i *medvetandets* betingelser och kan aldrig enligt sin natur på direkt sätt höja sig öfver dem, måste snarare insvepa sig i Majas slöja *desto trängre*, ju mer det bringar sin *egendomliga* natur till utveckling. Dertill kan mycket väl det omedvetnas enhet äga bestånd, nämligen enheten hos det, som aldrig kan falla *i* medvetandet, emedan det ligger *bakom* detsamma, liksom spegeln aldrig kan spegla sig sjelf (på sin höjd sin bild i en annan spegel). Så länge man visserligen icke strängt särskilt och utvecklat det omedvetna, så länge qvarstår nämnda invändning i sin fulla kraft, och så länge kan icke all-enhetens idé begripas och erkännas, utan endast mystiskt koncipieras, *trots* medvetandets opposition.

En annan punkt, som ofta blifvit använd som ett grundadt hån mot monismen, är den paradoxen, att det *enda* såsom dualistiskt bekämpar sig sjelft, att t. ex. det enda väsendet skulle komma att ligga i strid med sig sjelft liksom två hungriga vargar, af hvilka den ena traktar efter att uppsluka den andra. Häri äro två problem sammanblandade, för det första problemet af det endas från-hvartannat-gående i de många, och för det andra den frågan, huru de många, då de ju endast äro realisationer, objektivationer eller företeelser af det enda, kunna vända sig emot hvarandra i split och tvedrägt. Det första, eller individuationens problem, skall behandlas i ett särskildt kapitel (C. XI), och blott under den förutsättningen, att detta skall komma att lösas på ett tillfredsställande sätt, har det öfverhufvud någon betydelse att sysselsätta sig med den andra frågan. Här vill jag blott säga så mycket, att ett dualistiskt framträdande endast i det fallet skulle vara obegripligt, att det enda uppgåfve sin enhet (och med den ett stycke af sitt väsen), att deremot ett dualistiskt framträdande till en sekundär (emedan den är fenomenel) flerhet, vid hvilken enheten förblir bevarad i flerheten, just först inför mångfalden i den abstrakta enheten, eller noggrannare uttryckt, att det endas utträdande till flerheten icke kan innebära något anstötligt, om dermed blott icke menas den enda substansens söndersplittring i flera *substanser*, utan det enda varande och förblifvande väsendets uppenbarelse i en flerhet af *funktioner*. Men är denna flerhet af olika funktioner en gång gifven, så måste nödvändigt till följd af den omständigheten, att de äro funktioner af *ett* väsen, den ideala olikheten af deras innehåll utöfva ett efter likställighet sträfvande ideelt inflytande, men hvilken ideella kompromiss endast derigenom blir till real konflikt, att de hvarandra komprometterande ideella momenten äro på samma gång innehåll af reala viljeakter. Det är således alldeles samma process, som försiggår i individens medvetande såsom strid mellan olika sträfvanden, begär och affekter; lika väl som en strid här är möjlig, utan att själens enhet lider något men, själen, hvars funktioner de hvarandra korsande begären äro, lika väl är den möjlig äfven i det all-enhetliga omedvetna: kampen mellan två lidelser i en menniskosjäl behöfver i sanning icke beträffande raseri och härjande skoningslöshet rygga tillbaka för jämförelsen med striden mellan två hungriga vargar. Skilnaden är blott den, att det, som försiggår på subjektiv botten inom en individ, undandrager sig den direkta iakttagelsen för en tredje, då deremot striden mellan det omedvetnas särskilda, individualiserade viljeakter derigenom äger en objektiv-fenomenel realitet, att de i konflikten deltagande individerna omedelbart sinligt afficiera hvarandra och andra icke deltagande individer. — Ställer man deremot frågan så: »hvarför måste det enda väsendets många funktioner vara så beskaffade, att de råka i kollision med hvarandra, i stället för att ostördt löpa bredvid hvarandra?» så har man att söka svaret i Kap. C. III: »utan kollision af olika viljeakter intet medvetande», — och det är medvetandet, hvarom frågan vänder sig.

Hittills hafva vi å ena sidan visat, att det icke gifves och icke heller kan gifvas något skäl, som talar *mot* det omedvetnas enhet, och å andra sidan hafva vi framstält åtskilliga aposterioriska sannolikhetsgrunder *för* densamma. Men vi kunna äfven lösa frågan omedelbart genom *deduktion* ur redan konstaterade förutsättningar, således a priori i ordets Aristoteliska bemärkelse.

Det omedvetna är orumligt, ty *det först ponerar* rummet (föreställningen det ideala, viljan genom föreställningens realiserande det reala rummet). Det omedvetna är således hvarken stort eller litet, hvarken här eller der, hvarken i det ändliga eller i det oändliga, hvarken i formen eller i punkten, hvarken någonstädes eller ingenstädes. Deraf följer, att det omedvetna i sig *icke* kan hafva *någon differentiering af rumlig natur*, såvida det icke sätter den i föreställande och verkande. Vi få således icke säga: det, som verkar i en atom af Sirius, *är* något annat, än det, som verkar i en atom af jorden, utan endast: *det verkar på annat sätt*, nämligen rumligt olika. Vi hafva två verkningar, men intet skäl att antaga två väsen för dessa verkningar; ty *verkningarnes* olikhet tillåter oss endast att sluta till en olikhet af *funktionerna* hos väsendet, men två funktioners olikhet *inga-*

lunda till det funktionerande *väsendets icke-identitet.* Vi måste ännu en gång betona detta: vi äro nödsakade att så länge stå fast vid det *enklaste* antagandet (det funktionerande väsendets identitet), till dess motståndarne lemnat bevis för icke-identiteten; dem, icke oss, åligger bevisförningen, de supponera mycket, vi blott ett. Emellertid hafva vi strängt bevisat så mycket, att ingen väsendets flerhet kan tillkomma det omedvetna *genom rumliga bestämningar*, emedan det just saknar alla rumliga bestämningar. Vid tidliga skilnader är detta ännu mycket klarare, då vi ju också äro så vana vid att erkänna det kontinuerligt verkande väsendets identitet, trots hvarje tidlig olikhet, trots det tidigare eller senare i verkningarne. Men nu gifves det, objektivt taget, inga andra än rumliga olikheter; ty hvad vi eljest känna såsom skilnader, skilnaden mellan föreställningarne sinsemellan och skilnaden mellan vilja och föreställning, äro inre subjektiva skilnader hos olika verksamheter af samma väsen eller subjekt, men icke en skilnad mellan olika väsen och subjekt. Hvad skilnaden mellan olika föreställningar sinsemellan angår, så är detta utan något vidare klart, men det gäller äfven för den genom alla individer i naturen gående skilnaden mellan de båda grundverksamheterna vilja och föreställning, ty det omedvetna är ett i vilja som i föreställning, blott att det här vill och der föreställer, det förhåller sig till nämnda verksamheter såsom Spinozas substans till sina attribut. (Närmare häröfver i Kap. C. XIV. 4). Hvarje för oss känd skilnad mellan existenser inskränker sig till rumliga och tidliga bestämningar. Rum och tid äro den enda *för oss bekanta* principium individuationis. Att med Schopenhauer påstå, att de skulle vara den enda *möjliga* pr. ind., vore att påstå för mycket, ty det kunde ju finnas verldar, på hvilka andra tillvarelseformer än tid och rum herskade. Men bortsedt derifrån, att bevisningsskyldigheten för sådana formers existens faller på motståndarnes lott, och att vi icke hafva att bekymra oss om sådana tomma möjligheter, så länge icke detta bevis blifvit framlagdt, så skulle likväl äfven sådana tillvarelseformer i de respektive verldarne, på samma sätt som tid och rum hos oss, blott hafva fenomenel betydelse, d. v. s. det skulle låta sig bevisas, att de lika litet kunde vara det omedvetnas bestämningar som rum och tid hos oss, och de skulle dermed blifva lika odugliga som dessa till bevisande af en väsendets flerhet i det omedvetna. Då således en väsendets flerhet icke kan påbördas det omedvetna hvarken genom rumliga eller andra skilnader, så måste det vara just en *enkel enhet.*

Till detta direkta bevis från erkända förutsättningar kunna vi tillägga ännu ett indirekt. Antagom det fall nämligen, att individernas fenomenella differentiering icke blott berodde på en flerhet af funktioner hos det till grund för dem liggande väsendet, utan på en väsendets icke-identitet, på en flerhet af varande substanser, så skulle inga reala relationer mellan individerna vara möjliga, ehuru de dock faktiskt förefinnas. Detta är en af den store Leibniz' förtjenster, att han ärligt och utan omsvep gaf denna sats sitt berättigande, trots dess högst fatala (och äfven för hans system förderfliga) konseqvenser. Herbart står äfven i detta afseende mycket lägre, ty sedan han ur skenets flerhet dragit den falska slutledningen till varats flerhet (i stället för mångsidighet), framställer han de ömsesidiga rubbningarne hos dessa många vara (enkla reala) såsom något, som förstås af sig sjelft, i stället för att såsom Leibniz tillstå dem såsom något omöjligt. Den som engång erkänner många substanser (d. v. s. många väsen, af hvilka hvart och ett subsisterar och skulle fortfarande subsistera i sig, äfven om allt annat rundt omkring plötsligen upphörde att subsistera), han måste äfven tillstå, att dessa monader icke blott icke kunna hafva fönster, hvarigenom en influxus idealis kunde falla in, utan att äfven ingen möjlighet kan inses, huru desamma, som icke hafva någon del i hvarandra och ingenting med hvarandra gemensamt, skulle kunna komma i någon som helst metafysisk beröring. Hvar och en enskild måste snarare framställa en isolerad verld för sig. Ville man antaga ett metafysiskt band, som finge åt sig öfverlåten rollen af förmedling, så hade man att lösa den svårigheten, huru denna nykomna substans skulle kunna träda i real relation till hvar och en af de förhandenvarande substanserna. Ty ville man tänka sig detta band såsom möjligen en funktion af det absoluta eller såsom det absoluta sjelft, så kan man (bortsedt derifrån, att vid *många* substanser det egentligen icke kan vara tal om ett absolut, utan blott om så många absoluta, som det finnes substanser) anmärka häremot, att en real relation emellan ett så kalladt absolut och en af de många substanserna förekommer mindre obegriplig blott på den grund, att fantasien är böjd för att villigare tillägga det så kallade absoluta förmågan af obegripliga prestationer. Men det absolutas inflytande på de många blir blott då begripligt, om det så kallade absoluta från en af de många faktiskt inskränkt substans öfvergår till en oinskränkt, verkligt alltomfattande, hvilken således innehåller de många såsom integrerande delar af sig sjelf. Men då äro i sanning de många afklädda sin sjelfständighet och substantialitet, samt nedsatta till integrerande moment af det enda absoluta. Detta steg, som till sista slutet åter upplöser den intenderade pluralismen i monism, hafva såväl Leibniz i sin alltomfattande centralmonad, som också Herbart i den trodde gud-skaparen sett sig nödsakade att taga, utan att likväl uttryckligen erkänna denna vändnings oförenlighet med bibehållandet af grundvalerna för deras system, och utan att använda detta steg till förklaring af influxus physicus eller monadernas kausalitet sinsemellan, som utan denna nödvändigt måste gå om intet, men genom mångfaldens väsensidentitet i enheten framgår fullkomligt otvunget.

Äfven om pluralismen icke är i stånd att bibehålla sig i sin egentliga form, så snart han bragt sina konseqvenser till medvetande, så söker han likväl af försyn för medvetandets bedrägliga sken att hålla sig upprätt liksom i blygsammare form *inom* en motvilligt erkänd monism. Härtill tjenar närmast det i och för sig motstridiga begreppet af den *härledda substansen.* Substans är det, som är *i sig* (icke i ett annat) och *genom sig* (utan hjelp af ett annat) *subsisterar;* men den härledda substansen skall icke vara i sig, utan i den absoluta substansen, och icke subsistera genom sig, utan blott genom den absoluta substansen. Den härledda substansen visar sig således såsom icke-substans, den visar sig såsom sättet (modus) för det absolutas manifestation, eller, såsom vi nu kalla det, såsom *fenomen*. Nu försöker pluralismen vidare att höja åtminstone den individuella andens fenomen till en högre kategori af fenomen, eller att nedsätta de öfriga fenomenen ett trappsteg, såsom om de resulterade först medelbart ur detta fenomen. Men detta är oriktigt så till vida, som i viss mening motsatsen är sann, för så vidt nämligen den individuella anden å ena sidan resulterar först ur de materiella fenomenen. I det att det från den omedvetna centralsolen utstrålade ljuset träffar organismernas brännspegel, reflekteras det och återkastas i den sjelfmedvetna andens brännpunkt; så uppstå de individuella medvetna andarnes skilda centra, men med dem kommunicerar likväl det absoluta centrum icke direkt, utan blott förmedelst de organismen (hjernan) träffande omedvetna strålarne (funktioner), hvilka från denna reflekteras till medvetandets brännpunkt. Från *dessa* separata centra utgå inga af de funktioner, som tillskrifvas organismens omedvetna regens; skulle således med afseende på den senare äfven för hvarje individ antagas ett särskildt centrum, så måste det vara ett *andra, jämte* detta första; i detta andra måste man då tänka sig att de från det absoluta centrum utgående funktionsstrålarne afvika eller brytas. Huru en sådan brytning i ett sådant imaginärt centrum skulle komma till stånd skulle här vara alldeles obegripligt, då deremot reflexionen på organismen, resp. på dess medvetenhetsorgan, är en ganska lättfattlig bild. Men genom de hopade svårigheter, som framställa sig vid antagandet af dessa skilda centra blir icke heller det ringaste vunnet för förklaringen af fakta; d. v. s. dessa det absoluta centrums funktionsstrålars brytningspunkter, som icke få tänkas såsom substantiella, utan ideella matematiska, utgöra en *blott försvårande* och *onyttigt* inskjuten hypotes.

Huru man än må försöka att åt individerna rädda en öfver den enkla fenomenalitetens gående realitet och sjelfständighet, det är förspild möda till förmån för det ofilosofiska liebhaberiet med det på sitt jag vurmande medvetandet. Liksom all individuationens flerhet tillhör fenomenalitetens område, så faller äfven allt, som ligger på andra sidan fenomenaliteten, utom individernas flerhet i det all-enhetliga medvetandet och dess *omedelbara* verksamhet. Blott på detta sätt förmår Leibniz' absoluta centralmonad befria sig från den honom vidlådande motsägelsen, nämligen i det han identifierar sig med Spinozas enda substans, i hvilken de många individerna eller monaderna äro nedsatta till osjelfständiga företeelseformer eller modi.

Men denna återgång från Leibniz till Spinoza är lika litet något tillbakagående, som återgången från naturvetenskapens nuvarande ståndpunkt; i båda fallen är man genom empiriens och induktionens framsteg istånd satt att a posteriori förstå och bevisa mystiskt-geniala konceptioner hos en föregående tänkare. En sådan återgång till de stora föregångarne är således ett verkligt framsteg och en varaktig vinst; ty må det tillåtas mig att ännu en gång påminna derom, att filosofiens gång är omdaningen af mystiskt-geniala konceptioner till rationel kunskap (jfr. Kap. B. IX).

Hvart vi än rikta våra blickar ibland de geniala, filosofiska eller religiösa systemen af första rang, öfverallt möter oss sträfvandet efter monism. och det är endast stjernor af andra och tredje rangen, som finna tillfredsställelse i en ytterlig dualism eller ännu större splittring. Till och med i utpräglad polyteistiska religioner, såsom den grekiska och nordens olika mytologier, igenfinner man detta sträfvande efter monism, såväl i de äldsta uppfattningarna, som äfven i uppfattningarne hos djupare religiösa andar, och likaledes i den kristna monoteismens mera filosofiska uppfattningar är verlden blott en af Gud satt uppenbarelse, som har bestånd (subsistens) blott så länge, som hon af Gud uppehålles, d. v. s. oupphörligen sättes på nytt. Det har icke lyckats alla efter monism sträfvande system att verkligen uppnå den, dock känner man fullkomligt det omisskänliga behofvet af en enhetlig verldsåskådning, och blott de mera ytliga religiösa och filosofiska systemen hafva åtnöjt sig med en yttre dualism (t. ex. Ormuzd och Ahriman, Gud och verlden, verldsordnaren och den som kaos gifna materien, kraft och materia o. s. v.) eller till och med en flerhet. Det gifves icke heller i sjelfva verket någon närmare liggande konception för den mystiskt lättrörde, än den att uppfatta verlden som ett enhetligt väsen, att känna sig såsom del af detta väsen, men såsom del, i hvilken på samma gång det hela bor, och i jagets kontrast med detta religiöst njuta af upphöjelsen i den senare och jagets deltagande i denna upphöjelse. I följd af kristendomen har man kallat detta enda väsen Gud, och den åskådning, som anser, att detta enda väsen är allt eller det hela, har i öfverensstämmelse dermed blifvit benämnd panteism (i ordets vidsträcktaste bemärkelse). Rätt uppfattadt kan man i viss mån känna sig nöjd med ordet, men för de missförstånds skuld, för hvilka det blifvit utsatt, föredrager jag det efter vår förklaring af panteism liktydiga ordet monism. Den ortodoxa katolicismen och den ytligt rationalistiska protestantismen, hvilka båda trodde sig upphöja Gud, i det de nedsatte honom såsom antropopatiserande, hafva visserligen städse förkättrat och dömt till bålet de djupare andarne inom den kristna kyrkan, hvilka kände och uttalade behofvet af denna monism (t. ex. Eckhart, Giordano Bruno), men ur alla sådana förföljelser har sträfvandet efter en monistisk luttring af kristendomen alltid framträdt starkare och har alltjämnt vunnit mer kraft öfver de med omdömesförmåga utrustade andarne. Schelling säger: »Att hos Gud allena varat och derför *allt* vara blott är Guds vara, denna tanke låter hvarken förnuftet eller känslan taga ifrån sig. Det är denna tanke, för hvilken allena alla hjertan klappa» (Werke, Abth. II, Bd. 2, sid. 39); och: »Att allt är af Gud, har man från fordom liksom känt, ja, man kan säga: just detta är mensklighetens sanna urkänsla» (Werke, Abth. II, Bd. 3, sid. 280). Denna mensklighetens mystiska urkänsla går såsom en visserligen ofta blott högst bristfälligt realiserad, men med undantag af skeptikerna städse igenkänlig sträfvan efter monism såsom en röd tråd genom hela filosofien från de äldsta indiska traditionerna ända till nyaste tid. Då vårt utrymme förbjuder en om än aldrig så flyktig öfverblick öfver det hela, så inskränker jag mig till att med få drag skizzera den nyaste tiden i denna riktning.

Det väsen, som ligger till grund för varseblifningsobjektets företeelse, kallade Kant »tinget i sig». Det är märkvärdigt, att Kant ur sin lära, att rum och tid icke tillkomma tinget i sig, utan blott dess företeelse, aldrig har dragit den så påtagliga konseqvensen, att det icke kan gifvas flera ting i sig, utan blott *ting i sig* i singularis, då all flerhet uppstår först genom rum och tid; deremot har han sjelf (Kants Werke II. 288—289 och 303) uttalat den anmärkningen, att väl tinget i sig och det för det empiriska jaget till grund liggande intelligibla kunde vara ett och samma väsen, då emellan båda ingen skilnad alls kunde angifvas. Detta är ett af de drag, der stora själars ovilkorliga sträfvan efter monism icke kan förneka sig. Att Kant det oaktadt var så försigtig i sådana konseqvenser, ligger deri, att han bildade *början* af filosofiens moderna epok, en epok, under hvilken det förut på ett eller två snillen koncentrerade arbetet måste fördelas på fleras lott, emedan detta arbete blef i samma mån svårare, ju oftare de gamla problemen åter döko upp i nyare och mera tillspetsad form, och ju mer vetandets och erfarenhetens krets vidgade sig.

Hvad Kant uppstälde såsom en försigtig förmodan, att tinget i sig och det verksamma subjektet kunde vara ett och samma väsen, det uttalade Schopenhauer såsom katagoriskt påstående, i det han erkände viljan såsom detta väsens positiva karakter (jfr. mina »Gesammelte philosophische Abhandlungen» Nr. III). Redan ofvan hafva vi omnämnt (I, 18—20 och 80), att Schopenhauers vilja förhåller sig alldeles så, som om hon vore förbunden med föreställning, utan att Schopenhauer medgifver detta.

Fichte missförstod sanningen af nämnda Kantska antydan; han frånkänner tingets företeelse hvarje från det kunskapsägande subjektet oafhängigt väsen, och gör henne till en helt och hållet af det föreställande subjektet satt företeelse. Så förlorar tinget i sig sin väsenhet på ett omedelbart sätt till jaget. Blott det, som existerar i formen af ett jag, har hos Fichte väsen, och den döda naturen, såvida den icke ingår i denna form, förblir en rent subjektiv, d. v. s. blott af subjektet satt företeelse. Men äfven Fichte måste på sitt sätt sträfva efter monismen; jaget aflägger den tillfälliga karakteren af det här eller det der inskränkta empiriska jaget, i det att det höjer sig till det absoluta jaget. Det absoluta jaget är väsendet, som allena *är* alla de olika tillfälliga, empiriska inskränkta jagen, ty väsendet, som utvecklar sig i det absoluta jagets process, är detsamma, som frambringar denna process i dess tillfälliga empiriska inskränkning, så att härmed de många jagen återigen nedsättas blott till företeelser af det enda absoluta.

Schelling söker i sin transcendentala idealism att ur jagets verksamhet deducera den hos Fichte till icke-jagets nakna abstraktum hopkrympta ytterverldens rikedom i mångfalden af dess bestämningar; men i det han förklarar öfverensstämmelsen mellan åskådningarne af de olika inskränkta jagen ur den likaledes starkt betonade enheten af den oändliga intelligensen eller det absoluta jaget i de ändliga intelligenserna eller de inskränkta jagen, för honom nödvändigt den transcendentala idealismens ståndpunkt till naturfilosofien, der han utan hänsyn till det inskränkta jaget företager deduktionen af ytterverldens bestämningar omedelbart ur det absoluta jaget eller det rena subjektet, och här ibland andra naturliga bestämningar sjelfförståendes äfven påträffar anden och dess produkter. I båda systemen utgår han från subjektets och objektets identitet, detta absoluta subjekt-objekt ter sig endast den ena gången mer från den subjektiva, den andra gången mer från den objektiva sidan.

Den härvid använda metoden för det sig successivt såsom objekt sättande rena subjektet, hvilket från hvarje objektivation återgår till sin successivt stegrade subjektivitet, utförde Hegel till sin dialektiska metod.

Metoden är blott sjelfva begreppets rörelse, men med den betydelse, att *begreppet* är *allt* och dess rörelse den allmänna absoluta verksamheten.

Hegel insåg, att den Schellingska deduktionen antingen icke äger något eller också ett rent logiskt värde såsom process i tänkandets rike, men han gjorde äfven anspråk på, att hans härpå bygda logik tillika är ontologi, att *begreppet är allt*, d. v. s. *den enda substansen* och *det enda absoluta subjektet*, att verldsprocessen är ren dialektisk sjelfrörelse af begreppet, att således för ett egentligt ologiskt, d. v. s. alogiskt (icke antilogiskt) icke något rum till existens finnes; ty i hans imposant slutna system var verlden uttömd med det till absolut idé stegrade begreppet, med den i naturen utom sig komna och i anden åter till sig åter komna absoluta idén (jfr. mina »Ges. phil. Abhandl.» Nr. II).

Schelling i sitt *sista* system (jfr. »Schelling's positive Philosophie als Einheit von Hegel und Schopenhauer», Berlin, O. Löwenstein 1869; särskildt den andra och tredje afdelningen) förfäktade negativiteten, d. v. s. den rent logiska eller rent rationella beskaffenheten af den Hegelska filosofien; han frånkände henne således förmågan att kunna säga, *hvad* och huru det är, och medgaf blott, att hon kunde säga: *om* något är, så måste det vara *så*. Han förklarade, att i den Hegelska filosofien och alla hennes föregångare blott kunde vara tal om ett *evigt* skeende; »men ett evigt skeende är icke något skeende. Följaktligen är hela föreställningen om nämnda process och nämnda rörelse blott illusorisk, det har egentligen ingenting skett, allt har försiggått blott i tanken, och hela denna rörelse var blott ett tänkandets rörelse» (Werke I. 10, sid. 124—125).

Han förklarar *existensen* för det verkligt *öfverförnuftiga*, som såsom verklighet nu och aldrig mer kan vara i förnuftet, utan blott i *erfarenheten* (Werke II. 3, sid. 69), och kallar i detta hänseende naturen och erfarenheten det för förnuftet främmande (dersammastädes, sid. 70). Då redan den absoluta eller högsta idén icke har något reelt värde, då den icke är mer än *blott idé*, då den icke är det verkligt *existerande* (II. 3, sid. 150), så kunde denna idé *icke en gång vara såsom tanke*, om han icke vore ett *honom tänkande subjekts* tanke (I. 10, sid. 132): man måste således i dubbelt afseende gå ut öfver idén såsom sådan till ett utom och oberoende af tänkandet varande, till något före allt tänkande förekommande (II. 3, sid. 164), till ett *före tänkandet vara*. Så länge man från den rent rationella eller negativa filosofiens ståndpunkt talar om varandet, talar man således egentligen om detsamma blott enligt dess väsen eller dess begrepp, mer kan man just a priori icke komma till; men den fråga, med hvilken den positiva filosofien börjar, syftar deråt, *hvilket* (grammatikaliskt subjekt) *varandet* (grammatikaliskt objekt) *är*, eller, såsom Schelling äfven uttrycker sig, hvari varandet *består*, eller »åt det, som är icke varandet (μὴ ὄν), blott allmöjlighet, men blir varats orsak (αἰτία τοῦ εἶναι)». Bestämdt är det enda derigenom eller deri, att det är det allmänna väsendet, πᾶν, varandet enligt innehållet (icke det effektiva varandet). Dermed är det bestämdt och skildt från andra existenser, som existensen såsom sådan, *som är allt*». (II. 3, sid. 174).

Man jämföre härmed det redan i inledningen (I. 22) anförda stället ur den transcendentala idealismen, och man skall finna, att Schelling redan i sitt första system under det evigt omedvetna väsentligen tänkt sig detsamma, som han i sitt tredje system upphöjt till den positiva filosofiens grundval.

Så hafva vi nu i alla den nyare tidens filosofier sett denna sträfvan efter monism på det ena eller andra sättet, fullständigare eller ofullständigare realiserad. Hvad som i den historiska utvecklingen framstälts såsom yttersta höjdpunkten af nutidens spekulativa arbete, Schellings »existens, som är allt varande», detsamma hafva vi a posteriori på induktiv väg utvecklat eller snarare liksom ofrivilligt vunnit, men numera icke såsom en för blott ett fåtal tillgänglig spekulativ princip, utan med det fullt giltiga beviset för dess empiriska berättigande. I det vi nämligen sorgfälligt afsöndrade det omedvetnas område från medvetandets, och lärde känna medvetandet såsom en blott företeelse af det omedvetna (Kap. C. III), skingrades de motsägelser, i hvilka det naturliga medvetandet vid sitt sträfvande efter monistisk åskådning oundgängligen blifvit snärdt och fånget. Men icke blott medvetandet, utan äfven materien hade (Kap. C. V) framstält sig såsom en blott företeelse af det omedvetna, och allt i verlden, som icke är uttömdt genom begreppen materia och medvetande, såsom det organiska bildandet, instinkterna o. s. v., hade (i afdeln. A och B) framträdt såsom de mest omedelbart och lättast igenkänliga verkningarna af det omedvetna.

Härmed hade vi fattat 1) materia, 2) medvetande och 3) organiskt bildande, instinkt o. s. v. såsom tre verkningssätt eller *företeelsesätt* af det omedvetna, och det sistnämnda såsom verldens *väsen*. Sedan vi slutligen hade med förståndet, så långt erforderligt var, genomträngt å ena sidan individualitetens begrepp och å andra sidan det omedvetnas egendomliga natur, hade den sista grunden till antagandet af en väsensflerhet i det omedvetna glidit oss ur händerna, all flerhet tillhörde numera blott företeelsen, icke väsendet, som sätter den förra, utan det senare är den enda absoluta individen, existensen, *som är allt*, då deremot verlden med dess härlighet nedsättes till blott företeelse, men icke till en subjektivt satt företeelse, såsom hos Kant, Fichte och Schopenhauer, utan till en objektivt (såsom Schelling — Werke II. 3, sid. 280 — säger »gudomligt») satt företeelse, eller såsom Hegel uttrycker det (Werke VI. 8. 97), till »blott företeelse icke blott *för oss*, utan äfven *för sig*» *). Hvad som för oss ter sig såsom materia »är blott uttryck af en jämnvigt mellan motsatta verksamheter» (Schellings Werke I. 3, sid. 400), hvad som ter sig för oss såsom medvetande är likaledes blott uttryck af ett motstånd mellan motsatta verksamheter. Det der stycket materia der borta är ett konglomerat af atomkrafter, d. v. s. af det omedvetnas viljeakter, att från denna punkt i rummet med denna styrka attrahera, från en annan punkt med en annan styrka repellera; afbryter och upp-

*) Denna objektivt satta företeelseverld eller denna verld af företeelsen i sig är den oumbärliga kausala mellanleden mellan det monistiska väsendet å ena sidan och de många olika medvetandenas subjektivt-fenomenala föreställningsverldar å andra sidan; medan hon förhåller sig till det enda omedvetna såsom företeelsen till väsendet, förhåller hon sig till sina subjektiva spegelbilder i de tallösa medvetenhetsindividerna såsom tinget i sig till sina (subjektiva) fenomen. Den subjektiva idealismen gör sig skyldig till den villfarelsen, att ignorera denna mellanleds oumbärlighet och att vilja från det subjektiva medvetenhetsfenomenet omedelbart gå tillbaka till det sista väsendet, i stället för att erkänna *en* objektivt varande (enligt Kants terminologi transcendent) verld af tingen (enligt Kant af tingen i sig) såsom *urbild* till dessa *många* subjektiva föreställningsverldar, hvilken visserligen refererad till det enda väsendet dock ter sig blott såsom »gudomens lefvande klädnad». Liksom Kant på ålderdomen och hans skola försökte att åter rättfärdiga denna subjektivistiska villfarelse i dennes Kritik d. r. V., på samma sätt rättfärdigade Schelling Fichtes genom uppställandet af sin naturfilosofi, på samma sätt slutligen Schopenhauer på gamla dagar och ännu mer hans lärjungar genom erkännandet af en af det betraktande medvetenhetssubjektet oberoende realitet hos den all-enhetliga viljans individuella objektivationer (jfr. härmed ofvan Kap. B. VIII, sid. 225—227). Från kunskapsteoretisk och metafysisk sida tränger sig allt likmätigt till den objektiva företeelsens begrepp; i detta sammanträffar den qvarstående kärnan i det teistiska skapelse- och uppehållelsebegreppet (jfr. Kap. C. VIII och ofvan sid. 123 och 163), det panteistiska emanationsbegreppet, det naturvetenskapliga begreppet af »dynamidsystemet» (jfr. Kap. C. V), det Schelling-Schopenhauerska begreppet af det absoluta subjektets resp. viljans objektivation, det Herbartska begreppet af den »absoluta positionen» i motsats till den blott relativa positionen för medvetandet, d. v. s. således till det subjektiva sättandet eller företeelsen, i korthet i detta sammanträffar allt, som någonsin blifvit tänkt öfver tillvarons förhållande till sin metafysiska grund. Att ordet »företeelse» här begagnas i *metafysisk* bemärkelse, kan ej förhindras derigenom, att kunskapsteorien bemäktigat sig detsamma, sedan den subjektiva idealismen dök upp; ty ända till Kant var den metafysiska betydelsen i ordet den *öfvervägande*, äfven om det måste medgifvas, att, vid den ända till Kant rådande konfusionen mellan metafysik och kunskapsteori, den kunskapsteoretiska betydelsen i detsamma äfven var inbegripen. Efter fullbordadt åtskiljande af det metafysiska och kunskapsteoretiska problemet måste äfven ordet företeelse låta klyfningen (i »objektiv» och »subjektiv») sig behaga, hvad som var af dess mera trängande vigt, som båda delarne motsvarades af olika föremål (»väsen» och »ting i sig»). Redan derför torde det vara så godt att icke låta ordet företeelse falla äfven för det metafysiska förhållandet, emedan mycket af det, som Kant falskt uppfattade som den subjektiva företeelsen, faktiskt gäller för den objektiva. Men detta kommer deraf, att hos Kant metafysiken lika ensidigt absorberades af kunskapsteorien, som före honom kunskapsteorien merendels blifvit bortkastad från metafysiken, eller med andra ord, emedan han drog allt »hvad» i tillvaron helt och hållet öfver i subjektiviteten, och åt *tinget i sig* icke lemnade något annat öfrigt än det rena »att», så att det naturligen blef ännu naknare än det naknaste metafysiska *väsen*, och ett särskiljande af båda följaktligen omöjligt.

häfver det omedvetna dessa viljeakter, så har i samma ögonblick detta stycke materia upphört att existera; må det omedvetna ånyo vilja, och materien är åter tillstädes. Här förlorar sig det underbara i den materiella verldens skapelse i det alldagliga, hvarje ögonblick sig förnyande underverket af dess *uppehållelse*, som är en *kontinuerlig skapelse*. Verlden är blott en oafbruten serie af summor af det omedvetnas egendomligt kombinerade viljeakter, ty hon *är* blott, så länge hon *städse sättes;* må det omedvetna upphöra att *vilja* verlden, och detta spel af det omedvetnas hvarandra korsande verksamheter upphör att *vara*.

Det är en för den grundliga betraktelsen försvinnande villfarelse, en sinnesförvirring i vidsträcktare bemärkelse, om vi tro oss i verlden, i *icke-jaget*, hafva något omedelbart reelt; det är en villfarelse hos den egoistiska instinkten, om vi tro oss hafva något omedelbart reelt i oss sjelfva, i det kära *jaget; verlden* består blott i en summa af det omedvetnas verksamheter eller viljeakter, och *jaget* består i en annan summa af det omedvetnas verksamheter eller viljeakter; blott för så vidt de förstnämnda verksamheterna *korsa* de sistnämnda, blir *verlden* för mig *förnimbar*, blott för så vidt de sistnämnda korsa de förstnämnda, blir *jag* förnimbar för mig. Inom föreställningen eller den rena idéns område äger det ideelt motsatta fredligt bestånd bredvid hvartannat och ingår på sin höjd lugnt och utan stormar logiska förbindelser sinsemellan; men fattar en vilja dessa ideella motsatser och gör dem till sitt innehåll, så träda de med motsatt innehåll uppfylda viljeakterna i opposition, de råka i reel konflikt (jfr. ofvan sid. 123), i hvilken de göra hvarandra ömsesidigt motstånd och hota att upphäfva hvarandra, som antingen lyckas den ena helt och hållet, eller båda till en del, så att de ömsesidigt inskränka sig till en kompromiss. Blott i denna konflikt, i detta ömsesidigt gjorda motstånd mellan det all-enhetligas individuelt fördelade viljeakter uppstår och består det, som vi kalla *realitet*. Icke ett overksamt, passivt substrat, såsom möjligen den i Kap. C. V. kritiserade materien föreställes, utan blott en *verksam*, aktuel funktion kan taga i anspråk predikatet *verklighet*. Detta bord t. ex. dokumenterar sin verklighet för mig genom de repulsionskrafter, som dess ytmolekylers eteratomer gent emot min kropps ytmolekyler vid närmandet öfver en bestämd gräns i raskt stigande progression utveckla; denna kollision mellan de bordet konstituerande atomviljorna och de atomviljor, som konstituera min kropp, är en del af bordets verksamhet eller verklighet, och totaliteten af dess verklighet består i summan af alla de kollisioner, i hvilka de bordet konstituerande atomviljorna befinna sig med alla öfriga atomer i verlden. Gäfves det rakt ingenting i verlden mer än detta bord, så skulle visserligen dess realitet vara en mycket inskränktare, men den vore fortfarande ännu icke upphäfd, emedan de bordet konstituerande atomviljorna, om också icke mer utåt, dock alltjämnt ännu skulle befinna sig i aktuella kollisioner med hvarandra. Men tänkte man sig alla atomer i verlden förintade så när som på en enda, så skulle derigenom i sjelfva verket denna endas verklighet eller realitet äfven samtidigt förintas, då den ju genom saknaden af ett objekt för sin kraftyttring vore urståndsatt att verka, d. v. s. aktuelt funktionera.

Låt det omedvetna ändra den kombination af verksamheter eller viljeakter, som utgör *mig*, och jag har blifvit en annan; men antag, att det omedvetna låter dessa verksamheter upphöra, och jag har upphört att vara. *Jag* är en företeelse såsom regnbågen i molnet; liksom denna är *jag* född ur sammanträffandet af förhållanden, blir en annan i hvarje sekund, emedan dessa förhållanden i hvarje sekund blifva andra, och skall flyta sönder, om dessa förhållanden lösa sig; hvad hos mig är *väsen*, är icke *jag*. På samma ställe kan en gång stå en annan regnbåge, som fullkomligt liknar den nyssnämnda, men dock är han icke densamma, ty tidens kontinuitet saknas; så kan också i mitt ställe en gång stå ett mig fullkomligt lika jag, men det skall icke mer vara *jag*; blott *solen*, som äfven spelar i dessa moln, strålar alltjämnt, blott det *omedvetna* herskar evigt, som bryter sig äfven i min hjerna.

De här i stora drag tecknade resultaten skola i Kap. IX—XI finna en mångfaldig användning och der utföras i detalj, som, efter hvad jag hoppas, skall bidraga till att låta dem synas mindre frånstötande för den hittills i den praktiskt sinliga instinktens åskådningssätt fångne läsaren; men närmast vilja vi försöka att uppnå ett sådant förtydligande af de hittills vunna resultaten genom en utredning af det all-enhetliga omedvetna och det gudsbegrepp, som våra bildade pläga föra med sig i lifvet från de i Europa utbredda religionernas skolmetafysik.

VIII.

Det omedvetna och teismens Gud.

På den ståndpunkt, dit våra undersökningar hittills fört oss, ligger följande fråga nära till hands: »Äfven medgifvet, att det all-endas i individen verksamma aktioner äro för individen omedvetna, hvad säkerhet fins för, att de icke uti det all-enda väsendet sjelft äro för detsamma medvetna?» Det enklaste genmäle på detta inkast kan gifvas genom att hänvisa den, som påstår detta, till den bevisningsbörda, som det åligger honom att förete; mig tillkommer det ej att bevisa, att de omedvetna fysiska funktioner, hvilka såsom sådana förslå till förklaring af det som skall förklaras, icke å andra sidan äro medvetna i det all-enda; utan de, hvilka vilja till hypotesen bifoga denna i och för förklaringen af företeelserna fullkomligt värdelösa och likgiltiga tillsats, deras göra är det att bestyrka sitt antagande, hvilket tills detta blifvit gjordt måste betraktas såsom ett innehållslöst påstående, samt från vetenskaplig synpunkt ignoreras. Ehuruväl det nu anförda kunde vara tillräckligt för att afvisa ofvanstående inkast, så vill jag dock vidröra saken något närmare, emedan det är lärorikt för ett noggrannare begripande af det omedvetna att skärskåda denna punkt.

När teismen hittills gemenligen har åflats så starkt att tillägga Gud ett eget medvetande inom sferen af hans gudomlighet, så har det skett af tvänne skäl, som båda äga sitt goda berättigande, men ur hvilka man dragit slutsatser, som icke kunna dragas ur dem, derför att man ännu alls icke hade tänkt på möjligheten af en omedveten intelligens. Dessa bägge skäl äro: *för det första*, med hänsyn till menniskan, afskyn för den tanken att vid brist på en medveten Gud nödgas förekomma såsom *produkt af blinda naturkrafter*, såsom afsigtligt, oöfvervakadt, utan ändamål uppkommande och utan ändamål försvinnande kombinationsresultat af en tillfällig nödvändighet; *för det andra*, med hänsyn till Gud, fruktan för att tvingas tänka sig detta högsta väsen, hvilket man, för att ära det så mycket som möjligt, på skolastikernas sätt önskade utstyra med inbegreppet af alla upptänkliga fullkomligheter, i saknad af det företräde. som för menniskoanden gäller såsom det högsta, nämligen det klara medvetandet och det tydliga sjelfmedvetandet. Men dessa båda betänkligheter försvinna inför en rätt uppskattning af det omedvetnas principer, hvilka hålla den gyllne medelvägen mellan en teism, som är konstruerad ur det konturlösa, till absoluthet uppskrufvade menniskoidealet, och en naturalism, för hvilken andens högsta utveckling och den eviga nödvändigheten hos naturlagarne; ur hvilka den uppblomstrat, blott äro resultat af en hop slumpvis sammanträffande fakta, som imponera på oss i kraft af vår vanmakt, — med ett ord den rätta medelvägen mellan medveten teleologi, som tänkes uppkommit efter mensklig förebild, och fullständigt förnekande af ändamål i naturen. Denna rätta medelväg består just i erkännandet af finaliteten, hvilken dock icke på samma sätt som medveten mensklig verksamhet efter ändamål skapas genom diskursiv reflexion, utan såsom immanent omedveten teleologi inplantas i naturtingen och individerna af en intuitiv omedveten intelligens förmedelst samma verksamhet, som vi i förra kapitlet hafva betecknat såsom oupphörlig skapelse och upprätthållelse, eller såsom det all-enda väsendets reala företeelse.

Oförmögne, som vi äro, att *positivt* fatta sättet, hvarpå denna intelligens åskådar (jfr. ofvan Kap. C. I. 3), kunna vi endast genom *motsatsen* till *vår* föreställningsform (medvetandet) precisera detsamma, alltså blott känneteckna det genom det *negativa* predikatet *omedvetenhet.* Men vi veta af de föregående undersökningarna, att denna omedvetna intelligens' funktioner äro ingenting mindre än blinda, utan att de fastmer äro seende, ja till och med *klarseende*, om också detta seende aldrig kan se sjelfva seendet, utan endast verlden, och utan individual-medvetandenas spegel icke engång det seende ögat. Vi hafva, beträffande denna omedvetna clairvoyanta intelligens, kommit till den insigten, att han i sin ofelbart ändamålsenliga, tidlöst alla ändamål och medel samfäldt uppfattande och alltjämnt alla erforderliga data med sin clairvoyans omfattande verksamhet är *oändligt öfverlägsen* den diskursiva reflexionen hos detta senfärdiga, på styltor gående medvetande, hvilket alltid är inskränkt till en punkt, städse beroende af sinlig varseblifning, minne, samt ingifvelser från det omedvetna; vi få alltså beteckna denna, hvarje medvetande öfverlägsna, omedvetna intelligens såsom en just derför på samma gång *öfvermedveten.* I och med denna insigt försvinna de båda ofvan anförda betänkligheterna mot det all-endas omedvetenhet; om detsamma äger en trots all omedvetenhet allvetande och allvis öfvermedveten intelligens, hvilken teleologiskt bestämmer *innehållet* i skapelsen och verldsprocessen, så äro hvarken *vi* till såsom tillfällig produkt af naturkrafterna, ej heller nedsättes Gud genom *detta* sätt att frånkänna honom medvetande.

Efter detta framstår teismens fruktan för, att förringa sin Gud genom att frändöma honom medvetande, så *ogrundad*, att den fastmer slår öfver i sin motsats, nämligen den insigten, att han just nedsättes genom predikatet *medvetande*, då hans föreställningssätt i sanning är upphöjdt *öfver* medvetandet. Det, som verkligen är ett obetingadt företräde, den *förnuftiga* intelligensen, den äger vårt omedvetna helt och hållet så som teismens Gud; men det åter, som just är det bristfälliga uti vår menskliga intelligens, nämligen den på söndringen af subjekt och objekt beroende formen hos medvetandet, det måste äfven teismen nödvändigt aflägsna från sin Gud, såvida den vill göra honom till sitt »aldra fullkomligaste» väsen. Utan all fråga är *för oss menniskor* medvetandet och sjelfmedvetandet ett företräde, men likväl icke liksom den förnuftiga intelligensen ett absolut sådant, utan endast ett relativt vilkorligt, d. v. s. vi låta det blott derför gälla för ett företräde, emedan vi nu en gång stå *inom individuationens* verld och *hennes skrankor*, samt, för att så vidt möjligt främja våra individuella syften, behöfva så vidt möjligt skarpt särhålla vårt sjelf från andra personer och från den opersonliga omgifvande verlden, — hänsyn, hvilka begripligtvis bortfalla för det högsta väsendet, som ej har någonting utom sig. *I och för sig* åter, och *bortsedt* från de genom ställningen inom individuationens rike för en inskränkt intelligens uppväxande speciella uppgifterna, är medvetandet *intet företräde*, utan ter sig gentemot attributens enhet hos det omedvetna såsom en brist, såsom en rubbning i den clairvoyanta oreflekterade intuitionens absoluta frid, såsom en remna i harmonien mellan det all-endas attribut, hvilken i endrägtens ställe sätter splitet, samt genom denna söndring rycker ut subjekt och objekt ur deras indifferens och klyfver dem isär, dessa i den absoluta idén försonade och förenade moment (jfr. »Ges. phil. Abhandlung.» sid. 64). Oppositionen mellan attributen vid medvetandets uppkomst, samt subjektets och objektets utträdande utur indifferensen är inom den på sig sjelf vissa och i sig slutna absoluta idén såsom sådan alldeles icke möjlig; hon förutsätter fastmer, att det all-endas helhetsfunktion blifvit splittrad i individuationens mångfald, samt att de sålunda uppkomna många viljeriktningarna med delvis motsatt innehåll korsa hvarandra eller kollidera. Först genom en dylik partialviljans konflikt med andra partialviljor, genom misshälligheten mellan partialviljans ideella innehåll och den henne påtvungna kompromissen möjliggöres hennes studsande, som har till följd skiljandet af subjekt och objekt i medvetandets framträdande (jfr. Kap. C. III. 1). Detta medvetandets framträdande uppväxer blott på grunden af en föreställning, som af kroppen blifvit själen påtvingad, d. v. s. på *sinlighetens* mark, och höjer sig endast genom diskursiv reflexion medelst abstraktion till öfversinlig halt.

Alla dessa skrankor måste, såsom äfven teismen sjelf erkänner, hållas aflägsnade från dess Gud; men derigenom faller äfven sjelfva medvetandet, hvilket uppväxer på dessa inskränkningar. Såvida medvetandet endast kan betecknas såsom en inskränkning, så kan negerandet af denna inskränkning icke mera betraktas som en positiv brist i det all-enda, då fastmer friheten från en inskränkning blott kan få namn af en förmån. Icke desto mindre förblifver det positiva företrädet i afseende på innehållet en brist i formelt hänseende, lika visst som frånvaron af giftkörtel hos Boa constrictor, hvilken till följd af sin större styrka ej behöfver densamma, eller frånvaron af synd i ortodoxiens Kristusgestalt är och förblir en formel brist. — Redan när vi i Kap. C. II på induktiv väg hade ledt oss till den insigt, att det ej gifves något medvetande utan hjerna, ganglier, protoplasma eller annat sådant materielt substrat, frigjordes vi från antagandet af ett transcendent och enhetligt medvetande hos verldssjälen, eftersom det skulle vara hopplöst att söka efter ett materielt substrat, som skulle möjliggöra denna medvetenhetsenhet. Genom undersökningarna i Kap. C. III fick denna induktiva insigt tillika sin spekulativa bekräftelse, enär nu den metafysiska grunden för omöjligheten af ett medvetande utan individuation och utan söndring i kropp och själ lades klart i dagen. Undanrödjer man sinlighetens och den andliga individuationens skrankor, såsom man icke annorlunda kan och får göra i fråga om Gud, och utvidgar man så den inskränkta föreställningen till absolut idé, så är härmed just ännu blott *föreställningens rena materia qvar*, och genom aflägsnandet af all ändlig opposition och kollision äfven formen för det härur framgående medvetandet afskuddad. Ville man likväl för ett ögonblick tänka sig den omöjliga fordran uppfyld, att medvetandet likväl dervid blifvit konserveradt såsom form för föreställningen, så skulle dock äfven denna form vara att fatta såsom oändligt upphöjd öfver det för oss bekanta medvetandet, och då måste det genast bli ögonskenligt, att den *oändliga formen* är lika med den *rena formlösheten*, att det för Gud fordrade absoluta medvetandet återigen måste visa sig *identiskt* med det *absolut omedvetna;* så att följaktligen till och med för denna extrema ståndpunkt hvarje intresse i att göra opposition mot vårt absolut omedvetna följdriktigt måste försvinna, sedan det sålunda blifvit uppvisadt, att namnet gör ingenting till saken (jfr. Fichtes Sämmtliche Werke, Bd. I, sid. 100, 253; Bd. V, sid. 266 o. 457).

Tvifvelsutan har medvetandet förutom sitt värde för individen såsom sådan äfven ytterligare en universel betydelse för verldsåterlösningen, d. v. s. för verldsviljans omvändning och hennes återvändande till det tillstånd, som hon hade före begynnelsen af verldsprocessen (jfr. nedan Kap. C. XIV); i och för detta sista ändamål har i sjelfva verket det all-enda behof af medvetandet, och för detsamma äger det äfven detta; nämligen *uti summan af individualmedvetandena, hvilkas gemensamma subjekt det är* *). Vi hafva nämligen sett, att det enda omedvetna i sjelfva verket är bärare af eller subjekt åt alla individualmedvetanden, och att individerna såsom sådana blott äro fenomenella kombinationer af en organism med det omedvetnas derpå

*) Äfven hos Spinoza är Guds oändliga intellekt, som väl bör skiljas från det absoluta tänkandets attribut (jfr. Etiken del I, sats. 31, beviset), endast summan af de oändligt många oändliga intellekten, af hvilka det sammansätter sig såsom af sina integrerande beståndsdelar (del. V, sats. 40, anmärkn.). Hvart och ett af dessa oändligt många intellekt är idén af en kropp eller ett utsträckt ting (II sats. 11 o. 13), och äro derunder ej blott de menskliga intellekten att förstå, utan öfverhufvud alla naturtings ideer, hvilka ju alla äro mer eller mindre besjälade (II, 13, anmärkn.), och hvilkas summa alltså uttömmer universums ideella innehåll.

riktade aktioner. Den, som alltså *egentligen äger* Pers och Påls medvetande, är icke Per och Pål, namn, hvarmed just dessa fenomenella kombinationer betecknas, utan sjelfva det all-enda omedvetna. Visserligen är det medvetande, som det omedvetna har i individerna, ett mer eller mindre inskränkt, men ett annorlunda beskaffadt är också icke öfverhufvudtaget möjligt. I alla händelser räcker detta medvetande till att föra till det absolutas sjelfmedvetande, till den insigten nämligen, att Pers eller Påls egentliga sjelf är det all-enda väsendet *). Att detta det absolutas sjelfmedvetande uti individerna är ett reflexivt, ligger återigen i sjelfmedvetandets natur, hvilket ej är möjligt annat än på grundvalen af reflexion. Sålunda skulle det nu vara ådagalagdt för dem, hvilka ingalunda vilja lugna sig med mindre än att det all-enda skall äga medvetande och sjelfmedvetande. att det verkligen har ett sådant medvetande och sjelfmedvetande, som det efter dessa begrepps natur är möjligt utan motsägelse, — nämligen inskränkt medvetande och reflexivt sjelfmedvetande, — hvilka visserligen icke få sökas hos det oinskränkta och reflexionslösa all-enda såsom sådant, utan måste sökas hos detsamma såsom subjekt till individualmedvetandena, enär det all-endas på en bestämd organism riktade funktioner endast bilda en inskränkt del af dess totalverksamhet samt nå fram till reflexion i organismens medvetenhetsorgan.

Om vi för ett ögonblick antaga det otänkbara, att det absoluta förutom det medvetande och sjelfmedvetande, som det har i individerna, skulle äga ett sådant i och för sig, så skola vi genast få se olösliga svårigheter derigenom uppstå beträffande detta absoluta sjelfmedvetandes förhållande till det hos individerna. Förut hafva vi nämligen, med stöd af det all-endas förutsatta omedvetenhet, i öfverensstämmelse med erfarenheten antagit, att medvetanden. hvilka uppkomma på skilda, d. v. s. icke genom nervledning tillfyllest förbundna ställen, äro *skilda* medvetanden. Men detta torde man näppeligen kunna hålla fast vid, såvida man antager ett absolut sjelfmedvetande. Förefinnes en gång ett sådant absolut medvetande i de tvänne individualmedvetandenas subjekt, så tyckes den äskade nervledningen spela en rätt ömklig och öfverflödig roll vid sidan af ett slikt metafysiskt enhetsband, hvaremot hennes betydelse genast blir uppenbar, om allenast ett *omedvetet* identiskt subjekt till individualmedvetandena är förhanden. Äro det all-endas funktioner, hvilka detsamma riktar på de ifrågavarande organismerna, *omedvetna* funktioner, så äro de tillräckligt åtskilda genom sina olika mål, för att icke låta befara ett hopflytande af det genom deras reflexion i organismerna

---

*) Äfven hos Hegel äger den absoluta idén intet annat sjelfmedvetande än detta; huru mycket Hegel än urgerar, att det absoluta icke blott är substans, utan äfven (medvetenhets-)subjekt, så blifver den dock äfven enligt hans lära medvetenhetssubjekt först i de ändliga individerna. Utur den *falska* förutsättningen, att medvetandet skulle vara ett *nödvändigt och evigt* moment i det absoluta, följer konseqvent för Hegel intet vidare än naturprocessens evighet, alltså den oändliga fortvaron af en verld, uppfyld med så högt organiserade väsen, att det absolutas sjelfmedvetande aldrig kan dö; men ingalunda följer för Hegel ur denna falska förutsättning varaktigheten af ett transcendent medvetande hos det absoluta i sig.

uppkommande medvetandet; äro de deremot medvetna funktioner af ett sjelfmedvetet väsen, så hafva de genom detta medvetande satts i förhållande till och förknippats med det der sjelfmedvetandets högre enhet, så att det icke längre står att begripa, huruledes dessa funktioner efter deras reflexion eller omböjning i organismernas medvetenhetsorgan skulle kunna falla i sär i *två* medvetanden, i stället för att rikta det enda absoluta medvetandet med ett modifieradt innehåll. Härigenom varder det följaktligen icke blott obegripligt, att Pers och Påls medvetanden kunna uppstå såsom *skilda* medvetanden, men att *öfverhufvud* ett inskränkt individualmedvetande *kan uppkomma*, utan att dess innehåll och dess form ögonblickligen med hull och hår *uppslukas* och smältes af det absoluta medvetandet, d. v. s. upphäfves såsom individualmedvetande. Men antaget likväl, att ett inskränkt, från andra skildt individualmedvetande hade uppkommit, så skulle det all-endas deruppå riktade funktioner, i händelse de vore medvetna, låta det absoluta medvetandet likasom skina in i det individuella; ty det är ej lätt att inse, huru dessa funktioner skulle kunna vid inträdandet i individen och bildandet af dess specialmedvetande *afkläda sig* det absoluta medvetandets form, som nu en gång häftar vid dem, samt efter teisternas antagande väl är rätt väsentligt förknippad med dem; individen skulle då nödvändigt finna sig *allestädes genomstrålad* af det absoluta medvetandet, och det absoluta medvetandet skulle ligga öppet för dess blick. Alla dessa mot erfarenheten stridande konseqvenser bortfalla, när man utdömer den omöjliga förutsättningen af ett absolut medvetande hos det all-enda.

Monismen kan nu aldrig mer förlika sig med ett i och för sig medvetet verldsväsen, och först ett affall från monismen till den pluralism, som fordrar en skapande substans och många skapade, möjliggör det antropopatiska antagandet af en medveten Gud — visserligen endast med uppoffring af begripligheten derutaf, huru det är möjligt, att innerliga samband kunna äga rum mellan de skapade varelserna och deras transcendenta skapare, en gemenskap som då på sin höjd kan fattas såsom ett sådant magiskt hokus pokus, hvarigenom en personlig ande blir besatt af en annan.

En Gud, hvilkens realitet allenast består i hans andlighet, och hvilkens andlighet uteslutande rör sig i medvetandets form, blifver i följd af sitt skilda medvetande också en *realiter från verlden skild Gud*, en utvärtes utom verlden stående skapare; den som deremot söker och begär en immanent Gud, en Gud, som stiger ner och bor i vårt bröst, en Gud, i hvilken vi lefva, röras och äro, sådan som hvarje djupare religion måste fordra honom och som äfven kristendomen samt judendomen (Deut. 6, 4; 30, 11; Jes. 66, 1.) verkligen fordra honom, han måste göra klart för sig, att det all-enda blott då kan i sanning innebo i individerna, när det förhåller sig till dem såsom väsendet till sina företeelser, som subjektet till sina funktioner, utan att vara skildt från dem genom ett eget medvetande, eller med andra ord, att *en och samma* verksamhet endast i det fall kan samtidigt och *utan kollision mellan tvänne medvetanden* vara individens *och* det all-endas verksamhet, när detta all-enda utgjuter sig såsom *oper-*

sonlig vilja och *medvetslös* intelligens igenom verlden med dess personliga och medvetna individer. Lika som Gud, om man förlänar honom ett eget medvetande, skiljes från verlden, så uppstår vid hvarje verksamhet oundvikligt det qvistiga alternativet: *antingen* Guds verksamhet, *eller* individens verksamhet; ett tredje alternativ, en förbindelse af båda verksamheterna utan kollision mellan de olika medvetna viljorna skulle blott någon gång undantagsvis vara möjlig genom slumpen, men icke oftare återvändande eller till och med såsom regel (jfr. ofvan Kap. B. X. sid. 270—272). —

Vi hafva tillstått, att det är det omedvetna sjelft, som kommer till medvetande uti de organiska individerna. Häraf följer, att i det omedvetna den *tillräckliga grunden* till dess *framträdande till medvetande* måste vara gifven, eller kortare uttryckt: häraf följer det omedvetna såsom orsak till medvetandet. Men alldeles bakvändt vore det att häraf tilläfventyrs vilja sluta, att medvetandet måste ligga gömdt redan hos det föregifvet omedvetna, enär det eljest icke skulle kunna komma ut derur. Denna slutsats vore lika oriktig, som den af vilden och den obildade i sjelfva verket ofta gjorda slutsatsen, att elden måste sitta *såsom* eld redan i stålet och flintan, emedan han annars ej skulle kunna träda fram som gnista vid deras sammanstötning. Blott så mycket är riktigt, att uti orsaken måste summan af alla de betingelser vara innehållna, hvilka äro erforderliga och tillräckliga, på det att verkan må träda fram och resultera af dem, men den fordran är på intet sätt berättigad, att uti orsaken verkan *redan såsom sådan*, d. v. s. redan i den gestalt, hvari hon ter sig som verkan, måste vara innehållen, ty då vore verkans inträdande alls icke någon förändring, alltså icke heller någon kausalitet, utan blott synligblifvandet af någonting, som redan länge ägt bestånd. Vi hafva redan ofvan sett, att uppkomsten af *individual*medvetandena utur ett *absolut* medvetande aldrig någonsin kan begripas såsom varande möjligt; utur ett omedvetet deremot kan densamma ganska väl begripas, såvida blott det omedvetna *i sig innehåller alla betingelser*, hvilka äro *erforderliga* och tillräckliga för att låta medvetandet resultera derur såsom form för den från annat håll gifna och bestämda föreställningen eller känslan. Men såsom dessa betingelser hafva vi i Kap. C. III lärt känna attributens tvåfald, samt möjligheten af en oppositionel ställning mellan de af dem sammansatta funktionerna inbördes, och dessa betingelser måste vi följaktligen nödvändigt förutsätta hos det omedvetna. Den som möjligen anser de anförda betingelserna vara orätt bestämda, han skall nödgas i stället för dem förutsätta andra hos det omedvetna; må han äfven lemna dem alldeles obestämda, om han blott vaktar sig för det felet, att uppställa medvetandet såsom oumbärligt vilkor för medvetandets uppkomst, ett påstående, som måste betecknas såsom totalt gripet ur luften, medan deremot de mest tvingande skäl för motsatta förhållandet dels hafva ofvan blifvit framstälda, dels skola strax komma på tal.

En viss skymt af berättigande skulle nyss anförda inkast få först då, när det ville åberopa sig derpå, att enligt den teleologiska uppfattning, som är förherskande i det omedvetnas filosofi (jfr. nedan

Kap. C. XIV. 3), medvetandet framgår ur det omedvetna icke såsom ett tillfälligt eller kausalnödvändigt, således i alla händelser blindt resultat, utan att det är teleologiskt satt af det omedvetna, d. v. s. *afsigtligt* för ett högre ändamåls skuld, hvaruti just denna ideella anticipation skulle vara innehållen. Man kunde då hålla före, att denna ideella anticipation eller detta teleologiska föruttänkande af medvetandet måste redan sjelft vara ett medvetande och till och med representera en högre grad af medvetandet. Men bortsedt från den implicita form, hvari hos det omedvetna tänkandet af ändamålet innesluter tänkandet af medlet, och omvändt, måste man dessutom besinna följande.

Tänkandet af medvetandet förutsätter endast då med nödvändighet ett högre medvetande, när medvetandet tänkes *såsom* medvetande, d. v. s. på det *subjektiva* sätt, hvarpå medvetenhets*subjektet känner sig* afficieradt af *sitt* medvetande. Men så tänker förvisso det omedvetna icke medvetandet, enär ju öfverhufvud dess tänkande helt enkelt är motsatt vårt subjektiva tänkande, så att det skulle lämpligen betecknas såsom objektivt tänkande, såvida ej denna bestämning vore lika exklusivt ensidig och derför mindre träffande. Redan i Kap. C. I hafva vi sett, att vi om sättet, hvarpå det omedvetna föreställer sig, endast kunna påstå, att dess föreställningar icke äga rum på samma sätt som *våra*. Om vi alltså skola positivt säga, *hvad* det omedvetna egentligen tänker, när det tänker medvetandet såsom mellanändamål till ett annat slutändamål, så skulle, då det subjektiva är uteslutet, ingenting annat qvarstå, än först och främst den *objektiva process*, hvars subjektiva uppenbarelse medvetandet är, och för det andra *verkan* af föreställningens emancipation från viljan, hvilken framgår ur denna process (jfr. ofvan Kap. C. III. 1). Härmed äro de bägge fasta punkter vunna, på hvilka allena det beror vid det teleologiska föruttänkandet af medvetandet, nämligen medlet och ändamålet, medan å andra sidan medvetandets subjektivt-innerliga sida i *teologiskt* hänseende är accidentel och derför blir oberörd af den ideella anticipationen af förloppet.

Men man skulle kunna uppställa inkastet ännu allmännare och t. ex. säga: att sätta ändamål är att sörja för sin framtid; huru kan nu ett omedvetet, d. v. s. ett om sig sjelf såsom ett närvarande omedvetet, vara medvetet om sig sjelf såsom ett tillkommande? Här skulle jag visserligen kunna åberopa mig derpå, att ju hela denna ändamålsenliga verksamhet med blicken på det blott negativa slutändamålet (den universella viljefornekelsen) likaledes blott är negativ, alltså endast vänder sig derom att *upphäfva* det *närvarande* tillståndet (den förverkligade verldsviljan), icke derom att medföra ett positivt tillkommande; emellertid skulle den ändamålsenliga verksamheten å ena sidan alltjämnt föreställa det kommande privativa tillståndet såsom gräns för det närvarande, som skall upphäfvas, och å andra sidan skulle afståendet från föreställningen om det kommande tillståndet såsom mål för processen vara föga öfverensstämmande med det omedvetnas allvetande clairvoyans, som vi öfverallt hafva mött. Men jag behöfver icke heller alls åberopa mig på detta, emedan ett fel döljer sig i invändningens slutföljd. — Uti individuationens rike fullföljas nämligen mest blott individuella ändamål, der åsyftas individuella tillstånd, *med utestängande* af andra individers deltagande i de åsyftade tillstånden; härvid kräfver denna det åsyftades *exklusivitet* naturligen ett skarpt och tydligt *skiljande* af det åsyftade tillståndets bärare från andra individer. Annorlunda i det all-enda omedvetnas rike, hvarest just hvarje skiljande mellan olika bärare af det åsyftade tillståndet och likaledes hvarje utestängande af den ene till förmån för den andre upphör, emedan den fenomenella mångfalden icke når inom det metafysiska väsendets sfer (såsom vi sågo i förra kapitlet). Här, kan man säga, är tillstånd *helt enkelt* tillstånd, d. v. s. *alltomfattande* tillstånd, *utom* hvilket det alldeles *icke mer fins något tillståndligt;* åsyftas alltså inom det all-enda omedvetnas sfer ett *tillkommande* tillstånd, så åsyftas det *såsom absolut*, d. ä. alltomfattande tillstånd, som icke har någonting utom sig, och vid hvilket således frågan efter tillståndets *bärare* förnuftigtvis icke kan uppkastas, såsom varande fullkomligt *betydelselös* för åsyftandets förlopp. Härutaf följer, att det är bakvändt att öfverflytta medvetandets på bäraren af det åsyftade tillståndet riktade reflexion, vid hvilken vi engång vant oss, i enlighet med vanans uthållighetsförmåga äfven på det omedvetnas ändamålsenliga verksamhet; vi se ju redan i afseende på de individuella instinkterna, att individen sörjer för sin framtid, utan att derför veta, att det är hans eget framtida väl, den sörjer för, ja vi se till och med i afseende på de generella instinkterna, att individen mödar sig för *generella* ändamål, alltså för främmande subjekt, utan att hafva en aning om, *för hvem* han plågar och uppoffrar sig.

Af ofvan anförda inkast förblifver sålunda blott så mycket hållbart, att det omedvetna måste *veta* det *tillstånd*, som det måste sätta *såsom det der skall negeras*, och om hvilket det endast kan hafva vetskap, i det att det *hos sig förefinner*, *förnimmer* detsamma, enär detta ju ej är spontant satt af omedvetna föreställningar sjelf, såsom alla senare intuitioner; m. a. o. derutur, att det omedvetnas ändamålsenliga verksamhet tarfvar förklaring, följer här i sjelfva verket a posteriori nödvändigheten att antaga ett transcendent utom verlden stående medvetande, hvilket förnimmer sitt innehåll såsom ett tillstånd, det der skall negeras, d. v. s. såsom *osalighet eller qval*, — ett antagande, hvars nödvändighet vi längre fram i Kap. C. XV. 2 skola a priori lära känna såsom grundadt i viljans natur och lagarne för medvetandets uppkomst. Väl att märka har *detta* det all-endas *enda transcendenta medvetande*, som vi hittills funnit oss föranlåtna att antaga, icke någon idé eller föreställning till innehåll, utan det har till *sitt enda* innehåll den tomma oändliga viljans *absolut obestämda transcendenta olust* eller osalighet, och detta obestämda metafysiska obehag bildar just såsom det tillstånd, att det skall negeras, den nödvändiga *utgångspunkten* för den omedvetna teleologiska verksamheten, samt utgör såsom det, hvilket icke skall vara, den fasta grundvalen för verldsprocessen. Detta här medgifna medvetande, hvilket uppkommit först genom den hvilande viljans olycksbringande upphöjande till viljande, och som åter måste upphöra i och med viljans återvändande till sitt ursprungliga tillstånd af inom sig sluten frid (allt detta kommer först i Kap. C. XV att begrundas och förklaras), kan begripligtvis icke erbjuda teismen någon anledning att triumfera öfver nödvändigheten af ett medvetande hos det omedvetna. Men försöket att utur verldsprocessens finalitet vilja härleda ett medvetande med vidsträcktare innehåll än det angifna, det skall i hvarje händelse blifva ett fåfängt bemödande.

Sammanfatta vi nu ännu engång våra betraktelser öfver frågan om det all-endas medvetande, så få vi det resultat, att förutom det *idélösa* medvetande, som innebäres i det obestämda obehaget i anledning af den otillfredsstälda verldsviljan, det *all-enda* allenast äger ett *inskränkt* medvetande *uti* de medvetande individerna, hvilket dock för detsamma *gör tillfyllest* i och för verldsprocessens mål, samt att den egendomliga arten eller formen för dess allvetande och allvisa intuition (absoluta-idé) är en sådan, om hvilken vi i brist på positiva kännemärken blott kunna utsäga så mycket, att den är upphöjd öfver den form, som vi känna såsom medvetande, d. v. s. att den *negativt bestämd* är en *omedveten*, men *positivt obestämd* en *öfvermedveten.* I öfverensstämmelse härmed måste vi förklara sträfvandet, att ändock tillskrifva det all-enda ett exklusivt-gudomligt, efter analogi med det menskliga förestäldt medvetande, för en icke ringare antropopatisk förirring och nedsättande inskränkning af gudsbegreppet, än de bibliska skrifternas, när dessa tillskrifva honom vrede, hämndlystnad och liknande egenskaper efter måttet af de på oss sjelfva gjorda erfarenheterna. (Till och med fromma kyrkofäder, såsom Augustinus, hafva oroats af slika betänkligheter angående Guds medvetande.) Gäller detta redan om medvetandet öfverhufvud, så skola vi så mycket mer tvingas att påstå det om sträfvandet att såsom specielt innehåll i ett dylikt medvetande hos Gud sätta *idén om det all-enda sjelft,* d. ä. pådikta honom ett *sjelfmedvetande.* Likväl vilja vi noggrannare pröfva äfven denna punkt. —

Det af mig medgifna transcendenta medvetandet har till sitt enda och uteslutande innehåll den absolut obestämda olusten, men ingen idé, *aldra minst sjelfva det all-endas idé;* medvetandet, som det allenda har hos sina individer, har visserligen sedan årtusenden i filosofiska hjernor höjt sig till medvetande om sjelfva det all-enda, således till det all-endas sjelfmedvetande; detta är dock blott ett *inom verlden, icke utom verlden befintligt* sjelfmedvetande hos det all-enda, sådant som teismen fordrar; men om det all-endas omedvetna föreställning eller den absoluta idén kunna vi negativt påstå med bestämdhet åtminstone så mycket, att den i sin rena reflexions sjelftillräcklighet har lika litet anledning till en reflexion öfverhufvudtaget, som till en bestämd reflexion hos sig eller hos något annat; icke hos något annat, eftersom något annat utom detsamma icke existerar; icke hos sig, eftersom reflexionen hos sig först kan framgå ur reflexionen hos något annat. I den absoluta idéns enhet felas just hvarje skäl till att skilja subjekt och objekt, och derför felas ock deras skinande i hvarandra, hvilket utgör medvetandet, och särskildt felas föreställningsverksamhetens omböjning åt sitt ursprung, återvändandet till det verksamma subjektet såsom föreställningsmål, en tankeverksamhetens retroversion, som just är det karakteristiska för begreppet sjelfmedvetande, sådant som vi hafva abstraherat det från det menskliga sjelfmedvetandet. Den absoluta idén omfattar ju eljest allt som är, ty hans ideella bestämningar blifva ju såsom viljeinnehåll till dessa företeelser, hvilkas summa vi kalla verlden; substansens omedvetna tänkande uttömmer följaktligen summan af alla hans modi, samt, så till vida som hans eget väsen har utvecklat sig i dessa, sig sjelf såsom summan af sina utvecklade moment (i sitt annorvara), — men *blott i denna mening* sig sjelf, icke såsom det, hvarpå det egentligen kommer an i begreppet sjelfmedvetande, såsom verksamt centrum för emanationen*). För att begripa det sistnämnda, dertill behöfves den omböjning eller reflexion, som försiggår i individernas hjernor, hvarvid föreställningens intuitiva karakter går förlorad, men till ersättning i sjelfva verket det all-endas sjelfmedvetande i *sträng mening* vinnes — fastän visserligen ej såsom extramundant transcendent, — och på samma gång såsom ett sådant, som utom begreppet det all-enda såsom verksamt verldscentrum blott omfattar en *ganska liten del* af dess företeelser, icke, såsom den omedvetna idén, *hela deras ymnighet*. Liksom den af ljusstrålar bestående ljussferen upplyser hela rymden, blott icke den punkt, från hvilken han utstrålar, utom i det fall, att en reflexion af några strålar sker mot speglande ytor och derigenom en omvändning af dessa strålars riktning åstadkommes, på samma sätt kan också det all-endas intuitiva ideella totalverksamhet urskilja, uppfatta alltet, blott icke den punkt, från hvilken den utgår, alltets verksamma centrum, såvida icke vissa knippor af dessa strålar brytas till medvetande mot en organisms hjerna, ett medvetande, som då likväl nödvändigtvis måste blifva ett ensidigt, inskränkt, och icke något alltomfattande absolut.

De hittills gjorda betraktelserna tyckas i förening med det från olyckan i verlden hämtade argument, som skall anföras längre fram, vara tillräckliga, för att bringa till evidens den fullkomliga ohållbarheten af ett specifikt gudomligt medvetande och sjelfmedvetande hos det allenda. I denna vår uppfattning äro vi i fullkomlig öfverensstämmelse med den nyare tyska filosofiens åsigter; äfven här äger det absoluta hvarken i Fichtes tidigare lära, hvarest det representeras af den oreella, osubstantiella, abstrakta, moraliska verldsordningen (Fichtes Werke, V. 186—187, 264, 368), ej heller i hans senare lära, der det står såsom det evigt oföränderliga, inhöljda varat bakom vårt detsamma uppen-

---

*) Blott i denna bemärkelse är det också hos Spinoza tal om en Guds sjelfkännedom; idén, som i Gud är aktuel, är äfven i honom städse blott en enda, alltomfattande (Etiken, del. II sats. 4), hvilken i sig innesluter alla enskilda intellekt såsom ideer af utsträckningens modi (jfr. ofvan sid. 137, anm.), samt alla dessa intellekts ideer, eller dessa ideers ideer (Etiken, II sats. 20 och 21), d. v. s. dessa ideers rena former utan hänsyn till deras utsträckta objekt (II sats. 21, anm.), och sluter dem i sig såsom logiskt nödvändigt satta. Gud såsom subjekt eller natura naturans urskiljer alltså icke sig såsom subjekt till den urskiljande verksamheten eller till tänkandets attribut, utan såsom dess objekt, d. ä. som natura naturata (jfr. I. sats. 29, anm.).

barande medvetande (W. V, 441—442), ej heller hos Schelling (jfr. hans Werke I. 1. sid. 180; I. 3. sid. 497; 1. 4. sid. 256; I. 7. 53—54 och 67—68), ej heller hos Hegel (något som visserligen den reaktionära delen af Hegelska skolan söker bestrida), ej heller hos Schopenhauer något medvetande utanför de af detsamma genomandade individerna (jfr. äfven Bd I, sid. 15—20, Inledn. I. c. anmärkningarna om nämnda filosofer). —

Efter dessa resultat beträffande medvetandet och sjelfmedvetandet hos Gud skola vi knappast kunna vänta ett gynsammare resultat med afseende på begreppet *personlighet*, hvaruppå teismen plägar sätta så högt värde såsom predikat åt sin Gud, att den just för att rädda detta håller så enträget på predikaten medvetande och sjelfmedvetande äfven ännu efter det att genom kännedomen om den omedvetet-öfvermedvetet reflexionslöst-intuitiva intelligensen hos det all-enda de tidigare betänkligheterna (jfr. ofvan sid. 134 ff.) mot aflägsnandet af dessa antropopatiska predikat åt Gud blifvit undanröjda. Ingenting skulle stå i vägen för användandet af personlighetsbegreppet, om man inskränkte dess definition till *en med vilja och intelligens förknippad individualitet* *) och vore säker på att ej införa några inadeqvata antropopatiska bibegrepp. Men tyvärr förefinnes så ringa garanti härför, att tvärtemot predikatet personlighet nästan alltid användes blott i den afsigt, att derigenom insmuggla olämpliga föreställningar, som dock måhända behagligt tilltala känslan. *Juridiskt* hvilar begreppet personlighet på kriterierna af borgerlig rättssjelfständighet; detta senare begrepp har naturligtvis ingen mening med afseende på Gud. *Etiskt* taget är begreppet personlighet gifvet i och med förmågan att bedöma sina egna handlingar och den deraf betingade sedliga ansvarigheten, men äfven detta öfverflyttande af ett förhållande, som är högst vigtigt mellan söndrade, gent emot hvarandra stående individer, på den absoluta, alltomfattande individen, synes obehörigt, emedan denna icke mer har några individer *jämte* sig, utan blott i sig, och emedan till och med dessa senare blott äro manifestationer af densamma sjelf, äro *fenomen*, men icke substanser, och alltså icke kunna *koordineras* med den substans, genom hvilken först de äro, såsom begreppet etisk relation skulle fordra **). *Dianoiologiskt* taget består begreppet personlighet i

---

*) I denna bemärkelse allena vill Schelling i sin senare »Philosophie der Offenbarung» hafva teismen förstådd såsom läran om den Ende trepersonlige Guden (jfr. hans definition på personlighet: Werke II, 1, sid. 281, samt min skrift »Schelling's positive Philosophie», sid. 42—43, anm.)

**) De läsare, som skulle hafva för vana att med det etiska begreppet personlighet tänka sig begreppet frihet oskiljaktigt förenadt, hänvisa vi på följande: 1) att friheten stundom kan vara upphäfd med tillräkneligheten, utan att personlighetens fortvaro upphäfves derigenom; 2) att detta frihetsbegrepp endast då innehåller en gemenskap med personlighetsbegreppet, när det tages såsom frihet till individuel sjelfbibehållelse gentemot andra individer, men att det då af ofvan anförda skäl icke kan öfverflyttas på det all-enda, emedan detta icke har af nöden att göra sig gällande gentemot något; 3) att begreppet mensklig *vilje*frihet öfverhufvud är grundadt på en illusion, samt att tillräkneligheten icke beror på en beskaffenhet hos viljan, utan hos intellektet, och det hos det medvetna diskursiva *intellektet*, samt alltså redan derför icke kan finna användning på det all-enda. Om det gåfves en mensklig frihet, så skulle hon ändock icke efter analogi kunna öfverflyttas på

befintligheten af ett medvetande öfver identiteten af de medvetenhetssubjekt, som ligga till grund för alla till tiden skilda sjelfmedvetenhetsakter hos samma medvetande (jfr. sid. 23), och är alltså här resultatet af en tämligen komplicerad *reflexion* öfver ett antal genom *minnet* sammanfattade *reflexionsakter* hos sjefmedvetandet; emedan Gud i sin absoluta intuition är vida upphöjd öfver all reflexion (redan öfver den på den enkla uppkomsten af sjelfmedvetenheten, för att ej tala om reflexionen på subjektens identitet i den berörda reflexionsakten), och dertill en dylik reflexion för honom *vore fullkomligt öfverflödig och tautologisk, då det saknades ett varande, från hvilket han behöfde skilja sig*, så kan äfven det dianoiologiska personlighetsbegreppet icke få någon användning på Gud, lika litet som det juridiska eller det etiska. Försöket att af religiösa hänsyn till hvarje pris rädda Guds dianoiologiska personlighet leder genom sina konseqvenser nödvändigt till det fantastiska antagandet af en öfver den materiella tidliga naturen upphöjd och derifrån skild *evig natur i Gud* (Jakob Böhme och Franz von Baader), hvilken skall möjliggöra en evig process hos Gud med sjelfsöndring och förnyad sammanfattning till ett, på ungefär samma vis som den verkliga tidliga naturen möjliggör den tidliga verldsprocessen med den deruti skeende söndringen af subjekt från objekt i de ändliga medvetandena, hvilka ju dock samtliga äro det all-enda väsendets medvetanden. Man inser häraf blott, huru klent det måtte vara beställdt med denna hypotes, när dess mest betydande förkämpar erkänna sig vara nödsakade att för dess upprätthållande taga sin tillflykt till så konstlade, fantastiska och ur luften gripna hjelphypoteser.

Enligt dessa begrundanden tyckes det vara lämpligare att ej tilldela begreppet personlighet en så vidsträckt betydelse, som den ofvan gifna definitionen gör, för att derigenom göra det användbart på Gud.

---

det all-enda; vore hon sjelf möjlig att öfverflytta, så skulle hon dock icke införa ett spår af något personlighetsbegrepp i det all-enda; blefve hon åter renad ifrån hopblandningen med detta för henne främmande begrepp, så skulle man slutligen genom en sådan öfverflyttning icke ens tillskrifva det all-enda något, som icke redan tillkommer vårt omedvetna såsom sådant. Hvarje motsättning af ett främmande tvång, utur hvilket frihetsbegreppet först kan vinna sitt speciella innehåll, felas här, och det omedvetna är fördenskull utan tvifvel absolut fritt så till vida, som det hämtar alla sina beslut ur sig sjelf allena och icke kan lida förändring deruti genom någonting yttre. Det äger vidare faktiskt enligt våra utredningar den blott med orätt menniskan tillskrifna förmågan att i hvarje ögonblick spontant kunna ingripa såsom orsak i den genom naturlagarne gifna företeelsekedjan och dymedelst foga ett nytt moment vid bestämmandet af processen till det föregående, en förmåga, som det städse utöfvar vid de teleologiska ingreppen. Slutligen visar det sig, såsom vi skola få se i Kap. C. XV, hvarigenom det visserligen binder händerna på sig ända tills återinträffandet af status quo ante, vara fritt att förhålla sig förnuftigt eller oförnuftigt, d. v. s. förblifva uti icke-viljandets hvila eller höja sig till viljande, d. ä. till verldsskapelse; menniskan deremot handlar *i enlighet med* den endast och allenast förnuftiga verldsplanen, d. v. s. förnuftigt, till och med då, när hon inbillar sig, att hon handlar *stridande mot* densamma, d. ä. oförnuftigt. Det all-enda omedvetna äger alltså hvarje *möjlig* frihet och kan ingalunda genom det oriktiga antagandet af en menskIig frihet och dennas analoga öfverflyttande härtill ytterligare komma i åtnjutande af någon art ännu icke ägd frihet.

Bland *individer*, som äro begåfvade med *vilja* och *intelligens*, finnes det många, som dock *ännu icke* derför motsvara begreppet personlighet (djur, lågt stående vildar, svagsinta o. s. v.), och hvilka vi derför vägra denna beteckning; hvarför skola vi icke öfva samma återhållsamhet gentemot en individ, som *icke längre* motsvarar detta begrepp; emedan det är *upphöjdt* öfver alla de inskränkningar, hvilka från olika sidor utgöra detta begrepps kännetecken? Äfven här finnes *nedsättandet* af det högsta väsendet icke på deras sida, hvilka förvägra honom predikatet personlighet, utan på deras, hvilka *tillskrifva* honom det. Ja, nogare sedt framställer sig till och med Guds neddragande *såsom sakens hemliga syfte*, d. v. s. man söker i Gud en person (efter menskligt mått), för att genom denna slags *koordination* af Gud och det hos honom tröst sökande jaget göra det möjligt att likasom ställa sig på förtrolig fot med Gud och *säga du* till honom liksom till en med pietet vördad like, för att, när man utgjuter sitt hjerta för honom, kunna vara mera viss om ett menskligt eftersinnande förstånd för sin egen själsrörelse. Redan de kristna apostlarne begynte att i jämnbredd med gudsbegreppets tilltagande luttring ana otillbörligheten af dessa barnsliga åthäfvor, af hvilka den äldre judendomens naivt antropopatiska föreställningssätt ännu ej hade tagit någon anstöt, och ju upphöjdare gudsbegreppet vid den kristna teismens fortskridande utveckling genom beröring med grekisk filosofi gestaltade sig, desto mer såg sig det religiösa fromhetsbehofvet, som råkat i motsägelse mot tanken, bragt till nödvändigheten att taga sin tillflykt till en förmedlande mensklig personlighet (Kristus, sedan Maria och helgonen). Liksom reformationen nödgades att, sedan den undanskjutit bönen till helgonen, ånyo framhäfva Kristi menskliga person mer än som hade skett inom katolicismen, så har ock till följd af den sedan ett århundrade tillbaka alltmer försvinnande Kristustron teismen åter sökt att rycka Gud från hans abstrakta afstånd närmare menniskan genom att förläna honom menskligare drag, och detta är den vigtigaste grunden till det med begreppet Gud oförenliga betonandet af hans personlighet. Men om man besinnar, att från filosofisk synpunkt bönens praktiska nerv dessutom är förlamad redan derigenom, att enligt den moderna verldsåskådningen endast en rent subjektiv betydelse och verkan kan tillskrifvas henne, så framstår värdet af detta mot tanken stridiga känslopostulat äfven från denna sida sedt mer än tvifvelaktigt. Ty om jag en gång har insett den illusoriska beskaffenheten af tron på en objektiv verkan och betydelse hos bönen, så har beskaffenheten af den objektiva adress, till hvilken bönen tänkes ställd, blifvit fullkomligt *likgiltig*, enär det i sjelfva verket dock allenast handlar om en *monolog*, åt hvilken det möjligen utöfvade taskspeleriet med ett medvetet sjelfbedrägeri beträffande en fingerad person, som tilltalas, icke kan tillägga något i värde. Med detta nu för tiden oundvikliga medgifvande, att bönens betydelse är reducerad till värdet af en faktiskt monologiserande hjerteexpektoration till upprättande och hugsvalande af sig sjelf (Schleiermacher), *försvinner* äfven inom teismen *hvarje praktiskt religiöst motiv* till att med kringgående och missaktande af det begreppsenligt fordrade trakta efter att ikläda Gud predikatet personlighet i ordets närmare betydelse; men med fransägelsen af *personlighet* försvinner, såsom redan ofvan anmärkts, återigen det praktiskt religiösa intresset af att upprätthålla det personliga gudomliga *sjelfmedvetandet*, och *med detta* det sista intresset att försvara ett exklusivt transcendent *medvetande* hos det all-enda. Har så först det praktiskt-religiösa intresset undanröjts, hvilket icke kunde besluta sig för att låta dessa begrepp falla, trots deras längesedan uppvisade ohållbarhet, då träda begreppssvårigheterna och de filosofiska bevisen i *ohämmad verksamhet* och *tvinga* den teism, som bemödar sig om att från en antropopatisk gudsföreställnings råa naturlighet på filosofisk väg klara och luttra sig till hållbara metafysiska begrepp, att i denna renings- och fördjupningsprocess göra *det sista nödvändiga steget*, för hvilket den hittills af missförstådt religiöst intresse bäfvat tillbaka. Men det resultat, som framställer sig vid detta teismens sista, nu mera oafvisligt vordna steg till sjelfluttring, är detsamma, som det omedvetnas filosofi bringar teismen till mötes såsom bestyrkt på sitt egna vis från en helt annan sida, och teismens gamla stöd ha efter hand det ena efter det andra blifvit tillräckligt murkna och bräckliga, för att han skulle vara glad öfver att ett nytt annat sådant erbjuder sig åt honom.

Att alla den gudomliga intelligensens egenskaper (allvetenhet, allvishet, alltidlig allestädesnärvaro) äfven äro användbara på vårt allendas clairvoyanta omedvetna intuition, skall i början af Kap. C. XII ännu närmare uppvisas, och den omedvetna absoluta viljan hafva vi redan förut tillerkänt allmakt. Lägga vi härtill, att vi i förra kapitlet hafva lärt känna det omedvetna såsom individen i eminent bemärkelse (sid. 120 ff., 130—133), samt att teismens tidigare anspråk på personlighet, sjelfmedvetande och medvetande åt Gud i deras hittills tagna bemärkelse blifvit ohållbara, men att *allt det hållbara hos dem i sjelfva verket tillfredsställes genom vårt omedvetna,* så blir det klart, att *på denna sida* någon *principiel skilnad* mellan en sig sjelf rätt förstående teism och vår det omedvetnas filosofi *icke kan finnas.* —

Snarare kunde det tyckas så i en annan riktning, nämligen beträffande *individens. ställning till det all-enda;* men äfven här skola vi finna, att teismen, rätt förstådd, måste med nödvändighet aflägsna sig några fjät från den vulgära uppfattningen och då likaledes sammanträffar med vår ståndpunkt. Teismen är nämligen ursprungligen *dualism,* i det att han tillskrifver verlden så väl som Gud substantialitet; visserligen består denna dualism först alltsedan (den i tiden tänkta) verldsskapelsen, och går alltså icke *tillbaka i evighet,* men den skall dock vara *framåt i evighet,* i det att äfven de högre varelsernas substans skall vara evig. Dualismen har följaktligen visserligen uppkommit först genom skapelseakten, men faktiskt fins den nu en gång till, och är dertill bestämd att icke åter försvinna. Men en sådan dualism är filosofiskt ohållbar och vill ovägerligen tillbaka till monismen. Vi hafva i förra kapitlet (sid. 124—126) sett, att den på allvar tagna dualismen upphäfver den empiriskt gifna och a priori fordrade kausaliteten mellan individerna inbördes och nedtrycker den till ockasionalism eller till prestabilierad harmoni — tvänne lika ohållbara förlägenhetsundflykter —, samt att kausaliteten såsom influxus physicus nödvändigtvis fordrar, att individerna upphäfvas såsom varande fenomen uti den enda absoluta substansen; vi kunna här uppnå samma resultat genom att skärskåda begreppet *skapelse*, som bildar ett särskiljande fundamentalbegrepp i teismen. — Den konseqventa dualismen skulle nödgas antaga, att den genom skapelseakten såsom *substans* skapade verlden skulle *fortlefva*, äfven om skaparen plötsligt *förintades;* endast under detta vilkor vore verlden ett *varaktigt* residuum för en engång inträffad skapelseakt, blott under detta vilkor äkta och verklig substans. Men denna konseqvens är då till och med teismen för stark, och han afstår derför från att i verlden skåda det blotta färdiga resultatet af en en gång skedd skapelseakt; han låter sin Gud närmast fortfarande spela rollen af verldsordnare och verldsregent, sådan som den grekiska dualismens verldsbyggmästare spelade den gentemot den eviga oskapade materien. Men för *denna materia* och strängt taget äfven för de individuella, en gång i verkligheten satta *odödliga andarne* söker teismen närmast att ännu fasthålla begreppet *skapad substans*, ett caput mortuum af en engång skedd, längesedan förfluten skapelseakt, hvilket residuum Gud visserligen har makt att åter förinta, närhelst han behagar, men hvilket *utan* ett slikt gudomligt ingrepp *af sig sjelft förblifver* oförgängligt *beståndande.* Emellertid måste teismen snart märka, att han härmed står inför samma svårighet, samma Guds förringande, att detta residuum skulle äga bestånd, äfven om Gud *förintades*, och att man i och med detta skulle medgifva det en sjelfständighet, som vore inskränkande för Guds absoluthet. Denna betänklighet kunde endast aflägsnas, om det skapades fortsubsistens vid Guds förintande *nekades;* den skapade varelsen måste sammanfalla till intet, om skaparen också endast för ett ögonblick drager sin hand från honom, men detta är möjligt blott om fortbeståndet är betingadt af en *städse* verksam funktion hos Gud, *genom en i hvarje ögonblick förnyad viljeakt.*

En sådan Guds *upprätthållande* verksamhet, som förhindrar det skapades ständigt hotande tillbakasjunkande uti intet, visar nu åter ingen olikhet med den första skapelseakten, hvilken framkallade varelserna utur intet; ty båda sätta i stället för det skapades ickeexistens i detta gifna ögonblick dess existens; men det är med andra ord: det skapades upprätthållelse genom Gud är närmare bestämd *ständig skapelse.* Härmed är det ohållbara begreppet caput mortuum efter en föregående skapelseakt aflägsnadt, stor sak om denna förflutna tid mäter årtusenden eller sekunder, och det skapades existens i hvarje ögonblick är fattad såsom skapelseakt i *samma* ögonblick. Skapelsen utur intet, hvilken i strid mot den grekiska dualismen betonades af den judiskt-kristna teismen, för att framhäfva, att Gud icke haft någon evig materia att tillgå, måste då förstås sålunda, att det, hvarutur Gud skapar, är hans egen skaparkraft, d. ä. (med hänsyn till det skapade): att det skapades hela reella existens helt enkelt består i den på detsamma riktade gudomliga skaparkraften, samt dess hela essens för hvart ögonblick helt enkelt i det innehåll, som den gudomliga skapelseakten i just detta ögonblick ingjuter i det.

Så långt ungefär har teismen kommit i sin filosofiska begreppsrening. Men det är lätt att inse, hurusom just härmed redan begreppet *substans* i det skapade gått förloradt, eftersom det alls icke har någon *subsistens* mer, annat än genom den absoluta gudomliga substansen, och alltså *blott denna* medelst den i honom sig manifesterande oupphörliga skapande viljeakten är det i detsamma subsisterande eller af sig sjelft beståndande, men det skapade sjelft och dess tillvaro endast *manifestationen* eller *uppenbarelsen* af det absolutas uppå dess oupphörliga skapande och upprätthållande riktade funktioner, eller kort sagdt ett *fenomen* *) af det all-enda *väsendet*. Det skapades reella existens och essens lider härigenom alls icke något intrång, då vi ju föröfrigt redan hafva sett, att det, som man benämner dess realitet, består blott i summan af de i detsamma funktionerande viljeakterna (jfr. ofvan sid. 131—132); men genom undanrödjandet af begreppet skapad substans upplöser sig begreppet skapelse i begreppet ständig *manifestation* af den absoluta viljan och den absoluta idén, d. ä. det absoluta väsendets *fenomen* eller *företeelse*. Den individ, som framträngt till denna uppfattning, ernår derigenom för sin religiösa känsla den eftertrådda öfvertygelsen, att han för sitt hela vara och allt *hvad* han är har att i hvarje ögonblick tacka Gud och endast honom, att han alls icke har sin varelse annat än i honom och genom honom, och att väsendet i honom är Guds eget väsen. På detta sätt har äfven dualismen försvunnit ur teismen, och genom att göra fullt allvar med den rena monismen har tillika för den brinnande, hängifna religiösa känslan vunnits en innerlighet i förhållandet mellan Gud och menniskan, som icke i aflägsen mån står att nå, så länge menniskan genom det skefva, i sig motsägande begreppet skapad substans ställes gentemot Gud såsom en främmande, sjelfständig, i sig sluten personlig substans, så att Gud blott har att se till, huru han skall bära sig åt för att komma in uti den substantielt från honom skilda menniskan. Den rent monistiska verldsåskådningen är också ensam i stånd att lägga det metafysiska fundamentet till en från allt slags jäf af ett suveränt individuelt godtycke frigjord etik (jfr. Schopenhauer), hvilken på grundvalen af en pluralistisk-individualistisk etik blott i det fall skulle kunna såsom allmängiltig upprättas, att begreppet gudomlig uppenbarelse af en allmänt-bindande moral-kanon vore hållbart. Denna djupare innerlighet i förhållandet mellan individen och det absoluta, samt denna bättre grundläggning af etiken, hvilken monismen skänker i motsats till den dualistiska teismen, och för hvars skuld från fordomtima äfven vesterlandets mystiska teosofer och teologer hafva visat en stark och afgjord böjelse för panteism, hafva redan länge före kristendomens uppkomst de rent ariska religionerna

*) Vid detta uttryck får man naturligtvis icke i aflägsnaste mån tänka på det kunskapsteoretiska begreppet »subjektivt fenomen», som är korrelatet till det kunskapsteoretiska begreppet »tinget i sig», då vi här hafva att göra med begreppet af det gudomligt eller objektivt satta, eller objektivt fenomen, som är korrelat till det metafysiska begreppet »väsen» (jfr. ofvan sid. 130).

i Indien ägt, hvaremot kristendomen från sitt semitiska ursprung bibehållit dualismen mellan skapare och skapelse åtminstone i de hufvudsakligaste konfessionernas ortodoxa läror. Men under det att Indiens panteistiska religioner, fångna i villfarelsen, att fenomenet skulle vara evigt, samt misskännande tidens reella existens, icke förmått höja sig till en historisk verldsåskådning, och derför låtit sina rättrogna folk tråna bort och försämras i en qvietism, som omöjliggör all historia, så har deremot den judisk-kristna teismen till ersättning för sina öfriga brister utvecklat en historisk verldsåskådning, hvaruti den allvisa försynen på naturprocessens grundval leder den historiska processen efter teleologiskt förutbestämd plan till ett förnuftigt slutmål; ur denna småningom allt klarare utbildade tro på förnuftig historisk utveckling hafva de europeiska nationerna hämtat kraft att hängifva sig åt den historiska processen.

För närvarande, då de speciellare formerna af kristna religionen uppenbarligen hafva öfverlefvat sig sjelfva, och tron på den af försynen ledda historiska utvecklingen dessutom har öfvergått i den moderna bildningens kött och blod, gäller frågan väsentligen att befria denna teismens beståndande kärna från det bräckliga skalet och förena den med de panteistiska indiska religionernas sanna väsen, för att genom dessa rent utur vår ariska stams ande framvuxna ideer vinna en djupare religiositet och en stegring af den religiösa och etiska känslan, hvilken skulle vara en lifgifvande vederqvickelse för vår irreligiösa tid, som ännu blott krampaktigt hakar sig fast vid religiösa utvärtes ting. Att det gamla såsom sådant icke mer är hållbart och blott med konstlade och våldsamma medel ännu kan konserveras såsom mumie, det känner och tillstår man allmänt. Men att ingenting direkt förbättras genom den blotta kritiska negationen, om icke samtidigt friska element tillföras den religiösa känslan, skulle vara lika allmänt erkändt, om man icke för det mesta förtviflade om att kunna finna dessa nya positiva element. Såvida dessa stå att finna någonstädes, så ligga de i denna rent ariska panteisms oförgängligt sanna kärna, hvilken måste sammansmältas med judendomens och kristendomens på lång omväg utbildade historiska verldsåskådning, för att genom denna konkrescens bringa till stånd något, som i sig förenar båda sidornas företräden utan deras fel och fördenskull står högre än hvardera för sig af dem bägge. I denna mening kunna vi säga: vi stå omedelbart inför den tid, då den judisk-kristna verldsåskådningen endast äger valet mellan att *fullkomligt utdö eller blifva panteistisk*. Men den metafysiska grundläggningen af denna omgestaltning, som var förberedd genom medeltidens och reformationsålderns panteistiska och mystiska filosofier (Scotus Erigena, Mäster Eckhart, Giordano Bruno, Jakob Böhme, Spinoza), är filosofiskt utförd och grundad af den nyare tyska filosofien, hvars ensidigt berättigade och värdefulla sträfvanden och riktningar hafva sammanväxt till en tillsvidare afslutande enhet i det omedvetnas princip. Just i vår tid, då motsatsen mellan de oförmedlade ytterligheterna af å ena sidan en stel *teistisk ofelbarhetstro* och å den andra en *irreligiös ateistisk naturalism* hotar att tillspetsa sig allt oförsonligare, synes den gyllne medelvägen, som innebäres i en *spiritualistisk monism eller panteism*, hvilken på neutral mark slår bryggan till inbördes förstånd och förening för båda sidorna, vara af högsta vigt för det moderna samfundets fredliga utveckling på det andliga området. —

Sedan vi nu hafva bemödat oss att uppvisa, hurusom hufvuddifferenserna mellan det omedvetna och teismens Gud vid filosofisk rening af teismens begrepp blifva försvinnande, återstår slutligen en hufvudpunkt, som icke får lemnas oberörd: teismen påstår nämligen, att verldens *existens* är en *med afsigt* åstadkommen följd af Guds godhet och allvetenhet, och ser sig fördenskull inför *det onda* försatt i nödvändigheten att försöka åvägabringa en *teodicé*, hvars ogörlighet redan Kant i en särskild afhandling har öfvertygande ådagalagt. Vi gå här icke till rätta med deras optimism, hvilka, i likhet med den judiska teismen, finna hela verlden och lifvet deruti så öfvermåttan härligt, samt anse det onda vara försvinnande litet i jämförelse med den lycka, som består derbredvid; vi yrka icke heller på oundgängligheten af en teodicé, med afseende på det sedligt onda, hvilket ju föröfrigt vore indifferent, så vida det icke bidroge till att föröka lidandet; vi kräfva blott räkenskap af den slags teism, som i likhet med den kristna medgifver, att lidandet och eländet äro öfvervägande i verlden (jfr. Kap. C. XIII), och dock betraktar beslutet att skapa denna verld såsom ett utflöde af den gudomliga allvetenheten och allvisheten. Att förtrösta på odödligheten länder här till intet gagn, ty äfven på andra sidan grafven är de sällas antal mycket ringa emot antalet af de fördömda, som lida qval (Matth. 7: 13—24; 22: 14). Den blott delvis accepterade läran om allt det skapades slutligen inträffande återställelse är i sig alltför problematisk för att förtjena beaktande och lemnar den frågan öppen, hvarför verlden till dess måste vara olycksalig. Då nu Gud till intet pris kan och får vara upphofsman till det onda, så ser sig teismen hänvisad på att söka ursprunget till det onda utom Gud, d. ä., eftersom utom Gud blott hans skapade verk existerar, hos det skapade. Derur, att det första (?) menniskoparet dragit öfver sig sedlig skuld, skall naturens försämring framgått såsom naturlig följd, så att Gud nu måste sitta och skåda på, huru milliarder lida i följd af tvänne för årtusenden tillbaka döda individers felsteg, d. ä. lida skuldlöst; men då likväl sammanhanget mellan menskligt fall och naturens försämring, mellan sedlig skuld och naturligt verldselände syntes alltför djerf, måste en öfvermensklig varelse tagas med i spelet, en djefvul, som förderfvat och bragt i oordning Guds sköna skapelse. För en barnsligare tid kunde denna teodicé medelst de två syndabockarne Lucifer och Adam vara god nog, vi åter le numera blott åt slika fantasier; men vi tillbakavisa derjämte principielt hvarje försök att befria Gud från ansvaret för verldseländet genom att välta det på någon af hans skapade varelser, enär för det första en dylik, Guds afsigter genomkorsande sjelfständighet hos det skapade efter våra ofvan framstälda bevis är otänkbar, och enär för det andra en allvetande och allvis Gud nödvändigt skulle i skapelsens ögonblick förutse sina skapade varelsers viljebeslut i alla af honom framkallade omständigheter, äfvensom de samtliga indirekta följderna af deras handlande, samt taga allt detta med i räkningen, då frågan gälde huruvida det var vist att skapa en verld, som utfölle så.

Det är, väl att märka, fullkomligt *likgiltigt* och ändrar ingenting i ansvarets tyngd, om Guds vid beslutet att skapa verlden verksamma intelligens antages vara *medveten* eller *omedveten*. Hade *öfverhufvudtaget* den gudomliga intelligensen varit *medintresserad* vid beslutet om, huruvida en verld borde skapas eller icke, så skulle detta besluts faktiska resultat i jakande riktning vara en oförsvarlig grymhet mot de skapade substanserna i den dualistiska teismens mening, från monismens synpunkt åter en vanvettig gudsaskes, en gudomens sjelfsargning. Om verkligen en absolut (sak samma om medveten eller omedveten) intelligens hör till Guds attribut, såsom ju äfven vi antaga, så är det i betraktande af verldseländet *omöjligt*, att den kan hafva medverkat vid afgörandet i fråga, alltså omöjligt att den kunnat vara delaktig och verksam vid den viljeförhäfvelse, som afgjorde öfver verldens »att». Endast om verldens existens afgjordes genom akten af en *blind* vilja, som ej upplyftes af någon ljusstråle från den förnuftiga intelligensen, endast då är denna existens begriplig, endast då kan Gud såsom sådan fritagas från *ansvaret* för densamma. En sådan intelligensens icke-delaktighet i ursprunget kan dock teismen i ingen af sina hittills varande former förklara, han måste rent af i och med antagandet af ett evigt inre andelif hos en sjelfmedveten Gud förfäkta, att den är omöjlig. Med våra principer är densamma emellertid ganska lätt att begripa, ja man kan a priori icke engång vänta sig något annat, emedan nämligen (enligt Kap. C. I) föreställningen i sig ej har något intresse vid varat och blott genom viljans upphöjelse utur icke-varat till varat kan sättas, och alltså icke är-varande hvarken före, ej heller under viljans upphöjelse, utan först genom densamma blir det. Antaget alltså, att den blinda viljans upphöjelse till aktuelt viljande (d. ä. initiativets moment, som föregår all aktuel intelligens hos det all-enda) är tillräcklig, såsom vi längre fram skola se, till att sätta verldens »att», så skulle härmed vara förklaradt, huruledes trots Guds allvetenhet (*under pågående* verldsprocess) dock den olycksaliga *begynnelsen* till en sådan kunde komma till stånd.

Men nu uppstår en *andra* fråga: hvarför har Gud icke *godtgjort ånyo* det *i blindhet begångna* felet genast i första ögonblicket, då han blef *seende*, d. v. s. då hans allvisa intelligens trädde in i vara, hvarför har han icke vändt sin vilja mot sig sjelf? Lika obegripligt och oförlåtligt som den första begynnelsen utan antagandet af en blind aktion, lika så obegripligt och oförlåtligt vore ett laisser aller med seende ögon inför detta elände, så vida möjligheten att omedelbart upphäfva detsamma stode öppen. Här hjelper oss åter igen oskiljaktigheten af vilja och föreställning hos det omedvetna, idéns ofrihet och beroende af viljan, i följd hvaraf hon väl har att bestämma öfver sitt »hvad», sitt mål och innehåll, men icke öfver sitt »att och huruvida». Vi skola finna, att hela verldsprocessen endast tjenar det enda syftet att emancipera föreställningen från viljan medelst medvetandet, för att genom hennes opposition bringa viljandet till ro; stode nu detta sistnämnda att *uppnå utan medvetandet*, eller *förefunnes* redan ett sådant medvetande i bemärkelsen af föreställningens emancipation från viljan vid början af verldsprocessen hos Gud, så vore hela verldsprocessen en *däraktig ändamålslöshet*, i det att han skulle möda sig för att uppnå något, som *alls icke vore af nöden* för den sak frågan gälde, eller ock längesedan vore förhanden. Denna undersökning lemnar det sista *oemotståndligt afgörande skälet* mot antagandet af ett transcendent medvetande hos Gud i betydelsen af en föreställningens emancipation från viljan, om ock de ofvan deremot anförda skälen hafva varit mer än tillräckliga. Detta sista argument är, väl att märka, ett alltigenom *induktivt*, utur verldseländets empiriska faktum härledt, något som beror allenast deruppå, att ingen hypotes med en medveten Gud är i stånd att göra det sakförhållande, som skall förklaras, tänkbart utan motsägelse.

Fastän efter Spinozas identifiering af Gud, substans och natur begreppet Gud i viss mån fått borgarrätt i filosofien, så anser jag dock ett begrepps ursprung vara af sådan vigt för dess betydelse, att det synes mig tjenligt att, om möjligt, i filosofien undvika ett begrepp af så exklusivt religiöst ursprung som Gud. Jag kommer derför att äfven hädanefter i regeln fortfarande bruka uttrycket »det omedvetna», ehuru föregående bevisföringar torde hafva ådagalagt, att jag har större rätt att begagna ordet »Gud», än Spinoza och mången annan. Om också mitt beteckningssätts formella negativitet på längden måste vara inadeqvat för ett alltigenom positivt väsen, så skall det dock kunna göra anspråk på sitt egendomliga profylaktiska värde så länge, som den antropopatiska villfarelsen om det absolutas *medvetenhet* ännu bibehåller något nämnvärdt anseende. Men när först engång det negativa predikatet *omedvetenhet allmänt erkännes* såsom ett *sjelfklart* och icke längre ifrågasatt predikat till det absoluta, då skall också utan tvifvel denna negativa benämning i filosofiens historiska utveckling längesedan vara ersatt med en lämpligare positiv.

IX.

Alstringens väsen från ståndpunkten af det omedvetnas all-enhet.

Vi vilja nu använda vår nyvunna ståndpunkt för att belysa några frågor, hvilka dels sedan årtusenden sysselsatt filosoferna, dels just i närvarande tid förvärfvat sig ett särskildt intresse hos publiken. Det skall visa sig, hurusom de lösningar, hvilka härleda sig från våra hittills vunna principer, på det bästa öfverensstämma med det som fordras af de fakta, hvilka skola förklaras, och det som en rastlös kritik af förklaringsmöjligheten lemnar öfrigt.

Den första af dessa frågor beträffar alstringens natur. Tidigare kämpade två åsigter om alstringen: kreationismen och traducianismen. Den första antog en själens nyskapelse vid hvarje alstring, den senare en öfverföring af delar från föräldrarnes själar till barnet. Den förra statuerar alltså vid hvarje alstring ett skapande af intet, ett nytt under, och är redan derför oantaglig för nutidens sundare åskådningar; men den senare motsäger fakta. Ty om en man med det nödiga antalet fruar årligen kunde beqvämt alstra öfver hundra barn, alltså under perioden af sin alstringsförmåga många tusen, och dock notoriskt ingen minskning af hans själ inställer sig, så måste den vid hvarje alstring till barnet afgifna delen hafva varit mindre än mångtusendedelen af minskningens minimum, hvilket som förlust hos själen knapt skulle kunna spåras. Men med ett så obetydligt stycke själ kunde uppenbarligen barnet i längden icke åtnöja sig, ännu mindre dess barn och barnbarn, hvilka i aftagande progression snart skulle bekomma blott en billiondels själ; derför skulle det öfverförda stycket blott kunna betraktas som *frö*, hvilket är mäktigt af tillväxt. Men med ett frö förstår man en *formel* makt, hvilken är i stånd till att draga till sig *främmande, materiella* element, att *assimilera* dem, och derigenom tillväxa. Vore alltså barnets själ först vid alstringen ett frö, så frågas, hvarest de främmande element vore att söka, *ur hvilka* själen förstorar sig. Materialisterna svara helt enkelt: själen är ju blott ett resultat af materiella kombinationer, alltså växer äfven själen med organismens och dess ädlare delars tillväxt. Denna åsigt kunna vi naturligtvis icke acceptera, men den är åtminstone klar i sig och konseqvent. Men fråga vi, hvarest eljest ännu de element, som måste komma till, skulle kunna sökas, så blir intet annat öfrigt än den allmänna andligheten, det opersonligt psykiska, med ett ord *det omedvetna;* ur detta alltså måste det från föräldrarnes själar till barnets själ afgifna stycket draga ämnet för sin förökning.

Men hvartill behöfver man då ännu *själs*fröet, då det *organiska* fröet sedan försmår detsamma? Behöfver barnet i moderlifvet en annan själsverksamhet än den, som tillhör det organiska bildandet? Och om genom denna omedvetna själsverksamhet i hjernan ett verktyg till medveten själsverksamhet är skapadt, behöfs det då ännu ett annat assimilationsmedel, på det att det omedvetna äfven härpå måtte öfva sin verksamhet, än förhandenvaron af detta organ sjelft? Hvartill då ännu denna onaturliga hypotes om de afgifna sädesfröna, hos hvilka man antingen måste tänka sig föräldrasjälarnes *ensidiga riktningar*, som icke tjena till någon förklaring, eller liksom afsnörda, förut utkläckta diminutivsjälar — i sanning en horribel föreställning!

Och huru skulle då dessa själsknoppar komma dertill, att infara just i de organiska alstringsfröna, då dock båda måste tänkas uppstå oberoende af hvarandra? Medföres på måfå vid hvarje sädesutgjutning med hvar och en af millionerna spermatozoider ett stycke själ, eller far först då fadrens afsnörda diminutivsjäl in i den respektive spermatozoiden, när denna senare har haft lyckan att träffa på ett befruktningsbart ägg af sin art? Och huru erfar fadrens i förråd liggande diminutivsjäl, huruvida och hvilken spermatozoid från en kopulation, som ägt rum timmar eller dagar förut, medför ett äggs befruktning?

Om barnets själ skapas ur den allmänna verldsandens källa, likasom framställer det vid det nyuppståndna organiska fröet ihopkristalliserade psykiska tillbehöret, så är detta alltid redan en väsentligt annan föreställning än kreationismens, enligt hvilken själen i alstringens ögonblick *skapas ur intet* af Gud. Vidare borttager icke denna uppfattning såsom kreationismen sammanhanget af de psykiska egenskapernas ärftlighet, i det att det *organiska fröet betingas* genom *föräldrarnes egenskaper*, och den ur det omedvetna liksom framskjutande *andekristallen* åter *modifierar* sig efter det *organiska fröets egenskaper;* i denna mening kunna genom *arf af hjernans beskaffenhet andliga egenskaper* lika väl som en öfvertalig finger eller ett sjukdomsanlag öfvergå från föräldrarne på barnen. Å andra sidan blir framträdandet i barnets själ af ett genom högre historiska hänsyn erfordradt *geni* obetaget; ty om det omedvetna *behöfver* särskilda verktyg till sin uppenbarelse, *så bereder* det sig äfven desamma i rätt tid, det skall alltså då i en organism, som särskildt erbjuder sig dertill egnad, skaffa sig ett medvetenhetsorgan, hvilket är i stånd till ovanligt höga psykiska värf.

Om vi på detta sätt äfven undgå hufvudfelen i traducianismen och kreationismen, så kan man emellertid dock ingalunda förneka, att läran om alstringen har sina stora svårigheter, så länge man betraktar individens själ icke blott efter dess verksamhet, utan äfven efter dess väsen, dess substans såsom något i sig afslutadt och såväl emot de öfriga individuella själarne, som äfven mot den allmänna anden *begränsadt;* ty lösslitandet af en ny själ från den allmänna och densammas fixerande vid det nya organiska fröet har sin ganska betänkliga sida, antingen man nu, såsom vi nyss gjorde, anser detta individualiserande af en ny själ som en *småningom skeende* kristallisationsprocess, hvilken går hand i hand med fröets kroppsliga utveckling, eller man uppfattar densamma som en *på en gång uppkommen* momentan akt, genom hvilken den nya själen fullt färdig för hela lifvet inplanteras i fröet.

Så vidt man likväl erinrar sig resultaten i vårt sjunde kapitel, kommer klarhet i saken,. ty nu är själen, såväl hvar och en af föräldrarnes själar som barnets, blott *summan af de på den respektive organismen riktade verksamheterna hos det enda omedvetna* *).

Nu äro föräldrarnes själar inga afsöndrade, för sig bestående substanser mer, kunna alltså icke heller afgifva någonting af sin substans, och barnet *behöfver* icke mer bekomma någon särskildt individualiserad själ, utan dess själ är likaledes blott summan af de i hvarje moment på dess organism riktade verksamheterna hos det omedvetna. Kunde verkligen föräldrarne från sina själar ännu afgifva något åt barnet, så skulle de dock endast ösa ur det stora skapelseförråd, från hvilket de och barnet alla tre blifva spisade.

Nu finnes icke heller något underbart mer deri, att barnets själ blott *småningom* i öfverensstämmelse med kroppens utveckling växer, ty ju mer utvecklad individen blir, desto mångfaldigare, rikare och ädlare blir summan af det omedvetnas på honom riktade verksamheter. Med vår princip försvinner icke blott det underbara, utan äfven *det i sitt slag enstående,* som eljest alstringen innebär, hon blir ett med uppehållelse och nybildning af *till väsendet lika akter äfven i andligt* afseende, liksom hon för längesedan är af fysiologien erkänd såsom sådan i materielt afseende. Skulle det omedvetna i ett godtyckligt ögonblick upphöra att rikta sin verksamhet (såsom förnimmelse, föreställning, vilja, organiskt bildande, instinkt, reflexverkan etc.) på någon bestående organism, så skulle denne i samma ögonblick vara beröfvad själen, d. v. s. vara död, och skoningslöst sönderkrossas af lagarne för materien, liksom denna organisms materia skulle upphöra att vara, så snart det omedvetna underläte de viljeakter, i hvilka dess atomkrafter bestå. Men lika så väl, som det omedvetna i hvarje moment besjälar hvarje organism, som kan besjälas, skall det också besjäla det nyuppståndna fröet efter måttet af dess besjälbarhet. Dertill

---

*) Vi behöfva väl knapt erinra derom, att öfverallt, hvarest i detta arbetes båda första afdelningar ordet »själ» förekommer, det efter den redogörelse, som lemnats i det föregående kapitlet, nu icke mera bör förstås på annat sätt än i betydelsen af den här gifna definitionen. När jag i de föregående afdelningarne underlät att framhålla den monistiska uppfattningen af själen, så skedde detta blott derför, att för de der behandlade frågornas förstående det gängse begreppet själ var tillräckligt, och att genom ett för tidigt urgerande af den monistiska synpunkten den grundligare bekantskapen med saken blott skulle hafva blifvit onyttigt försvårad för den filosofiskt icke systematiserande läsaren.

kommer vidare, att det ögonblick alldeles icke kan bestämmas, då grodden från att vara en del af modrens blir en sjelfständig organism, om man icke möjligen vill såsom ett dylikt kännemärke låta gälla lösgörandet vid födelsen. Men så länge barnets organism är en del af modrens och näres af denna, så länge har man ännu att göra med en process, som till sitt väsen icke är skild från hvarje annan organisk bildningsverksamhet. Detta skall blifva mest i ögonen fallande, då vi kasta en blick på den successiva fortgången från de lägsta slagen af fortplantning ända upp till den könliga alstringen.

Det enklaste slaget är *delningen*, som är ett vanligt sätt för förökningen af celler, men som äfven ganska ofta förekommer hos infusorier och andra djur. Att vid delningen af ett djur i två icke kan vara tal om en delning af själens substans, hafva vi redan flera gånger påpekat. Från delningen ledes man genom successiva öfvergångar till *knoppbildningen*, ty äfven knoppen utvecklar sig såsom del af moderorganismen, tills han, förmögen af sjelfständig existens, aflöser sig och begynner föra ett sjelfständigt lif (polyper m. fl.).

Man kan icke antaga en principiel skilnad i bildningsförloppet, det vare sig att ett djur på nytt ersätter sådana delar, som gått förlorade, eller att det bildar knoppar för förökning. I alla sådana fall, der knopparne framställa sig karakteristiskt såsom sådana och ej vidare äro att förvexla med enkel delning, kan man alltid tydligt iakttaga deras utveckling ur en i moderkroppens väfnad någonstädes inlagrad enskild cell — *groddcellen*. Påtagligen kan det nu icke göra någon väsentlig skilnad, på *hvilket* ställe af moderorganismen groddcellen befinner sig, ur hvilken den nya organismen utvecklar sig, om detta ställe är beläget vid någondera af djurets sidor, eller vid dess ena ända, eller i armarne, eller i bukhålan, eller i en särskild kläckhåla. De båda sistnämnda fallen skiljer man från förökningen genom knoppbildning såsom *förökning genom groddceller* i inskränkt bemärkelse. Groddcellerna, som utveckla sig i bukhålan eller i en särskild kläckhåla, visa mestadels redan en utpräglad yttre likhet i form och storlek med de högre djurens ägg, ja man kan till och med påstå, att de i morfologiskt afseende alldeles icke skilja sig från dessa.

Hos många djur (t. ex. bladlössen) omvexlar redan förökningen genom groddceller med den könliga fortplantningen, eller är till och med *en enda* befruktning tillräcklig, för att befrukta groddcellerna (eller äggen) hos flera på hvarandra följande generationer. En till flugornas ordning hörande insekt, Cecidomyia, frambringar genom könlig fortplantning larver, hvilka lefva under barken af sjukliga äppelträd och i ett i analogi med äggstocken bildadt organ, som man benämner groddstock, utan befruktning utveckla så högt organiserade afkomlingar, att de såsom lefvande ungar komma till verlden i en form, som liknar modren. Äfven hos några fjärilar förekommer den märkvärdiga företeelsen af jungfrulig alstring eller »parthenogenesis», likaså hos en hel serie af lägre krustaceer; hos båda äro de utan befruktning framfödda afkomlingarne uteslutande *honor*, hos jordhumlorna, vesporna och bina deremot uppstå, alldeles motsatt detta förhållande, hannarne af obefruktade, honorna af befruktade ägg. Under det att hos bina endast drottningen eller visen lägger ägg, hvilka hon efter godtycke kan eller icke bringa i beröring med de efter en förutgången befruktning qvarblifna spermatozoiderna, är det hos humlorna och vesporna skilda individer, som frambringa hanliga och honliga afkomlingar; honorna, som parat sig om hösten, öfvervintra nämligen och framföda nästa vår honliga ungar, men dessa om våren födda och obefruktade honor producera först framdeles hannar för befruktningen, som skall försiggå på hösten. — Groddcellen eller det obefruktade ägget utvecklar sig alldeles analogt med det befruktade ägget, endast att det förra icke behöfver någon befruktningens impuls; men man äger äfven fullt trovärdiga exempel derpå, att notoriskt obefruktade ägg utaf djur, som föröka sig endast på könlig väg, begynt gulklyfningsprocessen, *liksom om* de varit befruktade (sådana fall hafva blifvit iakttagna t. ex. hos svinägg af anatomen Bischof i München redan för många år sedan); men visserligen räckte deras kraft icke synnerligen långt, och de blefvo stående på den embryonala utvecklingens första stadier. Under vissa stadier kan likväl till och med här äggets tillväxtprocess fortgå ända till ett tämligen högt stadium; så t. ex. är det sedan länge kändt, att hönor utan beröring med en tupp understundom lägga obefruktade ägg, hvilka således alltifrån sina mikroskopiska begynnelsestadier tillryggalagt en tämligen lång väg af utvecklingen.

Spermatozoiden eller sädesdjuret, som med sitt spetsiga hufvud borrar sig in i gulhinnan och der sannolikt genom endosmos utbyter sitt innehåll med gulan, åvägabringar således närmast ingenting annat, än att han förlänar gulmassan en ihållande impuls till att inträda i klyfningsprocessen, en impuls, som under gynsamma omständigheter kan undvaras hos ägg, under alla omständigheter hos groddceller. Egenskapernas ärftlighet äfven på fädernet bevisar deremot, att alstringsämnenas förening vid den könliga alstringens högre utbildning under alla omständigheter vinner en ännu mer djupgående betydelse, i det att genom alstringsämnenas blandning åvägabringas en verklig blandning af de båda föräldrarnes egenskaper. Det ligger här nära till hands att såsom prototyp för denna process anse vissa svärmsporers kopulation, i hvilken närmast ingenting annat än två cellers förenade kraft tyckes vara den afgörande punkten, så länge ingen skilnad står att konstatera mellan de sig förenande elementen vare sig på grund af deras egen beskaffenhet, eller på grund af deras uppkomst.

I enlighet med allt detta kunna vi i bildningen af nya organismer genom ett moderdjur, vare sig med eller utan tillhjelp af en hanlig (en fader-) organism, icke se något annat än en organisk bildning, som skiljer sig från andra organiska bildningar, t. ex. nyutvecklingen af vissa, förut icke bestående organ under vissa tider af lifvet, icke i sjelfva processens väsen, utan endast genom det ändamål, som det nybildade tjenar, i det att detta ändamål vid alla andra organiska bildningar (med undantag af mjölkbildningen hos däggdjuren) ligger *inom* och endast vid alstringen *utom* den bildande individen. Har nu den (alldeles bortsedt från hvilken början den är utgången) uppkomna nybildningen nått en sådan grad af utveckling, att denna gör henne mäktig af en existens såsom sjelfständig organism, så följer frigörelsen från moderorganismen, en akt, hvilken man väl knappast kan vara böjd att tillskrifva någon psykisk betydelse, som går utöfver den reflektoriskt-instinktiva ackommodationen efter de förändrade lifsbetingelserna (t. ex. hos däggdjuren respirationens framträdande).

Sålunda bekräftar det sig äfven på empirisk väg, att embryots, fostrets och barnets organism, alldeles lika väl som hvarje annan del af en färdig organism, i hvarje stadium och hvarje moment af dess lif *har just så mycket själ*, som han behöfver för sin kroppsliga bibehållelse och vidare utveckling och som hans medvetenhetsorgan äro i stånd att omfatta. Men att det omedvetna *beherskar lifvet öfverallt*, hvarhelst det *kan* beherska detsamma, och att äfven i detta hänseende, alldeles bortsedt från dess sammanhang med moderorganismen, den nya groddens besjälande alltefter dess förmåga af själslif endast är det speciella fallet af en allmän naturföreteelse, det må ytterligare belysas genom några exempel.

I Autenrieths »Ansichten über Natur- und Seelenleben», sid. 265—266, finna vi följande notiser: »Så hafva äfven Lister, Bonnet och Stickney sett, huru larver och puppor af fjärilar, samt larver af Tipula oleracea frusit till is och åter lefvat, när de tinat upp. — Enligt mera noggranna iakttagelser af Spallanzani (Opuscoli di fisica animale e vegetabile, Modena, vol. 2, p. 236) komma hjuldjuren, Furcularia rediviva Lamarck, som träffas i stillastående vatten och i takrännornas sand, blott de icke torkat ut i fria luften, utan varit inlagrade i en sandklump och torkat ihop med denna, till nytt lif till och med ännu efter tre, stundom fyra år, under hvilka de tillsammans med den fullkomligt torrvordna sanden bevarats i ett glas eller en ask, så snart den torra sanden på nytt fuktas med vatten, blott att, ju längre tid de förvarats i uttorkadt tillstånd, ett desto mindre antal af dem åter vaknar till lif och fortsätter alla sina vanliga lifsförrättningar på nytt. Men de lefde åter upp, ehuru de genom uttorkningen kommit i ett så tillhårdnadt tillstånd, då de eljest hafva blott en geléartad kropp, att, om man rörde vid några af dem med en nålspets, kroppen sprang sönder i många stycken liksom ett saltkorn. Så kunna dessa små djur ända till elfva gånger omvexlande hoptorka och göras liflösa och uppmjukade i vatten återfå lifvet. Denna sin förmåga att lefva åter upp på nytt förlora de icke heller då, när de *infrysa* med vattnet och då till och med utsättas för en köldgrad af 19° R. under fryspunkten; likaledes kunna de i sitt uttorkade tillstånd utsättas för en hetta af 49, understundom till och med ända till 64 grader öfver fryspunkten, utan att ändock förlora denna förmåga, att åter lefva upp vid pågjutning af vatten, hvaremot de i lefvande tillstånd för alltid dö redan vid en vattentemperatur af + 26 grader».

Samma ställe, sid. 20: »På sin första resa till Ishafvets nordamerikanska kuster såg John Franklin under vintern 1820—1821 fiskar, omedelbart efter det de kommit ur vattnet i luften, stelfrysa till en så fast massa, att man med en yxa kunde slå dem i stycken och att sjelfva inelfvorna bildade en fast frusen klump. Det oaktadt kommo några sådana fiskar till nytt lif, hvilka man upptinade vid elden, utan att man förut skadat dem. En karp repade sig, oaktadt han varit fullkomligt stelfrusen under tretiosex timmar, så fullkomligt, att han förmådde göra ett kraftigt hopp.

Då Ellis öfvervintrade vid Nelsonfloden i Hudsonsbay, fann man en fullkomligt hopfrusen klump af svarta stickflugor; då man närmade dem till elden, qvicknade de till nytt lif. Han berättar, att man derstädes vid sjöstränderna ofta fann grodor, hvilka voro lika hårdt hopfrusna som is, men som ändock, då de upptinades vid måttlig temperatur, åter lefde upp med sådant lif, att de förmådde krypa från ett ställe till ett annat.

Äfven alldeles genomfrusna träd kunna efter långsamt försiggången upptining lefva upp på nytt och skjuta friska blad *).

Men Hunter fann vid sina försök, att en fisk måste endast *långsammare* dö i kölden och sedan stelfrysa, för att icke vidare genom upptining kunna kallas till lif, af hvilken anledning det icke heller lyckas att låta ett helt varmblodigt djur stelfrysa och genom upptining åter lefva upp, och vi fördenskull måste frånsäga oss det hoppet, att åter kunna under gynsamma omständigheter få se lefvande en af de i polarisen helt oskadda bevarade forntida elefanterna, eller en derstädes infrusen noshörning, alldeles som man träffat paddor inne i hårda klippan, i hvilken de måste hafva varit inneslutna under århundraden, ja kanske årtusenden, och som sedermera, frigjorda ur sitt fängelse, hoppat lifligt omkring.»

Nyare auktoriteter förklara det visserligen vara omöjligt, att stelfrusna varmblodiga djur skulle kunna lefva upp på nytt, emedan kölden skulle medföra en blodets sönderdelning; men deremot ställa sig Schenks nyaste iakttagelser, enligt hvilka hvita blodkroppar, spottkroppar, spermatozoider och till och med befruktade ägg mycket väl fördraga en temperatur af — 3°, delvis till och med en kortvarigare afkylning af ända till —7°, utan att dessa temperaturer hafva något inflytande på deras senare lifs-, rörelse- och utvecklingsförmåga. (Kopplymfa förlorar ingenting af sin kraft till och med genom en längre afkylning af ända till —78°.) Om också icke alla hithörande frågor ännu blifvit tillräckligt utredda, så äro dock de anförda exemplen i allmänhet tillfyllest, för att göra den a priori påtagliga sannolikheten plausibel, att hvarje spår af lif kan undfly en organism, och att detta oaktadt han kan bibehålla *förmågan* att under gynsamma omständigheter begynna en ny lifsverksamhet, om blott

---

*) Helleborus niger och Bellis perennis stelfrysa, då köld inträder, i alla stadier af blommornas utveckling och växa vidare först efter upptiningen, en sak, som ofta inträffar under vintrar af vexlande temperatur. Goeppert har sett halföppnade blommor veckor igenom i detta tillstånd. Det gifves för hvarje växtart, till och med för sådana, hvilka bäst äro i stånd att fördraga kölden, en bestämd gräns, hvars öfverskridande förorsakar döden. Enligt Cohns direkta mikroskopiska iakttagelser dö t. ex. cellerna hos Nitella syncarpa vid en afkylning, som understiger —3° C., under det att primordialsäckens protoplasmatiska innehåll desorganiseras genom vattnets utfrysande. Andra växter deremot dö redan vid en temperatur af några grader öfver fryspunkten.

icke hos honom några sådana förändringar försiggått, hvilka anatomiskt eller fysiologiskt omöjliggöra lifsfunktionernas upptagande på nytt efter återställandet af de normala omständigheterna. Härtill hör, att såväl under det liflösa tillståndet (genom den intorkade eller stelfrusna beskaffenheten, eller genom allsidig hermetisk afskildhet), som äfven vid öfvergången från det normala lefvande till det liflösa tillståndet (t. ex. genom stelfrysningens *hastighet*) en kemisk eller histologisk förändring förhindras, hvilken är till men för den framtida lifsverksamheten; deremot äro sådana förändringar likgiltiga för återvaknandet till nytt lif, hvilka endast tillintetgöra de framtida lifsfunktionernas normalitet och blott låta organismen än engång vakna upp till ett patologiskt lif, som dock inom kort åter skall utsläckas af sig sjelft.

I fråga om hjuldjuren skulle man kunna antaga, att hoptorkningen ännu icke nått en sådan grad, att den icke framgent skulle kunna medgifva ett utbyte af ämnen, så att man strängt taget icke hade att göra med en absolut hämning af lifsfunktionerna, utan endast med deras reduktion till ett minimum (liksom i fråga om vintersömnen), men äfven ett sådant antagande blir otillräckligt, der frågan gäller stenhårdt frusna kroppar i polartrakternas vinterköld eller grodor, hvilka under århundraden eller ännu längre varit inneslutna i hårda klippan. Hos de sistnämnda skulle också ett minimum af ämnesutbyte, som man i sådant fall endast kan tänka sig förmedladt genom det vatten, som genomsipprar klippan, hafva fört till djurets upplösning under den enormt långa tiden; men hos stelfrusna organismer kan endast en ringa ytutdunstning äga rum, lifsfunktionerna äro omöjliggjorda såväl genom saknaden af de vanligaste fysikaliska betingelser, såsom ämnesomsättning, endosmos, som äfven genom oumbärligheten af ett flytande tillstånd för hvarje kemisk reaktion.

Medgifver man nu, att hos en alltigenom stelfrusen kropp hvarje organisk funktion, d. v. s. hvarje lifsverksamhet är omöjlig, så saknar han hvarje spår af lif, d. v. s. han är *absolut liflös;* hans tillstånd är således *specifikt och totalt olika* mot alla stadier af deprimerade lifsfunktioner, såsom sömn, vintersömn, vanmakt, stelkramp, skendöd; kroppen förhåller sig till lifvet, under den tid detta tillstånd varar, alldeles såsom en oorganisk kropp.

Det är naturligen likgiltigt, om man vill tillägga kroppen ordet *död*, ty det beror endast på den begreppsbestämning, som man inlägger uti uttrycket att vara död. Identifierar man absolut liflös och död, såsom väl är det naturliga, så skall man göra det; men skiljer man mellan båda begreppen, och kallar man dödt endast det som är liflöst, det som icke åter kan blifva lefvande, så skall man icke göra det. Denna senare uppfattning torde väl endast framgå ur den fördomen, att det, som är dödt, icke åter kan blifva lefvande, en sats, som naturligen icke kan a priori bevisas, utan endast induceras från erfarenheten, och som under lång tid kunde få gälla såsom riktig. Men komma nu sådana fakta i dagen, hvilka ådagalägga, att något, som är dödt, under vissa omständigheter dock åter kan blifva lefvande, så skulle man snarare medgifva undantaget från den hittills såsom allmängiltig grundsats antagna induktionen, än för den gamla fördomens skuld godtyckligt inskränka begreppet död. Denna inskränkning vore förvisso onödig, om icke denna fördomsfulla inskränkning af begreppet död också kunde leda till den fördomen, att det absolut liflösa icke också behöfde vara själlöst, en sak, som dock skulle vara så sjelfbegriplig som möjligt, ty en kropps själ är ju endast summan af de funktioner, som referera sig till honom, eller af de *verksamheter hos det omedvetna*, hvilka rätt och slätt kallas *hans* lifsfunktioner.

Derutaf, att en organism, så länge han är stelfrusen, är delaktig hvarken af lifvet, ej heller af en själ, följer nu, att om efter ett visst tidsförlopp lif och själ vänder tillbaka hos honom, denna själ icke vidare kan betraktas som *en och samma* med den, som innebodde hos honom före öfvergången till det stelfrusna tillståndet, enär för två i tiden skilda själars enahandahet fordras den tidliga *kontinuiteten* i verksamheterna hos de förra med verksamheterna hos de senare, men ingalunda den respektive *organismens* enahandahet och den på densamma beroende *lika beskaffenheten* hos själarne kan betraktas såsom tillräcklig. Det kunde ju så vara, för att tala i öfverensstämmelse med den vanliga föreställningen, att, då vid lifvets upphörande den gamla själen farit ut ur kroppen, vid lifvets återuppvaknande alldeles på samma sätt också en *annan* dylik själ kan fara in uti honom. Frågans oriktiga framställning är genast påtaglig, då man tänker på det omedvetnas all-enhet och besinnar, att gamla som nya själar äro på samma organism riktade verksamheter af samma all-enda väsen, hvilket just *genast på nytt insänder* lifvet i denna organism, såsom det är *möjligt* enligt materiens lagar.

Man finner af dessa exempel, att det icke gör någon väsentlig skilnad, om såsom vanligt de lifskraftiga organismerna befinna sig i en kontinuitet med hänsyn till deras lifsfunktioner, eller om en kropp, som ännu är oförmögen af lif, blir oförmögen deraf i detta moment; *så snart möjligheten* af lif är gifven, *besjälar* honom det omedvetna, i det att det på honom riktar de för hans konstitution passande psykiska funktionerna. Antaga vi alltså det fallet, att embryot till en ung organism, som vi i regeln hafva sett uppstå såsom en integrerande beståndsdel i moderorganismens lifslopp, att ett sådant embryo, frigjordt från hvarje förening med ett redan bestående lefvande väsen, plötsligt uppstode, så måste det lika ofelbart som den åter upptinade fisken eller det åter uppmjukade hjuldjuret i första momentet af sin organiska lifs*förmåga* alltigenom besjälas af det omedvetna, och en sådan företeelse skulle nu icke mer kunna anses såsom ett enstaka stående undantagsfall.

Till en sådan betraktelse hänvisar jag enhvar, som möjligen skulle vilja drifva det påståendet, att det obefruktade ägget ännu icke har någon själ, utan att det erhåller sin själ först i det moment, då befruktningen försiggår, hvilken ju hos de lägre djuren mestadels äger rum utom moderorganismen, ehuruväl denna uppfattning är stridande såväl mot vår åsigt om *hvarje cells* själsbegåfning, som äfven mot analogien med *groddcellens* utveckling utan befruktning. Men i hvarje händelse finner denna uppfattning en passande användning vid begreppet *uralstring* (generatio spontanea), d. ä. organiska väsendens uppkomst ur oorganisk materia utan moderorganism. En sådan uralstring *måste hafva ägt rum*; ty geologien uppvisar, att jorden lika väl som alla andra himlakroppar afkylts från en ursprungligen glödhet massa och småningom antagit sin närvarande temperatur; men då nu inga organismer kunna äga bestånd vid en temperatur, som är högre än den, vid hvilken ägghvite löpnar, så måste jorden under längsta tiden af sin tillvaro hafva varit obebodd, och då hon för närvarande faktiskt är befolkad af organismer, så måste det nödvändigt hafva gifvits en tidpunkt, då *det* eller *de första väsendena* uppkommo, hvaremot före denna tidpunkt endast fans oorganisk materia. Här är begreppet uralstring uppfyldt.

Jag säger icke, att vid denna tidpunkt ingen organisk, utan endast, att ingen *organiserad* materia funnits; tvärtemot, tror jag, måste man antaga, att under inflytandet af en fuktig och på kolsyra mycket rik atmosfer liksom af den högre värmen, ljuset och starkare elektriska inflytanden hade redan på oorganisk väg bildat sig föreningar af högre ordning af kol, väte, syre och qväfve, hvilka kemien i våra dagar betecknar med det oegentliga namnet organiska ämnen, emedan det är de, som *företrädesvis* förekomma hos organiska väsenden.

De nyaste kemiska forskningarne har det lyckats att genom så slående fakta vederlägga de tidigare åsigterna, att organiska föreningar icke skulle kunna framställas på oorganisk väg, att det blott synes vara en tidsfråga, när menniskan skall eröfra absolut herravälde äfven inom den organiska kemiens område. Den syntetiska kemien har på det organiska området redan uppträdt såsom en jämnbördig syster vid den analytiska kemiens sida; en del af de snillrikaste forskare (t. ex. Berthelot) egnar åt henne sina krafter, och nästan månatligen har hon nya, öfverraskande triumfer att anteckna. Uppgiften att af rent oorganiska element framställa de till den så kallade fettserien hörande syrorna, aldehyderna och alkoholerna kan i principen betraktas som löst, och resultaten inom den så kallade aromatiska serien (till hvilken de flesta flytande brännämnen, organiska färgämnen, essenser och parfymer höra) framträda så hastigt och med sådan säkerhet, att man nu nästan endast behöfver noggrant utforska de organiska kropparnes kemiska konstitution, för att på förhand vara säker om deras syntes. Men redan tränger kemistens skarpa blick vidare; gummi- och sockerarterna begynna att till sin natur utveckla sig för hans förstånd och uppväcka obegränsade förhoppningar för den organiska syntesens framtid.

Om sålunda gränsen mellan oorganisk och organisk *materia* längesedan fallit, så begynner skilnaden mellan oorganisk och organisk *form* blifva mer och mer sväfvande. Visserligen visa de mest sammansatta organiska typerna former, till hvilka inom den oorganiska naturen (med undantag af den radiära typen) icke finnes någon analogi; men man får icke glömma, att lifvet redan bor inom de encelliga organismernas stora rike, och cellen finner i sjelfva verket sin analogi uti den oorganiska naturen. För det första äga nämligen de flesta vätskor på sin yta betydligt större täthet och seghet än i sitt inre, en olikhet, som hos ingen framträder starkare än hos äggbvitan och dess lösningar. Erbjuder sig här i hvarje droppe en analogi med den ofta oändligt späda cellmembranen, så blir likheten till en öfverraskande morfologisk identitet med stärkelsekorn vid de mikroskopiska kornen af kolsyrad kalk, hvilka Famintzin utfälde genom att slå tillsamman mättade lösningar af klorkalcium och kolsyradt kali. Här visar sig samma kärna, samma schiktning, samma förväxning af flera korn, samma de yttre lagrens större motståndskraft mot ättiksyra, som vid stärkelsekornen. Häraf följer närmast, att stärkelsekornen icke äro några *lefvande* celler, utan liflösa sekret från andra lefvande element, ett förråd afsöndradt för kommande återförbrukning af ett bestämdt material. Men det följer äfven, att *cellformen* med kärna och membran *i sig* bevisar *ännu alldeles ingenting* för förhandenvaron af organiskt *lif*, till och med ingenting då, när den har organisk materia till innehåll, utan att till lifvet dessutom ännu hör något *alldeles* annat än organiskt ämne och organisk form, något *ideelt*, som uppenbarar sig i form, bibehållelse och *fortplantning genom ämnets vexling*, medan hvarje bevarande af formen genom passiv konservering af ämnet förhåller sig till lifvet såsom en mumie, hvilken på sin höjd med skenbart lif gäckar svaga ögon.

Jag sade således: det är sannolikt, att före uppkomsten af den enklaste organism organiska föreningar af lägre grad redan hafva förefunnits, hvilka gjorde en organisk varelses uppkomst af dem väsentligt lättare, än vatten, kolsyra och ammoniak, af hvilka de färdigbildade organismerna nära sig. Sålunda skulle dessa organiska ämnen för det blifvande urembryot åtminstone hafva spelat rollen af ett *gödningsämne*, som nu uppstår vid organismernas återbildningsprocess. Sannolikheten, att dessa första organismer lefde i vatten, är allmänt erkänd; att det måste vara ganska enkla väsen, enkla, på indifferenspunkten mellan växter och djur stående celler, har visats redan i Kap. C. IV. Men huru man nu än må tänka sig förloppet i dess enskildheter, så måste det fasthållas, att det omedvetna *fattade* och förverkligade den *första* inträdda möjligheten till det organiska lifvet. När vi hittills vid den könliga alstringen hade uppfattat momentet af det uppstående embryots besjälande så, som om det omedvetna skulle vara det först hos det *bildade* embryot med besjälandet uppträdande, så var detta blott derför tillåtligt, emedan vi i sammanhang med åskådningssättet i tysthet antogo de för embryots *bildning* erforderliga omedvetet-psykiska verksamheterna såsom utgående från föräldraorganismerna; men då nu ett sådant skiljande vid det omedvetnas all-enhet alldeles bortfaller, så måste vi nu erinra derom, att embryots *besjälande* icke följer, utan *föregår* embryots *uppkomst*, d. v. s. att embryot först derigenom kan uppkomma, att det omedvetna låter för dess uppkomst en särskild kraftyttring verka, hvilken *predestinerar* dess typiska form i samband med de genom de förhandenvarande betingelserna gifna möjligheterna, alldeles så, som vid organiskt bildande genom naturens helande kraft den typiska formen genom det omedvetnas verksamhet predestineras för det hos salamandern återväxande benet. Här såsom der motsäges ingen oorganisk naturlag, ingen blir ens för ett ögonblick försatt ur verksamhet, utan de användas blott för högre ändamål. Dervid bildas något, som genom de oorganiska naturlagarnes samverkan allena icke skulle kunna komma till stånd och som blir möjligt först derigenom, att det omedvetnas vilja ingriper och tillför förhållanden, under hvilka numera genom de oorganiska naturlagarnes normala verkan en ny, af nya prestationer mäktig form skapas.

Liksom det omedvetna ständigt söker realisera och fasthålla lifvet hos millioner embryoner, hvilka dock af ogynsamma förhållanden genom de organiska lagarnes oundgängliga nödvändighet snart åter, ofta genast vid framträdandet åter sönderfalla, så måste äfven då, när lifvet först begynte jäsa på jordytan, millioner embryoner redan vid sin bildning förolyckas, innan det lyckades lifvet att liksom fatta fast fot på jorden. Men hade det en gång lyckats att framställa en eller några få organismer, så hade det omedvetna från denna eröfrade operationsbas ett lättare spel, det kunde nu taga fortplantningen till hjelp och med tillhjelp af denna med jämförelsevis mindre ansträngning försvara och utvidga den eröfrade terrängen. Ty det är tydligen mycket lättare att draga tillsammans de i vattnet utspädda och fördelade förhandenvarande organiska ämnena omkring en organism, som redan finnes, än omkring en ideel punkt, det är ganska mycket lättare att hos desamma åstadkomma ännu behöfliga kemiska ombildningar och modifikaticner genom assimilering med hjelp af kontaktverkan från en gifven organism, än utan en sådan, och det är ganska mycket lättare att framställa cellens typiska form med dess redan alltjämnt rikare inre differentiering genom det enkla konstgreppet af celldelning med hjelp af insnörning, än af formlösa ämnen.

Det fordras sålunda i hvarje händelse en oändligt mycket ringare viljeansträngning *), för att bilda organismer *med* tillhjelp af

---

*) För den ytliga betraktelsen skulle det möjligen kunna förefalla, som vore det motstånd, hvilket det omedvetna röner vid sin organiserande verksamhet hos den oorganiska materien, en instans emot det omedvetnas all-enhet. Detta är dock ingalunda händelsen. Vi hafva redan i det föregående sett, att striden och kampen mellan de individualiserade naturkrafterna såsom funktioner af det omedvetna äro en nödvändig betingelse för den objektiva fenomenverldens åvägabringande och särskildt för medvetandets uppkomst (jfr. sid. 122—128); här föreligger endast ett särskildt fall af denna allmänna sanning. Lika litet som af blott oorganisk materia utan en organiserande princip någonsin en organism skulle kunna framkomma, lika litet skulle den organiserande principen kunna realisera sig i organismer, om han icke för det ändamålet hade materien såsom ämnet att förfoga öfver. Det omedvetna måste följaktligen, för att kunna skapa organismer, bärare af medvetandet, först skapa en materia, nämligen en materia, som är underkastad undantagslösa lagar, emedan endast hos en dylik framställandet af hjelpmekanismer är möjligt, hvilka alltid fullgöra samma förrättningar. Men att en sådan efter egna lagar sig förhållande materia, hvilken i och för sig icke tenderar till att bilda organismer, gör ett visst motstånd mot det omedvetnas verksamhet, hvilken tvingar henne att bilda organismer, är sjelfklart, och det är intet under, att detta motstånd, som varierar alltefter den tillfälliga konfigurationen af de i hvarje fall verksamma natur-

redan förhandenvarande, än *utan* sådana, alldeles på samma sätt, som det hos ett djur af högre utvecklad organisation fordras en långt ringare ansträngning, för att verka *med* hjelp af nerver och andra väfnader, än *utan* dylika. Man kan sålunda antaga, att samma kraft- eller viljeanvändning, förmedelst hvilken *en* cell genom uralstring kommer till stånd, är tillräcklig, för att bilda många *millioner* celler genom delning af redan förhandenvarande dylika.

Men nu hafva vi funnit, att naturen öfverallt går derpå ut, att nå sina mål med användning af den möjligast minsta kraft, att hon öfverallt föredrager att åt sig framställa mekaniska förrättningar för att begagna sig af de engång förhandenvarande oorganiska molekylärkrafterna, hellre än att hon sjelf skulle nödsakas att gripa in på ett direkt sätt; men om hon slutligen ser sig tvungen till sådana ingrepp, emedan de äro alldeles oumbärliga, så inskränker hon dem till ett minimum af kraftanvändning.

Sålunda hafva vi sett (Kap. A. VII. 1. a), att nervsystemet hos djuren icke är någonting annat än en sådan kraftsparande maskin, som med hjernans tryck- och häfstänger öfvervinner centnertyngder i extremiteterna; vi hafva sett (Kap. A. III, V, VI, VIII och C. IV) en massa inrättningar hos både djur och växter så träffade, att de af dessa anstalter framgående retningarne eller deras rent mekaniska verkningssätt gjorde särskilda instinkter öfverflödiga; vi hafva vidare omvändt sett instinkter användas, för att göra omfattande ansträngningar i det organiska bildandet umbärliga, t. ex. (Kap. B. II och V) instinkten i könsurvalet, för att komma till en förädling af slägtet i afseende på skönhet och annat dylikt; det följande kapitlet skall för oss framställa ännu flera sådana exempel, som bevisa, med hvilken finess det omedvetna öfverallt bemödar sig att nå sina mål på det i möjligaste måtto mekaniska, d. v. s. mödolösa sätt.

Betrakta vi saken från denna synpunkt, så framställer sig nu också fortplantningen på könlig väg blott såsom en *mekanism*, den der med oerhörd besparing af kraft ersätter uralstringen.

Lika litet som en klok menniska tager sig före att färdas öfver stockar och sten, om farbara, jämna vägar ligga närmast till hands, lika litet som det omedvetna, sedan ett nervsystem hos djuret är färdigt, sedermera åvägabringar musklernas kontraktion genom viljans direkta inverkan på muskelfibrillerna, *lika litet skall det betjena sig af spontan (ur-)alstring, sedan en gång fortplantningen på könlig väg kommit till stånd.*

Den här från uralstringens väsen härledda satsen har under den

---

krafterna, under vissa omständigheter kan nå en sådan hög grad, att det omedvetnas endast på det allmänna, icke på det enskilda fallet riktade intresse uraktlåter att besegra de förhandenvarande svårigheterna, enär det lättare uppnår samma mål på annan väg. (Detta förklarar t. ex. förekomsten af missfall i följd af materiella rubbningar i den embryonala utvecklingen.) — Efter dessa anmärkningar torde uttrycket »ansträngning», så framt man endast derifrån utesluter hvarje antropopatiskt bibegrepp, icke vidare befinnas ogiltigt för att beteckna den grad af viljans intensitet, hvilkens användning är af nöden för organisationens skuld för att öfvervinna materiens ständiga motstånd.

senaste tiden funnit sin fulla empiriska bekräftelse, i det att mikroskopet öfverallt, der man förut antog uralstring, har ådagalagt härkomsten från förut existerande föräldrar, och i våra dagar *intet enda fall* af en verklig uralstring blifvit iakttaget, oaktadt naturforskarne med mikroskopets tillhjelp redan i alla riktningar med mycken ifver och sorgfällighet genomforskat detta de minsta och lägsta organismernas område.

Jag bestrider ingalunda, att för närvarande i hvarje ögonblick *möjligheten* står öppen, att i våra dagar konstatera en uralstring, utan jag medgifver till och med, att det negativa uppvisandet, att det numera icke *skulle kunna* gifvas någon uralstring, enligt sin natur måste för empirien evigt förblifva en *omöjlighet;* men icke destomindre kan man väl antaga, att ett påstående, hvari den rationella betraktelsen och den empiriska iakttagelsen *stämma öfverens,* har en stor sannolikhet för sig.

För de läsare, som möjligen icke torde vara förtrogna med de hithörande intressanta fakta, må det tillåtas mig att tillfoga följande kortfattade notis.

Aristoteles trodde ännu, att de flesta lägre djur uppkomma genom uralstring. För några århundraden sedan antog man ännu uralstringen för inelfsmaskarnes och infusoriernas uppkomst, ehuru redan då sedan längre tid tillbaka röster sökte göra sig gällande, som erinrade om, att man möjligen förbisett dessa djurs härkomst från förut existerande föräldrar. Till en början uppvisade man med stöd af vetenskapliga fakta de vägar, på hvilka inelfsmaskarne vandrade in i andra djurs kropp, äfvensom de olika utvecklingsstadier, som de genomgingo; derefter visade man, att infusioner, som kokat *längre tid än fem timmar å rad* och som endast kommo i beröring med glödhet luft, icke gåfvo upphof till några organismer. Men de, som förfäktade uralstringen, åberopade sig med rätta derpå, att den glödande värmen också måste fråntaga luften förmågan att alstra organismer.

Schröder och Dusch uppvisade först, att en tjugo tum lång bomullstapp filtrerar luften så, att den icke mer gifver upphof till några organismer. — Pasteur undersökte de i luften sväfvande embryonerna, i det att han uppfångade dem genom skjutbomull och löste denna i eter och alkohol. Han fann dem i alla afseenden motsvara de lägsta djurens väl kända embryoner. Han lemnade äfven positiva bevis för, att dessa embryoner äro orsaken till utvecklingen af organismer i stillastående vattensamlingar och infusioner, i det han med den glödheta luften införde en bomullssudd med embryoner, och hvarje gång uppstodo organismerna, liksom hade luften haft fritt tillträde. Pasteur jämförde till och med genom en sinrik metod de relativa mängderna af de på skilda ställen i luften innehållna embryonerna. Nyligen har Crace-Calvert genom sina noggranna undersökningar påvisat, att en temperatur af 100° C. icke i någon väsentlig mån afficierar de i fråga kommande minsta organismerna, att vid en temperatur af 149° endast de, som utveckla sig i gelatinlösning, icke blifva grobara, men att en temperatur af

204° C. fordras för att tillintetgöra grobarheten hos de i de öfriga försökslösningarna sig utvecklande organismerna. Härmed har man en gång för alla vetenskapligt vederlagt antagandet af en uralstring i infusioner.

Jag vill ännu omnämna ett annat fall, uppkomsten af Monas amyli. Man hade i stärkelsekorn sett en vimlande massa af encelliga infusorier uppstå, och deri trodde man sig spåra en uralstring. Men då man vidare följde dessa varelsers historia, fann man, att de, då stärkelsekornen slutligen föllo sönder, blefvo fria, att hvar och en af dem uppsökte ett friskt stärkelsekorn och fullkomligt inhöljde detta, omfattande dem liksom amoebor.

Lagen för härkomsten från förut existerande organismer är i naturen så allmänt genomförd, att vi icke allenast icke känna något fall af härkomst utan förut existerande organismer, såväl inom djur- som växtriket, utan *vi känna icke engång något fall hos en bestående organism, der en cell uppkommit på annat sätt än genom förmedling af en redan förhandenvarande cell.*

Om ännu i våra dagar någonstädes en uralstring förekomme, så skulle man dock med skäl kunna vänta att finna henne i en spontan uppkomst af celler i vätskorna hos en lefvande organism, der icke allenast temperaturen, utan äfven den kemiska sammansättningen hos den organiska materien lemnar de tänkbaraste gynsamma förutsättningarne derför; men förgäfves — *äfven inom organismen uppstår en ny cell endast af en förutvarande cell.*

Alla eftertänksamma naturforskare medgifva, att, i betraktande af våra för närvarande så fullkomliga instrument, ur de negativa resultaten af de sorgfälligaste forskningar resulterar en stor sannolikhet för det antagandet, att en uralstring icke förekommer i nutiden. Men af det sannolika uti detta antagande måste man regressivt sluta dertill, att uralstringen af till och med de enklaste monerer dock icke måste vara någon så lätt och enkel sak, och att för dennas åvägabringande äro ännu helt andra betingelser af nöden, än en blott mekanisk individuation af förhandenvarande proteïnämnen. Vore förhållandet verkligen sådant, så måste man under mikroskopet kunna iakttaga uralstring af monerer utaf proteïnhaltiga vätskor vid luftens riktiga temperatur, belysning, ozonhalt o. s. v.; men under antagande till och med, att detta lyckades, skulle det dock aldrig någonsin synas troligt, att en sådan moner, som alltid redan tillhör en noga bestämd art genom sättet för sin nutrition och fortplantning, skulle kunna genom de oorganiska atomkrafternas blotta spel uppstå och funktionerande äga bestånd (jfr. äfven sid. 112—113 och 165—166), utan att det omedvetnas psykiska ingrepp idealiter reglerade arten af detta förhållande.

X.

Det organiska lifvets successiva utveckling på jordklotet.

I det föregående kapitlet hafva vi sökt ådagalägga sannolikheten af den satsen, att det omedvetna endast så länge underkastade sig att frambringa organismer på spontan väg, som sådant var alldeles af nöden, d. v. s. till dess härkomsten från förut existerande organismer kunde ersätta denna uralstring. Ur samma allmänna naturprincip för den största möjliga kraftbesparing följer omedelbart äfven den andra satsen, som vid den föregående betraktelsen förutsattes såsom sjelfbegriplig, att en uralstring, d. v. s. en *omedelbar* alstring ur oorganiserad materia, endast kan komma i fråga vid de aldra lägsta och enklaste formerna af organiskt lif, att deremot för frambringandet af högre lifsformer det omedvetna ingalunda skall slå in på den redan för de enklaste väsendena så svåra vägen för omedelbar alstring, utan på ett genom *mellanformer förmedladt* uppkomstsätt. Icke som skulle jag dermed vilja påstå den *absoluta* omöjligheten af direkt uralstring af ett högre organiseradt djur, — tvärtom har jag alltid yrkat derpå, att viljan kan hvad hon vill, blott hon vill tillräckligt starkt, för att öfvervinna de henne motsträfviga viljeakterna, — ej heller som skulle jag vilja förneka den teoretiska möjligheten derutaf, att till och med *inom de oorganiska naturlagarne* i vissa moment af jordklotets utveckling det omedvetna skulle hafva kunnat sätta i verket en direkt uralstring af högre djur, att deröfver tilltro sig ett omdöme vore en dårskap, — jag påstår endast så mycket, att en direkt uralstring af högre organismer skulle hafva fordrat en oerhördt stor kraftförbrukning, en kraftförbrukning, som oändligt många gånger skulle hafva öfverträffat den, hvilken vore nödvändig för uralstringen af de enklaste cellerna, att fördenskull det ofelbara logiska hos det omedvetna, i enlighet med principen för alla måls uppnående med minsta möjliga kraftförbrukning, otvifvelaktigt måste framför uralstringen af högre organismer föredraga ett genom mångfaldiga genomgångsstadier förmedladt alstringssätt, af hvilka hvart och ett, förutom det att det var det förmedlande genomgångsstadiet till högre väsenden, *ännu för sig tjenade andra och sjelfständiga ändamål*, och dervid med relativt ringa kraftförbrukning kunde nås förmedelst en *modifierad härkomst från förut existerande föräldraorganismer*.

Göra vi oss nämligen den enkla frågan, hvad det är, som skulle höra till uralstringen af en högre organism, så är svaret detta: i främsta rummet organiska ämnen af icke alltför låg kemisk sammansättning i tillräcklig mängd och tillräcklig koncentration. Men hvar skulle väl dessa kunna lättare finnas, än *hos en redan förhandenvarande lägre organism?* I alla händelser skulle således redan den *direkta förvandlingen* af en redan bestående lägre organism i en högre (t. ex. från en mask till en fisk) framställa mindre svårigheter, än uralstringen af den senare utan tillhjelp af en redan bestående organism. Men äfven här skulle svårigheterna ännu alltjämnt vara så stora, att det omedvetna skulle vara nödsakadt till en enorm kraftförbrukning för att kunna öfvervinna dem, ty den lägre organismens redan bestående, så att säga fixerade former och redan utbildade organ måste först till största delen *tillintetgöras* i afseende på deras beskaffenhet, för att gifva plats för den högre organismens motsvarande, men annorlunda beskaffade former och organ. Detta icke oansenliga negativa arbete, som nu först har att åter tillintetgöra det, som *under* den lägre organismens *embryonala utveckling skapades*, skall påtagligen alldeles undvikas, om förvandlingsprocessen begynner *vid så tidiga stadier* af den individuella utvecklingen, att dessa de lägre stadiernas specifika former och organ alldeles icke först komma till utbildning, utan i deras ställe genast träda de högre stadiernas. Då kan man egentligen endast i *ideel* mening tala om en förvandlingsprocess, ty endast den ideella typen, som enligt utvecklingens vanliga gång skulle hafva framkommit ur den lägre organismens grodd, har lemnat rum för förverkligandet af en annorlunda beskaffad ideel typ, men i sjelfva verket har ingen förvandling, utan endast en embryonal utveckling försiggått. Till och med Agassiz, en hufvudförfäktare af arternas oafhängiga skapelse, medgifver, att denna skapelse endast har kunnat försiggå i form af *ägg*, och att tillika för utvecklingen af dessa utan föräldrar skapade ägg likartade betingelser måste vara *samtidigt skapade*, som de, under hvilka de af föräldrar frambragta äggen för närvarande utveckla sig, men det vill dock säga, att för de en föräldraomvårdnad behöfvande äggen måste antagas *fosterföräldrar*, naturligen af *andra* arter.

Men nu frågar jag, hvilken föreställning är orimligare, den, att ur ett ägg af en lägre art utvecklar sig en individ af en högre art, eller den, att ägget af den högre arten bildats fixt och färdigt genom uralstring, och dertill ett sådant ägg, att ur det absolut ingenting annat kunde framgå än denna högre art, och hvilket följdriktigt implicite redan inneböll den högre artens samtliga karakterer? Dervid är att märka, att äggen af de aldra högsta, liksom af de aldra lägsta djur äro morfologiskt och kemiskt hvarandra så lika, och att de genomlöpa de första stadierna af den embryonala utvecklingen så likmässigt, att de alldeles icke eller blott litet, och till och med i sådant fall mestadels endast på tillfälliga kännetecken, kunna skiljas åt. Det tjenar till intet att åberopa sig derpå, att vanligtvis det befruktade ägget af en art verkligen implicite innehåller i sig artens samtliga karakterer; denna (för öfrigt obevisliga) åsigt må vara aldrig så riktig, så måste dock ett ägg alltid redan hafva genomlupit en mängd utvecklingsstadier, innan det kommer så långt, att det kan sjelfständigt existera, och ungen genom solvärmens inverkan eller den djuriska värmen hos fosterföräldrarne eller den tillfälliga jordvärmen utkläckas, bortsedt derifrån, att äggen hos de djur, som föda lefvande ungar, aldrig uppnå denna sjelfständighet. Hvarest skall nu denna äggets utveckling hafva ägt rum före dess sjelfständighet, hvarifrån skall det hafva hämtat den stora mängden albumin, om icke från ett moderdjur, hvarifrån skall den första samlande brännpunkten för den primitiva gulcellen vara kommen, om han icke låge i en äggstock? Albuminet är sannerligen icke så vanligt i den oorganiska naturen, att uralstringen af en gulcell vore en så simpel sak. Det måste följaktligen i hvarje händelse hafva sig oändligt mycket svårare för det omedvetna, att genom uralstring framställa ett sådant ägg, som är utrustadt med alla de karakterer, hvilka skola tillkomma den nya arten, är att antingen ur ett ägg, som innehåller karaktererna af en annan lägre art, genom utplånandet af dessa i grodden alltid endast antydda karaktererna och tillfogandet af nya utveckla en individ af den nya högre stående arten, eller ock att utveckla det den nya högre artens karakterer fullkomligt innehållande ägget i äggstocken hos en individ af en lägre art, eller slutligen att använda *båda hjelpmedlen på samma gång*, d. v. s. att utveckla ett särskildt gynsamt redan efter den nya artens riktning anlagdt ägg *såväl* i den lägre organismens äggstock, som äfven, *sedan* det lemnat denna, med de för den högre artens uppnående nödvändiga modifikationerna. Hvar är individens naturliga ursprung, om icke ur ägget? Hvar är äggets naturliga ursprung, om icke i ett moderdjurs äggstock? Huru betydelselösa förefalla icke de svårigheter, hvilka det omedvetna har att öfvervinna vid utvecklingen af en högre organism ur en lägres sköte, emot de kolossala svårigheter, hvilka resa sig upp emot det vid uralstringen af en högre organism. Om vi således hafva att göra vårt val endast mellan dessa båda antaganden, så skola vi obetingadt besluta oss för det förstnämnda, att den högre arten framgår direkt ur den lägre, men genom en alstring med modifierad utveckling af ägget, eller såsom Kölliker (Siebold & Kölliker, Zeitschrift für wissenschaftl. Zoologie und Medicin, 1865), hvilken bekänner sig till detta åskådningssätt, kallar den: »*heterogen alstring*».

Härmed hafva vi vunnit en bestämd utgångspunkt för de genast i början förutsatta mellanstadierna för uppkomsten af högre djurformer, det gifves en räcka af allt högre och högre arter, till hvilken det organiserande omedvetna kommer vid framställningen af dehögsta organismerna. Så visst som detta allmänna resultat är riktigt, så få vi dock icke stanna ensamt dervid.

Ehuru vi än i Kap. A. VIII påvisat, att i hvarje moment af den organiska bildningsverksamheten det omedvetna verksamt ingriper på hvarje ställe af organismen, så kan man dock å andra sidan icke förneka, att liksom öfverallt, der det är af nöden, så har äfven det omedvetna, i fråga om äggets utveckling, genom på förhand framstälda organismer för sig i möjligaste mått underlättat sitt ingripande och reducerat det till de minsta möjliga materiella verkningar. Det förefinnes alltså i de hanliga och honliga generationsämnena enligt all förmodan en af detsamma sjelft i tidigare stadier afsigtligt bilagd disposition, hvilken sätter dessa ämnen i stånd att under den nödiga psykiska ledningen *lättare* utveckla sig i den genom föräldraorganismerna föreskrifna riktningen, än i någon som helst annan. Då nu det omedvetna städse följer den dispositionelt föreskrifna utvecklingsriktningen, såsom den der i allmänhet motsvarar dess föresatta mål och erbjuder de minsta motstånden för dess realisation, om det icke har någon särskild anledning att för vissa ändamål företaga en afvikelse, och då en sådan anledning saknas för den *vanliga* alstringen, *der det endast är fråga om artens bibehållelse*, så slår det vid den embryonala utvecklingens psykiska ledning vanligtvis in på den väg, hvilken genom de af det sjelft i alstringsämnena på förhand impregnerade egenskaperna är betecknad såsom den lättaste, d. v. s. *afkomman, det nyfödda, liknar sina föräldrar*, och denna företeelse gifver man benämningen »förärfning eller egenskapernas ärftlighet».

Från en sådan allmän teleologisk regel afviker det omedvetna i samma mån mindre gerna, ju allmännare dess betydelse är, t. ex. i fråga om de oorganiska naturlagarne alldeles icke. Då nu svårigheterna redan äro stora nog, hvilka uppstå derigenom, att afvikelser ske från den gamla arten och nya arter komma till, så skall det omedvetna söka att i möjligaste mån undandraga sig de svårigheter, hvilka det hade att öfvervinna vid tillintetgörelsen af sådana den gamla artens karakterer, som icke kunna eller skola föras med öfver på den nya arten, och skall det för detta ändamål söka att frambilda den nya högre arten af *sådana* arter, hos hvilka *endast* nya karakterer äro att *tillägga*, men i möjligaste måtto få eller alldeles inga bestående positiva karakterer äro att *tillintetgöra*, d. v. s. af *relativt ofullkomliga*, med *få* specifika karakterer försedda arter, som lemna stort *spelrum* för den vidare utvecklingen, men icke af redan högt utvecklade, *starkt differentierade* och med många och bestämda karakterer utrustade arter.

Detta *bekräftas* fullkomligt af djurrikets paleontologiska utvecklingshistoria. Hvarje hufvudordning inom djurriket liknar en gren af det stora trädet och utvecklar sig under en bestämd geologisk period från enkla begynnelser till högt stående former. Men dessa *senare*, som likna grenens ändar, äro *icke* de, från hvilka genom förändrade förhållanden hos en senare geologisk period en ny djurordning uppspringer, — ty de hafva genom rikedomen af bestämda karakterer liksom förlupit sig *in i en återvändsgränd* — utan dessa ofullkomliga primitiva stamformer af ordningen, hvilka med mycken möda försvarat sig under hela denna period emot sina vida öfverlägsna samslägtingar i kampen för tillvaron, liksom de med stammen närmast beslägtade mera underlägsna ättlingar af denna gren, det är från dem, som genom tillkomsten af *nya, förut icke närvarande* urkarakterer sedermera den nya ordningen uppstår. Detta är en allmän naturlag, hvars speciella användning på mensklighetens utveckling längesedan varit känd för hvarje kännare af historien. Om de raser eller stammar, hvilka under en viss tid representera den menskliga utvecklingens höjdpunkt, förfallit i stagnation (eller i en temporär depravation), så framträda mera outvecklade, liksom jungfruligare raser och stammar på den historiska skådeplatsen, för att inom kort utveckla sig till en höjd, hvilken afgjordt öfverträffar de tidigare högst stående rasernas blomstringsperiod (Bd I, sid. 262—263). Likaså är förhållandet vid utvecklingen af djurriket, endast att organisationens stegring, som städse går hand i hand med den växande intelligensen, der träder tydligare i dagen än hos menniskan, hvilken, med undantag för den stegrade utvecklingen af hjernan, åt sig skapar och bildar organen för sin växande kultur i yttre verktyg (i stället för såsom djuret i kroppens organ). — Ehuru det icke kan förnekas, att vår kunskap om öfvergångsstadierna mellan de former, som utgöra den nutida faunans sammansättning, och dem, som de paleontologiska urkunderna förvarat, så måste det dock medgifvas, att de äro fullt tillräckliga, för att ådagalägga vårt ofvan gjorda påstående.

Sedan krustaceerna nått sin höjdpunkt i krabborna, framträda arachniderna med de ofullkomligaste qvalster; sedan dessa nått till utvecklingen af spindlarne, följer hos insekterna återgången till de lågt stående lössen. De högsta formerna af blötdjuren äro bläckfiskarne, af leddjuren hudvingarne; båda äro långt högre organiserade än de lägsta för oss bekanta fiskar, båda lefde i en grad af fullkomlighet, som är jämförlig med den nutida, innan der ännu fans ryggradsdjur på jorden. Men de voro för ensidigt och för rikt differentierade, för att ifrån dem begynna en på helt andra grundbetingelser i bygnaden beroende ordning. Fiskarne utvecklade sig hellre från ascidior, maskar och krustaceer. De äldsta *fossila* fiskarne höra af lätt begripliga skäl endast till krustaceernas öfvergångsformer, emedan de båda andra slagen af djur voro för mjuka för att lemna efter sig fossila qvarlefvor; deremot hafva öfvergångsformerna från de båda senare ända in i våra dagar bibehållit sig i två arter. Den vid Nordsjöns och Medelhafvets kuster lefvande, två tum långa, nästan genomskinliga lansettfisken, Amphioxus lanceolatus Pall., äger ännu intet hufvud och ingen ryggrad, utan endast en enkel massiv broksträng såsom underlag för ryggmärgen, ingen från ryggmärgen skild hjerna, intet hjerta, ingen mjelte, i stället för lefver endast en blindtarm, intet färgadt blod, inga fenstrålar, utan endast en mjuk hinnartad (embryonal) svansfena. Liksom Linné hade ansett en annan fisk (Myxine) för en mask, så hade också Pallas hållit Amphioxus för en skallös snäcka; först nyare anatomiska undersökningar ådagalade, att han redan är bygd efter ryggradsdjurens typ, att han framställer fiskarnes lägsta bekanta stadium och öfverhufvudtaget kan gälla såsom *prototypen* eller urformen *för hela vertebratriket*, såsom den omedelbara afkomlingen af urverldens äldsta ryggradsdjur, hvilkens samslägtingar helt visst hafva befolkat urverldens haf i otaliga massor. Närmast är Amphioxus beslägtad med ascidiorna, hos hvilka icke allenast under den embryonala *) utvecklingen (liksom hos vissa lägre maskar) den hittills för vertebrattypen såsom fullkomligt karakteristisk ansedda bildningen af de såkallade groddbladen gestaltar sig alldeles analogt med förhållandet hos Amphioxus, utan hvilka till och med under ett visst stadium af sin utveckling besitta den broskartade anläggning till ryggrad, som de sedermera åter förlora.

Gå vi vidare från fiskarne till amfibierna, så visar sig återigen en öfvergång mellan de lägsta och ofullkomligaste formerna, under det att de båda ordningarna aflägsna sig från hvarandra i samma mån, ju mera de utveckla sig i sin karakteristiska egendomlighet. Den i Amazonfloden lefvande Lepidosiren paradoxa Natt. är ett tre fot långt djur, som har ett fiskliknande utseende, äger gälar bildade som fiskarnes och är försedt med en fjällbeklädnad, hvilken fullkomligt motsvarar benfiskarnes. Två fenor i hufvudets grannskap och två på bukregionen antyda det främre och bakre paret extremiteter. Men förutom gälarne äger djuret ännu en parig lunga, som genom en luftgång öppnar sig i svalget, det företer således en organisation, som aldrig förefinnes hos fiskarne, men väl hos de fisklika batrakierna, t. ex. Proteus. Respirationen och blodomloppet anvisa således Lepidosiren hans plats inom den högre stående klassen amfibier, under det att djurets hela öfriga organisation ställer det vid fiskarnes sida. Men betrakta vi nu de olika utvecklingsstadierna af detta djur såsom ett ryggradsdjur, så står det så lågt som möjligt. Dess skelett är, att börja med, ofullständigt förbenadt, ryggraden utgöres ännu af en oledad, broskartad sträng, vid hvilken de förbenade kotbågarne äro fästade. Samma bygnad, som utmärker Lepidosiren, tillkommer äfven den i vestra Afrika lefvande Protopterus, som i de öfversvämmade träsken väl behöfver gälar, i de uttorkade åter lungor. Då Huxley redan för ett tiotal år sedan fann dessa karakterer tillräckliga, för att derpå grunda antagandet

---

*) Embryologien är för närvarande en af de vigtigaste hållpunkterna och forskningskällorna för descendensteorien, då man i allmänhet kan säga, att hvarje djur under sin embryonala utveckling i korthet repeterar de olika organisationsgraderna af samtliga sina *direkta* förfäders embryonala utveckling. Aldrig beröras sådana former, hvilka icke ligga inom området för den direkta härstamningen, utan endast sådana, som utbildats så att säga på sidolinien, men visserligen kunna utvecklingsstadierna antydas äfven af de direkta förfäderna, särskildt de *aflägsnare*, i en så förkortad reproduktion, att forskaren förmår genomskåda analogien med de fjerran liggande förfäderna först då, när han gjort sig förtrogen med studiet af de mellanliggande organisationsgradernas embryologi (så t. ex. i fråga om slägtskapsförhållandet mellan däggdjuren och ascidiorna, hvilket förmedlas genom lansettfisken [Amphioxus]).

af de dubbelandande fjällbatrakiernas härstamning från de cykloidfjälliga benfiskarne, så vinner detta antagande en fullständig bekräftelse genom Kreffts upptäckt af ett nytt i Burnettfloden (Queensland) lefvande djur (Ceratodus), hvilket står midt imellan benfiskarne och fjällbatrakierna. Det torde numera få anses såsom bevisadt, att amfibierna (och med dem äfven de högre djuren) härstamma från *ben*fiskarne, och att *ben*fiskarne, som nu företrädesvis bebo vattnet, bilda en sidolinie i djurrikets stamträd, i hvilket de stå afgjordt högre än broskfiskarne. — Dessa exempel må vara tillräckliga, för att stadfästa och åskådliggöra vårt påstående.

Detta förhållande, som Darwin medgifver, låter sig icke förklara genom hans påstående, att den stränga *konstansen* i egenskapernas ärftlighet skulle vara en genom konstansens fortvaro *förvärfvad* besittning för hvarje art, och att hvarje art skulle vara i samma mån mindre böjd för att afvika från sin artkarakter, ju äldre den är. Detta påstående innebär *det riktiga*, att unga arter stå ännu närmare sin stamform än äldre, som, så att säga i glömskan af sitt ursprung, framhärdat i sin inskränkta egendomlighet, och att fördenskull unga arter, som hafva ett gemensamt ursprung, äfven sinsimellan förete större förvandtskap och kroaseringsförmåga än äldre. Sådana unga arter, som ännu efter godtycklig korsning lemna beståndande bastardraser, kallar man *föränderliga* arter i motsats mot de i sig afslutade oföränderliga, så att säga fasta arterna, hos hvilka hvarje bastardras snart åter öfvergår i någondera af stamraserna. Sådana föränderliga arter äro t. ex. hundarne, finkarne, mössen, hvaremot menniskoraserna befinna sig på öfvergångsstadiet från de föränderliga till de oföränderliga arterna, i den meningen nämligen, att mellan de aflägsnare lederna i serien icke vidare kan uppstå någon varaktig bastardras. — Afgjordt *oriktig* är deremot Darwins ofvan anförda sats, så till vida som den påstår, att med konstansens fortvaro aftager allmänt och lagenligt förmågan att variera; snarare företer den konstgjorda inafveln såväl hos växter som djur inga skiljaktigheter i afseende på variationsförmågan hos gamla och unga arter. Men antaget, att påståendet vore riktigt, så skulle man dock i följd af detta vänta sig just raka *motsatsen* till det, som detta påstående skall förklara; ty då de fullkomligare och rikare differentierade arterna alltid äga bestånd sedan en kortare tid tillbaka och följaktligen äro *yngre* än deras ofullkomligare stamformer, så skulle de senare, såsom de *äldre*, vara *mindre* böjda att ur sig begynna nya utvecklingsserier, — men de faktiska förhållandena visa oss motsatsen. Vi hafva alltså att ihågkomma, att fullkomligare arter faktiskt variera lika lätt och lika mycket, som ofullkomligare, om de genom förändrade förhållanden föranledas dertill; de förra sakna blott driften att lika lätt som de senare slå om *till högre ordningar*, men hvarför detta icke är händelsen och hvarför detta omslag till en ny ordning just då äger rum, när inom den gamla ordningen de fullkomligare formernas rikedom är utlömd, det kan den Darwinska teorien aldrig med sina förutsättningar uppvisa. —

Sedan vi i den heterogena alstringen lärt känna det ena hjelpmedlet, af hvilket det omedvetna betjenar sig, för att för sig underlätta utbildningen af nya arter, vilja vi ytterligare se oss omkring efter andra dylika. Hittills hafva vi ännu alldeles icke tagit i öfvervägande, huru stor skilnaden kan vara mellan afkomlingen och föräldrarne vid den heterogena alstringen. Men det är tydligt, att det omedvetna vid arternas fortskridande utbildning till allt högre former icke gör några onödiga stora hopp, utan att det vill rycka gränserna så nära intill hvarandra som möjligt. Ett *hopp* kommer visserligen alltid att finnas, ty eljest måste *oändligt många* alstringar föra från den ena arten till den andra, en sak, som i anseende till organisationens oändliga utvecklingstid på jorden är omöjlig. Men i hvarje händelse skall hvarje steg, som tages, icke *öfverhoppa* någon art, som ligger i utvecklingens raka väg, utan på sin höjd öfvergå från en art till den *närmast* högre befintliga.

Här framställer sig för oss den frågan, *i hvad mån* en art skiljer sig från sin närmaste slägtinge, eller, med andra ord, huru begreppet art å ena sidan begränsas från de olikheter, hvilka äro större än artolikheter, å andra sidan från dem, som äro mindre än artolikheter, eller med ett ord: frågan om *artbegreppets definition*. Men nu medgifver hvarje fördomsfri naturforskare, att sådana gränser för artbegreppet alldeles icke äro förhanden i naturen, utan att detsamma genom fullkomligt flytande öfvergångar å ena sidan sammanfaller med begreppet varietet eller ras, och å andra sidan med begreppet familj, eller hvad man föröfrigt vill gifva för benämning åt närmaste allmänna begrepp, att det sålunda, liksom i fråga om alla qvantitativt limiterade begrepp, är en sak, som beror blott på subjektivt godtycke och ömsesidig öfverenskommelse, huru långt man vill utsträcka artbegreppet; att man visserligen *i det stora hela* enats om de anatomiska och yttre kännemärken, hvilka höra till en artåtskilnad, men att naturligtvis der två arter stöta intill hvarandra alltid måste herska meningsskiljaktigheter om begreppets användning. Några hafva trott sig kunna bilägga tvisten derigenom, att de såsom kriterium för två djurs artolikhet uppstält omöjligheten att dem emellan frambringa *fruktsam* afkomma; men först och främst äro två djur icke derför skilda från hvarandra utöfver en viss gräns, att de icke sinsimellan kunna frambringa fruktsam afkomma, utan de kunna icke frambringa fruktsam afkomma af den anledning, att de skilja sig från hvarandra utöfver en viss gräns, och detta kännemärke skulle således alltid icke angå artolikhetens *väsen*, utan endast en *följd* af densamma; för det andra äro gränserna för frambringandet af fruktsam afkomma lika *vexlande*, som artbegreppet, då just endast *antalet* af de kopulationer, som lemna fruktsam afkomma under en och samma *totalsumma* af kopulationer, blir i samma mån mindre, ju mera olika djuren äro, men ingen förr än efter *oändligt många* försök kan påstå, att en alstring af fruktsamma afkomlingar mellan *dessa* båda djur är *omöjlig;* för det tredje slutligen står faktiskt detta kännemärke i icke så få fall i motsägelse mot den genom häfd faststälda användningen af artbegreppet, ty af allmänt såsom till arten skilda betraktade djur och växter har man genom korsning vunnit fruktsamma afkomlingar,

t. ex. af häst och åsna (i Spanien), af får och get, af steglitsa och grönsiska, af Mathiola maderensis och incana, af Calceolaria plantaginea och integrifolia m. fl. a., ja man har till och med konstaterat frivilliga bastardbildningar utan menniskans mellankomst mellan vilda eller åtminstone halfvilda djurarter (mellan hund och varginna, räf och hynda, stenbock och get, hund och schakal o. s. v.), och det gifves talrika bastardraser, hvilka sinsimellan lemna fruktsamma afkomlingar nära nog i oändlighet, t. ex. bastarder af hare och kanin, af varg och hund, get och får, kamel och dromedar, lama och alpaka, vikunja och alpaka, stenbock och get o. s. v. Å andra sidan förhålla sig också *raserna* mycket olika; några kunna, andra vilja alldeles icke korsa sig med hvarandra, hos andra åter är faktiskt fruktsamheten under generationsföljden mycket inskränkt. Lika litet som bastardernas fruktsamhet i fråga om arten i allmänhet, lika litet kan oförmågan att med andra arter lemna beståndande bastardraser anses som ett absolut kännemärke för *fasta*, *oföränderliga* arter (i motsats mot föränderliga); äfven denna motsats får endast qvantitativt limiteras, emedan det i främsta rummet alltid kommer helt och hållet derpå an, med *hvilken* annan art bastardbildningen försökes, och för det andra äfven hos de för närvarande aldra oföränderligaste arterna (liksom förhållandet är med unga bastardraser mellan oföränderliga arter) understundom, om ock ganska sällan uppträda öfverraskande återfall till en stamform i rätt uppstigande led (atavism).

Om vi sålunda måste hålla fast vid artbegreppets obestämdhet och konventionalitet, om vi måste medgifva, att det i naturen gifves blott mindre och större skiljaktigheter, men i så rikligt representerade gradationer, att från den omärkligaste individuella nyans ända till skilnaden mellan den högsta och den lägsta organism finnes en öfvergång, som fortlöper i för oss omärkligt små steg (jfr. Wallace, Contributions to natural selection), så kan också hvarken i artbegreppet, ej heller i ett med detta likartadt trängre eller vidare begrepp för det omedvetna ligga något tvång, hvilket satte normen för minimistorleken af dess steg i organisationens fortgående utveckling, utan det *minsta* måttet för den heterogena alstringens hopp skall endast kunna sökas i modifikationsmotståndens storlek och de af det omedvetna fullföljda målen (t. ex. uppnåendet af vissa organisationsgrader inom vissa *tidrymder*). Men nu finnes som bekant icke *likhet*, utan endast *likartenhet* mellan föräldrar och afkomma, ty de olika materiella omständigheterna förorsaka vid alstringen individuella afvikelser från den ideella normaltypen, hvilkas *fullständiga* nivellering skulle taga i anspråk en alldeles *onödig* kraftanvändning af det omedvetna, alldenstund dessa individuella afvikelser vanligen och mestadels utjämnas *af sig sjelfva* genom familjernas *inbördes korsning*. Följaktligen har man icke att *förvåna sig* så mycket öfver olikheten, utan snarare öfver likheten mellan föräldrar och barn, ty om det omedvetna ville förhålla sig vid alla alstringar inom samma art på samma sätt och spara sig det arbetet, att oupphörligt gripa in på ett utjämnande sätt, så skulle afvikelserna mellan föräldrar och afkomma, hvilka skulle uppstå genom olikheterna i de materiella förhållandena, vara vida större, än erfarenheten visar oss dem i verkligheten. Detta oaktadt se vi fall inträffa, då det omedvetna hellre låter missfoster komma till verlden, än att det underkastar sig den ansträngningen att öfvervinna de förhandenvarande materiella svårigheterna. — De på detta sätt öfrigvordna individuella olikheterna äro otvifvelaktigt stora nog, för att hastigt leda till en typens väsentliga förändring, och det omedvetna behöfver endast förhindra utjämningen af dessa olikheter genom korsning för de fall, då afvikelserna motsvara planen för dess fortgående bildning, vare sig detta sker genom att direkt fasthålla vid det gamla eller genom en yttre mekanism, så skall redan en stor del af kraftanvändningen vara sparad på detta sätt.

Att uppkomsten af arter verkligen försiggått på sådant sätt genom summeringen af individuella afvikelser, det visa oss åtskilliga djurklasser i de geologiska samlingarna, om icke samlarne utmönstra de obeqväma mellanformer, som icke vidare vilja passa in under någon artindelning. »Oräkneligt är antalet arter af beskrifna ammoniter, årligen läggas nya till de redan kända, och hela bokskåp fyllas af böcker, som handla endast om ammoniter. Ordnar man dem i en serie, så äro skilnaderna mellan två närliggande exemplar i sjelfva verket så obetydliga, att enhvar måste obetingadt anse dem blott som individuella egendomligheter. Men utväljer man ett dussin, så summera sig de små differenserna, och betraktar man två dussin, så har summan af differenserna blifvit så stor, att man alldeles icke kan skönja någon likhet mer mellan den första och den sista. Här håller intet artbegrepp streck längre, såvida man blott har exemplar i tillräcklig mängd, hvilka åskådliggöra öfvergångarne.» (Fraas, Vor der Sündfluth, sid. 269). Nära nog på samma sätt förhåller det sig med trilobiterna och många andra klasser. Här ännu endast ett citat rörande snäckorna: »Vid Steinheim (Württemberg) reser sig en kulle med tertiära aflagringar, hvilken till mer än hälften utgöres af de snöhvita skalen af Valvata multiformis; den ena extremen af denna snäcka har hög spira, liksom en Paludina (höjden till bredden som 2 : 1), den andra är skifformig och har en fullkomligt öppen nafvel (höjden till bredden som 1 : 4). Till och med den samvetsgrannaste forskare, som begagnar alla skiljaktigheter för uppställningen af en art, står alldeles rådlös inför Klosterberg vid Steinheim och måste vidgå, att alla de millioner former, på hvilka han trampar, öfvergå så omärkligt i hvarandra, att der endast kan vara fråga om en art.» (Fraas, anf. st. sid. 30).

Om man sålunda får antaga såsom visst, att det omedvetna för frambringandet af en ny art vanligen skall kunna begagna sig af en summa tillfälliga individuella afvikelser, så är dock dermed ingalunda sagdt, att dessa också alltid erbjuda sig åt det omedvetna i alla de riktningar, på hvilka det har för afsigt att slå in; snarare finnes den möjligheten öppen, att just de aldra vigtigaste framstegen kunna göras *icke* genom tillfälliga afvikelser, utan endast genom *planmässigt afvikande bildningsprocesser*. Jag tror mig till och med böra antaga, att *allt* framåtskridande till *väsentligt högre* stadier, hvilka förutsätta uppkomsten af förut icke förhandenvarande organ, icke kan förklaras genom tillfälliga individuella afvikelser, äfven om de senare för den uttömmande *utbildningen af en förhandenvarande typ* i alla riktningar må hafva förrättat det hufvudsakliga arbetet.

Ty huru kan först och främst en *i skilda kroppsdelar samtidigt* uppträdande förändring, som *planmässigt fullbordar* sig i sina särskilda detaljer, tillräckligt begripas genom *tillfälliga* afvikelser, t. ex. spenarnes bildning hos det första pungdjuret, hvilken nödvändigt måste gå hand i hand med dessa djurs viviparitet, om icke ungarne efter födseln skola ömkligt omkomma, eller den i sammanhang dermed stående nödvändiga förändringen af de hanliga och honliga könsdelarne, om en kopulation skall kunna blifva möjlig? Lika litet kan principen för den tillfälliga afvikelsen anses fullt tillräcklig i det fall, der vissa djurformer förete egendomligheter i den anatomiska bygnaden, hvilka, *värdelösa* för dem sjelfva, endast kunna hafva någon betydelse såsom *förmedlande genomgångsformer* för högre utvecklade stadier, der man alltså tydligt ser den *på förhand gifna* formen för det tillkommande ändamålets skuld, t. ex. den första bildningen af en broskartad ryggsträng hos de primitiva fiskformer, hvilka genom ett yttre hudskelett ägde en fullkomlig fasthet liksom krustaceerna, från hvilka de härstamma, så att det primitiva inre skelettet icke hade någon betydelse för dem sjelfva, utan endast för deras senare afkomlingar, hvilka småningom utbytte skalpansaret mot en fjällbeklädnad, eller såsom hjernan hos de lägst stående vildar och urmenniskor (de äldsta kraniifynden), hvilken är väl $^5/_6$ så stor som hjernan hos de mest utvecklade kulturraserna, under det att för de funktioner, hvilka hon tjenar, de antropoïda apornas hjerna mycket väl skulle vara tillfyllest, hvilken endast uppgår till $^1/_3$ af hjernan hos en kulturmenniska. Till och med Wallace säger: »Det naturliga urvalet kunde endast utrusta vilden med en hjerna, hvilken är apans i någon mån öfverlägsen, under det att han dock faktiskt äger en hjerna, som är föga underlägsen en filosofs.» Denna omständighet i förening dermed, att hårklädnaden saknas på menniskans rygg, att hand och fot synas vara onödigt fullkomliga organ för vilden, och att menniskans röstorgan, isynnerhet qvinnans struphufvud, innesluta så underbara och för vilden gagnlösa latenta förmögenheter, hvilka först vid långt framskriden kultur komma till användning, — alla dessa omständigheter föranleda Wallace att draga den slutsatsen, »att en öfverlägsen intelligens har ledt menniskans utveckling i en bestämd riktning och mot ett bestämdt mål, alldeles på samma sätt som menniskan leder många djur- och växtformers utveckling.»

Den Darwinska teorien har den förtjensten, att hafva hänvisat på och med en riklig mängd exempel hafva bestyrkt *summeringen af de individuella afvikelserna* i en bestämd riktning och den derigenom möjliggjorda förändringen af en typ. Det är mycket förlåtligt för en förtjenstfull ny åsigt, att hon *skjuter öfver målet* och tror sig förklara *allt*, att hon i sjelfva verket förklarar blott *en del*, kanske det mesta, och så mycket intressantare är det ofvan anförda intyget af Darwins konkurrent Wallace, hvilken öppet vidgår otillräckligheten af denna teori för förklaringen af *menniskans* uppkomst. —

Vi skola nu se till, af hvilka hjelpmedel det omedvetna betjenar sig i de fall, der dess enda återstående uppgift består uti *att bibehålla* de tillfälligtvis uppkomna individuella afvikelserna i en bestämd riktning och att *genom korsning förhindra* deras normala utjämnande och utplåning.

Det enda hjelpmedel derför, som vi hittills lärt känna, är *det individuella urvalets instinkt* vid könsdriftens tillfredsställande. I Kap. B. V hafva vi sett, huru skönheten inom djurriket genom detta medel förökas och höjes, i Kap. B. II hafva vi lärt känna densammas värde för menniskoslägtets förädling i hvarje afseende och tillika kastat en sidoblick på möjligheten af dylika processer inom de högre klasserna af djurriket. Om detta hjelpmedel hos de lägre djurklasserna är nästan betydelselöst, så tilltager det med den stigande utvecklingen i betydelse, men verkar visserligen alltid mera för att *befästa och förädla* en art såsom sådan, *än för att leda öfver till en annan.* Vanligen träder i stället för hannarnes aktiva urval ett passivt urval af honor, i det att de brunstige hannarne, besjälade genom en särskild inbördes *stridslystnad*, kämpa om honornas besittning, hvarvid naturligen de starkaste och skickligaste hembära segern.

Långt mera ingripande verkar för artens förändring en annan omständighet, hvilkens värde det är den Darwinska teoriens aldra vigtigaste förtjenst att hafva fullständigt framhållit, nämligen *det naturliga urvalet* (natural selection) *i kampen för tillvaron.*

Hvarje växt, hvarje djur har i dubbel mening att kämpa en kamp för tillvaron, först och främst i negativ mening en försvarsstrid emot de fiender, som vilja tillintetgöra dem, såsom t. ex. elementen, parasiterna, som vilja hämta sin näring af dem, och för det andra i positiv mening en konkurrens i förvärfningen resp. qvarhållandet af hvad som hör till lifvets vidmakthållande, såsom födoämnen, luft, ljus o. s. v. De snabbaste djuren, hvilka veta att dölja sig med största skicklighet, eller som genom sin färgteckning och form falla minst i ögonen för sin omgifning, skola lättast kunna undgå sina fienders förföljelser; för väderlekens vexlingar, storm, köld, hetta, fuktighet, torr väderlek o. s. v., skola de djur och växter minst duka under, hvilka genom sin inre eller yttre organisation äga största förmågan att motstå dessa förhållanden; af rofdjuren skola vid brist på näringsmedel endast de vigaste, snabbaste, starkaste och listigaste undgå hungersdöden; af växter skola de, som under likartade förhållanden nära sig kraftigast, taga öfverhanden öfver de andra och i afseende på förbrukningen af ljus, luft och regn vinna ett så afgjordt företräde, att de förqväfva dem, som äro mest underlägsna. Vi se denna kamp för tillvaron vanligen uppläga mellan skilda arter och aflöpa med den ena artens fullkomliga tillintetgörelse, t. ex. svarta råttans utrotning genom vandrareråttan. Mindre uppmärksammad, men långt allmännare är striden mellan de afvikande individerna af samma art. Denna senare strid har naturligen till följd en artens förädling, ty det är i alla fall de svagaste individerna, som genom sin undergång vid en föga framskriden ålder blifva uteslutna från att fortplanta sig, då deremot denna förrättning kommer företrädesvis på de dugligaste och kraftigaste individernas lott under den längsta tiden af deras tillvaro. Men förutom förädlingen kan också en sådan förändring af arten äga rum, att af den uppstå närmast varieteter och raser och slutligen nya arter. Detta fall kan naturligen inträffa endast då, när de yttre lifsförhållandena blifva *andra*; då skall det naturliga urvalet vid fortplantningen gynna och omhulda de individualkarakterer, hvilka särskildt i de nya förhållandena ådagalägga en särskild lifskraft; följden häraf skall alltså alltid vara en ackommodation efter de yttre lifsbetingelserna. Då nu det omedvetna just vill denna ackommodation, så torde det i passande fall låta det naturliga urvalet i kampen för tillvaron obehindradt herska, för att utan någon ansträngning se detta mål uppnådt utan något sitt ingripande.

Sådana förändringar i de yttre lifsbetingelserna kunna uppstå på ganska mångahanda sätt. Först och främst kan växten eller djuret genom att förflytta sig från en plats till en annan uppsöka dem, och sålunda genom rumlig afsöndring, eller kolonibildning, skydda den nya varieteten, som skall bildas, från den eljest hotande faran att åter uppgå i stamformen; för det andra kan dess område uppsökas genom främmande, på vandring stadda växter och djur, och sålunda kan den blifva nödsakad att pröfva och stärka sina krafter i kampen med dessa; för det tredje kunna genom kontinenternas höjningar och sänkningar terrängförhållandena och landets höjd öfver hafvet förändras, berg kunna blifva förvandlade till kulligt land, slätter till berg, hafsbottnen kan höja sig öfver hafsytan och blifva slättland, stranden kan blifva fastland, skilda länder kunna blifva förenade, förenade kunna komma att skiljas åt o. s. v.; för det fjerde kunna klimatiska förändringar inträffa, äfven bortsedt från de redan nämnda orsakerna; och för det femte slutligen äro förändringar inom växtriket förändrade lifsbetingelser för djurriket, och tvärtom. Dessa förhållanden erbjuda en rik mångfald, och inom de flesta geografiska områden hafva sådana ombildningar ägt rum under loppet af jordytans geologiska utveckling icke en, utan otaliga gånger.

Om en växt öfverflyttas till en mer likmässigt fuktig mark, så blifva hans blad i allmänhet mindre delade, naknare och gräsgröna, blommorna mindre och mörkare; och omvändt, om en växt slår sig ner på en mera porös och torr mark, blifva hans blad blåare, flikigare, mera klufna och delade, blommorna större och ljusare, och han omger sig med en tät hårbeklädnad. Så öfvergår på torr, kalkhaltig mark Hutchinsia brevicaulis i H. alpina, Arabis coerulea i A. bellidifolia, Alchemilla fissa i A. vulgaris, Betula pubescens i B. alba; på fuktig mark, som saknar kalk, förvandlar sig Dianthus alpinus i D. deltoides (enl. A. Kerner i Oesterr. bot. Zeitschrift). Inom djurriket, der de förändrade yttre förhållandena icke, så att säga, ligga så nära hvarandra, som för växten den olika beskaffade grunden, hafva vi, i betraktande af den närvarande konstansen öfverhufvudtaget hos de geologiska och klimatiska förhållandena, ännu icke kunnat iakttaga några artförändringar genom naturligt urval, men väl bildningen af starkt afvikande varieteter särskildt under menniskans oafsigtliga inflytande, t. ex. uppkomsten af mycket olika husdjursraser (hundar, nötboskap, får, hästar), och med hänsyn till de redan omnämnda öfvergångarne, från ras till varietet, kan man med skäl antaga, att under forna tider, då icke sällan en snabbare förändring af de yttre förhållandena måste hafva inträffat, än menniskoslägtets historia har antecknat, att i dessa forna tider flerfaldiga arter måste hafva tillkommit genom naturligt urval i kampen för tillvaron. — Häremot invändes, att man då i de fossilförande jordlagren måste kunna uppvisa de oändligt många mellanformer, genom hvilka en art öfvergått i en annan, då dock förhållandet är det, att de fossila arterna mestadels äro lika skarpt och stundom till och med ännu skarpare skilda från hvarandra än de lefvande. Men detta bevisar alldeles ingenting; ty det ligger i sakens natur, att den form måste vara slutformen, hvilken är lifskraftigare än alla föregående stadier af förändring, hvilken följaktligen besegrar alla dessa i kampen för tillvaron, d. v. s. utrotar dem; men om de snart undanträngas af slutformen, så hafva de haft en blott kort tillvaro i förhållande till slutformen, hvilken nu såsom den efter förhållandena möjligast afpassade äger bestånd minst lika länge som dessa förhållanden; således skall man icke förvåna sig öfver, att man hittills lyckats framdraga så få öfvergångsformer mellan olika arter. Men att man alldeles icke funnit några sådana, är icke riktigt, tvärtom finnas såväl bland de högre, som isynnerhet bland de lägre djuren öfverraskande rika öfvergångar.

Utom de redan ofvan (sid. 174—176) omnämnda exemplen vill jag ännu anföra följande. Vi känna två serier, som föra från den radiära till den bilaterala typen: 1) sjöliljor, sjöstjernor, sjöborrar, sjökorfvar; hos de sistnämnda har det, som var nedan och ofvan, blifvit fram och bak, och då genom de så kallade fötternas anordning bildat sig ett nytt nedan och ofvan, så har på samma gång uppkommit ett höger och venster; 2) koraller, rugoser, Calceola; hos de paleozoiska rugoserna ordna sig kalkskelettets skiljeväggar, hvilka motsvara kroppshålans inskjutande veck, icke mera liksom hos de andra korallerna reguliärt, utan på sidan om en hufvudskiljevägg, så att med hänsyn till den senare uppstår en bilateral typ. I det att ytterligare hos rugoserna utvecklar sig ett lock, uppstår den ända intill sista tiden till musslorna räknade Calceola.

Liksom den australisk-nyseeländska faunan i allmänhet anses såsom en qvarblifven representant af en äldre geologisk period, så har hon nyligen i den nyseeländska bryggsköldpaddan lärt oss känna ett djur, som i vissa karakterer (bikonkava ryggkotor liksom hos saurierna, könsapparatens bildning utan yttre hanligt organ) har blifvit stående på de fisklika batrakiernas stadium, men föröfrigt till det yttre antagit formen af en ödla, hvilken på ett egendomligt sätt i sig förenar de bestämmande karaktererna för sköldpaddorna (saknaden af tänder), krokodilerna (qvadratbenets orörlighet) och ormarne (rörligheten hos underkäksgrenarne, hvilka äro förenade genom ett ligament, samt refbenens delaktighet i ställflyttningen).

Huxley leder den i våra dagar lefvande hästens stamträd tillbaka steg för steg genom de äldre aflagringarnas hästartade djur, genom Hipparion och Hipparitherium ända till Plagiolophus, hvilket sistnämnda djur redan är ett slags Palæotherium (den gemensamma stamfadren för hofdjuren och tjockhudarne), och på samma sätt kan man följa nutidens myskdjur genom förmedling af Cænotherium i miocentiden tillbaka till slägtet Dichobune i eocenaflagringarne såsom deras stamform. — Gaudry har i de miocena lagren vid Pikermi i Grekland »funnit en djurgrupp, Limocyonidæ, hvilken står midt imellan björn och varg; slägtet Hyænictis, som förenar hyenorna med zibetkattorna; Ancylotherium, som är beslägtadt såväl med den utdöda Mastodon, som äfven med den lefvande »långsvansade myrkotten, och Helladotherium, som utgör föreningslänken mellan den nu isolerade giraffen och hjortarne och antiloperna». — En rik serie af former uppenbarar sig för oss, om vi betrakta krokodilernas slägte. Krittidens krokodiler skilja sig betydligt från den äldre tertiärtidens, och dessa äro i sin tur väsentligt skilda från krokodilerna i de yngre tertiära aflagringarna, liksom äfven från de nu lefvande. Likväl äro skilnaderna mellan den ena leden i serien och den andra så ringa, att de kunna skönjas endast af en kännare. — Två vidt skilda ordningar synas reptilierna och fåglarne vara, men å ena sidan hafva vi i den litografiska skiffern vid Solenhofen lärt känna en fågel (Archæopteryx), som genom sin långsträckta kroppsform, sina fria, icke sammanvuxna mellanhandsben och sina starka klor på vingfalangerna närmar sig reptilierna vida mera, än de nu lefvande strutsartade fåglarne, och å andra sidan hafva paleontologerna framdragit i ljuset en reptil (Compsognathus longipes), som icke endast (liksom enligt all sannolikhet de flesta dinosaurierna) gick uteslutande på bakbenen, utan äfven, om man får döma af de hittills funna qvarlefvorna af detta djur, var till ytterlig grad lik Archæopteryx. Ställer man tillsammans alla i verkligheten funna och andra tänkbara nyanser af fotspår efter reptilier och fåglar, så har man grundade skäl att vänta, att vi skola finna ännu flera rester af mellanformer, hvilka sammanbinda de ännu bestående differenserna.

Om man besinnar, att nästan årligen upptäckas nya öfverraskande mellanformer, och att redan nu zoologiens gamla systematik blifvit absolut ohållbar, så måste det i sanning betraktas såsom ett fruktlöst arbete att, såsom Darwins motståndare göra, åberopa sig på bristen af mellanformer. Man skall snarare våra nödsakad att betrakta det såsom ett afgjordt faktum, att, om man följer de nu lefvande arternas stamträd tillbaka i tiden, icke de särskilda arterna, utan slägtena hafva sina representanter i tidigare geologiska perioder, och att dessa representanter af olika slägten och ordningar, allteftersom man går längre tillbaka i de flydda perioderna af jordklotets utvecklingshistoria, skilja sig från hvarandra endast i samma mån, som förhållandet är med för närvarande olika arter af samma slägte eller ordning. Så försäkrar oss Owen i sin Palæontology, att han »aldrig lemnar ett ypperligt tillfälle obegagnadt, för att meddela sådana resultat af iakttagelser, hvilka ådagalägga den *mera allmänna* bygnaden af utdöda djur, jämförda med de *specialiserade* formerna af nyare djur.» (Jfr. såsom ett supplement till detta och det föregående kapitlet Ernst Häckels förträffliga populära arbete »Natürliche Schöpfungsgeschichte»).

Liksom förhållandet är med vatten- och land*djur*, så förmedlas också öfvergången från vatten- och land*växter* genom amfibiska organismer. Den anatomiska strukturen hos en i vattnet lefvande stängel eller blad måste, fö att dessa skola vara lifskraftiga, vara åtminstone likaså olika mot en i luften lefvande stängel eller blad, som gälar äro olika mot lungor. Så består Utricularia vulgaris liksom af två skilda organismer, af hvilka den ena representeras genom de ofvan vattnet i luften uppskjutande blombärande grenarne, den andra genom den under vattnet lefvande delen af plantan. Inom hvar och en af de tre stora afdelningarna af växtriket (kryptogamer, monokotyledoner, dikotyledoner) gifves det luftväxter (t. ex. Marsilia, Sagittaria, Polygonum), hvilkas härstamning från vattenväxter bevisas derutaf, att deras unga skott, om man nedsänker dem under vatten, utveckla stam och blad af samma struktur som vattenväxternas, en sak, som de flesta luftväxter, hvilka redan så att säga bortglömt sina aflägsnare förfäder, icke göra.

Om vi nu också hafva lärt känna det naturliga urvalet i kampen för tillvaron såsom ett vigtigt hjelpmedel för nya arters uppkomst, så kan jag dock ingalunda medgifva, att man med denna princip öfverhufvudtaget kan förklara den organiska verldens uppkomsthistoria. Icke i den meningen, som skulle detta antagande icke ganska väl läta sig förena med våra förutsättningar om det omedvetnas väsen, — ty om detta för sig i möjligaste mån underlättar saken, så kunde det för detsamma naturligen vara alldeles likgiltigt, om det endast hade att bekymra sig om individen och arternas fortskridande utbildning försigginge mekaniskt alldeles af sig sjelf, — endast på den grund, att fakta, som skola förklaras, äro långt *rikare* än förklaringsprincipens omfång, kan jag icke anse denna princip som fullt tillräcklig.

I betraktande af det allmänna intresse, som för närvarande fäster sig vid den Darwinska teorien, och den vanliga öfverskattningen af hennes betydelse, torde det löna mödan att ännu några ögonblick stanna vid den betraktelsen, i hvad mån denna teori visar sig vara otillräcklig. (Jfr. äfven Bd I, sid. 197—198).

Om man antager, att genom kampen för tillvaron allena organisationen utvecklat sig från den primitiva urcellen ända till sin närvarande höjd, att alltså hvarje högre utvecklad art framgått ur den närmast lägre stående endast derigenom, att hon gentemot densamma ägde en högre grad af lifskraftighet, så ligger deri den nödvändiga konseqvensen, att *hvarje* högre stående art inom sitt område är i lifskraftighet öfverlägsen *hvarje* lägre stående, och öfverlägsen denna i samma mån mera, ju större afståndet är mellan deras respektive organisationsgrad, enär ju med hvarje nytt steg i utvecklingen följer en ny tillökning i lifskraftighet, och dessa tillökningar addera sig till hvarandra. Men denna omedelbara konseqvens står i uppenbar strid med det faktum, att öfverhufvudtaget *hvarje organisationsgrad besitter samma lifskraftighet*, och att endast *inom* samma organisationsgrad *de olika arterna eller varieteterna* skilja sig från hvarandra genom en större eller ringare lifskraftighet, i öfverensstämmelse hvarmed också står den omständigheten, att kampen för tillvaron i konkurrensen om lifsbetingelserna förekommer *i samma mån vanligare, ju mera förbittrad den är*, och slutar med den ena delens fullständiga *tillintetgörelse* i samma mån säkrare, *ju närmare beslägtade* de konkurrerande arterna eller varieteterna äro, under det att å andra sidan arterna bygga och bo *i samma mån fredligare* bredvid hvarandra och i samma mån mera *understödja* hvarandra ömsesidigt, ju fjermare de stå från hvarandra i organisationens beslägtade stamträd. På *hvarje* lokalitet, om man bortser från skilnaden mellan land och vatten, finner man *alla* organisationsgrader representerade, och alla trifvas förträffligt i hvarandras närhet, hvaremot enligt den Darwinska teorien strängt taget *på hvarje lokalitet slutligen endast en art*, nämligen *den högst organiserade*, skulle blifva åter, emedan denna skulle öfverträffa alla andra i lifskraftighet gentemot dessa förhållanden. Men detta är just det underbara och storartade i naturen, att hvarje sluttyp är *så fullkomlig i sig*, att man derpå väl kan bygga något nytt, *likväl* endast i det att man medtager *nya anatomiskt-morfologiska förutsättningar i bygnad*, men icke genom någon slags fysiologisk stegring af den *hittills varande* formen eller dennas ackommodation efter lifsbetingelserna; ty båda äro *fulländade*. Hade icke i verkligheten alla organisationsstadier öfverhufvudtaget *samma* lifskraftighet, så måste ju under den i millioner år fortgående kampen för tillvaron alla lägre arter längesedan vara fullkomligt undanträngda af de högre, men de fossila qvarlemningarna ådagalägga, att det under de aldra mest olika omständigheter har gifvits jämförelsevis få klasser af växter och djur, hvilka icke ännu i våra dagar kunna uppvisa fullkomligt lifskraftiga representanter.

Ackommodationsförmågan hos en klass och till och med hos en art *inom deras egna gränser* är i allmänhet vida större, än man tror; detta följer dels deraf, att icke så *få* arter äga fortfarande bestånd allt sedan deras uppkomst ända in i våra dagar, då dock enligt all sannolikhet förhållandena betydligt förändrats, dels äfven af de nutida klassernas och arternas stora *utbredningsområden*. Många klasser bebo hela jorden eller alla haf, många arter omfatta ett utbredningsområde af öfver 20 till 40 breddgrader. Slutligen ådagalägges det genom arternas *acklimatisationsförmåga*, som ej sällan går ända till ytterlighet, blott erfarenheten omfattar en tillräckligt lång tidsperiod. Så t. ex. ville persikoträdet, som förmodligen är en i Indien inhemsk växt, ännu icke på Aristoteles' tid trifvas i Grekland, då vi deremot i våra dagar kunna uppdraga rätt goda persikor i norra Tyskland. Arternas ackommodationsförmåga inom deras specifika gränser är dels genom inre fysiologiska förändringar, hvilka undandraga sig iakttagelsen, dels genom bildningen af varieteter följaktligen så stor, att de förmå fullkomligt lämpa sig efter en ganska ansenlig klimatförändring, *utan* att slå om i en annan art. Man känner ganska många exempel derpå, att nära beslägtade arter förekomma på en lokalitet jämte hvarandra utan att förete någon märkbar förändring i deras relativa antal, och dock är kampen för tillvaron häftigast just inom artgränserna mellan varieteter och ännu obetydligare skiljaktigheter; denna kamp må i ett bestämdt fall inträda eller uteblifva, så skall dock icke i något af de här betraktade fallen ett öfverskridande af artens gränser yppa sig. Slutligen skall icke lätteligen hos en art inträda en så stor förändring i de yttre förhållandena, eller en art råka ut för så afvikande förhållanden, att icke den af oss såsom så ansenlig betraktade ackommodationsförmågan och acklimatisationsförmågan *inom* artens gränser tillfredsstälde dessa anspråk. Men inträder sedermera dertill en ytterligare förändring i lifsvilkoren på samma ort, så skall densamma mestadels vara en *återgång* till redan förut förhandenvarande förhållanden, alltså skall arten tillfredsställa denna förändring helt enkelt derigenom, att den nu vandrar den förut tillryggalagda vägen i omvänd riktning (såsom vi hafva iakttagit, att förhållandet är vid de förut omnämnda försöken med växters förflyttning till olika jordarter), och här föreligger nu icke åter någon föranledning för arten att öfvergå till en *ny* eller öfverhufvud till en fjerran stående art. Har deremot den nya förändringen i lifsvilkoren gått i samma riktning, så skall arten lättare dö ut på detta ställe (t. ex. den europeiska istidens fauna), än öfvergå till en ny art, hvilken ligger ännu längre bort från hennes stamform, än den ståndpunkt, som hon för närvarande intager.

Huru skulle man också kunna begripa, att i följd af kampen för tillvaron en art slår in på en ny väg för sin utveckling, sedan den på sin sista organisationsgrad utvecklat sig i sin möjligaste fullkomlighet och måhända efter en flera årtusenden lång paus? Såsom vi hafva sett, är det just från de ofullkomligare formerna af de föregående stadierna, som utvecklingen af de högre stadierna utgår. Bortsedt från den redan omnämnda omständigheten, att dessa ofullkomligare former äro af alla arter på de lägre stadierna de, som *längst* äga oförändradt bestånd, att de följaktligen enligt Darwins åsigt måste vara de mest stabila och minst förmögna af en individuel afvikelse och vidare utbildning, bortsedt till och med derifrån, att, om kampen för tillvaron *ensam* skulle hafva skapat de lägre stadiernas senare former, dessa primitivformer redan *af samma grund och genom samma process* skulle *alla* hafva måst *förvandla* sig till mera utvecklade former af *samma* stadier, eller åtminstone under de omätliga tidsperioderna för längesedan hade måst vara *tillintetgjorda* af de engång uppkomna lifskraftigare formerna, — bortsedt från allt detta, skulle man dock tro, att, om verkligen af några obekanta orsaker dessa primitivformer, som vetat bibehålla sig, skulle hafva erhållit en impuls till vidare utveckling, i sådant fall genom kampen för tillvaron dock alltid måste framkallas endast en *återupprepning* af den dem mycket *närmare liggande utvecklingen* till de redan förhandenvarande högre formerna af *samma* organisationsgrad, än en öfvergång till den i morfologiskt hänseende så afvikande högre graden, då ju, såsom bekant, den lägre gradens högre former *äfven* under de nya förhållandena mestadels visa sig *lika lifskraftiga*, som arterna af den högre graden. Detta betraktelsesätt vinner i samma mån mera i betydelse, ju mer geologien kommer till den insigten, att de klimatiska förhållandena och lifsvilkoren under gångna geologiska perioder (med undantag af den första tiden närmast efter jordytans afkylning) alltid voro långt mer jämförliga med dem, som i våra dagar existera på vår jord, än som den äldre geologien antog, hvilken drömde om katastrofer och förskräckliga revolutioner. — Obegripligast förefaller oss, från Darwins förutsättningar sedt, öfvergången från de encelliga till de flercelliga organismerna, då just de encelliga växternas otroliga indifferens emot deras omgifning, d. v. s. deras förmåga att genom relativt obetydliga modifikationer ackommodera sig efter de aldra mest afvikande förhållanden, rätt tydligt ådagalägger bristen på ett motiv till att slå öfver i sammansatta typer.

Vill man slutligen hafva ett positivt svar derpå, af hvad slag de genom kampen för tillvaron uppstående nyttiga anpassningarne äro, så är svaret detta: de äro af *uteslutande fysiologisk* natur. Här framställer sig tydligt den egentliga gränsen för den Darwinska principen; den är tillräcklig så länge det är fråga om ett bestående organs *utbildning och ombildning* för en *genom förhållandena nödvändig vorden fysiologisk* förrättning, deremot *lemnar* den *oss i sticket*, så snart frågan gäller att förklara en *morfologisk* förändring. Att äfven morfologiska förändringar äro möjliga genom individuella afvikelsers summering, kan icke betviflas, och Darwin bevisar det med många exempel, särskildt dem som äro hämtade från dufvornas skelett; men i alla de fall, som han anfört, äger ett *artificielt* urval rum. Ett par tänder, kotor, eller en tå mer eller mindre, en så eller så formad kota äro för kampen för tillvaron alldeles *indifferenta*, och detta äro just de kännemärken, på hvilka zoologen *säkrast* urskiljer arterna från hvarandra; kampen för tillvaron deremot kan naturligtvis endast medföra en förändring hos sådana organismens element, hvilka för densamma äro af någon betydelse, och den skall inverka så mycket kraftigare på deras ombildning, ju större deras betydelse är för kampen för tillvaron. Kampen för tillvaron medför, att ett och samma organ (i morfologiskt hänseende) öfvertager de mest olikartade fysiologiska förrättningar, under det att hos arter, som befinna sig under lika lifsvilkor, men härstamma från olika håll, en och samma förrättning ofta ombesörjes af i morfologiskt afseende helt olika organ. (Så hafva t. ex. de acarider, som lefva på djurens hår, ett organ, med hvilket de klamra sig fast vid håren; detta organ utgöres hos Listrophorus af den transformerade läppen, hos Myobia af det främsta fotparet, hos Mycoptes af det tredje, eller stundom, såsom hos andra former, till och med af det fjerde fotparet). Men under alla dessa förändringar förblifver den morfologiska grundtypen oförändrad och oberörd.

Att vilja tillägga det påståendet en allmängiltig betydelse, att endast de fysiologiska, men icke de morfologiska förändringarne äro afgörande för den större eller mindre graden af lifskraftighet, blir i fråga om djuren ganska svårt på den grund, att den äfven af Darwin medgifna förekomsten af så kallade *sympatiska* förändringar vanligen icke allenast går hand i hand med ett organs fysiologiska förändring, utan att dertill ytterligare komma morfologiska förändringar, ofta hos helt andra kroppsdelar, och denna företeelse, som härleder sig från egendomliga lagar för det omedvetnas organiska bildningsverksamhet, är särskildt egnad att missleda omdömet. Men i fråga om växtriket åter framställer sig vårt påstående i sin fulla klarhet. Nägelis kompetenta omdöme härom (»Entstehung und Begriff der naturhistorischen Art», München 1865, sid. 26) lyder: »Den högsta organisation uppenbarar sig i två moment, i den mångfaldigaste morfologiska differentiering och i arbetets i ytterlighet genomförda fördelning. Båda momenten sammanfalla i regeln inom djurriket, då samma organ äfven fullgör samma förrättning. Hos växterna åter äro de oafhängiga af hvarandra; samma funktion kan öfvertagas af helt olika organ, till och med hos nära beslägtade växter, samma organ kan fullgöra alla möjliga fysiologiska förrättningar. Nu är det att märka, att de nyttiga anpassningarne, som Darwin anför från djurriket och som man i mängd kan påfinna inom växtriket, alltid förete utbildningen och ombildningen af ett organ för en särskild funktion. En morfologisk modifikation, hvilken skulle kunna förklaras genom Darwins teori, är mig *icke bekant inom växtriket, och jag är till och med icke i stånd att inse, huru den skulle kunna framgå, då de allmänna bildningsprocesserna förhålla sig så indifferent gentemot den fysiologiska förrättningen*. Darwins teori fordrar ett antagande, som äfven jag uttalat, att *indifferenta kännetecken äro variabla*, de *nyttiga* deremot *konstanta*. Växternas rent *morfologiska* egendomligheter måste följaktligen vara *lättast*, de genom en bestämd *förrättning* betingade organisationsförhållandena *svårast* att förändra. Erfarenheten visar oss *motsatsen*. Cellernas och organens inbördes läge och samordning äro de konstantaste kännetecken icke allenast i fria naturtillståndet, utan äfven under domestikationen. Hos en växt, som har motsatta blad och fyrtaliga blomdelar, skall det förr lyckas att frambringa alla möjliga funktionen beträffande förändringar i bladen, än deras spiralformiga ställning, ehuru denna, såsom varande fullkomligt likgiltig för kampen för tillvaron, genom det naturliga urvalet icke skulle hafva kunnat komma till någon konstans.» Hade Darwin hämtat sina exempel mera från växtriket än från djurriket, så skulle han sannolikt sjelf hafva blifvit uppmärksam på de naturliga gränserna för verkningen af kampen för tillvaron. Det är påtagligt, att denna kamp endast kan förändra organismernas förhållande till de yttre lifsvilkoren, d. v. s. deras förrättningar och sjelfva organen endast för så vidt förrättningarne äro afhängiga af dem, men att den icke kan hafva något inflytande på sådana egenskaper hos organismerna, hvilkas förändrade beskaffenhet efter förhållandet mellan organismerna och den omgifvande verlden ej medför någon fördel eller skada för de förra. Till de sistnämnda egenskaperna höra hos växterna och till och med hos djuren de flesta *grundprinciper för den morfologiska typen*, t. ex. särskildt de för densamma valda *talförhållandena*.

Vi hafva häri funnit en bekräftelse för det påstående, som vi ofvan framstält, att det naturliga urvalet i kampen för tillvaron visserligen är ett högst vigtigt hjelpmedel för den uttömmande och genomgående *utbildningen* af en engång förhandenvarande typ *inom* samma organisationsgrad, men icke kan tjena till förklaringen af *öfvergången* från en lägre till en högre organisationsgrad, ty med en sådan öfvergång är alltid också förenad en *stegring* af den morfologiska typen. I sina nyaste undersökningar (Botan. Mittheilungen, 1868) öfver förhållandet mellan individerna af en och samma växtart å ena sidan under samma, å andra sidan under olika yttre omständigheter kommer Nägeli till det resultatet, att ej allenast olika varieteter bildas under lika, utan äfven lika varieteter under olika förhållanden; och häraf kan man sluta: 1) de yttre förhållandena äro *icke tillräckliga* såsom *ensam* orsak för bildningen af varieteter, utan de förutsätta såom en andra, dem tillmötesgående betingelse en i växten inneboende egenskap, en »*tendens att variera*» (nämligen i bestämda riktningar); 2) men väl kan denna växtens inre egenskap *ensam* vara tillräcklig, för att äfven under *lika* yttre förhållanden medföra en bildning af *olika* varieteter. Detta bekräftar våra ofvan gjorda påståenden. Bland zoologerna har nyligen Kölliker uttalat sig för riktigheten af Nägelis antagande, att den genom de yttre omständigheternas tillfälliga vexling framkallade ombildningen af bestående organismer är i betydelse och omfång underlägsen den hos den organiska verlden inneboende tendensen att utveckla sig på grund af inre orsaker efter förutbestämda lagar, sak samma med hvad namn vi kalla denna skapande princip, denna skapande verksamhet; i denna mening vill han hafva sitt förra påstående om en »heterogen alstring» (jfr ofvan sid. 172) tolkadt*).

Innan vi lemna denna fråga, må vi ännu omnämna ett egendomligt hjelpmedel, hvars *verkliga* användning visserligen hittills ännu icke blifva påvisad, men hvars blott möjliga användning redan är så intressant, att jag icke vill undanhålla läsaren en antydan derom. — Ännu för knapt mer än tio år sedan gälde det såsom en vetenskaplig grundsats, att alla djur, som genomgå en metamorfos, endast i det mest utvecklade, det fullkomligaste stadiet äro fortplantningsskickliga. Men från denna regel känner man redan tre undantag. De af **Leptodera appendiculata**, en i foten hos vanliga skogssnigeln lefvande parasitisk spolmask, framfödda ungarne representera sina föräldrars larvform. Då de åtnjuta riklig föda, och den omgifvande fuktigheten är stor, förpuppa de sig icke, utan fortplanta sig med hvarandra, ofta utan att fruktsamheten engång märkbart aftager. Ett annat exempel är den redan i det föreg. kapitlet (sid. 158) omnämnda **Cecidomyia**; ett tredje den amerikanska **axolotlen**, hvilkens identitet med den

*) A. Kölliker, Morphologie und Entwickelungsgeschichte des Pennatulidenstammes nebst allgemeinen Betrachtungen zur Descendenzlehre. Frankfurt a. M. 1872, sid. 26—27, 80 ff. Hela inledningen till detta arbete lemnar ett mycket intressant bidrag till descendensteorien och till kritiken af teorien om det naturliga urvalet.

likaledes sedan länge kända Amblystoma ådagalades först derigenom, att man i några enstaka fall lyckades i aqvarier direkt iakttaga axolotlens metamorfos till en Amblystoma. Djurets larvform har yttre gälar liksom Proteus, hvilken icke undergår någon metamorfos, hvaremot den fullkomliga formen saknar gälar. Här är påtagligen larvformen den äldre och ursprungliga, och man måste antaga, att under gynsamma omständigheter ett af dessa svansbatrakielika djur för första gången genomgick matamorfosen, ett omslag, som genom ärftlighet underlättades för dess efterkommande. Axolotlen har nu icke nått det närmast följande stadiet i utvecklingen, der metamorfosen, liksom hos de flesta batrakierna, blir en lifvets regelbundna gång. Men såsom öfvergången från fiskbatrakierna till de högre batrakierna sker derigenom, att förmågan att undergå metamorfosen genom ärftlighet blir till lag, så kan man tänka sig den vidare öfvergången från batrakierna till reptilierna sålunda, att under gynsamma omständigheter en batrakie kommit att föda ungar, som redan hade föräldrarnes slutliga skapnad, eller med andra ord, att förlägga metamorfosen i embryonallifvet. — Samma åskådningssätt, som i fråga om *metamorfosen*, kan man använda äfven i fråga om *generationsvexlingen* (jfr Häckel); likväl sakna vi ännu sådana data, som på denna väg kunna leda till säkra resultat. —

Sammanfatta vi än engång i korthet tankegången i det nu afslutade kapitlet, så har ur den princip, som vi uppstälde, att städse med minsta möjliga kraftanvändning uppnå det förelagda målet, framgått följande:

1) Det omedvetna *frångår* vid framställningen af högre organisationsgrader *uralstringen*, det utgår hellre från de redan *bestående* organiska formerna.

2) Det omedvetna förvandlar *icke direkt* en lägre form till en högre, utan utbildar den senare från en hos den lägre arten gynsamt anlagd *grodd*.

3) Det omedvetna tager möjligast små steg och bildar de större differenserna genom *summeringen* af en mängd *små* individuella skiljaktigheter.

4) Det omedvetna använder de vid hvarje alstring *tillfälligtvis* uppkomna individuella afvikelserna, *för så vidt sådana äro förhanden i de riktningar, som motsvara dess ändamål.*

5) Det omedvetna använder, för att bibehålla de sak samma på hvad sätt uppkomna afvikelserna, det *naturliga urvalet* i kampen för tillvaron, *för så vidt dessa afvikelser förläna organismerna en större lifskraftighet i denna kamp.*

6) Det omedvetna måste (bortsedt från dess fortfarande ingripande vid hvarje organisk bildningsverksamhet, således äfven vid hvarje alstring) utveckla en direkt verksamhet vid organisationens fortgående utveckling till allt högre grader: å ena sidan för att vid hvarje ny grodd *framkalla* de *icke tillfälligtvis* uppkomna, men ändock i dess *plan liggande* afvikelserna, och å andra sidan för att från *återutplåning* genom korsning *bevara* de nyuppkomna afvikelserna,

hvilka visserligen höra till dess plan, men *icke* förläna organismerna *någon stegrad konkurrensförmåga i kampen* för tillvaron. —

Till sist må ännu anmärkas, att af samma anledning som ingen uralstring mer äger rum, sedan engång alstringen från förut bestående föräldrar blifvit möjliggjord, så äger också utvecklingen af en ny art af lägre rum *endast då*, när arten *ännu icke finnes*, eller åtminstone icke finnes på denna lokalitet. Man skulle alltså hafva att tänka sig utvecklingen af en ny art såsom en process, den der försiggått endast *en gång*, eller i bästa fall endast några *få* gånger på olika lokaliteter under lika omständigheter, en sak, som empiriskt bekräftas genom de gynsamma resultaten af de nyaste forskningarne angående djur- och växtarternas utbredningsområden och centrum för deras uppkomst, — hvaremot, om en ny art uppstått endast en gång, hennes likartade eller föga modifierade fortplantning är samma, alltid upprepade process, tills hon slutligen engång går under. (Enligt Darwin måste processen för utbildningen af vissa högre stående arter ur deras närmast lägre stamformer beständigt upprepa sig så länge eller så ofta, som de yttre betingelserna vara, hvilka för första gången framkallade denna process, eller som de på nytt inträda; men denna fordran läter sig svårligen bringa i öfverensstämmelse med erfarenhetens fakta. alldenstund den härför måste taga till sin hjelp den föröfrigt icke sannolika omständigheten, att förhållanden, som vara endast en kort tid och aldrig sedermera återkomma, framträdt endast en gång.) Man må följaktligen alltid tänka sig processen för en ny arts utveckling tämligen långsam (ungefär några hundra eller tusen år), så skall han dock alltid vara endast en *obetydligt liten* del af den tidsperiod, som åtgick för den färdiga artens *väsentligt lika* fortvaro (några hundratusen till tiotals millioner år).

Detta är ett *nytt* skäl till de öfriga redan ofvan anförda, hvarför man finner så mycket flera likartade fossila exemplar med olika artkarakterer, än sådana, som framställa öfvergångsstadier mellan de närmast beslägtade arterna.

XI.

Individuationen.

1. Individuationens möjlighet och förmedling.

Om det i verlden sig företeende väsendet är ett enda, odelbart, hvadan kommer då individernas flerhet, hvadan kommer hvarje särskild individs säregenhet, för hvilket ändamål är hon till, och på hvad sätt är hon möjlig?

Besvarandet af dessa frågor har sedan de äldsta tider varit en hufvudsaklig svårighet för hvarje afgjordt monistisk filosofi. Det var hufvudsakligen deras afvisande eller otillfredsställande besvarande, som alltid banade vägen för monismens återfall till en realistisk polyism eller pluralism (t. ex. Leibniz till Spinoza, Herbart till Schelling och Hegel, Bahnsen till Schopenhauer). Spinoza tager, liksom forntidens filosofer, alldeles ingen hänsyn till dessa frågor, han förklarar helt dogmatiskt individerna för modi af den enda substansen, men svaret på den frågan, huru modus utvecklar sig ur substansen, eller uppvisandet deraf, hvarför hvarje modus skiljer sig från alla andra och bildar en till sin art säregen existens, blir han helt och hållet skyldig. Den subjektiva idealismen (Kant, Fichte, Schopenhauer) tror sig hafva gjort nog, då han förklarar flerheten i verlden såsom *subjektivt* sken, hvilken uppstår genom formerna för den subjektiva åskådningen: rum och tid, obekymrad derom, att först och främst svårigheten endast förflyttats från det objektiva till det subjektiva området, men här förblifver lika oförklarad som der, och att för det andra den frågan blifver obesvarad, på hvad sätt denna i sitt slag säregna, från hvarje honom liknande åtskild *åskådande individ* enligt monistiska principer är möjlig, enär antingen, då han fattas såsom en ibland många, den obegripliga reala flerheten återigen inkonseqvent införes, eller i annat fall deremot under solipismens antagande *inskränktheten* hos detta sjelfenda åskådande subjekt förblifver obegriplig.

Den senare sidan af frågan erkänner Schelling visserligen (Werke

l. 3, sid. 483): »Men nu är svårigheten denna, huru den absoluta intelligensen låter sig förklara ur ett det absoluta jagets handlande, och huru återigen ur ett den absoluta intelligensens handlande låter sig förklara hela systemet af den inskränkthet, hvilken konstituerar min individualitet.» Svaret härpå finna vi på följande sida. »Förblefve nu intelligensen ett med den absoluta syntesen, så skulle visserligen finnas ett universum, men der skulle icke finnas någon intelligens. Skall en intelligens finnas, så måste han kunna träda ut ur denna syntes, för att *med medvetande* åter frambringa henne, men detta är åter omöjligt, utan att till denna första inskränkthet kommer en särskild eller andra, hvilken icke mer kan bestå deruti, att intelligensen öfverhufvud åskådar ett universum, utan att han åskådar universum just från denna bestämda punkt.»

Jag medger, att jag skulle afundas den, som är i stånd att ur detta ställe i hela dess sammanhang utleta sanningen, såvidt han icke redan på förhand besitter den.

För det Hegelska systemet är vår fråga just en af de aldra svåraste svagheterna. Enligt Hegel är begreppet den enda substansen, det finnes intet utom begreppet, och naturprocessen är en objektiv begreppsdialektik. Å andra sidan medger han, att begreppet lika litet som ordet är i stånd att fatta det enskilda detta i dess säregenhet, *denna* individ, hvilken man endast kan utpeka, men icke beskrifva såsom sådan. Den individuella säregenheten står utom begreppets sfer och dermed utom det Hegelska systemets, om detta vill blifva i konseqvens med sig sjelf. Redan flerheten såsom real företeelse kan det icke förklara, ty det finnes ingen grund att inse, hvarför vid den absoluta idéns fällning till natur hvarje utvecklingsstadium i den logiska processen skall hafva mer än *ett* motsvarande utvecklingsstadium i naturprocessen. Det endas dialektiska sjelfsplittring i de många gifver visserligen flerheten såsom rent begrepp, men icke flerheten såsom accidens till reala företeelser, ty aldrig skulle Hegel hafva påstått en thalers sjelfsplittring i många thaler eller groschen, och lika litet som på detta reala fall skulle man kunna använda det endas sjelfsplittring på en sjelfsplittring af en verldssjäl i många reala individer. Den reala flerheten är *mer* än begreppet flerhet; det är en summa af individer, af hvilka ingen är den andra lik, af hvilka hvar och en är en denna, en N. N., en säregen (alldeles som jag är en N. N., en säregen), af hvilka hvar och en icke kan vinnas mer genom något begrepp, utan endast genom åskådning.

Den som aldrig känt behofvet eller insett svårigheten af att från monismens ståndpunkt begripa individuationen, den kan gerna utan betänklighet hoppa öfver första hälften af detta kapitel, ty han skulle dock icke kunna afvinna den något intresse. Den deremot, som hittills just i följd af denna mer eller mindre tydligt medvetna vordna svårighet förblifvit fjerran från monismen, och som gifvit sig tillfreds med den reala företeelseverldens pluralism såsom ett sista, den har att i detta kapitel jämte Kap. C. VII söka den egentliga tyngdpunkten i föreliggande arbete. I sjelfva verket har pluralismen och individualismen ett berättigande, som ej kan ostraffadt underskattas; liksom hvarje obehörigt försummadt moment hämnas äfven han alltid genom en reaktion, som öfverskrider sina berättigade gränser. Hos Fichte står ännu medvetenhetsindividen i förgrunden, men denna individs betydelse är icke den af ett karakteristiskt *unicum*, utan den af *typen* för en inskränkt absolut intelligens, hvilket framträder ännu tydligare hos Schelling, under det att hos Hegel till och med denna typ förduustar till den subjektive andens abstrakta kategori. Hvad angår den andra sidan af individualiteten, såsom afsöndrad naturlig existens, så är hos Fichte alldeles icke tal derom, då för honom naturen är endast subjektivt sken; Hegel och Schelling åter reflektera och spekulera visserligen öfver abstrakta naturpotenser och deras dialektiska spel, men den naturliga individens rätt och betydelse ignorera de fullkomligt, der de icke alldeles uttryckligen negera den. I reaktionen emot denna den abstrakta idealismens ensidighet och i återupprättelsen af en realism, som erkänner flerheten af tingen i sig, ligger det historiskt berättigade i den Herbartska pluralismen; dess *sanning* ligger i det påståendet, *att flerhetens och individualitetens rätt sträcker sig just så vidt som tillvarons realitet öfverhufvudtaget*, dess *osanning* ligger deruti, *att den misskänner all realitets och all tillvaros fenomenalitet*. Den subjektiva idealismen hade haft den riktiga aningen, att realitet och fenomenalitet finnes, men han hade vanstält och förvrängt denna tanke derigenom, att han icke kände någon annan än subjektiv fenomenalitet, så att flerheten nedsjönk endast till subjektivt sken. Har man fattat det varande såsom objektiv (d. v. s. af det uppfattande medvetenhetssubjektet oafhängig) företeelse eller manifestation af det öfvervarande eller såsom det subsisterandes existering, då har man fattat realitet och (objektiv) fenomenalitet såsom vexelbegrepp, då vet man också, att flerheten, hvars rätt går lika vidt, som den existerande verldens realitet, alldeles som denna endast har en fenomenal, icke en transcendent-metafysisk giltighet. Schopenhauer arbetar tydligen på att komma till denna ståndpunkt, men det, att han stannar vid subjektiv idealism, hindrar honom att klara och utbilda sitt begrepp individuel viljeobjektivation till begreppet objektiv fenomenalitet, och saknaden af detta senare begrepp tvingar honom åter dertill, att i strid med hans principer låta flerheten och individualiteten sträcka sig in *äfven* i det transcendent-metafysiska (intelligibel individualkarakter och individuel viljeförnekelse). Genom att utgå härifrån kom Bahnsen så långt, att han framstälde ett system af karakterologisk individualism såsom metafysisk viljepluralism och förkastade Schopenhauers monism, emedan han genomskådade motsägelserna i Schopenhauers system och icke trodde sig kunna på annat sätt rädda individualitetens rätt. Det af Schelling och Hegel i filosofien införda och bland Schopenhauers anhängare, särskildt af Frauenstädt betonade begreppet objektiv fenomenalitet förklarar åter allt, som skall förklaras, på ett tillfredsställande och mindre ensidigt sätt. Då jag å ena sidan lika energiskt som Herbart gentemot den abstrakta idealismen och monismen tager i försvar individens säregenhet och hans rätt inom den reala verlden, så bestrider jag å andra sidan lika afgjordt hvarje individens anspråk på en öfver denna objektiva fenomenverld gående, transcendent-metafysisk giltighet såsom ogrundad och oberättigad, och jag håller till och med den pluralism, som *alldeles förnekar* allt transcendent-metafysiskt bortom den reala verlden, *mera dräglig* och *filosofisk* än den, som blåser upp individen till en evig transcendent väsenhet eller substans, — ty den förra *försakar* blott för fysikens fromma all metafysik, men den senare har en *falsk* metafysik, och det är mycket sämre. Men så vidt som den förstnämnda pluralismen tillfredsställer alla berättigade anspråk på individualitet, så visst gör också det omedvetnas filosofi detta, hvilken åt individen inrymmer alldeles *samma* giltighet som denna metafysiklösa pluralism, blott att hon till denna åskådning om den reala verlden och dennas flerhet lägger ännu en metafysik (nämligen, hvilket här är oss likgiltigt att veta, en monistisk metafysik). Det omedvetnas filosofi är således *den verkliga försoningen mellan monism och pluralistisk individualism*, i det att hon erkänner hvar och en af de båda sidorna såsom berättigad, hänvisar enhvar af dem till det gebit, som dem tillkommer (metafysiskt, resp. fysiskt-realt), och *förenar båda i sig såsom med hvarandra sammansmälta moment.* —

Af de resultat, som hittills vunnits i de föregående kapitlen, framgår utan svårighet lösningen af de frågor, hvilka vi framstält i början af detta kapitel. Men den frågan: För hvilket ändamål är individuationen till? lemna vi tillsvidare åsido och betrakta endast denna: *Huru är hon enligt monistiska principer möjlig?*

I allmänhet uttryckt lyder svaret sålunda: »Individerna äro objektivt satta företeelser, d. v. s. de äro det omedvetnas velade tankar eller bestämda viljeakter af detsamma; väsendets enhet förblir oberörd genom individernas flerhet, hvilka endast äro *verksamheter* (eller kombinationer af vissa verksamheter) af det enda väsendet.» Men just för att detta i allmänhet hållna svar skall blifva plausibelt, måste man ingå i detaljer och än engång åskådliggöra för sig, genom hvilka verksamhetsyttringar och genom hvilka kombinationer af dem en individ uppstår, samt huruvidt hvarje individ nödvändigt måste vara skild från hvarje annan, således enstående i sitt slag, d. ä. säregen.

Individerna af högre ordning uppstå, såsom vi hafva sett i Kap. C. VI, genom sammansättning af individer utaf lägre ordning under tillkomsten af nya på sammansättningens resultat riktade verksamhetsyttringar af det omedvetna; man måste alltså, för att begripa individuationen, begynna med individerna af lägsta ordning, d. v. s. atomerna. Här hafva vi enligt de naturvetenskapliga hypotesernas närvarande ståndpunkt att urskilja endast två särskilda slag af individer, repulsions- och attraktionskrafter; inom enhvar af dessa grupper äger mellan individerna fullkomlig likhet rum, endast med undantag af *platsen*.

Emedan atomkrafterna A och B verka olika på samma andra atomer, endast derigenom äro de olika, och emedan verkningsriktningarne af A och verkningsriktningarna af B skära hvarandra i en punkt, uttrycker man också denna olikhet i korthet sålunda: A och B intaga olika platser, emedan dock strängt taget kraften alldeles icke intager någon plats, utan endast hennes verkningar skilja sig åt i rummet. Men ville man tänka sig två lika atomer förenade i en matematisk punkt, så skulle de dermed icke allenast upphöra att vara *åtskiljbara*, utan till och med att vara *åtskilda*, ty de skulle då upphöra att vara *två krafter* och i stället vara *en* dubbelt så stark kraft.

Här är således användningen af det ofvan i allmänhet gifna svaret i sig klar och begriplig. Det omedvetna har samtidigt olika viljeakter, hvilka skilja sig genom sitt föreställningsinnehåll så till vida, som de rumliga relationerna mellan deras verkningar föreställas olika. Men i det att viljan realiserar sitt innehåll, träda dessa många viljeakter såsom lika så många kraftindivider i den objektiva realiteten; de äro den första, primitiva företeelsen af väsendet. Emedan hvarje atomkraftverkning af det omedvetna föreställes såsom skild från hvarje annan, således säregen, derför är naturligen också hennes realisation skild från hvarje annan atomkrafts realisation, således likaledes säregen, alldeles bortsedt derifrån, att de till sitt begrepp äro oåtskiljbara; det omedvetnas åskådande föreställning skiljer dem utan begrepp i deras rumliga relationer, lika godt som man genom åskådning igenkänner den högra handsken såsom den högra, hvilket intet begrepp och ingen begreppskombination någonsin är i stånd att göra.

Här drage man sig äfven till minnes, hvad som är sagdt i Kap. C. I. 3) och 4) om det sätt, *hvarpå* det omedvetna föreställer sig. Begreppet är ett resultat af en abstraktionsprocess, men det omedvetna fattar städse totaliteten af sitt föreställningsinnehåll, utan att inlåta sig på en abstraktion inom detsamma; begreppet är en produkt af det diskursiva tänkandet, ett bedröfligt nödfallsmedel för dess svaghet, men det omedvetna tänker icke diskursivt, utan intuitivt, det tänker begreppen endast för så vidt de äro innehållna i intuitionen såsom integrerande, men icke urskilda beståndsdelar, följaktligen kan det icke väcka vår förvåning, om ibland det omedvetnas intuitioner äfven finnas sådana, ur hvilka icke vidare några begrepp kunna abstraheras ens för det diskursiva tänkandet, såsom t. ex. den åskådningen, att verkningarne af atomkraften A skola vara så riktade, att deras riktningslinier skära hvarandra *i den här punkten*, verkningarne af atomkraften B så, att de skära hvarandra *i den der punkten*. Sålunda reducerar sig hos atomerna individernas olikhet och säregenhet i sjelfva verket på det omedelbaraste sätt till olikheten och säregenheten i föreställningarne, hvilka fylla viljeakterna, i hvilka de bestå, såsom innehåll, så att hvarje individ motsvaras af hvar sin enkla viljeakt.

Tyvärr hade man aldrig fattat materien såsom en kombination af det omedvetnas viljeakter, så att man icke hade till hands det enda exemplet, der individuationens begripande är så enkelt; i alla andra fall åter, der det är fråga om individer af högre ordning, försvåras individuationens begripande derigenom, att individen bildas först af en komplicerad, i hvarje ögonblick sjelf förändrad kombination af viljeakter.

Vilja vi ännu för ett ögonblick stanna vid materiens atomkrafter och göra oss underrättade om mediet, genom hvilket individuationen på detta gebit blir möjlig, om den såkallade »principium individuationis», så kännetecknar sig såsom sådan otvifvelaktigt föreningen af rum och tid; ty vi hafva ju sett, att de i begreppet lika atomkrafterna A och B skilja sig från hvarandra endast genom de olika *rumliga* relationerna mellan deras verkningar, oegentligt och i korthet uttryckt genom deras olika *platser*, och vi hafva då endast uraktlåtit att till relationerna »mellan deras verkningar» tillägga: »i samma tidpunkt»; men detta tillägg är nödvändigt för fullständighetens skuld, emedan det är sjelfklart, att *med tiden* kan en atoms plats vexla. Uttrycket principium individuationis åter är icke väl valdt, det skulle heta: medium individuationis; ty individuationens *ursprung* tillkommer lika väl som rummets och tidens ursprung det omedvetna allena, så nämligen, att på föreställningens andel kommer atomernas *ideala* olikhet och säregenhet, på viljans åter deras *realitet*.

Nu skulle det för en ytlig betraktelse kunna synas, som här endast blifvit upprepadt hvad Schopenhauer sagt, hvilken också anser rum och tid såsom principium individuationis; mellan hans och min uppfattning råder likväl den grundolikheten, att hos Schopenhauer äro rum och tid endast former af den *subjektiva hjernåskådningen*, med hvilka den (kunskapsteoretiskt-)transcendenta realiteten har alldeles intet att skaffa, att för honom alltså hela individuationen är ett *blott* subjektivt sken, hvilket utom hjernmedvetandet icke motsvaras af någon verklighet.

Enligt min uppfattning deremot äro rum och tid likaväl former af den *yttre verkligheten* som af den subjektiva hjernåskådningen, visserligen icke former af det (metafysiskt-)transcendenta *väsendet*, utan endast af dess *verksamhet*, så att individuationen har icke blott en skenrealitet för medvetandet, utan en realitet, *bortsedt* från allt medvetande, utan att dock derför betinga substansens flerhet.

Här ligger den mest ögonskenliga punkten för att fatta begreppet om den objektiva företeelsen i motsats till Kant-Fichte-Schopenhauers blott subjektiva företeelse. Möjligheten af en flerhet och individuation, oafhängiga af det dem percipierande medvetenhetssubjektet, beror på den betingelsen, att principium eller medium individuationis är gifven oberoende af medvetenhetssubjektets åskådning, d. v. s. att rum och tid äro icke blott åskådningsformer, utan äfven tillvarelseformer af *i-sig-varat* (d. v. s. oberoende af medvetenhetssubjektets föreställning); den, som förnekar detta, måste nödvändigt också förneka det, att en annan än den af den medvetna föreställningen satta flerheten och individuationen existerar, han måste alltså förneka, att han och hans fru äro *två* oafhängigt af hans föreställning existerande *individer*. Men nu är materiens väsen endast vilja och föreställning, nämligen ett med allt varas väsen; flerheten ligger endast i aktionen, och real flerhet finnes endast för så vidt tillika viljeakterna träffa på hvarandra (en atom vore icke någon atom). Härmed är nu tillika sagdt, att flerheten och individuationen (således äfven realiteten, tillvaron och existensen) ligga endast i den metafysiska kraftens *yttring* (jfr. ofvan sid. 132—133), endast i substansens aktion, endast i den förborgade grundens *manifestation*, endast i viljans *objektivation*, endast i det enda väsendets *företeelse*. Flerheten skall således vara å ena sidan icke blott *subjektiv* företeelse (af i-sig-vara), men å andra sidan dock blott företeelse af det enda väsendet, fördenskull kalla vi henne *objektiv* företeelse. Likaså kalla vi rum och tid, såsom individuationsprincipen för de objektiva företeelsernas flerhet, objektiva företeelseformer.

Hade Schopenhauer icke så förlupit sig i sin olyckliga anslutning till Kant, så hade han nödvändigt måst uttala det riktiga, då han nu deremot envist håller fast dervid, att verldens hela flerhet erhåller existens först *genom* det första djuriska medvetandet och *i* dess *åskådning*. Deri ligger endast så mycket riktigt, att äfven den objektiva företeelsen, för att vara real, d. v. s. för att framträda från den omedvetet ideala sättningen till den yttre verkligheten, är i behof af en kamp mellan *olika* viljeakter; det oriktiga smyger sig in i tanken endast derigenom, att såsom betingelse fordras förbindelsen mellan en af de afficierade viljeakterna med ett *medvetenhets*subjekt. Frånskiljer man denna oberättigade fordran, så qvarstår den enkla sanningen, att den objektiva företeelsen, hvilken *beror på* det endas individuation till flerheten, också är möjlig utan sjelfmotsägelse endast *i* denna flerhet. Men dessutom innesluter Schopenhauers påstående, att individuationens verld är till först med det första henne fattande medvetenhetssubjektet, den oriktiga åsigten, som skulle den subjektiva företeelsen, hvilken intellektet åt sig spontant konstruerar fram ur de materiella processerna i dess hjernas objektiva företeelse, vara den omedelbara och verkliga företeelsen af väsendet sjelft, då hon dock i sjelfva verket är ganska olik, ja i många punkter fullkomligt heterogen med den objektiva företeelsen (d. v. s. summan af naturindivider, såsom de äro oberoende af åskådningen). Endast den objektiva företeelsen är den verkliga och omedelbara företeelsen af väsendet, den subjektiva företeelsen åter är en subjektivt färgad och diffus afbild af den objektiva företeelsen. Att genom att abstrahera det, som blott tillhör subjektiviteten, och vetenskapligt utgrunda de objektiva orsakerna till den så eller så gifna afficieringen af subjektet vinna en *adeqvat* tankebild af den objektiva företeelsen och sålunda komma till kunskap om den objektiva företeelsens »hvad», det är naturvetenskapens (*fysikens* i vidsträcktaste mening) sträfvan och uppgift, under det att *metafysiken* sträfvar att komma till kunskap om väsendet genom dess attribut och uppenbarelsesätt, hvilket ligger till grund för den objektiva företeelsen (de naturliga tingen). Så är t. ex. materien såsom subjektiv företeelse ämnet med dess sinligt förnimbara qvaliteter, såsom objektiv företeelse en rumligt bestämd komplex af punktuella atomer, såsom väsen, hvilket ligger till grund för denna företeelse, det allenda omedvetna med attributen vilja och föreställning; det första är den sinliga, det andra den fysikaliska, det tredje den metafysiska definitionen på materia.

Den andra punkten, hvari jag afviker från Schopenhauer, är den, att han alldeles icke känner några atomer, hvarför han vid »materiens individuation» icke egentligen förmår tänka sig någonting bestämdt, emedan han icke kan säga, hvad som är individer inom den blotta oorganiska materien. För det tredje slutligen betraktar han helt naivt de organiska individerna såsom lika omedelbara objektivationer af viljan, som jag atomkrafterna, hvaremot jag, stödjande mig på naturvetenskapen, låter desamma uppstå genom sammansättning af atomindivider. Hos Schopenhauer är således rum och tid för organiska individer *i samma mening* principium individuationis, som för atomerna, hvaremot jag för individerna af högre ordning alltid endast kan låta de individer af lägre ordning gälla såsom *omedelbar* principium individuationis, af hvilka de förra sammansätta sig, om ock rum och tid naturligen i sista hand allt framgent qvarstå såsom *medelbar* principium individuationis, då ju hela den materiella verlden är uppbygd af atomkrafter. Blott Schopenhauers subjektiva idealism, för hvilken materien, således äfven den organiska kroppen måste vara ett blott subjektivt sken utan motsvarande realitet utanför medvetandet, kunde bringa honom derhän, att förklara kroppen för en *omedelbar* objektivation af den individuella viljan, ett påstående, som alldeles icke kan vidhållas gentemot det faktiska uti viljans i så hög grad bristfälliga herravälde öfver kroppen, liksom äfven uti ämnesomsättningens, hvilken är den första betingelsen för allt organiskt lif. Erfarenheten lär oss först och främst, att materien, som konstituerar vår kropp, är någonting för oss främmande och likgiltigt, att hon oafbrutet utsöndras och ersättes af annan, utan att kroppen såsom sådan blifvit en annan; för det andra, att materien i vår kropp gentemot vår själ på samma sätt som viljan hos en tredje person bildar en alldeles real makt, vid hvilken man måste fästa afseende, för att kunna beherska den så mycket som är praktiskt nödvändigt, men af hvilken man genast ser sig besegrad, såsnart man antingen tror sig kunna försumma henne, eller ställer på henne fordringar, hvilka den psykiska makten icke är vuxen att framtvinga. Erfarenheten lär oss med ett ord, att materien förhåller sig såsom ett redan befintligt, ända till en viss grad indifferent rått bygnadsmaterial, hvilket den bildande individualsjälen tager till sig och stöter ifrån sig alltefter behof, men hvars lagar han måste respektera och icke får ostraffadt kränka.

Draga vi oss nu till minnes de resultat, som vunnos i Kap. C. IX, enligt hvilket det omedvetna realiserar lifvet, hvarhelst än lifvets möjlighet erbjuder sig, lägga vi så märke dertill, att det organiska lifvet är tänkbart endast i organisk form och för sitt förverkligande behöfver materia, då är det tydligt, att det organiska lifvets individuation är satt genom dessa moment; ty det måste för sitt förverkligande just taga i besittning en komplex af rumligt inom vissa gränser slutna atomer och försätta dessa i de respektive lagringstillstånd och grupperingar, hvilka möjliggöra den organiska ämnesomsättningen; men de i besittning tagna atomerna äro individer, d. v. s. hvar och en af dem är *afskild* för sig, följaktligen måste också den organiskt konstituerade komplexen af dessa atomer och den uteslutande på dem riktade verksamheten af det omedvetna, hvilka tillsammans utgöra den högre individen, vara *afskilda* för sig, d. v. s. säregna.

Sålunda framställer sig här, såsom redan ofvan antyddes, den lägre ordningen af individer såsom medium individuationis för den högre. — För ändamålet med denna betraktelse är det af ingen vigt att vidare utveckla saken och i detalj utföra, hurusom för de flercelliga individerna cellerna äro lika så väl en makt, hvars lagar måste respekteras, som materien är det för cellerna, hurusom inom kroppen ett *cell*utbyte äger rum lika väl som ett *ämnes*utbyte, om ock det förra försiggår mycket långsammare, o. s. v. Det väsentliga är, att det organiska lifvets individuation försiggår endast i och genom materien, atomernas individuation åter i och genom rum och tid. Hos alla högre individer behöfver den allmänna formen ett innehåll eller ämne, för att blifva konkret; detsamma, som var *ämnet* för individerna af högre ordning, blir *form* för individerna af lägre ordning, endast hos materien nås slutleden i denna serie, *endast här* blir den typiska formen af sig sjelf konkret, blir så att säga *stoffet åt sig sjelf* genom det enkla konstgreppet att fixera sig vid den rumliga punkten, genom det konstgreppet, att här kraftens verkningsriktningar samtliga skära hvarandra i en och samma punkt. Emedan atomkrafterna icke hafva något utom dem liggande ämne, i hvilket de individualisera sig, utan endast sin respektive plats, så skilja de sig också (bortsedt från skilnaden mellan kropps- och eteratomer) *endast* genom den *plats*, som de intaga, och som just är deras enda medium individuationis; högre individer deremot, hvilka hafva materien till medium individuationis, finna äfven *utom* olikheten i den af dem intagna platsen ett rikt fält för individuella olikheter i den af dem i besittning tagna materien.

Härmed är först hos individer af högre ordningar möjligheten af en *individualkarakter* gifven, och åt denna måste vi nu skänka någon uppmärksamhet, ty på hela det organiska lifvets skala, alltifrån individualkarakteren hos den enklaste cell ända till individualkarakteren hos de menskliga själsanlagen, träder han oss till mötes såsom en under antagandet af monistiska principer i början öfverraskande företeelse.

2. Individualkarakteren.

I fråga om den menskliga karakteren gifves det två ytterliga åsigter. Den ena (Rousseau, Helvetius m. fl.) påstår, att alla menniskor vid födelsen äro lika, d. v. s. att de sakna en individualkarakter, att deras själ med hänsyn till karakteren är en tabula rasa, lika väl som med hänsyn till föreställningar, och att de förvärfva sig det ena som det andra först genom yttre intryck, att de således vinna sin karakter förnämligast genom uppfostran och upplefda händelser.

Den andra åsigten (Schopenhauer) påstår, att karakteren är *oföränderlig*, att han visserligen, såsom naturligt är, vid olika yttre tillfällen, t. ex. i olika lefnadsåldrar, är till det yttre något olika, men på samma gång till sitt väsen utgör menniskans oförytterliga och oföränderliga natur och grundval, att han följaktligen förblir densamma alltifrån födelsen ända till döden.

Enhvar af dessa åsigter förklarar en del af de verkliga förhållandena ganska väl, men en annan del af dem kunna de platt icke förklara. Se vi till, hvilken af de båda åsigterna synes metafysiskt antagligare, så inträder det märkvärdiga fallet, att emot de fransyska naturalisternas uppfattning kan ingen invändning göras från metafysisk synpunkt, men att deremot den uppfattning, som blifvit framstäld af metafysikern Schopenhauer, hvilken antager, att karakteren blifvit faststäld genom ett utom tiden en gång för alla fattadt beslut, knappast kan äga bestånd inför kritiken med stöd af sina egna principer.

Schopenhauer vill vara absolut monist; om alltså verldsviljan till sitt väsen är en, om vidare karakteren likaledes enligt hans eget påstående icke är någonting annat än den individuella viljans egendomlighet, så kan påtagligen karakterens *individualitet* tänkas såsom möjlig endast i en individualiserad *verksamhet* hos den allmänna viljan, men icke omedelbart grundad i den allmänna viljans *väsen*, alldenstund detta alltid förblifver *allmänt*. Huru viljans *verksamhet*, hvilken frambringar karakteren, skall kunna tänkas utom tiden, derom har jag alldeles intet begrepp; jag kan endast tänka mig ett väsen, men icke dess verksamhet såsom varande utom tiden, enär verksamheten genast sätter tiden, det vare till och med att man ville antaga en verksamhet såsom möjlig i ingen tid, i hvilket fall hon åter *utslocknar* i sjelfva momentet; karakteren åter, som skall vara under individens hela lifstid, kräfver påtagligen också en den allmänna viljans verksamhet, som varar lika länge. Annorledes uttryckt, läran om den *intelligibla individualkarakteren* är en motsägelse mot den monistiska principen, samt likaledes en motsägelse mot rummets och tidens transcendentala idealitet. Ty det intelligibla saknar principium individuationis, följaktligen också flerhet och individualitet, följaktligen också de *många* individualkaraktererna. Individualkarakteren *förut*sätter individen eller snarare individ*erna*, alltså flerheten, individualiteten, med ett ord företeelseverlden, han blir liksom denna möjlig först genom *tiden*, genom det allmänna intelligibla väsendets tidliga verksamhet.

Om nu detta förhåller sig så, så kan man först och främst icke utan vidare inse, hvarför de olika individernas karakterer icke äro alla typiskt lika, hvilket dock vore mycket naturligare; men för det andra kan man ännu mindre inse, hvarför, då karaktererna dock engång faktiskt äro sinsimellan så olika, hvarje enskild karakter under hela lifvet, d. v. s. hela den tid, då denna bestämda verksamhet af den allmänna viljan existerar, skall förblifva sig lik och icke snarare ständigt förändras.

I metafysiskt hänseende långt plausiblare är de fransyska naturalisternas antagande, att endast typiska artkarakterer, icke individualkarakterer, äro medfödda, men att genom karakterens förändring i olika riktning och omfattning individualkaraktererna småningom utbilda sig. Under detta antagande försonar man sig långt lättare med det allmänna väsendets all-enhet, ty den ursprungligen lika artkarakterens individuella förändringar låta då återföra sig till olika hjernintryck, af hvilka hvart och ett qvarlemnar i hjernan en bestående förändring, hvilken åstadkommer, att framgent uppstår en molekylärrörelse i samma riktning, som den genom dessa intryck framkallade, lättare än en i heterogen riktning (Bd I, sid. 21—22). Detta är sättet, hvarpå öfverhufvudtaget *vanan* blir en *makt*, i speciel användning på karakteren. Det första handlandet i en bestämd riktning afgöres under antagande af en ännu obestämd karakter helt och hållet genom motiven; på hvad sätt och med hvilken styrka de träda fram för menniskan, beror på yttre förhållanden. Men har den första handlingen utfallit i en bestämd riktning, så skola för nästa liknande handling motiven, hvilka verka för samma utgång som förra gången, hafva vunnit ett visst, om än aldrig så omärkligt företräde gentemot de motsatta motiven, hvilket företräde stegras vid hvarje utgång, som utfaller i samma riktning.

Så framkommer och utbildar sig den egenskapen, att vissa motiv hos denna individ utöfva en större, andra en ringare verkan, än som i allmänhet är fallet med typiska artkarakterer, och *summan* af alla dessa *prevalenser* är individualkarakteren.

Enligt denna åsigt uppstår följaktligen individualkarakteren närmast genom en hjernans individuella beskaffenhet, som är frambragt genom tidigare, af yttre förhållanden betingade intryck; ty endast på medvetandets organ, icke på det omedvetna kan vanan hafva ett direkt inflytande. Icke desto mindre förändras med hjernans beskaffenhet äfven arten af den verksamhet, som det omedvetna riktar på densamma; ty denna förändras med hvarje förändring af organismen, och hjernan är en af dennes vitigaste delar. Det omedvetna framkallar på ett motiv i hjernan vanligtvis alltid den reaktion, *som lättast står att vinna;* endast der särskildt vigtiga, isynnerhet generella intressen vid en handling stå på spel, kan man antaga, att det underkastar sig den mödan, att på den retning, som motivet framkallat, svara med en annan reaktion än den, som stode lättast att vinna, och detta fall inträffar också vid allt handlande efter omedvetna ändamål, der alltså reaktionen, som eljest omedelbart skulle motsvara motivet, uteblir eller öfverbjudes genom en annan, som är betingad uteslutande genom omedvetna mellanleder. I alla de fall åter, der det omedvetna icke har något så betydande intresse, att det skulle löna mödan att genom en annan reaktion ersätta den, som står lättast att vinna, skall också en förändring, som följer vanans lag, af denna lättast vunna hjernreaktion hafva till följd en förändring af det omedvetnas verksamhet; men arten af denna verksamhet är karakteren sjelf, — såsom vi förut sagt (Kap. B. IV), menniskans egnaste väsen. Det är ingen motsägelse, att denna karakter ligger i det *omedvetna*, på samma gång som dess beskaffenhet tillika skall vara betingad genom hjernan, *medvetandets* specifika organ; ty medvetandets organ med alla dess molekylära lagringsförhållanden, hvilka måste betraktas såsom *latenta dispositioner* till vissa vibrationstillstånd af den eller den arten, ligger sjelft så bortom allt medvetande, att mellan dess materiella funktion och den medvetna föreställningen först inskjutes hela komplexen af dessa omedvetna psykiska funktioner, med hvilka vi hittills hafva sysselsatt oss. Men tillika måste man här än engång fästa uppmärksamheten derpå, att de latenta hjerndispositionerna ingalunda äro den fullständiga och tillräckliga orsaken, utan endast en af de medverkande betingelserna för bestämningen af den i medvetandet framträdande föreställningen, respektive viljan att handla; ty de allena skulle aldrig kunna syfta till någon som helst psykisk effekt, utan det omedvetnas spontaneitet tager endast från dem bestämmande direktion för arten och sättet för utvecklingen af sin verksamhet, med hvilken det icke engång är så fast förenadt, att det icke kan spontant modifiera den efter högre ändamål.

Af denna betraktelse framgår, att menniskan, *till och med om hon vore född utan individualkarakter*, såsom fullvuxen måste hafva *förvärfvat* sig en från den typiska artkarakteren mer eller mindre afvikande individualkarakter. Om nu denna menniska aflar barn, så veta vi, att enligt ärftlighetens lag de från den typiska menniskohjernan afvikande egendomliga dispositionerna hos hennes hjerna sannolikt skola mer eller mindre fullständigt öfvergå på några af hennes barn. Då födes ett sådant barn redan med dessa latenta dispositioner, hvilka betinga individualkarakteren, och så snart det inträder i de förhållanden, der dessa dispositioner blifva verksamma, framträder dess medfödda karakter. Företeelserna af återfall på fädernet eller mödernet, äfvensom blandningen af sådana från olika sidor öfverflyttade egenskaper göra i hvarje enskildt fall den undersökningen ganska svår, *hvarifrån* en medfödd karakters olika egenskaper härstamma; likväl kan man *endast på det sättet* förklara den medfödda karakterens obestridliga faktum. Huruvida den *första* menniskan haft en individualkarakter, är en alldeles likgiltig fråga; hennes *art*karakter var ju hennes *individual*karakter, enär hon, såsom den första individen af sitt slägte, fullständigt representerade detsamma. Enligt den i förra kapitlet utvecklade descendensteorien, der vi uppvisade, att artbegreppet är någonting flytande, befinner sig ju hvarje organisk individ (således äfven den första menniskan) i en organisk utvecklingsserie, inom hvilken han från sina omedelbara förfäder öfvertager en hel skatt af karakterologiska egendomligheter såsom arf, hvilket han å sin sida åter öfverlemnar åt sina afkomlingar modifieradt genom de intryck, han får under sitt lif.

Hvarje menniska medför följaktligen till verlden den *hufudsakliga delen* af sin karakter; huru stor i förhållande till denna den del är, som hon ytterligare förvärfvar sig, beror på ovanligheten och den abnorma beskaffenheten af de förhållanden, i hvilka hon lefver. I de aldra flesta fall räcker *ett* menniskolifs *vana* icke till, för att i den ärfda karakteren frambringa några djupt ingripande förändringar. Vanligen inskränker sig den förvärfvade delen af karakteren dertill, att ovigtigare egenskaper komma till, eller att redan förhandenvarande i någon mån förstärkas, eller att andra försvagas genom deras icke-bruk. Det sista äger rum i relativt minsta mått, ty liksom af allt lärande det svåraste är att glömma det engång lärda, så är af alla karaktersförändringar den svåraste den, att undertrycka och försvaga förhandenvarande egenskaper. Det är isynnerhet detta, som gaf Schopenhauer anledning att påstå karakterens *oföränderlighet.*

Om någon rimligtvis skulle tvifla derpå, att äfven *förvärfvade* karaktersegenskaper fortplanta sig genom arf, så hänvisar jag honom till de exempel, vi hafva på, att annorledes förvärfvade egenskaper gå i arf. Ingen skall vilja betvifla, att inom vissa familjer ärftliga sjukdomsanlag, om man följer slägtträdet bakåt, måste föra till en förfader, som icke, liksom afkomlingarne, har ärft, utan förvärfvat dem. Att amputerade armar och ben och liknande stympningar i regeln icke gå i arf, bevisar alldeles ingenting emot vårt påstående, ty de äro alltför grofva och handgripliga ingrepp i slägtets typiska idé, för att man skulle hafva skäl att vänta sig deras realisation hos barnet; och dock gifves det till och med här märkvärdiga undantag. Enligt Häckel födde en rastjur, som genom en tillfällighet fått svansen afklämd vid roten, endast svanslösa kalfvar, och genom att konseqvent hugga svansen af under flera generationer har man, som bekant, kunnat frambringa en svanslös hundras. Marsvin, hvilka genom artificielt tillfogade skador i ryggmärgen gjorts epileptiska, efterlemnade denna sjukdom i arf åt sina efterkommande. I allmänhet öfvergå förvärfvade egenskaper så mycket lättare i arf, ju mindre störande de äro för arttypen, i ju minutiösare organiska förändringar de bestå. Det senare är i hög grad fallet vid alla hjerndispositioner till vissa vibrationstillstånd. Det är en bekant erfarenhet, att ungarne af tamdjur blifva tamare, än de som i ungdomen infångas såsom vilda, att bland husdjuren åter de ungar blifva tamast, lydigast, läraktigast o. s. v., hvilka härstamma från de tamaste, lydigaste, läraktigaste föräldrarne. Hvarje dressyr af ett djur i en bestämd riktning erbjuder så mycket större utsigt till framgång, ju längre föräldrarnes dressyr i samma riktning hade framskridit. Unga odresserade jagthundar af utmärkta föräldrar göra under jagten nästan af sig sjelfva allting temligen riktigt, då deremot jagtdressyren är ett mödosamt arbete med sådana hundar, som härstamma från föräldrar, hvilka aldrig varit använda till jagt. Söner, som härstamma från ryttarfamiljer, sitta och balansera väl redan vid första försöket. Allt detta är exempel på förvärfvade egenskaper, hvilka dock gå i arf. De komma helt och hållet med under föremålet för vår betraktelse, individualkarakteren i vidsträcktare mening, d. v. s. summan af kroppsliga och andliga kännemärken, hvilka skilja en individ af högre ordning från alla andra individer.

Då vi under betraktandet af den menskliga individualkarakteren hittills hållit oss endast vid karakteren i inskränkt mening, så har detta skett endast derför, att det är hufvudsakligen kring den sistnämnda, som kontroverserna röra sig, men ingalunda derför, som skulle skiljaktigheterna i de andliga anlagen, färdigheterna och talangerna icke vara lika väsentliga för att grunda individuella skiljaktigheter. Den som dock gillande följt vår utveckling af karakteren i inskränkt mening, han skall utan vidare inse, att man ännu mycket mindre måste tänka sig de senare skiljaktigheterna uppstå på ett annat sätt, och en återupprepning af utvecklingen vore fördenskull för desamma helt och hållet öfverflödig. Huru föga karakteren i inskränkt mening kan skiljas från de andliga anlagen, framgår redan deraf, att å ena sidan besittningen af ett intellektuelt anlag eller färdighet städse är åtföljd af *driften* att begagna detta anlag, och att å andra sidan karakteren i inskränkt mening redan innesluter andliga anlag, alldenstund han är summan af viljans reaktionsmodi på olika slag af motiv, och hvarje reaktionsmodus endast derigenom blir till ett egendomligt, att det vid ett gifvet motiv resulterande viljandet besitter ett egendomligt (från det hos andra individer afvikande) *föreställningsinnehåll*. Är alltså karakteren medfödd (d. v. s. ärfd), så är också det egendomliga föreställningsinnehållet medfödt, hvars åsyftade framställning vid det gifna motivet utgör egendomligheten hos det medfödda reaktionsmodus. Men ett föreställningsinnehåll kan vara medfödt endast såsom (ärfd) slumrande minnesföreställning, d. v. s. såsom molekylär hjerndisposition till vissa arter af vibration. På detta sätt kan man förklara t. ex. den odresserade unga jagthundens förhållande (hans uppmärksamhet på villebrådet, hans studsande, hans fallenhet att apportera) genom ett ifrån hans förfäder ärfdt minne, men så, att de från de ärfda hjerndispositionerna på lämplig föranledning uppdykande (erinrings-)föreställningarne icke blifva medvetna *såsom* erinringar, utan endast uppträda såsom innehåll hos de genom dessa föranledningar (motiv) framkallade viljeakterna. (Här visar sig en egendomlig bekräftelse till Platos förklaring af lärandet såsom erinring från ett föregående lif, endast att giltigheten af denna förklaring är mycket inskränkt, och att det föregående lifvet icke tillhörde samma individ.) Äfven hos menniskorna sammansättas de yttre maneren och egendomligheterna i hållning, rörelse och uppförande till en stor del af de med samma egendomligheter utrustade förfädernas ärfda hjernpredispositioner. Att vissa andliga talanger gå i arf i en familj under flera generationer, bevisas af talrika exempel (målare, matematiker, astronomer, skådespelare, härförare o. s. v.). Men alla sådana ärfda predispositioner medverka till att konstituera menniskans samtliga individualitet i hennes *säregenhet*.

Jag vill endast tillägga, att, under det att karakteren i inskränkt mening genom korsning alltid åter utjämnas och, hvad menniskoslägtet angår, i det väsentliga håller sig på tämligen samma stadium, — äfven om motsatserna inom detsamma allt *rikare* utbildas och allt *skarpare* tillspetsas, — att de andliga anlagen och förmögenheterna hos menniskoslägtet äro begripna i en fortgående stegring. Detta kommer sig deraf, att de olika karaktererna, såvidt de icke äro alltför excentriska foster, slå sig tämligen lika väl till lif, men den med högre andliga anlag begåfvade menniskan i kampen för tillvaron alltid har fördelen på sin sida. Ännu mer än hos individerna framträder sanningen af denna motsats hos folken; deras karakter har för deras kamp för tillvaron en försvinnande liten betydelse i förhållande till deras andliga förmögenhet och bildning. Än blir det öppna, rättframma och tappra, än det listiga, förrädiska och fega, än det tröga och uthålliga, än det snabbtänkta och snart tröttnande, än det strängt sedliga, än det moraliskt förderfvade, men alltid i längden det *andligt högre stående* folket segraren i kampen för tillvaron, som sålunda äfven på detta område utöfvar ett stadfästande och stegrande inflytande på de individuella skiljaktigheterna, de må till en början hafva tillkommit genom tillfälligheter eller omedveten afsigt vid alstringen, genom yttre lefnadsförhållanden, eller egen medveten ansträngning (jfr. Kap. B. X sid. 261—262).

Rikta vi deremot blicken ut öfver den menskliga historiens början tillbaka till det organiska lifvets utvecklingshistoria, af hvilken menskligheten endast bildar den mognaste frukten, så visar sig ett parallelt framåtskridande med jämna steg mellan karakter och intelligens. Vi måste redan stiga tämligen högt upp i djurserien, innan vi påträffa yttringarne af en intelligens, hvilka äro mer än det omedelbara innehållet af en viljeakt, som rättar sig efter det föreliggande motivet. Derför hafva de medfödda reaktionsmodi eller ärfda slumrande minnesföreställningarne ännu i dessa lägre själssferer en relativt vida högre betydelse (Bd I, sid. 59—60). Men liksom det omedvetna skaffar sig i dessa hjern- eller gangliedispositioner mekanismer för att lättare uppnå vissa viljereaktioner (t. ex. binas böjelse att bygga sexsidiga biceller), så kan ganska väl något liknande äga rum äfven vid abstrakta menskliga föreställningar, hvilka vanligen återkomma och äro af en särskild vigt för hela tänkandets organisation (t. ex. matematiska begrepp, logiska kategorier, språkformer o. s. v.). Ville man, för att beteckna sådana latenta hjernpredispositioner, återgå till uttrycket »medfödda ideer», så vore detta ett lika oegentligt beteckningssätt, som det andra uttrycket »slumrande minnesföreställningar» (jfr. Bd I, sid. 206, anm.), enär idén eller föreställningen först genom det omedvetnas ideala reaktion kommer till den materiella funktionen och genom predispositionen icke ersättes, utan endast underlättas. Ej heller får man någonsin förgäta, att, till och med om den hittills alldeles obevisade förmodan om hjernpredispositioner motsvarande de anförda begreppen skulle äga sin riktighet, den omedvetna psykiska funktionen dock alltid måste vara *prius* för en vibrationsforms första uppkomst, ur hvilken den motsvarande dispositionen uppstod med påbrå af den första grodden, och att vidare vid andra formala föreställningselement bestämda grunder motsäga ofvan framstälda förmodan (jfr. Bd I, 234—235). Men i hvarje händelse kan man påstå så mycket, att det medvetna intellektets stegring under organisationens och mensklighetens utvecklingshistoria beror icke allenast på en förökning af den intensiva och extensiva kapaciteten och kombinationsförmågan, utan äfven på en stegring af de ärfda hjernpredispositionerna för alla praktiskt användbara intellektuella verksamhetsriktningar. Man får härvid icke låta sig vilseledas deraf, att hos menniskan (och äfven så redan hos de antropoida aporna) hjernans embryonala utveckling sträcker sig tämligen långt in i tiden efter födseln (jfr. äfven Bd I, sid. 240—241).

Samma resultat, hvilka vi här föredragit att vinna på en annan väg, hade vi naturligen också erhållit, om vi omedelbart bygt vidare på grund af de båda föregående kapitlens resultat och alltifrån urcellens uppkomst än engång tagit fasta på de individuella afvikelsernas olika orsaker. Öfverensstämmelsen i målet, hvartill båda vägarne föra, tjena till att bekräfta detta. Skilnaden, som dervid ännu vore att utjämna, är följande:

Hos de lägre organismerna, der afvikelserna väsentligen ligga i kroppsbygnaden och de organiska funktionerna, sökte vi i öfverensstämmelse dermed de individuella afvikelsernas uppkomst företrädesvis under den period af lifvet, hvilken gör det ringaste motståndet mot modifikationerna. Hos menniskan åter, der de andliga egenskapernas afvikelser förtjena ett intresse, som vida öfverträffar de kroppsliga egenskapernas afvikelser, måste vi naturligen söka dessa afvikelsers uppkomst under den lifsperiod, då de andliga funktionerna redan äro i verksamhet, således *efter* födseln, men specielt *icke under den äldra första tiden* efter densamma; men *icke* heller här få vi förlägga desamma *till de senare perioderna* af lifvet, då utvecklingen liksom afstannar, utan till den mottagliga *barn-* och *ynglinga*åldern.

Men i det väsentliga är källan till de individuella skiljaktigheterna densamma genom hela den organiska verlden: yttre förhållanden betinga en afvikande bygnad hos organismen, och organismens afvikande bygnad betingar en förändring af det all-enda omedvetnas på honom riktade verksamhet. Dessa skiljaktigheter komma ytterligare till det, som redan är betingadt genom skiljaktigheten hos det, så att säga, i besittning tagna materialet eller ämnet, och de bilda tillsammans den summa af olikheter, hvilken åt hvarje individ gömmer dess *säregenhet*.

XII.

Det omedvetnas allvishet och verldens möjligaste förträfflighet.

Alla tider och alla folk hafva beundrat och prisat verldsskaparens, verldsordnarens och verldsregentens vishet. Intet af alla folk, som under den historiska utvecklingens gång arbetat sig upp till en aldrig så medelmåttig kulturgrad, deras åsigter i religion och filosofi må föröfrigt hafva varit huru beskaffade som helst, har varit så rått, att icke denna insigt skaffat sig inträde hos det och gifvit sig tillkänna genom ett mer eller mindre entusiastiskt uttryck. Om ock detta uttryck *till en del* måste skrifvas på räkningen af ett af vinningslystna afsigter mot gudarne riktadt hyckleri, så qvarstår dock i hvarje händelse den större delen deraf såsom yttringen af en uppriktig öfvertygelse. Denna öfvertygelse tränger sig redan på barnets sinne, så snart det begynner fatta den underbara kombinationen af medel och ändamål i naturen. Endast den, som förnekar ändamålen i naturen, kan göra sig otillgänglig för denna öfvertygelse; men en sådan åsigt kan utveckla sig först utur systematiskt ordnade filosofiska abstraktioner, då hon icke kan bringas i samklang med den första naturliga uppfattningen af företeelserna i naturen. Ännu innan menniskorna abstrahera, tilltalas de i högsta grad af det konkreta fallets makt, och de djupare anlagda andarne hos en barnsligt naiv nation kunna redan i ett enstaka fall råka i djup förvåning och vördnad, då de lärt sig inse ett påtagligt ändamål i naturen. Så berättar man om en bramin i forntiden, att han försjunkit i en sådan förvåning öfver en insektfångande växt, att han, utan att förtära vare sig mat eller dryck, blifvit sittande framför densamma ända till sitt lifs slut. — Kommer sedan menniskan till induktioner från de konkreta fallen, så äro dessa sådana satser som: »Naturen gör ingenting förgäfves; naturen inrättar allt på bästa sätt; naturen betjenar sig för sina ändamål af de enklaste medel och vägar»; i hvilka satser hon redan tidigt kommer till insigt om den i naturen rådande visheten. Sitt starkaste rationella uttryck finner denna öfvertygelse i Leibniz' och Wolfs period. Om också Leibniz genom sin förnekelse af det onda i verlden sköt öfver målet, om också de svärmiska lofprisen af dem, som tanklöst pladdrade efter talet om »den bästa möjliga verld», till en stor del voro endast tomma, frasrika deklamationer, som i efterverldens ögon blott skadade den sak, hvilken de så ifrigt fäktade för, så qvarstår deraf dock en evigt sann kärna.

Betrakta vi nämligen saken i samband med de resultat, som vi förut vunnit, så ter den sig på följande sätt. Enligt Kap. C. I kan det omedvetna aldrig *misstaga sig*, ja icke engång *tvifla* eller *tveka*, utan der en omedveten föreställnings inträde är *af nöden*, der följer det också *momentant*, i det att det implicite sammansluter i inträdets enda moment den i medvetandet sig tidligt upplösande reflexionsprocessen, och utan tvifvel *riktigt*, enär alla data, som blifva föremål för vår reflexion, *alltid* och *momentant* stå det omedvetna till buds i kraft af dess absoluta *clairvoyans* och följaktligen icke först genom mödosam eftertanke måste framletas ur minnet det ena efter det andra, såsom förhållandet är med den medvetna reflexionens data, hvilka dessutom icke sällan helt och hållet saknas. Alla tillkommande ändamål, de närmaste som de fjermaste, och alla hänsyn till ingreppets möjlighet på det eller det sättet samverka på detta vis i den af behofvet påkallade föreställningens uppkomstmoment, och så kommer det sig, att hvarje ingrepp af det omedvetna inträder just i det *mest passande* momentet, när verldens samtliga ändamål så fordra, och att den omedvetna föreställning, hvilken bestämmer ingreppets art och sätt, är den *mest passande af alla möjliga* för dessa samtliga ändamål. Ett sådant ingripande af det omedvetna på ett sätt, som fullkomligt lämpar sig efter det särskilda fallet, äger enligt våra undersökningar rum i *hvarje* moment inom det organiska lifvets gebit; såväl *bibehållelsen*, hvilken består i en genom näringen framstäld ersättning af det förbrukade materialet och i en oupphörlig strid mot ingripande rubbningar, som äfven *utvecklingen*, hvilken yttrar sig dels i en nybildning af förstörda delar, dels i en stegring af den individuella organismen, och till sist *fortplantningen*, som framställer nya individer, de alla tre äro tänkbara endast genom ett oupphörligt, i hvarje moment upprepadt ingripande af det omedvetna samtidigt på hvarje enskildt ställe af organismen; hvart och ett af dessa ingrepp modifierar sig efter de särskilda omständigheter, på hvilka det har afseende, och hvart och ett behåller dock likmässigt för ögonen de stora ändamål, hvilka de alla gemensamt tjena.

Hvarje naturlig orsak visar sig i öfverensstämmelse härmed såsom medel för försynens stora ändamål, hvarje naturlig orsak inom den organiska verldens rike framställer sig såsom inneslutande en det omedvetnas omedelbara delaktighet. Men dessa försynens oaflåtliga ingrepp äro *naturliga*, d. v. s. icke *frivilliga*, utan *lagenliga*, nämligen *med logisk nödvändighet* bestämda genom det en gång för alla faststälda slutändamålet och de för tillfället föreliggande förhållandena, i hvilka det omedvetna ingriper.

Den kristna uppfattningen håller så strängt fast dervid, att Guds verk icke blott är en ledning i det stora hela, utan att hans omätliga storhet uppenbarar sig på det underbaraste just deri, att hon är allestädes verksam i hvarje den minsta del, och denna åsigt bekräftas i sjelfva verket genom våra betraktelser i afseende på det organiska lifvet.

Men härmed har man ännu ingalunda uttömt ändamålsenligheten af det omedvetnas verksamhet, utan liksom man har större skäl att prisa klokheten hos den, hvilken genom konstruktionen af en sinnrik maskin frigör sig från ett ständigt återkommande arbete, än hos den, som sjelf i hvarje enskildt fall på det mest skickliga sätt förrättar detta arbete, så måste vi också vida mera beundra det omedvetnas vishet der, hvarest detsamma sparar sig en del af sina ingrepp genom särskildt derför åvägabragta mekanismer eller genom en skicklig användning af yttre förhållanden (t. ex. af kampen för tillvaron eller af atomernas derförutom redan förhandenvarande kraftverkningar), än der, hvarest detsamma på det förträffligaste sätt löser de förhandenvarande uppgifterna genom ett oupphörligt direkt ingripande. Exempel härpå hafva vi funnit så talrikt under gången af våra undersökningar, att jag här icke anser det vara nödigt att särskildt hänvisa derpå, långt mindre att uppräkna några sådana. Den mest omfattande och vigtigaste af alla dessa mekanismer är de fysikaliskt-kemiska naturlagarnes system.

Men af huru många mekanismer det omedvetna än må betjena sig för att underlätta sitt arbete, så kunna dessa dock aldrig göra det fortfarande direkta ingripandet umbärligt, ty de gå enligt sin natur ut på en klass af *likartade* fall, under det att i verkligheten hvarje fall skiljer sig från hvarje annat; det öfverlemnar alltså åt den bäst inrättade mekanism alltid en återstod af arbetet, hvilken framdeles som förut faller på lotten af det omedvetnas direkta verksamhet, och som består i den fullständiga anpassningen efter det föreliggande fallets särskilda beskaffenhet. Så snart kraftanvändningen för framställningen af en mekanism skulle blifva större, än den genom mekanismen vunna kraftbesparingen (hvilket är fallet vid alla sådana kombinationer af omständigheter, som enligt sin natur inträffa endast sällan, eller der af andra grunder en mekanism låter sig konstruera endast med svårighet), då måste naturligen det omedvetnas direkta verksamhet utan vidare gripa in. Af sådan art äro t. ex. det omedvetnas ingrepp i de menniskors hjernor, hvilka bestämma och leda historiens gång på alla områden af den menskliga kulturens utveckling till det af det omedvetna afsedda syftemålet.

Om vi nu enligt allt detta icke kunna undgå att tillskrifva det omedvetna i främsta rummet absolut clairvoyans (hvilken motsvarar det teologiska begreppet allvetenhet), för det andra en ofelbar och oemotsäglig logisk sammanlänkning af de omfattade data och ett möjligast ändamålsenligt handlande i det möjligast lämpliga momentet (teologiskt i förening med allvetenhet sammanfallande i begreppet allvishet), och för det tredje ett oupphörligt ingripande i hvarje moment och på hvarje ställe (teologiskt allestädesnärvaro, man måste tillägga:

alltidlig allestädesnärvaro), om vi vidare besinna, att i första momentet, då det omedvetna trädde i verksamhet, således i momentet för denna verldens första sättning och tillkomst, hvilade i det allvetande omedvetna just samma ideala verld af *alla möjliga* föreställningar, således äfven af alla möjliga verldar och verldsmål och verldsändamål och deras möjliga medel, — om vi slutligen taga hänsyn dertill, att finalitetskedjan enligt sin natur icke kan tänkas i oändlighet, liksom kausalitetskedjan, utan måste sluta i ett sista ändamål, emedan hvarje föregående led i kedjan i fråga om finaliteten betingas genom det *följande*, således en *fulländad oändlighet* af ändamål måste omfattas i föreställningen, men ändock alla de oändligt många finallederna skulle sväfva i luften såsom omöjliga, emedan de förgäfves vänta på slutändamålet, som först skall bestämma dem: — då kunna vi väl med skäl hängifva oss åt den tanken, *att verlden är så vist och förträffligt inrättad och styrd, som någonsin är möjligt, att, om i det allvetande omedvetna bland alla möjliga föreställningar hade legat den om en bättre verld, förvisso denna bättre verld skulle hafva kommit till stånd i stället för den som nu finnes*, att det omedvetna, som *icke kan misstaga sig*, icke skulle hafva kunnat *bedraga* sig om denna verldens värde, då det satte den, ej heller att med hänsyn till det omedvetnas alltidliga allestädesnärvaro någonsin en *paus* i dess verksamhet skulle hafva kunnat vara möjlig, då genom en sådan försumlighet i verldsstyrelsen den bättre anlagda verlden skulle hafva kunnat *försämra* sig af sig sjelf. Sålunda kunna vi ej annat än anse Leibniz' påstående fullkomligt grundadt, »att den bestående verlden är den bästa af alla möjliga.» Visserligen är vägen, på hvilken vi kommit till den öfvervägande sannolikheten af detta antagande, *indirekt*. Att på direkt väg söka komma derhän, är ju också en uppenbar omöjlighet, ty huru skulle vi väl någonsin kunna begripa de oändligt många *möjliga* verldarne, huru tillräckligt lära känna den bestående, för att på ett uttömmande sätt jämföra henne med dem? Men visserligen var det oss möjligt, att i det omedvetna uppvisa existensen af de egenskaper, i följd af hvilka det måste öfverskåda de möjliga verldarne liksom med en blick, och af dessa möjliga verldar realisera den, hvilken på det *ändamålsenligaste* sätt kommer till det *förnuftigaste slutändamålet*.

Men om vi nu också öfverensstämma med Leibniz i detta hänseende, så kunna vi dock ingalunda *gilla* hans uppfattning af det *onda*, hvilken han lånat från Athanasius och Augustinus, och hvilken består deruti, att han förklarar det onda såsom någonting rent privativt, såsom en *ringare grad af godt*. Hade han förklarat det såsom något *negativt* i detta ords verkliga betydelse, så skulle man ej kunnat annat än gilla detta, rätt förstådt, ty lust och smärta, godt och ondt förhålla sig i sjelfva verket som positivt och negativt, d. v. s. såsom tes och antites; man måste endast lägga märke vid, att det negativa har *alldeles lika mycken* realitet, som det positiva, att det är helt och hållet en den subjektiva ståndpunktens sak, följaktligen, då denna är sjelfvald, en godtyckets sak, hvilkendera utaf två motsatta saker man vill beteckna såsom den positiva, och hvilkendera såsom den negativa.

Men Leibniz är också ett alltför fint och i detaljer alltför matematiskt hufvud, för att ur det ondas *negativitet* vilja uppvisa dess icke-realitet; — då han likväl endast har att göra med detta in majorem Dei gloriam, så gör han våld på de faktiska förhållandena och tillskrifver det onda icke en negativ, utan en blott *privativ*, närmare uttryckt en *relativt privativ* karakter, d. v. s. han påstår: »Det onda är icke motsatsen till, utan saknaden af det goda, och endast det absoluta onda skulle vara den absoluta saknaden af det goda, men hvarje relativt ondt är endast en relativ saknad, d. v. s. en *ringare grad* af det goda».

Detta är en faktisk osanning, ty af den satsen skulle utan vidare följa, att jag måste föredraga *föreningen* af det onda *a* med det goda A framför besittningen af *det senare allena*, enär ju det onda *a* ännu icke på långt när icke är absolut ondt, d. v. s. = 0-godt, utan endast en ringare grad af godt och alltså ytterligare med sin egen *förökar* den i A innehållna graden af godt. Ett non plus ultra af orimlighet vore enligt denna åsigt, om någon, för att undgå ett större ondt, försakar ett godt, och en menniska, som samtidigt till ytterlighet uthärdar alla upptänkliga kroppsliga och andliga qval, vore att prisa lycklig till och med i detta moment gentemot en kloroformerad persons känslolösa tillstånd, för att icke säga gentemot dödens fridfulla slummer. Till sådana onaturliga förvrängningar leder en falsk hypotes, som påfinnes endast för tendensiösa ändamål.

Men fråga vi efter tendensen, i hvilken han uppstäldes, så ter han sig märkvärdigt nog såsom en villfarelse, och hela hypotesen visar sig sålunda öfverflödig.

Man förestälde sig nämligen att i existensen af ett realt ondt hafva framför sig en motsägelse mot verldens fullkomlighet. Med orden »fullkomlig» och »fullkomlighet» har sedan långliga tider tillbaka drifvits mycket ofog; redan Plato (Timæus 7) och Aristoteles höllo verlden för ett klot, och himlakropparne ansågo de röra sig i cirkelformiga banor, *emedan* klotet vore den fullkomligaste form och cirkelrörelsen den fullkomligaste rörelse, och man kan ännu läsa i gamla läroböcker för artilleriet, att man skjuter med kulor derför att kulan är den fullkomligaste form.

Om »fullkomlig» skall hafva någon mening öfverhufvudtaget, så kan det endast vara denna: »det möjligast förträffliga i sitt slag», ty bättre än möjligt *kan* dock ingenting vara; också hade man endast i *denna* mening skäl att anse verlden fullkomlig. Men nu inlade man i det fullkomliga ett annat begrepp, nämligen begreppet *felfri*, det som representerar ett absolut värde, det som uppfyller ägaren med en ogrumlad salighet. Men en dylik verldens fullkomlighet hade man icke på minsta vis, ej ens i den aflägsnaste mån gjort sannolik, det var en grundlös beskyllning, tillkommen genom begreppsförvirring. Man menade, att det möjligast förträffliga måste också vara *godt*, och tänkte alldeles icke derpå, att en saks *möjli-*

gaste förträfflighet icke utsäger *det ringaste* om den sakens *godhet*, att hon fördenskull kan vara så dålig, som hon vill, ja att i vissa fall det möjligast goda och det möjligast dåliga är alldeles identiskt, om nämligen endast ett fall är möjligt, eller äfven om alla möjliga fall äro hvarandra lika i godhet. Fördenskull alltså, att denna verlden är den möjligast förträffliga, kan hon ännu alltid vara rätt dålig, och då just hennes möjligaste förträfflighet alldeles icke utsäger någonting öfver hennes godhet, så kan också det starkaste *bevis för hennes dålighet aldrig någonsin blifva en invändning mot hennes möjligaste förträfflighet*, och följaktligen kunna *vederläggningarne* af dessa invändningar *aldrig* blifva *ett stöd* för påståendet om verldens möjligaste förträfflighet, de äro alltså i *detta* hänseende helt och hållet öfverflödiga.

Endast för så vidt de uppvisade bristerna och svagheterna ådagalade, att man antingen sträfvade till ett förkastligt syftemål, eller att man använde *olämpliga* medel för *påtagligt förhandenvarande* goda ändamål, endast i det fall skulle de lägga grunden till ett tvifvel på det omedvetnas allvishet och derigenom också indirekt, men endast indirekt, till ett tvifvel på verldens möjligaste förträfflighet. Men detta är ingalunda händelsen vare sig i afseende på det onda öfverhufvudtaget, eller i afseende på det moraliskt onda, eller i afseende på de osedliga menniskornas lyckliga lif och de dygdigas lidande; ändamålen, för hvilka dessa omständigheter skulle vara olämpliga medel, måste vara förherskandet af allmän lycksalighet, sedlighet och rättrådighet. Hvad närmast angår sedlighet och rättrådighet, så hafva båda någon betydelse endast på individuationens ståndpunkt, d. v. s. de tillhöra endast företeelsens verld, icke hennes väsen. Individuationen kräfver såsom grundinstinkt för individernas bibehållelse, således såsom grundbetingelse för deras möjlighet, *egoismen; utan* egoism inga individer; *med* egoism nödvändigt genast andras kränkning för egen fördels skuld, d. v. s. orätt, ondt, osedlighet o. s. v. Allt detta är således ett nödvändigt, för individuationens skuld oundvikligt ondt, såsom jag redan i Kap. A. VIII sid. 128 i fråga om organiska inrättningar påpekat, att vissa oundvikliga brister trots deras ändamålsvidrighet gentemot *vissa* ändamål måste fördragas, emedan det skulle vara en ändamålsvidrighet gentemot *ännu vigtigare* ändamål att kringgå dem.

Vi måste alltså skänka vår beundran åt det omedvetnas vishet, som i främsta hand såsom en motvigt emot den nödvändiga egoismen i menniskans bröst nedlagt dessa andra instinkter, såsom medlidande, välvilja, tacksamhet, billighetskänsla och vedergällningsdrift, hvilka tjena till att afvärja mycket orätt och att komma åstad positiva välgerningar, och af hvilka vedergällningsdriften och billighetskänslan i förening med driften att bilda stater efter vedergällningens öfverflyttande på statsmakten gifva upphofvet till rättsidén, hvilken nu å sin sida genom det säkert väntade straffet gör det orättas underlåtande till en egoismens sak, så att denna upphäfver sig sjelf i sina öfverdrifter.

Men alldeles bortsedt från denna beundransvärda inrättning äro och förblifva dock sedlighet och rätt alltid endast ideer, som hafva någon betydelse *blott* i afseende på *individernas förhållande till hvarandra*, eller till de af individerna bildade korporationerna, men använda på individernas *inre väsen*, d. v. s. på det all-enda omedvetna — *bortsedt* från formen af dess företeelse — blifva *betydelselösa*. Men då nu det all-enda till slut endast så till vida kan vara *intresseradt* af verlden, som det med sitt väsen tager del i henne, dväljes i henne, och då *företeelsens form* väl kan vara ett vigtigt genomgångsstadium, men, bortsedt från hennes återverkan på väsendet sjelft, omöjligen det yttersta ändamålet, så skola också sedlighet och rätt såsom *formella* ideer i afseende på deras teleologiska värde för det omedvetna kunna mätas endast efter en sådan måttstock, som uteslutande refererar deras verkan till dess *väsen*.

Denna måttstock ger allena den genom sedlighet och osedlighet, genom rätt och orätt hos samtliga intresserade, aktiva som passiva individer frambragta summan af *lust och smärta*, ty dessa först äro något alldeles *realt*, icke liksom sedlighet och rätt *blotta medvetenhetsideer*, och det omedvetna är det *gemensamma subjektet*, hvilket känner dem i alla de skilda medvetandena. Icke *i och för sig* kan alltså sedligt handlande hafva något värde för det omedvetna, utan endast för så vidt som det förringar summan af det lidande, som det måste känna; icke i och för sig, icke heller för sedlighetens skuld kan det rätta hafva något värde, utan endast för så vidt som det genom förminskandet af osedligt handlande förminskar lidandet. Om alltså också sedlighet och rätt *såsom sådana* icke skulle kunna vara mål i verldsprocessen, så skulle de väl kunna *vara det för lycksalighetens skuld*, om denna, såsom varande ett föremål, det der omedelbart angår det omedvetnas väsen, får betraktas såsom ändamål, en sak som man väl närmast skulle vara böjd att hålla före. Men såsom ändamål i sådan relativ betydelse kunna sedlighet och rätt i alla händelser betraktas utan motsägelse af de faktiska förhållandena, enär i sjelfva verket de redan omnämnda instinkterna, men isynnerhet den mer och mer sig fullkomnande rättsskipningen måste erkännas såsom medel för att förminska det osedliga och orätta handlandet. Men helt och hållet måste de afstå från sitt anspråk på absolut giltighet och låta sig nöja med en mycket underordnad relativ betydelse, hvarvid ytterligare tillkommer, att liksom osedligheten är ett oundvikligt missförhållande, utan hvilket ingen individuation är möjlig, så är också fordran på en direkt gudomlig rättsskipning ett teologiskt oförstånd, som för en alldeles obetydlig nyttas skuld måste oupphörligt rycka verlden ur hennes lagars fogningar. Beträffande lycksaligheten, d. v. s. smärtans möjligaste förminskning och lustens möjligaste stegring, skulle man nu hålla före, att hon måste vara någonting, som angår sjelfva det omedvetnas väsen, någonting alldeles realt, eo ipso ändamål, isynnerhet som *intet annat subjekt* finnes, hvilket *kan känna* smärtan och lusten, än det all-enda omedvetna; i öfverensstämmelse dermed se vi också i sjelfva verket en mängd anstalter träffade för att afvärja smärtan och stegra lusten.

Lika litet kunna vi förneka, att under förutsättning af individuationen och den i samband dermed stående egoismen smärtans oafvisliga *nödvändighet* är gifven i kampen för tillvaron och i individens död; likväl möter oss en mängd fakta, som i afseende på lycksaligheten synas *ändamålsvidriga* och som kunna begripas endast derigenom, om de andra ändamålen, hvilka de tjena, t. ex. medvetandets fullkomnande o. s. v., äro vigtigare än lycksaligheten; ja redan hos sjelfva individuationen är detta händelsen. Men nu kunna vi alldeles icke begripa, huru det skall gifvas ett ändamål, som skulle kunna föregå lycksaligheten, då dock ingenting mera direkt än denna kan angå det omedvetnas väsen; vi kunna icke begripa, huru det skall kunna gifvas något, som belönar ett *offer* af lycksalighet, äfven om det vore utsigten om en *högre* lycksalighet, eller som belönar åtagandet af en smärta, äfven om det vore utsigten om undvikande af en större smärta; det vore ju detsamma som att *hugga tänderna i sitt eget kött.* Om således verkligen lycksalighet skulle vara det högsta ändamålet, så kan det endast gifvas sådana lidanden, som äro oundvikliga, för att i stället på en annan sida, eller i ett senare stadium af processen vinna en så mycket högre lycksalighet, eller åtminstone för att förebygga ännu större, mera omfattande, eller långvarigare lidanden. Men om härtill icke funnes någon utsigt, så skulle man förnuftigtvis icke kunna begripa existensen af en verldsprocess eller en verld öfverhufvud, och uppnåendet af vete Gud hvilka *andra ändamål* skulle icke kunna afge någon förnuftig grund för öfvertagandet af en smärta, som öfverträffar lusten.

Här är nu den punkt, hvarifrån vi åter kunna gå tillbaka till Leibniz. Ty det vore ju dock ganska förvånansvärdt, om begreppsförvexlingen mellan den fullkomliga verlden såsom den *möjligast förträffliga* och den fullkomliga verlden såsom *alltigenom god och felfri* hos ett så skarpsinnigt hufvud som Leibniz icke hvilade på ett doldt underlag, hvilket i viss mening rättfärdigar teodicéns tendens. Men detta underlag är också förhanden; ty icke, som man föregifvit, för att rädda verldens möjligaste förträfflighet, sökte Leibniz höja hennes värde genom smärtans och det ondas privativitet, utan för att rättfärdiga skaparen *för hans skapelses skuld.*

Under antagandet af *alla möjliga verldar* har man icke tänkt sig det fallet, att *ingen* verld skapas, just emedan *ingen* verld också är ingen *verld*, följaktligen *icke* heller någon af de *möjliga* verldarne; skulle det nu visa sig, att denna bestående *verld är sämre än ingen verld*, så skulle skaparen mötas af den förebråelsen, hvarför han *öfverhufvudtaget* hade skapat henne, då det ju hade varit förnuftigare att icke skapa någon alls. Då skulle skapelsen såsom sådan, alldeles bortsedt derifrån, *huru* hon utfallit, för sitt ursprung hafva att tacka en *oförnuftig* akt, och man skulle då endast hafva valet, *antingen* att antaga, att skaparens förnuft icke hade någon andel i denna ursprungliga akt, och att detta förnuft endast tillfallit den uppgiften, att på möjligast förträffliga sätt fortsätta och genomföra den utan dess åtgörande satta, öfver existensen afgörande början, *eller ock* att medgifva, att skaparens i detaljerna obestridliga vishet i det hela råkat i en fundamental villfarelse och sålunda blifvit sig sjelf fullkomligt otrogen, om man nämligen vill hålla fast vid det påståendet, att skaparens *totalitet*, alltså äfven hans *förnuft*, varit delaktig vid denna ursprungliga akt. Det *andra* antagandet är alltför vidunderligt; huru skulle allvisheten kunna blifva sig sjelf så otrogen, att hon just i det vigtigaste momentet skulle begå det största oförnuft? På det *första* antagandet ville och kunde Leibniz *lika litet* gå in, emedan han icke erkände någon flerhet af attribut inom Gud. Följaktligen återstod honom endast att *på förhand* skydda sig mot den *möjligheten*, att denna verlden skulle kunna visa sig vara *sämre än ingen verld*, och *för detta ändamål* uppfann han läran om smärtans privativa karakter.

Vi, som framförallt söka vara fördomsfria i vår betraktelse, skola i nästa kapitel försöka att *på empirisk väg* lösa den frågan, huruvida denna verlden är att föredraga framför eller anse sämre än hennes icke-vara. Skulle då det senare blifva vårt resultat, så skola vi icke göra oss otillgängliga för den konseqvensen, att verldens existens för sin uppkomst har att tacka en *oförnuftig* akt, men skola icke antaga, att *förnuftet sjelft* i denna enda punkt *plötsligt* blifvit *oförnuftigt*, utan att densamma fullbordats *utan* förnuft endast derför, att förnuftet icke *tog någon del* deri. Detta blir oss möjligt derigenom, att vi känna *två* verksamheter hos det omedvetna, af hvilka den ena, viljan, just är den i och för sig ologiska (icke *anti*logiska, utan *a*logiska), förnuftslösa. Då vi nu redan länge sedan veta, att all real existens har viljan att tacka för sin uppkomst, så skulle man ju a priori kunna *förvåna sig* endast *deröfver*, *om denna existens såsom sådan icke vore oförnuftig.*

Men hvilket resultatet än månde varda, skall man derur ingalunda kunna härleda någon invändning emot det omedvetnas *allvishet* och emot den satsen: *att af alla möjliga verldar är den bestående den bästa.*

XIII.

Om det oförnuftiga i viljandet och om tillvarons elände.

Inledande anmärkningar.

Detta kapitels uppgift är att undersöka, huruvida den bestående verldens *vara* eller *icke-vara* förtjenar företrädet. Mer än någonsin måste jag här taga läsarens öfverseende i anspråk, då en någorlunda uttömmande behandling af ämnet skulle fylla ett helt verk. Här kan blott en rapsodisk behandling ifrågakomma, emedan resultatet af denna undersökning, ehuru visserligen af vigt för utredningen af filosofiens yttersta grunder, icke är af något omedelbart inflytande på det i arbetets hufvudtitel utlofvade innehållet: det omedvetna. Likväl hoppas jag i en kort betraktelse, som erbjuder mångahanda nya synpunkter, kunna gifva motståndarne små väckelser, hvilka skola gifva någon ersättning för besväret att genomläsa dessa afvikningar från ämnet.

Om vi lyssna till de personliga omdömena af alla tiders stora andar, så uttala sig de, hvilka haft tillfälle att yttra sig i frågan, i afgjordt fördömande anda.

Plato säger i Apologien: »Är nu döden i saknad af all förnimmelse och liksom en sömn, hvarunder den sofvande icke har några drömmar, så vore ju döden en underbar *vinning*. Ty jag håller för, att om någon uttoge en sådan natt, under hvilken han sofvit så hårdt, att han icke haft några drömmar, och sedan stälde alla de öfriga nätterna och dagarne ur sitt lif vid sidan af denna natt, så skulle — om han efter allvarligt öfvervägande hade att säga, huru många nätter och dagar i sitt lif han tillbragt på ett angenämare sätt än den natten — icke blott en vanlig menniska, utan till och med den store perserkonungen sjelf lätt kunna räkna dessa gentemot de andra dagarne och nätterna.» Vackrare och åskådligare kan man väl icke i rundt tal uttrycka icke-varats företräde framför varat.

Kant säger (Werke VII, sid. 381): »Man skall *illa* förstå sig på att värdera detsamma (lifvet), om man kan önska, att det skulle räcka längre än det gör, ty det vore ju blott att förlänga *en lek, som beständigt kämpar med idel mödor*». Sid. 393 kallar han lifvet en tid af pröfningar, i hvilka de flesta duka under, och under hvilka äfven den bäste *icke är glad öfver sin tillvaro.*

Fichte förklarar den naturliga verlden för »den aldra sämsta som kan finnas» och tröstar sig häröfver blott med tron på möjligheten af att förmedelst det rena tänkandet höja sig till en öfversinlig verlds saligheter. Han säger (Werke V, sid. 408—409): »Modigt draga de åstad på denna jagt efter lycksaligheten, hängifvande sig innerligt och troget åt det första bästa föremål, som behagar dem och som lofvar att tillfredsställa deras sträfvan. Men så snart de gå till sig sjelfva och fråga: »»är jag nu lycklig»»? — så svaras ur deras innersta hjerta: »»o nej, du är ännu lika tom och fattig som förut»». Då de nu kommit på det klara härmed, mena de, att de tagit fel i valet af föremål, och kasta sig så in på ett annat. Men äfven detta tillfredsställer snart lika litet som det första: *intet under solen kan tillfredsställa dem*... Så längta de och ängslas fram sitt lif, i hvarje läge tänka de, att, om det blott vore ställdt på *annat* sätt, det nog också skulle vara *bättre*, och när det blifvit annorlunda, så hafva de det ändå icke ett grand bättre än förut; på hvarje ställe de befinna sig, mena de, att om de blott vore uppe på höjden, dit nu endast ögat når, skulle alla bekymmer vara öfver; och när de kommit upp på höjden, hafva de ändock alla sina gamla bekymmer qvar... Möjligen afstå de också från all tanke på lycka i detta jordelifvet, men finna då i stället behag i en viss genom tradition till oss kommen anvisning på ett slags salighet på andra sidan grafven. I hvilken jämmerlig belägenhet befinna de sig icke! Helt säkert ligger saligheten äfven på andra sidan grafven för dem, som redan på denna sidan funno densamma, men icke kommer man till saligheten genom att endast låta begrafva sig; och de skola i det kommande lifvet och i den oändliga serien af alla kommande lif söka lycksaligheten lika fåfängt, som de sökte den i det närvarande lifvet, om de söka den i något annat än i det, som redan här ligger dem så nära, att det aldrig i hela oändligheten kan komma dem närmare, i det eviga. — Och så irrar den arme afkomlingen af evigheten, utstött ur sin fäderneboning, alltid omgifven af sin himmelska arfvedel, som blott hans darrande hand fruktar att gripa, obeständig och flyktig omkring i öknen, alltjämnt i begrepp att slå sig ner i ro; lyckligtvis påminnes han lika ofta genom sin hyddas instörtande, att han aldrig skall finna ro förr än i sin faders hus.»

Schelling säger (Werke I. 7, sid. 399): »Derför denna slöja af svårmod, som är utbredd öfver hela naturen, det djupa outplånliga vemodet hos allt lefvande.» Längre fram har han ett annat ställe, som jag anbefaller till genomläsning i dess helhet; här kan jag endast återgifva några fragment. »Det är i sanning en smärtans väg, som hvarje väsen i naturen har att tillryggalägga på sin vandring, derom vittnar det sorgens drag, som hvilar öfver naturen, som återfinnes i djurets anlete... Men denna *varats elände* upphäfves just derigenom, att det uppfattas och kännes såsom icke-vara: i det menniskan söker att i den största möjliga frihet försäkra sig deremot... Hvem skall väl sörja öfver ett snart öfvergående lifs små och hvardagliga missöden, då han har fattat den *allmänna tillvarons smärta* och det helas stora öde?» »Ångest är hvarje lefvande varelses grundkänsla» (I. 8, 322). »Smärta är något allmänt och nödvändigt i allt lif... All smärta kommer från varat allena» (I. 8, 335). »Det oaflåtliga viljandets och begärandets oro, af hvilken hvarje skapad varelse drifves, är i och för sig sjelfva osaligheten.» (II. 1, 473; jfr. I. 8, 235—236; II. 1, 556—557,560).

Det må vara nog med dessa citat; flera andra finner man i Schopenhauers »Welt als Wille und Vorstellung», II, kap. 46.

Hvad bevisa nu sådana subjektiva meningar utan bifogade grunder? Måste man icke snarare misstro dem, just *derför* att de förskrifva sig från framstående andar, hvilka äro angripna af denna melankoliska sorgbundenhet, som är nästan hvarje snilles arfslott, emedan de icke kunna känna sig hemmastadda i den dem underlägsna verlden (jfr. Aristoteles' Probl. 30, 1)? Helt säkert det, att verldens värde måste mätas med dess egen, icke med snillets måttstock. Låtom oss se till!

Man tänke sig en man, som icke är något snille, men dock en person af universel, modern bildning, utrustad med alla de yttre förmåner, som en afundsvärd lefnadsställning medför, och i sina kraftigaste mannaår, hvilken är fullt medveten om det företräde, han äger framför de lägre samhällsklasserna, framför de obildade nationerna och framför dem, som lefde under barbariska tidehvarf, och som ingalunda afundas dem, som visserligen stå öfver honom, men hvilka plågas af alla de obehag han undgått, en man, som hvarken är förstörd och blaserad af omåttliga njutningar eller ännu aldrig blifvit nedtryckt af några svårare skickelser.

Nu tänke man sig döden komma till en sådan man och säga: »Din lefnadstid är tilländalupen, och i denna timma skall du vara hemfallen åt förintelsen; dock beror det i denna stund på din egen vilja att afgöra, om du, efter en fullständig glömska af allt, hvad hittills vederfarits dig, ännu en gång vill genomlefva ditt nu tilländalupna lif på alldeles samma sätt. Välj nu!»

Jag betviflar, att den mannen skulle föredraga återupptagandet af det förra spelet framför icke-varat, förutsatt att han vore vid fullt normalt sinneslugn och att han öfverhufvud icke lefvat så helt och hållet tanklöst, att han i sin oförmåga att utöfva en summarisk kritik öfver sitt lifs erfarenheter, nu med sitt svar blott gifver ett uttryck åt instinkten att lefva till hvad pris som helst, eller ock härigenom alltför mycket förmås att förfalska sitt omdöme. Huru mycket mer måste icke denne man föredraga icke-varat framför ett återinträde i lifvet, som icke gifver honom någon borgen för, att samma gynsamma omständigheter skola medverka som i det förra lifvet, utan som tvärtom helt och hållet öfverlemnar åt slumpen, i hvilka nya lefnadsförhållanden han skall inträda, och som alltså med en till visshet gränsande sannolikhet bjuder honom sämre vilkor än dem, som han nyss försmådde.

I denne mans belägenhet skulle det omedvetna befinna sig vid hvarje ny alstring, om det verkligen hade möjligheten af en valfrihet.

Men äfven vid detta exempel kan man icke undgå samma förebråelse, som träffade snillenas åsigter, nämligen att man frågat en genom bildning vida öfver jämnmåttet upphöjd intelligens, och att deremot, då hvarje enskild företeelse måste bedömas efter sin måttstock, verlden i det stora hela blott då kan något så när riktigt bedömas, när detta sker efter alla enskilda företeelsers *genomskärningsmått*. Af ofvanstående exempel skall dock, om det är riktigt i och för sig, det stå fast, att *denna* intelligensgrad redan utdömt den företeelse, af hvilken han uppbäres, hvartill han obestridligen är det enda kompetenta forum, hvaremot villfarelsen blott ligger deruti, att han anser sig kompetent att utdöma *äfven det, som står under* hans nivå, under det att detta dock på samma sätt blott får mätas efter sitt eget mått.

Detta misstag må dock icke väcka vår förvåning, ty det äger regelbundet rum der, hvarest intelligensen icke står så högt, att han kan utdöma en företeelse, af hvilken han bäres; man må fråga till exempel en vedhuggare eller en hottentott, eller en orang-utang, om han hellre skulle vilja förintas än återfödas i en flodhäst eller en lus; alla skulle säkerligen föredraga förintelsen, men det oaktadt föredraga återupprepandet af sitt eget lif framför förintelsen, likasom flodhästen och lusen skulle föredraga ett återupprepande af sitt lif framför förintelsen.

Detta misstag härrör åter deraf, att den tillfrågade i väljandets ögonblick med *sin nuvarande intelligens* försätter sig i den lägre lifssferens lif, der han naturligen måste finna det odrägligt, och förgäter, att på detta lägre stadium blott denna lägre grads intelligens står honom till buds till detta stadiums bedömande.

Återstår sålunda i sjelfva verket intet annat, än att bedöma hvarje yttringsgrad af det omedvetna efter dess eget mått och derefter af dessa samtliga specialomdömen vinna den algebraiska summan, hvilken då tillika representerar en real omedveten enhet, nämligen totaliteten af alla det all-enda väsendet tillagda subjektiva känslobestämningarne. Hvarje omdöme från en främmande ståndpunkt lemnar obrukbara resultat; ty hvarje varelse är jämnt så lycklig, som hon känner sig, icke som *jag skulle* känna mig med *min* intelligens i hennes ställe, då detta är en overklig subreption.

Smärta och lust *äro*, blott för så vidt de *kännas;* de hafva alltså öfverhufvud ingen realitet utom *hos ett kännande subjekt;* sålunda tillkommer dem icke *omedelbart* en objektiv realitet, utan blott förmedelst den objektiva realiteten hos subjektet, i hvilket de existera, d. v. s. deras realitet är omedelbart *subjektiv*, och blott *för så vidt* de äga subjektiv realitet, hafva de *medelbart* äfven objektiv realitet. Häraf följer, att det för känslans realitet icke gifves någon annan omedelbar måttstock än den subjektiva, och att på grund deraf ett bedrägeri eller en osannhet hos *känslan såsom sådan* är omöjlig.

Väl kan känslan *så till vida* kallas osann, som *föreställningarne*, genom hvilka hon väckes, äro osanna, men då ligger alltid sveket blott i föreställningen om objektet, men känslan sjelf, *antingen* hon nu hvilar på real grund, *eller* på en *illusion*, är alltid *lika sann* och *lika berättigad* att tagas med i räkningen vid den stora summeringen.

Om nu skilnaden mellan det omdöme, hvilket lusens intelligens skulle fälla öfver sitt lif, och det, som min intelligens fäller öfver hennes lif, endast beror derpå, att lusen befinner sig insöfd i illusioner, som jag icke delar, och att dessa illusioner skänka henne ett öfverskott af känd, alltså real lycksalighet, som kommer henne att föredraga sitt lif framför förintelsen, så skulle lusen ofelbart hafva rätt och jag orätt. Men så enkel är dock icke slutledningen, ty alltid qvarstå utom denna källa till villfarelse från min sida ännu alltjämnt källor till villfarelser i lusens svar, hvilka förfalska hennes omdöme, liksom de förra gjorde det med mitt. Om nämligen hvarje väsendes lefnadsvärde blott kan uppskattas efter dess egen subjektiva måttstock, och härvidlag hvarje illusion gäller lika med sanningen, så är dock dermed ingalunda sagdt, att hvarje väsen drager den *riktiga* algebraiska summan ur sitt lifs samtliga affektioner, eller med andra ord, att dess *totalomdöme* öfver dess eget lif skulle i förhållande till dess subjektiva lifserfarenheter vara riktigt. Helt och hållet bortsedt från den grad af intelligens, som är nödvändig i och för fällandet af ett sådant omdöme, blifver dock för det första möjligheten af minnes- och kombinationsfel öfrig, och för det andra af ett *sidoinflytande på omdömet genom viljan och den omedvetna känslan.*

Om man vågar antaga, att de förra felen skulle upphäfva hvarandra hos ett stort antal individer, så väger deremot den senare orsaken till felslut så mycket tyngre i vågskälen. Den som vet, huru mäktig den omedvetna sidoinflytelsen på föreställningen och omdömet genom viljan, genom instinkter, affekter och känslor är, han skall äfven erkänna den stora betydelsen af de härigenom uppkomna felen. Man tänke sig vidare, huru i minnet de oangenäma intrycken utplånas och de angenäma qvarstå, så att till och med en i verkligheten högst oangenäm tilldragelse i minnet kan stråla i det behagligaste ljus (juvat meminisse malorum); i följd häraf måste det sammanfattande minnet komma till ett långt gynsammare facit öfver sitt lifs njutningshalt, än en addering, som icke blifvit inkorrekt under begagnande af minnets glasögon, skulle medgifva. Hvad minnet vid fördöljandet af den verkligt kända olusten ännu icke är i stånd att prestera, det gifver helt säkert hoppets instinkt (jfr. nedan N:o 12) för den olust, som i framtiden verkligen kommer att kännas, och det förflutnas debet och kredit blifver hos alla yngre personer ofrivilligt förfalskadt genom att man tillika intager föreställningen om ett kommande, som genom hoppet är rensadt från orsakerna till den förgångna olusten, utan att medtaga i räkningen de nya tillkommande orsakerna till olust. Alltså blifver icke det egna lifvet, sådant det *verkligen* var och skall blifva, utan sådant det företer sig i minnets försköningsspegel och i hoppets bedrägliga rosenskimmer för den okritiska blicken, begagnadt vid uppgörandet af lustens och olustens konto, och derför är det intet under, att ett resultat synes erbjuda sig, som icke öfverensstämmer med verkliga förhållandet. — Man betänke vidare, att menniskans narraktiga fåfänga går nog långt, att hon vill hellre synas god och lycklig än vara det, så att hvar och en sorgfälligt förtiger hvar skon klämmer och derför söker ståta med en välmåga, en tillfredsställelse och en lycka, som han alldeles icke äger; denna källa till misstag förfalskar det omdöme, som man fäller öfver andra enligt hvad de yttra och visa öfver sitt lifs lust- och olustkonto, likasom de båda nyss nämnda källorna till felslut göra med omdömet öfver ens eget förflutna. Dömer man deremot efter hvad andra menniskor pläga uttala öfver sitt lifs lycksalighetsfacit, så är det klart, att man här står gentemot *produkten* af de båda anförda felen. Man finner redan häraf, med hvilken försigtighet man måste mottaga menniskornas omdömen öfver deras eget lyckotillstånd.

Om man slutligen betänker, såsom a priori kan förmodas, att samma omedvetna vilja, som skapat varelserna med dessa instinkter och affekter, äfven genom dessa instinkter och affekter skall influera på den medvetna föreställningen, i syfte af nämnda drift att lefva, så skulle man blott hafva att förundra sig öfver, huru den instinktiva kärleken till lifvet skulle kunna låta i medvetandet ett omdöme uppkomma, som bröte stafven öfver detta samma lif; ty samma omedvetna, som vill lifvet och visserligen till sina bestämda ändamål trots dess elände vill just *detta* lifvet, skall säkerligen icke underlåta att utrusta de resp. varelserna med just så mycket illusioner, som de behöfva för att icke blott finna lifvet drägligt, utan äfven hafva öfver tillräckligt af lefnadsmod, spänstighet och friskhet för alla lifvets ansträngande uppgifter, samt sålunda låta sig dupera öfver tillvarons elände.

I denna mening säger Jean Paul ganska sant: »Vi älska lifvet, icke emedan det är skönt, utan emedan vi måste älska det, och deraf kommer det, att vi ofta draga den förvända slutsatsen: då vi älska lifvet, så må det vara skönt.» Hvad som här kallas kärlek till lifvet är ingenting annat än den instinktiva sjelfuppehållelsedriften, individuationens conditio sine qua non, hvars negativa uttryck är undvikandet och afvärjandet af rubbningar och i dess högsta grad dödsfruktan, hvilka vi redan omnämnt i början af Kap. B. 1. Döden i sig är alls icke något ondt, ty den dermed förknippade *smärtan* faller ju inom lifvets gräns och skulle icke blifva föremål för *mera* fruktan än den likartade smärtan vid sjukdomar, *om icke* den individuella existensens upphörande skulle vara dermed förbunden, hvad som *icke mera kännes*, alltså icke *med skäl* kan vara något ondt. Lika litet alltså som dödsfruktan kan annorlunda begripas än ur den blinda sjelfuppehållelsedriften, lika litet kärleken till lifvet. Likasom det i allmänhet förhåller sig med dödsfruktan och kärleken till lifvet, så förhåller det sig särskildt i lifvets många enskilda riktningar, till hvilkas fasthållande och ifriga genomlefvande vi sporras af den instinktiva driften, i följd af hvilken vårt omdöme öfver den algebraiska summan af de ur denna riktning uppkomna njutningarne och smärtorna förfalskas och intrycket af den nyligen gjorda erfarenheten hvitlimmas af det nya bedrägliga hoppet. Detta är fallet hos alla egentligen drifvande lidelser, hungern, kärleken, äran, vinningslystnaden o. s. v.

Här måste man nu, strängt taget, i afseende på lifvets olika drifter och riktningar undersöka, i huru stor utsträckning driften och affekten sjelf åstadkommer en förfalskning af omdömet öfver den genom den resp. riktningen summariskt ernådda njutningen eller smärtan; dock vore detta en ganska svår uppgift, emedan hvarje läsares bifall skulle bero derpå, att han, för att kunna granska sitt hittills varande omdöme i hvar och en af dessa riktningar, för närvarande måste göra sig fullkomligt fri från denna driftens och affektens förfalskande inflytelse, hvad som dock svårligen skulle kunna väntas, ty sådant förmår knapt en samvetsgrann årslång sjelfbetraktelse att göra. Bortsedt från den ringa utsigt till framgång, som detta bemödande enligt sin natur skulle erbjuda, vore ännu en ytterligare obeqvämlighet dermed förbunden. Denna betraktelse skulle nämligen ingalunda befria oss från den uppgiften, att der bakom underkasta alla de känslor en kritik, hvilka med allt erkännande af deras fulla realitet bero på illusioner, och *hvilka derför med dessa illusioners förstöring skulle vid tilltagande medveten intelligens på samma gång förstöras.*

Denna undersökning kunna vi icke bespara oss, emedan allt framåtskridande i verlden syftar till den medvetna intelligensens stegring.

De lägre djuren och växterna undanträngas sedan det organiska lifvets början mer och mer af högre, de högre djuren af menniskan, och menskligheten skall med tiden i medeltal komma till en ståndpunkt af intelligens och verldsåskådning, hvilken nu intages af endast några få bildade.

Den frågan, i huru stor utsträckning känslorna bero på illusioner, är alltså för vårt problems lösning af högsta vigt, då det, hvad af verlden *blir*, det, hvarthän hon syftar, uppenbarligen har för bedömandet af hennes värde en ännu långt större betydelse, än det provisoriska utvecklingsstadium, inom hvilket hon nu för tillfället befinner sig.

Vi skulle alltså nu hafva att ännu en gång betrakta de nämnda drifterna och lefnadsriktningarne under denna andra synpunkt, men det är klart, att härvid många återupprepningar måste förekomma, dels för att icke störa sammanhanget, dels emedan i det konkreta fallet de båda synpunkterna så nära gripa in i hvarandra, att det ofta knapt synes vara möjligt att strängt skilja dem åt. Jag föredrager derför att sammanväfva betraktelsen efter båda synpunkterna med hvarandra.

I fråga om mycket, som läsaren icke torde vara benägen att

bifalla, nämligen att det vanliga teoretiska *antagandet* af en öfvervägande njutning hvilar på en *villfarelse*, d. v. s. på en förfalskning af *omdömet* genom driften eller genom andra felaktiga källor, torde han knapt komma att vägra till, att den af honom supponerade öfvervägande *njutningen sjelf*, *om* hon verkligen består, dock hvilar på en *illusion*, alltså med illusionens grundliga förstöring blir satt i fråga. Men bådadera kommer för vår betraktelses ändamål nästan ut på detsamma; ty om det är sant, att vid den fortfarande tillväxten af intelligensens mått i verlden äfven tillvarons illusioner mer och mer undergräfvas, tills slutligen allt erkännes som »fåfänglighet», så blefve verldens tillstånd alltid olyckligare, ju mera hon närmade sig utvecklingens mål, hvaraf torde följa, att det skulle hafva varit förnuftigare att ju förr dess bättre hindra verldens utveckling, och aldra bäst att undertrycka hennes uppkomst i sjelfva uppkomstmomentet.

Men framförallt ber jag läsaren att vid de efterföljande undersökningarne oaflåtligt behålla för ögonen, att de härofvan (sid. 222—223) angifna felaktiga källorna för lifvets bedömande beständigt luta ditåt, att preockupera och vilseleda läsarens omdöme till fördel för ett öfverskattande af lusten och underskattande af olusten, och att de åsigter och meningar öfver lifvet, hvilka han från sin omedelbara och medelbara lefnadserfarenhet medför till denna filosofiska undersökning, sjelfva redan äro resultat, som genomdränkts af de nämnda felaktiga källornas inflytelse och sålunda som medförda fördomar sträfva emot den gifna verklighetens otvungna betraktelse.

Illusionens första stadium.

Lyckan tänkes vara uppnådd i verldens nuvarande utvecklingsskede, alltså vara upphinnelig för den nu i jordelifvet existerande individen.

I. Kritik af den Schopenhauerska teorien om lustens negativitet.

Jag måste vid denna betraktelse förutsätta som bekant den s. k. Schopenhauerska pessimismen (se: Welt als Wille und Vorstellung Bd I. § 56—59, Bd II. kap. 46, Parerga, 2:dra uppl. Bd I. sid. 430—439 och Bd II. kap. XI och XII) och anhåller, att läsaren en gång i den angifna ordningsföljden måtte genomgå de anförda afdelningarne, hvad som i fråga om Schopenhauers pikanta stil är en anhållan, för hvilken den ännu dermed obekante läsaren säkerligen skall blifva mig tack skyldig. I huru vidsträckt mån jag afviker från de der antagna uppfattningarne, framgår till största delen redan ur det förut sagda. Det (Welt als W. und V., 3 uppl. Bd II. sid. 667—668) försökta beviset, att denna verlden är den sämsta af alla möjliga, är en uppenbar sofism; öfverallt eljest vill äfven Schopenhauer sjelf ingenting vidare påstå och bevisa, än att denna verlds vara är sämre än hennes icke-vara, och detta påstående anser jag vara riktigt. Ordet pessimism är alltså en *olämplig* efterbildning af ordet optimism. — Lika onyttiga jag vidare måste anse Leibniz' försök, att till allvisheten och den möjligast förträffliga verldens räddning bortdemonstrera verldens elände, lika litet kan jag instämma i, att Schopenhauer så mycket förbiser verldsinrättningens vishet för verldens elände, samt, om han också icke kan helt och hållet förneka den, dock lemnar den så mycket som möjligt obeaktad och ringaktar den. — Derpå tager jag mig i akt för syndens begrepp, hvilket Schopenhauer inför i verldsskapelsen. Redan flera gånger har jag uttalat mig emot ett transcendent bruk af etiska begrepp, emedan dessa blott hafva betydelse för medvetenhetsindivider i förhållande till medvetenhetsindivider. Blott det kan jag med Schopenhauer antaga som följd af tillvarons elände, att verldsskapelsen har en *oförnuftig* akt att tacka för sitt första ursprung d. v. s. en sådan, vid hvilken förnuftet icke har medverkat, alltså den *blotta grundlösa viljan.* — Men slutligen måste jag ännu framhålla Schopenhauers falska användning af negativitetens begrepp. Likasom nämligen Leibniz vill tillägga olusten, så vill Schopenhauer tillägga lusten en uteslutande negativ karakter, visserligen icke helt och hållet i privativ mening som Leibniz, men dock så, att smärtan ensam skall vara det *direkt* uppstående, men lusten blott *indirekt* möjlig, genom smärtans upphäfning eller förminskning. Nu har jag icke det ringaste för afsigt att bestrida, att hvarje upphäfvande eller förminskning af en smärta är en lust, men icke hvarje lust är ett upphäfvande eller förminskning af smärtan, och omvändt gäller den satsen lika väl, att lustens upphäfvande eller förminskning är en olust.

I alla fall äger dervid redan en inskränkning rum, hvilken verkar till smärtans fördel. Såväl lust som smärta angripa nämligen nervsystemet och frambringa derigenom en slags trötthet, hvilken vid lustens högsta grader kan öfvergå till dödlig slapphet. Härur framgår ett med känslans fortvaro och grad tillväxande behof, d. v. s. en (medveten eller omedveten) vilja, att låta känslans upphörande eller aftagande inträda; vid olusten verkar detta ur angreppet på nerverna härstammande behof *tillsammans* med den direkta motviljan mot en smärtas bärande, vid lusten åter verkar hon (viljan) *emot* det direkta begäret till lustens fasthållande och förminskar densamma i alla händelser, ja hon kan till slut öfverväga den (man tänke på utmattningen vid könsnjutningen). Smärtan blir (bortsedt från fullkomlig nervslöhet genom stora smärtor) desto smärtsammare, lusten desto likgiltigare och mera blaserande, ju längre den varar.

Här ligger redan den första grunden deri, hvarför vid fullt jämnsväfvande vigt emellan den direkta lustens och olustens mått i verlden man måste genom den tillkommande nervaffektionen gifva utslaget till förmån för smärtan. — Men i det att vidare genom detta tillkommande behof af aftagandet i hänseende till hvarje fortvarande känsla den indirekta (d. v. s. genom en lusts upphörande uppkomna) olusten relativt förminskas, deremot den indirekta (d. v. s. genom en olusts upphörande uppkomna) lusten relativt förökas, visar sig redan a priori, att en proportionelt mycket större del af lust än af olust i verlden hänvisar på en *indirekt* uppkomst ur aftagandet af sin motsats. Men då nu, såsom det skall visa sig af hela denna undersökning, det är sagt, att i det stora hela mycket mera smärta än lust finnes i verlden, så är det intet under, att i sjelfva verket genom denna smärtas aftagande redan den aldra mesta delen af all lust, som man möter i verlden, får sin tillräckliga förklaring, och blott ringa lust blir öfrig för direkt uppkomst.

Följaktligen kommer det för *praktiken* nästan ut på detsamma hvad Schopenhauer påstår (nämligen att lusten uppkommer indirekt, smärtan deremot direkt); men detta bör icke förändra den *principiella* uppfattningen, ty det är och blir obestridligt, att det äfven finnes lust, som *icke* uppstår genom en smärtas aftagande, utan positivt höjer sig öfver känslans indifferenspunkt; man tänke på gastronomiens njutningar och konsters och vetenskapers, hvilka senare Schopenhauer välvisligt, emedan de icke passade för honom i hans teori om lustens negativitet, bortkastade och behandlade som det viljefria intellektets smärtelösa följder, — likasom om det *viljefria* intellektet ännu skulle kunna *njuta*, som om det kunde finnas en *lustkänsla*, utan en *vilja*, i hvars *tillfredsställande* den består! Om vi ej kunna undgå att taga i anspråk välsmaken, könsnjutningen rent fysiskt taget och bortsedt från dess metafysiska relationer, samt konstens och vetenskapens njutningar som *lustkänslor;* om vi måste medgifva, att desamma utan en föregående smärta, utan ett föregående sjunkande under känslans indifferens- eller nollpunkt positivt höja sig öfver densamma; om vi slutligen fasthålla vid vår princip, att lusten endast består i ett begärs tillfredsställelse: så måste nödvändigt Schopenhauers påstående vara falskt, nämligen att lusten blott är ett smärtans aftagande eller upphörande.

Men nu anför man som bevis derpå: viljan är, så länge hon består, otillfredsstäld, ty eljest bestode hon ju icke mer, men den otillfredsstälda viljan är brist, behof, olust; blir hon nu tillfredsstäld, så blir denna olust upphäfd, och deri består denna tillfredsställelse eller lust; en annan finnes icke. Detta argument synes oemotståndligt, och dock står dess konseqvens, såsom sagdt, i strid med erfarenheten. Förmedlingen och förenligheten visar sig lätt, om man närmare betraktar den gastronomiska eller konstnjutningen och dervid frågar sig, hvart då viljan skulle taga vägen, hon som, så länge hon är otillfredsstäld, är olust. Man kan hvarken träffa på olust eller en otillfredsstäld existerande vilja. Det blir alltså intet annat öfrigt än att antaga, att viljan först framkallas i samma moment, då hon äfven redan tillfredsställes, så att ingen tid är förhanden för hennes otillfredsstälda existens. Detta öfverensstämmer dermed, att det ju är ett och detsamma, hvad som motiverar (uppväcker) viljan och som tillfredsställer henne, hvarom man genast kan öfvertyga sig, om man äter en illasmakande spis mellan välsmakande anrättningar, eller om i ett musikstycke man anslår felaktiga dissonanser; då blir nämligen viljan visserligen motiverad (uppväckt), men hon blir icke tillfredsstäld, och nu är genast olusten framme. Här visar sig vid viljan, som genast i sin uppkomst hemfaller åt den henne tillintetgörande tillfredsställelsen, nu äfven tydligt, att tillfredsställelsens lust utan tvifvel är något helt och hållet positivt, icke något ur smärtans förminskning direkt och allena framgående, att snarare sjelfva den vid smärtans förminskning sig visande *indirekta* lusten måste fattas som viljans direkta tillfredsställelse att blifva smärtan qvitt. Hade icke Schopenhauer med denna betraktelse förenat fördomen om intellektets viljefria njutning, så hade han väl insett detta förhållande och icke blifvit stående vid sin uppfattning om lustens negativitet.

Men allt skulle kanske ännu icke hafva räckt till att fastställa hos honom denna öfvertygelse, om icke till hans ursäkt komme ännu en annan sak. Vi hafva Kap. C. III. sid. 33—35 sett, att viljans otillfredsställelse visserligen enligt sin natur alltid måste blifva medveten, men tillfredsställelsen ingenstädes omedelbart, utan *blott då*, när det medvetna förståndet genom *jämförelse med motsatta erfarenheter* bringar till sitt medvetande, att äfven tillfredsställelsen är beroende af yttre omständigheter och ingenting mindre än en omedelbar och ofelbar konseqvens af viljan. Jag ber läsaren att ännu en gång genomgå de der anförda exemplen, för att bespara sig ett återupprepande af hvad der blifvit framstäldt.

Särskild uppmärksamhet förtjenar det, att man hos hela växtriket och de lägre graderna af djurriket icke kan förutsätta den grad af färdigt medvetande, hvilken tillhör erfarenheternas jämförelse och erkännandet af deras beroende af yttre orsaker, att man dervidlag icke heller kan anse desamma mäktiga af att blifva medvetna om några viljetillfredsställelser, alltså icke om några lustkänslor, då deremot smärta och olust med obeveklig nödvändighet tränga sig på äfven det slöaste medvetande. Äfven till och med högre djur torde i allmänhet blifva medvetna om mycket mindre viljetillfredsställelser, än man vanligen efter mensklig analogi är benägen att antaga. Hvad menniskan sjelf beträffar, så blifva äfven för henne, då naturligtvis icke hvarje menniska i hvarje moment af en liten viljetillfredsställelse tvingar sig till en jämförelse med motsatta erfarenheter, i allmänhet blott sådana viljetillfredsställelser medvetna, d. v. s. kända som lust, hvilkas beledsagande omständigheter hänvisa menniskan utan hennes åtgörande till kontrasten med motsatta erfarenheter, t. ex. ovanliga, sällsynta, vare sig i enlighet med deras art eller deras grad, eller sådana, hvilka genom idéassociation erinra om motsatta erfarenheter, vare sig från främmande håll eller tidigare egna.

Alla till vana och regel blifna viljetillfredsställelser kännas alltid mindre som sådana, d. v. s. som lust, ju mindre de ännu framkalla erinringen om motsatta erfarenheter. Det är klart, att den aldra största delen (icke enligt graden utan antalet) af viljetillfredsställelserna derigenom går förlorad för medvetandet, under det att otillfredsställelserna kännas oafkortade. Derför säger Schopenhauer alldeles riktigt (Welt als W. und V., 3:dje uppl., Bd II. sid. 657): »Vi känna önskan, som vi känna hunger och törst; men så snart den blifvit uppfyld, går det dermed som med den njutna spisen, hvilken i det ögonblick den förtäres upphör att vara till för vår känsla. Njutningar och fröjder sakna vi smärtsamt, så snart de uteblifva; men smärtor, till och med om de efter lång närvaro uteblifva, saknas icke omedelbart, utan på sin höjd tänker man förmedelst reflexioner på dem. I samma mån, som njutningarne tilltaga, aftager känslomottagligheten för dem; det, hvarvid vi vant oss, kännes icke mer som njutning. Men just derigenom tilltager känslomottagligheten för lidandet; ty *förlusten af det, hvarvid vi vant oss, kännes smärtosamt.»* — (Parerga, 2:dra uppl., Bd II. sid. 312): »Liksom vi *icke känna* vår hela kropps helsa, utan blott de små ställen der skon klämmer, så tänka vi äfven icke på våra samtliga, fullkomligt väl gående angelägenheter, utan på någon obetydande småsak, som förtretar oss.» Men falskt är det när han tillfogar: »Härpå beror den af mig oftare framhållna negativiteten af välståndet och lyckan, i motsats till smärtans positivitet.» Utan tvifvel *existerar för* lustens och smärtans *framträdande till medvetande* ett visst analogon till dessa begrepp, för så vidt som smärtan blir medveten af sig allena, men lusten blott i motsats till smärtans föreställning; utan tvifvel äro verkningarna vanligen desamma, *som om* den Schopenhauerska uppfattningen af lustens negativitet vore riktig, men likväl är mellan båda en himmelsvid skilnad, och det förblifver i principen bestående, att lust och smärta i allmänhet åtskiljas som matematiska, positiva och negativa, d. v. s. så, att det är likgiltigt, hvilkendera af dem man sätter före den andra.

Det har åter engång rätt tydligt visat sig, huru oändligt mycket fruktbarare än den blotta kritiken begrundandet är af de grunder, genom hvilka store män förledts till falska hypoteser. I det vi nämligen funnit hypotesen om lustens negativitet lika oriktig som Leibniz' hypotes om det ondas negativitet, hafva vi tillika fattat tre moment, af hvilka hvart och ett faller i vår vågskål till smärtans fördel, och hvilka i sin förening praktiskt gifva nästan samma resultat, som Schopenhauers teori; de äro 1) nervernas retning och utmattning och det deraf framträdande behofvet efter njutningens, liksom smärtans upphörande; 2) nödvändigheten att iakttaga lusten *såsom indirekt*, hvilken blott uppstår genom upphörande eller aftagande af en olust, men icke genom momentan tillfredsställelse af en vilja i ögonblicket för densammas uppväckelse; 3) de svårigheter, som träda emot viljetillfredsställelsens framträdande till medvetande, under det att olusten e o i p s o alstrar medvetande; — vi kunna tillägga: 4) tillfredsställelsens korta tilllvaro, som räcker litet mer än ett klingande ögonblick, under det att otillfredsställelsen varar så länge som den aktuella viljan, alltså, då det knapt gifves ett moment, hvarunder en aktuel vilja ej vore förhanden, så att säga är evig och blott i alla fall limiteras genom den tillfredsställelse, som hoppet gifver.

Den första punkten beror på det organiska lifvets natur, specielt på nervfunktionernas som medvetandets grundval, de senare tre punkterna härleda sig ur viljans natur sjelf. De senare gälla derför utan vidare icke blott för vår verld, utan för hvarje verld, hvilken blott är möjlig som viljans objektivation. Men äfven den första punkten skall öfverallt komma till giltighet, hvarest det handlar om en balans mellan lust och olust; ty då lusten blott genom kontrasten med olusten kan i ett redan högt utveckladt medvetande komma till stånd, men åter ett medvetande förutsätter individuationen med tillhjelp af materien eller ett densammas analogon, så skall äfven i hvarje annan som viljeobjektivation tänkbar verld hos detta materiens analogon trötthetens lag och den deraf uppstående lustens förslöande göra sig gällande. Vi kunna härefter anse *alla fyra* punkterna såsom nödvändiga följder ur viljans natur i hänseende till lust och olust och hafva att i dem igenkänna de *eviga skrankor*, hvilka det omedvetna måste möta vid hvarje försök till en verldsskapelse och hvilka a priori göra det omöjligt att skapa en verld, hvaruti olusten skulle öfvervägas af lust. Men dessa fyra punkter hafva äfven den vidare betydelsen, att kunna vid fortgången af våra aposterioriska undersökningar vid hvarje betraktelsens speciella föremål tjena till ett objektivt korrektiv mot de medfödda instinktiva fördomarne, i lika mening som det förra angifvandet af de vigtigaste subjektiva felaktiga källorna (sid. 222—223) såsom subjektivt korrektiv. Jag ber derför läsaren att bibehålla såväl de senare som de förra beständigt för ögonen.

Den andra af de fyra punkterna måste vi ännu skänka någon uppmärksamhet. Om vi söka exempel på sådana lustkänslor, som blott bestå i ett olustens upphörande eller aftagande, så måste man sorgfälligt akta derpå, att man icke derjämte indrager sådana fall, då lusten blir ytterligare förstärkt genom en annorstädes ifrån tillkommande viljetillfredsställelse, såsom t. ex. rätternas välsmak och dryckens svalkande vederqvickelse tillkommer till hungerns och törstens tillfredsställelse, den fysiska könsnjutningen till kärlekslängtans stillande. Rena exempel äro för det sinliga området en aftagande tandvärk, för det andliga en väns tillfrisknande från en dödlig sjukdom. Så vidt man betraktar sådana rena exempel, skall ingen menniska mera vara tvifvelaktig om, att den genom olustens upphörande framträdande lusten är ganska mycket *ringare*, än den förra olusten var, alldeles likasom omvändt den genom en lusts upphörande framträdande olusten är mycket ringare, än den förra lusten.

Denna företeelse skulle i första ögonblicket kunna öfverraska, då man betraktar känslans styrka blott beroende af ändringens grad, men icke af det läge, som förändringens begynnelse- eller slutpunkt intager till känslans indifferenspunkt, likväl förklaras densamma enligt min tanke vid den upphörande olusten deraf, att lusten lider intrång af den efterverkande förtreten öfver att man så länge måst fördraga olusten; man känner sig likasom mindre tack skyldig sitt öde för befrielsen från smärtan, än berättigad till att lemna och fordra räkenskap för smärtans påläggande, emedan hela rörelsen försiggick under indifferenspunkten, medan vid den upphörande lusten det genom trötthet förslöade intresset gör oss likgiltigare för njutningens fullbordande. I enlighet med denna förklaring inträder denna lustens förminskning i förhållande till olusten, i hvars upphörande den består, endast då, när den omständigheten, att hela rörelsen försiggått under känslans nollpunkt, äfven verkligen faller i medvetandet. Ju mindre den intresserade personens medvetande förlägger rörelsen under känslans nollpunkt, desto mera blir faktiskt lusten enligt graden likstäld med olusten, i hvars upphörande den består. Detta är vid sinlig smärta minst möjligt, hvarför ingen skall låta lägga sig på sträckbänken, för att njuta af förnöjelsen öfver smärtornas upphörande, men inom det andliga området utgör kampen med nöden och glädjen öfver hvarje tillkämpad, den närmaste framtiden försäkrande seger beviset derpå. Så snart menniskorna skola göra det klart för sig, att denna glädje icke förhåller sig annorlunda till den föregående sorgen, än smärtornas aftagande till pinbänkens qval, och att denna rörelse fullt lika mycket som den förra faller under känslans nollpunkt, desto mera skola de äfven upphöra att *njuta* af dessa segrar öfver nöden, som den på pinbänken utsträckte *njuter* af bojornas aftagande.

Hvad man nu för tiden kallar för massornas afgrundsspöke, fattigdomen, är ingenting annat än detta hos massorna uppdykande medvetande, att kampen med nöden, sorgen och dess lindring helt och hållet lägges på den negativa (smärte-)sidan af känslans nollpunkt, under det att förut, då massans armod var tio gånger större, detta medvetande fattades och folket bar sin fattigdom som med Guds nåde. Ytterligare ett bevis på, huru den framåtskridande intelligensen gör menniskorna olyckliga. — Men denna menniskornas kamp med nöden är blott ett exempel; om man ser sig omkring bland verldens möjliga fröjder, så skall man dock rätt snart varseblifva, att med undantag af de fysiskt-sinliga, de estetiska och de vetenskapliga njutningarne knapt en lycka står att finna, hvilken icke berodde på befrielsen från en föregående olust, men i all synnerhet skall detta gälla för stora, lifligt kända fröjder. Voltaire säger: »Il n'est de vrais plaisirs qu'avec de vrais besoins.»

Härtill ansluter sig omedelbart den intressanta frågan, om då öfverhufvudtaget lusten kan vara en uppvägande equivalent för smärtan, och *hvilken koëfficient* eller exponent måste sättas till en grad af lust för att uppväga en lika grad af smärta för medvetandet. Schopenhauer uppställer under anförande af Petrarcas vers: »Mille piacer' non vagliono un tormento» (Tusen njutningar äro icke värda ett qval) det excentriska påståendet, att en smärta öfverhufvud aldrig och af ingen grad af lust kan uppvägas, allt alltså en verld, hvaruti öfverhufvud smärtan kan förekomma, under alla omständigheter vid aldrig så öfvervägande lycka är sämre än intet. Denna åsigt torde väl knapt finna understöd, men det vore väl värdt en betraktelse, om icke så till vida en riktig kärna ligger deri, att den till equivalensen nödiga koëfficienten alls icke behöfver vara = 1, som man vanligen antager.

Om jag hade valet att antingen höra ingenting alls eller först under fem minuters tid höra idel missljud och derefter under fem minuter ett skönt tonstycke, om jag hade valet att antingen intet alls få lukta eller att först få inandas i fem minuter en vedervärdig stank och derpå lika länge en ljuf vällukt, om jag hade valet att antingen ingenting få smaka eller först få smaka något elakt och sedan något godt, så skulle jag i alla händelser besluta mig för att ingenting höra, lukta eller smaka, äfven då, när de på hvarandra följande likartade olust- och lustkänslorna syntes mig innehålla samma grad, ehuru det visserligen skulle blifva rätt svårt att konstatera gradens likhet. Häraf sluter jag, att lusten måste till graden vara *märkbart större* än en likartad olust, om båda skola *så uppväga* hvarandra för medvetandet, att man sätter deras förbindelse *lika* med känslans *nollpunkt* och föredrager lusten framför nollpunkten vid en liten förhöjning af lusten eller förminskning af olusten. Sannolikt vacklar föröfrigt denna koëfficient hos olika individer mellan vissa gränser, och torde blott dess *medel*storlek vara större än 1.

Öfver de orsaker, som ligga till grund för denna märkvärdiga företeelse, vågar jag icke uppställa några förmodanden. Så mycket är visst, att, om faktum är riktigt, äfven denna omständighet talar till nackdel för en öfvervägande lycka i verlden, ty under förutsättning, att sjelfva lust- och olustsumman objektivt taget vore hvarandra lika, så skulle dock deras *förbindelse* subjektivt stå *under* nollpunkten, likasom förbindelsen mellan en stank och en vällukt står under nollpunkten. Verlden liknar sålunda ett penninglotteri: de insatta smärtorna måste man fullt betala, men vinsterna erhåller man blott med ett afdrag, hvilket motsvarar differensen mellan lust- och olusteqvationens konstanta koëfficient af 1. Blefve denna märkvärdiga olikvärdighet mellan lust och olust, hvilken förekommer mig högst sannolik, från andra sidor bestyrkt, så skulle densamma ansluta sig till de ofvannämnda fyra punkterna såsom en femte. I denna mening säger Schopenhauer (Parerga II. 313): »Härmed stämmer äfven det öfverens, att vi i regeln finna fröjderna långt under, smärtorna långt öfver vår förväntan.» (Sid. 321): »Mycket afundsvärd är ingen, mycket beklagansvärda äro otaliga.» (W. a. W. u. V. II. 658): »Innan man med så stor tillförsigt uttalar, att lifvet är ett önskansvärdt och tackvärdt godt, må man engång lugnt jämföra summan af alla de möjliga fröjder, hvilka en menniska i sitt lif kan njuta, med summan af alla de möjliga lidanden, som kunna träffa henne i hennes lif. Jag tror, att balansen icke blir svår att bestämma.»

Det är nu vår uppgift att i *individens* lif efterforska, om lustens eller olustens summa är den öfvervägande, och om i individen som sådan de betingelser äro gifna, hvarigenom han under de tänkbara gynsamma lefnadsomständigheter, som kunna möta honom, kan uppnå ett öfverskott af lust öfver olust. Då fältet som skall betraktas är för stort, för att tillåta ett liktidigt öfverskådande, så vilja vi underlätta för oss frågans lösning, i det vi betrakta lustens och olustens summa fördelad efter lifvets hufvudriktningar. Men alltid måste läsaren under den följande betraktelsen behålla de förutskickade allmänna anmärkningarne i minnet, då de i desamma anförda omständigheterna fortfarande äro i verksamhet såsom lustens väsentligt inskränkande koëfficienter, hvaremot de antingen låta smärtan fullgiltigt bestå eller till och med ytterligare föröka henne.

2. Helsa, ungdom, frihet och välstånd såsom vilkor för känslans nollpunkt, samt förnöjsamhet.

De anförda tillstånden nämnas mestadels såsom lifvets högsta goda, och detta icke utan skäl; de lemna likväl alldeles ingen positiv lust, utom då de uppkomma först genom öfvergången från de dem motsatta tillstånden af olust; men under sitt ostörda bestånd framställa de öfverhufvudtaget endast känslans nollpunkt och ingalunda något positivt plus utöfver densamma, den bygnadshorizont, inom hvilken först lifvets väntade njutningar måste byggas. Härmed öfverensstämmer, att tillvaron af dessa tillstånd uppväcker lika litet en känsla af lust som af olust, då man ju vid nollpunkten icke kan känna något öfverhufvudtaget, men att fallet från denna bygnadshorizont smärtsamt kännes i sjuklighet, ålderdom, ofrihet och nöd. Dessa förmåner hafva alltså i sjelfva verket den rent privativa karakter, som Leibniz ville tillskrifva det onda, de äro privationen af ålderdom, sjuklighet, slafveri och nöd, samt äro till sin natur oförmögna att höja sig öfver känslans nollpunkt mot lusten, alltså oförmögna att frambringa en lust, det vare till och med genom att lemna en föregående olust, eller äfven om denna skulle finnas i föreställningen endast såsom fruktan eller sorg. I fråga om helsan är allt detta sjelfklart; ingen känner en lem, utom då han är sjuk, endast den nervsjuke känner, att han har nerver, endast den ögonsjuke känner, att han har ögon; men den friska menniskan varseblir endast genom syn- och känselsinnet, att hon har en kropp. Med friheten är det på samma sätt. Ingen känner, när han sjelf bestämmer sina handlingar, ty detta är hans sjelfbegripliga naturliga tillstånd; men väl känner han smärtsamt hvarje tvång utifrån, hvarje ingrepp i hans sjelfbestämning så att säga som en kränkning af den första och ursprungligaste naturrätt, hvilken han delar gemensamt med hvarje djur, med hvarje atomkraft.

Ungdomen är först och främst den lefnadsålder, i hvilken allena man äger en fullkomlig helsa och ett ohämmadt bruk af såväl kropp som själ, hvaremot, i den mån åldern tilltager, skröpligheter inställa sig, som kännas smärtsamt nog. Vidare besitter ungdomen allena, hvad som egentligen följer redan af kroppens och själens ohämmade bruk, *den fullkomliga njutningsförmågan*, då deremot i ålderdomen alla besvärligheter, obeqvämligheter, förargelser, vedervärdigheter och plågor göra sig dubbelt känbara, och förmågan att njuta aftager mer och mer. Men denna njutningsförmåga har dock endast bygnadshorizontens värde, hon är endast *förmåga*, d. v. s. *möjlighet* (icke verklighet) af njutning; hvad gagna en de bästa tänder, när man inte har något att bita i!

Slutligen kan äfven välståndet, eller det att man är skyddad för nöd och försakelser, icke betraktas såsom en positiv vinst eller njutning, utan endast såsom conditio sine qua non för det nakna lifvet, som väntar på sin njutningsrika uppfyllelse. Att fördraga hunger, törst, köld, hetta eller fuktighet är smärtsamt; skyddet mot dessa onda ting genom en lämplig bostad, klädedrägt och näring kan icke få namn af ett positivt godt (njutningen under ätandet hör icke hit). Vore nämligen det i sina existensvilkor tryggade nakna lifvet redan ett positivt godt, så måste blotta tillvaron i och för sig sjelf uppfylla och tillfredsställa oss. Motsatsen är fallet: den tryggade tillvaron är ett qval, om icke dess uppfyllelse kommer dertill. Detta qval, som yttrar sig i ledsnaden, kan blifva så odrägligt, att till och med smärtor och plågor äro välkomna, för att man må undgå det.

Det, hvarmed lifvet vanligen uppfylles, är *arbete*. Det kan icke vara något tvifvel underkastadt, att för den, som måste arbeta, arbetet är ett ondt, äfven om det till sina följder för honom sjelf, liksom för menskligheten och den kulturhistoriska utvecklingens framsteg är aldrig så välsignelserikt; ty ingen arbetar, så vidt han icke måste beqväma sig dertill, d. v. s. så vidt han icke påtoge sig arbetet såsom det mindre af två onda ting — vi tänka oss nöden, ärelystnadens qval, eller till och med blott ledsnaden såsom det större onda, — eller så vidt han icke hade den afsigten, att genom att underkasta sig detta onda förvärfva sig större positiva fördelar (t. ex. tillfredsställelsen öfver att göra lifvet angenämt för sig och sina älskade eller öfver värdet af de *förmedelst* arbetet producerade prestationerna). Allt, som kan sägas om arbetets värde, reducerar sig antingen till samhälleliga gynsamma resultat (hvarom vi framdeles skola tala), eller till undvikandet af större olyckor (fåfäng gå lärer mycket ondt), och det högsta, som menniskan kan ernå, är, »att hon är glad i sitt arbete, ty det är hennes lott», d. v. s. att hon genom vana lär sig att så godt som möjligt fördraga det oundvikliga, alldeles som åkarkampen slutligen också framsläpar sin kärra med temligen godt lynne. Öfver arbetet tröstar sig menniskan med utsigten om efterträdande ledighet, och öfver ledigheten hafva vi likaså måst trösta oss genom tanken på arbetet. Så beror omvexlingen af ledighet och arbete derpå, att den sjuke vänder sig i sin säng, för att komma ur sitt obeqväma läge; snart finner han sitt nya läge lika obeqvämt och vänder sig åter om.

I regeln är nu arbetet det pris, för hvilket den tryggade existensen köpes. Icke nog alltså dermed, att den tryggade existensen i och för sig icke representerar något positivt godt, utan endast känslans nollpunkt, måste detta rent privativa goda *ännu köpas genom olust*, i motsats till helsa och ungdom, hvilka man erhåller endast till skänks. Och huru stor är icke ofta den olust, som pålägges den fattige genom hans arbete! Jag vill icke erinra om slafvarnes arbete, utan endast om fabriksarbetet i våra hufvudstäder. »Att vid fem års ålder göra sitt inträde i ett garnspinneri eller annan fabrik, att från denna stund dagligen tillbringa först tio, sedan tolf, slutligen fjorton timmar under mekaniskt arbete, kan man väl dyrare än på detta sätt köpa sig det nöjet att hämta andan» (Schopenhauer, »Welt als Wille und Vorstellung», II. sid. 661).

Icke mindre betydande uppoffringar, än lifsuppehållets förvärfvande, kräfver tillkämpandet af en relativ frihet, ty *fullkomlig* frihet vinner man aldrig. Men derför hafva den tryggade samhällsställningen och den upphinneliga graden af frihet företrädet, att man öfverhufvudtaget genom egen kraft kan tillkämpa sig dem, under det att man, såsom mottagande, förhåller sig alldeles passivt till ungdom och helsa.

Är man nu verkligen i besittning af dessa fyra privativa fördelar, så äro de yttre vilkoren till *förnöjsamhet* gifna; kommer så dertill det nödiga inre vilkoret, *resignationen*, eller det att *man finner sig* vid det nödvändiga, då skall man känna sig nöjd och tillfreds, så länge man icke drabbas af några mera betydande motgångar och smärtor. Förnöjsamheten *fordrar* ingen positiv lycka, hon är just försakelsen af en sådan, hon fordrar endast frihet från större olyckor och smärtor, d. ä. ungefärligen känslans nollpunkt; positiva fördelar och positiv lycka *kunna ingenting tillägga* till förnöjsamheten, men väl kunna de försätta henne i fara, ty ju större de positiva fördelarne och lyckan äro, desto större är sannolikheten att genom deras förlust lida stora smärtor, hvilka tidtals upphäfva förnöjsamheten. Förnöjsamheten kan följaktligen så litet betraktas som ett tecken på positiv lycka, att snarare den fattigaste och minstbehöfvande lättast vinner henne för framtiden. Om detta oaktadt förnöjsamheten så mångenstädes prisas som en lycka, ja som den högsta upphinneliga lycka (Aristoteles: ἡ εὐδαιμονία τῶν αὐτάρκων ἐστι, lyckan tillhör dem, som äro nöjda med sig sjelfva; Spinoza: förnöjsamhet med sig sjelf är verkligen det högsta, som vi kunna hoppas), så kan detta vara riktigt *endast då*, när tillståndet af *smärtelöshet* och frivillig *resignation* af all *positiv* lycka förtjenar *företrädet* framför den till sin natur efemera *besittningen af positiv lycka*. Om, såsom jag tror, det öfverhufvud är berättigadt att anse helsa, ungdom, frihet och en bekymmerslös tillvaro såsom de högsta fördelar, och att kalla förnöjsamheten den högsta lycka, så framgår deraf utan vidare, huru uselt bevändt det än må vara med alla positiva fördelar och positiv lycka, att man med skäl kan ställa högre än dem de privativa fördelarne, d. v. s. de som bestå i blott *frihet från smärta*. Ty hvad har då friheten från smärta att bjuda på? Ingalunda på något mera än ickevarat! Om följaktligen de positiva fördelarne och lyckan ännu äro förknippade med ett »men», en omständighet, som i det stora hela ännu ställer dem nedanför förnöjsamheten, d. v. s. nedanför känslans nollpunkt, så är det också dermed tydligt, att de stå under icke-varat. *Likställigt* med icke-varat i värde skulle endast det *absolut* nöjda lifvet vara, om det gåfves ett sådant; men det gifves intet dylikt, ty äfven den mest nöjda menniska är icke fullkomligt och i hvarje hänseende nöjd eller tillfreds, följaktligen står *allt* lif i värde under den absoluta förnöjsamheten, följaktligen under icke-varat.

3. Hunger och kärlek.

»So lange nicht den Bau der Welt
Philosophie zusammenhält,
Erhält sich das Getriebe
Durch Hunger und durch Liebe»

säger Schiller ganska riktigt. De båda äro såväl för den fortskridande utvecklingen inom djurriket som äfven för den menskliga utvecklingens första början och de mera primitiva och råa tillstånd, som karakterisera denna, nästan de enda verkande driffjädrarne. Om det blir en nödvändighet att bryta stafven öfver det värde, som *dessa* båda moment äga för individen, så är det redan ganska ringa utsigt till att på andra vägar kunna rädda värdet af det individuella lifvet för dess egen skuld.

Hungern är qvalfull, hvilket förvisso endast den vet, som redan känt eller gjort bekantskap med honom; hans tillfredsställelse, eller njutningen att vara mätt, är för hjernan blott smärtans upphäfvande, under det att han för underordnade nervcentra måste föra med sig en positiv lyftning öfver känslans nollpunkt i det välbehag, som matsmältningen medför; denna skall dock väga så mycket mindre i vågskålen för individens totalkänsla eller hans väl öfverhufvudtaget, ju mera de underordnade nervcentra träda tillbaka jämförelsevis i förhållande till hjernan, hvilken genom ledning erhåller endast svaga spår af det välbehag matsmältningen skänker, men känner sig genom mättheten desto mera deprimerad i sin andliga stämning och arbetsförmåga. Den som befinner sig i den lycksaliga belägenheten, att hvarje gång, som hungern infinner sig, genast kunna tillfredsställa densamma, och som icke besväras af hjernans depotentiering genom mättheten, hos honom kan förvisso hungern frambringa ett visst öfverskott af lust genom det behag matsmältningen skänker; men huru få äro icke de, som befinna sig i denna tvåfaldt afundsvärda belägenhet! De flesta af de 1300 millioner menniskor, som jorden hyser, föra antingen en bekymmersam, otillfredsställande och själens frid störande tillvaro, eller lefva de en tid i öfverflöd, hvaraf de icke hafva någon öfvervägande njutning, och måste en annan tid verkligen lida brist på det aldra nödvändigaste för lifvets uppehälle, då de följaktligen under en lång tid måste fördraga den pinsamma hungern, hvaremot det välbehag, som mättheten skänker, varar endast några timmar om dygnet. Nu jämföre man engång det dofva behag, som mättheten och matsmältningen skänka, med hungerns för hjernmedvetandet så tydliga plågor, eller till och med törstens helvetiska qval, för hvilka djuren i öknarne, stepperna eller sådana trakter, som fullkomligt uttorka under den varma årstiden, icke sällan måste vara utsatta. Huru mycket måste icke den smärtsamma hungern under hela lifvets lopp öfverväga den lust, som mättheten skänker, hos många djurarter, hvilka under vissa årstider ofta till en ganska betydlig procent hungra *ihjäl* af brist på föda, eller som åtminstone, efter att hafva veckor och månader ströfvat omkring vid hungersdödens gräns, lyckas framsläpa sin existens tills de komma under gynsammare lifsvilkor. Detta äger rum såväl med växtätande djur och fåglar under polar- och de tempererade zonernas vinter och under de tropiska trakternas torka, som äfven med växtätande djur och rofdjur, hvilka ofta veckor igenom ströfva omkring efter byte, tills de slutligen af matthet ända sitt lif. Den tiden är icke så länge sedan förbi, då man i Europa på sju år räknade en hungersnöd, och om denna genom våra nuvarande kommunikationsmedel blifvit förvandlad till en stegring af prisen på lifsmedel, d. v. s. till en hungersnöd för blott de fattigaste klasserna, så qvarstår dock förvisso detta eller ett dylikt förhållande öfver den vida största delen af den bebodda jordytan.

Men äfven i våra hufvudstäder läsa vi ännu alltjämnt om fall, då personer bokstafligen hungrat ihjäl. Kan väl tusende rucklares fylleri uppväga de qval, som en ihjälhungrad menniska genomlefvat?

Och dock är den egentliga hungersdöden ett ibland oss sällsyntare och mindre ondt, som hungern medför; långt fruktansvärdare är rasens kroppsliga och andliga försämring, barnens förtidiga död och de egendomliga, sig insmygande sjukdomarne; man läse endast berättelserna från de schlesiska väfveridistrikten eller från kyffena i London, som tala om hufvudstadseländet. Men ju mindre menniskoslägtets fortskridande förökning hämmas genom förhärjande krig, ju mera epidemierna försvinna genom tilltagande renlighet och deras spridning förhindras genom profylaktiska medel, desto mera måste förmågan att skaffa sig uppehälle framträda som den *enda* naturliga gränsen, hvilken inskränker förökningen, enär de föddas antal förblir något så när detsamma, och Careys antagande, att menniskoslägtets alstrings- och förökningsförmåga framdeles skall aftaga, är alldeles godtyckligt och icke grundadt genom några historiska analogier.

Må landthushållningen och kemien göra aldrig så stora framsteg, slutligen måste dock komma en tidpunkt, utöfver hvilken produktionen af näringsmedel icke kan sträcka sig; men menniskostockens ökning genom aflelse har inga gränser, om den icke stäfjas genom näringsämnenas otillräcklighet. Men denna gräns är icke skarp och plötslig, utan han öfvergår från den behöfliga existensen till den rentaf omöjliga genom oändligt många grader, af hvilka hvarje efterkommande är hungrigare och eländigare. För att lura instinkten, fylles magen närmast med sådana ämnen, som besitta hvarken smak eller närande förmåga; så t. ex äter den fattigaste klassen i Kina, som icke har medel nog att köpa mer ris, en art hafstång, som alldeles icke innehåller något näringsmedel. Öfverskådar man dessa massor, hvilka lefva af smaklösa eller föga smakande näringsmedel (ris, potatis), så skall man icke vidare kunna påstå, att den med ätandet förknippade lusten, som smaken skänker, bildar en i vågskålen något så när rimlig motvigt för det stora öfverskott af olust, som hungern frambringar i verlden.

Resultatet i afseende på hungern är alltså det, att individen genom att stilla sin hunger såsom sådan aldrig erfar en positiv lyftning öfver känslans nollpunkt, att han under särskildt gynsamma omständigheter visserligen genom det med hungerns tillfredsställande förknippade välbefinnandet och behaget vid matsmältningen kan vinna ett positivt öfverskott af lust, men att såväl inom djurriket som bland menniskoslägtet öfverhufvudtaget de genom hungern och hans följder skapade qvalen och olusten vida öfverväga och alltid skola öfverväga den med hans tillfredsställande förknippade lusten. I och för sig sjelf betraktadt är alltså behofvet af näring ett *ondt*, endast framsteget i utvecklingen, till hvilket det genom kampen för näringsmedlen verkar såsom driffjäder, *icke* dess eget värde, kan teleologiskt rättfärdiga detta onda.

Jag kan icke underlåta att härtill foga Schopenhauers ord (Parerga II, 313): »Den som i korthet vill pröfva det påståendet, att här i verlden njutningen öfverväger smärtan, eller att de åtminstone hålla hvarandra jämnvigten, han jämföre djurets känsla, hvilket äter ett annat, med känslan hos detta andra djur.» —

Hvad angår den andra driffjädern i naturen, *kärleken*, så måste jag i afseende på hans principiella uppfattning hänvisa till Kap. B. II. Inom djurriket kan det ännu blifva föga tal om ett aktivt könsurval, som utgår från hannarne, det är knappast så hos de högst stående fåglarna och däggdjuren; och om ett passivt urval genom hannarnes inbördes strider, i hvilka den starkaste blir den segrande, kan det blifva tal endast hos en ringa del bland de högre djuren. Föröfrigt har könsdriften ingenting individuelt, utan är rent generel. Men nu finnes hos den ojämförligt vida större delen djur icke engång vällustorgan, hvilka reta till kopulation; utan dylika är följaktligen kopulationen ett för individens egoism likgiltigt göromål, hvilket utföres genom instinktens drifvande tvång, alldeles på samma sätt som spindeln spinner sitt nät, eller som fågeln bygger sitt näste för äggen, som först framdeles skola läggas. För befruktningsgöromålets njutningslöshet hos de flesta djur talar äfven den olikartade, från den omedelbara kopulationen afvikande indirekta formen för detta göromål. Der hos ryggradsdjuren en individuel fysisk njutning tyckes inträda, der är densamma i början förvisso så dof och intetsägande som möjligt; men snart tillkommer äfven hannarnes inbördes strid med honan, hvilken strid hos många djurarter föres med den största förbittring och ofta har till följd smärtsamma skador, stundom äfven den ena partens undergång. Dertill kommer hos sådana djur, som under parningstiden bilda af den segerrika hannen kringförda flockar, de yngre individernas ofrivilliga återhållsamhet, vare sig att de separerat sig i särskilda flockar, eller att de qvarstanna hos hufvudflocken, i hvilket senare fall hvarje ingripande i familjefadrens rättigheter af denne straffas på det grymmaste sätt. Denna de fleste hannarnes ofrivilliga återhållsamhet, äfvensom de smärtor och vedervärdigheter, som genom stridigheterna tillfogats de underlägsna, synas mig i olust hundrafaldt öfverbjuda den lust, som de lyckliggjorda hannarne erfara af könsnjutningen. Hvad åter honorna angår, så tyckas de först och främst hos de flesta djurarter mycket mera sällan komma i tillfälle att kopulera, än de gynnade hannarne, och för det andra öfverväga hos dem smärtorna vid födelsen påtagligen vida den under kopulationen förnumna lusten.

Hos menniskorna, särskildt de civiliserade, är födseln smärtsammare och svårare än hos hvarje annat djur och åtföljes mestadels till och med af en långvarigare sjukbädd; så mycket mindre kan jag draga i betänkande att förklara födselns summariska lidanden för qvinnan större, än de summariska fysiska fröjderna under kopulationen. Det får icke vilseleda oss, att driften befaller qvinnan att i praktiskt och kanske äfven teoretiskt hänseende hysa ett alldeles motsatt omdöme; här hafva vi ett rätt eklatant fall, der driften förfalskar omdömet. Man erinre sig frun, som, efter att gång på gång hafva genomgått kejsarsnittet, ändock icke lät afhålla sig från samlaget, och man skall veta att riktigare förstå ett sådant omdöme. Mannen synes i detta fall hafva det vida bättre; men han synes det endast.

Kant uttrycker sig i sin antropologi på följande sätt: »Efter den första epoken (naturepoken af hans utveckling) är mannen i naturtillståndet åtminstone vid femton års ålder genom könsinstinkten driffven och förmögen att fortplanta och bibehålla sitt slägte. Efter den andra epoken (den borgerliga epoken af utvecklingen) kan han (i allmänhet) svårligen våga det före sitt tjugonde år. Ty om också ynglingen tidigt nog är förmögen att tillfredsställa sin och sin makas böjelse såsom verldsborgare, så är han dock ännu icke på långt när i stånd att såsom statsborgare uppehålla sin maka och sina barn. — Han måste lära sig ett yrke, skaffa sig kunskaper, för att med sin maka börja ett hushåll, hvartill hos de bildade folkklasserna minst tjugofem år förflyta, innan han blir mogen för sin bestämmelse. Hvarmed fyller han nu denna mellantid, som egnas åt en nödtvungen och onaturlig återhållsamhet? Knappast med annat, än med laster.»

Men dessa laster smutsa ens estetiska sinne, förslöa andens grannlagenhet och finkänslighet och förleda icke sällan till osedliga handlingar. Slutligen undergräfva de genom den dem felande immanenta måttan och på grund af andra orsaker helsan, samt lägga alltför ofta redan hos den följande generationen fröet till förderf.

Men den som verkligen undantagsvis kan bevara sig fri från alla de laster, hvilka fylla denna mellantid, och med förnuftets alla ansträngningar förmår genom en idelig kamp öfvervinna de qval, som den uppväckta sinligheten alstrar, han har under mellantiden från pubertetsåldern ända till dess han knyter äktenskapets band, under tidrymden för hans spänstigaste kraft, eller åtminstone för hans mest lågande sinliga passion, att bära en sådan summa af olust, att den under den sedermera inträdande tidrymden följande summan af könlig lust aldrig kan uppväga eller åter godtgöra henne. Åldern för männens ingående af äktenskap rycker allt längre fram i jämnbredd med kulturens framsteg, den provisoriska tidrymden blir sålunda allt längre, och den är längst just inom sådana klasser, hos hvilka nervernas sensibilitet och retbarhet, alltså äfven försakelsernas qval äro störst.

Nu är imellertid könskärlekens rent fysiska sida hos menniskan den underordnade, vida vigtigare är den individualiserade könsdriften, hvilken utaf besittningen af just denna individ lofvar sig en öfversvinnelig salighet af aldrig förgående varaktighet.

Vi vilja i främsta rummet betrakta följderna af kärleken i allmänhet. Den ena parten älskar i regeln starkare än den andra; den, som älskar mindre, drar sig vanligen först tillbaka, och den förra känner sig trolöst öfvergifven och förrådd. Den som kunde se och väga all den i verlden samtidigt existerande smärtan hos alla de hjertan, som känna sig bedragna på grund af brutna kärlekslöften, den skulle finna, att hon allena vida öfverträffar all samtidigt i verlden bestående kärlekslycka redan på den grund, att de felslagna förhoppningarnes qval och förräderiets bitterhet vara mycket längre, än den lycka, som illusionen skänker. Ännu hårdare blir smärtan hos qvinnan, som af uppriktig, innerlig kärlek för den älskade offrat allt, endast för att likt en klängväxt lefva vid hans sida; blir en sådan afsliten och bortkastad, då står hon der verkligt fallen, utan stöd i verlden, med brustna krafter; beröfvad kärlekens skydd, måste hon, en bruten blomma, förtorka och förgås, — eller måste hon fräckt kasta sig i allmänhetens armar, för att glömma.

Huru mycken äktenskaplig lycka och familjefrid blir icke förstörd genom den sig insmygande kärleken! Hvilka kolossala offer af individuel lycka och trefnad kräfver icke den olycksaliga könsdriften! Föräldrarnes förbannelse och afstängning från familjen, till och med från den krets, der man hade sina djupaste försänkningar, pålägger sig man och qvinna, blott för att förena sig med den älskade. Den stackars sömmerskan eller tjenstflickan, som njuter sin glädjelösa tillvaro i sitt anletes svett, äfven hon faller en vacker afton offer för den oemotståndliga könsdriften; för sällsporda, kortvariga fröjders skuld blir hon moder och har valet att antingen begå barnamord, eller att använda största delen af den ringa inkomst, som knappast är tillräcklig för henne sjelf allena, för sitt barns underhåll. Så måste hon långa år bära sorger och nöd med trefaldig tyngd, om hon icke vill kasta sig i armarna på ett lastfullt lif, som visserligen under ungdomens tid försäkrar henne om en mera lättförvärfvad utkomst, men som sedermera öfverlemnar henne åt ett så mycket förskräckligare elände. Och allt detta blott för en smula kärleks skuld!

Det är verkligen skada, att det icke finnes några statistiska tabeller öfver, huru stor procent af alla kärleksförhållanden inom de olika klasserna leder till äktenskap. Man skulle häpna öfver det ringa procenttalet. Alldeles bortsedt från gamla ungkarlar och jungfrur, skall man till och med bland de nygifta icke finna någon så synnerligen stor procent af individer, som icke har bakom sig ett eller annat snedsprång, men många åter, som skulle hafva att uppvisa flera dylika. I det största flertalet af dessa fall hade således kärleken icke nått sitt syftemål, och i de fall, då han nått det utan åtföljande äktenskap, hade han väl svårligen i allmänhet gjort personerna i fråga lyckligare, än då han alldeles icke nått detta mål. Af alla ingångna äktenskap återigen har endast det minsta fåtalet ingåtts af kärlek, de andra hafva blifvit ingångna af andra skäl; deraf kan man inse, huru ringa del af alla kärleksförhållanden slutar med äktenskap.

Men af denna ringa del återigen är det endast ganska få, som leda till ett såkalladt lyckligt äktenskap. Ty de lyckliga äktenskapen äro öfverhufvudtaget mycket sällsyntare, än man skulle vara böjd att tro, faktiskt äro de lyckliga äktenskapen aldra minst att finna bland dem, som ingåtts af kärlek, så att utaf den ringa procent kärleksförhållanden, som slutat med äktenskap, återigen flertalet aflöper sämre, än om de icke hade ledt till något äktenskap. Dessa få kärleksförhållanden slutligen, som leda till ett lyckligt äktenskap, göra detta *icke på grund af kärleken sjelf*, utan derigenom, att personerna och deras karakterer tillfälligtvis passa så tillsammans, att konflikter undvikas, och kärleken aflöses genom vänskap. Dessa sällsynta fall, i hvilka kärlekens lycka mildt och omärkligt öfvergår till vänskap, och kärleken besparas hvarje bitter missräkning, äro så sällsynta, att de till och med uppvägas genom de olyckliga äktenskapsförbindelser, hvilka knutits af kärlek. Men af alla kärleksförhållanden, som icke sluta med äktenskap, har den större delen alldeles icke nått sitt mål, och den mindre delen, som når detta mål, gör personerna, åtminstone den qvinliga delen, ännu olyckligare, än om de icke nått det.

Redan på grund af dessa allmänna betraktelser kunna vi icke draga i tvifvelsmål, att kärleken bereder menniskorna vida mera smärta än lust. Knappast någonstädes skall driften göra ett så starkt motstånd mot detta resultat som här, och måhända skola andra föga medgifva det, än sådana, hos hvilka driften genom en långt framskriden ålder förlorat sin makt.

Låtom oss nu likväl betrakta förloppet i sina detaljer vid den tillfredsstälda kärleken, för att komma till klarhet öfver, att till och med här lusten i väsentlig mån beror på en illusion. Visserligen är i allmänhet lustens storlek proportionel med den tillfredsstäda viljans styrka, förutsatt, att tillfredsställelsen fullständigt faller i medvetandet, en förutsättning, som i strängaste mening taget är så mycket mindre tillåtlig, ju oklarare viljan och hennes innehåll öfvergår från det omedvetnas till medvetandets område.

Men lemnom detta å sido och medgifvom, att en mycket stark vilja, sak samma på hvad sätt hon uppkommit, efter besittningen af den älskade är förhanden i medvetandet; då måste förvisso denna viljas tillfredsställelse kännas såsom stark lust, och detta så mycket mer, ju tydligare den ifrågavarande personen blir medveten om sin önsknings uppfyllelse såsom ett af yttre omständigheter oafhängigt faktum, ju större alltså kontrasten är mellan viljans uppfyllelse och den föregående öfvertygelsen om hindren och svårigheterna.

En kalif deremot, som lefver i fullt medvetande deraf, att han endast behöfver skaffa sig hvarje fruntimmer, som behagar honom, för att äga det, skall nästan alldeles icke blifva medveten om sin viljas tillfredsställelse, vore hon äfven i ett särskildt fall aldrig så stark. Men redan häraf framgår det, att den lust, som tillfredsställelsen skänker, endast köpes för priset af föregående olust öfver den förmenta omöjligheten att komma i besittning af föremålet; ty svårigheter, hvilkas besegrande man på förhand med säkerhet inser, äro inga svårigheter mer.

Enligt våra allmänna betraktelser skall den föregående olusten öfver vissheten eller sannolikheten öfver, att man icke skall lyckas, vara större, än den korresponderande lusten vid viljans uppfyllelse. Men så visst som nu den slutliga njutningen vid viljans uppfyllelse är real, emedan hon beror på tillfredsställelsen af en verkligt förhandenvarande vilja, så visst är föreställningen, hvarpå njutningen beror, en illusion. Medvetandet finner nämligen i sig en häftig trånad efter besittningen af det älskade föremålet, och denna längtan öfverträffar i styrka och lidelse hvarje annan för medvetandet bekant viljeföreteelse. Men då det tillika icke anar denna viljas omedvetna syftemål (hvilket består i beskaffenheten hos afkomman, som skall produceras), så supponerar det en förmodad öfversvinnelig njutning såsom syftemålet för denna öfversvinneliga trånad, och instinkten underblåser denna förblindelse, alldenstund menniskan, om hon engång skulle märka, att det vore fråga om att bedraga hennes egoism till förmån för andra ändamål, snart skulle söka att undertrycka den passionerade kärlekens instinkt. Så kommer illusionen till stånd, med hvilken den älskande skrider till kopulationsakten, och hvilken experimentelt kan bevisas vara en illusion derigenom, att viljans tillfredsställelse öfver den älskades besittning förblifver alldeles densamma, om det lyckas att till den älskande oförmärkt understicka en falsk person, med hvilken hans vilja skulle försmå och afsky kopulationen.

Icke desto mindre är lusten, som man erfar öfver viljans vunna tillfredsställelse, fullkomligt real, — men *denna* lust var det ju alldeles icke, som den älskande åsyftade, utan det var snarare denna öfversvinneliga salighet, *genom hvilken* han först tänker sig den häftiga viljan att komma i besittning af föremålet motiverad!

En sådan salighet eller lust existerar dock ingenstädes, alldenstund njutningen helt och hållet är sammansatt af tillfredsställelsen af denna ännu omotiverade häftiga vilja att komma i besittning af föremålet samt af den allmänna fysiska könsnjutningen. Så snart driftens häftighet förunnar medvetandet att i någon mån andas ut och komma till någon klarhet, blir det varse misstaget i sina förväntningar. Men hvarje misstag i afseende på en väntad njutning är en olust, och i samma mån en större olust, ju större den väntade njutningen var, och ju säkrare hon väntades. Här alltså, der en med absolut säkerhet väntad öfversvinnelig salighet visar sig som en naken förblindelse (ty det är ju alldeles sjelfklart, att man väntade sig de båda reella momenten af njutningen utom denna salighet), måste olusten, som missräkningen medför, stiga till en hög grad, en så hög grad, att hon fullkomligt uppväger, om icke öfverväger den reelt existerande njutningen. Visserligen förhindrar driften, som icke tillintetgöres med en gång, utan ständigt förnyas någon tid bortåt, om ock med småningom aftagande styrka, att denna missräkning genast och i fullt mått uppfattas af medvetandet; den på nytt efter tillfredsställelse trånande längtan förfalskar omdömet, hon förhindrar eftertanken öfver den förgångna njutningens beskaffenhet, i det att hon för framtiden upprätthåller illusionen, trots erfarenheten, som talar deremot.

Denna det medvetna omdömets dupering genom driften varar

dock icke för alltid. Den vunna besittningen blir snart en gammal och van egendom, tanken på kontrasten i förening med svårigheterna att komma i besittning af det önskade försvinner mer och mer, viljan till besittningen blir latent, alldenstund ingen rubbning af besittningen hotar, och tillfredsställelsen af denna vilja kännes allt mindre och mindre såsom lust. Nu framträder missräkningen mer och mer i medvetandet.

Men icke blott denna missräkning kommer till medvetande, utan dertill ännu många andra. Den älskande hade drömt om att inträda i en ny era, att genom besittningen af föremålet liksom förflyttas från jorden till himlen, men han finner, att han är fortfarande densamme, och att dagens mödor och bekymmer äro desamma som förr; han hade drömt om att i den älskade förvärfva en ängel, men finner nu, så vidt icke driften nu liksom förr förvillar hans omdöme, en menniska med alla möjliga menskliga fel och svagheter; han hade drömt om, att den öfversvinneliga salighetens tillstånd skulle vara i evighet, men han begynner nu att tvifla på, huruvida han icke i hög grad bedragit sig, då han tog i besittning den väntade saligheten. Med ett ord, han finner, att allt är sig likt, att allt är som det förr var, men att han i sina förväntningar var en stor narr. Den enda reella njutning under första tiden efter föremålets besittningstagande, den genomförda viljans tillfredsställelse, är försvunnen, men missräkningen öfver den såsom evig drömda saligheten har i alla riktningar inträdt och underhåller en olust, som endast mycket långsamt utplånas genom det alldagliga lifvets af vanan inöfvade slentrian.

Det är väl mycket sällan, som, då ett äktenskap knytes, icke åtminstone från någondera sidan stora uppoffringar göras, det vare till och med endast i afseende på friheten; dessa uppoffringar framträda nu, såsom icke motsvarande det väntade målet, för medvetandet och föröka den olust, som missräkningen medför. Om föröfrigt endast fåfängan leder derhän, att man söker fördölja olusten och olyckan och prålar med en lycka och lust, som i verkligheten icke finnas, så verkar härstädes ytterligare skammen till samma mål, då man ju har att skrifva misstaget endast på räkningen af sin egen dumhet; de förr af kärlek intagna personerna söka att dölja olusten öfver missräkningen icke blott för verlden och för hvarandra, utan om möjligt äfven för sig sjelfva, och detta bidrager i sin ordning att öka det obehagliga i situationen.

Så måste följaktligen den reella njutningen vid två älskandes förening betalas icke allenast på förhand med fruktan, ängslan och tvifvel, ja ofta med temporär förtviflan, utan ännu engång efteråt med den olust, som missräkningen för i släptåg, — denna njutning, som under sjelfva njutningens tid endast genom styrkan af driften, som upphäfver eller åtminstone förfalskar omdömet, kan bevaras ifrån att blifva genomskådad i sin illusoriska beskaffenhet.

Hittills hafva vi föga fäst oss vid tillståndet, som föregår de älskandes förening, och dock är det just här, som de ömmaste, de mest saliggörande känslor hafva sin plats, såsom isynnerhet denna, så att säga, eteriska vistelse i den öppnade himlens första morgonrodnad.

Hvarpå beror denna otvifvelaktigt reella lust? På *hoppet*, på alldeles ingenting annat än hoppet, som endast anar sitt framtida föremål och endast vet, att detta föremål skall blifva en öfversvinnelig salighet, på ett hopp, som knappast är medvetet om sig sjelf såsom ett hopp, men i hvarje ögonblick kommer till allt större klarhet med sig sjelf. De största svårigheter, som satte sig emot föreningen, kunna icke döda detta hopp och dess lycka, men att det verkligen icke är annat än hopp, bevisas derigenom, att de älskande förtvifla och stundom till och med taga lifvet af sig, om de för alltid kommit till visshet derom, att en förening dem emellan är en omöjlighet. Är nu denna kärlekslycka, som föregår föreningen, endast ett hopp om den lycka, som väntar dem efter föreningen, så blir hon illusorisk, om de hafva insett den förra såsom illusorisk.

Detta är skälet, hvarför endast den första kärleken kan vara verklig, sann kärlek; vid den andra kärleken och framgent finner driften redan alltför stort motstånd hos medvetandet, som vid den första kärleken mer eller mindre tydligt insett densammas illusoriska natur. Så säger också Göthe i »Wahrheit und Dichtung»: »Men det är ingenting, som mera frammanar denna leda (denna afsmak för lifvet), än en kärlekens återkomst.... Begreppet om det eviga och oändliga, som egentligen uppbär och närer honom, är förstördt, han förefaller förgänglig liksom allt återkommande.»

Den som engång lärt att förstå det illusoriska i kärlekslyckan ej allenast efter, utan också före föreningen med föremålet, den som lärt att förstå den i all kärlek lusten öfvervägande smärtan, för honom och hos honom har kärlekens företeelse ingenting sundt mer, emedan hans medvetande värjer sig mot oktrojeringen af medel för ändamål, som icke äro *dess* ändamål; kärlekens lust är för honom undergräfd och förstörd, endast hans smärta står honom oafkortad åter. Men om en sådan också icke skulle kunna fullständigt värja sig för driften, så skall detta dock vara hans förnufts sträfvande, och det skall åtminstone lyckas honom, att i ett visst fall förminska den grad af kärleken, i hvilken han såsom otvungen råkat, och dermed också att moderera graden af smärta och måttet af smärtans *öfverskott* gentemot lusten, åt hvilka han eljest vore hemfallen. Men han skall tillika blifva *medveten* derom, att han emot sin medvetna vilja finner sig invecklad i en passion, som orsakar honom mera smärta än lust, och med denna kunskap är *från individens ståndpunkt* stafven bruten öfver kärleken (jfr. I, sid. 157—159).

De sista betraktelserna hänföra sig endast till den kärlek, som är nog lycklig att hinna sitt mål; men sammanfatta vi än engång allt, så ställer sig räkningen högst ogynsamt för kärlekens värde. Illusorisk lust och öfvervägande olust till och med i lyckligaste fall, mestadels viljans undertryckande utan målets uppnående under grämelse och förtviflan, framtidens tillintetgörelse för så många qvinliga individer genom förlusten af den qvinliga äran, deras egen sociala hållning, det är resultaten, till hvilka vi hafva kommit.

Det torde icke vara något tvifvel underkastadt, att förnuftet endast måste tillråda en fullkomlig *återhållsamhet* från kärlek, om icke den outrotliga driftens qval, hvilken trängtar efter att fylla sin tomhet, vore ett *ännu större* ondt, än ett måttligt njutande af kärleken (jfr. I, sid. 164). Man måste alltså gifva fullkomligt rätt åt Anakreons yttrande, som låter:

χαλεπὸν τὸ μὴ φιλῆσαι, Sorgligt är att icke älska,
χαλεπὸν δὲ καὶ φιλῆσαι. Sorgligt är också att älska.

Om kärleken engång begripits såsom ett ondt, men ändock måste väljas såsom det *mindre* af tvänne onda ting, så länge driften består, så kräfver förnuftet med nödvändighet ett tredje, nämligen *driftens utrotning*, d. v. s. snöpning, om derigenom vinnes en utrotning af driften. (Jfr. Matth. 19: 11—12): »Hvar man tager icke detta ordet, utan de, hvilka det blifver gifvet. Ty somlige äro snöpte, som så äro födde af moderlifvet; och somlige äro snöpte, som äro snöpte af menniskor; och somlige äro snöpte, *som sig sjelfva hafva snöpt för himmelrikets skuld*. Hvilken som kan taga det, han tage det!»

Från ståndpunkten af *individens* eudemonologi är detta enligt min åsigt det enda möjliga resultatet. Om någonting bindande deremot är att förebära, så kan det endast vara sådana invändningar, som kräfva af individen, att han skall gå utöfver ståndpunkten för sin egoism. Resultatet i afseende på kärleken är alltså detsamma, som i afseende på hungern, nämligen att han *i och för sig* och *för individen* är ett *ondt*, samt att hans berättigande kan härledas endast derur, att han på det sätt, som uppvisats i Kap. B. II, bidrager till utvecklingens framåtskridande.

4. Medlidande, vänskap och familjelycka.

Medvetandet, hvarpå enligt Aristoteles hufvudsakligen fallenheten för det tragiska (jfr. mina »Aphorismen über das Drama») och enligt Schopenhauer all moralitet skall bero, är, som hvar och en vet, en af lust och olust sammansatt känsla. Olustens orsak är klar, det är just med-lidandet med andras sinligt förnimbara smärta, som kan blifva så starkt, att det icke mer låter något spår af lust inkomma i medvetandet, utan förvandlar det helt och hållet till hjertslitande jämmer, som till den grad grämer en, att man måste vända sig derifrån. Man tänke sig anblicken af ett slagfält efter slagtningen, eller en menniska som vrider sig i konvulsioner.

Men hvarifrån den i måttligt medlidande vanligen närvarande känslan af lust härstammar, är svårare att förstå. Om den tillfredsställelse, som betingas af tillfälligt bistånd, är här naturligen icke fråga, ty denna ligger på andra sidan om medlidandet sjelft. Elakhetens skadeglädje är den enda känsla af lust, som åsynen af andras lidande är i stånd att på direkt väg uppväcka; men denna vet hvar och en att mycket väl skilja från medlidandets milda lust.

Jag ser ingen annan möjlighet för att fatta lusten i medlidandet och har icke heller någonstädes funnit det ringaste försök till en annan förklaring, än den, att kontrasten mellan andras lidande och ens egen frihet från detta lidande på samma gång *uppväcker* den latenta motviljan för fördragandet af ett sådant lidande, *lemnar tillfredsställelse* och bringar tillfredsställelsen till *medvetandet*. Derigenom förklaras visserligen medlidandets lust för rent egoistisk, emellertid ser jag icke, i hvad mån detta skall göra intrång på medlidandets värde eller ädla konseqvenser. Dermed öfverensstämmer fullkomligt, att för mycket finkänsliga, sjelfförnekande sinnen medlidandet är en högst oangenäm sinnesrörelse, ett verkligt qval, för hvilket de på hvarje sätt söka gå ur vägen, då deremot menniskan med desto större välbehag hänger sig åt sitt medlidande, ju råare hon är, och att vidare åsynen af ett mycket stort lidande äfven låter det råare sinnet gå så långt i att glömma sig sjelf öfver andras väl, att samma verkan uppstår, som i fint-kännande själar äfven vid mindre lidande, att just medlidandet fortfarande blott är känsla af olust. Då den råa hopen gläder sig åt andras lidande, så får man icke glömma, att han äfven äger nog bestialitet att med medlidandet mer eller mindre förena grymhetens vällust, som njuter af andras qval såsom sådant; man får derför endast med försigtighet använda den råa massan som skiljedomare, huruvida i medlidandet såsom sådant lusten eller olusten är öfvervägande. Enligt mitt subjektiva omdöme är det senare afgjordt fallet; men huru andras omdöme än må ställa sig till mitt, så är det utan tvifvel, att mensklighetens känsloråhet öfverhufvud mer och mer aftager, och att med aftagande känsloråhet olusten i medlidandet mer och mer tager öfverhand öfver lusten.

Men nu ställer sig förhållandet ännu gynsammare för lusten, om vi tillika taga i betraktande medlidandets omedelbara *följder* i själen. Medlidandet uppväcker nämligen strax begäret att stilla den andres lidande, och detta är också ändamålet för denna instinkt. Men detta begär finner endast i mycket sällsynta fall en partiel, ännu mer sällan en total tillfredsställelse, det skall således vida oftare uppväcka olust än lust.

Om äfven således medlidandets instinkt såsom korrektiv och limitiv för egoismen och det ur den senare sig härledande orätta handlandet icke kunna frånsägas sitt berättigande såsom varande det mindre af två onda ting, så är det likväl i och för sig betraktadt alltjämnt ett ondt, ty det medför för den medlidsamme mer olust än lust.

Jfr. Spinoza Eth. del. 4. sats. 50: »Medlidande är hos en menniska, som lefver efter förnuftets ledning, i sig dåligt och onyttigt. Bevis: ty medlidande är (enligt def. 18) olust, alltså (enligt sats. 48) i sig dåligt. Men det goda, som följer deraf...., söka vi göra efter förnuftets blotta bud»; o. s. v.

Om *sällskapligheten* och *vänskapen* läter icke detsamma bevisa sig, ehuru det mångfaldiga gånger blifvit påstådt, och för ett visst skaplynne äfven med rätta. Så säger t. ex. La Bryère: »Tout notre mal vient de ne pouvoir être seuls» (Jfr. äfven Schopenhauer, Parerga I. 444—458).

Men väl kan det påstås, att sällskapsdriften är ett instinktivt behof, som har sin grund i den enskildes svaghet och vanmakt, hvars uppfyllande liksom helsa och frihet först ställer menniskan på hennes bygnadshorizont, på hvilken sällskaplighetsgrundval hon nu först är i stånd att upprätta åt sig vissa, positiva fördelar, och att endast en ringa del af den sanna vänskapen, som dessutom är så sällsynt, representerar ett värde, som positivt öfverskrider känslans nollpunkt.

Liksom det i naturen finnes djur, som lefva i hjordar, så är menniskan ett sällskapligt djur; vanmäktig, utan skydd mot hvarje naturmakt och prisgifven åt hvarje fiende, anvisar hennes instinkt henne på gemenskap med sina likar. Här är det verkligen den kända bristen, som alstrar behofvet, och *denna* sällskaplighets lust är blott upphäfvandet af denna brists eller detta behofs olust.

Utom till afvärjande af nöden och fientliga angrepp, möjliggör äfven för det andra den gemensamma samfundsandan mer än ensamheten uppkomsten af positiva prestationer, t. ex. bildningens eller kunskapens förökande genom tankeutbyte, insamlande af intressanta nyheter. Allt detta *möjliggör* den gemensamma samfundsandan, men hon *åstadkommer* det icke, hon är just nätt och jämnt den bygnadshorizont, som lika väl kan förblifva obegagnad, som begagnas på de mest olika sätt och vis. Hon är således i denna punkt blott möjligheten till lust, men icke sjelfva lusten; denna faller snarare in med den bygnad, som på denna bygnadshorizont skall upprättas, och måste betraktas i sammanhang med denna, icke med sällskapligheten, ja till och med den positiva lust, som på denna grundval kan upprättas, kan till större delen ernås äfven i ensamheten i förändrad eller föga modifierad form.

Att deremot sällskapligheten genom den hänsyn till andra och det tvång, som hon pålägger den enskilde, åstadkommer fullt reella obehag och tidtals kan uppfylla en med förtviflansfull oro, bevisa våra »föreningar».

Ur den gemensamma samfundsandan härleder sig ett större, ömsesidigt intresse, d. v. s. en stegrad medkänsla. Skulle hos hvarje enskild summan af lust öfverväga summan af olust, så skulle äfven med afseende på hvarje enskild summan af deltagande glädje kunna öfverväga summan af medlidande, om icke den deltagande glädjens förminskning genom afunden, som är oundviklig äfven gentemot den bästa vän, förhindrade detta. Men då i den enskildes lif summan af olust öfverväger summan af lust, så måste medkänslan för densamme likaledes bestå i öfvervägande olust, och detta kan i intet fall utjämnas derigenom, att man är viss om medkänsla för sina egna lidanden och fröjder i vännens barm. Visserligen sträfvar man efter tröst, men hvad kan väl det lända till för tröst, om man rätt tänker efter, att man med sina egna obehagligheter och sitt kink derjämte förderfvar lynnet för sin vän?

Likväl pinas man så af att ensam bära förargelserna och bekymren, att man känner sig relativt lycklig, att engång kunna uttömma sin galla, äfven om man derför måste låta vännen vice versa öfver sig utgjuta sina förtretligheter. Äfven här kommer det derpå an, att den ömsesidiga medkänslans stegring i vänskapen är det mindre af två onda ting, af hvilka det andra endast för vår egen svaghets skuld synes som det större.

Om derför vänskapens så högt beprisade lycka underkastas en riktig värdering, så beror densamma dels på den menskliga svagheten i att fördraga lidanden, liksom ju äfven mycket starka karakterer minst behöfva vänskapen, men dels på fullföljandet af ett gemensamt mål, med ett ord på likhet i intressen, hvarför äfven de skenbart mest oskiljbara vänskapsband lossna eller förrinna i sanden, om hos den ena parten de ledande intressena vexla, så att de numera gå divergerande ifrån den andres. Men äfven den genom de gemensamt fullföljda intressena vunna lusten kan endast sättas på dessa intressens räkning, icke omedelbart på vänskapens. Den fastaste gemensamhet af intressen består i *äktenskapet;* gemensamhet i egendom, i förvärf, i könligt umgänge, i barnuppfostran äro starka band, som i förening med den polära kompletteringen af de båda könens andliga egenskaper väl äro tillräckliga för att grundlägga en stark och varaktig vänskap, hvilken äfven, utan att taga kärleken i trängre bemärkelse till hjelp, fullständigt räcker till att förklara de sköna och upphöjda företeelserna af äktenskaplig offervillighet. Dertill kommer dessutom vanans väldiga makt. Liksom hunden bevarar den mest upphöjda och rörande vänskap och trohet mot sin herre, vid hvilken icke eget val, utan slump och vana bundit honom, så är äfven förhållandet mellan makar väsentligen ett sammanhängande af vana, hvarför äfven konventionsäktenskapen och de af böjelse ingångna efter en följd af år öfverhufvud visa samma fysionomi.

Dühring, som i sitt »Werth des Lebens» ger kärleken det vitsordet och påstår, att han icke skulle försvinna i äktenskapet, kommer (sid. 113—114) sjelf till följande resultat: »kärleken mellan makar torde derför i makten af sina verkningar icke stå tillbaka för den passionerade kärleken. Känslan är endast liksom *bunden*, men framträder med hela sin kraft, då det gäller att möta något fientligt öde. De krafter, hvilka en gång underhöllo ett känslans lefvande spel, hålla nu i det mognade förhållandet hvarandra i jämnvigt, för att vid hvarje rubbning af jämnvigten åter blifva *märkbara* för känslan. Då känslan är bunden, så existerar hon ej för medvetandet, och då hon endast vid en rubbning inträder i medvetandet, så kännes hon blott som olust, talar således i båda fallen icke *för* lifvets värde, hvarpå det dock här endast kommer an; men verkningarnes storlek låter lika väl förklara sig ur vänskapen och tillgifvenheten af vana.

Vid allt detta gifves det i de flesta äktenskap så mycken missämja och så många ledsamheter, att, om man skådar in med fördomsfri blick och icke låter förvilla sig af menniskans ytliga förställning, man af hundra knapt finner ett, som man möjligen skulle afundas. Detta beror just på menniskornas oklokhet, hvilka icke förstå att i smått foga sig efter sina ömsesidiga svagheter, i den tillfällighet, hvarmed karaktererna träffa tillsammans till äktenskap, i det ömsesidiga pockandet på rättigheter, der endast eftergifvenheten och vänskapen finner förmedlingen, i beqvämligheten att utgjuta all misslynthet, förtrytelse och dylikt lynne på underordnade personer, som måste hålla till godo dermed, i den ömsesidiga retlighet och förbittring, som stegras genom hvarje nytt fall af förment rättskränkning, i det bedröfliga medvetandet af att vara fastkedjade vid hvarandra, hvars frånvaro skulle genom fruktan för följderna förhindra hänsynslösheter och disharmonier i deras uppkomst. Så kommer man dit till detta huskors, som så litet får anses som ett undantag, att Lessing icke har så orätt, då han säger:

»Ein einzig böses Weib giebt's höchstens in der Welt,
Nur schade, dass ein Jeder es für das seine hält.»

Detta motsäger alldeles icke det faktum, att vanans makt genast häfdar sin rätt och gör det häftigaste motstånd, om utifrån en rubbning eller splittring af äktenskapet hotar. I båda fallen är det endast den smärtsamma sidan af förhållandet, som tränger sig på medvetandet. Sönderslitandet af det värsta äktenskap, som beredde kontrahenterna ett verkligt helvete, bereder den öfverlefvande ännu alltjämnt så stor smärta, att jag hörde yttras af en erfaren man, att om en gång ett äktenskap skall upplösas, så må det ske ju förr dess bättre; ju längre och trängre vanan, desto mer oöfvervinnelig blir skilsmässans smärta. Ur detta säkert riktiga omdöme behöfver man endast draga sista konseqvensen, så är skilsmässan fördelaktigast före föreningen.

Förståndigt folk, hvars omdöme icke är förvilladt af driften, äro äfven vanligen fullkomligt på det klara dermed, att det från den rationella ståndpunkten är för det *individuella* välbefinnandet bättre att icke gifta sig än att gifta sig. Om icke någon kärlek och icke några yttre ändamål (rang, rikedom) drifva till afslutande af äktenskap, så gifves det äfven i sjelfva verket endast det enda skälet qvar, att välja äktenskapet såsom det förment *mindre* af två onda ting, således för en flicka för att undgå fasan af att gå som gammal mö, för en man för att slippa ungkarlslifvets obehag, för båda för att undslippa qvalen af en otillfredsstäld instinkt, resp. följderna af en tillfredsställelse utom äktenskapet.

Men i regeln göra de den erfarenheten, att de bittert bedragit sig på det större af de två onda tingen, och endast skam och försynt finkänsla förbjuder dem att tillstå det. Huru obehaglig likväl äfven den otillfredsstälda instinkten att bilda ett hushåll och en familj kan blifva för gamla ungkarlar och mör, är redan omnämndt i Kap. B. I. —

Äro nu menniskorna gifta, så längta de efter barn — åter en instinkt, ty förståndet kan väl knappast längta derefter. Instinkten går så långt, att man i brist på egna upptager andras barn och uppfostrar dem som egna.

Att äfven det senare icke är någon handling af öfverläggning, ser man redan af apornas, kattornas och många andra däggdjurs och fåglars instinkter, hvilka gå till väga på samma sätt. Men dessutom upptages ju vid detta förfarande ett barn, som redan finnes till, och som endast försättes i ett bättre läge i lifvet, än som eljest blifvit det beskärdt. Men annorlunda ställer sig saken, då det handlar derom att i stället för eget barn, som felas, upptaga ett annat, som först måste skapas, låt vara till och med fabriceras i retorten på kemisk väg.

»Man tänke sig en gång», säger Schopenhauer (Parerga II, sid. 321—322) »att aflingsprocessen hvarken vore ett behof, eller beledsagad af vällust, utan en den rena, förnuftigaste öfverläggningens sak: skulle väl menniskoslägtet ännu kunna bestå? Skulle icke snarare hvar och en hyst så mycket medlidande med den kommande generationen, att han hellre besparat henne tillvarons börda eller åtminstone *icke torde hafva påtagit sig* det (ansvarigheten) att kallblodigt pålägga henne densamma?»

Utom den omedelbara instinkten att vilja uppfostra barn har önskan efter barn hos sådana personer, hvilkas lif består i välståndets eller rikedomens ökande, ännu en annan grund. De börja nämligen vid en viss lefnadsålder märka, att de sjelfva dock icke hafva någon njutning af rikedomens behållning; men om de i följd deraf ville afstå ifrån vidare förvärf, så vore deras lifsåder underbunden, och de skulle hemfalla åt tillvarons och ledsnadens ödsligaste tomhet.

För att ungå detta onda önska de sig det mindre onda, ägandet af barn, för att i den till dem utsträckta egoismen hafva ett motiv för fortsättandet af förvärfsverksamheten.

Men jämför man på objektivt sätt å ena sidan de fröjder, å andra sidan de bekymmer, förargelser, ledsamheter och sorger, som barn bereda sina föräldrar, så torde olustens öfvervigt väl knappast kunna dragas i tvifvelsmål, äfven om det af instinkten påverkade omdömet uppreser sig deremot, särdeles hos qvinnor, hos hvilka instinkten att uppfostra barn är mycket starkare.

Man jämföre först summan af den glädje, som genom födelsen, och summan af den smärta och de bekymmer, som genom bortgången af ett barn framkallas i alla deri intresserades sinnen. Först efter beräkningen af det härvid uppstående öfverskottet af smärta kan man gå till betraktelsen af deras lif sjelft. Härtill rekommenderar jag kapitlet »Mütterwahnsinn» i Bogumil Goltz: »Zur Charakteristik und Naturgeschichte der Frauen».

Under den första tiden öfverväga de mycket ansenliga olägenheterna och besvären vid vården, resp. förargelsen öfver tanklösa tjenare, vidare obehaget med grannarne och ängslan för sjukdomar, slutligen omsorgen att bortgifta döttrarna och bekymren för sönernas dumma streck och skulder; till allt detta kommer oron för uppbringandet af nödiga medel, som för fattigt folk är störst under den första, hos de bildade klasserna under den senare tiden. Och under allt arbete och möda, under allt bekymmer och oro och den ständiga ängslan att förlora dem, hvilken är den reella lycka, som barnen bereda den, som äger dem? Bortsedt från det tidsfördrif, som de bereda som leksak, och fåfängans tillfälliga tillfredsställelse genom nådig grannfruns hycklande smicker, — hoppet, ingenting annat än *hoppet på framtiden.*

Och när tiden kommer, att uppfylla dessa förhoppningar, och barnen icke förut äro döda eller förderfvade, lemna de föräldrahuset, gå sin egen väg, merendels ut i vida verlden, och skrifva hem vanligen endast då de behöfva pengar. För så vidt följaktligen detta hopp är *egoistiskt*, bedrar det *alltid*, men så vidt det hoppas blott *för* barnet, icke *på* barnet, huru då?

Från allt återkomma, som vi skola se, menniskorna på ålderdomen, endast från den enda illusionen af den enda hos dem qvarblifna instinkten återkomma de icke, så att de på samma erbarmliga tillvaro, hvars fåfänglighet de hos sig sjelfva lärt känna i hvarje hänseende, bygga sina förhoppningar för sina barn. Om de blifva tillräckligt gamla, så att de äfven se sina barn blifva gammalt folk, återkomma de visserligen äfven derifrån, men sedan börja de ånyo med barnbarnen och barnbarnsbarnen; — menniskan blir aldrig fullärd.

5. Fåfänga, äreskänsla, äregirighet, ärelystnad och herskiystnad.

Kärlek, ära och förvärfsbegär äro väl de tre mäktigaste drifjädrarne på det andliga området. Här sysselsätta vi oss med den andra. Man kan skilja äran i en objektiv och subjektiv ära. En menniskas *objektiva* ära är i allmänhet uttryckt hennes uppskattning genom andra.

Man kan indela den objektiva äran sålunda:

Positiv ära.
- A. Det *yttre* värdets ära:
  - a. besittningens ära,
  - b. ståndets ära,
  - c. rangens ära,
  - d. skönhetens ära.
- B. Det *inre* värdets ära:
  - a. arbetets ära,
  - b. intelligensens och bildningens ära,
  - c. moralisk ära,
    - α. i kärlek till nästan,
    - β. i rättrådighet,

Negativ ära.
  - d. borgerlig ära,
  - e. qvinlig (sexuel) ära.

Den negativa äran äger hvar och en af sig sjelf, till dess han förlorar henne, den positiva äran måste man hafva erhållit genom omständigheter (börd, handlingar, prestationer). Den förra betecknar blott värdets nollpunkt, den senare öfverstiger denna positivt. Besittningens ära beror på makt, ståndets på makt och prestationer, men stelnar lätt i gamla former, gengångare från forna tider; rangens ära är, för så vidt hon öfverskrider den med rangen förknippade maktens samt arbetets ära, en konstgjord statens skapelse, för att kunna besolda mera lågsinta personer; skönhetens ära måste man icke söka hos oss, utan hos folk, som hafva sinne för skönhet (de gamle grekerna); arbetets ära är proportionel mot arbetets värde i folkens hushållning; intelligensens och bildningens ära ersätter arbetets ära särskildt der, hvarest det andliga arbetet alldeles icke uppfattas såsom arbete (bondens aktning för lärdomen); den moraliska äran är positiv endast i den praktiska kärleken, rättrådigheten är blott negativ, på samma sätt som den borgerliga och sexuella äran, hvilken senare existerar endast hos qvinnan.

Den *subjektiva* äran är af dubbel natur; en menniskas *direkta* subjektiva ära är hennes uppskattande af sig sjelf, den *indirekta* är hennes uppskattande af sin uppskattning genom andra, eller hennes uppskattande af den objektiva äran.

Den förra kallas uppskattning af sig sjelf, aktning för sig sjelf, sjelfkänsla, stolthet; om uppskattandet stannar *under* verkliga värdet: blygsamhet, ödmjukhet; om det *öfverstiger* det verkliga värdet: öfverskattande af sig sjelf, inbilskhet, högmod; det senare deremot kallas fåfänga; äfven om menniskorna vilja förbjuda att använda detta ord om ädlare sträfvanden — i sak är det detsamma, om en flicka är stolt öfver ryktet om sin skönhet, eller en skald öfver ryktet om sitt verk. Båda delarne tillsammans, således stolthet och fåfänga, utgöra den subjektiva äran, som nu efter föremålen för uppskattningen kommer under samma indelning, som den objektiva äran. Med hänsyn till den negativa delen kallas hon äreskänsla, med hänsyn till dess positiva ärelystnad. Den direkta och indirekta delen af den subjektiva äran kunna stå till hvarandra i mycket olika förhållanden af styrka, men i regeln skall den senare vara öfvervägande, ja i så hög grad öfvervägande, att man vanligen påträffar den uppfattningen, som om den subjektiva äran *endast* bestode i detta uppskattande af sin uppskattning genom andra, hvaremot detta dock är den *rena* fåfängan att hålla på andras omdöme om sitt värde, medan man sjelf på samma gång afsäger sig allt värde, sålunda anser en annans omdöme för falskt.

Stoltheten, aktningen för sig sjelf, är en afundsvärd egenskap, sak samma om uppskattningen är sann eller falsk, endast man anser den riktig. Visserligen är en orubblig stolthet sällsynt, merendels har hon att bestå upprepade strider med tviflet på eller till och med förtviflan om sig sjelf, hvilka förorsaka mer smärta, än stoltheten sjelf förorsakar lust. Äfven stegrar stoltheten känsligheten utåt och är å sin sida tvungen att påtaga sig blygsamhetens hycklande mask, om hon icke vill bereda sig obehag. Detta sammanlagdt torde väl i sin ordning tämligen uppväga den höga sjelfkänslans lust. Men hvad nu beträffar just den äreskänsla och äregirighet, som till största delen eller uteslutande bero på fåfänga, så må de för vårt stadium af utveckling vara en aldrig så praktisk instinkt, man skall dock icke kunna förneka, att de för det första äro fåfängliga, d. v. s. bero på illusioner, och att de för det andra bereda den, som af dem är intagen, tusen gånger mer olust än lust.

Den qvinliga, sexuella äreskänslan allena skyddar de sociala förhållandena från fullkomlig förstöring; den borgerliga äreskänslan afhåller den ännu oförvitlige från förbrytelser eller förseelser, hvarifrån hvarken fruktan för timliga eller eviga straff skulle kunna afskräcka honom; bildningens äregirighet sporrar gossen och ynglingen vid hans mödosamma inlärande af det af vår tid fordrade bildningsmaterialet; arbetets äregirighet, hvilken med afseende på sällsynta och betydande prestationer och bedrifter kallas ärelystnad, uppehåller den hungrande lusten och konstnären, hvars skapande nerv skulle förlamas, om man kunde bevisa honom omöjligheten, att någonsin i ringaste mån tillfredsställa sin ärelystnad eller sin äregirighet. Så förhindrar äreskänslan större olyckor, och äregirigheten befordrar menskligheten utvecklingsprocess; men bortsedt derifrån, att den subjektiva äran vid förnuftets högre utbildning och herravälde mycket väl kan umbäras, och dess goda verkningar på andra vägar frambringas (man betänke skilnaden mellan den franska tapperheten af point d'honneur och den tyska af pligtkänsla), så måste dock i hvarje fall den enskilde, driftens verktyg, lida under densamma.

Den negativa ärans besittning kan ej lemna någon lust, annat än då hon återställes från skenbar förlust (t. ex. genom förtal); i sig motsvarar hon blott känslans nollpunkt, liksom hon blott representerar värdets nollpunkt. Hon är således liksom alla henne liknande moment en ymnig källa till smärta, men ingen källa till lust, utan genom den här alldeles specielt sällsynta förekomsten af olustens återvändande.

Men äregirigheten är under alla omständigheter en positiv drift och just en af dem, »efter hvilka man, liksom efter saltvatten, blir törstigare, ju mer man dricker.»

Hvart man än lyssnar, så skall man få höra embetsmäns och officerares stereotypa klagan öfver tillbakasättande och dålig befordran, konstnärernas och de lärdes öfver förtryck genom afund och kabaler, öfverallt förargelsen öfver mer ovärdigas oförtjenta företräde. På hundra kränkningar af äregirigheten kommer knapt en tillfredsställelse; de förra kännas bittra, de senare håller man till godo med såsom rättrådighetens för längesedan förtjenta lön, om möjligt med förtrytelse öfver, att den ej kommit förr. Det allmänna öfverskattandet af sig sjelf kommer hvarje enskild att uppställa för höga anspråk, den allmänna ömsesidiga afunden och nedsättandet af förtjensten frånsäger till och med berättigade anspråk det erkännande, som de förtjena. Hvarje tillfredsställelse af äregirigheten tjenar endast till att högre uppskrufva sina anspråk, och till följd häraf måste det vara en triumf, som öfverträffar den föregående, som skall kunna alstra en ny tillfredsställelse, då deremot hvarje erkännande, som icke går upp mot det föregående, till följd af detta deficit uppväcker olust.

Man tänke t. ex. på en ung scenisk sångerska; hon stiger steg för steg till en viss höjd i publikens gunst; de med denna grad af gunst förknippade triumferna tar hon i anspråk såsom sin rättighet, lifvet i dem är för henne liksom luften hon andas, hon blir upprörd och förbittrad om de engång uteblifva. Men en yngre kommer slutligen och tränger henne tillbaka i andra ledet, liksom hon gjort med sina föregångerskor, och nedsjunkandet från hennes höjd är för henne tusen gånger mer smärtsamt, än uppstigandet till densamma var för henne njutningsrikt, då deremot uppehållet på densamma knapt kändes såsom lycka.

Liksom i detta exempel, så är förloppet med all äregirighet och all ärelystnad; till och med der dåden eller verken bestå, bibehålla de icke alltid samma intresse hos publiken.

Men nu kommer ytterligare till allt detta, att äregirigheten är *fåfänglig* d. v. s. beror på illusion. Till och med uppskattningen, sådan den föreligger i den objektiva äran, beror redan till en del på illusion; jag behöfver blott påminna om rangens konstlade, uppblåsta ära, samt det från medeltiden qvarstående, men hos oss till sin betydelse redan nästan afdöda adelskapets. Och till och med der värdet, som den objektiva äran pålägger, icke är något illusoriskt, är dock hennes uppskattning alltför ofta falsk. Vox populi vox dei gäller blott i de frågor, som för folkets utveckling äro lifsfrågor, och der till följd häraf det omedvetna instinktivt leder massans omdöme. I alla andra saker är vox populi så blind, bländad af skenet, missledd af klackörer, benägen för det alldagliga och utan sinne för det goda, sanna och sköna, att man snarare alltid kan räkna på, att hon är stadd på villovägar. (Jfr. Schopenhauer, Parerga II, kap. XX). Man kan i alla sådana saker, som icke äro lifsfrågor för utvecklingen eller redan blifvit af vetenskapen positivt besvarade, a priori svära derpå, att majoriteten har orätt och minoriteten rätt; ja att afge ett totalomdöme är så svårt, att, der en mängd förståndigt folk slår sig tillhopa, de tillsammans säkerligen endast åstadkomma en dumhet.

Åt ett sådant omdöme gifver den sin lefnadslycka i händerna, som gör äregirigheten till sin ledstjerna. Redan i smått skulle säkerligen ingen mer bekymra sig om menniskornas omdömen, för hvilken man på en gång skulle kunna framlägga allt förtal och alla nedsättande omdömen, som af hans vänner och bekanta blifvit uttalade öfver honom bakom hans rygg. För att icke tala om den äregirighet, som griper efter ordnar, hedersposter och titlar! Hvar och en vet, att de icke tillfalla förtjensten, utan i bästa fall den af tillfället gynnade eller tjensteåldern, den med kusinskap och förespråkare försedde, kryparen och smickraren, eller ock som lön för smutsiga handräckningar, och likväl — otroligt att säga — äro menniskorna lystna efter slika ting!

Men antaget nu, att den objektiva ärans föremål *hade* ett värde, och att deras uttalanden, i hvilkas omdöme den objektiva äran består, *vore* riktiga, så vore ärelystnaden *likväl* fåfänglig. Ty hvad för värde kan väl det hafva för menniskan, hvad andra tänka och döma om henne? Intet annat likväl, än för så vidt deras *handlingssätt* mot henne tillika bestämmes af deras omdöme öfver henne! Men härvid är meningen såsom sådan alldeles likgiltig och betraktas endast såsom medel för att derigenom uppnå ett bestämdt uppförande af menniskorna. Detta är alltså icke någon äregirighet i vanlig mening, lika litet som man kan kalla den penningsniken, som sträfvar efter mycket penningar, men gifver ut allt hvad han tager in; först det, att man sätter ett värde på den objektiva äran *såsom sådan*, utgör äregirigheten och äreskänslan, och att sedermera med den objektiva äran *delvis* äfven menniskornas handlingssätt emot den ärade blir ett annat, för honom mer fördelaktigt, är blott en gerna upptagen accidentel följd.

För det mesta inskränker sig ju äfven modifikationen i handlandet dertill, att *uppförandet* blir *vördnadsfullare*, således till ett uttryck af tillerkännande af den objektiva äran, som för den förståndige måste vara likaså likgiltigt, som menniskornas mening sjelf; verklig nytta uppstår nästan alldeles icke ur den positiva, objektiva äran, endast skada ur den sårade negativa äran, så att slutligen den objektiva ärans hela reella betydelse består deri, att man har att akta sig för skador genom den negativa ärans kränkning. Men hvarje subjektivt värde af en objektiv ära såsom sådan beror tydligt på inbillning, ty skådeplatsen för mina lidanden och fröjder är dock *mitt* hufvud och icke *andras* hufvud, således kan det likväl icke borttaga eller tillfoga något till mitt väl eller ve i och för sig, hvad annat folk tänker om mig, med ett ord deras mening kan såsom sådan icke för mig hafva något effektivt värde, följaktligen är äregirigheten fåfänglig. Äreskänslan, som enligt vår förklaring har afseende på den negativa äran, är visserligen i och för sig lika tom, men det kan dock med skäl för sig anföras, att, då man engång lefver bland menniskor, man åtminstone måste ställa sig så, som om man något brydde sig om den objektiva, negativa äran, emedan eljest de andra skulle kasta sig öfver en, som kråkorna öfver ugglan vid dagsljus.

Då jag härmed förklarar äreskänsla och äregirighet för fåfänga och illusoriska, så vill jag dermed ingalunda ännu hafva uttalat något omdöme om värdet af ärans *föremål;* jag har till och med delvis den största högaktning för detsamma, t. ex. för sedligheten. Men *om* sådana föremål hafva ett värde, så hafva de det icke derför, att de äro ärans föremål, som den förvända verlden väl menar, utan emedan de omedelbart lyckliggöra. Tydligast är detta i fråga om ryktet; en Spinoza kan dock i sanning icke hafva någon berömmelse utaf, att studenten N. N. säger: »det var ett klipskt hufvud»; utan det att han var i stånd att fatta sådana tankar, deraf hade han något. Visserligen kan det lyckliggörande för mitt medvetande äfven ligga deri, att jag vet med mig att göra eller prestera något till andras bästa, men det är dock alltid glädjen tillika öfver en reel lycka, hvaremot *erkännandet* af mina dåds eller min verksamhets värde ingalunda bereder dessa andra lust, utan snarare olust. Skilnaden är densamma, som då jag räcker en tiggare en almosa; gläder jag mig öfver, att han genom min gåfva ser sin nöd för ögonblicket lindrad, så har min glädje ett reelt föremål, men väntar jag på hans »tackar ödmjukast» eller »Gud välsigne er» för att glädja mig deröfver, så är jag en fåfäng, narraktig man.

Så har äfven begäret efter ära visat sig som en om ock nyttig, dock på illusion beroende instinkt, som förorsakar vida mer olust än lust. (Jfr. Schopenhauer, Parerga I., Aphorismen zur Lebensweisheit, kap. 1, II och särskildt IV).

Med *hersklystnaden* förhåller det sig alldeles på samma sätt. Så vidt densamma blott är sträfvande efter frihet, är han ännu icke positiv drift; så länge makten att herska endast sökes för att med dess hjelp förskaffa sig andra njutningar, är hon blott medel för främmande ändamål och måste mätas efter de förras värde. Men det gifves äfven en lidelse att befalla och herska såsom sådan. Det är klart, att denna först och främst är möjlig endast på bekostnad af samma drifts kränkning och dessutom frihetsdriftens kränkning hos de beherskade; men vidare gäller om henne detsamma, som om äregirigheten och ärelystnaden: ju mer man dricker af dem, desto törstigare blir man. Af makten, vid hvilken man är *van*, njuter man icke mer, men väl kännes hvarje motstånd mot densamma på det smärtsammaste, och till dess undanrödjande hembäras de största offer. I det hela taget och med hänsyn till följderna för andra är således hersklystnaden en ännu mycket förderfligare lidelse än äregirigheten.

6. Religiös uppbyggelse.

Redan i Kap. B. IX hafva vi omnämnt, att höjandet af den religiösa känslan i andakt och uppbyggelse, som städse är af mer eller mindre mystisk natur, är i stånd att meddela ett så högt salighetstillstånd, att det lemnar alla jordiska lidanden bakom sig. Men för det första äro dessa höga grader af lyftning sällsynta, ty de kunna, enär de väsentligen äro af mystisk natur, icke förvärfvas med svett och möda, utan förutsätta ett anlag, en talang dertill, liksom konstnjutningen, och för det andra existera de icke, såsom hvarje lust, utan att medföra egendomlig olust. Man förstår detta bäst, om man i det hänseendet betraktar botgörarnes och helgonens lif. De högsta graderna af religiös lyftning äro knapt tänkbara utan ett länge fortsatt dödande af »köttet», d. v. s. icke blott af de sinliga begären, utan öfverhufvud af alla verldsliga lustar. Sällan uppbäres denna afsägelse af medvetandet om den jordiska lustens illusoriska beskaffenhet och den ur de jordiska begären samtidigt framgående olustens öfvervigt, ty dertill hör redan filosofi, utan merendels kännes afsägelsen af jordisk lycka såsom ett *verkligt* offer, genom hvilket den högre, mystiska, religiösa lyckan skall *köpas*, så att vederbörande egentligen aldrig blir fri från sorgen öfver förlusten af den jordiska lyckan i och för sig. Härmed vare dock huru som helst, de länge undertryckta naturliga drifterna uppresa sig tid efter annan endast desto kraftigare, och häftigheten af de strider, som de asketiska hafva att bestå i visserligen alltmer sällsynta, men alltmer öfverväldigande återfall, vittnar om storleken af de qval, de lida för himmelrikets skuld, tills ändtligen vanan och den kroppsliga svagheten så småningom återställer ett mer konstant tillstånd. — Sjelfva askesens kroppsliga smärtor och försakelser vill jag icke tala om, då hon är ett, om äfven afgjordt mycket verksamt, dock icke oumbärligt medel för den religiöst-mystiska lyftningen.

Komma vi in på uppbyggelsens lägre stadier, hvilka förenas med det verldsliga lifvet, så framträder med synnerlig vigt ett förut icke omnämndt moment af olusten; fruktan för egen ovärdighet, tviflet på den gudomliga nåden, ångsten för den kommande domen, qvalen öfver begångna synders börda, må de senare i andras ögon synas aldrig så obetydliga. Det ena med det andra, skola lust och olust äfven hvad den religiösa känslan beträffar tämligen uppväga hvarandra. Men skulle verkligen ett öfverskott af lust framträda, en sak, hvars möjlighet jag hellre skulle vilja inrymma på detta område än på alla andra (med undantag af konst och vetenskap), så inträder den andra möjligheten, att äfven denna lust är illusorisk. Denna illusion hafva vi redan upptäckt i Kap. B. IX.; hon består i korthet deri, att sträfvandet att i den medvetna känslan omedelbart fatta och njuta det all-enda omedvetnas identitet med medvetenhetssubjektet, hvilken i verkligheten existerar och som rationel sanning lätt kan begripas af förståndet, enligt sin natur nödvändigt måste förblifva utan resultat, emedan medvetandet omöjligen kan gå ut öfver sina egna gränser, således icke kan fatta det omedvetna såsom sådant, således icke heller det omedvetnas och medvetenhetsindividens enhet.

Om en klar uppfattning af och befrielse från illusionen i menskighetens fortgående utveckling på något område ligger klart för ögonen, så är det på det religiösa. Man kan icke säga, att den nuvarande otrostiden skall vara likaså öfvergående, som t. ex. den bildade, gamla verldens vid Kristi födelse; äfven om mer religiösa perioder än den nuvarande skola återkomma, så är dock en sådan trosperiod, som den katolska medeltiden var, omöjliggjord för alltid genom den moderna, universella själsbildningen. Äfven medeltiden var möjlig endast derigenom, att den klassiska själsbildningen blifvit begrafven under spillror, och detta hafva vi väl nuförtiden icke mer att befara. Ju mer folken kultivera sina rationella anlag, ju mer de lära gå och stå på egna fötter, d. v. s. på sitt medvetande, desto mer gå deras mystiska anlag förlorade; dessa äro ungdomens surrogattalanger, det medvetna förståndets mognad utfyller folkens mannaålder. Man kan från de religiösa illusionernas småningom fortskridande förstöring ex analogia sluta dertill, att äfven förstöringen af de andra illusionerna med säkerhet skall fullbordas i historien, så snart de icke vidare brukas såsom driffjädrar för framåtskridandet, vare sig att de aflösas af andra, nog mäktiga vordna driffjädrar (förnuft), eller att målet uppnås i riktningen för deras speciella verksamhet. För så vidt den religiösa njutningen består i hoppet på transcendent salighet efter döden, skall den först längre fram finna sin förklaring.

7. Osedlighet.

Det osedliga eller orätta handlandet framgår ur den med individuationen såsom ofelbar följd satta egoismen och består hufvudsakligen deri, att jag, för att förskaffa mig en njutning eller bespara mig en smärta, i korthet för tillfredsställelsen af min individuella vilja tillfogar en eller flera andra individer en större smärta. Alla andra former af synd äro först härledda ur denna ursprungliga. Det är således klart, att det orättas och osedligas väsen består deri, att förändra det eljest i verlden bestående förhållandet mellan lust och olust på lustens bekostnad, då ju de förorättades smärta är större än den förorättandes lust (eller besparade smärta). Häraf följer: ju större osedligheten, desto större lidande i verlden. (Att på detta förhållande använda rättrådighetens begrepp är, såsom redan förut visats, alldeles otillåtligt.) Antaget alltså, att förhållandet mellan lust och olust vore i fullkomlig jämnvigt i verlden (hvilket fall visserligen, såsom ett bland oändligt många möjliga förhållanden, a priori har en oändligt liten sannolikhet), så skulle osedlighetens existens genast gifva olusten öfvervigten. Men i en i och för sig redan eländig verld skall hon komma eländets mått att flöda öfver, så mycket mer som intet af ödet pålagdt lidande så bittert smärtar menniskan, som det, hvilket hennes medmenniskor tillfogat henne. Äfven med hänsyn till mennniskornas dålighet, ovärdighet, elakhet och gemenhet utlåter sig Schopenhauer i lifliga skildringar, hvilka knappast kunna kallas öfverdrifna och med hvilkas upprepande jag här icke vill befatta mig. Blott ett vill jag här tillägga, nämligen, att menniskornas oförstånd ofta frambringar just samma verkan, som deras elakhet, i det att en omgifning ofta på det bittraste plågas deraf, och det utan att deraf hafva någon nytta eller njutning, som dock elakheten uppenbart har.

Men om synden förökar verldens lidande, så är i motsats härtill rättskaffenheten ingalunda i stånd att minska detsamma, ty den är ju ingenting annat än upprätthållandet af status quo före den första synden, således intet som positivt öfverskrider bygnadshorizonten; ingen, som vederfares sin klara rätt, skall deröfver känna någon glädje, ej en gång om fruktan för orättvisa betages honom; men den, som låter en annan vederfaras hans rätt, har dock intet skäl till lust, ty han har dermed tillfogat sin individuella vilja afbräck och likväl icke gjort mer än sin skyldighet. En sann glädje kan först utöfvandet af den positiva sedligheten, den aktiva kärleken till nästan bereda, dock skall han hos utöfvaren alltid vara förbunden med olusten öfver offret, hos mottagaren med olusten öfver blygseln öfver den mottagna välgerningen. Denna förhöjning i verldens lust genom aktiv kärlek till nästan kommer alldeles icke i betraktande gentemot massan af osedlighet. I hvarje fall är äfven den positiva sedligheten i den aktiva kärleken till nästan blott att betrakta som ett *nödvändigt ondt*, som skall tjena till att mildra ett *större*. Det är vida sämre, att det gifves almosemottagare, än det är godt, att det gifves almoseutdelare, och endast Talmud finner nöd och armod i sin ordning, *på det att* de rika må hafva tillfälle att utöfva kärleksfulla handlingar. Motsvarande detta förhållande lindra alla kärleksfulla handlingar endast de ur den menskliga fattigdomen sig härledande större eller mindre lidanden. Vore menniskan fri från lidande, sjelfbelåten och utan behof som en Gud, hvad behöfde hon då kärleksfulla handlingar?

8. Vetenskaplig njutning och konstnjutning.

Liksom den uttröttade vandraren, när han efter en lång pilgrimsfärd i ödemarken ändtligen träffar på en oas, på samma sätt känna vi oss nu till mods, då vi träffa på konst och vetenskap, — ändtligen en vänlig solskensblick i kampens och lidandets natt. När Schopenhauer sjelf i Parerga (2 uppl. II. 448) stod fast dervid, att känslotillståndet vid konstnärligt eller vetenskapligt mottagande eller producerande vore blott och bart smärtelöshet, så kunde man tro att han aldrig lärt känna det tillstånd af ekstas eller förbländning, i hvilket man kan råka öfver ett konstverk eller en ny sig upplåtande sfer af vetenskapen. Men om han skulle hafva insett positiviteten hos ett sådant tillstånd af den högsta njutning, så skulle han icke mer hafva kunnat påstå, att man dervid har att göra med ett vilje- och intresselöst tillstånd, utan han skulle hafva insett, att det är tillståndet af den högsta och fullkomligt positiva *tillfredsställelse*, — och tillfredsställelse hos *hvilken*, om icke hos en vilja? Visserligen icke hos det vanliga praktiska intresset eller viljan, utan hos sträfvandet efter kunskap, äfvensom efter denna harmoni, denna omedvetna logik under den sinliga formens omhölje, korteligen efter detta något, hvari skönheten består, likagodt nu hvad detta må vara. Denna ekstatiska förtjusning (till ex. öfver ett musikstycke, en bildstod, ett poem, en filosofisk afhandling) är visserligen något ganska sällsynt; redan förmågan deraf är endast rikt begåfvade naturer beskärd, och äfven dessa kunna icke berömma sig af allt för många dylika moment i sitt lif. Det utgör likasom en ersättning, som kommer sådana sensibla väsen till del för lifvets smärtor, hvilka de måste känna mycket starkare än andra menniskor, som i sin slöhet ega en stor lättnad.

Det kan dock knappt sättas i fråga, om ej de sistnämnda dervid i det stora hela må bättre. Ty då olusten så mycket öfverväger i lifvet, så torde en slöare känsla för densamma med umbärande af en icke en gång saknad, om äfven aldrig så hög, dock alltid till få lefnadsmoment inskränkt lust icke kunna för högt betalas. Detta bestyrkes derigenom, att menniskorna i allmänhet hafva en desto ringare tanke om lifvets värde, ju finkänsligare och mera andligt högtstående de äro. Men hvad som gäller för det extrema fallet, gäller lika väl för medelgraderna, som fylla mellanrummet från förmågan af den högsta ekstas ända ned till oemottaglighet för all och hvarje konst. Deraf att någon är likgiltig mot någon viss konst, kan man ännu icke sluta sig till hans känslas slöhet, men väl deraf, att någon är likgiltig mot konsten öfverhufvud.

Nu fråge man sig, huru stor procent af jordens invånare är i någon nämnvärd grad emottaglig för konstnärlig och vetenskaplig njutning, och man skall redan icke alltför högt uppskatta konstens och vetenskapens betydelse för verldens lycka i allmänhet. Man öfverväge vidare, huru liten procent af de mottaglige åter äro i stånd till att förskaffa sig njutningen af att sjelfva skapa, konstnärligt eller vetenskapligt producera, hvilken dock står betydligt öfver njutningen af att mottaga.

Vid uppskattandet af den stora allmänhetens mottaglighet må man äfven icke glömma att afsöndra de grunder till intresse, som icke bero på konsten sjelf, t. ex. nyfikenheten eller lusten till det fasaväckande vid intresset för folksångare eller folktalare, afseendet på praktisk nytta vid intresset för vetenskapliga meddelanden o. s. v. Men af bildadt folk affektera många ett intresse och en njutningsförmåga i afseende på konst och vetenskap, som de alls icke äga. Man tänke blott på huru många genom utsigten till en karrier, som kanhända för sin frihets skull behagar dem bättre, låta förleda sig till att blifva lärde eller konstnärer, utan att hafva någon egentlig kallelse. Ville man utmönstra alla de otjenliga från de verkligen talangfulla, skulle de lärdes och konstnärernas leder väldeligen hopsmälta. Till att gå lärdomsbanan lockas man af utsigterna till den blifvande samhällsställningen och af lättnaderna vid sjelfva inträdet (stipendier o. s. v.), till att gå konstnärsbanan mera af kallets obundenhet och arbetets beskaffenhet, hvilket mera synes som en glad lek, men ofta äfven af blotta förhoppningen på förvärf; man tänke på de olyckliga flickor, som utbilda sig till musiklärarinnor. Vidare frånräkne man allt hvad som icke åstadkommes genom ren kärlek till konsten och vetenskapen, utan genom äregirighet och fåfänga. Man gifve en gång en konstnär eller lärd den vissheten, att aldrig någon skall erfara hans namn med hans verk — ehuru härigenom ärelystnaden ingalunda ännu är helt och hållet undanröjd, då ju dock menniskans namn är något tillfälligt och likgiltigt, i synnerhet för framtiden, — så skall likväl den resp. mannen hafva förlorat hälften af lusten till sina prestationer. Men funnes det ett medel att på en gång verkligen beröfva alla konstnärer och lärde all äregirighet och fåfänga, så skulle i sanning produktionen blifva temligen stillastående, om den icke ännu för brödförvärfvets skull måste mekaniskt fortgå.

Och vidare — dilettanternas hop! Huru liten mening med och kärlek till saken, huru afskräckande är icke bristen på all insigt; huru så helt och hållet beroende af dagens tillkonstlade mod och det ståtande skenet — och dock denna dilettantiska jäktan till konsterna och vetenskapen! Gåtan löses sålunda: icke för deras egen skull söker man konsterna, utan som en brokig grannlåt, för att dermed utsmycka sin kära person. De lika oförståndiga domarena äro hänryckta öfver glittret, om *personen* behagar dem, och förakta det, när de icke hafva någon orsak att smickra personen; de förakta då det dilettantiska arbetet desto djupare, ju större inre värde det äger, emedan de med tillbörlig harm tro sig böra tillbakavisa en saks förmenta fräcka anspråk, att få gälla enligt sitt eget värde. Naturligtvis kommer det under sådana omständigheter blott an på det skiftande tomma skenet i så många riktningar som möjligt, för att blända hvarje dumhufvud på det för honom mest passande sätt.

Detta är principen för den moderna uppfostran, i synnerhet

flickornas: ett par salongstycken för piano, några sångstumpar, litet teckning af trädgrupper och dito blomstermålning, pladdret af några nyare språk och läsningen af dagens literära tvetydigheter, då äro de fullkomliga. Hvad är det annat än systematisk undervisning i fåfänga enligt ordets alla betydelser? Och vid detta gyckelspel skulle man tro på konstnärlig njutning? På sin höjd på konstnärligt äckel, som äfven strax uppenbarar sig efter högtiden, när fåfängan icke längre öfvervinner beqvämligheten. Med gossar går det icke mycket bättre, äfven de måste för föräldrarnes fåfängas skull blifva dilettanter. Och dertill nu i musiken som universalmedel det olyckliga, encyklopedistiska, själlösa pianot! I vetenskapen måste likaledes äregirighet och fåfänga lemna sitt understöd. Blott de äregiriga gossarne äro i stånd till att gerna gå i skolan; utan äregirighet är undervisningen med våra hufvudomständigheter och vår skolundervisningsmetod knapt tänkbar utan den högsta motsträfvighet.

Dertill kommer vidare, att inom vetenskapen, helt annorlunda än inom konsten, den receptiva njutningen nästan försvinner för den produktiva, emedan den brinnande längtan efter sådan kunskap felas, om hvars säkra och lätta ernående man är på förhand öfvertygad. Hvem är ännu i dag i stånd till att af fotografiens eller elektriska telegrafens kunskap hafva en blott tillnärmelsevis så stor njutning, som uppfinnarne, eller till och med de, hvilka under uppfinningstiden med begärlighet afvaktade hvarje nytt framsteg?

Frånräkna vi nu all mottaglighet och njutning i afseende på konst och vetenskap, hvilka bero på blott och bart sken, på affektation, vare sig att de afficieras af äregirighet och fåfänga eller af vinstbegär eller derföre att man af andra orsaker en gång inslagit på en sådan bana, så skall af den skenbart i verlden existerande konst- och vetenskapsnjutningen, en ganska betydlig, ja, jag tror, den allra största delen falla bort. Men den öfverblifna delen existerar äfven icke utan att köpas med en viss olust, om jag också ingalunda vill bestrida att njutningens lust öfverväger. Vid producerandets lust är detta tydligast; som bekant har ännu ingen mästare nedfallit från himmelen, och det stadium, som erfordras innan man blir mogen för en lönande produktion, är obeqvämt och mödosamt och tillstädjer mestadels ringa glädje, blott vid öfvervunna svårigheter och i hopp om framtiden. Inom hvarje konst måste tekniken öfvervinnas, och inom vetenskapen måste man först hinna till den inslagna riktningens höjd, om icke det producerade skall stå tillbaka för det som redan är förhanden. Huru många tråkiga böcker måste man icke läsa, blott för att samvetsgrannt öfvertyga sig om att intet användbart finnes uti dem, och andra åter, för att ur en hel sandhög uppsöka ett litet guldkorn? Det är i sanning inga små offer! Har man då ändtligen kommit så långt med förberedelserna och förstudierna, att man kan producera, så äro de egentligen ljufva ögonblicken dock endast konceptionens, på hvilka följa långa mellantider af det mekaniskt-tekniska utarbetandet. Och icke alltid är man upplagd till producerande; funnes icke den brinnande önskan att på bestämd, icke alltför lång tid fullända verket, sporrade icke äregirigheten och begäret efter ryktbarhet, pådrefvo icke yttre förhållanden till fulländningen, stode icke slutligen ledsnadens gäspande spöke bakom lättjan, så skulle ganska ofta den lust, man har att vänta sig af produktionen, icke förmå besegra beqvämligheten, ja, trots allt detta måste man ofta nog tidtals upphöra med det så dyrbara verket.

Musikern och den vetenskapliga läraren få dessutom lätt afsmak för sin kallelse genom det tvungna, handtverksmässigt likformiga utöfvandet. Dilettanten är med sitt producerande ännu sämre deran; hans smakomdöme och insigt stå merendels högt öfver hans produktionsförmåga, och derföre tillfredsställes han icke af sitt verk, han vore eljest ganska fåfäng och inbilsk. -- Relativt smärre äro de olustkänslor, som beledsaga den receptiva njutningen. Inom vetenskapen äro de emellertid ännu större än inom konsten, t. ex. läsningen af en strängt vetenskaplig bok är redan ett arbete för sig, som alltid fordrar någon ansträngning för att underkasta sig det, en ansträngning, hvilken de flesta menniskor aldrig skulle kunna stå ut med blott för njutningens skull, som man har att vänta sig.

Mest oblandad är den receptiva *konst*njutningen, och jag torde nästan synas småaktig, om jag skulle anföra de dermed förknippade obehagen; likväl äro de vigtiga, enär de vid växande kärlek till beqvämlighet (t. ex. hos ålderdomen) faktiskt äro i stånd till att afhålla de flesta blott receptivt njutande menniskor från konstnjutningen. Hit höra besöket i gallerierna, hettan och trängseln i teatrar och konsertsalar, faran att förkyla sig, tröttheten af att se och höra, som i synnerhet göra sig så gällande derföre, att man vill göra sig betald för sin gång vid galleribesöket, för sin entré vid konsertbesöket, i stället för att man skulle hafva mer än nog af hälften; njutandet af dilettantiska prestationer och den derpå följande förpligtelsen till att gifva komplimanger vill jag hellre helt och hållet förtiga, då mina läsare dock äfven kunde vara dilettanter.

Resultatet är alltså det, att af de få jordens innevånare, hvilka *synas* kallade till vetenskaplig eller konstnärlig njutning, ännu mycket färre *äro* dertill kallade, och att de flesta affektera kallelsen dertill af äregirighet, fåfänga, förvärfsdrift eller andra orsaker, att de som verkligen blifva delaktiga af sådana njutningar, vidare måste betala dem med allehanda smärre eller större offer af olust, att alltså i det stora hela det öfverskott af lust, som genom vetenskap och konst som sådana uppkomma i verlden, är försvinnande litet gent emot summan af det eljest förhandenvarande eländet, och att ännu dertill detta lustöfverskott är fördeladt på sådana individer, hvilka känna tillvarons olust starkare än andra, så mycket starkare än andra, att de härför genom denna lust alls icke få någon motsvarande ersättning. Slutligen tillkommer vidare, att detta slag af njutning mer än hvarje annan andlig njutning är inskränkt till det närvarande, då deremot andra mest njutas i förväg uti hoppet. Detta sammanhänger med den ofvan vidlyftigare anförda egendomligheten, att den samma sinnesvarseblifning, som skänker tillfredsställelsen, äfven först framkallar viljan, som tillfredsställes.

9. Sömn och dröm.

För så vidt sömnen är utan drömmar, är han en hjernans och hjernmedvetandets fullständiga overksamhet, ty så snart hjernan blott i ringaste mån är i verksamhet börjar hon leka med bilder. Ett sådant medvetslöst tillstånd omöjliggör äfven hvarje känsla af lust eller olust; men inträder en nervretning, som måste uppväcka lust eller olust, så afbrytes äfven hjernans overksamma tillstånd. Den medvetslösa sömnen står således med afseende på det egentligt menskliga eller hjernmedvetandet lika med känslans nollpunkt. Detta utesluter icke, att icke andra nervcentra, såsom ryggmärg och ganglier, fortsätta sitt medvetande; detta är till och med nödvändigt för fortgången af andningen, matsmältningen, blodomloppet o. d.; men detta är dock endast ett djupt animaliskt medvetande, stående kanske på samma trappsteg som en lägre fisks eller en masks, hvilket vid den *menskliga* lyckans facit blott kan hafva en mycket ringa betydelse. Men äfven i detta de lägre nervcentras animaliska medvetande omvexla lust och olust, en lust kan äga rum endast vid de vegetativa funktionernas normala och ostörda fortgång, så vida nämnda animaliska medvetande räcker till att percipiera denna lust; men hvarje rubbning förnimmes genast såsom olust, och olusten skaffar sig alltid den grad af medvetande, som är för dess perception nödig.

Det ligger en villfarelse nära, hvilken kan förleda dertill, att i den medvetslösa sömnen antaga ett större välbehag, än som i sjelfva verket kan vara förhanden; detta är den behagliga känsla, som man ganska ofta erfar vid insomnandet och uppvaknandet, d. v. s. vid öfvergångstillståndena mellan sömn och vaka. Men här är hjernmedvetandet ännu verkligen förhanden, och nämnda välbehag uppenbarligen en hjernmedvetandets perception; man glömmer således dervid, att ju just denna välbehagets hjernperception försvinner i den drömlösa sömnen. Men om det välbehag, som mina lägre nervcentra förnimma, kan jag icke göra mig någon föreställning, emedan *jag* ju endast är mitt hjernmedvetande. Emellertid är den medvetslösa sömnen det relativt lyckligaste tillståndet, emedan det är det enda af oss kända *smärtlösa* tillståndet i hjernans sunda lif.

Hvad drömmen beträffar, så öfvergå med honom det vakna lifvets alla obehag äfven i sofvande tillståndet, med undantag af det enda, som i någon mån kan försona den bildade med lifvet: vetenskaplig njutning och konstnjutning. Dertill kommer, att en glädje i drömmen icke lätt uttryckes annorlunda än i angenäm, glad *stämning*, t. ex. såsom känsla af okroppslighet, sväfvande, flygande o. dyl., då deremot olusten uttalar sig icke blott såsom stämning, utan äfven i allehanda *bestämda* obehag, förargelse, förtrytelse, tvist och strid, obegriplig omöjlighet att uppnå det velade, eller andra chikaner och vedervärdigheter. Öfverhufvud taget skall derför omdömet öfver drömmens värde rätta sig efter det öfver det verkliga lifvet, men alltid utfalla en hel del sämre.

Insomnandet är, om man kan insomna hastigt, en lust, men likväl endast derför, att tröttheten gjort vakandet till ett qval, och insomnandet befriar mig från detta qval. Uppvaknandet lär för många personer äfven vara en lust; jag har likväl aldrig kunnat finna det, tror dock, att detta påstående beror på en förvexling med den lust, som består deri, att vid ännu förhandenvarande trötthet icke nödgas uppstiga, utan kunna fortfara att slumra med halft medvetande. Men huru få menniskor äro i det läget att kunna njuta af denna lust! Att ett till full kryhet hastigt öfvergående uppvaknande skulle för någon vara en lust, kan jag icke tro, anser det snarare för en olust, som finner sin grund deri, att man nu åter måste utbyta hvilans och sömnens beqvämlighet med dagens kif och strid. Att efter fullkomlig vederqvickelse och sömnens tillräckliga längd den föregående aftonens trötthet har försvunnit och prestations- och njutningsförmågan status quo återstälts, kan dock omöjligligen gälla såsom positiv lust, då dermed endast känslans bygnadshorisont åter är vunnen. Men väl är det en afgjord olust, om man efter uppstigandet ännu känner trötthet, emedan man icke sofvit ut. Men i detta läge, att för arbetet icke kunna erhålla den nödiga tiden att sofva, befinner sig en stor del af de fattigare klasserna hos alla folk. Till och med af westfaliska bönder har jag hört, att hela familjen efter dagens utarbete måste spinna ännu flera timmar inpå natten, ehuru detta arbete knapt betalas med tre pfennige i timmen.

10. Förvärfsbegär och beqvämlighet.

Med förvärfsbegär förstår jag här företrädesvis det sträfvande, som sträcker sig öfver det oumbärliga af ägande, d. v. s. öfver bostad, kläder och föda för sig och familjen. Jag besparar mig hänvisningen till det ringa procenttal af befolkningen till och med i kulturstater, för hvilket en tillfredsställelse af denna drift blir möjlig, då den moderna statistiken på ett förskräckligt sätt utredt detta förhållande. Men fråga vi oss, hvad ett ägande som sträcker sig utöfver det nödvändiga kan äga för fördelar, så är det närmast den, att det genom sitt kapitalvärde, men ännu bättre genom afkastningen af kapitalräntan skyddar för kommande nöd och betager fruktan för nöd i framtiden. Men denna nytta är ännu icke någon positiv, han skyddar nätt opp för tillkommande olust och borttager närvarande (fruktan och omsorgen). För det andra förlänar ägandet makten att uppnå positiva njutningar, det alstrar ägandets ära, det förlänar makt och herravälde öfver dem, hvilka af mitt ägande vänta sig fördel; det köper gommens njutningar, ja till och med kärlekens fröjder; med ett ord ägandet eller dess symbol, penningen, är den trollstaf, som öppnar lifvets alla njutningar. Men nu veta vi redan, att alla dessa njutningar icke blott bero på illusioner, utan till och med sträfvandet efter dem i summa alltid bereder mer olust än lust, att således sträfvandet efter dem är *af dubbel orsak däraktigt*. Derifrån undantagna äro gommens njutningar, samt vetenskaplig njutning och konstnjutning. Men de första hafva åter den nackdelen, att man, om de genom förändring i förhållandena tagas bort, känner deras umbärande långt smärtsammare, än man förut fann deras ägande angenämt. För att förskaffa sig vetenskaplig njutning och konstnjutning, derför har penningen sitt stora behag, emellertid betyder det just icke mycket. Men hvad beträffar kärlekens köpande, så tänke man dervid ännu på följande två punkter: först hvad Göthe säger:

»Umsonst, dass du, ihr Herz zu lenken,
Der Liebsten Schoos mit Golde füllst, —
Der Liebe Freuden lass dir schenken,
Wenn du sie wahr empfinden willst.»

Och vidare, hvad som om det köpta ägandet af qvinnor gäller ännu mer än om deras frivilliga hängifvelse, nämligen att qvinnan derigenom och genom följderna för hennes lif erfar mycket mer olust, än den köpande mannen någonsin deraf kan vinna lust. Försåvidt således ägandet förför till böjelse för qvinnor och stegrar äregirigheten och herskly stnaden, är det för lifvets lycka direkt skadligt. Men ännu förderfligare blir förvärfsbegäret, om det förgäter, att ägandet endast är ett i och för sig värdelöst medel för andra ändamål och, betraktande det såsom ändamål sjelft, slår om i vinningslystnad och girighet. Då beror det nämligen liksom äregirighet och kärlek sjelft endast på en *illusion* och blir genom begärets outsläcklighet, hvars törst icke kan släckas genom någon tillfredsställelse, men hvars ringaste icke-tillfredsställelse förorsakar smärta, ett verkligt qval.

Vore till det redan sagda intet att tillägga, så vore förvärfsbegärets reella betydelse för lifvets lycka uttömd med skyddet för kommande nöd och med förskaffandet af vetenskaplig- och konstnjutning, derjemte äfven med gommens njutningar; då skulle man äfven nödgas tillskrifva denna drift snarare ett nationalekonomiskt värde såsom en för menskligheteus framtida utveckling sörjande instinkt, än en direkt betydelse för intressenternas väl; men vi hafva ännu icke alls omnämndt dess vigtigaste betydelse i sistnämnda hänseende; detta är nämligen *förmågan att göra lifvet beqvämt*. Att hålla betjening, ekipager, beqväma bostäder i staden och på landet, hofmästare och intendenter, hvartill annat tjenar allt detta, är till att göra sitt lif beqvämt. Ty värdet af lyxen såsom sådan är helt visst illusoriskt.

Men är beqvämligheten en positiv lust, eller består dess behag icke snarare endast i upphäfvandet af obeqvämligheten och återförandet af densamma till känslans bygnadshorisont? Aktiv rörelse, verksamhet, ansträngning och arbete är obeqvämt, passiv rörelse och hvila deremot beqvämt; men äfven om man kan förstå, huru ansträngning och rörelse förmedelst det genom kraftförbrukningen på kroppen frambragta angreppet kan frambringa olust, så är det dock öfverhufvud icke möjligt att inse, huru hvilan, den oförändrade stillheten kan frambringa en positiv lust, hon kan uppenbart ju endast representera känslans nollpunkt.

Vi komma således vid det, som uppväcker den högsta afund, rikedomen, underligt nog till samma negativa resultat, som vid tillvarons nakna existens. hvarmed vi började. Detta är helt visst betydelsefullt och karakteriserande för lifvets värde.

Man måste fasthålla, att förvärfsbegäret alltjemt blott kan vara medel för andra ändamål, och att dess värde måste mätas efter värdet af dessa, men att det ingalunda får göra anspråk på ett värde i och för sig, och att det, om det gör detta, genast träder in i raden af de illusoriska drifter, som öfvervägande alstra olust. — Jfr. härmed Luk. 12: 15: »Sen till och tagen eder till vara för girighet, ty en menniskas lif hänger icke derpå, att hon hafver många ägodelar.» Och Matth. 6: 19—21 och 24—34.

11. Afund, afundsamhet, harm, smärta och sorg öfver det framfarna, ånger, hat, hämdlystnad, vrede, lättretlighet

och andra egenskaper och affekter, om hvilka äfven det vanliga menniskoförståndet inser, att de medföra mer olust än lust (jfr. sid. 269—270), torde jag ej böra taga i närmare betraktande, synnerligen då man bör hoppas att de med tiden och med stigande förnuft skola undertryckas. Men vid bedömandet af verldens närvarande tillstånd falla de ännu tungt i vågskålen.

12. Hopp.

»Und damit, was er auch trage,
Er verzweifle nicht an Heil,
Führt ihn Schicksal bis zum Grabe
An der Hoffnung Narrenseil!»

Om det går menniskan aldrig så illa, — så länge ännu en gnista lifskraft glimmar i henne, hänger hon fast vid hoppet om framtida lycka. Funnes icke hoppet i verlden, så skulle förtviflan höra till ordningen för dagen, och vi skulle i trots af sjelfuppehållelsedriften och fruktan för döden hafva att inregistrera otaliga sjelfmord.

Så är hoppet sjelfuppehållelsedriftens nödvändiga hjelpinstinkt, det är det, som först möjliggör för oss arma narrar kärleken till lifvet, till hån för vårt förstånd.

Hoppet är ett *karaktersdrag*. Det gifves menniskor, som af naturanlag städse se framtiden i svart, andra städse i rosenrödt (Dyskolie och Eukolie). Eukolien har sin grund i en viss andens elasticitet, en fullhet af lifskraft och lifsdrift som icke förminskas genom de påtagligaste erfarenheter och efter ödets svåraste slag lyfter hufvudet med det gamla modet. Intet karaktersdrag är såsom denna böjelse att förhoppningsfullt skåda framåt i så hög grad beroende af den allmänna konstitutionen och cirkulationslifvets inflytande på nerv- och hjernlifvet. Men icke heller någon karaktersegenskap är så vigtig med hänsyn till tänkandets subjektiva inflytande vid betraktelsen af frågan om lifvets värde och icke-värde. Då nu uppenbart äfven vid lifvets största värdelöshet hoppet är en *nyttig* instinkt (då å andra sidan deremot, om lifvet verkligen hade ett värde, man icke skulle kunna inse hvartill ett seende i svart såsom karaktersegendomlighet skulle kunna gagna menniskan) så har man på det yttersta att akta sig för, att ens omdöme bestickes och förfalskas genom den förstnämnda instinkten.

Utan tvifvel är hoppet en *fullkomligt reel lust*. Men hvarpå hoppas man då? Säkerligen dock derpå, att gripa och fasthålla lyckan i lifvet. Men då lyckan icke står att finna i lifvet, emedan, hur länge man än lefver, olusten alltjemt öfverväger lusten, så följer dock härur, att hoppet är *förvändt och fåfängligt*, att det är egentligen *illusionen κατ' ἐξοχήν*, att det egentligen är till för att *dupera* oss, d. v. s. hafva oss till narrar, *på det att vi* blott må härda ut att lösa våra andra, af oss ännu icke begripna uppgifter. Men den som en gång vunnit den öfvertygelsen, att hoppet sjelft är lika illusoriskt och fåfängligt som dess föremål, hos honom måste dock ganska snart hoppets instinkt genom denna förståndets kunskap försvagas och undertryckas; det enda, som för honom ännu förblir möjligt såsom hoppets föremål, är icke den största-möjliga lyckan utan den minsta-möjliga olyckan. Detta uttalar redan Aristoteles (Eth. Nicom. VII. 12): *ὁ φρόνιμος τὸ ἄλυπον διώκει, οὐ τὸ ἡδύ*. Men dermed är äfven för hoppet hvarje *positiv* betydelse afskuren.

Men till och med den som aldrig, eller icke fullständigt inser hoppets illusoriska betydelse, torde dock, åtminstone för den tid, han har bakom sig (ty för framtiden förvillar ju instinkten honom) vara tvungen att medgifva, att nio tiondelar af alla förhoppningar, ja ännu fler, kommit på skam, och att i de allra flesta fall besvikningens bitterhet var större än hoppets ljufhet. Riktigheten af detta påstående bekräftas genom den helt vanliga lefnadsklokhetens regel, att man till allting skall gå med möjligast *minsta* förväntningar, enär man då först förmår att njuta af det goda, som tilläfventyrs är i tingen, då deremot eljest den omedelbara njutningen af det närvarande lider afbräck genom den gäckade förväntningen. Således framgår äfven för hoppets instinkt det resultat, att han såväl är illusorisk, som äfven *inom* de illusioner, inom hvilka han rör sig, snarare medför mer än mindre olust mot lust.

13. Resumé af illusionens första stadium.

Antaget, att det låge i viljans natur att liksom i brutto producera samma massa lust som olust, så skulle nettoförhållandet mellan lust och olust redan helt allmänt taget genom följande fem moment i hög grad modifieras till olustens favör:

a) nervuttröttningen ökar motsträfvigheten mot olusten, minskar sträfvandet att qvarhålla lusten, ökar sålunda olusten i olusten, minskar lusten i lusten.

b) den lust, som uppstår genom upphörandet eller slappandet af en olust, kan ej på långt när uppväga denna olust, och af detta slag är den största delen af den bestående lusten.

c) olusten tilltvingar sig medvetandet, som måste förnimma henne, lusten deremot icke, hon måste liksom upptäckas och slutas till af medvetandet, och går derför ofta förlorad för medvetandet, der motivet för hennes upptäckande fattas.

d) tillfredsställelsen är kort och förklingar hastigt, olusten varar, så vida hon icke inskränkes genom hoppet, så länge som begäret utan tillfredsställelse består (och när skulle icke ett sådant bestå?)

e) lika qvantiteter lust och olust äro vid sin förening i ett medvetande icke af lika värde, de kompensera icke hvarandra, utan olusten stannar i öfverskott, eller uteslutningen af hvarje känsla föredrages framför föreningen i fråga.

Dessa fem moment frambringa genom sin samverkan praktiskt nära nog samma resultat, som om lusten, såsom Schopenhauer vill, vore något negativt, overkligt, och olusten det enda positiva och reella.

Betraktar man de enskilda riktningarne i lifvet: de olika begären, drifterna, affekterna, lidelserna och själstillstånden, så har man efter deras eudemonologiska betydelse att skilja dem i följande grupper:

a) sådana, som medföra *blott* olust, eller dock så godt som icke alls någon lust (jfr. N:o 11);

b) sådana, som blott representera känslans noilpunkt, eller lifvets bygnadshorisont, frånvaron af vissa slag af olust, såsom helsa, ungdom, frihet, utkomst, beqvämlighet och till största delen äfven samvaron med sina likar eller sällskaplighet;

c) sådana, som hafva en reel betydelse endast såsom medel för utom dem liggande ändamål, hvilkas värde således endast kan mätas efter dessa ändamåls värde, men som, såsom ändamål sjelft betraktade, äro illusoriska, t. ex. sträfvan efter ägande, makt och ära, delvis äfven sällskap, likhet och vänskap;

d) sådana, som visserligen bereda den aktive en viss lust, den eller de passiva intressenterna deremot en denna lust vida öfvervägande olust, så att totaleffekten, och vid förutsatt reciprocitet äfven effekten för hvar och en enskild är olust, — t. ex. orätt handlande, herrsklystnad, hetsighet, hat och hämdlystnad, (till och med om de hålla sig inom det rättas gränser), könlig förförelse och köttätarnes begär efter föda;

e) sådana, som förorsaka den förnimmande öfverhufvud långt mer olust än lust; t. ex. hunger, könskärlek, kärlek till barn, medlidande, fåfänga, äregirighet, ärelystnad, hersklystnad, hopp;

f) sådana, som bero på illusioner, hvilka under den andliga utvecklingens fortskridande måste genomskådas, hvarpå visserligen äfven den genom dem uppkomna olusten, lika väl som lusten förminskas, men den senare i mycket hastigare grad, så att knapt något af henne qvarstår, t. ex. kärlek, fåfänga, äregirighet, ärelystnad, religiös uppbyggelse, hopp;

g) sådana, som med fullt medvetande erkännas som onda ting

och dock frivilligt öfvertagas för att undgå andra, som anses för ännu större (likgiltigt, om de äro det, eller ej), t. ex. arbete (i stället för nöd eller ledsnad), äktenskap, upptagna barn, äfvensom hängifvandet åt sådana drifter, om hvilka man har klart för sig, att de medföra öfvervägande olust, men hvilkas undertryckta motspänstighet man anser för ännu qvalfullare;

h) sådana, som medföra öfvervägande lust, låt vara en med mer eller mindre olust köpt lust, t. ex. konst och vetenskap, som dock komma relativt få till del och hos ännu färre träffa på verklig kärlek och njutningsförmåga för dem, hvilka få åter äro just sådana individer, som desto starkare känna lifvets öfriga lidanden och smärtor.

Vid allt detta har man fortfarande att hålla framför ögonen Spinozas sats, *»att vi icke efatersträfva, vilja, åstunda eller begära något, emedan vi anse det för godt, utan snarare att vi derför anse det för godt, emedan vi eftersträfva, vilja, åstunda och begära det.»* (Eth. Th. 3. Satz 9. Anm.) och städse och öfverallt använda denna sanning såsom rättelsemedel för sitt emot den rationella betraktelsens resultat sig uppresande känsloomdöme.

Sammanfattar man vidare den allmänna och speciella betraktelsen, så framgår det otvifvelaktiga resultatet, att olusten icke blott i verlden i allmänhet är i hög grad öfvervägande, *utan äfven hos hvarje enskild individ, till och med den, som står under de gynnsammast tänkbara förhållanden.* Deraf framgår vidare, att de mindre känsliga och med ett slöare nervsystem begåfvade individerna äro bättre deran, än de sensiblare naturerna, emedan vid samtidigt lägre värde af den percipierade lusten och olusten *äfven differensen till förmån för olusten* utfaller mindre. Detta öfverensstämmer fullkomligt med det på menniskan empiriskt konstaterade, men har till följd af sin allmänna härledning äfven allmän giltighet, så att det kan utsträckas till djur och växter.

Enligt erfarenheten äro individerna af de lägre och fattigare klasserna och de råa naturfolken lyckligare, än de som tillhöra de bildade och välmående klasserna och kulturfolken, i sanning icke derför, att de äro fattigare och hafva att fördraga mer nöd och umbäranden, utan emedan de äro råare och slöare; man tänke på »den lyckliges skjorta», i hvilken berättelse ligger en djup sanning. Så påstår jag också, att djuren äro lyckligare (d. v. s. mindre eländiga) än menniskorna, emedan det öfverskott af olust, som ett djur har att bära, är mindre än det, en menniska har att bära. Man tänke blott på huru behagligt en oxe eller ett svin framlefver, nästan som hade det af Aristoteles lärt att söka sorglösheten och bekymmerslösheten, i stället för att (såsom menniskan) jaga efter lyckan. Huru mycket smärtfullare är redan den finkänsligare hästens lif gentemot det slöa svinets, eller gentemot fiskens i vattnet, hvilken ju som ordspråket säger, mår väl, emedan hans nervsystem står på ett så mycket lägre trappsteg. Lika mycket afundsvärdare, som fisklifvet är än hästlifvet, torde ostronlifvet än fisklifvet och växtlifvet än ostronlifvet vara, tills vi slutligen vid nedstigandet under medvetandets tröskel se den individuella olusten alldeles försvinna.

Å andra sidan förklarar sig redan nu ur den högre sensibiliteten, hvarför snillena känna sig så mycket olyckligare här i verlden, än den vanliga menskligheten, men hvartill merendels (åtminstone hos tänkaresnillen) derjemte tillkommer genomskådandet af de flesta illusioner. Detta är nämligen det tredje, som vi hafva lärt af ofvanstående betraktelse, att individen är desto bättre deran, ju mer han är intagen af den genom den instinktiva driften skapade illusionen (»den som ökar kunskapen, ökar eländet» — Koheleth): ty för det första har hon villat hans omdöme om det sanna förhållandet mellan den förgångna lusten och olusten, och han känner till följd derutaf sitt elände icke i så hög grad, och för det andra qvarstår för honom i alla riktningar hoppets lycka, hvars svikande han så hastigt som möjligt sätter sig öfver genom nya förhoppningar, vare sig i samma eller i en annan riktning. Han lefver således liksom i sus och dus och tröstar sig öfver det närvarande eländet med illusionen, som lofvar honom en gyllene framtid. (Man ihågkomme »Käthchen, von Heilbronn» eller Mr. Micawber i David Copperfield.)

Denna illusionsyrselns lycka är särskildt ungdomens karakter. Hvarje yngling, hvarje flicka anser sig mer eller mindre som hjelten eller hjeltinnan i en roman, och tröstar sig öfver de närvarande olyckorna eller vedervärdigheterna liksom vid romanläsningen med utsigten till ett glänsande slut; endast med den skilnaden, att det uteblifver, och att de förgäta, att äfven bakom det skenbart glänsande slutet på romanen lurar endast dagens vanliga misère.

Af det rika urvalet af ungdomsförhoppningar lär man likväl känna vid tilltagande ålder och erfarenhet den ena efter den andra såsom illusorisk, och mannen står der redan mycket fattigare på illusioner än ynglingen; för honom återstår vanligen endast äregirigheten och förvärfsbegäret.

Äfven dessa båda erkännas af gubben som illusoriska, om icke äregirigheten stelnat till barnslig fåfänga, förvärfsbegäret till girighet, och ibland förståndiga gubbar skall man i sjelfva verket icke mer finna många illusioner, som hafva afseende på individens lif, med undantag naturligtvis af den instinktiva kärleken till deras barn och barnbarn.

Det individuella lifvets resultat äro således, att man kommer tillbaka från allt, att man som Koheleth inser: »allt är fåfängligt» d. v. s. illusoriskt, intigt.

I menskligbetens lif representeras detta illusionens första stadium och återkommandet derifrån af den gamla (judisk-grekisk-romerska) verlden. I de tidigare asiatiska rikena äro de sedermera skilda riktningarne af lifs- och verldsåskådningen ännu för oklart blandade. Mosaismen uttalar på det mest oförtäckta sätt tron på möjligheten att uppnå den individuella jordiska lycksaligheten såväl i sina löften, som äfven i sin allmänna optimistiska verldsåskådning utan transcendent bakgrund. Hos grekerna gör samma sträfvanden sig gällande på ädlare sätt i njutningen af konst och vetenskap och i en liksom estetisk uppfattning af lifvet; äfven hellenernas verldsåskådning uppgår i ett, om också förfinadt individuelt, jordiskt lycksalighetssträfvande, då πολιτεία endast skall lemna uppehälle och skydd. Man tänke på den döde Achilles uttalande i Odysséen (XI. 488—490).

Det bekanta pessimistiska körstället i den åldrige Sophokles' mästerverk kan icke gälla såsom uttryck för den helleniska uppfattningen i allmänhet; det bevisar jemte andra liknande ställen och jemte det öfver den helleniska konstens mästerverk vid allt skenbart jemnmod likväl utbredda aningsfulla svårmodet, att de genialiska individerna redan under denna period voro i stånd att genomskåda lifvets illusioner, åt hvilka deras tidsande utan kritiska velleiteter hängaf sig.

Den romerska republiken tillfogar utan tvifvel ett nytt moment: lycksalighetssträfvandet i och genom förhöjandet af ett det trängsta fäderneslands glans och makt. Sedan detta sträfvande efter verldsherraväldets uppnående visat sig för lycksaligheten som illusoriskt, adopteras äfven af romarne den till det banala neddragna grekiska verldsåskådningen i gestalt af den krassaste epikureism, och den gamla verlden öfverlefver sig sjelf ända till yttersta äckel vid lifvet.

Illusionens andra stadium.*)

Lyckan tänkes såsom för individen möjlig att uppnås i ett transcendent lif efter döden.

I detta den gamla verldens sista lefnadssekel nedslår den kristna idéns antändande blixt. Kristendomens stiftare adopterar fullständigt föraktet och öfvermättnaden vid det jordiska lifvet och genomför dem till deras sista, mest frånstötande konseqvenser (jfr. F. A. Müller, Briefe über die christliche Religion, Stuttgart, Kötzle, 1870).

Blott till dem, som känna tillvarons elände, syndarne och de förkastade (samariter och publikaner), de undertryckta (slafvar och qvinnor), de fattige, kranke och lidande, men icke till dem, hvilka i jordelifvet känna sig väl och behagligt till mods, bringar han sitt evangelium (Math. 11. 5., Luc. 6. 20—23, Math. 19. 23—24, Math. 11. 28). Han perhorrescerar allt naturligt, icke en gång naturlagarne erkänner han (Math. 17, 20), han talar med ringaktning om familjebanden (Math. 10. 35—37, Math. 19. 29, Math. 11. 47—50), han

---

*) *Af förekommen anledning är öfversättningen härifrån till arbetets slut utförd och redigerad af Dr. Josef Linck.*

Anton Stuxberg.

fordrar återhållsamhet i könsbeblandelsen (Math. 19. 11—12.), han föraktar verlden och dess goda (Luc. 12. 15, Math. 6. 25—34, 1 Joh. 1. 15—16, Luc. 15); förklarar det för omöjligt att på samma gång vinna jordisk och himmelsk lycka (Math. 6. 18—21 och 24. Joh. 12. 25, Math. 19. 23—24) och fordrar derföre frivilligt armod (Math. 19. 21—22, Luc. 12. 33, Math. 6. 25 och 31—33). Ingenstädes och i intet afseende föreskrifver Christus askes, men väl frivillig inskränkning och så stor frihet från behof som möjligt, hvaraf framgår, att han antager olusten tillväxa med mängden af behof och begärelser. Han håller sin tid för så förderfvad (Math. 23. 27, Math. 16. 2—3), att domens dag måste stå för dörren (Math. 24. 33—34), och qvintessencen af hans lära är, att tåligt bära detta qvalens lif i den jordiska jämmerdalen såsom sitt kors (Math. 10. 38) och efterfölja honom i värdig förberedelse och glad förhoppning på ett kommande evigt lifs lycksalighet (Math. 10. 38; 39): »detta hafver jag sagt eder, på det *I måtten hafva frid i mig. I verlden måsten I lida förföljelse; men varen vid godt mod, jag hafver öfvervunnit verlden»* (Joh. 16. 33).

Detta är grundskilnaden mellan den äldre judendomen och kristendomen; den förras löften gå ut på det hinsidan varande (»att dig må väl gå, och du må länge lefva på jorden»), den senares på det bortom varande, och denna jordiska jämmerdal har blott betydelse såsom en förberedelse och pröfning för det bortom varande (1 Petr. 1. 5—7), men i sig sjelf allsintet värde mer, tvärtemot består det jordiska lifvet af förföljelse (Joh. 16. 33) och daglig plåga och omsorg (Math. 6. 34: »hvarje dag har nog af sin plåga»). Kärleken gör detta helfvete mera drägligt och är tillika värdighetens probersten (Rom. 13. 8—10, Math. 22. 37—39), tron och hoppet på det bortom varande låta oss »öfvervinna verlden» eller »förlossa oss från verlden», d. v. s. från endt och synd.

Verldsförsoningen genom Kristus sker alltså derigenom, att alla menniskor efterfölja honom i verldsförakt och kärlek, i tro och hopp på det bortom varande, men icke genom hans död, med den senare tillkomna från judendomen härstammande uppfattningen af densamma som ett renande syndaoffer, något som Kristus säkerligen icke skulle velat höra talas om.

Detta är det historiska och allena verkliga innehållet hos den af Jesus föredragna läran, hvartill på sin höjd ännu förkastelsedom öfver all yttre ritus och all prestförmedling vid gudstjensten är att tillfoga. Äfven den kristliga dygden följer till sin negativa del af föraktet för köttet, hvarifrån all synd härstammar, till sin positiva del af det högsta budordet om kärleken.

Allt som beträffar de jordiska förhållandena sjelfva är honom så ovigtigt och likgiltigt, att han antingen med leende förakt fogar sig i det bestående (Math. 22. 21, Math. 17. 24—27), eller blott lätt antyder det önskansvärda, t. ex. den kommunistiska menighetens sjelfförvaltning och sjelfjurisdiktion (Math. 18. 15—17). Alla andra ideer, som kristendomen medför, hade redan i den gamla verlden funnits till, men förbindelsen mellan verldsförakt och troende hopp på den eviga transcendenta saligheten var för den utom-indiska verlden ny; hon var den egentliga verldsförsonande idén, hvilken räddade den utlefvade gamla verlden från dess öfvermättnad och förtviflan, i det hon fördömde köttet och upphöjde anden på tronen, uppfattade den naturliga verlden såsom djefvulens rike (Joh. 14. 30 och 17. 9) och blott andens transcendenta verld såsom Guds rike (1 Joh. 4. 4 och 5. 19), hvilket senare visserligen enligt Kristus sjelf skulle kunna i de troendes hjertan *redan* härnere taga sin början; likasom Paulus (Rom. 8. 24) ganska riktigt säger: »Vi äro nu *saliga*, dock i *hoppet*.»

Verldsföraktet i förbindelse med ett andens transcendenta lif hade väl redan i Indien förekommit uti Buddhaismens esoteriska lära, men hade för det första icke varit den occidentala verlden bekant, var för det andra i Indien sjelf blott för en trängre krets af invigde celibatärer tillgängligt, och hade för det tredje snart gått under i exoterisk yra, så att dess idé ännu blott i eremiternas och botgörarnes excentriska företeelser kom till yttring; för det fjerde fann den vid sin uppkomst icke en genom förruttnelse så fruktbar mark, för det femte egde den icke i samma mått den kosmopolitiska utansidan, idén om det allmänna menniskobrödraskapet i barnaskapet till Gud (Math. 23. 8—9), och för det sjette ändtligen, hvilket är det vigtigaste, antar den väl en evig transcendent salighet för den på slutet från den jordiska tillvaron förlossade, men ingen *individuell* fortvaro; men kristendomen, hvilken utlofvar en (köttets) uppståndelse och deraf ett *individuellt* evigt lif i Guds trascendenta rike, vänder sig härigenom mycket direktare till den menskliga egoismen och gifver derunder äfven för jordelifvets tillvaro en vida mer saliggörande förhoppning. På denna saliggörande förhoppning har den kristna verlden ända tills nu lefvat och lefver till en stor del ännu derpå.

Vi hafva längre ofvanför under ordande om religiös uppbyggelse sett, att den ur det religiösa hoppet och uppbyggelsen sig härledande lusten icke är utan olust, hvilken dels gifver sig tillkänna genom de instinktiva drifternas motstånd mot deras onaturliga undertryckande, dels består i tvifvelsmålen öfver den egna värdigheten och öfver den gudomliga nådens inträdande samt i fruktan för den yttersta domen. Härtill kommer den oundgängligt fordrade ångern och ruelsen öfver de egna synderna och syndigheten, till och med då, när man icke är egentligen medveten om något orätt. Huruvida den religiösa olusten eller lusten öfverväger, skall väsendtligen bero af karaktären; men vanligen skall väl hos de troende hoppet öfverväga. Skada dock, att denna förhoppning, liksom alla andra, hvilar på en illusion. Jag afhåller mig här ifrån en närmare belysning af läran om själens individuella fortvaro och hänvisar endast till Kap. C. II och VII, enligt hvilka såväl den organiska kroppens som medvetandets individualitet endast är en *företeelse*, som försvinner med döden och blott lemnar väsendet, det all-enda, omedvetna, öfrigt, hvilket frambragte denna företeelse, dels genom sin individuation till atomer, dels genom direkt inverkan på den till kroppsgestalten kombinerade atomgruppen.

Jag anmärker, att Jesu verldsåskådning var alltför naiv och barnslig, för att hålla skilsmässan mellan kropp och själ och den senares isolerade fortvaro för möjliga, hvarföre äfven upptagandet af »de dödas uppståndelse» i tredje artikeln af trosbekännelsen är helt och hållet i Kristi anda. Johannes och Paulus hafva visserligen ställen, hvilka kasta filosofiska ljusglimtar på det eviga lifvets beskaffenhet, hvilka stå i föga samklang med Kristi löften, men de ledde derföre icke till några vidare följder. Joh. Uppenb. 10. 5—6: »Och engelen... svor vid den lefvande från evighet till evighet... *att hädanefter ingen tid mer skall vara*». 1 Kor. 13. 8: »Kärleken upphör aldrig, änskönt profetiorna skola upphöra, och språken skola upphöra, *och kunskapen skall upphöra.*»

Det senare stället förkunnar oss upphörandet af allt *medvetande*, det förra upphörandet af all *förändring* i detta tillstånd; båda upphäfva individualiteten, eller dock i det minsta dess betydelse. Att i den nyaste filosofien alla samtliga stora systemer (bortsedt från Kants inkonseqvens och Schellings senare affall) det icke kan blifva något tal om en individuel fortvaro, deröfver kan man ej annat än afsigtligt hängifva sig åt en illusion; men jag vill dock här åtminstone flyktigt beröra några äldres och nyares åsigter.

I Platos Timæus (ed. Steph. III. p. 69.) heter det: »Och af de gudomliga (väsendena) blir han sjelf frambringare, men de dödligas blifvande uppdrog han åt sina aflade, hvilka vidare efterhärmande, såsom de hade undfått själens odödliga grundval, slöto en kedja rundtomkring denna grundval med en dödlig kropps gestalt, och gåfvo densamma som fartyg hela kroppen, och sedermera bygde *i honom (kroppen) en annan art af själ*, den dödliga, hvilken i sig upptager äfventyrliga och nödvändiga intryck, först och främst lust, det största lockbetet till det däliga, vidare smärta, bortskrämmaren från det goda, vidare äfven sjelftillit och fruktan, två dåraktiga rådgifvare, vidare vrede, svår att stilla, vidare hopp, lätt att vilseföra, vidare blandningen af detta med förnuftslös sinlig varseblifning och med allt frestande kärlek, såsom nödvändigt var, hvilket utgör sammansättningen af den dödliga arten.»

Häraf i samband med Platos kunskapslära framgår, att han satte den odödliga själen uteslutande i det sanningsenliga kunskapsegandet, d. v. s. skådandet af de platon'ska ideerna, hvilket enligt sin natur alls icke tillåter några individuella skilnader mera, om än denna konseqvens aldrig torde hafva blifvit för Plato klar.

Aristoteles står på samma ståndpunkt; de an. I. 4. 408. d, 24. fg., frånsäger han *νοῦς ποιητικός*, såsom själens odödliga del, icke blott kärlek och hat, utan äfven minne och diskursivt tänkande (*διανοεῖσθαι*); annorstädes ser man, att *νοῦς ποιητικός* (eller verksamt förstånd) är det eviga, allmänna, oföränderliga och för inga yttre intryck tillgängliga hos menniskan; dervid är det alldeles omöjligt att fatta huru hon skulle kunna vara individuell.

Spinoza, som dock för visso utgår från helt andra förutsättningar, kommer till samma resultat: »Den menskliga anden kan icke absolut med kroppen blifva tillintetgjord, utan något blifver af den öfrigt, hvilket är *evigt* (Eth. Del. V. sats. 23). Men, såsom det klart framgår af beviset för denna sats, är under ordet: »evigt» ingenting mindre än »i tiden fortvarande» att förstå, utan blott det logiskt nödvändiga inne-varat i den absoluta substansens idé (Del. V. sats. 22). »Vår ande kan endast så till vida kallas fortvarande och dess tillvaro genom en viss tid definieras, som han i sig innesluter *kroppens verkliga tillvaro*» (derst.). Fråga vi nu *hvilken* del af anden skulle kunna sättas såsom evig, d. v. s. såsom i Guds eviga idé som nödvändigt moment innehållen, så kunna vi först bestämma den derhän, att det blott kan vara den rent verksamma, icke den lidande, af kroppen afficierade anden; men till den senare delen höra alla affekter och själsrörelser, den sinliga varseblifningen, föreställningen och minneserinringen; de alla äro alltså beroende af kroppens tillvaro och kunna icke fortvara efter hans död (Del. V., sats. 34, 21). Sjelfva kärleken hör till själsrörelserna och måste med kroppen förgås; blott den ur den intellektuella åskådningen härstammande (Del. V, sats. 33) intellektuella kärleken, med hvilken Gud affektlös och känslolös (sats. 17, följdsats) älskar sig sjelf, blott detta rent kontemplativa uppgående i det absolutas logiska nödvändighet är evigt (sats. 34, följdsats). Egentligen är alltså hos anden ingenting annat evigt än den tredje kunskapsarten eller den intellektuella åskådningen (sats. 33, bevis; jfr. ofvan sid. 14, anm.); men denna och det ur densamma sig härledande medvetandet om sig sjelf, Gud och tingens eviga nödvändighet jemte den denna följande sinnesron besitter egentligen blott den vise, under det att den obildades ande uppgår i den lidande delen; så snart derföre »den obildade upphör att lida, upphör han äfven att vara» (sats. 42, anm.); så att egentligen blott i fråga om den bildade och den vise det kan vara tal om en andens eviga del *). Men fråga vi ändtligen, på hvilket sätt det eviga varat hos andens verksamma del skall tänkas, så gifver oss Del. II. sats. 8 upplysning derom. Då nämligen anden är kroppens idé, så är anden före och efter kroppens verkliga förhandenvaro ett icke förhandenvarande tings idé; men om sådana ideer säger den anförda satsen, att de måste vara så innehållna i Guds oändliga idé, som de enskilda tingens formala essentier eller modi i Guds attributer, hvilket i anmärkningen upplyses genom exemplet af hurusom i ideen af en gifven cirkel innehållas de oändligt många ideerna af fyrsidingar, som der kunna inskrifvas, ehuru desamma i verkligheten icke äro i honom tecknade. Men vi måste säga, att dessa fyrsidingar blott enligt den formala möjligheten äro

*) Som bekant, lutade likaledes Göthe åt denna uppfattning af en odödlighetens reservation åt andens aristokrati, och i sjelfva verket, om man öfverhufvud vill fasthålla den andligt högtståendes odödlighet och icke tillika taga med på köpet infusoriesjälarnes odödlighet eller den själs, som tillhör det nyss befruktade menskliga ägget, så ligger alltid mera mening deruti, att låta den då oundvikliga gränslinien för de odödliga inträda omedelbart under menskligheten ande-aristokrati, än att godtyckligt förlägga den mellan buschmann och orangutang respektive emellan den 7:de och 9:de månaden af embryonallifvet.

gifna; och i öfverensstämmelse dermed, att i den eviga absoluta ideen en bestämd individualandes idé blott enligt den formala möjligheten evigt är innehållen som upphäfdt moment, men hvilken implicite möjlighet blott i det tiderum realiter expliceras, inom hvilket individualanden i en organism hinner till verklighet. Om saken på detta sätt rätt förstås, kan emot den af Spinoza omnämnda individualandarnes evighet lika litet någonting invändas som emot alla enskilda matematiska sanningars evighet.

Hos Leibniz är åtminstone det att beakta, att han icke förmår tänka sig det, som sätter monadernas individuella inskränkning i någonting annat än kroppen, och derföre endast vågar vidhålla själens odödlighet vid en för henne egendomlig och oförytterlig kropps liktidiga odödlighet. På naturvetenskapens närvarande ståndpunkt kriticeras det sista antagandet af sig sjelf.

Alldeles som Spinoza yttrar sig Schelling (I. 6, 60—51): »Själens evighet är icke evig till följd af dess tillvaros brist på början eller slut, utan den har öfverhufvudtaget intet förhållande till tiden. Den kan derföre äfven *icke kallas odödlig* i den mening, i hvilken detta begrepp i sig innesluter begreppet om en *individuell* fortvaro. Det är derför ett misskännande af filosofins äkta ande att sätta odödligheten öfver själens evighet och vara i idén, och såsom oss synes, ett rent *missförstånd* att i döden frånrycka själen sinligheten och likafullt låta henne *individuellt* fortfara.» — Fichte och Hegel ansluta sig helt och hållet till denna uppfattning, och Schopenhauer går ännu längre, i det att för honom blott viljan, icke en gång vetandet är evigt.

Hos de monistiska systemerna, de må nu vara naturalism, panteism eller personlighetspanteism, kan öfverhufvudtaget icke blifva något tal om individuell odödlighet utan grofva inkonseqvenser, och hos den pluralistiska materialismen lika litet; hon kan således endast komma i fråga i systemet om en psykisk individualism eller i den egentliga teismen. Hvad det första beträffar, så känner jag intet genomfördt system om den psykiska individualismen, som icke utmynnade i det mer eller mindre öppna erkännandet, att man omöjligt kunde stanna vid pluralismen såsom en metafysisk ändpunkt; Leibniz slutar med den alltomfattande centralmonaden, hvilken i ordets sannaste mening i sig upphäfver monadologin, Herbart vid den dubbla bokföringen af den med tron omfattande Gudaskaparen bredvid de medvetna absoluta positionerna af de många enkla reala. Vi hafva alltså, strängt taget, äfven här, endast att göra med teismen, om äfven med en förskämd teism. Men till och med i teismen är, såsom vi förut (sid. 148—150) sågo, fortvaron endast så länge individen garanterad, icke just till dess Gud fattar den viljan, att tillintetgöra honom, utan så länge som Gud låter sin honom beständigt på nytt sättande aktion städse fortvara. Nu skulle man kunna framhäfva den abstrakta möjligheten, att Gud låter individen fortvara ända till verldens ända, och visserligen dervid åberopa sig på analogien med atomerna, hvilka, ehuru likaledes blotta manifestationer af gudomlig vilja, dock hvar och en hafva en kontinuerlig tillvaro från verldens början till dess slut. Men häremot kan hänvisas till Kap. C. VI och XI, i hvilka begreppet om individen är anlyseradt, och den stora skilnaden mellan den enkla viljeakten i atomen och det ganska sammansatta individuum, som vi kalla menniska, är framställd. Atomviljan kan vara beständigt, emedan den är enkel; strålknippan af det omedvetnas viljeakter, hvilken är riktad på en bestämd organisk individ, kan omöjligen hafva längre tillvaro, än det föremål, på hvilket hon riktar sig. Har organismen upplöst sig och den organiska individen betalat sin tribut åt förgängelsen, har i följd deraf medvetandet upphört, som var förbundet med denna organism, och som i den molekulära anordningen af densammas hjernmolekyler förvarat sitt minnesförråd och egt sin individualkarakters bestämmande naturgrundval; då har strålknippan af det omedvetnas aktioner, hvilket lemnade denna individualande den metafysiska grundvalen (subsisterade), blifvit föremålslös och derigenom såsom fortsatt *aktion* omöjlig; dessa viljeakters *förmåga* blir icke derigenom altererad, men hon utgör icke mer något *individuellt* varande, utan hvilar i det allena omedvetna väsendet. Skapades till och med en likadan organism, på hvilken det omedvetna skulle rikta likadana aktioner, så blefve det dock en *annan* individ, icke densamma som den aflidne, då existensens kontinuitet felades. Likaså orättmätigt som det vore att påstå, att före äggets och spermatozoidens organiska utveckling, ur hvilka en blifvande menniska uppstår, denna menniska egt en individuell psykisk förtillvaro, likaså orättmätigt vore det antagandet, att efter organismens förstöring denna menniska kunde ega en individuell psykisk eftertillvaro. Det som der fortvarar är väsendet, som äfven manifesterade sig i denna menniska, men detta väsen är icke individuellt.

Så visar sig då äfven hoppet på en själens individuella fortvaro som en *illusion*, och dermed är de kristna löftenas hufvudnerv genomskuren, är den kristna idén öfvervunnen. Vexeln på det bortom varande, hvilken skulle hålla en skadelös för det här varandes misère, har blott ett fel: inlösningens ort och datum äro fingerade. *Egoismen* finner detta resultat *tröstlöst;* för *den* var ju odödlighet ett känslopostulat, och med den anmärkningen att känslopostulat icke kunna grunda några metafysiska sanningar (såsom Jacobi och Schleiermacher tro) upphör *dess* känslosamhet. Men den sanna känslan, som hvilar på sjelfförsakelsens och kärlekens grund, finner detta resultat *icke* tröstlöst; för den osjelfviske synes garantin på ett ändlöst sjelfbejakande icke blott värdelös, utan hemsk och smärtefull, och alla försök att bevisa odödligheten såsom känslopostulat på en annan grund än den krassaste sjefviskhet äro alltigenom förfelade (jfr. min uppsats: Ist der pessimistische Monismus trostlos? i Ges. phil. Abhandlungen N:o IV). Till och med den allratamaste formen af odödlighetslängtan, önskan att fortlefva i sina verk, gerningar och prestationer, är egoistisk; ty man bör väl med rätta önska fortalstringen af goda gerningar och utvecklingen af nyttiga och gedigna verk, men indragandet af det kära jaget i denna önskan, fordran att det skall vara *mina* gerningar och verk, som äfven för processens framtid skola visa sig välsignelserika, är en, om också menskligt ursäktlig, dock i alla fall etiskt oberättigad *sjelfviskhet*, som till och med öfvergår till *fåfänga*, när hon åstundar *namnets* och dess minnes tacksamma konservation hos de menniskor, som draga nytta af gerningarne och verken.

Då *all* odödlighetsträngtan är egoism, så skulle för alla, som hittills i odödlighetstron voro »saliga i hoppet», det synes vara ganska litet angeläget, huruvida efter förstöringen af hoppet på *individuell* odödlighet kristendomen med sin transcendenta optimism i afseende på sanningen af en evig salighet öfverhufvud i motsats mot den ursprungligen rent negativa buddhaismen behåller rätt eller icke; ty den, för hvilken en gång odödligheten är känslopostulat, är i allt fall så stor egoist, att han skall säga: »hvad hjelper *mig* den största framtida salighet, om *jag* icke skulle känna och njuta den!»

Men huru står det öfverhufvud till med denna eviga salighet efter våra premisser? Det all-ena omedvetna är allvetande och allvist, alltså kan det icke mer blifva klokare; det har, såsom äfven Aristoteles säger, intet minne, alltså kan det genom erfarenheter, som det just i verlden gjorde, icke lära sig något nytt. Således har det, när verlden en gång upphört att vara och *kontrastens* flyktiga gränsmoment mellan viljandets qval och icke-viljandets frid är förbi, förblifvit alldeles detsamma som det var före verldens skapelse; så saligt som det förut var är det nu åter, icke mer och icke mindre; aldrig mer kan verldsprocessen förhjelpa det till en större salighet än det hade förut, äfven antaget att det *uti* processen sjelf funne sin salighet. (Men detta sistnämnda fall betrakta vi här alldeles icke, ty det vore ju det i verlden varande lifvet sjelf, under det att vi fråga efter det utom verlden varande tillståndets salighet.) Om vi alltså genom jordelifvet icke kunna vinna någon tillökning i salighet förutom den som fanns under tillståndet före verlden, utan efter verldsprocessens slut åter uppnå precist samma tillstånd, så frågar man sig hurudan detta tillstånds beskaffenhet var. Det ligger då förhanden att, om ett viljande skulle hafva varit, så skulle äfven aktus, alltså process, hafva varit, och det omedvetna icke utan verld; det utan verld varande tillståndet kunde blott vara icke-viljandets tillstånd. Men nu hafva vi sett i kap. I. C, att föreställandet blott genom viljandet kunde drifvas ur icke-varat till varat, sålänge verlden ännu icke existerade; ty i sig hade föreställandet ingen drift och intet intresse att träda ut ur icke-varat till varat, följaktligen var *före* viljandets inträdande äfven intet föreställande aktuellt, följaktligen före verldens uppkomst hvarken viljande *eller* föreställande, d. v. s. *alls ingenting aktuellt*, ingenting annat än det hvilande, overksamma, i sig slutna *väsendet* utan tillvaro. Sålänge viljandet räcker, sålänge skall processen och dess företeelse i medvetandet, verlden, räcka; om alltså en gång ingen verld mer skall vara, då kan äfven intet viljande, således äfven intet föreställande mer vara (då den omedvetna föreställningen alltid endast blir så vidt aktuell, som viljans intresse fordrar henne), d. v. s. det skall åter igen vara i samma (aktuellt fattade) ordets betydelse som ofvan *intet*. Detta är äfven det tillstånd, hvarpå ensamt apostlarnas påståenden passa in, att ingen tid och ingen kunskap mer skall vara. Sålänge alltså verlden består, är verldsprocessen, och så mycken salighet eller osalighet som denna innesluter; före verldens och verldsprocessens uppkomst och efter deras upphörande är — aktuellt taget — intet.

Hvad blir det nu af den utlofvade saligheten? *I* verlden bör och kan den icke dväljas och detta *intet efter* verlden skulle dock på sin höjd kunna vara relativt saligare eller osaligare än ett tidigare tillstånd, men icke en positiv salighet eller osalighet. (Jfr. Arist. Eth. IV. I 11, 1100. a. 13.) Visserligen om verlden är verldsväsendets osalighetstillstånd, så skall intet *i förhållande dertill* vara en salighet; men olyckligtvis kan denna kontrast endast komma i betraktande i varandets och ej i icke-varandets tillstånd, då i det sista man hvarken tänker eller känner — ty hvart och ett af dem båda vore ju aktualitet, hvilken är utesluten — det ena skulle förutsätta aktuell föreställning, det andra till och med aktuell reflexion på en erinring om det tidigare inom verlden varande tillståndet i förhållande till det närvarande oss, och viljedelaktighet i denna reflexion, hvilket punkt för punkt är omöjligt.

Så menar också buddhaismen med sitt »Nirwana», så Schopenhauer, men icke så kristendomen. Denna är med en sådan reduktion till känslans nollpunkt, till smärtelöshet och ren negation af lycka lika litet betjent, som det vanliga egoistiska menniskoförståndet, hvilket tager uppfyllelsen af sin instinktiva sträfvan efter lycka i anspråk såsom sin naturliga rätt. Kristendomen angifver visserligen icke stricte en rätt till lycka, men den fordrar dock afståendet derifrån, blott för att tillerkänna den oförtjenta nådeskänken af en tillkommande lycka ett desto högre värde, och den enskilde kristne afstår dock från sin förmenta rätt blott derföre, emedan han erhåller objektet för sitt rättsanspråk sig tillförsäkradt genom godhetsfull öfverenskommelse. Kristendomen måste hafva ett positivt verldsmål eller uppgifva sin från buddhaismen i djupaste grunden olika princip, d. v. s. gifva sig sjelf afsked. Men då intet begrepp, som kan hålla stånd, förmår göra detta praktiska postulat begripligt, så går hvarje rättfärdigande af den positivt transcendenta saligheten, som icke vill åtnöja sig med ett förut som obegripligt antaget gudomligt löfte, ut på en mer eller mindre fantastisk utsmyckning af Nirwana, som naturligtvis till sina fantasmagoriers beskaffenhet rättar sig efter hvarje tids bildningsstadium och vexlar med detta. Den kristna verldsåskådningen är alldeles ur stånd till att höja sig till fullkomlig resignation öfver lyckan; sjelfva den kristliga askesen är alltigenom sjelfvisk. Derför är det intet under, om alla, som ännu mer eller mindre äro fångna (jag säger icke: under den kristna tron, utan): under den kristna verldsåskådningen, med upprördt sinne visa ifrån sig anmodan att fullständigt resignera lyckan. Det fordras en lång historisk förmedling, och till och med förmedlingen genom en okristlig, rent verldslig period, för att förbereda menskligheten på denna yttersta anmodan. Men såsom denna period skola vi snart lära känna illusionens tredje stadium.

Men om nu å ena sidan det kristliga salighetshoppet hvilar på en illusion, som under det vidare förloppet af medvetandets utveckling nödvändigt försvinner, om å andra sidan evangelii sändning genom Jesus och detsammas giriga upptagande af folken, trots den förbi denna barnsliga ståndpunkt längesedan framskridna grekiska filosofien, afgjordt endast genom det omedvetnas direkta ingripande i stiftarens geni och omvändelsenitets folkinstinkt kan vara begripligt, så uppstår den frågan, *hvartill* då denna illusion måste komma. Svaret är helt enkelt det, att detta andra stadium är det nödvändiga mellansteget mellan det första och tredje, emedan genom förtviflan vid illusionens första stadium *egoismen* ännu icke blifvit så mycket bruten, att den icke med båda händer söker haka sig fast vid det enda för densamma ännu öfrigblifna egoistiska hoppet. Först när äfven detta ankare släpper sitt tag och den fullständiga förtviflan att med sitt kära jag kunna uppnå lyckan, fattat den, först då blir den tillgänglig för den sjelfförsakande tanken, att arbeta *endast och allenast* för de tillkommande slägtenas väl, att blott vilja *uppgå* i det *helas* process till det helas tillkommande väl.

Romarverlden hade visserligen ägt och öfvat denna sjelfförsakelse, men blott till fördel för den trängsta stamgemenskaps maktförökning, hon hade alltid likasom utvidgat den individuella egoismen till en stamegoism och med denna efterjagat äregirighetens och herskl ystnadens fantomer; men nu handlar det om utvidgningen af det egoistiska medvetandet och sträfvandet till ett *kosmiskt*, af den sjelf*kära sjelf*känslan till en sjelf*försakande all*känsla, till medvetandet att individen likasom nationen äro ingenting annat än ett hjul eller en fjäder i den stora verldsmaskinen och icke hafva någon annan uppgift än att göra sin skyldighet som sådane, för att befordra det helas process, hvarpå allena allt ankommer.

För en sådan tanke, för en sådan sjelfförnekelse var naturligtvis den gamla verlden icke mogen, och det var likasom blott ett yttre biskäl för kristendomens interim, att ännu så många tekniska framsteg behöfde göras, tills att öppnandet af en verldskommunikation blef möjlig, och att det tekniska allmän-lifvets blifvande grundelementer, nationalstaterna, ännu behöfde skapas. Men *bortsedt* från allt detta visar sig äfven från illusionens första till dess andra stadium ett afgjordt *framåtskridande* till sanningen, nämligen i den vunna öfvertygelsen, att lyckan *icke* ligger i processens närvarande tid, likasom i öfvergången från det andra till det tredje stadiet, framåtskridandet till sanningen består i den vunna insigten, att vägen till försoningen från det närvarandes elände är att söka för det första icke inom, utan utom *individen*, och för det andra *icke* utom *verldsprocessen*, utan ligger *uti verldsprocessen sjelf*, att alltså verldens blifvande förlossning är att finna icke i *afhållandet från lifvet*, utan i *hängifvandet åt lifvet*, men att åter detta hängifvande åt lifvet, hvilket för sin egen skuld vore en galenskap, blott till följd af framgången af det helas process har någon mening.

Denna öfvergång från det andra till tredje stadiet kan vid den menskliga svagheten knapt annorlunda tänkas, än genom ett delvist misskännande af den sista sanningen, d. v. s. än genom ett delvist återfall till illusionens första stadium; ty huru skulle menniskan hinna till en tillräckligt stark tro på en blifvande lycka på jorden, om hon håller det närvarande tillståndet för i hvarje hänseende eländigt och all i det närvarande lifvet upphinnbar lycka för fåfänglig?

Derföre se vi med den genom reformationen uppstälda principen af den fria forskningen och kritiken visserligen negativt den kristliga dogmens sönderfallande och dess löftens tillintetgörelse begynna, men liktidigt se vi träda i stället för den kristna »saligheten i hoppet på det tillkommande» den gamla konstens och vetenskapens pånyttfödelse, stadsrikedomens och handelns uppblomstring och teknikens framsteg, den andliga synkretsens allsidiga utvidgning, med ett ord *den åter uppvaknande kärleken till verlden*.

De jättelika framstegen i alla riktningar efter så lång stagnation upptände hoppet på ännu större förväntningar, och sålunda uppstod, såsom alltid under epoker af mycket lofvande framsteg, en optimismens tid, hvars teoretiska hufvudföreträdare är Leibniz. (För närvarande när bildandet af nationalstaterna skyndar fram mot sitt mål, herskar en likadan optimism i politiskt hänseende.) Blott långsamt och sakta låter makten hos en så oerhörd idé, som den kristna, bryta sig. Detta är isynnerhet intressant att lägga märke till i den nyaste filosofien. Kant vänder om, svindlande inför bottenlösheten af sin princips konseqvenser, och förskrifver sin själ på det snaraste åt den af det praktiska kategoriska imperativet pliktskyldigast restituerade kristguden; Hegel söker genom en symboliskt-dialektisk lek åtminstone rädda några af kristendomens hufvudbegrepp; Schelling gör med ett förtvifladt ryck halt vid afgrunden och vänder, med en helt och hållet allvarsamt menad deduktion af den kristna treenighetens tre personer ur varats potenser vid slutet af sitt sista system, undergifvet tillbaka till uppenbarelsens positiva dogm.

Det är blott en, som helt och hållet och i hvarje hänseende bryter med kristendomen och beröfvar den hvarje framtida betydelse, — Schopenhauer, visserligen blott för att återfalla till den buddhaistiska askesen och utan att kunna höja sig till tanken på möjligheten af en positiv princip för framtidshistorien, utan ett spår af att förstå och hysa kärlek till vår tids stora sträfvanden, hvilket hos alla andra de nyaste filosoferna i rikligt mått förefinnes. Synbarligen vinna de verldsliga sträfvandena dagligen i makt, utsträckning och intresse, synbarligen griper antikrist alltmera omkring sig, och snart skall kristendomen blott vara en skugga af sin medeltida storhet, skall åter vara hvad den vid sin uppkomst uteslutande var, den sista trösten för de arma och eländiga.

Illusionens tredje stadium.

Lyckan tänkes såsom liggande i verldsprocessens framtid.

Till detta stadium hör först och främst den immanenta utvecklingens begrepp, detsammas användning på verlden såsom helt, och tron på en verldsutveckling. I de gamles filosofi finnes, med undantag af Aristoteles, häraf ej ett spår, men äfven hos denne är begreppets användning väsendtligen inskränkt till individens naturliga utveckling och har i hvarje fall icke i andligt afseende utöfvat något epokgörande inflytande på hans samtid och efterverld.

Romarverlden känner en utveckling blott såsom Roms maktutveckling. För den enligt sin natur stationära och stagnerande judendomen är utvecklingens begrepp så främmande och frånstötande, att till och med en Mendelssohn ännu kunde gentemot en Lessing påstå och förfäkta omöjligheten af ett verldsframåtskridande.

Den katolska kristendomen är likaledes i sig sluten och färdig; den sträfvar blott efter Guds rikes *utbredande*, icke efter dess innehålls fördjupning; dogmens utveckling under de första århundradena framgår likasom mot sin vilja ur blotta sträfvandet att fixera den. Äfven reformatorerna hade ännu ingalunda den afsigten att ånyo utveckla kristendomen, utan endast att rena den från de missbruk, som insmugit sig, och återställa den i dess ursprungliga form.

Till och med Spinozas stela nödvändighet, hvars själlöshet och ändamålslöshet låter den vexlande mångfalden af tillvarons gestaltningar endast synas som en likgiltig, jag måtte nästan säga: nyckfullt tillfällig lek, har för utvecklingens begrepp ännu intet rum; det är först Leibniz som likasom på nytt upptäcker detsamma, men äfven genast utför det i dess fullaste betydelse och mångfaldigaste användbarhet, och i den meningen med rätta kan betraktas som den moderna verldens positiva apostel.

Lessing använder detsamma på storartadt sätt i sin menniskoslägtets uppfostran, Schillers verk äro af det genomträngda, Herder gifver det uttryck i sina ideer till menskligheteus historias filosofi, och Kant i flera af en äkta filosofisk anda besjälade uppsatser till historiens filosofi (Werke Bd. VII. Nr. XII. XV. XIX.). Djupast lefver och rör sig detta begrepp hos Hegel, för hvilken ju hela verlden icke är något annat än en i ideen sig sjelf förverkligande utveckling (jfr. Ges. phil. Abhandl. Nr. 11: »Über die nothwendige Umbildung der Hegel'schen Philosophie aus ihrem Grundprincip heraus.»)

Att hela verldsarbetet är en enda storartad utvecklingsprocess, det visar sig äfven alltid tydligare som resultat af de moderna realvetenskaperna. Astronomien inskränker sig icke mera blott till planetsystemets genesis, hon griper med spektralanalysens nyare hjelpmedel vidsträcktare ut i kosmos, för att genom jemförelse med aflägsna sol- och molnfläckars närvarande tillstånd begripa desamma såsom olika stadier af en utvecklingsprocess, i hvilken den ena delen snabbare, den andra långsammare framskridit, men hvars summa blott kan tänkas som en kosmisk allmän-utveckling. Photometrien och Spectralanalysen i förening söka att jämförande förmedla densammas fortsättning i de enskilda planeternas utvecklingshistoria, och kemi och mineralogi förbinda sig för att närmare bestämma vår planets utvecklingsfaser före denna afkylningsperiod, hvars stilla framåtskridande ända til nutiden geologiens stenminnesmärken omförmäla i mer och mer dechiffrerad hieroglyfskrift. Biologien tyder för oss från urtidens förstenade rester växt- och djurrikets utvecklingshistoria (jfr. Kap. C. X.), och arkeologien blottar för oss, understödd af jämförande språkforskning och antropologi, menniskoslägtets förhistoriska utvecklingsperioder, hvars storartade kulturutveckling historien framställer, i det hon tillika öppnar nya perspektiv (jfr. Kap. B. X.). Hvad de enskilda vetenskaperna erbjuda som styckverk, har filosofien att öfverskåda med alltomfattande blick och erkänna såsom den af det omedvetnas allvishet efter förut fastställd plan till ett tjenligt ändamål providentiellt ledda utvecklingen af verldsalltet.

I fråga om individen är det icke svårt att öfvertyga sig om förhandenvaron af en utveckling; man ser den ju dagligen i allmänt och enskildt; men desto svårare är det att så i hela sitt väsende upptaga tanken på utvecklingen af ett af många individer bestående helt, att man för densamma vinner ett det egoistiska *beherskande* intresse; ty intet är svårare att komma öfver än egoismens instinkt.

Högst lärorik är i detta afseende »Der Einzige und sein Eigenthum» af Max Stirner, en bok som ingen, hvilken intresserar sig för praktisk filosofi, borde lemna oläst. Den underkastar alla idéer, som hafva inflytande på praktiken, en mördande kritik och uppvisar dem såsom idoler, hvilka endast så till vida hafva makt öfver jaget, som detta inrymmer dem en sådan i sin sig sjelf misskännande svaghet; den söndermal på sitt snillrika och pikanta sätt med slående bevis den politiska, sociala och humana liberalismens ideala sträfvanden och visar huru på spillrorna af alla dessa i sin vanmakts intet sammanstörtande idéer endast jaget kan vara den hånleende arftagaren. Om dessa betraktelser endast hade till mål att härda det teoretiska påståendet, att jag kommer så litet ifrån min jaghets ramar som ifrån min egen hud, så vore ingenting att tillägga till dem; men i det Stirner i jagets idé vill hafva funnit den absoluta ståndpunkten för handlandet, förfaller han antingen till samma fel, som han vid de andra idéerna, såsom ära, frihet, rätt o. s. v., bekämpat, och öfverlemnar sig på nåd och onåd åt hersklystnaden hos en idé, hvars absoluta suveränitet han erkänner, men icke erkänner af de eller de orsakerna, utan blindt och instinktivt, eller uppfattar han jaget icke som idé, utan som realitet, och får då intet annat resultat, än den fullkomligt tomma och intetsägande tavtologin, att jag blott kan vilja min vilja, blott tänka mina tankar, och att blott mina tankar kunna blifva motiv för min vilja, ett faktum, som för de af honom bekämpade motståndarne är lika obestridligt som för honom sjelf. Men om han, och endast på så sätt har hans resultat en mening, påstår att man bör erkänna jagets *idé* som den allena herskande och blott så till vida tillåta alla andra idéer, som de för den första hafva ett värde, så skulle han dock närmast derefter hafva bort undersöka jagets idé. Han skulle då genast hafva funnit att, liksom alla andra idéer äro stickord af instinkter, som fullfölja speciella ändamål, på samma sätt jaget är stickordet af en universell instinkt, egoism, som förhåller sig till de speciella instinkterna likasom en passe-partout-biljett till biljetter för den och den stunden, af hvilken många specialinstinkter blott äro utflöden för särskilta fall, och med hvilken, äfven om den är helt ensam, man temligen godt slår sig ut, sedan man bannlyst alla andra instinkter, men hvilken sjelf deremot aldrig kan helt och hållet umbäras för lifvet.

Sålunda är det i alla fall förlåtligt att tillerkänna denna instinkt hellre än någon annan en obetingad suveränitet, men bortsedt derifrån att felet i båda fallen är det nämnda, äro följderna af den utslutande hyllningen af egoismen ännu vanskligare. Andra instinkter låta nämligen, om de blott äro tillräckligt starka, vanligen tillfredsställa sig, om äfven i regeln blott med uppoffringar af allmän lycka, som icke göra dem betalta; men egoismen kan efter våra hittills gjorda undersökningar aldrig tillfredsställas, enär den städse bereder ett öfverskott af olust.

Denna insigt, att från jagets eller individens ståndpunkt viljeförnekelsen eller afståendet från verlden och afsägelsen af lifvet är det *enda förnuftiga* förfarandet, felas Stirner helt och hållet, men den är det säkraste *hjelpmedlet* mot skrytet med jagets ståndpunkt; den som en gång förestått den öfvervägande olust, som hvarje individ med eller utan vetskap måste uthärda i lifvet, skall snart förakta och försmå ståndpunkten af det endast sig sjelf afseende och efter egen njutning lystna, med ett ord sin existens *bejakande* jaget; den som först ringaktar sin egoism och sitt jag, skall svårligen ännu pocka på detsamma som på den absoluta ståndpunkten, efter hvilken allt har att rätta sig, skall anslå personliga offer mindre högt än eljes, skall mindre motvilligt instämma i en undersökning, hvilkens resultat framställer jaget som en blott *företeelse* af ett väsen, som för alla individer är ett och *detsamma.*

Verlds- och lefnadsföraktet är den lättaste vägen till sjelfförsakelsen; *blott* på *denna* väg har en sjelfförsakelsens moral, sådan som den kristna och buddhaistiska, blifvit möjlig; i dessa frukter, som han bär för den så oändligt tunga sjelfförsakelsen, ligger det oerhörda *etiska värdet hos pessimismen,* hvilket värde aldrig nog högt kan uppskattas.

Men hade ändtligen Stirner kommit fram till den direkta undersökningen af jagets idé, så skulle han hafva sett, att denna idé är ett lika väsenslöst, i hjernan uppstående sken (jfr. »Das Ding an sich» Abschnitt III: »Das transcendentale Subject»), som någonsin ärans och rättens idé, och att det enda *väsen,* som motsvarar ideen om min verksamhets inre orsaker, är något *icke-individuellt*, det all-enda omedvetna, som lika väl motsvarar Pers idé om sitt jag som Påls idé om sitt jag. På denna, den allradjupaste grund hvilar nu den esoteriska buddhaistiska etiken, *icke* den kristliga. Har man gjort denna kunskap fast och innerligt till sin egendom, att *ett och samma* väsen känner min och din smärta, min och din lust, blott tillfälligt genom olika hjernors förmedling, då först är den exklusiva egoismen i sin *rot bruten*, hvilken genom verlds- och lefnadsföraktet blott först blifvit *skakad*, om äfven *djupt* skakad, då först är den Stirnerska ståndpunkten fullgiltigt öfvervunnen, som man engång helt och hållet måste hafva tillhört, för att känna framstegets storhet, då först har egoismen som ett moment uppgått i det medvetandet, att han bildar en led i verldsprocessen, i hvilken han finner sin nödvändiga och relativt, d. v. s. ända till en viss grad, berättigade plats.

Ty vid slutet af hvart och ett af illusionens föregående stadier och före upptäckten af det följande, inträder den individuella tillvarons frivilliga uppgifvande, *sjelfmordet* såsom nödvändig konseqvens; så väl den lefnadsöfvermätte hedningen som äfven den på samma gång om verlden och sin tro förtviflande kristne måste konseqvent befria sig från kroppen, eller om de, såsom Schopenhauer, genom detta medel icke tro sig kunna uppnå sitt mål att upphäfva den individuella tillvaron, måste de åtminstone afvända sin vilja från lifvet i quietism och återhållsamhet eller äfven askes. Det är höjden af sjelfbedrägeri att i detta räddande af det kära jaget från tillvarons obehaglighet se något annat än den krassaste sjelfviskhet, än en högst förfinad epikureism, som endast genom instinktvidrig lifsåskådning tagit en instinktvidrig riktning. Hos all quietism, den må nu nöja sig med djurisk förfäing i mat och dryck, eller uppgå i idyllisk naturnjutning, eller i den naturliga eller konstlade (genom narkotika alstrade) halfdrömmen passivt dväljas ibland en villigt strömmande fantasis bilder, eller i det förfinade lyxuösa lifvet receptivt fördrifva ledsnaden med konsternas och vetenskapernas utsöktaste spis, hos all denna quietism ligger det epikureiska grunddraget förhanden: åflan att tillbringa lifvet på det för den individuella konstitutionen behagligaste sätt med ett minimum af afsträngning och olust, obekymrad om de derigenom åsidosatta plikterna mot medmenniskorna och mot samhället. Men sjelfva askesen, som skenbart är egoismens motsats, är äfven alltid egoistisk, till och med då, när den icke, såsom den kristna, hoppas på belöning i den individuella odödligheten, utan blott genom tidtals öfvertagande af en viss smärta hoppas att ernå förkortning af lefnadsqvalet och den individuella befrielsen från hvarje fortsättning af lifvet efter döden (återfödelse o. s. v.). Hos sjelfmördaren och asketen är lika litet beundransvärd sjelfuppoffring som hos den sjuke, hvilken, för att undfly utsigten till ändlös tandvärk, helt förnuftigt besluter sig till tandens smärtsamma utdragande. Det föreligger i båda fallen endast klokt beräknande egoism utan hvarje etiskt värde, snarare en egoism, som i alla sådana lefnadslägen är *osedlig*, hvarest ännu icke hvarje möjlighet blifvit honom afskuren, att nöjaktigt uppfylla sina plikter mot de anhöriga och samhället.

Annorlunda, när intresset för det *helas* utveckling slagit rot i hjertat, och den enskilte känner sig som led i det hela, som en led, hvilken uppfyller en mer eller mindre värdefull, men aldrig helt och hållet onyttig plats i det helas process. Då blir det för denna plats' uppfyllande erforderligt att med sann offervillighet hängifva sig åt lifvet, som man från jagets ståndpunkt bortkastade icke blott som onyttig egendom, utan som verkligt qval, emedan en ännu arbetsför individs sjelfmord icke blott icke bespar det hela någon smärta, utan till och med förökar dess qval, i det han förlänger detta genom den tidspillande nödvändigheten att först skaffa en ersättning för den amputerade leden. Då infinner sig vidare sjelfförståendes den fordran, att fylla det af sjelfförsakelse för det helas skuld bevarade lifvet på ett icke längre det individuella behaget, utan det helas väl betjenande sätt, hvilket icke genom passiv receptivitet, icke genom slö hvila och skyggt undankrypande för beröringarne med tillvarons kamp låter sig göra, utan genom aktiv produktion, genom rastlöst arbete, genom att sjelfförsakande störta sig in i lifvets hvirfvel och deltaga i det gemensamma samhälleliga och andliga kulturarbetet. Redan det ensamt skulle göra quietismen till en dödssynd, att en allmännare utbredning af densamma skulle åter ifrågasätta och inom kort till städse växande återgång förvandla alla kulturens eröfringar, som menskligheten under årtusenden så mödosamt tillkämpat sig. Men historien lär huru gränslöst ett i kultur tillbakagående folks elände är, ja huru tungt redan blotta kulturstillaståendet, det hämmade framåtskridandet, trycker ett folk. Ty likasom den individuella organismens lif är en summa af den naturliga helsokraftens beständiga akter, så är äfven den statliga och samhälleliga organismens lif blott möjligt såsom en oupphörlig spänning af alla befintliga krafter till afvärjande af de störande och förderfliga inflytelser, som från alla sidor lura på angreppspunkten.

Sålunda blir alltså egoismens eller den individuella lefnadsdriftens *instinkt* på visst sätt af *medvetandet* ånyo restituerad, men nu icke mera som absolut och suverän makt, utan med det mått, som resulterar ur dess *ändamål för det hela*, och *inskränkt* genom erkännandet och aktningen för de för processen likaledes erforderliga andra individernas sträfvan. Liksom egoismen i det hela, så blifva äfven de drifter af medvetandet restituerade, hvilka såsom medlidande, billighetskänsla hafva ett värde för det hela, eller såsom kärlek och ära ett värde för framtiden; de öfvertagas numera med medvetande om den individuella *uppoffringen* frivilligt för det helas och processens skuld. Denna genom hängifvelsen åt lifvet åt detsamma bragta individuella uppoffringen finner då sin *lön* i *hoppet* på processens framtid, på den under densammas fortgång *allt bättre blifvande* gestaltningen af lefnadsförhållandena och den för verldsväsendet, hvilket äfven i mig lefver, derborta vinkande lyckan.

Detta hopp på en blifvande positiv menskliphetslycka och *medverkande för detta hopps skull* i det helas process bildar *illusionens tredje stadium*, hvilket det nu är vår uppgift att behandla liksom de båda föregående. Förmodligen och säkerligen skola de flesta af de läsare, som ända hittills instämmande följt detta kapitel, vid denna punkt skilja sin väg från min. De kunna och töras icke annat, om de icke vilja upphöra att vara barn af sin tid, som ju befinner sig sjelf endast vid början af illusionens tredje stadium och förhoppningsrikt jublande stormar emot den gyllene framtidens löften. Försynen sörjer redan derför att den stilla tänkarens anticipationer icke just derigenom förvirra historiens gång, att de förtidigt vinna för många anhängare. Den blott skenbart beslägtade nutida politiska och sociala pessimismen hos vissa i ungdomlig gäsning eller ålderssvagt sönderfallande befintliga riken är en till besegrande bestämd produkt af öfvergående konstellationer; den skall och måste slå om till politisk och social optimism, och har ingenting att göra med min metafysiska pessimism, som icke utesluter, utan i sig innesluter den politiska, sociala etc. optimismen. —

Då vi befattade oss med kritiken öfver illusionens första stadium, var det icke möjligt att undvika att vid tillfälle kasta några blickar på verldens framtida gestaltning, ja man kan till och med påstå att den uppmärksamma läsaren redan i denna kritik öfver det första stadiet funnit inneboende kritiken öfver det tredje.

För att här bespara all återupprepning, beder jag honom derföre att i denna mening ännu en gång genomläsa resumén (N:o 13) af det första stadiets kritik, och man skall öfvertyga sig om sanningen af mitt påstående, att dessa resultat innehålla vida *mera*, än man der kunde af dem sluta sig till för vederläggningen af illusionens första stadium. Sålunda gäller t. ex. beviset för den satsen, att otillfredsställelsens olust alltid och i fullt mått kännes, men tillfredsställelsens lust endast under gynsamma omständigheter och med ansenliga afdrag, icke blott för nutiden, utan *rent i allmänhet.*

Huru långt än menskligheten framskrider, aldrig skall hon frigöra sig från eller äfven blott förminska de största af lidandena: sjukdom, ålder, beroende af andras vilja och makt, nöd och missnöje. Huru många medel mot sjukdomar ännu måtte uppfinnas, alltid tillväxa sjukdomarne, i synnerhet de qväljande lättare kroniska krankheterna, i snabbare progression än läkekonsten. Alltid skall den muntra ungdomen blott utgöra en bråkdel af menskligheten och den andra delen tillfalla den knarriga ålderdomen. Alltid skall hungern hos menniskoslägtets i det oändliga fortgående tillökning draga gränsen genom ett stort befolkningslager, hvilket har mera hunger än det kan tillfredsställa, hvilket i följd af bristande näring visar en stor dödlighetskoëfficient, korteligen hvilket fortfarande till ett stort procentantal ligger under i den bittra kampen med nöden (jfr. I, 269. ndf., II, 236—238). De nöjdaste folk äro de råa naturfolken och af kulturfolken de obildade klasserna; med folkets stigande bildning växer enligt erfarenheten dess missnöje.

Detta på hungergränsen lefvande befolkningslager kände förut och känner till en del ännu sitt elände blott så länge som magen knorrade, men ju längre verlden kommer, desto mer hotande blir den stora fattigdomens spöke, desto fruktansvärdare bemäktigar sig hela medvetandet af deras elände dessa eländiga. Nutidens sociala fråga beror i sista hand blott på ett stegradt medvetande hos arbetaremassorna af deras ställnings elände, under det att faktiskt denna ställning är en i sanning gyllene i jämförelse med sådan den var för 200 år sedan, när man icke visste af någon social fråga.

Osedligheten har sedan grundandet af ett primitivt menskligt samfund ända tills i dag, om man mäter efter sinnelagets måttstock, icke blifvit mindre i verlden; blott formen, i hvilken det osedliga sinnelaget yttrar sig, ändras. Bortsedt från vacklingarne hos folkens etiska karakter, i det stora hela ser man öfverallt samma förhållande af egoism och kärlek till nästan, och om man hänvisar på förgångna tiders grymheter och råheter, så må man äfven icke glömma att låta komma i räkningen å ena sidan gamla naturfolks dugtighet och ärlighet, deras klara billighetskänsla och pietet för den helgade seden, och å andra sidan det med civilisationen växande bedrägeriet, falskheten, bakslugheten, chikanen, ringaktningen för egendomen och för den berättigade, men icke mer förstådda, instinktiva seden. (Jfr. Wallaces skildringar och betraktelser öfver Malayernas nästan paradisiska sedliga renhet och enfald vid slutet af hans reseverk: Den malajiska Archipelagen, på tyska af Meyer.). Tjufnad, bedrägeri och förfalskning öka sig trots de derför bestämda straffen i snabbare progression, än de grofva och svåra förbrytelserna (såsom rof, mord, våldtägt o. s. v.) aftaga; den simplaste egennytta söndersliter skamlöst familjens och vänskapens heligaste band, när helst den kommer med dem i kollision, och endast det otvifvelaktiga utförandet af de af staten *och* samhällslifvet derför bestämda straffen förhindrar råare tiders brutala grymhet, som *genast* åter frambryter och gifver den menskliga bestialiteten i hela dess afskyvärdhet tillkänna, der lagens och ordningens band slaknat eller sönderslitits, såsom under den polska revolutionen, det sista året af det amerikanska inbördeskriget, pariserkommunens fasor våren 1871. Nej, icke tills nu har menniskornas ondska och allt främmande förtrampande sjelfviskhet *förbättrat* sig, den har blott med konst blifvit *indämd* genom lagens och det borgerliga samfundets dammar, men vet att i stället för den öppna öfversvämningen finna tusen smygvägar, på hvilka den sipprar igenom hindren. Det osedliga *sinnelagets* grad har förblifvit densamma, men det har aflagt bockfoten och går i frack; saken och följden blir densamma, blott formen blir elegantare.

Redan äro vi den tid nära, då stöld och lagvidrigt bedrägeri skola föraktas såsom något pöbelaktigt gement och oskickligt af den slängdare spetsbofven, som vet att bringa sina förbrytelser på främmande egendom i samklang med lagens bokstaf. Jag ville dock i sanning hellre bland de gamla Germanerna utsätta mig för faran att vid tillfälle blifva dödad, än att i den moderna kulturstaten nödgas anse hvar och en för karnalje och skurk, tills jag har alldeles öfvertygande bevis på hans ärlighet. Af analogien kunna vi sluta till att, om osedligheten äfven i framtiden aldrig så mycket förfinar sin form, den dock alltid skall blifva lika osedlig och uppväcka lika olust hos summan af dem, som lida orätt. Ty om man äfven med rätta kan invända, att sedligheten i det primitiva och patriarkaliska samhället hvilar på sedens omedvetna moment och med denna grundval är förfallen, utan att vid all religiös och filosofisk individualetiks otillräcklighet hafva funnit en ersättning derför, men hvilken framtiden skall finna i en sedligheten steg för steg höjande, ehuru den omedvetna seden med medvetenhet ersättande socialetik, — om man vidare kan hänvisa äfven derpå, att eruditio eller känslans »bildning» nödvändigt måste förskaffa samma mått af etiskt anlag ett vidsträcktare spelrum, och redan till en del förskaffat det i välgörenhetsanstalter, fattigvård, inrättningar för sjuka, själslöa, blinda, döfstumma, brottslingar, djurskyddsföreningar o. s. v., så blir dock en sådan dels till följd af handlandets vana karaktären meliorerande, dels hos den etiska känslan omedelbart sin häfstång införande reell tillväxt af sedlighetsfonden fullständigt uppvägd af den skärpta känslomottagligheten för lidna osedligheter, om äfven i allra mildaste och finaste form. Om råa menniskor inslå hvarandras skallar med humor och behaglighet, så känna finkänsligt bildade äfven de obetydligaste ohöfligheter proportionsvis ganska smärtsamma, huru mycket mera då malicens fina nålstygn. Härigenom uppväga alltså i afseende på frågan om det totala, genom osedlighet framkallade lidandet den växande sedligheten och den sig förökande sensibiliteten för kränkningar åtminstone hvarandra; ja vid stegrad kultur växer till och med sedlighetsmåttstocken, hvilken numera brännmärker samma handling som mycket osedligare än förut; och med hänsyn till denna måttstockens nödvändiga skärpning skall man till och med våga påstå, att de osedliga handlingarnes summa *tilltager*, emedan sedlighetsfondens stegring icke håller jemna steg med skärpningen af måttstocken för det sedliga omdömet, utan stannar nedanför den senare. Men äfven antaget att sedligheten verkligen tilltar ända till ett *idealt* tillstånd, så skulle den dock alltid ännu knapt räcka till byggnadshorisonten, emedan all orätts uteslutande ännu icke är någon lycka, men den positiva sedligheten blott ett lindringsmedel för det hjelplösa, menskliga behofvet. (Jfr. sid. 222). Det senare uttalar sig äfven deruti, att framtidens sträfvan måste syfta dithän, att göra den privata välgörenheten och vilkorliga kärleksverk öfverflödiga och sätta dem å sido genom en fast organisation af de mångfaldigaste former af social solidaritet. —

En lefnadsriktning, som väl vid en viss känslobeskaffenhet kan tillstädja en positiv lycka, gudaktigheten, är naturligtvis på vårt närvarande tredje stadium en illusionens öfvervunna ståndpunkt, åtminstone äro dess hufvudådror, odödlighetstron och bönen, underminerade. Vore det faktiskt icke så, så vore äfven illusionens tredje stadium icke rent, utan ännu blandadt med det andra, hvilket visserligen må vara ganska vanligt i verkligheten, men i vår rationella betraktelse, der ståndpunkterna måste fattas fullkomligt afsöndrade, icke kan komma i fråga. Men i alla fall skall man ej kunna förneka, att det gemenliga aftagandet af den religiösa illusionen vid framåtskridande bildning mer och mer förminskar densammas betydelse för vårt facit, och den tid är icke mer aflägsen, då en bildad man alls icke mera kan vara tillgänglig för njutningen af religiös uppbyggelse i ordets hittillsvarande mening, utan på sin höjd ännu kan ur medvetandet af det mystiska sammanhanget med det all-enda bilda sig ett slags religiös privatkult.

De båda andra moment, åt hvilka vi hafva tillerkänt positivt öfverskott i lust, vetenskap och konst, skola äfven förändra sin ställning i verldens framtid. Ju mer vi skåda tillbaka, desto mera är det vetenskapliga framsteget ett verk af enskilda öfverlägsna snillen, som det omedvetna skaffar sig till verktyg, för att åstadkomma det, som med det vanliga medvetna menniskoförståndets krafter ännu icke kan ernås. Ju mer vi närma oss nutiden, desto talrikare blifva arbetarne inom vetenskapen, desto gemensammare deras arbete. Under det att fordna tiders snillen likna trollkarlar, som låta en byggnad uppstå såsom ur intet, kunna den nyare tidens själsarbeten förliknas med ett träget byggnadsbolag, der hvar och en fogar sin sten till den stora byggnaden, allt i proportion till de resp. krafterna. Framtidens metod skall mer och mer uteslutande blifva den induktiva, och det vetenskapliga arbetets grundkarakter icke vara fördjupning, utan utbredning. Sålunda blifva snillena alltid mindre behöfliga och skapas derföre äfven allt mindre af det omedvetna; likasom sällskapslifvet nivelleras genom den svarta borgarrocken, så skrida vi äfven i andligt afseende alltmera in uti en nivellering till gedigen medelmåtta. Deraf framgår att den vetenskapliga produktionens njutning blir ständigt ringare, och verlden mer och mer inskränkt till receptivt vetenskaplig njutning. Men denna är blott då af värde, när man lefvat med i kampen och sträfvandet efter sanningen, men icke när sanningen presenteras oss såsom färdiggjorda pastejer på ett fat. Då uppväger knapt kunskapsegandets njutning inhemtandets möda, och det inhemtades praktiska brukbarhet eller äregirigheten måste utgöra det egentliga motivet till inhemtandet.

Ett dylikt förhållande eger hos konsten rum, ehuru denna för framtiden alltid ännu är gynsammare ställd än vetenskapen. Äfven derinom skola de producerande genierna blifva allt sällsyntare, ju mera menskligheten lemnar bakom sig sin barndoms i ögonblicket uppgående lif och sin svärmiska ungdoms transcendenta idealer, och tager hänsyn till en betänksamt in i framtiden skådande praktiskt hemtreflig inrättning i den jordiska boningen, ju mera i menskligheten mannaålder de social-ekonomiska och praktiskt-vetenskapliga intressena vinna öfverhand. Konsten är då icke längre hvad den var för ynglingen, den höga saliggörande gudinnan, den är blott en ännu med half uppmärksamhet till vederqvickelse från dagens mödor njuten förströelse, ett opiat mot ledsnaden eller en muntration efter affärernas allvar — derföre en alltid mer och mer omkring sig gripande dilettantisk ytlighet och ett åsidosättande af alla allvarliga, blott genom ansträngd hängifvenhet njutbara konstriktningar. Den konstnärliga produktionen hos mensklighetens på sina idealer utblottade mannaålder rör sig naturligen inom samma lättfärdiga, formen skickligt beherskande och på det förflutnas skatter tärande, dilettantiska ytlighet och frambringar icke mer några genier, emedan de icke mera äro något tidsbehof, emedan det heter: icke kasta perlor för svin, eller äfven emedan tiden framskridit öfver det stadium, som passade för genierna, och hunnit till ett vigtigare. För att bevara mig för missförstånd, bemärker jag uttryckligen, att jag med denna karakteristik *icke* ville beteckna samtiden, utan en framtid, på hvars tröskel vårt århundrade står och af hvilken samtiden först erbjuder en svag försmak. Konsten skall för menskligheten i mannaåldern öfverhufvudtaget vara ungefär detsamma, som Berlinerlustspelet om aftonen är för börsmannen. Denna åsigt behöfver i sanning blott bestyrkas genom analogien mellan mensklighetens utveckling och den enskildes lefnadsåldrar och genom den bekräftelse, som denna analogi hemtar från utvecklingens hittills varande gång och de nu redan temligen tydligt framträdande resultaten af den nästa perioden. —

I afseende på de praktiska instinkter, som bero på illusion, såsom kärlek och ära, gifves det tre fall: antingen komma menniskorna *alls* icke tillbaka derifrån, då qvarblifver den derifrån utgående olusten alltid; eller menniskorna komma *helt och hållet* tillbaka derifrån, då blifva de visserligen med lusten äfven fria från olusten och hafva relativt blifvit mycket lyckligare, d. v. s. ingenting annat än att lifvet har blifvit så mycket *armare*, och ryckt så mycket närmare känslans nollpunkt eller byggnadshorizont, men har nu äfven blifvit medvetet om sitt armod och sin värdelöshet. Man kan förlikna båda tillstånden ungefär med en girig, som är salig öfver sina skatter i skrinet, tills han en vacker dag låser upp skrinet och finner att det är tomt; blott att i denna bild det reellt lidna qvalet redan i det första tillståndet jemte illusionen om lyckan icke blifvit tillika uttryckt. Det tredje möjliga fallet, och dessutom det sannolikaste, är det, att menniskorna blott *delvis* komma lös från dessa instinkter, att de visserligen fullständigt genomskåda desammas illusoriska beskaffenhet, också i följd deraf väl genom förnuftet något förminska driftens styrka, men dock aldrig äro i stånd till att fullständigt tillintetgöra den. Detta fall innehåller de båda andra tillståndens qval i förening. Ty girigbuken, som mycket väl har sett att hans skrin äro tomma, kommer nu i det vansinnet, att vilja trots den klara bättre insigten af hans förnuft dock ännu anse dem vara fulla, och är derjemte förnuftig nog att fatta sitt vansinne som sådant, utan att likväl kunna befria sig från detsamma. Han har nu tillika det förnuftiga medvetandet om sitt lifs armod, om den illusoriska beskaffenheten af sin ur dessa driffjädrar sig härledande lust och olust och om olustens stora öfvervigt; han har alltså nu äfven det fulla medvetandet om de qval, till hvilka han är dömd, förnuftsträfvandet att undertrycka dessa drifter, och den smärtsamma känslan af sin förnuftiga viljas vanmakt emot den instinktiva driften. Derom säger Göthe ganska riktigt: »Den som förstör illusionen hos sig och andra, honom straffar naturen så strängt som någon tyrann» (Bd. 40 sid. 386), och dock kan och skall denna illusionens förstöring icke blifva menskligheten besparad. Obarmhertigt och förfärligt är detta illusionens förstörelsehandtverk, som det hårda trycket af en hand, som uppväcker en ljuft drömmande till verklighetens qval; men verlden måste framåt; icke kan målet drömmas, det måste tillkämpas och eröfras, och blott genom smärta går vägen till förlossning! *Individen* ser med rätta denna tvedrägts försoning *för sig* i det fullkomliga uppgifvandet af egoismen, och den sjelfförsakande tanken, att kärleken och instinkten att grunda en familj dock komma *framtiden* till godo, i det de skapa den nya generationen och sålunda tjena processens ändamål; men det vore en uppenbar motsägelse, om en generation alltid blott skulle finnas till *för den följande*, under det att den *hvar för sig* är eländig. Redan detta ideliga framåtskridande uppväcker den ovilkorliga tanken, att processen existerar icke för processens skull, utan för det bakom processen liggande målets skull. Detsamma är att bemärka mot den invändningen, att de illusoriska instinkterna, såsom ära, förvärfsbegär, kärlek, hjelpa till att *stegra utvecklingen*. Detta är visserligen riktigt, men det kan icke förläna dessa instinkter något eudemonologiskt värde, så länge vi icke töras tillmäta utvecklingens stegring något eudemonologiskt värde. Man förgäter vid dessa invändningar att processen som sådan *blott* är *summan af sina momenter*.

Kasta vi nu en blick på verldens beprisade framsteg; hvaruti bestå de, hvarigenom lyckliggöra de? — Framstegen i *konsten* torde man icke vara berättigad att uppskatta alltför högt; så mycket som våra nyare konstverks innehåll är idérikare, så mycket var konst*formen* hos de gamle mera fulländad, och de återuppståndna grekerna skulle med *full rätt* förklara våra konstverk på *alla* områden för högst *barbariska*. (Man tänke på våra romaner och skådespel, på våra bildstoder och tafvelexpositioner, på våra byggnadsverk och på den jemnsväfvande temperaturen i musiken!) Ju mera öfversvallande våra konstverks ideella innehåll hotar att sönderspränga den begränsande formen, desto längre aflägsna sig dessa verk från konstens *rena* begrepp, hvilket består i formens och innehållets absoluta harmoni. Utrymmet förhindrar olyckligtvis att här vidare utföra dessa antydningar.

De *vetenskapliga* framstegen bidraga i rent teoretisk mening föga eller alldeles intet till verldens lycka, men i praktisk mening lända de politiska, sociala, moraliska och tekniska framstegen till godo. Vetenskapens inflytande på det moraliska framåtskridandet måste jag anse försvinnande litet, likasom det äfven i politisk och social mening icke bör skattas alltför högt, då inom dessa områden teorien merendels först haltar efter den instinktivt inslagna praktikens väg. Af oberäknelig vigt är det deremot på *teknikens* framsteg. Men hvad lemna dessa framsteg för bidrag till den menskliga lyckan? Uppenbart intet annat än att de tillstädja möjligheten till sociala och politiska framsteg och föröka beqvämligheten och i alla fall också den öfverflödiga lyxen! Dels sker detta direkt, dels genom handelsförbindelsernas underlättande och fullkomning. Fabriker, ångbåtar, jernvägar och telegrafer hafva ännu icke lemnat något *positivt* bidrag till mensklighetens lycka, de hafva blott förminskat en del af de hinder och obeqvämligheter, af hvilka menniskan hittills var instängd och betryckt. Om ett rationellare jordbruk och underlättad införsel från folktommare trakter stält ett starkare näringsförråd till kulturfolkens förfogande, så har detta för visso haft den påföljd, att dessa kulturländers befolknings*tal* till en del ganska ansenligt tillväxt, men har derigenom den enskildes och menighetens *lycka* eller *elände* tillväxt? I synnerhet om man betänker att med jordens växande befolkning äfven de på hungergränsen lefvande millionernas antal tillväxer! Jordens förökade näringsbidrag, den förökade beqvämligheten och den förökade lyxen i förening framställa den förökade nationalrikedomen resp. jordrikedomen; äfven denna senare kan alltså icke uppfattas såsom en tillväxt i positiv lycka; dels åstadkommer den ingenting annat än en förökning af folkmängden och dermed af eländet, dels beror dess höga uppskattning på den genom det instinktiva förvärfsbegäret skapade illusionen, dels är dess påföljd en förminskning af olusten och ett närmande till känslans nollpunkt, som aldrig kan uppnås. Den enda *positiva* nyttan af välståndets tillväxt är denna, att den *frigör för det andliga arbetet krafter*, som förut voro bundna i kampen mot nöden, och att den derigenom *påskyndar verldsprocessen*. Men *denna* påföljd kommer blott processen såsom sådan, ingalunda de i processen befintliga individerna eller nationerna till godo, hvilka dock vid sin nationalrikedoms förökning inbilla sig att de arbeta *för sig sjelfva*.

De sista verldens stora framsteg, som vi hafva att öfverväga, äro de *politiska* och *sociala*. Antagom att den mest fulländade stat vore realiserad och jordens befolkning hade på fullkomligt sätt löst sin politiska uppgift. Hvad ser man då hos denna statsbild? Ett snäckhus utan snäcka, en tom form som längtar efter sin fyllnad annorstädes ifrån! Menskligheten lefver dock icke för att regera sig, utan hon regerar sig för att kunna (i ordets högsta bemärkelse) *lefva*. Alla de så bekanta statsuppgifterna äro af negativ natur, de heta *skydd* emot, *försäkring* emot, *afvärjelse* från o. s. v. Hvarest staten uppfyller positiva uppgifter (t. ex. undervisning), tager den ett öfvergrepp in på samhällets gebit, hvilket vid det senares omognad en tid kan vara en nödvändighet. Det uppnådda, mest fullkomliga statsideal gör alltså intet annat, än att det ställer menniskan dit, hvarest hon utan fruktan för oberättigade ingrepp kan börja att lefva, d. v. s. utveckla sina krafter och egenskaper i alla de riktningar, hvilka icke skada de af henne i anspråk tagna, staten tillhörande rättigheter i andra riktningar. Alltså ställer äfven statens ideal menniskan endast på hennes lyckas byggnadshorizont.

Med de *sociala* idealerna är det icke annorlunda. De lära vissa lättnader i kampen mot nöden för lifvets nödtorft genom den solidariska gemensamhetens princip och andra hjelpmedel, de lära att så mycket som möjligt genom den möjligen bästa inrättningen af familjeförhållandena mildra de plågor och sorger, hvilka man ådrager sig genom familjeinstinktens tillfredsställande, att på möjligast minsta tryckande sätt komma till rätta med barnauppfostringens pligter o. s. v. — Alltid handlar det blott om lindring från ondt, icke om ernående af positiv lycka. Det enda skenbara undantaget vore samhällsvälståndets gemensamma förökning, men denna är redan härofvan tagen i betraktande.

Dessa skulle nu vara framåtskridandets hufvudriktningar. Så vidt de bero på *realiteter*, komma de deruti öfverens, att höja menniskan ur hennes eländes djup mer och mer upp till känslans byggnadshorizont. Vore de-ideala ändamålen uppnådda, så vore känslans nollpunkt eller indifferenspunkt i afseende på dessa lefnadsriktningar uppnådd; men då idealer evigt blifva idealer, och verklighetens framsteg väl närma sig dem, men aldrig kunna uppnå dem, så skall i denna lefnadsriktning verlden aldrig uppnå nollpunktens höjd, utan städse blifva stående under densamma i den öfvervägande olusten.

Man kan göra *verldsframstegens eudemonologiska väsende* klart för sig, utan att bekymra sig derom, *hvaruti* de bestå. Man behöfver blott tänka på analogien med den enskilde. Den som kommer i en bättre lefnadsställning, skall vid öfvergången från det sämre till det bättre för visso känna lust; men förvånande hastigt försvinner denna lust, de nya bättre omständigheterna antagas såsom något sjelf förståendes, och menniskan känner sig icke en hårsmån lyckligare, än i sin förra ställning. (Öfvergången från det bättre till det sämre alstrar redan en mycket längre ihållande olust.) Alldeles detsamma är förhållandet med en nation och med menskligheten. Hvem känner sig väl nu bättre än för trettio år sedan, emedan det nu finns jernbanor, och det då icke fanns några? Och skulle hos äldre personer skilnaden mot förr ännu kännas, så skulle den dock visst icke kännas hos dem, hvilka blifvit födda efter jernbanornas uppkomst. Med de förökade *medlen* har intet mera förökat sig, än *önskningarne* och *behofven*, och i följd deraf *otillfredsställelsen*. Och skulle till och med menskligheten någongång hinna dertill, att blifva fri från de smittosamma sjukdomarne genom prophylaxis och nosophthori, från de ärftliga genom rationellare barnaskötsel (förmedelst en återfrigörelse af den onaturligt inskränkta och nästan på hufvudet stälda kampen om tillvaron), och från de öfriga genom hygieniens och medicinens framsteg; skulle det äfven lyckas henne att i kemiska fabriker frambringa näringsmedel ur oorganiska ämnen, och att godtyckligt reglera folkförökningen utan fortplantningsdriftens inskränkning efter måttet af de näringsmedel, hvaröfver man på jorden kan förfoga — så skulle ändock alla dessa framsteg icke erbjuda något positivt, utan blott undanrödja eller åtminstone lindra endast de sämsta och till en del onaturligaste missförhållandena hos det närvarande fysiska och sociala tillståndet; men tillika skulle de låta frågan desto mer brännande framträda i medvetandet, hvad man då borde taga sig till med detta lif, med hvilket innehåll af absolut inre värde man borde *uppfylla* det — hvad som skulle *göra en skadeslös* för bärandet af den vid de första elementarbetraktelserna insedda lefnadsbördan?

Då förut tillvarons obehag, för så vidt det kändes, återfördes till yttre missförhållanden och brister såsom dess orsaker, och man hoppades ernå ett behagligt tillstånd genom att undanrödja det yttre onda, som för hvarje gång gjorde sig mest tryckande känbart, blir den villfarelse, som ligger i detta utdrifvande af obehagets orsaker, desto mera erkänd, ju mera menniskolifvets handgripliga yttre missföhållanden upphäfvas genom verldsframåtskridandet, och i samma mån som denna undanflykt från den pessimistiska insigten i den egna viljans väsen spärras genom afvältande utåt, i samma mån växer den kunskapen, att smärtan är i viljan *immanent*, att tillvarons jämmer är grundad i tillvaron sjelf och mera skenbart än verkligt beroende af de yttre förhållandena. Dermed måste allt närmande till det bästa lefnadsideal, som på jorden kan uppnås, göra frågan om denna lefnads absoluta värde blott till en *ständigt mer och mer brännande*, då både det med tiden mer och mer tillväxande genomskådandet af huru illusorisk den allramesta positiva lusts beskaffenhet är, och den alltid tydligare och tydligare sig påträngande insigten om oförstörbarheten af det elände, hvilket lurar i vårt bröst som ett sin gestalt ständigt vexlande troll, samman-verka till denna påföljd. Likasom enligt Paulus den Judarne gifna lagen just var syndens »kraft» (1 Cor. 15. 56), *så är det högsta möjliga verldsframåtskridande menskligheteus pessimistiska medvetandes »kraft»*. Och just emedan det så är, och blott emedan det så är, är det högsta möjliga verldsframåtskridande *praktiskt postulat*. Då menniskorna vanligen blott derföre önska framåtskridandet, emedan de hoppas att blifva *lyckligare*, kunna vi häruti blott igenkänna den praktiskt *helsosamma förbländningen* vid illusionens tredje stadium, genom hvilken det omedvetna stimulerar menniskorna till arbeten, som de till mesta delen ännu icke skulle vara i stånd till att pålägga sig, om de genomskådade det omedvetnas verkliga mål. Men om det är sant, att medvetandets stegring ända till allmängiltighet af menskligheteus pessimistiska medvetande är det omedvetnas slutändamålet omedelbart förutgående ändamål (som vi i nästa kapitel skola se), då är från vår ståndpunkt verldsframåtskridandet just derföre en så trängande fordran, emedan det för till detta ändamål.

Redan i resumén öfver illusionens första stadium hafva vi sett, att *naturfolk* äro icke eländigare, utan *lyckligare* än kulturfolk, att de *fattiga*, lägre och *råa* samhällsklasserna äro lyckligare än de *rika*, förnäma och *bildade*, att de *dumma* äro lyckligare än de *kloka*, öfverhufvud att ett väsen är desto lyckligare, ju slöare dess nervsystem är, emedan öfverskottet af olusten och lusten blir desto mindre, och fångenskapen under illusionen desto större. Men nu växa med menskligheteus fortskridande utveckling icke blott rikedom och behof, utan äfven nervsystemets sensibilitet, och andens kapacitet och bildning, följaktligen äfven öfverskottet af den kända olusten öfver den kända lusten och illusionens förstöring, d. v. s. medvetandet om lifvets armod, fåfängligheten af de mesta njutningar och sträfvanden och känslan af eländet; ja *såväl* eländet *som äfven* medvetandet om eländet tillväxer, som erfarenheten visar, och det mångfaldigt förfäktade ökandet af verldens lycka genom verldens framsteg hvilar på ett ganska ytligt sken. (Detta bör i synnerhet behjertas af dem, hvilka icke äro fullt ense med mig deruti, att *för närvarande* olustens summa i verlden öfverväger lustens summa).

Liksom verldens lidande tillväxt med organisationens utveckling från urcellen ända till menniskans uppkomst, så skall det alltid tillväxa med menniskoandens fortskridande utveckling, ända tills en gång målet är uppnådt. Det var en barnslig kortsynthet, när Rousseau ur kunskapen om det växande lidandet drog den slutsatsen: verlden måste om möjligt vända om, låtom oss gå tillbaka till barndomen! Likasom om mensklighetens barndom icke äfven skulle hafva varit elände! Nej, om man nu skall gå baklänges, då än vidare, och än vidare, ända till verldens skapelse! Men vi hafva ju intet val, vi måste *framåt*, äfven om vi icke vilja. Likväl ligger icke guldåldern framför oss, utan jernåldern, och drömmarne om framtidens guldålder visa sig ännu mycket tommare än de om forntidens. Liksom bördan blir för bäraren desto tyngre, ju längre vägsträcka han bär den, så skall äfven mensklighetens lidande och medvetandet om hennes elände växa och växa ända till odräglighet. Man kan äfven använda analogien med den enskiltes lefnadsåldrar. Liksom den enskilde först såsom barn lefver för ögonblicket, sedan såsom yngling svärmar för transcendenta idealer, derefter såsom man eftersträfvar äran och senare förvärfvet och den praktiska vetenskapen, tills han ändtligen såsom gubbe, erkännande allt sträfvandes fåfänglighet, nedlägger sitt trötta, efter frid längtande hufvud till ro, så äfven menskligheten. Se vi dock nationerna uppstå, mogna och förgås, finna vi dock äfven hos menskligheten de tydligaste symptomer af åldrande; hvarföre skulle vi betvifla, att efter den kraftiga mannaduglígheten äfven för henne en gång gubbåldern kommer, då hon, tärande på det förflutnas praktiska och teoretiska frukter, inträder i en period af den mognade insigten, då hon med vemodig sorg i ett helt sammanfattar och öfverskådar alla de vildt genomstormade lidandena af sitt förgångna lefnadslopp och begriper hela fåfängligheten af de mål, som hon hittills förmenat sig kunna ernå genom sin sträfvan.

Blott en skilnad finnes mellan henne och individen: den gubbaktiga menskligheten skall icke hafva någon arfving, åt hvilken hon kan efterlemna sina hopade rikedomar, inga barn och barnbarn, hvilka hon kunde omfatta med sådan kärlek, att hennes tänkandes klarhet deraf stördes. Då skall hon i denna upphöjda melankoli, som man vanligen finner hos snillen eller äfven hos andligen högtstående gubbar, sväfva liksom en förklarad ande öfver sin egen kropp, och liksom Oedipus på Kolonos i den fridsamma förkänslan af icke-tillvaron till slut känna tillvarons lidanden som blott *främmande*, icke mer som ett *lidande*, utan till slut blott som ett *medlidande* med sig sjelf. Detta är den himmelsklarhet, denna gudomliga ro, som susar i Spinozas etik, der lidelserna äro bortslungade i förnuftets afgrund, emedan de klart och tydligt äro fattade i idéer. Men äfven om vi antaga detta tillstånd af ren lidelselöshet vara uppnådt, om äfven lidandet är i sig förklaradt till medlidande, det upphör dock icke att vara *sorg*, d. v. s. *olust*. Illusionerna äro döda, hoppet är utbrunnet, ty hvarpå skulle man ännu hoppas? Den dödströtta menskligheten framsläpar sin bräckliga jordiska kropp mödosamt från dag till dag. Det *högsta* som kunde uppnås vore dock *smärtelösheten;* ty hvar skulle den positiva lyckan ännu sökas? Kanske i vetandets fåfänga sjelfförnöjsamhet öfver att allt är så fåfängligt eller att i kampen mot dessa fåfängliga drifter förnuftet numera vanligen blir segrare! O nej, en sådan den fåfängligaste af alla fåfängligheter, ett sådant *förstånds-*

högmod är då för längesedan öfvervunnet! Men äfven smärtelösheten *uppnår* den gubbaktiga menskligheten icke, ty hon är ju ingen ren ande, hon är svag och bräcklig, och måste i trots deraf *arbeta* för att *lefva*, och vet dock icke *hvartill* hon lefver; ty hon har ju lifvets illusioner *bakom* sig, och hoppas och väntar *intet* mer af lifvet. Hon har, liksom hvar och en mycket gammal och öfver sig sjelf klar gubbe, blott ännu en önskan: ro, frid, evig sömn utan dröm, som må stilla hennes trötthet. Efter de tre stadierna af illusionen, af hoppet på en positiv lycka, har hon ändtligen insett sin sträfvans *dårskap*, hon afsäger sig till slut all *positiv* lycka och längtar blott ännu efter absolut *smärtelöshet*, efter intet, Nirwana. Men icke, såsom äfven redan tidigare, den eller den enskilde, utan mensklig*heten* längtar efter intet, efter tillintetgörelse. Detta är det enda tänkbara slutet på illusionens tredje och sista stadium.

Vi begynte detta kapitel med den frågan, om den bestående verldens vara eller icke-vara förtjente företrädet, och hafva efter samvetsgrannt öfvervägande måst besvara denna fråga derhän, att all verldslig tillvaro medför mera *olust* än *lust*, att följaktligen verldens icke-vara vore att föredraga framför dess vara. Såsom orsaken till detta förhållande hafva vi uppgifvit dessa i illusionens första stadium under 1) sammanstälda moment, hvilka åstadkomma, att allt viljande nödvändigt måste hafva mer olust än lust till följd, att alltså allt viljande är dåraktigt och oförnuftigt. Redan då kunde det enda möjliga resultatet klart fattas; hela den efterföljande undersökningen var blott det empiriskt induktiva beviset på denna konseqvens' riktighet, hvilket bevis vi visserligen icke tordes bespara oss, om vi ville gå säkert.

Om för den läsare, som haft tålamod att följa mig ända hit, detta resultat *synes* tröstlöst, så måste jag förklara honom att han befann sig i villfarelse, om han sökte i filosofien finna tröst och hopp. För sådana ändamål har man religions- och uppbyggelseböcker. Men filosofien forskar hänsynslöst efter sanning, obekymrad derom, huruvida det, som hon finner, behagar eller icke behagar det *i driftens illusion fångande känsloomdömet*. Filosofien är hård, kall, känslolös som sten; sväfvande i den rena tankens eter, sträfvar hon efter den nakna kunskapen om det som är, dess orsaker och dess väsen. Om *menniskans* kraft icke är vuxen den uppgiften, att fördraga tänkandets resultat, och det af jämmer sammanpressade hjertat stelnar af fasa, brister af förtviflan eller vekligt bortsmälter i verldssmärta, och om på någon af dessa grunder den praktiskt-psykologiska mekanismen genom en sådan kunskap sönderfaller i sina fogningar — då inregistrerar filosofien dessa fakta som ett dyrbart, psykologiskt material för sina undersökningar. Äfvenså inregistrerar hon, om dessa betraktelsers resultat i den menskligt kännande själen hos en annans starkare anlagda natur är en helig ovilja, en tänderna sammanbitande manlig vrede, en allvarlig lugn förbittring öfver existensens vanvettiga karnaval, eller om denna förbittring slår öfver i en af mefistofeliska fläktar lifvad galghumor, hvilken med ett till hälften undertryckt medlidande och ett till hälften frisläppt hån, men med lika suverän ironi; blickar ned såväl på de i illusionen om lyckan fångna som på de i känslojämmer bortsmälta — eller om det med skickelsen kämpande sinnet spejar efter en sista befriande utväg ur detta helvete. Men för filosofien sjelf är tillvarons namnlösa elände — såsom den framträdande företeelsen af viljandets dårskap — *blott systemets teoretiska utvecklings genomgångsmoment.*

XIV.

Verldsprocessens mål och medvetandets betydelse.

Öfvergång till den praktiska filosofien.

Redan i Kap. C. XII (sid. 211—212) hade vi sett att finalitetens kedja icke, såsom kausalitetens, bör tänkas oändlig, emedan hvarje ändamål i förhållande till det följande i kedjan är *blott medel*, alltså i det ändamål sättande förståndet städse ändamålens *hela* blifvande ordning måste vara tillstädes, och dock omöjligen en fullkomlig oändlighet af ändamål kan vara tillstädes i det. (Jfr. Ges. phil. Abhandl. N:o 11, Über die nothwendige Umbildung der Hegel'schen Philosophie aus ihrem Grundprincip heraus»). Derföre måste finalordningen vara ändlig, d. v. s. den måste hafva ett *sista* eller *slutändamål*, hvilket är alla medeländamåls *mål*. Vi hafva vidare sid. 215 och 289 sett, att rättrådighet och sedlighet enligt sin natur icke kunna vara slutändamål, utan blott medeländamål; och det föregående kapitlet har lärt oss, att äfven *positiv* lycksalighet icke kan vara verldsprocessens mål, emedan den icke blott icke kan *uppnås* vid något processens stadium, utan till och med hvarje gång *dess motsats*, elände och osalighet, uppnås, hvilken ännu dessutom tillväxer under processens förlopp genom illusionens förstöring och med medvetandets stegring. Helt och hållet meningslöst är det att uppfatta *processen* som *sjelfändamål*, d. v. s. tillskrifva honom ett absolut värde, ty processen är dock blott summan af sina moment, och om de enskilta momenten äro icke blott värdelösa, utan till och med förkastliga, så är deras summa, processen, det äfven. Många nämna väl *friheten* såsom processens mål. För mig är friheten ingenting positivt, utan något privativt, ledigheten från tvång; jag kan icke förstå huru detta kan uppsökas som processens *mål*, när det omedvetna är ett och allt, alltså ingen finns, af hvilken det kunde lida tvång.

Men skall något positivt ligga i begreppet frihet, så skall det endast kunna vara *medvetandet* om den inre *nödvändigheten*, det formella i förnuftig-varat, som Hegel säger. Då är alltså en frihetens stegring identisk med en medvetandets stegring. Här komma vi till en redan flerfaldigt anmärkt punkt. Om verldsprocessens mål någonstädes är att söka, så är det dock för visso på den väg, hvarest vi, så vidt vi kunna öfverskåda processens förlopp, varseblifva ett afgjordt och oafbrutet *framåtskridande*, en gradvis *stegring*.

Detta är endast och allenast fallet med *medvetandets*, den medvetna intelligensens *utveckling*, men här äfven i oafbrutet uppstigande från urcellens uppkomst ända till menskligheteus nuvarande ståndpunkt, och med högsta sannolikhet vidare framåt, så länge verlden består. Så säger Hegel (XIII sid. 36): »Allt hvad som sker i himmelen och på jorden — evigt sker — Guds lif och allt hvad som göres i tiden sträfvar *blott derefter*, att anden vill känna sig, göra sig närvarande för sig sjelf, finna sig sjelf, blifva för sig sjelf, sluta sig samman med sig sjelf; det är fördubbling, skilsmässa, men för att kunna finna sig sjelf och för att kunna komma till sig sjelf.» Likaledes Schelling: För transcendentalfilosofien är naturen ingenting annat än sjelfmedvetandets organ, och allt i naturen blott derföre *nödvändigt*, emedan *blott genom en sådan* natur sjelfmedvetandet kan förmedlas» (Werke I. 3. sid. 273), »och om medvetandet handlar hela skapelsen» (II. 3. sid. 369). Medvetandets uppkomst betjenas af individuationen med dess följe af egoism och orätt handling och orättvist lidande, medvetandets stegring betjenas af förvärfsbegäret genom andliga arbetskrafters frigörelse vid tilltagande välstånd, betjenas af fåfängan, och ärelystnaden genom den andliga verksamhetens sporrande, betjenas af familjedriften genom de andliga egenskapernas förädling, korteligen alla de nyttiga instinkter, som bringa individen långt mera olust än lust, ja ofta pålägga honom de största offer. *På medvetandets utvecklingsväg* måste alltså verldsprocessens väl sökas, och medvetandet är tvifvelsutan naturens, verldens *närmaste* ändamål. Den frågan står ännu öppen, om medvetandet verkligen *är slutändamål*, alltså äfven sjelfändamål, eller om det i sin ordning tjenar ett *annat* ändamål.

Sjelfändamål kan medvetandet för visso icke vara. Med smärta födes det, med smärta förlänger det sin tillvaro, med smärta köper det sin stegring; och hvilken ersättning erbjuder det för allt detta? *En tom spegel att se sig sjelf!* Vore verlden i öfrigt skön och värdefull, så kunde man väl äfven i alla fall *räkna* henne till *godo* det tomma sjelfbehag, som ligger i betraktandet af denna spegelbild i medvetandet, ehuru det alltid blef en svaghet; men en alltigenom eländig verld, som aldrig mer kan hafva förnöjelse af sin anblick, utan måste fördöma sin existens, så snart hon förstår sig sjelf, en sådan verld skulle i den ideala skenfördubblingen af sig sjelf i medvetandets spegel hafva ett förnuftigt slutändamål och sjelfändamål? Är det då icke nog med det reala eländet, utan skall det ännu en gång blifva återupprepadt i medvetandets lanterna magica? Nej, omöjligen kan medvetandet vara slutändamålet för den af det omedvetnas allvishet ledda verldsprocessen; det vore blott att *fördubbla* qvalet, att rasa i sina egna inelfvor. Ännu mindre kan man antaga, att den rent formala *bestämningen* af *handlandet* efter det medvetna förnuftets lagar skulle vara ett förnuftigt slutändamål; ty hvad har förnuftet dermed att göra, att bestämma handlandet, och hvad handlandet, att bestämmas af förnuftet, bortsedt från den förminskning i olusten, som derigenom kunde härledas? Funnes alldeles icke det qvalfulla varat och viljandet, så behöfde intet förnuft besvära sig med dess bestämning! Medvetandet och dess fortsatta stegring i verldsutvecklingens process kan alltså i intet fall vara *sjelfändamål*, äfven hon (utvecklingen) kan blott vara *medel* till ett *annat* ändamål, så framt hon icke *ändamålslöst* skall sväfva i luften, hvarigenom då äfven baklänges hela processen skulle upphöra att vara *utveckling*, och hela naturändamålens kedja skulle *slutändamålslöst* sväfva i luften, alltså egentligen *som ändamål* upphäfvas och förklaras för oförnuftig. Detta antagande tillåter icke det omedvetnas allvishet, alltså blifver det oss blott ännu öfrigt att söka efter det ändamål, för hvilket medvetandets utveckling tjenar som medel.

Men hvarifrån hemta ett sådant ändamål? Betraktelsen öfver processen sjelf och det, som derunder hufvudsakligen växer och fortskrider, leder ju blott till den kunskapen, att det är medvetandet; sedlighet, rättrådighet och frihet äro redan lagda å sido.

Huru mycket vi än grubbla och eftersinna, vi kunna ingenting utgrunda, hvaråt vi skulle kunna tillmäta ett absolut värde, ingenting som vi skulle kunna betrakta som sjelfändamål, ingenting som så i dess innersta kärna altererar verldsväsendet, *som lycksaligheten*. Efter lycksalighet sträfvar allt som lefver, efter eudemonologiska grundsatser verka motiven på oss, taga våra handlingar medvetet eller omedvetet sin riktning, på lycksalighet äro i en och annan mening alla den praktiska filosofiens system grundade, om de än aldrig så mycket tro sig förneka sin princip; sträfvandet efter lycksaligheten är den djupast rotade driften, är *den tillfredsställelse sökande viljans eget väsen*. Och dock hafva det föregående kapitlets undersökningar lärt oss, att denna sträfvan är förkastlig, att hoppet på dess uppfyllelse är en illusion, och att dess påföljd är återuppvaknandets smärta, dess sanning tillvarons elände, hafva lärt oss att medvetandets fortskridande utveckling innebär det negativa resultatet, att gradvis låta oss inse den illusoriska beskaffenheten af detta hopp, dåraktigheten af denna sträfvan. Alltså låter en *djupt ingripande antagonism* mellan den efter absolut tillfredsställelse och lycksalighet sträfvande viljan och den genom medvetandet från driften sig mer och mer emanciperande intelligensen icke misskänna sig; ju högre och fullkomligare medvetandet utvecklas under verldsprocessens förlopp, desto mera *emanciperar* det sig från det blinda vasallskap, hvarmed det i början följde den oförnuftiga viljan, desto mera *genomskådar* det illusionerna, som driften uppväckt i detsamma för att bemantla detta oförnuft, desto mera intager det gentemot den efter positiv lycka kämpande viljan en fiendtlig ställning, i hvilken det under det historiska förloppet steg för steg *bekämpar* henne, genombryter den ena efter den andra af illusionernas vallar, bakom hvilka hon förskansar sig, och icke förr skall hafva dragit sin sista konseqvens, än det fullkomligt *tillintetgjort* henne, i det att efter hvarje illusions förstöring blott den kunskapen blifver öfrig, att *hvarje* viljande leder till osalighet, och blott *försakelsen* för till det *bästa upphinneliga* tillstånd, *smärtelösheten*. Men denna medvetandets segerrika kamp mot viljan, såsom den empiriskt träder fram för våra ögon som verldsprocessens resultat, är nu ingenting mindre än något tillfälligt, den är *begripligt innehållen* i medvetandet och med detsammas utveckling satt som *nödvändig*. Ty i Kap. C. III hafva vi sett, att medvetandets *väsen* är intellektets *emancipation* från viljan, då deremot i det omedvetna föreställningen blott uppträder som viljans tjenarinna, emedan intet annat finnes än viljan, som den har att tacka för sin *uppkomst*, hvilken den sjelf icke förmår gifva sig (jfr. C. I. sid. 11).

Vidare veta vi att i föreställningens rike det logiska, *förnuftiga* råder, hvilket enligt sin natur är lika motsträfvigt mot viljan, som hon är motsträfvig emot det, hvaraf man kan draga den slutsatsen, att när föreställningen först hunnit den nödiga graden af sjelfständighet, skall söka *bryta stafven* öfver och *tillintetgöra* allt *förnuftsstridigt* den (antilogiskt), som den förefinner hos den oförnuftiga (alogiska) viljan. För det tredje veta vi af det förra kapitlet, att ur viljandet följer städse mera olust än lust, att alltså viljan, som vill *lycksaligheten*, *erhåller* motsatsen, *olycksaligheten*, således på det *mest förnuftsstridiga sätt*, till sitt eget qval trycker tänderna i sitt eget kött, och dock till följd af sitt oförnuft icke af någon erfarenhet kan blifva klok nog att afstå från sitt olyckliga viljande. Ur dessa tre förutsättningar följer med nödvändighet, att medvetandet, så snart det hunnit till den nödiga klarheten, skärpan och rikedomen, äfven måste mer och mer fatta viljandets och lycksalighetssträfvandets förnuftsstridighet och derefter bekämpa den ända till tillintetgörelse. Denna af oss hittills blott a posteriori kända kamp var således icke ett tillfälligt, utan ett nödvändigt resultat af medvetandets skapelse, den låg i detsamma a priori *förebildad*. Men när nu medvetandet *är* naturens eller verldens närmaste ändamål, om vi nödvändigt för medvetandet *behöfva* ett vidare ändamål, och alls icke kunna *tänka* oss något annat slutändamål, än den största möjliga lycksalighet, om å andra sidan allt sträfvande efter *positiv* lycksalighet, hvilket med viljandet är identiskt, är förvändt, emedan det blott erhåller osalighet, och det största möjliga *upphinneliga* lycksalighetstillstånd är smärtelösheten, om det slutligen ligger i medvetandets *begrepp*, att hafva intellektets emancipation från viljan, viljandets bekämpande och slutliga tillintetgörelse till resultat, skulle det då ännu kunna vara tvifvel underkastadt, att det allvetande och ändamål och medel i ett tänkande omedvetna skapat medvetandet *just af det enda skäl, att befria viljan från sitt viljandes osalighet*, från hvilken hon sjelf icke kan befria sig, — att verldsprocessens *slutändamål*, hvartill medvetandet tjenar som sista medel, *är det, att förverkliga det största möjliga upphinneliga lycksalighetstillstånd, nämligen smärtelöshetens?*

Vi hafva sett, att allt i den bestående verlden är inrättadt på det visaste och bästa sätt, och att den kan anses som den bästa af alla möjliga, men att den icke för thy är alltigenom eländig och sämre än alldeles ingen. Detta var blott så att fatta (jfr. slutet af Kap. C. XII), att, om äfven »hvad och huru» i verlden (dess essentia) vore bestämdt af ett allvist förnuft, dock verldens »att» (dess existentia) vore satt af något alldeles oförnuftigt, och detta kunde blott vara viljan. Denna uppskattning är för öfrigt blott densamma använd på verlden såsom ett helt, som vi för länge sedan hafva känt till, använd på individen. Kroppsatomen är dragningskraft; dess »hvad och huru», d. v. s. dragningen till den och den lagen, är föreställning; dess »att», dess existens, realitet, kraft, är vilja. Så är äfven verlden det *hvad* hon är och *huru* hon är, såsom det omedvetnas föreställning, och den omedvetna föreställningen har som tjenarinna åt viljan, hvilken den sjelf först har att tacka för aktuell existens och mot hvilken den icke eger någon sjelfständighet, äfven ingen makt och stämma öfver verldens »att». Viljan är i sitt väsen på förhand ingenting annat än *oförnuftig* (förnuftslös, alogisk), men i det hon verkar, blir hon genom sitt viljandes följder *förnufts-stridig* (förnuftsvidrig, antilogisk), i det hon uppnår osaligheten, sitt viljandes motsats *). Att nu återföra detta förnuftsstridiga viljande, hvilket är skuld till verldens »att», detta osaliga viljande till icke-viljandet och intets smärtelöshet, denna det logiskas uppgift i det omedvetna, är det bestämmande för verldens »hvad och huru». För förnuftet handlar det derom, att åter göra godt hvad den oförnuftiga viljan gjort illa. Den omedvetna föreställningen framställer viljan, om också icke positivt som vilja, så dock negativt som det logiskas negativa eller som sin egen gräns, d. v. s. som det ologiska, men den har närmast och som sådan ingen makt öfver viljan, emedan den icke har någon sjelfständighet emot henne; derför måste den betjena sig af ett konstgrepp, använda viljans blindhet och genom denna blindhet gifva henne ett sådant innehåll, att hon genom egendomlig omböjning in i sig sjelf uti individuationen råkar i en konflikt med sig sjelf, hvars resultat är medvetandet, d. v. s. skapandet af en gentemot viljan sjelfständig makt, med hvilken den nu kan begynna kampen med viljan. Så företer sig verldsprocessen som en *det logiskas fortfarande kamp med det ologiska*, hvilken slutar med det se-

---

*) Man bör icke fatta detta alogiska, hvilket efter hand blir ett antilogiskt, som något sig härvid *förändrande*, utan alogiskt är det † och för sig, så vidt som det står utom allt förhållande till och beröring med det logiska och fullkomligt fjerran från detta, då deremot det visar sig som antilogiskt, när det genom sin öfvergång till verksamhet kommer i förhållande till det logiska, hvilket senare nu icke kan underlåta, att i denna det alogiskas öfvergång till verksamhet finna en motsats till sin egen natur, alltså ett antilogiskt i motsats till det logiska, och träda i opposition mot detsamma som sådant. Funnes det icke någon logisk princip alls, vore den andra principen, hvilken icke är den logiska, den enda, så kunde äfven denna öfvergång till verksamhet aldrig kallas antilogisk, och så till vida är det för det alogiska en *tillfällighet*, att det efteråt öfvergår till det antilogiska, i samma mening som det är för detsamma en tillfällighet, att det bredvid och utom det öfverhufvud finnes en logisk princip dessutom.

nares besegrande. Vore detta besegrande omöjligt, vore processen icke tillika utveckling till ett vänligt vinkande mål, vore den ändlös eller också en sådan, som hädanefter uttömde sig i blind nödvändighet eller tillfällighet, så att all skicklighet förgäfves skulle bemöda sig att styra skeppet in i hamnen — då och blott då vore verlden verkligen absolut tröstlös, ett helvete utan utgång, och slö resignation den enda filosofien. Men vi, som i naturen och historien igenkänna blott en enda storartad och underbar utvecklingsprocess, vi tro på en slutlig seger af det klarare och klarare framstrålande förnuftet öfver det blinda viljandets oförnuft, som just skulle öfvervinnas; vi tro på ett processens mål, som bringar oss befrielse från tillvarons qval, och till hvars åstadkommande och påskyndande äfven vi i förnuftets tjenst kunna bidraga med vår lilla skärf. (Jfr. mitt bevis på processens sjelfupphäfvande ur utvecklingens begrepp: Ges. phil. Abhandl. N:o II, sid. 50—55).

Hufvudsvårigheten består deri, *huru* man har att tänka sig det sista slutet af denna kamp, den oändliga befrielsen från viljandets och tillvarons elände till icke-viljandet och icke-varats smärtelöshet, korteligen viljandets fullständiga upphäfvande genom medvetandet. För mig är blott ett lösningsförsök af detta problem bekant, nämligen Schopenhauers i §§ 68—71 i första bandet af hans »Welt als Wille und Vorstellung», hvilket i det väsendtliga öfverensstämmer med de mystiska asketicis i alla tider åsigter, som på oklart sätt åsyftat detsamma, och med den buddhaistiska läran, såsom Schopenhauer sjelf ganska riktigt framhåller (jfr. W. a. W. u. V. II, Kap. 48).

Hufvudsaken i denna teori består i det antagandet, att individen förmedelst den individuella kunskapen om tillvarons elände och viljandets oförnuft vore i stånd till att låta sitt individuella viljande upphöra, och derigenom efter döden *hemfalla åt den individuella tillintetgörelsen* eller, såsom buddhaismen uttrycker sig, icke mera återfödas. Det visar sig genast att detta antagande är alldeles oförenligt med Schopenhauers grundpriciper, och hans öfver allt genomskinliga oförmåga att fatta utvecklingens begrepp gör den kortsynthet förklarlig, som gjorde det för honom omöjligt att komma ifrån denna handgripliga inkonseqvens i sitt system. Denna inkonseqvens måste här i korthet uppvisas. — Viljan är för honom *ἓν καὶ πᾶν*, verldens all-enda väsen, och individen blott detta väsens subjektiva sken, strängt taget icke ens dess objektivt verkliga företeelse. Men om han äfven vore det senare, huru skall den möjligheten tillkomma individen, att icke blott teoretiskt, utan äfven praktiskt förneka sin individuella vilja såsom ett helt, då hans individuella viljande dock endast är en stråle af denna all-enda vilja? Schopenhauer sjelf förklarar med rätta, att i *sjelfmordet* viljans förnekande icke uppnås, men i det *frivilliga ihjälhungrandet* skall den i den högsta tänkbara grad kunna uppnås (jfr. W. a. W. u. V, 3:dje uppl., sid. 474). Det låter dock nästan absurdt, när man derjemte erinrar sig hans uttryck, »att kroppen är viljan sjelf, objektivt skådad såsom rumlig företeelse,» hvaraf dock omedelbart följer, att med den individuella viljans upphäfvande äfven dess rumliga företeelse, kroppen måste *försvinna*.

Efter vår uppfattning måste åtminstone momentant med den individuella viljans upphäfvande samtliga af den omedvetna viljan beroende organiska funktioner, såsom hjertklappning, andning o. s. v. upphöra och kroppen nedstörta som lik. Att äfven detta är empiriskt omöjligt skall ingen betvifla; men den som måste *döda* sin kropp först genom att *afhålla sig från näring*, bevisar just dermed, att han *icke är i stånd till* att förneka och *upphäfva* sin omedvetna *vilja* till att lefva.

Men det omöjliga förutsatt som möjligt, hvad blefve följden? En af den enda viljans många strålar eller individuella objektivationer, den som hänförde sig till denna individ, skulle blifva undandragen från sin aktualitet, och denna menniska död. Men det är *icke mer och icke mindre* än som sker vid *hvarje* dödsfall, lika godt af hvad orsak det inträffar, och den all-enda viljan befinner sig numera icke i någon annan situation, än om ett taktegel hade krossat denna menniska; hon fortfar efteråt som förut med oförsvagade krafter, med lefnadsdriftens oförminskade oändlighet och omättlighet att taga fatt på lifvet, hvarest hon finner detsamma och kan taga fatt på det; ty att göra erfarenheter och genom erfarenheter blifva klokare kan hon ju icke, och ett qvantitativt afbrott i hennes väsen eller hennes substans kan omöjligen tillskyndas henne genom undandragandet af en blott ensidig verksamhetsriktning. Derföre är sträfvan efter *individuell* viljeförnekelse *lika dåraktig och onyttig*, ja ännu dåraktigare, än *sjelfmordet*, emedan den långsammare och qvalfullare dock endast uppnår detsamma: upphäfvandet af *denna* företeelse, utan att alterera väsendet, som för hvarje individualföreteelse oupphörligt objektiverar sig i nya individer. Härmed är all askes och all sträfvan efter individuell viljeförnekelse erkänd och bevisad vara *förirrelse*, visserligen en förirrelse blott i afseende på *vägen*, icke i afseende på *målet*. Emedan det mål, som den eftersträfvar, är riktigt, derföre har den som ett sällsynt exempel, hvilket likasom tillropande verlden ett memento mori på förhand låter henne ana utgången af hennes sträfvan, ett högt värde; men skadlig och förderflig blir den, om den, fattande hela folkslag, hotar att bringa verldsprocessen till stagnation och perpetuera tillvarons elände. Hvad hjelpte det t. ex., om hela menskligheten genom sexual återhållsamhet allmänt utdoge, verlden som sådan skulle ju dock ännu bestå och icke befinna sig i något väsendtligt annorlunda läge än som omedelbart före den första menniskans uppkomst på jorden; ja det omedvetna skulle till och med kunna begagna nästa lägliga tillfälle, att *skapa en ny menniska eller en liknande typ*, och hela jämmern skulle fortgå som förut.

Blicka vi djupare in i askesens och den individuella viljeförnekelsens väsen och på den ställning, som den i den historiska processen intager i sin högsta blomma, den rena buddhaismen, så företer den sig som den asiatiskt förhelleniska utvecklingsperiodens utgång, som förbindelsen mellan *hopplösheten* på denna *och* den andra verlden och den ännu icke dödade *egoismen*, hvilken icke tänker på *det helas*, utan blott på *sin egen* individuella förlossning. Likasom vi ofvan (jfr. sidorna om buddhaismen) i korthet uppvisade denna ståndpunkts osedlighet och *förderflighet* för mensklighetens och verldsprocessens helhet, så afslöjar sig nu densammas *dåraktighet* för den enskilte, som bygger derpå, i det att det individuella hoppet på förlossning har framställt sig som illusoriskt, följaktligen *hvarje till detta ändamål användt medel* (alltså äfven *quietismen*, för så vida den icke skall tjena en individuellt eller nationellt färgad epikureism, utan leda till förlossning genom individuell viljefornekelse) som *förvändt*.

Äfven Schopenhauer vill i grunden något annat än han säger; äfven honom föresväfvar såsom det mål, som allena är mödan värdt, en *universell* viljefornekelse i dimmiga konturer, som t. ex. följande ställe bevisar: »Efter det som i andra boken blifvit sagdt om *alla* viljeföreteelsers *sammanhang*, tror jag mig kunna antaga, att med den *högsta* viljeföreteelsen (menskligheten) äfven densammas svagare återsken, djurverlden, (och viljeobjektivationens ännu lägre grader) torde *förgås*, likasom med det fulla ljuset äfven halfskuggorna försvinna» (W. a. W. u. V. 3:dje uppl., 1. 449). På följande sidan hänvisar han bland andra äfven på det bibelställe Rom. 8. 22, der det heter: »Ty vi veta att all kreatur längtar med oss» efter förlossningen, men de vänta sin förlossning »af oss, som hafva andans förstlingar.» Men sådana djupare perspektiv komma likväl för Schopenhauers uttryckligen förklarade ståndpunkt icke i betraktande, icke blott emedan deras genomförande genast skulle fordra att den senare uppgafs, utan äfven emedan deras genomförande vid hans subjektiva idealisms ohistoriska verldsåskådning är alldeles omöjlig. Detta kan först ske, när tidens realitet och den positiva betydelsen af den tidliga, d. v. s. historiska utvecklingen blifvit erkänd, genom hvars summerade framsteg en utsigt öppnas till att menskligheten kan framdeles ernå ett sådant tillstånd, som kanhända dock en gång skall tillstädja förverkligandet af det, som nu synes vara en absurditet.

För den som fattat utvecklingens begrepp kan det icke vara tvifvelaktigt, att stridens slut mellan medvetandet och viljan, mellan det logiska och ologiska blott kan ligga vid utvecklingens *mål*, vid verldsprocessens *utgång;* för den som framför allt fasthåller det omedvetnas *all-enhet*, kan förlossningen, viljandets omvändning till icke-viljandet äfven blott tänkas *som den all-enda akten*, icke såsom *individuell*, utan blott som kosmiskt-*universell* viljemening, som den akt hvilken bildar processens slut, som det *yttersta ögonblicket*, *efter* hvilket intet viljande, ingen verksamhet, »ingen tid skall vara mer.» (Joh. Uppenb. 10. 6). Att verldsprocessen icke kan fattas utan ett tidligt slut eller fattas vara af oändlig varaktighet är förutsatt; ty om målet låge *på oändligt tidsafstånd*, så skulle en aldrig så lång *ändlig* fortvaro af processen *icke* hafva kommit *ett steg närmare* målet, som immerfort låge i det oändliga fjerran; processen skulle alltså *icke* mera vara *något medel* att *uppnå* målet, skulle således vara *utan ändamål och slut*. Lika litet som det skulle kunna öfverensstämma med utvecklingens begrepp, att tillskrifva verldsprocessen en oändlig tillvaro i det *förflutna*, emedan då hvarje tänkbar utveckling redan måste vara genomlupen, hvad som dock icke är fallet, lika litet kunna vi tillkänna processen en oändlig tillvaro i *framtiden;* båda skulle upphäfva begreppet om *utvecklingen till ett mål* och göra verldsprocessen likställd med Danaidernas såll. Det logiskas fullkomliga seger öfver det ologiska måste alltså sammanfalla med verldsprocessens tidliga slut, med den yttersta dagen.

Om menskligheten skall vara i stånd till en så hög stegring af medvetandet, eller om en högre djurordning skall uppstå på jorden, hvilken, fortsättande mensklighetens arbete, uppnår målet, eller om vår *jord* öfverhufvud endast är ett förfeladt anlopp till detta mål och detsamma först senare, när vår lilla planet för länge sedan hör till de stelnade himmelskropparne, skall under gynsammare omständigheter uppnås på en af de för oss osynliga planeter, som tillhöra en annan fixstjerna, är svårt att säga. Så mycket är visst, hvarest än processen får sitt utslag, processens mål och de kämpande momenten skola i denna verld alltid vara desamma. Om verkligen redan menskligheten är mäktig och kallad till att bringa verldsprocessen till sin slutgiltiga utgång, så måste hon i alla fall göra det på sin utvecklingshöjd under de gynsammaste förhållanden af jordens beboelighet, och derför behöfva vi för detta fall icke bekymra oss om de naturvetenskapliga perspektiv, som antaga att jorden en gång skall förisas och förstelna, enär då långt före inträdet af en dylik jordafkylning verldsprocessen blifvit afskuren och denna kosmos' tillvaro med alla dess verldslinser och molnfläckar blifvit upphäfd.

Schopenhauer hyser ingen betänklighet för att förklara menniskan uppgiften vuxen, men han är blott derföre icke så säker, emedan han fattar uppgiften *individuellt*, medan vi måste fatta den *universellt*, hvarigenom den naturligtvis fordrar helt andra betingelser, som vi snart vilja närmare betrakta. Huru dermed än må vara, i den oss bekanta verlden äro vi en gång andens förstlingar och måste redligt kämpa; lyckas segern icke, så är det icke vår skuld; men vore vi i stånd till seger och skulle vi blott af tröghet förfela att tillkämpa oss den, så skulle vi, d. v. s. verldsväsendet, hvilket äfven är vi, såsom immanent straff blifva tvungna att så mycket längre bära tillvarons qval. Derföre raskt framåt i verldsprocessen såsom arbetare i Herrens vinberg, ty processen allena är det som kan föra till förlossningen! *)

Här hafva vi hunnit till den punkt, der det omedvetnas filosofi vinner en princip, hvilken allena kan bilda den praktiska filosofiens basis. Sanningen på illusionens första stadium var förtviflan om det närvarande lifvet, sanningen på illusionens andra stadium var förtviflan äfven om det andra lifvet, sanningen på illusionens tredje stadium var absolut resignation af den positiva lyckan. Alla dessa ståndpunkter äro blott *negativa*, men den praktiska filosofien och

*) Jag behöfver väl knapt göra den tänkande läsaren särskildt uppmärksam derpå, att förlossningens begrepp här *icke* fattas i relation till *synden*, utan i relation till det *kosmiskt onda* och är utvidgadt från individen till menskligheten och det i henne och den öfriga naturen befintliga och märkbara all-enda verldsväsendet; det förra vore fullkomligt betydelselöst, det senare är en oundviklig konseqvens af den monistiska verldsåskådningen.

lifvet behöfva en *positiv* ståndpunkt, och denna är *personlighetens fulla hängifvenhet åt verldsprocessen för dess måls skull, den allmänna* ***verldsförlossningen*** (icke längre som under illusionens tredje stadium i förhoppning på en positiv lycka under processens vidare förlopp). På annat sätt uttryckt, den praktiska filosofiens princip består deruti, ***att göra det omedvetnas ändamål till sitt medvetandes ändamål,*** hvad som omedelbart framgår ur de båda premisserna, att för det första medvetandet har gjort ändamålet att förlossa verlden från viljandets elände till sitt ändamål, och att det för det andra besitter öfvertygelsen om det omedvetnas allvishet, i följd hvaraf det erkänner alla af det omedvetna använda medel som de möjligast ändamålsenliga, till och med om det i enskilta fall skulle vara böjdt för att hysa tvifvel härom. Då sjelfviskheten, allt ondts urkälla, hvilken teoretiskt redan genom monismens erkännande är konstaterad vara falsk, praktiskt icke kan på ett verksamt sätt brytas genom någonting annat, än genom kunskapen om den illusoriska beskaffenheten af ***all*** sträfvan efter positiv lycksalighet, så är personlighetens fordrade hängifvelse åt det hela på denna ståndpunkt *lättare* möjlig än på hvar och en annan. Då vidare fruktan för smärtan, fruktan för den sinligt närvarande smärtans eviga förlängning i alla fall afgifver ett vida mer energiskt motiv till verksamt handlande än hoppet på en som tillkommande föreställd lycka, så blir på denna ståndpunkt *instinkten* ännu vida *kraftigare* än på illusionens tredje stadium genom egoismens blotta upphäfvande *åter insatt i sina rättigheter och* ***viljans till att lefva bejakande proklamerad såsom det på förhand allena riktiga,*** *ty blott genom den fulla hängifvelsen åt lifvet och dess smärtor, icke genom feg personlig försakelse och tillbakadragenhet kan något* ***uträttas*** *för verldsprocessen.* Den tänkande läsaren skall äfven utan vidare antydningar förstå huru en på dessa principer upprättad praktisk filosofi torde gestalta sig, och att *en sådan icke kan innehålla tvedrägten, utan blott den fulla* ***försoningen*** *) *med lifvet.* Det är nu äfven synbart, huru endast den här utvecklade *enheten* af optimism och pessimism, hvaraf hvarje menniska bär i sig en oklar afbild såsom rättesnöre för sitt handlande, är i stånd till att gifva en energisk och till och med den tänkbart starkaste impuls till det verksamma handlandet, under det att den ensidiga pessimismen af nihilistisk förtviflan, den ensidiga och verkligt konseqventa optimismen af behaglig sorglöshet måste leda till quietism. (För de läsare, hvilka hålla vår tids ståndpunkt, som jag kallar illusionens tredje stadium, för den sanna, och icke äro villiga att anse det för möjligt, att äfven denna ståndpunkt en gång på det af mig antydda sättet skall af det menskliga medvetandets vidare historiska utveckling blifva erkänd som illusion, vill jag ännu anmärka, att de här uttalade grundsatserna (att göra det omedvetnas ändamål till medvetandets ändamål etc.) för dem förblifva

---

*) Jfr. härmed Ges. phil. Abhandl. N:o IV: »Ist der pessimistische Monismus trostlos?»

lika giltiga, som de vid tal om illusionens tredje stadium gjorda anmärkningarne mot egoismen (sjelfmord, quietism etc.) behålla sin giltighet för den här uppnådda ståndpunkten, då det för bådadera stadierna är likgiltigt, om verldsutvecklingens sista mål tänkes positivt eller negativt.)

Vi hafva slutligen ännu att sysselsätta oss med den frågan, *på hvad sätt* verldsprocessens slut, allt viljandes upphäfvande till det absoluta icke-viljandet, med hvilket som bekant all så kallad tillvaro (organisation, materia o. s. v.) eo ipso försvinner och upphör, kan tänkas. Våra kunskaper äro alldeles för ofullkomliga, våra erfarenheter för korta och de möjliga analogierna för bristfälliga, för att vi skulle äfven *blott med någon* säkerhet kunna bilda oss en föreställning om detta processens slut, och jag beder den benägne läsaren, att *ingalunda* uppfatta det följande som en verldsslutets apokalyps, utan blott som *antydningar*, hvilka skola framställa, att saken *icke är så helt och hållet otänkbar*, som den väl vid första ögonkastet skall synas för mången. Men till och med dem, hvilka dessa aforismer öfver det sätt, hvarpå denna härledelse kan tänkas, skola förefalla ännu mer frånstötande, än densammas nakna påstående, beder jag dock, att icke låta vilseleda sig vid den *uppvisade nödvändigheten* af detta verldsprocessens enda möjliga mål genom de svårigheter, hvilka möta *oss* på en från slutet *ännu så aflägsen* ståndpunkt, då vi söka begripa sakens »huru» *). Naturligtvis kunna vi öfverhufvud blott sysselsätta oss med det fall, att menskligheten och icke en annan oss obekant ordning af lefvande varelser är kallad till uppgiftens lösning.

Den *första* betingelsen för verkets framgång är den, att den allra *största* delen af den i den bestående verlden sig manifesterande anden är befintlig hos menskligheten; ty blott då, när viljandets negativa sida hos menskligheten öfverväger summan af all öfrig i den organiska och oorganiska verlden sig objektiverande vilja, blott då kan menskligehetens viljeförnekelse tillintetgöra *verldens samtliga aktuella viljande utan undantag*, och låta hela kosmos genom att undanskaffa viljandet, i hvilket det allena består, med ett slag försvinna. (Men allena derom är det här frågan, och icke om ett blott menskligehetens sjelfmord i massa, hvars fullkomliga onyttighet för verldsprocessens mål redan ofvan blifvit framstäldt.) Detta antagande nu, att en gång den större delen af det aktuella viljandet eller den funktionerande omedvetna anden kunde vara aktualiserad i menniskan, synes icke vara underkastadt några principiella svårigheter. På jorden se vi

*) Erfarenheten har visat mig, att alla inneslutningar inom klammer med afseende på de följande antydningarnes *rent problematiska* beskaffenhet icke hafva varit i stånd till att skydda mot afsigtligt eller oafsigtligt missförstånd, såsom skulle några positiva *påståenden* om slutets »huru» deri hafva blifvit uppstälda. Om jag skrefve för *framgången*, så skulle visserligen den allra vanligaste klokhet hafva bjudit mig att redan i första upplagan undertrycka dessa för hela boken temligen likgiltiga fyra sidor. Det är för *författaren* städse profitablare att icke alltför mycket blotta de sakens svårigheter, som på förhand äro olösliga; för *vetenskapens* framskridande deremot är det gagneligast, att på det oförtäcktaste sätt blotta sin mening.

menniskan alltid mer och mer uttränga de öfriga djuren och skogarne, ända till de djur och växter, som hon använder till sin nytta. Framtida, ännu icke anade framsteg i kemien och agrikulturen skulle kunna tillåta jordbefolkningens ökande till en mycket betydande höjd, under det att den nu redan räknar öfver 1,300 millioner, då likväl blott en proportionsvis ringa del af fastlandet bär en så tät befolkning, som ett folks redan för vår nuvarande kulturståndpunkt bekanta näringsmedel tillstädja. Af stjernorna är blott en försvinnande liten del just i den korta afkylningsperiod, som tillåter ett organiskt lif; men afsedt derifrån, att till en yppig organisations uppkomst ännu fordras helt andra betingelser än blott den rätta temperaturen (t. ex. belysning genom ljusstrålar, passande atmosferiskt tryck, förekomst af vatten, riktig blandning af atmosferens kemiska beståndsdelar, o. s. v.), skall af detta försvinnande lilla antal, som öfverhufvud bära organisationen, dock åter endast en ytterligt försvinnande liten del vara i stånd att framalstra väsen af en sig menniskan närmande likstäld organisationsgrad. De sideriska utvecklingarna mätas efter så oerhörda tidrymder, att det redan a priori är något högst osannolikt, att en högt organiserad djurordnings bestånd på en stjerna skulle alldeles sammanfalla med menskligthetens tillvaro på jorden. — Men huru mycket större är nu icke den hos en bildad menniska sig uppenbarande anden än den hos ett djur eller en växt, ännu huru mycket större än den hos en oorganiserad komplex af atomer! Man bör icke begå det felet, att uppskatta den verksamma viljans styrka *blott* efter den *mekaniska* effekten, d. v. s. efter det öfvervunna motståndets grad af *atom*krafter; detta vore högst ensidigt, då viljans yttring i atomkrafterna blott är den lägsta arten. Men viljan har helt andra mål, och en de häftigaste begärelsers kamp kan ega rum utan någon märklig inflytelse på atomernas lägring. Derföre synes mig det antagandet icke innehålla något anstötligt, att en gång i en framtid menskligheten kan förena en sådan mängd ande och vilja i sig, att de betydligt öfverväga de i den öfriga verlden verksamma anden och viljan.

Den *andra* betingelsen för segerns möjlighet är, att menskligthetens medvetande är *genomträngdt* af viljandets dåraktighet och all tillvaros elände, att densamma fattat en så *djup längtan* efter icke-varats frid och smärtelöshet, och alla hittills för viljandet och tillvaron talande motiv äro så mycket genomskådade i sin fåfänglighet och intighet, att denna längtan efter viljans och tillvarons tillintetgörelse hinner till oemotståndlig giltighet som praktiskt motiv. Enligt förra kapitlet är denna betingelse en sådan, hvars uppfyllelse i menskligthetens gubbålder vi med största sannolikhet gå till mötes, i det först och främst den teoretiska kunskapen om tillvarons elände begripes såsom sanning, och denna kunskap småningom mer och mer öfvervinner den motstående instinktiva känslouppfattningen, och till och med förvandlas till en praktisk verksam känsla, hvilken såsom enhet af närvarande olust, efterkännande erinring och förkännande oro och fruktan hos hvarje individ förvandlas till en den enskiltes hela lif och genom medkänsla hela verlden omfattande totalkänsla, som slutligen hinner till oinskränkt herravälde. Ett tvifvel på den allmänna motivationsförmågan hos en sådan först visserligen i mer eller mindre abstrakt form uppdykande och meddelad idé vore icke berättigadt, ty man kan öfverallt iakttaga hos historiskt mättgifvande idéer, hvilka framsprungit ur en enskilts hufvud, att de, ehuru de blott kunna meddelas i abstrakt form, dock alltmera med tiden intränga i massornas känsla och slutligen upprepa desammas vilja ända till en icke sällan till fanatism gränsande lidelse. Men om någonsin en idé *redan* blifvit *född som känsla*, så är det det pessimistiska medlidandet med sig sjelf och allt lefvande samt längtan efter icke-varats frid, — och om någonsin en idé var kallad, att utan vildhet och lidelse i stilla, men koncentrerad och uthållig innerlighet fylla sin historiska mission, så är det denna. Då enligt erfarenheten redan den med det omedvetnas ändamål i *motsägelse* stående individuella viljeförnekelsen i så talrika fall lemnade ett tillräckligt motiv till att i quietistisk asketisk sjelfdöd öfvervinna den instinktiva viljan till att lefva (visserligen utan hvarje metafysiskt resultat), så kan man icke inse, hvarför icke vid verldsprocessens slut den universella viljeförnekelsen, som *uppfyller* det omedvetnas slutändamål, skulle vara i stånd till att lemna ett tillräckligt motiv till att öfvervinna den instinktiva viljan till att lefva, helst som ju allt svårt desto lättare utföres, i förening med desto större sällskap utförandet sker. Man måste vidare väl betrakta, att menskligheten har många tidsgenerationer på sig, till att genom vana och arf allmänt mildra och förslöa de lidelser, som sträfva emot den pessimistiska känslan och längtan efter frid, och genom öfverlåtelse i arf potentiera den pessimistiska stämningen. Redan för närvarande kunna vi märka, att lidelsens blinda naturkraft och demoniska våldsamhet har måst inrymma ett icke obetydligt gebit åt det moderna lifvets nivellerande och försvagande inflytelser, och denna försvagningsprocess skall åstadkomma desto betydligare vidare resultat, alltefter som rättens och sedens mera ordnade tillstånd gör intrång på det personliga godtycket, och ju förståndsmässigare lifvet från barnaåldern inrättas efter den triviala lefnadsklokhetens schablon. Det hör till signaturen på mensklighetens *åldrande*, att mot tillväxten i intellektuell klarhet ställer sig icke en tillväxt utan en förminskning af känslans och lidelsens energi, att alltså det medvetna intellektets motiverande inflytelse på kännandets och viljandets gebit, som obestridligt eger rum på hvarje grad, af tvåfaldig grund är i ständigt tilltagande, ända tills det i gubbåldern blir afgjordt dominerande. Äfven ur denna synpunkt företer sig alltså den möjligheten ingenting mindre än aflägsen, att det pessimistiska medvetandet en gång skall blifva viljebeslutets dominerande motiv. — Vi kunna äfven derhän modifiera denna betingelse, att icke *hela* menskligheten, utan blott en så stor del af densamma behöfver af detta medvetande vara genomträngd, att den i henne verksamma anden är den större delen af den i hela verlden lefvande anden.

Den *tredje* betingelsen är en tillräcklig kommunikation mellan jordens befolkning, för att tillstädja ett *liktidigt gemensamt beslut* af densamma. I denna punkt, hvars uppfyllelse blott beror på tekniska uppfinningars fullkomnande och skickliga användning, har fantasien fritt spelrum.

Antaga vi dessa betingelser såsom gifna, så är möjligheten förhanden, att majoriteten af den i verlden verksamma anden fattar det beslutet att upphäfva viljandet.

Det uppstår nu den vidare frågan, om i viljans natur, hennes sätt att funktionera och arten af hennes bestämning af motiv öfverhufvud möjligheten är gifven *att hinna till en universell viljeförnekelse*, *förutsatt* att den aktuella verldsviljans öfvervägande del är innehållen i den massa af medveten ande, hvilken a tempo besluter sig till icke-mera-viljandet, — *lika godt* om denna förutsättning må blifva uppfyld inom mensklighetan eller en annan species, eller om den endast kan uppfyllas under helt andra existensbetingelser hos ett framtida utvecklingsskede af kosmos. Vi hafva för denna sista frågas afgörande att gå tillbaka till våra kunskaper om viljandets natur och derur följande motivationens lagar (jfr. Kap. B. XI, början och 4), hvarvid vi antaga att dessa båda i hvarje möjlig viljans objektivationsform måste förblifva identiska.

Det är intet tvifvel underkastadt, att ett särskildt viljande hos menniskan, ett begärande, en affekt eller lidelse under vissa omständigheter kan upphäfvas genom det medvetna förnuftets inflytelse vid det särskilta fall, om hvilket det handlar. Om jag t. ex. med en gerning eller ett verk sträfvar efter ära, och förnuftet säger mig att de, hvilkas erkännande jag girigt söker, äro narrar och dumhufvuden, så skall denna insigt, om den dertill är tillräckligt öfvertygande och kraftig, vara i stånd till att upphäfva min äregirighet, för det fallet åtminstone. Men nu äro alla psykologer ense derom, att ett sådant upphäfvande *icke* kan tänkas genom förnuftets *direkta* inflytelse på det begärande, som skall upphäfvas, utan blott indirekt genom motivation eller eggelsen af ett i *motsatt riktning gående* begärande, hvilket nu å sin sida med det första kommer i kollision, hvars resultat är att båda paralysera sig till noll. Blott på samma sätt kan upphäfvandet af den positiva verldsviljan tänkas, hvilken Schopenhauer kallar viljan till att lefva. Icke den medvetna kunskapen direkt kan förminska eller upphäfva viljan, utan den kan blott uppväcka en i motsatt riktning gående, alltså negativ vilja, som förminskar den positiva viljans grad i styrka. Alldeles oantaglig är härigenom Schopenhauers lära om ett viljandets *quietiv*, som skulle bestå i ett helt annorlunda beskaffadt kunskapssätt, inför hvilket motiven skulle blifva overksamma, och hvilket skulle vara det enda möjliga fallet för ett ingripande af viljans transcendenta frihet i företeelsernas verld. (Jfr. W. a. W. u. V. Bd II, sid. 476—477). Sådana obegripliga under, som af intet kunna rättfärdigas, äro vid vår uppfattning öfverflödiga. Huru skönt säger icke deremot Schelling (II. 3., sid. 206): »Till och med Gud kan icke besegra viljan på annat sätt än genom henne sjelf.»

Om vid de speciella begärelsernas strid ofta två begäranden trots striden icke åstadkomma något ömsidigt upphäfvande, så kommer detta sig antingen deraf, att de blott delvis äro hvarandra motsatta, men delvis fullfölja olika sidomål, alltså deras riktningar bilda likasom blott en vinkel; eller också kommer det sig deraf, att det ena begärandet visserligen i sjelfva verket blir fortfarande tillintetgjordt, men likaså fortfarande blir instinktivt *nyfödt* ur det omedvetnas *fortbestående* grund, så att ett *sken* uppstår, som hade det alldeles icke blifvit altereradt. Vid viljejakandets och viljenekandets opposition är motsatsen så matematiskt sträng, att det första fallet förvisso icke kan inträda, och för ett omedelbart återuppdykande af verldsviljan efter hennes totala förintelse felar åtminstone analogien med det enskilta begärandet fullständigt, emedan i det senare fallet den aktuella verldsviljans bakgrund, men i det förra alls ingenting mera aktuellt förblir bestående. (Föröfrigt skall möjligheten af återuppdykande *ytterligare*, i nästa kapitel blifva föremål för behandling). Så länge alltså den af medvetandet motiverade oppositionsviljan ännu icke uppnått styrkan hos verldsviljan, som skulle upphäfvas, så länge skall den städse förintade delen åter städse förnya sig, stödd på den öfrigblifna delen, hvilken efteråt försäkrar viljandets positiva riktning, men så snart den förra ernått lika styrka som den senare, så finnes intet skäl, hvarföre icke båda skulle fullständigt paralysera och till noll reducera hvarandra, d. v. s. utan återstod förinta hvarandra. Ett negativt öfverskott är redan derföre otänkbart, emedan *nollpunkten* är den negativa viljans *mål*, hvilket hon ju alldeles icke *vill* öfverskrida.

Den negativa viljans motivering eller uppväckelse genom den medvetna kunskapen är enligt analogien med ett specielt negativt begärandes uppväckelse genom förnuftig insigt *icke blott tänkbar utan fordrad*, ty här inom det universella är alldeles som inom det enskilta grunden, utur hvilken förnuftet motiverar den medvetna oppositionsviljan, icke någon annan än en eudemonologisk, nämligen *hänsynen på det lyckligaste upphinneliga totaltillståndet*, hvilket mål den positivt riktade omedvetna viljan i sin blindhet skjuter bort öfver till sitt eget qval. Denna sträfvan efter det största möjliga tillfredsställelsetillstånd, hvilket den blinda viljan blott af oförstånd söker i förvänd riktning, hör alltså helt och hållet universellt till viljans egen natur, och hvarest alltid i kosmos ett så högt medvetande uppstår, att det inser vägens till målet förvändhet, der öfverallt skall nödvändigt ett medvetet viljande ur denna kunskap motiveras, hvilket söker att uppnå det största möjliga tillfredsställelsetillstånd på den motsatta vägen, nämligen på viljandets väg.

De sista tre kapitlens resultat är alltså följande. Viljandet har enligt sin natur ett öfverskott af olust till följd. Viljandet, hvilket sätter verldens »att», dömmer alltså verlden, lika godt *huru* den må vara beskaffad, till qval. För att förlossas från denna viljandets osalighet, hvilken den medvetna föreställningens allvishet eller logiskhet icke kan direkt åstadkomma, emedan den är sjelf ofri gentemot viljan, skapar den föreställningens emancipation genom medvetandet i det att den i individuationen så söndersplittrar viljan, att hennes söndrade riktningar vända sig emot hvarandra. Logiskheten leder verldsprocessen på det visaste sätt till målet af den största möjliga utveckling af medvetande, hvarvid i sammanhang härmed medvetandet är tillräckligt till att slunga det samtliga aktuella viljandet tillbaka i intet, hvarmed *processen* och *verlden upphör,* och upphör utan någon den ringaste återstod, med hvilken en ny process skulle kunna utspinna sig. Logiskheten gör alltså, att verlden blir en den bästa möjliga, nämligen en sådan, som kommer till förlossning, icke en sådan, hvars qval perpetueras i oändlig fortvaro.

XV.

De yttersta principerna.

Vi hafva hittills i våra undersökningar alltid mött tvenne principer, vilja och föreställning, utan hvilkas antagande öfverhufvud intet kan förklaras, och hvilka just derföre äro principer, d. v. s. ursprungliga element, emedan hvarje försök att upplösa dem till enklare element på förhand synes oss omöjligt, och alla bemödanden, som hittills blifvit gjorda att återföra den ena af de båda till den andra, måste betraktas hafva strandat. Men vi hafva icke heller behöft några andra än dessa två principer för våra förklaringar, och hafva funnit det som man eljest äfven finner antaget som princip, känsla och medvetande, endast vara följdföreteelser af våra principer. *Andra* elementära verksamheter, såsom föreställande, viljande, framträdande till medvetande och kännande hafva icke, så vidt jag vet, ens på försök blifvit af någon hittills bekant spiritualistisk filosofi framdragna, så att blott den skulle kunna misstycka vårt fasthållande vid vilja och föreställning, hvilken å sin sida kunde lemna bevis på att andens hittills antagna elementarfunktioner icke äro de riktiga, och hvilka andra skulle sättas i deras ställe.

Hvad nu våra begrepp om dessa principer beträffar, så förforo vi äfven här rent empiriskt och induktivt. Vi förutsatte desamma först på samma sätt, som det naturliga under språkets tukt bildade menniskoförståndet fattar dem, och förändrade, utvidgade och inskränkte dem derpå alltefter som det vetenskapliga behofvet att förklara fakta fordrade det. Vårt filosoferandes utgångspunkt är således en antropologisk, så vidt som det språkliga folkmedvetandet och den filosofiska empirien båda närmast hemta sitt innehåll från den menskliga andeverksamhetens *inre erfarenhet.* I sjelfva verket visar sig denna utgångspunkt vid något besinnande vara den enda möjliga: blott hvad vi förmå fatta genom *analogi med oss sjelfva, blott det* kunna vi *öfverhufvud* fatta om verlden, och vore vi icke *sjelfva ett stycke af verlden* och ledde icke våra antropologiska elementaryttringar likasom alla öfriga företeelser i denna verld sitt ursprung ur just denna verlds gemensamma enkla grundprinciper, så skulle med den felande likheten och analogien mellan oss och den öfriga verlden äfven hvarje möjlighet till ett densammas begripande för oss vara afskuren. Men med stöd af just denna vår egen innerliga *förvandtskap* med de öfriga naturprodukterna och med allas gemensamma metafysiska rötter, kunna vi förtröstansfullt hängifva oss åt det försigtiga bruket af analogien och våga att analogt öfverflytta de antropologiska principerna på den öfriga naturen, om vi blott förfara med *tillräcklig kritisk skärpa vid afsöndringen af de egendomligheter*, hvilka *skilja* oss menniskor från den öfriga naturen.

Sålunda utvidgade vi de antropologiska principernas vilja och föreställning derigenom, att vi återfunno dem först hos djurens nedstigande gradation, derpå hos den menskliga organismens sjelfständiga lägre nervcentra, derpå inom de lägre djurens och protisternas rike, derpå inom växtriket, slutligen inom den oorganiska naturens rike; men dervid tvang oss kritiken att i fråga om de menniskan redan fjermare stående graderna mer och mer *afsöndra* det som hos menniskan för sjelfvarseblifningen är det mest i ögonen fallande, nämligen *medvetandet*, men vi erkände samtidigt äfven, att derjemte till och med i de högsta former af den menskliga andeverksamheten ett sådant viljande och föreställande på det betydelsefullaste sätt drifver sitt spel, som är fritt från medvetandets form, att äfven menniskan är hvad hon är blott derigenom, att samma omedvetna ande dväljes i henne, som hon redan längesedan i tysthet beundrade hos yttringarne af naturföreteelser med vida mindre utveckladt medvetande. Vi inse vidare, att denna omedvetna ande måste vara verldens gemensamma band och bäraren af den i henne rådande skapelseplanens enhet, ja att han öfverhufvud måste vara det enhetliga metafysiska väsen, såsom hvars objektiva företeelser allenast de blott skenbart substantiellt skilda naturindividerna måste betraktas. Så konkrescerade sig för våra forskande blickar enheten af principerna »omedveten vilja» och »omedveten föreställning» till det allt varande andliga verldsväsendet, hvilket menskligheteus dunkla drift från urminnes tider sökt på de mest olika vägar och betecknat med de mest olika namn, men dock öfverallt vid någorlunda framskriden bildning har fattat som *ande*. *Vi kunna*, som sagdt är, af ett sådant väsens natur *förstå* endast så mycket, som af denna natur uppenbarar sig äfven hos oss förmedelst inre erfarenhet, *då vi sjelfva äro väsendets företeelser* och fatta oss som sådane, då dess principer äfven hos oss synbart afslöja sig; blott den som förnekar verldens *väsensenhet och kontinuitet* och öfverensstämmelsen mellan de *i henne verksamma* principerna och de *henne framalstrande* principerna, skulle kunna brännmärka vårt förfarande som sådant med namnet antropopatiskt, och blott den konseqventaste skepticisms absoluta tankeafsägelse stode öfrig, om detta förfaringssätt skulle principiellt bannlysas. Blott så till vida är varningen för antropopatism berättigad, som den inskränker sig till att med den största kritiska skärpa afskilja från de yttersta principerna allt det, som skulle kunna tillhöra någon verldsväsendets speciella företeelseform hos *menniskan* eller inom *djurriket*, eller eljest någon annan trängre, icke naturen i dess totalitet uttömmande grupp af det all-endas objektivationer. Men i denna riktning tror jag mig för visso hafva tillfredsstält äfven de längst gående och skrupulösaste fordringar, hvad som väl bäst bevisas deraf att principerna vilja och föreställning äro fattade i den högsta graden af en all empirisk individualitet afklädd allmänhet, nämligen så allmänna, som någonsin medgifves af nödvändigheten att dock öfverhufvud få qvar något positivt och precist begrepp. Sålunda är hvarje *oberättigad* och *osann* antropopatism på det sorgfälligaste undviken, utan att vi likväl uppgifvit den enda möjliga kunskapsväg, som vår ställning i verlden gör för oss *möjlig*, och äfven *tillåtlig*, d. v. s. berättigad, utan att vi alltså af förvänd skepticism misstro och försmåda den *sanna* antropopatismen, som ju sträcker sig blott så långt, som *vi sjelfva* äro *af metafysisk art* (eller teologiskt uttryckt: af Guds slägte).

Om nu enligt våra hittills gjorda undersökningars resultat de båda principerna vilja och föreställning, fattade i metafysisk väsensenhet, verkligen räcka till att förklara de företeelser, som framställa sig för oss i den kända verlden, så bilda de spetsarne till den induktiva kunskapens pyramid, och det blifver oss blott öfrigt att ännu en gång taga denna slutuppförda pyramidspets i ögonsigte, hvarvid äfven en jämförelse mellan andra bestående filosofiska systems yttersta principer icke torde sakna intresse. Detta kapitel bildar således den omedelbara fortsättningen till Kap. A. IV., C. I. VII. VIII, och delvis äfven XI, XII och XIV, hvilkas innehåll jag beder den benägne läsaren allra först erinra sig.

För en läsare utan filosofiska förstudier torde kanhända detta kapitels betraktelser i och för sig synas minst intressanta, emedan de mer än alla föregående förlora sig uti sönderdelningen till begrepp, hvilka öfverhufvud gå fram till abstraktionens och vårt förstånds yttersta gräns; emellertid torde likväl å ena sidan det först här närmare antydda förhållande, som min ståndpunkt intar till de vigtigaste filosofers system, och å andra sidan den begreppens strängare utredning, hvilken hittills i deras betydelse och ömsesidiga relationer till största delen var förutsatt, komma att på den läsare, som följt det föregående med intresse och som här skall erhålla en detta föregående upplysande förklaring öfver många punkter, hvilka hittills lemnats i dunkelhet, utöfva en tillräcklig dragningskraft, för att han icke lemnar äfven detta slutkapitel oläst.

Om man uppskattar vetenskapliga resultats värde allenast efter deras visshets- eller säkerhetsgrad, så är otvifvelaktigt desammas värde desto mindre, ju längre de aflägsna sig från de faktas mark, som skulle förklaras, emedan deras sannolikhet blir desto mindre, och allra minst vore då det värde, som kunskapspyramidens spets skulle kunna taga i anspråk. Emellertid torde dock för värdebestämmelsen äfven andra element än blott sannolikhetsgraden tagas med i räkningen, hvilka låta sammanfatta sig i den vigtighetsgrad, som dessa resultat måste ega i jemförelse med andra kunskapsföremål, förutsatt att de samtliga fattades med sannolikhetsgraden 1., d. v. s. med absolut visshet. Hvad denna faktor beträffar, så är det uppenbart att värdet hos kunskapspyramidens spets vida öfverstiger alla andra möjliga kunskapsföremål, och derföre vill äfven jag icke tröttna på att med min lilla skärf bidraga till att bättre fastställa de yttersta metafysiska principerna, under förhoppning, att en annan rätt snart skall komma, som förer saken längre än jag. Men å andra sidan hoppas jag, att efterföljarne skola finna pyramidens *fundament* af mig tillräckligt fast uppbygdt, för att de derpå kunna bygga vidare, och att de icke skola få orsak till att i väsentliga delar rifva omkull detta fundament.

1. Återblick på äldre filosofer.

Af de stora filosoferna öfverensstämma mest med våra principer Plato och Schelling, Hegel och Schopenhauer, och dervid representera de båda sistnämnda de ensidiga extremerna (Hegel det logiska, Schopenhauer viljan) under det att Plato och Schelling intaga en sammanbindande och förmedlande ställning, visserligen så att hos ingendera af dem en fullkomlig jämnvigt mellan båda sidorna är förhanden, utan hos Plato idén, i Schellings sista system viljan prevalerar i betydelse.

Platos (jfr den mönstergiltiga framställningen af de platonska principerna hos Zeller, Phil. der Griechen, 2:dra uppl., II. 1. sid. 441—471) bekantaste och vigtigaste princip är den *platonska idén*, idéverlden eller de många idéernas rike, omfattade i den ena (ἕν) högsta idén, eller idén öfverhufvud, hvilken han närmare bestämmer som det godas idé, d. v. s. det absoluta ändamålet, och hvilken han gör identisk med det gudomliga förnuftet. Plato tänker sig idén i det oföränderliga för-sig-varats eviga hvila, och blott undantagsvis och med uppenbar inkonseqvens mot sitt system tillskrifver han henne här och der (i synnerhet i mytiska framställningar) ett handlande, en verksamhet.

Då den i sig slutna idén aldrig kan ega någon orsak att utgå ur sig sjelf, så behöfver han en andra, lika vigtig princip, grunden till den heraklitiska alla tings flod, verldsprocessens driffjäder.

Denna andra är nu gent emot idéns eviga hvila den absoluta förändringens princip, det alltid blifvande och förgående och aldrig sant varande, hvarför han äfven kallar den det relativa icke-varat (μὴ ὄν), men han låter den dock i sig upptaga idéerna som sitt innehåll och införa dem i processens hvirfvel. Medan idén är det måttfulla, det i sig slutna, är denna princip det måttlösa, det i sig obegränsade (ἄπειρον); medan idén (tillika det aritmetiska talet) i sig är blott qvalitativt bestämd, bringar denna det qvantitativa i företeelsen, den senare tillhör »allt som kan blifva mer eller mindre, starkare eller svagare och öfvermått», hvadan Plato äfven kallar den det »stora och lilla».

Under det att idén är det goda, och från henne allt godt i

verlden härstammar, är detta ἄπειρον det onda, och orsaken till allt ondt och dåligt i verlden (Aristoteles Metaphys. I. 6. slutet), är den blinda, af det verldsbildande förståndet förefunna nödvändigheten, denna förnuftslösa orsak, hvilken icke kan af förnuftet fullkomligt öfvervinnas, denna irrationella rest, som vi alltid måste behålla qvar, sedan vi från tingen afdragit allt det som är idéns afbild.

Ur de båda motsatta principernas förening uppstår verlden, hvilken vi lära känna genom sinlig varseblifning. Båda principerna hafva det gemensamt, att de icke beröras af företeelsernas vexling, utan stå öfver densamma som transcendenta (χωρισταί) väsenheter.

De platonska resultatens öfverensstämmelse med våra ligger i öppen dag, vi behöfva blott öfversätta de i sig varande idéernas rike med den omedvetna föreställningens (som ju äfven vi fattat intensiv och tidlös, d. v. s. evig) och den absoluta förändringens intensiva princip med viljan.

Märkvärdigt är äfven Platos påstående, att detta ἄπειρον på intet vis kan vara föremål för kunskap, hvarken genom tänkande eller genom varseblifning; hvilket alldeles öfverensstämmer dermed, att vi hafva funnit viljan som sådan vara något för medvetandet evigt otillgängligt.

[När Plato understundom betecknar ἄπειρον äfven med χῶρα, τόπος, så bör detta för visso förstås lika bildligt, som uttrycken δεξαμενή (vattenbristen) och ἐκμαγεῖον (mjuk massa, hvaruti en form, här idén, blir aftryckt), och betyder, likasom uttrycken ἐκεῖνο, ἐν ᾧ γίγνεται och φύσις τὰ πάντα σώματα δεχομένη, icke något annat än det, hvaruti idéerna finna sin plats, ställe, ort eller rum till upptagande och utveckling, likasom han någon gång anvisar idéverlden en intelligibel, bortom verlden liggande plats (τόπος νοητός). Ännu mindre egentligt är det icke af Plato sjelf, utan först af Aristoteles och de senare för ἄπειρον satta uttrycket ὕλη (materia) att förstå.]

Schopenhauers filosofi innehålles i den satsen: viljan allena är tinget i sig, verldens väsen. Deraf följer straxt, att föreställningen blott är en — uppenbarligen tillfällig — hjernprodukt, och att blott så mycket förnuft kan i hela verlden påträffas, som de tillfälligtvis uppkomna hjernorna tycka om att inlägga deruti. Ty hvad för en annan verld kan framgå ur en absolut oförnuftig, meningslös och blind princip, än en oförnuftig och meningslös verld! Om ett spår af *mening* finnes i henne, så kan den dock endast hafva kommit in genom *slump!* Lika litet som en *blind* vilja kan föresätta sig ändamål, lika litet kan hon välja och förverkliga *ändamålsenliga* medel till sina ändamål — och sålunda kan det medvetna intellektet hos Schopenhauer i sanning blott förete sig som en *parasit* till viljan, hvilket, långt ifrån att den senare velat hafva det, snarare Gud vet hvarifrån på ett obegripligt sätt likasom flugit på henne, liksom mjöldrygan på plantan. Det är klart att det absolut oförnuftiga, taget som princip, måste vara ännu mycket armare och ofruktbarare än det förnuftiga, idén och tänkandet; det fordras äfven en märkvärdig inskränkthet dertill, att låta sig nöja med det absolut oförnuftiga och dess armod som princip, — deraf den dilettantiska färgläggning, hvilken med all sin rikedom Schopenhauers filosoferande antager, deraf den andhemtning efter vederqvickelse, som man ofrivilligt gör, när man i tredje boken af »die Welt als Wille und Vorstellung» kommer till den stora inkonseqvensen i systemet, till idén.

Å andra sidan kan man icke nog beundra och prisa det omedvetnas vishet, som skapade ett så borneradt snille, för att visa efterverlden hvad som med en sådan princip i dess isolering kan företagas och hvad icke; denna princips ensidiga utarbetande var för filosofiens genetiska utvecklingsgång lika nödvändigt som den motsatta extremens tillspetsning hos Hegel.

Huru nära båda filosoferna sammanhänga visar sig redan af den tillfälliga omständigheten, att båda filosofernas hufvudverk utkommo år 1818, när man på samma gång erinrar sig Hegels yttrande (XV. sid. 619): »Der flera filosofer vid samma tid uppträda, är det olika sidor, som utgöra en totalitet, hvilken ligger till grund för dem.»

Så visst som Schopenhauer var ur stånd att fatta Hegel, så visst måste Hegel, om han känt honom, hafva ryckt på axlarne åt Schopenhauer; båda stodo hvarandra så fjärran, att hvarje beröringspunkt felades dem till ömsesidig uppskattning.

När Kants kriticism måste afböja hvarje försök till en teoretisk metafysik, och först Fichte med sjelfmedvetandets dialektiska behandling begynner den nyaste filosofiens positiva, metafysiska utveckling, så drager *Hegel* denna utvecklings facit ända till århundradets första tredjedel, i det han af Schelling öfvertager den princip, som ända dittills varit utvecklingens mer eller mindre omedvetet framdrifvande moment; idén allena är verldens väsen; logiken är således ontologien, begreppets dialektiska sjelfrörelse är verldsprocessen. Denna princip är gentemot den Schopenhauer'skas fullständiga armod den absolut rika, ty allt hvad verlden är, är hon ju genom idén; något kunde alltså med den principen företagas, och det är icke förunderligt att den producerade fyra system, då dess antipod uttömde sig i ett enda.

Hegel genommätte i sin logik den i sig varande idéns platonska rike; han försökte att lyssna till idén i dess eviga sjelffödelses process ur det naknaste vara, och så långt var principen i sin fulla rätt. Men då den i sig varande idén hade i alla riktningar genommätts, då kom principen till sin gräns, ty allt kunde idén genom sig uttömma, blott ett förblef för honom oupphinneligt, res, realiteten, »ty reellt är just hvad som genom blotta tänkandet icke kan skapas» (Schelling I. 3, sid. 364).

Men principen var en gång i sin ensidighet fattad som allt annat uteslutande, och måste i denna ensidighet genomföras, för att äfven här tydligen visa huru långt den räcker och huru långt den icke räcker. Men å andra sidan låg det i den dialektiska rörelsens natur, att den logiska idén, sedan han uttömt sig i sina fyra pelare, det logiska, med dialektisk nödvändighet måste fordra det andra af sig sjelf, eller det negativa af sig sjelf, och detta kunde nu blott vara — det ologiska.

Men med detta formliga erkännande skulle det logiska åter hafva afstått från sin absoluta suveränitet, skulle hafva erkänt och inrymt ett lika berättigadt bredvid sig, så att först i dessa yttersta och högsta motsatsers bekämpande och sedan förening sanningen skulle vara funnen och verkligheten fattad. Men då skulle logiken äfven hafva måst uttala, att detta ologiska blott tillfälligtvis, nämligen blott från *hennes* ståndpunkt sedt, vore det negativa, men i sjelfva verket ifrån en högre ståndpunkt det *positiva*, hvilket allra främst realiserar det logiska, som utan detta positiva med allt sitt idékram är *lika med intet*.

Denna utväg för den absoluta idealismen, att i ett ryck förflytta sig in i det negativa, var för *en* menniska — densamma som först fört den till sin höjdpunkt — för mycket. Visserligen låter Hegel här och der den känslan genomskimra, att dock det logiskas negativa väl förtjenar att beaktas och först möjliggör idéns öfvergång till verkligheten, men han förqväfver denna känslas antydningar i deras uppkomst, endast för att slippa göra sin kära idé något omak. Den oafvisliga fordran att äfven å sin sida låta rättvisa vederfaras det ologiska, som öfverallt i verlden tränger sig på betraktaren, söker han främst tillgodose derigenom, att han på ett förvändt sätt indrager det ologiska, sjelfmotsägelsen, *in* i det logiska sjelft, i det han gifver sin dialektiska metod (som på samma gång skall vara ideal- och realdialektik) den inre motsägelsen som integrerande beståndsdelen i dess process, under det att dock i sjelfva verket det logiskas motsägelse alltid endast kan uppstå ur det förefunna (icke af det satta) ologiska. Men nu märker äfven Hegel sjelf, att han dermed å ena sidan icke uttömmer det faktiskas fordringar i afseende på desammas ologiska karaktär, och att han å andra sidan dermedelst påbördar sin logiska idé ett ansvar för ting, hvilket den icke kan bära utan att förlora sin karaktär af logiskhet; så tillgriper han då som en utväg ur sin förlägenhet sin kategori om det tillfälliga, som öfverallt måste framhållas, hvarest en företeelses detaljer undandraga sig, eller äfven blott tyckas undandraga sig hvarje förklaring ur den logiska idéns princip. Men det tillfälliga har inom den logiska principen och inom verldens af denna bestämda »hvad» lika liten plats som sjelfmotsägelsen; ty den logiska principen bestämmer sig icke annorlunda än logiskt, d. v. s. nödvändigt, och dermed är just det tillfälliga uteslutet derifrån (och förvisadt till det ologiskas sfär). Men just detta tvång att *utom* den redan i det logiska indragna sjelfmotsägelsen *dock* derjemte nödgas tillgripa det *tillfälligas* kategori, hade bort öfvertyga Hegel om, att det efter afdrag af allt logiskt i företeelserna verkligen finnes en *ologisk rest*, och att det derför måste finnas ett ologiskt *utom* det logiska och icke blott *uti* detsamma. Men med detta erkännande skulle äfven Hegel genast blifvit fri från det motiv, som dref honom till att tro på en stridig mening af ett ologiskt *hos* det logiska, d. v. s. han skulle hafva kunnat rena sin i sig motsägelsefulla dialektiska process till en i sig motsägelselös logisk process, hvilken blott eger sin grund i det ologiska som drifvande moment.

Så mycket är allmänt erkändt, att logikens förhållande till naturfilosofien är hos Hegel sjelf oklart och bortkollradt. Från att konseqvent genomföra sin *princip* och (liksom Michelet) påstå, att naturen blott så till vida kan kallas den utom sig komna logiken eller logiken i dess *annorvara*, som de uti logiken i ett fattade momenten af den dialektiska processen *fallit utom* **hvarandra**, derifrån skyddas Hegel af en viss instinktiv tvekan, som lär honom att han med sin princips konseqventa genomförande skulle fela mot sin *metod*, hvilken obetingadt fordrar det ologiska som den logiska idéns lika berättigade negativa, men från att tillgodose en sådan fordran, derifrån afskräckes han åter af detta stegs följder, hvilka uppenbart skulle förstöra hans princip, att idén är den allenda substansen.

Ur denna motsägelse förklarar det sig, att öfvergången från idén till naturen, alla gånger då Hegel omnämner den (t. ex. Phänomenologie, sid. 610, Logik Bd. 2, sid. 399—400, Encyclopädie Bd. 1, § 43 och § 244) affärdas på vanligt aforistiskt sätt, vanligen ändras i de nya upplagorna, och ännu dertill utrustas med oegentliga och bildliga uttryck (uppoffring, utbredning, särskiljande från sig sjelf, utgång från sig sjelf, idéns återsken o. s. v.). Differensen i denna punkt har först i den Hegelska skolans söndrade riktningar klart afslöjat sig.

Kasten nu en blick på huru mycket Hegel i tysthet känt nödvändigheten af det ologiska som motvigt mot det logiska. Vid den stora logikens slut säger han om den absoluta idén, att densamma, innesluten i den rena tankens sfär, **ännu** är logisk, hvaraf dock han sluter, att hans utträdande ur denna till en annan sfär måste vara öfvergången till det ej längre logiska, d. v. s. till det *ologiska*.

I fenomenologien sid. 610 säger han: »Vetandet har kunskap icke blott om sig, utan äfven om det *negativa af sig sjelf*, eller sin gräns.» Här skulle man nu förmoda, att med detta negativa menades det ologiska. Men han försvagar åter fullständigt verkan, i det han förklarar detta »*vetande* om sin gräns» för tillräckligt till uppoffringen eller särskiljandet från sig sjelf. I logiken bd. 2, sid. 400 säger han vidare: »Enär kunskapsvinnandets rena idé så till vida är innesluten i subjektiviteten, är han **drift** *att upphäfva* denna». Här känner han till och med att utgåendet utöfver idén ensamt kan vara viljans sak. Men alldeles omöjlig är den tanken, att detta »idéns ur idén utgångna *viljande*» kan komma från honom sjelf, från hans för-sig-varas eviga hvila, hvilken snarare måste sättas lika med den *absolut sjelftillräckliga friden*, den ostörda, i sig slutna *belåtenheten*.

Det vore icke blott *obegripligt*, huru idén af egen tillskyndelse kunde komma derhän, att störta sin eviga sjelfklarhet i den reala processens hvirfvel, utan det vore hårresande *orimligt*, om han, som i sig innesluter allt vetande, utan *yttre tvång* skulle vilja uppoffra sin saliga frid och otidliga eviga lugn, för att hemfalla åt processens qval, viljandets osalighet, den reala tillvarons elände. Nej, icke det absoluta förnuftet sjelf kan på en gång blifva oförnuftigt, utan det oförnuftiga måste vara ett utom förnuftet liggande *andra* eller annat.

Låge det i det logiskas *natur* att af sig sjelf öfvergå till det ologiska, så vore detta skeende ett nödvändigt och evigt, och det kunde aldrig blifva tal om ett processens slut, om en förlossning.

Äfven är det ju blott en *negativ*, relativ, nämligen till den logiska idén sig refererande bestämning hos denna idéns motsats, det att vara det ologiska; men dess *positiva* bestämning är den, att vara förändringens princip, realitetens ursprung, *vilja*, och om Hegel på ofvan angifna ställe plötsligt inskjuter denna bestämning, att vara drift, så är det dock alldeles klart, att han utan vidare hemtat densamma ur det empiriska behofvet att förklara naturens realitet.

Men detta är äfven i sjelfva verket den *allena möjliga vägen* att komma till viljans kunskap; a priori skulle man dock *på sin höjd* få kunskap om *idén* och allt hvad som följer ur idén; men *viljans* existens kan man i hvarje fall a posteriori sluta sig till. Ty all opriorisk, rent logisk eller rent rationell filosofi kan blott framställa *ideella förhållanden*, men icke *reala existenser*, den kan ju på sin höjd säga: »*om* något är, så *måste* det vara *så*», men den kan aldrig visa *att* något är; detta kan blott erfarenheten, d. v. s. *konflikten* med den förhandenvarande viljan (existensen) i medvetandets *varseblifning*. Detta motsvarar alldeles det förhållandet, att idén blott bestämmer tingens »hvad», men viljan deras »att»; sålunda kan idén äfven blott så långt *begripa* tingen, som han *bestämmer* desamma, alltså aldrig deras reala existens.

Detta nödvändiga steg i filosofien, hvilket Hegel icke varit i stånd till att taga, tog Schelling*) fullt ut i sitt sista system, i det han, såsom redan kap. C. VII antyddes, erkände den hittills varande filosofiens rent logiska karaktär, förklarande henne utmynna i det negativa, och i motsats deremot uppställde fordran på en positiv filosofi, som skulle begynna från det endast genom erfarenheten fattliga icke af tanken producerade varat (jfr Schellings Kritik der Hegelschen Philosophie I. 10, sid. 126 till 164, i synnerhet sid. 146 och 151—157; vidare II. 3, fjerde och femte föreläsningen).

Så länge Schellings deduktioner äro kritiska och förberedande, äro de förträffliga, men så snart han börjar att föredraga sin egen positiva filosofi, blir han svag, vacklar mellan ett förklarande räsonnemang, en dialektisk metod och ett egendomligt omotiveradt trolleri med splitternya hufvudbegrepp, för att snart förlora sig i en mystisk teogonis mörker och den kristna teologiens detaljer. Det beror helt enkelt derpå, att han af kärlek till sitt förflutna och sin vana blir otrogen mot sitt bättre vetande, nämligen att den positiva filosofiens princip blott a posteriori kan vinnas *ur erfarenheten, alltså på induktiv väg*.

[Emedan Schopenhauer i hufvudsak (t. ex. W. a. W. u. V, 2:dra boken och »Ueber den Willen in der Natur») förfar induktivt, uträttar han för denna uppgift så mycket mera, ehuru han just icke är fullt på det klara med sig sjelf i fråga om sin metod och skälen hvarföre den är den enda och riktiga].

*) Jfr härmed min skrift: »Schellings positive Philosophie als Einheit von Hegel und Schopenhauer», Berlin bei Otto Löwenstein 1869, hvilken skrift utgör en nödvändig komplettering och förklaring af hela detta kapitel.

Likväl har Schellings sista system (den positiva och negativa filosofiens enhet) ett högt värde derigenom, att det sammanfattar Hegels princip (idén) och Schopenhauers (viljan) såsom koordinerade, likberättigade och lika oumbärliga sidor af den enda principen (jfr I. 10, 242—243; I. 8, 328). Schelling erkänner i denna »existensens *utom det logiska varande* natur» (II. 3, 95), i denna »realitetens obegripliga basis» med full bestämdhet viljan. *Att* något är inser man blott af det motstånd, som det sätter emot oss, men det enda som är i stånd till motstånd är viljan (II. 3, 206). Det är alltså viljan som förlänar hela verlden och hvarje enskildt ting deras *att*, idén kan blott bestämma deras *hvad*. Redan i sin afhandling öfver den menskliga frihetens väsen, som utgafs 1809 (alltså långt före Schopenhauers skrifter), sade han (Werke I. 7, sid. 350): »Det finnes i högsta och yttersta instansen alls intet annat vara än viljandet. Viljande är urvarat, och på detta allena passa alla dess predikater: substantialitet, evighet, tidlöshet, sjelfbejakande. Hela filosofien sträfvar blott efter att finna detta högsta intryck.» Och i hans »antropologiska schema» (I. 10, sid. 289) finner man: »I. *Vilja*, menniskans egentligen andliga *substans*, *grunden* till allt, det *ursprungligen* materien framalstrande, det *enhetliga* i menniskan, är *varats orsak.*»

I motsats häremot förklarar han dersammastädes *förståndet* såsom »det icke *skapande*, utan *reglerande, begränsande*, den oändliga skranklösa viljan *måttgifvande*.»

Detta motsvaras helt och hållet af pythagoreernas principer: ἄπειρον (det obegränsade) och περαῖνον (det begränsande) eller εἰδοποιοῦν (det form- eller begreppsgifvande) (I. 10. 243). När den ideala principen är ett förstånd, i hvilket ingen vilja är (II. 2. 112, II. 1, 375), så är den reala principen en »vilja, i hvilken intet förstånd är» (I. 7, 359). »Men allt viljande måste vilja *något*» (II. I. 462), ett objektlöst viljande är blott = *obestämdt begär*, det är således hos Schelling »det trånadsbegär, som det evigt enda känner, att föda sig sjelf» (I. 7, 359). Men *ordet* på denna trånad är *föreställningen*, — den föreställning, som tillika är förstånd (I. 7, 361), eller »den ideala principen» (I. 7, 395). I »uttalandet af detta ord» är den ideala och reala principens förening funnen, ur hvilken framgår tillvaron, som skulle förklaras.

I sina senare framställningar bemödar sig Schelling att härleda dessa principer ur det varandes begrepp såsom dess moment, som abstrakt kunna tänkas dertill, ett företag, som afslöjar sin ofruktbarhet deruti, att hvarje verklig fortgång dock endast kan vinnas genom återinsättningen af de konkreta bestämningarne. Här motsvaras viljan af det potentiella (potentia-existendi), idén af det rent (d. v. s. potenslöst, idealiter) varande. Om det potentiella säger han (II. 3, sid. 205—206): »Men nu är det potentiella, om hvilket här är fråga, icke ett sådant obetingadt, utan det är den obetingade potentia existendi, det är just det som obetingadt och utan vidare förmedling kan öfvergå a potentia ad actum, än hos *viljandet*. Viljan i sig är potensen *κατ' ἐξοχήν*, viljandet actus *κατ' ἐξοχήν*.

Öfvergången a *potentia* ad *actum* är öfverallt blott öfvergång från icke-viljande till viljande. Det omedelbart potentiella är alltså det, som för att vara icke behöfver något annat än att just öfvergå från icke-viljande till viljande. Dess vara består just i *viljandet*, det är i sitt vara ingenting *annat* än *viljande*. Intet verkligt vara är tänkbart utan ett verkligt, såsom alltid ett närmare modifieradt viljande.» — Det potentiella är viljan i och för sig, som ännu icke har något objekt, utan först objektlös vilja, som visserligen *kan* vilja (eljest vore hon ju icke vilja), men ännu icke vill, viljan före sin yttring (II. 3, sid. 212—213).

Lifvas denna vilja till viljande, blir hon aktiv, så frånsäger hon sig dermed sin frihet, äfven sin absoluta potentialitet, och förfaller till det blinda varat, såsom Spinozas substans. Som sådan blir hon det »sinistra», »all viljas och missbelåtenhets källa» (II. 3, 226).

Det rent varande eller idén är hvarken potens eller aktus, ty aktus är blott det som framgår ur potensen; Schelling kallar hans tillstånd *actus purus*. — Jag anmärker härvid, att Schelling till fördel för den kristliga treenigheten bemödar sig att göra sina principer och deras substantiella enhet till personen, och för detta ändamål tillskrifva hvar och en af de tre en egen vilja, hvad som är alldeles förvändt. På det att man icke alltför tydligt måtte känna denna förvändhet, undertrycker han i sina senare framställningar, så vidt det är honom möjligt, att det »rent varandes» konkreta bestämning är »idén». (Se närmare härom i min anförda skrift.) —

Ett märkvärdigt ställe finnes hos Irenaeus I. 12, 1, der han har ett anförande om Ptolemæus. Då detsamma visar huru tidigt redan denna kunskap kommit till klart uttryck, hvilken förklarar en verldsskapelse ur blotta idén för omöjlig, så vill jag citera det här: *πρῶτον γὰρ εννοήθη προβαλεῖν, φησιν, εἶτα ἐθέλησε — — — τὸθέλημα τοίνον δύναμισ ἐγένετο τῆς ἐννοίας. ἐνενόει μὲν γαρ ἡ ἐννοία τὴν προβαλὴν. οὐ μέντοι προβάλλειν ἀντὴ καὶ ἑαυτὴν ἠδύνατο, ἃ ἐνενόει. ὃτς δὲ ἡ τοῦ θελήματος δύναμις ἐπεγένετο, τότε, ὃ ἐνενόει, προέβαλε.* (Ty först tänkte han frambringa, sedan ville han. — — Viljan alltså blef tankens kraft. Ty tanken tänkte visserligen skapelsen, dock kunde han icke sjelf frambringa af sig sjelf hvad han tänkte. Men när viljans kraft tillkom, då frambragte han hvad han tänkte.)

Våra principers väsentliga öfverensstämmelse med de största metafysiska systems principer (öfver Spinoza förbehålla vi oss att framdeles få yttra oss) kan blott tjena till att bestyrka oss i den öfvertygelsen, att vi befinna oss på rätta vägen. Låtom oss nu något närmare ingå på hvar och en af principerna. —

2. Viljan.

Viljandet är det som det reala har före det ideala; det ideala är föreställningen i sig, det reala är den velade föreställningen, eller föreställningen som viljeinnehåll.

Lika utbredd som tron på den döda materien är den vulgära teismens uppfattning, att det *reala* icke är *verldsväsendets egen fenomenella viljeverksamhet,* utan en död, orörlig produkt, ett caput mortuum af en tidigare, längesedan utslocknad viljeverksamhet, skapelseakten, och att den egentliga representanten af detta caput mortuum är *den döda materien.* Från denna fördom hafva vi redan i kap. C. VII frigjort oss, der vi funno att det endast finnes det omedvetna och dess verksamhet, men intet tredje. Så länge man icke öfvervunnit fördomen om den döda materien, blifva visserligen blott två vägar öfriga att uppfatta henne: antingen såsom icke skapad evig substans, som materialismen, eller såsom ett caput mortuum af en en gång inträffad skapelseakt, så litet än ett klart begrepp låter förbinda sig med en sådan död produkt; men sedan vi funnit att den döda materien är en chimär, att materien i stället är ett system af atomkrafter, samt att den materiella verlden är ett labilt, ständigt sig ändrande *jemnvigtstillstånd* mellan ganska många *sig korsande viljeverksamheter* (jfr. sid. 172—173), förföll äfven hvarje grund att antaga döda rester af en tidigare produktivitet, och vi funno numera det reala i hvarje moment af processen som *närvarande* viljeverksamhet, alltså verldens bestånd som en *oupphörlig skapelseakt* (jfr 195—196). Det är väl äfven meningen med den »andra följdsatsen» i början af den Schellingska naturfilosofien (Werke I. 3, sid. 16): »naturen *existerar* såsom produkt ingenstädes; alla enskildta produkter i naturen äro blott skenprodukter, icke den absoluta produkten, i hvilken den absoluta verksamheten uttömmer sig, och som aldrig *blir* och aldrig *är.*»

Denna uppfattning motsäger ingalunda, som det väl vid första påseendet skulle kunna synas, den fysikaliska grundsatsen, att en engång verkande orsaks verkan förblifver; ty det nya frambragta tillståndet, i hvilket den fysikaliska verkan består (t. ex. en rörelse af den eller den riktningen och hastigheten) förblifver i alla fall, *förutsatt* att föremålet förblifver, hvars tillstånd hon är, d. v. s. förutsatt att detta föremål oupphörligen sättes på nytt.

Det sammanhänger med denna uppfattning af verldens bestånd såsom en oupphörlig skapelse, att vi icke mera kunna betrakta viljandet som skildt från gerningen, *viljandet är sjelf gerningen.*

Tydligast kan man åskådliggöra för sig denna sanning hos atomviljan, såsom det blifvit utredt i kap. C. V och XI. Om det i psykologien företer sig annorlunda, så bör detta så förklaras:

1) bör gerning fattas i vidsträcktare betydelse än viljans yttre verksamblifvande; fattar man deremot gerningen i dess trängre betydelse, nämligen blott som verksamblifvandets *åsyftade* art, så är visserligen blott det viljande identiskt med gerningen, *som genomdrifver sin vilja,* men icke det, som väl handlar och verkar, men vid gerningens utförande hindras *i det åsyftade sättet* genom yttre, för det oöfvervinneliga hinder;

2) är blott det på *det närvarande* riktade viljandet identiskt med gerningen, men ett på framtiden riktadt viljande är också intet

egentligt kategoriskt *viljande*, utan blott ett hypotetiskt viljande, en *föresats* eller en *afsigt*;

3) förstår man under ordet gerning i psykologien blott ett hela personens handlande, men icke de af viljan frambragta hjernmolekylernas rörelser, hvilka icke hafva tillräcklig kraft i sig att framkalla en kroppens *yttre* handling, eller förhindras derifrån genom andra i motsatt mening verkande hjernsvängningar.

Derföre är inom psykologien visserligen blott individens *hela* närvarande viljande, d. v. s. resultaten af densammas alla liktidiga särskilda viljor och begärelser, identiskt med gerningen, under det att de liktidiga komponenterna uttömma sin verksamhet *på hvarandra* i hjernan, för så vidt de icke i resultanten öfvergå till gerning. Men strängt taget är äfven hjernmolekylernas rörelse ett viljans framträdande till yttre verksamhet, d. v. s. en gerning, och i denna betydelse är äfven hvarje särskildt begärande hos individen en gerning, blott att hon kanske genom andra hjernsvängningar förhindras från att förverkliga sig i hela sin möjliga vidd; t. ex. hungern alstrar hjernsvängningar hos tiggaren, som skulle tvinga honom att utsträcka sin hand efter brödet i bagarboden, men skygghet för att stjäla alstrar andra hjernsvängningar, som förhindra att denna kroppsrörelse blir gerning; men båda begärandena, det positiva som det negativa, yttra sig i sjelfva verket som hjernsvängningar. —

»Viljan i sig är potensen κατ᾽ ἐξοχήν, viljandet aktus κατ᾽ ἐξοχήν»; detta Schellings yttrande måste man för visso underskrifva. Så mycket är åtminstone allmänt erkändt, att viljandet måste betraktas som en aktus, som har en potens till grund, och denna potentialitet, om hvilken vi icke veta något vidare än detta, att den kan vilja, kalla vi vilja. För det som är en förmåga af att vilja måste äfven den *möjligheten* stå öppen, att under vissa omständigheter vara en förmåga af att icke vilja *), d. v. s. begreppet förmåga af att vilja innesluter i sig begreppet förmåga af att icke vilja eller: det poten-

*) »Sannerligen måste man a priori inse, vulgo *förstås det af sig sjelf*, att det som nu *frambringar* verldens fenomen, äfven måste *vara i stånd till att icke göra* detta, att således *förblifva i hvila*, — eller med andra ord, att det jemte den närvarande διαστολή äfven måste finnas en συστολή. Är nu den förra företeelsen af lifvets *viljande*, så blir den andra företeelsen af desammas *icke-viljande*. — Mot vissa fåvitska inkast anmärker jag, att förnekelsen af vilja till att lefva *ingalunda* innebär *tillintetgörelsen af en substans*, utan icke-viljandets blotta aktus» (bör heta förnekelsen af viljandets aktus); »*substansen*, som hittills *har velat*, vill *icke mera*. Då vi känna *väsendet*, *viljan* som ting-i-sig blott i och genom viljandets aktus, så äro vi oförmögna till att säga eller fatta, hvad det, sedan det uppgifvit denna aktus, vidare gör eller har för sysselsättning» (detta tillägg: »eller har för sysselsättning» är naturligtvis ganska opassande valdt); derföre är förnekelsen *för oss*, som äro viljandets fenomen, en öfvergång till *intet*» (Schopenhauer, Parerga, § 162). Det »i hvila förblifvande» initiativa väsendet är visserligen för oss, som stå på den aktuella realitetens ståndpunkt, lika med intet; dock kunna vi väl säga och fatta hvad det i sig är, nämligen *potentialiteten* af att vilja och icke vilja; detta har Schopenhauer öfversett, ehuru han egentligen sjelf har uttalat det i det ofvan anförda ordet »*i stånd till att*» (frambringa verlden eller icke). Det anförda stället ådagalägger, att de Schopenhauers anhängare, hvilka uppfatta viljan såsom ett väsen, som måste vilja och icke kan underlåta att vilja, häruti icke kunna åberopa sig på sin mästare, utan blott hafva förfuskat dennes djupare åsigter.

tiella är blott då ett riktigt valdt namn, om man dermed tillika betecknar en förmåga af att under vissa omständigheter icke vilja. Om nämligen denna möjlighet att under vissa omständigheter äfven vara icke-viljande vore potentialiteten betagen, så vore den negationen af förmåga af att icke vilja eller något som måste vilja, och visserligen icke något som vid vissa betingande omständigheter och för en viss tid måste vilja, utan något som evigt och oföränderligt måste vilja. Men detta skulle kullstörta potentialitetens begrepp och blott lemna qvar begreppet om det absoluta grundlösa viljandet, som från evighet till evighet vill. Så öfverflödigt som begreppet kraft är gentemot en evig rörelse, lika öfverflödigt vore begreppet vilja (såsom viljandets potens) gentemot ett evigt viljande; viljandet vore då en potenslös actus purus. Med detta antagande skulle hvarje möjlighet icke blott af en individuell, utan äfven af en universell förlossning vara förbi, hvarje hopp om att processen skall upphöra (vare sig afsigtligt och ändamålsenligt, eller blindt lagmässigt eller tillfälligt vara förstördt). En sådan uppfattnings tröstlöshet kan naturligtvis icke vara för oss någon instans emot densammas antaglighet eller sannolikhet; vi skola derföre i en annan riktning underkasta densamma en pröfning, för att se om den håller strecket.

Viljandets evighet betingar *processens oändlighet*, och detta både framåt och tillbaka. I processens oändlighet framåt ligger ingen svårighet, emedan denna oändlighet är gifven i hvarje moment, i hvarje nu, en blott ideal, postulerad, icke real. Den blifver evigt blott uppgift, antaget fortskridande under negation af ett slut, och hemfaller derför aldrig åt den fulländade oändlighetens motsägelse. Deremot blir processens i hvarje moment realiserade del städse ett rof för denna motsägelse. *Tänkandet* förmår lika väl med ändlöshetens overkställbara postulat från det gifna nu genomlöpa vägen tillbaka, som vägen framåt, men detta bevisar alls ingenting för den *reala* processen, hvilken vandrar i *omvänd* riktning mot hvad detta tänkande tillbaka i det förflutna gör. Oändligheten, som för tänkandet tillbaka blir ouppfyllbart idealt postulat, skall för den framåtgående processen vara färdiggjordt resultat, och här träder motsägelsen i dagen, att en (om äfven blott ensidig) oändlighet skall vara gifven som *fulländad* realisation. Äfven Schopenhauer har denna omöjlighet klar för sig (W. a. W. u. V., 3:dje uppl. 1, sid. 592 och sid. 593), den kommer blott för vårt problem hos honom af det skäl icke i betraktande, emedan han förnekar tidens — och dermed processens — realitet, och behandlar frågan om verldens begynnelse eller begynnelselöshet blott i subjektivt-idealistisk mening, hvarvid just tänkandet *i sig* finner en gräns lika litet tillbaka som framåt (sammastädes, sid. 594). Men processens *realitet* innesluter densammas ändlighet i riktningen tillbaka, d. v. s. dess början före en från nu räknad ändlig tid. Processens begynnelsepunkt (med och genom hvilken först tiden begynner) är alltså gränspunkten mellan tid och *tidlös* evighet; blott i den förra var viljan viljande, i den senare var hon alltså icke viljande. Härmed är bevisadt, att det viljande under vissa omständigheter äfven kan vara ett icke-viljande, hvarmed genast är satt nödvändigheten, att bakom det aktuella viljandet supponera ett något, som kan vilja (och icke vilja), en viljandets potentialitet, en vilja. Då bortom processens början denna potens var utan aktualitet, så står möjligheten öppen, att på nytt omständigheter kunna inträda, då den återigen blir en aktualitetslös potens, d. v. s. det är numera *möjligt*, att den reala processen äfven i riktningen framåt kan vara ändlig. (*Nödvändigheten* af processens blifvande slut kan icke bevisas ur processens eller tidens begrepp, utan blott ur *utvecklingens*, förutsatt att man antager att verldsprocessen är utveckling; — såsom jag uppvisat i slutet af den flera gånger här omnämnda uppsatsen: »Über die Umbildung der Hegel'schen Philosophie» i mina Ges. phil. Abhandl. N:o 77).

Af en fram eller tillbaka oändlig verldsprocess' omöjlighet följer alltså, att viljandet som sådant icke kan vara ett evigt, att det icke är ett yttersta, som hvarken har förmåga eller behof af vidare förklaring, utan att före dess uppkomst något måste hafva varit, som visserligen icke sjelf var viljande, men dock i sig innehöll förmågan af viljande. Men detta kalla vi den rena viljan. I det vi komma till detta begrepp genom erkännandet af det faktum, att ett och detsamma än vill, än icke vill, hafva vi i detta begrepp just satt förmågans af viljande och icke-viljande momenter. Men detta måste endast fattas som en kontradiktorisk, och icke som en konträr motsats. En konträr motsats är kampen inbördes hos det i en positiv och en negativ del söndrade viljandet, såsom vi antagit det vid verldsprocessens slut; här äro två mot hvarandra riktade species af genus »viljande» gifna, men icke-viljandet, om hvilket frågan är före processens början, är den blott privativa negationen af genus viljande öfverhufvud; ty först när ett positivt viljande redan är gifvet, kan en häremot riktad negation som aktivt-negativt viljande uppkomma. Förmågan af icke-viljande bör således lika litet som den af viljande fattas som aktiv förmåga, utan som blott passiv möjlighet att underlåta bruket af den aktiva förmågan.

Det numera utredda förhållandet mellan potens och aktus, vilja och viljande, synes nu visserligen vid första anblicken mycket klart och genomskinligt; emellertid blir detsamma på nytt mera inveckladt, så snart vi rikta vår uppmärksamhet på den reala öfvergången från den rena (ännu aktualitetslösa) potensen till viljandets aktus. Vi veta nämligen från kap. A. IV. att viljandet blott då kan verkligen existera, om det är bestämdt viljande, d. v. s. om det vill något bestämdt, och att bestämningen hos det som blir veladt är en ideal bestämning, d. v. s. att viljandet måste hafva en föreställning till innehåll.

Å andra sidan veta vi från kap. C. I, att föreställningen af sig sjelf icke kan blifva existentiell eller öfvergå från icke-vara till vara — ty eljest vore den ju potentialiteten eller viljan, eller innehölle denna i sig — att alltså blott viljan kan förläna den existens. Men här äro vi i en cirkel: viljandet skall först genom föreställningen blifva existentiellt, och föreställningen först genom viljandet. Genom viljan i sig, d. v. s. så vidt hon är blott potens och *icke* aktuell, kan dock visserligen ingen verkan (aktion) utöfvas på föreställningen, utan verka kan viljan uppenbarligen blott, för så vidt hon icke mer är blott potens. Om nu å ena sidan viljan såsom blott potens icke öfverhufvud kan verka, alltså icke heller på föreställningen, om å andra sidan väsendet såsom *egentligt* aktus först blir existentiellt *genom* föreställningen, och dock föreställningen *icke* kan *af sig sjelf* blifva existentiell, så blifver blott det antagandet öfrigt, att viljan verkar på föreställningen i ett mellan ren potens och verklig aktus likasom i midten stående tillstånd, uti hvilket hon visserligen redan utträdt ur den rena potentialitetens latenta hvila, alltså gentöfver denna redan synes förhålla sig aktuell, men dock ännu icke hunnit till real existens, till fullbordad aktualitet, alltså från dennas synpunkt betraktad ännu tillhör potentialiteten. Icke som nu detta mellantillstånd skulle som tidligt intervall insmyga sig mellan den före verlden vanliga hvilan och den reala verldsprocessen — detta är, som vi senare skola se, omöjligt — utan det representerar blott *initiativets* moment. Den som under namnet vilja vänjt sig vid att väsendtligen tänka initiativ skulle kunna säga, att det inom verldsprocessen alls icke gifves någon vilja i hennes betydelse, då viljandet här är ett ihållande, till skickelse öfvergånget tillstånd, vid hvilket blott ännu det ideala innehållet ändrar sig, och att blott detta moment af initiativ, som bestämmer viljans aktualisation för verldsprocessens hela fortvaro, är den sanna viljeakten. Så mycket är visst, att af de båda: vilja och föreställning initiativet endast kan tillskrifvas den första, och att viljans tillstånd i initiativets moment är ett annat, än det var före initiativet, och ett annat än det efteråt blir, när den ursprungliga impulsen har gjort sin skyldighet och genom föreställningens biträde öfvergått till full aktion. Då vi ännu närmare måste betrakta detta viljans tillstånd i initiativet (i Fichtes på det absoluta öfverflyttade »påstötning»), så behöfva vi en fast benämning för densamma, och välja uttrycket: »*tomt* (d. v. s. som är innehållet ännu förutan) viljande».

Äfven Schelling känner till detta tomma viljande; han säger (II. 1, sid. 462): »Men nu tränger sig på oss af sig sjelf en för allt det följande vigtig skilnad — mellan viljandet, som egentligen är föremålslöst, som vill *blott sig* (= allmän begärelse), och viljandet, som nu har sig och blir qvarstående som detta första viljandes alster.»

Det tomma viljandet *är* ännu icke, ty det ligger ännu före denna aktualitet och realitet, hvilken allena vi äro vana att fatta under predikatet vara; men det *antages* ej heller blott, såsom viljan i sig som ren potens, ty det är ju redan *följd* af denna, och förhåller sig således till henne som aktus; om vi vilja använda det riktiga predikatet, så kunna vi blott säga: det tomma viljandet *blir*, blifvandet begagnadt i sin imanenta betydelse, hvarest det icke betyder öfvergång från en form till en annan, utan *från det absoluta icke-varat (rent väsen) till varat*. Det tomma viljandet är *sträfvan efter varat*, hvilken först kan uppnå varat, när en viss yttre betingelse är uppfylld. När viljan i sig är den potentiella viljan (således förmågan att både vilja och icke vilja eller velle et nolle potens), så är det tomma viljandet den vilja, som har beslutat sig för viljandet (alltså icke mera kan icke vilja), den vilja, som visserligen vill vilja, men för sig allena icke kan bringa viljandet till stånd (velle volens, sed velle non potens), till dess föreställningen kommer till, *hvilken* hon kan vilja.

Det tomma viljandet är alltså så till vida aktuellt, som det *sträfvar* efter sitt förverkligande, men så till vida är det icke aktuellt, som det icke genom sig sjelft utan tillkomst af en yttre omständighet icke kan få *denna sträfvan* efter förverkligande *uppfylld*. Såsom tom form kan det först blifva verkligt existentiellt, när det hunnit sin *uppfyllelse*, men denna kan det *af sig sjelf* icke finna, emedan det är *blott form* och ingenting mer. Under det att alltså det bestämda viljandets sträfvan har till mål förverkligandet af sitt innehåll (att göra sig gällande gentemot motsatta sträfvanden), har det tomma viljandets sträfvan intet annat mål än det, att förverkliga *sig som form*, att *få fatt på* sig sjelf, att komma till vara, eller hvad som är detsamma, till viljande, d. v. s. *att komma till sig sjelf*.

En annan sträfvan, än denna, för att komma ut ur den rena, ännu icke varande formens tomhet, kan äfven alls icke tänkas hos den absolut föreställningslösa och blinda viljan. Man skulle kunna säga, att hennes innehåll och val vore negationen af hennes innehållslöshet, om detta icke vore i sig motsägande och tillika i sak oriktigt, så vidt dermed ett begripligt, d. v. s idealt innehåll vore antydt, så att det tomma viljandet då likväl skulle hafva ett ideellt innehåll och genom detta allena redan vara i stånd till en existens. Snarare är förhållandet ett positivt: potensen innehåller aktus' formala moment i sig såsom i-sig-varande, ännu icke såsom satt, och initiativet sträfvar derefter, att äfven *sätta* det såsom det som det i-sig-är, d. v. s. som aktus' rena form, men hvilket aldrig skulle kunna lyckas, så länge det andra lika oumbärliga momentet i aktus, nämligen innehållets moment, felades. Så stannar det, för så vidt icke det senare kommer *derjemte* till det tomma viljandet, vid ett oupphörligt *försök till anlopp*, utan att någonsin komma till *språng*, det stannar vid ett blifvande, af hvilket ingenting blir och ingenting resulterar. Viljandet att vilja *trånar* efter uppfyllelse, och dock kan viljandets form icke förr förverkligas, än den har fattat ett innehåll; så snart och för så vidt den gjort detta, är viljandet icke längre *tomt* viljande, icke mer viljande att *vilja*, utan *bestämdt* viljande, viljande af *något*. Det tomma viljandets tillstånd är alltså en evig trånad efter uppfyllelse, hvilken blott genom föreställningen kan gifvas det, d. v. s. det är absolut *osalighet*, qval utan lust, till och med utan paus. För så vidt det tomma viljandet är blott *momentan* impuls, hvilken genast i samma ögonblick den uppstår griper som sitt innehåll idén (som är väsensidentisk med impulsen, alltså icke kan undandraga sig den), så till vida kommer det realiter icke till den afsöndrade existensen af en dylik *före* verlden varande osalighet, ehuru den senare är verldsskapelsens betingelse, alltså natura prius.

Men väl kommer det äfven realiter till en det tomma viljandets *utom* verlden varande osalighet *bredvid* den uppfyllda verldsviljan. Ty viljan är potentiellt *oändlig*, och i samma mening är hennes initiativ, det tomma viljandet oändligt; men idén är enligt sitt begrepp *ändlig* (om än *i sig* mäktig af oändlig genombildning), så att äfven blott en ändlig del af det tomma viljandet kan af henne blifva uppfylld (och blott en ändlig verld kan uppstå). Det kommer alltså att qvarstå ett oändligt öfverskott af det hungriga tomma viljandet bredvid och utom den uppfyllda verldsviljan, hvilket öfverskott i sjelfva verket utan räddning hemfaller åt osaligheten ända till totalviljans återvändande till ren potentialitet. Läsaren erinre sig att enligt kap. C. III hvarje en viljas otillfredsställande eo ipso alstrar medvetande. Det *enda* innehållet hos detta enda utom verlden varande medvetande är icke en föreställning, utan den absoluta olusten och osaligheten, under det att i verlden (hos det uppfyllda viljandet) dock blott en relativ olust, d. v. s. ett öfverskott af olust öfver lust består.

Vilja och föreställning, som båda före den reala processens begynnelse voro något förutvarande, eller som Schelling säger: öfver allt annat varande, förena sig alltså i det tomma viljandets (partiella) uppfyllelse genom (hela) idén till det uppfyllda viljandet eller den velade idén, hvarmed aktus såsom real existens är uppnådd. Man kan gifva denna förbindelse mellan viljande och föreställning till det existentiella uppfyllda viljandet, hvilken förbindelse från viljans sida betraktadt är ett föreställningens *framdragande* och *gripande*, med samma rätt från föreställningens sida namn af ett *hängifvande* åt viljan, ty äfven hängifvandet är något helt och hållet *passivt*, hvilket icke fordrar någon positiv aktivitet, utan blott *utesluter* hvarje negativ aktivitet, *hvarje motstånd*. Det framgår här rätt klart, att vilja och föreställning förhålla sig till hvarandra som *manligt* och *qvinligt*; ty det blott qvinliga kommer aldrig öfver en motståndslös passiv hängifvenhet. Vilja vi vidare utföra bilden, så befinner sig idén före varat (såsom *rent* varande) i den saliga oskuldens tillstånd, men viljan, som genom sin öfvergång från oblandad potens till tomt viljande försatt sig i osalighetens tillstånd, rycker föreställningen eller idén med sig in i varats hvirfvel och processens qval; och idén hängifver sig deråt, offrar likasom sin jungfruliga oskuld för viljans slutliga förlossnings skull, som densamma icke kan finna af sig sjelf. Derigenom att idén är alldeles ur stånd till ett aktivt motstånd mot viljan, och att den blindt omkring sig gripande viljan alls icke kan underlåta att gripa idén, emedan den är det enda, som kan gripas och liksom ligger midt för viljans näsa, med ett ord derigenom, att viljans och föreställningens väsensidentitet gör det alldeles nödvändigt att de båda efter en gång gifven impuls måste komma tillsammans, blir ingenting ändradt i de bådas förhållande till hvarandra, snarare blir detsamma blott upphöjdt från att vara gifvet som obegripligt faktum till nödvändighetens sfer, och tillika derigenom ett bevis lemnadt för det här ofvan gjorda påståendet, att ett intervall af tomt viljande mellan initiativets moment och den reala verldsprocessen är omöjligt, emedan idén nödvändigt ser sig redan i vilje-initiativets första moment indragen i processens hvirfvel, så att början af den genom det tomma viljandet satta *obestämda* tiden tillika är början af den genom idén *bestämda* tiden. Af denna de båda öfver allt annat varande principernas *omfamning*, nämligen den till vara bestämda potentiatitetens och det rent varandes, *framalstras* alltså *varat;* såsom vi redan veta har det af fadern sitt »att», af modern sitt »hvad och huru».

Vi sågo att viljan är *omättlig;* hur mycket hon än må hafva, vill hon alltid hafva ännu mera, ty hon är *enligt potensen oändlig;* och dock kan hennes uppfyllelse aldrig vara oändlig, emedan en uppfylld och fulländad oändlighet vore den realiserade motsägelsen. Egentligen är det alltså alldeles likgiltigt, om det stycke af det tomma viljandet, som i föreställningen funnit en uppfyllelse, är stort eller litet, d. v. s. om verlden är stor eller liten (i extensiv mening), ty det uppfyllda viljandet skall städse förhålla sig till det tomma viljandet, som något ändligt till något oändligt, hvilket deraf är möjligt, emedan det förra förhåller sig till det senare, som aktus till potens. Då således det tomma viljandet är och förblir oändligt, så är det äfven för detta tomma viljandes oändliga absoluta osalighet alldeles likgiltigt, om bredvid hennes oändliga af ingen aldrig så ringa lust mildrade osalighet en verld af qval och lust består eller icke.

Vi märka i sanning ingenting af denna det tomma viljandets utom verlden varande osalighet, ty vi höra just *till verlden,* till det *uppfyllda* viljandet. Slutligen kunna vi alls icke hängifva oss åt den meningen, att den med föreställning uppfyllda viljan dock icke måste tåla betydliga otillfredsställelser och *olust*känslor (t. ex. atomkrafterna), om vi också med visshet kunna säga, att hon *före* det organiska medvetandets uppkomst icke kunde känna någon tillfredsställelse som *lust.* Enligt allt skulle den oändliga osaligheten perpetueras, om icke möjligheten af en radikal förlossning vore gifven.

Men denna möjlighet existerar, som vi veta, i föreställningens emancipation från viljan genom medvetandet; detsamma fordrar visserligen under processens förlopp ännu större offer, ty om det visserligen äfven låter oss känna lusten, så låter det oss derföre genom reflexionen desto mer tryckande känna olusten, så att den inom verlden varande olusten, såsom vi hafva sett, icke faller, utan stiger med medvetandets stegring; men genom den slutliga förlossningen blir denna smärtans stegring ändamålsenlig. Denna slutliga förlossning är väl förenlig med våra principer, ty om äfven vid verldens slut omedelbart den uppfyllda viljan bringas till omvändning, så är dock denna den allena aktuella och existentiella, och förhåller sig följaktligen *i afseende på sin reella makt* till det blott efter existens sträfvande tomma viljandet som ett *verkligt* till ett *overkligt*, såsom ett något till ett intet, ehuru af alldeles likartad natur. Blir alltså det existentiella viljandet plötsligen förintadt genom ett existentiellt viljande att icke vilja, bestämmer på detta sätt viljandet sig sjelf till icke-mera-viljandet, i det att totalviljandet, söndrande sig i två lika och motsatta riktningar, uppslukar sig sjelft, så upphör naturligtvis äfven det tomma viljandet att vilja (och oförmågan af att vilja), och återkomsten till den *rena* i sig varande potensen är fullgjord, viljan är åter hvad den var *före* allt viljande, en viljepotentialitet att vilja och icke vilja — ty *potentialiteten* att vilja kan visserligen på intet sätt fråntagas henne.

Det gifves nämligen i det omedvetna hvarken en erfarenhet eller en erinring, detsamma kan alltså äfven *icke altereras* genom den en gång tillryggalagda verldsprocessen, det kan hvarken erhålla något som det förut icke egde, eller hafva mistat något som det förut egt, det kan hvarken genom erinringen om den öfverståndna processens rikedom hafva uppfyllt sin tidigare, före verlden varande tomhet, eller genom den vid processen gjorda erfarenheten skaffa sig en insigt, för att vidare akta sig för återupprepandet af sitt föra faux pas (ty till allt detta skulle fordras erinring och minne, ja till och med reflexion); med ett ord: det finner sig i intet afseende annorlunda, än före denna process' första begynnelse. Men förhåller sig dermed så, och måste vid omöjligheten att i det omedvetna statuera en erinring hoppets förföriska illusion på en slutgiltig frid, ja äfven en sådan som kan njuta af sin slutgiltighet, efter verldsprocessens slut undanrödjas som en from inbillning, så blir otvifvelaktigt den möjligheten öppen, att viljans potens ännu en gång och på nytt besluter sig för viljandet, hvaraf då omedelbart den möjligheten följer, att verldsprocessen redan flera gånger kan på samma sätt hafva drifvit sitt spel. Låtom oss dröja ännu ett ögonblick, för att bestämma graden af en sådan sannolikhet.

Viljan, som kan vilja och icke vilja, eller potensen, som kan bestämma sig för varat eller icke, är det absolut fria. Idén är genom sin logiska natur dömd till en logisk nödvändighet, viljandet är den utom sig trädda potensen, hvilken förverkat sin frihet äfven att *icke vilja*, blott potensen *före* aktus är fri, är det af *ingen grund* mer bestämda och bestämbara, denna ogrund, som sjelf först är alltings urgrund. Så litet dess frihet utifrån är inskränkt, lika litet är hon det inifrån, hon blir först i det moment *inskränkt* inifrån, när hon äfven blir *förintad,* när potensen sjelf *affaller* från sig sjelf. Man ser genast att denna absoluta frihet är det enfaldigaste man kan tänka sig, hvilket fullkomligt öfverensstämmer dermed, att hon blott är tänkbar inom det ologiska.

Om det nu icke gifves det ringaste mera som bestämmer viljandet eller icke-viljandet, så är det matematiskt taladt en *tillfällighet*, om i detta moment potensen vill eller icke vill, d. v. s. sannolikheten $= \frac{1}{2}$. Blott der hvarest sannolikheten i hvarje af de möjliga fallen är $= \frac{1}{2}$, blott der hvarest den absoluta tillfälligheten drifver sitt spel, blott der är den absoluta friheten tänkbar. Frihet och tillfällighet äro såsom absoluta, d. v. s. sina relationer beröfvade begrepp identiska. På lika sätt fattar Schelling förhållandet, när han säger (II. 1, sid. 464): »Viljandet, som för oss är början till en annan, utom idén satt verld, är det urtillfälliga, urtillfälligheten sjelf.»

Vore nu potensen *tidlig*, så skulle, då ju tiden är oändlig, sannolikheten = 1, d. v. s. vara visshet om, att potensen *med tiden* äfven åter en gång besluter sig till aktus; men då potensen står *utom* tiden, hvilken ju först skapas af aktus, och denna utom tiden varande evighet i tidligt afseende icke det ringaste skiljer sig från momentet (likasom stort och litet icke ringaste skiljas åt i afseende på färgen), så är äfven sannolikheten, att potensen i sin utom tiden varande evighet skulle bestämma sig för viljandet, lika med den, att hon i momentet skulle bestämma sig derför, d. v. s. = $\frac{1}{2}$. Häraf framgår att förlossningen från viljandet icke kan betraktas som slutgiltig, utan att den blott reducerar viljandets och varats qval från sannolikheten 1 (hvilken den har under processen) till sannolikheten $\frac{1}{2}$, alltså gifver en vinst, som för praxis icke är att förakta.

Naturligtvis kan sannolikheten af det som efteråt kommer att ske icke röna något inflytande af det förflutna, alltså sannolikhetskoefficienten af $\frac{1}{2}$ för viljandets uppdykande i en framtid af potentialiteten icke derigenom förminskas, att potensen förut redan en gång beslutat sig för viljandet; men betraktar man a priori sannolikheten, att viljandets uppdykande ur potentaliteten under den samtliga verldsprocessen skulle förnya sig n gånger, så är densamma uppenbarligen = $\frac{1}{2}$ n, likasom den aprioriska sannolikheten, att n gånger efter hvarandra kasta upp kronsidan af ett mynt.

Då nämligen med en verldsprocess' slut tiden upphör, så har äfven ända till början af nästa process ingen *tidspaus* varit, utan saken är alldeles så, som om potensen *i momentet af* sin förra aktus' *förintelse* på nytt skulle hafva affallit från sig till aktus. Men det är klart att sannolikheten $\frac{1}{2}$ n vid växande n blir så liten, att den praktiskt är tillräcklig att lugna oss. —

3. Föreställningen eller idén.

Låtom oss nu öfvergå till det andra öfver allt annat varande, till *föreställningen*, och betraktom först ännu en gång dess förhållande till den platonska idén.

Aristoteles kallar de platonska ideerna *οὐσίαι*, ett uttryck som Plato sjelf, så vidt vi veta, aldrig begagnat, som i hvarje fall hos Aristoteles betyder något helt annat, än hvad vi nu förstå under namnet »substans», och som snarast borde öfversättas med »väsenheter». Hvad Plato sjelf beträffar, kan man knapt påstå att han uppfattat ideerna som objektiva existenser, och att han förnekat att de endast vore i själen eller ett blott vetande hos en person; vidare har han väl icke gått i förklaring af deras väsen, utan han nöjer sig dermed, att gentemot den sinliga verldens förgängliga flod ställa den som det verkligt varande (*ὄντως ὄν*), som det i och för sig varande (*ὂν αὐτὸ καθ αὑτό*) och det oföränderliga (*οὐδέποτε οὐδαμῇ οὐδαμῶς ἀλλοίωσιν οὐδεμίαν ἐνδεχόμενον*). När Aristoteles bestämmer detta närmare så, att han kallar idéerna *οὐσίαι*, så hafva deremot de senare platonikerna och den nyplatonska skolan förstått det så, att ideerna voro *gudomens eviga tankar.*

För Plato sjelf låg förmodligen bådadera lika nära, ty om äfven gudomens eviga tankar icke kunna vara substanser i modern mening, så är det dock alls ingen motsägelse att kalla dem *οὐσίαι* i aristotelisk mening, just emedan de äro gudomens *eviga* tankar, alltså hafva en evigt sig lika blifvande väsenhet.

Visserligen skulle Plato aldrig hafva medgifvit att de voro ett *vetande*, gudomens *medvetna* tankar, ty derigenom skulle de fullkomligt hafva beröfvats sin objektivitet, hvilken gällde för honom som hufvudsak. När Plato identifierar idén med det gudomliga förnuftet, så kan detta väl äfven förstås så, att han med en ganska förklarlig licentia i uttrycket identifierat väsendet med dess enda eviga verksamhet.

Det ligger alltså nära till hands att man under de platonska idéerna har att förstå (ett opersonligt väsens) *eviga omedvetna tankar*, hvarvid det »eviga» icke uttrycker en oändlig fortvaro, utan det utom tiden varande, öfver all tid upphöjda varat. Äfven för oss är den omedvetna föreställningen en utom tiden varande, omedveten, intuitiv tanke, som gentemot medvetandet representerar en helt och hållet objektiv väsenhet. Hufvudskillnaden mellan Platos och vår uppfattning ligger i den betydelse, som han gifver ordet »vara». Då han nämligen från Parmenides' synpunkt anser *oföränderligheten* som det sanna varats kriterium, synes oss nu oföränderligheten vara *likgiltig* för varat, hvaremot vi på det sanna varat ställa den ovillkorliga fordran af *realitet.*

Så kommer Plato dertill, att förklara idén såsom det i egentligaste mening varande, då vi deremot måste hålla den för något icke varande, hvarom längre ner blir fråga.

Hos Plato eger inom idéernas i sig varande rike en sådan desammas genomträngning af hvarandra rum, att alla innehållas i en idé. Äfven jag har flerestädes hänvisat på föreställningarnes ömsesidiga genomträngande af och innefattning uti hvarandra inom det omedvetna (t. ex. i fråga om ändamål och medel), ett tillstånd som helt enkelt följer af den omedvetna föreställningens tidlöshet, hvarest alltså de i det diskursiva tänkandet tidligt skilda tankemomenten nödvändigt måste finnas *uti* hvarandra. När Plato betecknar den samtliga idéverldens sammanfattning närmast pytagoreiskt abstrakt som det ena, men vidare bestämmer detta enas innehåll som det goda, så kunna vi icke nöja oss med någon af dessa bestämningar. Då det godas begrepp i etisk mening, som vi ofta anmärkt, icke kan öfverflyttas på det all-enda väsendet, hvilket Plato äfven tyckes känna, så skola vi uttyda det goda sjelft i platonsk mening som det högsta logiska ändamålet, som det alla smärre ändamål och medel bestämmande slutändamålet, som det allvisa verldsförnuftet sätter för sig. Så fattadt, töras äfven vi tillegna oss den platonska idéns enhet. Den i hvarje verldsprocessens moment aktualiserade idén är *en*, hvilken som integrerande beståndsdelar i sig innefattar alla biidéer, som liktidigt skola realiseras, och denna totalidés enhetspunkt är det oförändradt från processens början till dess slut sig lika blifvande verldsändamålet eller verldsprocessens slutändamål, hvilket visserligen i hvarje enskildt moment blott *implicite* tänkes med, men som teleologiskt bestämmer totalinnehållet i hvarje ögonblicks intuition som medel till detsamma. Ändamålet är satt af idén sjelf, och det för hvarje gång bestämda innehållet i det all-endas intuition bestämmer sig åter logiskt genom ändamålet; sålunda är samtliga innehållet i det all-endas intuition från processens början till dess slut idéns rena sjelfbestämning.

Vi töras dock ännu icke stanna härvid, utan måste vidare fråga: hvarför bestämmer idén sig sjelf så och icke annorlunda? Är denna sjelfbestämning nödvändig, som följer af dess egen natur, såsom vi måste antaga, så är frågan ju egentligen blott den, att lära känna denna idéns egendomliga beskaffenhet, till följd af hvilken den ser sig tvungen att bestämma sig sjelf så och icke annorlunda. Hafva vi först lärt känna denna idéns innersta natur, så besitta vi just det, hvaraf i kraft af hennes så och icke annorlunda preformerade sjelfbestämning idéns hela innehåll nödvändigt följer, så hafva vi vunnit det skarpaste enhetliga uttrycket för en princip, som vi hittills kallade idé, men som dock egentligen först då är idé, när och för så vidt den inträdt i varat, d. v. s. blifvit viljeinnehåll. Den sökta bestämningen för idéns innersta natur kan nu icke mera vara en till innehållet ideal eller material, ty den måste ju äfven bortom allt idealt innehåll (före verldsprocessens begynnelse) förblifva giltig; modersskötet för utvecklingen af idéverldens hela immanenta rikedom, grunden till den sig sjelf-bestämmande idéns preformation till detta och intet annat innehåll kan blott vara en formal (icke mera en material) princip, den måste vara samma idéns immanenta formalprincip, som är verksam vid hans sjelfbestämning af de ideala medlen för det ideala ändamålet, d. v. s. den *logiska* formalprincipen.

Med logik förstod man förut och till en del än i dag tankelära i vidsträcktaste omfång, men för att förstå hvad här menas med det logiska, måste man från detta alltför allmänna begrepp först afskilja allt specifikt psykologiskt och antropologiskt, t. ex. den speciella *metodläran*, hvilken gifver menniskan en ledning till att på det ändamålsenligaste sätt forska på mensklighetens olika gebit, och *kunskapsteorien*, hvilken undersöker problemet, om och huru medvetandet kan öfverskrida sin immanenta sfär och hinna till det i sig varande; man måste vidare derifrån afräkna ontologiens abstrakta skelett, *hvilket* det menskliga medvetandet med tillhjelp af kategorierna upprättat åt sig, för att bättre förstå det varande, men hvilket sjelf blott bildar en immanent del af idéns *innehåll*, och blott derigenom och för så vida *synes* vara formellt, som det är abstrakt. Slutligen måste man afsöndra allt det, som blott vidlåder den diskursiva formen af det logiskas verksamhet i medvetandet och icke det logiska såsom sådant, alltså i-sär-tagandet af de logiskt sammanhöriga momenten, analogt med i-sär-tagandet af en lysande punkt hos en lysande linea i den snabbt roterande spegeln. Den logiska formalprincipen är den, som åstadkommer, att momenten, som i medvetandets diskursivt-logiska tankeprocess referera sig till hvarandra (t. ex. lederna i en slutledning), stå till hvarandra i verkligt *logisk* relation; men att de sig refererande momenten diskursivt äro tagna i sär från hvarandra, kommer blott af det medvetna tänkandets beskaffenhet, och icke af det logiska, hvilket enligt sin natur är evigt omedvetet och till och med i medvetandets diskursivt-logiska process verkar mellan hvarje led som tidlös omedveten faktor, så att det ej är att förvåna sig öfver, att det såsom just sådant äfven träder i verksamhet hos den omedvetna idéns och dess sjelfbestämnings immanent intuitiva tänkande. Det logiska är teologiskt taget det gudomliga förnuftet, metafysiskt taget det allra enklaste urförnuft, från hvilket allt förnuftigt först härleder sig; såsom urförnuft är det den formala regulatorn hos den sig sjelfbestämmande idéns innehåll, är det öfverhufvud den formala sidan af det all-endas omedvetna intuition, hvars innehåll eller materiela sida är idén i inskränktare mening; slutligen är det det preformerande modersskōte, ur hvilket den ännu icke varande idén utvecklar sig vid verldsprocessens begynnelse.

Skola vi nu närmare beteckna hvad det logiska eller urförnuftet är, icke för idén utan i sig sjelft, så måste vi hålla oss till den logiska formalprincipens gamla bestämning genom identitets- och contradictionslagen, d. v. s. icke till dessa satsers diskursiva uttrycksform, utan till det i dem innehållna logiska momentet. Båda äro ett, och endast samma saks positiva och negativa uttrycksform, men tillika äfven samma princips positiva och negativa verkningssätt. Den logiska formalprincipen i identitetssatsens gestalt är alldeles oproduktiv (A = A leder till intet); det har varit alla logistiska filosofers villfarelse, att de ansågo den logiska principen vara positivt fruktbar, och till och med inbillade sig att genom densamma kunna hinna till ett positivt innehåll hos verlden, till ett positivt slutändamål hos densamma. All positiv teleologi är derföre ett dödfödt barn, emedan det positiva ändamålet måste vara skapandet af den logiska principen i positiv mening, men den senare i positiv gestalt alls icke kan skapas, ja icke en gång komma ut ur sig sjelf till en process, utan måste förblifva vid sig sjelf i den rena identiteten.

Annat är det med den negativa gestalten. I denna visserligen kan den logiska formalprincipen först då träda i verksamhet, när ett ologiskt är förhanden, mot hvilket det logiska med sin negation kan upphöja sig. Den inre motsägelsen hos det tomma viljandet, som vill vilja och dock icke kan, som sträfvar efter tillfredsställelse och erhåller otillfredsställelse, är ett sådant ologiskt; viljandet sjelft är negationen af identitetssatsen, i det att det omstörtar förblifvandet i identitet med sig sjelf, och fordrar att A (den rena potensen) icke förblifver A, utan förändrar sig till B (aktus), det är alltså det positivtlogiskas negation, och utfordrar dermed den logiska formalprincipen till verksamhet i negativ mening *). Det logiska negerar negationen

---

*) Det torde knapt vara nödigt att erinra derom, att det »ologiskas» och »logiskas» bestämningar, som här härledts af de båda principernas (»vilja» och »omedveten intuitiv idé») natur, redan förut blifvit bevisade på induktiv väg. Kapitlet

af sig sjelf, det säger: »motsägelsen (nämligen mot mig, det logiska) skall icke vara!», och i det det säger så, sätter det åt sig just dermed ändamålet, nämligen det ologiska viljandets upphäfvande. Visserligen är detta ändamål, som följer af den logiska principens negativa verksamhetssätt, sjelf blott ett negativt, mot viljandets verkligen positiva riktadt, som endast från det logiskas ståndpunkt synes ett relativt negativt. I samma mening skall äfven från det logiskas ståndpunkt ändamålet af viljandets upphäfvande framställa sig som negation af negationen af sig sjelf, d. v. s. som dubbel negation, d. v. s. som något relativt positivt, men från det ologiskas ståndpunkt blir ändamålet ett rent negativt, hvilket bestyrkes genom resultatet, återförandet till intet. Derföre äro vi äfven nödsakade att fasthålla vid uttrycket ett negativt slutändamål i motsats mot det omöjliga positiva slutändamålet (i betydelsen af ett utflöde ur den logiska principen i dess positiva gestalt), och måste eftertryckligen betona, att här teleologien öfverhufvud i sista hand blott derigenom blifvit räddad, att det förvända i allt sökande efter ett positivt ändamål och det ohållbara i all *positiv* teleologi ur det logiskas egen princip blifvit insedt, och i dess ställe en negativ teleologi uppfattad, d. v. s. en teleologi med absolut taget negativt slutändamål, men som för den logiska betraktelsens ståndpunkt till följd af den i henne innehållna dubbla negationen är lika positiv, som en omedelbart positiv teleologi någonsin skulle kunna vara det.

Vi inse alltså, att vi måste gå ut öfver Platos bestämning af den enda idén såsom det godas idé eller ändamålets, och komma till den högre bestämningen af den ideala principen som den formal-logiska. Så bör icke idéernas evighet förstås, som om de samt och synnerligen på samma sätt, som de sedermera en gång blifva realiserade, skulle från början och i all evighet ligga sammanpackade i det ideella, och blott väntade på viljan, som realiserar dem; ty då måste det oändliga tomma viljandet i ett slag förverkliga hela detta idéförråd, hvilket blott blefve ett evigt kaos, men ingen utveckling. Snarare måste ideerna alltid blott efter det mått genom sjelfbestämning utveckla sig ur sin formalprincip, allt efter som de genom viljan blifva under utvecklingens förlopp realiserade, och detta mått är bestämdt genom det konstanta slutändamålet å ena sidan, och genom verldens för-

---

öfver tillvarons elände hade nämligen induktivt bevisat, att denna verlds existens är sämre än hennes icke-existens skulle vara, att alltså verldens »att» eller hennes existens har en oförnuftig eller ologisk princip att tacka för sin uppkomst, men tillika äfven att denna princip, som fortfar att göra verlden eländig, är *viljandet*. Å andra sidan har det af alla de föregående undersökningarne visat sig, att verldens »hvad» är helt och hållet ändamålsenligt och vist inrättadt, och derigenom hänvisar på en vis och logisk princips inverkan, hvilken princip vi i dess verksamhet hafva lärt känna som omedveten intensiv *föreställning*. Det syntes mig fördelaktigt att här ännu en gång ådagalägga att äfven den omvända vägen för till det helas resultat, d. v. s. att äfven af de till det all-endas attributer utvidgade psykiska elementarfunktionerna »viljande och föreställande», som sådant betraktadt, redan utan vidare desammas ologiska och logiska karaktär följer, emedan på detta sätt det organiska sammanhanget inbördes mellan den genomlupna tankekretsens alla leder alltid måste framträda tydligare.

hvarje gång uppnådda utvecklingsgrad å den andra sidan. Idéernas evighet bör alltså förstås icke såsom evig, om äfven blott ideal *existens*, utan blott som evig preformation eller möjlighet. Det logiska måste tänkas i sig som ren formalprincip, hvilken först i det andra af sig sjelf, det ologiska, uppväckes till immanent ideal produktivitet. Man kan säga: det finnes ingen *ren* logik, d. v. s. ingen det logiskas verksamhet rent i och för sig sjelf, det finnes blott *använd* logik, d. v. s. det logiskas verksamhet i och för ett annat, det ologiska. Först genom *använd* logik uppfyller sig den ideala principen, som primo loco är blott formalprincip, med ett ideellt innehåll (först och främst ändamålet och sedan gradationen af medel till detta ändamåls uppnående).

Så uppfattad, öfverensstämmer äfven vår ideala princip väsendtligen med Hegels (ty Hegels absoluta idé är ingenting annat än det, hvartill tankens tomma skal, det med intet identiska rena varats begrepp här i kraft af sin immanenta logiska formalprincip sjelf bestämt sig under utvecklingens framskridande) — blott att man i ordet »absolut idé» har ett tomt tecken, hvilket först uppfyller sig, när man har genomlupit hela utvecklingen, då deremot det »logiska», såsom för hvar och en är tydligt, betecknar sjelfbestämningens formala moment i den utom tiden varande ideala utvecklingen.

Den i sig varande idéns process är, såsom Hegel sjelf säger, en *evig*, d. v. s. *utom tiden varande*, således är den äfven egentligen ingen process, utan ett evigt resultat, ett i-ett-vara af alla sig ömsesidigt bestämmande moment från evighet till evighet, och detta i-ett-vara af de hvarandra bestämmande momenten *företer sig* för oss blott som process, när vi i det diskursiva tänkandet på konstladt sätt draga dem i sär från hvarandra. Redan på denna grund kan jag icke medgifva, att den logiska bestämningen af det, som i hvarje moment träder ut till verklighet, sker genom dialektik i den Hegelska meningen, emedan inom den utom tiden varande evighetens gebit, hvarest man i alla fall skulle kunna tala om ett fredligt bredvid- och i-hvartannat-vara af hvarandra motsägande föreställningar, ingen process är möjlig, hvilken nödvändigt förutsätter tiden, hvaremot hos den i ett bestämdt moment verkligblifna delen af den absoluta idén åter den Hegelska dialektikens hufvudfordran, motsägelsens existens, felas, helt och hållet bortsedt derifrån, att en dialektisk process i Hegelsk mening blott skall ega rum mellan begrepp, dessa det diskursiva tänkandets kryckor, då deremot allt omedvetet tänkande rör sig uti konkreta intuitioner.

Då Plato, som egentligen ännu ej hade någon aning om naturlagarne, äfven antog transcendenta idéer för allt, hvarifrån han kunde abstrahera sig gemensambetsbegrepp, så var detta en barnslig ståndpunkt, hvilken, som Aristoteles berättar, sedan skall hafva uppväckt grundade betänkligheter hos honom sjelf.

Vi veta nu, att hela den oorganiska naturen är en följd af atomkrafter, som fullfölja sin verksamhet efter hennes *immanenta lagar*, (hvilka, äfven de, höra till hennes idé), och att först med organismernas uppkomst verkligt nya idéer träda fram. Vi veta äfven, att, likasom samtliga idéer äro bestämda utur det logiska och egentligen samt och synnerligen ej annat äro, än det logiskas användningar på gifna fall, sammalunda verldsprocessens idé är det *logiskas användning på det tomma viljandet.* Hos Hegel är det senare representeradt af det logikens begynnelse- och utgångspunkt bildande, med intet identiska rena varat, ty detta är den enda gestalt, under hvilken den för det logiska främmande *driften* till utgång från sig sjelf kan framställa sig för det logiska.

Vi hafva sett, att idén först blir existent, när viljan fattar honom som innehåll, och dermedelst realiserar honom; men hvad är han då förut. I hvarje fall *ännu icke existent*, ett öfvervarande likasom viljan eller det tomma viljandet. Likasom viljan i viljandet råkar utom *sig sjelf* (såsom potens), så blir idén genom viljan satt utom *sig sjelf* (såsom öfvervarande). Detta är den radikala skilnaden mellan båda, viljan sätter sig *sjelf* ut ur sig, idén *blir* af viljan satt ut ur sig (såsom en i icke-varats tillstånd befintlig) till vara.

Skulle idén af sig sjelf kunna öfvergå till vara, så vore han ju *varats potens,* vore alltså sjelf vilja. Men å andra sidan kan äfven icke den ännu till vara satta idén *alls icke vara till* (οὐκ εἶναι), eljes skulle äfven viljan icke kunna göra någonting af *honom;* han kan blott vara ett ännu icke i eminent mening varande (μὴ ὄν). Om han nu hvarken får vara verkligt vara, eller varats potens, eller alldeles intet, hvad blifver då öfrigt? Språket saknar till beteckningen af detta begrepp hvarje lämpligt ord; närmast skulle man kunna beteckna detta tillstånd såsom ännu *latent* vara, hvilket äfven då, när det af viljan göres till uppenbart, dock aldrig når till att vara för sig, utan alltid blott till varat såsom ett actu varandes ideala innehåll. Från aktus skiljer sig idéns latenta vara före hans position genom viljan derigenom, att man vid ordet aktus å ena sidan ovillkorligen städse tänker på en förutgången potens, som här felas, och å andra sidan på ett *verkligt* vara, ett verksamt handlande, hvars strikta motsats bildas af detta stilla, lugna, helt och hållet i sig slutna, aldrig af sig sjelf från sig sjelf utträdande latenta vara. Ordet aktus passar alltså på sin höjd endast så till vida in, som detta tillstånd likasom aktus' tillstånd bildar en *motsats till potensen*, men en motsats som är af helt *annan* art än aktus' motsats. Schelling söker tydliggöra detta begreppens förhållande derigenom, att han betecknar detta tillstånd såsom actus purus, d. v. s. såsom ett rent eller från potensen fritt actus, eller bestämmer detta μὴ ὄν på tyska såsom »det rena, d. v. s. potenslösa varandet». Men det är klart att dessa uttryck ingalunda äro lyckliga, då de trots alla tillfredsställande förklaringar dock alltid måste göra intrycket af något »hårdsmält». Denna uttryckets bristfällighet, hvilken uppstår genom fåfäng kamp med språkets gränser, gör dock ingalunda intrång på resultatet, nämligen att idén före sitt indragande i varats hvirfvel genom den till vara upphöjda viljan måste tänkas i ett relativt icke varande tillstånd, hvilket, upphöjdt öfver det ur viljans och idéns kooperation framträdande reala varat (d. v. s. öfvervarande), måste i denna öfvervarande betydelse tänkas såsom ett potenslöst (alltså äfven väsenlöst) förborgadt, stilla, rent vara. Lika nödvändigt som Schelling fördes till denna bestämning, måste äfven Hegel gifva idén såsom hans första och ursprungligaste bestämning den af rent vara, hvilken bestämning i jemförelse med ett senare uppfyldt vara är så godt som intet, — blott att i Hegels panlogism genom denna bestämning det ologiska derjemte insmugglas på köpet såsom processens initiativmoment. — Hade vi betecknat viljan före hennes upphöjande som ren potens eller ren *förmåga*, så kunna vi beteckna idén före hans öfverförande till vara som den rena *möjlighetens* rike. Båda begreppen öfverensstämma deri, att bestämma sitt föremål genom en relation till något tillkommande; men skillnaden är, att denna relation är hos »förmågan» en *aktiv*, hos »möjligheten» en *passiv*. Viljan tillåter såsom i sig enkel och rent formell icke mera någon delning; hos idén åter hafva vi att åtskilja för det första den ideella *principen* såsom sjelfbestämningens formella moment, och för det andra idén såsom den oändliga rikedomen af de möjliga utvecklingsformer, hvilka han gömmer i sitt sköte. Så vidt som samtliga de senare genom det logiskas »rentvarande» formella moment äro predestinerade för hvarje alstrings möjliga fall, stå de implicite såsom blotta ideella möjligheter fullkomligt i samma eviga logiska förhållande, som dokumenterar sig hos dem vid deras utträdande till vara. Men för så vidt de i eminent mening bilda den blotta möjlighetens rike, och i helt annan mening än den dem till grund liggande formal-logiska principen, från hvilken de skola utveckla sig, när en gång deras timme slår, så till vida kan det deras modersköte tillkommande predikatet det latenta (eller enligt Schelling det rena) varat icke på något vis tilläggas dem, utan detta predikat måste reserveras åt idén såsom den ideala sjelfutvecklingens formellt-logiska princip.

Vi hafva sett att viljan, nogare taget det tomma viljandet, är det som öfverhufvud flyttar idén från sitt i-och-för-sig-vara till ett för-annat-vara, i det att det en gång för alla rycker honom till sig som sitt innehåll, men att idén *såsom* viljans uppfyllelse bestämmer och utvecklar sig sjelf i kraft af sitt logiskt formala moment.

Denna sats blifver giltig från det första moment, då idén genom viljan sättes utom sig, ända till det ögonblick, då varat slocknar med viljans omvändning; i hvarje ögonblick är föreställningarnes summa, hvilken bildar viljans innehåll, bestämd, nämligen denna bestämda grad af den enda verldsidéns utvecklingsprocess, hvilken grads inre mångfald hon utgör, och är hon, då denna verldsidéns utvecklingsprocess är en rent logisk, helt och hållet och uteslutande *logik*, eller hvilket säger detsamma, i afseende på sitt »hvad» *satt med logisk nödvändighet*. Då nu, som vi veta, verldens »hvad» i hvarje ögonblick blott är viljans realiserade innehåll, så är äfven verldens »hvad» i hvarje verldsprocessens ögonblick bestämdt genom logisk nödvändighet. Emedan det är logiskt nödvändigt (för slutändamålet), att utveckling (för medvetandets uppkomst och stegring) må finnas, emedan utvecklingens nödvändighet innefattar tidens nödvändighet, alltså tiden och innehållsförändringen i tiden hör till idéns eget logiskt nödvändiga innehåll, derföre framställer sig äfven detta innehålls förverkligande som bestämd tidlig process (jfr. härmed det sid. 120 öfver rummet sagda).

Ofvannämnda sats gäller lika väl för hvarje enskilt skeende som för det stora hela, ty hvarje enskildt bildar ju en integrerande del af det hela, och är såsom en sådan integrerande del *bestämdt genom* det hela, och hvarje enskildt varande och skeende till sitt »hvad» är endast helt och hållet idé, alltså led uti den hvarje tid enda och hela verldsidéns inre organiska nödvändighet. Är nu verldsidéns *totalinnehåll* i hvarje moment alltigenom *logiskt* bestämdt (nämligen å ena sidan genom det stabila slutändamålet, å andra sidan genom den utvecklingsgrad, processen i det sista momentet uppnått), och är hvarje enskild *del* bestämd genom det *hela*, så är äfven *hvarje enskildt* varande och skeende i hvarje moment *logiskt* bestämdt och betingadt. När alltså denna lössläppta sten faller, så sker fallandet med den eller den hastigheten af ingen annan orsak, än emedan det under dessa omständigheter är *logiskt* nödvändigt, emedan det vore ologiskt, om någonting annat i detta ögonblick passerade med stenen. *Att* stenen som jag nu släpper lös, faller, ligger i viljandets fortvaro utöfver detta ögonblick; men att han *faller*, och faller med den eller den hastigheten, det beror derpå, att det är *logiskt* att det så sker, och att det vore ologiskt om annorlunda skedde. Att öfverhufvud något passerar, att verkan *följer derpå*, beror på viljan; att verkan, *när* den följer, *med nödvändighet* följer *som denna* och ingen annan, beror på det logiska. Att indirekt orsaken är det bestämmande för verkan, är alldeles klart, ty *blott under dessa förhållanden*, som man sammanfattar under ordet »orsak», är det logiskt att denna verkan följer.

Härmed är kaussaliteten begripen som logisk nödvändighet, hvilken genom viljan erhåller verklighet.

Om vi nu hafva lärt känna ändamålet, som det logiskas positiva sida, så töras vi numera obetingadt underskrifva Leibniz' sats: »caussæ efficientes pendent a caussis finalibus»; men vi veta äfven att han blott uttrycker en del af sanningen, att *hela* verldsprocessen till sitt innehåll blott är en logisk process, men till sin instans en kontinuerlig viljeakt. Först derigenom att kaussaliteten likasom finaliteten begripas som logisk nödvändighet, först derigenom att processens logiska nödvändighet i alla processens moment fattas som det allmänna och kaussalitet och finalitet (vi skulle som ett tredje kunna tillfoga »motivation») fattas som olika *projektioner*, i hvilka det allmänt bestämmande, under olika synpunkter betraktadt, framställer sig, blott derigenom, säger jag, har i grunden en allmän teleologisk uppfattning af verldsprocessen blifvit möjlig. Ty om hvarje processens moment helt och hållet och utan rest skall vara som led i kaussalitetskedjan, och hvarje moment tillika helt och hållet och utan rest som led i finalitetskedjan, så är detta blott möjligt under en af följande tre betingelser: antingen hafva kaussalitet och finalitet sin identitet i en *högre enhet*, af hvilken de blott bilda olika sidor af uppfattning genom menniskans diskursiva tänkande, eller stå båda kedjorna i en *prestabilierad harmoni*, eller stämmer den närvarande leden i kaussalitetskedjan blott *tillfälligtvis* öfverens med den närvarande leden i finalitetskedjan. Tillfälligheten vore möjlig en gång, men icke i beständigt återupprepande; den prestabilierade harmonien är ett under eller frånsägelsen af att begripa, alltså blir blott det första fallet öfrigt, så framt man ej med Spinoza vill helt och hållet uppgifva finaliteten.

Den logiska nödvändighetens begrepp är detta högre af kaussaliteten, finaliteten och motivationen; all kaussal, final och motivatoriskt-deterministisk nödvändighet är *blott* derför nödvändighet, emedan den är *logisk* nödvändighet. Det är *falskt* att med Kant och så många nyare påstå, att det ej finnes något annat än ett *subjektivistiskt* begrepp af nödvändigheten, men det är *riktigt* att allt skeende och varande som sådant vore en *fakticitet* utan all nödvändighet, om icke det *formellt-logiska momentet införde* nödvändighetens tvång i den objektiva realiteten *alldeles på samma sätt*, som vi blifva medvetna derom i det subjektiva tänkandet. Men den som en gång medgifver verldens objektiva (af subjektets framträdande till medvetande oafhängliga) realitet, han *kan* icke mera förneka nödvändigheten af naturlagarnes verkningar, om han icke vill taga den orimligheten med på köpet, att antaga den fakticitetens beskaffenhet, hvilken de empiriskt undantagslösa *reglernas* abstraktion tillstädjer och pålägger oss, vara en tillfälligtvis så uppkommen. Då sannolikheten af en sådan beständigt återkommande tillfällig uppkomst, som nödgar oss till att uppställa den abstrakta regeln, är oändligt ringa, så gränsar sannolikheten derom, att den subjektivt abstraherade regeln motsvaras af en objektiv nödvändighet, som ligger till grund för den förra, till ren visshet. Lika visst som att en objektiv nödvändighet består i verlden, lika visst är det, att allt skeende i verlden är ett logiskt bestämdt och betingadt, emedan just nödvändighetens begrepp blott är hållbart som *logisk* nödvändighet. Så och blott så lösas de svårigheter, som förorsakats af kaussalitetsbegreppet från Hume ända till Kirchmann.

4. De båda attributens identiska substans.

Vi komma nu till den frågan, om idén är attribut eller substans, om han är tanken hos ett före, bakom eller öfver honom varande, eller om han å sin sida sjelf är ett *yttersta*. Vi hafva sett att Plato icke bestämdt beslutit sig för någondera af dessa uppfattningar. Hegel påstår att begreppet är den all-enda substansen, att idén är Gud, då deremot Schelling förnekar begreppets af Hegel postulerade sjelfrörelse (Werke I, 10, sid. 132): »Det ligger alltså i denna angifna nödvändiga rörelse en dubbel villfarelse:

1) i det *begreppet* substitueras under tanken och *detta* föreställes såsom något sig sjelf rörande, och dock begreppet för sig sjelf skulle ligga alldeles orörligt, så framt det icke vore begrepp hos ett tänkande subjekt, d. v. s. om det icke vore tanke;

2) i det man förespeglar sig, att tanken blir blott genom en i honom sjelf liggande nödvändighet vidare framdrifven, ehuru han dock uppenbarligen har ett ändamål, efter hvilket han sträfvar.»

Först måste jag anmärka, att skillnaden mellan båda uppfattningarne om äfven teoretiskt rätt vigtig, dock knapt är så betydande, som den vid första anblicken skulle synas, emedan vi här redan befinna oss i en det öfver-varandes region, hvarest våra begrepp lemna oss alldeles i sticket, och till och med der, hvarest de synas oss tillfredsställande, väl svårligen äro i stånd att till samma grad uttömma denna transcendenta objektivitet, som metafysikern blott alltför lätt inbillar sig.

Likafullt står så mycket fast, att, af hvad slag än den eller de yttersta metafysiska principerna i ett system måtte vara, vårt tänkande städse befinner sig under det oundvikliga tvånget, att antingen fatta desamma som funktionerande substanser, eller också antaga en substans bakom dem, som hvars attributer de förete sig, och hvilken funktionerar som verksamt subjekt, när principerna träda i verksamhet. Så kunna vi icke annorlunda tänka oss den Hegel'ska idén eller det omedvetna intuitiva förhållandet, än att antingen han sjelf upphöjes till substans, eller också bäres af en annan substans som attribut; vi hafva likaså vid Schopenhauers vilja endast valet emellan att hypostasera viljan sjelf eller anse henne som attribut hos en bakom henne liggande substans. Vårt tänkande är alldeles ur stånd till att tänka sig en funktion utan verksamt subjekt, hvilket tillika såsom på sig hvilande yttersta princip måste vara metafysisk substans; vi kunna icke tänka oss föreställandet utan ett föreställande, viljandet icke utan ett viljande subjekt, och frågan handlar blott derom, huruvida vi vilja och kunna tänka oss såsom föreställande subjekt idén sjelf, såsom viljande subjekt viljan sjelf, eller om vi finna oss föranlåtna att antaga en bakom dem liggande bärare af viljandets och föreställandets attributer. Denna tankenödvändighet går till och med tillbaka ännu bakom funktionerna som sådane, och förföljer principerna till deras öfver-varande hvilas och löndoms tillstånd; till och med der måste vi vid potentialiteten och det rena varat göra skillnad mellan *det, hvad* som är potens eller rent vara, och potensens eller det rena varats *yttringar*. Nödvändigheten af denna skilnad inom vårt tänkande kan icke bestridas; frågan är endast, huruvida man vill ignorera skilnaden som blott subjektiv, eller om man vill låta den gälla som transcendent objektiv, en fråga, som väl knapt a priori torde kunna afgöras.

Det förra måste Hegel göra, om han skulle uppfordras till detta alternativ, det senare är Schellings ståndpunkt. I förra fallet anger man *hela* idén eller *hela* viljan utan afseende på denna skillnad som substans, i senare fallet sätter man det funktionerande eller det yttringen bärande subjektet som substans, funktionen eller yttringen som attribut; i förra fallet är idén eller viljan det *hela*, alltså *substans* och attribut *tillika*, i senare fallet blifva de i inskränktare mening blott funktionen eller det i yttringen framträdande, alltså blott *attribut*, och förutsätta en substans bakom sig såsom deras funktionerande subjekt eller deras bärare.

Vigtig blir skillnaden först då, när det handlar om en tvåhet af principer och om deras förhållande till hvarandra. Hegel och Schopenhauer, som hvar och en blott låter den ena af de båda principerna gälla, hafva följdriktigt icke mer någon orsak till att genomföra denna skillnad, som skulle för dem vara *värdelös;* men så vida som *behof-*

vet af enhet mellan de båda principerna, idé och vilja, gör sig gällande, är utförandet af denna skillnad erforderlig. Om nämligen äfven föreställandets och viljandets funktioner eller yttringar äro olika, så hindrar detta dock icke att sätta det substantiella af båda principerna, eller båda funktionernas subjekt, *det hvilket* har föreställning, och *det hvilket* har vilja, som *ett och detsamma*. Så vidt som båda principernas substantiella identitet och blott funktionella i yttringar framträdande olikhet är erkänd, hafva vi *uppnått Spinozas enda substans med två attributer.*

Det oaflåtliga behofvet af viljans och föreställningens väsentliga eller substantiella identitet är alltså tillika det afgörande momentet äfven för frågan om den substantiella eller attributiva karaktären hos idén för sig och viljan för sig. Detta behof är alldeles oafvisligt. Vore vilja och föreställning skilda substanser, så kunde man lika litet afse möjligheten af ett desammas inflytande på hvarandra, som man kunde tänka på möjligheten af en real verkan inbördes mellan skilda individer enligt en konseqvent pluralisms principer; man kunde icke inse huru det ena skulle träda i relation till det andra, huru viljan skulle kunna draga till sig det logiska som innehåll, huru det logiska skulle kunna finna sig föranlåtet till en reaktion mot ett för detsamma alldeles främmande ologiskt, som ej det ringaste angick det, och mot det senares förnuftsvidriga handlande. Om det deremot är *ett och samma* väsen, hvilket är dessa båda, d. v. s. af hvilket och till hvilket de äro attribut, så är bådas innerliga konnex så *sjelfklar*, att motsatsen blir alldeles *omöjlig*. Hvad det ena är, är äfven det andra; det viljande är det föreställande, och det föreställande är det viljande — blott viljandet och föreställandet äro olika, icke det viljande och föreställande. Viljandet är förnuftslöst, men det viljandes förnuft är just idén; föreställandet är kraftlöst, men det föreställandes kraft är just viljandet. Det är ingen konträr motsats mellan en och samma verksamhets motsatta riktningar, ty en sådan skulle upphäfva sig till resultatet noll, eller på sin höjd låta ett öfverskott bestå af den *ena* qvantitativt öfvervägande riktningen; det är också ingen negativt kontradiktorisk motsats mellan två leder, af hvilka blott den ena är positiv, men den andra negativ eller privativ i förhållande till denna, utan det är en positivt kontradiktorisk motsats, hos hvilken hvarje led är positiv på ett helt annat område, alltså visserligen i relation till den andra, som icke är hvad den andra är. En sådan motsats involverar ej heller någon motsägelse; viljan och det logiska eller makt och vishet hos det absoluta motsäga hvarandra lika litet, som rodnaden och doften hos en ros, eller godhet och sanning hos en menniska motsäga hvarandra. Det är icke två lådfack hos det absoluta, af hvilka det ena innesluter den förnuftslösa viljan, det andra den kraftlösa idén, utan det är två poler hos samma magnet med motsatta egenskaper, på hvilkas motsats i deras enhet verlden beror; liksom det hos en magnet icke lyckas att isolera den nordmagnetiska funktionen från den sydmagnetiska, utan vid magnetens fortsatta delning dubbelverksamheten eller polariteten sjelf företer sig fjettrad i de allra minsta delar, så äro äfven det omedvetnas båda attribut i hvarje enskild, aldrig så liten funktion af det all-enda oskiljaktigt förenade som innehåll och form, som idealt och realiserande moment. Det är icke en blind som bär den vägvisande lame, utan det är en enda helt frisk person, men som visserligen icke kan se med benen och icke kan gå på ögonen.

Vore vilja och föreställning skilda substanser, så skulle en oöfvervinnerlig dualism draga genom verlden och göra sig gällande i individens själ, en dualism, af hvilken i *denna* mening ingenstädes någonting förmäles. Monismen, hvarefter, såsom vi sett, allt sträfvar, vore dermed absolut upphäfd och en ren dualism satt i dess ställe. Nu först är den hemliga fruktan för denna tvedrägt, hvilken i synnerhet uti kap. C. VII på ett störande sätt kunde göra sig gällande, undanröjd, i det vi hafva lärt känna densamma som endast en *attributens* dualism, hvilken *icke* gör intrång på substansens enhet, men som omöjligen kan umbäras, hvarest öfverhufvud ett existerande är att förklara. Ett blott och bart *Enda* är i samma mening som ett blott och bart *Många* ett sig sjelf upphäfvande obegrepp, såsom redan Plato visar i Parmenides; för att kunna bestå, vare sig som begrepp eller som existerande, måste det endas enhet redan vara enhet af en inre mångfaldighet eller flerhet, hvilken flerhet närmast och enklast är tvåhet. Den inre tvåheten är derföre det all-endas oundgängliga betingelse för dess tillvaro, eller med andra ord: så ohållbar hvarje dualism än är som absolut, så oumbärlig är förutsättningen af en relativ immanent dualism för den absoluta monismens sanning.

Detta blir än tydligare, om vi akta på nödvändigheten af *processens* förklaring. Skulle ett flerhetslöst *enda* kunna existera, så kunde det dock blott existera som ett alldeles orörligt, identiskt hos sig förblifvande, och vi skulle aldrig komma till möjligheten af en process. För att förklara en process, behöfva vi nödvändigt en fridstörare i det all-endas orubbliga hvila, som fattar initiativet till densammas afbrytande. Men äfven ett dylikt initiativets moment allena gåfve ännu ingen verklig process, utan komme på sin höjd fram till processens blotta velleitet (till det tomma viljandet). På det att en verklig process må uppstå, måste utom det *drifvande* momentet åtminstone finnas *ett till*, som *kommer* det första *till mötes*, och i ordets dubbla betydelse kommer det till hjelp, ty först af samman- och motverkandet af åtminstone två moment kan en process framgå. Det andra hjelper först och främst det första att uppnå det, som det med initiativet vill uppnå, processen, såsom vi här ofvanför närmare utvecklat saken; men å andra sidan kommer det dock blott derigenom till delaktighet i ett andra, emedan från det andras ståndpunkt det första är *något som icke* bör vara, mot hvilket det andra enligt sin natur känner sig nödgadt att vända sig, för att åter göra det som icke bör vara till icke-varande. I denna mening säger också Schelling (I. 10, 247): »Det skulle öfverhufvud icke gifvas någon process, om icke något vore som *icke borde vara*, eller åtminstone vore *på ett sätt som* det icke borde vara» (nämligen förmågan af att vilja *såsom* blindt viljande, eller som Schelling vanligen säger, förmågan af att vara såsom blindt-varande).

Att något icke bör så vara som det är kan alltid sägas blott från en viss ståndpunkt, och blott från en motsatt ståndpunkt mot den hvarpå det så varande befinner sig; så t. ex. kan blott från det logiskas ståndpunkt sägas, att det ologiska såsom sådant icke borde *vara*, så att till sist det logiskas uppträdande mot viljandet och dermed processens möjlighet beror derpå, att en logisk motsats består mellan de båda attributen, d. v. s. att det ena icke är det som det andra är (viljan icke logisk och idén icke viljekraftig). Blott ur den logiska motsatsen af de två i det ena kan en process uppkomma. Men icke så, som om denna logiska motsats genast och omedelbart skulle öfvergå till real konflikt, i samma mening som vi känna striden mellan det all-endas delade viljeakter som reel konflikt, ty dertill felas, som vi veta, den logiska idéns sjelfständighet och oafhängighet af viljan, likasom hvarje energi af verkan; snarare blir denna motsats närmast en logisk, och leder blott derigenom omedelbart till en real motsats, att en del af viljan under processens förlopp förmedelst den medvetna föreställningens emancipation bringas derhän, att som negativt viljande vända sig mot det positiva viljandet, tills att vid fortsatt stegring af medvetandet viljandets negativa del så långt tillvuxit, att det kan paralysera den positiva och sålunda kasta det som icke bör vara tillbaka till icke-varat. Det som bildar den reala motsatsen är således alltid viljandet med motsatt innehåll, och vilja och föreställning såsom sådane komma aldrig till real, utan förblifva uti den af naturen dem vidhäftande logiska motsatsen; men i alla fall äro viljandets mot hvarandra vända hälfter derigenom behäftade med just denna motsats' signatur, att inom det positiva viljandet den (ännu omedvetna) föreställningen, ofritt hängifvande sig åt viljan att lefva, tjenar till att bringa motsatsen till den punkt, då den medvetna föreställningen i den pessimistiska sjelfkunskapen begriper viljandets dåraktighet och nu motiverar viljandet att icke mera vilja.

Uteslutandet af ett sådant missförstånd syntes önskansvärdt, på det att icke genom detta *felaktiga* antagande af en *real* konflikt mellan attributen insigten om båda attributens oskiljaktiga *enhet*, såsom vi kort förut framstält densamma, skulle blifva försvårad eller till och med förhindrad.

Alldeles som vi uppfattar Schelling dualismen i monismen (Werke II. 3., sid. 218): »Identiteten måste snarare tagas i strängaste mening som *substantiell* identitet. Meningen är icke, att potentialiteten och det rent varande *hvart och ett* skall tänkas som *ett för sig* varande, d. v. s. som substans (ty substans är det som består *för sig* sjelf utan ett annat). De äro *icke sjelfva substans*, utan blott *bestämningen hos det enda öfververkliga*. Meningen är alltså icke, att potentialiteten är utom det rent varande, utan meningen är att just det i dem detsamma, d. v. s. just *densamma substansen* i deras enhet och utan att derföre blifva två, innefattar potentialiteten och det rent varande.»

Man skulle kunna kalla denna i vilja och föreställning identiska substans, detta individuella enda väsen, hvilket ursprungligen bär dessa abstrakta allmänheter, för »det absoluta subjektet», såsom det, »som icke kan förhålla sig till något annat, och till hvilket allt annat blott kan förhålla sig som attribut» (Schelling II. 1, 318); men olyckligtvis är ordet subjekt så mångtydigt, att man dermed lätt skulle kunna framkalla missförstånd (t. ex. om man här fattade det som korrelat till ett objekt). Deremot, om man är berättigad till att kalla det ursprungliga för den *absoluta anden*, så skall förvisso hvar och en läsare som icke är på förhand intagen af Hegels vilkorliga inskränkning af ordet ande till dess företeelse i medvetandets inskränkta form, medgifva att den absoluta ande, denna enhet af vilja och föreställning, af makt och vishet, denna enda substans, som öfverallt har såväl vilja som föreställning, — måste vara hvad vi förut kallat den: det omedvetna. Det enda »öfvervarande, hvilket är allt varande», kunna vi alltså numer bestämma såsom ren, omedveten (opersonlig, men odelbar, alltså individuell) *ande*, hvarigenom vår monism närmare karakteriserar sig som spiritualistisk monism. Först härmed hafva vi uppnått pyramidens spets, och upphöjt den i I. 3 för orienteringens skull förutskickade förelöpande förklaringen af begreppet »det omedvetna» till principiell kunskap.

Till skillnad från Spinoza måste vi slutligen ännu framhäfva följande differenser. Först vore det en stor villfarelse, om man ville fatta förhållandet mellan vår substans och våra attributer så, som det beträffande Spinoza skett af många kommentatorer, som om nämligen den förra vore attributens *potens*, och dessa vore hennes aktus eller verksamhet. Potentialitetens begrepp hafva vi längesedan lemnat bakom oss, ty varats eller viljandets potens är ju sjelf det *ena* af attributen, och det andra hafva vi uttryckligen bestämt som det rent varande, hvilket *icke* är framgånget ur *någon* potens. Till intetdera af båda kan således substansen stå i potens-förhållande, och intetdera af båda är aktus, hvilken skulle framgå ur en potens. Detta är en hufvudskillnad från Spinoza, hos hvilken alldeles tydligt substansen visar sig vara attributens potens. Men deruti kan man öfverensstämma med Spinoza, att *existensen* först står att finna i det utåt satta (*ἐξιστάμενον* eller *ἐξεσταμένον*) modus, men att substansen som sådan tillika med hennes attribut endast tillkommer *subsistens* (hvad som ligger till grund för sättandet utåt, subsistit).

Den andra skillnaden ligger i bestämningen af det ena attributet, hvilket Spinoza efter Cartesii föredöme kallar *utsträckning*. Men nu äro tänkande och utsträckning alls inga motsatser, ty utsträckningen är ju *äfven i tänkandet*. En motsats bilda blott tänkande och *real* utsträckning, hvilken ensam Spinoza äfven menat. Emellertid består motsatsen mellan begreppen tänkande och real utsträckning icke mellan »tänkande» och »utsträckning», utan mellan »tänkande» och »real» eller »idealt och realt»; icke utsträckningen åstadkommer realiteten, utan hon måste sjelf först göras real, för att bilda en motsats mot tänkandet. Spinozas andra attribut måste alltså vara det, som — och nu icke blott utsträckningen, utan äfven allt öfrigt idealt — *gör till realt*, men detta är intet annat än viljan. Först då, när man sätter viljan i stället för utsträckningen, blir Spinozas metafysik hvad den borde vara, men då sjunker äfven spetsen på vår pyramid samman med den af Spinoza mystiskt postulerade enda substansen.

Bortom det, hvad det subsisterande af allt existerande är, kan ingen filosofi komma, här stå vi vid det enligt sin natur olösliga *urproblemet.* Jorden hvilar på elefanten, elefanten står på sköldpaddan?? Förmågan att förstelna framför den grundlösa subsistensens problem som framför ett medusahufvud, är den metafysiska begåfningens sanna pröfvosten. *Tillfredsheten* med att återgå till Gud skaparen eller ett densammes surrogat är det rätta kännetecknet på behaglig tanklöshet. Att försöka en dialektisk sjelfalstring af den första begynnelsen vore höjdpunkten af en sjelfmördande sofistik. För begreppet är intet och något åtminstone likberättigadt, men blott för begreppet, hvilket dock alltid redan förutsätter tänkandets subsistens. Men hvadan denna begreppet föregående subsistens? Om alls ingenting vore, ingen verld, ingen process, ingen substans, liksom äfven ingen, som filosofiskt förvånar sig, deri vore alls intet besynnerligt, det vore oerhördt naturligt och gåfve aldrig ett problem att lösa, — men att ett subsisterande finnes, ett yttersta hvarpå allt beror (vore detta äfven blott det Hegel'ska begreppet sjelft), det är så bottenlöst underbart, så alldeles ologiskt och meningslöst, att den arma lilla menniskan, sedan hon en gång har begripit detta yttersta af alla problem, och en tid med sitt förnufts armar vanmäktigt skakat på gallren för detta icke-icke-varats fängelse, snart fullständigt upphör att vidare förundra sig öfver verldsinrättningens enskildheter, ungefär så som en upplyst modern naturforskare, om han under en för vetenskapliga ändamål företagen luftresa på andra sidan molnen skulle råka på ett luftandarnes trollslott, skulle af omåttlig förvåning öfver detta slotts rena förhandenvaro svårligen kunna finna andan till att förundra sig öfver den inre inredningens enskildheter. Det är för detta metafysiska problem äfven absolut likgiltigt, hvad man håller för att vara det yttersta, vare sig den sjelfmedvetna Guden eller Spinozas substans, begreppet eller viljan, den subjektiva drömmen eller materien, det kommer alltsammans på ett ut, det förblifver ett subsisterande något jemte dess beskaffenhet såsom det yttersta, — men huru kommer det sig att detta något jemte dess beskaffenhet subsisterar och subsisterar som ett sådant, då af ingenting ingenting kan blifva? En sjelfmedveten Gud skulle, af förtviflan öfver att denna gåta om hans af evigt förefunna subsistens icke kunde lösas, blifva vansinnig, eller om han blott kunde det, blifva sjelfmördare! Menniskoandens natur står visserligen i sin slöhet alltför lågt, för att icke snart vänja sig äfven vid det högsta af de henne omgifvande under, och slutligen anse problemets exakta *formulering*, icke dess *lösning* som sin uppgift. Och likväl är det, såsom det nu en gång är, så godt att det filosofiska patos blott framblixtrar i upphöjda moment, *på det att* nämligen förvåningen öfver de underordnade problemen åter måtte träda i sin rätt.

5. Möjligheten af metafysisk kunskap.

Härmed är vår väg tillryggalagd; men vi vilja till slut skänka vår uppmärksamhet åt ännu en fråga, *nämligen om och huru från ståndpunkten af det omedvetnas filosofi metafysisk kunskap är möjlig.*

Denna fråga är icke ovigtig, ty ofta stå de mest betydande metafysiska system, som förklara hela verlden på sammanhängande och ganska antagligt sätt, rådlösa gentemot det problemet, huru enligt deras egna förutsättningar den af dem påstådda kunskapen om det metafysiska sammanhanget är möjlig. Naturligtvis kan man icke på detta ställe vänta sig någon kunskapslära, utan blott en skizzering af den ståndpunkt, på hvilken vi befinna oss till denna fråga.

Den grekisk-romerska filosofien utlöpte i skepticism, emedan det icke lyckades henne att finna ett kriterium på sanningen, och hon följdriktigt förtviflade om möjligheten att kunna afgöra om ett kunskapsvinnande vore möjligt. Den nyare filosofiens dogmatism blef på samma sätt bruten af Hume, hvars obevekliga kritik Kant genomförde i ännu vidsträcktare omfång och större djup.

Men tillika var Kant å andra sidan den genius, hvilken skapade den nyaste filosofiens utvecklingsskede. Då den grekiska filosofien utan nytta plågat sig till döds med den omöjliga fordran, att i kunskapen sjelf finna ett kriterium, som skulle påtrycka honom sanningens stämpel, gick Kant hypotetiskt till verket och frågade: »bortsedt derifrån, huruvida det gifves ett sant kunskapsvinnande, af hvilken art måste de metafysiska betingelserna vara, om ett sådant skall vara möjligt?»

Hela den nyaste filosofien med undantag af Schellings system står med mer eller mindre medvetande på denna ståndpunkt: *betingelserna för kunskapsvinnandets möjlighet bilda hennes metafysik.* Såsom första och fundamental-betingelse för allt kunskapsvinnandes möjlighet behöfves likartenheten mellan tänkandet och dess transcendent-objektiva föremål, eftersom vid en tänkandets och tingets *heterogenitet* alls ingen *öfverensstämmelse* mellan båda, d. v. s. sanning och ännu mindre ett medvetande om denna öfverensstämmelse, d. v. s. kunskap är möjlig. Utan detta antagande äro blott två ståndpunkter möjliga: den naiva realismens och den subjektiva idealismens. Den förra påstår, att allt hvad jag med ord kan uttrycka och med min tanke ernå, dock alltid blott är mina egna tankar, men aldrig kan vara en bortom desamma liggande realitet; att tanken aldrig kan fara ut ur tankens hud; och förvexlar i denna villfarelse det af honom tänkta eller tänkbara (intelligibla) med det transcendenta, som icke kan tänkas (det trans-intelligibla), hvilket som verklig imaginär storhet af tänkandet *menas*, när det *tänker sina* tankar. Den andra ståndpunkten korrigerar detta fel (som i afseende på tingen-i-sig ännu står qvar vid Kants åsigt), men den begår det andra felet, att *förneka* det bortom tänkandets gräns liggande, emedan det är för tänkandet *oupphinneligt*, och tillintetgör dermedelst möjligheten af hvarje kunskap, i det tänkandet nedsättes till en föremålslös och dermedelst sanningslös dröm. Mot denna åsigt uppträdde identitetsfilosofin, i det hon supponerar det kunskapsteoretiska transcendenta såsom till väsendet lika med tänkandet, och med rätta urgerar: »*att vid ingen annan möjlig förutsättning ett vetande är tänkbart*» (Schelling I. 6., 138);

emedan vid ingen annan förutsättning en tankens öfverensstämmelse med det dervid menade (transcendenta) är möjlig. Denna så helt och hållet indirekt grundade identitet af tänkande och vara (en sak, om hvilken de gamle knapt hade en aning) är numera all filosofis orubbliga fundamentalsats, men användes på olika sätt. I Schellings identitetssystem är det ännu i likhet med Leibniz en slags prestabilierad harmoni, i kraft af hvilken det individuella medvetandet utvecklar sin subjektiva verld från sin inskränkta ståndpunkt efter samma former, kategorier och konkreta bestämningar, enligt hvilka den utanför liggande verlden utvecklar sig, ehuru denna harmoni i den enda absoluta intelligensens eller förnuftets monism hos Schelling finner en bättre grundläggning än i Leibniz' monadologi. Hegel gör sig fri från denna svårighet, i det han upplöser allt i idéns enda dialektiska process, hvarest ingenting mera står främmande och skildt gentemot det andra (såsom hos Schelling och Leibniz de »fensterlösa» monaderna göra), utan hvart och ett sätter sig till hvart och ett i alla möjliga arter af relationer (hvaribland äfven kaussalitet och vexelverkan). När Hegel sålunda å ena sidan tar ett stort försteg framför Schelling, så tar han å andra sidan ett steg tillbaka, i det han i den allmänna dialektikens stora virrvarr fullständigt utplånar skilnaden mellan det tänkta och det dermed menade, skilnaden mellan den subjektiva tanken och hans utom varande, i det han systematiskt konfunderar det individuella och det absoluta tänkandets, det medvetna och det omedvetna tänkandets ståndpunkt. Att framställa dessa skillnader i deras skärpa, att på nytt och strängt söndra dessa ståndpunkter, fattade jag som min uppgift. För mig är det medvetna tänkandets bortom varande det omedvetna tänkandet; det är ett oupphinneligt bortom varande, ty medvetandet kan icke tänka omedvetet; när det tänker »det omedvetna tänkandet», så *tänker* det *sin* medvetna tanke och *menar* dock något annat, alldeles så, som när det tänker »det varande tinget». (Jfr. »Das Ding an sich und seine Beschaffenheit», sid. 74—76). Men dock är det inom som bortom varande *tänkande*, och så vidt som denna väsenslikhet når, räcker möjligheten af en öfverensstämmelse, en sanning, en kunskap. Anmärkas bör härvid: för det första, att det medvetna tänkandets bortom varande ligger likaväl *inom* som *utom* den egna individualiteten; för det andra, att tingets konkreta öfverensstämmelse med den medvetna tanken om det samma förmedlas genom en dubbel kaussalitet — mellan tinget och individens omedvetna del (hvartill äfven kroppen hör), och mellan denna del och dess medvetande; — och för det tredje, att det af medvetandet kända kaussala tvånget från en transcendent realitet och skilnaden mellan detta ting och den logiska nödvändigheten af rent ideella relationer endast kan förstås under den förutsättning, att från båda sidor en *vilja* träder in med i den ideala konflikten, och gör denna till en *real*. Denna vilja är, vare sig man betraktar den främmande eller den egna, icke mera ett bortom *medvetandet* (såsom det omedvetna tänkandet), utan hon är ett bortom *det ideala öfverhufvud*, bortom det omedvetna så väl som det medvetna. Att hon icke förthy gör så mycket färre svårigheter än det omedvetna tänkandet, kommer sig deraf, att hon *alls icke berör* det ideala innehållet, utan blott påtrycker det realitetens betydelse, men eljes lemnar det bekanta föremålet oförändradt.

Efter dessa betraktelser kan ej mer vara tvifvelaktigt, huru det omedvetnas filosofi förhåller sig till dessa motsatser: tänkande och ting, mens och ens, ratio och res, ande och natur, subjektivt och objektivt. Vi veta att varat är en produkt af det ologiska och logiska, af vilja och föreställning, att dess »att» är satt genom viljandet, men dess »hvad» är detta viljandes föreställningsinnehåll, alltså är icke blott *likartadt* med idén, utan emedan det sjelft är idé, i ordets strängaste betydelse *identiskt* med honom, men att det reala skiljer sig från det ideala just genom det, som förlänar det ideala realitet, genom viljan. Så äro äfven ande och natur icke mera olika, ty den *ursprungliga* omedvetna anden är detsamma i sitt för-sig-vara, som i dess moments aktuella förbindelse är natur, och såsom naturprocessens *resultat* är medveten ande eller ande i ordets inskränktare (Hegel'ska) betydelse. Men hvad det subjektiva och objektiva angår, så äro dessa alltigenom relativa begrepp, hvilka inträda *först med medvetandets uppkomst*, ty inom det omedvetna viljandet och den omedvetna föreställningen hafva desamma ingen plats, det omedvetna är upphöjdt öfver dessa motsatser, då dess tänkande alls icke är ett subjektivt, utan *för oss* ett objektivt, men i sjelfva verket ett transcendentabsolut. Man kan alltså äfven egentligen icke säga, att det omedvetna *är* det absoluta subjektet, utan blott att det är det enda, som kan *blifva* subjekt, likasom det är det enda, som kan *blifva* objekt, emedan det icke finnes någonting utom det omedvetna: och *så uppfattadt*, kan man visserligen *tala om* det absoluta objektet, med förbehåll af att det såsom omedvetet är upphöjdt öfver det subjektivas och objektivas motsats.

Vi hafva sett, att medvetandet blott inträder vid en kollision af olika viljeriktningar, af dessa är då hvar och en objektiv för den andra och subjektiv för sig i motsats till den andra för den resp. viljeriktningen objektiva, förutsatt att båda viljeriktningarna befinna sig under förhållanden hvilka icke derigenom förhindra möjligheten af medvetandets uppkomst, att de ligga nedanför medvetandets tröskel.

Skulle man t. ex. tänka sig atomerna nedanför medvetandets tröskel, så skulle atomkraften A blifva objektiv för atomkraften B och omvändt, atomkraften A deremot blifva för sig sjelf subjektiv i motsats till objektiviteten af B och omvändt. Sålunda skulle det omedvetna blifva medvetet om sig i A och B på tvåfaldigt sätt, såväl objektivt som subjektivt. —

Sedan vi sålunda hafva sett, att föreningen af alla ofvan nämnda motsatser framgår ur våra principer, komma vi tillbaka till frågan om kunskapens möjlighet. Det var alltså af den nyaste filosofin bevisadt, att ett på dessa motsatsers upphäfvande fotadt system är det enda riktiga, *i fall* det öfverhufvud gifves en verklig kunskap; men *om* det gifves en sådan, derför felades henne efteråt som förut hvarje bevis, hon var i densammas antagande lika *dogmatisk*, som någonsin den för-Kantiska dogmationen kunde vara det, ja den möjligheten föll henne icke en gång in, att man med all rätt kunde förneka och måste förneka möjligheten af ett absolut kunskapsvinnande (förnuft), ända tills man erhållit bevis på detsamma (jfr Schelling II. 3, sid. 74).

Hela deras filosoferande hvilade alltså på en betingelse, som fullständigt sväfvade i luften, det hela var ett hypotetiskt filosoferande ut ifrån en obevisad förutsättning.

Härigenom kunde följdriktigt äfven den nyaste filosofin endast upplösa sig i skepticism. Att denna skepticism är den företrädesvis herrskande inom den yngre filosofiskt bildade verlden (för så vidt den öfvervunnit en omogen dogmation) kan väl knapt bestridas; att densamma icke erhållit något vetenskapligt konseqvent genomförande (— Aenesidemus står i första hand blott bakom Kant —), beror blott derpå, att de handgripliga resultaten af de exakta vetenskaperna och de nu allt uppslukande praktiska intressena öfverhufvud äro ogynsamma för filosofin, i det de för mycket splittra det teoretiska tänkandet och afhålla det från ett konseqvent fördjupande. För att komma vidare gifves det uppenbarligen endast två vägar: antingen måste man, för att göra identitetsfilosofins hypotetiska resultat säkert, *direkt* bevisa att en verklig kunskap existerar, — dock skulle man med ett sådant sträfvande blott återfalla till grekernas enligt sin natur omöjliga försök (jfr Kants Werke v. Roskr. II. sid. 62—63), eller man måste verkligen draga nytta af det nyaste framsteget, och fatta tinget vid *motsatta* ändan i motsats mot grekerna, d. v. s. man måste på en helt och hållet annan än den hittills försökta, på en för hvar och en tillgänglig och påtaglig väg *direkt* bevisa den immanenta identiteten af tänkande och vara. Denna väg kan blott vara den som vi nu genomlupit, det successiva induktiva uppstigandet från erfarenheten.

Nu måste visserligen det på denna väg förda beviset sjelf vara ett kunskapsvinnande, om det skall bevisa något; man skulle alltså kunna tänka sig, att man dervid blott skenbart hade kommit ett steg längre, men i sjelfva verket likasom förut stode med fötterna i luften. Dermed förhåller det sig dock icke så, snarare är förhållandet följande.

Förr hette det: »*om* det gifves en kunskap, så är immanent identitet af tänkande och vara;» öfver denna enkla konditionalsats kunde man icke komma.

Nu heter det: »1) om det gifves en kunskap, så måste den bero på immanent identitet af tänkande och vara, alltså äfven vara att finna i den omedelbara erfarenheten (tänkandets affektion genom varat) och de logiskt riktiga slutledningarne ur densamma; 2) slutledningarne ur erfarenheten konstatera den immanenta identiteten af tänkande och vara; 3) af denna identitet följer möjligheten af en kunskap.»

Härmed hafva vi en i sig sluten cirkel, hvarest hvarje led betingar de andra, med hvilket led man än begynner, då vi deremot förut blott hade en konditionalplats likasom utan fast benstomme. Visserligen blir äfven nu den *möjligheten* öfrig, att hela denna cirkel af psykologiska och metafysiska betingelser är ett *blott subjektivt sken*, som medvetandet genom en oförklarlig nödvändighet tvingas att bilda sig; att det alltså i sjelfva verket dock *icke* finnes någon kunskap eller någon identitet mellan tänkande och vara, och att den på båda uppförda cirkeln af relationer, hvilka ömsesidigt göra hvarandra sannolika, endast är en chimèr. Ty visserligen låter icke denna cirkels transcendenta och icke blott subjektiva existens med all stränghet bevisa sig som absolut sanning, emedan just medvetandet är fånget *uti* denna krets, och aldrig kan utom densamma intaga en ståndpunkt, från hvilken det skulle kunna bedöma denna cirkels beskaffenhet, emedan det icke kan lära känna kunskapens möjlighet utan kunskap.

Om alltså äfven motsatsens absoluta omöjlighet icke kan bevisas, så har dock genom denna cirkel sannolikheten af att det finnes så väl kunskap, som äfven identitet mellan tänkande och vara blifvit många gånger större än den förut var genom denna enkla konditionalsats, som fram och bak saknade hvarje stödjande hållpunkt, den har blifvit så stor, att motsatsens möjlighet praktiskt icke mer kommer i betraktande. Skepticismen är alltså icke tillintetgjord, utan erkänd som teoretiskt berättigad, likasom den äfven faktiskt är *det högre* mot hvarje återfall uti den *bornerade dogmatism*, som betecknas af tron på ett absolut vetande, d. v. s. på möjligheten att hinna till en *absolut sanning* såsom den allena värdiga uppgiften för vetenskapernas vetenskap, filosofin. Men under det att vi sålunda måste erkänna, att den absoluta skepticismen för alla tider och gentemot hvarje möjligt framsteg af vetenskapen är enligt sin existens berättigad, hafva vi dock liktidigt reducerat *måttet* af dess betydelse till ett sådant minimum, att denna betydelse försvinner icke blott för det praktiska lifvet, utan äfven för den praktiska vetenskapen.

Betrakta vi detta resultat öfver kunskapens möjlighet i allmänhet, så öfverensstämmer det på ett märkvärdigt sätt med det, som för kunskapen om hvarje speciell sanning (för så vidt den icke är af *formellt* logisk natur) väl måste å alla håll medgifvas, nämligen att det för oss icke finnes någon sanning, d. v. s. sannolikhet af värdet 1, utan blott större eller mindre sannolikhet, hvilken aldrig uppnår 1, och att vi måste vara fullkomligt tillfreds, om vi under vårt kunskapsvinnande uppnå en sannolikhetsgrad, hvilken beröfvar motsatsens möjlighet all praktisk betydelse (jfr äfven Inledningen I. b.).

Milton Keynes UK
Ingram Content Group UK Ltd.
UKHW030905191024
449758UK00007B/31

9 781278 676852